엑셀 활용

Management Science

경영과학

개정5판

교보문고

엑셀활용
경영과학 |개정5판|
Management Science

발행일 2022년 8월 23일 개정5판 1쇄
2023년 7월 31일 개정5판 2쇄
지은이 박구현 · 송한식 · 원중연
발행인 안병현, 김상훈
발행처 (주)교보문고
총괄 김형면
신고번호 제 406-2008-000090호
주소 경기도 파주시 문발로 249
전화 대표전화 : 1544-1900
도서주문 : 02-3156-3679
홈페이지 www.kyobobook.co.kr

ISBN 979-11-5909-814-7 93320

엑셀 활용

Management Science

경영과학

개정5판

박구현 • 송한식 • 원중연 지음

교보문고

저자소개

박 구 현(park.koohyun@gmail.com)
홍익대학교 정보컴퓨터공학부 산업데이터공학 교수
서울대학교 공과대학 산업공학(공학사)
한국과학기술원 경영과학(이학석사)
미국 University of Wisconsin-Madison 산업공학, 최적화(공학박사)
『Continuation Methods for Nonlinear Programming』
『SDP 이론, 해법 및 응용』(글샘, 2001, 공저), 『금융과학』(교우사, 2014, 공역)
한국전자통신연구원 지능망연구부(선임연구원)
한국경영과학회, 대한산업공학회, 한국시뮬레이션학회, 이사 및 편집위원

송 한 식(hssong@dau.ac.kr,hssong201@gmail.com)
동아대학교 경영대학 교수
서울대학교 공과대학 산업공학(공학사)
서울대학교 대학원 산업공학(공학석사)
미국 University of Alabama in Huntsville 시스템공학(공학박사)
『Optimum Decision Tree Development Using Entropy』
『신도요타시스템』 (공역, 기아경제연구소, 1994), 『교육대개혁』 (공저, 도서출판 모색, 1994), 『세계 유명 자동차회사의 신차 개발 전략』 (공역, 무역경영사, 1998), 『린싱킹』 (번역: Lean Thinking, 바다출판사, 2006), 『통계학』 (공역, 센게이지, 2012), 『경영통계학』 (공역(Anderson, et. al., and Cochran, 6th) 한경사, 센게이지, 2022)
University of Colorado(Boulder) 방문교수(2002-2003)

원 중 연(jywon@kgu.ac.kr)
현재 경기대학교 공과대학 산업경영공학과 교수
서울대학교 공과대학 산업공학(공학사)
서울대학교대학원 산업공학(공학석사)
서울대학교대학원 산업공학,최적화(공학박사)
『An Efficient Methodfor Linear Knapsack Problem』
『신물류 경영』 (문영각, 2002, 공역), 『선형대수학의 이해와 응용』 (공역, 홍릉과학출판사, 2011)
국토개발연구원 연구원
미국 George Washington University 교환교수

머리말

이 책은 경영과학(Management Science) 또는 OR(Operations Research)의 첫 수업을 현실적인 문제로 쉽게 시작할 수 있도록 쓰여진 책이다. 경영 현실의 여러가지 문제에 경영과학이 실제로 어떻게 적용되는지 공부하는 것을 목표로 하였다. 경영과학/OR이 현실 문제 해결에 충분한 잠재력이 있음에도 불구하고, 학생과 현장 전문가들이 부정적으로 생각해 온 것이 사실이다. 이는 경영과학이 현실 적용보다는 해법(알고리즘)과 이론 중심으로 치중한 결과가 아닌가 생각된다.

1990년대 중반 Microsoft사는 엑셀 도구에 최적화 해찾기(Solver)를 포함시켰다. 이 사실이 알려지면서 미국 대학의 경영과학 교재는 새로이 쓰여지기 시작했다. 3년이 채 안 되어 200여 개의 대학이 엑셀 스프레드시트 모형화 중심의 경영과학 교재를 활용하게 되었고, Fortune 500대 기업들도 스프레드시트 모형의 경영과학 활용을 새로이 교육받기 시작하였다. 이제는 거의 모든 대학과 기업에서 경영과학은 어려운 분야가 아니라 매우 흥미롭고 유용한 것으로 인식이 바뀌게 되었다. 그리고, 다양한 성공사례들이 *Interfaces*(2019년부터는 *INFORMS Journal on Applied Analytics*로 명칭변경)를 비롯한 여러 국제 학술저널 및 보고서에 발표되고 있다.

1998년 말, 저자들은 이러한 환경 변화에 대해 엑셀 중심의 업무환경에서 발생하는 경영문제를 스프레드시트 모형과 해찾기로 공부할 수 있도록 경영과학 교재를 새로이 구성할 필요성을 같이 인식하였다. 준비과정이 쉽지 않았지만, 그동안 세월도 많이 지나갔다. 초판이 출간된 이후 저자들은 강의를 통해 수정할 내용과 부족한 부분을 계속 보완하였다. 그리하여 2001년 초판, 2006년 개정판(2판), 2009년 개정판(3판)을 거쳐 2012년 개정판(4판), 2022년 개정판(5판)에 이르렀다.

저자들의 공통된 의견은 경영과학 교재는 엑셀 소개서에 해찾기 내용을 단순히 포함하는 수준이어서도 안 되고, 또한, 해법을 위주로 한 기존의 이론적인 경영과학에 소프트웨어로서 엑셀 해찾기를 포함한 형태이어서도 안 된다는 것이었다. 새로운 '경영과학'은 엑셀 중심의 업무환경뿐만 아니라 인터넷과 웹 기반의 환경에서 발생하는 데이터를 활용하여 의사결정을 하고 업무를 실행할 수 있도록 모형화 기술과 더불어 문제 해결 능력을 키워줄 수 있는 책을 쓰려고 노력하였다.

이 책은 기존의 경영과학 책과 비교할 때 다음과 같은 몇 가지 특징이 있다.

예제 중심

이 책은 경영과학의 여러 내용을 예제 중심으로 소개했다. 엑셀의 업무 환경에서 발생하는 다양한 상황을 예제로 정리하고 이를 통해 문제 해결 능력을 습득하도록 하였다. 현실적으로 세계적 대기업에서 성공적으로 해결된 여러 사례들을 요약해서 매 장마다 제시했다. 이 책에서 소개하는 60여 개의 예제에 대한 엑셀 스프레드시트 모형을 파일로 정리하여 교재의 사이트(QR코드 참조)에 제공하였다. 또한 예제와 비슷한 유형의 문제를 매 절마다 수록해서 즉시 연습할 수 있도록 했으며 응용력을 높이기 위해 매 장 뒤에 종합 연습문제를 수록했다.

모형화와 결과 분석

기존의 경영과학 교재가 모형 자체에 대한 설명보다는 모형이 유도되는 이론 전개과정을 설명했다면, 이 책은 상황을 인식하는 문제화 과정으로서 모형화 기술을 강조하였다. 모형화 능력을 습득하기 위해서는 이론 전개과정에 대한 이해보다는, 상황을 개선시키려는 문제 의식과 상황에 대한 철저한 이해가 더 중요하다고 생각된다. 또한 기존의 경영과학 교재가 모형으로부터 해를 구하는 해법에 대해 치중했다면, 이 책은 해찾기를 적용하는 과정과 얻어진 해에 대한 분석과 토의에 초점을 맞추었다.

해찾기 활용

해찾기는 Microsoft사와 Frontline Systems사가 공동 개발한 소프트웨어로서 Microsoft Office Excel에 포함시킨 기능이다. 구체적으로 해찾기는 선형계획 solver, 정수계획 solver, 비선형계획 solver 및 evolutionary solver의 4개의 solver를 포함하고 있다. 선형계획 solver는 simplex method에 기초하였고, 정수계획 solver는 branch and bound method에 기초하였고, 비선형계획 solver는 reduced gradient method에, evolutionary solver는 유전 해법에 기초하여 개발되었다. 해찾기 적용시 '해찾기 매개변수'의 설정을 통해 하나의 solver가 선택된다.

엑셀 추가 소프트웨어 제공

해찾기 이외에 엑셀에 쉽게 추가하여 편리하게 사용할 수 있는 여러 소프트웨어들이 많은 소프트웨어 회사들에 의해 개발되어 있다. 이 책에서는 Oracle사가 개발한 Crystall Ball과 Middleton 박사가 개발한 TreePlan과 github.com의 BYTreePlan을 교재의 사이트(QR코드 참조)에 소개하였다. Crystall Ball은 강력한 위험분석(risk analysis) 도구로서 시뮬레이션과 예측모형을 공부할 때 활용되고, TreePlan은 다단계 의사결정에서 유용하게 사용되는 도구이다.

엑셀기능 설명 포함

"이 책이 엑셀을 소개하는 책이 아니고 경영과학을 소개하는 책이기 때문에 엑셀을 사용해 보지 않은 학생은 엑셀 기능을 이미 알고 있어야 하는가?"하고 걱정할 수도 있다. 그러나 그럴 필요는 없다. 이 책을 통해 나오는 엑셀 기능들은 그때마다 책 내용에서 그것에 대한 설명을 포함했다. 따라서 이 책을 통해 경영과학의 내용을 공부하지만 나중에는 상당한 수준의 엑셀 사용자가 될 것이다. 미리 엑셀을 공부할 필요는 없다. 이 책은 최신의 Excel에 의거하여 작성하였다. '해찾기'는 엑셀 패키지에 들어있으나 엑셀을 열어서 데이터 메뉴에서 오른쪽 끝에 해찾기가 있는지를 확인한다. 해찾기가 없으면, 파일>옵션>추가기능>하단에서 이동(G).. 을 클릭하여 '해찾기 추가기능'을 선택하면 해찾기가 설치되고, 주 메뉴의 '데이터'를 선택하면 오른쪽 끝에 '해찾기'가 나타난다(1장 1.6절 참조).

강의 및 실습

그동안 저자들이 강의를 해본 결과 학생들에게 효과적으로 강의를 전달하고 평가할 수 있는 방안을 아래와 같이 정리하였다.

1. 강의를 효과적으로 전달하기 위해서는 빔 프로젝터와 컴퓨터가 설치된 멀티미디어 강의실을 활용하는 것이 필수적이다. 특히 본서로 강의하는 강사는 파워포인트로 작성된 강의자료를 제공받을 수 있으므로 강의효과를 높일 수 있다.
2. 강의 첫 주에 엑셀에 대한 간단한 소개와 함께 여러가지 문제를 가지고 엑셀의 스프레드시트 모형으로 작성하여 미래를 예측해 보는 예를 보여줌으로써 전 학기에 걸친 경영과학의 여러모형에 대한 이해를 편하게 하였다.

3. 엑셀 스프레드시트는 이해하기 쉽게 하는 데 최선을 다였다. 데이터는 음영으로 표시하였고, 계산 셀은 테두리를 하여 구분하였다.
4. 교내에 있는 실습실을 배정하여 강의시간 중에 학생들이 직접 실습하도록 한다. 실습문제로는 교재에 있는 예제나 연습문제를 선택하고 실습 후 평가를 하는 것이 바람직하다. 실습은 조별로 또는 개인 단위로 실시할 수 있다.
5. 책의 부록에는 핵심 연습문제에 대한 간단한 해답을 수록하여 학생들의 문제풀이에 참고하도록 하였다.
6. 학생들의 학업성취는 이론시험과 및 실습시험으로 나누어 평가할 수 있다. 실습시험에 대해서는 주어진 문제에 대해 학생들이 직접 모형개발과 최적안 찾기까지를 엑셀시트에 작성하여 제출하도록 하였다.

기타 학습방안에 대한 내용에 대해서 아래의 e-mail로 연락을 주면 성심껏 토의하고자 한다.

이 책을 준비하는 동안 다양한 제안과 아이디어를 제공해 준 경기대학교 산업시스템공학 전공, 동아대학교 경영학과, 홍익대학교 정보컴퓨터공학부의 학부 학생들에게 감사하며, 이 책을 교재로 강의하면서 여러가지 아이디어를 제시해 준 교수님들에게도 감사의 말씀을 드리고 싶다. 번잡한 여러 작업에도 불구하고 이 책의 출판을 기꺼이 지원해 준 교보문고 교재출판부와 편집담당자 한라씨에게 심심한 감사의 뜻을 전한다.

2022년 6월

저자 일동

park.koohyun@gmail.com

hssong@dau.ac.kr

jywon@kgu.ac.kr

부록파일(예제 외)

차례

1장 경영과학이란?

2장 선형계획

3장 선형계획의 응용

6장 정수계획

7장 비선형계획

8장 진화 해찾기

한글 Excel 해찾기 번역오류 바로 잡음

1) 해찾기 번역오류에 대한 정오표

영문해찾기(영문표현)	한글해찾기(번역오류)	교재에서 사용하는 표현
Simplex LP	단순 LP	**LP 심플렉스**
Sensitivity Report	우편물 종류	**민감도 보고서**
By Changing Variable Cells	변수셀 변경	**변수셀**
Subject to the Constraints	제한조건에 종속	**제한조건**
smooth, non-smooth	완만한, 완만하지 않은	**미분 가능한, 미분 가능하지 않은**

2) '해찾기 매개변수' 대화상자에 있는 번역오류

영문엑셀

변수셀

제한조건

LP 심플렉스

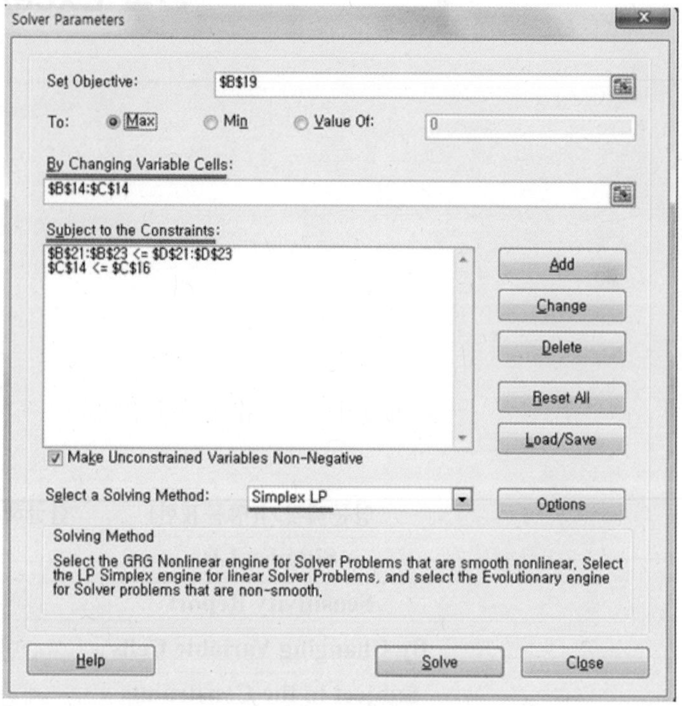

한글엑셀

(번역오류)

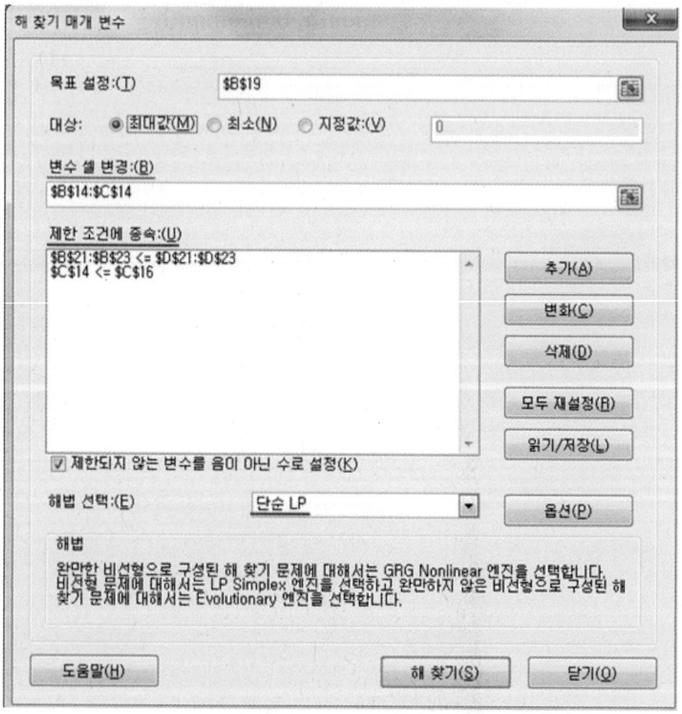

3) 해법 선택을 위한 해법 설명에 포함된 번역오류

영문엑셀

Solving Method

Select the GRG Nonlinear engine for Solver Problems that are smooth nonlinear. Select the LP Simplex engine for linear Solver Problems, and select the Evolutionary engine for Solver problems that are non-smooth.

바른번역

해법

미분 가능한 비선형함수로 구성된 문제에 대해서는 "GRG NLP" 엔진을 선택하고, 선형함수로 구성된 문제에 대해서는 "LP Simplex" 엔진을 선택하고, 미분 불가능한 함수로 구성된 문제에 대해서는 "Evolutionary" 엔진을 선택한다.

한글엑셀
(번역오류)

해법

완만한 비선형으로 구성된 해 찾기 문제에 대해서는 GRG Nonlinear 엔진을 선택합니다. 비선형 문제에 대해서는 LP Simplex 엔진을 선택하고 완만하지 않은 비선형으로 구성된 해 찾기 문제에 대해서는 Evolutionary 엔진을 선택합니다.

4) 해찾기 결과 보고서 용어에 대한 번역오류

영문엑셀

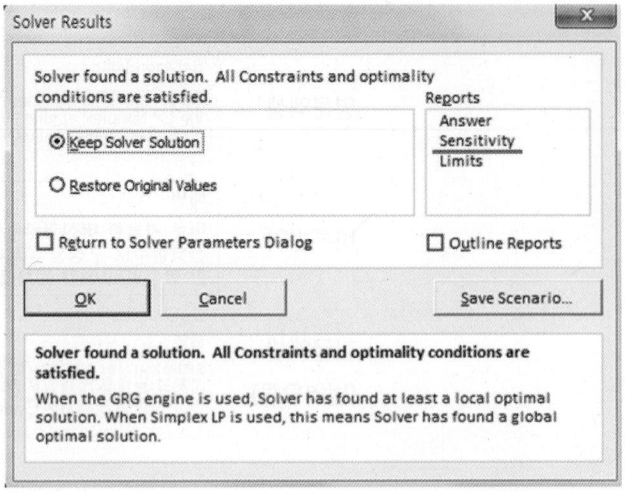

민감도

영문표현

바른번역

해를 찾았습니다. 모든 제한조건과 최적조건이 만족되었습니다.
GRG엔진을 사용하는 경우, 적어도 지역 최적 해를 찾아 줍니다. 선형계획문제에 LP Simplex 엔진을 사용하는 경우는 전체 최적 해가 발견되었음을 의미합니다.

한글엑셀

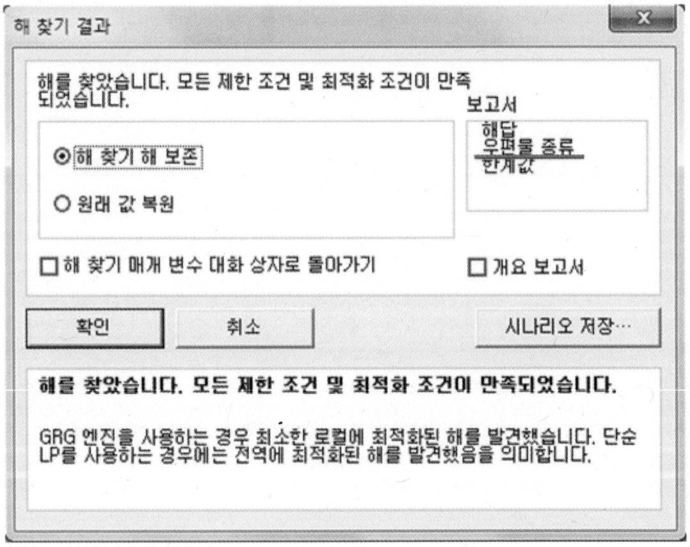

번역오류

번역오류

1장

경영과학이란?

경영과학과 모형

플라톤, 아리스토텔레스, 소크라테스, 피타고라스 … . 그림에서 보듯이 2500년 전 그리스에는 현자들이 많았다. 이들은 신화 세계의 원시적 사고에서 벗어나 인간의 이성(理性)을 발휘하여 사고하기 시작하였다. 그중에 피타고라스는 수의 신비를 발견하고는 이 세상을 '수'로서 설명하려고 하였다. 물론 무모해 보인다. 그러나 중요한 것은 이 세상과 우주의 원리를 인간의 이성으로 설명하려고 하였고, 이러한 시도는 훗날 과학 기술 발달의 기초가 되었다는 것이다.

2500년 전 인간 이성 발달은 책 표지 그림인 라파엘로의 '아테네 학당'이 그려진 14-15세기에 다시 부활하였고, 이어진 16-18세기는 이성적인 발견이 봇물 터지듯 하였다. 뉴턴은 만유인력과 수학의 미적분학을 발견하였으며, 곤충학자 파브르는 하느님의 섭리로 설명하지 않고 실제 관찰을 통하여 인간이 몰랐던 자연의 신비를 직접 설명하였다. 사회적으로 본다면, 아담 스미스는 인간사회의 경제활동을 설명하면서 '경제학'의 학문적 기초를 수립하였다.

이러한 발견은 20세기에 들어와서 '**경영**'과 결합하여 꽃을 피웠다. 경영은 자본을 모으고 자원을 효율적으로 활용하여 인간 생활에 필요한 것들을 공급하여 우리의 생활 수준을 크게 향상시켰다. 이 과정에서 **경영과학**은 큰 역할을 하고 있다.

과거 2500년 전 피타고라스가 '수'로서 우주의 신비를 이해하려고 한 것과 유사하게, 경영과학은 '**모형**(model)'을 이용하여 더 나은 의사결정과 '경영'을 할 수 있다고 믿는다. 즉, 경영의 세계를 계량적인 모형으로 표현함으로써 의사결정에 과학적인 접근을 할 수 있다는 것이다. 앞으로 공부하면서 알게 되겠지만, 이러한 시도는 컴퓨터를 활용함으로써 현실화 되고 실제로 많은 공헌을 하고 있다.

1.1 경영과학이란?

경영과학(management science)은 operations research, decision science, systems analysis 라고도 불리는데, 이들은 경영과학 이외에도 (군사)작전연구, (시스템)운영연구, 의사결정과학, 시스템분석 이란 말로 번역된다. 간단하게 OR, OR/MS 또는 MS/OR로 표기되기도 한다.

경영과학은 19c 말 ~ 20c 초의 '과학적 경영혁신'(scientific management revolution)에서 그 계량적 접근의 유래를 찾을 수 있다. 세계 제2차 대전 중에 영국군에서 수학자, 물리학자, 심리학자, 군사전문가 등으로 된 'OR팀'을 구성하여 군사작전을 연구하고 큰 공을 세운 것이 경영과학의 직접적인 시초이다.

2차 세계대전이 끝나자 영국과 미국의 군에서 활약하던 OR 전문가들이 민간 기업과 기관에 종사하게 되어 경영과학의 응용이 확산되었고, 1957년에는 OR 교재가 처음으로 출판되었다[1]. 경영과학의 응용을 실제적으로 적용하는 데에는 컴퓨터의 발달이 크게 공헌하였다. 계량적 기법에 컴퓨터를 활용함으로써 그 동안 풀 수 없었던 문제들을 풀 수 있게 되었고, 특히 1990년대에 와서는 PC의 사용이 보편화되면서 경영과학 기법의 응용이 크게 확산되었다. 최근 스프레드시트에서 경영과학 기법을 손쉽게 적용할 수 있게 된 것은 경영과학의 실제응용에 큰 발전을 가져왔다.

경영과학은 의사결정문제를 둘러싼 경영의 현실세계를 '**시스템**(system)'으로 파악한다. 여기서 시스템은 '**어떤 공동의 목표를 달성하기 위해서 여러 가지 구성요소들이 함께 협동하는 것**(work together)'이라고 폭넓게 정의해두자[2]. 예를 들면 기업이나 공

1) Churchman, C. W., R. Ackoff, E. L. Arnoff, Introduction to Operations Research, John Wiley & Sons, New York, 1957.

2) C. West Churchman(1968, p.11)은 "Systems are made up of sets of components that work together for the overall objective of the whole."

장, 병원, 은행 등은 하나의 시스템으로 이해할 수 있다. 기업에는 **목표**가 있고, 목표를 위해서는 이익을 최대화하고 비용을 최소로 하는 **경영**이 필수적이다. 이러한 시스템에는 항상 목표가 있고, 그 목표를 달성하기 위한 노력과 경영에는 끊임없는 의사결정이 필요하다. 앞으로 공부하고자 하는 '**경영과학**(management science)'은 이러한 시스템의 경영과 의사결정에 필요한 과학적 접근방법 내지는 도구이다. 즉, 경영과학은 이러한 시스템을 **설계**하거나 **운영**하는 데서 시스템의 임무를 효과적(또는 효율적)으로 달성하는 것을 추구한다. 경영과학은 다음과 같이 좀 더 엄밀하게 정의할 수 있다.

> **「경영과학은 시스템의 설계와 운영 과정에서 발생하는 문제를 모형화하여 표현하고 그 모형을 분석하여 우리의 의사결정과 행동을 안내하는 과학이며 그 최적의 해를 찾는 기법과 도구이다.」**[3)]

1.2 모형과 의사결정

예제 1.1 손익분기점 분석 (break even analysis)

M 항공정비사는 제트여객기 정비를 전문으로 하는 회사인데, 엔진의 터빈 블레이드가 금이 갔거나 변형된 것이 발견되면 그것을 교체해 준다. M사는 블레이드를 외국에서 수입하여 창고에 비치해 놓고 필요에 따라 교체한다. M사는 내년도 사업계획을 수립함에 앞서 손익분기점 분석을 실시하려 한다. 즉 수입과 비용이 같게 되는 연간 교체수요를 구하고자 한다.

그림 1.1 제트엔진의 터빈 블레이드[4)]

3) Churchman, Ackoff, Arnoff(1957)은 "Operations Research is the application of scientific methods, techniques, and tools to problems involving the operations of systems so as to provide those in control of the operation with optimum solutions to the problems."

자료수집

M사는 터빈 블레이드 손익분기점 분석을 위해 다음의 자료들을 조사하였다.

1) 교체할 때 터빈 블레이드 개당 판매가격(교체 판매수입)은 500만원이다.
2) 터빈 블레이드를 수입할 때의 개당 수입가격은 400만원이다.
3) 터빈 블레이드는 1년에 4회 정기적으로 주문하고, 1회당 주문비용은 2000만원이다.
4) 터빈 블레이드를 교체하는 데 발생하는 비용은 개당 60만원이다.

수학적 모형(Mathematical model)

1) 연간 교체 판매수입(revenue, R)은 아래와 같이 모형화된다. 여기서 x는 연간 교체수요이다.

   판매수입(만원): $R = (500 - 400)x = 100x$

2) 연간 교체 서비스를 위해 지불되는 비용(cost, C)은 주문비용과 교체비용의 합계로 다음과 같이 모형화된다.

   비용 합계(만원): $C = 4 \times 2000 + 60x = 8000 + 60x$

   위의 식에서 첫 번째 항은 연간 총 주문비용이고, 두 번째 항은 교체비용이다.

3) M사의 연간 이익(profit, P)은 $P = R - C$ 이므로 아래와 같이 모형화된다.

   이익(만원): $P = R - C = 100x - (8000 + 60x) = 40x - 8000$

4) **손익분기점(break even point) 구하기**. 손익분기점이란 이익이 0(zero) 되는 교체수요, 즉 수익과 비용이 같게 되는 교체수요이므로 예에서는 $x = 200$ (개)이다.

예와 같이 판매수입(R), 비용(C), 이익(P)은 모두 연간 교체수요 x의 대수식으로 표현되므로 본 모형을 수학적 모형이라 한다. 각 식에 x 대신 임의의 값을 입력하면 연간 교체수요가 해당 값일 때의 판매수입, 비용 및 이익이 된다.

스프레드시트 모형(spreadsheet model)

수학적 모형을 엑셀 스프레드시트로 표현할 수 있다. 물론 수학적 모형을 먼저 세우지

---

4) 제트엔진 전문 메이커 Pratt & Whitney 사의 제트엔진, F-35 전투기에 들어가는 엔진이다.

않고 스프레드시트로 직접 모형화할 수 있다. 수학적 모형이든 스프레드시트 모형이든 두 모형은 표현만 다를 뿐이지 내용은 실제 같다. 그림 1.2는 엑셀 스프레드시트 모형을 표현한 것이다. 그림에서 연간 교체수요가 100개(셀 B10)인 경우라면, 판매수입 10000만원(셀 B13), 교체비용 14000만원(셀 B14), 이익은 −4000만원(셀 B15)이 된다. 이와 같은 계산이 되기 위해서는 셀 B13, B14, B15에 아래와 같은 엑셀 식이 입력되어 있어야 한다.

```
B13 = (B3−B4)*B10
B14 = B5*B6+B7*B10
B15 = B13−B14
```

	A	B	C	D
1	**M사 터빈 블레이드 손익분기점 분석**			
2	**입력자료**			
3	개당 교체 판매가격	500	만원	
4	개당 수입가격	400	만원	
5	1회 주문비용	2000	만원	
6	연간 주문회수	4	회	
7	개당 교체비용	60	만원	
8				
9	**변수**			
10	교체수요	100	개	
11				
12	**모형**			
13	판매수입 R	10000	만원	
14	비용 C	14000	만원	
15	이익 P	-4000	만원	
16	B13 =(B3-B4)*B10			
17	B14 =B5*B6+B7*B10			
18	B15 =B13-B14			
19				

그림 1.2 손익분기점 분석을 위한 스프레드시트 모형

손익분기점 분석

스프레드시트 모형에서 손익분기점 분석은 다음의 2가지 경우에 의해 수행될 수 있다:

① 엑셀 도구(목표값 찾기 또는 해찾기)를 이용하는 경우
② 표를 이용하는 경우

1) 엑셀 도구(목표값찾기, 해찾기)를 이용하는 방법

먼저 '목표값 찾기'에 의해 손익분기점을 구한다. 엑셀 메뉴에서 아래 경로를 따라 목

표값 찾기를 선택한다.

데이터〉가상분석〉목표값찾기

그러면 목표값 찾기 대화상자가 뜬다. 대화상자에 그림 1.3(a)와 같이 '수식셀'에 이익값을 계산하는 셀 B15를 입력하고, '찾는 값'은 0을 입력하고, '값을 바꿀 셀'은 교체수요인 셀 B10을 입력하고 수행하면 대화상자에 그림 1.3(b)과 같은 결과 메시지를 출력한다. 그림 1.3은 목표값 찾기 수행 전과 수행 후의 대화상자와 시트를 보여주고 있다.

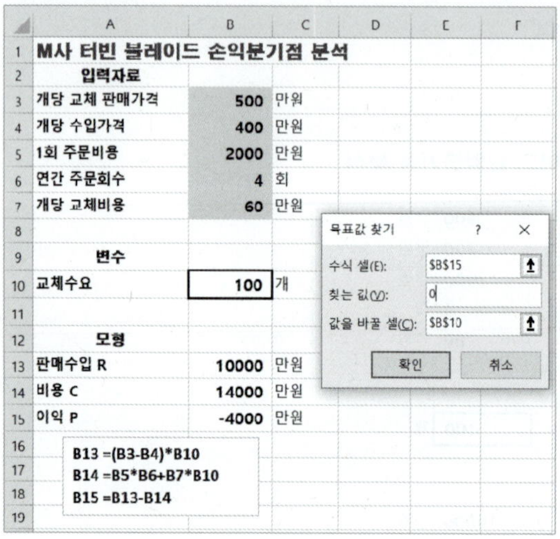

(a) 목표값 찾기 수행 전

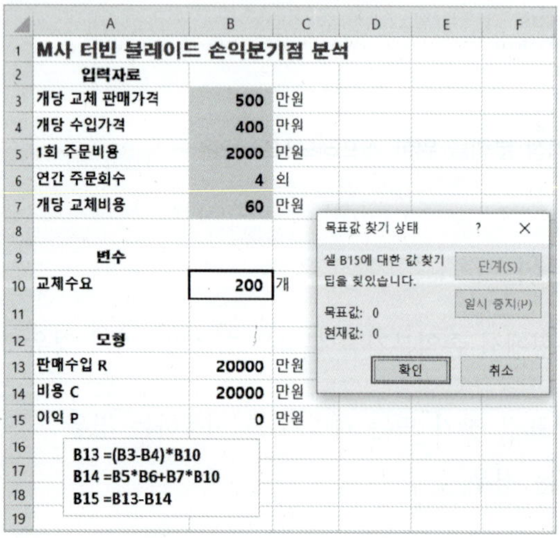

(b) 목표값 찾기 수행 후

그림 1.3 목표값 찾기 수행 전과 수행 후의 대화상자와 시트

엑셀 해찾기를 이용하여 손익분기점을 찾을 수 있다. 원래 해찾기는 손익분기점을 찾는 문제보다 훨씬 어렵고 다양한 최적화 문제를 해결하기 위한 도구로서 2장 선형계획에서 상세하게 다루게 될 것이다. 다만 여기서는 상대적으로 단순한 모형인 손익분기점을 구하는 문제에 국한하여 간략하게 소개한다. 먼저 엑셀 메뉴에서 아래 경로를 따라 해찾기를 선택한다. 만일 데이터에 해찾기가 보이지 않으면 1.6절 4) 해찾기 기능 추가를 참조할 수 있다.

데이터 〉해찾기

그러면 그림 1.4(a)와 같이 해찾기 대화상자가 뜬다. 해찾기 대화상자에서 '목표 설정'에 이익 값을 계산하는 셀 B15를 입력하고, '대상'은 지정값을 선택하고 옆의 칸에는 0을 입력하고, '변수셀 변경'에는 교체수요인 셀 B10을 입력하고, '해법'은 단순 LP를 선택한 후 해찾기를 수행하면 그림 1.4(b)과 같은 결과 메시지를 출력한다. 그림 1.4는 해찾기 수행 전과 수행 후의 대화상자와 시트를 보여주고 있다.

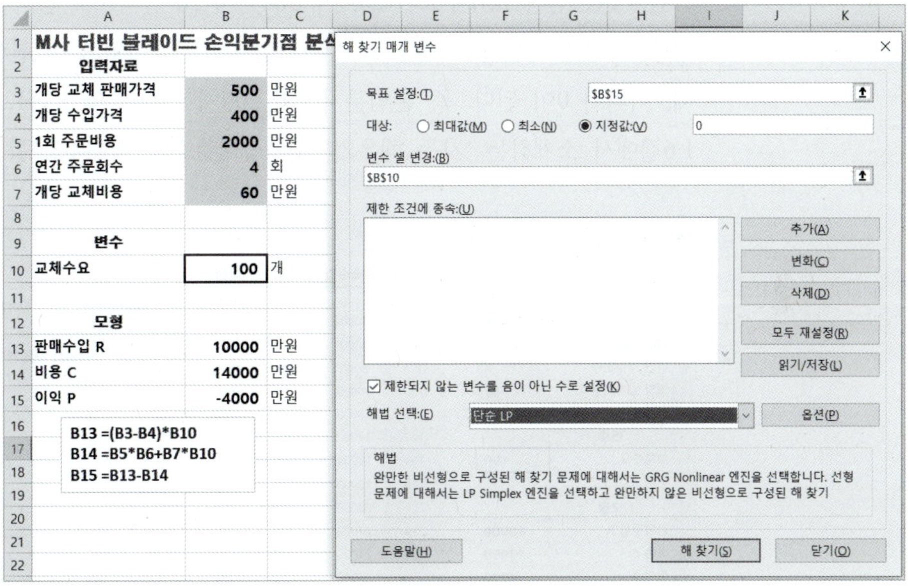

(a) 해찾기 수행 전

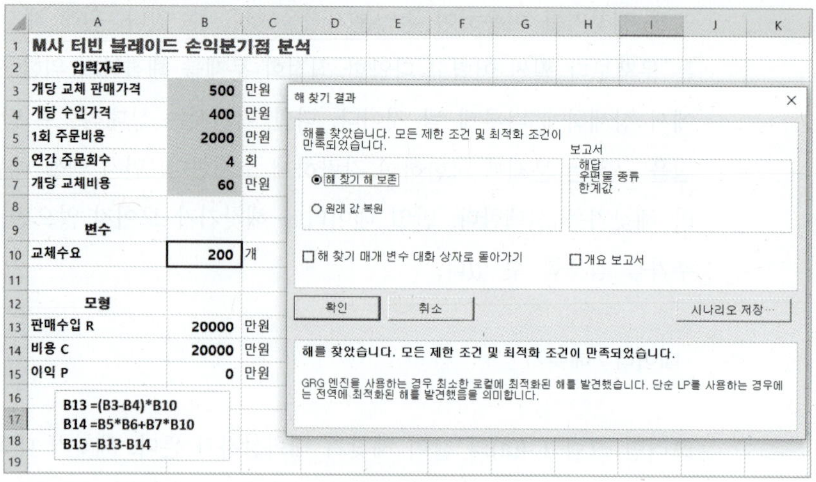

(b) 해찾기 수행 후

그림 1.4 해찾기 수행 전과 후의 대화상자와 시트

2) 표를 이용하는 경우[5)]

그림 1.5는 연간 교체수요가 20에서 380까지 20 간격으로 증가할 때의 판매수입, 교체비용, 이익을 계산한 표이다. 표로부터 알 수 있는 바와 같이 연간 교체수요가 200개일 때, 이익이 0이 된다. 즉 손익분기점이 200개이다. 영역 F3:H21에 입력할 엑셀 식은 1.6절에서 소개하는 '자동 채우기' 및 '상대주소와 절대주소'를 알면 쉽게 해결된다.

	A	B	E	F	G	H
1	**M사 터빈 블레이드 손익분기점 분석**					
2	**입력자료**		**교체수요**	**판매수입**	**비용**	**이익**
3	개당 교체 판매가격	500	20	2000	9200	-7200
4	개당 수입가격	400	40	4000	10400	-6400
5	1회 주문비용	2000	60	6000	11600	-5600
6	연간 주문회수	4	80	8000	12800	-4800
7	개당 교체비용	60	100	10000	14000	-4000
8			120	12000	15200	-3200
9	**변수**		140	14000	16400	-2400
10	교체수요	100	160	16000	17600	-1600
11			180	18000	18800	-800
12	**모형**		200	20000	20000	0
13	판매수입 R	10000	220	22000	21200	800
14	비용 C	14000	240	24000	22400	1600
15	이익 P	-4000	260	26000	23600	2400
16	B13 =(B3-B4)*B10		280	28000	24800	3200
17	B14 =B5*B6+B7*B10		300	30000	26000	4000
18	B15 =B13-B14		320	32000	27200	4800
19			340	34000	28400	5600
20			360	36000	29600	6400
21			380	38000	30800	7200

F3 =($B$3-$B$4)*E3 F4:F21 자동채우기
G3 =$B$5*$B$6+$B$7*E3 G4:G21 자동채우기
H3 =F3-G3 H4:H21 자동채우기

그림 1.5 표를 이용한 손익분기점 분석

5) 1.6절 경영과학 문제의 스프레드시트 표현을 먼저 읽고 공부할 것을 권하며, 엑셀 사용법에 익숙치 않은 경우 이 부분을 생략해도 무방하다.

그림 1.5의 표를 그래프로 나타내면 그림 1.6과 같다.

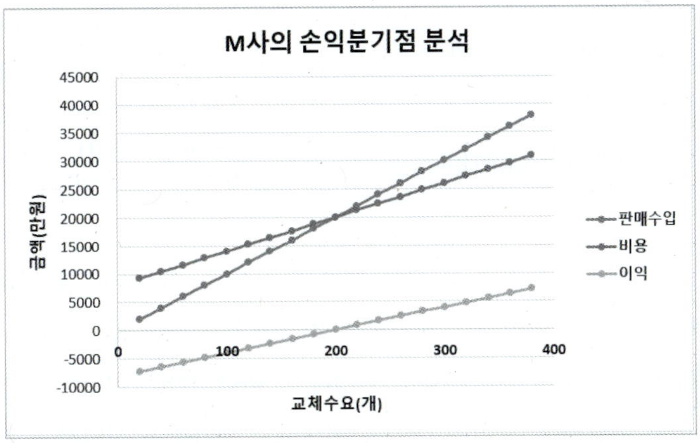

그림 1.6 손익분기점 분석의 그래프 표현

1.3 경영과학의 필요성과 문제해결과정

경영의 의사결정에 경영과학의 접근방법이 필요한 이유는 무엇보다도 의사결정의 결과의 중대성 때문이다. 잘못된 의사결정은 조직(시스템)의 존립을 위협하고 경우에 따라서는 그 조직이 소멸하기도 한다. 단 한 번의 잘못된 투자가 기업 전체를 파산으로 이끌고 나아가서는 국가의 경제에 타격을 입히기도 한다. 의사결정 과정에서 예상하지 못한 상황이 발생하여 곤란에 봉착하기도 한다. 예를 들어서 많은 예산을 투입하여 항만이나 공항, 도로를 건설한 후 별로 활용되지 않고 교통 소통에 도움을 주지 못한다면 예산만 낭비하는 결과가 된다. 이러한 예는 의사결정을 더욱 신중히 하여야하고 더 많은 경우의 상황을 예측하여 분석하여야 함을 말한다.

또한, 경영과학이 필요한 두 번째 이유는 문제에 영향을 미치는 요소가 많고 이들의 관계가 복잡하기 때문에 경험이나 직관적인 판단으로 결정하기 어려워지기 때문이다. 의사결정문제 중에는 전에 경험하지 못한 새로운 문제가 많다. 일상적인 운영에 관한 문제라고 하더라도 신속하게 효율적으로 그리고 에러 없이 의사결정을 내리기 위해서는 경험에 의한 지식과 직관에만 의존할 것이 아니라 보다 과학적이고 체계적으로 접근할 것을 요구하고, 그에 따라 새로운 분석 기법과 도구가 필요하게 되었다. 경영과학은 이러한 요구를 만족시키기 위해서 발달한 학문의 한 분야이다.

일반적인 문제해결과정(problem solving process)은 다음 4단계로 이루어진다. 문제를 발견하여 정의하고, 여러 가지 해결 대안(alternatives)을 마련하고, 대안을 평가하

표 1.1 의사결정의 4단계와 모형화에 의해 해결되는 부분

의사결정의 4단계	(1) 문제의 발견 및 정의 (2) 대안마련 (복수 대안) (3) 해법에 의한 대안평가 및 최적안 선택 (4) 현실적용 및 실천
모형화에 의해 해결되는 부분	(2) 대안마련 (복수 대안) (3) 해법에 의한 대안평가 및 최적안 선택

여 최적안을 선택하고, 선택된 대안을 현실에 적용하여 실천한다. 경영과학은 모형을 통하여 대안을 마련하고 평가하여 최적안을 선택할 수 있게 한다. 즉, 모형은 문제에 대한 바람직한 결과를 목표로 설정하고, 바람직함을 평가하는 평가기준(decision criterion)을 수립하며, 모형은 대안을 생성하고 평가하여 선택하는 과정을 계량적으로 수행할 수 있도록 해준다. 좁은 의미에서 본다면 경영과학은 경영의 의사결정 문제를 모형화하고 그것을 풀어서(대안을 마련하고 평가하여 최적안을 선택해서) 현실에 적용하는 것이다. 이러한 훈련을 하는 것이 경영과학에서 공부이다.

문제를 모형화하고 해를 구해서 현실에 적용하는 과정은 그림 1.7과 같이 설명할 수 있다.

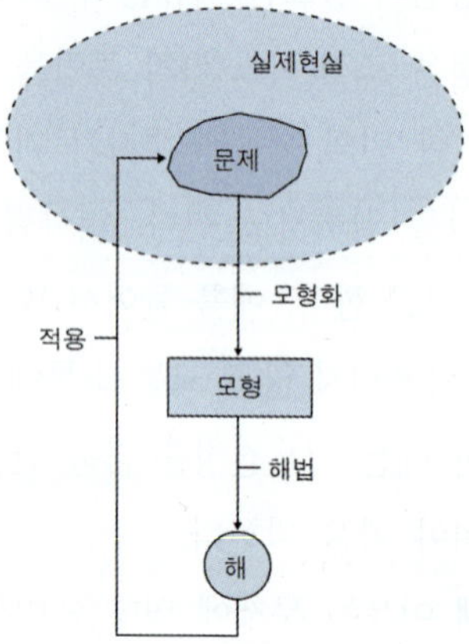

그림 1.7 문제의 현실 상황과 문제의 모형

그림에서 보듯이 문제는 현실의 실제 상황에 싸여 있다. 실제 현실 속의 **문제를 모형으로** 표현하고 그 모형에서 얻어진 해(solution)를 현실에다 적용하는 절차를 밟는다.[6] 이 때, 문제를 표현하기 위해서는 현실의 일부를 생략하거나 단순화시키기도 하고 또, 현실에 없는 것을 가정하기도 한다. 그러나 생략 및 단순화를 하더라도 그 모형

6) 경영과학에서 해(solution)는 실제 경영에서 행동의 방법(course of action) 또는 경영의 행위가 된다.

이 현실의 상황을 정확히 표현하고 있음을 검증(validation)해 보아야 한다. 검증을 통하여 모형이 현실상황을 제대로 반영하고 있다고 판단되어야 그 모형을 통해서 분석하고 해를 구하여 적용할 수 있는 것이다.

1.4 경영과학의 문제와 모형

앞에서 경영과학은 다양한 경영의 문제, 또는 시스템의 설계와 운영을 위한 문제를 대상으로 한다고 하였다. 경영과학을 빈번하게 활용하는 문제들을 살펴보면 한정된 자원을 배분하는 문제, 여러 가지 시스템에 대하여 그것을 최적으로 설계하는 문제, 시스템의 운영상의 관리 문제, 여러 가지 미래 상황이 불확실할 때의 어떤 결과를 예측하거나 분석하는 문제 등을 들 수 있다. 기업경영에 관련된 분야를 본다면 생산관리에서의 생산계획 수립문제, 스케줄링 수립문제, 재고 계획 및 관리 문제, 수송량 배정 문제, 차량경로 문제, 마케팅에서의 광고전략 수립문제, 인사관리에서 인적 자원의 적정한 배치문제, 재무관리에서의 위험관리나 포트폴리오 최적화 문제 등을 들 수 있다.

여러 가지 유형의 문제들을 풀면서 경영과학은 많은 모형들을 연구하고 개발해 놓고 있다. 경영과학자들은 새로운 문제를 만나면, 그 문제를 새로운 모형으로 표현하여 해를 구해서 현실에 적용한다. 그러한 적용이 빈번해지면 그 문제의 모형은 경영과학의 정형화된 모형으로 새롭게 자리 잡게 되고 우리는 그것을 공부하게 된다. 다음은 경영과학에서 빈번히 활용하는 그러면서도 잘 개발된 경영과학 모형이다.

1. **선형계획** (Linear Programming : LP)

   여러 가지 제한조건을 충족시키면서 목표하는 결과 값을 최적화(이익의 최대화, 비용의 최소화, 효율의 극대화)시키도록 활동수준(변수)을 정하는 의사결정 모형이다. 선형계획 모형에서는 제한조건과 목표하는 결과 값이 변수에 대해 선형관계식으로 표현된다. 선형계획 모형은 그 해법(심플렉스방법)과 민감도 분석기법이 잘 연구되어 있다.

2. **수송계획** (Transportation Problem)

   여러 곳의 공급지에서 여러 곳의 수요지로 물품을 수송하는 문제를 다루는 모형이다. 공급지의 공급 가능량 조건과 수요지의 수요량 요구를 충족하면서 수송비용을 최소화하는 수송방법을 찾아준다. 공간적인 수송문제 뿐만 아니라 생산계획, 물류계획 등 다양한 분야에 응용된다.

3. 네트워크 분석(Network Analysis)

연결마디(node)와 연결가지(arc)로 표현되는 네트워크에서 흐름량을 최대화시키거나, 흐름비용을 최소화하거나, 출발지에서 목적지까지의 최단경로를 찾는 등의 문제가 여기에 포함된다. 전기, 수도, 통신 등의 네트워크 뿐 아니라 생산 스케줄 수립 등 다양한 분야에 응용된다.

4. PERT/CPM

프로젝트를 관리하기 위해 프로젝트의 각 활동(activities)들의 선행관계를 네트워크로 표현할 수 있으며, 이러한 네트워크에 기초한 프로젝트 완료시간 관리와 자원의 활용 방법을 분석해 주는 모형이다.

5. 정수계획(Integer Programming : IP)

활동수준(변수)이 정수값으로 표현되는 정수계획문제는 실수값으로 표현되는 선형계획문제와 비교할 때, 수학적 모형은 매우 비슷해 보이나 난이도가 높은 문제이다. 0/1 이진변수를 활용하면 여러 가지 선택조건이나 논리적 제약을 표현할 수 있고, 고정비 발생문제, 배치(batch) 사이즈 생산문제, 조합적인 선택문제를 정수계획문제로 모형화해서 해를 구할 수 있다.

6. 비선형 계획(Nonlinear Programming : NLP)

제한조건이나 목표하는 결과 값이 의사결정변수의 활동수준에 대해서 비선형으로 표현되는 문제를 다루는 최적화 의사결정 모형이다. 비선형 계획은 일반적인 비선형 함수의 최적화를 비롯하여, 주식의 β(베타) 값 추정, 투자 포트폴리오 최적화, 재고관리문제, 관리경제학적인 함수(생산함수, 비용함수)의 최적화에 응용된다.

7. 다목적 계획(Multi-objective LP) **및 목표계획**(Goal Programming : GP)

제한조건 하에서 여러 개의 목표를 동시에 달성하는 의사결정을 찾는 모형이다. GP에서는 가능한 한 목표를 근접하게 충족시키는 최선의 해를 찾는다.

8. 의사결정분석(Decision Analysis)

예측되는 미래의 여러 가지 상태(states)에 따라 선택 대안이 주는 성과이득(payoff)이 다른 경우, 성과이득을 최대화하는 의사결정문제의 분석을 다룬다. 성과이득이 화폐적 가치로 표현되는 경우와, 성과이득이 효용함수(utility function)에 의해 효용 값으로 표현되는 경우를 포함한다.

9. 마코프 체인(Markov Chain)

시간이 지남에 따라 상태가 확률적으로 변화하는 과정을 확률과정이라 하며, 확률과정 중에서 가장 널리 적용되고 있는 확률과정이 마코프 체인이다. 마코프 체인은 미래상태가 어떻게 될 것인지에 대한 확률분포가 과거 상태에는 영향을 받지 않고 현재상태에만 영향을 받는다. 마코프 체인이 적용되는 예로는 시장점유율의 변화, 주식의 가격변화, 재고상태의 변화, 매출채권의 상태변화 등이 있다.

10. 대기행렬 모형(Waiting Line Model, Queueing Model)

은행이나 병원과 같이 서비스 시스템에 도착하여 대기하였다가 서비스를 완료하고 시스템을 떠나는 경우, 평균대기 시간, 평균대기자 수 등을 분석하는 모형이다. 도착방법, 서비스방법, 서비스 창구 개수, 도착 고객의 모집단 크기, 시스템 내 체류 인원 제한 등의 여러 가지 경우에 따라서 대기행렬 모형은 다양한 수식모형으로 표현된다.

11. 시뮬레이션 (Simulation)

수학적 분석모형(analytic model)으로 표현하기에는 현실 시스템이 너무 복잡한 경우가 있다. 이때에는 현실 시스템과 유사하게 작동하는 가상의 모형을 컴퓨터 프로그램으로 만들고, 현실 시스템의 작동을 모의실험(시뮬레이션)해 봄으로써 현실 시스템의 상태와 특성을 알아보는 방법이다. 시스템의 행동(움직임)이 확률적인 선택을 따르는 경우 시뮬레이션은 적합한 분석방법이 된다. 시뮬레이션은 대기행렬 시스템 분석, 주식투자방법 분석, 기업의 현금흐름 분석 등 다방면에 활용된다. 우리는 스프레드시트 시뮬레이션에 초점을 맞춘다.

12. 예측모형 (Forecasting Model)

시간흐름에 따라 변하는 값들 (예 : 원유가격, 주식가격, 이자율 변동)의 미래 값을 예측하는 모형이다. 추세나 주기적 변동, 계절적 변동 등을 반영하여 예측한다.

여기서 제시한 모형들이 경영과학 모형의 전부는 아니다. 끊임없이 새로운 모형을 연구하고 개발한다. 또, 기존의 모형에 대해서도 현실 상황에 따라 수정하고 개선하여 현실 상황에 대한 **충실도**(fidelity)를 높여서 적용하려고 애쓴다. 또는 그 해를 찾는 방법(해법)을 개량하여 더 복잡하고 더 큰 규모의 문제(변수와 제약조건의 개수가 더 많은)를 더 빠른 시간 안에 풀 수 있도록 연구하여 모형의 **취급용이성**(handling feasibility)을 높이려고 애쓴다.

경영과학을 공부하는 단계에서는 우선 **정형화된 모형**을 공부하여 그 모형의 특성을 이해하고 그것을 현실에 적용하는 방법을 익히는 것이 먼저이다. 따라서 본 교재에서는 응용이 빈번한 정형화된 모형들을 공부하되 사례문제로 제시된 현실 문제를 해결하면서 익히도록 하고 있다.

경영과학 모형을 실제 적용하려면 수학적 모형을 엑셀 시트에 스프레드시트 모형으로 표현하여야 한다. 그리고 표현된 스프레드시트 모형에 엑셀 **해찾기**(solver)를 적용하여 최적해를 구한다. 이를 위해 1.6절에서 엑셀 스프레드시트의 표현을 살펴볼 것이다.

1.5 경영과학의 역사

앞에서 살펴본 것처럼 경영과학은 경영의 문제를 계량적으로 표현하여 다룬다. 이러한 예는 역사적으로 꽤 오래되었다. 왜냐하면, 경영의 문제가 오래되었기 때문이다. 그러나 수리적인 모형으로 표현하고 그것을 풀어서 해를 구한 것은 20세기 들어서였다. 1915년 **F. W. Harris**는 웨스팅하우스사에 근무하면서 경제적 주문량 모형(EOQ model)을 고안하였다. 여기서 그는 주문 비용과 재고 비용을 고려하여 전체 기간 동안 발생하는 비용을 최소로 하는 주문량을 계산하는 모형을 개발하였다. 모형은 간단하지만 EOQ 모형은 지금도 재고관리의 기초 모형이 되고 있다. 또, 이 무렵 1917년 덴마크의 전기기사였던 **A. K. Erlang**은 자동전화 교환기에서의 대기시간(waiting time)의 확률분포를 계산하는 공식을 연구하였다. 이는 대기이론(queueing theory)의 기초가 되었다.

경영과학적 연구는 1, 2차 세계대전을 겪으면서 군사작전 연구에서 활발하였다. 일차대전 무렵에는 영국의 **F. W. Lanchester**는 전투 화력방정식을 만들어서 군사 전력을 '군사인원수×유효화력'으로 표현하였다. 이는 지금도 제품의 시장점유율 목표를 정하는 데 활용되고 있다. 2차 세계대전 중에 영국은 독일 공군의 공중폭격을 견디어 내어야 했다. 대응 방법은 독일군 폭격기에 대하여 대공포를 쏘는 것이었다. 영국은 과학자들을 동원하여 당시 개발 중이던 화형(花形) 레이더체계를 응용하여 대공 경계체제를 연구하였다. 연구는 성공적이어서 손실을 1/10으로 줄일 수 있었다. 그 결과 개전 후 2년 만에 정식으로 육·해·공군 **OR**(Operational Research)팀을 구성했다. **P. M. S. Blackett** 교수를 중심으로 한 해군의 OR팀이 활약하기 시작한 때가 이때이다. (Blackett 교수가 1948년 발행하였던 팜플렛 "Operational Research"가 가장 오래된 출판물로 여겨지고 있다.)

Blackett 교수를 중심으로 3명의 심리학자, 2명의 수리 물리학자, 2명의 수학자, 1명의 천체물리학자, 1명의 일반물리학자, 1명의 장교(조사관), 1명의 측량가로 OR팀을 구성하여 조기경보통제, 대공포문제, 대잠수함문제 등 군사문제를 다룬 것이 경영과학의 시초로서 받아들여지고 있다. 이들은 대잠수함 폭뢰의 폭발 수심을 100피트에서 25피트로 수정하여 그동안 한 대도 격침시키지 못했던 독일군 잠수함을 월 20척이나 격침시켰다(박순달, 1998 참조).

2차대전 후, 경영과학의 활동은 활발해졌다. 전쟁 중에 경영과학을 적용해 본 전문인력도 풍부하였다. 이들은 경영과학의 기법을 기업의 경영문제에 적용하기 시작하였다. 2차 대전 후 경영과학의 학회활동도 활성화 되었다. 1950년대 초기에 미국에서는

ORSA (Operations Research Society of America)와 TIMS (The Institute of Management Science)가 창립되었다. 1952년 ORSA는 *Operations Research*를 발간하고, 1953년에 TIMS는 *Management Science*를 발간을 시작하였다. 영국에서는 Operational Research Club을 조직하고 *Operational Research Quarterly*를 발간하고 있다. 우리나라에서도 경영과학회가 결성되고 경영과학학회지를 발간하고 있다.

경영과학의 역사적 발자취에서는 1947년 **G. B. Dantzig**의 심플렉스 방법의 연구를 빼놓을 수 없다. Dantzig의 **심플렉스 방법**은 선형계획 모형의 문제를 풀어주는 해법이다. 그러나 변수 수가 조금만 많아지면 사람 손으로 계산하는 것은 어려웠다. 따라서 처음에는 별로 신통하게 생각하지 않았다. 그러나 이후 컴퓨터가 보급되면서 수천 개의 변수와 수천 개의 제약식이 있는 문제도 쉽게 풀 수 있게 되었다.

윈도우 환경에서 선형계획문제의 해를 제공하는 LINDO와 비선형계획(선형계획 포함)의 문제의 해를 제공하는 LINGO, 선형 및 비선형계획 문제를 해를 제공하면서 대수적인 식의 표현(예: 시그마 Σ)들의 입력을 용이하게 한 GAMS 등은 모두 심플렉스 방법을 포함하고 있다. 이 책에서 이용하는 Excel의 "해찾기(solver)"도 심플렉스 방법을 포함하고 있다.

엑셀의 "해찾기"도구는 경영과학의 역사에서 볼 때 그 공헌도가 매우 높다. 무엇보다도 경영과학의 모형을 아주 손쉽게 이용할 수 있게 되었다는 점이다. 스프레드시트로 자료를 입력함으로 자료입력이 매우 간편해졌고, 자료의 수정, 확인이 용이해졌다. 그리고 해를 구하는 절차도 간편해졌다. 다른 소프트웨어를 사용하려면 그 소프트웨어에 맞게 자료를 구성해서 입력해야 하는데, 이것이 여간 번거롭고 불편한 것이 아니었다. 경영과학 모형을 활용하여 문제를 해결하는 것이 이제는 경영과학자들인 전문가의 것이 아니고, 일반인들도 할 수 있게 되었다는 점에서 엑셀의 해찾기(solver)기능은 높이 평가하지 않을 수 없다.[7)]

예를 들면, Nu-kote International 이라는 미국 회사는 레이저 프린트, 토너 카트리지, 팩스 용품 등을 제조하여 공급하고 있는데, 부품 수급과 생산계획, 완성품 배송에 이르는 문제를 5,000개~9,700개의 변수와 2,452개의 제약식을 가진 선형계획 모형(2장 참조)으로 개발하여 엑셀 해찾기로 풀고 있다. (Frontline Systems, Inc. 가 제공하는 대형 LP를 풀 수 있는 premium solver를 사용함.) 이 회사는 원가를 연간 백만 불씩

7) Frontline Systems Inc. (http://www.frontsys.com)에서 공급하고 있는 프로그램으로서 엑셀에 추가기능(Add-in)으로 사용할 수 있다. 마이크로소프트의 오피스에 번들로 공급되는 해찾기(solver) 기능은 변수를 500개까지 처리하여 선형, 비선형 정수계획법 문제를 풀어준다. 상업용으로 공급되는 premium solver는 이보다 훨씬 많은 변수를 처리할 수 있다.

절감하고 고객에게 조달하는 시간을 이틀이나 단축하고 있다(L. LeBlanc, et al., [2004]).

Fylstra[1998]에 따르면, 전 세계에 3,500만명의 엑셀 사용자 가운데 80-90%가 해 찾기를 사용할 수 있으며, 비전문가 컴퓨터 사용자들도 손쉽게 경영과학의 도구를 사용할 수 있게 되었다. 오래된 조사이지만 Leon[1996]의 조사에 의하면 OR/MS 모형을 사용하는 기업의 1/3정도는 스프레드시트 모형을 이용하고 있고, 중소규모의 기업에서는 40%가 넘게 스프레드시트 모형을 활용하고 있었다. 지금은 이 통계치를 훨씬 넘어서고 있음이 분명하다. 이렇게 스프레드시트 모형을 많이 활용하는 또 다른 이유는 자료와 분석을 기업 내에서 손쉽게 공유할 수 있다는 점이다. HP(휴렛 패커드) 같은 거대 기업에는 공장과 판매 시장이 전 세계에 흩어져 있고, 공급자와 구매책임자들이 모두 흩어져 있다. 그러나 이들은 모두 스프레드시트로서 자료 포맷을 공유하고 의사소통을 손쉽게 하고 있다(C. Laval et al. [2005]).

이처럼 스프레드시트의 활용이 보편화 되면서 스프레드시트를 활용하여 의사결정 문제를 다루는 능력을 학생들에게서 필수적으로 요구하고 있다. 이러한 요구에 따라, 엑셀을 활용하여 의사결정을 가르치는 경영과학 과목이 MBA 코스에서뿐만 아니라 (Robinson et al., 2003) 대학의 학부과정에서도 점점 재미있는 과목으로 그리고 필수적인 과목으로 인식되고 있다.

1.6 경영과학 문제의 스프레드시트 표현

경영과학 모형을 엑셀 시트로 표현하려면 먼저 주어진 자료를 입력해야 한다. 예제 1.1의 모형에서 본다면 교체 판매가격, 개당 수입가격, 1회 주문비용, 연간 주문횟수, 개당 교체비용이 **입력 자료**에 해당한다. 이러한 입력 자료는 의사결정자가 통제할 수 없는 값이다.

스프레드시트로 표현할 때 몇 가지 유의할 사항이 있다. 첫째는 스프레드시트를 **유연하게 활용할** 수 있도록 모형화하는 것이 중요하다. 데이터를 수식 셀에 직접 포함시키는 것보다 입력 자료 셀에 놓고, 수식 셀에서 입력자료 셀을 참조하여 사용하는 것이 **유연성**을 높인다. 데이터 값이 바뀔 경우, 그 데이터가 포함된 셀을 일일이 찾아 수식을 바꿀 필요가 없이 단지 입력 자료 셀의 값만 바꾸면 되기 때문이다.

둘째, 시트를 입력 자료, 모형, 변수셀, 목표셀 등과 같이 적절한 **카테고리로 분류**하는 것이 모형의 이해도를 높인다. 그리고 입력 자료 셀은 회색 음영으로 표시하고,

변수셀은 파란색으로 테두리하고, 목표셀은 분홍색 겹-테두리하여 스프레드시트 모형을 가독성있게 표현한다.

이제 경영과학 스프레드시트 모형화에 빈번히 사용되는 유용한 엑셀 함수들을 소개한다.

1) 함수 sum()과 sumproduct()

엑셀의 함수 sum(범위 A)는 범위 A에 있는 셀의 값을 더한다. 함수 sumproduct(범위 A, 범위 B)는 범위 A의 셀들과 범위 B의 대응되는 셀끼리 곱하고 곱한 값들을 합한다. 즉 대응되는 위치의 셀들을 product(곱셈)하고, 곱한 값들을 sum(덧셈)한다. 벡터 내적을 연상하면 된다.

(예 1) 그림 1.8에서 영역 B6:F6는 각각 제품별로 판매단가와 판매수량을 곱함으로 판매액을 계산한다. 판매액 합계인 B9은 B7에서 F7까지의 값을 sum함으로 계산된다. 이와 같은 과정을 하나의 함수 sumproduct를 사용하여 B10에서 판매액 합계를 계산하였다.

```
B6 = B4*B5    C6:F6 자동복사
B8 = SUM(B6:F6)
B9 = SUMPRODUCT(B4:F4, B5:F5)
```

	A	B	C	D	E	F
1	SUM() 및 SUMPRODUCT() 함수 사용 예					
2	(예 1)					
3		제품 1	제품 2	제품 3	제품 4	제품 5
4	판매 단가	2000	3500	1500	5000	200
5	판매 수량	10	14	7	3	13
6	제품별 판매액	20000	49000	10500	15000	2600
7						
8	판매액 합계	97100				
9	판매액 합계	97100				

B6 =B4*B5 C6:F6 자동복사
B8 =SUM(B6:F6)
B9 =SUMPRODUCT(B4:F4,B5:F5)

그림 1.8 엑셀 함수 sum()과 sumproduct() 사용 예 1

(예 2) 그림 1.9는 주식 종목별 투자수익율과 투자금액이 입력되어 있을 때, sum과 sumproduct 함수를 사용하여 투자금액 합계와 투자수익금 합계가 계산됨을 보여준다. 그림에서 보듯이 함수 sum과 sumproduct는 세로 영역에 대해서도 적용된다. B20은 투자금액 합계가 세로 영역에 대해 sum 함수로 계산되었고, B21의 투자수익금 합계는 두 세로 영역에 대해 sumproduct 함수로 계산되었다.

```
B20 = SUM(C13:C18)
B21 = SUMPRODUCT(B13:B18, C13:C18)
```

	A	B	C	D	E	F
11	(예 2)					
12		투자수익율	투자금액			
13	S 전자	12%	2000			
14	한국공학	3%	3000			
15	현진엔진	-5%	1500			
16	마즈테크	8%	2300			
17	PS바이오	16%	1000			
18	황주약품	-12%	4000			
19						
20	투자금액 합계	13800	B20 =SUM(C13:C18)			
21	투자수익금 합계	119	B21 =SUMPRODUCT(B13:B18,C13:C18)			

그림 1.9 엑셀 함수 sum()과 sumproduct() 사용 예 2

(예 3) 그림 1.10에서 소개하는 예는 앞의 예의 연장이다. 즉 입력 자료가 같다. 다만 특별한 수익률 조건을 만족하는 종목에 국한해서 투자금액 합계와 투자수익금 합계를 계산하기 위해 투자수익률 조건을 반영하는 과정을 포함하고 있다. D25:D30은 수익률이 6% 이상인 종목은 1, 아니면 0으로 구분하였다. E25:E30은 수익률이 6% 미만인 종목은 1, 아니면 0으로 구분하였다. 1과 0은 직접 타이핑하여 입력해도 되지만, 엑셀의 IF 함수를 이용해도 된다.

C32는 수익률이 6% 이상인 종목에 투자한 투자금액 합계를 sumproduct로 계산하였고, C33은 수익율이 6% 이상인 종목에서 얻은 투자 수익금의 합계를, C34는 수익율이 6% 미만인 종목에서 얻은 투자 수익금의 합계를 계산하였다. 주의할 점은 C33과 C34에서 사용된 sumproduct는 3개의 영역을 포함하고 있다는 것이다. 참고로 sumproduct는 30개 영역까지 포함할 수 있으며. 포함되는 영역은 같은 차수(셀 개수)여야 하지만, 영역 나열 순서는 관계 없다.

```
D25 = IF(B25>=6%, 1, 0)    D26:D30 자동복사
E25 = IF(B25<6%, 1, 0)    E26:E30 자동복사
C32 = SUMPRODUCT(C25:C30, D25:D30)
C33 = SUMPRODUCT(B25:B30, C25:C30, D25:D30)
C34 = SUMPRODUCT(B25:B30, C25:C30, E25:E30)
```

	A	B	C	D	E
23	(예 3)			투자수익률 조건	
24		투자수익율	투자금액	6% 이상	6% 미만
25	S 전자	12%	2000	1	0
26	한국공학	3%	3000	0	1
27	현진엔진	-5%	1500	0	1
28	마즈테크	8%	2300	1	0
29	PS바이오	16%	1000	1	0
30	황주약품	-12%	4000	0	1
31					
32	수익율 6%이상에 투자한 금액		5300		
33	수익률 6%이상에서의 수익금		584		
34	수익률 6% 미만에서의 수익금		-465		

D25 =IF(B25>=6%,1,0) D26:D30 자동복사
E25 =IF(B25<6%,1,0) E26:E30 자동복사
C32 =SUMPRODUCT(C25:C30,D25:D30)
C33 =SUMPRODUCT(B25:B30,C25:C30,D25:D30)
C34 =SUMPRODUCT(B25:B30,C25:C30,E25:E30)

그림 1.10 엑셀 함수 sum()과 sumproduct() 사용 예 3

2) 자동복사(자동 채우기)

엑셀에서는 셀을 '복사(ctrl+C)'하여 다른 셀에 '붙이기(ctrl+V)' 할 수 있다. 텍스트나 숫자는 그대로 복사되지만 식이 입력되어 있을 때는 동일한 식이 복사되지 않고 위치를 반영한 상대적인 식이 복사된다. 그림 1.11(a)에서 셀 C1에 식 '=A1*B1'이 입력되어 있을 때, C1을 복사하여 C2에 붙이기(식으로 붙이기)하면 그림 1.11(b)에서 C2에는 '=A2*B2'가 입력된다. 즉 C1과 C2의 위치를 반영한 상대적인 식이 복사된다.

C1 | fx =A1*B1

	A	B	C	D	E
1	1	2	2		
2	3	4			
3					

(a) 셀 C1 복사냉각

C2 | fx =A2*B2

	A	B	C	D	E
1	1	2	2		
2	3	4	12		
3					

(b) 셀 C2에 붙이기(식으로 붙이기)

그림 1.11 식이 입력된 셀의 복사–붙이기 (상대적인 식이 복사됨)

엑셀에서 복사-붙이기를 일일이 하지 않고 한꺼번에 여러 셀을 자동복사(자동 채우기) 할 수 있다. 그림 1.12에서 셀 D3에 식 '=B3*C3'를 입력한 뒤, 셀 D3를 선택하면 통통한 하얀-십자가 모양의 커서가 보인다. 이제 커서를 셀 D3의 우측-하단 코너(점)로 이동하면 하얀-십자가가 홀쭉한 **검은-십자가**로 변한다. 이 상태에서 D4에서 D8까지 잡아당기면 자동복사 된다. 그러면 D4:D8에 각각 자동복사된 식은 아래와 같다.

D3 =B3*C3 (셀에 직접 입력한 식)
D4 =B4*C4 (자동복사된 식)
D5 =B5*C5 (자동복사된 식)
D6 =B6*C6 (자동복사된 식)
D7 =B7*C7 (자동복사된 식)
D8 =B8*C8 (자동복사된 식)

	A	B	C	D	E	F	G
1	자동복사(1): 상대주소						
2		판매개수	판매단가(천원)	판매금액(천원)			
3	1월	1500	2	3000			
4	2월	1300	3	3900			
5	3월	1000	4	4000			
6	4월	1400	5.4	7560			
7	5월	1600	3	4800			
8	6월	2000	2.5	5000			
9				28260	합계		
10				4710	평균		

D3 =B3*C3 D4:D8 자동복사
D9 =SUM(D3:D8)
D10 =AVERAGE(D3:D8)

그림 1.12 상대주소를 이용한 자동복사(자동채우기)

3) 자동복사: 절대주소

앞의 예와 상황은 비슷하나 판매단가가 2(천원)으로 일정하다. 따라서 판매단가를 월별로 표시하지 않고 셀 C14에 입력하였다. 그림 1.13처럼 월별 판매액을 계산하기 위해 C17=B17*C14를 입력하고 C18:C22에 자동복사하면 여러 셀에 오류 메시지(#value!)가 보인다.

	A	B	C	D	E	F
13	자동복사(2): 상대주소를 사용하면 안되는 경우					
14		판매단가(천원)	2			
15						
16		판매개수	판매금액(천원)			
17	1월	1500	3000			
18	2월	1300	0			
19	3월	1000	#VALUE!			
20	4월	1400	4200000			
21	5월	1600	0			
22	6월	2000	#VALUE!			
23			#VALUE!	합계		
24			#VALUE!	평균		

C17 =B17*C14 C18:C22 자동복사
C23 =SUM(C17:C22)
C24 =AVERAGE(C17:C22)

그림 1.13 상대주소를 이용한 자동복사(자동채우기)

C18:C22 각 셀에 자동복사된 식들은 아래와 같다.

```
C17 =B17*C14  (셀에 직접 입력한 식, 식에 상대주소만 있음)
C18 =B18*C15  (자동복사된 식)
C19 =B19*C16  (자동복사된 식)
C20 =B20*C17  (자동복사된 식)
C21 =B21*C18  (자동복사된 식)
C22 =B22*C19  (자동복사된 식)
```

C16에 수(number)가 아니고 텍스트라서 C20의 값은 계산이 되지 않아 오류를 보인 것을 알 수 있다. 따라서 자동복사에서 어떤 셀을 고정시키고자 할 때는 절대주소를 사용해야 한다. 절대주소란 고정시키고자 하는 셀의 열(알파벳) 또는 행(자연수) 앞에 '$'를 붙이는 것을 의미한다.

그림 1.14는 절대주소를 이용한 자동복사에 의해 제대로 계산된 모형이다. 즉 월별 판매액을 계산하기 위해 C17=B17*$C$14 를 입력하고 C18:C22에 자동복사하였다. 절대주소를 사용한 결과 C18:C22 각 셀에 자동복사된 식들은 아래와 같다. '$C$14'로 표시된 셀 C14는 절대주소로 지정되었으므로 복사될 때 변하지 않고 그대로 유지됨을 알 수 있다.

```
C17 =B17*$C$14  (셀에 직접 입력한 식, 식에 절대주소 포함됨)
C18 =B18*$C$14  (자동복사된 식)
C19 =B19*$C$14  (자동복사된 식)
C20 =B20*$C$14  (자동복사된 식)
C21 =B21*$C$14  (자동복사된 식)
C22 =B22*$C$14  (자동복사된 식)
```

	A	B	C	D	E	F
13	자동복사(2): 절대주소					
14		판매단가(천원)	2			
15						
16		판매개수	판매금액(천원)			
17	1월	1500	3000	C17 =B17*$C$14 C18:C22 자동복사		
18	2월	1300	2600	C23 =SUM(C17:C22)		
19	3월	1000	2000	C24 =AVERAGE(C17:C22)		
20	4월	1400	2800			
21	5월	1600	3200			
22	6월	2000	4000			
23			17600	합계		
24			2933	평균		

그림 1.14 절대주소를 이용한 자동복사(자동채우기)

절대주소를 사용할 때 '$'를 일일이 타이핑하는 것은 번거롭다. 예를 들어 그림 1.14의 셀 C17에 엑셀 식 '=B17*C14'를 입력하고자 할 때, 직접 타이핑하지 않고 다음과 같이 하는 것이 좋다.

① C17에 '='는 직접 타이핑한다.
② 커서로 셀 B17를 선택한다. 그러면 '=B17' 이 된다.
③ '*'는 직접 타이핑한다. 그러면 '=B17*' 이 된다.
④ 커서로 셀 C14를 선택한다. 그러면 '=B17*C14' 이 된다.
⑤ 커서를 현재까지 표현된 식 '=B17*C14'에서 **C 바로 앞**, 또는 **C와 14 중간**, 또는 **14 바로 뒤**에 놓고 function key 'F4'를 친다. 그러면 식은 '=B17*$C$14'이 된다.

function key 'F4'는 칠 때마다 절대주소가 아래와 같이 바뀐다. 여기서 커서는 C14의 앞, 중간, 뒤 중 한 곳에 위치하고 있다고 가정한다.

```
   C17 =B17*C14     (입력된 식, 절대주소 없는 식)
⇒ C17 =B17*$C$14   (F4 1회 치면, C14의 C열과 14행 모두 고정)
⇒ C17 =B17*C$14    (F4 한 번 더 치면, C14의 14행만 고정)
⇒ C17 =B17*$C14    (F4 한 번 더 치면, C14의 C열만 고정)
⇒ C17 =B17*C14     (F4 한 번 더 치면, 절대주소 없는 식으로 다시 돌아옴)
```

4) 해찾기 기능 추가

엑셀 메뉴에서 데이터를 선택하여 오른쪽 끝에 '해찾기'가 없으면 기능을 추가해야 한다. 해찾기는 매번 추가할 필요 없이 한 번 기능이 추가되면 '데이터>우측상단'에 존재한다. 그림 1.15는 해찾기 기능이 설치되어 메뉴에서 데이터를 선택할 때 우측에 해찾기가 있음을 확인할 수 있다.

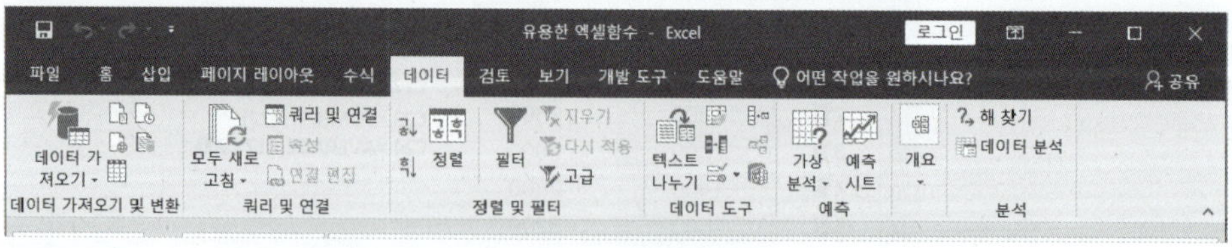

그림 1.15 메뉴에서 데이터를 선택시 오른쪽 끝에 해찾기 있음

이제 해찾기가 없을 때, 어떻게 해찾기 기능을 추가하는 지를 보인다.

① 첫 번째 메뉴인 '**파일**'을 선택하면, 그림 1.16처럼 왼쪽으로 세로 메뉴가 보인다. 가장 아래에 위치한 '옵션'을 선택한다.

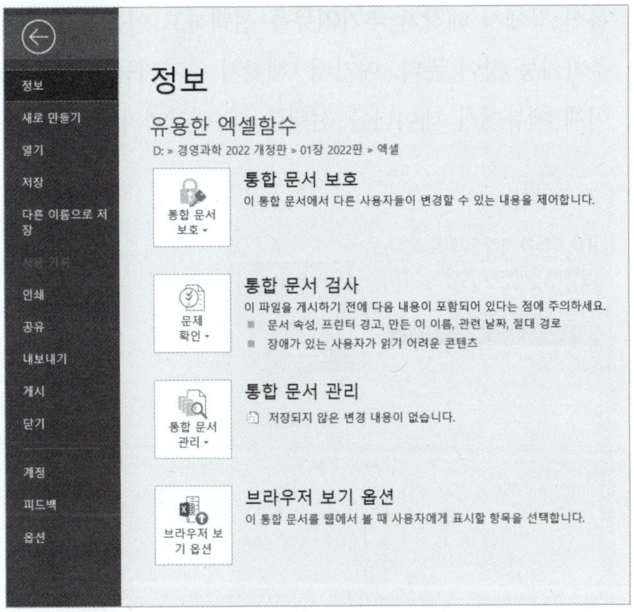

그림 1.16 메뉴 '파일'을 선택하고 가장 밑에 있는 '옵션'을 선택

② 메뉴에서 파일>옵션을 선택하면, 그림 1.17과 같은 엑셀 옵션 창이 뜬다. 여기서 '추가기능'을 선택하고, 옆에서 여러 추가가능 중 '해찾기 추가기능'을 선택한다. 그리고 '이동'을 클릭한다. 주의할 점은 여기서 '확인'을 선택하면 안된다.

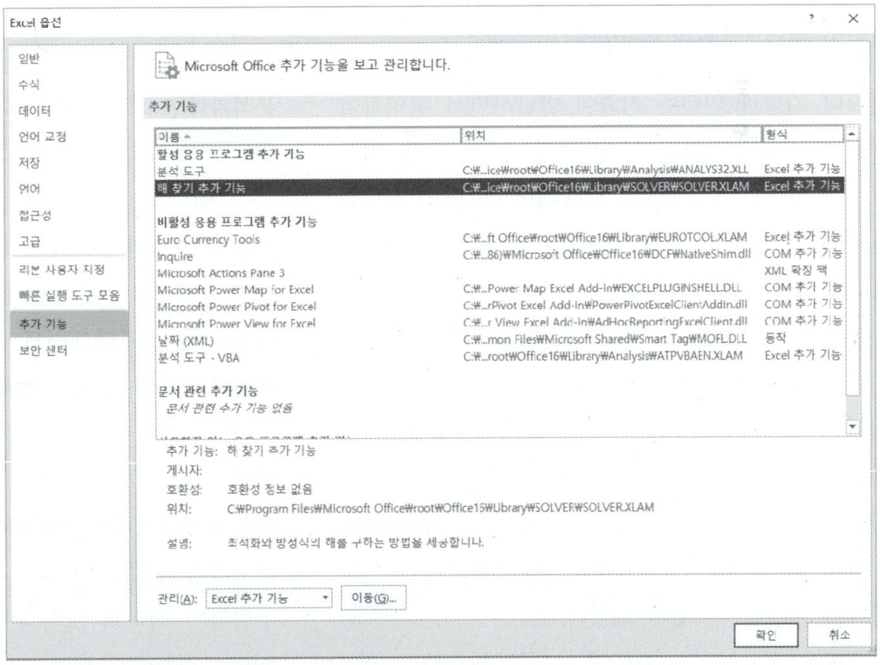

그림 1.17 엑셀 옵션 창, 여기서 해찾기 추가기능을 선택하고 이동함

③ 옵션 창에서 해찾기 추가기능을 선택하고 이동 버튼을 클릭하면 그림 1.18과 같은 추가기능 창이 뜬다. 여기서 '해찾기 추가기능'을 선택하고, 확인을 클릭하면 된다. 이제 메뉴에서 데이터를 선택할 때 해찾기가 추가되어 있음을 확인할 수 있다.

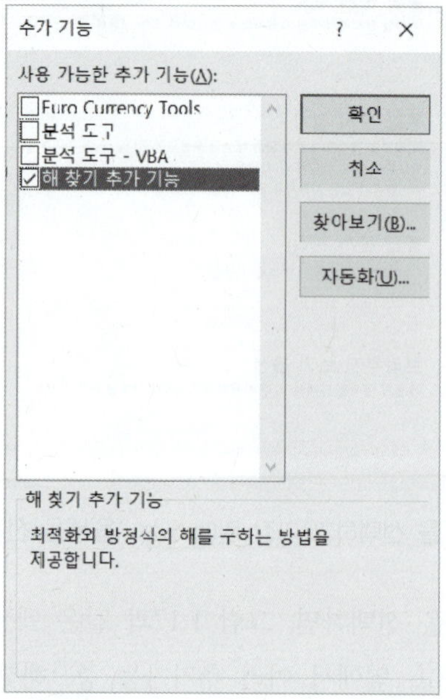

그림 1.18 추가기능 창에서 해찾기 추가기능 선택

모형화 토의 – OR과 분석과학(Analytics)

컴퓨터 기술과 인터넷 기술이 발달하면서 경영과학/OR도 그 활용범위가 확대되었다. 예를 들면, 미국 보스톤 지역의 공립학교는 MIT대학 OR팀의 도움을 받아서 25,000명의 학생 개개인별로 30분 이내 통학할 수 있는 운행 스케줄을 수립하였는데, 운행버스 대수는 오히려 700여 대에서 50대를 줄이는 성과를 거두었다(2019년 INFORMS). 이러한 성과는 데이터의 수집과 OR의 기법 없이는 불가능하였다. 이처럼, 관련 데이터를 수집하여 유용한 정보를 추출할 수 있게 되면서 OR은 더욱 복합적인 시스템(complex system)을 표현하고, 예측하고, 문제해결의 최선의 방안을 처방할 수 있게 되었다.

OR을 응용하여 시스템의 문제를 해결하는 것을 **분석과학**(Analytics)이라고도 부르는데, 이는 OR(경영과학)의 여러 기법과 모형화의 이론을 기초로하여 다음 세 가지 범주를 포함하고 있다.

기술적 분석과학(descriptive analytics) - 데이터를 가지고 과거의 일들을 기술하는 기법: 기술통계, 자료시각화, 스프레드시트의 what-if 가상분석 등

예측적 분석과학(predictive analytics) - 모형을 구축하여 미래를 예측함: 시계열분석, 예측모형, 시뮬레이션을 통한 확률과정과 위험분석 등

처방적(계획적)분석과학(prescriptive analytics) - 제약조건을 만족하는 목적지향의 최선의 행동방법을 추천하는 최적화 모형과 해찾기.

(https://www.informs.org/Explore 참조)

연습문제

1 경영과학을 간단히 정의하라.

2 경영과학을 과학이라고 부르는 이유는?

3 Operations Research의 뜻은?

4 경영과학에서 적용대상을 시스템으로 정의하는 이유는 무엇인가?

5 경영과학이 20세기에 들어와서 생겨난 이유는?

6 경영과학이 다른 학문분야와 구분되는 큰 특징은?

7 수학적인 모형이란 무엇을 말하는가?

8 경영과학의 적용절차를 간단히 설명하라.

9 경영과학의 특성을 간단히 설명하라.

10 경영과학과 자연과학의 다른 점을 생각해 보라.

11 경영과학과 공학(工學, engineering)은 어떻게 다른지 생각해 보라.

12 과학과 공학은 어떻게 다른지 생각해 보라.

13 어떤 제품의 수요와 판매 가격사이에는 다음과 같은 관계가 있다고 하자. 이 식에서 가격은 천 원 단위로 입력한다. (10000원은 10을 입력한다.)

$$\text{수요량} = 2000 - 30 * (\text{가격})$$

① 가격이 20천 원이면 수요량은 몇 개인가? 그 때의 총 판매금액(매출액)은 얼마인가?

② 제품 한 개의 생산원가가 15천 원이라고 하자. 제품의 가격을 20천 원으로 책정했을 때 총 판매이익을 계산하라.

③ 제품가격이 20, 25, 30, 35, 40 천 원인 각각의 경우에 대해서 총 판매이익을 스프레드시트로 표현해서 계산하라.

14 어떤 제품의 판매수량은 다음 식과 같이 광고비와 가격에 따라 정해진다고 하자.

$$\text{판매수량} = 10.25 + 0.70 * \text{광고비} - 3.0 * \text{판매가격}$$

이 식에서 광고비와 가격은 모두 만 원 단위로 입력한다. 판매가격이 3만 원이고, 광고비가 400만 원일 때 판매수량과 판매금액을 엑셀의 스프레드시트의 수식으로 표현하여 구하라.

15 포드 자동차는 모델 T 자동차를 개발하는 데 모두 6만 달러의 고정비가 들었다고 하자. 한 대당 변동비 생산원가는 750달러이고, 판매가격은 1천 달러다.

① 1만 대를 생산해서 팔 경우 **총비용(=고정비 + 변동비)**을 계산하라. 판매이익은 얼마인가?

② ①을 스프레드시트로 표현해서 구하라.

③ 판매대수가 각각 1만대, 1.5만대, 2만대, … 5만대일 때 판매이익을 스프레드시트로 구하라. X대를 생산해서 판매할 경우 판매이익(Y)를 X의 수식으로 표현해 보라.

16 t 년도의 S자동차의 시장점유율 X_t는 다음 식으로 정해진다고 하자. 다음 질문 ①, ②를 스프레드시트로 표현해서 구하라.

$$X_{t+1} = R * X_t * (1 - X_t)$$

X_t : t 년도의 시장점유율, $0 \le X_t \le 1$

R : 상수, $0 < R < 4$

① R 값이 2.0일 때, X_0 (초기년도) 값을 임의로 정

한 후(0과 1.0 사이), 향후 25년간의 시장점유율 X_t 의 변화를 스프레드시트로 나타내라.

② X_0 (초기년도) 값을 임의로 정한 후, R 값이 0.5, 1.0, 1.5, 2.0, 2.5, 3.0, 3.5인 각각의 경우, 향후 25년간의 시장점유율의 변화를 스프레드시트로 계산하여 표로 나타내어 보라.

17 갑을가구는 사무용 책상과 의자, 책장을 주문을 받아서 만들어서 납품하는 회사이다. 그러나 앞으로 일반 시장에서 직접 판매하는 사업을 구상하고 있다. 즉, 조립용 책상을 만들어서 설계도와 함께 판매하려는 것이다. 공정과 원자재 수급을 알아본 결과 일주일에 나무는 80단위를 사용할 수 있으며, 공정 작업시간은 일주일에 60시간까지 사용할 수 있다. 원가를 분석해 본 결과 나무는 단위당 3만원, 공정 작업은 시간당 2만원이 든다는 결론을 얻었다. 새로운 기계구입과 공정을 구성하는데 초기 투자가 1억원이 든다. 책상을 한 개를 만드는 데에 나무는 5단위 사용하며, 작업시간은 4시간이 필요하며, 책상의 판매가격은 한 개당 각 40만원이다. 갑을 가구는 일년 안에 초기투자를 모두 만회하고자 한다.

현재의 자원으로 생산한다면 일주일에 몇 개를 만들 수 있는가?, 그때의 일년간 순이익은 얼마나 되는지 알고 싶다. 첫해에 순이익이 0이 되는 손익분기점(break-even point)은 판매가 몇 개일 때인지 찾아라.

2장 선형계획

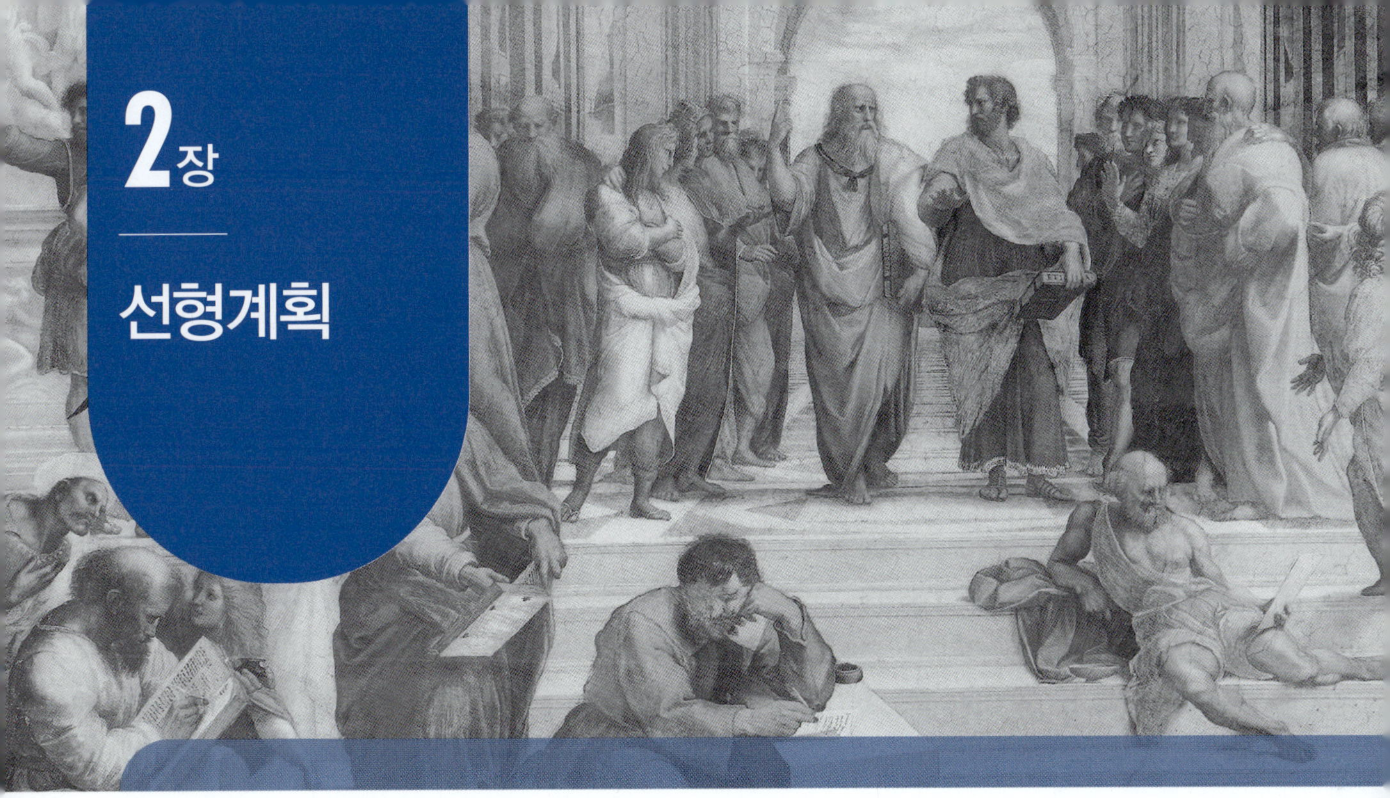

수리계획과 선형계획

경영을 위해서는 계획적인 행동이 필요하고 계획적인 행동을 위해서는 무엇을 어떻게 할 것인지 미리 예측해서 최선의 행동방법을 정하지 않으면 안 된다. 예를 들면, 기업은 이익을 극대화하거나 비용을 최소화시키는 계획적인 행동방법을 찾는다. 이러한 계획적인 행동방법을 찾는 데 **수리계획**(mathematical programming)을 적용할 수 있다. 현실의 제약을 수리계획 모형으로 표현해서 최적의 행동방법(대안)을 선택하는 것을 **최적화**(optimization)라고 하고, 모형을 통해서 얻은 **최적해**(optimum solution)는 의사결정 최적대안 또는 최적계획이 된다. 대안 또는 계획은 일련의 행동을 수반하기 때문에 'programming'이란 단어를 사용한다.

수리계획 가운데 그 상호관계가 선형(linear)인 문제를 다루는 것이 **선형계획**(LP: linear programming)이다. 일반적으로 경영과학에서 다루는 의사결정 문제는 의사결정자가 원하는 바(목적)와 현실의 제약이 수학적 모형으로 표현된다. 특별히 선형계획에서는 변수로 표현되는 목적식이나 제약식이 변수에 대한 선형관계식으로 표현된다. 여기서 선형관계란 어떤 변수가 변함에 따라 그 효과가 비례하여 일정하게 나타나는 것을 말한다.

선형관계는 그래프로 쉽게 이해할 수 있다. 그림 2.1(a)는 자동차의 판매대수(y)가 광고비 투입금액이라는 변수(x)에 대해 선형관계에 있음을 그래프로 보여준다. 어떤 금액의 광고비 x^*를 투입할 때 그 효과(판매대수) y^*라고 하자. 그리고 광고비를 Δx 만큼 증액하여 $x^* + \Delta x$ 만큼 투입할 때 판매대수가 $y^* + \Delta y$ 라고 하면, 광고비를 Δx 만큼 증액시킬 때 그 효과가 Δy만큼 나타난다는 것을 의미한다. 그림 2.1(a)와 같이 서로 선형관계일 때에는 $\Delta y / \Delta x$의 비율이 x^*에 관계없이 일정하다.[1)] 그림 2.1(b)는 광고비의 투입효과가 일정하지 않은 비선형 관계를 보여준다.

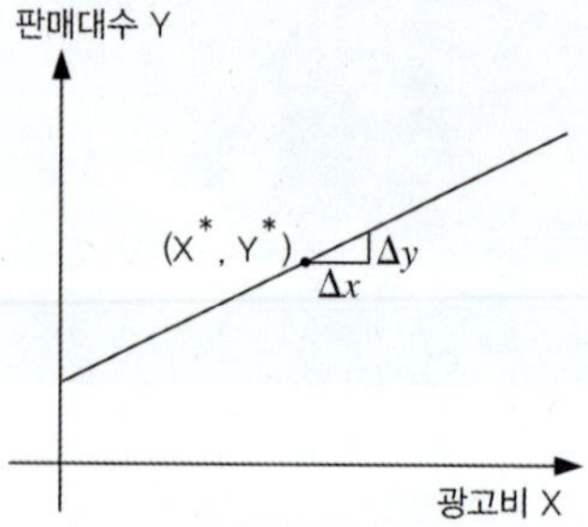

(a) 선형관계

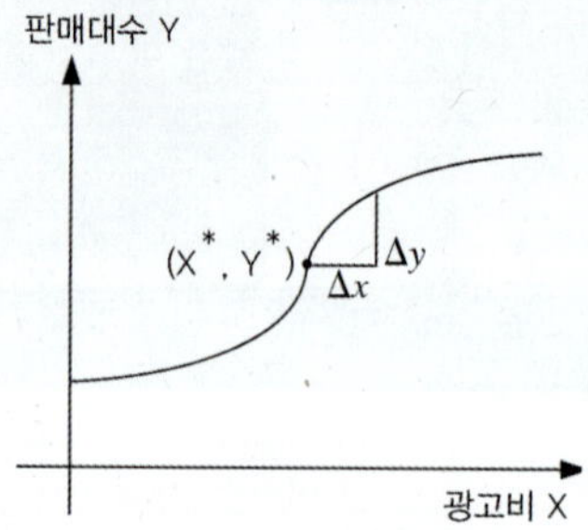

(b) 비선형관계

그림 2.1 판매대수와 광고비의 관계 (선형관계와 비선형관계)

선형계획으로 의사결정문제를 모형화한 것을 간단히 선형계획 모형이라고 한다. 선형계획 모형은 생산-제조 분야, 금융, 광고, 정유, 수송, 농업, 군사-운용 및 고용-훈련, 식단문제에 이르기까지 매우 다양한 분야에 적용된다. 이와 같이 광범위한 분야에서 선형계획 모형이 적용되는 이유는 다음과 같다:

- 많은 문제들이 선형관계식으로 표현되기 때문에 선형계획 문제로 자연스럽게 모형화되고, 선형식이 아니더라도 선형계획 모형으로 근사화시켜 적용할 수 있다.
- 선형계획 모형에서 해를 찾는 효율적인 해법이 잘 개발되어 있다.
- 선형계획 모형의 해찾기의 결과 보고서는 최적해 만이 아니고 모형의 계수들이 변할 때 최적해의 변화를 따지는 민감도 분석 정보를 제공하고 있다.

2장에서는 선형계획에 대해서 다음을 공부한다.

---

1) $\dfrac{\Delta y}{\Delta x} = k$ 로서 일정하다. 즉, $\Delta y = k \cdot \Delta x$ 이고, 광고효과Δy는 광고비Δx 에 비례하고 그 비율은 일정하다. 그림 (b)에서는 $\dfrac{\Delta y}{\Delta x}$ 의 비가 일정하지 않다.

- 최대화 및 최소화의 선형계획 문제를 모형화하기 및 '해찾기' 적용하기
- 해찾기 결과에 대한 해석 및 간단한 민감도 분석
- 그래프를 이용한 선형계획의 이해

2.1 선형계획 문제

선형계획 모형은 스프레드시트 모형(spreadsheet model)으로 표현할 수 있고 엑셀 스프레드시트에서 해(solution)를 구할 수 있다. 이 절에서는 스프레드시트를 활용하는 모형화 과정을 설명하고 선형계획의 수학적 모형을 간단히 살펴본 다음 선형계획의 용어를 소개한다. 이 장에서 처음 소개되는 예제는 이익을 최대화시키는 제품의 최적 배합을 선택하는 문제로 이와 같은 선형계획 문제를 **제품배합문제**(product mix problem)라고 한다.

예제 2.1 **(주)소아의 제품배합문제**

(주)소아는 쇠파이프와 플라스틱 자재를 가지고 제품을 생산하고 있다. (주)소아는 생산능력이 남아도는 공정이 있다는 것을 확인하였다. 한 주간을 기준으로 기계1의 절단공정, 기계2의 용접공정 및 기계3의 조립공정에서 남아도는 생산능력을 작업시간(shop hours)으로 표현하면 표 2.1과 같다.

경영진은 남아도는 생산능력을 활용하기 위해 새로운 제품으로 **유모차와 보행기**의 생산을 고려하고 있다. 각 제품을 한 대 생산하는 데 필요한 각 공정의 작업시간은 표 2.2와 같다. 유모차는 절단, 용접, 조립의 기계작업을 거치고, 보행기는 조립작업이 따로 필요 없다. 영업부서에 의하면 유모차는 충분한 잠재수요가 있으나 보행기의 잠재수요는 주간 40대인 것으로 예측되었다.

한편, 남아도는 생산능력을 이용하기 때문에 각 기계의 가동비용과 노무비는 원가에 고려하지 않기로 하고, 제품의 판매가격에서 자재비를 뺀 한 대당 판매이익은 유모차 및 보행기가 각각 30만원, 20만원으로 계산되었다. 1 주일 단위로 생산계획을 수립하려고 한다면, 제품별 한 주간 생산량을 얼마로 결정해야 한 주간의 총 판매이익이 최대가 되겠는가?

표 2.1 공정별 이용 가능 작업시간 (단위: 시간)

공정	이용가능 작업시간
절단공정(기계1)	240
용접공정(기계2)	200
조립공정(기계3)	100

표 2.2 제품 한 대당 필요한 작업시간 (단위: 시간)

공정	유모차	보행기
절단공정(기계1)	8	3
용접공정(기계2)	4	4
조립공정(기계3)	4	0

제품배합문제인 본 예는 3종류의 기계 작업시간이라는 한정된 자원들을 이익이 최대화되도록 2종류의 제품에 적절히 배합하여 최적 생산량을 결정하고자 하는 것이다. 이를 선형계획으로 모형화하기 위해서는 먼저 (의사결정)변수를 정하고, 목적과 조건(제약)이 무엇인지 파악하여 이들을 변수로 표현하여야 한다.

스프레드시트 모형화 그림 2.2는 (주)소아의 제품배합문제를 스프레드시트로 나타낸 것이다. 스프레드시트 모형은 크게 3 파트로 이루어져 있다: **입력자료** 부분, **변수** 부분, **모형** 부분이다. 모형은 **제한조건** 부분과 **목표셀**로 구성된다.

1. **입력자료 B5:C7, B9:C9, D15:D18**

   제품 한 대당 작업시간에 대한 자료는 영역 B5:C7, 제품 한 대당 판매이익은 영역 B9:C9, 기계별 가용 작업시간은 영역 D15:D17, 보행기의 최대 잠재수요는 D18에 입력한다. 모든 입력자료는 음영으로 처리한다.

2. **변수셀 (유모차 생산량, 보행기 생산량) B12:C12**

   결정하고자 하는 유모차 생산량과 보행기 생산량은 해찾기에 의해 영역 B12:C12에서 결정된다. 다만 초기 모형화 과정에서는 모형이 제대로 되었는 지 확인하기 위해 초기값으로 모두 '1'의 값을 입력하는 것이 좋다. 변수 셀은 임의의 값이 입력될 수 있다는 의미에서 파란색 굵은 실선으로 테두리 한다.

3. **제한조건 좌변 (기계별 사용시간, 보행기 판매대수) B15:B17, B18**

   기계별 사용시간은 sumproduct와 자동복사를 이용해 아래와 계산된다. 보행기 판매대수는 보행기 변수셀을 입력하면 된다.

```
B15 = SUMPRODUCT(B5:C5, $B$12:$C$12)        B16:B17  자동복사
B18 = C12
```

4. 목표셀 (총 판매이익) B20

총 판매이익은 제품별 판매이익을 합계한 값이므로 B20에는 다음의 식을 넣는다.

```
B20 = SUMPRODUCT(B9:C9, B12:C12)
```

그림 2.2에서 C15:C18에 표현된 '<='는 해찾기 적용에 실제적 영향은 없으나 스프레드시트 모형의 가독성을 높이기 위해 포함시켰다.

	A	B	C	D	E
1	㈜소아의 제품배합문제(초기모형)				
2					
3	입력자료				
4	기계작업시간	유모차	보행기		
5	기계1	8	3		
6	기계2	4	4		
7	기계3	4	0		
8					
9	판매이익(만원)	30	20		
10	변수				
11		유모차	보행기		
12	생산계획	1	1		
13	모형				
14		실제 작업시간		이용 가능시간	
15	기계1 사용시간	11	<=	240	
16	기계2 사용시간	8	<=	200	
17	기계3 사용시간	4	<=	100	
18	보행기 생산	1	<=	40	
19					
20	총 판매이익(만원)	50			
21					
22	B15 =SUMPRODUCT(B5:C5,$B$12:$C$12) B16:B17 자동복사				
23	B18 =C12 B20 =SUMPRODUCT(B9:C9,B12:C12)				

그림 2.2 (주)소아 제품배합문제의 초기 모형

대안의 실행 가능성 검토 (feasibility analysis)

스프레드시트 모형을 이용하여 여러 가지 대안(해, solution)의 **실행가능성**(feasibility)을 검토할 수 있다. 예를 들어 유모차 10대, 보행기 20대 만드는 대안이 실행 가능한 대안(feasible solution)인지 스프레드시트 모형에서 체크 해 보자. 변수셀 B12:C12에 각각 10, 20을 대입하여 시트 상의 결과를 본다. 그림 2.3(a)에서 보는 것처럼 기계 1, 기계 2, 기계 3의 사용시간은 각각 140시간, 120시간, 40시간으로서 기계 이용 가능시

간(우변) 제한조건 안에 있다. 따라서 이 대안(해)은 실행가능한 해이고, 그때는 총 판매이익은 700만원이다.

생산량을 늘려 다양한 제품배합을 고려하여 이익을 증가시킬 수 있는지 검토한다. 즉 (유모차 생산량, 보행기 생산량)이 각각 (20,30), (10,30), (10,40)일 경우를 검토한다. 유모차 20대와 보행기 30대를 생산할 경우, 기계 1 작업시간이 250시간이 요구된다. 240시간을 초과하므로 이 제품배합은 생산이 불가능하다. 즉 유모차 20대, 보행기 30대 생산하는 것은 실행 불가능한 대안(infeasible solution)이 되고 이를 실행 불능해라고 부른다. 이와 같이 스프레드시트 모형을 이용하면 다양한 제품배합에 대한 제한조건 만족 여부와 이때의 총 판매이익을 손쉽게 구할 수 있다. 표 2.3은 여러 가지 생산계획에 대한 실행가능 여부와 총 판매이익을 나타낸 표이다.

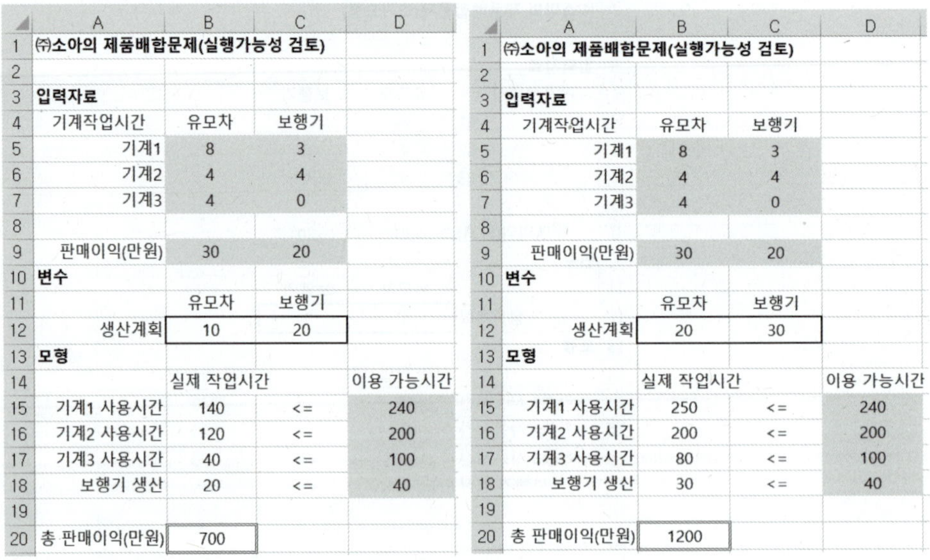

	A	B	C	D
1	㈜소아의 제품배합문제(실행가능성 검토)			
2				
3	입력자료			
4	기계작업시간	유모차	보행기	
5	기계1	8	3	
6	기계2	4	4	
7	기계3	4	0	
8				
9	판매이익(만원)	30	20	
10	변수			
11		유모차	보행기	
12	생산계획	10	20	
13	모형			
14		실제 작업시간		이용 가능시간
15	기계1 사용시간	140	<=	240
16	기계2 사용시간	120	<=	200
17	기계3 사용시간	40	<=	100
18	보행기 생산	20	<=	40
19				
20	총 판매이익(만원)	700		

(a) 실행가능해

	A	B	C	D
1	㈜소아의 제품배합문제(실행가능성 검토)			
2				
3	입력자료			
4	기계작업시간	유모차	보행기	
5	기계1	8	3	
6	기계2	4	4	
7	기계3	4	0	
8				
9	판매이익(만원)	30	20	
10	변수			
11		유모차	보행기	
12	생산계획	20	30	
13	모형			
14		실제 작업시간		이용 가능시간
15	기계1 사용시간	250	<=	240
16	기계2 사용시간	200	<=	200
17	기계3 사용시간	80	<=	100
18	보행기 생산	30	<=	40
19				
20	총 판매이익(만원)	1200		

(b) 실행불능해

그림 2.3 (주)소아 제품배합문제의 실행가능성 검토

표 2.3 제품배합별 제한조건 만족 여부 및 총판매이익

제품배합 (유모차,보행기)	기계1 시간제한	기계2 시간제한	기계3 시간제한	보행기 수요제한	실행가능 여부	총 판매이익
(10, 20)	o	o	o	o	실행가능해	700
(10, 30)	o	o	o	o	실행가능해	900
(10, 40)	o	o	o	o	실행가능해	1100
(20, 30)	x	o	o	o	실행 불능해	1200
(30, 20)	x	o	x	o	실행 불능해	1300

스프레드시트 모형으로 실행 가능성의 판단은 쉽게 할 수 있으나 가장 우수한 해(최적해)를 구하기 위해서는 모든 가능한 해를 일일이 대입해 보아야 한다. 많은 시도 끝에 우수한 실행 가능해를 선택하였다고 하더라도 그것이 최적해인지, 그것보다 더 좋은 해가 있는지 알 수 없다. 엑셀에서는 '**해찾기**'를 이용하여 선형계획 문제의 최적해를 제공할 수 있다.

해찾기 모델 설정 및 해찾기 실행

엑셀 메뉴에서 '**데이터**'를 선택하고 오른쪽 끝에 있는 '**해찾기**'를 클릭하면 그림 2.4와 같이 해찾기 모델 설정 대화상자가 뜬다.

메뉴: 데이터 〉 해찾기

해찾기 모델 설정에는 다음의 내용이 포함된다.

- 목표셀 : 문제의 목적값을 계산한 셀을 말한다.
- 최대화/최소화 : 목적값을 최대화할 것인지, 최소화 할 것이지를 지정한다.
- 변수셀 : 해찾기는 '변수셀'로 지정된 범위에 들어 있는 셀의 값을 변경시키면서 원하는 조건을 만족하는 값을 찾아준다. 앞으로 간략히 '**변수셀**' 또는 '**값을 바꿀 셀**'이라고 지칭한다.
- 제한조건 : 제한조건에서는 자원의 제약을 표현한다. 제한조건은 "좌변, (부)등호, 우변"으로 표현되는데, 좌변의 '셀 참조영역'에는 제한조건 값을 계산한 셀을 지정하고, 우변은 '제한조건'의 상수가 입력되어 있는 셀을 지정한다.
- 해법 선택: '단순 LP'를 선택하고, 변수에 대해 비음조건(≥ 0)이 요구되면 '변수는 음이 아닌 수로 설정'의 박스 안에 체크(☑)한다.

대화창에서 이들 내용을 채워 넣는 방법에 세 가지가 있다. ① 해당 셀 주소를 입력란에 직접 타이핑하는 방법, ② 입력란 오른쪽 끝에 있는 버튼을 클릭한 뒤 별도로 나타나는 입력상자에서 마우스로 시트의 셀의 범위를 끌기로 지정하여 입력시키면 된다. ③ 커서를 해당 칸에 갖다 놓고 마우스로 해당 영역을 끌기로 지정하여도 된다.

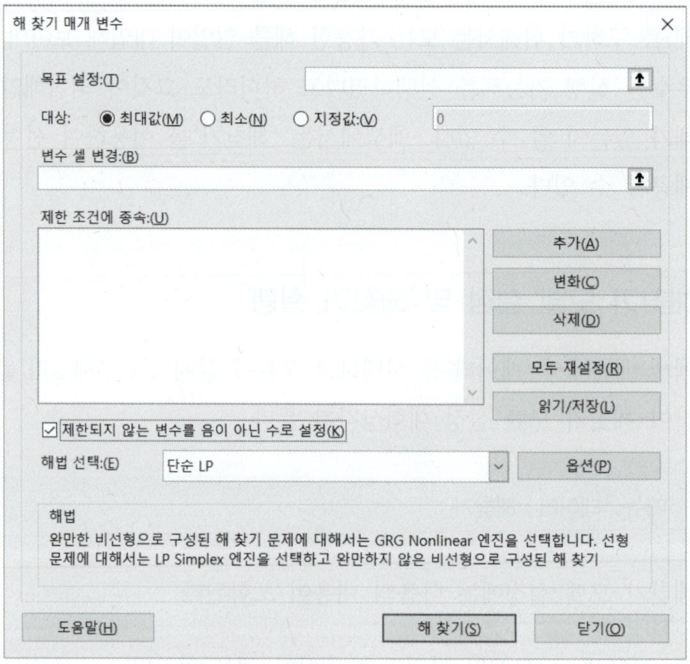

그림 2.4 엑셀 해찾기 모델 설정

㈜소아의 제품배합문제를 '해찾기 모델로 설정'하는 것을 구체적으로 설명하면 다음과 같다.

1. **목표셀** : 목표셀 주소 입력란에 커서를 위치시킨 후 시트상의 목표셀을 마우스 클릭으로 선택한다. 입력란에 "B20"을 직접 타이핑해도 된다.
2. **최대화/최소화** : 총 판매이익을 최대화하는 문제이므로 "최대값"을 선택한다.
3. **변수셀** : 입력란에 커서를 위치시킨 후 마우스로 시트에서 변수셀 범위를 끌어서 지정하여 자동 입력한다. 입력란에 셀 주소 범위 "B14:C14"를 직접 타이핑해도 된다.
4. **제한조건** : 제한조건 추가는 제한조건 입력란 오른쪽의 "추가"를 선택하면 그림 2.5(a)와 같이 제한조건 추가창이 뜬다. 본 예제에는 기계 작업시간 제한조건, 보행기 판매 제한조건의 2 종류, 총 4개의 부등식이 있다. 그러나 그림 2.5(b)에서 보듯이 좌변의 위치, 우변의 위치 및 부등호 방향이 모두 한 번의 제한조건 추가로 입력할 수 있게 배치되어 있다.
5. **비음조건 설정** : 제품별 생산량이 비음(non-negative)이어야 하므로 '제한되지 않은 변수를 음이 아닌 수로 설정'을 체크(☑)한다.
6. **해찾기 실행** : 해찾기 모델 설정 창에서 '해법선택'을 "단순 LP"를 선택하고 "해찾기" 버튼을 클릭하여 "실행"시킨다. '단순 LP'는 영문 'LP Simplex' 오번역이다.

그림 2.6은 ㈜소아 문제에 대한 모델 설정이 완료된 실행 직전의 해찾기 매개변수 창이다.

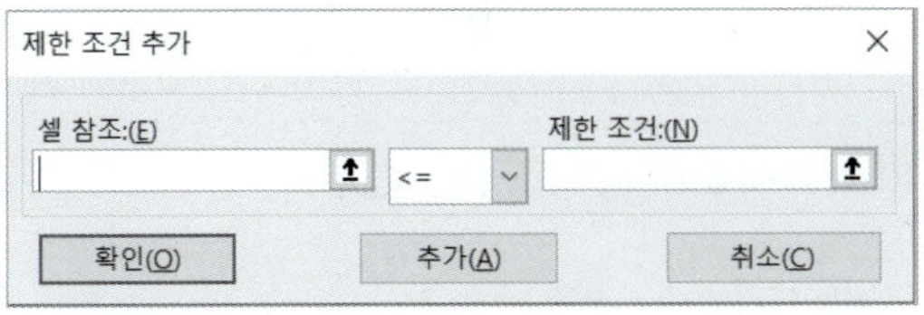

(a) 제한조건 추가 전

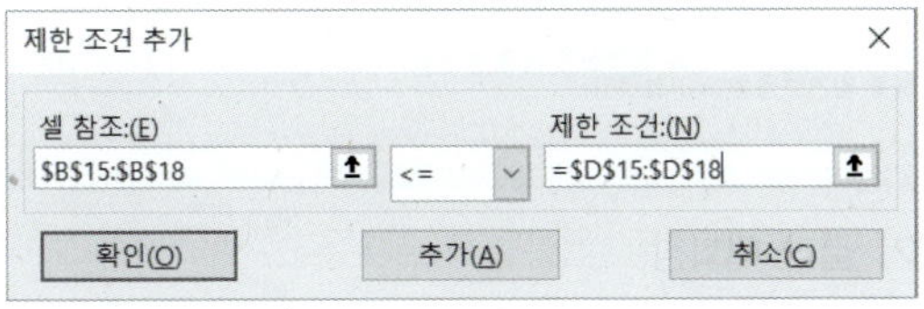

(a) 제한조건 추가 후

그림 2.5 제한조건 추가 전과 후

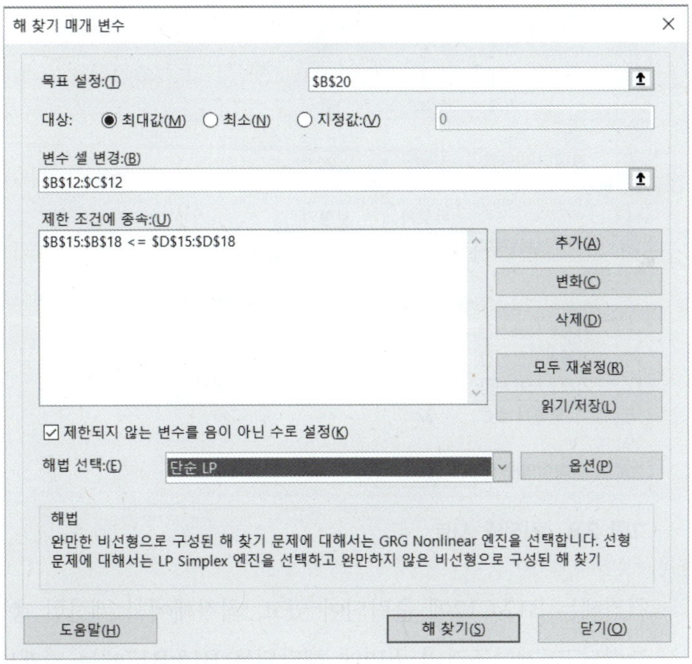

그림 2.6 모델 설정이 완료된 해찾기 매개변수 창

그림 2.7은 해찾기 실행 결과를 나타낸다. 대화창에서 "해찾기 해 보존"을 선택(default)하면 기존의 스프레드시트 모형에 최적해가 표시된다. 그림 2.8은 최적해로 바뀐 스프레드시트이다.

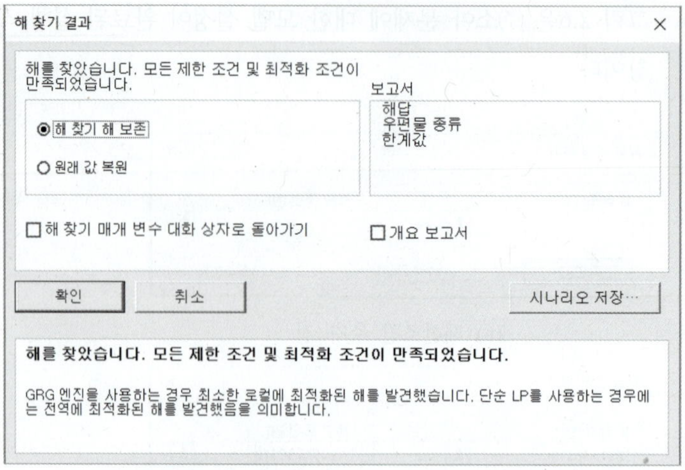

그림 2.7 해찾기 결과 대화창

	A	B	C	D
1	**㈜소아의 제품배합문제(실행가능성 검토)**			
2				
3	**입력자료**			
4	기계작업시간	유모차	보행기	
5	기계1	8	3	
6	기계2	4	4	
7	기계3	4	0	
8				
9	판매이익(만원)	30	20	
10	**변수**			
11		유모차	보행기	
12	생산계획	18	32	
13	**모형**			
14		실제 작업시간		이용 가능시간
15	기계1 사용시간	240	<=	240
16	기계2 사용시간	200	<=	200
17	기계3 사용시간	72	<=	100
18	보행기 생산	32	<=	40
19				
20	총 판매이익(만원)	1180		

그림 2.8 최적해 시트

최적해는 B12:C12에 출력되어 있고, 최적해에서 계산한 총 판매이익은 목표셀 B20에 출력되고, 제한조건의 좌변에 해당되는 B15:B17에는 기계별 사용시간이 계산된다. 여기서 최적해란 주어진 제약하에서 가용자원을 활용하는 최선의 대안(best alternative)이라는 뜻이다. 변수셀에 다른 어떤 값을 넣어도 제한조건을 만족하면서 지금보다 더 좋은 값을 얻을 수 없다. 즉, 다른 어떠한 대안도 1180만원보다 더 큰 이익을 주지 못한다. 그 이유는 해찾기가 심플렉스방법(Simplex Method)이라는 최적해법으로 해를 구하기 때문이다.

체크포인트

1. 예제에서 유모차 한 대의 판매이익이 40만원, 보행기 한 대의 판매 이익이 20만원 일 때 최적해(최적 생산과 그 때 최대화된 판매이익)를 적어라.
2. 예제에서 유모차 한 대의 판매이익이 30만원, 보행기 한 대의 판매 이익이 30만원 일 때 최적해(최적 생산과 그 때 최대화된 판매이익)를 적어라.
3. 기계1의 이용가능시간이 300시간으로 늘어난 경우의 최적해(최적 생산과 그 때 최대화된 판매이익)를 적어라.
4. (주)소아의 사장은 "지금의 생산계획대로 하면 기계3은 시간이 남지 않은가? 기계3의 남는 시간을 활용하여 지금보다 더 높은 이익을 주는 생산방법 찾을 수 없는가?" 하는 의문을 가지고 있다. 어떻게 설명해주어야 하는가?

해답보고서와 셀 이름

보고서에는 해답보고서, 민감도보고서, 한계값보고서가 있다. 해답보고서와 한계값보고서는 별로 이용되지 않지만 민감도보고서는 중요하다. 민감도보고서에 대한 용어 및 상세 분석은 다음절에서 설명한다. 그림 2.7에서 우측편의 보고서에서 '해답'을 지정하면 해답보고서 시트가 출력된다. 그림 2.9가 해답 보고서 시트에 출력된 내용이다. 해답보고서는 목표셀, 변수셀 및 제한조건과 관련된 3개의 표로 구성되어 있다. 3개의 표에는 주소 및 셀 이름이 표시되어 있다. 목표 셀의 주소 및 이름에는 목표값이 보고된다. 변수셀의 표에는 계산전의 값과 해찾기를 적용한 후의 계산 값이 보고된다. '정수'란에 Contin는 변수가 연속성 값(실수값)을 가진다는 뜻이다. 보고서의 셀 이름은 스프레드시트 모형에서 해당 셀의 왼쪽과 위쪽에 씌어진 라벨(label)을 이용하여 표시된다. 즉 셀 이름은 '왼쪽 라벨 + 위쪽 라벨'로서 표현된다.

제한조건 표에서는 해찾기를 적용한 후의 셀의 값, 셀에 입력한 수식, 만족정도 및 조건과의 차가 보고된다. 여기서 한 가지 유의 할 것은 '**만족**'이라는 표기는 제한조건의 셀 참조 값이 우변의 제한조건 값을 100% 사용하였다는 뜻이다. 즉, 해당 제한조건이 해를 정하는데 구속적인 제한을 발휘한다는 뜻으로 그 조건이 해에 대해서 '**속박적**'(binding)이라고 말한다. 반면 '**부분적 만족**'이라는 표기는 제한조건 값에 아직 **여유**(slack)가 있음을 뜻하며 이는 해에 대해서 '**비속박적**'(not binding) 이라고 한다. '조건과의 차'는 그 여유값을 계산한 것이다.

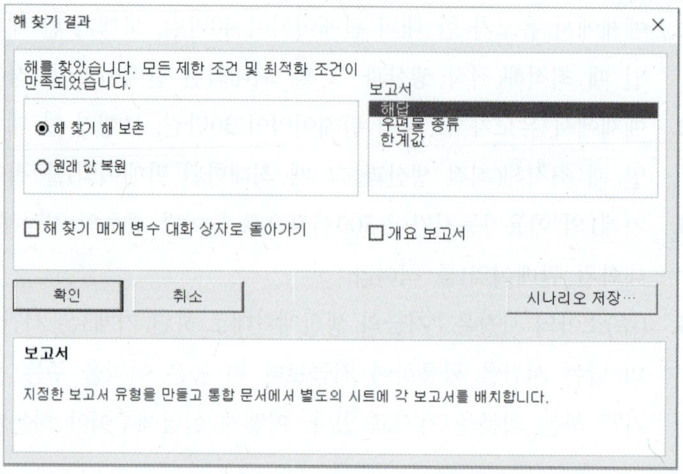

(a) 해찾기 결과, 해답보고서 출력 전

목표 셀 (최대값)

셀	이름	계산 전의 값	계산 값
$B$20	총 판매이익(만원) 실제 작업시간	700	1180

변수 셀

셀	이름	계산 전의 값	계산 값	정수
$B$12	생산계획 유모차	10	18	Contin
$C$12	생산계획 보행기	20	32	Contin

제한 조건

셀	이름	셀의 값	수식	상태	조건과의 차
$B$15	기계1 사용시간 실제 작업시간	240	$B$15<=$D$15	만족	0
$B$16	기계2 사용시간 실제 작업시간	200	$B$16<=$D$16	만족	0
$B$17	기계3 사용시간 실제 작업시간	72	$B$17<=$D$17	부분적 만족	28
$B$18	보행기 생산 실제 작업시간	32	$B$18<=$D$18	부분적 만족	8

(b) 해답보고서 출력 후 시트에 포함된 내용

그림 2.9 (주)소아 예제의 해답 보고서 출력 전과 후

수리 모형화

스프레드시트 모형을 전통적인 수학적 모형으로 바꾸어보자. 수학적 모형은 의사결정변수를 이용하여 목적함수식과 제약식으로 구성된다. 수학적 모형은 먼저 의사결정변수의 정의에서부터 시작한다.

1. **의사결정변수**: 유모차 및 보행기의 주간 생산량을 x_1, x_2로 놓는다.
2. **목적함수**: 판매이익을 의사결정변수 x_1, x_2로 표현하여 목적함수로 삼는다.
3. **제약식**

   (1) 각 기계의 사용시간이 가용시간을 넘지 않게 제약식으로 표현한다.

   (2) 보행기의 판매대수 x_2가 40대를 넘지 않게 제약식으로 표현한다.

4. 수리모형

이러한 수학적 표현은 앞에서 구축한 스프레드 시트의 변수 셀에 x_1, x_2을 대입하여 생각하면 쉽게 이해할 수 있다. 그림 2.10에서 B15, B16, B17, B18 및 B20의 엑셀 계산 수식은 변수에 x_1, x_2을 대입하면 수식표현으로 바꿀 수 있다.

	A	B	C	D
1	㈜소아의 제품배합문제(실행가능성 검토)			
2				
3	**입력자료**			
4	기계작업시간	유모차	보행기	
5	기계1	8	3	
6	기계2	4	4	
7	기계3	4	0	
8				
9	판매이익(만원)	30	20	
10	**변수**			
11		유모차	보행기	
12	생산계획	X1	X2	
13	**모형**			
14		실제 작업시간		이용 가능시간
15	기계1 사용시간	8X1+3X2	<=	240
16	기계2 사용시간	4X1+4X2	<=	200
17	기계3 사용시간	4X1+0X2	<=	100
18	보행기 생산	X2	<=	40
19				
20	총 판매이익(만원)	30X1+20X2		

그림 2.10 스프레드시트에서 본 수리모형

다음은 (주)소아 제품배합문제의 수학적 모형이다:

- (주)소아 문제의 수리모형

$$
\begin{array}{lll}
\text{maximize} & 30x_1 + 20x_2 & \text{(총 판매이익)} \\
\text{subject to} & 8x_1 + 3x_2 \leqq 240 & \text{(기계1 사용시간)} \\
 & 4x_1 + 4x_2 \leqq 200 & \text{(기계2 사용시간)} \\
 & 4x_1 + 0x_2 \leqq 100 & \text{(기계3 사용시간)} \\
 & x_2 \leqq 40 & \text{(수요량)} \\
 & x_1,\, x_2 \geqq 0 & \text{(비음 조건)}
\end{array}
$$

LP 수리모형의 용어: 선형계획 문제의 수리모형 표현에서 maximize의 식을 '목적식'이라고 하며 각 항의 변수 앞의 수 (30, 20)을 '**목적식 계수**'라고 부르고 일반적으로 $c_1,\ c_2,\ \cdots,\ c_n$으로 나타낸다. subject to 이하를 '제한 조건식'이라고 부르고, (8, 3)과 같은 계수를 '기술계수'라고 부르고, 일반적으로 i 번째의 조건식의 계수를

$a_{i1}, a_{i2}, \cdots, a_{in}$ 으로 표기한다. 제한조건식의 우변에 있는 240, 200, 100, 40 과 같은 수(상수)를 '**제한조건 우변값**' 또는 **우변상수**라고 부르고, 일반적으로 b_i로 나타낸다. 이들 우변 상수는 0 또는 양의 값으로 모형화하는 것이 원칙이다.

아래는 선형계획 수리모형의 일반적인 형태이다. $x_1, x_2, \cdots x_n$ 는 선형계획 모형을 통해서 그 값을 정해야 할 의사결정변수이고, c_j , a_{ij} , b_i 는 각각 문제에서 주어지는 데이터(자료)이다. 목적식의 값을 Z 로서 나타내었고, 제약식의 부등호 방향은 ≤ 이나 ≥ 이 될 수 있고 등호 = 가 될 수도 있다.

$$
\begin{array}{lll}
\text{maximize} & z = c_1x_1 + c_2x_2 + \cdots + c_nx_n & ① \\
\text{subject to} & a_{11}x_1 + a_{12}x_2 + \cdots + a_{1n}x_n \leqq b_1 & ② \\
 & a_{21}x_1 + a_{22}x_2 + \cdots + a_{2n}x_n \leqq b_2 & ③ \\
 & \cdots & \\
 & a_{k1}x_1 + a_{k2}x_2 + \cdots + a_{kn}x_n \leqq b_k & ④ \\
 & \cdots & \\
 & a_{m1}x_1 + a_{m2}x_2 + \cdots + a_{mn}x_n \leqq b_m & ⑤ \\
 & x_j \geq 0, \quad j = 1, 2, \cdots, n & ⑥
\end{array}
$$

다음은 수학적 모형의 용어와 스프레드시트 모형의 용어를 비교한 것이다.

표 2.4 선형계획 용어

스프레드시트 모형과 수리모형의 용어 비교	
스프레드시트 모형	수리모형
목표셀	목적함수
목표셀 계수	목적함수식 계수
변수셀(값을 바꿀 셀)	(의사결정) 변수
제한조건, 제한조건 우변값	제약식, 제약식 우변상수
변수셀의 계산값	(의사결정 변수의) 최적해

모형화 토의

1. **정수해와 실수해:** (주)소아 문제의 최적해를 보면 18대와 32대라는 정수값으로 구해졌다. 그러나 이것은 우연히 정수값을 가진 경우이다. 일반적으로 선형계획모형의 최적해는 소수점값으로 표현되는 실수값을 가진다. 의사결정 변수가 정수값만 가지도록 하려면 6장의 정수계획법 설명대로 정수조건을 추가하여야 한다.
2. **제한조건 추가:** (주)소아의 예제에서 각 제품의 안전을 위해 기계4에서 별도의 작업이 더 필요하다고 생각해보자. 이때에는 제한조건을 더 추가하여

야 한다. 스프레드시트 상에 행을 하나 더 삽입하여 기계4에 대한 제한조건을 추가하고, 해찾기 모형 설정에도 제한조건을 추가해야 한다(연습문제 3 참조).

3. **변수의 추가:** 보행기를 크기에 따라 대 중 소로 세분화하기로 한다면, 그만큼 변수를 늘리면 모형화할 수 있다(연습문제 4 참조). 변수를 적절히 잘 설정하면 복잡한 현실 상황도 선형계획 모형으로 잘 표현할 수 있다.

4. **원가를 고려해야 할 경우의 모형:** (주)소아에서는 제품 한 대당 판매이익을 산정할 때 제품 생산과정에 투입되는 원자재 원가만 고려하였다고 하였다. 사용하는 기계설비의 가동비용을 원가로서 감안해서 선형계획모형을 수립하려면 목표셀에서 기계가동 원가를 빼야 한다(연습문제 5 참조).

2.2 최소화 문제

선형계획은 이익이나 성과를 최대화하는 문제뿐만 아니라 비용이나 소요자원을 최소화하는 문제에도 응용된다. 최소화 문제는 제한조건을 만족시키면서 발생하는 비용을 최소화하는 형태를 띤다. 예제 2.1의 선형계획 모형은 목표셀을 최대화하고 제약조건은 모두 ≤ 형태이었다. 다음에 소개하는 예제 2.2의 식단문제(diet problem)는 비용으로 표현되는 목표셀을 최소화하고 제한조건은 ≥ 형태를 갖는다.

예제 2.2 식단 문제

하루에 필요한 영양소가 충족되도록 식단을 구성하려고 한다. 하루에 필요한 비타민 A는 최소 5000 IU, 비타민 C는 60 mg이다. 식품 종류별로 비타민 포함량과 가격이 표 2.5와 같이 조사되었다. 비타민 A는 100 IU 단위로 표시하였다. 어떻게 식단을 구성하면 최소비용으로 1일 필수 요구량의 비타민을 섭취할 수 있겠는가?

표 2.5 식품별 비타민 포함량 및 가격

비타민	식품 100g에 포함된 비타민 단위 수						1일 필수 요구량 (단위수)
	식품1	식품2	식품3	식품4	식품5	식품6	
비타민 A	10	0	20	20	10	20	50(100IU)
비타민 C	0	10	30	10	30	20	60(mg)
식품가격	350	300	500	340	270	400	(원/100g)

모형화 가이드

예를 들어서 식품 3을 100g 구입하여 섭취한다면, 비타민 A는 20단위(100IU), 비타민 C는 30mg 섭취하게 된다. 만일 식품 3과 4를 100g씩 섞어서 섭취한다면 섭취 비타민도 합해야 한다. 이 문제를 풀려면 다음을 고려해야 한다.

- 식단에 포함시킬 식품 량을 정해야 한다(100g 단위).
- 식단에 포함되는 식품으로부터 비타민별 섭취량을 계산한다.
- 총 식품비용을 계산하여 그것을 최소화 시킨다.

수리 모형화

1. **의사결정변수**: 식품 j의 구입량을 $x_j, j = 1, \cdots, 6$로 나타낸다.
2. **목적함수**: 식품 구입가격과 구입량을 곱하여 합한 것을 최소화하는 목적함수로 삼는다.
3. **제약식**: 비타민 A와 C의 섭취량을 계산하여 하루 필요량을 만족시키도록 한다.
4. **수리모형**

$$\text{minimize} \quad 350x_1 + 300x_2 + 500x_3 + 340x_4 + 270x_5 + 400x_6 \quad (\text{전체 식단비용})$$

$$\text{subject to} \quad 10x_1 + 0x_2 + 20x_3 + 20x_4 + 10x_5 + 20x_6 \geq 50 \quad (\text{비타민 A 조건})$$

$$0x_1 + 10x_2 + 30x_3 + 10x_4 + 30x_5 + 20x_6 \geq 60 \quad (\text{비타민 C 조건})$$

$$x_1, x_2, x_3, x_4, x_5, x_6 \geq 0 \quad (\text{비음 조건})$$

스프레드시트 모형화

1. **입력자료** : B6:G7, B9:G9, D16:D17

   식품별로 10g당 비타민 A의 포함량(단위수), 비타민 C의 포함량(단위수), 식품가격을 각각 B6:G6, B7:G7, B9:G9 범위에 입력한다. 또한 비타민별 필수 요구량을 D16:D17에 입력한다.

2. **변수 셀 : 식품량** B12:G12

   1일 식단에 포함될 식품별 구성(100g 단위)을 B12:G12에 나타낸다.

3. **제한조건(좌변) : 비타민 섭취량** B16:B17

   식단을 구성하는 식품량으로부터 비타민 A 및 C의 섭취량을 B16, B17에 각각 다음과 같은 식으로 계산한다:

```
B16 = SUMPRODUCT(B6:G6, B12:G12)
B17 = SUMPRODUCT(B7:G7, B12:G12)
```

4. **목표셀 : 식품비용** B19

전체 식품비용을 B19에 다음의 식으로 계산한다.

```
B19 = SUMPRODUCT(B9:G9, B12:G12)
```

스프레드시트 모형은 그림 2.11과 같다.

	A	B	C	D	E	F	G	H
1	**예제2.2 식단문제(초기해)**							
2								
3	**입력자료**							
4		식품 100g에 포함된 비타민 함량 및 가격						
5		식품1	식품2	식품3	식품4	식품5	식품6	
6	비타민 A	10	0	20	20	10	20	
7	비타민 C	0	10	30	10	30	20	
8								
9	식품가격(원)	350	300	500	340	270	400	
10								
11	**변수**							
12	식품구입량(100g)	1	1	1	1	1	1	
13								
14	**모형**							
15				필수요구량				
16	비타민 A 섭취량	80	>=	50	(100 IU)			
17	비타민 C 섭취량	100	>=	60	(mg)			
18								
19	**총 식단비용**	2160						
20								

B16 =SUMPRODUCT(B6:G6,$B$12:$G$12) B17 자동복사
B19 =SUMPRODUCT(B9:G9,B12:G12)

그림 2.11 식단문제 스프레드시트 모형(초기해)

해찾기 실행

그림 2.11의 모형에 대해 해찾기를 적용하기 위해 목표셀, 최대화/최소화 선택, 변수셀, 제한조건 및 해법선택을 해찾기 매개변수 대화상자에 그림 2.12와 같이 입력한다. 식단문제에 대한 최적해 시트는 그림 2.13과 같다.

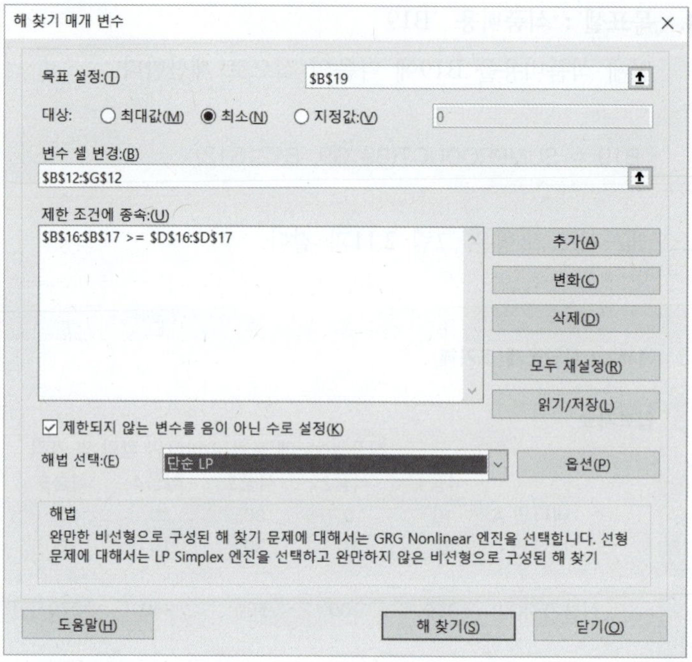

그림 2.12 식단문제의 해찾기 모델 설정

	A	B	C	D	E	F	G	H
1	**예제2.2 식단문제(최적해)**							
2								
3	**입력자료**							
4		식품 100g에 포함된 비타민 함량 및 가격						
5		식품1	식품2	식품3	식품4	식품5	식품6	
6	비타민 A	10	0	20	20	10	20	
7	비타민 C	0	10	30	10	30	20	
8								
9	식품가격(원)	350	300	500	340	270	400	
10								
11	**변수**							
12	식품구입량(100g)	0	0	0	1.8	1.4	0	
13								
14	**모형**							
15				필수요구량				
16	비타민 A 섭취량	50	>=	50	(100 IU)			
17	비타민 C 섭취량	60	>=	60	(mg)			
18								
19	**총 식단비용**	990	**B16 =SUMPRODUCT(B6:G6,$B$12:$G$12) B17 자동복사**					
20			**B19 =SUMPRODUCT(B9:G9,B12:G12)**					

그림 2.13 식단문제 스프레드시트 모형(최적해)

체크포인트 다음 물음에 답하라.

1. 식품1을 꼭 1단위(100g) 섭취하고자 한다면 식품구입비용은 얼마나 증가하는가?
2. 비타민 A의 1일 요구량이 50단위에서 60단위로 증가하면 총 식단비용은 어떻게 변하겠는가?
3. 비타민을 충족하되, 식품 섭취량 무게를 최소로 하는 식단을 구성하려면 스프레드시트 모형의 어디를 어떻게 고치면 되는가? 구입방법은?
4. 비타민을 충족하되, 식품 섭취량 총량을 270g 이하로 하면서 식품구입비용을 최소로 하는 식단을 구성하려면 스프레드시트 모형의 어디를 어떻게 고치면 되는가? 구입방법은?
5. 하루에 충족해야 할 비타민 D는 600 (IU) 이고 비타민 E는 80 (IU)이다. 각 식품에 들어 있는 비타민 D는 차례로 40, 60, 10, 50, 60, 50 (IU) 이고, 비타민 E는 차례로 2, 6, 10, 2, 4, 5 (IU) 이다. 비타민 A, C, D, E 를 모두 충족하는 식단을 구성하라.

2.3 그래프를 이용한 선형계획의 이해

우리는 앞에서 엑셀의 '해찾기'를 이용해서 ㈜소아의 최적해와 비타민 식단문제의 최적해를 구하였다. ㈜소아의 문제에서는 유모차를 18대, 보해기를 32대 생산할 때 이익이 1180만원으로서 최대가 되었다. 일반적으로 의사결정과정은 대안(해)을 마련하고 그것을 평가하여 좋은 해인지 평가해서 최선의 해인지 판정하는 과정을 반복한다. 선형계획 문제에 대해서는 이러한 과정은 엑셀의 해찾기 기능이 대신해 준다. 그런데 이러한 과정에서 보면 어떤 대안(해)은 현실의 제한조건을 만족하지 못하여 실행불능해가 되기도 하고 어떤 해는 실행가능하지만 더 나은 해가 있기 때문에 최적해가 되지 못하기도 한다. 선형계획문제는 그래프를 이용하면 이것을 눈으로 쉽게 볼 수 있다.

그래프에서는 해를 점으로 표현하는 데, ㈜소아 문제를 그래프로 표현하면 수평축은 유모차의 대수(x_1)를, 수직축은 보행기의 대수(x_2)를 각각 표현할 수 있다. 그리고 해는 (유모차 대수, 보행기 대수)와 같이 괄호형식의 점 (,)으로 나타낸다.

● 제한조건의 충족

제약조건 $8x_1 + 3x_2 \leqq 240$을 가지고 생각해보자. 앞의 표 2.1에서 보듯이 해 (20, 20)

은 실행가능 하고 제약조건 $8x_1 + 3x_2 \leq 240$ 을 만족한다. 그러나 (20, 30)과 (30, 20)의 해는 각각 1200만원과 1300만원의 이익을 주지만 기계1의 제약조건 $8x_1 + 3x_2 \leq 240$을 충족하지 못하기 때문에 실행불가능하다. 이러한 관찰은 그림 2.14 그래프에서 나타낼 수 있다. 부등호로 된 제약조건을 등식으로 적은 것을 '경계등식(boundary equation)' 이라고 한다. 기계1의 경계등식 $8x_1 + 3x_2 = 240$을 만족하는 두 점 (0, 80)과 (30, 0)을 찾아서 연결하면 그림 2.14와 같이 좌표평면에 **경계선**을 그릴 수 있다. 점 (20, 20)은 제약조건을 충족하는 점으로서 경계선 왼쪽 아래에 있고, 점 (20, 30)과 (30, 20)은 제약조건을 만족하지 않고 경계선 오른쪽 위에 있음을 확인할 수 있다.

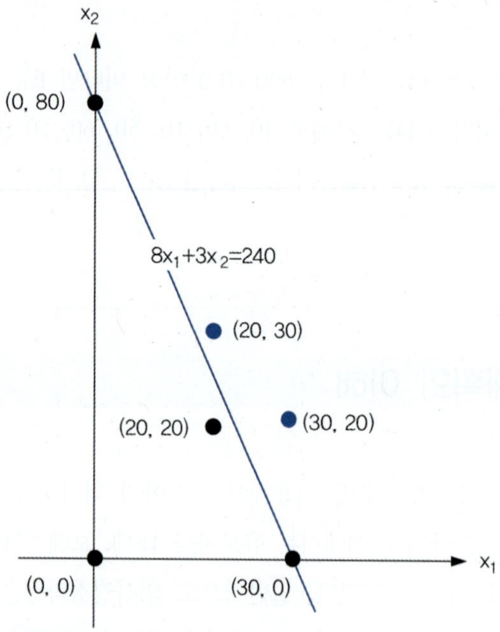

그림 2.14 제약조건의 경계등식

● 실행가능 영역

이러한 관찰을 다른 제약식에 확대해 보자. 그러기 위해서 ㈜소아의 수리모형을 다시 적어보자.

maximize	$z = 30x_1 + 20x_2$	(총 판매이익)
subjec to	$8x_1 + 3x_2 \leq 240$	(기계1 사용시간)
	$4x_1 + 4x_2 \leq 200$	(기계2 사용시간)
	$4x_1 + 0x_2 \leq 100$	(기계3 사용시간)
	$x_2 \leq 40$	(수요량)

$$x_1, x_2 \geqq 0 \qquad \text{(비음 조건)}$$

기계1에 대한 제약은 $8x_1 + 3x_2 \leqq 240$ 인데, 이 부등호 제약을 만족하는 대안은 경계등식: $8x_1 + 3x_2 = 240$의 왼쪽 아래 영역에 있는 대안(해)들이다. 따라서 (20, 20)은 이 제약을 만족한다. 이처럼 현실제약을 만족하는 영역을 **충족지역**(satisfactory area) 이라고 한다. 그러나 (20, 30)과 (30, 20)은 '경계등식' 오른쪽 위에 있기 때문에 이 제약을 만족하지 못한다. 따라서 이 두 개의 대안은 실행불가능 대안(해)이다.

이러한 판단을 하려면 그래프를 정밀하게 그려야 한다. 그리고 (20, 30)을 부등호 제약에 직접 대입하여 계산해 보면 $8 \times 20 + 3 \times 30 = 250 \nleqq 240$ 이므로 만족하지 않음을 알 수 있다. 따라서 점 (20,30) 주변의 영역은 **미충족 지역**(unsatisfactory area) 임을 알 수 있다. 더 간편한 판정방법은 원점 (0, 0)을 대입하여 그것이 충족하면 그 주변의 지역을 충족지역으로 간주하는 것이다. 기계1 제약식 $8x_1 + 3x_2 \leqq 240$을 그래프로 표현하면 그림 2.15와 같이 된다. 음영부분은 **비음조건**$(x_1 \geqq 0, x_2 \geqq 0)$과 기계1 제약식을 동시에 만족하는 점들을 나타낸다.

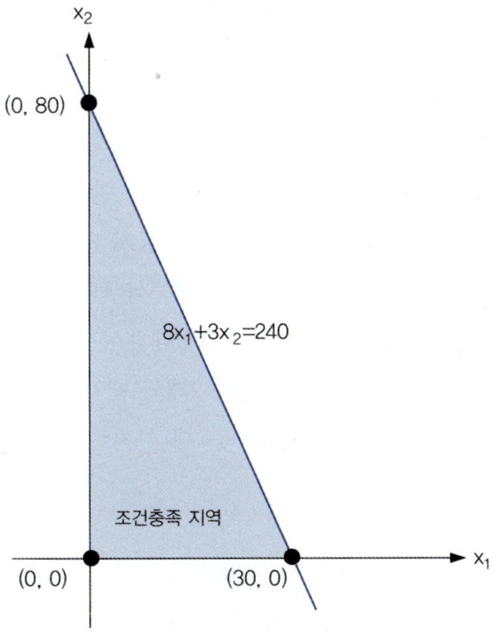

그림 2.15 $8x_1 + 3x_2 \leqq 240,\ x_1 \geqq 0, x_2 \geqq 0$ 의 영역

기계2 제약식 및 기계3 제약식도 포함하여 모든 제약식을 그래프로 나타내면 그림 2.16과 같이 된다. 그림 2.16의 음영으로 표현된 점들과 같이 제약조건식을 모두 충족하는 영역을 **실행가능 영역**(feasible region)이라고 한다. 이 영역내의 점 (x_1, x_2)은 제

약식을 모두 만족하는 점들로서 실행가능한 대안이기 때문이다. 그림 2.16에는 4개 제약조건의 경계선이 모두 그려져 있는 데, 한 가지 유의할 점은 $(4x_1 + 0x_2 = 100)$은 수직으로 그려지고, $(x_2 = 40)$은 수평으로 그려진다는 점이다.

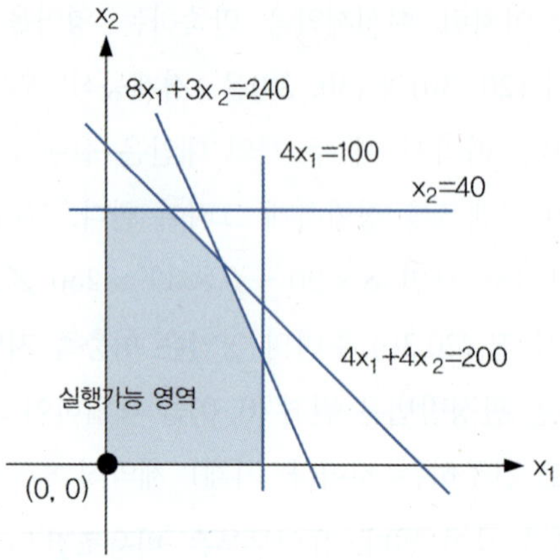

그림 2.16 (주)소아의 가능영역 표시

● 가능해의 종류: 내부점, 경계점, 꼭지점

그래프 상에서 가능영역 안에 있는 점을 **실행 가능해**(feasible solution)라고 하고, 그림 2.17에서 D점과 같이 가능영역 밖에 있는 점을 **실행 불능해**(infeasible solution)라고 한다. 실행 불능해는 제약식 중 적어도 어느 하나를 만족시키지 못하는 해를 말한다. 실행 가능해는 내부점, 경계점, 꼭지점 세 가지 종류가 있다(표 2.6참조). 모든 제약식을 만족시키지만 어떠한 제약식에 대해서도 경계등식 선상에 있지 않는 **내부점**(interior pont), 모든 제약식을 만족하며 하나의 제약식에 대해서는 경계등식으로 만족되는 **경계점**(boundary point), 모든 제약식을 만족하며 2개의 제약식에 대해서는 등식으로 만족하는 **꼭지점**(corner point, extreme point) 등 세 가지로 나눌 수 있다.

표 2.6 가능점의 종류

가능해	설 명	그래프의 점
내부점	모든 제약식을 만족하나 어떠한 제약식에 대해서도 등식으로 만족되지 않는다.	A
경계점	모든 제약식을 만족하며 하나의 제약식에 대해서는 등식으로 만족된다.	B
꼭지점	모든 제약식을 만족하며 2개의 제약식에 대해서는 등식으로 만족한다.	C

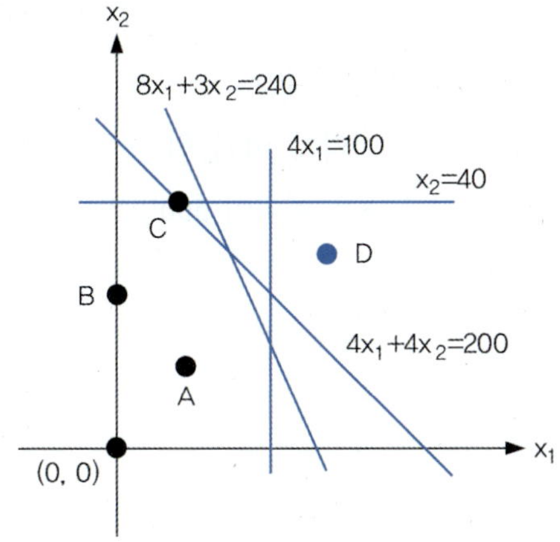

그림 2.17 실행 가능해와 실행 불능해

● 꼭지점(extreme points)

가능영역에서 꼭지점은 선형계획모형의 최적해를 결정하는 데 중요한 역할을 한다. 꼭지점은 2개의 속박적 제약식의 경계등식이 교차하는 코너점(corner point)을 말한다. 따라서 꼭지점의 좌표 (x_1, x_2)는 2개의 경계등식을 연립하여 풀면 얻을 수 있다. 예를 들어 그림 2.17에서 C점 (10, 40)은 두 경계등식을 동시에 만족하는 꼭지점 $x_1 = 10$, $x_2 = 40$ 다.

$$\begin{cases} 0x_1 + 4x_2 = 40 \\ 4x_1 + 4x_2 = 200 \end{cases}$$

마찬가지로 다음을 만족하는 꼭지점의 좌표는 (18, 32)이다.

$$\begin{cases} 8x_1 + 3x_2 = 240 \\ 4x_1 + 4x_2 = 200 \end{cases}$$

이외의 꼭지점으로 (25, 25), (25, 0), (0, 40) 및 (0, 0)이 있다. 꼭지점 (0, 0)은 비음조건의 두 경계등식 $x_1 \geq 0$, $x_2 \geq 0$으로 구해진다. 2차원 평면에서 꼭지점은 두 개의 경계등식의 교차점을 말한다. (의사결정변수가 3개인 선형계획모형에서는 꼭지점은 3차원 공간에서 3개의 경계등식(평면)의 교차점에 해당 된다. 의사결정변수가 4개 이상인 선형계획모형에서도 같은 방식으로 꼭지점을 정의하고 경계등식을 연립하여 꼭지점의 좌표를 구할 수 있다.)

● 등위이익선과 최적해 결정

가능영역내의 임의의 점 (10, 10)에서 목적함수 값을 계산하면 30(10)+20(10)=500이다. 점 (6, 16)과 (12, 7)에서도 목적함수 값을 계산하면 각각 500이 된다. 이와 같이 동일한 이익을 주는 점을 연결하면 $30x_1 + 20x_2 = 500$이라는 직선이 되는데 이를 **등위이익선**(iso-profit line)이라고 한다. 이익이 500만원인 등위이익선은 이익이 500만원이 되는 점들을 모은 것이다. 그림 2.18은 이익이 500만원, 750만원, 1200만원이 되는 등위이익선을 각각 그린 것이다.

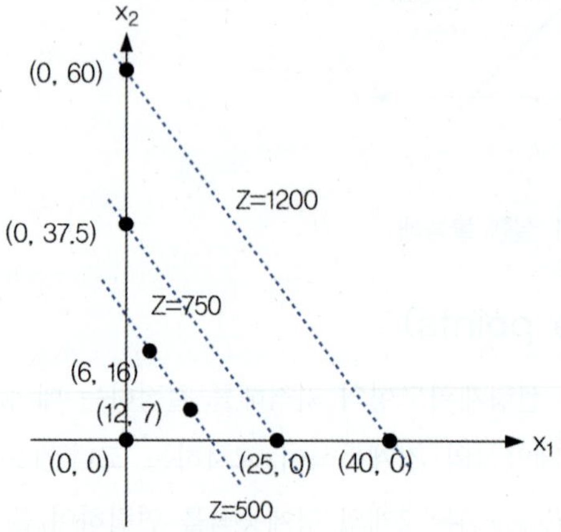

그림 2.18 등위이익선

그림에서 보듯이 목적식 $Z = 30x_1 + 20x_2$ 에서 Z 값에 따라 등위이익선을 그릴 수 있는 데, Z 값이 변하면 등위이익선은 평행 이동하게 된다. 이 때, 목적식 값 Z를 크게 할수록 등위이익선은 오른쪽 위로 평행이동한다. 따라서 등위이익선을 평행 이동시키면서 Z 값을 최대로 만들어 주면서 **실행가능점**을 찾으면 그 점이 최적해가 된다는 것을 알 수 있다.

그림 2.19은 실행가능영역에다 등위이익선을 겹쳐 놓은 것이다. 등위이익선이 실행가능영역에 걸치면서 이익이 최대가 되는 경우는 등위이익선이 다음의 두 개 경계등식의 교차점 (18, 32)을 통과할 때이다.

$$\begin{cases} 8x_1 + 3x_2 = 240 \\ 4x_1 + 4x_2 = 200 \end{cases}$$

이 교차점 (18, 32)은 꼭지점으로서 이익은 $Z = 1180$을 실현시켜주는 데, 1180만원은 등위이익선이 실행가능영역에 걸치면서 이익이 최대인 값이다. 1180만원의 이익을 주는 가능점은 꼭지점 (18, 32) 하나뿐으로 이점이 **최적해**이다.

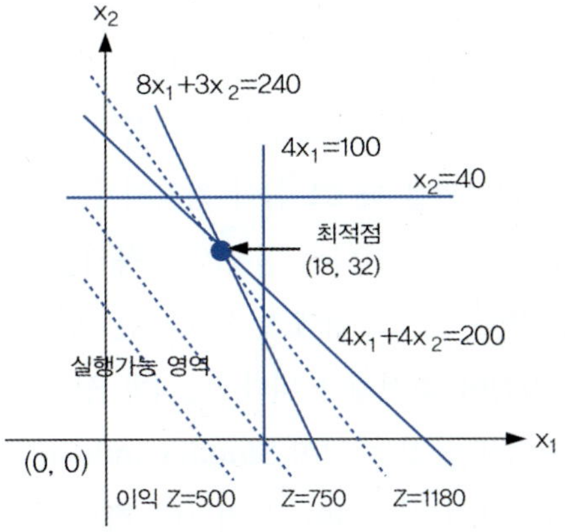

그림 2.19 등위이익선과 최적해 결정

그림 2.19에서 보듯이 최적해는 등위이익선을 평행 이동시키면서 이익이 최대가 되는 꼭지점을 찾을 수 있게 된다. 일반적으로 선형계획문제에서는 실행가능영역의 **꼭지점에서 최적해가 발견된다**. 실행가능영역의 내부점은 최적해가 될 수 없다. 왜냐하면 실행가능영역의 내부점은 어느 방향이든 약간 이동하여도 실행가능영역 안에 있게 되고, 내부점을 통과하는 등위이익선은 항상 더 개선할 수 있기 때문이다.

경우에 따라 등위이익선의 기울기가 경계등식과 일치할 수 있다. 이 경우는 서로 인접한 2개의 꼭지점이 최적해가 되며, 이 두 꼭지점을 연결하는 선분 위의 모든 점이 최적해가 된다. 위와 같이 무수히 많은 최적해가 생기는 경우를 **복수 최적해**(multiple optimal solutions)라 한다. 그림 2.20은 (주)소아의 예에서 목적함수가 $20x_1 + 20x_2$로 바뀌었을 때의 **복수 최적해**를 나타내고 있다. 그림을 관찰하면 목적함수의 기울기와 기계2의 제약식 기울기가 같음을 알 수 있다. 따라서 꼭지점 (10, 40)과 꼭지점(18, 32)을 포함하여 이들을 연결하는 선분 위의 모든 **경계점**이 모두 최적해가 된다.

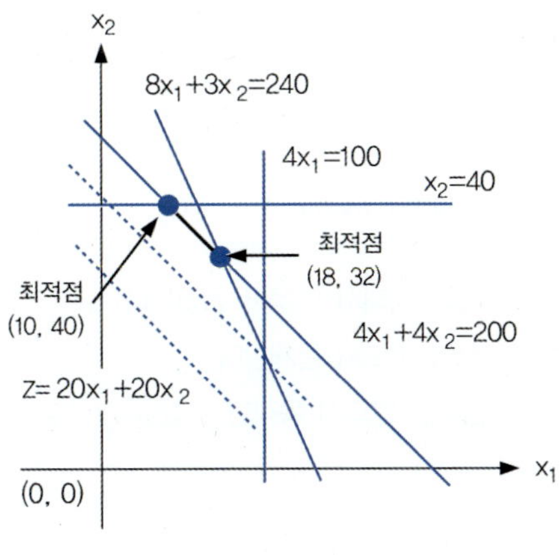

그림 2.20 목적함수가 $20x_1 + 20x_2$로 바뀌었을 때의 복수 최적해

● 심플렉스법(Simplex method)과 '해찾기'

선형계획 문제에 최적해가 있으면, 그 최적해가 되는 **꼭지점**이 항상 존재한다. 또한 어떤 실행가능 꼭지점에서 평가하였을 때 그 점이 최적해가 아니라면, 그 꼭지점에 인접한 꼭지점 중에는 목적함수 값이 개선되는 실행가능 꼭지점이 반드시 존재한다. 역으로 어떤 꼭지점에서 평가하였을 때, 그 점에 인접한 다른 꼭지점에서 목적함수 값이 개선되지 않으면 현재의 꼭지점이 최적해가 된다. 이러한 성질을 이용하여 대수적 방법으로(algebraic method) 최적해를 찾는 것이 **Simplex mthod(심플렉스법, 단체법)**이다. 심플렉스법은 하나의 꼭지점에서 시작하여, 목적값이 개선되는 인접 꼭지점으로 이동하여 가다가 더 이상 개선이 안 되는 꼭지점까지 도달하면 이를 **최적해**로 판정하는 것이다. 그림 2.21은 꼭지점을 따라서 최적의 해를 찾는 것을 보여주는 것이다.

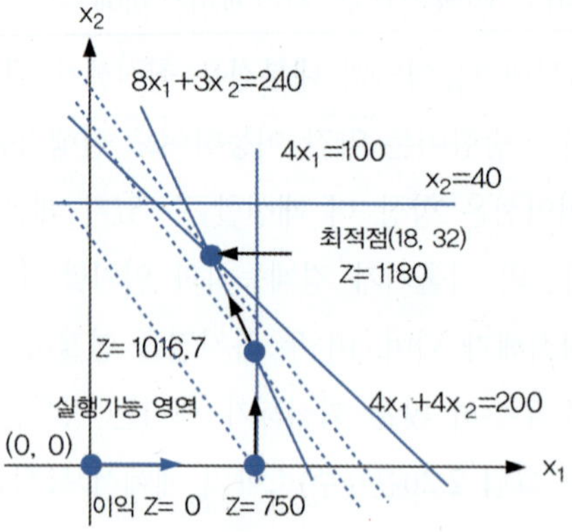

그림 2.21 꼭지점을 따라서 등위이익선 이동하기, 심플렉스법의 해 개선하기

그래프를 이용한 설명은 실행가능영역의 꼭지점에 최적해가 있다는 것을 이해하기 위한 목적이다. 엑셀 **해찾기**는 심플렉스방법을 프로그램화하여 엑셀의 기능으로 만들어 놓은 것이다. 심플렉스 방법에 대한 자세한 내용은 제4장에서 다룬다.

| 선형계획 문제의 성질과 단체법(Simplex method)

최적해가 존재하는 선형계획 문제에 대해서 다음이 성립된다:

- 최적해가 되는 실행가능 꼭지점이 반드시 존재한다.
- 최적해가 아닌 실행가능 꼭지점에는 반드시 목적함수 값을 개선할 수 있는 인접한 꼭지점이 존재한다.

- 목적함수 값을 개선시킬 수 있는 인접한 꼭지점이 없으면 현재의 꼭지점이 최적해이다.
- 단체법은 하나의 실행가능 꼭지점에서 시작하여 개선할 수 있는 인접 꼭지점을 따라 최적 꼭지점에 이르게 하는 대수적 절차이다.

어떤 선형계획 문제는 최적해를 갖지 않는 경우가 있다. 현실 문제를 모형화하는 과정에서 잘못이 있기 때문에 이와 같은 결과가 발생하게 된다. 단순한 착오에 의한 경우도 있지만 문제를 모형화하는 과정에서 착오가 있어 최적해가 존재하지 않을 수 있다. 본 절에서는 가능해가 없는 경우와 무한 최적해를 갖는 경우에 대해 그래프를 이용하여 소개한다. 또, 어떤 제약식은 실행가능영역을 정하는 데 영향을 미치지 않고, 그 제약식이 없어도 해가 달라지지 않는 중복제약식을 소개한다.

가능해가 없는 경우

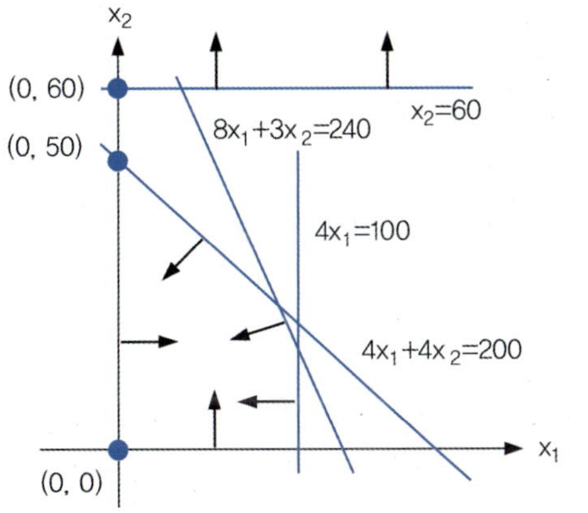

그림 2.22 실행가능영역이 없는 선형계획문제의 예

실행가능영역이 없는 경우는 최적해도 없다. (주)소아의 예에서 보행기 판매가 주간 40단위 이하라는 조건 대신, 판매부서의 영업목표에 따라 60단위 이상 판매하여야 한다고 가정해보자. 즉, $x_2 \leqq 40$ 제약식이 $x_2 \geqq 60$ 제약식으로 대체되었다고 해보자. 그러면 그림 2.22에서 보듯이 **실행가능영역**이 존재하지 않는다. 방향을 잘못 설정하거나, 목표를 지나치게 높게 잡으면 올바로 모형화하더라도 선형계획모형의 최적해가 존재하지 않게 된다.

무한 가능영역을 갖는 경우

반대로 모형화 과정에서 어떤 제약식을 간과하여 가능영역이 무한히 큰 경우도 생긴다. 이때에는 이론적으로 무한히 큰 목적값을 주는 해를 찾을 수 있게 되는데, 이는 비현실적인 이야기이다. (주)소아의 예에서 기계1, 기계2 및 기계3의 제약식을 고려하지 못했다고 가정해 보자. 즉, (주)소아의 선형계획모형이 보행기 판매제약인 $x_2 \leq 40$과 비음조건만 있다고 가정한다. 그러면 가능영역이 그림 2.23에서 보듯이 무한영역(unbounded feasible region)이 된다. 따라서 유모차를 많이 생산하면 할수록 이익이 증가하게 되어 목적함수를 무한히 증가시킬 수 있다. 물론 이와 같은 결과는 현실적으로 불가능하며, 이는 생산과 관련된 기계 제약식을 고려하지 못한 결과이다.

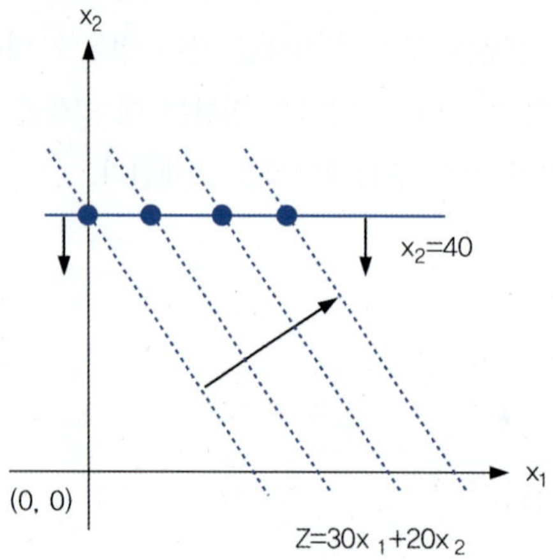

그림 2.23 무한 가능영역을 갖는 모형에서 무한 최적해

중복제약식

예를 들어서 보향기의 수요에 대한 제약이 60개 이하라고 한다면, 그림 2.24에서 보듯이 이 제약은 실행가능영역에 영향을 주지 못한다. 이러한 제약조건을 중복제약식(redundant constraint) 이라고 한다.

한 가지 더 예를 든다면, 제4의 기계작업이 더 필요한데, 그 제약조건이 $8x_1 + 7x_2 \leq 480$ 이라면, 그림 2.24에서 보듯이 이 제약조건(점선의 경계등식)은 실행가능영역과 실행가능 꼭지점에 영향을 주지 않는다. 이처럼 중복제약식은 최적해를 정하는데 실질적인 영향을 미치지 않는 제약식을 말한다. 이러한 제약식은 모형화 과정에서 발견하여 제거할 수 있지만, 있더라도 최적해를 정하는데 영향을 미치지 않다는 것을 기억하면 된다.

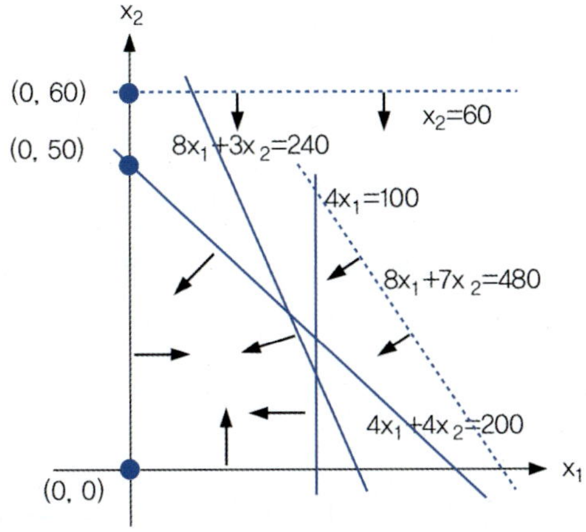

그림 2.24 실행가능영역에 영향을 주지 않는 중복제약식

2.4 민감도 분석

선형계획 모형에서 입력자료의 값이 변할 때 최적해가 얼마나 민감하게 변화하는가에 대한 분석을 **민감도 분석**(sensitivity analysis)이라고 한다. 선형계획 모형은 입력자료가 확정적으로 정해져 있다고 가정하고 있으나 최적해를 구한 후에 입력자료가 변할 때 최적해의 변화를 미리 분석해 보는 것은 유용하다. 또한 최적해에 대한 경제적 해석도 민감도 분석을 통해서 할 수 있다. 아래의 예제 2.3은 앞의 (주)소아의 제품배합 문제를 확장하여 유모차와 보행기 외에 자전거를 생산하는 경우도 고려한다.

예제 2.3 **확장된 (주)소아 문제**

예제 2.1의 ㈜소아 회사는 유모차와 보행기 외에 자전거의 생산을 고려하기로 하였다. 따라서 총 판매이익을 최대화 할 수 있는 유모차와 보행기 및 자전거의 생산계획을 세우고자 한다. 자전거는 기존의 유모차와 보행기 생산의 공정을 그대로 이용할 수 있다. 자전거 한 대를 만드는 데에는 기계 1이 3시간, 기계 3이 2시간이 필요하다. 기계 2는 요구되지 않는다. 기계 1, 2, 3,의 이용 가능시간은 240시간, 200시간, 100시간이고, 보행기의 수요는 일주일에 40대로 제한되어 있다. 자전거 한 대를 팔면 이익이 16만원이며, 유모차 및 보행기의 판매이익은 각각 30만원 20만원이다. 유모차, 보행기, 자전거를 각각 몇 대씩 생산하는 것이 좋은가?

한편, 인근의 K 공장은 기계 1의 절단공정 작업을 1주일에 20시간씩 가공해 줄 수 있다고 제안해 왔다. 외주 가공비를 시간당 4만원씩 주어야한다면, 이 제안을 받아들이는 것이 유리한가?

표 2.7 제품 한 대당 필요한 기계 작업시간 (단위: 시간)

공정	유모차	보행기	자전거
기계 1(절단공정)	8	3	3
기계 2(용접공정)	4	4	0
기계 3(조립공정)	4	0	2

예제 1의 모형에 자전거 변수를 하나 더 추가한다. 이것은 큰 문제가 아니다. 우선 이를 수리모형으로 표현해 보자.

수리모형화 가이드

유모차, 보행기, 자전거의 주간 생산량을 의사결정변수 x_1, x_2, x_3 로 하여 표현하면 수리모형은 다음과 같다.

- 확장된 (주)소아 문제의 수리모형

maximize $z = 30x_1 + 20x_2 + 16x_3$ (총 판매이익)

subject to

$8x_1 + 3x_2 + 3x_3 \leqq 240$ (기계 1 사용시간)

$4x_1 + 4x_2 + 0x_3 \leqq 200$ (기계 2 사용시간)

$4x_1 + 0x_2 + 1x_3 \leqq 100$ (기계 3 사용시간)

$x_2 \leqq 40$ (보행기 수요량)

$x_1, x_2, x_3 \geqq 0$ (비음 조건)

스프레드시트 모형화 제한조건 좌변의 수식 셀과 목표셀은 다음의 식으로 계산된다.

```
B15 = SUMPRODUCT(B5:D5, $B$12:$D$12)    B16:B17 자동복사
B18 = C12
B20 = SUMPRODUCT(B9:D9, B12:D12)
```

	A	B	C	D	E
1	**㈜소아 확장문제(초기해)**				
2					
3	**입력자료**				
4	기계작업시간	유모차	보행기	자전거	
5	기계1	8	3	3	
6	기계2	4	4	0	
7	기계3	4	0	2	
8					
9	판매이익(만원)	30	20	16	
10	**변수**				
11		유모차	보행기	자전거	
12	생산계획	1	1	1	
13	**모형**				
14		실제 작업시간		이용 가능시간	
15	기계1 사용시간	14	<=	240	
16	기계2 사용시간	8	<=	200	
17	기계3 사용시간	6	<=	100	
18	보행기 생산	1	<=	40	
19					
20	총 판매이익(만원)	66			

B15 =SUMPRODUCT(B5:D5,$B$12:$D$12) B16:B17 자동복사
B18 =C12
B20 =SUMPRODUCT(B9:D9,B12:D12)

그림 2.25 ㈜ 소아 확장문제 스프레드시트 모형

(주)소아의 확장문제에 해찾기 실행한 결과 최적해 시트는 그림 2.26과 같다.

	A	B	C	D
1	**㈜소아 확장문제(최적해)**			
2				
3	**입력자료**			
4	기계작업시간	유모차	보행기	자전거
5	기계1	8	3	3
6	기계2	4	4	0
7	기계3	4	0	2
8				
9	판매이익(만원)	30	20	16
10	**변수**			
11		유모차	보행기	자전거
12	생산계획	0	40	40
13	**모형**			
14		실제 작업시간		이용 가능시간
15	기계1 사용시간	240	<=	240
16	기계2 사용시간	160	<=	200
17	기계3 사용시간	80	<=	100
18	보행기 생산	40	<=	40
19				
20	총 판매이익(만원)	1440		

그림 2.26 (주)소아의 확장문제 최적해

해찾기 이후의 질문과 민감도 분석

자전거를 도입하지 않았을 때에는 유모차 18대, 보행기는 32대 생산하는 것이 최적이었다. 그러나 자전거를 도입하면 보행기와 자전거를 각각 40대씩 생산한다. 생산하던 유모차를 생산하지 않는다. 그 이유는 무엇일까? 또, 시간당 4만원씩 준다면 기계 1의 작업을 1주일에 20시간씩 외주 가공해 주겠다는 인근 K공장의 제안을 받아들이는 것이 유리할까? 이러한 최적해 이후의 질문도 생각해 보자.

해찾기를 실행하면 2.1절의 그림 2.7과 같은 해찾기 결과 대화창이 뜨는 데, 여기서 '민감도'를 체크하면 그림 2.27와 같은 '민감도 보고서' 시트가 새로 만들어지는 것을 확인할 수 있다. 민감도 보고서는 '변수셀'에 대한 보고서와 '제한조건'에 대한 보고서 두 부분으로 나뉘어져 있다. 첫 번째 보고서의 목표셀 계수를 보면 30, 20, 16인데 이는 수리모형의 목적식 계수와 일치함을 알 수 있다:

$$\text{maximize} \qquad 30x_1 + 20x_2 + 16x_3$$

● 한계비용과 잠재가격

첫 번째 민감도 보고서를 보면 유모차의 '한계비용'은 −12.67이다. 이는 유모차 한 대 생산하게 되면 12.67만원만큼 손해(−12.67)가 발생한다는 것을 의미한다. 두 번째 민감도 보고서의 기계1의 '잠재가격'이 5.33만원으로 표시되어 있는 데, 이는 기계1의 가용시간이 한 시간 더 늘어나면 이익(목표셀 값)이 5.33만원 증가함을 뜻한다.

변수 셀

셀	이름	계산 값	한계 비용	목표 셀 계수	허용 가능 증가치	허용 가능 감소치
$B$12	생산계획 유모차	0	-12.66666667	30	12.66666667	1E+30
$C$12	생산계획 보행기	40	0	20	1E+30	4
$D$12	생산계획 자전거	40	0	16	4	4.75

제한 조건

셀	이름	계산 값	잠재 가격	제한 조건 우변	허용 가능 증가치	허용 가능 감소치
$B$15	기계1 사용시간 실제 작업시간	240	5.333333333	240	30	120
$B$16	기계2 사용시간 실제 작업시간	160	0	200	1E+30	40
$B$17	기계3 사용시간 실제 작업시간	80	0	100	1E+30	20
$B$18	보행기 생산 실제 작업시간	40	4	40	10	10

• 1E+30은 1.0×10^{30} (즉, +무한대), 1E-30은 1.0×10^{-30}을 뜻함. (즉, 0임)

• 변수셀의 '계산값'은 변수의 최적해를 의미하며, 제한조건의 '계산값'은 제한조건 좌변의 계산값이다.

그림 2.27 확장된 (주)소아의 민감도보고서

이처럼 민감도보고서(sensitivity analysis report)는 입력 데이터가 달라지는 경우, 새롭게 해찾기를 실행하지 않아도 그 결과를 예상할 수 있게 해 주는 데 그 **유용성**이 있다. 이제 앞에서 제기한 질문에 답을 해 보자.

질문1 만일 유모차를 생산하면 어떻게 될까? 유모차의 판매이익이 얼마 이상이 되면 유모차를 생산할 수 있게 될까?

답 유모차의 한계비용이 −12.67만원[2]이므로 한 대 더 생산하는 것을 전제로 하여 최적해를 구하면 이익(목표셀값)은 12.67만큼 줄어든다(음수이므로). 유모차를 생산에 참여시키기 위해서는 유모차 한 대당 이익이 현재보다 12.67만원 더 커야 한다. 즉, 한 대당 이익이 30만원 + 12.67만원 = 42.67만 원 이상이 되어야 생산에 투입할 수 있다.

질문2 기계1의 가용시간이 240시간에서 260시간으로 늘어나면 이익은 얼마나 늘어날까? 시간당 4만원의 외주작업 제안을 받아들이는 것이 유리한가?

답 기계1이 잠재가격이 5.33만원[3]이므로 기계1의 가용시간이 한 시간 늘면 이익이 5.33만원 늘어난다. 20시간이 늘어난다면 '5.33만원 × 20시간' 만큼 이익이 커진다. 인근 공장의 외주 작업비가 4만원이면 외주작업을 주어서 생산량을 늘리는 것이 유리하다. 그리고 증가시간 20시간만큼은 허용가능 증가치(30시간) 이내에 있으므로 이러한 분석은 유효하다.

이상의 민감도 분석을 요점만 간단히 설명하면 다음과 같다.[4]

| 민감도 분석의 요점

- **한계비용**: 고려하는 변수의 하한값이나 상한값[5]을 한 단위 증가시켰을 때, 최적 목표셀 값의 변동분
- **잠재가격**: 고려하는 제약식의 우변을 한 단위 증가시켰을 때, 최적 목표셀 값의 변동분
- **허용증감 범위**:
  (1) '최적해'가 달라지기 직전까지 변할 수 있는 **목표셀 계수의 허용 변동범위.**
  (2) '잠재가격'이 달라지기 직전까지 변할 수 있는 **우변값의 허용 변동범위**

2) 소수 3째자리에서 반올림한 값
3) 소수 3째자리에서 반올림한 값
4) 민감도 분석의 용어 '한계비용'은 비용 최소화(cost minimization)의 LP문제를 기준으로 만든 용어이다. 이익 최대화의 경우는 '한계이익'으로 표현하는 것이 정확하다. 즉, 현재 해를 기준으로 해당 변수의 값을 한 단위 증가시킬 때 이익이 얼마나 증가하는지 한계적(marginally)으로 평가한 것이다.
5) 해찾기 모델설정에서 비음조건에 체크(☑)하면 하한값은 0으로 설정된다.

체크포인트 확장된 (주)소아 예제의 민감도 보고서를 보고 다음에 답하라.

1. 기계 1의 이용 가능시간이 10시간 증가될 때, 이익은 얼마나 증가되는가?
2. 기계 3의 1주간 이용 가능시간이 10시간 증가될 때, 총 판매이익은 얼마나 증가되는가?
3. 보행기는 시장 수요가 40대로 제한되어 있다. 만일 현재의 제약조건을 완화하여 41대까지 팔 수 있다면 판매이익은 얼마나 증가할 수 있는가? 만일 39대로 제한되면 판매이익은 얼마나 감소하는가?
4. 자전거의 판매이익(목표셀 계수)이 현재보다 3만원 더 증가되면 현재의 최적 생산계획은 유지되는가? 총 판매이익은 얼마인가?
5. 유모차는 현재 생산하고 있지 않다. 생산을 할 수 있게 되려면 유모차의 한 대당 판매이익이 얼마 이상 증가해야 가능한지 유모차의 생산에 요구되는 기계 작업시간의 잠재가격을 가지고 계산하라.

● 비타민 식단문제에서의 민감도 분석

비타민 식단문제에서 민감도 보고서의 활용을 생각해 보자. 그림 2.28의 민감도 보고서를 보면, 비타민 A 잠재가격이 15원이므로 만일 비타민 A의 1일 필수 요구량이 1단위(100IU) 증가되면 식단비용은 15(원) 증가하게 된다. 비타민 C의 경우도 마찬가지로 잠재가격이 4원이므로 1일 필수 요구량이 1단위(mg) 증가되면 식단비용이 4(원) 증가하게 된다.

	A	B	C	D	E	F	G
1	예제2.2 식단문제(최적해)						
2							
3	입력자료						
4		식품 100gr에 포함된 비타민 함량 및 가격					
5		식품1	식품2	식품3	식품4	식품5	식품6
6	비타민 A	10	0	20	20	10	20
7	비타민 C	0	10	30	10	30	20
8							
9	식품가격(원)	350	300	500	340	270	400
10							
11	변수						
12	식품구입량(100gr)	0	0	0	1.8	1.4	0
13							
14	모형						
15				필수요구량			
16	비타민 A 섭취량	50	>=	50	(100 IU)		
17	비타민 C 섭취량	60	>=	60	(mgr)		
18							
19	총 식단비용	990					
20							

변수 셀

셀	이름	계산 값	한계 비용	목표 셀 계수	허용 가능 증가치	허용 가능 감소치
$B$12	식품구입량(100gr) 식품1	0	200	350	1E+30	200
$C$12	식품구입량(100gr) 식품2	0	260	300	1E+30	260
$D$12	식품구입량(100gr) 식품3	0	80	500	1E+30	80
$E$12	식품구입량(100gr) 식품4	1.8	0	340	25	250
$F$12	식품구입량(100gr) 식품5	1.4	0	270	50	100
$G$12	식품구입량(100gr) 식품6	0	20	400	1E+30	20

제한 조건

셀	이름	계산 값	잠재 가격	제한 조건 우변	허용 가능 증가치	허용 가능 감소치
$B$16	비타민 A 섭취량 .	50	15	50	70	30
$B$17	비타민 C 섭취량 .	60	4	60	90	35

그림 2.28 식단문제와 민감도 보고서

체크포인트 민감도 보고서를 보고 물음에 답하라.

1. 식품구입비용이 990원 이라는 것을 잠재가격을 이용해서 보여라.
2. 식품 1을 꼭 1단위(100g) 섭취하고자 한다면 식품구입비용은 얼마나 증가하는가?
3. 식단 구성에 식품 3을 꼭 포함시키기를 원한다. 식품 3을 1단위 포함시키면 총 식단비용은 어떻게 변하겠는가?
4. 비타민 C의 1일 요구량이 60단위에서 70단위로 증가된다면 총 식단비용은 어떻게 변하겠는가?

모형화 토의

1. **선형계획문제(식단문제)의 성질 1 - 잠재가격으로도 목표셀 값을 계산할 수 있다.** 민감도 보고서를 보면 비타민 A의 잠재가격(한 단위 가치)이 15원이고, 비타민 C의 잠재가격(한 단위 가치)은 4원임을 알 수 있다. 따라서 하루 섭취량 50단위와 60단위를 섭취하면 비타민 가치는 50(15) + 60(4) = 990원이 되어서 원래 문제의 목표셀 값과 일치한다. 결과적으로 이것은 비타민의 가격을 적정하게 매긴 것이다. 이처럼 선형계획은 경제적 의미로도 해석이 가능하다.
2. **선형계획문제(식단문제)의 성질 2** - 선형계획문제의 해를 보면 "0"이 아닌 값을 가진 변수가 제한조건의 개수와 같은 것을 관찰할 수 있다. 식단문제의 경우 제약조건이 2개이고 섭취하는 식품의 수도 2개이다. 그 이유는, 선형계획문제를 풀어주는 '심플렉스법'은 제약조건 한 개에서 변수 한 개의 값을 정해주는 성질이 있기 때문이다. 따라서 제약조건 개수만큼의 변수가 양의 값을 가지게 된다. 결론적으로, 비타민 식단문제에서 여러 가지 식품을 골고루 먹을 수 있는 최적해를 구하고 싶으면 다른 조건을 추가해야 될 것이다. 단, 여기서는 그림 2.24의 '중복제약조건'을 제외하고, 최적해 꼭지점의 일부 좌표값이 우연히 "0"이 되는 경우도 생기지 않는 것을 전제로 하고 있다.

2.5 그래프로 본 민감도 분석

그래프를 이용하여 예제 2.1의 (주)소아 문제를 가지고 민감도 분석을 설명하고자 한다. 이를 위해 ㈜소아의 수리모형을 다시 소개한다.

maximize	$z = 30x_1 + 20x_2$	(총 판매이익)
subject to	$8x_1 + 3x_2 \leqq 240$	(기계1 사용시간)

$$4x_1 + 4x_2 \leqq 200 \quad \text{(기계2 사용시간)}$$
$$4x_1 + 0x_2 \leqq 100 \quad \text{(기계3 사용시간)}$$
$$x_2 \leqq 40 \quad \text{(수요량)}$$
$$x_1, x_2 \geqq 0 \quad \text{(비음 조건)}$$

● 최적해가 변하지 않도록 하는 목적함수 계수의 변동범위

현재의 목적함수 $z = 30x_1 + 20x_2$에 대해 $(x_1, x_2) = (18, 32)$가 최적해임을 그래프 상에서 이미 보았다.(그림 2.19) 이제 목적함수 식을 x_1x_2 좌표에 그래프로 그리기 위해 x_2에 대해 다시 쓰면 $x_2 = \frac{-30}{20}x_1 + \frac{z}{c_2}$가 되어 그 기울기는 −30/20 (=−3/2)이 된다. 일반적으로 목적함수를 $z = c_1x_1 + c_2x_2$로 놓으면 기울기는 이 식을 x_2에 대한 식으로 고쳐 구하면 $x_2 = \frac{-c_1}{c_2}x_1 + \frac{z}{c_2}$가 되어 기울기는 $-c_1/c_2$가 된다.

목적함수 : (소아 문제) $z = 30x_1 + 20x_2$, (일반 문제) $z = c_1x_1 + c_2x_2$

x_2에 대한 식 : (소아 문제) $x_2 = \frac{-30}{20}x_1 + \frac{z}{c_2}$, (일반 문제) $x_2 = \frac{-c_1}{c_2}x_1 + \frac{z}{c_2}$

그래프의 기울기 : (소아 문제) $-\frac{3}{2}$, (일반 문제) $-\frac{c_1}{c_2}$

이제 선형계획 모형에 대해 각 목적함수 계수에 대한 변동범위를 구해보자. 최적해 (18, 32)가 두 경계등식 $8x_1 + 3x_2 = 240$ (기울기: −8/3)과 $4x_1 + 4x_2 = 200$ (기울기: −1)의 교점이므로 목적함수의 기울기 $(-3/2)$은 두 경계등식의 기울기 사이에 놓인다$(-8/3 \le -3/2 \le -1)$. 따라서 x_2의 계수를 $c_2 = 20$일 때, 최적해 즉 최적 꼭지점 (18,32)이 변하지 않도록 하는 계수 c_1의 변동범위는

$$-8/3 \le -c_1/20 \le -1$$

을 만족하여야 한다. 즉, x_2의 계수를 고정시켜 놓으면 c_1은 $20 \le c_1 \le 160/3$ 범위에 있으면 (18, 32)는 여전히 최적해로 있게 된다. (주)소아의 민감도 보고서를 보면, c_1의 변동범위가 $20 \le c_1 \le 53.33$ 인 것을 확인할 수 있다(160/3 = 53.33). 이것은 여기의 계산과 일치한다.

만일 c_1이 증가하여 160/3 보다 커지면 목적함수의 기울기 $-c_1/20$가 −8/3보다 적어져 두 경계등식 $8x_1 + 3x_2 = 240$ 및 $4x_1 + 0x_2 = 100$ 의 기울기인 −8/3 및 $-\infty$ 사이에 놓이게 되면, 최적해는 $8x_1 + 3x_2 = 240$과 $4x_1 + 0x_2 = 100$의 교점 (25,

40/3)으로 바뀐다(그림 2.29 참조). 특히 $c_1 = 160/3$ 이면 점 (18, 32)과 점 (25, 40/3)을 잇는 선분 위의 모든 점이 최적해가 된다.

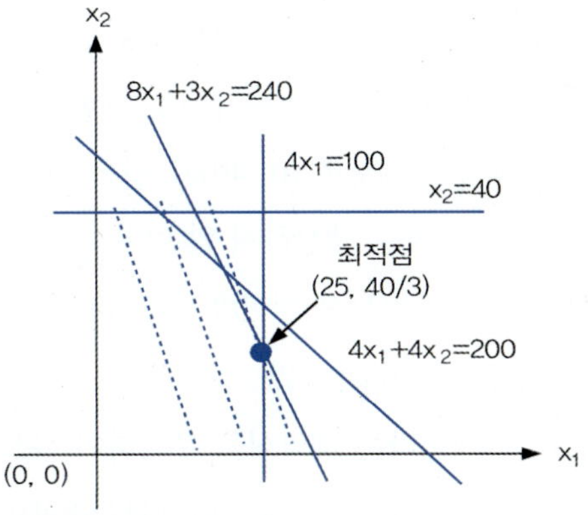

그림 2.29 $c_1 > 160/3$일 때의 목적함수 기울기와 최적해의 변화

반대로 c_1이 감소하여 20 보다 작으면 목적함수의 기울기 $-c_1/20$이 –1보다 커져 두 경계등식 $4x_1 + 4x_2 = 200$과 $x_2 = 40$의 기울기 –1 및 0 사이에 놓이게 되면, 최적해는 $4x_1 + 4x_2 = 200$과 $x_2 = 40$의 교점 (10, 40)으로 바뀐다(그림 2.30 참조). 특히 $c_1 = 20$이면 점 (18, 32)과 점 (10, 40)을 잇는 선분 위의 모든 점이 최적해가 된다.

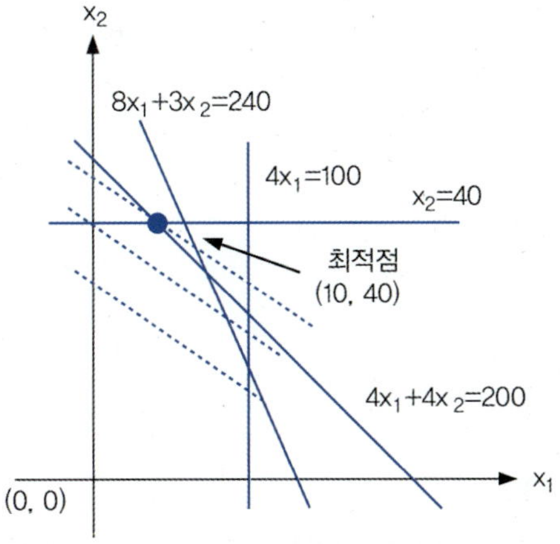

그림 2.30 $c_1 < 20$ 일 때의 목적함수 기울기와 최적해 변화

● 한계비용(수정비용)

한계비용이란 최적해에서 0의 값을 갖는 의사결정변수의 수준을 1단위 올림으로 목적함수 값이 얼마나 증가하는 지의 정도를 나타낸다. (주)소아의 예제에서 x_1의 계수가 –10 ($c_1 = -10$)이라고 가정하자. 이것은 유모차를 1 단위를 생산하여 판매할수록 10 만원씩 손실이 발생하는 것을 말한다. 그래프상에서도 보면 목적함수의 기울기가 달라져 있다. 그래프상에서 최적해를 구해보면 (0, 40)가 됨을 확인할 수 있다. 즉, 최적해는 $x_1 = 0$ 및 $x_2 = 40$으로 유모차는 생산하지 않는다. 그러나 유모차의 가격을 올려 판매할 수 있다면 유모차의 생산이 가능할 것이다. 즉, 유모차의 판매이익(즉, c_1)이 얼마 이상이 될 때 유모차의 생산이 가능한가?

이를 분석하기 위해 $x_1 \geq 1$이라는 제약식을 추가하여 유모차를 최소 1단위 생산한다는 조건을 부과해 보자. 이 조건의 추가로 발생하는 손해만큼 유모차 판매가격을 높인다면 유모차를 생산할 수 있을 것이다. 이것이 한계비용이며 부호는 반대가 된다. 이를 그래프로 표현하면 그림 2.31으로 표현되며 최적해는 (1, 40)이 된다. 한계비용은 아래와 같이 구해진다.

(0, 40)에서의 목적함수 값 = –10(0) + 20(40) = 800
(1, 40)에서의 목적함수 값 = –10(1) + 20(40) = 790
한계비용 = 790 – 800 = –10 (만원)

따라서 c_1는 –10 만원에서 10 만원 증가시켜 0원 이상이 되어야 유모차는 생산에 참여할 수 있다.

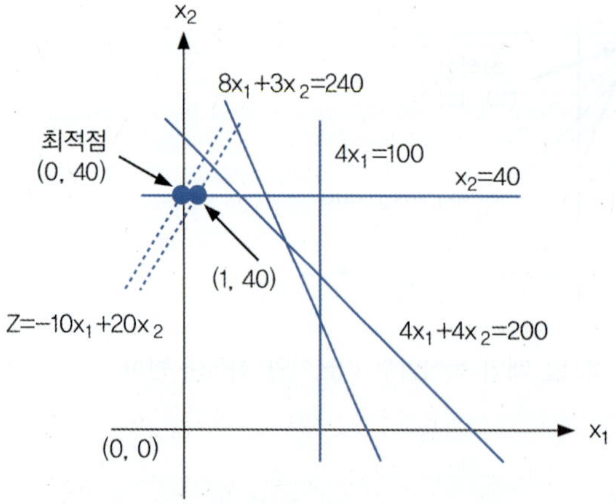

그림 2.31 x_1에 대한 한계비용

● 잠재가격

잠재가격은 제약식의 우변상수 변화에 따른 최적해의 변화를 분석하는 것으로 제약식 자원의 가치를 반영한다. 선형계획 모형이 제품배합문제라면 우변상수의 민감도 분석은 제품 재료 구입정책 및 외주가격 결정과 관련이 있다.

최적해에서 우변상수가 1단위 증가할 때 목적함수 값의 증가분을 잠재가격이라 한다. (주)소아 예제에서 기계 2의 이용 가능시간이 1시간 증가되면 최적해는 $\begin{cases} 8x_1 + 3x_2 = 240 \\ 4x_1 + 4x_2 = 200 \end{cases}$ 의 교점 (18, 32)에서 $\begin{cases} 8x_1 + 3x_2 = 240 \\ 4x_1 + 4x_2 = 201 \end{cases}$ 의 교점 (17.85, 32.4)이 된다. 따라서 잠재가격은 다음과 같이 구해진다.

(17.85, 32.4)에서의 목적함수 값 = 1183.5
(18, 32)에서의 목적함수 값 = 1180
잠재가격 = 1183.5 − 1180 = 3.5 (만원)

즉, 기계 2의 1시간은 3.5 만원의 잠재가치를 가진다. 그림 2.32는 기계 2의 이용 가능시간을 1단위 증가시킴으로 목적함수 값의 변화를 나타낸 그림이다. 목적함수의 증가분이 기계 2의 가용시간 1시간의 잠재가격이다.

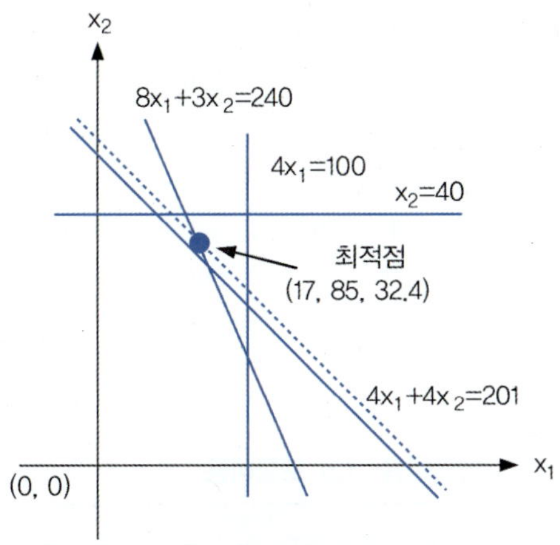

그림 2.32 기계 2 가용시간 1시간에 대한 잠재가격

기계 2의 가용시간이 3만 5천원의 잠재가격을 갖는다는 것은 기계 2의 가용시간을 1시간 증가시키기 위해 3만 5천원까지 지불할 수 있다고 해석할 수 있다. 그러나 잠재가격을 적용할 때는 목적함수 계수(제품 판매이익)가 어떻게 계산되었느냐에 따라 달리 해석하여야 하므로 주의해야 한다. 해석은 목적함수 계수가 매몰비용으로 해석하느냐, 포함비용으로 해석하느냐에 따라 달라진다. 이를 정확히 알 수 없을 때는 통상 매

몰비용으로 해석한다.

매몰비용(sunk cost)으로 역할하는 경우: 만약 기계 1, 기계 2, 기계 3에 있는 설비를 모두 과거에 구매하여 이들을 사용하던 사용하지 않던 의사결정에 영향을 주지 않고, 기계 작업자도 유모차(x_1) 및 보행기(x_2) 생산에 참여하던 참여하지 않던 일정하게 월급이 지급된다고 가정하자. 그러면 기계에서의 작업과 관련된 비용은 매몰비용이 되어 목적함수 계수를 계산하는데 관여되지 않는다. 따라서 기계 2의 작업을 외주로 준다면 1시간에 대해 잠재가격 3만 5천원까지 치를 수 있다.

포함비용(included cost)으로 역할하는 경우: 만약 기계 1, 기계 2 및 기계 3의 가용시간에 따른 원가가 유모차 및 보행기의 이익 계산에 이미 포함되어 있다고 가정하는 것이다. 표 2.8을 보면 기계 2는 시간당 5.5만원의 비용이 발생되고 있고, 그것을 감안하여 이익이 계산되었다고 가정하자. 그러면 기계 2의 잠재가격 3.5 만원은 기계 2의 추가작업을 외주에 의해 수행한다고 할 때 1시간에 대해 기존 원가 5.5 만원에 추가로 3.5 만원까지 지불할 수 있다는 뜻이다. 즉, 기계 2 외주작업 1시간에 대해 총 9만원(5.5+3.5=9만원)까지 지불할 수 있다.

표 2.8 유모차 및 보행기 원가계산표 (단위: 만원)

원가 구성	유모차		보행기	
판매가격		120		60
기계 1 원가	6 * 8 = 48		6 * 3 = 18	
기계 2 원가	5.5 * 4 = 22		5.5 * 4 = 22	
기계 3 원가	5 * 4 = 20		0	
원가 합계		90		40
이 익		30		20

| 잠재가격의 2가지 적용법: (1) 매몰비용 (2) 포함비용

- **매몰비용으로 역할하는 경우**: 해당 제약식의 자원비용이 매몰비용이 되어 목적함수 계수를 계산하는데 관여되지 않으면, 그 자원을 외부로부터 잠재가격까지 치르고 구입할 수 있다.
- **포함비용으로 역할하는 경우**: 해당 제약식의 자원비용이 포함비용이 되어 목적함수 계수를 계산하는데 포함되었다면 그 자원은 외부로부터 (자원의 시장가격+잠재가격)까지 치르고 구입할 수 있다.

● 잠재가격이 변하지 않도록 하는 제약식 우변상수의 변동범위

기계 2의 가용시간을 여러 가지로 변화시켜보자. 기계 2의 주간 가용시간을 2시간 증가시키면, 최적해는 $8x_1 + 3x_2 = 240$ 과 $4x_1 + 4x_2 = 202$의 의 교점 (17.7, 32.8)이 되고, 목적함수 값은 1187(만원)이 된다. 따라서 목적함수의 증가분 7(만원)을 2시간으로 나누면 1시간당 **잠재가격**은 3.5(만원)으로 한 단위를 증가시켜 계산했을 때의 경우와 같다. 반대로 기계2의 주간 가용시간을 1시간 감소시켜보자. 그러면, 최적해는 $8x_1 + 3x_2 = 240$과 $4x_1 + 4x_2 = 199$ 의 교점 (18.15, 31.6)이 되고, 목적함수 값은 1176.5가 된다. 따라서 목적함수의 증가분 (−3.5)을 (−1)시간으로 나누면 1시간당 잠재가격은 3.5(만원)으로 한 단위를 증가시킨 경우의 계산과 같다. 그렇다면 기계 2인 시간당 잠재가격은 현재의 주간 200시간에서 얼마를 증가시키든 또는 얼마를 감소시키든 항상 3.5(만원)으로 일정할 것인가? 항상 그렇지는 않다.

기계 2에 대한 제약식 $4x_1 + 4x_2 = 200$을 평행 이동시킨 식을 $4x_1 + 4x_2 = b_2$로 표현한다. 기계2의 잠재가격이 일정하기 위해서는 최적해가 $8x_1 + 3x_2 = 240$ 과 $4x_1 + 4x_2 = b_2$의 교점이 되어야 하므로, $4x_1 + 4x_2 = b_2$가 현재의 최적해 (18, 32)에서 꼭지점 (15, 40)까지 또는 꼭지점 (25, 40/3)까지만 변할 수 있다. 즉,

$$b_2 \le 4(15) + 4(40) = 220$$

$$b_2 \ge 4(25) + 4(40/3) \approx 153.33\text{가 된다.}$$

그림 2.33는 기계 2에 대해 잠재가격이 변하지 않는 범위를 계산하기 위한 그래프이다.

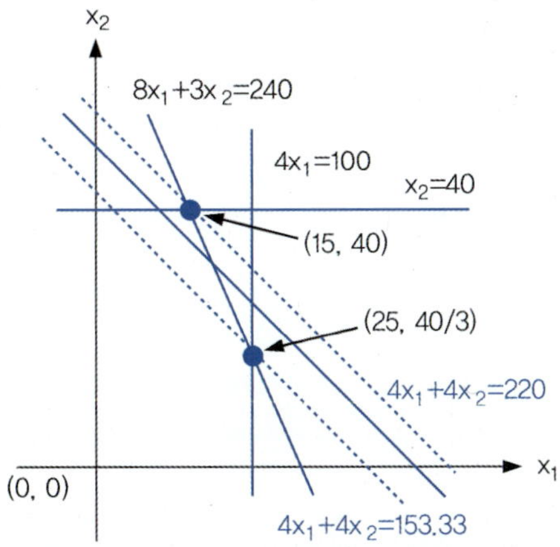

그림 2.33 기계 2 제약식의 잠재가격이 변하지 않는 우변상수의 범위 구하기

● 상보여유

민감도 분석과 관련하여 선형계획 모형은 최적해에서 상보여유(complementary slackness)가 성립한다. 상보여유란 짝이 되는 두 개에 대해 한쪽의 값에 여유가 있으면 다른 쪽은 0이 되는 것으로, 둘 중에 적어도 하나는 0이 되어야 한다는 내용이다. 최적해에서 제약에 여유가 있는 '부분적 만족'(nonbinding, 비속박적) 제약식에 대한 잠재가격은 0이 되고, 반대로 잠재가격이 0이 아닌 제약식은 반드시 여유가 없는 '만족'(binding, 속박적) 제약식이 된다는 내용이다. 상보여유는 잠재가격만이 아니고 한계비용에 대해서도 성립된다. 최적해에서 한계비용이 0이 아닌 의사결정변수는 0의 값을 갖게 되고, 반대로 최적해에서 값이 0이 아닌 의사결정변수의 한계비용은 0이 된다. (주)소아의 예에서 기계 2 제약의 잠재가격이 3.5이므로 이 제약식은 속박적 제약식임을 확인할 수 있다. 기계 3의 가용시간 제약은 비속박적 제약이므로 해당되는 잠재가격은 0이다. 또한 최적해에서 유모차 및 보행기의 값이 각각 18, 32로 0이 아니므로 이들의 한계비용은 모두 0이다.

참고로 보행기의 판매 제약에 대해서 그래프 방법으로 변동의 범위를 구해보면, 제한조건 40의 변동범위는 32 ~ 무한대이다. 이 범위에서 변동한다면 현재의 잠재가격 0은 변하지 않는다. (그림 2.34 참조)

변수 셀

셀	이름	계산 값	한계 비용	목표 셀 계수	허용 가능 증가치	허용 가능 감소치
$B$12	생산계획 유모차	18	0	30	23.33333333	10
$C$12	생산계획 보행기	32	0	20	10	8.75

제한 조건

셀	이름	계산 값	잠재 가격	제한 조건 우변	허용 가능 증가치	허용 가능 감소치
$B$15	기계1 사용시간 실제 작업시간	240	2	240	35	40
$B$16	기계2 사용시간 실제 작업시간	200	3.5	200	20	46.66666667
$B$17	기계3 사용시간 실제 작업시간	72	0	100	1E+30	28
$B$18	보행기 생산 실제 작업시간	32	0	40	1E+30	8

그림 2.34 (주)소아의 민감도 보고서

2.6 선형계획의 가정

선형식으로 이루어진 선형계획문제는 매우 효율적으로 풀 수 있기 때문에 기업 및 공공부문의 다양한 경영문제뿐 아니라 공학적 문제에 대해서도 폭넓게 활용되고 있다. 그러나 선형계획문제의 수립은 몇 가지 가정을 전제로 하기 때문에 모형 담당자는 이러한 가정들이 주는 영향을 정확히 이해하고 있어야 한다. 만약 가정들이 받아들여지지 않는 상황이라면 선형계획 모형 대신 다른 모형을 채택하여야 한다. 선형계획 모형은 기본적으로 다음의 4가지 가정을 전제로 한다:

- 입력자료 및 제한조건의 우변상수는 확정값이다. (확실성 가정)
- 변수(변수셀)는 정수뿐 아니라 실수값을 가질 수 있다. (분할성 가정, 연속성 가정)
- 목적함수(목표셀) 값 및 제한조건의 좌변 값은 변수에 비례하여 변한다. (비례성 가정)
- 변수 간에는 상호작용이 없다. (가산성 가정)

■ **확실성(certainty) 가정**: 선형계획 모형에 포함되는 모든 입력자료는 확정적이라는 가정이다. 즉, 목표셀 계수, 제한조건 좌변식 계수 및 우변상수는 확실하다는 가정이다. 그러나 이러한 자료들은 현실 상황을 모형화할 때 대부분 추정된 값이기 때문에 100% 확실하다고 단정할 수 없다. 선형계획 모형에서는 입력자료의 변화에 대해 최적해가 어떻게 변하는지에 대해 민감도 분석을 수행하기 때문에 확실성 가정의 한계를 극복할 수 있다.

■ **연속성(continuity) 가정**: 연속성 가정이란 변수가 연속적인 값을 취할 수 있다는 가정이다. 예를 들어 어떤 변수가 '0'의 값도 취할 수 있고, '1'도 취할 수 있다면 [0,1]사이의 연속한 임의의 모든 값을 선택할 수 있다. 만일 변수가 취할 수 있는 값이 정수이어야만 한다면 정수계획 모형이 된다(6장 참조). 해찾기 모델 설정의 제한조건에서 변수셀에 대해 'int'(정수형)나 'bin'(0 또는 1)을 선택하면 연속성 가정이 성립되지 않는다. (연속성 가정은 정수값을 잘게 나눈 분할된 값을 가질 수 있다는 뜻으로 분할성 가정(divisibility)이라고도 한다.)

■ **비례성(proportionality) 가정**: 생산량이 1배, 2배, 3배, ⋯ 로 증가할 때, 그것이 목표함수 값에 이바지하는 공헌도 및 제한조건 좌변에 미치는 영향도 1배, 2배, 3배, ⋯로 비례한다는 가정이다. 즉, 변동에 대해서 그 영향의 규모가 일정하다고(constant to scale) 표현한다. 예를 들어서 유모차의 생산을 2배, 3배로 늘리면 유모차 판매이익도 2배, 3배가 된다는 뜻이다. 그러나 유모차를 10대 이상 구입하면 11대 째부터는 10% 할인을 해 준다든지, 기계의 작업시간이 생산 개수가 증가함에 따라 학습효과가 생겨서 점점 소요시간이 줄어든다면 이것은 비례성의 가정에 위배된다.

■ **가산성(additivity) 가정**: 두 변수 간에 상호작용이 없이 단순히 합산된다는 가정이다. 예를 들어 유모차와 보행기의 생산대수를 각각 x_1, x_2 라고 하면, 총판매이익은

$30x_1$과 $20x_2$의 단순 합인 $30x_1 + 20x_2$가 된다는 것이다. 만일 $30x_1 + 20x_2 - x_1x_2$으로 표현된다면 가산성 가정이 성립되지 않는 것이다. 가산성 가정이 성립되려면 목표셀의 수식 및 제한조건식 좌변이 모두 변수의 선형식의 합으로 표현되어야 한다. 예를 들어서 (주)소아 문제에서 기계 1의 이용시간 제한조건을 표현할 때, 유모차에서 보행기로 작업을 교체하는 데 드는 시간을 더해주어야 한다면 지금과 다른 엑셀의 IF 문장으로 표현되는 식이 추가 되어야하며 가산성이 성립되지 않는다. 위의 4가지 가정 중 비례성 가정이나 가산성 가정이 성립되지 않는다면 엑셀 해찾기 모델 설정의 해법선택에서 'LP'를 선택할 수 없다.

사례 문제 L사의 생산공정 개선과 선형계획 문제

L사는 포장기계를 절단가공-용접-조립-도장의 공정 순으로 제작한다. 모델 Q300은 한 대당 $30천 달러의 순익이 생기고 모델 Q250은 한 대당 $25천 달러의 순익이 생긴다. 한 대를 생산하는데 각 공정별 소요 작업시간은 다음 표와 같다. 절단가공-용접-조립-도장 공정은 각각 1주일간 240시간, 200시간, 240시간, 200시간 씩 작업에 투입할 수 있다.

공정별 작업소요시간(hr)

	모델 Q300	모델Q250
절단가공	5	4
용접	6	4
조립	4	6
도장	2	1.8

한편, 생산 엔지니어링 부서에서는 최근에 독일의 한 연구소로부터 강력한 접착제를 개발하였다. 이 접착제를 이용하면 용접공정과 조립공정의 작업을 제품 모델에 관계없이 각각 1 시간 만에 끝낼 수 있다. 모델 Q300은 용접공정에 접착제를 사용하면 접착제가 6파운드가 들고, 조립공정에는 접착제가 3파운드가 든다. 모델 Q250은 접착제를 사용하면 용접공정에 8파운드가 들고, 조립공정에는 6파운드가 든다. 용접공정과 조립공정은 서로 독립되어 있으므로 접착제 사용은 공정별로 독립적으로 적용할 수 있으며, 한 제품 모델에 대해서도 일부는 접착제를 사용하여서 생산할 수도 있고, 일부는 기존의 방식대로 생산하여도 된다. 다만, 접착제를 사용할 경우는 따로 접착제 구입비를 제품 한 대당 판매 순익에서 공제하여야 한다. 접착제를 구입하는 데에는 파운드당 $0.2천 달러가 든다.

접착제 사용량(파운드/한대 생산에)

	모델 Q300	모델Q250
절단가공	–	–
용접	6	8
조립	3	6
도장	–	–

(a) 접착제를 사용하지 않을 때의 최적 생산계획과 총 판매순익을 계산하라.

(b) 민감도 보고서를 이용하여, 접착제를 사용하지 않을 때 각공정의 이익 공헌도를 답하라.

(c) 기존 방식과 접착제 사용을 혼합하여 공정을 운영할 때의 최적 생산계획을 세우고 총 판매 순익을 계산하라.

(d) 접착제를 사용할 경우 (b)의 공정의 이익 공헌도(잠재가격)는 어떻게 달라지는가?

연습문제

(2.1절) 1, 2, 3, 4, 5
(2.2절) 6, 7, 8, 9, 10
(2.3절) 11, 12, 13, 14, 15
(2.4절) 16, 17, 18, 19
(통합) 20~31

1 란텍사는 포장기계를 제조하는 업체이다. 포장기계는 절단공정 - 용접공정 - 조립공정으로 제조되는데, 각 공정에서 일주일간 가능한 작업시간은 아래 표와 같다. 각 제품에 대한 대당 판매이익은 모델 Q300이 한 대당 $20천 달러, 모델 Q300XT는 한 대당 $30천 달러라고 한다. 란텍사의 최적 생산계획을 스프레드시트 모형화를 통해서 수립하고자 한다. 아래 물음에 답하라.

(1) B14 및 B17에 알맞은 식을 각각 써라.
(2) 해찾기 모델 설정의 ① 목표셀과 최대화/최소화 선택, ② 변수 셀, ③ 제한조건을 쓰고, ④ 해찾기를 실행하여 최적해를 써라.
(3) 적절한 변수를 설정하고, 변수를 이용하여 수학적 모형을 써라.

	A	B	C	D	E
1	L 사의 문제				
2					
3	입력자료				
4		모델 Q-300	모델 Q-300XT		
5	공정1	3	2		
6	공정2	0	3		
7	공정3	2	0		
8					
9	판매이익	20	30		
10					
11	변수				
12	생산계획	1	1		
13		(천불)			
14	총판매이익				
15					
16		실제작업시간		가능작업시간	
17	공정1		<=	24	
18	공정2		<=	12	
19	공정3		<=	6	
20					

그림. 연습문제 2-1 플랫폼

2 S하이텍은 자동차용 발전기(alternator)를 제조하는데, 제조공정은 권선공정과 테스트공정으로 이루어져 있다. 소형발전기와 대형발전기 두 개 제품으로 나뉘는데, 소형발전기는 권선작업에 2시간 테스트에 1시간이 소요되고, 한 개당 20만원에 팔리고, 대형발전기는 권선작업에 3시간, 테스트에 1시간이 소요되고 한 개당 25만원에 팔린다. 권선공정은 일주일에 240시간, 테스트 공정은 160시간 작업할 수 있다. 판매금액을 최대화 할 수 있도록 생산방법을 정하고자 한다.

(1) 스프레드시트 모형을 만들어라.
(2) 해찾기 모델 설정의 ① 목표셀과 최대화/최소화 선택, ② 변수 셀, ③ 제한조건을 쓰고, ④ 해찾기를 실행하여 최적해를 써라.
(3) 적절한 변수를 설정하고, 변수를 이용하여 수학적 모형을 써라.

3 (주)소아 예제의 확장된 문제를 생각해 보자. 각 제품의 사용상 안전사고를 예방하기 위해 기계4의 작업이 추가적으로 요구된다고 하자. 유모차 및 보행기 한 대에 각각 2시간과 1시간의 추가 작업이 소요된다. 기계4의 일주일간 이용가능시간이 50시간이라면 최적 생산계획은 어떻게 변하겠는가? 수리모형으로 표현하고, 스프레드시트 모형으로 표현하여 최적해를 구하라.

4 ㈜소아는 보행기를 대중소 나누어서 제품을 세분화 하기로 하였다. 아래표는 각 제품별로 필요한 작업시간과 판매이익이다. 수리모형으로 표현하고,

스프레드시트 모형으로 표현하여 최적해를 구하라.

공정	유모차	보행기-대	보행기-중	보행기-소
절단공정(기계1)	8	4	3	3
용접공정(기계2)	4	4	4	2
조립공정(기계3)	4	2	0	2
판매이익(만원)	30	25	20	16

5 (주)소아의 예제에서 각 기계의 가동비용을 감안하려고 한다. 유모차와 보행기의 판매가격은 각각 120만원과 60만원이고, 기계1, 2, 3의 시간당 가동비용은 노무비를 포함하여 각각 6만원, 5.5만원, 5만원이라고 하자. 다른 조건은 모두 같다고 하고, 가동비용만 추가적으로 감안하여 스프레드시트 모형을 수립하여 최적 생산계획을 정하라.

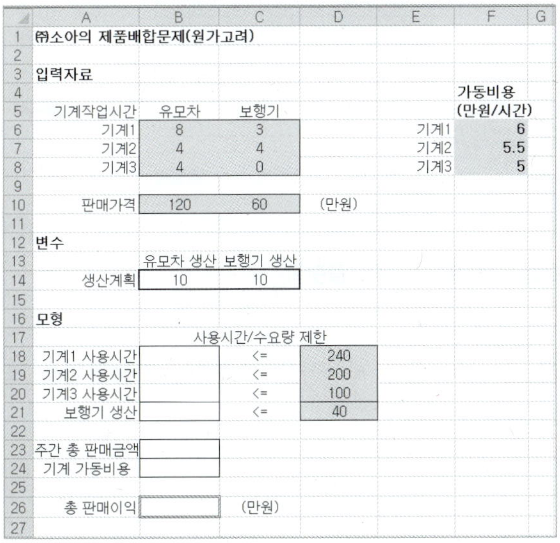

그림. 연습문제 2-5 플랫폼

6 (주)신촌사료에 근무하는 정대리는 '신촌부페'라는 젖소용의 종합 사료의 영업을 담당하고 있다. 그는 강원도에서 젖소를 100마리 사육하며 낙농을 매우 성공적으로 하고 있다는 김주성씨를 방문하여 '신촌부페'를 판매하려고 하였다. 김주성씨는 젖소들의 영양분을 엄격히 관리하고 있었는데, 젖소 1마리가 하루 동안 1000 단위(mgr) 이상의 칼슘, 20,000 칼로리 이상의 탄수화물, 1500단위(gr) 이상의 단백질을 섭취시킨다고 목표를 정해두고 있었다. 그는 현재 '우량식품'이라는 사료를 먹이고 있었는데, '우량식품'은 1 kg에는 360 단위의 칼슘, 14,280 칼로리, 714 단위의 단백질이 포함되어 있다. 정대리 회사의 '신촌부페'는 1 kg에 710 단위(mgr)의 칼슘, 8,930 칼로리의 탄수화물, 714 단위(gr)의 단백질이 포함되어 있다. '우량식품'은 1 kg에 1286원이며, '신촌부페'는 1 kg에 1714원이다.

(1) 김주성씨가 '우량식품'으로 젖소 한 마리를 하루 사육하는 데 얼마의 비용이 드는가?

(2) 김주성씨에게 '우량식품' 대신에 '신촌부페'를 먹이라고 설득하는 것이 불가능한 이유를 밝혀라.

(3) 정대리는 대학교에서 경영과학 수업을 들은 바가 있다. 그래서 '우량식품'과 '신촌부페'를 혼합한 배합사료를 제안하였다. 하루 최소 요구량을 만족시키면서 사료비용을 최소화하는 배합방법은 무엇인가?

(4) 김주성씨가 혼합사료를 먹이면 1일 사육비용이 총 얼마나 절감되는가?

7 경기도 인천 지역의 한 정유소에서는 2종류의 원유를 정제한다. 사우디산 원유와 베네수엘라산 원유를 증류하여 가솔린, 제트유 및 윤활유를 얻는다. 두 원유는 화학 구성비가 달라 생산되는 제품의 구성비도 달라진다. 사우디산 원유 1 배럴로부터는 0.3배럴의 가솔린, 0.4 배럴의 제트유, 0.2 배럴의 윤활유가 얻어진다. 한편, 베네수엘라산 원유 1 배럴로부터는 0.4배럴의 가솔린, 0.2 배럴의 제트유,

0.3 배럴의 윤활유가 얻어진다.

사우디산 원유는 하루 최대 9000 배럴까지 구입할 수 있고, 배럴당 가격은 \$60 이다. 베네수엘라산 원유는 하루 최대 6000 배럴까지 구입할 수 있고, 배럴당 가격은 \$55 이다. 이 정유소에서는 매일 2000 배럴의 가솔린, 1500 배럴의 제트유 및 500 배럴의 윤활유를 공급해야 한다. 이들을 가장 값싸게 공급할 수 있도록 원유 구입 계획을 수립하라.

8 (주)가홀툴광물은 호주에서 원석을 처리하여 희귀금속인 가돌리늄(Gd), 홀뮴(Ho), 툴륨(Tm)을 채취하여 공급한다. 원석 1을 1톤을 처리하면 0.2% 가돌리늄, 0.15% 홀뮴, 0.2% 툴륨을 함유하고 있고, 원석 2의 1톤에는 0.3% 가돌리늄, 0.25% 홀뮴, 0.1% 툴륨을 함유하고 있다. 원석1은 톤당 10만원, 원석 2는 톤당 15만원 비용이 들고, 가돌리늄 8톤, 홀뮴 6톤, 툴륨 4톤을 추출하여야 한다. 최소비용으로 원석을 구입하는 방법을 찾아라.

9 현대기아 자동차는 유럽에 세단, SUV, 경차 등 세가지 종류의 판매를 신장하기 위해서 TV에 세단 광고를 하는 것과 전문매거진에 SUV 광고를 하는 것을 고려하고 사전 자료를 분석하였다. 과거 자료에 의하면 TV에 세단광고를 1회하면 세단은 판매가 3% 증가하고, SUV는 영향이 없고 경차는 1% 줄어든다. 각종 매거진에 SUV 광고를 하면 세단은 2%, SUV는 1%, 경차는 4% 증가한다. 세단, SUV, 경차를 각각 최소한 6%, 12%, 7% 판매를 늘리는 것이 목표이다. TV 광고는 1회당 6억원, 매거진 광고는 1회당 9억원 비용이 든다. 최소비용의 광고방법을 찾아라.

10 어느 조그만 섬나라에서는 관광으로 벌어들인 돈으로 휘발유를 수입하여 교통을 감당하고 있다. 아래 표는 현재 운행중인 차종별로 연비와 이산화탄소 발생량이다. 정부는 휘발유 사용이 최소가 되도록 자동차 차종별로 휘발유를 배분하기로 결정하였다. 관광목적의 교통수요를 감당하려면 매월 최소 200만 km 이상을 주행하여야 하고, 환경협약에 따라 매월 배출할 수 있는 이산화탄소는 300톤으로 제한되어 있다. 차종별로 휘발유 배분방법을 찾아라.

차종	A	B	C	D	E
연비 (km/l)	14.1	15.0	12.0	8.9	8.8
CO_2 (gr/km)	166	156	147	199	265

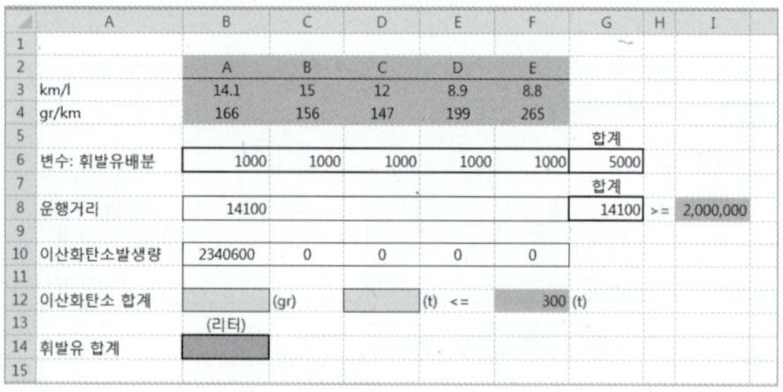

	A	B	C	D	E	F	G	H	I
1									
2		A	B	C	D	E			
3	km/l	14.1	15	12	8.9	8.8			
4	gr/km	166	156	147	199	265			
5							합계		
6	변수: 휘발유배분	1000	1000	1000	1000	1000	5000		
7							합계		
8	운행거리	14100					14100	>=	2,000,000
9									
10	이산화탄소발생량	2340600	0	0	0	0			
11									
12	이산화탄소 합계		(gr)		(t) <=	300	(t)		
13		(리터)							
14	휘발유 합계								
15									

그림. 연습문제 2-10 플랫폼

11 다음의 선형 제약식을 만족하는 가능영역을 그래프로 표현하라.

$$\frac{1}{2}x_1 + \frac{1}{4}x_2 \geqq 30$$

$$1x_1 + 5x_2 \geqq 250$$

$$\frac{1}{4}x_1 + \frac{1}{2}x_2 \leqq 50$$

$$x_1, x_2 \geqq 0$$

12 다음의 선형계획 문제에 대해 답하라.

$$\begin{aligned} \text{Maximize} \quad & Z = 2x_1 + 3x_2 \\ \text{Subject to} \quad & 1x_1 + 2x_2 \leqq 6 \\ & 5x_1 + 3x_2 \leqq 15 \\ & x_1,\, x_2 \geqq 0 \end{aligned}$$

(1) 가능영역을 그래프로 표현하라.

(2) 목적함수 값이 0, 5, 10인 경우의 등위이익선을 각각 그려라.

(3) 최적해를 구하라.

13 다음의 선형계획 문제를 그래프를 이용하여 최적해를 발견하라.

$$\begin{aligned} \text{Minimize} \quad & Z = 6x_1 + 4x_2 \\ \text{Subject to} \quad & 2x_1 + 1x_2 \geqq 12 \\ & 1x_1 + 1x_2 \geqq 10 \\ & 1x_2 \leqq 4 \\ & x_1,\, x_2 \geqq 0 \end{aligned}$$

(1) 가능영역을 그래프로 표현하라.

(2) 목적함수 값이 10, 40인 경우의 등위이익선을 각각 그려라.

(3) 최적해를 구하라.

14 다음의 선형계획 문제는 유일한 최적해를 갖는 문제인가? 복수의 최적해를 갖는 문제인가? 가능해가 없는 문제인가? 무한 가능영역이므로 유한 최적해가 없는 경우인가?

$$\begin{aligned} \text{Maximize} \quad & Z = 4x_1 + 8x_2 \\ \text{Subject to} \quad & 2x_1 + 2x_2 \leqq 10 \\ & -1x_1 + 1x_2 \geqq 8 \\ & x_1,\, x_2 \geqq 0 \end{aligned}$$

15 다음의 선형계획 문제는 유일한 최적해를 갖는 문제인가? 복수의 최적해를 갖는 문제인가? 가능해가 없는 문제인가? 무한 가능영역이므로 유한 최적해가 없는 경우인가?

$$\begin{aligned} \text{Maximize} \quad & Z = 1x_1 + 1x_2 \\ \text{Subject to} \quad & 4x_1 + 6x_2 \geqq -12 \\ & 8x_1 + 6x_2 \geqq 24 \\ & 2x_2 \leqq 4 \\ & x_1,\, x_2 \geqq 0 \end{aligned}$$

16 예제2-1 ㈜소아의 생산계획문제의 민감도보고서이다. 기계1의 작업시간이 10시간 늘어나면 이익은 얼마나 증가하는가?

변수 셀

셀	이름	계산 값	한계 비용	목표 셀 계수	허용 가능 증가치	허용 가능 감소치
$B$14	생산계획 유모차 생산	18	0	30	23.33	10
$C$14	생산계획 보행기 생산	32	0	20	10	8.75

제한 조건

셀	이름	계산 값	잠재 가격	제한 조건 우변	허용 가능 증가치	허용 가능 감소치
$B$19	기계1 사용시간 .	240	2	240	35	40
$B$20	기계2 사용시간 .	200	3.5	200	20	46.67
$B$21	기계3 사용시간 .	72	0	100	1E+30	28
$B$22	보행기 생산 .	32	0	40	1E+30	8

17 란텍사(연습문제 1)의 최적 생산계획은 모델 Q-300은 3대, 모델 Q-300XT는 4대 생산하는 것이다. 민감도 보고서가 아래 그림과 같다.

(1) 공정3의 작업 가능시간이 1시간 증가되면 이익은 얼마나 증가하는가? 공정3의 작업 가능시간이 얼마 이상일 때 잠재가격이 변하게 되는가?

(2) 공정2의 작업 가능시간이 1시간 증가되면 이익은 얼마나 증가하게 되는가?

변수 셀

셀	이름	계산 값	한계 비용	목표 셀 계수	허용 가능 증가치	허용 가능 감소치
$B$12	생산계획 모델 Q-300	3	0	20	1E+30	20
$C$12	생산계획 모델 Q-300XT	4	0	30	1E+30	30

제한 조건

셀	이름	계산 값	잠재 가격	제한 조건 우변	허용 가능 증가치	허용 가능 감소치
$B$17	공정1 실제작업시간	17	0	24	1E+30	7
$B$18	공정2 실제작업시간	12	10	12	10.5	12
$B$19	공정3 실제작업시간	6	10	6	4.67	6

18 (주)소아의 예제에서 각 기계의 가동비용을 감안하여 유모차와 보행기, 자전거의 판매가격은 각각 120만원, 60만원, 60만원으로 새로 책정하였다. 기계 1, 2, 3의 시간당 가동비용은 노무비를 포함하여 각각 6만원, 5.5만원, 5만원이다. 다른 조건은 모두 같다고 하고 아래 플랫폼의 스프레드시트 모형을 완성하여 최적 생산계획을 수립하고자 한다.

(1) 최적해를 적고, 민감도 보고서를 작성하라.

(2) 수리모형을 작성하고, 민감도 보고서의 '목표셀 계수'를 이용하여 확인하라.

(3) 유모차의 판매가격을 얼마이상으로 올려야 채산성이 있는가?

	A	B	C	D	E	F	G
1	㈜소아의 확장문제-원가를 고려해야 하는 경우						
2							
3	입력자료						
4		한 대당 작업시간				기계가동 비용	
5		유모차	보행기	자전거		(만원/시간)	
6	기계1	8	3	3	기계1	6	
7	기계2	4	4	0	기계2	5.5	
8	기계3	4	0	2	기계3	5	
9							
10	판매가격	120	60	60			
11							
12	변수						
13		유모차	보행기	자전거			
14	생산계획	10	10	10			
15							
16	모형						
17		:		이용가능시간			
18	기계1 이용시간		<=	240			
19	기계2 이용시간		<=	200			
20	기계3 이용시간		<=	100			
21	보행기 수요제한		<=	40			
22							
23	주간 총 판매금액		만원				
24	기계가동비용						
25							
26	주간 이익						
27							

그림. 연습문제 2-18 플랫폼

19 10000평의 땅에 수박, 딸기, 오이를 재배하고 있는 김씨는 이들 작물에 땅을 적절히 배분하여 수익을 최대로 하려고 한다. 작물별로 100평당 비료가 10kgr, 12kgr, 7kgr 씩 들고, 물은 20톤, 40톤, 50톤이 든다. 비료는 총 1000kgr이 있고, 물은 6000톤까지 사용할 수 있다. 수확량은 100평당 300개, 1000kgr, 500kgr이고, 수확하는 데 100평당 2시간, 4시간, 2.5시간 일을 하고 시간당 5000원씩 임금을 지급해야 한다. 수박은 개당 3000원, 딸기와 오이는 kgr당 4천원, 5천원이다.

(1) 재배 면적을 어떻게 배분하면 되는가? 그 때 총 이익은 얼마인가?

(2) 수박을 재배할 수 있으려면 개당 판매가격이 얼마 이상이 되어야 하는가? 민감도 보고서를 보고 답하라.

(3) 인근 농장에서 땅을 100평당 40만원에 임대해 주겠다고 제안하였다. 받아들이는 것이 좋은가?

	A	B	C	D	E	F	G	H
1	연습문제 2-19							
2								
3		수박	딸기	오이	총량			
4	비료	10	12	7	1000	<=	1000	kgr
5	물	20	40	50	4400	<=	6000	톤
6	작업시간/100평	2	4	2.5	5	1700		
7		개	kgr	kgr	(시간당임금)			
8	수확량/100평	300	1000	500				
9								
10	재배면적(100평)	0	60	40	100	<=	100	100평
11						총 판매금액		
12	판매가격: 천원/단위	3	4	5		340000		
13								
14				(목표셀)	순이익	338300	천원	
15								

그림. 연습문제 2-19 플랫폼

20 다음은 (주)소아 문제에 대한 가정이다. 선형계획의 가정 어느 것에 위배되는가?

① 용접공정에 소요되는 시간은 그날의 기온과 습도에 따라서 유동적으로 변한다.

② 조립공정에서 유모차를 만들다가 자전거를 만들려면 설비를 교체하는데 시간이 상당히 걸린다.

③ 자전거와 유모차를 짝을 맞추어 구매하면 5% 할

인을 해 준다.

④ 한 주에 자전거의 생산대수가 20대를 넘어가면 한 대당 조립시간이 20% 줄어든다.

⑤ 보행기 생산은 3대 단위로 정해져야 한다.

21 어느 스프레드시트 모형에서 입력자료가 B5:C6이고, 변수 셀 범위가 B10:C10 이고, 목표셀이 B12이다.

```
B12 =SUMPRODUCT(B5:C5, B6:C6, B10:C10)
```

일 때, 해찾기 모델 설정의 해법선택을 'LP'를 선택하여 최적해를 구할 수 있는가?

22 어느 스프레드시트 모형에서 변수 셀 범위가 B10:C10 이고, 목표셀이 B12이다.

```
B11 =B10+C10
C11 =B10-C10
B12 =SUMPRODUCT(B10:C10, B11:C11)
```

일 때, 해찾기 모델 설정의 해법선택을 'LP'를 선택하여 최적해를 구할 수 있는가?

23 어느 스프레드시트 모형에서 변수 셀 범위가 C5:C22 이고, 목표셀이 H12이다.

```
H12 =SUMIF(B5:B22, G12, C5:C22)
```

일 때, 해찾기 모델 설정의 해법선택을 'LP'를 선택하여 최적해를 구할 수 있는가? (힌트) =SUMIF(Range, Criteria, SumRange)는 범위 Range에 있는 값 중에서 Criteria를 만족하는 셀을 찾아서 대응되는 범위에서 SumRange의 셀들의 값을 모두 합계하는 함수이다.

24 어느 스프레드시트 모형에서 변수 셀 범위가 F10:H10 이고, 목표셀이 B22이다.

```
B3 =1
B22 =D19
A14 =1
D14 =SUMPRODUCT(F6:H6, F10:H10)
D19 =VLOOKUP(B3, A14:D16, 4)
```

일 때, 해찾기 모델 설정에서 해법선택을 'LP'를 선택하여 최적해를 구할 수 있는가? (힌트) =VLOOKUP(Criteria, Range, Column)은 범위 Range의 첫 번째 column에서 Criteria와 같은 값을 갖는 row을 선택하여, 그 row의 Column 번째에 있는 셀의 값을 나타내는 함수이다.

25 (주)는 유모차와 보행기 자전거를 생산하여 판매하면 대당 30만원, 20만원, 16만원의 이익을 볼 수 있다. 유모차는 기계1, 2, 3에서 각각 8시간, 4시간, 4시간 작업을 하여야 한다. 보행기는 기계1에서 3시간, 기계2에서 4시간 작업하여야 한다. 자전거 한대를 만드는 데에는 기계1을 3시간, 기계3을 2시간 소요한다. 한편 (주) 소아에서는 기계1과 기계3의 남는 시간을 인근의 다른 공장에 임대해 줄 것을 요청받고 있다. 즉, 유모차 보행기 자전거를 생산하고 남는 기계시간을 빌려주면 기계1은 시간당 3.5만원, 기계3은 3만원을 받을 수 있다. (주) 소아 입장에서는 이익이 최대가 되는 생산계획과 임대 계획을 세울 필요가 있다.

(1) 생산계획과 임대 계획을 세워라.

(2) 임대를 고려하지 않을 때와 비교하여 생산계획이 달라지는가?

(3) 임대를 고려할 때 기계1의 잠재가격은 얼마인가?
(4) 임대를 고려하면, 유모차 한대의 대당 판매이익이 얼마 이상 되어야 생산에 투입할 가능성이 있는가?

26 K씨는 과일 작물을 재배하는 농장주인으로 두 가지 비료를 사용하고 있다. 각각의 효과별로 요구되는 최소 효과 요구량은 아래 표와 같다. 비료1을 한번 사용하는 데는 3.5만원, 비료2를 한번 사용하는 데는 4.3만원의 비용이 소요된다고 한다.

(1) 비료1과 비료2의 사용 비용을 최소화하는 방법은 무엇인가? 스프레드시트 모형화하라.
(2) 윤기 효과에 대한 최소 효과 요구량이 13으로 변경될 때 발생되는 비용의 변화를 스프레드시트 모형 결과를 이용하여 분석하여라.
(3) 비료2를 한번 사용하는 비용이 3.7만원으로 감소되었을 때 이에 대한 결과를 스프레드시트 모형을 이용하여 분석하여라.

작물	사용효과(1회)		효과 최소 요구량
	비료1	비료2	
당도	1	5	5
윤기	3	4	12
크기	4	3	12

27 가족계획 협회는 가정이 있는 남자와 여자, 그리고 아직은 미혼인 남자와 여자를 상대로 향후 가족계획에 대한 전화 설문을 실시하려고 한다. 전화 설문조사는 낮 시간과 밤 시간으로 나뉘어 실시되는데 각각에 대해 통화당 3천원, 5천원의 비용이 소요된다고 한다. 그리고 낮과 밤 응답자 비율과 응급대상별 최소 설문조사 수는 아래 표와 같다고 한다. 협회 사정에 의해 밤 시간대의 전화 설문조사가 전체 설문조사 수의 절반 이상이 되도록 해야한다고 한다.

(1) 최소의 비용으로 목적에 맞는 전화 설문조사를 수행하기 위한 스프레드시트 모형을 수립하라.
(2) 최적해를 구하여라.
(3) 전화설문 최소대상자 수에 관한 제약 중에서 잠재가격(shadow price)이 최대인 제약은 무엇이며 얼마인가?

응답대상	응답자 비율(%)		전화설문 최소 대상자 수(명)
	낮 시간	밤 시간	
유부남	10	30	100
유부녀	35	30	120
미혼남	10	15	140
미혼녀	10	20	120
그 외	35	5	−

28 P제조업체는 3가지의 제품에 대한 생산을 고려하고 있다. 현재 업체의 생산능력은 기계별로 제한되는 데 밀링머신은 450시간/주, 선반은 400시간/주 및 절삭기는 200시간/주이다. 또한 각 제품을 생산하기 위해 요구되는 작업시간은 아래 표와 같다. 수요예측 결과에 따르면 제품1과 제품2에 대한 수요는 충분하지만 제품3에 대한 수요는 최대로 주당 25개로 예상되었다. 각 제품별 판매 이익은 제품1은 45만원, 제품2는 30만원 및 제품3은 35만원이라고 한다.

(1) 판매 이익을 최대화하는 P업체의 생산계획을 위한 스프레드시트 모형을 수립하여라.
(2) 최적해를 구하여라.
(3) 각 기계의 기계작업 가능시간이 1단위(시간/주)씩 증가될 수 있을 때 전체 이익을 증가시키는 데 가장 효과적인 기계는 무엇인가?

기계	제품1	제품2	제품3
밀링머신	8	4	5
선반	6	3	0
절삭기	4	0	3

29 육류와 감자류에 대한 영양소 함유정도와 1회 섭취당 비용과 하루 표준 섭취량은 아래 표와 같다. 탄수화물에 대한 하루 최소 섭취량은 50그램, 지방에 대한 하루 최대 섭취량은 60그램, 단백질에 대한 하루 최소 섭취량은 40그램이라고 한다.

(1) 각 영양소에 대한 하루 표준 섭취량을 최소비용으로 만족시키기 위한 스프레드시트 모형을 수립하여라.

(2) 최적해를 구하여라.

(3) 탄수화물에 대한 하루 최소 요구량이 1그램 증가될 때의 변화를 스프레드시트 모형을 이용하여 분석하라.

영양소	각 음식의 영양소(그램)	
	육류	야채류
탄수화물	5	16
지방	16	2
단백질	20	5
1회섭취당 비용	5천원	3천원

30 새로운 합금에 대한 생산을 고려하고 있다. 이 새로운 합금의 성분구성은 철 40%, 알루미늄 30% 및 주석 30%라고 한다. 현재 이용할 수 있는 몇 가지의 금속이 있으며 각 금속에 대한 철, 알루미늄 및 주석의 성분 비율(%)과 kg당 구매 비용은 아래 표와 같다.

(1) 최소비용으로 새로운 함금을 만들기 위한 스프레드시트 모형을 수립하여라.

(2) 최적해를 구하여라.

성분	금속1	금속2	금속3	금속4
철	55	30	35	20
알루미늄	15	20	35	40
주석	30	50	30	40
구매비용(만원)	22	20	25	24

31 향후 최소 현금 요구를 만족 시킬 수 있도록 자산에 대한 재투자를 고려하는데 현재 가능한 투자대안으로서 3가지 자산이 있다. 각 자산에 투자하는데 자산 1은 1한 단위당 50만원, 자산 2는 100만원 및 자산 3의 경우는 130만원이 필요하다. 그리고 각각 한단위 자산을 구입할 때의 3가지 자산에 대한 향후 현금수익에 대한 전망과 각 시점에서의 요구되는 유동성 현금흐름은 아래 표와 같다. 단위는 만원이다.

(1) 각 시점의 최소 현금흐름을 만족시키도록 자산 구입을 위한 스프레드시트 모형을 수립하라.

(2) 유동성 현금 흐름을 만족하면서 자산 투자가 최소가 되는 자산 구입단위를 정하라.

(3) 향후 5년인 시점에서의 최소 현금흐름이 얼마까지 증가하여도 (2)의 최적해는 변하지 않게 되는지 분석하여라. 민감도 분석을 보고 답하라.

시점	자산으로부터의 현금수익			각 시점에서 요구되는 최소 현금흐름
	자산1	자산2	자산3	
3년	200	100	50	4000
5년	50	50	100	0
10년	0	150	200	3000

체크포인트 풀이

2.1절 체크포인트 답

1. 유모차 18대, 보행기 32대, 최대이익 1360만원
2. 유모차 18대, 보행기 32대, 최대이익 1500만원
3. 유모차 25대, 보행기 25대, 최대이익 1250만원

2.2절 체크포인트 답

1. B16 =SUMPRODUCT(B6:G6,B12:G12)
   B17 =SUMPRODUCT(B7:G7,B12:G12)
   B20 =SUMPRODUCT(B9:G9,B12:G12)
2. 식품1을 한 단위 섭취할 경우 식단비용은 1190(원)으로 200원 증가한다.
3. 목표셀을 H12으로 하고, 입력 수식을 =SUM(B12:G12)으로 고친다. 식품3과 4를 각각 175, 75gr 섭취하여 총 250gr을 섭취한다.
4. 식품 3, 5, 6을 20, 40, 210gr 섭취한다. 그때 총 비용은 1048원이다.
5. 식품을 차례대로 0, 9.23, 2.30, 0, 0.38, 0(100gr 단위) 섭취하고, 총 식품 비용은 4026.9원이 든다.

2.4절 체크포인트 답

1. 53.3만원
2. 변함이 없다.
3. 41대로 증가하면 4만원(한계비용)만큼 증가한다. 39대로 감소하면 4만원이 감소한다.
4. 3만원 증가는 변동 범위 안에 있으므로 최적해는 변하지 않음. 총 판매이익은 1440 + 3만원 × 40대 = 1560만원으로 증가한다.
5. 판매이익 30만원 − [기계1잠재가격 5.33만원 × 8시간 +기계2잠재가격 0만원 × 4시간 + 기계3잠재가격 0만원 × 4시간] = −12.67 만원. 12.67 만원 보다 크게 증가하여야 한다.

2.4절 체크포인트 답

1. 15원 × 50 + 4원 × 60 = 990원
2. 식품1의 한계비용이 200원이므로 식단비용은 200원 증가하여 1190원이 된다.
3. 식품 3을 한 단위 증가하여 식단을 구성하면 한계비용 80원 이므로 80원만큼 비용이 증가한다.
4. 비타민 C의 잠재가격이 4원이므로 필요량이 10 단위 증가하면 4원 × 10 = 40원 증가하여, 1030원이 된다.

3장

선형계획의 응용

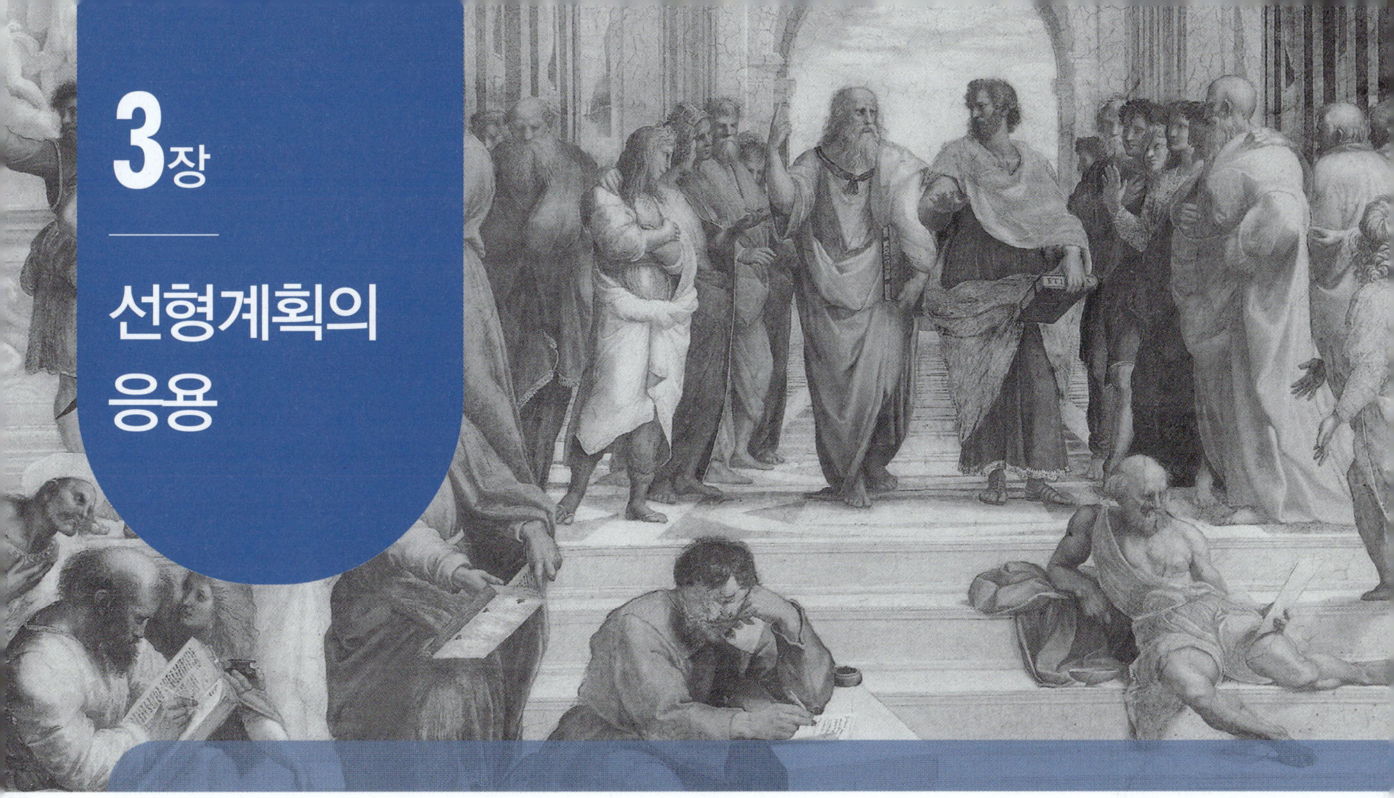

Welch's의 원료관리

Welch's, Inc.는 세계에서 가장 큰 포도 제품 회사로서, 년간 매출액이 $5억 5천만불이 넘는다. Welch's는 1869년 Dr. Thomas B. Welch가 설립한 회사로서 포도 젤리와 포도 쥬스 등을 생산한다. Welch's는 미국포도협력위원회(NGCA: National Grape Cooperative Association)에서 생산, 분배 및 판매를 담당하고 있다. 현재 Welch's의 소유주이며 NGCA의 회원인 1,400명의 경작자는 미국 북부의 41,000 에이커에서 Concord 포도와 Niagara 포도를 경작하고 있다.

Welch's는 제품의 생산계획과 관련하여 매우 복잡한 물류 문제에 직면해 있었다. 그러나 최근에 설치된 통합 MRP와 원가회계 시스템으로는 각 공장별로 용량제약을 고려한 최적 원가의 생산방법을 계산해 낼 수가 없었다. 또한 원료 관리 측면에서도 공급과 수요가 불일치하기 때문에 문제가 매우 복잡하였다.

원료 관리 팀은 많은 시간을 들여서 각 공장에서 어떤 조리법이 최적인지를 결정하였다. 그들은 문제를 선형계획문제로 모형화하였으며, 스프레드시트 최적화에 의해 매일 의사결정을 할 수 있게 하였다. 또한 1994년 이후에는 물류계획을 위해 별도의 선형계획 모형을 개발하여 매월 적용하였다. 이와 같이 스프레드시트 모형화를 이용한 선형계획을 활용하여 Welch's는 첫해에 $13만 ~ $17만 달러의 비용을 절감할 수 있었다.[1)]

미국 포춘(Fortune)지에서 500개 기업에 설문 조사한 결과 그중 85%가 선형계획을 사용하고 있다고 답하였다. 이 장에서는 실제 자주 적용되고 있는 선형계획 모형 중 일부를 선택하여 소개한다. 적용 예를 여러 개 소개하는 이유는 선형계획이 광범위한 분야에서 적용되고 있다는 것과 스프레드시트를 이용하면 선형계획 모형화가 비교적 쉽게 된다는 것을 보이기 위함이다. 물론 선형계획의 스프레드시트 모형화를 완벽하게 마스터한다는 것은 쉽지 않다. 그러나 이 장에서 소개하는 다양한 응용 예를 통해서 상당한 수준의 선형계획 모형화 기술을 활용할 수 있게 될 것이다.

3.1 마케팅 및 광고전략

경영과학은 경영의 여러 분야에 두루 활용된다. 그중에서도 마케팅 분야에서는 판매 예측과 가격 결정, 광고 계획, 판매 인력 계획 및 관리, 마케팅 믹스(marketing mix) 계획 등 다양하게 응용된다. 이 중에서도 선형계획 모형을 이용하여 광고 매체를 선택(media selection)하는 예는 빼 놓을 수 없다.

Buzzell(1964)는 광고미디어 최적 혼합문제를 LP로 모형화하였다. 그는 총 광고 예산 한도 내에서, 각 광고미디어의 최소비율 및 최대 비율 요건을 지키고, 각 마켓 세그먼트에 대한 광고 청취자 목표를 정해놓고 광고 청취자 수(effective exposures)를 최대화하는 해를 LP로 모형화하여 구하였다. 이는 경영과학 역사상 보면 초창기의 응용 사례이다.[2)] 본 예제에서는 공공기관에서의 홍보문제를 대상으로 하고 홍보 매체로는 TV, 라디오, 신문, 잡지, 인터넷을 대상으로 한 비교적 간단한 예를 살펴본다.

예제 3.1 **상공회의소의 홍보를 위한 광고계획**

상공회의소는 세미나 프로그램에 대한 홍보를 정기적으로 하고 있으며, 이제 내년 프

---

1) E. W. Schuster and S. J. Allen, "Raw Material Management at Welch's, Inc.", *Interfaces 28*, No. 5 (1998), pp. 13-24

2) Buzzell, R. D., "Batten, Barton, Durtine & Osborn, Inc: Use of Linear Programming Methods in the Selection of Advertising Media," *Mathematical Models and Marketing Management*, Division of Research, Harvard University, Ch. 5(1964)

로그램에 대한 광고계획을 수립하려고 한다. 홍보매체로는 TV, 라디오, 신문 및 인터넷 광고를 고려하고 있으며, 각 매체를 통해 접하게 될 예상 청취자수와 매체별 1회 광고비용이 표 3.1과 같이 조사되었다. 단, 인터넷 광고는 일주일을 단위로 한 것이다.

전체 예산은 1억 9,800만원으로 한정되어 있다. 광고 청취자를 다양하게 확보하기 위해서 각 매체에는 최대 광고횟수를 제한하였고, 라디오와 인터넷에는 각각 최소 10회 이상 광고하기로 하였다. 또 전체 예산에서 TV광고에 투입되는 예산은 1억원을 넘지 않기로 하였다. 광고계획을 어떻게 수립해야 전체 청취자 수를 최대화할 수 있겠는가? 또한 매체별로 할당되는 예산과 그 매체를 통해 광고내용을 접하게 되는 광고 청취자의 수는 얼마나 되겠는가?

표 3.1 매체별 청취자, 비용 및 이용횟수

제약	TV(30초)	라디오(30초)	신문(1/3면)	인터넷 배너 광고(1주일)
광고당 청취자수(만명)	90	23	30	4
광고당 비용(만원)	1800	250	500	150
최소 광고횟수	0	10	0	10
최대 광고횟수	10	20	10	12

모형화 가이드

예를 들어서 TV에 5회 광고를 하고, 신문에 10회 광고를 한다고 가정해 보자. 그러면 청취자 수는 모두 몇 명인가? 비용은 모두 얼마인가?

청취자수(만명) = 90 × 5 + 30 × 10 = 450 + 300 = 750

광고비용(만원) = 1800 × 5 + 500 ×10 = 9000 + 5000 = 14000

이 된다. 이 문제의 목표는 예산 한도 내에서 광고 청취자수가 최대로 많아지게 하는 것이다.

수리모형

매체별 광고횟수를 의사결정 변수로 하여 다음을 표현하면 된다.

1. **의사결정변수** TV, 라디오, 신문, 인터넷별 광고횟수를 각각 x_1, x_2, x_3, x_4 로 나타낸다.
2. **목적함수** 광고의 총 청취자수 $90x_1 + 23x_2 + 30x_3 + 4x_4$ 를 최대화 한다.
3. **제약식**
   - 총광고비 제한 조건과 TV 광고비 제한 조건을 표현한다.
   - 최대 최소 광고횟수 제한 조건을 표현한다.

4. **수리모형**

$$\text{Maximize} \quad Z = 90x_1 + 23x_2 + 30x_3 + 4x_4 \tag{3.1}$$

$$\begin{aligned} \text{subject to} \quad & 1800x_1 + 250x_2 + 500x_3 + 150x_4 \le 19800 \\ & 1800x_1 \le 10000 \\ & 0 \le x_1 \le 10, 10 \le x_2 \le 20, 0 \le x_3 \le 10, 10 \le x_4 \le 12 \end{aligned}$$

스프레드시트 모형화 광고계획을 수립하는 스프레드시트 모형은 그림 3.1과 같다.

1. **입력자료**: B4:E4(매체별 청취자수), B5:E5(매체별 광고비용), B8:E8(최소 광고횟수), B12:E12(최대 광고횟수), D15(광고예산), D16(TV광고예산)에 해당 자료를 입력한다.
2. **변수셀: 매체별 광고횟수** B10:E10

   매체별 광고횟수에 임의의 초기값을 입력한다.
3. **제한조건**:
   - 전체 광고비용 제한조건(좌변) 계산

   ```
   B15 = SUMPRODUCT(B5:E5, B10:E10)
   ```

   - TV광고 제한조건(좌변) 계산

   ```
   B16 = B5 * B10
   ```

   - 광고횟수(변수) 하한조건: **B10:E10 >= B8:E8**

     광고횟수(변수) 상한조건: **B10:E10 <= B12:E12**
4. **목표셀: 전체 청취자수** B18

   ```
   B18 = SUMPRODUCT(B4:E4, B10:E10)
   ```

	A	B	C	D	E
1	**상공회의소의 홍보계획(초기해)**				
2					
3	**입역자료**	TV	라디오	신문	인터넷
4	매체별 시청자수(만명)	90	23	30	4
5	매체별 광고비용(만원)	1800	250	500	150
6					
7	**모형**				
8	최소 광고회수	0	10	0	10
9		<=	<=	<=	<=
10	매체별 광고회수	1	1	1	1
11		<=	<=	<=	<=
12	최대 광고회수	10	20	10	12
13					
14	**제한조건**				
15	전체 광고비용(만원)	2700	<=	19800	
16	TV 광고금액(만원)	1800	<=	10000	
17					
18	**전체 시청자수(만명)**	147			
19					
20		**B15 =SUMPRODUCT(B5:E5,B10:E10)**			
21		**B16 =B5*B10**			
22		**B18 =SUMPRODUCT(B4:E4,B10:E10)**			

그림 3.1 광고매체 선택 문제의 스프레드시트 모형(초기해)

해찾기 실행

해찾기를 실행하기 위해 목표셀, 변수셀, 제한조건 및 해법선택 등을 그림 3.2와 같이 해찾기 모델 설정에 입력한다.

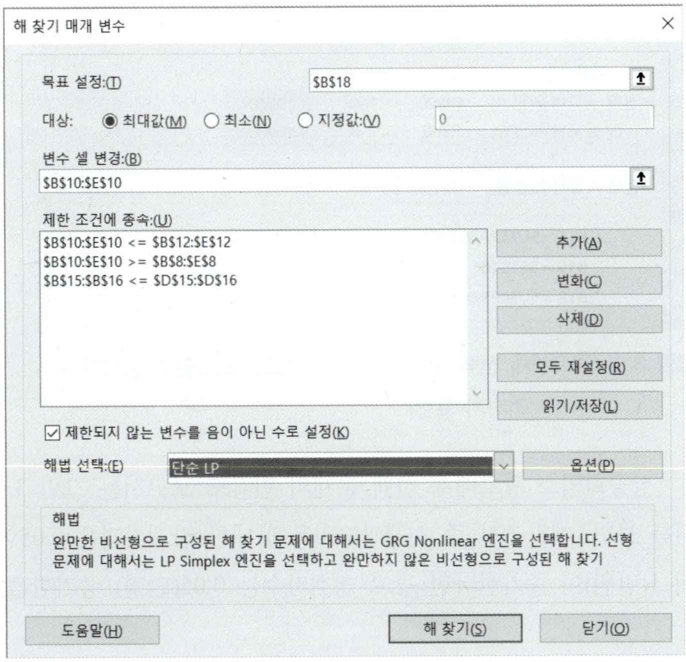

그림 3.2 광고매체 선택 문제의 해찾기 모델설정

최적해 시트와 민감도 보고서

해찾기를 실행 결과 최적해로 바뀐 스프레드시트는 그림 3.3과 같다. 최적 매체별 광고 횟수(소수 2째 자리까지 표현할 때)는 아래와 같다.

TV 광고횟수 = 4.61회
라디오 광고횟수 = 20.00회
신문 광고횟수 = 10.00회
인터넷 광고횟수 = 10.00회

이때의 최대 청취자 수는 1215(만명)이며, 전체 예산은 19,800(만원) 모두 다 사용하고 있다. TV 광고금액 제한은 10,000(만원)이나 실제 사용한 금액은 8,300(만원)이다.

	A	B	C	D	E	F
1	**상공회의소의 홍보계획(실수 최적해)**					
2						
3	**입역자료**	TV	라디오	신문	인터넷	
4	매체별 시청자수(만명)	90	23	30	4	
5	매체별 광고비용(만원)	1800	250	500	150	
6						
7	**모형**					
8	최소 광고회수	0	10	0	10	
9		<=	<=	<=	<=	
10	매체별 광고회수	4.61	20.00	10.00	10.00	소수 2자리까지
11		<=	<=	<=	<=	
12	최대 광고회수	10	20	10	12	
13						
14	**제한조건**					
15	전체 광고비용(만원)	19800	<=	19800		
16	TV 광고금액(만원)	8300	<=	10000		
17						
18	**전체 시청자수(만명)**	1215				

```
B15 =SUMPRODUCT(B5:E5,B10:E10)
B16 =B5*B10
B18 =SUMPRODUCT(B4:E4,B10:E10)
```

그림 3.3 광고매체 선택 문제의 스프레드시트 모형(실수 최적해, 소수 2자리까지 표현)

상공회의소 광고매체 선택 문제의 민감도 보고서는 그림 3.4와 같다. 민감도 보고서를 보면, 제한조건 중 전체광고비용에 대한 잠재가격은 0.05이다. 이는 광고비 예산이 1(만원)이 증가한다면 광고 청취자수는 0.05(만명) 증가함을 뜻한다.

변수 셀

셀	이름	계산 값	한계 비용	목표 셀 계수	허용 가능 증가치	허용 가능 감소치
$B$10	매체별 광고회수 <=	4.611111111	0	90	18	42
$C$10	매체별 광고회수 <=	20	10.5	23	1E+30	10.5
$D$10	매체별 광고회수 <=	10	5	30	1E+30	5
$E$10	매체별 광고회수 <=	10	-3.5	4	3.5	1E+30

제한 조건

셀	이름	계산 값	잠재 가격	제한 조건 우변	허용 가능 증가치	허용 가능 감소치
$B$15	전체 광고비용(만원) <=	19800	0.05	19800	1700	8300
$B$16	TV 광고금액(만원) <=	8300	0	10000	1E+30	1700

그림 3.4 광고매체 선택 문제의 민감도보고서

정수제약 조건하의 해찾기

TV광고횟수를 보면 4.61회인데 현실적으로 4.61회 광고를 한다는 것은 불가능하다. 따라서 정수값으로 표현되는 해를 구할 필요가 있다. 정수라는 조건을 추가하는 방법은, "제한조건추가" 창에서 왼쪽의 '셀참조'에는 변수셀을 지정하고, 가운데 부등호 지정칸(≤ = ≥)에서 int 를 선택한다. 그림 3.5는 변수셀에 대해 정수조건을 추가하는 제한조건추가 창을 보여주고 있다.

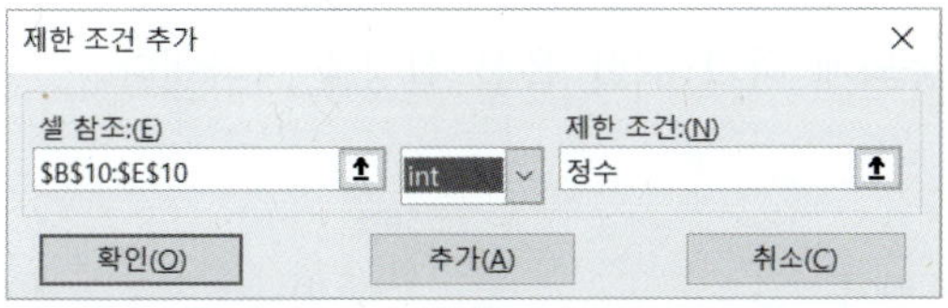

그림 3.5 광고매체 선택 문제의 '정수조건 추가'

그러면 해찾기 모델 설정 창에 아래와 같은 제한조건 식이 추가된다.

B10:E10 = int (3.2)

그림 3.6은 정수조건이 포함된 해찾기 모델 설정이다.

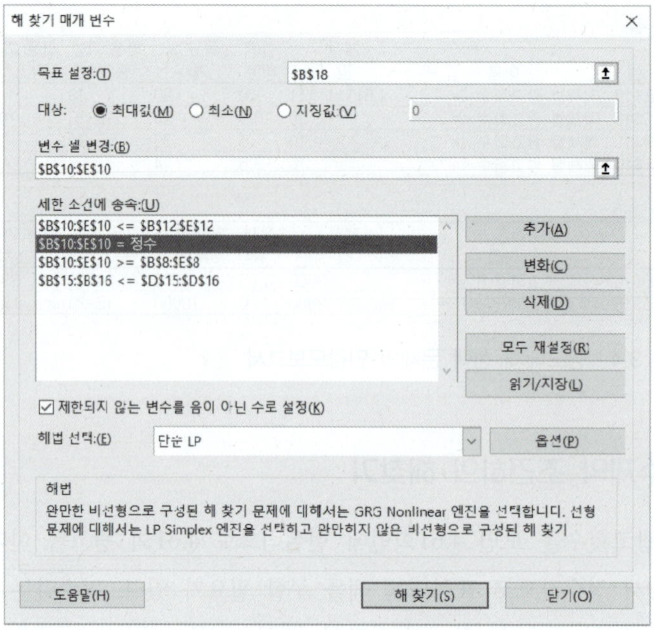

그림 3.6 정수조건이 추가된 해찾기 모델 설정

다음으로 해찾기 모델 설정 창의 '옵션(P)'을 클릭하여 "정수제한조건 무시"라는 체크박스의 체크표시를 없애고 정수최적화비율(%)은 0으로 놓아야 한다. 그림 3.7은 정수조건이 제대로 작동되게 하기 위한 옵션 설정을 나타낸다.

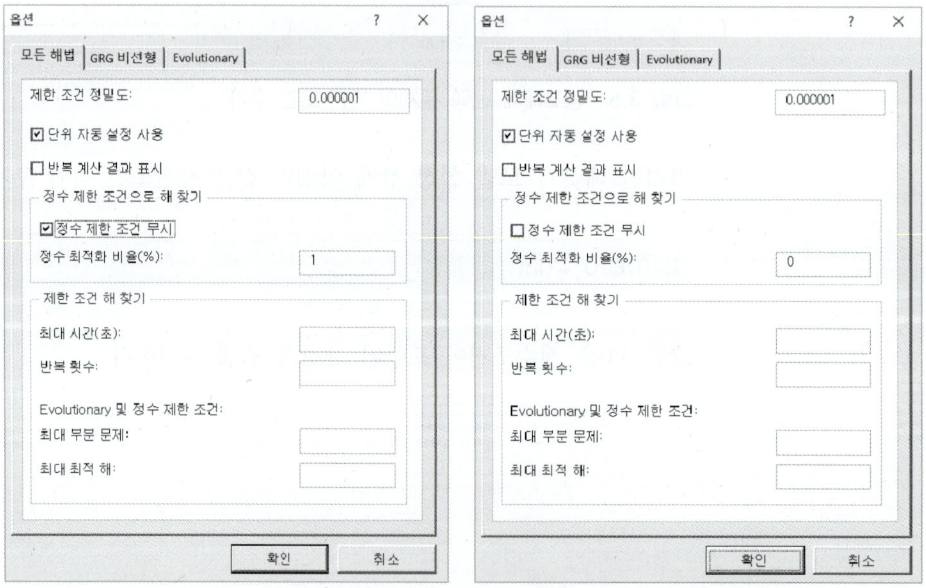

(a) 옵션 설정 전 (b) 옵션 설정 후

그림 3.7 정수조건 추가후 옵션 설정 (정수제한 조건 무시, 정수 최적화 비율(%))

그림 3.8은 정수제약 조건이 포함된 해찾기를 실행한 결과, 정수해를 보여주고 있다. 정수최적해에서 청취자수는 1198(만명)으로 실수 최적해의 경우 1215(만명)보다 줄었다. 그 이유는 정수이어야 한다는 제약이 추가되었기 때문에 목표셀 값을 최대화하는데 그만큼의 제약 조건이 까다로워졌기 때문이다. 정수해는 실수해를 그냥 반올림하여 정할 수는 없다. TV 광고는 4.61회에서 5회로 바뀌었으며, 신문광고는 10회에서 8회로 줄고, 인터넷 광고는 10회에서 12로 바뀌었다. 이것은 실수해를 반올림한 값이 아니라는 것을 보여준다. (이에 대한 자세한 내용은 6장에서 다시 다룬다.) 변수에 대한 정수조건 제약하에서는 최적해를 구하였을 때에는 '민감도 분석' 보고서를 활용할 수 없다.

	A	B	C	D	E
1	**상공회의소의 홍보계획(정수 최적해)**				
2					
3	**입역자료**	TV	라디오	신문	인터넷
4	매체별 시청자수(만명)	90	23	30	4
5	매체별 광고비용(만원)	1800	250	500	150
6					
7	**모형**				
8	최소 광고회수	0	10	0	10
9		<=	<=	<=	<=
10	매체별 광고회수	5.00	20.00	8.00	12.00
11		<=	<=	<=	<=
12	최대 광고회수	10	20	10	12
13					
14	**제한조건**				
15	전체 광고비용(만원)	19800	<=	19800	
16	TV 광고금액(만원)	9000	<=	10000	
17					
18	**전체 시청자수(만명)**	1198			

B15 =SUMPRODUCT(B5:E5,B10:E10)
B16 =B5*B10
B18 =SUMPRODUCT(B4:E4,B10:E10)

그림 3.8 광고매체 선택 문제(정수 최적해)

체크포인트 정책적 조건 반영

정책적인 조건을 모형에 반영하는 경우를 고려한다. 예를 들면, (i) 신문과 인터넷에 의한 시청자 수가 TV와 라디오 광고에 의한 시청자 수보다 많아야 한다는 정책, (ii) 신문과 인터넷에 투여한 광고비가 TV와 라디오 광고에 투여한 광고비 금액보다 커야한다는 정책의 2가지 조건을 추가할 때, 광고매체 선택 문제의 해는 어떻게 되는가? 실수 최적해와 정수 최적해 각각 구하라.

3.2 인사 및 고용계획

선형계획은 인적자원(human resource)의 확보와 개발, 인력의 배치와 활용, 평가와 유지 및 보상 등에도 활용할 수 있다. 특히 서비스 조직의 경우 직원의 고용계획과 업무 일정계획에 LP를 이용하여 효과적으로 서비스를 운영하는 것이 가능하다. 본 절에서는 직원의 정적 고용계획과 업무 일정계획을 살펴보고, 업무 요구 상황이 시간 흐름에 따라 변하는 경우의 동적 고용계획을 선형계획으로 모형화하는 것에 대해 공부한다.

예제 3.2 **A항공사의 정비직원 배치계획**

A항공사는 정비 기술자가 요일별로 다르게 필요하며, 표 3.2는 요일별 필요한 정비 기술자 수를 나타낸 것이다. 직원은 일주일에 5일간 연속 근무를 원칙으로 한다. 예를 들어 월요일부터 금요일까지 근무하였으면 토요일, 일요일은 비번이다. 시간제 직원이나 연장 근무를 허용하지 않고 전임직원으로만 정비 업무를 수행하려 한다. 정비 업무를 수행할 수 있는 최소 인원의 전임직원 수를 구하라. 또한 직원의 업무 일정계획도 수립하라.

표 3.2 요일별 최소 필요 정비 기술자수

요일	월	화	수	목	금	토	일
필요 최소 정비 기술자수	19	17	15	16	18	20	25

모형화 가이드

모든 직원은 5일 연속근무하고 2일 쉬어야 하므로 월요일 근무를 시작하는 직원은 월화수목금까지 근무하고 토일은 쉰다. 화요일 근무를 시작한 직원은 화수목금토까지 근무하고 일월을 쉬게 된다. 이와 같은 방식으로 근무하게 되므로 월요일이나 화요일에 근무를 시작하는 직원은 일요일에 근무하지 않게 되고, 일요일에 근무하게 되는 직원들은 수목금토일 중에서 근무를 시작하여야 한다. 이제 모든 직원에 대해 근무하는 요일을 배정한다고 가정한다. 즉 업무 일정계획을 함께 고려하는 것이다. 그러면 일요일에 필요한 최소 정비 기술자 25명을 예로 보면 수목금토일에 근무를 시작하는 직원의 합계가 25명 이상되어야 한다. 이러한 관계를 수리모형과 스프레드시트에 어떻게 나타낼 수 있을까? 수리모형을 먼저 만들어 보자.

수리모형화

1. 의사결정변수

j 번째 요일에 근무를 시작하는 직원수를 x_j 로 나타낸다. $j = 1,\cdots,7$

2. 목적함수 총 근무 직원수 $Z = x_1 + x_2 + x_3 + x_4 + x_5 + x_6 + x_7$ 를 최소화 한다.

3. 제약식

요일별로 근무 직원수가 최소 필요 정비 기술자수 이상이 되게 한다.

4. 수리모형

$$
\begin{aligned}
\text{minimize } Z = \; & x_1 + x_2 + x_3 + x_4 + x_5 + x_6 + x_7 \\
\text{subject to } \; & x_1 + x_4 + x_5 + x_6 + x_7 \geq 19 \\
& x_1 + x_2 + x_5 + x_6 + x_7 \geq 17 \\
& x_1 + x_2 + x_3 + x_6 + x_7 \geq 15 \\
& x_1 + x_2 + x_3 + x_4 + x_7 \geq 16 \\
& x_1 + x_2 + x_3 + x_4 + x_5 \geq 18 \\
& x_2 + x_3 + x_4 + x_5 + x_6 \geq 20 \\
& x_3 + x_4 + x_5 + x_6 + x_7 \geq 25 \\
& x_1, x_2, x_3, x_4, x_5, x_6, x_7 \geq 0
\end{aligned} \tag{3.3}
$$

스프레드시트 모형화 본 예제의 스프레드시트 모형의 2가지 중요한 점은 첫째 근무행렬을 만든다는 점, 둘째 요일별로 근무를 시작하는 직원수를 변수셀(7개)로 정한다는 것이다. 근무행렬이란 근무를 시작한 직원이 근무하는 요일은 1, 쉬는 요일은 0으로 표현된 0/1 행렬을 말한다. 그러면 요일별로 근무하게 되는 직원수는 그림 3.9에서 보듯이 근무행렬의 열과 변수셀(근무시작직원수)을 sumproduct()로 계산할 수 있다.

1. **입력 자료 :** 근무행렬 B5:H11, 요일별 필요 최소 직원수 B15:H15
2. **변수셀 : I5:I11** (요일별 근무 시작 직원수)
3. **제한조건** : 요일별 '실제 근무직원수' >= '최소 필요 근무직원수'가 되어야 한다.

```
제한식 좌변 : B13 = SUMPRODUCT($I$5:$I$11,B5:B11)    C13:H13 자동복사
```

4. **목표셀 : B17** (전체 고용 직원수)

```
B17 = SUM(I5:I11)
```

	A	B	C	D	E	F	G	H	I	J
1	**A항공사의 정비직원 고용 및 배치계획 (초기해)**									
2										
3				(계 속 근 무)						
4	**근무행렬**	월	화	수	목	금	토	일	**시작 직원수**	
5	(시작요일) 월	1	1	1	1	1	0	0	1.0	
6	화	0	1	1	1	1	1	0	1.0	
7	수	0	0	1	1	1	1	1	1.0	
8	목	1	0	0	1	1	1	1	1.0	
9	금	1	1	0	0	1	1	1	1.0	
10	토	1	1	1	0	0	1	1	1.0	
11	일	1	1	1	1	0	0	1	1.0	
12										
13	실제 근무 직원수	5.0	5.0	5.0	5.0	5.0	5.0	5.0	(소수 1자리까지)	
14		>=	>=	>=	>=	>=	>=	>=		
15	최소 필요 직원수	19	17	15	16	18	20	25		
16										
17	**전체 고용 직원수**	7.00	**B13 =SUMPRODUCT($I$5:$I$11,B5:B11) C13:H13 자동복사**							
18			**B17 =SUM(I5:I11)**							
19										

그림 3.9 A항공사 정비직원 고용 및 배치계획(초기해)

그림 3.10은 해찾기 모델 설정을 보여준다.

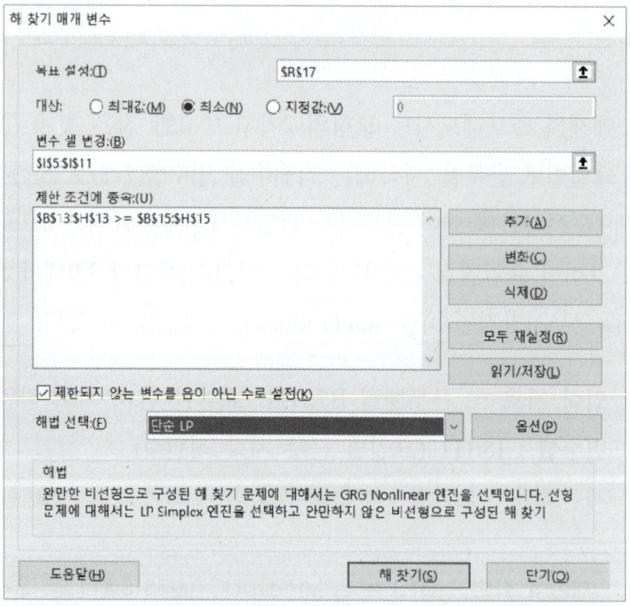

그림 3.10 A 항공사의 배치계획 해찾기 모델

그림 3.11에서 보듯이 해찾기 실행 결과의 최적해는

월요일 근무 시작 직원수 = 0 명
화요일 근무 시작 직원수 = 1 명
수요일 근무 시작 직원수 = 6 명
목요일 근무 시작 직원수 = 3 명
금요일 근무 시작 직원수 = 8 명
토요일 근무 시작 직원수 = 2 명
일요일 근무 시작 직원수 = 6 명

이고, 고용해야 할 직원수 합계는 26 명이다. 선형계획문제의 최적해는 정수조건을 제한조건에 포함시키지 않으면 대부분 실수 최적해가 나온다. 그러나 이 예제에서는 우연히 모두 정수값을 갖는 최적해가 나왔기 때문에 정수 최적해를 다시 구할 필요가 없다.

	A	B	C	D	E	F	G	H	I	J
1	**A항공사의 정비직원 고용 및 배치계획 (최적해)**									
2										
3				(계 속 근 무)						
4	**근무행렬**	월	화	수	목	금	토	일	**시작 직원수**	
5	(시작요일) 월	1	1	1	1	1	0	0	0.0	
6	화	0	1	1	1	1	1	0	1.0	
7	수	0	0	1	1	1	1	1	6.0	
8	목	1	0	0	1	1	1	1	3.0	
9	금	1	1	0	0	1	1	1	8.0	
10	토	1	1	1	0	0	1	1	2.0	
11	일	1	1	1	1	0	0	1	6.0	
12										
13	실제 근무 직원수	19.0	17.0	15.0	16.0	18.0	20.0	25.0	(소수 1자리까지)	
14		>=	>=	>=	>=	>=	>=	>=		
15	최소 필요 직원수	19	17	15	16	18	20	25		
16										
17	**전체 고용 직원수**	26.00	**B13 =SUMPRODUCT($I$5:$I$11,B5:B11) C13:H13 자동복사**							
18			**B17 =SUM(I5:I11)**							
19										

그림 3.11 A항공사 고용 및 배치계획 (최적해)

모형화 토의

근무조건의 변경 : 모든 정비직원은 근무 시작 요일이 정해져 있기 때문에 매주 이를 반복하게 되어 있다. 그러면 토요일과 일요일에 근무하는 근무자는 상대적으로 불리하다. 만일 '토요일과 일요일을 동시에 근무하는 사람은 주 4일을 근무하고 연속 3일 쉰다'고 규칙을 변경한다면 모형은 어떻게 수정되어야 할까? 연속근무를 원칙으로 하므로 수요일에 근무를 시작하는 직원은 변경된 근무조건을 만족할 수 없다. 수-목-금-토-일 근무하여야 하므로 변경된 규칙을 만족할 수 없으며, 그렇다고 토/일 양일을 근무하지 않고 수-목-금-토 4일간만 근무할 수도 없기 때문이다.(그림 3.12 참조) 이처럼 선형계획은 여러 가지 복잡한 현실적 요구

	A	B	C	D	E	F	G	H	I	J
1	**A항공사의 정비직원 고용 및 배치계획 (모형화토의)**									
2										
3			(계 속 근 무)							
4	**근무행렬**	월	화	수	목	금	토	일	**시작 직원수**	
5	(시작요일) 월	1	1	1	1	1	0	0	0.0	
6	화	0	1	1	1	1	1	0	5.0	
7	**수**	0	0	0	0	0	0	0	0.0	
8	**목**	0	0	0	1	1	1	1	1.0	
9	**금**	1	0	0	0	1	1	1	12.0	
10	토	1	1	0	0	0	1	1	2.0	
11	일	1	1	1	1	0	0	1	10.0	
12										
13	실제 근무 직원수	24.0	17.0	15.0	16.0	18.0	20.0	25.0	(소수 1자리까지)	
14		>=	>=	>=	>=	>=	>=	>=		
15	최소 필요 직원수	19	17	15	16	18	20	25		
16										
17	**전체 고용 직원수**	30.00	**B13 =SUMPRODUCT($I$5:$I$11,B5:B11) C13:H13 자동복사**							
18			**B17 =SUM(I5:I11)**							
19										

그림 3.12 정비직원 고용 및 배치계획(변경된 근무조건 반영)

를 의사결정모형에 표현할 수 있다. 예를 들어 항공스케줄에 맞추어 승무원을 배치하는 문제, 수리점에서 서비스요원 배치, 병원에서 간호원 스케줄 수립 등에 활용할 수 있다.

예제 3.3 A항공사의 동적 고용계획

항공승객의 변화에 따라 항공기 정비시간도 변한다. 앞으로 6개월간 숙련된 정비기술직원의 정비시간은 표 3.3과 같이 예측하였다. 현재(1월초) 60명의 숙련된 정비직원을 고용하고 있고, 각 정비직원은 1개월에 160시간 근무한다고 가정한다. 새로운 정비직원을 고용하는 경우 1개월간의 인턴기간을 거쳐야하며, 인턴기간 동안에 숙련된 정비직원 1명이 인턴직원 1명을 50시간에 걸쳐 1:1 실기교육을 시킨다. 숙련된 정비직원은 월 250만원을, 인턴직원은 월 125만원을 받는다. 1개월의 인턴기간이 끝나면 인턴직원은 숙련된 정비직원이 된다. 인턴직원의 고용을 매월 초에 모집한다고 가정한다. 또한 과거 자료에 의하면 숙련된 직원 중 약 7%는 매 월말 이직한다. A항공사는 앞으로 6개월간 필요한 정비시간을 최소의 비용으로 대처하기 위해 인턴직원 고용계획을 선형계획으로 모형화하려 한다.

표 3.3 A항공의 6개월간 예측된 숙련 정비시간

월	1월	2월	3월	4월	5월	6월
요구 정비시간	8,000	7,000	7,500	8,800	10,000	11,000

모형화 가이드

x_t, y_t, z_t 를 각각 t 월에 새로 고용되는 인턴직원수, 숙련직원수, 이직직원수라 하면, 다음의 관계가 성립된다:

$$y_{t+1} = x_t + y_t - z_t \quad \text{단, } t = 1, 2, \cdots, 5,\ y_1 = 60 \tag{3.4}$$

여기서 t 월말 이직하는 이직직원수는 z_t = 이직율 $\times\, y_t$ 가 성립되고, t 월 정비가능 시간은 $160 \times y_t - 50 \times x_t$ 로 계산된다. 이를 반영하여 수리모형을 수립한다.

수리모형[3)]

1. **의사결정변수**: t 월에 신규 고용하는 인턴수를 변수 x_t 로 나타낸다. 숙련직원수를 보조변수 y_t 로 나타낸다. 보조변수 y_t 는 의사결정변수 $x_t (t = 1, \cdots, 6)$로 표현될 수 있으나, x_t 로만 수리모형을 수립하면 모형이 너무 복잡해진다.
2. **목적함수**: 인턴직원의 임금과 숙련직원의 임금의 합을 최소화한다. (그림 3.14 참조)
3. **제약식**: 식(3.4)의 논리적 제약식과 필요한 정비시간을 충족시키는 조건을 표현한다.
4. **수리모형**

$$\begin{aligned} \text{minimize} \quad Z = {} & 250(y_1 + y_2 + y_3 + y_4 + y_5 + y_6) \\ & + 125(x_1 + x_2 + x_3 + x_4 + x_5 + x_6) \end{aligned} \tag{3.5}$$

$$\begin{aligned} \text{subject to} \quad & y_1 = 60 \\ & y_2 = x_1 + (1 - 0.07)y_1 \\ & y_3 = x_2 + (1 - 0.07)y_2 \\ & y_4 = x_3 + (1 - 0.07)y_3 \\ & y_5 = x_4 + (1 - 0.07)y_4 \\ & y_6 = x_5 + (1 - 0.07)y_5 \\ \\ & 160y_1 - 50x_1 \ge 8000 \\ & 160y_2 - 50x_2 \ge 7000 \\ & 160y_3 - 50x_3 \ge 7500 \\ & 160y_4 - 50x_4 \ge 8800 \\ & 160y_5 - 50x_5 \ge 10000 \end{aligned}$$

3) 이 문제는 스프레드시트를 먼저 공부하고 나중에 다시 수리모형을 공부하는 것이 이해가 더 편하다.

$$160\,y_6 - 50\,x_6 \geq 11000$$

$$x_1,\cdots,x_6 \geq 0;\, y_1,\cdots,y_6 \geq 0$$

수리모형에서 보조변수 y_t 에 대한 등식을 모두 변수 x_t 로 나타낼 수 있다. 그러면 수리모형이 너무 복잡해진다. 또한 수리모형에서 제한조건의 우변은 상수로 나타내는 것이 보통이지만 모형이 복잡해질수록 우변에 식을 그대로 두는 것이 가독성을 높인다.

스프레드시트 모형화

1. **입력자료** : B4(초기 직원수), B5(월 근무시간), B6(인턴 훈련시간), B7(숙련직원 월급), B8(인턴직원 월급), B9(이직율), B20:G20(요구 정비시간)
2. **변수셀 : B13:G13** (신규고용 인턴수)

   매월 초에 신규로 고용하는 신규고용 인턴 직원수, 초기해로 1을 입력하였다.
3. **수식 셀 및 제한조건** :

   숙련직원수(B14:G14)는 1월의 경우는 초기직원수와 같으나, 2월 이후 숙련직원수는 "전월 신규고용 인턴수 + 당월 숙련직원수 − 당월 이직직원수" 로 계산된다. (식 3.4)

   정비시간(B18:G18)은 '근무시간 * 숙련직원수 − 인턴훈련시간*인턴직원수'로 계산된다.

```
B14 = B4
C14 = B13+B14−B15    D14:G14 자동복사
B15 = $B$9*B$14    C15:G15 자동복사
B18 = $B$5*B14−$B$6*B13    C18:G18 자동복사
```

4. **목표셀** : B22(인턴직원 월급합), B23(숙련직원 월급합), B24(월급합계)

```
B22 = B8*SUM(B13:G13)
B23 = B7*SUM(B14:G14)
B24 = B22+B23
```

	A	B	C	D	E	F	G	H
1	**A항공사 동적고용계획 (초기해)**							
2								
3	**입력자료**							
4	초기직원수	60	명					
5	월 근무시간	160	시간					
6	인턴 훈련시간	50	시간					
7	숙련직원 월급	250	만원					
8	인턴직원 월급	125	만원					
9	이직율	7%						
10								
11	**고용계획**							
12		1월	2월	3월	4월	5월	6월	
13	신규고용 인턴수	1.0	1.0	1.0	1.0	1.0	1.0	(소수 1자리까지)
14	숙련직원수	60.0	56.8	53.8	51.1	48.5	46.1	
15	이직직원수	4.2	4.0	3.8	3.6	3.4	3.2	
16								
17	**제한조건**							
18	정비시간	9550.0	9038.0	8561.8	8119.0	7707.2	7324.2	
19		>=	>=	>=	>=	>=	>=	
20	요구 정비시간	8000	7000	7500	8800	10000	11000	
21								
22	인턴직원 월급합	750.0						
23	숙련직원 월급합	79062.8						
24	**월급합계**	79812.8	만원					
25								
26								
27								

B14 =B4
C14 =B13+B14-B15 D14:G14 자동복사
B15 =$B$9*B$14 C15:G15 자동복사
B18 =$B$5*B14-$B$6*B13 C18:G18 자동복사
B22 =B8*SUM(B13:G13)
B23 =B7*SUM(B14:G14)
B24 =B22+B23

그림 3.13 동적고용계획의 스프레드시트 모형(초기해)

그림 3.14는 해찾기 모델 설정을 보여준다.

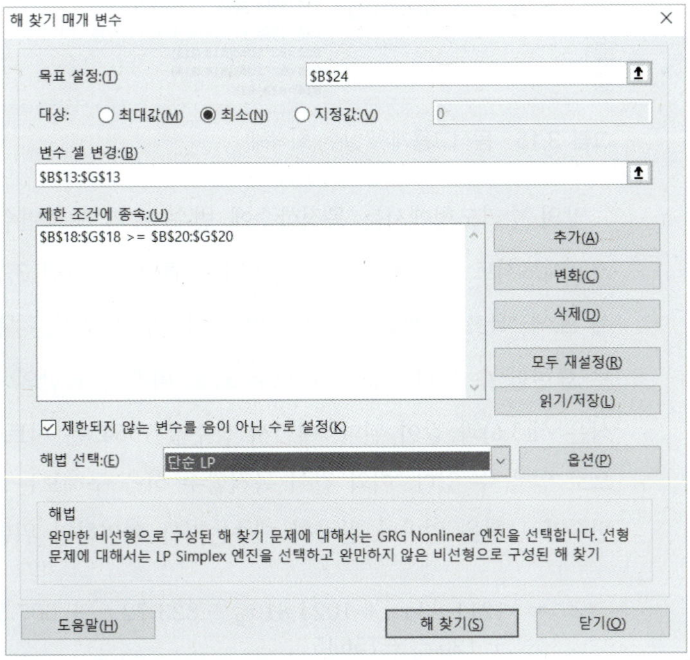

그림 3.14 동적고용계획 해찾기 모델 설정

그림 3.15는 해찾기 실행 결과 시트(실수 최적해)이다. 3, 4, 5월에 각각 10.1명, 10.8명, 8.2명을 고용한다. 임금합계는 9억 3613.1(만원)이다. 정비 요구시간은 4, 5, 6월은 정확히 충족시키고 있지만 1, 2, 3월은 충족을 초과하고 있다. 그러나 지금의 해가 최적해이기 때문에 이 초과분을 줄이면서 월급합계를 더 감소시키는 방법은 없다.

	A	B	C	D	E	F	G	H
1	**A항공사 동적고용계획 (실수 최적해)**							
2								
3	**입력자료**							
4	초기직원수	60	명					
5	월 근무시간	160	시간					
6	인턴 훈련시간	50	시간					
7	숙련직원 월급	250	만원					
8	인턴직원 월급	125	만원					
9	이직율	7%						
10								
11	**고용계획**							
12		1월	2월	3월	4월	5월	6월	
13	신규고용 인턴수	0.0	0.0	10.1	10.8	8.2	0.0	(소수 1자리까지)
14	숙련직원수	60.0	55.8	51.9	58.4	65.1	68.8	
15	이직직원수	4.2	3.9	3.6	4.1	4.6	4.8	
16								
17	**제한조건**							
18	정비시간	9600.0	8928.0	7797.6	8800.0	10000.0	11000.0	
19		>=	>=	>=	>=	>=	>=	
20	요구 정비시간	8000	7000	7500	8800	10000	11000	
21								
22	인턴직원 월급합	3641.2						
23	숙련직원 월급합	89971.9						
24	**월급합계**	93613.1	만원					
25								
26								
27								

B14 =B4
C14 =B13+B14-B15 D14:G14 자동복사
B15 =$B$9*B$14 C15:G15 자동복사
B18 =$B$5*B14-$B$6*B13 C18:G18 자동복사
B22 =B8*SUM(B13:G13)
B23 =B7*SUM(B14:G14)
B24 =B22+B23

그림 3.15 동적고용계획(실수 최적해)

앞의 수리모형에서는 목적함수에 변수 x_t와 보조변수 y_t를 포함하고 있었는데 스프레드시트 모형에서는 x_t만 변수로 하였다. 그림 3.16의 민감도보고서의 변수셀 표에 '목표셀 계수'가 나와 있다. 이로부터 우리는 목적함수 식을 x_t만의 식으로 표현할 수 있다. 즉 y_t를 모두 x_t로 바꾸어 x_t만의 식으로 나타내면 목적함수 식은 식(3.6)과 같이 된다. 여기서 상수값 75645는 시트에서 변수셀에 0을 대입함으로 얻을 수 있다. 이와 같이 목적함수 식을 구해보는 것은 수리모형화에서 보조변수가 모형을 얼마나 간략히 해주는지를 확인하기 위함이다.

$$
\begin{aligned}
Z \;=\; & 1211.83\,x_1 + 1024.81\,x_2 + 823.72\,x_3 + 607.5\,x_4 + 375\,x_5 \\
& + 125x_6 + 75645
\end{aligned}
\tag{3.6}
$$

변수 셀

셀	이름	계산 값	한계 비용	목표 셀 계수	허용 가능 증가치	허용 가능 감소치
$B$13	신규고용 인턴수 1월	0.00	499.39	1211.83	1.00E+30	499.39
$C$13	신규고용 인턴수 2월	0.00	258.75	1024.81	1.00E+30	258.75
$D$13	신규고용 인턴수 3월	10.11	0.00	823.72	278.23	258.75
$E$13	신규고용 인턴수 4월	10.79	0.00	607.50	278.23	414.81
$F$13	신규고용 인턴수 5월	8.23	0.00	375.00	345.59	584.42
$G$13	신규고용 인턴수 6월	0.00	266.51	125.00	1.00E+30	266.51

제한 조건

셀	이름	계산 값	잠재 가격	제한 조건 우변	허용 가능 증가치	허용 가능 감소치
$B$18	정비시간 1월	9600.00	0.00	8000	1600.00	1E+30
$C$18	정비시간 2월	8928.00	0.00	7000	1928.00	1E+30
$D$18	정비시간 3월	7797.56	0.00	7500	297.56	1E+30
$E$18	정비시간 4월	8800.00	1.25	8800	1228.91	2087.65
$F$18	정비시간 5월	10000.00	1.56	10000	1827.96	2875.03
$G$18	정비시간 6월	11000.00	2.83	11000	16241.23	1700

그림 3.16 동적고용계획 민감도보고서

정수제약 조건하의 해찾기

A항공회사의 최적 동적고용계획은 3월 10.1명, 4월 10.8명, 5월 8.2명의 인턴사원을 고용하는 것이었다. 현실적인 고용계획을 세우기 위해 신규고용 인원수에 대해 정수조건을 추가한다. 그림 3.17은 해찾기 모델 설정에서 변수셀에 대해 정수조건의 추가를 확인할 수 있고, 해찾기 실행 결과 시트는 그림 3.18이다.

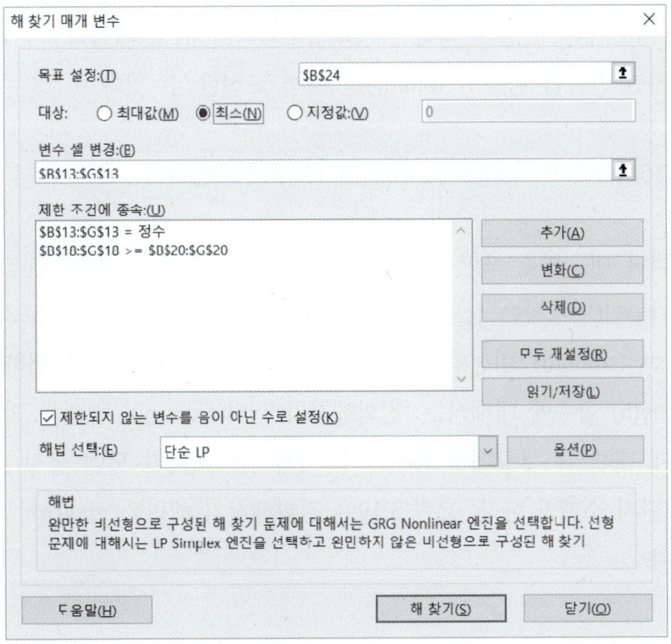

그림 3.17 정수해 해찾기 모델 설정(옵션: 정수조건 무시 체크 없앰, 정수최적화비율 0%)

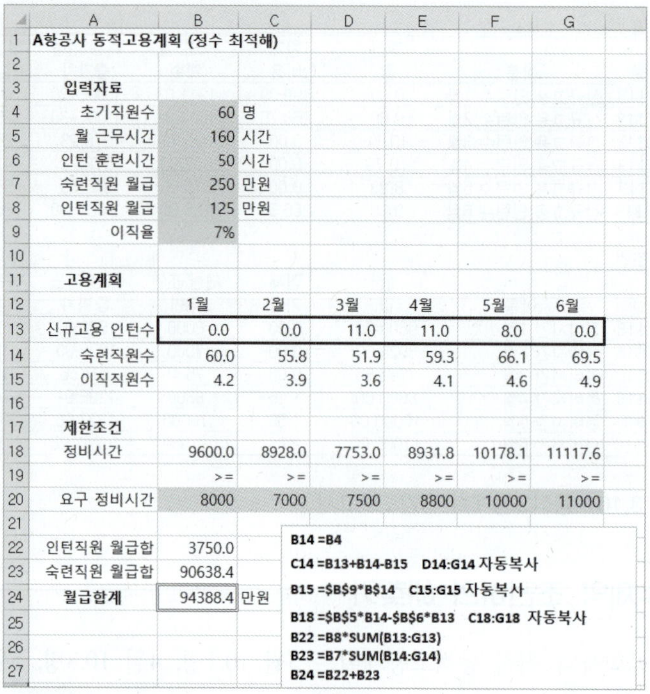

	A	B	C	D	E	F	G
1	A항공사 동적고용계획 (정수 최적해)						
2							
3	입력자료						
4	초기직원수	60	명				
5	월 근무시간	160	시간				
6	인턴 훈련시간	50	시간				
7	숙련직원 월급	250	만원				
8	인턴직원 월급	125	만원				
9	이직율	7%					
10							
11	고용계획						
12		1월	2월	3월	4월	5월	6월
13	신규고용 인턴수	0.0	0.0	11.0	11.0	8.0	0.0
14	숙련직원수	60.0	55.8	51.9	59.3	66.1	69.5
15	이직직원수	4.2	3.9	3.6	4.1	4.6	4.9
16							
17	제한조건						
18	정비시간	9600.0	8928.0	7753.0	8931.8	10178.1	11117.6
19		>=	>=	>=	>=	>=	>=
20	요구 정비시간	8000	7000	7500	8800	10000	11000
21							
22	인턴직원 월급합	3750.0					
23	숙련직원 월급합	90638.4					
24	월급합계	94388.4	만원				

B14 =B4
C14 =B13+B14-B15 D14:G14 자동복사
B15 =$B$9*B$14 C15:G15 자동복사
B18 =$B$5*B14-$B$6*B13 C18:G18 자동복사
B22 =B8*SUM(B13:G13)
B23 =B7*SUM(B14:G14)
B24 =B22+B23

그림 3.18 동적고용계획 (정수 최적해)

그림 3.18의 신규고용 인턴수가 정수값으로 결정되었지만 아직 제대로 정수조건을 반영한 최적 고용계획이라 할 수 없다. 왜냐하면 이직직원수는 여전히 정수값이 아니기 때문이다. 만일 이직직원수를 정수화하기 위해 이직직원수(B15:G15) 값을 반올림하려면 반올림 함수인 round()를 써서 표현할 수 있다.

B15 = ROUND($B$9*B14,0) C15:G15 자동복사 (3.7)

그러나 변수셀을 포함된 식에 대해 round() 함수를 적용하면 이는 변수에 대해 미분불가능한(여기서는 불연속) 함수가 되므로 'GRG 비선형'으로 해결되지 않는다. 미분가능한(smooth) 비선형함수에 대해서 'GRG 비선형'을 선택하고, 미분불가능한(non-smooth) 함수에 대해서는 '진화해찾기(Evolutionary)' 해법을 적용해야 한다. 진화해찾기에 대해서는 8장에서 공부한다. 여기서는 해찾기 모델 설정 및 옵션에 대해 설명없이 단지 소개만 한다. 그림 3.19은 진화해찾기 해법을 선택하기 위한 해찾기 모델 설정이다.

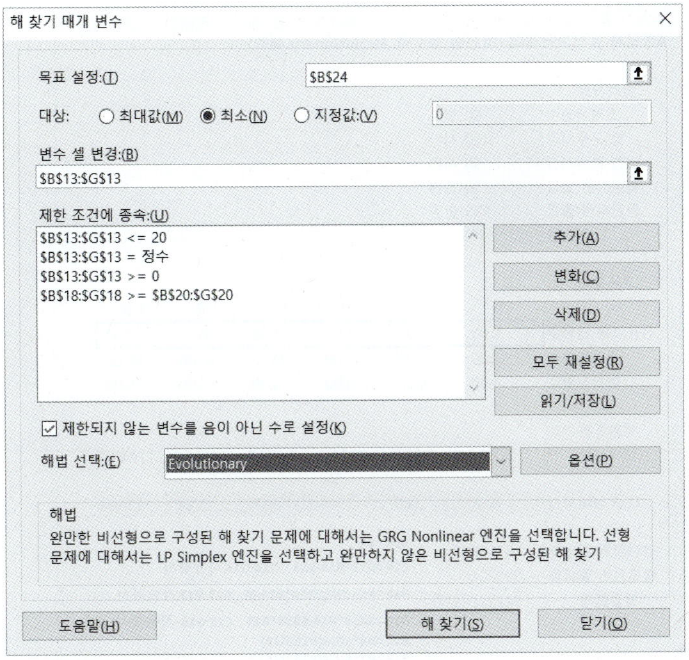

그림 3.19 진화해찾기(Evolutionary) 해법 적용을 위한 해찾기 모델 설정

그림 3.20은 해찾기 모델 설정에서 2개의 옵션을 보여주고 있다. 첫 번째 옵션(모든 해법)은 정수조건이 작동되게 하는 것이고, 두 번째 옵션(Evolutionary)은 진화해찾기 해법에 필요한 옵션이다.

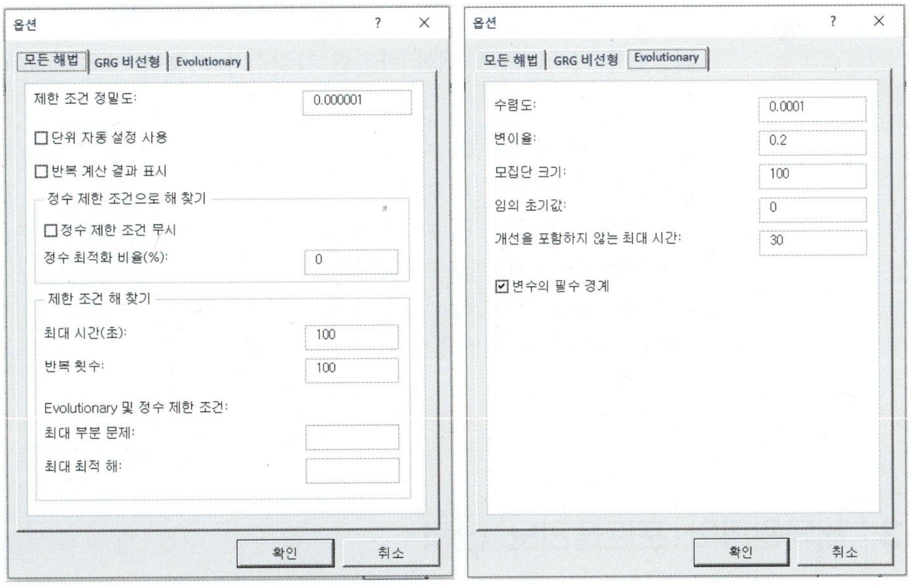

(a) 옵션: 모든 해법 (b) 옵션: Evolutionary

그림 3.20 정수조건이 포함된 모형에서 진화해찾기 해법 적용 (옵션)

	A	B	C	D	E	F	G
1	**A항공사 동적고용계획 (비선형 정수해, Evolutionary 해법)**						
2							
3	**입력자료**						
4	초기직원수	60	명				
5	월 근무시간	160	시간				
6	인턴 훈련시간	50	시간				
7	숙련직원 월급	250	만원				
8	인턴직원 월급	125	만원				
9	이직율	7%					
10							
11	**고용계획**						
12		1월	2월	3월	4월	5월	6월
13	신규고용 인턴수	0.00	0.00	11.00	11.00	8.00	0.00
14	숙련직원수	60.00	56.00	52.00	59.00	66.00	69.00
15	이직직원수	4.00	4.00	4.00	4.00	5.00	5.00
16							
17	**제한조건**						
18	정비시간	9600.0	8960.0	7770.0	8890.0	10160.0	11040.0
19		>=	>=	>=	>=	>=	>=
20	요구 정비시간	8000	7000	7500	8800	10000	11000
21							
22	인턴직원 월급합	3750.0					
23	숙련직원 월급합	90500.0					
24	**월급합계**	94250.0	만원				
25							
26							
27							

B14 =B4
C14 =B13+B14-B15 D14:G14 자동복사
B15 =ROUND($B$9*B14,0) C15:G15 자동복사
B18 =$B$5*B14-$B$6*B13 C18:G18 자동복사
B22 =B8*SUM(B13:G13)
B23 =B7*SUM(B14:G14)
B24 =B22+B23

그림 3.21 동적고용계획(비선형 정수해, Evolutionary 해법)

엑셀 도우미: round()

엑셀에서 round()는 ROUND(number, num_digits) 로 사용되는데, 인수 'number' 반올림할 식 또는 반올림할 수를 나타내고, 인수 'num_digits'는 반올림할 자릿수를 나타낸다. 숫자 13.14159에 대한 반올림 자릿수가 다양한 경우 round() 결과를 예로 들었다.

```
ROUND(13.14159, 0) = 13
ROUND(13.14159, 1) = 13.1
ROUND(13.14159, 2) = 13.14
ROUND(13.14159, 3) = 13.142
ROUND(13.14159, 4) = 13.1416
ROUND(13.14159, −1) = 10
```

3.3 재무관리와 포트폴리오 선택

재무관리 분야에서의 선형계획의 활용에는 예산계획(capital budgeting), 포트폴리오 선

택(portfolio selection), 동적 재무모형(dynamic financial model) 등이 있다. 포트폴리오 선택 문제란 주식, 채권 등 다양한 투자 대안 중에서 투자금액을 배분하는 문제이다. 뮤추얼펀드, 신용조합, 보험회사, 은행 등에서 일하는 투자자나 재무 관리자들은 항상 포트폴리오를 구성하고 관리하는 문제에 직면하게 된다. 포트폴리오 선택은 투자수익을 최대로 하고 위험은 최소화하는 방법으로 수행한다. 위험은 예상되는 투자수익금의 분산(σ^2)으로 표현되며, 그 분산은 포트폴리오 배분에 대한 비선형식으로 표현되기 때문에 비선형 해법을 적용하여야 한다. (7장 참조)

선형계획을 이용한 포트폴리오를 구성하는 문제에서는 총 투자금액, 투자정책, 허용되는 위험 등을 고려한다. 예제 3.4는 한 기간 동안의 포트폴리오 최적화의 예이고, 예제 3.5는 여러 기간 동안에 현금흐름을 고려한 동적 투자계획에 선형계획을 활용하는 예이다.

예제 3.4 K씨의 포트폴리오 최적화

K씨는 1억원을 갖고 투자 전문가의 도움을 받아서 투자를 결정하려 한다. K씨는 표 3.4와 같이 몇몇 투자 대안에 대한 예상 수익률 데이터를 얻었다. 평균 수익률에 의한 투자수익금을 최대화하기 위한 K씨의 포트폴리오를 구성하라. 단, 최고 수익률 및 최저 수익률에 대한 2가지 투자지침을 만족하는 포트폴리오여야 한다.

표 3.4 투자 대안별 예상 수익률

투자안	평균 수익률	최저 수익률	최고 수익률
A. 성장형 주식	15%	−45%	100%
B. 안정형 주식	10%	8%	12%
C. 1년 만기 투자펀드	12%	−4%	20%
D. 은행예금(1년)	4.5%	3.5%	6%
E. 2년 만기 국공채	6%	6%	6%

2가지 투자지침

1) 최고 수익률에 의한 투자수익금은 투자액에 최소 15% 이상 되어야 한다.
2) 최저 수익률에 의한 투자수익금은 투자액에 최소 5% 이상 되어야 한다.

모형화 가이드

이 문제를 모형화하기 위해서는 다음의 계산과 표현이 필요하다.

- 투자 대안별 투자액 결정(의사결정 변수)

- 평균 수익률에 의한 투자수익금 계산
- 최고 수익률에 의한 투자수익금 계산
- 최저 수익률에 의한 투자수익금 계산

예를 들어, 5개의 투자대안 A, B, C, D, E에 각각 (1000만원, 2000만원, 3000만원, 2000만원, 2000만원)을 투자하는 포트폴리오(portfolio) 배분을 생각해 보자! 포트폴리오를 평가할 때에는 그것의 투자수익금으로 평가한다. 그러나 그것은 어디까지나 평균적인 기대치이다. 실제는 거기에 많은 변동이 있을 수 있다. 그래서 예제와 같이 평균 수익률, 최저 수익률, 최고 수익률 등 세 가지 투자 수익률을 동시에 고려한다.

- 평균 수익률에 의한 투자수익금 계산:

예를 들면 성장형 주식은 평균 수익률이 15%이다. 이는 성장형 주식에 1000만원을 투자하면 1년 후에 150만원의 투자수익금이 기대된다는 뜻이다. 투자 대안이 n개 있는 경우, 투자수익금은 다음과 같이 표현되며, 엑셀 함수 sumproduct()로 계산할 수 있다.

$$\text{투자수익금} = \text{투자액}1 \times \text{수익률}1 + \cdots + \text{투자액}n \times \text{수익율}n \tag{3.8}$$

여기서 투자액i 는 투자대안i 의 투자액이고, 수익률i 는 투자대안i 의 수익률이다.

- 최저 수익률 : 최저 수익률은 최악의 경우에 예상되는 투자 수익률을 말한다. 예를 들면 안정형 주식의 최저 수익률이 8.0%라는 것은 최악의 경우에도 수익률 8.0%가 예상된다는 것을 뜻한다.
- 위험관리 : 최저 수익률을 보장하는 방법은 포트폴리오의 위험을 관리하는 하나의 수단이 된다. 예를 들면 1억 원을 투자하여 최저 500만원 이상 수익을 올릴 확률이 95%가 보장되도록 포트폴리오를 구성하자는 것이다.
- 포트폴리오의 최저 수익율 지침 요구조건: 투자대안i 의 최저 수익률을 '최저수익률i' 라고 하면, 최저 수익률 지침 요구조건은 다음과 같다.

$$\begin{aligned}\text{최저 투자수익금} &= \text{투자금액}1 \times \text{최저수익률}1 + \cdots + \text{투자금액}n \times \text{최저수익률}n \\ &\geq 0.05 \times (\text{투자액 합계})\end{aligned} \tag{3.9}$$

여기서 제한조건 우변의 0.05는 최저 수익율 지침에서 요구하는 수익률 5%이다.

수리모형화

1. **의사결정변수** : 투자대안 A, B, C, D, E에 투자한 금액을 변수 x_1, x_2, x_3, x_4, x_5로 나타낸다.

2. **목적함수** : 평균 수익률에 의한 투자수익금 합계를 최대화한다.
3. **제약식** : 총 투자금액 제한, 투자지침 조건들을 제약식으로 표현한다.
4. **수리모형** :

$$
\begin{aligned}
\text{maximize} \quad Z &= 0.15x_1 + 0.10x_2 + 0.12x_3 + 0.045x_4 + 0.06x_5 \qquad (3.10) \\
\text{subject to} \quad & x_1 + x_2 + x_3 + x_4 + x_5 \le 10000 \\
1.0x_1 + 0.12x_2 + 0.20x_3 + 0.06x_4 + 0.06x_5 &\ge 0.15(x_1 + x_2 + x_3 + x_4 + x_5) \\
-0.45x_1 + 0.8x_2 - 0.04x_3 + 0.035x_4 + 0.06x_5 &\ge 0.05(x_1 + x_2 + x_3 + x_4 + x_5) \\
& x_1, x_2, x_3, x_4, x_5 \ge 0
\end{aligned}
$$

2번째, 3번째 제약식에서 변수가 포함된 우변의 식을 이항하여 좌변에서 정리하여 표현할 수도 있다. 여기서는 모형화에 대한 이해를 목적으로 그대로 표현하였다.

스프레드시트 모형화 수리모형의 제한조건들을 엑셀 함수 sum()과 sumproduct()를 사용하여 표현할 수 있다. 스프레드시트 모형은 그림 3.22와 같다.

1. **입력자료** : B3(최저수익률 지침), B4(최고수익률 지침), B8:B12(평균수익률), C8:C12(최저수익률), D8:D12(최고수익률), D20(투자 예산)
2. **변수셀** : E8:E12 (대안별 투자액)
3. **제한조건** : 최저 수익률, 최고 수익률 지침 조건과 투자예산에 대한 제한 조건

```
B16 = SUMPRODUCT(C8:C12,E8:E12)
B17 = SUMPRODUCT(D8:D12,E8:E12)
D16 = SUM($E$8:$E$12)*B3    D17 자동복사
B20 = SUM(E8:E12)
```

4. **목표셀** : 평균 수익률에 의한 투자수익금

```
B22 = SUMPRODUCT(B8:B12,E8:E12)
```

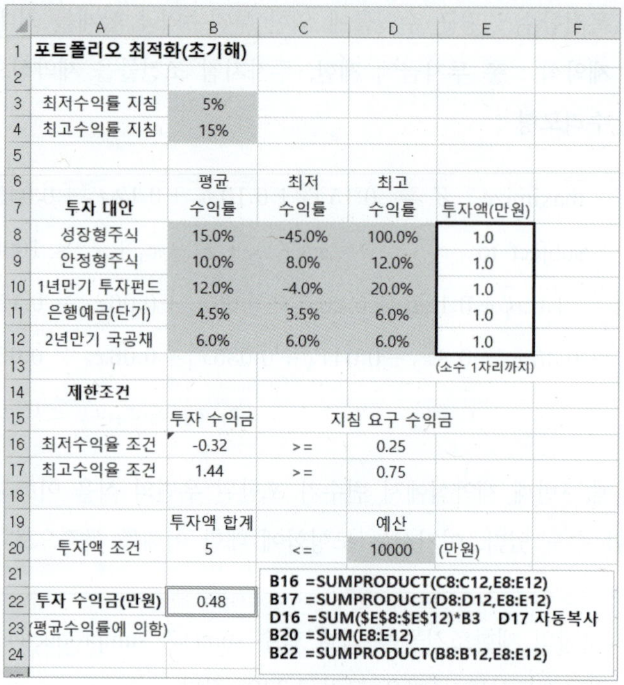

그림 3.22 포트폴리오 최적화(스프레드시트 모형, 초기해)

해찾기 실행 그림 3.23은 포트폴리오 최적화 문제의 해찾기 모델 설정을 보여준다.

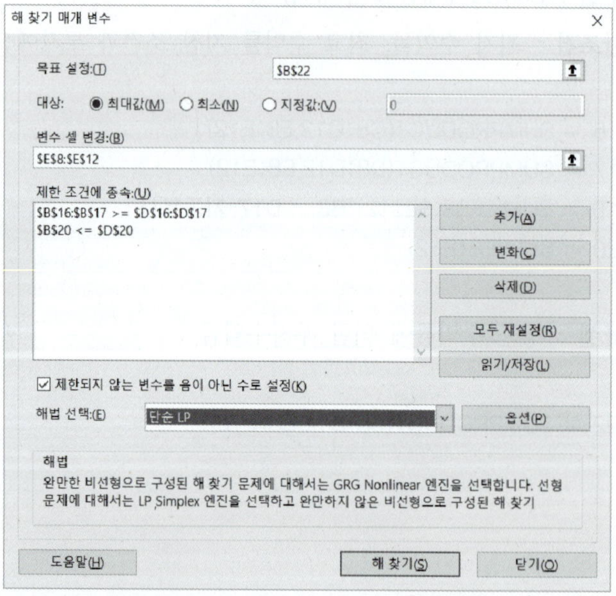

그림 3.23 포트폴리오 최적화 (해찾기 모델 설정)

해찾기를 실행하면 최적 투자방법이 결정되며 결과는 그림 3.24와 같다. 성장형 주식에 189.9 만원, 안정형 주식에 8148.7 만원, 1년 만기 투자펀드에 1661.4 만원, 은행 예금과 국공채에는 투자하지 않는다. 평균 수익률에 의한 투자수익금은 1042.72 만원이다.

민감도 분석

그림 3.25의 민감도 보고서로부터 제한조건의 잠재가격을 알 수 있다. 특히 투자 예산(투자액 조건, B20)의 잠재가격은 0.104이다. 이는 투자 예산 10000(만원)의 목표셀 값에 대한 공헌도는 1(만원)에 0.104(만원)이라는 뜻이므로 포트폴리오의 수익률은 10.4%인 셈이다.

	A	B	C	D	E	F
1	**포트폴리오 최적화(최적해)**					
2						
3	최저수익률 지침	5%				
4	최고수익률 지침	15%				
5						
6		평균	최저	최고		
7	**투자 대안**	수익률	수익률	수익률	투자액(만원)	
8	성장형주식	15.0%	-45.0%	100.0%	189.9	
9	안정형주식	10.0%	8.0%	12.0%	8148.7	
10	1년만기 투자펀드	12.0%	-4.0%	20.0%	1661.4	
11	은행예금(단기)	4.5%	3.5%	6.0%	0.0	
12	2년만기 국공채	6.0%	6.0%	6.0%	0.0	
13					(소수 1자리까지)	
14	**제한조건**					
15		투자 수익금		지침 요구 수익금		
16	최저수익율 조건	500.00	>=	500.00		
17	최고수익율 조건	1500.00	>=	1500.00		
18						
19		투자액 합계		예산		
20	투자액 조건	10000	<=	10000	(만원)	
21						
22	**투자 수익금(만원)**	1042.72				
23	(평균수익률에 의함)					
24						

B16 =SUMPRODUCT(C8:C12,E8:E12)
B17 =SUMPRODUCT(D8:D12,E8:E12)
D16 =SUM($E$8:$E$12)*B3 D17 자동복사
B20 =SUM(E8:E12)
B22 =SUMPRODUCT(B8:B12,E8:E12)

그림 3.24 포트폴리오 최적화 (최적해)

변수 셀

셀	이름	계산 값	한계 비용	목표 셀 계수	허용 가능 증가치	허용 가능 감소치
$E$8	성장형주식 투자액(만원)	189.9	0.000	0.15	0.038	5.492
$E$9	안정형주식 투자액(만원)	8148.7	0.000	0.1	0.011	0.128
$E$10	1년만기 투자펀드 투자액(만원)	1661.4	0.000	0.12	1E+30	0.009
$E$11	은행예금(단기) 투자액(만원)	0.0	−0.069	0.045	0.069	1E+30
$E$12	2년만기 국공채 투자액(만원)	0.0	−0.049	0.06	0.049	1E+30

제한 조건

셀	이름	계산 값	잠재 가격	제한 조건 우변	허용 가능 증가치	허용 가능 감소치
$B$16	최저수익율 조건 투자 수익금	500.0	−0.215	0	119.318	150
$B$17	최고수익율 조건 투자 수익금	1500.0	−0.073	0	198.113	100
$B$20	투자액 조건 투자액 합계	10000.0	0.104	10000	1E+30	10000

그림 3.25 포트폴리오 최적화 (민감도 보고서)

모형화 토의

스프레드시트 모형에서 비율 표현 - 주식(성장형 주식 및 안정형 주식)에 투자할 수 있는 금액은 투자액 합계의 90% 이내이어야 한다면 어떤 제한조건이 추가되어야 하는가?

```
E8 + E9 < = 0.9 * B20
```

으로 표현하면 된다. 주의할 점은 '(E8+E9) / B20 <= 0.9'로 표현해서는 안된다. 좌변 식이 분수식으로 선형식이 아니기 때문이다. 이에 대한 설명은 다음 3.4절과 예제 3.6에서도 다룬다.

체크포인트

1. 은행예금에 1000(만원)을 투자한다면 투자 수익금은 얼마나 변하는가? 실제로 풀어서 확인하라.
2. 평균 수익률에 의한 포트폴리오의 투자 수익률이 10% 이상 되면서 최저수익률에 의한 투자 수익금을 최대로 하는 문제를 풀어라. 이 문제와 원 문제(예제 3.4)에 대해 최저수익률에 의한 포트폴리오 수익률, 최고수익률에 의한 포트폴리오 수익률, 평균수익률에 의한 포트폴리오 수익률이 각각 어떻게 되는지 정리하면 표 3.5와 같이 됨을 확인하라.

표 3.5 평균수익률과 최저수익률에 의한 포트폴리오 최적해 비교

포트폴리오 최적해 및 수익률*	투자 대안	평균 수익률에 의한 투자수익금 최대화 (예제 3.4)	최저 수익률에 의한 투자수익금 최대화 (체크포인트 3)
포트폴리오 최적해: 대안별 투자액(만원)	성장형 주식	189.9	340.9
	안정형 주식	8148.7	9659.1
	투자펀드	1661.4	0.0
	은행예금	0.0	0.0
	국공채	0.0	0.0
포트폴리오 수익률*(%)	최저 수익률 적용	5.00	6.19
	최고 수익률 적용	15.00	15.00
	평균 수익률 적용	10.43	10.17

(*) 포트폴리오 수익률(%) = (투자수익금/투자액합계) x 100

예제 3.5 고려투자회사의 동적 투자계획

고려투자회사는 향후 3년간 투자전략을 세우려 한다. 현재 투자가능 예산은 120억원이고, 투자대안으로는 A, B, C, D, E의 5개가 있다. 표 3.6은 각 대안별 1억원 단위로 투

자할 때 현금흐름을 나타낸다. 예를 들어 투자대안 B에는 2년초에 1억원을 투자하면, 2년말(3년초)에 0.1억원의 수입과 3년말(4년초)에 다시 1.03억원의 수입이 발생한다. 표에서 음수는 현금의 유출(outflow)을 나타내고 양수는 유입(inflow)을 나타낸다. (투자는 연초에 이루어지고 수익은 연말에 발생하나, 표에서는 수익을 다음해 연초에 같이 표시하였다.)

회사의 포트폴리오 정책에 의하면 하나의 투자대안에 70억원 이상은 투자하지 않는다는 분산투자 원칙이 있다. 투자하지 않은 현금을 은행에 예금하면 연 2.0%의 이자를 은행으로부터 받는다. 투자에서 회수되는 현금은 즉시 재투자가 가능하다. 예를 들어 1년말에 투자대안 C로부터 1년 말에 받은 현금 수입은 2년 초에 즉시 투자대안 B에 재투자가 가능하다. 고려투자회사는 회사에서 갖고 있는 현금만으로 투자하고, 외부에서 자금을 빌릴 수 없다. 3년말(4년초)에 현금을 최대화하기 위한 동적 투자계획을 수립하라.

표 3.6 투자대안별 현금흐름(단위: 억원)

투자대안	현재 (1년초)	1년말 (2년초)	2년말 (3년초)	3년말 (4년초)
A	−1.0	0.52	0.6	0.0
B	0.0	−1.0	0.1	1.03
C	−1.0	1.08	0.0	0.0
D	−1.0	0.0	0.0	1.15
E	0.0	−1.0	−0.5	1.63

모형화 가이드

고려투자회사 동적 투자계획 문제를 모형화하기 위한 절차는 다음과 같다.

- 투자 대안별 투자액 변수: 투자대안별 투자액을 변수로 설정한다.
- 년초와 전년말은 같다고 본다. 즉, t 년초 = $(t-1)$년말 이다.
- t 년초의 현금은 다음의 식으로 계산하는데, 이는 sumproduct() 함수로 계산할 수 있다:

$$t\text{년초 현금} = (t-1)\text{년말 현금} + \sum_{\text{대안}} t\text{년초 현금 유입} - \sum_{\text{대안}} t\text{년초 현금유출} \tag{3.11}$$

- 각 시점의 현금은 >= 0 이어야 한다.
- 매년말 은행 예금액은 원금에 이자가 더해진 금액이며, 3년말(4년초)의 현금을 최

대화하는 것이 목표이다.

스프레드시트 모형화

1. **입력자료** : B3(현재 투자가능 예산), B4(은행 이자율), D14:D18(대안별 투자한도) B7:E11(투자대안의 현금흐름)
2. **변수셀** : B14:B18(대안별 투자액)
3. **제한조건** : 매 년초 현금액은 지난 연말 현금액에 투자대안의 현금흐름을 반영한 식으로 표현된다.

```
B23 = $B$3+SUMPRODUCT(B7:B11,$B$14:$B$18)
C23 = B24+SUMPRODUCT(C7:C11,$B$14:$B$18)    D23:E23 복사
```

매 년말 현금액은 연초 현금액을 은행에 예금하여 1년 후에 회수되는 원금과 이자를 합한 금액이다. B24는 4년초(3년말) 현금액을 목표셀로 다시 쓴 것이다.

```
B24 = B23*(1+$B$4)    C24:D24 복사
```

4. **목표셀** : 3년말(4년초) 현금액 B24

```
B26 = E23
```

그림 3.26은 초기해 시트이고, 그림 3.27은 최적해 시트이다.

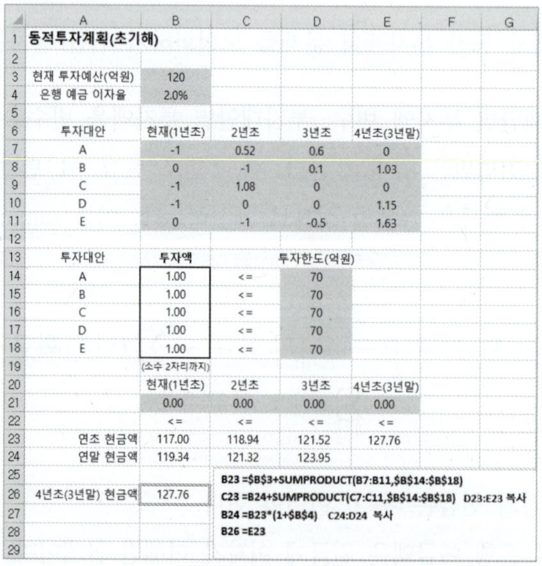

	A	B	C	D	E	F	G
1	동적투자계획(초기해)						
2							
3	현재 투자예산(억원)	120					
4	은행 예금 이자율	2.0%					
5							
6	투자대안	현재(1년초)	2년초	3년초	4년초(3년말)		
7	A	-1	0.52	0.6	0		
8	B	0	-1	0.1	1.03		
9	C	-1	1.08	0	0		
10	D	-1	0	0	1.15		
11	E	0	-1	-0.5	1.63		
12							
13	투자대안	투자액		투자한도(억원)			
14	A	1.00	<=	70			
15	B	1.00	<=	70			
16	C	1.00	<=	70			
17	D	1.00	<=	70			
18	E	1.00	<=	70			
19		(소수 2자리까지)					
20		현재(1년초)	2년초	3년초	4년초(3년말)		
21		0.00	0.00	0.00	0.00		
22		<=	<=	<=	<=		
23	연초 현금액	117.00	118.94	121.52	127.76		
24	연말 현금액	119.34	121.32	123.95			
25							
26	4년초(3년말) 현금액	127.76					
27							
28							
29							

B23 =$B$3+SUMPRODUCT(B7:B11,$B$14:$B$18)
C23 =B24+SUMPRODUCT(C7:C11,$B$14:$B$18) D23:E23 복사
B24 =B23*(1+$B$4) C24:D24 복사
B26 =E23

그림 3.26 동적투자계획 스프레드시트 모형 (초기해)

	A	B	C	D	E	F	G
1	**동적투자계획(최적해)**						
2							
3	현재 투자예산(억원)	120					
4	은행 예금 이자율	2.0%					
5							
6	투자대안	현재(1년초)	2년초	3년초	4년초(3년말)		
7	A	-1	0.52	0.6	0		
8	B	0	-1	0.1	1.03		
9	C	-1	1.08	0	0		
10	D	-1	0	0	1.15		
11	E	0	-1	-0.5	1.63		
12							
13	투자대안	**투자액**		투자한도(억원)			
14	A	50.00	<=	70			
15	B	70.00	<=	70			
16	C	70.00	<=	70			
17	D	0.00	<=	70			
18	E	31.60	<=	70			
19		(소수 2자리까지)					
20		현재(1년초)	2년초	3년초	4년초(3년말)		
21		0.00	0.00	0.00	0.00		
22		<=	<=	<=	<=		
23	연초 현금액	0.00	0.00	21.20	145.23		
24	연말 현금액	0.00	0.00	21.62			
25			**B23 =$B$3+SUMPRODUCT(B7:B11,$B$14:$B$18)**				
26	4년초(3년말) 현금액	145.23	**C23 =B24+SUMPRODUCT(C7:C11,$B$14:$B$18)** D23:E23 복사				
27			**B24 =B23*(1+$B$4)** C24:D24 복사				
28			**B26 =E23**				
29							

그림 3.27 동적투자계획 (최적해)

최적해에서 투자안 A, B, C, D, E에 각각 50, 70, 70, 0, 31.6(억원)을 투자하고 3년말(4년초)에 현금은 145.23(억원)이 된다. 은행에 현금을 예금하는 것은 3년초에 21.2(억원) 한 번만 있다. 3년간 120억 원을 투자하여 145.23(억원)이 되었으니 수익률이 3년간 약21.0%나 되어 연평균 7%가 된다.

수리모형

이제 스프레드시트 모형을 기초로 하여 수리모형을 수립한다.

1. **의사결정변수**: 각 투자대안에 대한 투자액을 x_i $(i = a, b, c, d, e)$로 정의한다. 또한 보조변수로 매년초 현금액을 $y_t(t = 1, 2, 3, 4)$로 나타낸다. 즉 y_1은 현재(1년초) 투자 직후 현금액이다.
2. **목적함수**: 4년초(3년말) 현금액인 y_4를 최대화한다.
3. **제약식**:
   - 매년초 현금액은 음수가 될 수 없도록 제약조건을 부과한다.
   - 2년초부터 y_{t+1}와 y_t의 관계는 다음과 같다.

$$y_{t+1} = (1 + 0.02)y_t + (cash_{inflow} - cash_{outflow})_{t+1}$$

4. 수리모형:

$$\begin{aligned}
\text{maximize} \quad & y_4 \\
\text{subject to} \quad & y_1 = 120 + (-x_a - x_c - x_d) \\
& y_2 = 1.02\,y_1 + (0.52\,x_a - x_b + 1.08\,x_c - x_e) \\
& y_3 = 1.02\,y_2 + (0.6\,x_a + 0.1x_b - 0.5x_e) \\
& y_4 = 1.02\,y_3 + (1.03\,x_b + 1.15\,x_d + 1.63\,x_e) \\
& 0 \le x_a, x_b, x_c, x_d, x_e \le 70 \\
& y_1, y_2, y_3, y_4 \ge 0
\end{aligned} \tag{3.12}$$

모형화 토의

이 예제는 현금흐름을 관리하는 좋은 예이다. 만일 현금액이 음수가 된다면 사실 지급불능(default)에 빠지게 된다. 지급불능에 빠지지 않도록 하는 조건을 모형에서는 B23:E23 >= B21:E21로 표현하고 있다.

보유한 자금 외에 현금을 차입할 수 있다면 모형을 어떻게 수정하여야 할까? 첫해에 동일한 이자율 2.0%로 이자를 지급하면서 현금을 10억 원 차입할 수 있다면 B21:E21에 '−10'을 입력하여 풀면 된다. 그렇다면 4년초(3년말) 현금액이 146.55(억원)으로 수익은 1.32(억원) 늘어난다. 이를 확인해보라.

만일 은행에서 무한히 차입할 수 있다면 어떻게 될까? 이 투자대안의 현금 흐름을 보면 수익률이 년간 약 7% 정도 되기 때문에 이론상 따져 본다면 수익을 무한히 크게 할 수 있다. 이것을 선형계획 모형을 풀어서 확인할 수 있을까? 각 투자대안에 투자한계 70억이라는 제한을 없앤다면 이 선획계획 모형은 무한해(unbounded solution)를 준다. 차입을 많이 하면 할수록 수익이 늘어나기 때문이다. 그러나 이러한 차익거래(arbitrage)는 현실적으로 불가능하다.[4] 실제로는 예제와 같은 투자대안이 없거나, 혹시 이러한 투자대안이 있다면 은행 이자율이 연 7% 가까이 될 것이다.

체크포인트

1. 계획기간 중 어느 한 해에 10(억원)을 차입할 수 있다면 어느 해에 차입하는 것이 유리한가? 그림 3.28의 민감도 보고서를 보고 답하고, 실제 모형화하여 풀어서 확인하라.
2. 투자제한을 700(억원)으로 확대하고, 은행 차입을 1000(억원)까지 할 수 있다면 총수익은 얼마나 되는가?

4) 가격이 저렴한 시장에서 구입하여 가격이 비싼 시장에서 그 상품을 팔아서 차익을 얻는 거래를 arbitrage 거래라고 한다. 즉, 은행에서 이자율 2.0%로 빌어서 이 예제의 투자대안에 투자하면 그 차익만큼 수익을 올릴 수 있다. 특수한 경우에 지역적으로 혹은 시간적으로 서로 다른 가격이 형성되기도 하지만, 금융에서 이러한 차익거래는 이론상 불가능하다.

변수 셀

셀	이름	계산 값	한계 비용	목표 셀 계수	허용 가능 증가치	허용 가능 감소치
$B$14	A 투자액	50	0	0.0918	0.0152	0.0444
$B$15	B 투자액	70	0.012	0.0916	1E+30	0.012
$B$16	C 투자액	70	0.0152	0.0624	1E+30	0.0152
$B$17	D 투자액	0	-0.0444	0.0888	0.0444	1E+30
$B$18	E 투자액	31.6	0	0.0796	0.012	0.0271

제한 조건

셀	이름	계산 값	잠재 가격	제한 조건 우변	허용 가능 증가치	허용 가능 감소치
$B$23	연초 현금액 <=	0	-0.052	0	24.9412	20
$C$23	연초 현금액 <=	5.5422E-13	-0.0796	0	31.6	13.9474
$D$23	연초 현금액 <=	21.2	0	0	21.2	1E+30
$E$23	연초 현금액 <=	145.232	0	0	145.232	1E+30

그림 3.28 동적투자계획 (민감도보고서)

3.4 정적 생산계획

선형계획의 효율적인 해법(simplex method)이 개발된 이후 선형계획은 생산 분야에 다양하게 적용되어 왔다. 제2장에서 소개한 제품배합문제를 비롯하여 혼합생산문제 및 생산공정 문제는 정적 생산계획(Static Production Planning)에 해당된다. 일정 기간 동안의 수요 변화를 고려한 동적 생산계획에는 생산 일정계획 및 총괄 생산계획 등이 있다.

1. 제품배합문제(product-mix problem)

제한된 양의 재료, 노동력 및 생산설비 용량을 고려하여 판매 이익의 합을 최대화하는 제품별 생산량을 결정하는 문제이다. 각 제품별로 투입되는 재료, 노동력 및 생산설비의 가동시간이 결정된다. (예제 2.1, 2.2)

2. 생산-외주문제(make-or-buy problem)

최소비용으로 주문량을 충족시키는 문제로서 자체 생산능력이 부족한 경우이다. 자체 생산할 제품 종류와 생산량, 외주할 제품 종류와 외주량을 결정한다. 자체 생산의 경우는 각 제품별로 투입되는 재료, 노동력 및 생산설비의 양이 결정된다. (연습문제 11)

3. 혼합생산문제(blending problem)

원료 및 제품에 필요한 성분이 혼합되어있는 경우, 성분 배합을 고려한 생산계획 문제이다. 판매이익이 최대가 되도록 등급별 제품의 생산량을 결정하는 문제로서 제품별로

요구 등급을 만족시키기 위해 혼합되는 등급별 원료의 투입량이 결정된다. (예제 3.6)

4. 생산공정문제(production process problem)

제한된 자원(원료, 설비, 시간 등)을 고려하여 판매이익이 최대가 되도록 제품별 생산량을 결정하는 문제이다. 경우에 따라 생산된 제품이 다른 제품의 원료가 되기도 한다. (예제 3.7) 일련의 공정에서 이와 같은 문제가 발생하기 때문에 생산공정 문제라고 한다.

이 절에서는 혼합생산 문제와 생산공정 문제를 살펴본다.

예제 3.6 혼합생산문제

W사는 포도 젤리와 포도 쥬스를 생산, 판매하는 회사이다. W사는 협력자인 포도 경작자로부터 수확한 포도를 1등급(최하)에서 10등급(최상)까지로 분류하여 구매하고 있다. 현재 W사가 보유하고 있는 포도는 9등급 40(천kg), 6등급 60(천kg) 및 4등급 60(천kg) 이다. 포도 젤리는 평균 5등급(기준) 이상의 질이 요구되며, 포도 쥬스는 평균 7등급(기준) 이상이 되어야 한다. 포도 젤리와 포도쥬스를 1(천kg) 판매할 때, 각각 2.7(백만원), 3.5(백만원)의 이익이 발생한다. W사가 최대의 이익을 창출하기 위해서는 포도 젤리와 포도 쥬스를 각각 얼마나 생산해야 하는가? 이와 같은 포도 젤리 및 포도 쥬스 생산에 등급별 포도를 어떻게 혼합하여야 하는가?

모형화 가이드

W사는 9등급, 6등급, 4등급의 포도를 섞어서 젤리와 쥬스를 만든다. 포도젤리를 만들기 위해서 투입하는 9등급 포도량, 6등급 포도량, 4등급 포도량을 정하고, 포도쥬스를 만들기 위해서 투입하는 9등급 포도량, 6등급 포도량, 4등급 포도량을 정하여야 한다. 각각의 포도 투입량(단위: 천kg)을 나타내는 변수를 다음과 같이 배열로 이해하면 편리하다.

구젤리: x_{11}	육젤리: x_{12}	사젤리: x_{13}
구쥬스: x_{21}	육쥬스: x_{22}	사쥬스: x_{23}

- 포도젤리 생산량(구젤리+육젤리+사젤리) $= x_{11} + x_{12} + x_{13}$

  포도쥬스 생산량(구쥬스+육쥬스+사쥬스) $= x_{21} + x_{22} + x_{23}$
- 등급별 포도 사용량 계산: 위의 6개의 변수를 열별로 합산하면 등급별 포도 사용량이 계산된다.

9등급 포도 사용량(구젤리+구쥬스) = $x_{11}+x_{21}$

6등급 포도 사용량(육젤리+육쥬스) = $x_{12}+x_{22}$

4등급 포도 사용량(사젤리+사쥬스) = $x_{13}+x_{23}$

- 포도젤리 등급조건: 포도젤리 평균등급을 계산하여 기준 등급점수 제한조건을 얻는다.

$$\begin{aligned}\text{젤리평균등급} &= \frac{9\times\text{구젤리}+6\times\text{육젤리}+4\times\text{사젤리}}{\text{젤리 생산량}} \\ &= \frac{9x_{11}+6x_{12}+4x_{13}}{x_{11}+x_{12}+x_{13}} \\ &\geq 5\end{aligned} \tag{3.14}$$

위의 비율에 관한 제약은 비선형이기 때문에 그대로 선형계획 모형의 제약조건으로 사용할 수 없다. 그래서 다음과 같이 '투입된 등급점수' >= '요구 등급점수'으로 표시한 선형의 제약식으로 변환한다:

$$9\times\text{구젤리}+6\times\text{육젤리}+4\times\text{사젤리} \geq 5\times(\text{구젤리}+\text{육젤리}+\text{사젤리})$$

또는

$$9x_{11}+6x_{12}+4x_{13} \geq 5(x_{11}+x_{12}+x_{13}) \tag{3.15}$$

포도쥬스의 등급조건도 꼭 같은 방법으로 표현할 수 있다.

$$9x_{21}+6x_{22}+4x_{23} \geq 7(x_{21}+x_{22}+x_{23}) \tag{3.16}$$

- 총 판매이익은 포도젤리와 포도쥬스의 판매량과 판매가격을 곱하여 더한다.

$$\text{총판매이익(백만원)} = 2.7(x_{11}+x_{12}+x_{13})+3.5(x_{21}+x_{22}+x_{23})$$

스프레드시트 모형화 W사의 혼합생산을 위한 스프레드시트 모형은 그림 3.29와 같다. 여기서 포도 혼합량은 임의로 정한 것이다.

1. **입력자료**: B4:D4(포도등급), B16:D16(등급별 포도보유량, 1000kg), B7:C7(제품별 판매이익), B8:C8(제품별 요구등급)
2. **변수셀** : 젤리와 쥬스 생산을 위한 등급별 포도 혼합량 **B12:D13**
3. **수식 셀 및 제한조건**
   - **포도젤리와 포도쥬스 생산량**: E12(포도젤리 생산량), E13(포도쥬스 생산량)

```
E12 = SUM(B12:D12)
E13 = SUM(B13:D13)
```

- **등급별 포도사용량:** B14:D14(등급별 포도 사용량)

```
B14 = B12+B13     C14:D14 자동복사
```

- **제품등급 고려:** B19(젤리 등급점수), B20(쥬스_등급점수)

```
B19 = SUMPRODUCT(B$4:D$4,B12:D12)      (젤리 투입 등급점수)
B20 = SUMPRODUCT(B$4:D$4,B13:D13)      (포도 투입 등급점수)
D19 = B8*E12                (젤리 요구 등급점수)
D20 = C8*E13                (포도 요구 등급점수)
```

- 제한조건: B14:D14 <=B1:D16

  B19:B20 >= D19:D20

4. 목표셀 : 판매이익 B22(총판매이익, 백만원)

```
B22 = B7*E12+C7*E13
```

	A	B	C	D	E	F	G	H	I	J
1	**W사의 혼합생산계획**									
2										
3	**입력요소**									
4	보유 포도등급	9	6	4						
5										
6		포도젤리	포도쥬스							
7	판매이익(백만원)	2.7	3.5							
8	요구 등급점수	5	7							
9										
10	**모형**				(천kg)					
11		9등급	6등급	4등급	생산량					
12	포도젤리 혼합량	1	1	1	3					
13	포도쥬스 혼합량	1	1	1	3					
14	등급별 포도사용량	2	2	2						
15	(천kg)	<=	<=	<=						
16	등급별 포도보유량	40	60	60						
17										
18		투입 등급		요구 등급						
19	포도젤리 등급 조건	19	>=	15						
20	포도쥬스 등급 조건	19	>=	21						
21										
22	**총 판매이익**	18.6	(백만원)							

E12 =SUM(B12:D12) E13 자동복사
B14 =SUM(B12:B13) C14:D14 자동복사
B19 =SUMPRODUCT($B$4:$D$4,B12:D12) B20 자동복사
D19 =B8*E12
D20 =C8*E13
B22 =B7*E12+C7*E13

그림 3.29 W사의 혼합생산 스프레드시트 모형 (조기해)

해찾기 실행과 최적해 W사의 혼합생산을 위한 해찾기 모델 및 최적해는 그림 3.30과 같다.

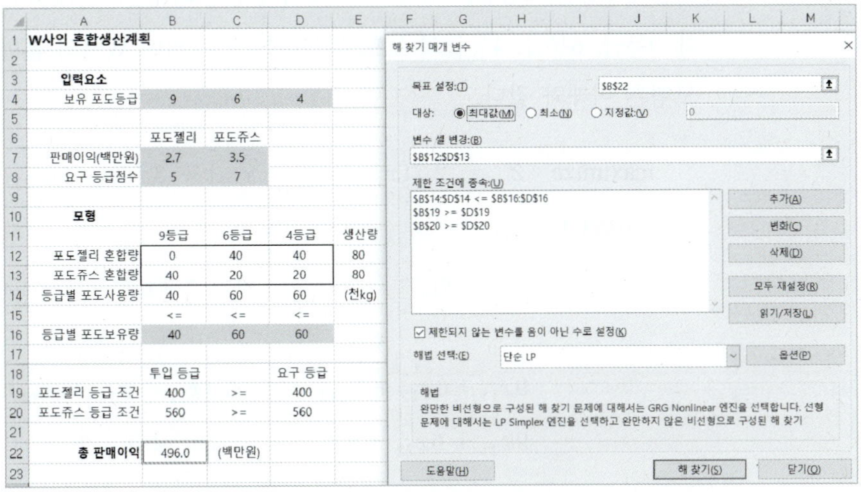

그림 3.30 W사의 혼합생산계획 (최적해, 해찾기 모델설정)

민감도 분석

1. 최적해를 보면 포도젤리와 쥬스를 각각 80(천kg)씩 생산한다. 그때 판매이익은 496(백 만원)이다.
2. 그림 3.31의 민감도보고서에서 9등급 포도사용량 제약식의 잠재가격은 4.3이므로, 9등급 포도 보유량을 1 단위(1000kg) 늘리면 총 판매이익은 4.3(백만원)이 증가된다. 9등급 포도의 이익공헌도(잠재가격)가 가장 높다.

변수 셀

셀	이름	계산 값	한계 비용	목표 셀 계수	허용 가능 증가치	허용 가능 감소치
$B$12	포도젤리 혼합량 9등급	0	0	2.7	0	1E+30
$C$12	포도젤리 혼합량 6등급	40	0	2.7	0.533333333	0
$D$12	포도젤리 혼합량 4등급	40	0	2.7	0	1.6
$B$13	포도쥬스 혼합량 9등급	40	0	3.5	1E+30	0
$C$13	포도쥬스 혼합량 6등급	20	0	3.5	0	0.533333333
$D$13	포도쥬스 혼합량 4등급	20	0	3.5	1.6	0

제한 조건

셀	이름	계산 값	잠재 가격	제한 조건 우변	허용 가능 증가치	허용 가능 감소치
$B$14	등급별 포도사용량 9등급	40	4.3	40	80	40
$C$14	등급별 포도사용량 6등급	60	3.1	60	80	26.66666667
$D$14	등급별 포도사용량 4등급	60	2.3	60	26.66666667	53.33333333
$B$19	포도젤리 등급 조건 투입 등급	400	-0.4	0	26.66666667	53.33333333
$B$20	포도쥬스 등급 조건 투입 등급	560	-0.4	0	80	160

그림 3.31 W사의 혼합생산계획 (민감도보고서)

수리 모형화

모형화 가이드에서 의사결정변수를 정의한 바와 같이 x_{11}, x_{12}, x_{13}는 포도젤리를 생산하는데 9등급, 6등급, 4등급의 포도 투입량이고, x_{21}, x_{22}, x_{23}는 포도쥬스를 생산하는데 9등급, 6등급, 4등급의 포도 투입량이다. 그러면 W사의 혼합생산계획 문제의 수리 모형은 아래와 같다.

$$
\begin{aligned}
\text{maximize}\quad & Z = 2.7(x_{11}+x_{12}+x_{13}) + 3.5(x_{21}+x_{22}+x_{23}) \qquad (3.17)\\
\text{subject to}\quad & x_{11} + x_{21} \le 40\\
& x_{12} + x_{22} \le 60\\
& x_{13} + x_{23} \le 60\\
& 9x_{11} + 6x_{12} + 4x_{13} \ge 5\ (x_{11}+x_{12}+x_{13})\\
& 9x_{21} + 6x_{22} + 4x_{23} \ge 7\ (x_{21}+x_{22}+x_{23})\\
& x_{11}, x_{12}, x_{13}, x_{21}, x_{22}, x_{23} \ge 0
\end{aligned}
$$

체크포인트

1. 민감도보고서를 보면 9등급 젤리 투입량은 0인데 한계비용이 0이다. 따라서 이 문제에는 **복수 최적해**가 있다. 9등급 젤리 투입량을 0보다 크게 한 다른 최적해를 구하라.
2. 젤리 생산을 위해 혼합한 포드의 3%는 유실되고 97%만 젤리로 만들어진다고 가정하고, 포도 쥬스는 생산과정에 30% 유실이 생긴다고 가정할 때, 최적의 혼합방법을 구하라.

토의사항

그림 3.30에서 등급조건의 제한조건 우변(D19:D20)은 400과 560이지만, 민감도보고서의 해당 제한조건의 우변값은 0으로 표시하고 있다. 그 이유는 제한조건 우변에 변수셀이 참조된 수식이 들어 있으면 Solver(해찾기)는 그것을 제한조건 좌변으로 이항하여

```
new 좌변 = old 좌변 - old 우변
new 우변 = 0
```

으로 바꾸어서 풀기 때문에 제한조건 우변이 '0'으로 표시된다.

예제 3.7 **슈퍼오일회사의 생산공정 운영문제 – 간단한 투입-산출 모형**

슈퍼오일회사는 3개의 공정을 가지고 있다. 공정A는 시간당 6천원의 비용이 소요되며

원유1을 2배럴, 원유2를 3배럴 투입하여 시간당 가스1을 2배럴, 가스2를 1배럴 산출한다. 공정B는 시간당 5천원의 비용이 소요되며 원유1을 1배럴, 원유2를 3배럴 투입하여 시간당 가스2를 3배럴 산출한다. 공정C는 시간당 2천원의 비용이 소요되며 원유2를 2배럴, 가스2를 3배럴 투입하여 시간당 가스3을 2배럴 산출한다. 표 3.7은 1시간당 공정별 투입원료와 산출물을 나타낸 표이다.

일주일 동안 구입 가능한 원유1은 200배럴로 배럴당 가격은 3천원이며, 원유2는 300배럴이며 배럴당 가격은 4천원이다. 생산되는 가스는 재투입되거나 판매되며 판매가격은 가스1은 배럴당 1만원, 가스2는 1.1만원, 가스3은 2.9만원이다. 슈퍼오일회사가 공정을 가동할 수 있는 시간은 각각 일주일에 50시간이다. 슈퍼오일이 이익을 최대화하기 위해 어떻게 생산하고 공정을 가동해야 하는가? 또한 일주일 동안의 원유 공급량 및 공정 가동시간이 전체 순이익에 미치는 영향을 분석하여라.

표 3.7 1시간당 공정별 투입원료 및 산출물

공정별 투입원료/산출물		공정A	공정B	공정C	원료가격 및 산출물 판매가격 (만원/배럴)
투입원료 (배럴/시간)	원유1	2	1	0	0.3
	원유2	3	3	2	0.4
	가스2	0	0	3	–
산출물 (배럴/시간)	가스1	2	0	0	1.0
	가스2	1	3	0	1.1
	가스3	0	0	2	2.9
공정비용 (만원/시간)		0.6	0.5	0.2	–

모형화 가이드

이 문제는 무엇을 의사결정변수(decision variable)로 설정해야 할지 쉽게 정할 수 없다. 공정 A, B에 원유1, 2를 투입하여 가스 1, 2를 산출하고, 원유 2와 가스 2는 다시 공정 C에 투입되어 가스 3을 생산한다. 투입-산출 관계가 얽혀있어서 원유 투입량을 정해서 가스 생산량을 결정하기가 쉽지 않다. 그러나 공정의 가동시간을 정하면 원유 투입량, 가스 투입량 및 산출량이 정해진다. 그림 3.32를 참조하여 각 공정의 가동시간을 변수로 정하여 공정 운영계획을 다음과 같이 모형화한다.

- **공정별 가동시간** : 슈퍼오일 생산공정에서 공정별 가동시간이 결정되면 투입원료는 비례해서 결정되므로, 공정별 가동시간을 독립적인 의사결정변수로 설정한다.
- **원유 사용량** : 공정별 가동시간이 결정되면 원유1, 원유2, 가스2의 투입량이 결정

된다.

- **가스 판매량** : 공정별 가동시간이 결정되면 가스1, 가스2, 가스3의 산출량이 결정된다. 가스1 및 가스3은 '산출량 = 판매량'이 되지만, 가스2는 공정3의 원료가 되므로, 가스2 판매량은 '산출량 – 투입량'으로 계산되어야 한다.
- **총비용, 판매수입, 순이익 계산** : 총비용은 공정가동비와 원료비의 합이 되고, 판매수입은 가스 판매비가 된다. 주의할 점은 원료비 계산에서 가스2의 투입비용은 따로 고려할 필요가 없다는 것이다. 순이익은 판매수입에서 총비용을 빼야 한다.

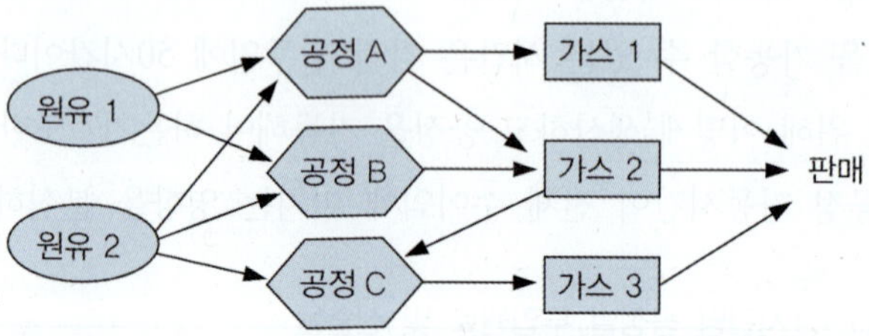

그림 3.32 슈퍼오일 원료 투입과 생산공정 운영

스프레드시트 모형화 슈퍼오일회사의 원료투입과 공정운영을 나타내는 스프레드시트 모형은 그림 3.33이다.

1. **입력요소**: B5:D7(공정별 원료 투입량), B11:D13(공정별 산출량), E5:E6(원유 구입가격), E11:E13(가스 판매가격), B14:D14(공정 가동비용), B20:D20(공정 가용시간), D23:D24(원유 공급량)
2. **변수셀**: B18:D18(공정별 가동시간, 변수)
3. **제한조건**
   - **원료 사용량 및 공급 가능량**: 각 공정에 사용되는 원유량을 B23:B24에, 가스2 사용량은 B25에 계산한다.

   ```
   B23 = SUMPRODUCT(B5:D5,$B$18:$D$18) B24:B25 자동복사
   ```

   가스2의 공급 가능량은 산출물로부터 결정되는 것이므로

   ```
   D25 = SUMPRODUCT(B12:D12,$B$18:$D$18)
   ```

   - **가스 판매량**: 가스1과 가스3의 판매량은 산출물=판매량이 되나, 가스2(F24)에 대한 판매량은 산출량(공급가능량)에서 투입량을 뺀 값이 된다.

```
F23 = SUMPRODUCT(B11:D11,$B$18:$D$18)
F24 = D25-B25
F25 = SUMPRODUCT(B13:D13,$B$18:$D$18)
```

- **총비용, 판매수입, 순이익**: B27(원유구입금), B28(공정가동비용), B29(판매수입), B30(순이익)은 다음과 같다.

```
B27 = SUMPRODUCT(E5:E6, B23:B24)
B28 = SUMPRODUCT(B18:D18, B14:D14)
B29 = SUMPRODUCT(E11:E13, F23:F25)
B30 = B29-B27-B28
```

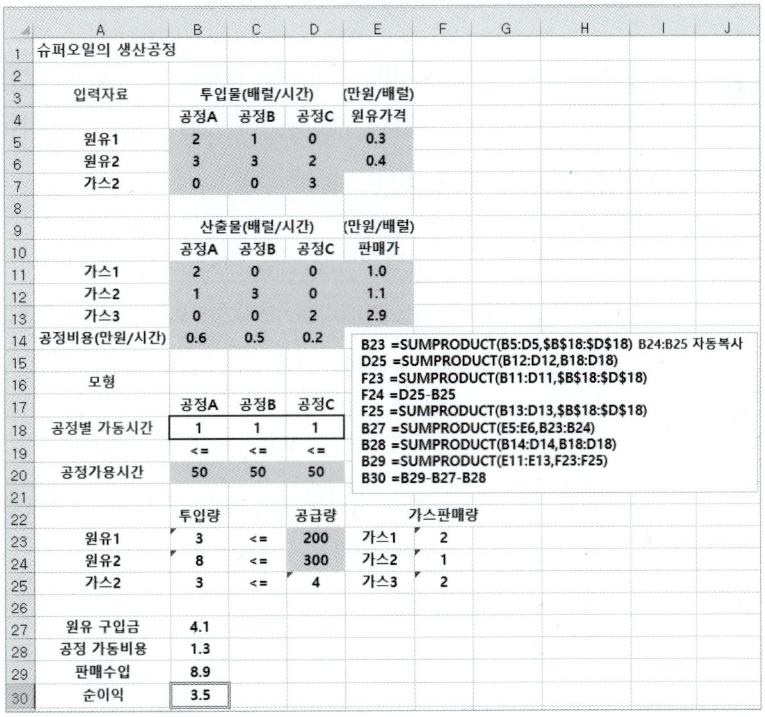

	A	B	C	D	E	F
1	슈퍼오일의 생산공정					
2						
3	입력자료	투입물(배럴/시간)			(만원/배럴)	
4		공정A	공정B	공정C	원유가격	
5	원유1	2	1	0	0.3	
6	원유2	3	3	2	0.4	
7	가스2	0	0	3		
8						
9		산출물(배럴/시간)			(만원/배럴)	
10		공정A	공정B	공정C	판매가	
11	가스1	2	0	0	1.0	
12	가스2	1	3	0	1.1	
13	가스3	0	0	2	2.9	
14	공정비용(만원/시간)	0.6	0.5	0.2		
15						
16	모형					
17		공정A	공정B	공정C		
18	공정별 가동시간	1	1	1		
19		<=	<=	<=		
20	공정가용시간	50	50	50		
21						
22		투입량		공급량	가스판매량	
23	원유1	3	<=	200	가스1	2
24	원유2	8	<=	300	가스2	1
25	가스2	3	<=	4	가스3	2
26						
27	원유 구입금	4.1				
28	공정 가동비용	1.3				
29	판매수입	8.9				
30	순이익	3.5				

```
B23 =SUMPRODUCT(B5:D5,$B$18:$D$18) B24:B25 자동복사
D25 =SUMPRODUCT(B12:D12,B18:D18)
F23 =SUMPRODUCT(B11:D11,$B$18:$D$18)
F24 =D25-B25
F25 =SUMPRODUCT(B13:D13,$B$18:$D$18)
B27 =SUMPRODUCT(E5:E6,B23:B24)
B28 =SUMPRODUCT(B14:D14,B18:D18)
B29 =SUMPRODUCT(E11:E13,F23:F25)
B30 =B29-B27-B28
```

그림 3.33 슈퍼오일 생산공정 (초기해)

해찾기 실행과 최적해 슈퍼오일 생산공정 문제의 해찾기 모델설정과 최적해는 그림 3.34와 같다.

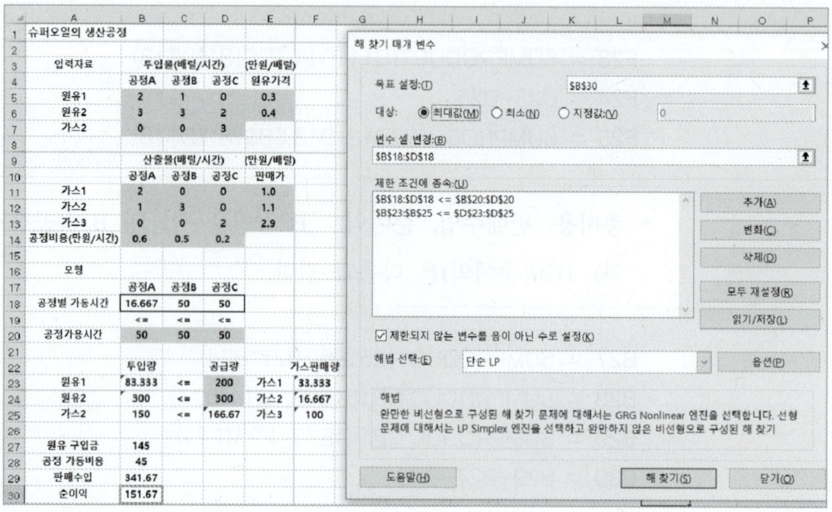

그림 3.34 슈퍼오일 생산공정(해찾기 모델설정, 최적해)

해찾기 실행 결과를 보면, 슈퍼오일 회사는 공정A, B, C를 각각 16.67시간, 50시간, 50시간 가동하고, 거기서 생산된 가스2를 재차 투입하여 사용한다. 최대 순이익 151.67(만원)을 얻게 된다.

수리 모형화

의사결정변수로서 공정별 가동시간을 각각 x_1, x_2, x_3 로 나타내고, 표현을 간략히 하기 위해 보조변수로서 가스 판매량도 각각 y_1, y_2, y_3 로 나타낸다. 그러면 슈퍼오일 생산공정 문제의 수리모형은 아래와 같다.

$$
\begin{aligned}
\text{maximize} \quad Z \;=\; & 1.0y_1 + 1.1y_2 + 2.9y_3 \\
& -\{0.3(2x_1 + x_2) + 0.4(3x_1 + 3x_2 + 2x_3)\} \\
& -(0.6x_1 + 0.5x_2 + 0.2x_3) \\
\text{subject to} \quad & 2x_1 + x_2 + 0x_3 \le 200 \\
& 3x_1 + 3x_2 + 2x_3 \le 300 \\
& 3x_3 \le x_1 + 3x_2 \\
& y_1 = 2x_1 \\
& y_2 = x_1 + 3x_2 - 3x_3 \\
& y_3 = 2x_3 \\
& 0 \le x_1, x_2, x_3 \le 50
\end{aligned}
\tag{3.18}
$$

목적함수의 첫 번째 항은 가스 판매수입이고, 두 번째 항은 원유 구입금이고, 세번째 항은 공정 가동비용이다. 처음 2개의 제약식은 원유 구입가능량 조건이고, 3번째 제약식은 가스 2의 공정 투입량은 공정 산출물보다 클 수 없다는 조건이다.

한편 목적함수에서 y_1, y_2, y_3 를 x_1, x_2, x_3로 치환하면 $Z = 0.7x_1 + 1.3x_2 + 1.5x_3$ 이 된다. 이 계수는 수리모형에서 직접 도출할 수도 있으며, 민감도보고서의 목표셀 계수로서 얻을 수도 있다.

체크포인트

1. 공정의 가동시간이 각각 100시간이라면 최적해는 어떻게 달라지는가?
2. 가스2는 공정 A, B에서 생산하여 공정 C에 투입하는 것으로 가정하였다. 만일 가스2의 판매가격과 동일한 가격으로 구입하여 공정 C에 투입할 수 있다고 가정하면 예제 3.7은 어떻게 수정해야 하는가? 가스2를 얼마나 파는가? 혹은 구입하는가? 단, 공정의 가동시간은 모두 100시간이라고 가정한다.

영역명/셀명 붙이기 (엑셀도우미)

- 셀이나 영역 범위을 선택 다음, 시트 위의 '이름상자'에 그 셀(범위)의 이름을 입력하면 이름을 붙일 수 있다. ('이름상자'는 엑셀시트 맨 위쪽 '수식 입력줄' 왼편에 있음. 이름은 빈 칸 없이 입력함. 빈칸은 _ 으로 연결함.) 이미 입력되어 있는 라벨을 이름으로 지정하여 사용하면 편리하고 시트를 읽기도 쉽다. '수식' 탭에서 '선택한 영역에서 만들기'를 클릭하여, '이름 만들기' 창의 체크박스에서 '첫행(T)' 또는 '왼쪽열(L)'을 체크하면 된다. 이름이 붙여진 셀이나 영역은 그 이름으로 참조할 수 있다. 메뉴에서 '수식' 탭을 선택한 후, '이름 관리자'나 '이름정의'를 이용한다.
- 엑셀 시트의 셀에 −, +, = 등의 수학 기호로 시작하는 문자열을 입력할 때에는 ' 를 먼저 입력한다. 즉, '=, '+, '− 으로 입력하면 된다.

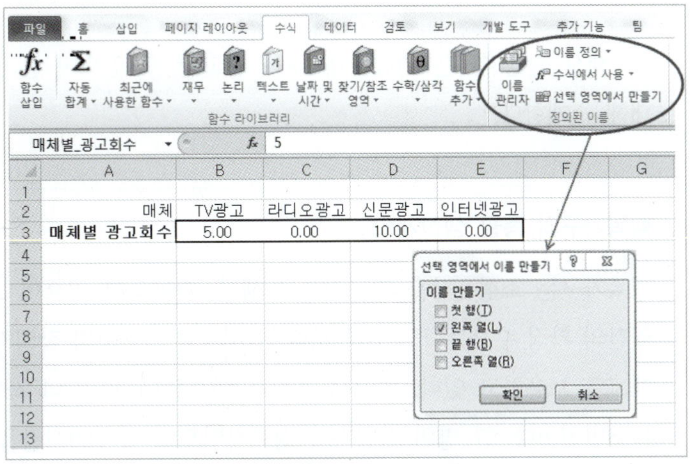

3.5 동적 생산계획

계획 기간이 여러 개 중첩되어 있는 동안 수요 변화를 고려하여 생산계획을 수립하는 것을 동적 생산계획(dynamic planning)이라고 한다. 여기에는 생산 일정계획, 총괄 생산계획 및 생산설비 증설계획 등이 있다.

1. 생산 일정계획(production scheduling)

주문량 또는 예측된 수요량이 기간별로 변화할 때, 최소비용으로 생산 일정계획을 수립하는 문제이다. 생산설비의 제한, 기간별로 생산단가 및 재고단가가 달라지는 것을 고려하여 기간별 생산량 및 재고량을 결정한다.

2. 총괄 생산계획(aggregate production planning)

생산 일정계획에 동적 고용계획을 포함하여, 주문량(수요량)이 기간별로 변화하는 것에 대응하여 최소비용으로 생산-재고-고용 일정계획을 수립한다. 여기에는 주문 미처리(backlogging)가 허용되는 경우와 허용되지 않는 경우가 있다. 주문 미처리란 현재 제품이 없어 주문을 만족시키지 못하는 것을 기간을 넘겨 나중에 공급하는 것으로 부족비용(shortage cost) 발생을 가정한다. 총괄 생산계획은 매우 복잡한 문제이나 선형계획을 이용하여 수립할 수 있다.

3. 생산설비 증설계획(capacity expansion planning)

수요 증가에 대해 생산설비의 증설시기와 증설용량을 결정하는 문제이다. 수요의 증가에 대응하여 생산-재고-고용 계획이 대처하기 힘들다고 판단되면 생산설비의 증설을 고려하게 된다. 그러나 생산설비는 한번 증설하면 긴 기간 동안 유지해야 하므로 미래 수요에 대한 정확한 예측이 요구된다. 보통 생산설비 증설계획은 동적계획법(dynamic programming)을 이용하게 되며, 본 교재에서는 이를 포함하지 않고 있다.

생산 일정계획은 연습문제 13을 참고할 수 있으며 본 절에서는 총괄 생산계획에 대해 소개한다.

예제 3.8 **행복가구의 총괄 생산계획**

행복가구는 소형옷장을 전문적으로 생산, 판매하고 있으며 소형옷장에 대한 향후 5개월간의 확정 수요는 표 3.8과 같다. 현재(1월초) 3명의 작업자가 있으며 55개의 옷장을 재고로 보유하고 있다. 하나의 옷장을 만드는데 4시간의 작업시간이 필요하며 재료비는 3만원이다. 한 명의 작업자가 정규작업으로 월 160시간을 작업하며, 초과작업은 월

20시간까지 허용된다. 정규작업에 대해서는 월 150만원의 임금을 지불하며, 초과작업은 시간당 2만원의 임금을 별도로 지불한다.

작업자의 고용 및 해고는 월초에 이루어지며 신규고용 시에는 작업자당 170만원, 해고 시에는 210만원의 비용이 발생한다. 한달 동안의 재고유지비는 개당 2만원이다. 행복가구는 월간수요를 만족시키는 최적의 생산계획 및 고용계획을 수립하고자 한다. 주문 미처리는 허용하지 않는 것으로 한다.

표 3.8 소형옷장에 대한 월별 수요

월	1월	2월	3월	4월	5월
수요(개수)	350	400	550	200	210

스프레드시트 모형화

1. **입력자료:** B4:B14, B36:F36(수요)
2. **변수셀**
   - **작업자 고용계획 및 해고계획:** B19:F19(고용 작업자 수), B20:F20(해고 작업자 수)
   - **초과작업시간:** B24:F24
   - **옷장 생산량:** B32:F32
3. **모형: 수식 셀**
   - 이월되는 작업자수(B18:F18):

```
B18 = $B$5
C18 = B21      D18:F18 자동복사
```

   - 근무가능한 작업자수(B21:F21):

```
B21 = B18+B19−B20      C21:F21 자동복사
```

   - 정규작업시간(B23:F23):

```
B23 = B21*$B$6      C23:F23 자동복사
```

   - 초과작업 가능시간(B26:F26):

```
B26 = B21*$B$7      C23:F23 자동복사
```

- 생산에 투입된 작업시간(B28:F28):

```
B28 = B23+B24        C28:F28 자동복사
```

- 생산능력, 작업시간에 의한 최대 생산량(B34:F34):

```
B34 = B28/$B$12        C34:F34 자동복사
```

- 월말재고 = 전월재고량 +당월생산량 – 당월수요량 (B37:F37):

```
B37 = $B$4+B32−B36
C37 = B37+C32−C36        D37:F37 자동복사
```

4. 모형: 비용계산

```
B43 = $B$8*B19         C43:F43 자동복사     (고용비용)
B44 = $B$9*B20         C44:F44 자동복사     (해고비용)
B45 = $B$10*B21        C45:F45 자동복사     (정규임금)
B46 = $B$11*B24        C46:F46 자동복사     (초과작업수당)
B47 = $B$13*B32        C47:F47 자동복사     (재료비)
B48 = $B$14*B37        C48:F48 자동복사     (재고유지비)
B49 = SUM(B42:B48)     C49:F49 자동복사     (월별합계)
B51 = SUM(B49:F49)                          (전체비용)
```

	A	B	C	D	E	F	G
1	**행복가구의 총괄계획**						
2							
3	입력자료						
4	초기재고	55	개				
5	초기 작업자수	3	명				
6	정규작업시간/월간/작업자당	160	시간				
7	초과작업시간/월간/작업자당	20	시간				
8	고용비용(작업자당)	170	만원				
9	해고비용(작업자당)	210	만원				
10	정규임금/월간/작업자당	150	만원				
11	초과작업 수당(시간당)	2	만원				
12	작업소요시간(옷장당)	4	시간				
13	재료비(옷장당)	3	만원				
14	재고유지비(옷장당)	2	만원				
15							

그림 3.35(a) 행복가구 총괄생산계획(입력자료)

	A	B	C	D	E	F
16	작업자 고용 계획					
17		1월	2월	3월	4월	5월
18	이월되는 작업자수	3.00	9.96	9.96	9.96	5.13
19	고용 작업자수	6.96	0.00	0.00	0.00	0.00
20	해고 작업자수	0.00	0.00	0.00	4.84	0.00
21	근무가능한 작업자수	9.96	9.96	9.96	5.13	5.13
22						
23	근무가능한 정규작업시간	1593.60	1593.60	1593.60	820.00	820.00
24	초과작업시간	0.00	0.00	199.20	0.00	0.00
25		<=	<=	<=	<=	<=
26	초과작업 가능시간	199.20	199.20	199.20	102.50	102.50
27						
28	생산에 투입된 작업시간	1593.60	1593.60	1792.80	820.00	820.00
29						
30	생산계획					
31		1월	2월	3월	4월	5월
32	옷장 생산량	398.40	398.40	448.20	205.00	205.00
33		<=	<=	<=	<=	<=
34	생산능력	398.40	398.40	448.20	205.00	205.00
35						
36	수요	350	400	550	200	210
37	월말재고	103	102	0	5	0
38		>=	>=	>=	>=	>=
39	적시에 수요 만족	0	0	0	0	0

B18 =$B$5
C18 =B21 D18:F18 자동복사
B21 =B18+B19-B20 C21:F21 자동복사
B23 =B21*$B$6 C23:F23 자동복사
B26 =B21*$B$7 C26:F26 자동복사
B28 =B23+B24 C28:F28 자동복사
B34 =B28/$B$12 C34:F34 자동복사
B37 =$B$4+B32-B36
C37 =B37+C32-C36 D37:F37 자동복사

그림 3.35(b) 행복가구 총괄생산계획(실수 최적해, 모형)

	A	B	C	D	E	F	G
40							
41	비용(만원)						
42		1월	2월	3월	4월	5월	
43	고용비용	1,183.20	0.00	0.00	0.00	0.00	
44	해고비용	0.00	0.00	0.00	1,015.35	0.00	
45	정규임금	1,494.00	1,494.00	1,494.00	768.75	768.75	
46	초과작업수당	0.00	0.00	398.40	0.00	0.00	
47	재료비	1,195.20	1,195.20	1,344.60	615.00	615.00	
48	재고유지비	206.80	203.60	0.00	10.00	0.00	
49	합계	4,079.20	2,892.80	3,237.00	2,409.10	1,383.75	₩14,001.85
50							전체 비용

B43 =$B$8*B19 C43:F43 자동복사
B44 =$B$9*B20 C44:F44 자동복사
B45 =$B$10*B21 C45:F45 자동복사
B46 =$B$11*B24 C46:F46 자동복사
B47 =$B$13*B32 C47:F47 자동복사
B48 =$B$14*B37 C48:F48 자동복사
B49 =SUM(B42:B48) C49:F49 자동복사
G49 =SUM(B49:F49)

그림 3.35(c) 행복가구 총괄생산계획(실수 최적해, 비용계산)

해찾기 실행 행복가구 총괄생산계획의 실수 최적해를 구하기 위한 해찾기 모델 설정은 그림 3.36과 같다. 변수셀은 3개 영역으로 B19:F20, B24:F24, B32:F32 이다.

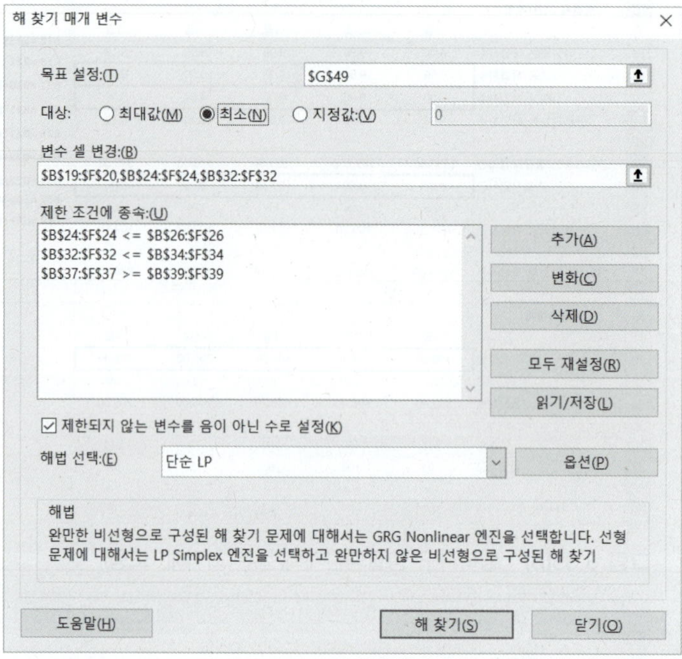

그림 3.36 행복가구 총괄계획(해찾기 모델설정)

실수 최적해는 1월에 6.96(명)을 고용하고, 4월에 4.84(명) 해고하며, 3월에 199.2(시간) 초과작업을 행한다. 생산량은 B32:F32에 있는데, 재고는 1월에 103개, 2월에 102개, 4월에 5개가 생긴다. 최소화된 총비용은 14,001.85(만원)이다.

정수 최적해

고용 작업자와 해고 작업자(B19:F20)에 대해서는 정수조건을 제한조건에서 추가하고 실행한다. 이에 대한 스프레드시트 모형 결과는 그림 3.37과 같다. 옷장 생산량(B32:F32) 및 초과 작업시간(B24:F24) 정수조건을 줄 수 있지만 이와 같이 큰 정수에 대해서는 해찾기에서 정수조건을 추가하지 않는 것이 보통이다. 큰 정수값을 갖는 변수에 대해 정수조건을 부여하는 것은 해찾기가 최적해를 찾는데 큰 부담을 갖게 된다. 이에 대한 상세한 내용은 6장 정수계획을 공부하면서 이해하게 되기를 기대한다. 본 교재에서는 특별한 경우가 아니면 사람 수에 대해서만 정수조건을 부여한다.

정수 최적해를 보면, 1월에 7명을 고용하고, 4월에 5명 해고를 하며, 3월에 180시간, 5월에 40시간 초과작업을 한다. 생산량은 B32:F32에 있는데, 재고는 1월에 105개, 2월에 105개가 생긴다. 최소화된 총비용은 14,065만원이다.

	A	B	C	D	E	F	G
16	작업자 고용 계획						
17		1월	2월	3월	4월	5월	
18	이월되는 작업자수	3.00	10.00	10.00	10.00	5.00	
19	고용 작업자수	7.00	0.00	0.00	0.00	0.00	
20	해고 작업자수	0.00	0.00	0.00	5.00	0.00	
21	근무가능한 작업자수	10.00	10.00	10.00	5.00	5.00	
22							
23	근무가능한 정규작업시간	1600.00	1600.00	1600.00	800.00	800.00	
24	초과작업시간	0.00	0.00	180.00	0.00	40.00	
25		<=	<=	<=	<=	<=	
26	초과작업 가능시간	200.00	200.00	200.00	100.00	100.00	
27							
28	생산에 투입된 작업시간	1600.00	1600.00	1780.00	800.00	840.00	
29							
30	생산계획						
31		1월	2월	3월	4월	5월	
32	옷장 생산량	400.00	400.00	445.00	200.00	210.00	
33		<=	<=	<=	<=	<=	
34	생산능력	400.00	400.00	445.00	200.00	210.00	
35							
36	수요	350	400	550	200	210	
37	월말재고	105	105	0	0	0	
38		>=	>=	>=	>=	>=	
39	적시에 수요 만족	0	0	0	0	0	
40							
41	비용(만원)						
42		1월	2월	3월	4월	5월	
43	고용비용	1,190.00	0.00	0.00	0.00	0.00	
44	해고비용	0.00	0.00	0.00	1,050.00	0.00	
45	정규임금	1,500.00	1,500.00	1,500.00	750.00	750.00	
46	초과작업수당	0.00	0.00	360.00	0.00	80.00	
47	재료비	1,200.00	1,200.00	1,335.00	600.00	630.00	
48	재고유지비	210.00	210.00	0.00	0.00	0.00	
49	합계	4,100.00	2,910.00	3,195.00	2,400.00	1,460.00	₩14,065.00

그림 3.37 행복가구 총괄계획(정수최적해)

주문 미처리 허용하는 경우

이번 달 수요에 대해 즉시 공급하지 못하고 다음 달에 공급할 수 있다고 가정한다면 '주문 미처리'를 허용하는 것이다. 즉시 처리되지 않은 수요에 대해 1개월 지연 공급에 3(만원)의 부족비용(shortage cost)이 발생한다고 가정하자. 단, 모형의 계획기간 마지막 달인 5월에는 주문잔고를 허용하지 않는다고 가정한다. 즉 모든 주문은 계획기간 내에서는 모두 공급되어야 한다.

주문미처리를 허용하는 경우는 음의 재고를 허용한다는 의미이다. 따라 이러한 경우의 모형을 위해서 '재고'의 의미를 2가지로 나누어 사용한다. 재고가 양(+)의 값을 갖는 경우는 '실제발생 재고량'이라 하고, 재고가 음(−)의 값을 가질 때는 음을 떼고 '부족량'이라 칭한다.

스프레드시트 모형화 (주문 미처리 모형)

1. **추가 입력요소**: F14(부족비)
2. **추가 변수셀**: B38:F38(실제발생 재고량), B39:F39(부족량)
3. 추가되는 수식 및 제한조건:
   - 재고량(재고관리에 의한 재고량): B40:F40

```
B40 = B38-B39      C40:F40 자동복사
```

• 재고관리에 의한 재고량 = 생산관리에 의한 재고량

```
B40:F40 = B42:F42
```

• 주문 미처리 허용하여도 계획기간(1~5월)의 모든 수요는 최종적으로 공급되어야 함

```
F42 ≥ F44
```

• 변경 또는 추가되는 비용: B52:F52(재고유지비), B53:F53(부족비용)

```
B52 = $B$14*B38        D52:F52 자동복사    (재고유지비)
B53 = $F$14*B39        D53:F53 자동복사    (부족비용)
```

• 변경되는 비용합계: B54:F54(합계)

```
B54 = SUM(B47:B53)    D54:F54 자동복사
```

해찾기를 실행하면 그림 3.38의 결과를 얻게 된다.

	A	B	C	D	E	F	G
14	재고유지비(옷장당)	2	만원	부족비(옷장당/월간)		3	
15							
16	작업자 고용 계획						
17		1월	2월	3월	4월	5월	
18	이월되는 작업자수	3.00	8.00	8.00	8.00	8.00	
19	고용 작업자수	5.00	0.00	0.00	0.00	0.00	
20	해고 작업자수	0.00	0.00	0.00	0.00	0.00	
21	근무가능한 작업자수	8.00	8.00	8.00	8.00	8.00	
22							
23	근무가능한 정규작업시간	1280.00	1280.00	1280.00	1280.00	1280.00	
24	초과작업시간	60.00	160.00	0.00	0.00	0.00	
25		<=	<=	<=	<=	<=	
26	초과작업 가능시간	160.00	160.00	160.00	160.00	160.00	
27							
28	생산에 투입된 작업시간	1340.00	1440.00	1280.00	1280.00	1280.00	
29							
30	생산계획						
31		1월	2월	3월	4월	5월	
32	옷장 생산량	335.00	360.00	320.00	320.00	320.00	
33		<=	<=	<=	<=	<=	
34	생산능력	335.00	360.00	320.00	320.00	320.00	
35							
36	수요	350	400	550	200	210	
37							
38	실제발생 재고량	40	0	0	0	0	
39	부족량	0	0	230	110	0	
40	재고량	40	0	-230	-110	0	<- 재고관리에 의한 재고량
41		=	=	=	=	=	
42	월말재고	40	0	-230	-110	0	<- 생산관리에 의한 재고량
43						>=	
44						0	B40 =B38-B39 C40:F40 자동복사
45	비용(만원)						B42 =$B$4+B32-B36
46		1월	2월	3월	4월	5월	C42 =B37+C32-C36 D42:F42 자동복사
47	고용비용	850.00	0.00	0.00	0.00	0.00	
48	해고비용	0.00	0.00	0.00	0.00	0.00	B52 =$B$14*B38 D52:F52 자동복사
49	정규임금	1,200.00	1,200.00	1,200.00	1,200.00	1,200.00	B53 =$F$14*B39 D53:F53 자동복사
50	초과작업수당	120.00	320.00	0.00	0.00	0.00	B54 =SUM(B47:B53) D54:F54 자동복사
51	재료비	1,005.00	1,080.00	960.00	960.00	960.00	
52	재고유지비	80.00	0.00	0.00	0.00	0.00	
53	부족비	0.00	0.00	690.00	330.00	0.00	
54	합계	3,255.00	2,600.00	2,850.00	2,490.00	2,160.00	₩13,355.00

그림 3.38 행복가구 총괄계획(주문미처리 허용, 정수최적해)

최적해는 1월에 5명을 고용하고, 해고는 없으며, 1월에 60시간, 2월에 160시간 초과작업을 한다. 생산량은 B32:F32에 있는데, 재고는 1월에 40개가 발생하고, 재고부족(주문 미충족)은 3월에 230개, 4월에 110개가 발생한다. 총 비용은 13,355(만원)으로서 앞의 경우보다 감소하였다. 이는 주문 미처리를 허용하여 부족비를 부담하는 것이 전체적으로 비용을 적게 발생한다는 것을 의미한다.

3.6 자료포락분석(DEA)

대학, 병원, 기업, 식당 등의 서비스 조직에 대해서 그것이 효율적으로 운영되는지 분석하는 좋은 방법으로 자료포락분석(DEA: Data Envelopment Analysis)이 있다. DEA는 비효율적인 조직이 효율적인 조직을 벤치마킹할 때도 활용할 수 있다. 보통 서비스 조직과 같이 공정이 너무 복잡하여 서비스과정을 정확히 평가하여 비교하기 어려울 때, 또한 목표로 하는 서비스의 추구 방향이 서로 다른 상황에서 DEA는 그 효율을 상대적으로 계산하여 객관적으로 비교하는 방법이다.

예제 3.9 **수도은행의 서비스 효율분석(DEA)**

수도은행은 3개의 지점을 갖고 있다. 각 지점의 효율성을 분석하기 위해 아래와 같은 3가지 입력요소와 3가지 출력요소를 고려한다.

- 입력요소 1 = 1개월간 근무 직원수
- 입력요소 2 = 사용공간(평방 m)
- 입력요소 3 = 투자펀드 운영 금액(억원)
- 출력요소 1 = 예금유치(억원)
- 출력요소 2 = 신규 가입자수(명)
- 출력요소 3 = 이자수입(백만원/월)

관련 자료는 표 3.9와 같다. 어느 지점이 비효율적인지를 분석하라.

표 3.9 수도은행 지점별 입출력 자료

	입력요소			출력요소		
	요소1 (직원수)	요소2 (공간 m2)	요소3 (투자펀드)	요소1 (예금 억원)	요소2 (가입자수)	요소3 (이자수입)
지점1	15	210	500	203	252	345
지점2	14	243	510	218	184	445
지점3	16	231	510	170	157	343

모형화 가이드

일반적으로 효율은 산출을 투입으로 나눈 비율이다. 자동차 연비는 주행거리를 투입한 연료량으로 나눈 것으로 대표적인 효율계산이다. 그런데 투입요소가 여러 가지이고 산출요소도 여러 가지인 경우는 투입과 산출을 단순히 합해서 서로 나누는 것은 옳지 않다. 예를들면, 투입요소가 사람(인원수)와 돈(억원), 공간면적(평수)을 그냥 합해서 투입가치로 산정할 수 없다. 따라서 각 투입요소를 상대적으로 비교하여 평가할 수 있는 적절한 가중치(가치)가 필요하다. 산출요소도 마찬가지이다. 선형계획을 이용하면 각 투입요소(또는 산출요소)에 대해서 공평한 평가 가중치를 부여하는 것은 가능하다. DEA는 상대적인 가치평가 가중치를 공평하게 정해서 효율을 서로 비교하는 데 유용하다. 절대적인 가치평가(가중치, 또는 비용)가 아님을 기억하여야 한다.

1. 출력요소의 가격과 입력요소의 비용이 결정되면 각 지점의 효율을 결정할 수 있다. 각 지점의 효율은 다음의 식으로 표현된다.

$$\text{지점의 효율} = \frac{\text{지점의 출력요소 총가치}}{\text{지점의 입력요소 총가치}} \tag{3.21}$$

   출력요소 가격과 입력요소 비용을 어떻게 정하느냐에 따라 각 지점의 효율이 달라질 수 있다. 자료포락분석에서는 각 지점별로 자기에게 유리하도록 출력요소 가격과 입력요소 비용을 구해서 효율을 계산한다. (이하 입력요소의 단위당 평가 비용을 그냥 '가격'이라고 표현하여 사용한다.)

2. 출력요소 가격 및 입력요소 가격 결정의 전제조건
   어떤 지점의 효율도 100%를 넘어설 수 없다고 가정하고, 이를 선형의 제약으로 표현하면 다음과 같이 된다.

$$\text{지점의 출력요소 총가치} \le \text{지점의 입력요소 총가치} \tag{3.22}$$

3. 어느 한 평가지점의 효율계산을 간략히 하기 위해서 그 지점의 입력요소 총가치를 1.0이 되게 입력요소별 가격을 결정하면 출력요소의 총가치가 바로 효율이 된다.
4. 어느 한 평가 지점이 효율적인가를 판단하기 위해서, 그 지점의 효율을 최대화하도록 입력요소 및 출력요소의 가격을 결정한다. 그리하여 효율이 1.0이면 그 지점은 효율적이고, 1.0보다 적으면 그 지점은 비효율적인 것으로 판정한다.
5. 효율의 의미를 갖기 위해서 입력요소 및 출력요소의 가격은 비음(nonnegative)이어야 한다. 이것을 먼저 수리모형으로 표현해 보자!

수리 모형화

1. **의사결정변수** 입력요소의 가격을 변수 x_1, x_2, x_3로 나타낸다. 출력요소의 가격을

y_1, y_2, y_3 로 나타낸다.

2. **목적함수** 지점1의 출력가치를 최대화 하는 것을 목적함수로 삼는다.
3. **제약식**
   - 지점1의 입력가치를 1.0이 되게 한다.
   - 지점1, 2, 3에 대하여 입력가치가 출력가치보다 적지 않게 제약식을 구성한다.
4. **수리모형**

$$
\begin{aligned}
\textbf{maximize} \quad & Z = 203y_1 + 252y_2 + 345y_3 \\
\textbf{subject to} \quad & 15x_1 + 210x_2 + 500x_3 = 1.0 \\
& 15x_1 + 210x_2 + 500x_3 \geq 203y_1 + 252y_2 + 345y_3 \\
& 14x_1 + 243x_2 + 510x_3 \geq 218y_1 + 184y_2 + 445y_3 \\
& 16x_1 + 231x_2 + 510x_3 \geq 170y_1 + 157y_2 + 343y_3 \\
& x_1, x_2, x_3, y_1, y_2, y_3 \geq 0
\end{aligned}
\tag{3.23}
$$

스프레드시트 모형화 (지점1 효율성 평가)

1. **입력자료**: B5:G7(지점별 입출력요소 자료)
2. **변수셀**: B10:D10(입력요소가격), E10:G10(출력요소가격)
3. **수식 셀**
   - 지점별 입력가치(B13:B15), 출력가치(D13:D15)

```
B13 = SUMPRODUCT(B5:D5,$B$10:$D$10)   B14:B15 자동복사
D13 = SUMPRODUCT(E5:G5,$E$10:$G$10)   D14:D15 자동복사
```

   - 평가지점(지점1) 입력가치(B17), 출력가치(B18)

```
B17 = B13
B18 = D13
```

지점1의 DEA분석 스프레드시트 모형은 그림 3.39와 같다.

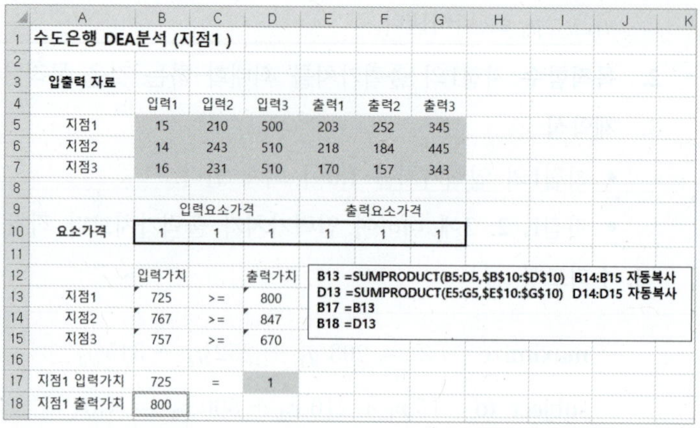

그림 3.39 수도은행 DEA 분석 (지점 1, 초기해)

해찾기 실행과 최적해 (지점 1)

해찾기 모델 설정과 최적해는 그림 3.40과 같다. 지점1의 출력 총가치(B18)의 값이 1.0이므로 지점1은 효율적이라고 평가된다.

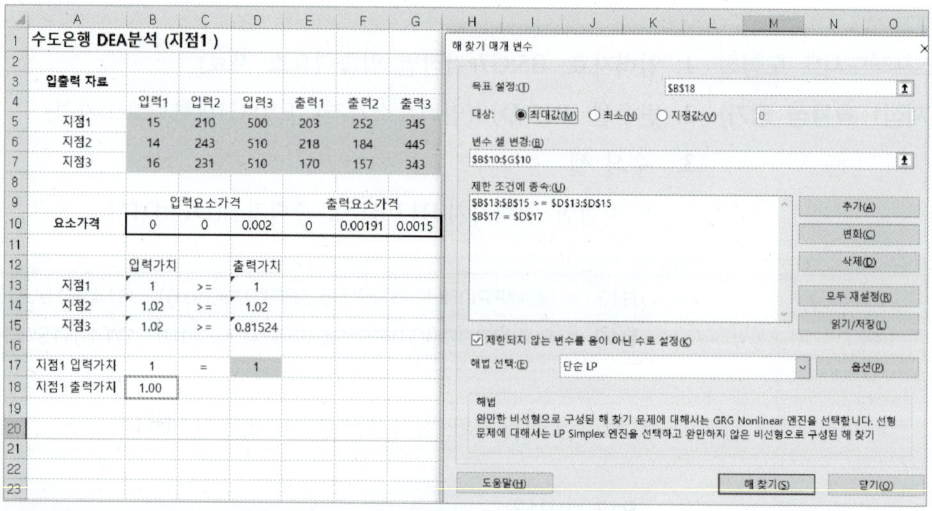

그림 3.40 수도은행 DEA 분석(지점1, 최적해)

지점2, 지점3에 대해서도 평가하면, 그림 3.41 및 그림 3.42와 같은 결과가 나온다.

	A	B	C	D	E	F	G
1	**수도은행 DEA분석 (지점2)**						
2							
3	**입출력 자료**						
4		입력1	입력2	입력3	출력1	출력2	출력3
5	지점1	15	210	500	203	252	345
6	지점2	14	243	510	218	184	445
7	지점3	16	231	510	170	157	343
8							
9			입력요소가격			출력요소가격	
10	**요소가격**	0	0	0.00196	0	0.00188	0.00147
11							
12		입력가치		출력가치			
13	지점1	0.98039	>=	0.98039			
14	지점2	1	>=	1			
15	지점3	1	>=	0.79925			
16							
17	지점2 입력가치	1	=	1			
18	지점2 출력가치	1.00					

B13 =SUMPRODUCT(B5:D5,$B$10:$D$10) B14:B15 자동복사
D13 =SUMPRODUCT(E5:G5,$E$10:$G$10) D14:D15 자동복사
B17 =B14
B18 =D14

그림 3.41 수도은행 DEA 분석(지점2, 최적해)

	A	B	C	D	E	F	G
1	**수도은행 DEA분석 (지점3)**						
2							
3	**입출력 자료**						
4		입력1	입력2	입력3	출력1	출력2	출력3
5	지점1	15	210	500	203	252	345
6	지점2	14	243	510	218	184	445
7	지점3	16	231	510	170	157	343
8							
9			입력요소가격			출력요소가격	
10	**요소가격**	0	0.00433	0	0	0.00086	0.00201
11							
12		입력가치		출력가치			
13	지점1	0.90909	>=	0.90909			
14	지점2	1.05195	>=	1.05195			
15	지점3	1	>=	0.82381			
16							
17	지점3 입력가치	1	=	1			
18	지점3 출력가치	0.82					

B13 =SUMPRODUCT(B5:D5,$B$10:$D$10) B14:B15 자동복사
D13 =SUMPRODUCT(E5:G5,$E$10:$G$10) D14:D15 자동복사
B17 =B15
B18 =D15

그림 3.42 수도은행 DEA 분석(지점3, 최적해)

그림 3.41에서 보듯이 지점2의 목표셀인 출력가치가 1.00이므로 지점2도 효율적으로 평가된다. 참고로 DEA분석에서는 복수 최적해가 발생하는 경우가 많다. 특히 목표셀이 1.00(출력가치가 1.00)인 경우 복수 최적해가 많이 있다. 그림 3.42에서 보듯이 지점3의 출력가치가 1보다 적은 0.82이므로 지점3은 비효율적으로 평가된다.

효율적/비효율적 지점의 의미

자료포락분석의 결과 어느 지점이 효율적인지 또는 비효율적인지 하는 것의 의미가 애매하게 보일지 모른다. 지점별로 입력요소와 출력요소의 구성이 다르기 때문에 지점별로 자신에게 유리하게 입력요소 가격과 출력요소 가격을 결정한다. 이렇게 정해진 요소가격을 이용하여 구한 효율평가를 가지고, 평가지점보다 더 좋은 지점이 없으면(효율=1.0) 그 지점은 효율적인 지점이라고 평가하고, 그 지점보다 효율적인 지점이 존재하면(효율<1.0) 그 지점은 비효율적이라고 평가한다.

지점1은 입출력 요소가격을 (0, 0, 0.002, 0, 0.00191, 0.0015)라고 놓으면 그 지점보다 더 효율이 좋은 지점이 없다. 즉 효율은 1.0이 된다. 지점2에 대해서도 입출력 요소가격을 (0, 0, 0.00196, 0, 0.00188, 0.00147)이라고 놓으면 지점2도 효율적이 된다. 그러나 지점3의 경우 입출력 요소가격을 (0, 0.00433, 0, 0, 0.00086, 0.00201)이라고 놓을 때, 최대 효율이 0.82381이 된다. 즉, 동일한 입출력 요소가격에 대해 더 효율적인 지점이 존재하기 때문에 지점3은 비효율적이라고 결론을 내린다.

비효율적 지점의 벤치마킹할 가상지점 계산 (민감도보고서 활용)

지점3이 비효율적이라면 개선하기 위한 기준으로서 벤치마킹할 지점은 어떤 지점인가? 그림 3.43의 민감도보고서의 지점1 및 지점2의 잠재가격으로부터 13.878%(=0.13878)의 지점1과 66.319%(=0.66319)의 지점2를 혼합한 가상지점이 지점3이 벤치마킹할 지점이 된다. 주의할 점은 가상지점은 지점1과 지점2의 내분점이 되는 지점이 아니다. 즉 혼합비율의 합이 꼭 100%가 될 필요 없다. 0.13878 + 0.66319 = 0.80197이다.

변수 셀

셀	이름	계산 값	한계 비용	목표 셀 계수	허용 가능 증가치	허용 가능 감소치
$B$10	요소가격 입력요소가격	0	-1.814531523	0	1.814531523	1E+30
$C$10	요소가격 입력2	0.004329004	0	0	1E+30	5.672546602
$D$10	요소가격 입력3	0	-12.52380419	0	12.52380419	1E+30
$E$10	요소가격 출력요소가격	0	-2.748397041	170	2.748397041	1E+30
$F$10	요소가격 출력2	0.000855392	0	157	24.06628372	8.842115702
$G$10	요소가격 출력3	0.002010238	0	343	36.70108696	7.60560737

제한 조건

셀	이름	계산 값	잠재 가격	제한 조건 우변	허용 가능 증가치	허용 가능 감소치
$B$13	지점1 입력가치	0.909090909	-0.138779285	0	0.093535678	0.531620553
$B$14	지점2 입력가치	1.051948052	-0.663193588	0	0.388167388	0.120647468
$B$15	지점3 입력가치	1	0	0	0.176191811	1E+30
$B$17	지점3 입력가치 입력가치	1	0.823808189	1	1E+30	1

그림 3.43 수도은행 DEA 분석(지점3, 민감도보고서)

그림 3.44는 13.88%의 지점1과 66.32%의 지점2를 혼합한 혼합지점과 비효율적인 지점3의 입출력요소를 비교한 스프레드시트이다. 먼저 혼합지점을 계산하기 위해 아래

와 같이 수식셀 H5:H6 및 B7:G7에 다음 수식을 입력한다.

> I5:I6 = 민감도보고서에서 잠재가격을 복사함 ('값으로 붙이기'로 정확한 값)
> H5 = −I5　　H6 자동복사
> B7 = SUMPRODUCT(B5:B6,$H$5:$H$6)　　C7:G7 자동복사

혼합지점은 효율적인 두 지점의 입출력요소에 혼합비율을 곱해 합계하였으므로 효율적이 된다. 따라서 지점3이 효율적인 지점이 되기 위해서는 혼합지점 입력요소를 투입하여 혼합지점 출력요소를 얻어야 한다. 즉 혼합지점이 지점3의 벤치마킹할 지점이 된다. 그림 3.44는 혼합지점과 현재의 지점3의 입출력요소를 비교하였다. 즉 지점3이 얼마나 입력요소들을 감소해야 하는지, 얼마나 출력요소들을 증대해야 하는지를 보여준다.

	A	B	C	D	E	F	G	H	I
1	**지점 3의 벤치마킹할 가상지점(혼합지점) 계산**								
2									
3	**입출력자료**								
4		입력1	입력2	입력3	출력1	출력2	출력3	혼합비율	잠재가격
5	지점1	15	210	500	203	252	345	0.138779	-0.13878
6	지점2	14	243	510	218	184	445	0.663194	-0.66319
7	혼합지점	11.37	190.30	407.62	172.75	157.00	343.00		
8		<	<	<	>	=	=		
9	지점3	16	231	510	170	157	343		
10									
11		**I5:I6 =민감도보고서에서 잠재가격 복사(값으로 붙이기로)**							
12		**H5 =-I5　H6 자동복사**							
13		**B7 =SUMPRODUCT(B5:B6,$H$5:$H$6)　C7:G7 자동복사**							
14									

그림 3.44 수도은행 DEA 분석(지점3, 벤치마킹 혼합지점)

모형화 토의: 자료 포락선

자료포락분석(DEA)에서 왜 '자료포락(data envelopment)'이라는 말을 붙였는지 설명하고자 한다. 자료포락을 2차원 평면에서 설명하기 위해 앞의 예에서 입력요소2과 출력요소2 및 출력요소3만 고려한다고 가정한다. 그러면 입력요소2에 대한 2개의 출력요소 비율을 표 3.10과 같이 얻을 수 있다.

각 지점의 입출력요소의 비율(출력2/입력2, 출력3/입력2)의 값을 그래프로 나타내면 그림 3.45와 같다. 여기에 지점1, 지점2, 지점3외에 추가로 지점 A, B, C, D, E도 있다고 가정하여 그래프에 포함하였다. 그래프에서 가장 외곽에 있는 지점A, 지점2, 지점1 및

표 3.10 지점별 입력요소2에 대한 출력요소2와 출력요소3의 비율

	입력요소	출력요소		출력/입력 비율	
	요소2	요소2	요소3	출력2/입력2	출력3/입력2
지점1	210	252	345	1.2	1.6429
지점2	243	184	445	0.7572	1.8313
지점3	231	157	343	0.6797	1.4848

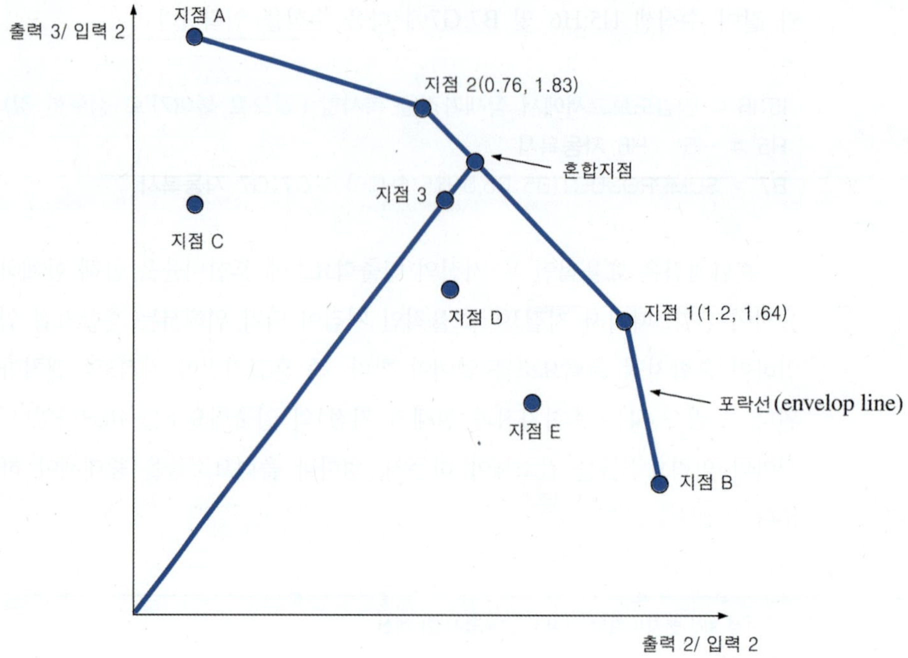

그림 3.45 자료포락선

지점B를 연결하는 선을 자료포락선(data envelop line) 또는 효율외곽(efficient frontier)이라고 부른다. 그외 지점들은 모두 포락선 내부에 있게 된다. 내부에 있는 지점들은 비효율적인 지점으로 지점3의 경우 원점에서 지점3을 연장하여 포락선과 만나는 점이 앞에서 언급한 혼합지점이 된다. 그래프에서 포락선 위에 있는 점들은 모두 효율적인 지점이 된다.

3.7 요약

이 장은 선형계획 모형화를 공부하기 위하여 다양한 선형계획 응용 예를 소개하였다. 첫째, 마케팅 분야 중에서 매체 선택에 대한 선형계획 응용을 소개하였으며, 마케팅 관리자는 선형계획을 활용하여 한정된 광고 예산으로 최대의 광고 효과를 얻을 수 있도록 광고 매체를 선택할 수 있었다.

둘째, 일정 및 고용계획에 대해 정적인 경우와 동적인 경우로 나누어 선형계획 모형화의 예를 소개하였다. 업무 요구량이 요일별로 변하는 상황에서 직원을 배치하는 일정계획을 수립하는 정적인 모형을 소개하였고, 업무 요구 수요가 월별로 변화할 때의 인력 고용계획을 동적 모형으로 표현하는 것에 대해서 소개하였다.

재무관리 분야에서의 선형계획의 활용에는 예산계획, 포트폴리오 선택, 동적 현금흐름 재무관리 등이 있는데, 이 장에서는 포트폴리오 선택모형과 동적 현금흐름관리에 대한 모형화를 소개하였다. 포트폴리오 선택 문제란 주식이나 채권과 같이 다양한 투자 대안 중에서 투자 수익금액은 최대로 하면서 위험은 최소화시키는 투자대안의 조합을 선택하는 것이다.

다양한 생산분야에 선형계획을 적용하는 예를 소개하였다. 혼합생산문제 및 생산공정문제 등의 정적 생산계획에의 응용과 일정한 기간 동안의 수요 변화를 고려한 동적 생산계획으로 총괄 생산계획을 소개하였다. 또한 서비스 조직이 효율적으로 운영되는지 분석하는 자료포락분석(DEA)과 원가계산 자료를 활용하는 생산계획에 대해 각각 선형계획모형을 소개하였다. 마지막으로 개별 주식의 베타를 결정하는데 선형계획모형으로 절대오차 최소화법(LAD)을 소개하였다.

연습문제

(3.1절) 1a, 1b, 2
(3.2절) 3, 4, 5, 6
(3.3절) 7, 8, 9, 10
(3.4절) 11, 12
(3.5절) 13, 14
(3.6절) 15, 16

1 ① 예제3.1에서 각각의 광고 매체에 대해 그룹별로 청취자수를 조사한 결과 다음과 같았다(단위: 만명). 청소년층, 대학생층, 기업인 별로 각각 100만 명을 광고하여야 한다. 전체광고 횟수를 최소로 하는 최적 광고계획을 정하라. 단, 광고비 예산 제한, 광고횟수에 대한 제한은 예제3.1과 같다. (실수해와 정수해 각각을 구하라.)

광고대상	TV (30초)	라디오 (30초)	신문 (1/3면)	인터넷 배너 광고(1주일)
청소년층	20	1	2	3
대학생층	15	2	1	5
기업인	30	4	5	1

② 예제 3.1에서 TV 매체를 통한 광고 효과가 광고 방영시간에 따라 다음과 같이 다를 때 상공회의소의 광고계획은 어떻게 변경되는가?

표. TV광고 주야별 광고 관련자료

시간	광고당 청취자	광고당 비용	최대 광고 횟수
낮 시간	30만 명	1700만 원	7
밤 시간	60만 명	2200만 원	4

2 장안자동차는 중고자동차 판매회사로서 중고자동차 판매를 촉진하기 위해 광고계획을 수립하고 있다. 마케팅팀은 광고를 위해 라디오 방송과 유선 TV방송을 고려하고 있다. 장안자동차의 광고전략은 다음과 같다:

(i) 유선 TV방송과 리디오 방송을 합해서 적어도 30회 이상을 광고한다.
(ii) 라디오 방송을 통한 광고는 최대 25회로 제한한다
(iii) 라디오 방송을 통한 광고는 유선 TV방송 광고 횟수 이상이어야 한다.

유선 TV방송을 통한 광고는 한 회당 120만원이고, 라디오 방송은 한 회당 30만원이다. 장안자동차는 광고 예산으로 2550만원을 확보하고 있다. 광고대행회사에서는 광고 청취자수 및 광고 기억효과를 종합적으로 고려하여 유선 TV광고는 한 회당 600점, 라디오 광고는 한 회당 200점으로 점수를 매기고 있다. 장안자동차는 유선 TV광고 및 라디오 광고를 각각 몇 회 씩 하는 것이 전체 광고 점수를 최대화시키는 광고 계획인가?

3 예제 3.2의 A항공사에서 월요일과 화요일에 정비인원이 각각 30명이다. 그리고 정규 근무(1주일 연속 5일 근무) 외에 추가 연장 근무를 허용한다고 가정한다. 단, 추가 연장 근무는 1주일에 1일만 가능하다고 가정한다. 그러면 연장 근무자는 연속 6일까지 근무가 가능하게 된다. 정규 근무시에는 1일 근무당 5만 2천원의 임금이, 연장 근무를 할 때에는 연장 근무 당일 하루에 5만 9천원이 지불된다. 총 인건비를 최소로 하는 최적 고용계획을 정하라. (실수해와 정수해를 각각 구하라. 힌트. 연장근무행렬을 따로 하나 더 만든다.)

4 H대 근처에 있는 코코스에서는 여러 종류의 서양식사를 제공하는 레스토랑이다. 코코스에는 현재 전임

직 직원 2명이 있고, 한 전임직원은 오전 11:00부터 4시간 근무한 뒤, 1시간 휴식하고 다시 4시간 근무한다. 다른 전임직원은 오후 1:00부터 4시간 근무한 뒤, 1시간 휴식하고 다시 4시간 근무한다. 바쁜 시간을 위해 4시간만 근무하는 시간제 직원을 활용하는 데, 토요일이 가장 바쁜 요일이며, 토요일은 오전 11:00부터 오후 10:00 까지 영업을 한다. 임금의 지출은 최소화하되 고객에 대한 서비스는 최고로 유지하기 위해 4시간 교대의 시간제 직원의 고용 및 일정 계획을 수립하려고 한다. 시간제 직원의 시간당 임금은 6000원이다. 코코스에서 토요일 시간대별로 필요한 직원수(전임직 및 시간제 모두 포함)는 아래 표와 같다.

① 최소비용의 시간제 근무 직원의 고용 및 일정 계획을 세워라. 시간제 직원의 총 임금은 얼마인가? 몇 명(교대)의 시간제 직원이 필요한가? 또한 시간대에 따라 직원이 남게 되는 경우는 없는가?

② 시간제 직원에게 3시간 근무 또는 4시간 근무 중에서 선택하여 근무시킬 수 있다고 가정한다. 그러면 최소비용의 시간제 직원 고용 및 일정계획은 어떻게 되겠는가? 몇 명(교대)의 시간제 직원이 필요한가? 앞의 경우에 비해 비용 측면에서 얼마나 유리한가?

표. 시간대별 필요 직원수

시간대	필요한 직원수
오전 11:00 - 정오	9
정오 - 오후 1:00	9
오후 1:00 - 오후 2:00	9
오후 2:00 - 오후 3:00	3
오후 3:00 - 오후 4:00	3
오후 4:00 - 오후 5:00	3
오후 5:00 - 오후 6:00	6
오후 6:00 - 오후 7:00	12
오후 7:00 - 오후 8:00	12
오후 8:00 - 오후 9:00	7
오후 9:00 - 오후 10:00	7

5 서부 보험회사는 앞으로 6개월간 아래 표와 같이 PC가 필요하다. 컴퓨터는 1개월, 2개월, 또는 3개월 단위로 임대하여 사용한다. 1개월 단위 임대료는 20만원, 2개월 임대료는 35만원, 3개월 임대료는 45만원이다. 서부 보험은 총 임대비용을 최소화하는 임대계획을 수립하려고 한다. 만약 임대한 컴퓨터를 계획 종료시점인 6월을 넘어 사용하게 되면 비용을 사용기간에 비례하여 계산하기로 가정한다. 즉, 컴퓨터를 5월에 3개월 임대한다고 하면, 6월까지의 임대료는 45만원*(2/3)=30만원으로 계산한다.

표. 월별 필요한 PC 대수

월	1	2	3	4	5	6
PC 대수	9	5	7	9	10	5

6 한강 콜택시회사는 향후 6년간 필요한 운전기사의 수가 아래 표와 같을 것으로 예측하고 있다. 매년 초에 회사는 몇 명의 기사를 채용하고 해고할 것인지를 결정해야 한다. 기사를 고용하는 데는 500만원/명의 비용이, 해고하는 데는 1000만원/명의 비용이 발생하며 택시기사의 연봉은 1400만원이다. 이 회사는 1년 초에 55명의 기사를 보유하고 있다. 만일 기사부족으로 인해 서비스를 제공하지 못하는 것은 회사의 이미지에 치명적이므로 매년 요구되는 기사의 수를 만족하고자 한다. 향후 6년 동안 발생되는 전체 비용을 최소화하도록 하는 한강 콜택시회사의 고용계획을 수립하여라.

표. 한강 콜택시의 연도별 필요한 운전기사

년도	1	2	3	4	5	6
인원	65	77	60	80	67	74

7 고려투자의 밀레니엄 뮤추얼펀드는 회사채를

처분하여 생긴 자금 10억원으로 새로운 투자처를 모색하고 있다. 회사의 재무분석가는 새로운 투자대안으로 정보통신 관련주, 제철관련주 및 국공채를 추천하였다. 특히, 재무분석가는 각 대안에 대해 추정 연간수익률은 아래 표와 같이 제시하였다. 현재 보유 자금 10억원으로 어떻게 포트폴리오를 구성하는 것이 최적인가? 고려투자의 투자지침은 아래와 같다:

(1) 한 산업에 5억 이상 투자하지 않는다.

(2) 정보통신주 중에서 고 수익이 예상되나 위험이 큰 하나로 통신에 대한 투자액은 정보통신산업 투자액의 60%를 넘기지 않는다.

(3) 국공채에 제철산업주의 25% 이상을 투자한다.

표. 투자대안별 추정 수익률

투자대안	한국 통신	하나로 통신	인천 제철	포항 제철	국공채
추정 수익률(%)	7.3	10.3	6.4	7.5	4.5

8 H씨는 투자자문가로서 고객으로부터 1억에 대한 투자를 의뢰 받았다. 현재 H씨가 조사한 투자대안은 아래 표와 같다.

표. 투자대안 분석

투자대안	기대수익률 (%/년)	투자대안별 평점	유동성	위험률 점수
은행예금	4.1	A	3개월	0
보증신탁	5.3	A+	4년	0
K전자	6.9	B	6개월	35
C텔넷	11.0	B+	3개월	30
모닝증권	8.3	A	1년	25
채권구매	6.7	B+	1년	20
나라시스템	21.5	A	6개월	60
안전건설	13.1	A	3개월	35

투자대안별 유동성은 투자된 금액과 수익금액이 환수되는 시점으로 나타낸다. 그리고 고객과 상의한 결과로부터 다음과 같은 투자원칙을 세웠다. (참고: 은행의 유동성은 3개월이며, 4.1% 수익률은 1년간 수익률이다.)

- 연간 수익률은 적어도 8%는 되어야 한다.
- 투자금액의 40%이상은 B+ 등급이상에 투자하고 싶다.
- 투자금액의 적어도 45%는 6개월보다 빠르게 환수되길 원한다.
- 은행예금과 보증신탁 및 채권구매에 3천만원 이하가 되도록 투자하고 싶다.
  ① 투자대안의 위험율 점수 평가치를 가장 적게 하는 투자대안은 무엇인가?
  ② 다음의 제약이 추가될 때 최대 수익을 올리기 위한 투자대안은 무엇인가?
- 위험률 점수가 50점 이하인 투자대안에만 투자하길 원한다.

9 정석투자는 1000만원을 투자하려고 한다. 5가지 투자대안에 대한 현금 흐름은 아래 표와 같다. 예를 들어, 투자대안 A는 시점1에 1만원 투자하면 시점4에 1.4만원을 받게 된다. 정석투자는 또한 매년 CD(certificate of deposit, 양도성 정기예금 증서)에 1년 단위로 투자할 수 있다. CD는 년 6%의 이자를 지불한다. 정석투자가 시점 4(초)에 현금을 최대로 보유하기 위한 동적 자금운영 계획을 세우라. 단, 위험관리를 위해 한 투자대안에 500만원 이상은 투자하지 않는다.

표. 투자대안별 현금흐름(연습문제 9번)

투자대안	A	B	C	D	E
시점1	−1.00	−1.00	−1.00		
시점2		+1.15			−1.00
시점3			+1.28	−1.00	
시점4	+1.40			+1.15	+1.32

10 세기그룹은 GL이 하는 벤처자금에 50억원 이상을 투자하기로 하였다. 1월 1일 현재 세기는 단기 투자자금으로 90억원을 보유하고 있다. GL이 제시하는 단기 투자 대안으로는 년 8.4%(월 0.7%)의 2개월 신탁, 년 12%(월 1.0%)의 3개월 건설자금 대출이 있으며, 은행 저축계좌에 두면 년 4.8%(월 0.4%)가 된다. 4월 1일 세기는 GL에 벤처 자금을 투자할 것인지를 다시 평가할 계획을 갖고 있다. 따라서 앞으로 3개월 동안 세기의 투자 전략은 다음과 같다.

(i) 적어도 20억원은 유동성을 갖는 저축계좌로 보유하여야 한다.

(ii) 유동성이 적은 2개월 신탁이나 3개월 건설자금 대출은 각각 40억 원 이내에서 투자되어야 한다.

(iii) 4월 1일 적어도 50억원은 유동성 자산으로 보유하고 있어야 한다.

저축계좌는 매월 단위로 이자를 계산하고, 2개월 신탁이나 3개월 건설자금 대출은 만기가 되어야 이자를 지급한다. 앞으로 3개월간 이자 수입을 최대로 하는 세기그룹의 동적 투자계획은 무엇인가? 단, 4월 1일 실현되지 않은 이자 수입에 대해서는 그 기간까지의 이자만을 계산한다.

11 스피드 전자는 유선 전화기와 휴대폰을 생산 판매하는 업체로 5가지 모델의 휴대폰을 판매한다. 이 업체는 자체 생산 또는 하청업체로부터 구매하기도 한다. 생산비용 또는 하청 업체로부터의 구매에 대한 정보와 각 모델에 대한 수요는 아래 표와 같다. 휴대폰 생산에 투자할 수 있는 정규 작업시간은 하루 800시간이고 초과 작업이 가능한 시간은 160시간이며, 한 달 기준으로 20일간 작업이 가능하다. 초과 작업시간에 대해서는 시간당 5만 원의 비용이 더 든다. 각 모델 1개를 생산하는 데 요구되는 작업시간은 다음과 같다. 스피드 전자의 휴대폰에 대한 생산계획과 하청업체로부터의 구매계획을 수립하여라.

표. 모델별 생산비용, 구입비용 및 수요량

모델	개당 비용(만원)		수요량
	생산(정규작업)	하청업체에서 구입	(개)
M-1	5.0	6.3	5000
M-2	3.8	4.8	3500
M-3	6.8	7.0	2700
M-4	5.0	6.4	3500
M-5	5.5	7.5	2700

표. 모델별 개당 생산시간

모델	M-1	M-2	M-3	M-4	M-5
생산시간	1.1	2.9	1.2	1.2	1.4

12 서울음료는 보통음료와 고급음료를 생산, 판매한다. 각 음료는 서로 다른 가격을 갖는 4가지의 혼합물로 구성되며 보통음료는 1500원/리터, 고급음료는 2100원/리터에 판매된다. 4가지 혼합물에 대한 비용과 사용할 수 있는 양은 아래 표와 같다. 각 음료를 생산하기 위해 각 혼합물은 두 번째 표와 같은 비율로 혼합되어야 한다. 보통음료를 적어도 12,000리터는 생산하여야 한다. 서울음료의 최대 이익을 위한 생산계획은 무엇이겠는가? 이때 각 혼합물의 사용량은 얼마인가?

표. 혼합물 비용과 사용가능량

혼합물	비용(천원/리터)	사용 가능량(리터)
1	0.6	6,500
2	0.7	15,000
3	0.85	14,500
4	0.44	17,000

표. 제품 혼합원칙

제품	혼합 원칙
보통음료	혼합물1이 최대 25% 혼합물2는 최소 30% 혼합물3은 최대 15% 혼합물4는 최소 25%
고급음료	혼합물1이 최소 20% 혼합물2는 최대 25% 혼합물3은 최소 30% 혼합물4는 최대 15%

13 차붐사는 축구공을 생산하는 회사이다. 차붐의 생산부장은 월별 생산량을 결정해야 한다. 생산계획은 6개월 단위로 하며, 앞으로 6개월간의 주문은 1만개, 1만5천개, 3만개, 3만5천개, 2만5천개, 1만개로 집계되었다. 주문은 적시에 공급되어야 하며 현재 재고는 5천개이다. 차붐사는 월 최대 3만개를 생산할 수 있으며, 재고는 최대 1만개까지 가능하다. 축구공 생산단가는 재료의 계절적 변동으로 인해 1월 12,500원, 2월 12,550원, 3월 12,700원, 4월 12,800원, 5월 12,850원, 6월 12,950원로 변한다. 재고비용은 월말 재고에 대해 생산단가의 5%로 계산된다. 생산 및 재고비용의 합을 최소화시키는 생산계획을 수립하라.

14 차붐사는 고급 축구화를 생산하는 회사이다. 앞으로 6개월간의 수요는 1월 5천 켤레, 2월 6천 켤레, 3월 5천 켤레, 4월 9천 켤레, 5월 6천 켤레, 6월 5천 켤레로 예측되었다. 작업자 1명이 축구화 한 켤레를 생산하는데 15분 걸린다고 한다. 작업자의 한 달 정규 작업시간은 150시간이고, 최대 40시간의 초과작업이 가능하다. 축구화 작업자의 월급은 200만원이고, 초과시간에 대해서는 시간당 5만원이 지급된다. 차붐사는 매 월초 축구화 작업자를 고용하거나 해고할 수 있다. 작업자 1명을 고용하는 데는 150만원이, 1명을 해고하는 데는 190만원의 비용이 발생한다. 월말 재고에 대해서 재고비용은 정규작업에 의한 축구화 생산단가의 3%로 계산된다. 축구화 1켤레의 재료비용은 1만원이다. 1월초 13명의 축구화 작업자가 있고, 초기재고는 없다. 6개월간 수요를 적시에 만족시키는 최소비용의 생산계획을 수립하라.

15 다음 자료를 가지고 수도은행 6개 지점의 효율을 평가하라. 효율이 낮은 지점을 찾아서 벤치마킹을 제시하여라.

표 3.9 수도은행 지점별 입출력 자료

	입력요소				출력요소		
	건물 및 자산	이자 비용	운용 펀드	직원수	자산투자 수익	예금 유치	이자 수입
지점1	1,352	3,089	9,557	46	59,896	31,065	6,374
지점2	1,765	4,257	18,789	49	54,889	28,235	6,723
지점3	1,000	2,900	7,460	41	57,054	29,900	5,824
지점4	1,660	3,697	9,430	51	61,750	31,340	6,780
지점5	1,370	2,594	6,630	46	41,350	26,370	5,880
지점6	1,660	3,697	8,630	53	71,767	33,650	7,740

16 강남 교육청에서는 4개의 시범 초등학교의 효율성을 평가하기 위해 다음의 3가지 출력요소를 선정하였다.

- 출력요소 1 = 평균 읽기 점수
- 출력요소 2 = 평균 수학 점수
- 출력요소 3 = 평균 자기평가 점수

또한 다음의 3가지 입력요소를 선정하였다.

• 입력요소 1 = 학생 어머니의 평균 학력수준 (고졸=12점, 대졸=16점 등)
• 입력요소 2 = 부모의 학교 평균 방문수
• 입력요소 3 = 학생 대 선생 비율

이에 대한 자료는 아래 표와 같다. 어느 학교가 비효율적인지 밝히고, 벤치마킹 자료를 작성하라.

표 학교별 입출력 자료

	입력요소			출력요소		
	요소1	요소2	요소3	요소1	요소2	요소3
학교1	13	4	0.05	12	3.5	30
학교2	14	5	0.05	14	4.0	35
학교3	11	6	0.06	15	3.5	32
학교4	15	8	0.08	13	4.5	36

17 H대학 전자계산소는 전산실을 운영하고 있으며 전산실에는 6명의 조교가 있어 학생들의 컴퓨터 사용을 돕고 있다. 전산실 조교는 근로 장학생으로 학과 공부에 지장을 주지 않도록 전산실 근무시간을 시간표를 짜서 운영하고 있다. 각 조교의 경험과 프로그램 능력이 다르기 때문에 각 조교가 받는 보수는 각기 다르다. 아래 표는 각 조교와 이름, 요일별 최대 근무 가능시간 및 시간당 보수를 나타내고 있다. 전자계산소 예산 문제로 전자계산소 소장은 조교 보수로 인한 지출을 최소화하려 한다. 다만 남자 조교의 경우는 1 주일에 8시간 이상, 여자 조교의 경우는 7시간 이상을 근무하여야 한다. 전산실은 월요일에서 금요일까지 오전 8시 부터 오후 10시 까지 운영되고, 토요일과 일요일에 전산실은 개방되어 있으나 다른 엔지니어 스탭이 근무하게 되어 있다. 각 조교별로 요일별 근무시간을 배정하라. (단, 시간대별 조교의 근무계획은 무시한다.)

표. 조교의 요일별 최대 근무가능시간

조교	시간당 보수 (천원)	최대 근무 가능시간				
		월	화	수	목	금
김종광	6.0	6	0	6	0	6
박시우	6.1	0	6	0	6	0
장재승	5.9	4	8	4	0	4
이동환	5.8	5	5	5	0	5
조숙영(여)	6.8	3	0	3	8	0
류지형(여)	7.3	0	0	0	6	2

18 세일투자회사는 현재 100억원을 투자하기 위해 아래 표와 같은 5가지의 투자대안을 고려하고 있으며 공공기관에 대한 투자는 위험률이 존재하지 않는 대안이다. 세일투자회사에서 투자를 위해 마련하고 있는 지침은 아래와 같다. 이러한 대안과 지침을 가지고 있는 세일투자회사의 투자대안을 마련하여라.

(i) 적어도 투자액의 35%는 가장 안전한 투자대안에 투자되어야 한다.

(ii) 가계대출에 대한 투자액은 위험률이 존재하지 않는 투자에 대한 투자액을 넘을 수 없다.

(iii) 건설회사에 대한 투자액은 전체 투자액의 45% 이하가 되어야 하며 가계대출에 대한 투자액보다 작아야 한다.

(iv) 제조회사에 대한 투자액은 가계대출에 대한 투자액의 49%를 넘지 않아야 한다.

표. 투자대안과 이익율

투자 대안	가계 대출1	가계 대출2	건설 회사	제조 회사	공공 관
이익율(%)	11.1	13.3	11.05	12.5	6.57

19 미국 캔사스주에 있는 ABC 농장의 크기는 350 acre이며 Gore의 소유로 자신이 직접 운영하고 있다. Gore는 올해 밀, 옥수수, 귀리 및 콩 작물의 재

배를 고려하고 있다. 이들 작물에 대한 올해 예상수확, 필요 노동력, 수확전 비용, 필요용수(강수량이외 용수), 수확시 예상 가격이 표에 나와 있다. Gore씨는 밀과 옥수수는 각각 3만 5천 bushel 이상, 귀리는 2만 7천 bushel 이하로 생산하려고 한다. Gore씨는 160일의 농사기간 동안 하루 12시간씩 일할 수 있다. 캔사스주 농업공사는 Gore씨에게 1500 acre*ft 이상의 농업용수는 제공하지 않는다. Gore씨는 각 작물을 몇 acre씩 심어야 이익을 최대화할 수 있겠는가?

표. ABC 농장의 작물별 관련자료

작물	예상수확 (bushels /acre)	필요 노동력 (hours/ acre)	비용 ($/ acre)	필요 용수 (acre*ft/ acre)	예상가격 ($/ bushel)
밀	250	5	45	3	2.85
옥수수	320	6	65	7	2.28
귀리	190	4	25	2	1.62
콩	340	10	35	4	3.51

(주) 1 bushel=약 35리터, 1 acre=약 224평=약 4000 제곱미터

20 (주)마포제철은 강철판을 판매하는 회사이다. 현재 마포제철은 표준철판 1.1m X 200m와 1.0m X 300m를 각각 1장씩 갖고 있다. 또한 마포제철은 거래처 '가나'공업사로 부터는 20cm X 40cm 짜리 철판 2000장을, 거래처 '다라'공업사로 부터는 40cm X 70cm 짜리 철판 1000장을 주문받고 있다. 보통 주문이 들어오면 주문에 맞추어 패턴을 마련하여 패턴 크키로 절단하고 절단된 패턴을 갖고 세부절단을 하게 된다. 따라서 마포제철에서는 이 주문에 맞추기 위해 김과장과 이과장에게 패턴을 준비하게 하였더니 아래와 같이 각각 김과장과 이과장이 각각 2장씩의 패턴을 준비하였다.

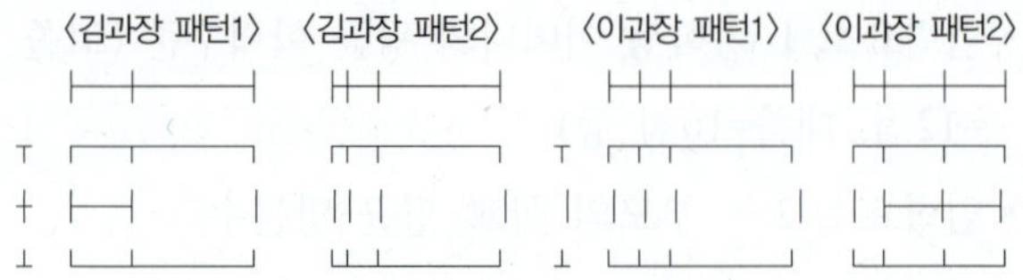

① 김과장의 패턴으로 표준철판을 절단하여 주문에 맞출 수 있는가? 있다면 패턴1, 패턴2를 각각 몇 장을 절단하여야 하는가? 이 때 생기는 짜르고 남는 못쓰는 철판 쪼가리는 얼마나 되는가?

② 이과장의 패턴으로 표준철판을 절단하여 주문에 맞출 수 있는가? 있다면 패턴1, 패턴2를 각각 몇 장을 절단하여야 하는가? 이 때 생기는 짜르고 남는 못쓰는 철판 쪼가리는 얼마나 되는가?

③ 김과장과 이과장의 패턴을 모두 고려하여 짜르고 남는 철판 쪼가리를 최소가 되게 하려면 김과장의 패턴1, 패턴2, 이과장의 패턴1, 패턴2을 각각 몇장씩 절단하면 되겠는가? 선형계획 문제로 모형화하여 해를 구하라.

21 어느 투자가가 앞으로 시작될 5년 동안에 대한 투자계획을 세우려한다. **A, B의 두가지 재산증식안은 매년 초에 투자 가능**하다. 만일 1천원을 A안으로 1년초에 투자한다면 투자후 2년말에 1.4천원으로 증식되고, B안으로 1년초에 투자한다면 투자후 3년말에 1.7천원으로 증식된다. C, D안은 앞으로 5년간 중 단 한번만 투자가능하다. C안은 2년초에 투자가능하며 5년말 1.9천원이 회수되고, D안은 5년초에 투자가능하고 5년말에 1.3천원이 회수된다. 이제 투자가가 60,000천원을 갖고 시작한다면 5년이 지난 6년초에 얼마로 까지 증식될 수 있는지 선형계획문제로 모형화하여 해를 구하라.

22 홍익석조에서는 4종류의 석조상을 생산하고 있

다. 두상, 작은 입상, 자유 형태, 전신상의 각 석조상을 생산하기 위해서는 절단작업, 정작업, 마무리 작업을 거치게 된다. 아래 표는 각 석조상을 생산하는데 요구되는 작업별 시간이다. 홍익석조에서는 주당 절단작업에 300시간, 정작업에 180시간, 마무리작업에 300시간을 할당할 수 있다.

표. 석조상별 요구 작업시간

작 업	두상	작은입상	자유형태	전신상
절단작업(시간)	30	5	45	60
정작업(시간)	20	8	60	30
마무리작업(시간)	0	20	0	120
판매가격(천원/개)	280	40	500	510

① 판매이익을 최대화하도록 주당 생산계획을 수립하여라.

② 병목작업은 무엇이며, 각 작업의 시간당 잠재가격은 얼마인가?

③ 만일 새로운 석조상인 가슴상을 생산하는 데 15시간의 절단작업, 10시간의 정작업, 20시간의 마무리작업이 요구되고 판매가격은 24만원이라면 홍익석조는 가슴상을 생산에 포함하는 것이 유리한가? 아닌가? 그 이유는?

④ 외부 수탁작업을 활용할 수 있다. 외부 수탁업자가 5시간의 절단작업과 5시간의 정작업을 합해서 7만 5천원을 요구한다면 외부수탁을 활용할 것인가? 아닌가? 그 이유는?

⑤ 자유형태의 석조상이 생산할 만한 가치가 있기 위해서는 판매가격이 얼마나 되어야 하는가? 그 이유는?

23 화물 비행기는 화물을 3부분으로 나누어 싣는다: 앞(front), 중앙(center), 뒤(back). 각 부분은 화물을 싣는 데 중량과 부피의 한계를 갖는다. 첫 번째 표는 각 부분의 중량 및 부피 한계이다. 비행기의 중심을 잡기 위해서 비행기의 각 부분에 실릴 화물의 중량은 허용 중량에 대해서 같은 비율이어야 한다. 두 번째 표는 현재 수송 요청을 받은 화물이다. 각 화물은 일부(portion)라도 수송할 수 있다. 수송이익을 최대로 하기 위해서 각 화물을 얼마나 수송하여야하고 또한 각 화물은 비행기의 어느 부분에 얼마씩 실어야 하는지를 수립하라.

표. 화물 수송기 부분별 중량 및 부피한계

부 분	중량한계(tons)	부피한계(m^3)
앞	12	700
중앙	18	900
뒤	10	500

표. 화물종류별 중량, 부피 및 수송이익

화물종류	중량(tons)	부피(m^3/ton)	수송이익($/ton)
1	20	500	320
2	16	700	400
3	25	600	360
4	13	400	290

24 용인기계는 작은 드릴 프레스를 포함하여 여러 종류의 기계 공구를 생산하는 회사이다. 현재, 용인기계에서는 4종류의 드릴 프레스(모델번호 115, 178, 200, 215)를 생산하고 있다. 이러한 드릴 프레스들은 여러 종류의 공정을 거쳐 생산되는 데, 대부분의 공정들은 모델별로 독립된 공정을 거쳐야 한다. 그러나 조립공정 및 검사/시험공정은 공통적으로 거치게 되어있다.

4 모델에 대한 회계부서 및 생산부서로부터 얻은 자료는 아래 표와 같다. 표에서 고정간접비는 직접작업시간에 의해 배분하였다. 조립 공장의 가능한 작업시간은 월 720시간이고, 검사/시험공정의 가능

한 작업시간은 월 562시간이다. 용인기계의 모델별 월 생산계획을 수립하여라.

표. 드릴 프레스 모델별 관련 자료

모델번호	115	178	200	215
요구조립시간(시간)	4	5	6	8
요구 검사/시험시간(시간)	3	4	3	4
판매가격(천원)	1600	1870	2020	2430
변동비(천원)	1200	1350	1600	1900
배분된 고정간접비(천원)	250	300	150	300
판매이익(천원)	150	220	270	230

체크포인트 풀이

예제 3.1의 체크포인트 답

실수해, 1.31, 10, 10, 12회광고, 총 696만 명 청취

정수해, 1, 11, 10, 12회 광고, 총 691만 명 청취

예제 3.2의 체크포인트 답

차례대로 (0, 5, 0, 1, 12, 2, 10) 근무하고 총 30명이 필요하다.

예제 3.4의 체크포인트 답

1. 은행예금의 한계비용이 −0.069이므로 6.9만원 투자수익이 줄어든다.
2. 투자 수익율이 10%로 유지하면서 최저수익율 수익금을 최대로 하면, 619만원을 얻을 수 있다. 성장형 주식과 안정형 주식에만 341만원, 9659만원 투자한다.

예제 3.5의 체크포인트 답

1. 그림 3.27을 보면 C24의 잠재가격이 −0.291이므로 2년초에 차입하는 것이 좋다. 총 수익은 233.26억원이 된다.
2. 868.81억원 수익을 얻을 수 있다.

예제 3.6의 체크포인트 답

1. (13.33, 6.67, 60.0), (26.67, 53.33, 0)씩 투입. 판매이익은 496백만 원으로 변함이 없다.
2. 포도 젤리만 생산하고 생산량은 155.2(천)Kgr이다. 총판매이익은 419백만 원이다.

예제 3.7의 체크포인트 답

1. 총이익은 168만원
2. 193만원 (가스2는 200배럴을 구입하여 사용함.)

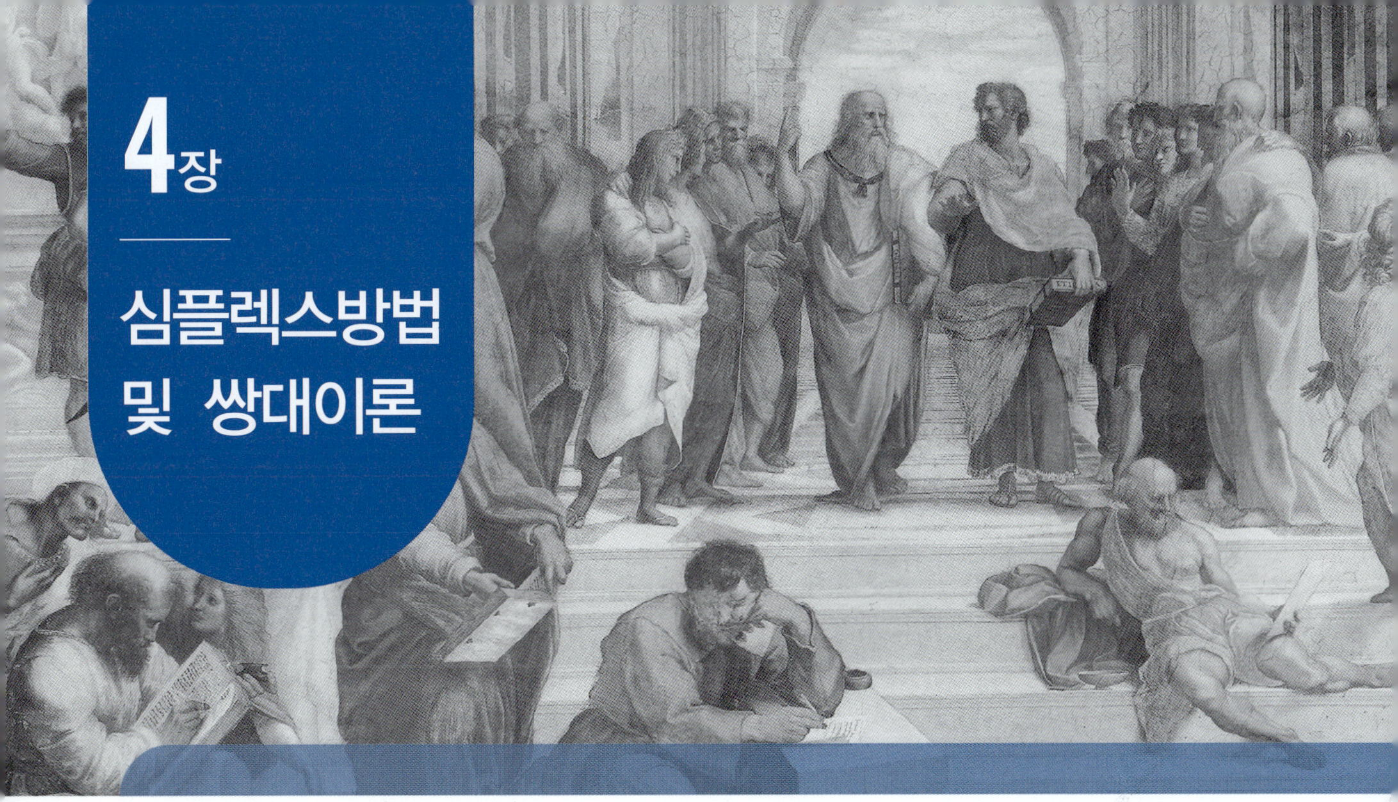

4장 심플렉스방법 및 쌍대이론

2장 및 3장에서는 선형계획(LP)의 문제를 스프레드시트 모형으로 표현하고 엑셀의 해찾기를 활용하여 최적해를 구하였다. 엑셀의 해찾기는 심플렉스 방법이라고하는 해법을 프로그램한 것을 사용하고 있다.[1] 심플렉스 방법(simplex method)은 1947년 George B. Dantzig에 의해 처음 개발된 해법이다.[2] 4장에서는 해찾기가 적용하고 있는 심플렉스 방법에 대해 설명하고 쌍대이론을 살펴보고자 한다.

4.1 표준형과 기저해, 그래프 방법을 대수적으로

2장에서 예제를 든 ㈜소아의 문제를 다시 적으면 아래 LP(4.1)과 같다. (4.1)의 조건식

1) 엑셀의 "해찾기"에서는 "단순 LP"라고 표기하고 있는데 이는 "Simplex LP"를 잘못 번역한 것이다.
2) 1984년에는 N. Karmarkar가 내부점 해법(interior point algorithm)이라는 새로운 방법을 개발하였다. 내부점 해법은 변수가 150,000개, 제약식이 12,000개인 대형 선형계획 문제를 한 시간 안에 효율적으로 풀 수 있다. 그러나 대부분의 컴퓨터 소프트웨어 패키지에서는 선형계획 문제의 해법으로서 여전히 심플렉스 방법을 적용하고 있다.

을 만족하는 (x_1 , x_2)는 모두 '가능해'가 되는데, 그 중에서 목적함수의 값 z를 최대화시키는 것이 최적해(x_1^* , x_2^*)가 된다.

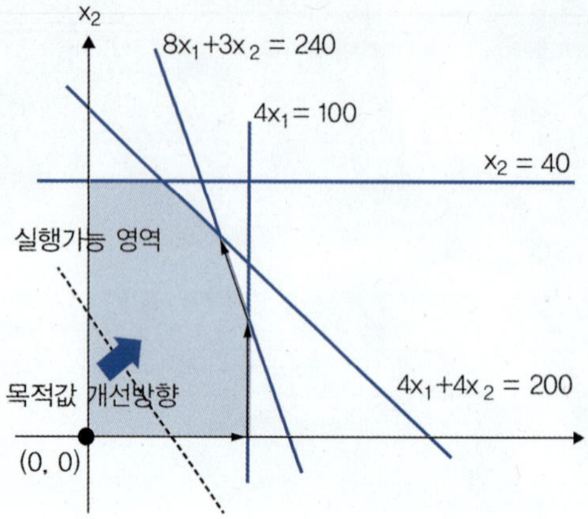

그림 4.1 (주)소아문제의 그래프

(주)소아 LP 모형 LP(4.1)

$$
\begin{aligned}
\text{maximize } & z = 30x_1 + 20x_2 \\
\text{subject to } & 8x_1 + 3x_2 \leqq 240 \\
& 4x_1 + 4x_2 \leqq 200 \\
& 4x_1 + 0x_2 \leqq 100 \\
& x_2 \leqq 40 \\
& x_1,\ x_2 \geqq 0
\end{aligned}
$$

그림 4.1처럼 **실행가능영역**을 그려서 꼭지점을 차례로 검색하면 최적해를 찾을 수 있다고 하였다. 그래프에서 꼭지점을 차례로 검색하는 과정을 대수적으로 할 수는 없을까? 변수가 많아지면 그래프로 최적해를 찾는 것은 불가능하기 때문에 더욱 대수적인 방법(algebraic method)이 필요하다.

대수적인 방법은 먼저 LP(4.1)의 부등식 모형을 등식으로 바꾼 **선형시스템**에서 생각하여야 한다. 선형시스템에서는 꼭지점 해를 대수적으로 나타낼 수 있고, 꼭지점을 차례로 검색하는 과정을 대수적으로 할 수 있기 때문이다. LP(4.2)는 (4.1)의 제약 조건을 선형시스템으로 바꾼 것인데, 선형계획 문제의 제약 조건은 다음과 같은 방법으로 등식으로 변환할 수 있다.

1. **"$A \leq B$" 부등식** : 부등식의 우변 B에서 좌변 A을 뺀 차이를 **여유변수**(slack variable)로 정의하고, 부등호 좌변에 여유변수를 더해 주면 등식으로 변환된다.
   (예) 부등식 $8x_1 + 3x_2 \leq 240$ 에 여유변수 s_1 를 더하면 $8x_1 + 3x_2 + s_1 = 240$ 등식으로 변환할 수 있다.
2. **"$A \geq B$" 부등식** : 부등식의 좌변 A에서 우변 B를 뺀 차이를 **잉여변수**(surplus variable)로 정의하고, 부등식의 좌변에서 잉여변수를 빼주면 등식으로 변환된다.
   (예) 부등식 $x_1 + 2x_2 \geq 50$ 에서 잉여변수 s_1 를 빼면 $x_1 + 2x_2 - s_1 = 50$ 등식으로 변환할 수 있다.

이처럼 제약조건을 등식으로 바꾼 것을 **표준형**(standard form) 선형계획이라고 부른다.

| 선형계획 모형의 표준형

> 제약조건이 모두 등식으로 표현된 것을 **표준형 선형계획 모형**이라고 부른다. 변수는 비음조건을 만족하여야 한다.

(주)소아의 LP(4.1)에 4개의 여유변수를 더하면 다음과 같이 표준형 선형계획문제로 바꿀 수 있다. LP(4.1)과 LP(4.2)에서 (x_1 , x_2)의 해 집합은 변하지 않는다.

㈜소아 문제의 표준형 **LP(4.2)**

$$
\begin{array}{lll}
\text{maximize} & z = 30x_1 + 20x_2 & \text{(0) 목적식} \\
\text{subject to} & 8x_1 + 3x_2 + s_1 = 240 & \text{(1) 기계1 사용시간} \\
& 4x_1 + 4x_2 + s_2 = 200 & \text{(2) 기계2 사용시간} \\
& 4x_1 + 0x_2 + s_3 = 100 & \text{(3) 기계3 사용시간} \\
& x_2 + s_4 = 40 & \text{(4) 최대 수요량} \\
& x_1,\ x_2,\ s_1,\ s_2,\ s_3,\ s_4 \geq 0 & \text{(비음 조건)}
\end{array}
$$

LP(4.2)를 보면 여유변수 s_1, s_2, s_3, s_4를 포함하여 변수는 모두 $n=6$개이고 제약식은 $m=4$개이다.3) LP(4.2)의 표준형에서 구한 해는 LP(4.1)의 해가 된다.

표준형을 기준으로 식의 개수를 초과하는 $n-m$ 개의 변수를 임의로 선택하여 0의 값(해)을 배정하면, 거기에 맞추어서 나머지 m개 변수의 값(해)을 쉽게 해를 정할 수 있다. 0의 값이 부여된 변수를 **비기저변수**(nonbasic variables), 나머지 m개의 변수를 **기저변수**(basic variables)라고 구분한다. 이렇게 정한 해를 **기저해**(basic solution)라고 한다.

| 기저해(basic solution)

> 표준형의 선형계획모형에서 $n-m$개 변수를 선택하여 0으로 설정하고 나머지 m개 변수에 대해서 풀어서 정한 해를 **기저해**라고 한다. 기저해는 그래프상의 꼭지점해에 해당한다.

예제 4.1 표준형에서 기저해 정하기

설명을 편하게 하기 위하여 LP(4.2)의 표준형에서 목적식과 (1) (2) 두 개의 제약식만

3) 일반적으로 선형시스템은 해가 없는 경우, 해가 한 개인 경우, 해가 여럿인 경우로 나뉜다.

으로 된 다음과 같은 표준형을 생각해 보자.

$$\begin{aligned} \text{maximize } z &= 30x_1 + 20x_2 \\ \text{subject to } \quad 8x_1 + 3x_2 + s_1 \quad &= 240 \qquad (1) \\ 4x_1 + 4x_2 \quad + s_2 &= 200 \qquad (2) \\ x_1,\ x_2,\ s_1,\ s_2 &\geq 0 \qquad (\text{비음 조건}) \end{aligned}$$

이 표준형에서 비기저변수와 기저변수로 구분하여 임의의 해를 정하여 보라.

풀이 변수가 $n=4$개이고 식이 $m=2$개이므로 $4-2=2$개의 변수를 임의로 선택하여 '0'으로 정하면, 나머지 2개 변수의 값을 쉽게 구할 수 있다. 다음 표는 여러 가지 해를 구하여 적은 예이다. 표에서 1번의 해를 보면, x_1과 x_2 를 비기저변수로 선정하여 0으로 정하고 s_1=240, s_2=200을 구하였다. ($x_1=0$, $x_2=0$, s_1=240, s_2=200)은 하나의 '기저해'가 되고 그 때의 z 값은 0이다. 표에서 3번의 해도 기저해인데 그 때 목적값은 z = 1000으로서 표의 해 중에서는 제일 큰 값을 가지고 있다.

표 4.1 여러가지 기저해

해	비기저변수	기저변수	비기저변수의 임의 값	기저변수의 값	목적식 z값
1	x_1, x_2,	s_1, s_2	x_1=0, x_2=0	s_1=240, s_2=200	z = 0
2	x_1, s_1	x_2, s_2	x_1=0, s_1=0	x_2=80, s_2=−120	비음조건 위반
3	x_1, s_2	x_2, s_1	x_1=0, s_2=0	x_2=50, s_1=90	z = 1000
4	x_2, s_1	x_1, s_2	x_2=0, s_1=0	x_1=30, s_2=80	z = 900
•	…		…	…	

표 4.1에서 한가지 관찰할 사항은 2행의 기저해는 s_2 값이 음수이므로 비음조건을 만족하지 못하고 있다는 점이다. 이처럼 비기저변수와 기저변수로 구분하여 정한 기저해는 비음조건을 만족하지 못할 수도 있다.

기저해를 이렇게 정의하면 그 개수를 계산할 수 있다. 예제 4.1의 기저해 개수는 4개 변수에서 2개의 비기저변수를 선택하는 가짓수와 같으므로 $4!/(2!2!) = 6$ 개이다. 변수 n이 크면 비기저변수를 선정하는 가짓수도 많아지며 기저해도 그 만큼 많아진다.[4)]

4) 변수가 n개이고 제약식이 m개인 표준형에서 비기저변수를 선정하는 가짓수는 ${}_nC_{n-m} = \dfrac{n!}{(n-m)! \cdot m!}$ 개다. 기저해도 이만큼 있다.

우리는 기저해 중에서도 비음조건을 만족하는 해가 필요하다. 비음조건을 만족하는 기저해를 특별히 **기저가능해**라고 한다.

| 기저가능해(basic feasible solution)와 꼭지점

기저해이면서 변수가 모두 비음(nonnegative)이면 그 기저해를 **기저가능해**라고 한다. 기저가능해는 선형계획모형의 실가능영역의 꼭지점 해에 해당한다.[5)]

표준형에서 기저해는 쉽게 정할 수 있지만 비음조건을 만족하는 기저가능해는 쉽게 정할 수 없다. 기저가능해를 쉽게 정할 수 있기를 바라는 마음으로, 다음 조건을 만족하는 표준형을 **정규형**(cannonical form)이라고 정의한다.

| 정규형의 조건과 기저가능해

다른 등식에는 나타나지 않으며 한 개의 등식에서만 출현하는 변수로서 그 계수가 1인 **변수**를 각 등식(제약식)마다 하나씩 선정할 수 있으면(**정규형 조건**), 그러한 표준형을 **정규형**이라고 하며, 그러한 변수들을 기저변수로 하고 나머지 변수를 비기저변수로 정한 기저해는 **기저가능해**가 된다. 정규형에서는 기저가능해를 쉽게 정할 수 있다.

LP(4.2)의 표준형은 이 조건을 만족하므로 정규형이다. LP(4.2)의 등식을 살펴보면 s_1, s_2, s_3, s_4은 자신의 등식에서만 있고 계수가 1이며, 나머지 등식에서는 나타나지 않으므로 기저변수가 될 수 있다. 따라서 $x_1 = 0$, $x_2 = 0$을 비기저변수의 해로 삼고, $s_1 = 240$, $s_2 = 200$, $s_3 = 100$, $s_4 = 40$ 을 기저변수의 해로 삼으면 이는 **기저가능해**가 된다.

기저가능해는 그래프상에서 꼭지점해에 해당한다. 그래프에서 꼭지점을 차례로 검색하는 것을 대수적으로 기저가능해를 차례대로 검색하는 것으로 바꾼 것이 심플렉스 방법이다. 따라서 정규형의 기저가능해는 심플렉스 방법을 시작하는 출발점이 된다. 심플렉스 방법은 정규형을 계속 바꾸어 가면서 목적값이 점점 개선되도록(커지도록) 기저가능해를 찾는다. 이제 LP문제의 최적해를 찾는 심플렉스 방법을 기저변수와 비기저변수, 정규형과 기저가능해를 가지고 설명하여 보자.

체크포인트 1

1. 예제 4.1의 표 4.1에서 기저가능해는 몇 개인가?

5) 이는 별도의 증명이 필요하다. 그래프에서 실행가능영역의 두 점(해)을 결합해서는 **꼭지점(해)**를 만들 수 없듯이 대수적으로 두 개의 가능해를 결합해서 **기저가능해**를 만들 수 없음을 이해하는 것으로 증명을 대체한다.

2. 예제 4.1의 LP문제에는 모두 6개의 기저해가 있다. 나머지 2개를 더 구하여 표 4.1을 완성하라. 새로 구한 기저해는 기저가능해가 되는가?

4.2 심플렉스 방법

심플렉스 방법은 정규형의 등식 시스템에서 다음과 같은 기본행연산(elementary row operation)을 체계적으로 반복하여 기저가능해를 검색하여 최적해를 찾아가는 방법이다.

- 기본행연산 1: 한 개 행(등식)을 상수배한다.
- 기본행연산 2: 한 개 행(등식)을 상수배하여 다른 행(등식)에 더한다.
- 기본행연산 3: 두 개 행(등식)을 서로 맞교환한다.

정규형의 선형시스템에 기본행연산을 활용하면 다른 정규형으로 변환할 수 있고, 따라서 다른 기저가능해를 정할 수 있다. 이제 심플렉스 방법을 살펴보자.

심플렉스 방법의 시작: 초기해

정규형에서 목적식을 살펴보자. maximize $z = 30x_1 + 20x_2$에서 $30x_1 + 20x_2$를 양변에서 빼면:

$$z - (30x_1 + 20x_2) = 30x_1 + 20x_2 - (30x_1 + 20x_2)$$

$$\rightarrow \quad z - 30x_1 - 20x_2 = 0$$

이다. 이렇게 변형된 목적식 $z - 30x_1 - 20x_2 = 0$ 은 원래의 목적식과 같지만 상수 '0' 이 등호 우변에 위치하여 제약식과 같은 형태가 된다. 변형된 목적식으로 대체하면 ㈜소아의 문제는 다음과 같은 정규형으로 표현된다.

정규형 LP(4.3)

$$
\begin{array}{llr}
\text{maximize} & z & \\
\text{subject to} & z - 30x_1 - 20x_2 = 0 & \text{(R0)} \\
& 8x_1 + 3x_2 + s_1 = 240 & \text{(R1)} \\
& 4x_1 + 4x_2 + s_2 = 200 & \text{(R2)} \\
& 4x_1 + 0x_2 + s_3 = 100 & \text{(R3)} \\
& x_2 + s_4 = 40 & \text{(R4)} \\
& x_1,\ x_2,\ s_1,\ s_2,\ s_3,\ s_4 \geq 0 & \text{(비음제약)}
\end{array}
$$

이제부터 $z-30x_1-20x_2=0$을 **목적행**(또는 **R0**)이라고 부르자. 목적행의 z도 기저변수의 조건을 만족한다. 아래는 이것을 표로 적은 것이다. 등식의 빈 곳은 그 계수가 0이며, 기저변수의 값을 적어서 해를 표시하였다.

표 4.2 〈정규형 0〉: 심플렉스 초기 정규형 표

row	$z \quad x_1 \quad x_2 \quad s_1 \quad s_2 \quad s_3 \quad s_4$	기저변수
R0	$z-30x_1-20x_2 \qquad =0$	$z=0$
R1	$8x_1+3x_2+s_1 \qquad =240$	$s_1=240$
R2	$4x_1+4x_2 \qquad +s_2 \qquad =200$	$s_2=200$
R3	$4x_1+0x_2 \qquad +s_3 \qquad =100$	$s_3=100$
R4	$x_2 \qquad +s_4=40$	$s_4=40$

초기 기저가능해: 최초로 작성된 <정규형 0>에서 여유변수 s_1, s_2, s_3, s_4는 기저변수 조건을 만족하고 있다. x_1, x_2를 비기저변수로 삼고 0의 값을 할당하여서 정한 해: $x_1=0$, $x_2=0$, $s_1=240$, $s_2=200$, $s_3=100$, $s_4=40$을 초기해라고 한다. 이 초기해에는 음수가 없으므로 **기저가능해**이다. 그 때 목적행의 목적값 z는 $z=0$이다. 이러한 <정규형 0>을 가지고 심플렉스 방법을 시작한다.

심플렉스 방법

심플렉스 방법은 정규형을 유지하면서 **기저가능해**를 차례대로 만들어 가는 방법이다. 심플렉스 방법은 다음 **세 단계로 된** 반복(iteration)을 계속하는데, 그 때마다 목적값이 향상되고, 목적값이 더 이상 향상될 수 없으면 그 때의 기저가능해를 최적해라고 결론을 내리고 반복을 중단한다. 아래는 표 4.2의 정규형을 기준으로 설명하는 심플렉스 방법의 요약이다.

| 심플렉스 방법 세 단계 반복

1. 〈**최적성 검사**〉 목적행(R0)의 계수들 중에서 절대값이 가장 큰 음수의 변수를 **진입변수**로 선택한다. 목적행의 계수가 모두 비음이면 현재의 해를 최적해로 삼고 반복을 중단한다.
2. 〈**최소비율 검사**〉 진입변수가 속한 열을 **피봇열**로 삼고, 그 열에 있는 각 원소(계수)에 대해 다음의 비율을 계산한다. 비율이 최소인 행을 선택하고, 그 행을 **피봇행**으로 삼는다.[6] 피봇

6) 최소비율이 여럿이면 임의로 하나를 선택한다.

행의 기저변수는 **탈락변수**가 된다.

$$\text{비율} = \frac{\text{우변상수}}{\text{피봇열 원소}}$$, 비율이 최소인 원소를 **피봇원소**로 삼는다.

단, 피봇열 원소가 0이거나 음수이면 선택에서 제외한다. 피봇열 원소에 양수가 없으면 목적값이 '**무한대**'라고 결론 짓고 중단한다.

3. 〈**피봇연산**〉 먼저 피봇행의 등식 양변을 피봇원소로 나누어서 **기준행**을 계산한다. 이 기준행을 사용하여 피봇열의 나머지 원소(계수)를 0으로 소거하는 기본 행연산 1과 2를 수행한다. 단계 1로 되돌아가서 반복한다.

표 4.3은 심플렉스 방법의 반복마다 만들어진 정규형을 나열한 것이다. 정규형의 등식을 행으로 삼고, 각 변수를 열에 맞추어서 표로서 적었다. 심플렉스 방법의 설명에 앞서서 <정규형 0> ~ <정규형 3>의 표를 관찰하면 다음을 미리 알 수가 있다.

1. 목적값(z)이 계속 증가하고 있다.
2. 등호 우변 상수 값에는 음수가 없다.

각 등식 행에는 기저변수가 하나씩 선정되어 있고, 그 변수를 보면 자신의 행에서는 계수가 1이고 나머지 행에서는 그 계수가 0으로 소거되어 있다. 표의 오른쪽 기저변수 세트를 보면, 변수가 하나씩 바뀌면서 기저가능해가 차례대로 생성되고 있다. 이러한 관찰을 염두에 두고서 반복 1의 심플렉스 방법의 실행을 자세히 설명해 보자.

반복 1의 단계 1 〈최적성 검사 및 진입변수 결정〉

<정규형 0>의 목적행의 계수와 변수를 모두 적으면:

$$z - 30x_1 - 20x_2 + 0s_1 + 0s_2 + 0s_3 + 0s_4 = 0$$

이다. 목적식 계수에 음수가 있으므로 현재의 해는 최적해가 아니다. x_1의 계수가 -30으로서 그 절대값 $|-30| = 30$ 이 제일 크므로 x_1을 새로운 기저변수로 선택한다.[7] 선택된 변수는 **진입변수**(entering variable)가 되고, 진입변수가 있는 x_1 열은 **피봇열**(pivot column)이 된다.

7) 심플렉스 방법은 목적식 값을 가장 빠르게 증가시킬 것으로 예상되는 x_1를 선택하지만, 계수가 음수이면 어떤 변수를 선택하여도 최적해를 구할 수 있다.

반복 1의 단계 2. 〈최소비율 계산 및 탈락변수 결정〉

<정규형 0>의 표에서 진입변수 x_1 열의 비율을 계산하면,

$$\{\ \frac{240}{8} = 30,\ \frac{200}{4} = 50,\ \frac{100}{4} = 25,\ \frac{40}{0}(\text{제외})\ \}$$

이다.

세 번째 행의 비율 100/4 = 25가 최소이므로 세 번째 행을 피봇행으로 선택한다. 진입변수 x_1이 증가할 수 있는 최대값은 위의 계산된 비율 중에서 **최소비율**인 25가 된다. x_1이 25까지 증가하면, 기저변수 s_3가 가장 먼저 0의 값을 가지게 된다. s_3가 속한 행을 **피봇행**(pivot row)이라고 부르고, s_3는 다음 반복에서 비기저변수로 탈락되기 때문에 **탈락변수**(leaving variable)라고 부른다. 최소비율 검사는 다른 기저변수 s_1, s_2, s_3가 음수가 되는 것을 방지하는 효과를 발휘한다.

반복 1의 단계 3. 〈피봇연산〉

<정규형 0>에서 x_1이 진입변수이고, $R3$이 피봇행이며, 피봇 원소는 4이다.

기준행: $R3$의 각 계수에 1/4을 곱한다. 그 결과를 변수와 함께 적으면 **기준행**은:

$$1x_1 + (1/4)s_3 = 25 \text{이다.} \qquad \rightarrow (R_1 3)$$

피봇연산: $R0$: 기준행($R_1 3$)을 30배하여 $R0$에 더하면 x_1의 계수 −30이 0으로 소거된다. 우변값 b_0는 0에서 0 + 25*30 = 750으로 증가한다.

$$\begin{array}{llll} z & -30x_1 - 20x_2 & = 0 & (R0) \\ & +30*[\ x_1 + (1/4)s_3 & = 25\ ] & +30*\text{기준행} \\ \Rightarrow z & -20x_2 + (30/4)s_3 & = 750 & \rightarrow (R_1 0) \end{array}$$

$R1$: x_1의 계수 8을 소거하기 위해서 기준행($R_1 3$)을 8배하여 $R1$에서 뺀다. 우변값 b_1는 240에서 240 − 8*25 = 40이 된다.

$$\Rightarrow \quad 3x_2 + 1s_1 - 2s_3 = 40 \qquad \rightarrow (R_1 1)$$

$R2$: x_1의 계수 4를 소거하기 위해서 기준행($R_1 3$)을 4배하여 $R2$에서 뺀다. 우변값 b_2는 200에서 200 − 4*25 = 100이 된다.

$$\Rightarrow \quad 4x_2 + 1s_2 - 1s_3 = 100 \qquad \rightarrow (R_1 2)$$

$R4$는 피봇열 원소가 0이므로 별도의 행연산이 필요없고, 우변값 b_4= 40 그대로 변함이 없다. 이상의 피봇연산의 결과를 모두 적으면 <정규형 1>이 된다.

반복 2

<정규형 1>을 가지고 단계1을 적용하면 목적행에 음수가 있으므로 현재의 해는 최적해가 아니다. x_2의 계수가 음수이므로 x_2를 진입변수로 정한다. 단계2의 최소비율검사를 보면

$$\min \left\{ \frac{40}{3} = 13.33,\ \frac{100}{4} = 25,\ (\text{제외}),\ \frac{40}{1} = 40 \right\} = 13.33$$

이므로 $R_1 1$을 피봇행으로 삼고, 기준행을 만들면,

기준행: $R_1 1$의 각 계수에 1/3을 곱한다.

➡ $x_2 + (1/3)s_1 - (2/3)s_3 = 40/3$ →$(R_2 1)$

피봇연산: $R_1 0$: 기준행($R_2 1$)을 20배하여 $R_1 0$에 더하여 x_2의 계수 −20을 소거한다. 우변값 b_0는 750에서 750 + (40/3)*20 = 3050/3 = 1016.67이 된다.

➡ $z + (20/3)s_1 - (35/6)s_3 = 3050/3$ →$(R_2 0)$

$R_1 2$: x_2의 계수 4를 소거하기 위해서 기준행을 4배하여 $R_1 2$에서 뺀다. 우변값 b_2는 100에서 100 − 4*(40/3) = 140/3 = 46.67이 된다.

➡ $-(4/3)s_1 + 1s_2 + (5/3)s_3 = 140/3$ →$(R_2 2)$

$R_1 3$: 피봇열 원소가 0이므로 별도의 행연산이 필요없고, b_3= 25로서 변함이 없다.

$R_1 4$: x_2의 계수 1을 소거하기 위해서 기준행을 1배하여 $R_1 4$에서 뺀다. 우변값 b_4는 40에서 40 − 1*(40/3) = 80/3 = 26.67이 된다.

➡ $-(1/3)s_1 + (2/3)s_3 + s_4 = 80/3$ →$(R_2 4)$

행연산의 결과를 모두 적으면 <정규형 2>가 된다.

반복 3

<정규형 2>를 보면 목적행에 음수 −35/6가 있다. 현재의 해는 최적해가 아니므로 반복 3을 실행한다. s_3의 계수가 −35/6으로 음수이므로 s_3를 진입변수로 정한다(단계1). 단계2의 최소비율검사를 보면

$$\min \left\{ (\text{제외}),\ \frac{140/3}{5/3} = 28,\ \frac{25}{1/4} = 100,\ \frac{80/3}{2/3} = 40 \right\} = 28$$

이므로, $(R_2 2)$을 피봇행으로 삼고 기준행을 만들면,

기준행: $R_2 2$의 각 계수에 3/5을 곱한다.

$$\Rightarrow \quad -(4/5)s_1 + (3/5)s_2 + s_3 = 28 \qquad \rightarrow (R_3 2)$$

표 4.3 정규형 심플렉스 방법

<정규형 0> 심플렉스 초기 정규형

	z	x_1	x_2 s_1 s_2 s_3 s_4	기저변수
$R0$	z	$-30x_1$	$-20x_2 \quad = 0$	$z = 0$
$R1$		$8x_1$	$+3x_2 + s_1 \quad = 240$	$s_1 = 240$
$R2$		$4x_1$	$+4x_2 \quad + s_2 \quad = 200$	$s_2 = 200$
$R3$		$4x_1$	$+0x_2 \quad + s_3 \quad = 100$	$s_3 = 100$
$R4$			$x_2 \quad + s_4 = 40$	$s_4 = 40$

<정규형 1> 반복 1의 결과

	z	x_1	x_2	s_1 s_2 s_3 s_4	기저변수
$R_1 0$	z		$-20x_2$	$+(30/4)s_3 \quad = 750$	$z = 750$
$R_1 1$			$3x_2$	$+s_1 \quad -2s_3 \quad = 40$	$s_1 = 40$
$R_1 2$			$4x_2$	$+s_2 \quad -s_3 \quad = 100$	$s_2 = 100$
$R_1 3$		x_1		$+(1/4)s_3 \quad = 25$	$x_1 = 25$
$R_1 4$			x_2	$+s_4 = 40$	$s_4 = 40$

<정규형 2> 반복 2의 결과

	z x_1 x_2 s_1 s_2	s_3	s_4	기저변수
$R_2 0$	$z \quad +(20/3)s_1$	$-(35/6)s_3$	$= 3050/3$	$z = 1016.67$
$R_2 1$	$x_2 \quad +(1/3)s_1$	$-(2/3)s_3$	$= 40/3$	$x_2 = 13.33$
$R_2 2$	$-(4/3)s_1 + s_2$	$+(5/3)s_3$	$= 140/3$	$s_2 = 46.67$
$R_2 3$	x_1	$+(1/4)s_3$	$= 25$	$x_1 = 25$
$R_2 4$	$-(1/3)s_1$	$+(2/3)s_3$	$+ s_4 = 80/3$	$s_4 = 26.67$

<최적 정규형> 반복 3의 결과

	z x_1 x_2 s_1 s_2 s_3 s_4	기저변수
$R_3 0$	$z \quad +2s_1 \quad +(7/2)s_2 \quad = 1180$	$z = 1180$
$R_3 1$	$x_2 - (1/5)s_1 + (2/5)s_2 \quad = 32$	$x_2 = 32$
$R_3 2$	$-(4/5)s_1 + (3/5)s_2 \quad + s_3 \quad = 28$	$s_3 = 28$
$R_3 3$	$x_1 \quad + (1/5)s_1 - (3/20)s_2 \quad = 18$	$x_1 = 18$
$R_3 4$	$(1/5)s_1 - (2/5)s_2 \quad + s_4 = 8$	$s_4 = 8$

$R_2 0$: 기준행($R_2 2$)을 (35/6)배하여 $R_2 0$에 더하여 s_3의 계수 −35/6를 0으로 소거 한다.

우변값 b_0는 3050/3에서 3050/3 + (35/6)*28 = 1180이 된다.

➡ $z \quad + 2s_1 + (7/2)s_2 \quad = 1180$ →($R_3 0$)

$R_2 1$: s_3의 계수 −(2/3)를 0으로 소거하기 위해서 기준행을 2/3배하여 $R_2 1$에 더한다. 우변값 b_1는 40/3에서 40/3 +(2/3)*28 = 32가 된다.

➡ $x_2 - (1/5)s_1 + (2/5)s_2 \quad = 32$ →($R_3 1$)

$R_2 3$: s_3의 계수 1/4을 0으로 소거하기 위해서 기준행을 −1/4배하여 $R_2 3$에 더한다. 우변값 b_3는 25에서 25 − (1/4)*28 = 18이 된다.

➡ $x_1 \quad + (1/5)s_1 - (3/20)s_2 \quad = 18$ →($R_3 3$)

$R_2 4$: s_3의 계수 2/3를 0으로 소거하기 위해서 기준행을 −2/3배하여 $R_2 4$에 더한다. 우변값 b_4는 80/3에서 80/3 − 2/3*28 = 8이 된다.

➡ $(1/5)s_1 - (2/5)s_2 + s_4 = 8$ →($R_3 4$)

피봇연산의 결과를 적은 <정규형 3>을 보면, 목적행의 계수에 음수가 없어서 더 이상 해를 개선할 수 없으므로 심플렉스 방법을 종료한다. 현재의 해가 **최적해**이고, 그 때 목적값 z는 1180이다.

표 4.4는 이러한 행연산을 수행하는 과정을 그 계수만 표로 적은 것이다. 이것을 **심플렉스 표**(Simplex tableau)라고 한다. 심플렉스 표에서 반복을 실행하면 변수를 일일이 적지 않아도 되기 때문에 한결 간명하게 작업을 할 수 있다. 피봇연산의 행연산을 함께 표기하였다.

엑셀을 활용한 피봇작업:

변수가 3~5개 정도이면 표에서 손계산으로 가능하지만, 변수가 많아지면 현실적으로 손계산으로는 어렵고 컴퓨터의 도움을 받아야 한다. 다행히 엑셀을 활용하면 심플렉스 방법의 반복을 쉽게 할 수 있다. 이제 표 4.5를 가지고 표에서의 심플렉스 방법을 엑셀로서 설명해 보자.

1. 기준행 계산: B13 =B7/$B$7, 단, $B$7 = 4는 피봇 원소 값
   셀 C13:G13, I13에 B13의 수식을 복사하여 계산한다.
   초기표에서 피봇원소는 B7이다. 먼저 피봇원소를 1로 만들기 위해 7행(=피봇행)의

표 4.4 심플렉스 표

	z	x_1	x_2	s_1	s_2	s_3	s_4	b	비율	<반복 1> 행연산
$R0$	1	−30	−20					0		$R0+(30)$기준행→$R_1 0$
$R1$		8	3	1				240	30	$R1-(8)$기준행 →$R_1 1$
$R2$		4	4		1			200	50	$R2-(4)$기준행 →$R_1 2$
$R3$		4	0			1		100	25	← 피봇행
$R4$		0	1				1	40	−	그대로 →$R_1 4$
기준행		1	0			1/4		25		(1/4)×피봇행→$R_1 3$
(반복1 결과)									비율	<반복 2> 행연산
$R_1 0$	1	0	−20			30/4		750	−	$R_1 0+(20)$기준행→$R_2 0$
$R_1 1$		0	3	1		−2		40	13.3	← 피봇행
$R_1 2$		0	4		1	−1		100	25	$R_1 2-(4)$기준행 →$R_2 2$
$R_1 3$		1	0			1/4		25	−	그대로 →$R_2 3$
$R_1 4$		0	1			0	1	40	40	$R_1 4-(1)$기준행 →$R_2 4$
기준행			1	1/3		−2/3		40/3		(1/3)×피봇행 →$R_2 1$
(반복2 결과)									비율	<반복 3> 행연산
$R_2 0$	1		0	20/3		−35/6		3050/3	−	+(35/6)기준행 →$R_3 0$
$R_2 1$			1	1/3		−2/3		40/3	−	+(2/3)기준행 →$R_3 1$
$R_2 2$			0	−4/3	1	5/3		140/3	28	← 피봇행
$R_2 3$		1	0	0		1/4		25	100	−(1/4)기준행 →$R_3 3$
$R_2 4$			0	−1/3		2/3	1	80/3	40	−(2/3)기준행 →$R_3 4$
기준행				−4/5	3/5	1		28		(3/5)×피봇행 →$R_3 2$
(반복 3 결과, 최적해)										
$R_3 0$	1			2	7/2	0		1180		최적값 $z^*=1180$
$R_3 1$			1	−1/5	2/5	0		32		$x_2=32$
$R_3 2$				−4/5	3/5	1		28		$s_3=28$
$R_3 3$		1		1/5	-3/20	0		18		$x_1=18$
$R_3 4$				1/5	−2/5	0	1	8		$s_4=8$

메모: 계수 0은 생략하였고, 피봇열은 음영으로, 피봇원소는 더 진한 음영으로, 피봇행은 색채우기로 표시하였음. 행연산을 위해서 기준행을 밑에 한 번 더 적었다. 반복표에서 맨 아래 있는 기준행을 가지고 피봇열의 원소를 소거하면 그 다음 반복표가 된다.

등식 양변의 모든 계수들을 4(=B7)로 나누어주는 기본 행연산을 수행하고 그 결과를 13행에 적는다. 이 13행을 피봇연산의 기준행으로 삼는다.

2. 목적행 및 다른 행의 소거작업 행연산: B10 =B4−B$13*$B4
   ① 이 수식을 C10:G10, I10에 복사하여 기본 행연산을 수행한다.
   ② 이 수식을 B11:B12, B14에도 복사한다.

③ B11:B12, B14의 수식을 같은 행의 열범위 C~G, I에도 복사하여 기본 행연산을 마무리한다. (참고로 셀 B11에는 B11 =B5−B$13*$B5가 입력된다. 상대 참조에 유의한다.)

표 4.5 심플렉스 엑셀표 (목적값 변수 Z 열은 제외하였다.)

	A	B	C	D	E	F	G	H	I	J
1	심플렉스 테이블									
2										
3	초기해	X1	X2	s1	s2	s3	s4	=	RHS	
4		-30	-20	0	0	0	0		0	
5	**반복 1**	8	3	1	0	0	0		240	
6		4	4	0	1	0	0		200	
7	피봇행 ->	4	0	0	0	1	0		100	
8		0	1	0	0	0	1		40	
9										
10		0	-20	0	0	7.5	0	=	750	
11	피봇행 ->	0	3	1	0	-2	0	=	40	
12	**반복 2**	0	4	0	1	-1	0	=	100	
13		1	0	0	0	0.25	0	=	25	
14		0	1	0	0	0	1	=	40	
15										
16		0	0	6.6667	0	-5.833	0	=	1016.67	
17	**반복 3**	0	1	0.3333	0	-0.667	0	=	13.3333	
18	피봇행 ->	0	0	-1.333	1	1.6667	0	=	46.6667	
19		1	0	0	0	0.25	0	=	25	
20		0	0	-0.333	0	0.6667	1	=	26.6667	
21										
22		0	0	2	3.5	0	0	=	1180	
23	**최적해**	0	1	-0.2	0.4	0	0	=	32	
24		0	0	-0.8	0.6	1	0	=	28	
25		1	0	0.2	-0.15	0	0	=	18	
26		0	0	0.2	-0.4	0	1	=	8	

표 4.5를 보면, 피봇연산의 결과 새로운 기저가능해가 반복 2와 같이 구해졌다. 이 새 기저가능해의 목적값은 셀 I10에서 보듯이 750으로 증가하였다. 반복 2에서

x_1은 기저변수가 되고, s_3는 비기저변수가 되었다.

11행에서는 기저변수는 s_1이고 값은 우변상수인 40이다.

12행에서는 기저변수가 s_2이고 그 값은 100이다.

13행에서는 기저변수가 x_1이고 값은 25이다.

14행에서는 기저변수가 s_4이고 값은 40이다.

반복 2의 작업과 반복 3의 작업도 같은 방법으로 계산할 수 있다. 반복 3의 최적해 표에서 목적행인 22행의 계수가 모두 비음이므로 해당 기저가능해는 더 이상 목적값을 향상시킬 수 없는 최적해이다. 최적 목적값은 1180이다.

4.3 심플렉스 방법의 기하학적 해석

아래 그림 4.2는 (주)소아문제의 가능해 영역을 원래의 변수 x_1, x_2만 가지고 그린 것이다. 실행가능영역은 5개의 경계선(여기서는 모서리)을 가진 다각형이다. 그러나 변수가 4개 이상되면 이러한 경계선은 기하학적으로 고차원의 평면(hyperplane)이 되며, 실행 가능해 영역은 여러 개의 고차원 평면으로 된 다면체(polyhedra)를 이루는 것으로 상상할 수 있다.

심플렉스 방법이 대수적으로 구하는 기저가능해는 다면체상의 꼭지점(corner point)에 대응된다. 대수적으로 보면 두 개의 가능해를 결합하여 기저가능해를 만들어 낼 수 없는데, 이는 기하학적으로 보면 다면체의 두 점을 결합하여 꼭지점을 만들 수 없는 것과 같다. 이러한 성질을 근거로 대수적인 기저가능해는 기하학적으로 꼭지점이 된다.

| 기저가능해 및 꼭지점

> 심플렉스 방법이 대수적으로 구한 기저가능해는 기하학적으로 실행가능 영역의 꼭지점에 해당된다.

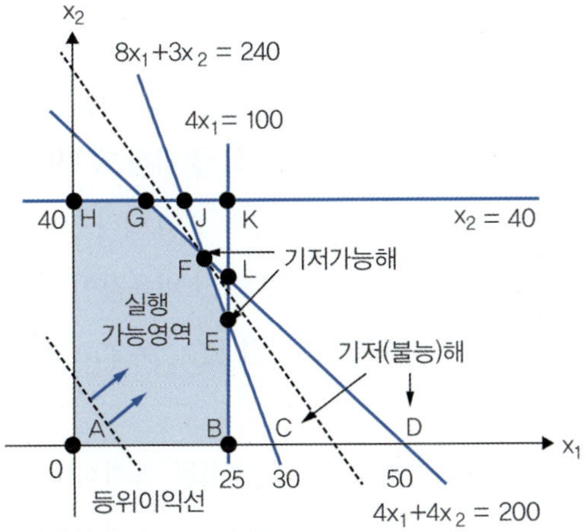

그림 4.2 심플렉스 방법의 기저가능해와 꼭지점 대응

심플렉스 방법이 출발한 초기 기저가능해는 A점(원점)이었다. 여기서 출발하여 차례로 구해 나간 기저가능해들을 그래프로 도식하면 A점, B점, E점, F점으로서 다면체상에서 인접한 꼭지점임을 그림을 통해서 보자.

1. **A점에서 최적성 검사와 진입변수 선택**

   표 4.5의 초기해 표에서 기저가능해는 그림 4.2에서 A($x_1 = 0$,$x_2 = 0$)꼭지점에 해당한다. 꼭지점 A에서 최적성 검사를 적용하면, 목적값의 개선이 가능하다. A점에 인접한 꼭지점으로 이동할 수 있는 모서리(edge)는 AB방향(x_1 축)과 AH(x_2 축)방향으로 두 개가 있다. x_1 축의 모서리를 따라 이동하면 목적식은 x_1 한 단위당 30만원이 증가하고, x_2 축의 모서리를 따라 이동하면 x_2 한 단위당 20만원이 증가한다. 목적식 값을 더 빠르게 증가시킬 것으로 예상되는 x_1 을 선택한다.

2. **최소비율 검사로 B점을 선택**

   AB방향(x_1 축)을 따라서 갈 수 있는 꼭지점은 B, C, D가 있는데, 단계 2에서 최소비율 검사 min{240/8, 200/4, 100/4} = 25는 B점을 선택한다. C점($x_1 = 30$, $x_2 = 0$)과 D점은 ($x_1 = 50$, $x_2 = 0$) 가능해가 아니므로 제외된다.

3. **기하학적으로 본 심플렉스 방법의 반복**

   표 4.5의 초기해 표에서 피봇연산을 수행하면 반복 1의 결과표로 옮겨간다. 반복 1의 결과 기저가능해는 $x_1 = 25$, $x_2 = 0$, $s_1 = 40$, $s_2 = 100$, $s_3 = 0$, $s_4 = 40$이며, 이 해는 꼭지점 B($x_1 = 25$, $x_2 = 0$)에 해당한다. 즉, 꼭지점 A에서 기저변수 s_3 가 0이 되어서 비기저변수로 탈락하고, 대신에 비기저변수이었던 x_1 이 기저로 진입하여 새로운 기저가능해는 꼭지점 B에 해당된다.

4. B점에서 다시 심플렉스의 과정을 반복한다. 즉, 꼭지점 B($x_1 = 25$, $x_2 = 0$)점에서 목적식이 증가할 수 있는 모서리는 BE 방향이다. 즉, 그림 4.2에서 보듯이 모서리 BE를 따라 x_2 값이 증가하면 목적값도 증가하게 된다. x_2 의 증가를 처음으로 제한하는 제약식은 그림에서 $8x_1 + 3x_2 \leq 240$ 이다. 이미 변수 x_1 의 값은 25이므로 x_2 가 최대로 증가할 수 있는 값은 최소비율값인 $x_2 \leq$ (240 − 8 x 25)/3 = 40/3이다. x_2 가 40/3 만큼 증가하면 꼭지점 E($x_1 = 25$, $x_2 = 40/3$)에 이르고 목적값은 1026.7이다.

5. 반복표 3을 보면 비기저변수 s_3 의 수정된 목적식 계수가 음수이므로 한 번 더 피봇연산을 수행하면 기저가능해에 해당하는 꼭지점 F(18, 32)점이 구해진다. 반복 3의 결과를 보면 수정된 목적식의 계수가 모두 비음이므로 이 해는 최적해이고 최적 목적식 값은 1180이다. 최적해의 꼭지점은 $s_1 = 0, s_2 = 0$의 교점이다. 이는 여유변수의 정의에 따라서 $8x_1 + 3x_2 = 240$, $4x_1 + 4x_2 = 200$을 의미한다.

체크포인트 2

다음 표 4.6은 확장된 (주)소아문제를 심플렉스 방법으로 푼 것을 표로 나타낸 것이다. (수요제한 조건은 무시하였음.)

1. 초기해의 반복 1에서 진입변수와 탈락변수를 적어라.
2. 반복 2의 기준행을 작성하라.
3. 최적해 표에서 5와 −0.75가 계산된 과정을 적어라.

	A	B	C	D	E	F	G	H	I
1	심플렉스 테이블								
2									
3		X1	X2	X3	X4	X5	X6	=	RHS
4	초기해	-30	-20	-16	0	0	0		0
5		6	3	3	1	0	0		240
6		4	4	2	0	1	0		200
7	반복1	4	0	4	0	0	1		100
8	(기준행->)								
14		0	-20	14	0	0	7.5	=	750
15		0	3	-3	1	0	-1.5	=	90
16		0	4	-2	0	1	-1	=	100
17	반복2	1	0	1	0	0	0.25	=	25
18	(기준행->)								
19		0	0	4	0	5	2.5	=	1250
20	최적해	0	0	-1.5	1	-0.75	-0.75	=	15
21		0	1	-0.5	0	0.25	-0.25	=	25
22		1	0	1	0	0	0.25	=	25

표 4.6 체크포인트 2 심플렉스 표

4.4 심플렉스 방법의 보완

(1) 초기 기저해를 정할 수 없을 때 - 인위변수의 활용

심플렉스 방법은 초기기저해에서 출발한다. 그러나 표준형으로 변환하여도 초기의 기저변수를 정할 수 없는 경우가 있다. 최소화문제가 그 예이다. 이 때에는 인위변수를 추가하여 초기 기저변수로 삼고 목적식에 벌금을 부과하는 Big-M방법을 사용한다. 2.3절의 비용 최소화 식단문제를 가지고 이를 살펴보자.

$$\text{minimize} \quad z = 350x_1 + 300x_2 + 500x_3 + 340x_4 + 270x_5 + 400x_6 \tag{4.4}$$

$$\text{subject to} \quad 10x_1 + 20x_3 + 20x_4 + 10x_5 + 20x_6 \geq 50$$

$$10x_2 + 30x_3 + 10x_4 + 30x_5 + 20x_6 \geq 60$$

$$x_1,\ x_2,\ x_3,\ x_4,\ x_5,\ x_6 \geq 0$$

① 표준형을 만들기 위하여 각각의 부등식 조건에 잉여변수 s_1, s_2를 두 개 추가하여

등식으로 바꾸면 다음과 같다.

$$\begin{aligned}
\min\ z &= 350x_1 + 300x_2 + 600x_3 + 500x_4 + 270x_5 + 220x_6 \qquad (4.5)\\
\text{s.t.}\quad & 10x_1 + 20x_3 + 20x_4 + 10x_5 + 20x_6 - s_1 = 50\\
& 10x_2 + 30x_3 + 10x_4 + 30x_5 + 20x_6 - s_2 = 60\\
& x_1,\ x_2,\ x_3,\ x_4,\ x_5,\ x_6, s_1, s_2 \ge 0
\end{aligned}$$

제약식을 보면 계수가 1이면서 자신의 등식에만 있고 다른 등식에는 없는 변수를 찾을 수 없다. 즉 정규형 조건을 만족하지 않기 때문에 초기 기저가능해를 정할 수 없다.[8)]

② 이를 해결하기 위하여 $r_1 \ge 0,\ r_2 \ge 0$인 **인위변수**(artificial variables)를 두 개 도입하여 제약식 각각에 더하면, 이 인위변수를 기저변수로 하여 초기 기저가능해로 정할 수 있다. 초기 기저가능해는 $r_1 = 50,\ r_2 = 60$, 나머지 다른 변수는 모두 비기저변수로서 0이다.

$$\begin{aligned}
\text{s.t.}\quad & 10x_1 + 20x_3 + 20x_4 + 10x_5 + 20x_6 - s_1 + r_1 = 50\\
& 10x_2 + 30x_3 + 10x_4 + 30x_5 + 20x_6 - s_2 + r_2 = 60\\
& x_1,\ x_2,\ x_3,\ x_4,\ x_5,\ x_6, s_1, s_2, r_1, r_2 \ge 0
\end{aligned}$$

여전히 한 가지 남아 있는 문제는 이 **인위변수** $r_1,\ r_2$는 궁극적으로 0이 되어야 원래문제와 동일한 문제를 푸는 결과가 된다는 것이다. 만일 최적해에서 인위변수가 0이 아닌 값을 가지면, 결과적으로 원래문제의 제약식과 다른 제약식을 가지고 해를 구한 셈이 된다.

③ 인위변수가 양의 값을 가지지 않도록 하기 위해서 인위변수에 큰 벌금(Big-M penalty)을 부과하여 목적식에 추가한다. 인위변수에 의한 벌금을 추가한 목적식을 적으면 다음과 같다.

$$\min\ z = 350x_1 + 300x_2 + 600x_3 + 500x_4 + 270x_5 + 220x_6 + Mr_1 + Mr_2 \qquad (4.6)$$

위의 목적식에 벌금 M을 M=1,000,000과 같이 큰 수를 생각하면, r_1이 0.001만 되어도 목적값 z에 1000이나 되는 벌금이 더해지므로 가급적이면 r_1을 0이 되게 할

8) 만일 각 행을 1/10배 한다면 x_1, x_2를 기저변수로 삼을 수 있다. 그러나 이것은 운이 좋은 경우이고, 인위변수를 사용하지 않고 기저변수를 찾는 것은 또 다른 어려운 문제이다.

것을 예상할 수 있다. r_2도 마찬가지이다. 이러한 방법을 **Big-M 방법**이라고 한다.

④ 최소화 문제의 최적성 검사: 심플렉스 방법의 최적성검사는 최대화 문제로 바꾸어서 생각하면 쉽게 해결할 수 있다.[9] z를 최소화하는 대신에 $-z$를 최대화하는 것으로 생각하고 minimize z를 maximize $(-z)$로 바꾸는 것이다.

$$\min\ z = 350x_1 + 300x_2 + 600x_3 + 500x_4 + 270x_5 + 220x_6 \qquad + Mr_1 + Mr_2 \tag{4.7}$$

$$\Rightarrow \max\ -z = -(350x_1 + 300x_2 + 600x_3 + 500x_4 + 270x_5 + 220x_6 + Mr_1 + Mr_2)$$

⑤ 여기서 목적함수식 우변을 양변에서 빼서 제약등식으로 변형하면 다음과 같다. 이렇게 최대화 문제로 바꾸면 심플렉스 방법의 최적성 검사를 그대로 적용할 수 있다.

$$\begin{aligned}
&\max\ (-z): && (4.8)\\
&\text{s.t.}\ (-z) + 350x_1 + 300x_2 + 500x_3 + 340x_4 + 270x_5 + 400x_6 + Mr_1 + Mr_2 = 0 && (R0)\\
&10x_1 + 20x_3 + 20x_4 + 10x_5 + 20x_6 - s_1 + r_1 = 50 && (R1)\\
&10x_2 + 30x_3 + 10x_4 + 30x_5 + 20x_6 - s_2 + r_2 = 60 && (R2)\\
&x_1,\ x_2,\ x_3,\ x_4,\ x_5,\ x_6, s_1, s_2, r_1, r_2 \ge 0
\end{aligned}$$

⑥ 그런데, 이 표준형은 아직 정규형 조건을 만족하지 않고 있다. 목적행(R0)에서 r_1, r_2의 계수인 M이 0으로 소거되어 있지 않아 z 값을 정할 수 없기 때문이다.[10] M을 소거하기 위해서는 (R1)과 (R2)를 각각 M배하여 목적행에서 빼주어야 한다. 그러면 수정된 목적행은 다음과 같다.

$$(-z) + (350-10M)x_1 + (300-10M)x_2 + (500-50M)x_3 + (340-30M)x_4 + (270-40M)x_5 + (400-40M)x_6 - Ms_1 - Ms_2 + 0r_1 + 0r_2 = -110M \tag{4.9}$$

이것을 (4.8)의 목적행(R0)으로 삼는다. 이제 (4.8)은 정규형이 되고 초기 기저가능해는

$(-z = -110M)$, $r_1 = 50, r_2 = 60$, 나머지 변수 = 0

---

9) 최소화 문제 그대로 심플렉스 방법을 적용한다면, 최적성 검사에서 목적행의 계수가 모두 음이면 최적해에 도달한 것으로 바꾸어서 적용할 수 있다. 목적행에서 제일 큰 양의 계수를 가진 변수를 진입기저변수로 선택하면 된다.

10) 목적식(목적행)에서 각 기저변수의 계수를 모두 0으로 소거하는 목적식 수정과정(pricing out)이 필요하다.

이다. 이 기저가능해를 가지고 비로소 심플렉스 방법을 시작할 수 있다.

⑦ 심플렉스 방법을 수행하면 최종적으로 다음의 해를 얻게 되고, 최소화된 식품 구입 비용은 990원이 된다.[11)]

$$(-z = -990), x_1 = x_2 = x_3 = 0, x_4 = 1.8, x_5 = 1.4, x_6 = s_1 = s_2 = 0,$$
$$r_1 = 0, r_2 = 0$$

여기서 한가지 유의할 것은 최적해에서 인위변수가 둘 다 0이므로 이 최적해는 원래 문제 (4.5)의 제약조건을 모두 만족하고 있다는 것이다. 만일 최적해에서 인위변수가 0이 아닌 양의 값을 가진다면 그 인위변수가 들어 있던 원래의 제약조건이 만족되지 않았음을 의미하므로 원래문제에는 해가 없다고 결론 짓는다. 이는 원래문제가 **실행 불가능한 경우**(infeasible)이므로 현실의 제약조건을 다시 살펴 보아야 한다.

(2) 복수 최적해를 갖는 선형계획 문제

최적성 검사에 의하면 목적행의 모든 계수들이 비음이면 현재해가 최적해가 된다. 심플렉스 방법은 정규형을 유지하므로 기저변수의 목적행 계수는 0이고, 최적해에 도달하면 비기저 변수의 목적행 계수는 비음, 즉 양의 수이거나 0이 된다. 만일 목적행의 계수가 '우연히' 0인 비기저변수가 있으면 그것을 기저변수로 진입하여 또 다른 기저가능해를 구할 수 있다. 즉, 목적행의 계수가 0인 비기저변수를 진입변수로 하는 피봇연산을 수행하면 현재의 목적값은 변하지 않으면서 기저변수 세트가 다른 최적해를 정할 수 있다. 이 해를 **복수최적해**(multiple optimal solution)라고 부른다.[12)]

기하학적으로 보면 복수최적해는 최적해에 인접한 또 다른 꼭지점 해이다. 인접한 복수최적해는 피봇연산을 한 번 더 수행하면 찾을 수 있다. 두 꼭지점을 연결하는 모서리 위의 모든 점들도 역시 최적해가 된다.[13)]

(3) 무한해를 갖는 선형계획 문제

심플렉스 방법의 단계 2에서 최소비율을 계산할 때 피봇열 원소가 0이거나 음수이면 비율계산의 대상에서 제외를 하였다. 만일 피봇열의 모든 원소가 음수이거나 0이면, 해당 제약식의 기저변수에 대한 비음제약 조건에 제한받지 않으면서 진입변수의 값은 무한히 커질 수 있다. 따라서 목적식의 값도 무한히 커질 수 있다. 이를 **무한해**(un-

---

11) (4.9)의 목적행을 가지고 엑셀의 모형을 수립하여 해찾기를 적용하거나, 심플렉스 프로그램인 Simplex Table.xls에 적용하면 해를 구할 수 있다. 연습문제 26 참조.

12) '또 다른 최적해'라는 뜻으로 대안최적해(alternative optimum)라는 용어도 사용한다.

13) 모서리(경계선) 위의 점은 기저해(basic solution)가 아니므로 심플렉스 방법으로는 찾을 수 없고, 두 개의 최적해를 일차 결합(linear combination)하여 찾을 수 있다. 연습문제 15참조.

bounded solution)라고 부른다. 이런 경우는 **무한해**를 갖는 것으로 결론짓고 심플렉스 방법을 중단한다. 일반적으로 무한해가 발생한다면 모형화 과정에서 일부 제약식이 누락된 경우가 많으므로 모형을 다시 검토해야 보아야 할 것이다.

(4) 비가해(실행불가능)의 선형계획 문제

인위변수가 추가된 표준형 선형계획 문제에서 최적해를 구했을 때 인위변수 값이 양의 값으로 구해지면, 선형계획 문제에는 가능해가 존재하지 않는다. 인위변수를 추가하기 이전에 등식으로 성립하던 제약식이 인위변수가 양의 값을 가지면 등식을 만족하지 않기 때문이다.

식 (4.7) 아래의 최대화 문제를 보면, 목적식에서 $-Mr_1$ 인 인위변수는 아주 작은 양의 값이라도 가지면 목적값은 아주 큰 음수가 되어 버린다.[14] 그럼에도 인위변수가 양의 값을 가진 최적해가 나온다면, 인위변수가 0이 되는 가능해가 존재하지 않는다는 것을 의미한다. 따라서 최적해를 구했을 때 인위변수가 양의 값을 가지면 그 선형계획 문제는 가능해가 존재하지 않는 비가해의 문제이다.

(5) 퇴화해를 갖는 선형계획 문제

기저변수인데도 0인 값을 가지면 이 해를 **퇴화해**(degenerate solution)라 부른다. 처음부터 우변상수가 0으로 모형화된 제약식이 존재하거나, 또는 심플렉스 방법 수행중에 단계 2의 최소비율 계산에서 최소비율이 여러 개가 나오면 피봇연산의 결과로 기저변수가 0이 되는 경우이다. 기저변수가 0의 값을 가지면 최소비율이 0이 되므로 피봇행으로 선택되고, 피봇연산을 하여도 목적값(z)은 증가하지 않는다.

퇴화해가 발생하면, 하나의 꼭지점에 목적값(z)의 개선이 없는 여러개의 꼭지점해가 인접해 있고, 매 반복마다 이 꼭지점해(기저가능해)가 순환되면서, 이론적으로는, 심플렉스 방법이 무한히 반복될 수 있다. 이러한 퇴화해의 발생을 방지하는 방법들이 고안되어 있다.[15] 그러나 현실에서 발생하는 대부분의 문제에서는 퇴화해가 발생했을 때 비율이 0이 되는 기저변수를 임의로 탈락변수로 선택하여도 이러한 순환에 갇히는 경우는 거의 발생하지 않는다.

14) 따라서 인위변수가 0이 되는 목적식 값이 인위변수가 양의 값을 가진 어떤 해보다 더 크며(최대화 문제에서) 우월하다.

15) 퇴화해에서 벗어나는 방법으로서 섭동법(Pertubation 방법)이 있다. 또, 음의 목적행 계수의 변수 가운데 인덱스가 가장 작은 변수를 진입변수로 선택하는 방법(Bland's rule)도 있다. Bland, Robert G. (May 1977). "New finite pivoting rules for the simplex method". Mathematics of Operations Research. 2 (2): 103-107.

4.5 심플렉스 프로그램 SimplexTable.xlsm

변수의 갯수가 많아지면 컴퓨터를 활용하지 않으면 안된다. 지금까지 설명한 심플렉스 방법을 엑셀에서 그대로 실행할 수 있는데, 본서에서는 심플렉스 방법으로 최적해를 구해 나가는 전 과정을 심플렉스 표로 보여주는 프로그램을 작성하였다. 이 프로그램의 이름은 **SimplexTable.xlsx**이며, VBA(Visual Basic Application)를 사용하여 심플렉스 방법을 코드화한 것이다.

우선 SimplexTable.xls 파일을 열 때 '보안경고' 메시지에서 '옵션...'을 클릭한 후 '이 콘텐츠 사용(E)'을 체크한다. 이 프로그램은 다음 그림 4.3과 같이 두 개의 시트 "Explanation" 시트와 "Data" 시트로 구성되어 있다. 먼저 "Explanation" 시트는 심플렉스 방법을 적용하는 간단한 설명과 자료를 입력하는 방식을 예시를 통하여 보여준다.

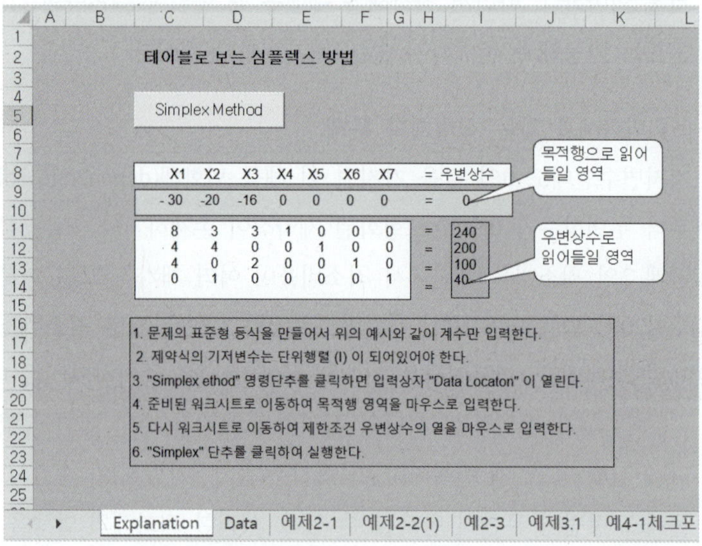

그림 4.3 SimplexTable_Explanation

"Data"시트에 선형계획 문제의 표준형을 그림 4.4과 같이 미리 작성해 둔다. 최적해를 구하려면 먼저 "Explanation"시트에서 그림 4.3의 "Simplex Method"라고 명명된 명령단추를 클릭한다. 그림 4.4의 하단에 있는 "Data Location" 입력상자가 나타난다.

목적식 행 입력란을 클릭한 후, 준비된 "Data"시트로 옮겨서 B4:I4를 드래그하여 지정한다. 제한조건 우변상수 열의 입력란에는 I5:I8을 클릭, 드래그하여 입력한다. 'Simplex'를 클릭하면 심플렉스 방법이 실행되어 모든 중간 단계의 반복표 및 최적해 표를 제공하여 준다. 그 결과는 앞에서 보여준 표 4.5 심플렉스표_최적해와 같다.

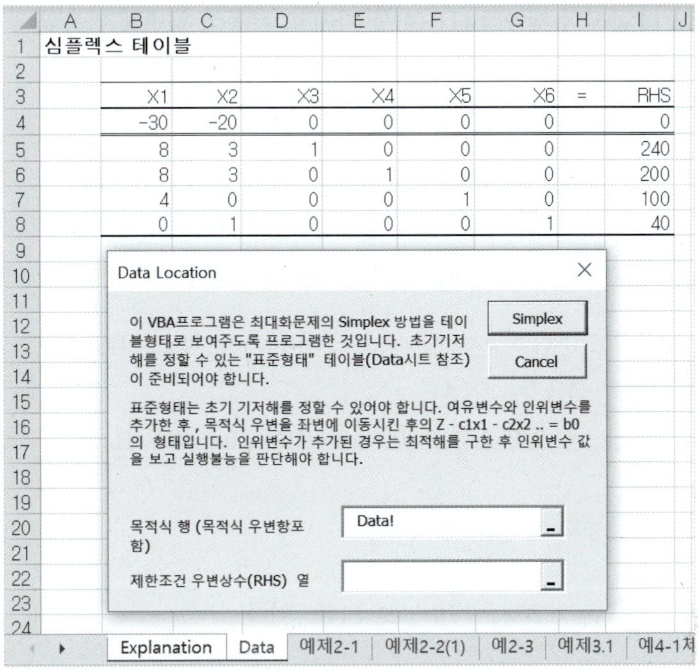

그림 4.4 SimplexTable 프로그램

4.6 선형계획의 쌍대문제

우리는 (주)소아의 확장문제를 심플렉스 방법으로 풀어서 최적해와 최적 목적값을 구하였다. 심플렉스 방법으로 푼 결과가 최적해가 될 것을 예상하지만 구해진 해의 목적값 1440이 과연 최대값인지 보증하거나 입증할 수 있을까? 논의를 위해서 변수가 세 개인 2장의 예제 2.3의 (주)소아의 확장된 문제를 다시 보자.

㈜소아 LP 모형 (4.10)

$$
\begin{array}{llr}
\text{maximize} & z = 30x_1 + 20x_2 + 16x_3 & \text{(총이익)} \\
\text{subject to} & 8x_1 + 3x_2 + 3x_3 \leqq 240 & (1) \\
 & 4x_1 + 4x_2 + 0x_3 \leqq 200 & (2) \\
 & 4x_1 + 0x_2 + 2x_3 \leqq 100 & (3) \\
 & x_2 \leqq 40 & (4) \\
 & x_1, x_2, x_3 \geqq 0 & \text{(비음 조건)}
\end{array}
$$

이 LP문제의 제약식 (1)~(4)를 가지고, 부등식 양변에 다음과 같은 수를 곱하여 더하면

$$(\ 8x_1 + 3x_2 + 3x_3 \leqq 240\ ) \times \frac{16}{3} \tag{4.11a}$$

$$+ (\ 4x_1 + 4x_2 + 0x_3 \leqq 200\ ) \times 0$$

$$+ (\ 4x_1 + 0x_2 + 2x_3 \leqq 100\ ) \times 0$$

$$+ (\qquad x_2 \qquad \leqq 40\ ) \times 4$$

$$\rightarrow \quad (8x_1 + 3x_2 + 3x_3) \times \frac{16}{3} + (4x_1 + 4x_2 + 0x_3) \times 0 + (4x_1 + 0x_2 + 2x_3) \times 0$$
$$+ (\ x_2\ ) \times 4$$
$$\leq 240 \times \frac{16}{3} + 200 \times 0 + 100 \times 0 + 40 \times 4 \tag{4.11b}$$

인데, 부등호 양변을 정리하면

$$\frac{128}{3} x_1 + 20x_2 + 16x_3 \leq 1440 \text{ 이다.} \tag{4.12}$$

식(4.10)의 목적식 계수와 식(4.12)의 계수를 각각 비교하면 아래의 $\leq$ 부등호가 성립한다.

$$z = 30x_1 + 20x_2 + 16x_3 \ \leq \frac{128}{3} x_1 + 20x_2 + 16x_3 \tag{4.13}$$

따라서 원래의 목적식 $z = 30x_1 + 20x_2 + 16x_3$은 1440을 넘을 수 없다는 것을 알 수 있다. 그런데 (주)소아에서 심플렉스 방법으로 구한 해를 보면 목적값이 1440을 달성하였으므로, 그 목적값이 최대값이고, 따라서 그 해가 최적해임이 증명된 셈이다.[16)]

이와 같은 과정을 일반적인 선형계획문제에 대해서도 적용할 수 있을까? 그러기 위해서는 제약식에 곱해지는 (16/3, 0, 0, 4)와 같은 승수를 찾을 수 있어야 할 것이다. 비음의 그 미지의 승수(乘數, multiplier)를 변수 (y_1, y_2, y_3, y_4)으로 두고 식(4.11)의 계산을 다시 적으면;

$$(\ 8x_1 + 3x_2 + 3x_3 \leqq 240\ ) \times\ y_1 \tag{4.14a}$$

$$+ (\ 4x_1 + 4x_2 + 0x_3 \leqq 200\ ) \times\ y_2$$

$$+ (\ 4x_1 + 0x_2 + 2x_3 \leqq 100\ ) \times\ y_3$$

16) 이 값은 2장의 예제2.3의 민감도분석의 잠재가격 [5.333, 0, 0, 4]과 같은 값이다. (16/3, 0, 0, 4)보다 큰 값들을 임의로 정해서 식(4.11)을 계산하면 우변값이 1440보다 큰 값이 되어서 식(4.13)의 부등식을 만족하겠지만, 식(4.10)의 원래문제에서 목적값이 1440보다 큰 실행가능 해를 찾을 수 없을 것이다.

$$
\begin{aligned}
&+ (\qquad x_2 \qquad \leqq 40 \quad) \times \ y_4 \\
\rightarrow \quad & (8x_1 + 3x_2 + 3x_3) \times y_1 \\
& + (4x_1 + 4x_2 + 0x_3) \times y_2 \\
& + (4x_1 + 0x_2 + 2x_3) \times y_3 \\
& + (\qquad x_2 \qquad) \times y_4 \\
& \qquad \leq 240y_1 + 200y_2 + 100y_3 + 40y_4
\end{aligned}
\tag{4.14b}
$$

이다. 부등호 $\leq$의 왼쪽을 x_1, x_2, x_3 변수별로 정리하여 다시 적고, 부등호의 순서를 바꾸어 적으면:

$$
\begin{aligned}
240y_1 + 200y_2 + 100y_3 + 40y_4 \ \geq \ & (8y_1 + 4y_2 + 4y_3 + 0y_4)x_1 \\
& + (3y_1 + 4y_2 + 0y_3 + 1y_4)x_2 \\
& + (3y_1 + 0y_2 + 2y_3 + 0y_4)x_3
\end{aligned}
\tag{4.14c}
$$

따라서 (4.14c) $\geq 30x_1 + 20x_2 + 16x_3 = z$이 성립하는 변수 (y_1, y_2, y_3, y_4)를 찾아야 할 것이다. 그런데, (4.14c)에서 x_1, x_2, x_3의 계수마다 $\geq$이 성립하면 (4.14c)의 부등식도 성립한다.[17] 예를 들면 x_1의 계수를 비교하면 $8y_1 + 4y_2 + 4y_3 + 0y_4 \geq 30$이다.

(4.14c) $\geq 30x_1 + 20x_2 + 16x_3 = z$의 부등식이 성립하면서 $240y_1 + 200y_2 + 100y_3 + 40y_4$ 값이 최소인 승수 y_i를 찾으면 원래문제의 최적값을 정할 수 있을 것이다. (y_1, y_2, y_3, y_4)에 관한 이러한 관찰을 목적식과 제약조건으로 표현할 수 있는데, 아래의 (4.15)처럼 새로운 선형계획문제가 된다. 이 새로운 문제를 원래문제의 **쌍대문제**(Dual problem)라고 부르고, 변수 (y_1, y_2, y_3, y_4)를 **쌍대변수**(dual varales)라고 부른다. 쌍대문제의 원래 문제를 **원본문제**(Primal problem)라고 부른다.

원본문제와 쌍대문제 대조

원본문제(Primal problem):		(4.10)	쌍대문제(Dual problem):		(4.15)
$\max z = 30x_1 + 20x_2 + 16x_3$			$\min w = 240y_1 + 200y_2 + 100y_3 + 40y_4$		
s.t.	$8x_1 + 3x_2 + 3x_3 \leqq 240$	(1)	s.t.	$8y_1 + 4y_2 + 4y_3 + 0y_4 \geq 30$	(d1)
	$4x_1 + 4x_2 + 0x_3 \leqq 200$	(2)		$3y_1 + 4y_2 + 0y_3 + 1y_4 \geq 20$	(d2)
	$4x_1 + 0x_2 + 2x_3 \leqq 100$	(3)		$3y_1 + 0y_2 + 2y_3 + 0y_4 \geq 16$	(d3)
	$x_2 \leqq 40$	(4)		$y_1, y_2, y_3, y_4 \geqq 0$	
	$x_1, x_2, x_3 \geqq 0$				

17) 이 세 개의 부등식은 (4.14c) $\geq z$가 되는 필요조건이지만 충분한 조건은 아니다.

경제적 해석

선형계획 문제에는 쌍대 선형계획 문제가 마치 그림자처럼 항상 있다. 그리고 그 쌍대 문제는 원본문제 상황의 또 다른 측면을 나타낸다. (주)소아는 자신들의 자원(공정)을 가지고 유모차 보행기 자전거를 생산하여 판매하여 이익을 최대화하는 비즈니스 기업이다. 만일 인근의 다른 기업인이 이 (주)소아의 비즈니스를 인수하려고 한다고 하자. 그 인수금액은 자원가치를 평가한 가격 y_i 곱하기 자원의 양이 된다. 그리고 그 금액이 최소가격이 되기를 바랄 것이다. 이것은 쌍대문제의 목적식 $\min\ w = 240y_1 + 200y_2 + 100y_3 + 40y_4$에 표현된다. 그러나 그 가격 y_i가 (4.15)의 d1~d3의 조건을 만족하지 않으면 (주)소아는 이 거래에 응하지 않을 것이다. 경제적 해석의 관점에서 보면, 원본문제가 최적 생산량을 정한다면 쌍대문제는 자원 활용의 최적 가치를 평가해준다. 이러한 경제적 해석은 항상 가능한 것은 아니지만 선형계획의 응용을 더욱 확장시켜준다. 이제 일반적인 선형계획문제를 쌍대문제로 바꾸는 것을 살펴보자.

원본문제와 쌍대문제의 변환관계

(4.10)의 원본문제와 (4.15)의 쌍대문제를 관찰하면, 비음조건과 $\le$ 형태의 최대화 원본문제는 제약식이 $\ge$ 형태인 최소화 쌍대문제로 기계적으로 변환할 수 있다.

1. 원본문제의 각 제약식에 쌍대변수를 하나씩 대응시키고,
2. 원본문제의 각 변수에 대응해서 $\ge$ 형태의 쌍대문제의 제약식을 수립하고,
3. 원본문제의 우변상수에 쌍대변수를 곱하여 더한 것을 쌍대문제의 최소화 목적식으로 삼는다. 원본문제 목적식 계수가 쌍대문제의 우변상수가 된다.

원본문제가 (4.15)와 같이 최소화 문제이고 제약식이 $\ge$ 형태이면 1, 2, 3을 적용하여 $\le$ 형태의 최대화 쌍대문제를 수립할 수 있다. 이처럼 쌍대문제를 원본문제로 간주하여 쌍대문제를 수립하면 원래문제인 원본문제로 되돌아온다.

이러한 관찰은 변수 x_j가 모두 비음(nonnegative)이고 제약조건이 모두 $\le$ 형태인 정규 최대화문제(normal max problem)를 전제로 하고 있다. 정규 최대화문제의 쌍대문제는 최소화문제이고 제약조건은 모두 $\ge$ 형태인 **정규 최소화문제**이다. 양쪽 다 변수의 **비음조건**을 전제로 하고, 우변상수와 목적식 계수 b_i, c_j에는 음수를 허용한다.

선형계획문제를 정규 최대화문제로 바꾸면, 짝을 이루는 쌍대문제는 쉽게 작성할 수 있다. 다음 4가지 변환을 활용하면 일반적인 선형계획문제를 제약조건이 $\le$ 형태인

정규 최대화문제로 바꿀 수 있다.

1. 최소화문제는 목적식에 (−1)을 곱하여 최대화문제로 바꾼다.
2. $\geq$의 제약조건은 (−1)을 부등호 양변에 곱하여 $\leq$ 형태로 바꾼다.
3. x_j에 부호제약이 없다면 두 개의 **비음변수** x_j', x_j''로 분리하여 $x_j = x_j' - x_j''$으로 치환한다.
4. 제약식이 등식이면 다음과 같이 $\leq$ 형태의 두 개의 부등식으로 분리한다.[18)]

$$a_{i1}x_1 + a_{i2}x_2 + \ldots + a_{in}x = b_i$$
$$\rightarrow \begin{cases} a_{i1}x_1 + a_{i2}x_2 + \ldots + a_{in}x \leq b_i \\ -a_{i1}x_1 - a_{i2}x_2 - \ldots - a_{in}x \leq -b_i \end{cases}$$

이러한 변환을 활용하여 정규 최대화문제로 변환하면 쌍대문제는 기계적으로 작성할 수 있다. 이것을 일반적으로 다시 적으면 **정규 최대화문제**는:

$$\begin{array}{llr} \max & z = c_1x_1 + c_2x_2 + \cdots + c_jx_j + \ldots + c_nx_n & ① \\ \text{s.t} & a_{11}x_1 + a_{12}x_2 + \cdots + a_{1j}x_j + \ldots + a_{1n}x_n \leqq b_1 & ② \\ & a_{21}x_1 + a_{22}x_2 + \cdots + a_{2j}x_j + \ldots + a_{2n}x_n \leqq b_2 & ③ \\ & \cdots & \\ & a_{i1}x_1 + a_{i2}x_2 + \cdots + a_{ij}x_j + \ldots + a_{in}x_n \leqq b_i & ④ \\ & \cdots & \\ & a_{m1}x_1 + a_{m2}x_2 + \cdots a_{mj}x_j + \ldots + a_{mn}x_n \leqq b_m & ⑤ \\ & x_j \geq 0, \quad j = 1, 2, \cdots, n & ⑥ \end{array} \quad (4.16)$$

이고, 이것의 **쌍대문제**는 다음과 같이 **정규 최소화문제**가 된다.

$$\begin{array}{llr} \min & w = b_1y_1 + b_2y_2 + \cdots + b_iy_i + \ldots + b_my_m & ① \\ \text{s.t} & a_{11}y_1 + a_{21}y_2 + \cdots + a_{m1}y_m \geq c_1 & ② \\ & a_{12}y_1 + a_{22}y_2 + \cdots + a_{m2}y_m \geq c_2 & ③ \\ & \cdots & \\ & a_{1j}y_1 + a_{2j}y_2 + \cdots + a_{ij}y_i + \ldots + a_{mj}y_m \geq c_j & ④ \end{array} \quad (4.17)$$

---

18) 등식 제약식에 쌍대변수를 직접 대응시켜서 쌍대문제로 바꾼다면, 그 쌍대변수에는 비음의 부호제약을 없애면 된다. 정규 최대화문제는 변수가 비음조건($x_j \geq 0$)을 가정한다. 만일 부호제약 없는 변수 x_h를 그대로 두고 쌍대문제로 바꾸려면 x_h에 대응하는 제약식을 등식(=)으로 하면 된다.

$$\cdots$$

$$a_{1n}y_1 + a_{2n}y_2 + \cdots + a_{in}y_i + \ldots + a_{mn}y_m \geq c_n \qquad ⑤$$

$$y_i \geq 0, \qquad i = 1, 2, \cdots, m \qquad ⑥$$

체크포인트 3

1. (주)소아의 LP(4.1) 모형의 쌍대변수의 해는 2, 3.5, 0, 0 이다. (4.11)~(4.13)을 계산하여 LP(4.1)의 최적값이 1180임을 보여라.
2. LP(4.1) 모형의 쌍대문제를 적으면 제약식 갯수는 몇개인가?

예제 4.2 **원본문제 및 쌍대문제의 변환관계**

다음의 최대화 문제를 원본문제로 생각하고 쌍대문제를 작성해 보자.

$$\begin{aligned} \max\ & z = 3x_1 + 5x_2 - 1x_3 \\ \text{s.t.}\ & 4x_1 + 3x_2 + 2x_3 \leq 10 \\ & -1x_1 + 2x_3 + 3x_3 \geq -2 \\ & 1x_1 + 4x_2 - 2x_3 = 5 \\ & x_1 \geq 0,\ x_2\text{는 부호제약이 없음},\ x_3 \leq 0 \end{aligned}$$

풀이 위 문제를 $x_3 \to -x_3'$, $x_2 \to x_2' - x_2''$으로 치환한 다음 $\leq$의 **정규 최대화문제**로 변환하면 다음과 같다.

$$\begin{aligned} \max\ & z = 3x_1 + 5(x_2' - x_2'') + 1x_3' \\ \text{s.t.}\ & 4x_1 + 3(x_2' - x_2'') - 2x_3' \leq 10 \\ & 1x_1 - 2(x_2' - x_2'') + 3x_3' \leq 2 \\ & 1x_1 + 4(x_2' - x_2'') + 2x_3' \leq 5 \\ & -1x_1 - 4(x_2' - x_2'') - 2x_3' \leq -5 \\ & x_1, x_2', x_2'', x_3' \geq 0 \end{aligned}$$

위 문제의 4개의 제약식에 대응하는 쌍대변수를 순서대로 y_1, y_2, y_3, y_4라 하자. 그러면 쌍대문제는 다음과 같이 정규 최소화문제로 모형화된다.

$$\begin{aligned} \min\ & w = 10y_1 + 2y_2 + 5y_3 - 5y_4 \\ \text{s.t.}\ & 4y_1 + 1y_2 + 1y_3 - 1y_4 \geq 3 \end{aligned}$$

$$3y_1 - 2y_2 + 4y_3 - 4y_4 \geq 5$$
$$-3y_1 + 2y_2 - 4y_3 + 4y_4 \geq -5$$
$$-2y_1 + 3y_2 + 2y_3 - 2y_4 \geq 1$$
$$y_1, y_2, y_3, y_4 \geq 0$$

쌍대 이론

쌍대문제는 선형계획 모형의 원본문제에 대한 여러가지 경제적 해석을 하는 데 도움을 줄 뿐만아니라 심플렉스 해법과 민감도 분석에 대한 더 확장된 이해를 준다. 원본문제에 관한 부등식 (4.11)~(4.14)을 상기해보면, 원본문제의 목적값 z는 쌍대문제의 목적값 w 보다 작거나 같다. z가 최대한 큰 값을 가지더라도 w를 넘을 수 없고, 또 w는 z 보다 더 작을 수는 없다. 원본문제와 쌍대문제의 이러한 관계를 아래와 같은 성질로 요약할 수 있다.

약 쌍대성(Weak Duality)
최대화 원본문제의 임의의 가능해에 의한 목적값(z)은 쌍대문제의 임의의 가능해에 의한 목적값(w)보다 작거나 같은 값을 가지게 된다. 즉, $z \leq w$ 이다.

강 쌍대성(Strong Duality)
두 문제의 최적 목적값이 서로 같으면($z^* = w^*$) 그 각각의 해는 최적해이다.

약 쌍대성으로부터, 쌍대문제의 임의의 해를 구하여 목적값이 w이면 w는 원본문제의 최적값(z^*)의 상한값이 됨을 알 수 있다(즉, $z^* \leq w$).[19] 또 강 쌍대성으로부터 **원본문제에 가능해가 존재하고 쌍대문제에도 가능해가 존재한다면, 두 문제 모두에 최적해가 존재한다**는 결론을 도출할 수 있다.

쌍대 정리(Dual Theorem)
원본문제가 최적해를 가지면 최적 목적행 계수에서 알 수 있는 잠재가격은 쌍대문제의 최적해와 같다.[20] 쌍대정리를 최대화문제에 적용하여 쌍대변수의 값은 다음과 같이 정

19) 이것의 예가 식(4.11)~(4.13)이었다.
20) 이에 대한 증명은 생략한다. LP(4.2)의 표준형 제약등식에 쌍대변수 y_i를 곱하여 쌍대문제의 제약식을 만든다면, s_i에 대한 쌍대문제 제약식은 $y_i \geq 0$이다. 심플렉스 방법으로 최적해를 구한 결과를 (4.10)에서 보면, s_i의 목적행 계수는 제약식 i를 y_i배 하여 목적행에 더한 것을 표현하고 있다. 따라서 s_i의 목적행 계수는 (자원)b_i의 목적값에 대한 공헌도인 잠재가격이면서 동시에 쌍대문제 최적해 y_i^*이다(4.19 참조).

할 수 있다(4.7절 심플렉스표의 민감도 분석 참조, 연습문제 26 참조).

1. 원본문제 제약 부등식 i가 $\leq$이면 => 쌍대변수 y_i=원본문제 여유변수 s_i의 최적목적행 계수값
2. 원본문제 제약 부등식 i가 $\geq$이면 => 쌍대변수 y_i=−(원본문제 잉여변수 s_i의 최적목적행 계수값)
3. 원본문제 제약 부등식 i가 =이면 => 쌍대변수 y_i=인위변수 r_i의 최적목적행 계수값 − M

상보여유정리 (Complementary Slackness Theorem)

원본문제의 기저해와 쌍대문제의 기저해는 다음의 상보여유조건을 만족한다. 상보여유정리를 만족하면 그 해는 최적해가 되고, 최적해는 상보여유정리를 만족한다.

1. 원본문제의 기저가능해가 제약식을 여유있게 만족시키면(비속박적이면), 해당 제약식에 대응하는 쌍대변수의 값은 0이 된다.
2. 쌍대문제의 기저가능해가 제약식을 여유있게 만족시키면(비속박적이면), 해당 제약식에 대응한 원본변수의 값은 0이 된다.

아래 표는 쌍대성으로부터 유추한 것으로서 원본문제와 쌍대문제에서 생길 수 있는 조합을 나타낸다. 예를 들면 표의 (a)는 원본문제의 목적값과 쌍대문제의 목적값이 서로 같다면 그것은 바로 각각의 최적해임을 말한다. 표의 (b)는, 원본문제의 목적값 z가 무한대이면, 약쌍대성으로부터 쌍대문제는 비가해임을 말한다. 표의 (c)도 마찬가지이다. 이 조합의 표는 선형계획문제를 푸는데 기술적으로 활용할 수 있다.

표 4.7 원본문제와 쌍대문제에서 여러 해의 가능한 조합

		쌍대문제(dual)		
		최적해	무한해	비가해
원본문제 (primal)	최적해 (optimal)	가능함(a)	불가능	불가능
	무한해 (unbounded)	불가능	불가능	가능함(b)
	비가해 (infeasible)	불가능	가능함(c)	가능함(d)

이제 이러한 쌍대 이론을 (주)소아 확장문제에서 확인하여 보자. 자원제약하의 최적화(이익 최대화) 관점에서 (주)소아의 각 공정을 자원으로 보면, 공정의 가동시간을 자원의 제약으로 볼 수 있다. 예제를 통하여 쌍대이론과 쌍대문제의 뜻, 그리고 경제적

해석을 살펴보자.

예제 4.3 **(예제 2.3을 재차 고려함)**

(주)소아는 유모차와 보행기, 자전거를 생산-판매하는 영업을 하고 있다. 이들 제품의 생산공정 소요시간은 아래 표와 같으며, 자전거 한 대를 팔면 이익이 16만원이며, 유모차 및 보행기의 판매이익은 각각 30만원 20만원이다. 보행기는 최근 인기가 시들하여 일주일에 40대까지만 팔 수 있다.

(1) 예제 2.3의 ㈜소아 확장문제의 쌍대문제를 엑셀에서 모형화하여 표현하라.
(2) 임의의 해를 구하여 약쌍대성을 확인하라.
(3) 최적해를 구하여 강쌍대성을 확인하라.

표 제품 한 대당 필요한 기계 작업시간 (단위: 시간)

공정	유모차	보행기	자전거
기계 1(절단공정)	8	3	3
기계 2(용접공정)	4	4	0
기계 3(조립공정)	4	0	2

(4) 원본문제와 쌍대문제의 최적해를 구하여 상보여유정리가 성립하고 있음을 확인하라.
(5) 최적해와 잠재가격을 민감도 보고서를 참조하여 적고, 잠재가격의 뜻을 각각 적어라. 또, 원본문제와 쌍대문제의 최적해와 잠재가격이 서로 교차하여 일치함을 확인하라.
(6) 꼭 같은 제품을 생산-판매하고 있는 인근의 H공장에서 (주)소아에게 각 생산공정과 보행기 판매의 여유분을 자신들에게 빌려줄 것을 제안해 왔다. 시간당 임대료를 얼마씩 받으면 손해가 되지 않는가? (또는 최소 얼마씩 받아야 이익이 될 수 있는가?)

풀이

(1) 아래는 원본문제를 엑셀로 모형화한 것이고, 쌍대문제도 같은 스프레드시트에서 모형화하였다. 원본문제의 LP모형은 (4.10), 쌍대문제의 LP모형은 식(4.15)를 참조한다. 원본문제는 (주)소아가 제품의 최적생산을 찾는 문제라면, 쌍대문제는 (주)소아가 자원 활용의 최적가치를 찾는 문제이다. 쌍대변수 F4:F7을 추가하고, 쌍대문제 제약조건 좌변을 B9:D9에 계산하였다. 쌍대문제의 제약조건 우변값은 B11:D11의 판매이익이다. 쌍대문제 목적식은 F15에 계산되어 있다. 목적식과 제약식의 엑셀계산 식은 박스 안을 참조한다.

	A	B	C	D	E	F	G	H
1	㈜소아의 제품배합문제(초기해) 원본문제와 쌍대문제							
2	입력자료							
3	기계작업시간	유모차	보행기	자전거		**쌍대변수**		
4	기계1	8	3	3		2		
5	기계2	4	4	0		3		
6	기계3	4	0	2		5		
7	보행기수요	0	1	0		6		
8								
9		48	24	16	**<=쌍대문제 좌변 계산**			
10		≥	≥	≥				
11	판매이익	30	20	16	**<=쌍대문제 우변값**			
12								
13	**변수** 생산계획	10	30	10				
14		:				**쌍대 목적값**		
15	총 판매이익	1060	(만원)			1820		
16		사용시간/수요량 제한						
17	기계1 사용시간	200	<=	240				
18	기계2 사용시간	160	<=	200				
19	기계3 사용시간	60	<=	100				
20	보행기 생산	30	<=	40				
21								
22	원본문제: 변수(B13:D13)			쌍대문제: 변수(F4:F7)				
23	B15 =SUMPRODUCT(B11:D11, B13:D13)			F15= SUMPRODUCT(D17:D20, F4:F7)				
24	B17 =SUMPRODUCT(B4:D4, B13:D13)			B9=SUMPRODUCT(B4:B7, F4:F7)				
25	B18 =SUMPRODUCT(B5:D5, B13:D13)			C9=SUMPRODUCT(C4:C7, F4:F7)				
26	B19 =SUMPRODUCT(B6:D6, B13:D13)			D9=SUMPRODUCT(D4:D7, F4:F7)				
27	B20 =SUMPRODUCT(B7:D7, B13:D13)							
28								

그림 4.5 (주)소아문제의 임의의 가능해(원본문제와 쌍대문제)

(2) 시트를 보면 원본문제의 임의의 해 (10, 30, 10)은 제약조건을 모두 만족하므로 (원본)가능해이고 목적값 $z = 1060$만 원이다. 쌍대문제의 임의의 (2,3,5,6)도 쌍대 제약조건을 만족하므로 (쌍대)가능해이고, 쌍대 목적값 $w = 1820$만 원이다. 1060 < 1820이므로($z \le w$) **약쌍대성**을 충족하고 있다.[21]

(3) 그림 4.6의 시트는 두 문제의 최적해를 해찾기로 각각 따로 구한 것이다. 원본문제의 최적해는 $(0, 40, 40)^*$이고 $z^* = 1440$이며, 쌍대문제의 최적해는 $(5.333, 0, 0, 4)^*$, $w^* = 1440$이다. $z^* = 1440 \ = \ w^* = 1440$으로서 **강쌍대성**을 만족하고 있다.

(4) 그림 4.6의 시트에서 원본문제의 제약조건 (B17:B20)과 (D17:D20)을 비교해 보면 (240, 160, 80, 40) ≤ (240, 200, 100, 40)이다. 여유있게 만족하는 것은 제약식2와 3이다. 이에 대응하는 쌍대문제의 해는 F17:F20을 보면 $y_2^* = 0$, $y_3^* = 0$이다. 따라서 **상보여유정리 1**을 만족하고 있다. 또, 쌍대제약 B9:D9를 B11:D11과 비교해 보면 (42.667, 20, 16) ≥ (30, 20, 16)이다. 여유있게 만족하는 것은 첫번째 제

21) 원본문제의 해 (10, 30, 10)은 비음이 아니므로 원본가능함(primal feasible), 쌍대문제의 해 (2, 3, 5, 6)도 비음이 아니므로 쌍대가능함(dual feasible)이라고 한다.

약식으로 42.667 ≥ 30이다. 이에 대응하는 원본변수는 $x_1 = 0$이다. 따라서 **상보여유정리 2**를 만족한다. 상보여유정리를 만족하면서 가능해(비음의)이므로 두 개의 해는 각각의 최적해이다.

	A	B	C	D	E	F	G	H	I
2	입력자료								
3	기계작업시간	유모차	보행기	자전거		**쌍대변수**			
4	기계1	8	3	3		5.333			
5	기계2	4	4	0		0			
6	기계3	4	0	2		0			
7	보행기수요	0	1	0		4			
8									
9		42.667	20	16	**<=쌍대문제 좌변 계산**				
10		≥	≥	≥					
11	판매이익	30	20	16	**<=쌍대문제 우변값**				
12									
13	**변수** 생산계획	0	40	40					
14		:				**쌍대 목적값**			
15	총 판매이익	1440	(만원)			1440			
16		사용시간/수요량 제한							
17	기계1 사용시간	240	<=	240					
18	기계2 사용시간	160	<=	200					
19	기계3 사용시간	80	<=	100					
20	보행기 생산	40	<=	40					

변수 셀 민감도보고서

셀	이름	계산 값	한계 비용	목표 셀 계수	허용 가능 증가치	허용 가능 감소치
$B$13	유모차 생산계획	0	-12.667	30	12.667	1E+30
$C$13	보행기 생산계획	40	0	20	1E+30	4
$D$13	자전거 생산계획	40	0	16	4	4.75

제한 조건 민감도 보고서

셀	이름	계산 값	잠재 가격	제한 조건 우변	허용 가능 증가치	허용 가능 감소치
$B$17	기계1 사용시간 :	240	5.333	240	30	120
$B$18	기계2 사용시간 :	160	0	200	1E+30	40
$B$19	기계3 사용시간 :	80	0	100	1E+30	20
$B$20	보행기 수요 :	40	4	40	10	10

그림 4.6 (주)소아문제의 최적해, 민감도 보고서(원본문제와 쌍대문제)

표 4.8 (주)소아문제의 최적해(원본문제와 쌍대문제)

㈜소아 자원보유량	최적해에서 사용량	여유량		쌍대변수 최적해
240 ≥	240	0		5.333
200 ≥	160	40	← 상보여유정리 1 →	0
100 ≥	80	20	← 상보여유정리 1 →	0
40 ≥	40	0		4

쌍대문제 우변값	쌍대문제 최적해에서	여유량		원본변수 최적해
30 ≤	46.667	12.667	← 상보여유정리 2 →	0
20 ≤	20	0		40
16 ≤	16	0		40

(5) 최적해와 잠재가격을 민감도 보고서를 참조하여 적으면 아래 표와 같다. 표에서 보면 원본문제의 최적해 (0, 40, 40)은 쌍대문제에서 잠재가격에 해당하고, 원본문제의 잠재가격은 쌍대문제의 최적해 (5.333, 0, 0, 4)와 일치함을 볼 수 있다.

표 4.9 (주)소아 문제의 최적해와 잠재가격 비교

소아의 생산-판매문제 (원본문제)	H공장으로의 임대 가격결정 문제 (쌍대문제)
목표셀(최대화): 1440(만원)	목표셀(최소화): 1440(만원)
변수셀-최적해 (최적생산량): (0, 40, 40) 대	변수셀-최적해 (제시할 임대가격): (5.333, 0, 0, 4) 만원
우변 잠재가격(공정시간의 잠재가치): (5.333, 0, 0, 4)	우변(판매이익)의 잠재가격: (0, 40, 40)

(6) 쌍대문제를 풀어서 구한 최적해 $(5.333, 0, 0, 4)^*$에서 $y_1 = 5.333$, $y_2 = 0$, $y_3 = 0$은 각 공정의 잠재가격을 뜻한다. 결론은, 공정1은 잠재가격(시간당 5.333만원) 이상의 가격이면 임대해 줄 수 있고, 공정 2와 3은 0원보다 큰 가격이면 임대해 줄 수 있다.

쌍대변수 y_i는 (주)소아가 자원(공정) 가치를 평가하는 가격이다. 쌍대문제 (4.15)의 제약식

$$8y_1 + 4y_2 + 4y_3 + 0y_4 \geq 30 \tag{d1}$$

은 유모차 판매이익보다 임대에 의한 이익이 더 작아서는 안됨을 표현한 것이다.[22] 목적식 $\min w = 240y_1 + 200y_2 + 100y_3 + 40y_4$은 d1~d2의 조건을 만족하면서 되도록이면 낮은 가격을 H공장에 제시함을 뜻한다.[23]

두 번째 제약식 d2는 보행기 수요 제약 때문에 경제적 해석이 특별하다.

$$3y_1 + 4y_2 + 0y_3 + 1y_4 \geq 20 \tag{d2}$$

(주)소아의 입장에서 보면 쌍대변수 y_4는 보행기 수요의 잠재가치인데, 그 잠재가치는 쌍대변수 $y_4 = 4^*$만원이다. 이는 수요가 늘어나면 1대당 4만 원의 비율로 이

22) 자원을 시장가격으로 평가할 때, 8시간, 4시간, 4시간의 가치가 유모차 판매이익 30만 원보다 크다면 그 가격에 자원을 판매(임대해주는 것)하는 것이 더 유리할 것이다. 유모차 판매이익 30만 원보다 작다면 그 가격에 자원을 8시간, 4시간, 4시간을 구입하여 유모차를 만들어서 판매하는 것이 더 유리할 것이다. **잠재가격**은 자원에 대한 내부적인 평가가치로서 시장의 **거래가격**과 다를 수 있다.

23) 높은 가격을 제시하면 H공장이 응하지 않을 것이다. 재미있는 것은 H공장은 (주)소아의 이러한 내부정보를 모른다는 사실이다. 따라서 (주)소아는 되도록이면 높은 가격을 제시하여 더 많은 이익을 취하려 할 것이다.

익이 늘어남을 말하는데, 이는 수요를 추가로 늘리는 데 한대당 4만 원 이하의 비율로 투자한다면 이익이 있음을 뜻한다.[24] 쌍대문제 제약식은 이것까지 포함하여 임대가격은 $3y_1 + 4y_2 + 0y_3 \geq 20 - 1y_4$을 만족해야 함을 말한다.

쌍대문제의 가능해에서 구한 쌍대 목적값이 있다면, 원본문제의 최적값은 그것보다는 작은 값이 될 것이라는 것을 짐작할 수 있다. 만일 대형의 LP문제를 신속히 풀어서 실행에 옮기는 일이 계속 반복되는데, 최적해를 구하는 데는 시간이 많이 걸린다면, 그러나 쌍대문제에서 쉽게 구해지는 가능해의 목적식 값이 있다면, 실무적으로는 그 값을 상한값으로 사용할 수 있다. 지금까지 구한 원본문제의 가능해의 목적식 값과 비교하여 계속해서 더 나은 최적해를 구할 것인지, 아니면 현재의 가능해에서 만족할 것인지를 결정할 수 있다.

일반적으로 선형계획 문제를 푸는 데 걸리는 시간은 변수 개수(n)보다는 제약식 개수(m)가 많아짐에 따라 더 커지게 된다. 즉, 계산상의 관점에서 본다면 제약식의 개수가 적은 쪽이 풀기가 용이하다. 원본문제가 제약식의 개수가 많고 변수의 개수가 적은 형태이면, 이를 쌍대문제로 변환하면 제약식의 개수가 적어지므로 쌍대문제로 바꾸어서 푸는 것이 유리하다. '쌍대 정리'로부터 쌍대문제의 최적해에서 구한 잠재가격이 원본문제의 최적해가 되기 때문이다.

4.7 심플렉스 표를 활용한 민감도 분석

엑셀의 해찾기는 최적해를 구한 후 민감도 보고서를 제공한다. 아래 표 4.10은 (주)소아의 확장문제를 심플렉스방법으로 푼 후의 초기표와 최적표를 적은 것이다(심플렉스 반복이 모두 4번 일어난다.). 표4.11은 민감도보고서이다. 민감도 보고서에는 한계비용, 잠재가 뿐만 아니라 목표셀 계수의 허용가능 증가치, 감소치, 제한조건 우변의 허용가능 증가치, 감소치를 보여준다. 엑셀은 어떻게 이런 정보를 제공할 수 있는가? (주)소아의 확장문제 초기해 표와 최적해 표와 민감도 보고서를 함께 보자.[25]

최적 심플렉스표와 아래 민감도 보고서를 비교하여 보면 다음을 알 수 있다.

---

24) 최적해가 수요제한 40대보다 적게 생산-판매한다면 상보여유정리에 의해서 $y_4 = 0$이다.

25) 최적해의 민감도 분석(표 4.11)의 허용가능 증감의 범위는 최적해의 기저변수 x_2, x_3, s_2, s_3가 변하지 않는 것을 전제로 한다.

1. 최적표에서 비기저변수의 목적행 계수는 한계비용이 된다. 표에서 12.67은 X1의 한계비용이 된다.
2. 초기기저해의 기저변수에 해당하는 변수의 최적표 목적행 계수는 잠재가격이 된다. 표에서 s1, s2, s3, s4의 계수 5.33, 0, 0, 4는 각 제약식의 잠재가격이 된다. 이 잠재가격은 쌍대문제의 최적해가 된다(4.6절 쌍대정리 참조).

표 4.10 (주)소아 확장문제 초기표와 최적해 표(반복1, 2 연산은 생략)

	A	B	C	D	E	F	G	H	I	J	K
1	㈜소아 확장문제										
3	초기해	X1	X2	X3	s1	s2	s3	s4	=	RHS	
4		-30	-20	-16	0	0	0	0		0	
5		8	3	3	1	0	0	0		240	
6		4	4	0	0	1	0	0		200	
7		4	0	2	0	0	1	0		100	
8		0	1	0	0	0	0	1		40	
15											
28		15.333	0	0	6.66667	0	-2	0	=	1400	
29	(반복 3)	0.6667	1	0	0.33333	0	-0.5	0	=	30	
30		1.3333	0	0	-1.3333	1	2	0	=	80	
31		2	0	1	0	0	0.5	0	=	50	
32		-0.667	0	0	-0.3333	0	0.5	1	=	10	
33											
34	최적해	12.67	0	0	5.33	0	0	4	=	1440	
35	(반복 4)	0	1	0	0	0	0	1	=	40	
36		4	0	0	0	1	0	-4	=	40	
37		2.67	0	1	0.33	0	0	-1	=	40	
38		-1.33	0	0	-0.67	0	1	2	=	20	

표 4.11 (주)소아확장문제의 민감도 보고서

변수 셀 민감도보고서

셀	이름	계산 값	한계 비용	목표 셀 계수	허용 가능 증가치	허용 가능 감소치
\$B\$13	유모차 생산계획	0	-12.667	30	12.667	1E+30
\$C\$13	보행기 생산계획	40	0	20	1E+30	4
\$D\$13	자전거 생산계획	40	0	16	4	4.75

제한 조건 민감도 보고서

셀	이름	계산 값	잠재 가격	제한 조건 우변	허용 가능 증가치	허용 가능 감소치
\$B\$17	기계1 사용시간 :	240	5.333	240	30	120
\$B\$18	기계2 사용시간 :	160	0	200	1E+30	40
\$B\$19	기계3 사용시간 :	80	0	100	1E+30	20
\$B\$20	보행기 수요 :	40	4	40	10	10

그렇다면 이들의 계산과 경제적 해석도 심플렉스 표에서 이해할 수 있을까? 심플렉스 표의 초기해와 최적해를 정규형으로 적은 것을 참조하여 설명할 수 있다.

표 4.12 (주)확장문제의 초기정규형과 최적 정규형

<정규형 0> 심플렉스 초기 정규형

row		기저변수
R0	$z-30x_1-20x_2-16x_3 \qquad =0$	$z\ =0$
R1	$8x_1+3x_2+3x_3+s_1 \qquad =240$	$s_1=240$
R2	$4x_1+4x_2 \qquad +s_2 \qquad =200$	$s_2=200$
R3	$4x_1+0x_2+2x_3 \qquad +s_3 \qquad =100$	$s_3=100$
R4	$x_2 \qquad +s_4=40$	$s_4=40$

<최적 정규형> 반복 4의 결과 최적해

row		기저변수
R_40	$z+12.67x_1 \qquad +5.33s_1 \qquad +4s_4=1440$	$z\ =1440$
R_41	$x_2 \qquad +s_4=40$	$x_2=40$
R_42	$4x_1 \qquad +s_2 \qquad -4s_4=40$	$s_2=40$
R_43	$2.67x_1 \quad +x_3+.33s_1 \qquad -s_4=40$	$x_3=40$
R_44	$-1.33x_1 \qquad -.67s_1 \qquad +s_3+2s_4=20$	$s_3=20$

잠재가격 계산 - 초기의 기저변수의 최적 목적행 계수

2장에서 잠재가격이란 우변상수가 1만큼 더 증가할 때의 목적값의 증가분(증가율)을 의미한다고 하였다. 민감도 보고서를 보면 잠재가격은 (5.33, 0, 0, 4)이다. 심플렉스 표를 활용하면 보행기 수요제약 40대의 잠재가격(=4)에 대해서 자세히 살펴볼 수 있다.

제약식 4의 우변상수가 40대에서 △대 더 증가하면 초기해 표의 우변상수 열에 (0, 0, 0, 0, △)이 더해진 것으로 생각할 수 있다(아래 벡터표기에서 맨 위는 목적행임).

$$\begin{pmatrix} 0 \\ 240 \\ 200 \\ 100 \\ 40+\triangle \end{pmatrix} \Leftrightarrow \begin{pmatrix} 0 \\ 240 \\ 200 \\ 100 \\ 40 \end{pmatrix} + \begin{pmatrix} 0 \\ 0 \\ 0 \\ 0 \\ \triangle \end{pmatrix} \Leftrightarrow \begin{pmatrix} 0 \\ 240 \\ 200 \\ 100 \\ 40 \end{pmatrix} + \begin{pmatrix} 0 \\ 0 \\ 0 \\ 0 \\ 1 \end{pmatrix} \triangle$$

우변상수에 추가된 열의 계수 (0, 0, 0, 0, 1)은 초기표에서 s_4 열과 동일하다(표 4.12, 표 4.10의 H4:H8). 따라서 심플렉스 과정에서 (0, 0, 0, 0, △) 열의 변환 결과는 s_4 열의 변환결과인 (4 1 −4 −1 2)에 수요증가분 △을 곱하여 더한 것과 같다. 표 4.12의 심플렉스 과정에서 다음과 같이 변환된다.

$$\begin{pmatrix} 0 \\ 240 \\ 200 \\ 100 \\ 40 \end{pmatrix} + \begin{pmatrix} 0 \\ 0 \\ 0 \\ 0 \\ 1 \end{pmatrix} \Delta \text{ 심플렉스과정} \Rightarrow \begin{pmatrix} 1440 \\ 40 \\ 40 \\ 40 \\ 20 \end{pmatrix} + \begin{pmatrix} 4 \\ 1 \\ -4 \\ -1 \\ 2 \end{pmatrix} \times \Delta = \begin{pmatrix} 1440+4\Delta \\ 40+1\Delta \\ 40-4\Delta \\ 40-1\Delta \\ 20+2\Delta \end{pmatrix} \tag{4.18}$$

식(4.18)에서 보듯이 목적값은 4△만큼 증가한다. 보행기 수요가 1대(△ =1) 더 늘어나면 그것이 4배가 되어서 목적값에 공헌하게 됨을 의미한다. 이것은 바로 보행기 수요의 **잠재가격**의 의미이고, 이는 수요제약의 **이익공헌도**이다.

초기 기저변수 (s_1, s_2, s_3, s_4)의 목적행의 최적계수는 (5.33, 0, 0, 4)인데, 4개의 제약식을 차례대로 5.33배, 0배, 0배, 4배하여 목적행에 더하였다는 것을 말한다. 따라서 **최적계수 (5.33, 0, 0, 4)는 잠재가격이면서 쌍대변수의 값**이 된다. 이처럼 심플렉스 표의 최적표를 알면 잠재가격을 쉽게 알 수 있다. 아래의 계산은 잠재가격을 가지고 목적식에 심플렉스 방법의 전과정을 요약한 것이 된다.

$$\begin{aligned}
&[\quad z - 30x_1 - 20x_2 - 16x_3 && = 0 \quad] && (4.19)\\
+&[\quad 8x_1 + 3x_2 + 3x_3 + s_1 && = 240 \ ] \times 5.33 &&\\
+&[\quad 4x_1 + 4x_2 \qquad + s_2 && = 200 \ ] \times 0 &&\\
+&[\quad 4x_1 + 0x_2 + 2x_3 \qquad + s_3 && = 100 \ ] \times 0 &&\\
+&[\quad x_2 \qquad + s_4 && = 40 \quad] \times 4 &&\\
&= z + 12.67x_1 \quad + 5.33s_1 \quad + 4s_4 && = 1440 &&
\end{aligned}$$

한계비용(수정비용) 계산 - 비기저변수의 목적행 계수

(x_1, x_2, x_3)의 최적해는 (0, 40, 40)인데, x_1을 한 단위 증가시키면 목적값 z는 얼마나 변하는가? 이것은 최적표를 정규형으로 적은 것을 보면 알 수 있다. 표 4.12의 최적 정규형에서 x_1 열을 양변에서 빼서 아래와 같이 적은 후에(맨 위는 목적행임),

$$\begin{bmatrix} 1 \\ 0 \\ 0 \\ 0 \\ 0 \end{bmatrix} z + \begin{bmatrix} 0 \\ 1 \\ 0 \\ 0 \\ 0 \end{bmatrix} x_2 + \begin{bmatrix} 0 \\ 0 \\ 0 \\ 1 \\ 0 \end{bmatrix} x_3 + \begin{bmatrix} 5.33 \\ 0 \\ 0 \\ .33 \\ -.67 \end{bmatrix} s_1 + \begin{bmatrix} 0 \\ 0 \\ 1 \\ 0 \\ 0 \end{bmatrix} s_2 + \begin{bmatrix} 0 \\ 0 \\ 0 \\ 0 \\ 1 \end{bmatrix} s_3 + \begin{bmatrix} 4 \\ 1 \\ -4 \\ -1 \\ 2 \end{bmatrix} s_4 = \begin{bmatrix} 1440 \\ 40 \\ 40 \\ 40 \\ 20 \end{bmatrix} - \begin{bmatrix} 12.67 \\ 0 \\ 4 \\ 2.67 \\ -1.33 \end{bmatrix} x_1 \tag{4.20}$$

x_1에 1을 대입하여 풀면, 목적값 z는 1440 − 12.67(1)=1427.33으로 12.67만큼 줄어

든다는 것을 알 수 있다. 따라서 x_1의 한계비용은 −12.67이다. 이처럼 최적 심플렉스 표의 목적행 계수는 비기저변수의 한계비용이 된다.

한편 $x_1=1$이 되는 새로운 해를 식(4.20)에서 구하면 $x_1=1$, $x_2=40-0=40$, $s_2=40-4(1)=36$, $x_3=40-2.67(1)=37.33$, $s_3=20-(-1.33)(1)=21.33$, $s_1=0$, $s_4=0$이다.[26] $x_1=1$은 유모차를 한 대를 생산한다는 것을 말하는데, 12.67만원 만큼의 손실이 발생한다. 12.67은 최적 정규형에서 x_1의 목적행의 계수에서 읽을 수 있고, 최적 심플렉스표의 목적행에서 x_1의 계수에 계산된 12.67(=B34의 값)으로도 알 수 있다. 식(4.19)의 계산에서 x_1의 계수 계산은 $-30+(5.33)8+(0)4+(0)4+(4)0=12.67$이다.[27]

기저변수의 목적식 계수의 허용가능 증감치 계산

기저변수의 목적식 계수에 변동이 생기면 다른 비기저변수들의 한계비용, 즉 수정된 목적식 계수에 변동이 발생한다. 예를 들어서, 보행기의 생산대수인 x_2는 최적해에서 기저변수이고 그 목적식의 계수 20만원이었다. 보행기의 한 대당 이익이 $(20+\Delta c_2)$만원으로 바뀌었다고 하자.[28]

초기정규형에서

$$z-30x_1-(20+\Delta c_2)x_2-16x_3 \quad =0$$

x_2의 계수 −20은 소거되지만 $-\Delta c_2$는 최적 정규형의 목적행에 그대로 남아 있게 된다. 그러면 목적행은

$$z+12.67x_1-\Delta c_2 x_2 \quad +5.33s_1 \quad +4s_4=1440$$

인데, $-\Delta c_2$를 소거하기 위하여 표4.12의 $R_4 1$을 (Δc_2) 배하여 목적행에 더하게 된다.

$$[\ z+12.67x_1-\Delta c_2 x_2 \quad +5.33s_1 \quad +4s_4=1440\ ]$$

---

26) 물론 이 해는 기저가능해(꼭지점해)가 아니며 실행가능역의 내부점 해에 해당한다.

27) 반올림 오차가 있는데, 5.3333*8−30으로 계산하면 42.67 − 30 = 12.67이 된다. 이 계산은 행렬곱: $(5.33\ 0\ 0\ 4)\times\begin{pmatrix}8\\4\\4\\0\end{pmatrix}-30=12.67$으로 적을 수 있다. 이 계산을 관습적으로 z_j-c_j으로 적는다.

28) 여기서 Δc_2는 양이나 음의 값 모두 될 수 있다.

$$+ [\quad x_2 \quad + s_4 = 40] \times \Delta c_2 \tag{4.21}$$

더한 후에 계수가 비음이어야 현재해가 최적해가 될 수 있으므로, s_4의 계수가 $(4+\Delta c_2) \geq 0$이어야 한다. 따라서 $\Delta c_2 \geq -4$이다. 이로부터 Δc_2는 $-4 \leq \Delta c_2 \leq \infty$의 범위를 가진다. 보행기의 목적식 계수 20의 허용가능 증가치는 ∞이며, 허용가능 감소치는 4이다. 목적값은 $1440 + 40 \times \Delta c_2$으로 변한다. 이 범위를 벗어나면 심플렉스 방법의 '반복'을 계속 수행하여 기저변수 세트가 달라진다.

| 기저변수의 목적식 계수의 허용가능 증감치

1. 기저변수 x_j의 증감치를 Δc_j라고 하면, (4.16)의 모형에서 목적식 계수는 $c_j + \Delta c_j$이다.
2. 최적 심플렉스표의 목적행 계수는 $-\Delta c_j$이고, 이것을 소거하는 목적행 수정 행연산의 결과가 모두 비음이 되는 조건으로 Δc_j의 공통범위를 계산한다.

비기저변수의 목적식 계수의 허용가능 증감치 계산

유모차 생산대수인 x_1는 최적해에서 비기저변수이고 그 목적식의 계수는 30만원이었다. 유모차의 한 대당 이익이 $(30+\Delta c_1)$만원으로 바뀌었다고 하자.[29] 초기 정규형에서 목적행은

$$z - (30 + \Delta c_1)x_1 - 20x_2 - 16x_3 \quad = 0$$

인데, 여기서 계수 −30은 12.67으로 변하지만 $-\Delta c_1$는 최적 정규형의 목적행에 그대로 남아있게 된다. 그러면 목적행은

$$z + (12.67 - \Delta c_1)x_1 + 5.33s_1 + 4s_4 = 1440 \tag{4.22}$$

이다. 계수가 비음이어야 현재해가 최적해가 될 수 있으므로, x_1의 계수가 $(12.67 - \Delta c_1) \geq 0$이어야 한다. 따라서 $\Delta c_1 \leq 12.67$이다. 이로부터 Δc_1는 $-\infty \leq \Delta c_1 \leq 12.67$의 범위를 가진다.

유모차의 목적식 계수 30의 허용가능 증가치는 12.67이며, 허용가능 감소치는 −∞이다. 이 범위 안에서 변동하면 목적값은 변동이 없다. 최대화 문제에서 목적식의 계수는 단위 생산당 이익을 나타낸다. 유모차(비기저변수)의 단위당 이익이 더 적어진다면

29) 여기서 Δc_1는 양이나 음의 값 모두 될 수 있다.

최적해에서 생산량 0은 계속 0으로 남을 것이다.

| 비기저변수의 목적식 계수의 허용가능 증감치

1. 비기저변수 x_j의 계수의 변동을 Δc_j라고 하면, 목적식 계수는 $c_j+\Delta c_j$이다.
2. 최적 심플렉스표의 목적행 계수 $\overline{c}_j$는 $\overline{c}_j-\Delta c_j$으로 바뀌고, 이것이 비음의 최적조건인 $\overline{c}_j-\Delta c_j \geq 0$을 만족하도록 Δc_j의 범위를 계산한다.

제한조건 우변의 허용가능 증감치

민감도 분석은 현재의 기저변수가 변하지 않는 것을 전제로 하였다. 목적식 계수의 민감도 분석에서는 최적해에 변동이 없다는 조건에서 허용가능 증감치를 구하였다. 그러나 제한조건의 우변 값이 바뀌면 최적목적값과 최적해 값이 변한다. 여기서 분석하려는 제한조건 우변의 허용가능 증감치는 현재의 기저변수 모두가 그대로 기저에 유지되는 우변상수 값의 변동 가능범위를 의미한다.

(주)소아 확장문제에서 기계 1의 사용가능시간이 240시간에서 240+Δb_1으로 바뀌었다고 하자. 그러면 최적해 표에서는 네 개의 우변상수가 어떤 수치로 바뀔 것인가? 표 4.12을 보면 초기해 표의 s_1 계수 (0, 1, 0, 0, 0)은 (4, 0, 0, 0.33, −0.67)로 변환되는데, Δb_1의 계수 (0, 1, 0, 0, 0)도 동일하게 변환된다.

$$\begin{pmatrix} 0 \\ 240+\Delta b_1 \\ 200 \\ 100 \\ 40 \end{pmatrix} = \begin{pmatrix} 0 \\ 240 \\ 200 \\ 100 \\ 40 \end{pmatrix} + \begin{pmatrix} 0 \\ 1 \\ 0 \\ 0 \\ 0 \end{pmatrix} \times \Delta b_1 \text{ 심플렉스 후} \Rightarrow \begin{pmatrix} 1440 \\ 40 \\ 40 \\ 40 \\ 20 \end{pmatrix} + \begin{pmatrix} 4 \\ 0 \\ 0 \\ .33 \\ -.67 \end{pmatrix} \times \Delta b_1 \quad (4.23)$$

최적해의 우변상수는 (1440+4Δb_1, 40, 40, 40+0.33Δb_1, 20−0.67Δb_1)로 된다. 변환된 우변상수가 비음을 만족하여야 하므로[30)]

$$40+0.33\Delta b_1 \geq 0, \quad 20-0.67\Delta b_1 \geq 0$$

이다.

이것을 만족하는 Δb_1의 범위는 $-120 \leq \Delta b_1 \leq 30$이다. 따라서 기계 1의 제한조건 우변 240시간의 허용가능 증가치는 30(시간)이며, 허용가능 감소치는 120(시간)

30) 심플렉스 방법은 우변상수의 비음을 유지하는데 이것을 원본가능성(primal feasibility)이라고 한다.

이다. 즉, 기계 1의 사용가능시간이 120(=240−120)시간에서 270(=240+30)시간의 범위 안에 들어가면 현재의 기저변수들은 계속 기저변수로 유지된다.

제한조건 우변의 허용가능 증감치

1. 우변상수 b_i 의 허용가능 증감치를 Δb_i 라 하자. 최적해 표에서의 우변상수의 변동을 Δb_i 로 표현한다.
2. 각 제약식의 수정된 우변상수가 비음조건을 만족하도록 Δb_i 의 공통범위를 계산한다.

체크포인트 4

1. 체크포인트 2의 표 4.6에서 X1, X2, X3의 한계비용을 적어라.
2. 각 제약식 우변값의 잠재가격을 적어라.
3. 변수 X2의 계수의 증감범위를 구하라.

모형화 토의: 100% 규칙과 쌍대 심플렉스(dual simplex) 방법

1. 100% rule: 여러 개의 계수가 동시에 변동하면 민감도 분석을 적용할 수 있을까? 한 개 이상의 **기저변수를 포함(반드시)**하여 여러 개 변수(x_j)의 목적식 계수(c_j)가 동시에 변동하는 경우는 '100% 규칙'이 적용된다.

   표 4.11에서 유모차(x_1)의 계수가 30에서 35만원으로 증가, 자전거(x_3)의 이익이 16만원에서 14만원으로 감소하면, 변동분을 허용가능 증감치로 나눈 % 합계가: $\frac{5}{12.67}\times 100\% + \frac{2}{4.75}\times 100\% = 81.57\% \le 100\%$ 이내이고, (x_3)가 기저변수이므로 현재의 기저변수 x_2, x_3, s_2, s_3 는 변함이 없고 현재의 민감도 분석을 그대로 적용할 수 있다. 목적값은 (5만원)0대+(−2만원)40대=80만원 감소한다.

   100% rule은 속박적 제약식의 우변값을 (반드시)하나 이상 포함하면 우변상수에도 적용된다.

2. (4.23)식에서 Δb_1 =60이라면 아래 표와 같이 심플렉스표 우변에 음수가 생기고 더 이상 최적표가 아니다. 관찰하면 목적행에는 음수가 없다. 이럴 때에는 **쌍대 심플렉스**(dual simplex) 방법으로 해를 계속 찾을 수 있다. 쌍대 심플렉스 방법은 다음 세 단계를 반복한다.

   단계 i) 우변 상수에서 절대값이 제일 큰 음수의 행(피봇행)을 선택한다.

   단계 ii) 피봇행의 음의 원소를 가지고 목적행 계수를 나누어서 |비율|이 제일 작은 피봇열을 선택한다.

   단계 iii) 피봇행에 (−1)을 곱한 다음, 피봇행을 가지고 선택된 피봇열의 원소를 0으로 소거한다. 단계 i) 로 되돌아가서, 우변상수열에 음수가 없을 때까지 반복한다.

   아래 그림 4.15의 16~20행은 피봇 연산을 마친 것인데 우변상수에 음수가 없으므로 최적표가 된다. 새로 구한 해를 보면 최적값은 1520만원이고, 보행기(x2)를 40대, 자전거(x3)를 50대 생산한다. 쌍대변수 값(잠재가격)은 0, 0, 8, 20으로 달라졌다.

	A	B	C	D	E	F	G	H	I	J	K
9		x1	x2	x3	s1	s2	s3	s4		b	
10		12.67	0	0	5.33	0	0	4	=	1680	
11		0	1	0	0	0	0	1	=	40	
12		4	0	0	0	1	0	-4	=	40	
13		2.67	0	1	0.33	0	0	-1	=	60	
14		-1.33	0	0	-0.67	0	1	2	=	-20	
15	최소 |비율|	9.5			8.0						
16		2	0	0	0	0	8	20	=	1520	
17		0	1	0	0	0	0	1	=	40	
18		4	0	0	0	1	0	-4	=	40	
19		2	0	1	0	0	0.5	0	=	50	
20		2	0	0	1	0	-1.5	-3	=	30	
21											

단계 i) 피봇행 선택

단계 ii) 피봇열 선택

그림 4.15 쌍대 심플렉스 방법

모형화 토의: 심플렉스 방법의 보완 – 우변상수가 음인 경우

1. 심플렉스 방법은

i) 모든 변수는 비음(nonnegative)이고,

ii) 우변상수도 모두 비음(양 또는 0)이며,

iii) 각 제약식에 기저변수를 하나씩 정하여 초기 기저가능해를 정한 후에 시작할 수 있다.

예제 4.2의 최대화 문제에 심플렉스 방법을 적용하려면 어떻게 하여야 할까?

$$\max\ z = 3x_1 + 5x_2 - 1x_3$$
$$\text{s.t.}\quad 4x_1 + 3x_2 + 2x_3 \le 10$$
$$-1x_1 + 2x_3 + 3x_3 \ge -2$$
$$1x_1 + 4x_2 - 2x_3 = 5$$
$$x_1 \ge 0,\ x_2\text{는 부호제약이 없음},\ x_3 \le 0$$

i) $x_2 \to x_2' - x_2''$, $x_3 \to -x_3'$으로 치환하여 모든 변수를 비음으로 만든 다음, ii) 두 번째 제약식 양변에 -1을 곱하여 우변상수를 비음으로 만든다.

$$\max\ z = 3x_1 + 5(x_2' - x_2'') + 1x_3'$$
$$\text{s.t.}\quad 4x_1 + 3(x_2' - x_2'') - 2x_3' \le 10$$
$$1x_1 - 2(x_2' - x_2'') + 3x_3' \le 2$$
$$1x_1 + 4(x_2' - x_2'') + 2x_3' = 5$$
$$x_1, x_2', x_2'', x_3' \ge 0$$

iii) 여유변수와 인위변수 s_1, s_2, r_1를 추가하고, 목적함수에 인위변수를 반영하면,

$$\max\ z = 3x_1 + 5x_2' - 5x_2'' + 1x_3' - Mr_1$$
$$\text{s.t.}\quad 4x_1 + 3x_2' - 3x_2'' - 2x_3' + s_1 = 10$$
$$1x_1 - 2x_2' + 2x_2'' + 3x_3' + s_2 = 2$$
$$1x_1 + 4x_2' - 4x_2'' + 2x_3' + r_1 = 5$$
$$x_1, x_2', x_2'', x_3', s_1, s_2, r_1 \ge 0$$

이다. 이제 $s_1 = 10, s_2 = 2, r_1 = 5$, 나머지 변수는 0으로 한 초기 기저가능해를 시작으로 심플렉스 방법을 적용할 수 있다. 물론 목적식의 인위변수 계수를 소거한 다음.

연습문제

1 다음을 표준형 등식으로 바꾸어라. 기저해를 하나 적어라.

$$\begin{aligned} \text{max.} \quad & z = 4x_1 + 3x_2 & \text{(총 이익)} \\ \text{s.t} \quad & x_1 + x_2 \leqq 240 & \text{(기계1 사용시간)} \\ & 2x_1 + 1x_2 \leqq 200 & \text{(기계2 사용시간)} \\ & x_1, x_2 \geqq 0 & \text{(비음 조건)} \end{aligned}$$

2 다음 제약 부등식의 실행 가능해 영역을 고려해 보자.

$$x_1 + x_2 \leq 4$$
$$x_1 \leq 2, \quad x_1, \; x_2 \geq 0$$

(1) 그래프로 그린 가능해 영역에서 꼭짓점과 모서리는 각각 몇 개인가?

(2) 위 제약식 체계를 정규형으로 변환하고, 기저해를 하나 정하라.

3 (표준형) 다음의 선형계획문제를 고려하자.

$$\begin{aligned} \text{maximize} \quad & x_1 + 3x_2 + 5x_3 \\ \text{subject to} \quad & 3x_1 + x_2 + x_3 \leq 12 \\ & 6x_1 + 3x_2 + 5x_3 \leq 30 \\ & x_1, \; x_2, \; x_3 \geq 0 \end{aligned}$$

(1) 위 문제를 정규형으로 변환하고, 기저해를 하나 정하라.

(2) 심플렉스 방법으로 최적해를 구하라. (엑셀을 사용하여 피봇연산을 하여도 좋음.)

(3) 본서에서 제공한 SimplexTable 프로그램을 사용하여 최적해를 구하리라.

4 다음과 같이 제약식이 한 개인 선형계획 문제를 선형계획 배낭문제(LP knapsack problem)라 부른다.

$$\begin{aligned} \text{max} \quad & 70x_1 + 20x_2 + 39x_3 + 37x_4 + 11x_5 + \\ & + 7x_6 + 5x_7 \\ \text{s.t.} \quad & 31x_1 + 10x_2 + 20x_3 + 19x_4 + 6x_5 + \\ & + 4x_6 + 3x_7 \leqq 49 \\ & x_j \geq 0, \; j = 1, \ldots, 7 \end{aligned}$$

위 문제를 정규형으로 바꾸어서 기저가능해를 모두 구하라. 모두 몇 개인가?

5 다음 선형계획문제에 대해 답하라.

$$\begin{aligned} \text{maximize} \quad & 2x_1 + 3x_2 \\ \text{subject to} \quad & x_1 + 2x_2 \leq 6 \quad \text{........①} \\ & 5x_1 + 3x_2 \leq 15 \quad \text{........②} \\ & x_1, \; x_2 \geq 0 \end{aligned}$$

(1) 위 문제에 심플렉스 방법을 적용하여 아래의 표를 얻었다. 최적 심플렉스 표에서 기저변수와 비기저 변수는 각각 무엇인가?

(2) 심플렉스 표에서 빈칸을 피봇연산으로 모두 완성하고 A, B를 적어라.

(3) 제약식 ②의 우변상수인 15가 16으로 증가한다면, 최적 목적함수값은 얼마나 증가하는가?

x_1	x_2	x_3	x_4	우변상수
−2	−3	0	0	0
1	2	1	0	6
5	3	0	1	15
−1/2	0	3/2	0	9
1/2	1	1/2	0	3
7/2	0	−3/2	1	6
0	0	9/7	1/7	69/7
0	1		B	
1	0		A	

6 다음은 자전거 이익이 20만원으로 달라진 (주)소아 문제의 심플렉스 표이다.

(1) 반복 1의 표에서 기저변수와 비기저변수는 무엇인가?

(2) 반복 1에서 기저가능해를 정하라.

	A	B	C	D	E	F	G	H	I	J	K
1	심플렉스 테이블										
2											
3	초기	X1	X2	X3	X4	X5	X6	X7	=	RHS	
4		-30	-20	-20	0	0	0	0		0	
5		8	3	3	1	0	0	0		250	
6		4	4	0	0	1	0	0		200	
7		4	0	2	0	0	1	0		100	
8		0	1	0	0	0	0	1		30	
9											
16	반복1	0	-20	-5	0	0	7.5	0	=	750	
17		0	3	-1	1	0	-2	0	=	50	
18		0	4	-2	0	1	-1	0	=	100	
19		1	0	0.5	0	0	0.25	0	=	25	
20		0	1	0	0	0	0	1	=	30	
21											
22	반복2	0	0	-11.7	6.66667	0	-5.833	0	=	1083.3	
23		0	1	-0.33	0.33333	0	-0.667	0	=	16.667	
24		0	0	-0.67	-1.3333	1	1.6667	0	=	33.333	
25		1	0	0.5	0	0	0.25	0	=	25	
26		0	0	0.333	-0.3333	0	0.6667	1	=	13.333	
27											

	A	B	C	D	E	F	G	H	I	J	K
27		x1	x2	x3	x4	x5	x6	x7			
28	반복3	0	0	0	-5	0	17.5	35	=	1550	
29		0	1	0	0	0	0	1	=	30	
30		0	0	0	-2	1	3	2	=	60	
31		1	0	0	0.5	0	-0.75	-1.5	=	5	
32		0	0	1	-1	0	2	3	=	40	
33											
34	반복4	10	0	0	0	0	10	20	=	1600	
35		0	1	0	0	0	0	1	=	30	
36		4	0	0	0	1	0	-4	=	80	
37		2	0	0	1	0	-1.5	-3	=	10	
38		2	0	1	0	0	0.5	0	=	50	

문제 6번 그림

(3) 반복 1에서 진입변수와 탈락변수는?

(4) 피봇원소를 정하고 피봇연산을 수행하여 반복 2의 표를 확인하라.

(5) 반복 2의 표에서 기저가능해를 적어라.

(6) 반복3에서 D32셀과 32행의 기준행을 만드는 작업을 엑셀 수식으로 적어라.

(7) 반복3에서 목적행의 D28셀을 계산하는 엑셀 수식을 적고, 목적행을 수정하는 엑셀 수식을 적어라.

7(인위변수) 다음 선형계획문제를 고려하자.

$$\text{maximize} \quad z = 4x_1 + 5x_2 + 2x_3$$
$$\text{subject to} \quad -2x_1 - x_2 - x_3 \ge -40$$
$$x_1 - 2x_2 + x_3 \le 12$$
$$x_1 + 2x_2 + x_3 = 16$$
$$x_1 \ge 0,\ x_2 \text{ 부호제약 없음},\ x_3 \le 0$$

(1) 위 문제를 표준형으로 변환하라. 변수는 모두 몇 개가 되는가?

(2) 위 문제를 정규형으로 변환하라. 필요시 인위변수를 사용한다.

8 다음 문제의 최적해를 Big-M 방법으로 구하라. 단, M을 100으로 하라.

$$\min \quad z = 3x_1 + 2x_2$$
$$\text{s.t} \quad x_1 + x_2 = 10$$
$$x_1 \ge 5$$
$$x_1,\ x_2 \ge 0$$

9 다음은 (주)소아의 최대화 문제에서 엑셀수식을 입력하여 반복표를 얻은 결과이다.

(1) 초기해 표에 심플렉스 방법을 적용하면, 선택될 피봇열과 피봇행은 무엇인가?

(2) 반복 4의 최적해 표에서 기저변수, 비기저변수는 각각 무엇인가?

(3) 반복 4의 최적해 표에서 셀 F25와 F26에 입력한 엑셀 수식을 쓰시오.

(4) 최적 목적함수값은 반복 4의 최적해 표에서 1180으로 구해진다. 초기해 표에서 첫 번째 제약식의 우변상수인 240(셀 I5)이 241로 증가하면, 최적 목적함수 값은 얼마나 증가하겠는가?

10(인위변수) 다음 선형계획문제를 보고,

$$\text{maximize} \quad 9x_1 - 8x_2 - x_3 + 2x_4$$

$$\text{subject to} \quad 3x_1 - 2x_2 - x_3 + 2x_4 \leq 15$$

$$x_1 + 0x_2 + x_3 + 0x_4 \leq 5$$

$$0x_1 + 2x_2 + x_3 + x_4 \geq 0$$

$$x_1 \geq 0,\ x_2 \geq 0,\ x_3 \geq 0,\ x_4 \geq 0$$

(1) 위 문제를 표준형으로 변환하라.

(2) 위 문제를 정규형으로 변환하라. 필요시 인위변수를 사용한다.

(3) 이 문제는 어떤 해를 갖는가? (엑셀을 활용하라.)

11(최소화문제) 다음의 최소화 선형계획문제를 고려하자.

$$\text{minimize} \quad Z = 2x_1 + 3x_2 - 4x_3 - x_4$$

$$\text{subject to} \quad x_1 - 2x_2 + 2x_3 + x_4 \leq 10$$

$$2x_1 + 2x_2 + 3x_3 + x_4 \leq 30$$

$$x_1 - x_2 + 4x_3 - x_4 \leq 40$$

$$x_1 \geq 0,\ x_2 \geq 0,\ x_3 \geq 0,\ x_4 \geq 0$$

	A	B	C	D	E	F	G	H	I
1	연습문제 9								
2									
3		x1	x2	x3	x4	x5	x6		RHS
4	반복 1	-30	-20	0	0	0	0	=	0
5	(초기해)	8	3	1	0	0	0	=	240
6		4	4	0	1	0	0	=	200
7		4	0	0	0	1	0	=	100
8		0	1	0	0	0	1	=	40
9									
10	반복 2	0	-20	0	0	7.5	0	=	750
11		0	3	1	0	-2	0	=	40
12		0	4	0	1	-1	0	=	100
13		1	0	0	0	0.25	0	=	25
14		0	1	0	0	0	1	=	40
15									
16	반복 3								
17		0	0	6.67	0	-5.83	0	=	1016.67
18		0	1	0.33	0	-0.67	0	=	13.33
19		0	0	-1.33	1	1.67	0	=	46.67
20		1	0	0.00	0	0.25	0	=	25.00
21		0	0	-0.33	0	0.67	1	=	26.67
22									
23	반복 4	0	0	2	3.5	0	0	=	1180
24	(최적해)	0	1	-0.2	0.4	0	0	=	32
25		0	0	-0.8	0.6	1	0	=	28
26		1	0	0.2	-0.15	0	0	=	18
27		0	0	0.2	-0.4	0	1	=	8

문제 9번 그림

(1) 위 문제를 최대화 문제의 정규형으로 변환하라.

(2) 심플렉스 방법을 사용하여 최적해를 구하라. (엑셀을 사용하라.)

(3) 본서에서 제공한 SimplexTable 프로그램을 사용하여 최적해를 구하라.

12(무한영역/무한해) 다음과 같은 선형계획문제를 고려하자.

$$\begin{aligned} \text{maximize} \quad & 3x_1 + 2x_2 \\ \text{subject to} \quad & x_1 - x_2 \geq 1 \\ & -x_1 + 2x_2 \leq 2 \\ & x_1,\ x_2 \geq 0 \end{aligned}$$

(1) 2차원 평면에 가능해 영역을 도시하고 무한한 영역이 발생함을 보이시오.

(2) 엑셀의 스프레드시트에서 심플렉스 방법을 적용하여 무한해가 발생함을 보이시오.

(3) (무한 영역/최적해) 위 문제에서 목적함수가 maximize $3x_1 - 4x_2$로 바뀌었을 때 이 문제에는 최적해가 존재하는가?.

13(복수 최적해) 다음의 문제를 고려하자.

$$\begin{aligned} \text{maximize} \quad & z = 9x_1 + 6x_2 \\ \text{subject to} \quad & x_1 - x_2 \leq 4 \\ & x_1 + 2x_2 \leq 12 \\ & 3x_1 + 2x_2 \leq 18 \\ & x_1,\ x_2 \geq 0 \end{aligned}$$

(1) 위 문제를 그래프 해법으로 풀고, 복수최적해가 존재함을 보이시오.

(2) 위 문제의 최적해를 심플렉스 방법으로 구하라. 대안최적해가 존재하는가?

(3) 최적해 및 대안최적해에 해당하는 꼭짓점은 무엇인가? 그래프에 도시하라.

14(Bg-M 방법과 복수최적해) 아래의 그림은 3

	A	B	C	D	E	F	G	H	I	J	K	L	M	N	O	P
1	심플렉스 테이블															
2	예제3.6 W사의 포도혼합생산문제:최대화문제															
3		x11	x12	x13	x21	x22	x23	s1	s2	s3	e1	e2	r1	r2	=	RHS
4		-2.7	-2.7	-2.7	-3.5	-3.5	-3.5	0	0	0	0	0	100	100		0
5		1	0	0	1	0	0	1	0	0	0	0	0	0		40
6		0	1	0	0	1	0	0	1	0	0	0	0	0		60
7		0	0	1	0	0	1	0	0	1	0	0	0	0		60
8		4	1	-1	0	0	0	0	0	0	-1	0	1	0		0
9		0	0	0	2	-1	-3	0	0	0	0	-1	0	1		0
10	초기해															
11		-403	-103	97.3	-204	96.5	296.5	0	0	0	100	100	0	0	=	0
12		1	0	0	1	0	0	1	0	0	0	0	0	0	=	40
13		0	1	0	0	1	0	0	1	0	0	0	0	0	=	60
14		0	0	1	0	0	1	0	0	1	0	0	0	0	=	60
15		4	1	-1	0	0	0	0	0	0	-1	0	1	0	=	0
16		0	0	0	2	-1	-3	0	0	0	0	-1	0	1	=	0
17		목적함수행을 소거하였습니다.														
59	최적해															
60		0	0	0	0	0	0	4.3	3.1	2.3	0.4	0.4	99.6	99.6	=	496
61		1	0	0	0	0	0.667	0.333	-0.17	0.167	-0.17	0.167	0.167	-0.17	=	13.33
62		0	0	0	0	1	1.667	1.333	0.333	-0.33	0.333	0.667	-0.33	-0.67	=	53.33
63		0	0	1	0	0	1	0	0	1	0	0	0	0	=	60
64		0	1	0	0	0	-1.67	-1.33	0.667	0.333	-0.33	-0.67	0.333	0.667	=	6.667
65		0	0	0	1	0	-0.67	0.667	0.167	-0.17	0.167	-0.17	-0.17	0.167	=	26.67
66																

문제 14번 그림

장 혼합생산계획 문제(예제3.6)의 초기해 표에 심플렉스 방법을 적용하여 최적해 표를 구한 것이다. Big-M을 100으로 하여 풀었다.

(1) 현재의 최적해를 적어라. 최적해에서 인위변수는 0인가?

(2) 최적해 표상에서 또 다른 최적해를 구하려면 어느 변수를 진입시켜야 하는가?

(3) 최적해 심플렉스표에서 엑셀작업으로 피봇연산을 수행하여 새로운 복수최적해를 구하라.

15(복수 최적해) 다음의 문제를 고려하자.

$$\begin{aligned} \text{maximize} \quad & z = 40x_1 + 40x_2 \\ \text{subject to} \quad & 8x_1 + 3x_2 \le 240 \\ & 4x_1 + 4x_2 \le 200 \\ & 4x_1 + 0x_2 \le 100 \\ & x_2 \le 40 \\ & x_1 \ge 0,\ x_2 \ge 0 \end{aligned}$$

(1) 심플렉스 방법을 적용하여 위 문제의 최적해를 구하라.

(2) 두 개의 최적 기저가능해를 구하라.

(3) 한 최적 기저가능해에 50%의 가중치를, 대안의 최적 기저가능해에 50%의 가중치를 적용하여 새로운 해를 구하라.

(3) 새로운 해는 가능해가 되며 목적함수 값도 최적 값과 동일함을 보이시오.

16(퇴화해) 다음의 최소화 선형계획문제를 고려하자.

$$\begin{aligned} \text{minimize} \quad & z = 2x_1 + 6x_2 + 5x_3 \\ \text{subject to} \quad & x_1 + 4x_2 + 2x_3 \ge 20 \\ & 4x_1 + 8x_2 - x_3 = 40 \\ & 3x_1 + x_2 + 2x_3 \le 50 \\ & x_1,\ x_2,\ x_3 \ge 0 \end{aligned}$$

(1) 위 문제를 표준형으로 변환하라.

(2) 위 문제를 정규형으로 변환하라. 필요시 인위변수를 사용한다.

(3) 본서에서 제공한 SimplexTable 프로그램을 사용하여 최적해를 구하라.

17(민감도분석/최대화 문제) 다음은 최대화 선형계획문제의 초기해 표에 심플렉스 방법을 적용하여 구한 최적해 표이다.

(1) 변수 x_1, x_2, x_3의 한계비용을 적어라.

(2) 각 제약식의 잠재가는 얼마인가?

(3) 변수 x_1, x_2, x_3의 목적함수 계수의 허용가능 증가치와 허용가능 감소치를 각각 구하라.

(4) 각 제약식의 우변상수의 허용가능 증가치와 감소치를 구하라.

	A	B	C	D	E	F	G	H	I
1									
2		x1	x2	x3	s1	s2	s3		우변상수
3	초기해	-3	-8	-2	0	0	0	=	0
4		2	1	1	1	0	0	=	40
5		3	4	1	0	1	0	=	100
6		1	-4	4	0	0	1	=	24
7									
18	최적해	3	0	0	0	2	0	=	200
19		1.25	0	0.75	1	-0.25	0	=	15
20		0.75	1	0.25	0	0.25	0	=	25
21		4	0	5	0	1	1	=	124

문제 17번 그림

	A	B	C	D	E	F	G	H
1								
2		x1	x2	x3	s1	s2		우변상수
3	초기해	-1	-3	-5	0	0	=	0
4		3	1	1	1	0	=	12
5		6	3	5	0	1	=	30
6								
15	최적해	5	0	0	0	1	=	30
16		1.8	0.4	0	1	-0.2	=	6
17		1.2	0.6	1	0	0.2	=	6

문제 18번 그림

(5) 위 문제를 스프레드시트 모형으로 작성하고 해 찾기를 적용하여 최적해와 민감도 보고서를 구하라. 위 문제의 답과 일치하는가?

18(민감도분석/최대화 문제) 최대화 선형계획 문제의 초기해 표에 심플렉스 방법을 적용하여 구한 최적해 표이다.

(1) 변수 x_1, x_2, x_3 의 한계비용을 적어라.

(2) 각 제약식의 잠재가는 얼마인가?

(3) x_1, x_2, x_3 의 목적함수 계수의 허용가능 증가치와 허용가능 감소치를 구하라.

(4) 각 제약식의 우변상수의 허용가능 증가치와 감소치를 구하라.

(5) 위 문제를 스프레드시트 모형으로 작성하고 해 찾기를 적용하여 최적해와 민감도 보고서를 구하라. 위 문제의 답과 일치하는가?

19(민감도분석/최소화문제/인위변수) 다음은 최소화 선형계획문제의 초기해 표에 심플렉스 방법을 적용하여 구한 최적해 표이다.

(1) 변수 x_1, x_2 의 한계비용은 얼마인가?

(2) 각 제약식의 잠재가는 얼마인가?

(3) 변수 x_1, x_2 의 목적함수 계수의 허용가능 증가치와 허용가능 감소치를 구하라.

	A	B	C	D	E	F	G	H
1								
2		x1	x2	s1	r1	r2		우변상수
3	초기해	3	2	0	100	100	=	0
4		1	1	0	1	0	=	10
5		1	0	-1	0	1	=	5
6								
19	최적해	0	0	1	98	99	=	-25
20		0	1	1	1	-1	=	5
21		1	0	-1	0	1	=	5

문제 19번 그림

	A	B	C	D	E	F	G	H	I	J
1										
2		x1	x2	x3	x4	s1	s2	s3		우변상수
3		2	3	-4	-1	0	0	0	=	0
4		1	-2	2	1	1	0	0	=	10
5		2	2	3	1	0	1	0	=	30
6		1	-1	4	-1	0	0	1	=	40
7										
8		4.1	0	0	0.9	1.7	0.2	0	=	23
9		0.6	0	1	0.4	0.2	0.2	0	=	8
10		0.1	1	0	-0.1	-0.3	0.2	0	=	3
11		-1.3	0	0	-2.7	-1.1	-0.6	1	=	11

문제 20번 그림

	A	B	C	D	E	F	G	H	I
1									
2		x1	x2	x3	s1	s2	r1		우변상수
3	초기해	-4	-5	-2	0	0	1000	=	0
4		2	1	1	1	0	0	=	40
5		1	-2	1	0	1	0	=	12
6		1	2	1	0	0	1	=	16
7									
8	최적해	0	0	2	0	0.75	1003.25	=	61
9		0	0	-1	1	-0.75	-1.25	=	11
10		1	0	1	0	0.5	0.5	=	14
11		0	1	0	0	-0.25	0.25	=	1

문제 21번 그림

(4) 각 제약식의 우변상수의 허용가능 증가치와 감소치를 구하라.

(5) 위 문제를 스프레드시트 모형으로 작성하고 해 찾기를 적용하여 최적해와 민감도 보고서를 구하라. 위 문제의 답과 일치하는가?

20(민감도분석/최소화 문제) 최소화 선형계획문제의 초기해 표에 심플렉스 방법을 적용하여 구한 최적해 표이다.

(1) 변수 x_1, x_2, x_3, x_4의 목적함수 계수의 허용가능 증가치와 허용가능 감소치를 구하라.

(2) 변수 x_1, x_2, x_3, x_4의 한계비용은 얼마인가?

(3) 각 제약식의 잠재가격은 얼마인가?

(4) 각 제약식의 우변상수의 허용가능 증가치와 감소치를 구하라.

(5) 위 문제를 스프레드시트 모형으로 작성하고 해 찾기를 적용하여 최적해와 민감도 보고서를 구하라. 위 문제의 답과 일치하는가?

21(민감도분석/최대화 문제/인위변수) 다음은 최대화 선형계획문제의 초기해 표에 심플렉스 방법을 적용하여 구한 최적해 표이다.

(1) x_1, x_2, x_3의 한계비용은 얼마인가?

(2) 각 제약식의 잠재가격은 얼마인가?

(3) 변수 x_1, x_2, x_3의 목적함수 계수의 허용가능 증가치와 허용가능 감소치를 구하라.

(4) 각 제약식의 우변상수의 허용가능 증가치와 감소치를 구하라.

(5) 위 문제를 스프레드시트 모형으로 작성하고 해 찾기를 적용하여 최적해와 민감도 보고서를 구하라. 위 문제의 답과 일치하는가?

22 다음은 목적함수 $z = -x_1 + 2x_2$을 최대화하고 제약식은 모두 "$\le$"의 형태인 선형계획 문제에 여유변수 s_1, s_2를 추가하여 심플렉스 방법으로 푼 반복표이다. 표에서 기저변수는 x_2와 s_2이다.

x1	x2	s1	s2		우변
a	b	c	0	=	2
−1	1	1	0	=	1
2	0	−1	d	=	2

(1) a, b, c, d의 값을 정하라.

(2) 위 표는 최적표인가?

(3) 최적해 표가 아니면 피봇연산을 수행하여 최적해를 구하라.

(4) 최적해 표에서 각 제약식의 잠재가는 얼마인가?

23 다음 최대화 문제에 심플렉스 방법을 적용하여 최적표를 아래와 같이 구하였다.

$$\text{maximize} \quad z = 2x_1 + x_2 - x_3$$
$$\text{subject to} \quad x_1 + 2x_2 + x_3 \le 8$$
$$-x_1 + x_2 - 2x_3 \le 4$$
$$x_1,\ x_2,\ x_3 \ge 0$$

x1	x2	x3	s1	s2		우변
0	3	3	2	0	=	16
1	2	1	1	0	=	8
0	3	−1	1	1	=	12

(1) 위 문제의 최적해를 적어라.

(2) 쌍대문제를 작성하고, 제시된 최적표로부터 쌍대문제의 최적해를 구하라.

(3) 최적해 표에서 x_2는 비기저변수이다. x_2의 계수가 1에서 6으로 변동된다면 위의 해는 최적으로 유지되는지를 판별하라.

(4) 위 문제 (3)에서 최적이 아니라면 새로운 진입변수는 무엇인가?

(5) 피봇연산을 수행하여 새로운 최적해를 구하라.

24(표준형) 다음에서 (b)는 선형계획문제 (a)를 여유변수를 중심으로 적은 것이다.

$$\max \ z = 4x_1 + 8x_2 + 2x_3 \qquad \text{...(a)}$$
$$\text{s.t} \quad 2x_1 + x_2 + x_3 \le 40$$
$$3x_1 + 4x_2 + x_3 \le 100$$
$$x_1 - 4x_2 + 4x_3 \le 24$$
$$x_1,\ x_2,\ x_3 \ge 0$$

$$\max \ z = 4x_1 + 8x_2 + 2x_3 \qquad \text{...(b)}$$
$$\text{s.t} \quad x_4 = 40 - 2x_1 - x_2 - x_3$$
$$x_5 = 100 - 3x_1 - 4x_2 - x_3$$
$$x_6 = 24 - x_1 + 4x_2 - 4x_3$$
$$x_1, x_2, x_3, x_4, x_5, x_6 \ge 0$$

(1) (b)를 보고 기저해를 하나 적어라.

(2) (b)에서 심플렉스 방법의 원리를 적용하여 x_1, x_2, x_3 중에서 진입변수를 정하라.

(3) (b)에서 최소비율검사를 적용하여 탈락변수를 정하면 x_4, x_5, x_6 중 어느 것이 되는가?

25 다음 표와 같이 6가지 식품에서 비타민 성분을 추출하여 알약으로 제조하여 판매하는 제약회사가 있다고 하자. 소비자들은 이들 식품을 구매하는 대신에 비타민 알약을 통해서 1일 필수 요구량을 편리하게 섭취할 수 있다. 그러나 비타민 가격이 너무 비싸면 비타민 알약을 구입하지 않고 대신에 식품을 구입하여 섭취할 것이다. 이 문제를 선형계획문제로 풀어서 비타민 A C의 단위당 적정 가격은 15원 4원을 구하였다. (단, 비타민 A는 100 IU, 비타민 C는 1mg을 한 단위로 간주한다.)

다음은 제약회사 문제의 수리모형이다.

$$\max \ w = 50y_1 + 60y_2 \qquad \text{(판매가격)}$$

문제25번 표 비타민 함량 및 식품가격

비타민	식품 100g에 포함된 비타민 함량						1일 필수 요구량 (단위)
	식품1	식품2	식품3	식품4	식품5	식품6	
비타민 A	10	0	20	20	10	20	50 (100 IU)
비타민 C	0	10	30	10	30	20	60 (mg)
식품가격(원/100g)	350	300	500	340	270	400	

$$
\begin{aligned}
\text{s.t.}\quad & 10y_1 && \le 350 \quad (1)\\
& \qquad 10y_2 && \le 300 \quad (2)\\
& 20y_1 + 30y_2 && \le 500 \quad (3)\\
& 20y_1 + 10y_2 && \le 340 \quad (4)\\
& 10y_1 + 30y_2 && \le 270 \quad (5)\\
& 20y_1 + 20y_2 && \le 400 \quad (6)\\
& y_1,\ y_2 && \ge 0 \quad (\text{비음조건})
\end{aligned}
$$

(1) 식품2의 제약조건 (2)를 기준으로 따진다면 비타민 C의 단위당 가격은 얼마 이하가 되어야 하는가?

(2) 제약조건 (3)의 뜻을 비타민 가격으로 적어라.

(3) 이 문제의 잠재가격은 (0 0 0 1.8 1.4 0)이다. 잠재가격을 이용하여 비타민 알약의 판매가격이 990원을 넘을 수 없음을 입증하라.

(4) 이 문제의 쌍대문제를 적으면 식단문제(예제 2.2)가 됨을 보여라.

(5) 식단문제의 최소비용이 990원 보다 더 작을 수 없음을 입증하라.

추가문제 26 2.3절의 식단문제를 인위변수를 추가하고, Big-M을 1000을 입력하여 심플렉스로 푼 것이다. 초기해와 최적해의 표만 적었다.

(1) 초기해의 $(-z)$ 값을 적어라.

(2) 최적해에서 인위변수 값은 0인가?

(3) 식품1(x1)의 한계비용을 적고 그 뜻을 적어라.

(4) 제약조건의 잠재가격은 변수 s1, s2를 보면 알 수 있다. 비타민 A의 잠재가격은 얼마인가?

27 다음 원본문제의 쌍대문제를 제시하고 두 문제 모두 비가해임을 보여라.

원본문제

$$
\begin{aligned}
\text{maximize}\quad & z = x_1 + x_2\\
\text{subject to}\quad & x_1 \le -2\\
& x_1 - x_2 \le 1\\
& x_1 \ge 0,\ x_2 \ge 0
\end{aligned}
$$

28 다음 원본문제와 쌍대문제의 해는 쌍대이론의 표 4.7의 (a)~(d)중 어디에 해당하는가?

Primal	Dual
max $z = x_1$	min $w = y_1 - y_2$
s.t. $-x_1 \le 1$	s.t. $-y_1 \ge 1$
$x_2 \le -1$	$y_2 \ge 0$
$x_1, x_2 \ge 0$	$y_1, y_2 \ge 0$

	A	B	C	D	E	F	G	H	I	J	K	L	M
1	식단문제 (최소화문제)												
2													
3	인위변수	X1	X2	X3	X4	X5	X6	S1	S2	R1	R2	=	RHS
4	추가	350	300	500	340	270	400	0	0	1000	1000		0
5		10	0	20	20	10	20	-1	0	1	0	=	50
6		0	10	30	10	30	20	0	-1	0	1	=	60
7													
14	초기해	-9650	-9700	-49500	-29660	-39730	-39600	1000	1000	0	0	=	-110000
15		10	0	20	20	10	20	-1	0	1	0	=	50
16		0	10	30	10	30	20	0	-1	0	1	=	60
17													
26	최적해	200	260	80	0	0	20	15	4	985	996	=	-990
27		0.6	-0.2	0.6	1	0	0.8	-0.1	0.02	0.06	-0	=	1.8
28		-0.2	0.4	0.8	0	1	0.4	0.02	-0	-0	0.04	=	1.4
29													

추가문제 26번 그림

29 다음 LP문제에서,

$$\begin{aligned} \max\ & z = -x_1 + 4x_2 \\ \text{s.t.}\ & x_1 + 2x_2 \le 1 \\ & -x_1 + 3x_2 \le 1 \\ & x_1, x_2 \ge 0 \end{aligned}$$

최적목적행이 $z + 0.2s_1 + 1.2s_2 = ?$이면

① 최적값 z는?

② 쌍대변수 값은?

30 문제 26의 엑셀 시트를 참조하여, 인위변수를 도입하지 않고, 잉여변수 s1, s2를 기저변수로 선택하면, s1 = −50, s2 = −60라는 기저해를 정할 수 있지만, 이것은 실행가능한 해가 아니다. 여기서 쌍대 심플렉스 방법을 적용하면 피봇행은 어느 것인가?

체크포인트 풀이

체크포인트 1답 ① 기저가능해는 3개 ② $x_1 = 50$, $s_1 = -160$, $x_2 = 0$, $s_2 = 0$ 기저가능해가 아님; $x_1 = 18$, $x_2 = 32$, $s_1 = 0$, $s_2 = 0$ 기저가능해임.

체크포인트 2답 a. 진입변수 = x1, 탈락변수 = x6
b. (0 1 − 0.5 0 0.25 −0.25 25)
c. 0+0.25 × 20 = 5, −1.5−(−3)(−0.25) = −.075

체크포인트 3답 a. 생략; b. 2개

체크포인트 4 답 a. 0, 0, −4; b. 0, 5, 2.5; c. −20 ~ 8

5장 수송계획과 네트워크 분석

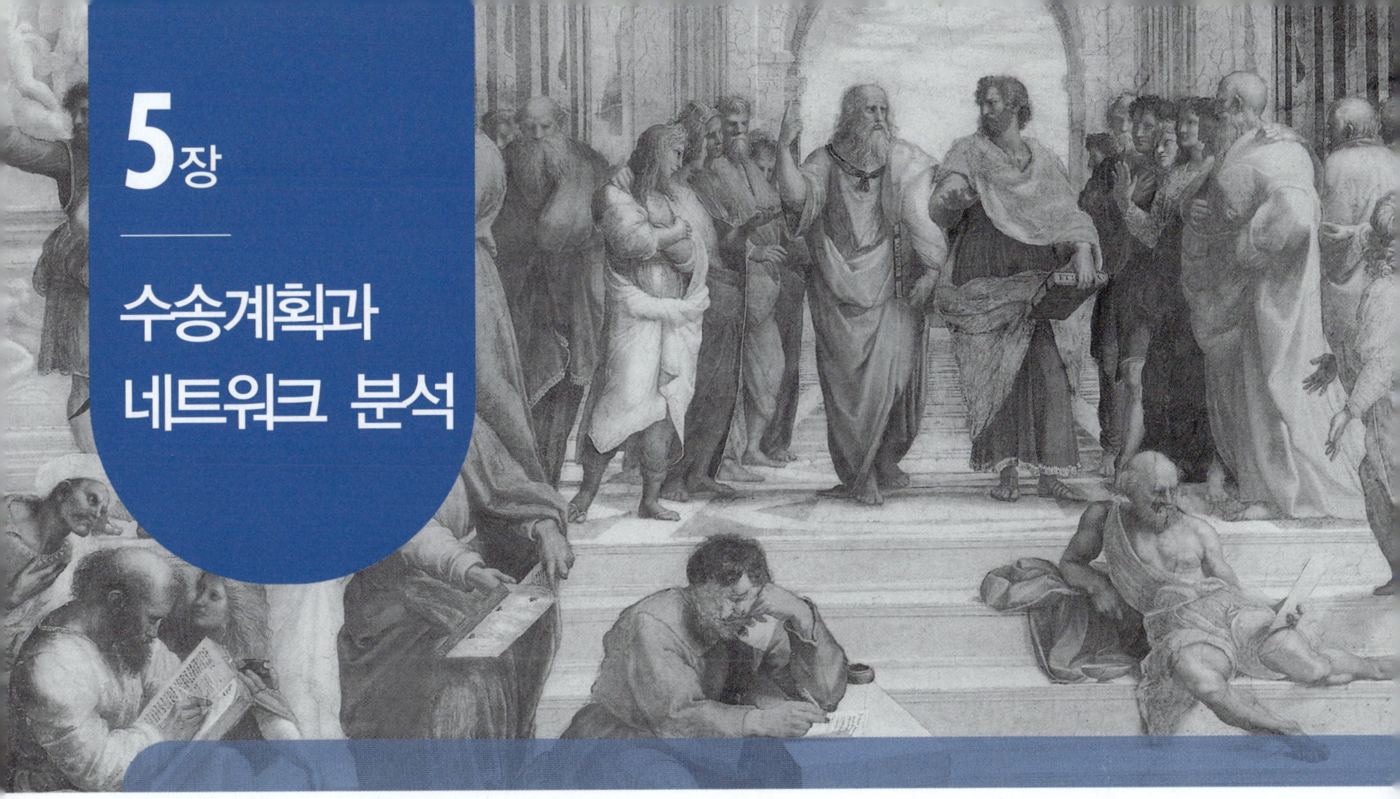

산업용 가스회사와 항공회사에서의 네트워크 모형 응용

Air Product and Chemical은 산소, 질소, 아르곤, 일산화탄소 등의 산업용 가스를 생산하여 340대의 트럭으로 미국 전역에 있는 3,500개 고객회사에 공급하고 있었다. 그런데 이 회사는 생산-분배 체제를 개선하기 위해서 한 컨설팅 팀과 신기한 계약을 체결했다. 미국 전체의 고속도로망을 네트워크 그래프로 표현하여 임의의 두 지점간에 수송비용을 계산하도록 한 것이다. 두 지점간의 거리, 소요시간, 통행료 등을 수송비용에 반영하도록 했다. 그 결과 컨설팅 팀은 미국 고속도로망을 4만 개의 노드(마디)와 65,000개의 아크(연결)로 표현하여 최단경로를 찾는 문제로 모형화했다. 여기서 찾은 최단경로를 차량배치 시스템(ROVER)에 연결하여 한 번에 10~30대를 차량으로 150~400개 고객회사를 방문하는 차량배치계획을 수립했다. 이렇게 하여 이 회사는 연간 445,000달러의 물류비용을 절약할 수 있었다.[1]

---

1) Bell, et al., "Improving the distribution of industrial gases...," *Interfaces* 13, no.6(1983), pp. 6~23

미국은 70년대 말에 항공회사들의 마케팅 및 영업활동에 대한 규제를 완화했다. 그 결과 항공회사들은 여행요금 차등화 및 조정, 승객의 항로 배정, 항공기 배정 등으로 경쟁하기 시작했다. 덴버에 기지를 두고 있는 Frontier Airlines 항공사는 이러한 경쟁 상황을 최소비용 네트워크 흐름문제로 표현했다. 여기서는 600개의 항공노선과 요금 차등화를 반영한 3만 개 여행경로를 표현하고 1,800~2,400개의 특별 제약조건을 추가했다. 그 결과 좌석수 요구에 맞게 항공기를 배정하고 승객들의 출발과 귀향을 차질 없이 서비스할 수 있게 되었다. 항공기 스케줄 수립뿐 아니라 여행요금 차등화로 경쟁할 수 있게 된 것이다.[2)]

지금까지는 2장, 3장 및 4장을 통해 선형계획의 모형화, 선형계획의 응용 및 선형계획의 이론(심플렉스해법과 쌍대성 이론)에 대하여 공부하였다. 5 장에서는 선형계획 모형의 응용 중에서도 특별히 수송계획 문제와 일반적인 네트워크 문제에 대해 다루고자 한다.

수송계획

수송문제(transportation problem)는 공급지에서 수요지로 수송물량을 배정하여 전체 수송비용을 최소화하는 문제이다. 어떤 문제를 수송문제로 모형화하려면 먼저 무엇이 수송되는지를 정해야 한다. 그런 다음에 공급지와 수요지를 정하고, 수송경로와 수송비용을 조사하여야 한다. 수송문제는 다음 4가지 구성요소를 갖는다.

- **수송 대상물**
- **공급지와 공급량**
- **수요지와 수요량**
- **수송경로와 단위당 수송비용**

엑셀의 해찾기(Solver, LP심플렉스) 기능을 이용하면 수송문제의 해도 쉽게 구할 수 있다.[3)] 여기서는 주어진 현실의 문제 상황을 수송문제로 모형화해서 스프레드시트로 표현하여 해를 찾고 그것을 해석하는 것을 공부의 목표로 삼는다. 수송문제와 관련하여 우리는 다음 3개의 절을 공부한다.

---

2) Glover, et al., "The passenger-mix problem in the scheduled airlines," *Interfaces* 12, no.3(1982), pp. 73~80

3) 수송문제는 그 수학적 구조가 특별하기 때문에 수송심플렉스 방법(transportation simplex method)이 개발되어 있다.

- **수송문제 (5.1절)**
- **수송문제의 특수한 형태에 해당하는 할당문제 (5.2절)**
- **수송문제를 확장한 경유수송문제 (5.3절)**

네트워크 분석

사례에서 보듯이 생산-분배의 물류문제나 항공사의 항공기 배정 스케줄 수립문제는 경영과학적인 방법을 적용하여 개선할 수 있는 여지가 많다. 또, 의사결정 문제 중에는 네트워크 흐름문제(network flow problem)로 표현되는 문제가 많다. 물류 흐름망, 통신망, 가스·전기·수도의 흐름 공급망 등도 모두 네트워크로 표현하면 이해하기 쉽고 분석하기도 쉽다. 수송문제도 네트워크 흐름문제로 표현할 수 있다. 또 대규모 프로젝트의 관리에 활용되는 CPM이나 PERT 방법도 네트워크로 표현된다. 이처럼 네트워크 모형은 그 응용이 매우 광범위하다.

그림 5.1과 같이 여러 개의 연결마디와 연결가지로 구성된 연결망 또는 흐름망을 네트워크그림(network graph)이라고 한다. 연결마디를 **노드**(node, vertex), 연결가지를 **아크**(arc, edge)라고 부른다.

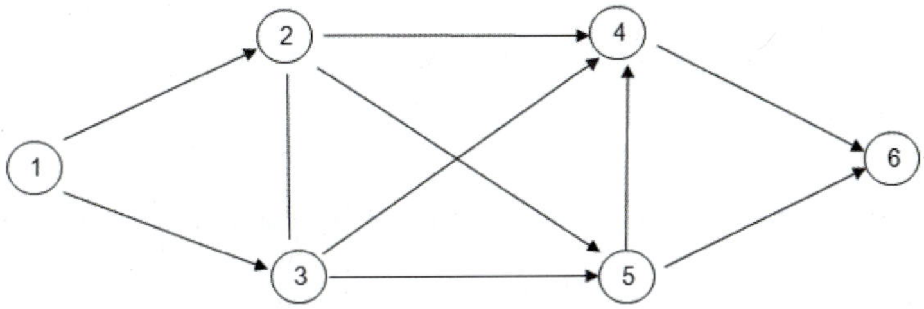

그림 5.1 네트워크 그림

그림에서 노드집합은 {1, 2, 3, 4, 5, 6}이다. 노드는 흐름의 시작과 끝, 또는 어떤 사건의 발생과 종료 시점(단계)을 나타낸다. 아크 $i \rightarrow j$는 (i, j)으로도 표기하는데, 노드 i와 j의 연결 관계, 또는 사건의 선후 관계를 나타낸다. 아크 1→2에서 1을 **시작노드**, 2를 **종료노드**라고 한다. 거리나 소요시간, 흐름비용, 흐름량을 아크에 대응하여 네트워크 그림으로 나타낼 수 있다.[4)]

아크는 흐름의 방향이 정해져 있는 방향성(directed) 아크와, $2-3$ 처럼 흐름이 양

4) 네트워크 그림을 간단히 $G(V,E)$으로 표기하는데, 그림에서 노드의 집합은 $V=$ {1, 2, 3, 4, 5, 6}, 아크의 집합은 $E=\{ (1,2), (1,3), (2,3), (3,2), (2,4), \ldots (5,6) \}$ 이다.

방향 모두 가능한 무방향성(undirected) 아크도 있다. 무방향성 아크 {2, 3}은 2→3과 3→2 두 개의 방향성 아크 분리할 수 있다. 네트워크 전체 흐름의 시작점을 원천지노드(source)라고 하고, 흐름이 종료되는 점을 목적지노드(sink, target)라고 한다. 노드 1은 원천지 노드이고, 노드 6은 목적지 노드이다.

표 5.1은 네트워크 모형으로 표현되는 예이다. 연습문제를 풀어 보면 알 수 있겠지만, 네트워크 흐름과 전혀 상관없는 문제상황도 네트워크 모형으로 표현할 수도 있다.

표 5.1 네트워크 모형의 예

네트워크	노 드	아 크	흐 름
도시교통망	교차로	도로	자동차
항공기 연결망	공항	항공로(선)	비행기, 승객
통신네트워크	지역중계소	통신선로	통신정보
수도 가스 흐름망	지역펌퍼장	배관	물, 가스
전기 흐름망	전력소,발전소	송전선로	전력
생산조립공정	작업장	자재흐름경로	자재, 작업물
토목공사 관리도	작업단계	작업활동	시간, 비용

네트워크 흐름으로 모형화되는 문제를 유형별로 분류하면 최단경로 문제, 최대흐름 문제, 최소비용 흐름문제, 그리고 최단경로의 응용에 해당되는 프로젝트 관리기법으로의 CPM과 PERT가 있다. 우리는 이러한 문제들을 네트워크 문제라고 한다. 이들 문제를 간략히 요약하면 아래와 같다.

- **최단경로 문제 (5.4절)** : 하나의 출발지에서 하나의 목적지까지 거리(또는 비용)가 최소가 되는 경로를 찾는 문제. 필요한 정보는 아크 거리(비용)임.
- **최대흐름 문제 (5.5절)** : 공급지에서 목적지까지 흐름을 최대로 하는 흐름경로를 찾는 문제. 필요한 정보는 아크 용량임.
- **최소비용 흐름문제 (5.6절)** : 공급지에서 수요지까지 수요-공급을 만족할 수 있게 흐르게 하되, 전체비용이 최소가 되는 흐름경로를 찾는 문제. 필요한 정보는 아크의 흐름용량과 단위흐름당 비용, 노드에서의 공급량 또는 수요량임. 수송문제 및 경유지가 있는 수송문제는 최소비용 흐름문제의 특별한 경우에 해당된다.
- **CPM 및 PERT (5.7절)**: 프로젝트 관리기법으로 프로젝트의 활동간 선행관계를 네트워크로 표현하여, 프로젝트의 완료기간을 구하고 관리대상이 되는 주요활동으로 연결되는 주요경로를 발견하는 문제임. 활동 소요기간이 확정적이면 CPM 기법을, 활동 소요기간이 확률분포를 가지면 PERT 기법을 적용한다.

네트워크 문제는 그 특별한 구조를 이용하여 효율적인 알고리즘(해법)들이 문제에 따라 고안되어 있다. 수송문제는 수송심플렉스 방법, 할당문제는 헝가리 방법(Hungarian algorithm), 최단경로 문제에 대해서는 다익스트라 알고리즘(Dijkstra algorithm), 최대흐름 문제에 대해서는 흐름증가 경로 알고리즘(Augmenting path algorithm), 최소비용흐름문제에 대해서는 네트워크 심플렉스 해법(Network Simplex method)이 있다. 그렇지만, 여기서는 스프레드시트 모형을 전제로 하여 주어진 문제 상황을 선형계획문제로 모형화한다. 그리고 '해찾기'(LP심플렉스)를 이용하여 해를 구하고 결과를 분석하고자 한다. 이제 수송문제부터 공부한다.

5.1 수송 문제

예제 5.1 도요타의 부품 공급체계

「도요타 USA」는 시카고, 멤피스, 찰스톤 등 세 곳에 PDC(부품배송센터)를 운영하고 있다. 다음 주에 루이스빌, 내시빌, 헌쓰빌 등 세 곳에 있는 딜러들로부터 자동차 부품 수요를 집계한 결과 다음과 같다. 표에는 PDC의 공급 가능한 부품 개수, 각 PDC에서 딜러까지의 거리(마일), 각 딜러의 수요량이 정리되어 있다. 다음 주의 수송계획을 세워라.

표 5.2 수송거리와 공급량, 수요량을 나타내는 수송표(마일, 개)

PDC＼딜러	루이스빌	내시빌	헌쓰빌	공급가능량
시카고	300	550	700	1500
멤피스	420	200	500	2300
찰스톤	320	400	600	2850
부품수요량	2450	2000	2200	

모형화 가이드

시카고, 멤피스, 찰스톤 3곳의 PDC에서 루이스빌, 내시빌, 헌쓰빌에 있는 딜러에게로 부품을 각각 몇 개씩 보내줄 것인지를 정하는 것이다. 이 문제는 그림 5.2와 같이 공급지와 수요지, 공급가능량과 수요량, 수송경로를 나타내는 '수송 네트워크'로 도식화할 수 있다.

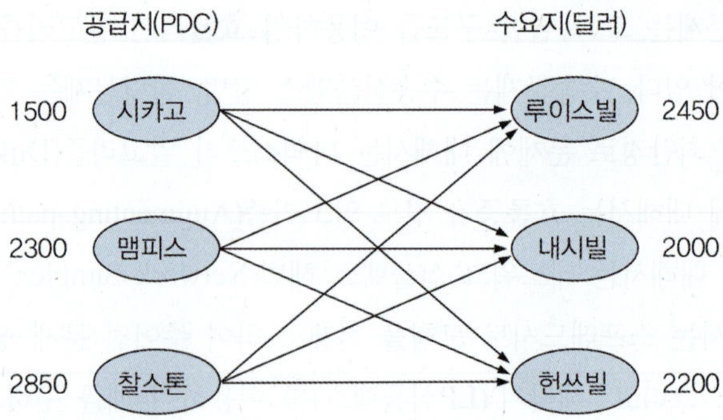

그림 5.2 수송 네트워크

그림 5.2에는 모두 3×3 = 9개의 수송경로(→)가 있다. 이 수송경로에는 수송 단위당 수송비용이 정해져 있다. 이 수송경로에 수송량을 배정하여 수송 방법을 정하면:

- 총 수송비용은 수송경로에 있는 수송비용과 수송 배정량을 곱하여 모두 합한다.
- 공급지에서 흘러나간 량은 그 공급지의 공급가능량을 넘어서는 안 된다.
- 또 수요지에 흘러 들어온 양은 그 수요지의 수요량에 미달해서도 안 된다.

이제 이러한 것을 스프레드시트로 표현해 보자.

스프레드시트 모형화 그림 5.3의 엑셀 모형에서 보듯이 수송경로가 3×3개 있으므로 스프레드시트에도 3행 ×3열의 영역을 잡아서 수용비용을 표현한다. 또 다른 3×3의 영역을 잡아서 수송배정을 표현한다.

1. **입력자료** C4:E6(수송거리), H10:H12(공급가능량), C15:E15(부품수요량),
2. **수송량 배정(변경셀)** C10:E12을 잡아서 임의의 수송량을 배정한다.
3. **총수송거리(목표셀)** B17=SUMPRODUCT(C4:E6,C10:E12)
   수송경로마다 수송량과 수송거리(마일)를 곱하여 모두 합한다.
4. **제한조건**을 위한 계산
   - 공급량 제한: 시카고가 공급한 양은 F10=SUM(C10:E10); 이를 F11:F12에 복사함. 나중에 제한 조건에 F10:F12 <= H10:H12 를 추가한다.
   - 수요량 충족: 루이스빌이 공급받은 양은 C13=SUM(C10:C12); D13:E13에 복사하고, 나중에 해찾기 모델에 제한조건에 C13:E13 >= C15:E15를 추가한다.

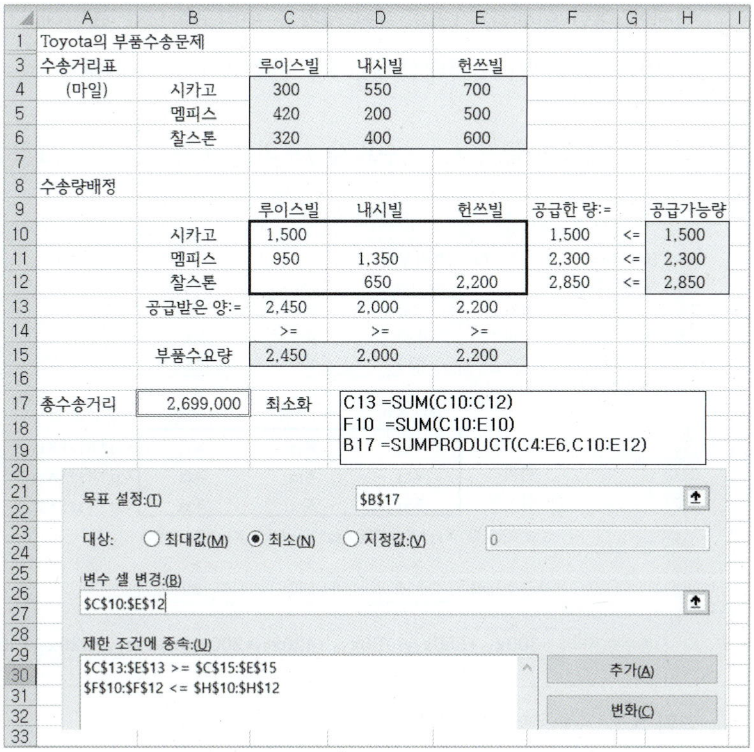

그림 5.3 도요타의 부품 수송문제(초기해와 해찾기 설정)

최적해

구해진 최적해를 보면, 시카고에서에서 루이스빌로 1,500개, 멤피스에서 내시빌로 2,000개, 헌쓰빌로 300개를 수송하고, 찰스톤에서 루이스빌로 950개, 헌쓰빌로 1,900개를 수송한다. 그때의 최소 수송거리는 2,444,000(마일×개수)이다.

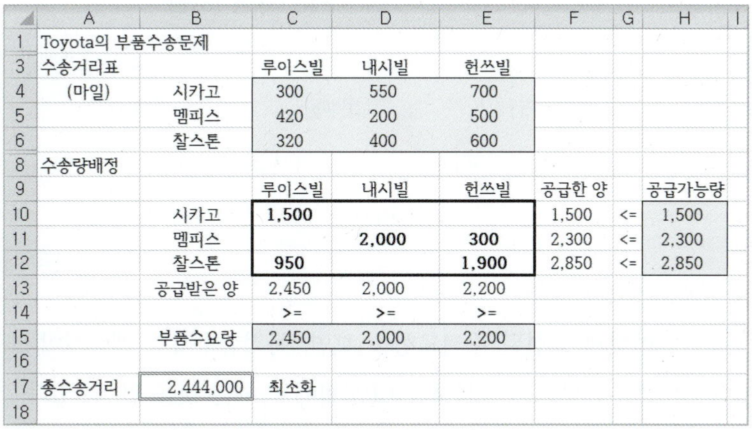

그림 5.4 Toyota의 부품 수송문제(최적해)

예제에 대한 이해를 기초로 수송계획을 수리모형으로 표현해 보자. 엑셀모형의 변경셀에 있는 구체적인 숫자대신 x_{ij}라는 변수로서 표시해 보자.

$$x_{ij}\ :\ \text{공급지}\ i\ \rightarrow\ \text{수요지}\ j\text{로의 수송량 변수;}\ i=1,2,3,\quad j=1,2,3$$

	A	B	C	D	E	F	G	H	I
1	**Toyota의 부품수송문제 - 수리모형**								
3	수송비용표		루이스빌	내시빌	헌쓰빌				
4		시카고	300	550	700				
5		멤피스	420	200	500				
6		찰스톤	320	400	600				
8	수송량배정								
9			루이스빌	내시빌	헌쓰빌	공급한 양		공급가능량	
10		시카고	x_{11}	x_{12}	x_{13}	$x_{11}+x_{12}+x_{13}$	<=	1500	
11		멤피스	x_{21}	x_{22}	x_{23}	$x_{21}+x_{22}+x_{23}$	<=	2300	
12		찰스톤	x_{31}	x_{32}	x_{33}	$x_{31}+x_{32}+x_{33}$	<=	2850	
13		공급받은 양	$x_{11}+x_{21}+x_3$	$x_{12}+x_{22}+x_{32}$	$x_{13}+x_{23}+x_{33}$				
14			>=	>=	>=				
15		부품수요량	110	100	30				
16									
17	총수송거리	$=300x_{11}+550x_{12}+700x_{13}+420x_{21}+200x_{22}+500x_{23}+320x_{31}+400x_{32}+600x_{33}$							
18									

그림 5.5 수송문제의 수리모형

변수 x_{ij}를 가지고 수송문제 엑셀모형을 수리모형으로 표현하면 다음과 같다. 이문제는 공급량 합계가 수요량 합계와 일치하기 때문에 엑셀모형의 부등식은 모두 등식으로 표현하여도 된다.

$$\begin{aligned}
\text{minimize}\quad & z = 300x_{11}+550x_{12}+700x_{13}+420x_{21}+200x_{22}+500x_{23} \\
& \quad +320x_{31}+400x_{32}+600x_{33} \qquad (5.1)\\
\text{s.t.}\quad & x_{11}+x_{12}+x_{13} \leqq 1500 \\
& x_{21}+x_{22}+x_{23} \leqq 2300 \\
& x_{31}+x_{32}+x_{33} \leqq 2850 \\
& x_{11}+x_{21}+x_{31} \geqq 2450 \\
& x_{12}+x_{22}+x_{32} \geqq 2000 \\
& x_{13}+x_{23}+x_{33} \geqq 2200 \\
& \text{모든}\ x_{ij} \geqq 0
\end{aligned}$$

이렇게 표현된 수리모형을 보면, 목적함수식과 제약식이 모두 선형식으로 표현되어 있기 때문에 수송문제가 LP모형에 속하는 것을 알 수 있다. 그런데 더 자세히 살펴보면 그 구조가 매우 특별하다. 제약식은 구조가 규칙적인 계단형이고 변수는 제약식

에 두 번씩 출현하며 그 계수는 1이다.[5)]

위의 수송문제 수리모형을 일반화시켜서 표현할 수 있다. 경로 $i \to j$에 대응하여 수송량 배정을 변수 그 경로의 거리(비용)를 c_{ij}로 나타내고, 공급지 i의 부품공급량을 S_i, 수요지 j의 부품수요량을 D_j로써 나타내면, 다음과 같은 일반적인 수리모형으로 표현할 수 있다. $i=1,..,m$은 공급지를 나타내는 첨자이고, $j=1,...,n$은 수요지를 나타내는 첨자이다.

$$\begin{aligned}
&\text{minimize} \quad z = \sum_{i=1}^{m}\sum_{j=1}^{n} c_{ij}\, x_{ij} && (5.2)\\
&\text{subject to} \quad \sum_{j=1}^{n} x_{ij} \le S_i,\ i=1,...,m \quad (\text{공급지 조건})\\
&\qquad \sum_{i=1}^{m} x_{ij} \ge D_j,\ j=1,...,n \quad (\text{수요지 조건})\\
&\qquad x_{ij} \ge 0,\ i=1,...,m,\ j=1,...,n
\end{aligned}$$

시그마(Σ) 기호는 엑셀의 SUMPRODUCT( )함수와 SUM( )을 나타낸다. 수리모형에서 공급량의 합(S_i의 합)과 수요량의 합(D_j의 합)이 서로 같으면 위의 제약식은 모두 **등식(=)으로 표현**된다. 이러한 수송문제를 특별히 **균형수송문제**(balanced transportation problem)라고 한다.

모형화 토의

1. 수송경로가 단절된 경우는 그 경로에 수송량 배정을 방지하기 위하여 수송비용에 Big-M의 큰 벌금을 매기는 방법으로 표현할 수 있다.
2. 균형수송문제에서는 (5.1)이 모두 등식이 된다. 균형수송문제에서는 항상 최적해를 구할 수 있다. 공급량이 수요량을 초과하는 불균형문제도 수송량 배정이 가능하고 최적해를 구할 수 있다. 그러나 공급량이 수요량에 비해 부족한 경우는 수송량 배정이 불가능하다. 이때에는 수요량이 충족되지 않는 곳이 생길 수 있다는 것을 허용하면 해를 구할 수 있다. 공급량 부족분만큼을 공급할 수 있는 가상의 공급지(dummy supply point)를 추가하여 균형수송문제로 모형화할 수 있다. 단 최적해를 구하였을 때, 가상의 공급지에서 공급받는 수요지는 실질적으로 공급받지 못한다는 것을 염두에 두어야 한다(연습문제 2).
3. 균형수송문제에서 공급량과 수요량이 정수값이면 정수로 된 최적 수송배정량(해)을 반드시 찾을 수 있다. 어떤 수송량 배정이 소수로 되어 있으면 그것을 정수값으로 조정하면서 해를 개선할 수 있다(연습문제 3참조).

5) 이러한 구조상의 이점 때문에 수송심플렉스방법(Transportation Simplex Method)이 개발되어 있다.

5.2 할당문제

의사결정의 내용이 1:1 할당을 정해야 하는 경우가 많다. 예를 들면 다음과 같은 경우이다.

- 5명의 작업자에게 작업을 5개 할당해 주어야 한다고 하자. 각 작업자가 각각의 작업을 처리할 때 소요되는 시간이 서로 다르다고 하자. 전체 소요시간의 합이 최소가 되도록 할당하는 방법은?
- 20명의 남학생과 20명의 여학생이 같이 수강하고 있는 한 교과목에서 남녀 학생 1쌍씩을 팀으로 하여 팀 프로젝트를 부과하려고 한다. 각각의 쌍에 대해서 기대되는 학습효과를 예측했다고 하자. 어떻게 짝을 지워주면 전체의 학습효과 합이 최대가 되겠는가?

이러한 문제를 할당문제(assignment problem)라고 한다. 할당문제에는 m개의 할당주체와 n개의 할당대상이 있고, 각각의 할당 짝에 대해서 비용(또는 효과)이 발생하며, 전체비용(또는 효과)을 최소화(최대화)하는 것이 목표이다. 이는 수송문제에서 공급량과 수요량이 모두 1인 경우로 생각할 수 있다. 따라서 할당문제는 LP모형으로 표현할 수 있고, 엑셀의 해찾기로서 쉽게 풀 수 있다. 이제 예제를 살펴보자.

예제 5.2 **기계의 준비시간 줄이기 할당문제**

4대의 기계에 4개의 작업을 할당하고자 한다. 각 기계는 한 개의 작업만 맡아서 가공한다. 각 기계는 작업을 시작할 때 준비작업(set-up operation)이 필요하며, 준비작업은 기계와 작업에 따라 각기 다르게 주어져 있다. 어떻게 할당하면 준비작업시간의 합이 최소가 되겠는가?

표 5.3 각 기계의 준비작업 시간

	작업 1	작업 2	작업 3	작업 4
기계 A	9	7	5	10
기계 B	10	6	10	3
기계 C	9	5	7	4
기계 D	7	2	8	6

스프레드시트 모형화 준비작업 시간표와 할당표를 만들어서 제한조건을 표현한다.

1. **입력자료**: C4:F7(준비작업 시간), I10:I13(할당 작업 수), C16:F16(할당 기계 수)
2. **할당표(변경셀)**: C10:F13에 각 기계에 작업의 할당을 0, 1 값으로 나타낸다.
3. **준비시간 총합(목표셀): B18** =SUMPRODUCT(C4:F7, C10:F13)으로 계산한다.
4. **제한조건**을 위한 계산
   - **기계에 할당된 작업의 수 = 1**, G10:G13 = I10:I113

     첫째 기계에 할당된 작업의 수를 G10에 계산한다. G10 =SUM(C10:F10), G10을 G11:G13에 복사한다.
   - **작업에 할당된 기계의 수 = 1**, C14:F14 = C16:F16

     첫 번째 작업을 담당하는 기계 대수를 C14에 계산한다: C14 =SUM(C10:C13). 이를 D14:F14의 범위에는 복사한다.

해찾기실행

1. **목표설정, 변수셀, 할당 기계수, 할당 작업수**를 아래의 그림 5.6과 같이 입력한다. 해찾기 모델에 할당 작업수 조건 G10:G13 = I10:I13과 할당기계수 조건 C14:F14 = C16:F16을 추가한다.
2. **해법 선택** 심플렉스LP를 선택하고, 제한되지 않은 변수를 음이 아닌 수로 체크한

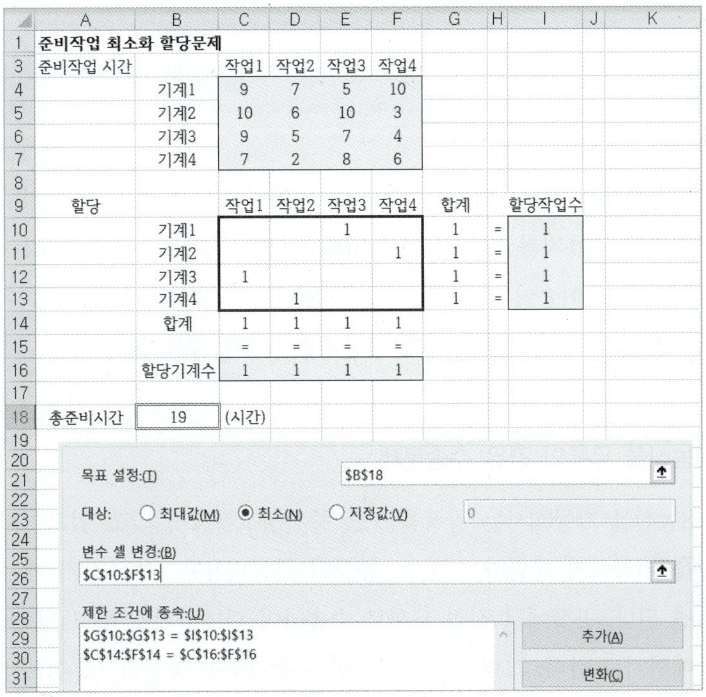

	A	B	C	D	E	F	G	H	I
1	준비작업 최소화 할당문제								
3	준비작업 시간		작업1	작업2	작업3	작업4			
4		기계1	9	7	5	10			
5		기계2	10	6	10	3			
6		기계3	9	5	7	4			
7		기계4	7	2	8	6			
8									
9	할당		작업1	작업2	작업3	작업4	합계		할당작업수
10		기계1			1		1	=	1
11		기계2				1	1	=	1
12		기계3	1				1	=	1
13		기계4		1			1	=	1
14		합계	1	1	1	1			
15			=	=	=	=			
16		할당기계수	1	1	1	1			
17									
18	총준비시간	19	(시간)						

그림 5.6 할당문제 엑셀모형(최적해)과 해찾기 설정 (0은 빈칸으로 처리함)

다. 그리고 해찾기를 실행한다.

해찾기로 풀면 최적해는 그림 5.6의 스프레드시트 할당표에 나타난다. 할당방법은 (기계 A, 작업 3), (기계 B, 작업 4), (기계 C, 작업 1), (기계 D, 작업 2)이다. 이 때, 최소화된 총 준비작업 시간은 5 + 3 + 9 + 2 = 19이다.

모형화 토의

1. 엑셀의 해찾기 설정의 '제한조건 추가'에서는 변경셀의 변수값을 정수값(integer value)이나 0또는 1의 이진변수값(binary value)으로 지정할 수 있다. 그러나 할당문제를 풀 때에는 이렇게 따로 지정할 필요가 없다. 이것을 지정하게 되면 LP의 심플렉스 해법으로 풀지 않고 나중에 공부하게 될 정수계획법의 해법으로 풀게 된다.
2. 할당문제는 공급량과 수요량이 1인 수송문제의 특수한 꼴이다. 이 문제를 풀게 되면 한 기계가 한 작업만 할당받게 된다. 작업의 일부분, 즉 작업 1의 0.4는 기계A에, 0.6은 기계B에 분할해서 할당되는 일은 생기지 않는다. 그것은 할당문제 LP모형의 제약식이 특수한 구조를 가지기 때문이다.
3. 할당주체(기계)와 할당대상(작업)의 개수가 일치하지 않는 문제를 불균형 할당문제(unbalanced assignment problem)라고 부른다. 불균형 할당문제도 부등식 조건을 사용하여 쉽게 표현할 수 있다(연습문제 7 참조).

5.3 경유수송문제

수송문제는 공급지에서 수요지로 직접 수송되는 것을 다루었다. 그러나 실제 현실은 중간에 경유지를 거치거나 중간에 창고를 두기도 한다. 때로는 공급지간에 혹은 수요지간에도 이송이 가능한 경우도 있다. 이러한 문제를 경유 수송문제(transshipment problem)라고 부른다. 이제 경유수송문제의 예를 보자.

예제 5.3 **농산물 유통의 경유 수송문제**

S농산물 가공회사는 공장을 3곳, 중간창고를 2곳 갖고 있으면서 2곳의 도시에 농산물을 가공하여 공급하고 있다. 공장의 가공비용은 모두 같기 때문에 수송비용만 고려하면 된다. 공장에서 직접 도시로 수송하여 판매하기도 하고, 중간 창고에 보관했다가 판매하기도 한다. 그림 5.7은 이들의 수송경로와 공급량 및 수요량을 보여 주고 있다. 편의상 두 개의 창고를 창고 4, 창고 5로, 두 개의 도시를 도시 6, 도시 7로 표기하였다.

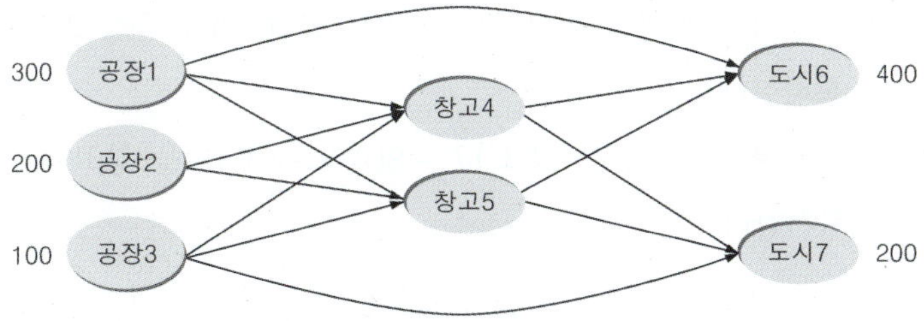

그림 5.7 농산물 유통 경유수송 네트워크

다음 표 5.4는 수송비용을 나타낸 것이다. '–'는 수송이 불가능한 것을 나타낸다. 어떻게 수송계획을 세우면 전체 수송비용을 최소화할 수 있겠는가?

표 5.4 수송비용 표(단위: 천 원)

	창고 4	창고 5	도시 6	도시 7	공급가능량
공장 1	8	18	27	–	300
공장 2	15	12	–	–	200
공장 3	12	10	–	30	100
창고 4	0	–	20	16	
창고 5	–	0	18	27	
수요량			400	200	

모형화 가이드

공장 1, 2, 3에서는 공급만 이루어지고, 도시 6, 7에서는 공급을 받기만 한다. 그러나 중간 경유지인 창고 4, 5는 공급받은 양을 고스란히 전달해 주어야 하므로 다음과 같이 '흐름균형 조건'이 각각 만족되어야 한다. 이것을 스프레드시트에 나타내면 된다.

경유지의 흐름균형 조건: 공급 받은 양 = 공급한 양

스프레드시트 모형화

1. **입력자료**: C4:F8(수송단가), J12:J14(공급가능량), E19:F19(수요량)
   수송이 불가능한 수송경로(예: 창고4→창고4, 창고4→창고5)에는 상대적으로 매우 큰 값(1000)을 입력한다. 공장 1,2,3의 공급량 300, 200, 100을 J12:J14에 입력한다. 도시 6, 7의 수요량 400, 200을 E19:F19에 입력한다.
2. **수송량 배정(변경셀)**: C12:F16
   수송 경로상에 수송량을 임의로 입력하고, 나중에 이 영역을 변경 셀로 지정한다.
3. **총비용(목표셀): B21** =SUMPRODUCT(C4:F8, C12:F16) 계산식을 입력한다.
4. **공급한 양, 공급받은 양** 계산

- 공장 1이 공급한 양 H12 =SUM(C12:F12)을 공장 2,3 창고 4,5의 H13:H16에 복사한다.
- 창고 4가 공급받은 양 C17 =SUM(C12:C16)을 창고 5, 도시 6,7의 D17:F17에 복사한다.

	A	B	C	D	E	F	G	H	I	J	K
1	경유수송문제										
2	수송단가			(으로)							
3			창고4	창고5	도시6	도시7					
4		공장1	8	18	27	1000					
5	(에서)	공장2	15	12	1000	1000					
6		공장3	12	10	1000	30					
7		창고4	1000	1000	20	16					
8		창고5	1000	1000	18	27					
9											
10	수송량			(으로)							
11			창고4	창고5	도시6	도시7		공급한량		공급가능량	
12		공장1	200	100				300	<=	300	
13	(에서)	공장2		200				200	<=	200	
14		공장3			100			100	<=	100	
15		창고4				200		200			
16		창고5			300			300			
17		공급받은량	200	300	400	200					
18					>=	>=					
19					400	200					
20											
21	총비용	114400	(원)								
22											

그림 5.8 경유수송문제(초기해)와 해찾기 설정 (0은 빈칸으로 처리함)

해찾기 실행

1. **목표설정: B23, 변수셀**: C12:F16 을 그림 5.8과 같이 추가한다.
2. **제한조건: 공급량 조건** H12:H14 $\leq$ J12:J14
   수요량 조건 E17:F17 $\geq$ E19:F19
   경유지 흐름조건: C17:D17 = H15:H16
3. **해법 선택** 심플렉스LP를 선택하고, 제한되지 않은 변수를 음이 아닌 수로 체크한 다음 해찾기를 실행한다.

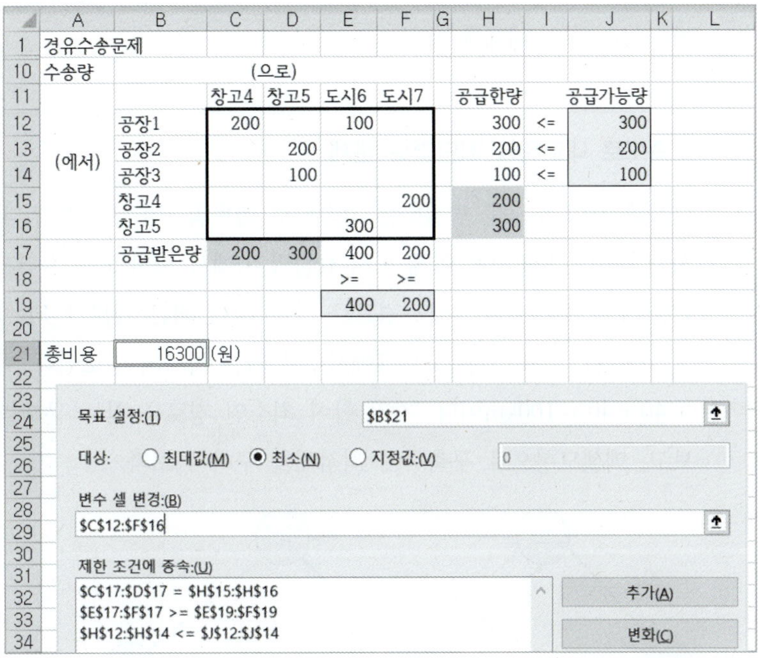

그림 5.9 경유 수송문제의 해찾기 설정과 최적해 (0은 빈칸으로 처리함)

최적해는 스프레드시트에 있는 값과 같고, 총 비용은 16,300원이다. 최적해에서 창고 4에서는 공급받은 양과 공급한 양은 일치하고 있고, 경유해서 수송이 일어난 양은 200이다. 창고 5를 경유한 양은 300이다. 이처럼 경유지에서는 공급받은 총유입량(total inflow)과 공급해준 총유출량(total outflow)이 일치하여야 한다. 이러한 흐름균형 조건은 일반적인 네트워크 흐름문제에서 중요한 조건이다. 이것은 5.4절~5.6절의 네트워크 문제에서 다시 공부한다.

체크포인트 1

앞의 예제문제에서, 창고 4와 창고 5에서 보관비용이 각각 2와 3이 든다고 하자. 그러면 앞의 수송비용표는 어떻게 고쳐야 하는가?

5.4 최단경로 찾기문제

네트워크 그림(모형)에서 경로(path)는 출발지에서 목적지까지의 노드의 나열, 또는 아크의 연결을 말한다. 최단경로 문제(Shortest path problem)는 출발지 노드에서 목적지 노드까지를 연결하는 경로를 찾되, 그 거리를 최소로 하는 경로를 찾는 것을 말한다.

각 아크상의 거리를 비용으로 표현하게 되면 최단경로 문제는 비용을 최소화하는 문제가 된다. 다음 예제를 보자.

예제 5.4 **고속도로 네트워크 최단경로 문제**

다음과 같이 도시를 연결하는 고속도로 네트워크가 주어져 있다고 하자. 아크 위에 표시된 숫자는 km이다. 이제 도시 1(출발지)에서 도시 5(목적지)까지의 최단거리의 경로 P를 구하고자 한다. 어느 경로로 가는 것이 최단 경로가 되는가?

$P=(1, 2, 4, 5)$는 노드 1에서 5로 가는 하나의 경로이다. 이 경로의 총 거리는 $20+40+40=100$km이다. 거리 합이 최소인 경로를 찾는 문제를 수리모형으로 표현해 보고, 엑셀모형으로 구축하여 최적해를 구하여 보자.

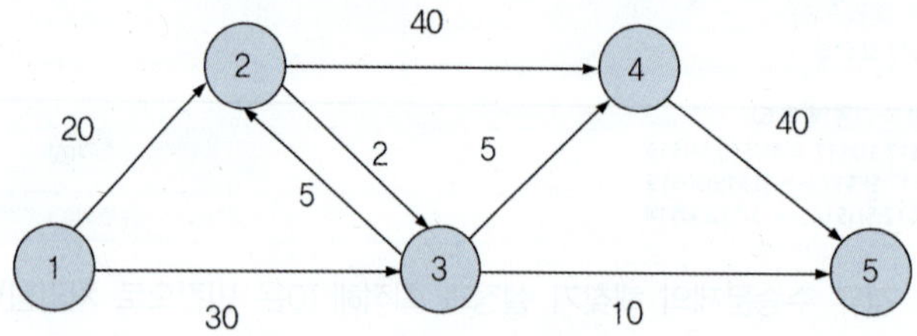

그림 5.10 고속도로 네트워크 최단경로 문제

수리 모형화

1. **의사결정변수**

   네트워크의 경로 P 상에 있는 아크 (i,j)를 따라서 흐름이 있다고 생각하고, 그 흐름량을 의사결정변수를 x_{ij}로 표현한다. $x_{ij}=1$이면 아크 (i,j)에 한 단위 흐름이 있고 경로 P에 포함되는 것을 의미하고, $x_{ij}=0$이면 흐름이 없고 경로 P에 (i,j)가 선택되지 않음을 뜻한다. 그리고, 출발지 노드에서는 한 단위가 흘러나가는 것으로 설정한다.

2. **목적함수**

   노드간의 거리 c_{ij}를 경로 P를 따라서 합하면 총 거리가 된다. 아크의 비용을 거리 c_{ij}로 표기하면, 이때의 총거리는 아래의 수식으로 표현된다.

$$\text{minimize} \sum_{i=1}^{5} \sum_{j=1}^{5} c_{ij} x_{ij}$$

노드 i, j를 직접 연결하는 아크(i,j)가 없으면 경로에 아크(i,j)가 포함되지 않도록 상대적으로 큰 비용인 $c_{ij} = 1000$ 을 설정한다.

3. **제약조건**

출발지 노드에서 한 단위의 흐름이 시작하여 목적지 노드에 도착하는 흐름이 이루어지면 그 흐름을 따라서 경로 P가 정해진다. 흐름이 이루어지려면, 노드별로 따져서 흘러나간 양의 합이 흘러 들어온 양과 일치하여야 한다. 한 단위가 들어오면 한 단위가 흘러나가야 하고, 흘러들어온 것이 없으면 흘러나간 양도 없어야 한다. 네트워크상의 흐름은 노드별로 따져서 이러한 흐름조건을 만족하여야 한다.

4. 수리모형

의사결정변수와 흐름조건, 그리고 목적함수를 가지고 수리모형을 수립하여 보자. 아래의 수리모형에서 출발지 노드에서는 총 유출량이 1이며, 경유지 노드에서는 유출량에서 유입량을 뺀 것이 0이며, 목적지 노드에서는 총 유입량이 1이 되어야 한다.

$$\text{minimize} \quad z = \sum_{i=1}^{5} \sum_{j=1}^{5} c_{ij} x_{ij} \tag{5.3}$$

$$\text{subject to} \quad \sum_{j=1}^{5} x_{1j} = 1, \quad (\text{노드 1, 출발지에서 유출량}),$$

$$\sum_{j=1}^{5} x_{ij} = \sum_{k=1}^{5} x_{ki}, \quad i = 2,3,4 \ (\text{경유지 노드})$$

$$\sum_{k=1}^{5} x_{k5} = 1, \quad (\text{노드 5, 목적지에 유입량})$$

$$x_{ij} \geq 0, \ i = 1,..,5, \ j = 1,...,5. \quad \text{비음조건}$$

스프레드시트 모형화 노드-노드 행렬을 이용한 모형

1. **입력자료** C5:G9 (아크거리)

노드가 모두 5개이므로 5개노드 × 5개노드의 c_{ij} 행렬을 C5:G9에 만든다. 문제 네트워크에서 실제 아크가 없는 경우, 해당 c_{ij} 에 대해 상대적으로 아주 큰 값(1,000)을 입력한다.

2. **흐름량 셀(변경셀)** C13:G17

5개노드 × 5개노드의 아크상의 흐름량 0 또는 1을 임의로 입력한다.

3. **총 거리(목표셀)** **B20** =SUMPRODUCT(C5:G9, C13:G17)을 최소화한다.

4. **제한조건**

도시의 유출량과 유입량을 계산한다(시트안의 식 참조).

- 출발지 노드의 유출량 =1: H13 = 1

- 목적지 노드의 유입량 =1: G18 = 1
- 중간 경유지의 흐름조건: D18:DF18 = H14:H16

해찾기 실행

1. **목표셀 B20**; 총비용 셀을 목표 셀로 지정하고 최소화를 선택한다.
2. **변경셀** C13:G17 ; 흐름량을 나타내는 셀을 변경 셀로 지정한다.
3. **흐름조건 지정**; 제한조건에 H13=1, G18=1, D18:F18 = H14:H16을 입력한다.
4. **해법 선택** 심플렉스LP를 선택하고, 제한되지 않은 변수를 음이 아닌 수로 체크한다.

	A	B	C	D	E	F	G	H	I
1	고속도로 네트워크 최단경로								
2									
3	C_{ij} 도시간 거리				도시 j로				
4		(i,j)	1	2	3	4	5		
5		1	1000	20	30	1000	1000		
6		2	1000	1000	2	40	1000		
7	도시 i에서	3	1000	5	1000	5	10		
8		4	1000	1000	1000	1000	40		
9		5	1000	1000	1000	1000	1000		
10									
11	최단경로				도시 j로				
12		(i,j)	1	2	3	4	5	유출량	
13		1		1				1	
14		2			1			1	
15	도시 i에서	3				1		1	
16		4					1	1	
17		5						0	
18		유입량	0	1	1	1	1		
19									
20	총거리	67							
21									
22									
23									
24									

H13 =SUM(C13:G13), H14:17에 복사
C18 =SUM(C13:C18), D18:G18에 복사
B20= SUMPRODUCT(C5:G9, C13:G17)

그림 5.11 네트워크 최단경로 문제(초기해, 0은 빈칸으로 처리)

해찾기 설정은 5.12와 같으며, 해찾기 실행결과는 스프레드시트의 C13:G17에 최적해가 나타난다. 최단경로는 $P=(1, 2, 3, 5)$이다. 그때의 총거리는 32(km)이다.

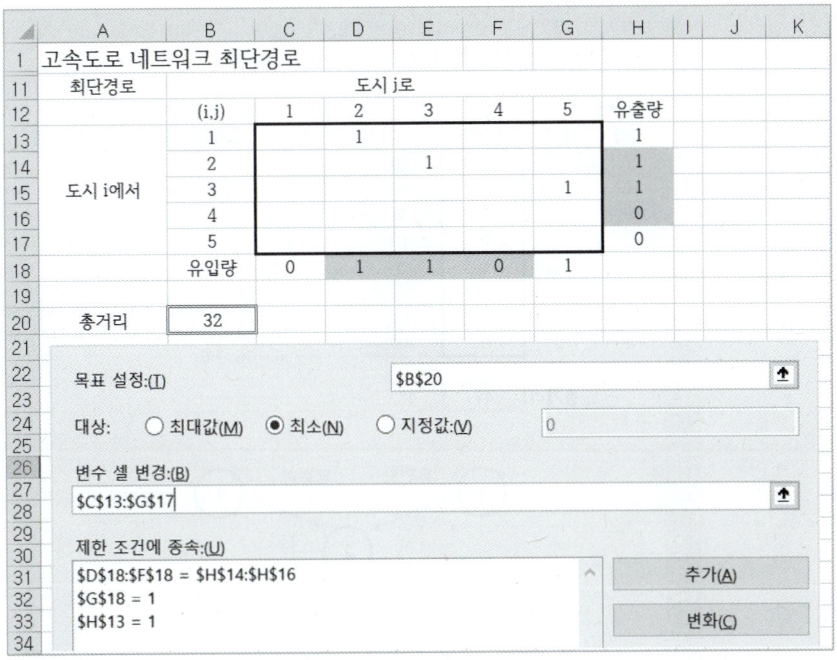

그림 5.12 해찾기 설정과 최적해 (0은 빈칸으로 처리함)

모형화 토의

1. 경로상에 흐름의 일부분을 배정하는 일은 생기지 않는다. 즉, 경로 (1, 2)에 0.4, 경로 (1, 3)에 0.6을 배정하는 일은 생기지 않는다. 그것은 할당문제나 수송문제에서 공급량과 수요량이 정수이면 그 수송배정의 해도 정수값을 갖는 것과 같은 이치이다.
2. 노드-노드의 행렬로 표현하면 매우 직관적이어서 모형의 이해가 쉽다는 장점이 있다. 그러나 모형화 과정에서 본 것처럼 실제로 없는 아크에 대해서도 의사결정변수를 설정하고, 존재하지 않는 아크는 비용을 큰 값으로 임의로 입력하여야 하였다.

   5장 첫 페이지에 소개한 Air Product and Chemical 사례처럼 도로의 노드 개수는 4만 개인데 실제 연결 아크는 65000개이었다. 이것을 from-to 행렬로 변수를 표현하면 아크 개수가 무려 16억개나 된다. 이는 매우 비효율적이다.

아크를 중심으로 모형화하기

노드-노드 행렬을 이용하지 않고 **아크집합**을 직접 표현하는 모형화 방법을 소개하고자 한다. 그림 5.10의 네트워크에 모두 8개의 아크가 있다. 각 아크를 (시작노드, 종료노드)로 직접 나열하면 8개만 나열하여 엑셀로 모형화하면 그림 5.13과 같다. 유출량의 합이나 유입량의 합은 엑셀의 SUMIF(__, __, __) 함수로서 쉽게 표현할 수 있다.[6)]

6) 예제 5.4~5.6 모두 노드-노드 행렬 표현이 비효율적이지만 이해하기는 더 쉽다.

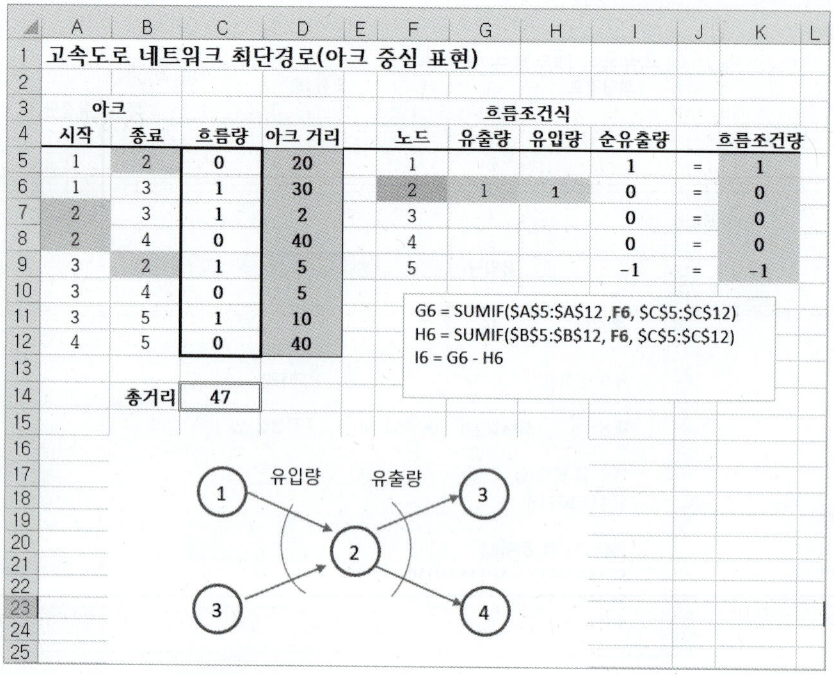

	A	B	C	D	E	F	G	H	I	J	K
1	고속도로 네트워크 최단경로(아크 중심 표현)										
2											
3	아크						흐름조건식				
4	시작	종료	흐름량	아크 거리		노드	유출량	유입량	순유출량		흐름조건량
5	1	2	0	20		1			1	=	1
6	1	3	1	30		2	1	1	0	=	0
7	2	3	1	2		3			0	=	0
8	2	4	0	40		4			0	=	0
9	3	2	1	5		5			-1	=	-1
10	3	4	0	5							
11	3	5	1	10							
12	4	5	0	40							
13											
14		총거리	47								

그림 5.13 아크 중심 표현

- A-B열에 각 아크(i, j)의 시작노드 i와 종료 노드j를 나열한다.
- C 열에 각 아크의 흐름량 x_{ij}를 임의로 입력하고 D 열에 아크의 거리 c_{ij}를 입력한다.
- F 열에 노드 1 ~ 5를 배열하고,
- G 열에 각 노드에서 '유출량 합계'를 엑셀의 SUMIF( ) 함수를 이용하여 계산한다. 노드 2의 유출량은 G6 =SUMIF($A$5:$A$12, F6, $C$5:$C$12)
- H 열에 노드의 유입량 합계는 엑셀의 SUMIF( ) 함수를 이용하여 노드 2의 유입량은 H6 = SUMIF($B$5:$B$12, F6, $C$5:$C$12) 를 계산한다.
- I 열에는 순유출량 **(노드 2의 총유출량)−(노드 2의 총유입량)**을 I6 = G6 − H6; 입력하고, **G6:I6를 G5:I9 영역에 복사한다.**
- '흐름조건량' 입력: 한편, 각 노드의 순유출량은 다음과 같아야 한다. 이것을 '흐름조건량'으로서 K열에 입력한다.
  - 출발지 노드 1의 순유출량 = 1
  - 경유지 노드 2, 3, 4의 순유출량 = 0
  - 목적지 노드 5의 순유출량 = −1이 되어야 한다.

SUMIF 함수는 **SUMIF(A 영역, B 셀, C 영역)**의 세 개의 인자를 가진다. 영역 A의 셀 값을 조사하여 B의 값(노드번호)과 일치하는 위치(행)를 모두 찾고, 영역 C에서 대응되는 위치(노드 행)에 있는 값을 합하는 함수이다.

(A5:A12)는 시작노드이므로 G6=SUMIF( )함수는 시작노드의 번호 중에서 F6과 같은 번호가 나오면, C5:C12의 흐름량에서 그 행(노드)의 흐름량을 읽어서 합하는 것이다. F6=2이면 도시 2를 시작노드로 하는 아크의 흐름량을 합한다. 이는 노드 2의 유출량 합이 된다.

두 번째 H6=SUMIF( )는 종료노드(B5:B12)가 F6의 노드번호와 같은 번호이면, 그 아크의 흐름량을 C5:C14에서 찾아서 합한다. 따라서 두 번째 SUMIF( )는 도시 2로 흘러 들어온 총유입량이 계산된다. 그 결과 I6=G6−H6은 도시 2의 총유출량에서 총유입량을 뺀 순유출량이 계산된다. 이 식을 G5:I6까지 아래위로 복사하여 도시 1,2,3,4,5의 유출량, 유입량, 순유출량을 계산하게 된다. SUMIF( )의 IF 테스트는 변경셀 C5:C12의 흐름량을 비교하고 있지 않기 때문에 선형계획 모형의 선형성(linearity)에는 영향을 미치지 않는다.

엑셀모형에서 총거리를 계산한 목표 셀은 아크 흐름량과 아크 거리의 곱을 합하는 SUMPRODUCT로 계산된다; C14 =SUMPRODUCT(C5:C12, D5:D12)

해찾기 실행

그림 5.14에 해찾기 설정과 최적해가 있는데, 다음과 같다.

1. **변경셀**: 흐름량을 말하는 C5:C12
2. **목표셀**: 총거리를 계산하는 목표 셀은 아크 흐름량과 아크 거리의 곱을 합하는 SUMPRODUCT로 계산된다. C14 =SUMPRODUCT(C5:C12, D5:D12)
3. **제한조건**: I5:I9 = K5:K9; 순유출량 계산 = (1, 0, 0, 0, −1)을 만족하여야 한다. 비음조건을 체크하고 해법을 Simplex LP를 선택한다.

해찾기 결과를 보면 아크 (1,2), (2,3), (3,5)로 1단위씩 흐름이 이루어지고 그 경로의 거리합은 32이다. 노드 1의 유출량은 1이고 노드 5의 유입량은 1이며 중간 경유지 노드에는 '흐름조건'이 만족되고 있다.

아크 중심 표현을 수리모형으로 나타내어 보자. 아크를 집합으로 표기하면;

$$A = \{(1,2),(1,3),(2,3),(2,4),(3,2),(3,4),(3,5),(4,5)\}$$

이다.

집합의 포함 $(i,j) \in A$ 관계를 이용하여 아크를 나타내면, $(2,j) \in A$ 은 2번 노드에서 시작되는 아크 { (2,3), (2,4) }를 말하고, $(i,2) \in A$ 은 2번 노드로 종료가 되는 아크 { (1,2), (3,2) }를 말한다. 따라서 F6=2이면,

G6 =SUMIF($A$5:$A$12, F6, $C$5:$C$12) $= \sum_{(2,j) \in A} x_{2,j}$이고.

H6 =SUMIF($B$5:$B$12, F6, $C$5:$C$12) $= \sum_{(i,2) \in A} x_{i,2}$이다.

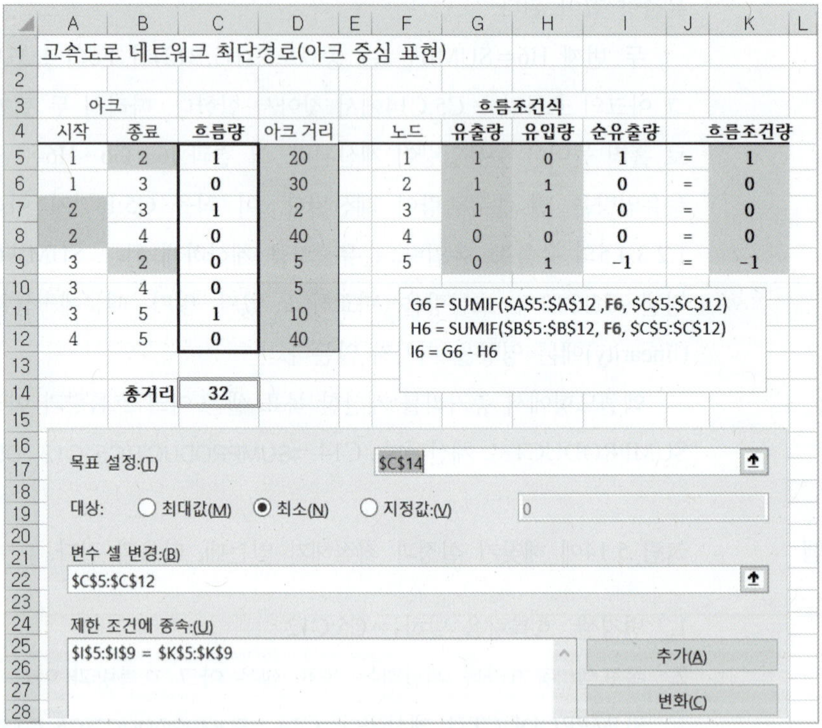

	A	B	C	D	E	F	G	H	I	J	K
1	고속도로 네트워크 최단경로(아크 중심 표현)										
2											
3	아크						흐름조건식				
4	시작	종료	흐름량	아크 거리		노드	유출량	유입량	순유출량		흐름조건량
5	1	2	1	20		1	1	0	1	=	1
6	1	3	0	30		2	1	1	0	=	0
7	2	3	1	2		3	1	1	0	=	0
8	2	4	0	40		4	0	0	0	=	0
9	3	2	0	5		5	0	1	-1	=	-1
10	3	4	0	5							
11	3	5	1	10							
12	4	5	0	40							
13											
14		총거리	32								

그림 5.14 아크 중심의 최단경로 스프레드시트(최적해)

각 노드의 흐름조건을 아크 (i, j) 의 흐름량 x_{ij}에 대한 집합의 포함 $(i,j) \in A$ 로 나타내어서 수리모형을 적으면 아래와 같다.

$$\text{minimize} \quad \sum_{(i,j)\,\in\,A} c_{ij}\, x_{ij} \tag{5.4}$$

$$\text{subject to} \quad \sum_{(1,j)\,\in\,A} x_{1j} = 1 \quad (\text{노드 1의 유출량})$$

$$\sum_{(i,j)\,\in\,A} x_{ij} - \sum_{(k,i)\,\in\,A} x_{ki} = 0\,,\ i = 2,3,4,5 \text{인 경우의 4개의 흐름조건 식}$$

$$\sum_{(k,5)\,\in\,A} x_{k5} = 1 \quad (\text{노드 5의 유입량})$$

$$x_{ij} \geq 0,\ (i,j) \in A\,.$$

5.5 최대흐름 문제

하나의 공급지로부터 여러 경로로 흐름을 분산하여 하나의 목적지에 최대 흐름량을 보내는 경로를 찾는 문제를 최대흐름 문제(maximum flow problem)라고 부른다. 네트워크 흐름의 제약은 아크상의 흐름용량(flow capacity)의 제한이다. 교통 흐름망에서 두 지점간의 단위 시간당 운행차량 대수의 제한이나, 항공 노선망에서 두 도시간의 항공 운항 편수 제한, 항공 화물량의 제한, 전력 흐름망에서는 피크타임 동안 두 지점간의 전력흐름 제한을 들 수 있다. 이렇게 네트워크 아크상의 흐름용량의 제한이 있는 경우에 최대흐름 문제의 예를 보자.

예제 5.5 **석유흐름 최대화 문제**

한국 송유관공사는 그림 5.15와 같이 석유를 파이프라인을 통해서 각 도시의 정유소로 공급하고 있다. 각 도시 간에 묻혀 있는 파이프라인의 흐름용량(단위: 만 배럴/시간)은 그림에서 표시된 바와 같이 제한되어 있다. 노드 1에서 노드 5에 있는 도시로 시간당 최대한 얼마나 보낼 수 있는지 정하라. 노드 1에서 노드 2, 3, 4 어느 곳을 경유해도 좋으며, 여러 경로를 함께 흘러도 괜찮다.

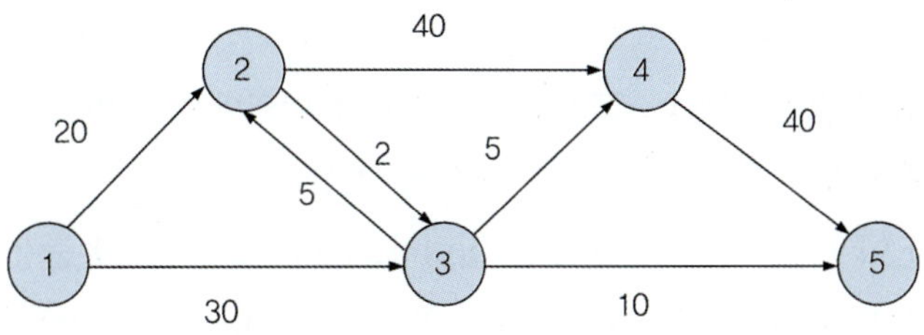

그림 5.15 석유흐름 네트워크

모형화 가이드

네트워크의 각 아크에 임의의 흐름량이 있다고 가정해 보자. 그러면 중간경유 노드인 2, 3, 4의 각 노드에서는 총유출량과 총유입량이 서로 일치해야 한다. 즉, 중간 노드인 2, 3, 4에서는 다음의 흐름균형 조건을 만족하여야 하고, 각 아크에서는 용량 제한 조건이 만족되어야 한다.

흐름균형 조건 : 노드 k의 총유출량 − 노드 k의 총유입량 = 0, (k = 2,3,4)
흐름용량 제한 : 아크상 흐름량(x_{ij}) $\leq$ 아크 흐름용량(u_{ij})

흐름균형 조건은 앞의 최단경로 문제에서 순유출량에 대한 흐름조건과 같다. 다른 점은 공급지 노드(source)와 목적지 노드(target)에서 그 흐름량을 최대화시키려고 하는 점이다. 이 문제의 수리모형과 스프레드시트 모형을 살펴보자.

수리모형화 (아크집합 이용)

1. **의사결정변수**

   아크 (i,j)의 흐름량을 의사결정변수 x_{ij}라고 하고, A를 아크 집합으로 삼는다. 즉, $A=\{(1,2),(1,3),(2,3),(2,4),(3,2),(3,4),(3,5),(4,5)\}$이다.

2. **수리모형**

   maximize $x_{12}+x_{13}$ (노드 1에서의 유출량 합계)

   s.t. $x_{23}+x_{24}-x_{12}-x_{32}=0$ (경유지 노드 2에서 흐름균형조건)

   $x_{32}+x_{34}+x_{35}-x_{13}-x_{23}=0$ (경유지 노드 3에서 흐름균형조건)

   $x_{45}-x_{24}-x_{34}=0$ (경유지 노드 4에서 흐름균형조건)

   $x_{ij} \le u_{ij},\ (i,j)\in A$ (흐름용량 제한)

   $x_{ij} \ge 0,\ (i,j)\in A$ (비음제약)

스프레드시트 모형화 (아크중심 모형)

1. **입력자료** A5:B12(아크), E5:E12(흐름용량), F5:F9(노드), I6:I8(흐름조건량)

   A5:B12에 아크의 시작노드와 종료노드를 나열하고 아크의 흐름용량을 E5:E12에 입력한다.

2. **흐름량 셀(변경셀)** C5:C12(흐름량) 각 아크에 임의의 흐름량을 배정한다.

3. **순유출량 = 총 유출량 − 총 유입량 계산**

   - F5:F9에 5개 노드 번호를 입력하고, 각 노드의 순유출량을 계산한다. 노드1의 G5의 엑셀 계산식은 다음과 같다.

   ```
   G5 = SUMIF($A$5:$A$12,F5,$C$5:$C$12)
          - SUMIF($B$5:$B$12,F5,$C$5:$C$12), G6:G9에 복사한다.
   ```

4. **최대 흐름량(목표셀)** 노드 1의 순유출량(=G4)은 바로 최대흐름량이 된다. 최대흐름량을 B14에 나타내고, B14=G5를 입력한다.

5. **흐름균형 조건과 용량제한 조건**

   - 순유출량 = 흐름조건량 (G6:G8 = I6:I8)

     I6:I8에는 흐름조건량을 0으로 입력한다. I5와 I9에는 흐름조건량을 명시하지 않는다.

- 흐름량 ≤ 흐름용량 (C5:C12 ≤ E5:E12)

해찾기로 풀면 그림 5.16과 같이 공급지에서 목적지까지 40(만 배럴/시간)씩 보낼 수 있다. 이 문제는 아주 작은 네트워크상의 문제이므로 최적해를 눈으로도 쉽게 찾을 수 있다. 그러나 네트워크가 커지면 쉽게 찾을 수 없다. 이때에는 해찾기와 같은 프로그램을 활용해야 한다.

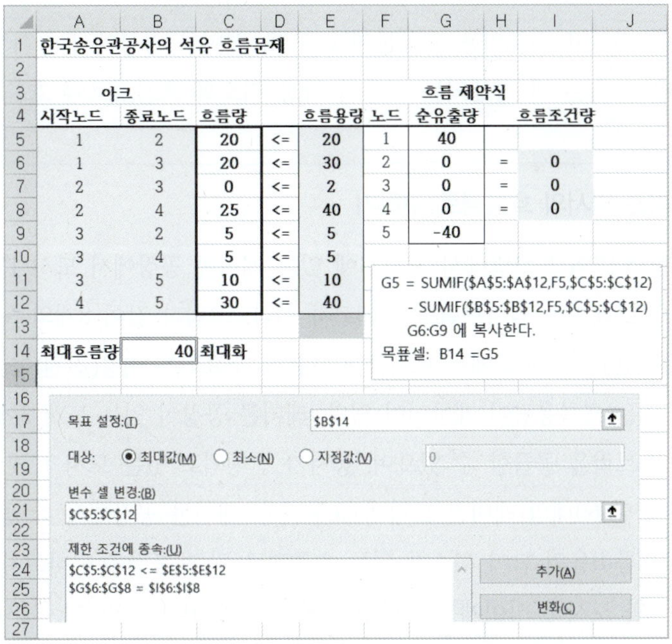

한국송유관공사의 석유 흐름문제

아크					흐름 제약식			
시작노드	종료노드	흐름량		흐름용량	노드	순유출량		흐름조건량
1	2	20	<=	20	1	40		
1	3	20	<=	30	2	0	=	0
2	3	0	<=	2	3	0	=	0
2	4	25	<=	40	4	0	=	0
3	2	5	<=	5	5	-40		
3	4	5	<=	5				
3	5	10	<=	10				
4	5	30	<=	40				
최대흐름량	40	최대화						

그림 5.16 최대흐름문제 – 한국송유관공사의 석유흐름문제 (최적해)

체크포인트 2

1. 그림 5.15에서 3→2의 흐름이 불가능하다면 예제 5.5의 스프레드시트 모형은 어떻게 고쳐야 하는가? 그때의 최대 흐름량은 얼마인가?
2. 그림 5.15에서 노드 5에서 노드 1로 되돌아가는 가상의 아크를 추가하고, 아크 비용은 0, 아크용량은 50으로 놓고, 새로 최대흐름 문제를 풀고자 한다. 위의 예제 5.5 엑셀 모형을 어떻게 고쳐야 하는가?

5.6 최소비용 흐름문제

최소비용 흐름문제(minimum cost network flow problem)는 네트워크의 공급지에서 수요지까지 최소비용으로 흐르게 하는 방법을 찾는 문제이다. 공급지와 수요지는 한 개 이상이어도 좋다.

- 네트워크의 각 아크에는 단위흐름에 대한 흐름비용이 정해져 있다.
- 각 아크에 흐름량에 대한 상한값(흐름용량)이 주어져 있다.
- 각 아크에 흐름량을 배정한다. (의사결정변수)
- 아크마다 흐름량과 흐름비용을 곱하여 전부 합한 비용을 최소화한다.

예를 가지고 최소비용 흐름문제를 보자. 레미콘 공장에서 공사장으로 레미콘 믹서 트럭을 보내는 데 발생되는 비용이 가장 적도록 흐름경로와 흐름량을 정하는 문제이다.

예제 5.6 **레미콘 믹서의 흐름경로 구하기**

그림 5.17의 도로망에서 도시 3에 있는 레미콘 공장에서 도시 1과 도시 6에 있는 공사장으로 레미콘 믹서트럭을 보내고자 한다. 그림과 같이 8개의 도시가 도로망으로 연결되어 있고, 각 도로에는 트럭 1대 흐름에 소요되는 비용(천원)이 발생하고, 시간당 흐를 수 있는 흐름용량이 제한되어 있다. 레미콘 공장이 있는 도시 3에서는 최대 시간당 150대의 트럭을 공급할 수 있으며, 공사가 진행되고 있는 도시 1 및 도시 6은 각각 시간당 70대 및 60대의 레미콘 트럭이 요구된다. 레미콘 공장에서 각 공사장까지 레미콘 믹서의 흐름비용의 합이 최소가 되는 흐름경로 및 흐름량을 구하고자 한다. 주의할 점은 도시 1과 도시 6 사이에는 양방향 통행이 가능하다는 점이다. 표시된 흐름비용은 연료비 및 도로 통행세 등을 포함한 것인데, 표 5.5에는 흐름비용과 흐름용량의 자료이다.

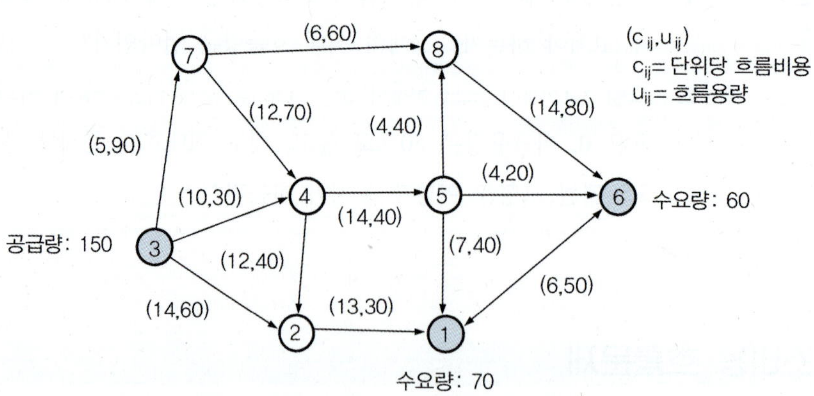

그림 5.17 레미콘 믹서 도로 네트워크

표 5.5 도시간의 흐름비용(천원)과 흐름용량(트럭대수)

아크	흐름비용(c_{ij})	흐름용량(u_{ij})	아크	흐름비용(c_{ij})	흐름용량(u_{ij})
(1,6)	6	50	(5,1)	7	40
(2,1)	13	30	(5,6)	4	20
(3,2)	14	60	(5,8)	4	40
(3,4)	10	30	(6,1)	6	50
(3,7)	5	90	(7,4)	12	70
(4,2)	12	40	(7,8)	6	60
(4,5)	14	40	(8,6)	14	80

모형화 가이드 네트워크 그림을 보면, 도시 3에서 도시 1 및 도시 6으로 가는 데는 경로가 여러 개가 있다. 그러나 네트워크 모형화에서는 이러한 경로를 개별적으로 생각하지 않는다. 그 대신에, 개별 아크(도로)에 흐름량을 배정한 것이 도시 1 및 도시 6의 흐름 수요량을 만족시키면서 전체 흐름비용이 최소가 되는 것을 찾는다. 이 때, 전체 흐름비용은 다음과 같이 계산된다.

- 전체 흐름비용 = $\sum_{\text{각도로}}$ (도로의 흐름량) × (도로의 흐름비용) (5.5)

그리고 각 도로의 흐름 배정이 현실적으로 흘러가기 위해서는 각 노드의 순유출량은 자료로 주어지는 흐름조건량과의 관계가 만족되어야 한다. 각 도시의 순유출량은 앞에서도 설명했듯이 다음과 같이 계산된다.

- 도시 k의 순유출량 = 도시 k의 유출량 − 도시 k의 유입량, (5.6)

  단, k = 1, 2, ..., 8

흐름조건량을 설정할 때에는 먼저 공급량의 합(150)이 수요량의 합(130)보다 큰 불균형 문제임에 주목해야 한다. 유일한 공급지인 도시 3에서는 순유출량이 +150 이하이어야 한다. 그러면서 도시 1 및 도시 6에서는 순유출량이 각각 정확히 −70 및 −60과 일치하여야 한다. 그리고 중간의 경유지 도시에서는 순유출량이 정확히 0이 되어야 한다. 이것을 흐름조건량으로 설정한다.

스프레드시트 모형화 네트워크의 각 아크를 시작노드와 종료노드로 나열하고, 각 아크에서 흐름비용, 흐름용량을 스프레드시트로 나타낸다. 그리고 각 아크에 흐름량을 배정하되, 그것이 각 노드에서 흐름조건량 관계를 만족하도록 한다.

1. **입력 자료** A5:B18(아크), C5:C18(흐름비용), F5:F18(흐름용량), H5:H12(노드), K5:K12(흐름조건량)

   A B 열에 각 아크의 시작노드와 종료노드로 입력하고, 아크의 흐름비용을 C열에, 흐름용량을 F열에 입력한다. 각 노드의 흐름균형 조건을 표현하기 위해서 노드를 H열에 나열하고, 각 도시에 흐름조건량을 순서대로 −70, 0, 150, 0, 0, −60, 0, 0을 K열에 입력한다.

2. **흐름량 셀(변경셀)** D5:D18

   각 아크에 배정할 흐름량을 D5:D18에 입력한다. 최적해는 해찾기에 의해 구해질 것이다.

3. **총비용 셀(목표셀)** 총 비용은 흐름량 × 흐름비용의 합이므로

   F20은 =SUMPRODUCT(C5:C18,D5:D18)로 계산한다.

4. **순유출량 계산**

   각 노드의 순유출량은 = 총 유출량 − 총 유입량으로 계산한다. 노드 1의 순유출량은:

   I5 = SUMIF($A$5:$A$18, H5, $D$5:$D$18)

   − SUMIF($B$5:$B$18, H5, $D$5:$D$18), I5를 I6:I12에 복사한다.

5. **흐름제한조건 표현**

   제한조건은 각 아크의 흐름량이 흐름용량을 넘지 않는다는 조건:

   - 흐름량 ≤ 흐름용량 (D5:D18 ≤ F5:F18),

   계산된 순유출량과 흐름조건량의 관계:

   - 순유출량 = 흐름조건량, 또는 순유출량 ≤ 흐름조건량

   I5:I6 = K5:K6, I7 <= K7, I8:I12 = K8:K12

이 문제를 해찾기로 푼 결과는 그림 5.18 스프레드시트와 같다. 이것을 네트워크로 표현하면 그림 5.19와 같고, 총 비용은 3,620이다.

흐름용량에 대한 민감도 분석

흐름용량을 늘리면 비용은 얼마나 절감될까? 이는 민감도 분석으로 알 수 있다. 용량제한을 변수셀에 직접참조하여 표현하는 경우, 해찾기는 흐름용량에 대한 민감도를 **한계비용**으로 분석해준다.[7)]

7) 흐름용량제한의 조건을 "변수셀을 참조하는 계산셀 ≤ 흐름용량 제한"으로 우회하여 참조하면 이에 대한 민감도분석은 **잠재가격**으로 알 수 있다. 용량제한 값을 늘려서 조건을 완화하면 잠재가격 만큼의 비율로 비용은 절감된다.

최소비용 흐름문제 (최적해)

시작노드	종료노드	흐름비용	흐름량		흐름용량
1	6	6	0	<=	50
2	1	13	30	<=	30
3	2	14	30	<=	60
3	4	10	30	<=	30
3	7	5	70	<=	90
4	2	12	0	<=	40
4	5	14	40	<=	40
5	1	7	40	<=	40
5	6	4	0	<=	20
5	8	4	0	<=	40
6	1	6	0	<=	50
7	4	12	10	<=	70
7	8	6	60	<=	60
8	6	14	60	<=	80

총흐름비용 3620 천원

흐름균형 제약식

노드	순유출량		흐름조건량
1	-70	=	-70
2	0	=	0
3	130	<=	150
4	0	=	0
5	0	=	0
6	-60	=	-60
7	0	=	0
8	0	=	0

F20 =SUMPRODUCT(C5:C18,D5:D18)
I5 =SUMIF($A$5:$A$18,H5,$D$5:$D$18) - SUMIF($B$5:$B$18,H5,$D$5:$D$18)
I6:I12 까지 복사한다.

목표 설정:(T) $F$20
대상: ○ 최대값(M) ◉ 최소(N) ○ 지정값:(V) 0
변수 셀 변경:(B) $D$5:$D$18
제한 조건에 종속:(U)
$D$5:$D$18 <= $F$5:$F$18
$I$5:$I$6 = $K$5:$K$6
$I$7 <= $K$7
$I$8:$I$12 = $K$8:$K$12

그림 5.18 최소비용 교통흐름문제(최적해)

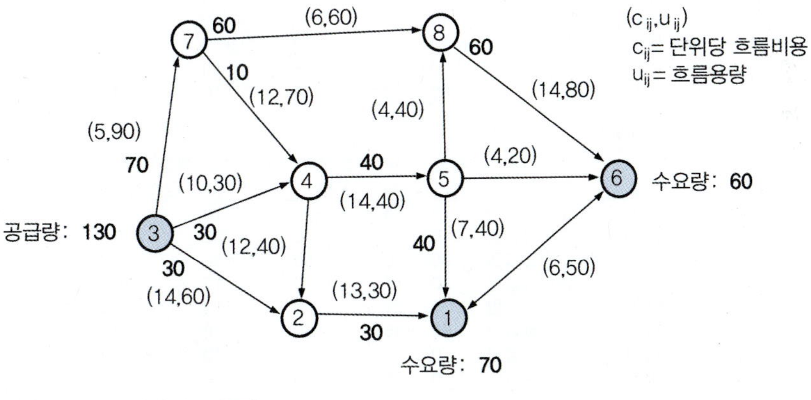

그림 5.19 최적해 흐름량

$$\textbf{직접 참조}: \text{변수셀의 흐름량} \le \text{용량 제한값} \tag{5.7}$$

해찾기 모형에서 제한 조건 **D5:D18** ≤ **F15:F18**은 직접참조에 해당한다. 이 경우는 제한값에 대한 민감도분석은 **한계비용**으로 따져야 한다. 그림 5.20의 민감도보고서의 계산값(최적해)에 대한 한계비용을 보면:

- D5(노드1→6)의 흐름량은 0인데 이것을 1단위 증가시키면 발생되는 한계비용은 9이다. D5의 흐름량을 1단위 증가시킨다면, 이것은 아크(1→6)의 '흐름량 ≥ 0 ' 조건을 '흐름량 ≥ 1 '으로 하한 경계값을 1 증가시키는 것과 같고, 전체비용이 한계비용 9 만큼의 비율로 증가하게 됨을 의미한다.
- D6(노드2→1)의 흐름량은 30인데 이것을 1단위 증가시키면 발생되는 한계비용은 −11이다. 이는 아크(2→1)의 '흐름량 ≤ 30 ' 조건을 '흐름량 ≤ 31 '으로 상한값을 1 증가시키는 것과 같고, 전체비용은 11 만큼의 비율로 감소함을 의미한다.

이처럼 한계비용은 최적해에서 변경셀 값이 상 하한의 경계값에 걸렸을 때, 그 조건의 경계값이 한 단위 증가할 때의 목표셀 값의 변화를 나타낸다. 그림 5.20은 민감도 보고서이다.

변수 셀

셀	이름	계산 값	한계 비용	목표 셀 계수	허용 가능 증가치	허용 가능 감소치
$D$5	흐름량	0	9	6	1E+30	9
$D$6	흐름량	30	−11	13	11	1E+30
$D$7	흐름량	30	0	14	11	1E+30
$D$8	흐름량	30	−7	10	7	1E+30
$D$9	흐름량	70	0	5	1E+30	7
$D$10	흐름량	0	15	12	1E+30	15
$D$11	흐름량	40	0	14	1E+30	10
$D$12	흐름량	40	0	7	3	9
$D$13	흐름량	0	0	4	9	3
$D$14	흐름량	0	14	4	1E+30	14
$D$15	흐름량	0	3	6	1E+30	3
$D$16	흐름량	10	0	12	1E+30	7
$D$17	흐름량	60	−10	6	10	1E+30
$D$18	흐름량	60	0	14	10	14

제한 조건

셀	이름	계산 값	잠재 가격	제한 조건 우변	허용 가능 증가치	허용 가능 감소치
$I$5	<= 순수공급량	−70	−38	−70	10	0
$I$6	<= 순수공급량	0	−14	0	30	20
$I$7	<= 순수공급량	130	0	150	1E+30	20
$I$8	<= 순수공급량	0	−17	0	10	20
$I$9	<= 순수공급량	0	−31	0	10	0
$I$10	<= 순수공급량	−60	−35	−60	0	0
$I$11	<= 순수공급량	0	−5	0	70	20
$I$12	<= 순수공급량	0	−21	0	0	0

그림 5.20 민감도 보고서

모형화 토의

1. 여기서는 최소비용 흐름문제를 엑셀의 해찾기 기능을 이용해서 LP의 일반적인 해법인 심플렉스 방법으로 풀고 있다. 그러나 특별하게 고안된 **네트워크 심플렉스 방법**으로 풀게 되면 더 효과적으로(더 빨리, 더 큰 사이즈의 문제도) 풀 수 있다. 따라서 어떤 LP문제를 최소비용 흐름문제로 바꿔

표현할 수 있으면 훨씬 효과적으로 해를 구할 수 있다. 특히 나중에 배울 **정수계획법의 문제**도 네트워크 형태의 문제로 표현할 수 있으면 아주 유리하다.

2. 수송문제도 최소비용 흐름문제로 표현할 수 있다. 수송흐름 문제를 네트워크문제로 표현할 때에는 가상의 노드를 잘 활용한다. **가상의 공급처노드**를 하나 정해서 거기서부터 실제의 공급처로의 수송이 일어나는 것으로 가정한다. 그 흐름경로에 공급처의 **생산비용**을 수송비용으로 반영한다. 공장의 **생산능력**은 그 흐름경로의 흐름용량 제한으로 표현한다. 가상 공급처 노드의 흐름조건량을 전체 수요량으로 삼고, 그것을 가상 공급처의 순수공급량과 일치시키면 불균형 수송문제도 쉽게 표현할 수 있다.

5.7 CPM / PERT

네트워크 모형은 토목 공사나 배의 건조와 같은 대형 프로젝트의 일정관리(scheduling)에도 활용된다. 이들 프로젝트는 수백 또는 수천 개의 활동(activities)들로 구성되어 있는데, 이들 활동들은 서로간에 우선순위를 지켜 수행되지 않으면 안 된다. 따라서 이들 활동들의 수행순서를 정해서 관리하는 것이 필요하며, 기업들은 이들 활동들을 간트차트나 프로젝트 네트워크로 표현하고 그 일정을 관리하는 방법을 고안해서 사용하고 있다.

각 활동의 소요시간을 확정적으로 정할 수 있는 경우에는 CPM(critical path method: 주요경로 활동 관리)방법으로, 소요시간을 확률적으로 추정해야 하는 경우는 PERT(programmed evaluation and review technique) 방법으로 전체 프로젝트에 대한 일정을 관리한다. CPM방법과 PERT방법은 1950년대에 각기 독립적으로 고안되었다. CPM방법은 DuPont 회사에서 개발하였다. CPM은 전체 프로젝트를 예정된 시간에 종료하려면 프로젝트의 각 활동을 언제 착수하여야 하는지를 정해주는 것을 목적으로 하였다. PERT는 미 해군과 Lockheed사 및 기타 몇몇 컨설팅 회사가 폴라리스(Polaris)잠수함을 공동으로 제작하는 과정에서 개발된 기법이다. 당시 폴라리스 잠수함을 구축하는 데는 경험이 없는 새로운 활동들이 많았고 매우 불확실했다. 따라서 PERT는 활동의 소요시간에 확률적인 변동이 있는 경우의 프로젝트관리를 목적으로 하였다. CPM과 PERT로 관리할 수 있는 프로젝트의 예를 들면 다음과 같다.

- 빌딩, 경기장, 고속도로 등과 같은 대형 토목공사 및 건축공사 관리
- 고급 의료기가 설치되어 있는 병원이나 연구실험 기자재가 설치되어 있는 연구소의 이전 프로젝트 관리
- 선박의 건조나 비행기의 조립

- 기업의 인수합병 작업
- 대규모 정보시스템 프로그램 개발

경험을 통해서 보면 대형의 프로젝트는 수천~수만개의 활동으로 이루어져 있다. 그리고 한 사람의 관리자는 보통 20~30개의 활동을 머리 속에 넣어두고 관리한다. 그러나 활동의 우선순위를 어기면 앞에 한 작업을 되돌려야 하고, 뒤에 한 작업이 제대로 수행이 불가능하게 된다. 예를 들면 대형 선박을 건조하는데, 엔진 룸의 진입로 공사를 먼저 해버리면 나중에 덩치 큰 엔진을 진입시킬 수 없게 된다. 따라서 프로젝트를 제대로 관리하기 위해서는 하위활동 목록, 활동 소요시간, 우선순위 관계를 파악해야 한다.

- 프로젝트를 구성하는 활동을 열거하고,
- 각 활동의 소요시간을 정하고,
- 각 활동의 선행활동(predecessors)을 파악해야 한다.

선행활동은 어떤 활동을 시작하기 전에 먼저 완료되어야 하는 활동을 말한다. 활동들 간의 수행순서와 선행활동은 네트워크로 용이하게 표현할 수 있다. 네트워크 그림에서 아크(arcs)는 활동의 수행을 나타내고, 노드(nodes)는 활동의 시작과 종료를 나타낸다. 그림 5.21은 프로젝트 네트워크 활동의 수행순서를 표시하는 예이다. 이처럼 활동을

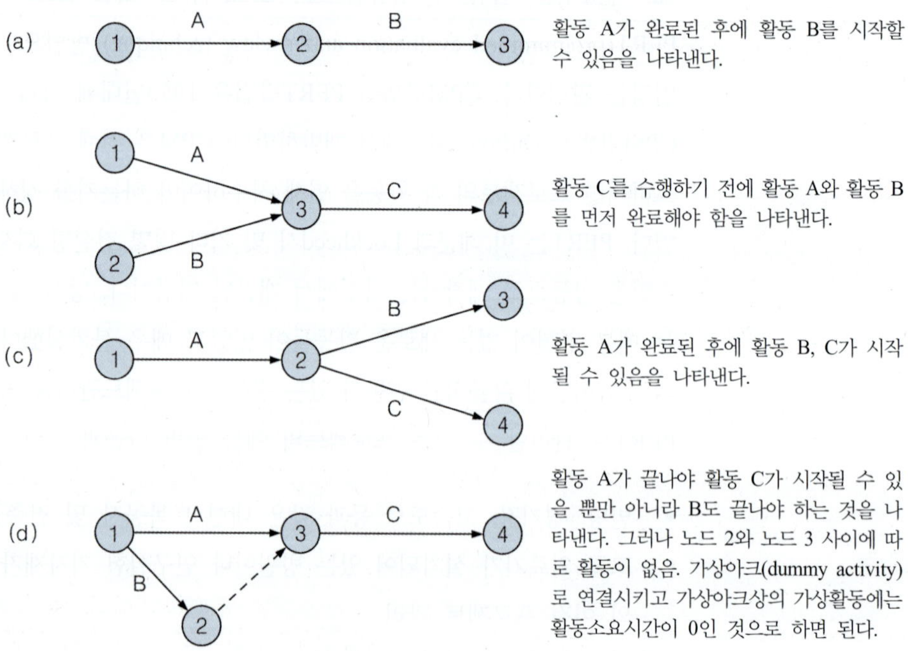

그림 5.21 프로젝트 네트워크의 예

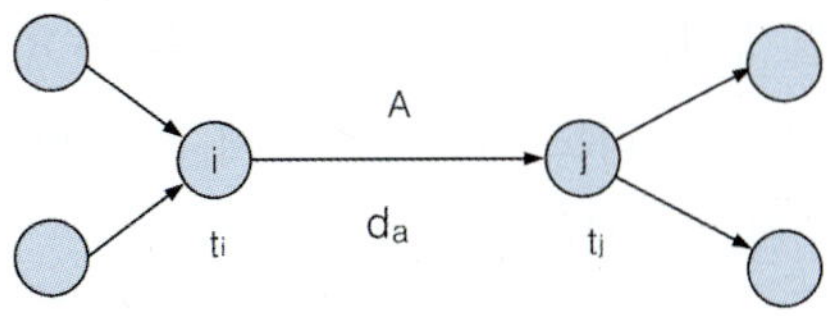

그림 5.22 네트워크상의 활동(A)과 활동 소요시간(d_a), 노드시간

아크상에 나타낸 것을 AOA(activity on arc)네트워크라고 한다.[8)]

프로젝트 네트워크의 각 활동은 상호간에 우선순위를 표현하는 관계식을 가진다. 예를 들면 노드 i에서 시작하여 노드 j에서 끝나는 활동 A를 생각해 보자. 노드 i를 A의 시작노드, 노드 j를 A의 종료노드라고 부른다.

t_i는 노드 i에서 시작하는 활동들의 시작가능 시간을 나타내고 **노드시간**이라고 부른다. d_a는 활동 A의 활동소요시간을 나타낸다. 그림 5.22은 다음의 **활동-노드 관계식**으로 나타낼 수 있다.

$$t_i = \text{노드 } i\text{에서 시작하는 활동들의 시작시간}$$

$$t_i + d_a \le t_j \text{ 또는 } t_j - t_i \ge d_a \tag{5.8}$$

여기서 $t_j - t_i$는 노드 j와 노드 i의 노드시간의 차이로서 **노드시간차**라고 부른다. 이 관계식은, '노드시간(t_i) + 해당 활동 소요시간(d_a)' 한 것이 후행활동 시작시간(t_j)보다는 빠르거나 같아야 함을 나타낸다. 모든 활동을 노드시간차 안에 마칠 수 있으면 현재의 노드시간은 실행가능한 시간배정이다. 프로젝트를 가장 빠른 시간안에 완료하는 실행가능한 **노드시간 배정**을 찾는 것이 우리의 목표이다.

CPM

프로젝트 완료시간이 언제인지와 어떤 활동을 중점으로 관리할 것인가 등을 파악하여 관리하는 것을 주요경로 관리법(CPM)이라고 한다. CPM 방법으로 프로젝트를 관리하는 것을 살펴보자.

그림 5.23은 그림 5.21(a)의 활동을 간트(Gantt) 차트로 나타낸 것이다. 여기서 $(t_j - t_i) - d_a$은 아크 (i, j)의 활동 A의 여유시간(float time)이 된다. 여유시간이 0인 경우, 활동의 소요시간이 길어지거나 활동의 시작이 지연되면 전체 프로젝트의 완료시간이 그만큼 지연된다. 이러한 활동을 **주요활동**(critical activities)이라고 부른다. 시작

8) 활동을 노드상에 나타낼 수도 있으며, 그것을 AON(activity on node)라고 부른다.

노드 1에서부터 주요활동들 만으로 이루어진 활동경로를 **주요경로**(critical path)라고 부른다. 주요경로상의 활동은 하나라도 지연되면 전체 프로젝트의 완료시간이 지연되기 때문에 주요활동은 우선적으로 관리할 필요가 있다.

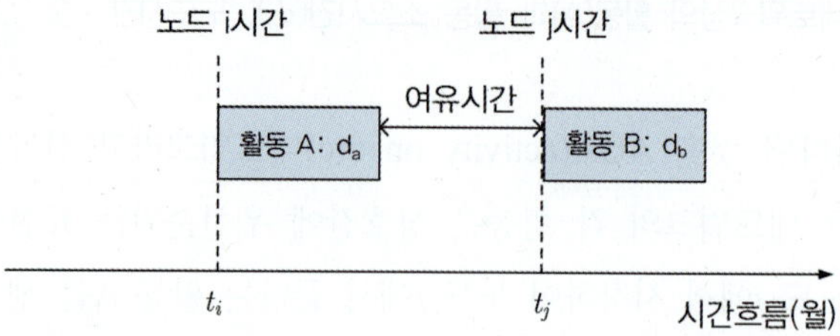

그림 5.23 간트 차트

예제 5.7 **CPM 신차개발 프로젝트**

Kcar는 새로운 신차개발 프로젝트에 착수하였다. 신차개발은 시장의 수요특성 파악과 개념설계, 차체 디자인, 플랫폼 개발, 신규기술 개발, 현행기술 개량, 생산공정설계 등의 활동으로 이루어져 있다. 이들의 선후관계와 소요시간은 표와 같다. 신차개발의 프로젝트를 최대한 빨리 끝낼 수 있는 시간은 언제인가?

표 5.6 신차개발 프로젝트 소요시간(月) 및 선행활동

활동	선행활동	활동시간(월)
A 수요파악/개념설계	–	4
B 신규기술 개발	–	16
C 플랫폼 개발	A	9
D 차체 디자인	A	12
E 현행기술 개량	B, C	8
F 생산공정 준비	D, E	6

모형화 가이드 **AOA 프로젝트 네트워크와 간트차트**

표 5.6의 활동표에서 마지막 활동 F를 아크 → 로 그리고, F를 시작하려면 선행활동 D, E가 완료되어야 하므로 선행활동 D, E를 아크로 표기한다. D는 A 후에 시작하고, E는 B, C 후에 시작하여야 한다. 이렇게 역으로 활동들의 관계를 그리면 아래의 프로젝트 네트워크와 같이 표현된다. 노드 1은 프로젝트의 **시작**을 나타내고, 노드 5는 **완료**를 나타낸다. AOA 네트워크를 그릴 때 주의할 점은 프로젝트는 하나의 노드에서 시작하여, 하나의 노드에서 완료되어야 한다는 점이다. 그림 5.24는 노드 1에서 프로젝트가

시작되어 노드 5에서 프로젝트가 완료됨을 보여준다.

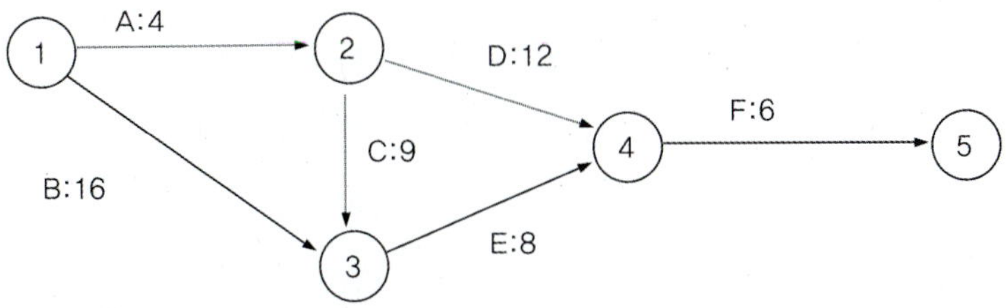

그림 5.24 신차개발 AOA 프로젝트 네트워크

이 프로젝트 네트워크의 진도표시를 그림 5.25의 간트차트(Gantt chart)로 나타낼 수 있다. 현재의 간트차트를 보면 전체프로젝트는 36개월 만에 완료된다.[9] CPM 방법으로 프로젝트 완료 시간을 찾아보자. 여기서는 CPM방법을 선형계획으로 모형화하여 엑셀로 풀기로 한다. 그림 5.24의 프로젝트 네트워크를 수리모형으로 나타내고 엑셀모형으로 표현하여 보자.

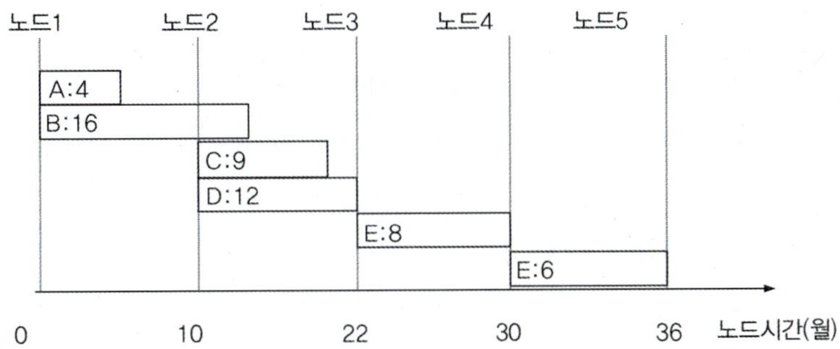

그림 5.25 간트차트

수리모형화

1. **의사결정변수**: 각 노드 j의 노드시간 t_j, $j=1,\ldots,5$를 의사결정변수로 삼는다.
2. **목적함수**: 프로젝트의 종료시점을 뜻하는 마지막 노드 5의 노드시간인 t_5를 최소화한다.
3. **제약조건**: 활동-노드 제약식: $t_i + d_a \le t_j$ 또는 $-t_i + t_j \ge d_a$가 각 활동마다 지켜져야 한다. 각 노드시간은 음수가 될 수 없다: $t_j \ge 0$, $j=1,\ldots,5$.
4. **수리모형**

9) 노드 2와 노드 3에서의 노드 시작시간을 더 빠르게 할 수 있기 때문에 프로젝트의 완료시간을 이보다 더 단축할 수 있다.

$$\begin{aligned} &\text{minimize} \quad t_5 && \text{LP(5.9)} \\ &\text{subject to} \quad -t_1+t_2 \geq 4 \quad (\text{활동 A}) \\ &\quad -t_1+t_3 \geq 16 \quad (\text{활동 B}) \\ &\quad -t_2+t_3 \geq 9 \quad (\text{활동 C}) \\ &\quad -t_2+t_4 \geq 12 \quad (\text{활동 D}) \\ &\quad -t_3+t_4 \geq 8 \quad (\text{활동 E}) \\ &\quad -t_4+t_5 \geq 6 \quad (\text{활동 F}) \\ &\quad t_j \geq 0,\ j=1,\dots,5 \end{aligned}$$

스프레트시트 모형: VLOOKUP( )함수 활용

수리모형을 스프레드시트 모형으로 나타내 보자. 다음 세가지를 표현하여야 한다.

- 각 노드와 활동의 시작시간을 나타내는 노드시간
- 각 활동에 대해서 시작노드와 종료노드
- 각 활동의 소요시간

1. **입력자료** A4:A8(노드), E4:H9(활동, 노드, 소요시간)
   A4:A8에 노드번호를 입력한다. E4:H9에는 각 활동과 그 활동의 시작노드, 종료노드, 그 활동의 소요시간를 입력한다.
2. **노드시간(변경셀)** B4:B8(노드시간)
   각 노드의 노드시간을 B4:B8에 임의의 값을 초기해로 입력한다.
3. **활동-노드 관계식(제한조건)**
   - 각 활동 시작시간과 종료시간 정하기
     K4:K9에는 그 활동의 시작노드시간, L4:L9에는 그 활동의 종료노드시간을 VLOOKUP() 함수를 이용하여 찾는다.

```
K4 =VLOOKUP(F4, $A$4:$B$8, 2),   K5:K9에 복사
L4 =VLOOKUP(G4, $A$4:$B$8, 2),   L5:L9에 복사
```

첫 번째 VLOOKUP( ) 함수는 각 활동이 시작하는 노드의 **노드시간**을 찾아준다. K4 = VLOOKUP(F4, --, 2) 식은 F4의 노드번호(=1)와 일치하는 행을 A4:B8 영역의 첫 번째 열에서 찾고(여기서는 제4행), A4:B8 영역의 2번째 열에서 찾아진 행의 값을 읽어온다는 뜻이다. 이것은 활동A의 시작노드(노드1)의 **노드시간**이 된다. 같은 방법으로 이해하면 두 번째 L4 =VLOOKUP(G4, --, 2) 식은 활동

A의 종료노드인 노드2(G4=2)의 노드시간을 찾는다.

J4:J9에는 각 활동의 노드시간차 J4 **=L4-K4**를 계산하여 J5:J9에 복사하고,

- 노드시간차 ≥ 활동 소요시간 ; **J4:J9** ≥ **H4:H9**을 나중에 해찾기 제한조건에 입력한다.

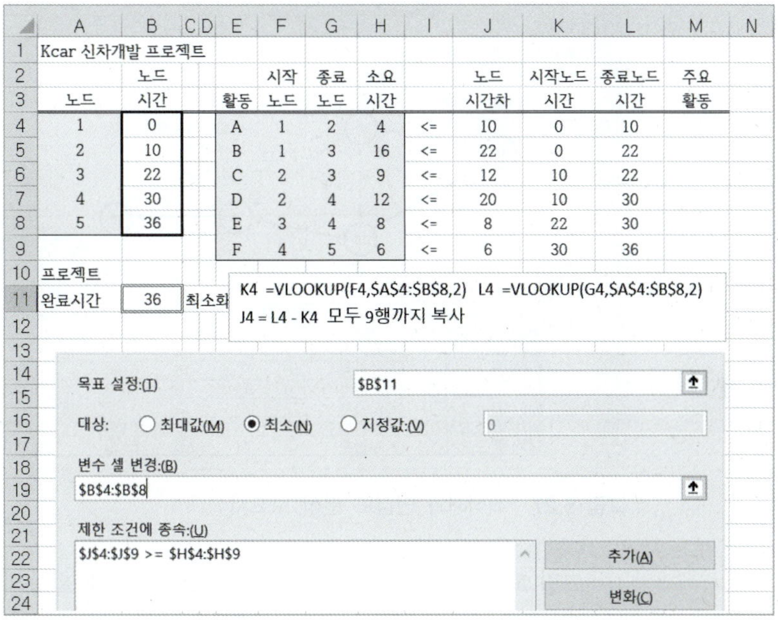

그림 5.26 Kcar 신차개발 프로젝트 엑셀 모형(초기해)과 해찾기

4. 완료시간(목표셀) B11(완료시간)의 최소화

프로젝트의 완료시간은 노드5의 노드시간이므로 B11 =B8을 적는다. 이 값이 최소화할 목표 셀이 된다.

해찾기를 실행하면 그림 5.26의 B열에서 보듯이 노드시간 $t_1 \dots t_5$은 차례로 (0, 7, 16, 24, 30)이 되고, 프로젝트의 최단 완료시간은 30개월(=B11)이 된다. 최적해를 네트워크 그림으로 그려보면 주요경로와 주요활동을 알 수 있다. 네트워크 노드에 노드시간을 적어보면 주요경로: B−E−F를 알 수 있다.

주요활동 B−E−F는 노드시간차의 제한조건에 주어지는 잠재가격(=1)으로 알 수 있다. 스프레드시트의 N열에 *표로 표시하였다.

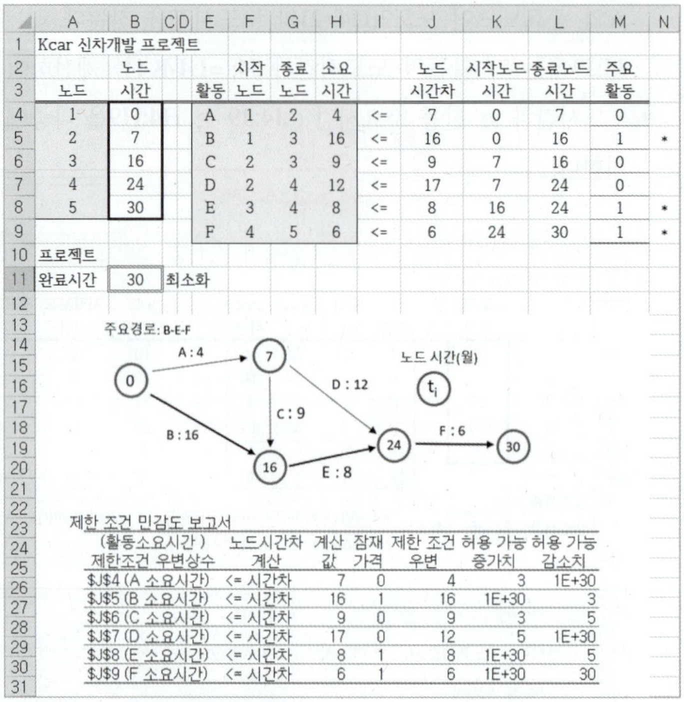

	A	B	C	D	E	F	G	H	I	J	K	L	M	N
1	Kcar 신차개발 프로젝트													
2		노드				시작	종료	소요		노드	시작노드	종료노드	주요	
3	노드	시간			활동	노드	노드	시간		시간차	시간	시간	활동	
4	1	0			A	1	2	4	<=	7	0	7	0	
5	2	7			B	1	3	16	<=	16	0	16	1	*
6	3	16			C	2	3	9	<=	9	7	16	0	
7	4	24			D	2	4	12	<=	17	7	24	0	
8	5	30			E	3	4	8	<=	8	16	24	1	*
9					F	4	5	6	<=	6	24	30	1	*
10	프로젝트													
11	완료시간	30	최소화											

제한 조건 민감도 보고서

(활동소요시간) 제한조건 우변상수	노드시간차 계산	계산 값	잠재 가격	제한 조건 우변	허용 가능 증가치	허용 가능 감소치
$J$4 (A 소요시간)	<= 시간차	7	0	4	3	1E+30
$J$5 (B 소요시간)	<= 시간차	16	1	16	1E+30	3
$J$6 (C 소요시간)	<= 시간차	9	0	9	3	5
$J$7 (D 소요시간)	<= 시간차	17	0	12	5	1E+30
$J$8 (E 소요시간)	<= 시간차	8	1	8	1E+30	5
$J$9 (F 소요시간)	<= 시간차	6	1	6	1E+30	30

그림 5.27 최적해와 민감도 분석 보고서

그림 5.28은 최적해를 간트차트로 그린 것인데 활동의 **여유시간**(float time)이 명확히 드러난다. 다른 활동의 시작시간과 소요시간이 지켜진다면, 활동 A는 현재보다 3개월 더 늘어나도 괜찮으며, 활동C는 지금보다 3개월 더 일찍 시작할 수 있으며, D는 5개월 더 늘어나도 괜찮다.10)

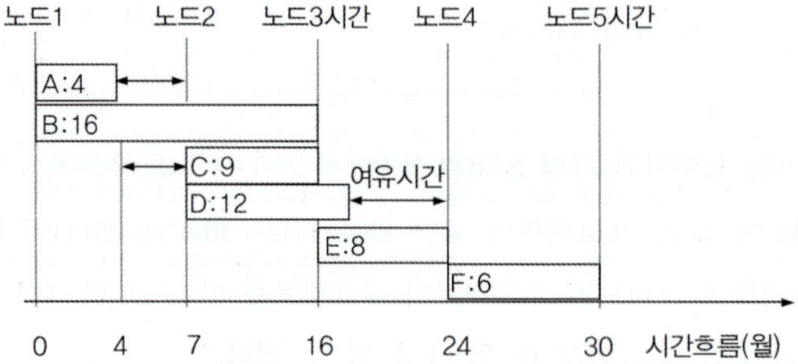

그림 5.28 간트 차트로 본 주요활동과 여유시간

선형계획모형으로 푼 CPM의 해에는 사실 복수최적해가 있다. 그림 5.29의 노드시간에서 보듯이, 노드2의 노드시간 t_2은 $4 \le t_2 \le 7$의 어느 값을 정해도 전체 완료시간 30

10) 이것은 민감도 보고서의 활동시간의 '허용가능증가치'의 값에서도 알 수 있다.

월에는 지장이 없기 때문이다. 그림에서 ET는 빠른 시작시간(Early Event Time)이고, LT는 늦은 시작시간(Late Event Time)이다.

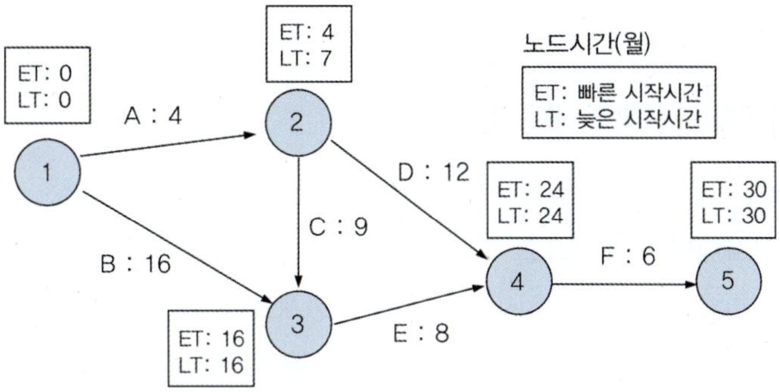

그림 5.29 빠른 시작과 늦은 시작의 노드시간과 여유시간

모형화 토의

1. 활동 E의 제한조건은 $t_4 - t_3 \geq 8$이었는데 민감도 보고서에서 이 제한조건의 '잠재가격'이 1이다. 활동 E의 실제 소요시간이 9개월이 되면 1개월이 지연되고, 전체 완료시간은 31월이 된다.
2. 그림 5.29에서, ET는 앞에서부터 노드 $i=$ 1−2−3−4−5의 순서로 ET_i=(0, 0+4=4, max{4+9, 0+16}=16, max{4+12, 16+8}=24, 24+6=30)으로 정한다. 노드i =3과 4에는 종료하는 활동이 두 개인데, ET_i=max{직전노드의 ET + 활동시간} 으로 정한다.

   LT는 노드 5에서 역순으로 정한다. 노드 $j=$ 5−4−3−2−1의 역순으로 LT_j =(30, 30 − 6=24, 24 − 8 = 16, min{24 − 12 = 12, 16 − 9 = 7}= 7, min{7 − 4 = 3, 16 − 16 = 0}= 0)으로 정한다. 노드 2와 1에서 시작하는 활동이 여럿이다. 이때에는 LT_j =min{직후 노드의 LT−활동시간}으로 정한다.

   아크 (i, j)의 활동의 **총여유시간(total float time)**은 $LT_j - ET_i$ − 활동소요시간으로 계산할 수 있다. 총여유시간이 0인 활동 B, E, F가 주요 활동이 된다.

   A의 총여유시간 $= LT_2 - ET_1 - 4$
   $= 7 - 0 - 4 = 3$(월),

   D의 총여유시간 $= LT_4 - ET_2 - 12$(월)
   $= 24 - 4 - 12 = 8$(월)이다.

프로젝트 완료시간 앞당기기

주요경로에 속하는 활동의 활동시간이 현재보다 단축되면, 전체 프로젝트 완료시간을 단축시킬 수 있다. 활동의 민감도 분석에서 활동 A는 활동시간이 단축되면 그만큼 완료시간이 단축된다. 예를 들면 경쟁사가 예상보다 더 빨리 신차를 출시할 것이 예측되면 당초 예정보다 프로젝트의 완료시간을 더 앞당기지 않으면 안 된다. 이처럼 최소의 비용으로 프로젝트의 완료시간을 데드라인 이내로 앞당기는 문제를 **프로젝트 앞당기기**(crashing a project)라고 부른다. 프로젝트 앞당기기는 자원이나 인력을 더 투입하여 배분하는 문제를 같이 안고 있다.

예제 5.8 **신차개발 프로젝트 완료시간 앞당기기**

Kcar는 경쟁사가 지금부터 27개월 이내에 신차를 출시한다는 정보를 입수하였다. 따라서 신차개발 프로젝트를 24개월 이내에 완료하여야 한다는 결정을 내렸다. 조사해본 결과 추가비용을 투입하면 각 활동을 현재보다 3개월씩 앞당길 수 있음을 알았다. 각 활동의 소요시간을 1개월 단축하는데 드는 비용이 아래 표와 같다. 최소비용으로 완료시간을 24개월 이내로 앞당겨라.

표 5.7 활동시간 단축비용표

활동	A	B	C	D	E	F
비용(억원/월)	20	30	100	70	60	35

모형화 가이드

프로젝트 완료를 단축하기 위해서는 각 활동마다 활동시간을 얼마씩 단축할 것인지를 정해야 한다. 각 활동의 단축시간을 y_A 라고 하면 다음 관계식이 만들어진다.

단축된 활동시간(d_A') = 원래활동시간(d_A) − 단축활동시간(y_A)

그리고 프로젝트 네트워크에서 활동 A가 아크 $i \rightarrow j$ 에 있다면, 활동 A의 단축된 활동시간 d_A' 는 노드시간차($t_j - t_i$) 안에 이루어 져야 하므로, $t_j - t_i \geq d_A'$ 를 만족시켜야 한다.

수리모형화

1. **의사결정변수**
   - 노드시간: 각 노드 j의 노드시간을 의사결정변수 x_j로 설정한다.
   - 단축시간: 활동 A, B, C, D, E, F의 단축시간을 y_A, y_B, y_C, y_D, y_E, y_F로 설정한다.
2. **목적함수**: minimize $z = 20y_A + 30y_B + 100y_C + 70y_D + 60y_E + 35y_F$

   단축비용은 각 활동들의 월 단축비용과 단축시간의 곱을 합한 것이다.
3. **제약식**
   - 각 활동의 단축시간 ≤ 단축가능시간: $y_j \leq 3,\ j = A, ..., F$
   - 프로젝트 완료시간 ≤ 목표시간: $t_5 \leq 24$

- 활동-노드 제약식 (노드시간차 ≥ 소요시간)을 표현한다.
- 비음수 제약 : $x_i \geq 0,\ i=1,\ldots,5,\ y_j \geq 0,\ j=A,\ldots,F$.

4. 수리모형

$$\text{minimize } 20y_A + 30y_B + 100y_C + 70y_D + 60y_E + 35y_F \qquad \text{LP(5.10)}$$

$$\begin{aligned}
\text{subject to} \quad & t_5 \leq 24,\ y_j \leq 3,\ j=1,\ldots,6 \\
& -t_1 + t_2 \geq 4 - y_A \\
& -t_1 + t_3 \geq 16 - y_B \\
& -t_2 + t_3 \geq 9 - y_C \\
& -t_2 + t_4 \geq 12 - y_D \\
& -t_3 + t_4 \geq 8 - y_E \\
& -t_4 + t_5 \geq 6 - y_F \\
& t_i \geq 0,\ i=1,\ldots,5 \\
& y_j \geq 0,\ j=A,\ldots,F.
\end{aligned}$$

이제 각 활동(A, B, C, D, E, F)의 단축시간(y_A, y_B, y_C, y_D, y_E, y_F)과 노드시간을 스프레드시트의 변경할 셀로 설정하여 모형화해 보자.

스프레드시트 모형화와 해찾기 설정

1. **입력자료** 앞에서 만든 모형(그림 5.26)에서 앞부분에 9개 행을 삽입한다.
   B5:B10에 단축비용(억원/월)을 입력, D5:D10에 원래의 활동시간, H5:H10에 단축가능시간, D23에 완료시간을 입력한다.
2. **변경셀** B16:B20(노드시간), F5:F10(**단축시간**)
   F5:F10에 단축할 시간을 임의로 입력한다.
3. **총단축비용(목표셀)** B25: B25 =SUMPRODUCT(B5:B10,F5:F10)
   총 단축 비용은 단축비용과 단축시간의 곱의 합이다.
4. **제한조건**
   - 단축시간≤단축가능시간 F5:F10≤H5:H10
   - 프로젝트 완료시간 B23에는 노드 5의 노드시간을 입력한다: B23 =B20
     프로젝트 완료시간≤목표시간 B23≤D23
   - 소요시간≤노드시간차 H16:H21≤J16:J21
     단축된 소요시간: H16 =D5 − F5, H17:H21에 복사
     시작노드시간: L16 =VLOOKUP(G16, $A$16:$B$20, 2), L17:L21에 복사

종료노드시간: K16 =VLOOKUP(F16, $A$16:$B$20, 2), K17:K21에 복사

노드시간차: J16 =L16 − K16, J17:J21에 복사

5. **해법선택** LP심플렉스를 선택하고, 변수를 음이 아닌 수로 체크한 후 해찾기를 실행한다.

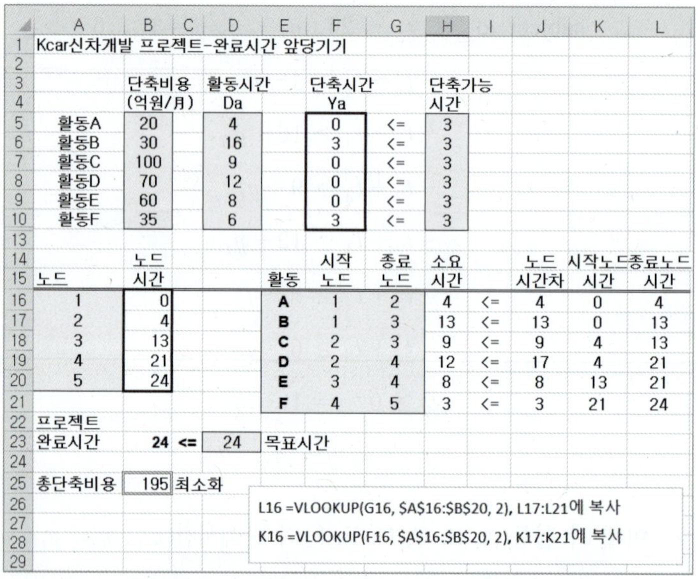

	A	B	C	D	E	F	G	H	I	J	K	L
1	Kcar신차개발 프로젝트-완료시간 앞당기기											
2												
3		단축비용		활동시간		단축시간		단축가능				
4		(억원/月)		Da		Ya		시간				
5	활동A	20		4		0	<=	3				
6	활동B	30		16		3	<=	3				
7	활동C	100		9		0	<=	3				
8	활동D	70		12		0	<=	3				
9	활동E	60		8		0	<=	3				
10	활동F	35		6		3	<=	3				
13												
14		노드				시작	종료	소요		노드	시작노드	종료노드
15	노드	시간			활동	노드	노드	시간		시간차	시간	시간
16	1	0			A	1	2	4	<=	4	0	4
17	2	4			B	1	3	13	<=	13	0	13
18	3	13			C	2	3	9	<=	9	4	13
19	4	21			D	2	4	12	<=	17	4	21
20	5	24			E	3	4	8	<=	8	13	21
21					F	4	5	3	<=	3	21	24
22	프로젝트											
23	완료시간	24	<=	24	목표시간							
24												
25	총단축비용	195	최소화									

L16 =VLOOKUP(G16, $A$16:$B$20, 2), L17:L21에 복사

K16 =VLOOKUP(F16, $A$16:$B$20, 2), K17:K21에 복사

그림 5.30 Kcar−완료시간 앞당기기(최적해)

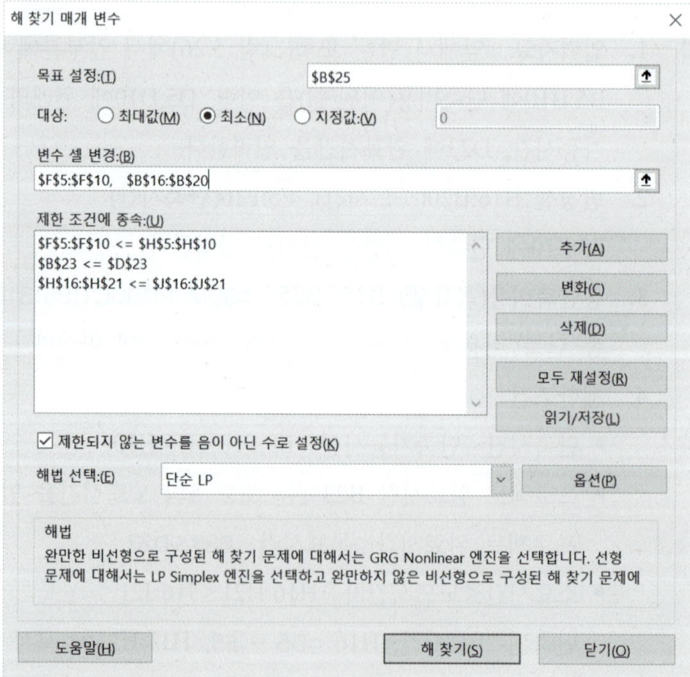

그림 5.31 완료시간 앞당기기 해찾기 모형

최적해가 스프레드시트에 나타나 있다. 총 단축비용은 195억 원인데, 활동 B와 활동 F를 각각 3개월 만큼 단축하여서 3 × 30억원 + 3 × 35억원 = 195억 원이다. 활동 A는 단축비용이 아주 저렴하지만, 주요활동이 아니므로 단축해 보아야 전체 프로젝트 완료시간을 앞당기지 못한다. 단축 후에 주요경로는 A → C → E → F와 B → E → F이다.

PERT

CPM방법에서는 각 활동의 소요시간을 확정적인 값으로 가정했다. 그러나 신약개발이나 신기술개발과 같은 연구개발 프로젝트에서는 각 활동시간을 예측하는 데 많은 불확정적인 요소가 많다. 전에 경험해보지 않았던 새로운 유형의 프로젝트를 만나면 각 활동시간을 확정적으로 정할 수 없다. 이러한 경우에는 PERT기법을 사용한다. PERT (Programmed Evaluation and Review Technique)에서는 각 활동의 소요시간을 독립적이면서 확률적인 변동을 갖는 변수(independent random variables)로서 간주한다. PERT에서는 새로운 활동의 소요시간을 다음 세 가지 값으로 추정한다.

m = 활동의 가장 실현성이 높은 추정치(most realistic estimate)
a = 활동의 가장 낙관적인 추정치(most optimistic estimate)
b = 활동의 가장 비관적인 추정치(most pessimistic estimate)

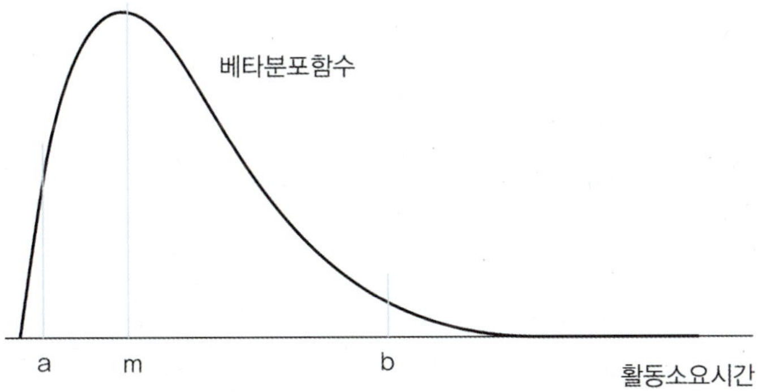

그림 5.32 베타분포를 따르는 활동의 소요시간

m은 통계적으로 말하면 활동시간의 분포에서 최빈값(mode)에 해당되는 가장 현실적인 값이다. 반면 a는 활동시간의 확률적 분포의 하한값(lower bound)으로서 좀처럼 일어날 것 같지 않으나 모든 것이 순조롭게 잘 될 경우에는 가능한 최단 소요시간 값, b는 상한값(upper bound)으로서 모든 것이 아주 나쁘게 될 경우에 가능한 최장 소요시간 값을 말한다.

PERT기법에서는 한 가지 더 가정하는 데, 확률적인 변동을 갖는 활동시간(T_{ij})을 **베타분포**로 추정한다. 베타분포는 확률변수의 여러가지 분포 모양을 근사하게 나타내는데 활용되는 확률분포인데, 좌우 대칭인 분포나, 분포의 꼬리가 오른쪽이나 왼쪽으로 치우친 비대칭 분포를 근사하게 나타낼 수 있다. 베타분포로 추정한 활동 소요시간 변수 T_{ij}의 평균값(E[T_{ij}])과 분산(V[T_{ij}])은 다음 식으로 근사값을 정할 수 있다.

$$E[T_{ij}] = (a + 4m + b)/6 \tag{5.11}$$

$$V[T_{ij}] = (b - a)^2/36$$

각 활동의 평균소요시간(E[T_{ij}])을 위의 식으로 구했을 경우, 주요경로상의 각 활동시간의 평균을 더하면 전체 프로젝트의 완료시간의 평균값(μ)이 되고, 또 주요경로상의 각 활동의 소요시간의 분산(V[T_{ij}])을 모두 합하면 전체 프로젝트의 완료시간의 분산(σ^2)이 된다. 한편, 전체 프로젝트의 완료시간은 앞의 평균값(μ)과 분산(σ^2)을 갖는 **정규분포**를 따르는 것으로 분석한다.[11] 이제 이러한 예를 앞의 예제를 통해서 살펴보자.

예제 5.9 **신차개발 프로젝트 PERT 적용**

신차개발 프로젝트의 각 활동의 소요시간에 대한 확률적 추정을 한 결과 아래 표와 같다고 하자. 신차개발 프로젝트의 주요경로와 주요활동을 정하고, 평균 소요시간과 그 분산을 구하라.

표 5.8 각 활동의 소요시간 추정치

	낙관시간(a)	최빈시간(m)	비관시간(b)
활동A	1	4	7
활동B	12	15	24
활동C	5	8	17
활동D	6	12	18
활동E	4	8	12
활동F	4	6	8

11) 주요경로상의 활동이 여럿이면 중심극한정리(Central Limit Theorem)를 적용하여 $\sum_{(i,j)\in 주요경로} T_{ij}$는 정규분포를 따른다고 가정할 수 있다.

스프레드시트 모형화

1. **입력자료** B5:B10, C5:C10, D5:D10

   B5:B10 영역에 낙관적시간 a값, 영역 C5:C10에 최빈시간 m값, 영역 D5:D10에 비관적시간 b값을 각각 입력한다.

2. **평균활동시간** F5:F10

   F5:F10에 각 활동의 평균소요시간을 계산한다.

   F5 =(B5+4*C5+D5)/6, F6:F10에 복사, F5:F10을 H16:H21에 복사한다.

3. **활동시간의 분산** H5:H10

   H5:H10에 각 활동의 분산을 계산한다.

   H5 =(D5−B5)*(D5−B5)/36

4. 활동의 평균소요시간 G6:F10 → H16:H21으로 복사하여 CPM 선형계획 모형 적용.

해찾기 모형은 앞의 것(그림 5.26)과 동일하게 사용한다. 해찾기를 실행하면 완료시간은 30월이 되고, 주요경로를 이루는 주요활동은 B, E, F가 된다.

주요활동 B, E, F의 분산을 더하면 전체 완료시간의 분산을 구할 수 있다. 스프레드시트의 M16:M21에 주요활동은 1, 주요활동이 아닌 것은 0으로 표시했다. 그러면 전체 완료시간의 분산은 다음 입력 수식으로 구할 수 있고, 표준편차는 SQRT(G23)=SQRT(6.22)=2.49이다.

G23 =SUMPRODUCT(H5:H10, M16:M21)

	A	B	C	D	E	F	G	H	I	J	K	L	M	N
1	Kcar의 신차개발 프로젝트-PERT기법													
2		낙관	최빈	비관										
3		시간	시간	시간		평균시간		분산						
4		a	m	b		E[T]		V[T]						
5	활동A	1	4	7		4		1						
6	활동B	12	15	24		16		4						
7	활동C	5	8	17		9		4						
8	활동D	6	12	18		12		4						
9	활동E	4	8	12		8		1.778						
10	활동F	4	6	8		6		0.444						
13														
14		노드				시작	종료	소요		노드	시작노드	종료노드	주요	
15	노드	시간			활동	노드	노드	시간		시간차	시간	시간	활동	
16	1	0			A	1	2	4	<=	7	0	7	0	
17	2	7			B	1	3	16	<=	16	0	16	1	
18	3	16			C	2	3	9	<=	9	7	16	0	
19	4	24			D	2	4	12	<=	17	7	24	0	
20	5	30			E	3	4	8	<=	8	16	24	1	
21					F	4	5	6	<=	6	24	30	1	
22	프로젝트													
23	완료시간	30	최소화		완료시간 분산		6.22		표준편차=		2.49			
24					95% 완료시간		34.10							
25					95% 신뢰구간		25.11	34.89						
26														

F5 =(B5+4*C5+D5)/6 , F10까지복사
H5 =((D5-B5)*(D5-B5))/36, H10까지
H16 =F5
J16 =L16-K16
K16 =VLOOKUP(F16,$A$16:$B$20,2)
L16 =VLOOKUP(G16,$A$16:$B$20,2)

그림 5.33 Kcar의 PERT기법

PERT를 이용하면 추가적인 분석을 할 수 있다. PERT에 의해서 구해진 프로젝트 완료시간은 평균 활동 시간에 의한 완료시간이다. 실제 완료시간이 이보다 짧을 확률이나 이보다 길게 걸릴 확률이 반반이다. 표준편차 2.49를 가지고 프로젝트 완료시간의 95% 상한값(프로젝트를 그 이전에 완료할 확률이 95%인 시간, G24)과 완료시간의 95%신뢰구간(프로젝트를 완료하는 데 걸리는 시간의 95%가 포함되는 신뢰구간, G25, H25)은 아래 식으로 계산할 수 있다.

```
G24 =B23 + NORMSINV(0.95)*2.49
G25 =B23 - NORMSINV(0.975)*2.49
H25 =B23 + NORMSINV(0.975)*2.49
```

여기서 NORMSINV(0.95) = 1.645는 정규분포에서 누적확률 분포가 0.95가 되는 표준정규분포 값(z) 이고, 95% 신뢰구간을 정하는 z = NORMSINV(0.975) = 1.96이다. 결과를 보면, 프로젝트를 95%의 확률로 34.10월 이내에 완료할 수 있는 것으로 기대된다. 또 프로젝트의 완료시간의 95% 신뢰구간은 25.11월~34.89월이다.

예를 들어서 32개월 안에 완료할 확률은:

$$z = \frac{32-30}{2.49} = 0.80 \text{ 이므로 } \Pr(T \le 32) = \Pr(z \le 0.80) = 78.8\% \text{ 이다.}$$

연습문제

1(수송문제) 인근의 3개 도시에 식수를 공급하는 취수장이 2곳 있다. 각 취수장에서는 하루에 50(천톤)의 물을 공급할 수 있고, 각 도시는 30, 30, 40(천톤)의 물을 필요로 하고 있다. 취수장에서 각 도시로 물을 보낼 때 발생하는 수송비용을 조사한 바, 천톤당 수송비용은 다음의 표와 같다.

수송비용표(천원/천톤)

	도시 1	도시 2	도시 3
취수장 1	8	9	11
취수장 2	10	8	9
수 요 량	30	30	40

(1) 이 문제를 수송문제 네트워크 그래프로 나타내라.
(2) 물 수송비용을 최소로 하는 LP모형으로 표현하라.
(3) 스프레드시트로 풀어라.

2(1번 계속) 여름철에는 각 취수장에서 하루에 공급할 수 있는 물의 양은 60(천톤)으로 늘어나고, 각 도시의 물 수요량도 40, 40, 60(천톤)으로 늘어난다. 여름철에 물의 공급이 부족해지면 각 도시에서는 물 부족비용이 따로 발생하는 바, 도시1은 톤당 25천원, 도시 2에는 28, 도시 3에는 30(천원/천톤, 하루)의 비용이 발생한다. 수송비용은 앞의 문제 그대로이다. 수송비용과 물 부족에 대한 추가 비용을 합하여 최소화하는 물 공급방법을 스프레드시트로 정하라.(힌트 : 가상의 취수장 3을 하나 더 만든 후, 부족한 만큼을 공급할 수 있는 것으로 생각하고, 각 도시로의 수송비용을 추가 비용만큼 매긴다.)

3 다음은 수송량 배정에 소수값이 있는 해이고, 총 수송비용은 2,444,060이다. 찰스톤 → 내시빌의 0.6을 0으로 줄이면 찰스톤 → 헌쓰빌은 1900으로 늘려야 한다. 또 어느 곳을 수정하여야 하는가? 수송량 배정을 조정하여 해를 개선하고 그때의 총 비용을 계산하라.

	루이스빌	내시빌	헌쓰빌	
시카고	1500			1,500
멤피스		1999.4	**300.6**	2,300
찰스톤	950	0.6	**1899.4**	2,850
	2450	2000	2200	

4(할당문제) 400m 혼합형 계주(relay)시합에 참가하려고 한다. 아래 표는 4명의 선수 각각의 유형별로 100m 기록이다. 계주 경기에서 전체 소요시간이 최소가 되도록 하려면 어느 선수를 어느 유형에 배치해야 하는가?

유형별 기록표(초)

	자유형	배영	평영	접영
선수 1	51	52	53	54
선수 2	50	51	54	56
선수 3	56	53	54	53
선수 4	54	56	57	51

5 4명의 여행가이드가 4개의 여행경로에 대해서 자신의 선호도를 10점 만점으로 평가했다. 전체의 선호도의 합이 최대가 되도록 여행 가이드를 할당하라.

	여행 1	여행 2	여행 3	여행 4
가이드 1	9	7	5	10
가이드 2	10	6	10	3
가이드 3	9	5	7	4
가이드 4	7	2	8	6

6 서울시는 다음 4개의 관급공사를 입찰 받으려고 한다. 3개의 업체가 입찰에 응했는데, 각각의 응찰 가격은 아래 표와 같다(빈칸은 입찰하지 않음을 표시한다). 업체 3은 한 개 공사만 할 수 있고, 업체 1, 2는 2개까지 공사를 할 수 있다. 전체 비용이 최소가 되도록 업체를 배정하라.

입찰가격표(백만원)

	공사 1	공사 2	공사 3	공사 4
업체 1	51	47	40	43
업체 2		45	43	47
업체 3	52	46	45	

7 (주)진우건설에서는 5개의 건설프로젝트에 대해 7명의 중소도급업자들로부터 경쟁입찰에 의해 도급계약을 체결하려고 한다. 각각의 프로젝트에 대해 업자들이 제시한 금액은 다음의 표와 같다. 전체 비용이 최소가 되도록 건설프로젝트를 할당하라.

입찰신청액

	프로젝트				
	1	2	3	4	5
업자 1	50	60	71	45	54
업자 2	47	40	40	50	60
업자 3	35	27	39	60	50
업자 4	43	27	34	48	70
업자 5	51	36	35	52	53
업자 6	39	35	55	45	29
업자 7	60	28	60	43	50

8(경유수송문제) 다음 표의 경유 수송문제는 2곳의 순수공급지와 2곳의 수요지 및 2곳의 중간경유지 간의 모든 흐름관계를 보여주고 있다. 광주 및 부산의 공급 가능량은 각각 250, 300이고, 목포 및 대구의 수요량은 각각 230, 230이다.

표 단위당 수송비용표

	서울	대전	목포	대구	공급 가능량
광주	7	14	25	30	250
부산	16	15	26	25	300
서울	–	5	16	17	–
대전	5	–	17	11	–
수요량	–	–	230	230	

(1) 위의 경유수송문제를 스프레드시트로 모형화하여 최적 수송계획을 수립하라.

(2) 만일 광주→부산, 부산→광주 간 단위당 수송비용 1로 수송이 가능하다면, (1)의 최적 수송계획은 어떻게 되겠는가?

9 어느 렌트카 회사에서 이번 주말에 각 도시에서 예약을 비교한 결과 아래와 같이 과잉과 부족이 예상되었다. 이들 자동차를 다시 분배해 주는 데는 아래와 같이 수송비용이 든다. 어떻게 수송해주면 비용이 최소가 되는가?

자동차 과잉/부족 대수표

	부족대수	과잉대수
서울		100
대전		150
대구		60
광주	40	
부산	160	
창원	110	

수송비용표

	서울	대전	대구	광주	부산	창원
서울		100	300	350	500	600
대전	100		250	150	400	550
대구	300	250		400	620	580
광주	350	150	400		700	650
부산	500	400	620	700		100
창원	600	550	580	650	100	

10(최단경로 찾기 문제) 한국전기는 발전소(그림에서 노드 1)에서 전력을 생산하여 중간의 배전소를 경유하여 도시(그림에서 노드 7)까지 전력을 수송하고 있다. 각 배전소 간의 거리는 그림에 나타나 있다. 발전소에서 도시까지의 최단경로를 구하라.

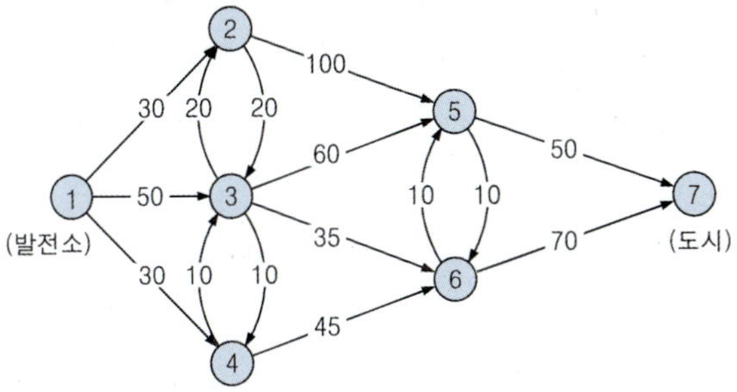

11 아파트의 가스보일러는 처음 설치할 때에는 80만원이 든다. 4년 또는 그 이내에 교체하기로 한다. 처음 4년 동안의 유지비용은 해마다 차례로 20만원, 40만원, 60만원, 80만원으로 증가한다. 가스 보일러는 한번 설치하면 중고품으로 판매할 수 없다. 향후 6년간 설치비용과 유지비용의 합이 최소가 되는 교체방법을 정하라.

12 Abbot 사는 서비스 요원들의 업무용 차량을 교체하는 계획을 세우고자 한다. 편의상 신차의 구입가격은 2,500만원으로 변함이 없다고 가정한다. 그러나 차량의 유지보수비는 사용연수에 따라 증가하고 중고차 처분가격은 연수에 따라 감소한다. 이들 금액은 아래 표와 같다. 향후 5년 동안의 '차량구입비+차량유지보수비−중고차 처분가격'의 합이 최소가 되는 차량교체계획을 최단경로문제로 모형화하여 수립하려 한다. 아래 물음을 따라 최단경로문제로 모형화하라.

표 유지비 및 중고차 가격(만원)

사용연수	유지비	중고차 가격
1	200	1,900
2	400	1,800
3	500	1,600
4	700	1,400
5	1000	1,300

(1) 네트워크의 노드와 아크를 다음과 같이 정의한다. 노드는 그 해의 연초를 나타낸다. 즉, 향후 5년까지의 연도를 노드로 표기하여 1, 2, 3, 4, 5, 6의 6개 노드를 고려한다. 또한 노드 6은 6년초를 의미하며, 5년말로 생각할 수도 있다. 그리고 노드 i에서 j로 가는 아크 (i,j)는 i년 초에 새 차를 구입해서 j년초 즉 $(j-1)$년말까지 사용하는 것을 나타낸다. 그러면 아크 (i,j)의 비용(거리) c_{ij}는 다음과 같이 계산된다.

c_{ij} = i년 초에 새차 구입비용
+ i년, i+1년, ⋯ ,$(j-1)$년 까지의 유지보수비
− $(j$-1)년 말에 처분금액

그러면 c_{12}는 1년 초에 새 차를 사서(2,500만원), 1년 말까지 사용하고(200만원), 1년 말에 중고차를 파는 경우(1,900만원)의 총비용은 2,500 + 200 − 1,900 = 800만원이 된다. 같은 방법으로 c_{ij}를 구하면 다음과 같음을 확인하라.

(2) (1)에서 정의한 노드와 아크에서 계산된 아크비용을 네트워크로 나타내면 아래 그림과 같음을

확인하라.

(3) 스프레드시트로 모형화하여 노드 1에서 노드 6까지의 최단경로를 구하라. 그리고 이렇게 구한 최단경로가 최소비용의 차량교체계획을 나타냄을 설명하라.

c12 = 2,500 + 200 − 1,900 = 800 = c23 = c34 = c45 = c56

c13 = 2,500 + 200 + 400 − 1,800 = 1,300 = c24 = c35 = c46

c14 = 2,500 + 200 + 400 + 500 − 1,600 = 2,000 = c25 = c36

c15 = 2,500 + 200 + 400 + 500 + 700 − 1,400 = 2,900 = c26

c16 = 2,500 + 200 + 400 + 500 + 700 + 1,000 − 1,300 = 4,000

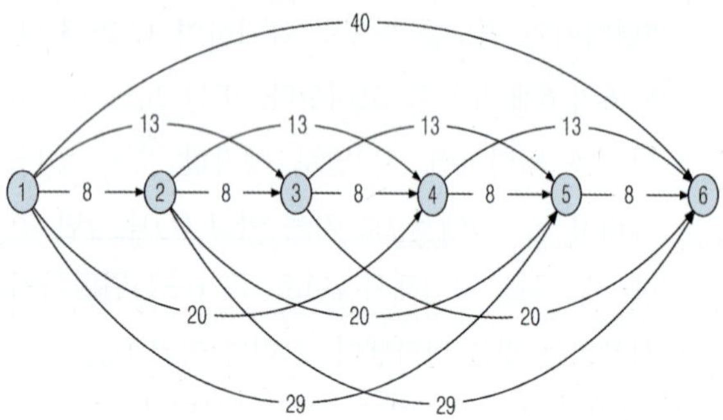

13 새 기계를 사서 사용하는데 사용 년수에 따른 유지비용이 다르고, 새 기계의 구입비용은 아래 표와 같이 구입 년도에 따라 다르다. 기계의 중고품 처분가격은 없다. 5년 동안 이 기계를 교체하면서 유지, 사용하는 비용이 최소가 되는 교체방법을 정하라. 첫해에는 새 기계를 구입하는 것으로 가정한다.(단위:만원)

사용년수	유지비용	구입비용
1	48	170 (1년 초)
2	60	190 (2년 초)
3	108	210 (3년 초)
4	300	250 (4년 초)
5	500	300 (5년 초)

14 도서관 서고에서는 10cm 높이의 책을 300권, 20cm 높이의 책을 150권, 25cm높이의 책을 100권을 꽂을 수 있는 선반을 만들려고 한다. 책의 두께는 2cm로 같다고 간주한다. 한편 책을 꼽는 방법은 25cm선반에는 세 종류의 책을 모두 다 꽂을 수 있다. 20cm선반에는 20cm책과 10cm책을 꽂을 수 있고, 10cm선반은 10cm책만 꽂을 수 있다. 책장의 선반을 하나 만드는데 25만원의 돈이 들고, 선반에서 책이 차지하는 공간(선반 높이 길이×책두께)에 대해서 $1cm^2$당 0.01만원이 든다. 최소비용으로 책을 모두 꽂을 수 있도록 책장을 만드는 방법을 정하고자 한다.

(1) 0, 10, 20, 25를 노드로 삼고, 노드i와 노드 j의 아크간의 거리를 비용으로 책정한다. 아크 ($i \rightarrow j$)의 비용은 책 높이가 [$i <$ 책 높이 $\leq j$]인 책을 꽂을 수 있도록 책장선반 높이를 만들 때 드는 비용을 거리로 책정한다. 물론 i, j는 0, 10, 20, 25의 값들이다. 이렇게 하여 최단 경로 문제로 모형화해서 풀어라.

(2) 이 문제를 경유수송 문제로 만들어서 엑셀로 풀어라.

15 파이프를 생산하여 판매하는 중소기업체가 있다. 파이프의 직경은 3"(인치)에서 23"까지 생산하고 있으며, 각 사이즈에 대한 수요량은 아래 표와 같다. 한편 각 사이즈의 파이프를 생산하는 데는 고정비용이 300만원이 들며, 1개를 생산하는 데는 직경 크기에 비례하여 변동비용이 1인치 당 1만원이

든다. 각 사이즈보다 5" 또는 그 이하로 큰 것을 공급해 주어도 된다. 최소비용으로 전체주문을 충족시키는 생산방법을 찾아라.(즉, 3", 5" 대신에 7"를 공급해도 됨. 연습문제 14 참조)

표. 파이프 직경(인치)과 주문량(개수)

	1	2	3	4	5	6	7
사이즈	3	5	7	12	17	20	23
주문량	40	30	20	20	30	30	40

16(최대흐름문제) ASA항공은 휴가시즌을 맞이하여 서울에서 뉴욕까지의 손님이 급증하여 특별기를 최대한 증편하기로 하였다. 승무원 배치사정으로 인해 특별기는 모두 밴쿠버에서 승무원을 교체한 다음 시카고나 토론토에서 다시 한 번 더 승무원을 교체하여야 한다. 밴쿠버와 시카고, 토론토에서는 비행기 이착륙 사정상 하루에 추가할 수 있는 운항편수는 표와 같다. 서울에서 뉴욕까지 특별기를 최대한 얼마나 증편할 수 있겠는가? 이 문제를 네트워크 최대흐름문제로 모형화하고 엑셀로 풀어라.

노선	증편 가능수
서울-밴쿠버	15
밴쿠버-토론토	10
밴쿠버-시카고	7
토론토-뉴욕	12
시카고-뉴욕	12

17 KPS항공화물회사는 서울에서 뉴욕으로 항공화물을 수송하고 있다. KPS가 이용하는 화물항공기의 화물적재 여유분을 조사한 결과 아래와 같다. ① 서울에서 뉴욕으로 최대 수송량은 몇 톤인가? ② 연말을 맞이하여 내일까지 서울에서 뉴욕으로 보내야 할 화물이 30톤이다. 가장 작은 비용으로 30톤 화물을 보내는 방법을 찾아라.

운항노선	화물적재 여유분	수송료(달러/톤)
서울-LA	20	1000
서울-시애틀	18	900
LA-달라스	16	600
LA-시카고	10	500
LA-덴버	4	500
시애틀-피츠버그	10	600
시애틀-시카고	6	400
LA-시애틀	11	300
덴버-피츠버그	3	500
시카고-덴버	15	300
달라스-뉴욕	6	350
시카고-뉴욕	5	550
덴버-뉴욕	15	650
피츠버그-뉴욕	15	450

18 홍익기획은 TV홈드라마를 제작하여 방송사에 공급하고 있다. 홍익기획에 전속으로 계약된 남녀 탤런트 중에서 한 쌍씩 짝을 이루어 드라마를 제작한다. 과거의 경험에 비추어서 남녀 한 쌍이 같이 출연해 성공할 수 있는 결합은 아래와 같다. 한 탤런트를 동시에 두 개의 드라마에 캐스팅 하지 않는다. 어떻게 짝을 지우면 최대한 많은 드라마를 제작할 수 있겠는가? 이 문제를 네트워크 최대흐름문제로 모형화하라.

(힌트 : 출발지 노드가 여러 개 인 경우는 가상출발지를 앞에 추가하고, 그곳에서 각 출발지로 흐름이 이루어지는 것으로 표현하면 하나의 출발지로 바꿀 수 있다. 목적지가 여러 개 인 경우도 마찬가지이다.)

	F1	F2	F3	F4	F5
M1	S	S	–	S	S
M2	–	–	S	–	S
M3	–	S	–	–	–
M4	–	S	–	–	–
M5	S	–	–	–	S

19 주말을 맞이하여 김, 이, 박, 정씨 4가족은 보트놀이를 가기로 하였다. 각 가족은 12명, 10명 9명, 13명이다. 보트는 모두 4척이 있는데 각각 11명씩 태울 수 있다. 단, 한 가족은 3명까지만 한 보트에 타기로 하였다. 보트놀이는 최대 몇 명까지 할 수 있는가? 보트에 타는 방법을 적어라.

20 아래 표는 4개 도시간의 시간당 차량 흐름량이다. 도시 S에서 도시 T까지 정오에서 오후 3시까지 최대한 얼마나 많은 차량이 이동할 수 있는가? (힌트 : S를 S0, S1, S2로 구분하여 정오, 1시, 2시의 도시 S를 나타내도록 노드를 정하라. 도시 A, B, T도 마찬가지이다. S0에서는 A1, B1, T1으로 각각 20, 25, 30씩 흘려보낼 수 있다.)

각 도시간의 시간당 차량흐름(백대/시간)

	도시 S	도시 A	도시 B	도시 T
도시 S	–	20	25	30
도시 A	20	–	24	27
도시 B	25	24	–	20
도시 T	30	27	20	–

21 김씨는 월요일부터 금요일까지 5일 동안 7개 교과목을 이수해야 한다. 각 교과목의 연수시간은 3시간씩이고, 같은 과목을 하루에 1시간 이상 수강할 수는 없다. 5일 동안 각각 6, 5, 4, 4, 3시간씩 할애할 수 있다면 김씨는 5일 동안 7개 교과목을 모두 수강할 수 있는가?

22 예제 5.2에서 노드 2와 노드 3의 흐름용량은 다음과 같이 표현되기도 한다. 아래 네트워크에서 노드 S에서 노드 F까지의 최대 흐름량을 엑셀로 모형화해서 구하라.

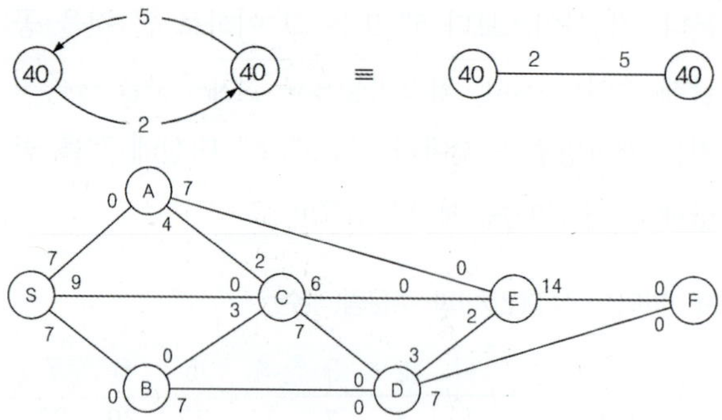

23(최소비용 흐름문제) H 무역은 중국에서 콩을 수입하여 우리나라 각 도시에 공급한다. 아래는 공급가능한 양(노드에서 양수로 표시, 톤)과 수요량(노드에서 음수로 표시, 톤)이며, 수송비용(아크상에 표시, 만원/톤)이다. (1) 최소비용의 물류흐름방법을 정하라. (2) 선양의 공급량이 40으로 늘어난 경우의 최소비용 흐름방법을 정하라,

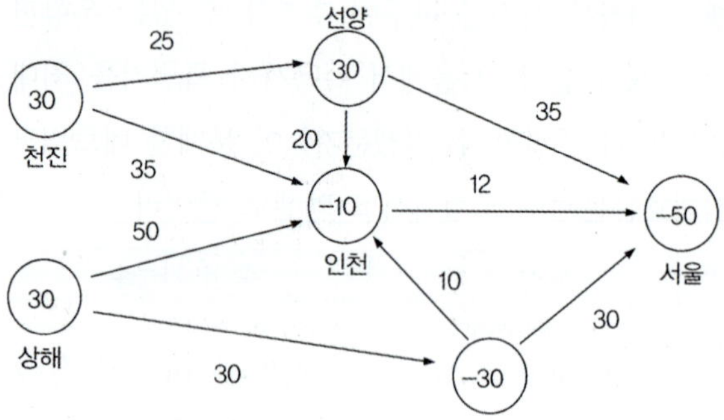

24 다음 수송문제를 최소비용 흐름문제로 모형화해서 풀고자 한다.

	수요지③	수요지④	공급량
공급지①	$c_{11}=1$ $x_{11}\le 4$	$c_{12}=2$ $x_{12}\le 5$	6
공급지②	$c_{21}=3$ $x_{21}\le 2$	$c_{22}=5$ $x_{22}\le 4$	5
수요량	6	3	

여기서 ①, ②는 공급지이고, ③, ④는 수요지이며, 각각 공급량은 6, 5이고, 수요량은 6, 3이다. 칸 속의 1, 2, 3, 5는 수송비용이며, 4, 5, 2, 4는 흐름용량의 제한이다.

(1) 위의 수송문제를 4개의 노드로 된 네트워크로 표현하라.

(2) 가상노드 S를 하나 만들고, S에서 공급지 1과 공급지 2로 흐름아크를 연결한 후, 그 흐름용량을 각각 6, 5로 하는 새로운 네트워크를 만들어라.

(3) 가상노드 S의 흐름조건량을 9로 책정하고, 각 노드의 흐름균형 제약식과 흐름조건량을 정하라.

(4) 이 문제를 최소비용 흐름문제로 하여 엑셀로 풀어라.

25 HS자동차는 말레이시아 공장과 중국 공장에서 소형차를 생산하여 중국, 말레이시아, 태국 시장으로 공급하고 있다. 중국 공장에서는 대당 16천 달러로 월 6천 대까지, 말레이시아 공장에서는 대당 18천 달러로 월 8천 대까지 생산할 수 있다. 판매대수는 중국 시장에서 월 5천 대, 말레이시아 시장에서 월 6천 대, 태국 시장에서는 월 2천 대이다. 공장에서 각 지역으로의 수송비용은 표와 같으며, 중국 공장에서 태국 시장으로는 월 2.5천대, 말레이시아 공장에서 태국으로 월 2천대까지 수송할 수 있고, 다른 지역으로의 수송능력은 충분하다. 최소비용으로 수요량을 충족시킬 수 있는 생산-분배방법을 정하라.

수송비용표(달러/대)

	중국 시장	말레이 시장	태국 시장
중국 공장	500	700	1,000
말레이 공장	1,000	300	800

(1) 가상의 공급처를 하나 선정하고, 그곳에서 중국 공장과 말레이시아 공장으로 수송하는 데 드는 비용을 생산비용으로 책정하라. 그러면, 가상의 공급처에서 각 공장으로의 수송에 대한 수송용량(흐름용량)의 제한은 무엇으로 정하면 되는가?

(2) 가상의 공급처를 포함하여 흐름 네트워크를 그려라. 네트워크의 노드는 모두 몇 개인가? 네트워크의 흐름 아크는 모두 몇 개인가?

(3) 흐름 네트워크에서 각 노드의 흐름조건량을 정하라.

(4) 최소비용의 생산-분배방법을 SUMIF( ) 함수를 이용한 스프레드시트로 표현하여 구하라.(이 문제에서는 흐름량과 비용의 단위가 크기 때문에 해찾기 옵션에서 정밀도를 0.0001 정도로 완화하여 적용한다.)

26 SScom은 대전과 창원에 하청공장을 두고서 매주 500대와 400대의 컴퓨터를 생산하고 있다. 대전에서는 대당 120만원, 창원에서는 대당 100만원이 든다. 만들어진 컴퓨터는 직접 판매지역으로 수송되기도 하고 일부는 비행기로 서울에 있는 창고로 운송되어 다시 서울지역과 광주, 부산지역으로 배분되어 판매된다. 각 수송비용은 다음 표와 같다. 서울, 광주, 부산지역의 수요는 각각 매주 400, 200, 300대이다.

수송비용 표(만원/대)

	서 울	광 주	부 산	서울창고
대 전	5	8	10	1
창 원	10	12	6	3
서울창고	2	3	5	–

(1) 생산비용과 수송비용의 총합이 최소가 되도록 생산-분배방법을 정하라.

(2) 비행기로 수송할 때에는 비행기화물에 여유가

있을 때 할인 수송가격으로만 수송한다고 하자. 따라서 서울창고를 경유하는 수송량이 1주일에 200대로 제한되어 있다. 위 문제를 수정해서 풀어라.

27 대한송유관공사는 울산과 여천에 정유공장에서 정유된 가솔린을 창원과 서울의 물류창고로 보내고자 한다. 울산공장은 하루에 30만 배럴, 여천공장은 하루에 20만 배럴을 정유할 수 있다. 정유된 가솔린은 창원과 서울창고에 저장되었다가 부산지역과 서울지역에 공급된다. 울산공장에서는 1만 배럴을 정유하는 데 10만원, 여천공장에서는 12만원이 든다. 부산지역은 하루에 10만 배럴, 서울지역은 하루에 30만 배럴씩 소비된다. 각 도시간에 가솔린 1만 배럴을 운반하는데 드는 수송비용은 다음 표와 같다.

가솔린 수송 비용표(만원/1만 배럴)

	창원창고	서울창고	부산	서울
울산공장	3	1.2	–	–
여천공장	4.5	0.7	–	–
창원창고	–	–	0.6	5
서울창고	–	–	3.5	0.4

(1) 부산지역과 서울지역의 수요를 충족시키는데 드는 최소비용을 구하라. 그때의 수송방법을 정하라.(힌트: 이 문제는 수요량은 모두 40만 배럴인데, 공급량은 50만 배럴로 서로 불균형이다. 가상의 공급지 원천지노드를 하나 정해서 울산공장과 여천공장으로 30만 배럴과 20만 배럴까지 공급할 수 있는 것으로 하고, 가상의 원천지노드에서 흐름조건량은 수요량 합계인 40으로 설정한다.)

(2) 창원과 서울창고의 하루 유출용량(또는 유입용량)이 각각 25만 배럴로 제한되어 있다. 이 문제를 새로 풀어라.(힌트: 창원창고와 서울창고의 유출량을 계산하여 각각 25이하로 제한하는 조건을 부과한다.)

28 Multicom사는 멀티미디어 저작물을 만드는데 향후 3개월 동안 전문인력이 20명, 16명, 25명이 필요하다. 현재 한 명도 고용되어 있지 않으며, 신규고용에 한 명당 200만원, 해고할 때에는 한 명당 100만원의 추가 비용이 발생한다. 매달 인건비는 한 명당 250만원이다. 향후 3개월 동안의 인력의 고용, 해고 계획을 세우고자 한다. 단, 3개월째 말에는 고용되어 있는 인력은 해고하지 않는다.

29(CPM/PERT) 다음은 신차개발 프로젝트를 생산개시까지 연장한 것이다. 노드에 번호를 붙이고 활동을 나타내어서 프로젝트 네트워크를 완성하라. 필요하면 가상활동을 추가하라. 완료시간을 정하고, 주요활동과 주요경로를 정하라.

신차개발 소요시간(月) 및 선행활동

활동	선행활동	활동시간
A 수요파악/개념설계	–	4
B 신규기술 개발	–	16
C 차체 디자인	A	9
D 플랫폼 개발	A	12
E 현행기술 개량	B, C	8
F 부품개발	B, D	10
G 부품모듈화	F	6
H 생산공정 준비	E, G	6
I 시제품 및 생산개시	H	4

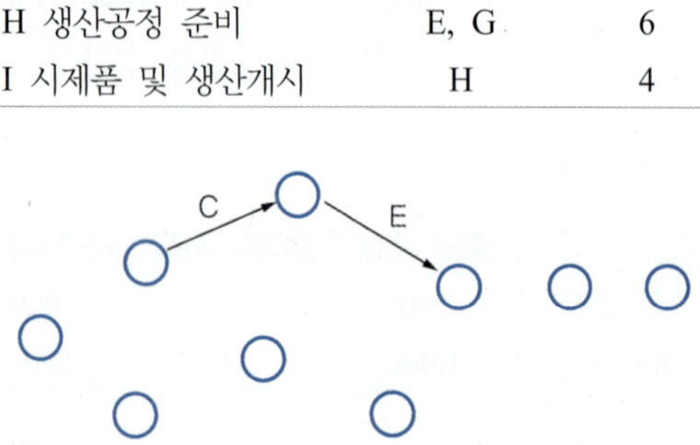

30 문제 29의 프로젝트를 30개월 안에 완료하고자 한다. 다음은 각 활동의 소요시간을 한 단위(1월) 단축하는데 드는 비용(억원)과 단축 가능한 최대시간(월)이다. 최소의 비용으로 단축하는 방법을 정하라.

활동	A	B	C	D	E	F	G	H	I
비용(억원)	3	4	7	2	4	6	5	3	8
단축가능시간	2	6	3	4	2	2	3	2	1

31 다음 프로젝트 네트워크의 노드시간을 각각 t1, t2, t3, t4라고 할 때,

(1) 활동노드 관계식을 적어라.

(2) 프로젝트 완료시간을 정하라.

(3) 각 노드의 빠른 시작시간(ET)와 늦은 시작시간(LT)을 정하라.

(4) 각활동의 총여유시간(total float time)을 정하고, 주요경로와 주요활동을 정하라.

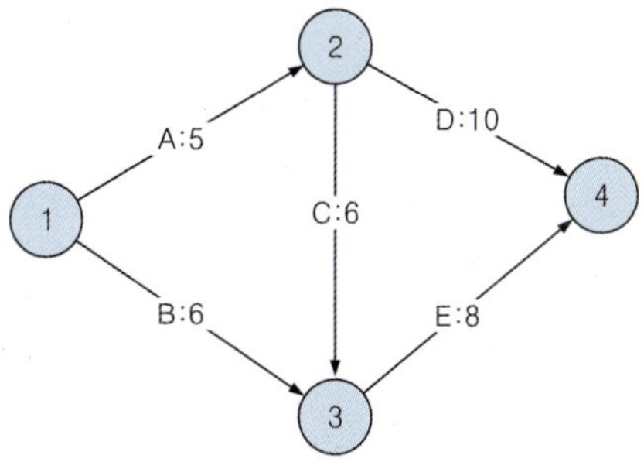

32 다음 표의 활동의 우선순위를 보고 프로젝트 네트워크를 그려라(필요하면 가상활동을 추가하라). 엑셀로 주요경로를 찾아라.

활동	활동시간	선행활동
A 저자가 책원고 작성	20주	–
B 보충자료 수집	5주	A
C 저작권신고, 인용허가획득	7주	A
D 페이지 편집	5주	A
E 교열, 최종읽기	8주	D
F 광고용 제작물 완성	4주	C, B
G 책완성	6주	C, E
H 광고 및 판매, 분배	2주	F, G

33 다음의 활동시간 추정치를 이용하여 활동의 평균시간과 분산을 구하고 주요경로상의 활동소요시간의 총 분산을 구하라.

활동	a	m	b	선행활동
A	1	4	13	–
B	8	10	12	–
C	6	12	18	A
D	8	9	10	B

34 다음은 프로젝트 네트워크이다.

(1) 3 → 2는 가상활동이다. C, D의 선행활동을 적어라.

(2) 빠른시작시간(ET)와 늦은시작시간(LT)를 각 노드마다 계산하여 프로젝트 완료시간과 주요활동을 정하라.

(3) 가상활동을 표현하는 스프레드시트 모형을 만들어서 선형계획법으로 풀어라.

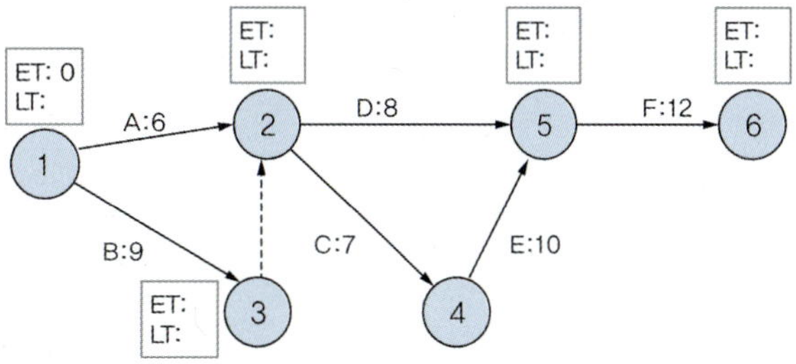

체크포인트 풀이

체크포인트 1 답

창고 4에서 도시 6, 7로 가는 수송비용을 2만큼 증가시켜서 22, 18로 창고 5에서 도시 6, 7로 가는 수송비용을 3만큼 증가시켜서 21, 30으로 한다.

체크포인트 2 답

1. 노드 3에서 노드 2로 가는 흐름용량 E9를 0으로 입력하고 새로 푼다.
2. 스프레드시트의 13번 행에서 A13:B13, E13에 차례로 5, 1, 50을 입력한다. 변경할 셀은 C5:C13으로 하고, 제한조건도 같이 바꿔 푼다.

6장 정수계획

AgrEvo사의 프로젝트 관리를 위한 스프레드시트 자금운용모형[1]

AgrEvo Canada사는 독일 프랑크푸르트에 본부가 있는 AgrEvo기업의 자회사로서 제초제, 살충제, 살균제와 같은 농작물 구제품을 제조하고 판매하는 회사이다. 연간 판매액은 캐나다에서 C$1억(캐나다 달러)를 포함해서 세계적으로 C$30억 이상이다. 세계의 구제품 시장은 가격이 싸고 수확량이 높은 제품들을 요구하고 있으며 환경적으로도 안전한 식품의 생산 보장을 요구하기 때문에 구제품 산업의 경쟁은 점점 더 치열해지고 있다. 따라서 새로운 기술과 제품 개발을 지속적으로 수행하기 위해서는 회사의 연구개발(research and development)활동이 필수적이다. 그러나 R&D 비용은 국내외의 환경규제를 받기 때문에 증가 추세에 있다. 더구나 기업 간에 신제품 개발 경쟁으로 인하여 이익은 오히려 감소하고 있으므로 회사 내의 R&D 자금 배정은 점점 까다로워지고 있다. 따라서 R&D 여러 프로젝트의 효율적인 관리가 중요해졌다.

---

1) C. Sonntag and T.A. Grossman, "End-user modeling improves R&D Management at AgrEvo Canada, Inc.," *Interfaces* 29:5, 1999, pp. 132-142.

AgrEvo Canada사의 R&D 프로젝트 관리팀은 기업의 38개에 달하는 프로젝트들을 효율적으로 관리하기 위해 엑셀 스프레드시트를 사용한 자금운용모형(capital budgeting model)을 개발하였다. 자금운용모형은 38개의 0-1 변수, 28개의 제한식, 184개의 제한식 계수로 이루어져 있다. 34개 프로젝트들의 수익현재가(net present value)는 C$64,000에서 C$33,000,000에 이르며, 이외의 4개 프로젝트의 수익현재가는 음수이지만 AgrEvo는 기업 외부의 요구에 의해 이들 프로젝트를 수행하기로 하였다.

프로젝트 관리팀은 개발한 자금운용모형을 적용해서 자금 및 자원들을 배분하는 의사결정문제를 분석한 결과, 그동안 애로 부문으로 여겨졌던 상당 부분의 프로젝트들이 실제로는 과다하게 자원을 사용했다는 것을 파악하였고, 이에 자원들을 재배분함으로써 거의 모든 프로젝트들을 지원할 수 있었다. 또한, 자금 배정을 위한 회의에서도 엑셀의 스프레드시트를 사용함으로써 격론이 발생하던 예전의 토론사항들이 더욱 명확하고 간결해졌으며, 회의는 객관적으로 진행될 수 있었다. 특히, C$10,000,000 상당의 프로젝트들을 그대로 유지하는데 도움을 받을 수 있었다.

AgrEvo Canada사가 개발한 스프레드시트 모형은 최종사용자 모형(end-user model)이다. 이것은 경영자가 전문가의 지원 없이 직접 경영과학 모형을 스프레드시트로 모형화하고 의사결정과정에 효과적으로 운용할 수 있음을 의미한다. 최종사용자가 모형화하는 경우 모형설정에 필요한 여러 의미 있는 자료들을 회사 내부에서 쉽게 얻을 수 있다. 또한, 모형의 최종사용자인 경영자는 회사의 제반 업무와 정치적 사안에 대해서 가장 잘 이해하고 있으므로, 자신의 책임하에서 자료를 정리하여 정확하게 모형화할 수 있다는 장점이 있다. 프로젝트 관리팀은 경영자가 회사에 공헌하고 자신의 경력을 쌓아가는 데에는 스프레드시트를 활용한 경영과학의 적용 능력이 필수적인 것으로 제안하고 있다.

6.1 서론

선형계획 모형에서는 의사결정 변수(변수셀)들이 모든 실수값을 취한다. 그러나, 여러 경영현실에서는 의사결정 변수가 정수값(= 0, 1, 2,...)만을 취할 때 현실적으로 의미를 지니는 경우가 많다. 또한, 논리적으로 복잡하게 연결되어있는 여러 의사결정 제약들은 0 또는 1의 값을 갖는 0-1 변수를 도입했을 때 쉽게 모형화되는 경우가 많다.

정수계획 모형에서는 의사결정 변수들의 전부 또는 일부가 정수(= 0, 1, 2,...) 또는 2진수(= 0, 1)의 값을 갖는다. 이외의 목적함수(목표셀의 수식) 및 제한조건이 선형의 식으로 표현되는 것은 선형계획 모형과 동일하다.

경영현실에서 정수계획 모형이 자주 활용되는 상황은 크게 다음의 두 가지로 분류된다.

(1) 의사결정 변수가 구체적으로 셀 수 있는 개수를 표현하는 경우이다.
한 중소업체가 신제품 생산을 위하여 새로이 구입하려는 대형공작기계의 대수나 K항공에서 새로이 구입하려는 점보 여객기의 대수는 정수이어야 한다. 유럽시장 개척을 위한 대기업 회장의 출장 횟수는 정수값을 가져야 현실적인 의미가 있다.

(2) 의사결정 변수가 선택적인 의미를 지니는 경우이다.
이 경우 의사결정 변수는 상황에 따라 예/아니오, 선택/비선택, 가동/비가동, 수락/거절 등을 표현하는 1/0의 값으로 정의된다. 내년도 시작하는 프로젝트의 선택여부는 프로젝트가 선택되었을 경우 1의 값을 갖고, 선택되지 않았을 경우 0의 값을 갖도록 정의되는 0-1 변수의 값으로 표현할 수 있다. 이 외에도 현실에서 빈번히 발생하는 여러 의사결정 제약들은 0-1 변수를 적절히 활용함으로써 정수계획 문제로 쉽게 모형화된다.

정수계획 모형은 의사결정 변수에 부가된 정수제약의 형태에 따라 세 가지 모형으로 분류된다. (1) 모든 변수에 정수제약이 있는 정수계획 모형은 순수정수계획 모형(all integer programming)으로, (2) 일부 변수에 정수 제약이 있고 이외의 변수들은 실수값을 갖는 정수계획 모형은 혼합정수계획 모형(mixed integer programming)으로, (3) 모든 변수에 0 또는 1의 0-1 제약이 있는 정수계획 모형은 0-1정수계획 모형(0-1 integer programming)으로 분류된다.

순수정수계획 모형은 2장과 3장의 여러 선형계획 예제에서 보았듯이 선형계획 모형의 모든 변수에 정수조건이 부가된 모형이다. 선형계획 모형과 비교했을 때 의사결정에 수반되는 이익이나 비용의 계수가 큰 값인 반면에, 의사결정 변수의 값이 작은 수로 예상되는 경우 특히 유용하다. 예를 들면, 한 제약회사의 의사결정변수가 제조된 비타민제의 개수를 표현하는 경우에는 변수에 굳이 정수제약을 부가할 필요 없이 선형계획모형을 사용하여도 최적비용의 계산에 큰 오차가 없다는 것이다. 그러나, 현대조선이 한 해 동안 일본의 해운회사에 납품할 선박의 대수는 필히 정수이어야 한다.

본 장에서는 6.2절의 순수정수계획 모형 이외에 경영 현실에서 빈번히 활용되고 있는 대표적인 정수계획 모형들을 제시하였다. 6.3, 6.4, 6.7절의 모형들은 0-1 정수계획 모형에 속하며, 6.5, 6.6, 6.8절의 모형은 혼합정수계획 모형이다.

여러 정수계획 모형을 풀기 위하여 엑셀의 해찾기 프로그램은 분지한계법(branch-

and-bound method)을 적용하고 있다. 6.9절에서 설명할 분지한계법은 정수 최적해를 찾기 위한 가장 효과적인 해법이며, 상용 소프트웨어도 분지한계법을 가장 많이 적용하고 있다. 최근에는 변수의 수가 상당히 많은 대규모 정수계획 문제의 경우 최적해에 근접한 좋은 근사해를 찾아 주는 휴리스틱(heuristic) 해법이 많이 연구되고 있다. 대표적인 휴리스틱 해법으로는 유전자 해법(genetic algorithm)을 적용한 진화해찾기(Evolutionary solver)가 있다. 이에 대해서는 8장의 진화해법에서 설명한다

해찾기를 사용하여 정수계획 모형의 최적해를 구하려면 해찾기 매개변수 대화상자에서 여러 제한조건과 함께 변수에 대한 정수 제한조건도 추가한 후 적용 해법으로 단순 LP를 선택하여 해찾기를 실행하면 된다. 해찾기 프로그램을 실행시키면 규모가 큰 문제의 정수 최적해를 구하는데 소요되는 시간이 선형계획 모형보다는 훨씬 큼을 알 수 있다. 이것은 정수계획 문제의 가능해 영역이 정수해들로 이루어진 이산적인 영역이므로 정수 최적해를 구하는 해법들은 본질적으로 부분 열거법에 의존할 수밖에 없기 때문이다. 그럼에도 현실적으로 정수계획 모형의 활용빈도가 상당히 높은 것은 복잡한 여러 의사결정 상황이 정수 변수나 0-1 변수를 활용하여 모형화되기 때문이다.

6.2 개수결정모형

개수결정모형은 의사결정변수의 값이 개수로 표현되는 경우에 적용된다. 개수결정모형은 의사결정이 한 시점에서 이루어지고, 의사결정에 수반되는 이익이나 비용의 계수가 큰 수인 반면에, 의사결정변수의 최적값이 작은 수로 예상되는 경우에 특히 유용하다. 이렇지 않은 경우에는 의사결정변수가 개수를 표현한다 하더라도 문제 상황에 따라 정수조건이 꼭 필요한 것은 아니기 때문이다.

예제 6.1 이콤전자의 승합차 구입모형

급성장을 하고 있는 벤처기업 이콤전자는 최근 개발한 신제품의 판매호조에 따라 상당한 수익을 올렸다. 이에 유사장은 사원들의 사기를 북돋아 줄 목적으로 사원들의 출퇴근용 승합차를 구입할 계획이다. 승합차 제작회사들의 여러 모델들을 검토한 결과 최종적으로 아래의 표 6.1과 같이 두 모델을 선정하였다. 유사장은 승합차 구입자금으로 10,000만 원, 연간 유지비용 자금으로 600만 원까지 책정하였다. 모델 중에서 스타렉스는 일상 업무용으로도 활용이 높다고 판단되어 1대 이상 구입하기를 원하고 있다.

유사장은 출퇴근시 되도록 많은 사원들이 탑승할 수 있도록 모델별로 구입대수를 결정하고자 한다.

표 6.1 모델별 구입 관련자료

모델	탑승정원	가격(만원)	연간유지비용(만원)
스타렉스	9인승	2,100	100
카니발	11인승	2,270	180

모형화 가이드

승합차 구입문제는 3장의 선형계획모형과 기본 구조는 동일하지만 의사결정 변수가 정수여야 한다는 점이 다를 뿐이다.

1. 의사결정 내용은 스타렉스 및 카니발의 구입대수를 결정하는 것이다.
2. 의사결정 목적은 탑승 가능한 사원들의 수를 최대화하는 것이다.
3. 의사결정에 제약이 되는 조건은 스타렉스 및 카니발을 구입하는데 소요되는 구입자금, 이들을 운행하는데 소요되는 연간 유지비용, 스타렉스를 한대 이상 구입해야 하는 조건이다.
4. 차량의 구입대수는 정수이어야 한다.

수리 모형화

1. **의사결정변수** 스타렉스와 카니발의 구입대수를 각각 의사결정변수 x_1, x_2라고 한다.
2. **목적함수** 구입할 차량에 탑승 가능한 사원의 수를 x_1, x_2를 사용하여 표현하면 $9x_1 + 11x_2$이고 이것을 최대화한다.
3. **제약식** 차량구입비용, 연간유지비용, 스타렉스 최소 구입대수를 의사결정변수를 사용하여 표현한다.
   - 차량구입비용은 $2100x_1 + 2270x_2$이고 구입자금 10,000만원을 초과할 수 없다.
   - 연간유지비용은 $100x_1 + 180x_2$이고 연간 유지자금 600만원을 초과할 수 없다.
   - 스타렉스는 적어도 한 대 이상 구입해야 하므로 $x_1 \geqq 1$이다.
   - 구입대수는 정수이어야 한다.
4. **수리모형**

$$
\begin{aligned}
\text{(IP) maximize} \quad & 9x_1 + 11x_2 \\
\text{subject to} \quad & 2100x_1 + 2270x_2 \leqq 10000 \\
& 100x_1 + 180x_2 \leqq 600
\end{aligned}
$$

$$x_1 \geq 1$$

$$x_1, x_2 \geq 0, \text{ integer}$$

스프레드시트 모형화

1. **입력자료** B6:C6(승차정원), B8:C8(구입가격), B9:C9(유지비), B10:C10(최소구입대수), H15:H17(자금예산액)

   표 6.1의 모델별 구입 관련 자료를 그림 6.1과 같이 회색 영역에 정리한다.

2. **변수셀** B17:C17(구입대수변수)

   스타렉스와 카니발의 바람직한 구입 대수를 셀영역 B17:C17로 설정한다. 해찾기를 사용하여 최적해를 직접 구하기 전에, 먼저 이 변수셀에 기대하는 여러 초기 구입대수를 입력해서 관련 비용의 제약이 어떻게 변화되는지를 체크해 볼 수 있다.

3. **목표셀** B14(탑승사원수)의 최대화

   구입할 차량에 탑승 가능한 사원의 수를 엑셀 수식으로 표현하여 셀 B14에 계산한다.

```
B14 =SUMPRODUCT(승차정원, 구입대수변수)
```

4. **제한조건** 수식셀인 F15(구입비용)에 아래의 수식입력

   - 구입비용 F15<=H15(구입비용<=구입자금)

```
F15 =SUMPRODUCT(구입가격, 구입대수변수)
```

   - 연간유지비용 F16<=H16(유지비용<=유지자금)

```
F16 =SUMPRODUCT(유지비, 구입대수)
```

   - 스타렉스 구입대수 F17>=H17(구입대수>=최소대수)

```
F17 =SUMPRODUCT(최소구입대수, 구입대수변수)
```

   - 구입대수변수는 정수이어야 한다.

	A	B	C	D	E	F	G	H	I
1	이콤전자의 승합차 구입모형					이름	=시트명!셀영역		
2						구입가격	=초기해!$B$8:$C$8		
3	입력자료					구입대수	=초기해!$F$17		
4		구입모델				구입대수변수	=초기해!$B$17:$C$17		
5		스타렉스	카니발			구입비용	=초기해!$F$15		
6	승차정원(명)	9	11			구입자금	=초기해!$H$15		
7						승차정원	=초기해!$B$6:$C$6		
8	구입가격(만원)	2,100	2,270			유지비	=초기해!$B$9:$C$9		
9	유지비(만원)	100	180			유지비용	=초기해!$F$16		
10	최소구입대수(대)	1	0			유지자금	=초기해!$H$16		
11						최소구입대수	=초기해!$B$10:$C$10		
12	모형					최소대수	=초기해!$H$17		
13		최대화				탑승사원수	=초기해!$B$14		
14	탑승사원수	38							
15					구입비용	8570	<=	10,000	구입자금
16		스타렉스	카니발		유지비용	480	<=	600	유지자금
17	구입대수변수(=정수	3.00	1.00		구입대수	3	>=	1	최소대수

그림 6.1 승합차 구입모형(초기해)

해찾기 실행

그림 6.2와 같이 '해찾기 매개변수' 대화상자를 부르고 다음 사항들을 입력한다.

1. **목표설정, 대상, 변수셀, 제한조건, 해법선택**을 다음 그림 6.2와 같이 입력한다.

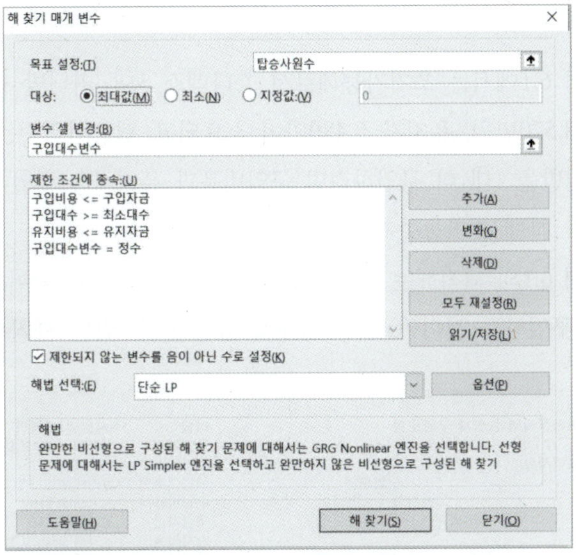

그림 6.2 해찾기 매개변수 설정

2. **옵션: 정수제한조건으로 해찾기**

앞의 그림 6.2와 같이 구입대수변수에 대한 정수조건(구입대수변수=정수)을 추가해서 해찾기를 실행하면 된다. 다만 정수제한조건으로 해를 찾으려면 다음 그림 6.3에서와 같이 옵션 대화상자의 중앙에 위치한 '정수제한조건무시'에 체크가 되지 않도록 유의한다. 그림 6.3은 앞의 그림 6.2에서 옵션을 클릭하고 '모든해법' 탭을 클릭하면 나온다.

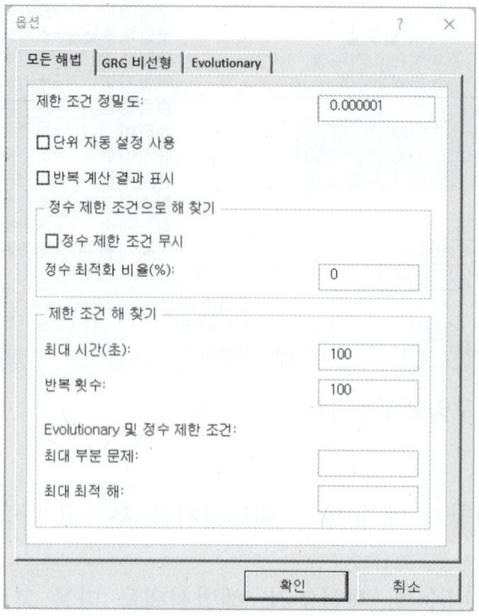

그림 6.3 옵션_모든해법

체크포인트

1. 그림 6.1에서는 초기가능해로서 스타렉스 3대, 카니발 1대를 입력할 경우, 구입자금 8,570만원, 유지자금 480만이 소요되고, 탑승사원수는 38명임을 보여주고 있다. 카니발을 1대 더 구입하려면 구입비용과 유지비용은 얼마나 더 필요한가? 현 자금 제약 하에서 가능한가를 체크해 보자.
2. 예제 6.1의 최적해는 다음 그림 6.4에서 보는 바와 같이 스타렉스 2대, 카니발 2대를 구입하는 것이며 이때 최대로 탑승할 수 있는 사원수는 40명이 된다.

	A	B	C	D	E	F	G	H	I
1	이콤전자의 승합차 구입모형					이름	=시트명!셀영역		
2						구입가격	=초기해!$B$8:$C$8		
3	입력자료					구입대수	=초기해!$F$17		
4		구입모델				구입대수변수	=초기해!$B$17:$C$17		
5		스타렉스	카니발			구입비용	=초기해!$F$15		
6	승차정원(명)	9	11			구입자금	=초기해!$H$15		
7						승차정원	=초기해!$B$6:$C$6		
8	구입가격(만원)	2,100	2,270			유지비	=초기해!$B$9:$C$9		
9	유지비(만원)	100	180			유지비용	=초기해!$F$16		
10	최소구입대수(대)	1	0			유지자금	=초기해!$H$16		
11						최소구입대수	=초기해!$B$10:$C$10		
12	모형					최소대수	=초기해!$H$17		
13		최대화				탑승사원수	=초기해!$B$14		
14	탑승사원수	40							
15					구입비용	8740	<=	10,000	구입자금
16		스타렉스	카니발		유지비용	560	<=	600	유지자금
17	구입대수변수(=정수)	2.00	2.00		구입대수	2	>=	1	최소대수

그림 6.4 승합차 구입모형(최적해)

모형화 토의

1. **정수최적화 비율이란?(그림 6.3 참조)**
   정수최적화 비율은 기본적으로 5%에 설정되어 있다. 이것은 해찾기가 제공하는 정수해의 목표셀 값이 최적 목표셀 값의 5%편차 이내에 있음을 의미한다. 즉, 정수최적화 비율을 0%로 설정하면 해찾기는 정확하게 정수최적해를 제공할 것이다. 그러나 초기값이 이렇게 설정되지 않은 이유는 정수계획문제의 난이도에 따라 정수 최적해를 찾는데 수시간 내지는 수일까지도 소요될 수 있기 때문이다. 따라서, 이러한 문제의 경우 허용한도를 5%로 설정하면 최적 목표셀 값의 5%이내에 있는 정수 가능해를 신속하게 찾을 수 있다는 이점이 있다. 해찾기에 시간이 많이 걸리는 경우 Ctrl-break를 누르면 해찾기가 중단되고 그때까지 구한 가장 좋은 정수 가능해 (또는 정수 최적해까지도)를 얻을 수 있다.
2. **정수계획문제의 선형계획 완화(LP relaxation)**
   정수계획문제에서 변수에 대한 정수조건이 삭제된 문제를 선형계획 완화(LP relaxation)문제라 부르며 이 문제는 선형계획문제이다. 예제 6.1의 정수계획모형을 LP완화한 문제는 아래와 같다.

$$\begin{aligned} \text{(LP)} \quad \text{maximize} \quad & 9x_1 + 11x_2 \\ \text{subject to} \quad & 2100x_1 + 2270x_2 \leqq 10000, \\ & 100x_1 + 180x_2 \leqq 600, \\ & x_1 \geqq 1, \\ & x_1,\ x_2 \geqq 0. \end{aligned}$$

   LP 완화문제의 최적해가 정수로 발생하면 정수계획문제에서도 그대로 최적해가 된다. LP 완화문제의 최적해가 정수가 아닐 경우 단순히 반올림해서 정수해로 만들 수도 있으나, 이렇게 얻어진 정수해는 일반적으로 정수계획문제의 최적해가 될 수 없으며 심지어 정수 가능해조차 될 수 없는 경우가 많다. 아래 그림 6.5에서 정수 가능해는 굵은 점들이고, LP 완화문제의 가능해는 파란색의 영역이다. LP최적해는 (2.9, 1.7)에서 발생하지만 이 해를 단순히 반올림하여 얻어지는 정수해 (3, 2)는 비가능해가 된다. 구하려는 정수 최적해는 (2, 2)이다.

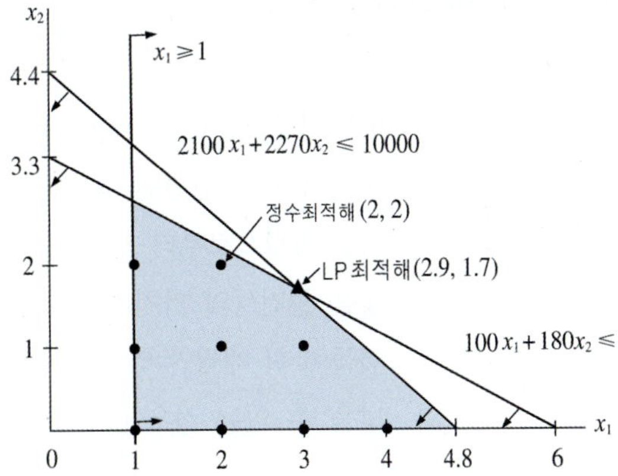

그림 6.5 정수가능해(점) 및 LP가능해(회색영역)

3. **정수최적화 비율: 최적 목표셀 값과의 비율 보장**
   정수최적화 비율을 5%로 설정했을 때 정수 최적해를 찾지 못한 상태에서 어떻게 최적 목표셀 값과의 5% 근접성을 보장할 수 있는가? 정수 최적해 대신 LP 완화문제의 최적해를 이용하기 때문이다. 즉, 최대화의 문제에서 LP 완화문제의 최적 목표셀 값은 항상 정수계획문제의 최적 목표셀 값보다 크기 때문에 상한값으로 사용될 수 있다.(최소화의 문제에서는 하한값으로 사용된다.) 따라서 한 정수가능해의 목표셀 값이 LP 완화문제의 최적 목표셀 값과 5%이내에 있으면, 정수계획문제의 최적 목표셀 값과도 항상 5%이내에 있게 된다.
4. **분지한계법(branch and bound method)**
   선형계획문제(LP)에 변수가 정수나 2진수의 값을 가진다는 제한조건이 추가되면 정수계획문제(IP)

가 발생한다. 정수계획문제의 최적해는 해찾기 매개변수 대화상자에서 변수의 정수조건을 제한조건으로 입력하고 해법으로 심플렉스 LP를 선택하여 해찾기를 실행하면 얻어진다. 그러나 실행된 해찾기는 정수 최적해를 구하는 해법으로서, LP를 위한 심플렉스법이 아니라 IP를 위한 분지한계법을 적용하게 된다. 분지한계법은 해찾기 매개변수 대화상자에서 선택할 해법의 하나로 제공되지는 않으나, 정수의 제한조건이 입력되면 해찾기는 정수의 최적해를 구하기 위해 분지한계법을 적용한다. 분지한계법의 적용 절차에 대한 상세한 설명과 수치예제는 6.9절을 참고한다.

6.3 0-1 배낭모형

0-1 배낭모형(0-1 knapsack model)은 단 하나의 제약식을 가지므로 정수계획 모형들 중에서 가장 간단한 형태의 모형이다. 배낭모형의 이름은 여행할 때 필요한 물건들을 담는 배낭으로부터 생겼다. 즉, 배낭모형은 배낭을 멜 수 있는 무게한도 내에서 배낭에 넣을 물건들의 가치가 최대가 되도록 물건들을 선택하는 문제이다. 배낭모형은 각 물건들이 한 개씩만 있는 경우에는 0-1 배낭모형으로, 충분히 있어서 같은 물건을 중복해 넣을 수 있는 경우에는 정수배낭모형(integer knapsack model)으로 구분된다.

예제 6.2 **존즈박사의 보물선택**

인디애나 대학의 고고학 교수인 존즈 박사는 아마존 강 밀림지역에 있는 고대 잉카문명의 유적지를 탐험하다가 한 동굴에서 값진 보물들을 발견하였다. 기증하리라 생각한 존즈 박사는 보물들을 가져오기로 결정하였으며 보물의 원형을 보존하려고 한다. 현재 배낭에 넣을 수 있는 최대무게는 49kg이다. 보물들의 가치와 무게가 표 6.2와 같을 때 배낭에 넣을 보물들의 가치를 최대화하려면 존즈 박사가 선택할 보물들은 어떤 것인가? (단위; 백만원, kg)

표 6.2 보물들의 가치 및 무게

보물	1	2	3	4	5	6	7
가치	70	20	39	37	11	7	5
무게	31	10	20	19	6	4	3

모형화 가이드 보물선택을 위해서 다음 사항들을 파악한다.

1. 특정보물의 선택여부를 어떻게 표현할 수 있는가?
7개 보물들의 선택여부를 표현하기 위하여 각 보물에 대응되는 7개 0-1 선택변수들(또는 변수셀들)을 다음과 같이 정의한다. 즉, 한 보물이 선택되면 해당하는 0-1 변수는 1의 값을 갖고, 선택되지 않으면 0의 값을 갖는 것으로 정의한다. 수리모형의 0-1변수는 스프레드시트 모형에서 변수셀과 대응된다.
2. 배낭에 넣은 보물의 가치는 어떻게 표현되는가?
보물 1이 선택되면 대응된 0-1 변수는 1의 값을 갖게 되고 이때 배낭의 보물 가치는 7천만 원이 증가한다. 반면에 선택되지 않으면 0-1변수는 0의 값을 갖게 되고 가치증가는 0이다. 따라서 배낭에 넣어진 보물의 가치를 수식으로 표현하면 간단하게 (가치)*(0-1변수)로 표현된다.
3. 배낭에 넣은 보물들의 총가치는 어떻게 표현되는가?
각 보물의 가치는 (가치)*(0-1변수)로 표현되므로 총가치는 이들의 합이 된다.
4. 배낭에 넣은 보물들의 무게는 어떻게 표현되는가?
배낭에 넣어진 보물 1의 무게도 위의 2와 같이 (무게)*(0-1변수)로 표현된다.

수리 모형화

1. **의사결정변수** 각 보물 j의 선택여부를 나타내는 0-1 선택변수 x_j를 설정한다. $(j=1,\ldots,7)$ x_j의 값이 1이면 j번째 보물이 선택됨을 의미하고, 0이면 선택되지 않음을 의미한다.
2. **목적함수** 배낭에 넣은 보물들의 총가치를 최대화하는 것이 목적함수가 되며, 의사결정변수로 표현하면 $70x_1+20x_2+\ldots+5x_7$이다.
3. **제약식**
   - 배낭에 넣은 보물들의 총무게는 $31x_1+10x_2+\ldots+3x_7$으로 표현되고 최대무게 49kg을 넘을 수 없다.
   - 선택변수는 0-1변수 즉, 2진수이다.
4. **수리모형**

$$\begin{aligned}\text{maximize}\quad & 70x_1+20x_2+39x_3+37x_4+11x_5+7x_6+5x_7\\ \text{subject to}\quad & 31x_1+10x_2+20x_3+19x_4+6x_5+4x_6+3x_7 \leqq 49\\ & x_j=0 \text{ or } 1,\ j=1,\ldots,7.\end{aligned}$$

스프레드시트 모형화 1. **입력자료** B5:H5(가치), B6:H6(무게), D15(허용무게)

표 6.2의 자료를 그림 6.6과 같이 회색의 영역에 정리한다. 보물들의 가치 및 무게를 셀영역 B5:H6에, 배낭의 최대 허용무게 49kg은 D15에 입력한다.

2. **변수셀** B13:H13(선택변수)

   각 보물의 선택여부는 스프레드시트에서 변수셀로 설정된다. 그림 6.6에서 셀영역 B13:H13을 변수셀로 설정한다.

3. **목표셀** B10(총가치)의 최대화

```
B10 =SUMPRODUCT(가치, 선택변수)
```

4. **제한조건**

   - B15<=D15 (보물무게<=허용무게)

```
B15 =SUMPRODUCT(무게, 선택변수)
```

   - B13:H13(선택변수) = 2진수

	A	B	C	D	E	F	G	H	I	J	K	L	M
1	존즈박사의 보물선택												
2													
3	입력자료(단위: 백만원, kg)									이름	=시트명!셀범위		
4		보물1	보물2	보물3	보물4	보물5	보물6	보물7		가치	=초기해!$B$5:$H$5		
5	가치	70	20	39	37	11	7	5		무게	=초기해!$B$6:$H$6		
6	무게	31	10	20	19	6	4	3		보물무게	=초기해!$B$15		
7										선택변수	=초기해!$B$13:$H$13		
8	모형									총가치	=초기해!$B$10		
9		최대화								허용무게	=초기해!$D$15		
10	총가치	101											
11													
12		보물1	보물2	보물3	보물4	보물5	보물6	보물7					
13	선택변수(=2진수)	1	1	0	0	1	0	0					
14													
15	보물무게	47	<=	49	허용무게								

그림 6.6 존즈박사의 보물선택(초기가능해)

해찾기 실행

1. **목표설정, 대상, 변수셀, 제한조건, 해법선택**을 다음 그림 6.7과 같이 입력한다.
2. **2진수(0-1) 제한조건**

   선택변수=2진수를 추가한다. 다음 그림 6.7에서 '추가' 단추를 눌러 그림 6.8과 같이 '제한 조건 추가' 상자를 부른다. 셀 참조 영역에는 선택변수(B13:H13)를 입력한 후 중심 상자의 부등호 대신 bin(=binary)을 선택하면 우측 제한조건 난에는 자동적으로 '2진수'가 나타난다. 확인을 클릭하면 그림 6.7로 돌아간다.

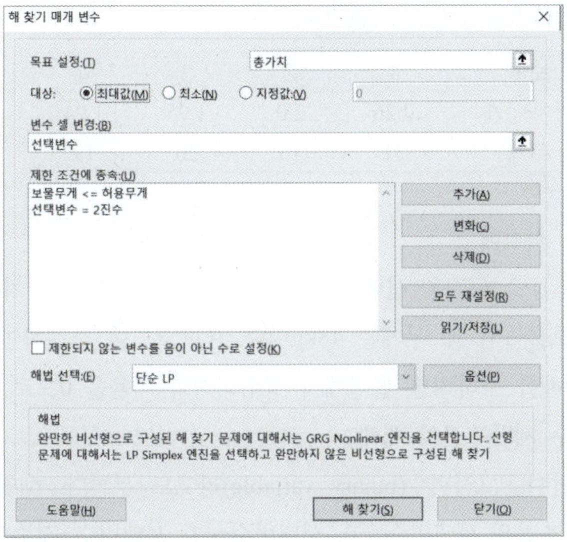

그림 6.7 해찾기 매개변수 설정

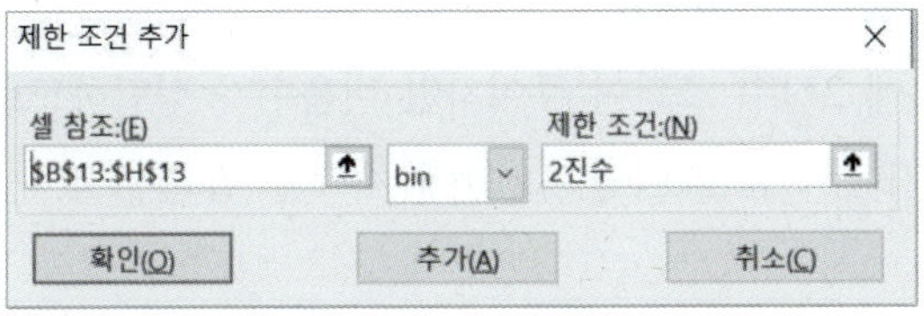

그림 6.8 제한조건 추가

3. 최적화

그림 6.7에서 해찾기 실행단추를 눌러 최적해를 구한다. 최적해는 체크포인트에 제시하였다.

체크포인트

1. 초기 정수 가능해 구하기: greedy법

좋은 초기 정수 가능해를 어떻게 구할 것인가? 한 방법은 아래의 표와 같이 단위무게 당 가치를 계산하고 이 수치가 높은 보물부터 무게제한에 이를 때까지 다음 보물들을 계속 선택하는 것이다. 그림 6.6의 스프레드시트에 제시된 초기해와 같이 보물 1, 2, 5를 차례로 선택할 때(즉, B13=1, C13=1, F13=1) 보물무게 47kg으로 배낭의 허용무게 49kg에 근접하면서 총가치가 101인 정수 가능해가 얻어진다. 이러한 방법을 greedy법이라 부른다. greedy법은 간단한 휴리스틱 해법으로서 최적해를 구해 준다는 보장은 없으나 대신 정수 가능해를 쉽고 신속하게 구한다는 장점이 있다.

표 6.3 보물의 단위무게당 가치

보물	1	2	3	4	5	6	7
가치/무게	2.26	2.0	1.95	1.94	1.83	1.75	1.67
무게	31	10	20	19	6	4	3

2. **정수 최적해**

보물 1, 2, 6, 7을 선택하는 것이며, 이 보물들의 총가치는 102(백만원), 배낭에 담긴 보물들의 총 무게는 48kg이다. (QR코드를 스캔하여 예제 파일 참조.) 여기서 최적해를 구하려면 옵션에서 정수최적화 비율을 0으로 설정해야만 한다.

3. **2진수 제한조건의 대체**

0-1변수를 2진변수(binary variable)라고도 부른다. 해찾기에서 선택변수=2진수의 제한조건은 선택변수>=0, 선택변수<=1, 선택변수=정수의 세 제한조건과 동일하므로 이들 세 조건을 대체 입력하여 정수 최적해를 찾을 수도 있다.

4. **비음수 제한조건 불필요**

선택변수에 2진수 조건이 주어지면 비음수가 성립하므로, 그림 6.7의 해찾기 매개변수 상자에서 음이 아닌 수 난에 체크할 필요가 없다.

모형화 토의

1. **선형계획 배낭문제의 목표셀 값**

존즈 박사가 보물들의 원형을 보존할 생각이 없이 다만 가져올 보물들의 총가치를 높이는 데에만 관심이 있다면 보물들을 조각내어 배낭에 넣으면 된다. 보물들을 조각낸다면 보물에 대한 0-1 조건이 없어진다는 것을 의미하므로, 정수계획 배낭문제는 선형계획 완화문제인 선형계획 배낭문제로 변환된다. 즉, 해찾기 모델설정의 제한조건 중에서 선택변수의 2진수 조건을 삭제하고 대신 선택변수>=0, 선택변수<=1의 두 제한조건을 추가하면 된다. 이 경우의 최적 선택은 보물 1, 보물 2, 그리고 보물 3의 40%를 배낭에 넣는 것이며 총가치는 정수계획 배낭문제의 목표셀 값 102(백만원)보다 3.6만큼 더 증가한 105.6(백만원)이 된다.

2. **선형계획 배낭문제의 최적해**

선형계획 배낭문제인 경우에는 체크포인트에서 설명한 greedy법을 적용하여 쉽게 최적해를 구할 수 있다.(그러나 일반적으로 정수모형에 적용하면 체크포인트의 1과 같이 정수가능해가 구해진다.) 즉, 보물들의 단위 무게 당 가치가 높은 변수부터 차례대로 1의 값을 할당하다가 1의 값을 할당할 수 없는 마지막 무게제한에 이르면 그 변수의 값으로서 (남은 배낭 허용무게)/(마지막 보물의 무게)의 분수 값을 계산한다. 표 6.3을 사용하여 greedy법으로 선형 최적해를 찾고, 교재에 제공된 QR코드를 스캔하여 해당 파일에서 해찾기를 적용하여 확인해보라.

3. **정수 배낭문제(integer knapsack problem)**

배낭에 넣을 수 있는 보물들이 한 개씩만 있다면 0-1 배낭문제로 모형화되며 그림 6.6의 스프레드시트 모형과 같다. 변수에 대한 제한조건으로는 2진수(binary)의 조건을 부가하였다. 그러나 가치와 무게가 같은 보물들이 여러 개 있어서 중복하여 넣을 수 있다면 이 문제는 정수 배낭문제로 모형화 된다. 변수에 대한 제한조건으로는 정수(int)의 조건을 부가한다. 정수 최적해를 구하면 보물 1을 1개, 보물 2를 1개, 그리고 보물 6을 2개 넣는 것이며 배낭에 넣어진 보물들의 총 가치는 104이다. 이 때 배낭의 무게 제한조건인 49kg을 등식으로 채운다.

6.4 자금운용모형

자금운용모형(Capital budgeting model)은 연도별 자금예산의 제약하에서 자금투자를 필요로 하는 여러 프로젝트들 중 가치가 높은 프로젝트들을 선택하는 모형이다. 자금운용모형은 제한조건이 여러 개인 0-1 배낭모형과 같은 형태이므로 다차원 0-1 배낭모형(multi-dimensional 0-1 knapsack model)으로도 부른다. 즉, 계획기간이 일차원, 즉 한 기간일 경우에는 0-1 배낭모형과 동일하게 된다.

예제 6.3 **정보통신원의 프로젝트 선정문제**

정보통신원은 정보통신산업의 획기적인 발전을 위하여 3개년 기술개발계획을 구상하고 있다. 정보통신의 핵심 원천기술을 개발하는 프로젝트로서 9개가 제안되었으나, 확보된 자금예산의 한계로 인하여 프로젝트 수행결과의 가치가 높은 프로젝트만을 선택해야 한다. 프로젝트 수행에 소요되는 연도별 자금소요액과 가치가 다음 표 6.4와 같이 평가되었을 때 3개년 기술개발 계획에 포함시킬 프로젝트들은 어떤 것인가?

표 6.4 각 프로젝트명, 자금소요액, 가치

프로젝트명	자금소요액(억원)			가치
	1차년	2차년	3차년	
프로젝트 1 (micro/mm파 통신부품용 세라믹 유전체 재료)	1.5	1	2	8
프로젝트 2 (광변조기용 유기물 박막재료)	1	2	2	10
프로젝트 3 (micro파 통신부품용 wide bandgap 반도체 소자)	2.5	1	1	7
프로젝트 4 (테라비트급 전송 링크 시뮬레이션 기술)	2.5	–	–	7.5
프로젝트 5 (광네트워크 및 완전 광통신 2R/3R 기술)	–	2	3	9
프로젝트 6 (IP기반 실시간 정보전달 차세대 인터넷 기술)	1	1.5	2	6
프로젝트 7 (IP기반 가상사설망 제공 기술)	1.5	2	1	7
프로젝트 8 (다시점 입체영상 표현기술)	1	2	2	5
프로젝트 9 (입체음향 API 기술)	2	1	2.5	7
연도별 자금예산	5	4	5	–

모형화 가이드

1. 3개년 기술개발계획에 포함시킬 프로젝트의 선택여부는 어떻게 표현할 것인가?
프로젝트들의 선택여부는 9개 0-1 선택변수들을 사용한다. 즉, 한 프로젝트가 기술개발계획에 포함되는 경우는 해당 변수가 1의 값을 갖고, 포함되지 않을 때에는 0의 값을 갖는 것으로 정의한다.
2. 선택된 프로젝트들의 총 가치는 어떻게 표현되는가?
3. 선택된 프로젝트들에 투자해야 하는 연도별 자금소요액은 어떻게 표현되는가?

수리 모형화

1. **의사결정변수** 프로젝트 j의 선택여부를 0-1 변수 x_j로 나타낸다. $j=1,\ldots,9$.
2. **목적함수** 의사결정의 기준은 프로젝트별로 발생하는 가치들의 총합을 최대화하는 것이므로 $8x_1+10x_2+\ldots+7x_9$을 최대화하는 것이다.
3. **제약식**
   - 연도별 자금소요 제약식: 선택되는 프로젝트의 1차년도 총자금소요는 $1.5x_1+x_2+\ldots+2x_9$이며 예산액 5억 원을 넘을 수 없다. 3차 년도까지 총자금소요 제약식을 설정한다.
   - 2진변수: 프로젝트의 선택여부를 나타내는 변수 x_j들은 0 또는 1의 값을 갖는다.
4. **수리모형**

$$
\begin{aligned}
\text{maximize}\quad & 8x_1+10x_2+7x_3+7.5x_4+9x_5+6x_6+7x_7+5x_8+7x_9 \\
\text{subject to}\quad & 1.5x_1+x_2+2.5x_3+2.5x_4+x_6+1.5x_7+x_8+2x_9 \leqq 5 \\
& x_1+2x_2+x_3+2x_5+1.5x_6+2x_7+2x_8+x_9 \leqq 4 \\
& 2x_1+2x_2+x_3+3x_5+2x_6+x_7+2x_8+2.5x_9 \leqq 5 \\
& x_j=0 \text{ or } 1,\ \ j=1,\ldots,9
\end{aligned}
$$

스프레드시트 모형화

1. **입력자료** B6:J6(가치), B8:J10(자금소요액), D19:D21(자금예산)
그림 6.9와 같이 프로젝트의 가치, 연도별 자금소요액, 자금예산을 입력한다.
2. **변수셀** B17:J17(선택변수)
프로젝트의 선택여부를 나타내는 0-1 변수를 셀영역 B17:J17로 설정한다.
3. **목표셀** B14(총가치)의 최대화
B14셀에 아래의 수식을 입력하여 선택할 프로젝트들의 총 가치를 계산한다.

```
B14 =SUMPRODUCT(가치, 선택변수)
```

4. **제한조건**

• 연도별 자금소요 제한조건 B19:B21<=D19:D21 (총자금소요<=자금예산)

```
B19 =SUMPRODUCT(자금소요액_1차년, 선택변수)
B20 =SUMPRODUCT(자금소요액_2차년, 선택변수)
B21 =SUMPRODUCT(자금소요액_3차년, 선택변수)
```

• 선택변수=2진수이다.

	A	B	C	D	E	F	G	H	I	J	K	L	M
1	정보통신원의 프로젝트 선정문제												
2													
3	입력자료											이름	=시트명!셀영역
4						프로젝트						가치	=최적해!$B$6:$J$6
5		1	2	3	4	5	6	7	8	9		선택변수	=최적해!$B$17:$J$17
6	가치	8.0	10.0	7.0	7.5	9.0	6.0	7.0	5.0	7.0		자금소요액_1차년	=최적해!$B$8:$J$8
7												자금소요액_2차년	=최적해!$B$9:$J$9
8	자금소요액_1차년	1.5	1.0	2.5	2.5	0.0	1.0	1.5	1.0	2.0		자금소요액_3차년	=최적해!$B$10:$J$10
9	자금소요액_2차년	1.0	2.0	1.0	0.0	2.0	1.5	2.0	2.0	1.0		자금예산	=최적해!$D$19:$D$21
10	자금소요액_3차년	2.0	2.0	1.0	0.0	3.0	2.0	1.0	2.0	2.5		자금예산_1차년	=최적해!$D$19
11												자금예산_2차년	=최적해!$D$20
12	모형											자금예산_3차년	=최적해!$D$21
13		최대화										총가치	=최적해!$B$14
14	총가치	26.5										총자금소요	=최적해!$B$19:$B$21
15						프로젝트						총자금소요_1차년	=최적해!$B$19
16		1	2	3	4	5	6	7	8	9		총자금소요_2차년	=최적해!$B$20
17	선택변수(=2진수)	0	1	0	1	1	0	0	0	0		총자금소요_3차년	=최적해!$B$21
18													
19	총자금소요_1차년	3.5	<=	5	자금예산_1차년								
20	총자금소요_2차년	4.0	<=	4	자금예산_2차년								
21	총자금소요_3차년	5.0	<=	5	자금예산_3차년								

그림 6.9 정보통신원의 프로젝트 선정모형(최적해)

해찾기 실행

1. **목표설정, 대상, 변수셀, 제한조건, 해법선택**을 다음 그림 6.10과 같이 입력한다.

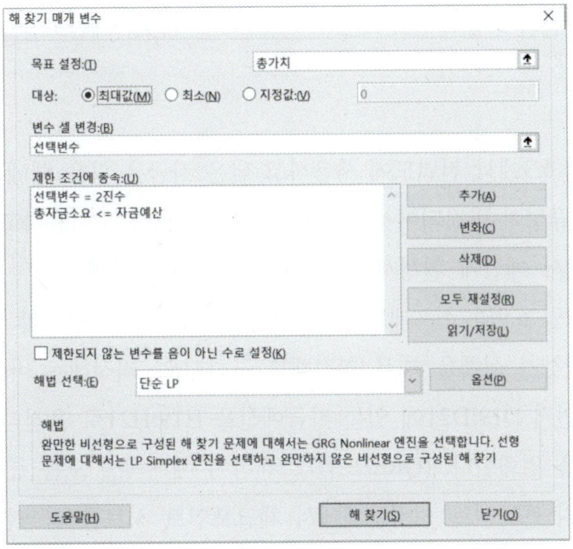

그림 6.10 해찾기 매개변수 설정

2. **옵션 및 실행**

해찾기를 실행시켜 최적해를 구한다. 최적해는 앞의 그림 6.9와 같다.

체크포인트

1. 최적해는 그림 6.9에서 보듯이 프로젝트 2, 4, 5를 선택하는 것이고 이때의 총 가치는 26.5억 원이다. 이때 1차년도 총자금소요는 3.5억원으로서 예산 5억원에 미달된다. 반면 2차년, 3차년에는 주어진 예산을 모두 투자해야 한다.

모형화 토의

1. 정보통신원의 프로젝트 선정위원회는 정보통신 기술개발의 전략적 차원 및 기술개발의 속성을 고려해서 다음과 같은 선정 조건을 추가하였다. 추가된 조건들은 어떻게 모형화되는가?
   - 최대 다중선택 제약
     프로젝트 1, 2, 3은 CDMA 경쟁력 강화를 위한 전략분야로서 타 전략분야와의 형평성을 위하여 세 프로젝트 중에서 최대로 2개 프로젝트만이 선정될 수 있다.
     → 다음의 제한조건을 추가한다.
     SUM(B17:D17)<=2
   - 종속결정 제약
     프로젝트 4와 5는 차세대 완전 광통신 관련 기술로서 프로젝트 4에서 개발된 기술이 프로젝트 5에 필요하므로, 프로젝트 4가 선택되지 않는다면 프로젝트 5는 선택될 수 없다.
     → 다음의 제한조건을 추가한다. F17<=E17
   - 다중선택제약
     프로젝트 6과 프로젝트 7은 모두 동일한 IP기반 인터넷 서비스의 활성화를 위한 전략분야에 속하므로 두 프로젝트들 중에서 어느 한 프로젝트만이 선정되어야 한다.
     → 다음의 제한조건을 추가한다.
     SUM(G17:H17)=1
   - 동시선정 제약
     프로젝트 8 및 9는 입체영상 및 입체음향에 관한 원천기술로서 개발이 되려면 같이 선정되어야 한다.
     → 다음의 제한조건을 추가한다. I17=J17

체크포인트

1. 예제 6.3에서 전년도에 사용하고 남은 자금은 다음 해에는 사용할 수 없었다. 그러나, 규정이 변경되어서 1차년도 또는 2차년도에 사용하고 남은 자금을 다음 계획년도에서 예산에 편성시켜 사용할 수 있다고 하면,
   - 그림 6.9의 스프레드시트에서 어느 부분을 수정해야 하는가?
   - 해찾기 실행을 해서 최적해를 구하시오. 최적해는 바뀌는가?

   → 먼저 D19:D21에 있는 자금예산을 H19:H21로 옮긴다. 그리고 D19:D21에 다음을 입력한다. (QR코드를 스캔하여 예제엑셀 모음 중에서 예제 6.3 정보통신원의 프로젝트 선정문제에서 체크포인트 시트를 참조함)

```
D19 =H19
D20 =H20+자금예산_1차년 - 총자금소요_1차년
D21 =H21+자금예산_2차년 - 총자금소요_2차년
```

6.5 고정비용모형

현실에서 발생하는 비용은 일반적으로 두 가지의 비용요소를 포함하고 있다. 하나는 변동비용(variable cost)으로서 생산량에 직접적으로 비례해서 증가하는 비용이다. 다른 비용은 고정비용(fixed cost)으로서 생산을 하지 않는 경우에는 발생하지 않으나, 일단 생산을 하려면 생산량에 관계없이 고정적으로 발생하는 비용이다.

예를 들면 용광로를 사용하여 강판을 생산하는 경우 먼저 용광로의 사출장치를 가동시킨 이후에야 용광로로 강판들을 제작할 수 있다. 제품을 생산하지 않는 경우에는 사출장치를 가동시킬 필요가 없으므로 사출장치 가동에 따른 고정비용이 발생되지 않는다.

고정비용이 있는 생산 활동의 경우, 총비용은 생산량에 직접적으로 비례해서 증가하지 않는다. 즉, 생산량이 0이면 총비용은 0이고, 생산량>0이면 총비용은 생산단가*생산량+고정비이다. 따라서 총비용은 생산량에 대해 선형의 비례성이 성립하지 않는 비선형의 목적함수가 되므로 선형계획모형을 적용해서 최적해를 찾을 수 없다. 아래의 그림 6.11에서 총비용은 파란 점인 0이거나 파란 반직선으로 나타난다.

다음의 예제에서 보는 바와 같이, 고정비용이 있는 문제는

(1) 생산량에 따라 고정비용의 발생여부를 표현하는 0-1변수를 도입하고,
(2) 총비용은 변동비용과 0-1변수를 사용한 고정비용의 합으로 표현하며,
(3) 생산량 변수와 도입한 0-1변수를 연결해 주는 연결 제약식을 추가함으로써 정수계획모형으로 모형화할 수 있다.

즉, 생산량 변수 x_j, 0-1 변수 y_j, 변동비를 c_j, 고정비를 f_j라 하자.

(1) $x_j > 0$이면 $y_j = 1$, $x_j = 0$이면 $y_j = 0$이라 정의되는 0-1 변수 y_j를 도입하면,
(2) 총비용은 $c_j x_j + f_j y_j$로 표현된다.

(3) 연결 제약식은 $x_j \le M_j y_j$로 표현된다.

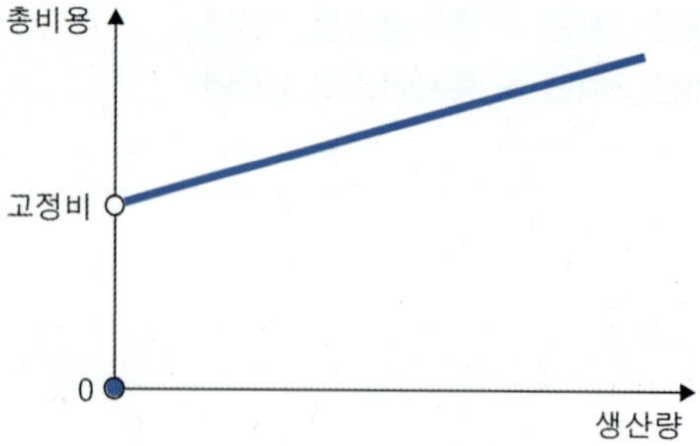

그림 6.11 고정비가 있는 총비용과 생산량

예제 6.4 **삼부컴퓨터의 고정비용문제**

삼부컴퓨터는 본체와 모니터가 하나로 통합된 고성능의 모델을 새로이 개발하였다. 이 모델의 가격은 175만원으로 책정되었고 연간 1만대가 판매될 것으로 예상하고 있다. 생산 가능한 공장은 4곳이며 표 6.5와 같이 입지여건에 따라 서로 다른 생산단가와 고정비용이 발생한다. 이 회사는 연간 이익이 최대가 되도록 생산가동할 공장과 공장별 생산대수를 결정하고자 한다.

표 6.5 삼부컴퓨터 관련자료

공장명	생산단가(만원/대)	고정비용(억원)	생산용량(대)
제 1 공장	50	45	5,000
제 2 공장	85	25	4,000
제 3 공장	115	15	4,500
제 4 공장	145	5	3,000

모형화 가이드

1. 각 공장의 가동여부를 나타내는 0-1변수를 도입한다.

먼저, 이 문제에는 고정비용이 발생하므로 총비용은 생산량에 비례하지 않는다. 예로 공장 1에서의 총비용을 고려하자. 공장 1의 컴퓨터 생산량이 0이면 이 공장을 운영하는데 드는 고정비용은 발생하지 않는다. 즉, 총비용은 0 (= 50만원*0 + 0)이다. 1,000대 생산할 경우의 총비용은 50억원 (= 50만원*1,000 + 45억원)이다. 2,000대 생산할 경우의 총비용은 55억원 (= 50만원*2,000 + 45억원)이다. 그러므로 2,000대 생산할 때 총비용은 1,000대 생산할 때 총비용의 2배가 되지 않는다.

따라서, 비례성이 성립하지 않으므로 선형계획모형을 사용할 수 없으며, 정수계획모형을 적용하기 위해 각 공장마다 다음과 같이 정의되는 0-1변수를 도입한다. 즉,

생산량이 0보다 크면 1의 값을 갖고, 생산량이 0이면 0의 값을 갖는 4개의 0-1변수를 정의한다.

2. 각 공장의 총비용은 0-1변수에 의해 어떻게 표현되는가?
예로 공장 1의 총비용은

(생산단가 50만원)*(생산량) + (고정비 45억원)*(0-1변수의 값) **(6.5.1)**

으로 표현할 수 있다. 즉, 공장 1의 생산량이 0보다 크면 정의에 의해 0-1변수의 값은 1이 되므로 고정비 45억원(= 45억원*1)이 비용에 포함된다. 반면에 생산량이 0이면 정의에 의해 0-1변수의 값은 0이 되므로 총비용은 0 (= 50만원*0 + 45억원*0)이 된다.

3. 도입한 0-1변수가 스프레드시트 상에서 정의에 따라 생산량이 0보다 크면 1의 값을 갖도록 하고, 생산량이 0이면 0의 값을 갖도록 하는 연결 제약식은 무엇인가?
다음과 같은 연결 제약식을 고려한다. 여기서 공장 1의 생산용량은 공장 1에서 생산가능한 모든 생산량의 상한값이다.

(공장 1에서의 생산량) ≤ (공장 1의 생산용량)*(공장 1의 0-1변수값) **(6.5.2)**

이 식의 의미는 다음과 같다. 공장 1의 생산량이 0보다 크면 식 (6.5.2)에 의해 우변도 0보다 커야 하므로 0-1변수 값은 1이 될 수밖에 없다. 따라서 고정비용이 총비용에 포함된다.(총비용 목적함수식은 (6.5.1)임) 반면에 공장 1의 생산량이 0이면 식 (6.5.2)에서 우변의 0-1변수 값은 0이나 1의 값을 갖을 수 있으나, 목적함수인 비용을 최소화하는 과정에서 0의 값을 가질 수밖에 없다. 따라서 고정비용은 0이 된다.

4. 총 생산대수는 연간 수요량 이상이어야 한다.

5. 고정비용모형에서 목적함수가 비용으로 표현되면 목적함수를 최소화한다. 현 예제에서 목적함수는 이익, 즉 (총판매수익−총비용)으로 표현되고 있다. 총 판매수익(= 175만원 × 1만대)은 고정되어 있으므로 총비용의 최소화는 곧 이익의 최대화와 같은 의미를 갖는다. 본 예제에서는 목적함수가 이익으로 표현되므로 목적함수를 최대화한다.

수리모형화

1. 의사결정변수

- 각 공장에서 생산할 컴퓨터 생산량 변수를 $x_j,\ j = 1,..,4$ 라 한다.
- 각 공장의 가동여부를 나타내는 0-1 가동변수 y_j를 도입하여 공장 j가 가동되는 경우 $y_j \equiv 1$, 공장 j가 가동되지 않는 경우에는 $y_j \equiv 0$으로 정의한다.

2. **목적함수** 의사결정의 기준은 이익을 최대화하는 것이며 이익은 (판매수익−변동비용−고정비용)이다.

- 판매수익은 175*10,000이다.
- 변동비용은 공장별 컴퓨터의 생산량에 비례해 발생하므로 $50x_1+85x_2+115x_3+145x_4$으로 표현된다.
- 고정비용은 $45y_1+25y_2+15y_3+5y_4$로 표현된다.

3. **제약조건**

- 수요량이상으로 컴퓨터를 생산해야 한다.

$$x_1+x_2+x_3+x_4 \geq 10{,}000$$

- 0-1 변수 정의에 따른 고정비용 연결 제약식 (6.5.2)는 다음과 같다. 여기서 u_j는 공장 j의 생산용량을 의미한다.

$$x_j \leqq u_j y_j,\ \ j=1,2,3,4.$$

- 변수 y_j는 정의에 따라 0 또는 1의 값을 갖는다.

4. **수리모형**

$$\begin{aligned}\text{maximize}\quad & 175(10000)-(50x_1+85x_2+115x_3+145x_4)-(10000)\\ & (45y_1+25y_2+15y_3+5y_4)\\ \text{subject to}\quad & x_1+x_2+x_3+x_4 \geq 10000,\\ & x_1 \leq 5000y_1,\ \ x_2 \leq 4000y_2,\ \ x_3 \leq 4500y_3,\ \ x_4 \leq 3000y_4,\\ & x_j \geq 0,\ \ y_j = 0 \text{ or } 1,\ \ j=1,..,4.\end{aligned}$$

스프레드시트 모형화

1. **입력자료** B5:E5(생산단가), B6:E6(고정비), B7:E7(생산용량), B9(판매가), H22(수요량)

삼부컴퓨터의 관련 자료를 그림 6.12의 회색영역과 같이 정리한다.

2. **변수셀** B20:E20(가동변수), B22:E22(생산량변수)

각 공장의 가동여부를 나타내는 0-1변수는 셀 B20:E20에, 공장별로 생산하는 컴퓨터 생산량 변수는 셀 B22:E22에 설정한다.

3. **목표셀** B13(이익)의 최대화

```
B13 =B14−B15−B16
```

여기서, B14(판매수익), B15(생산비용), B16(고정비용)은 아래와 같다,

```
B14 =PRODUCT(판매가, 수요량)
B15 =SUMPRODUCT(생산단가, 생산량변수)
B16 =SUMPRODUCT(고정비, 가동변수)
```

4. 제한조건

- 수요량　F22>=H22 (총생산량>=수요량)

  각 공장에서 생산하는 컴퓨터의 총합은 수요량을 넘어서야 한다.

  여기서, F22(총생산량)는 아래 수식과 같다.

```
F22 =SUM(생산량변수)
```

- 연결제약식　B22:E22<=B24:E24 (생산량변수<=공장별생산용량)

  여기서, B24:E24(공장별생산용량)은 아래 수식과 같다.

```
B24 =B7*B20, C24:E24에 복사
```

- 가동여부　B20:E20(가동변수)=2진수

	A	B	C	D	E	F	G	H	I
1	**삼부컴퓨터의 고정비용 문제**								
2									
3	**입력자료**(단위: 천원, 대)					**이름**	**=최적해!셀영역**		
4		제1공장	제2공장	제3공장	제4공장	가동변수	=최적해!$B$20:$E$20		
5	생산단가	500	850	1,150	1,450	고정비	=최적해!$B$6:$E$6		
6	고정비	4,500,000	2,500,000	1,500,000	500,000	고정비용	=최적해!$B$16		
7	생산용량	5,000	4,000	4,500	3,000	공장별생산용	=최적해!$B$24:$E$24		
8						생산단가	=최적해!$B$5:$E$5		
9	판매가	1,750				생산량변수	=최적해!$B$22:$E$22		
10						생산비용	=최적해!$B$15		
11	**이익 및 비용**					생산용량	=최적해!$B$7:$E$7		
12		최대화				수요량	=최적해!$H$22		
13	이익	2,650,000				이익	=최적해!$B$13		
14	판매수익	17,500,000				총생산량	=최적해!$F$22		
15	생산비용	7,350,000				판매가	=최적해!$B$9		
16	고정비용	7,500,000				판매수익	=최적해!$B$14		
17									
18	**생산계획**								
19		제1공장	제2공장	제3공장	제4공장				
20	가동변수(=2진수)	1.0	1.0	0.0	1.0				
21	(1=가동, 0=비가동)					총생산량		수요량	
22	생산량변수	5000	4000	0	1000	10,000	>=	10,000	
23		<=	<=	<=	<=				
24	생산용량*가동변수	5,000	4,000	0	3,000				
25	(=공장별생산용량)								

그림 6.12　삼부컴퓨터의 고정비용모형(최적해)

해찾기 실행

1. **목표설정, 대상, 변수셀, 제한조건, 해법선택**을 다음 그림 6.13과 같이 입력한다.

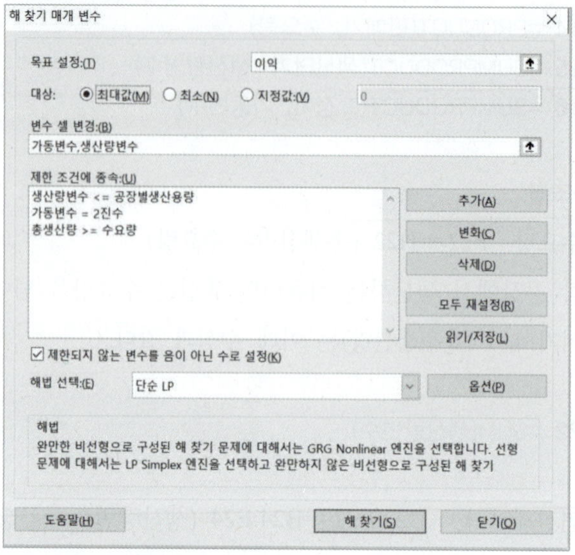

그림 6.13 해찾기 매개변수 설정

2. **옵션 및 실행**

   ‘제한되지 않은 변수를 음이 아닌 수로 설정’ 에 체크하고 해찾기를 실행한다. 최적해는 앞의 그림 6.12와 같다.

체크포인트

1. **수요예측 수정 1**

   삼부컴퓨터의 마케팅부와 생산부에서 함께 새로이 수요예측을 실시한 결과 수요량은 최대 10,000대 정도인 것으로 예상하였다. 10,000대 이하의 생산도 허용된다고 할 때 그림 6.12의 스프레드시트에서 어느 부분을 수정하겠는가? 연간 몇 대를 생산할 것이며, 이익의 변화는 얼마인가? (생산량은 전량 팔 수 있다고 가정한다.)

   → B14(판매수익) **=판매가*총생산량**으로, 제약식은 **F22<=H22 (총생산량<=수요량)**으로 수정한다. 수정한 모형의 최적해를 구하면 최대 이익은 2,950,000(천원)으로서 오히려 이익이 증가하며, 제1공장에서 5,000대, 제3공장에서 4,500대로 총 9,500대 생산한다. QR코드를 스캔하여 예제 파일에서 체크포인트의 시트를 참조한다.

2. **수요예측 수정 2**

   수요량이 9,000대 이상, 11,500대 이하인 것으로 예상된다면 이익의 변화는 얼마인가?

모형화 토의

1. 0-1 변수 대신 IF함수의 사용

고정비용을 처리하는 한 대안으로서 0-1변수의 도입 없이 엑셀함수 IF의 사용을 고려해 볼 수 있다. 이 경우 공장 1의 고정비용은 45억*IF(B22>0, 1, 0)으로 간단히 표현되며(B22는 공장 1의 생산량), 연결 제약식 (6.5.2)를 제한조건으로 추가할 필요도 없다. 스프레드시트에는 B16에 다음을 입력한다 연결 제약식 23행, 24행을 삭제한다.

```
B16 =B6*IF(B22>0,1,0)+C6*IF(C22>0,1,0)+
D6*IF(D22>0,1,0)+E6*IF(E22>0,1,0)
```

2. 해찾기의 IF함수처리

1에서와 같이 IF함수를 사용하면 변수셀이 포함된 IF함수가 목적함수로 사용되므로 완만하지 않은 (nonsmoothing) 비선형모형이 된다. 즉, 선형의 정수계획모형이 아니므로 분지한계법을 적용할 수 없다. 그러므로 정확한 최적해를 찾기 위해서는 아직은 0-1변수를 사용한 선형의 정수계획법을 적용하여야 한다.

3. 진화 해찾기

엑셀 2010에서 제공하는 진화해찾기를 적용하면 IF함수를 다룰 수 있다. 진화 해찾기는 최적해에 근사한 해를 찾는 근사해법이므로 최적해 찾기를 보장받을 수 없다. 그러나, 엑셀의 다양한 함수들을 사용해서 모형화를 쉽게 할 수 있고 아울러 대규모 정수계획문제의 정수 가능해를 상대적으로 신속히 찾을 수 있다는 장점이 있다. (8장의 연습문제 2 참조)

6.6 공장/창고 입지선정모형

공장/창고 입지선정모형(plant/warehouse location model)은 공급체인관리의 중요한 연구분야로서 기업의 경쟁력을 제고할 수 있는 전략적 중요성 때문에 지난 십수년간 업계와 학계로부터 상당한 관심을 받아왔다. 본 모형은 고객의 수요를 충족시키면서 공급체인 운영과 관련된 비용이 최소가 되도록 공장/창고의 규모, 개수, 지리적 위치들과 수송경로를 결정하는 모형이다. 입지선정문제는 장기적 영향을 미치는 전략적 문제이므로 일단 의사결정을 내리면 쉽게 변경할 수 없는 문제이다. 비용에는 고정비용에 해당하는 초기 투자비용외에 운영비용에 해당하는 생산비용, 수송비용, 보관비용, 원자재 구입비용등이 포함된다.

예제 6.5 **청정식품의 공장/창고 입지선정문제**

청정식품은 현재 4개 공장에서 유기농 토마토 케첩을 생산하고 이를 3개 물류창고로 수송하고 있다. 창고에서는 고객별 수요에 따라 토마토 케첩을 분류해서 5개 고객지역에 배송하고 있다. 그러나 금년도의 고객수요량이 아래 표 6.7과 같이 감소했으므로(총수요량<총생산용량), 청정식품은 현 공장 및 창고 중에서 어느 공장 및 창고를 운영할 것인지와 그에 따른 수송계획을 변경하고자 한다. 각 공장에서 케첩을 생산하고 창고를 운영하는 데는 연간 고정비용이 발생하고 있다. 톤당 생산 및 수송단가, 공장별 생산용량, 공장을 가동하는데 소요되는 연간 고정비는 다음 표 6.6과 같다. 창고에서 고객으로의 배송단가, 창고를 운영하는데 드는 연간 고정비는 다음의 표 6.7과 같다.

표 6.6 청정식품의 생산수송단가, 생산용량, 고정비

생산공장	생산수송단가(만원/톤)			공장별 생산용량(톤)	공장별고정비 (만원)
	창고 1	창고 2	창고 3		
공장 1	25	30	35	300	2,000
공장 2	35	30	25	300	2,200
공장 3	35	25	35	350	2,400
공장 4	25	30	40	250	2,600

표 6.7 청정식품의 배송단가, 고정비, 고객 수요량

창고	배송단가(만원/톤)					창고별고정비 (만원)
	고객 1	고객 2	고객 3	고객 4	고객 5	
창고 1	40	15	25	30	20	2,000
창고 2	35	20	30	40	25	1,000
창고 3	20	40	45	25	30	1,500
고객수요량	200	150	100	150	250	

모형화 가이드

1. 각 공장에서 창고로 얼마나 수송할 것인가? 수송량을 표현하는 수송량 변수를 설정한다. 이에 따른 생산 및 수송비용은 얼마인가?
2. 물류창고로부터 각 고객에게 얼마나 배송할 것인가? 배송량을 표현하는 배송량 변수를 도입한다. 이에 따른 배송비용은 얼마인가?
3. 어느 공장을 가동할 것인가? 공장가동여부를 표현하는 0-1 공장가동변수를 도입한다. 공장의 수송량이 양수이면 공장이 가동된 것이므로 공장가동변수값은 1이 되어야 하고 공장가동비용이 발생한다. 이를 표현하는 연결 제약식은 다음 식에 의해 표현된다.

   (공장 i의 수송량) ≤ (공장 i의 생산용량)*(공장가동변수 0-1값)

4. 어느 창고를 사용할 것인가? 창고운영여부를 표현하는 0-1변수를 도입한다.

창고출고량이 양수가 되면 창고를 운영한 것이므로 창고운영변수의 값은 1이 되어야 하고 창고운영비용이 발생한다. 이를 표현하는 연결 제약식은 다음에 의해 표현된다.

(창고 i의 출고량) ≤ (창고 i의 처리용량)*(창고운영변수 0-1값)

5. 총비용은 공장_창고 수송비용, 창고_고객 배송비용, 가동된 공장별 고정비, 운영되는 창고별 고정비의 총합이며 이를 최소화한다.
6. 공장에서 창고로 수송된 모든 양은 그대로 창고에서 고객으로 배송된다.

수리 모형화

1. **의사결정변수**
   - 공장 i 에서 창고 j 로의 수송량 변수를 x_{ij} 라 한다. $i=1,2,3,4,\ j=1,2,3.$
   - 창고 j 에서 고객 k 로의 배송량 변수를 w_{jk} 라 한다. $j=1,2,3,\ k=1,2,3,4,5.$
   - 공장 i 의 가동여부를 나타내는 0-1 변수를 y_i 라 정의한다. $i=1,2,3,4.$
   - 창고 j 의 운영여부를 나타내는 0-1 변수를 z_j 라 정의한다. $j=1,2,3.$
2. **목적함수** 총비용을 최소화하며 다음 네 비용의 합으로 표현된다.
   - 공장_창고 수송비용은 (생산수송단가*수송량변수)의 합이므로 다음과 같이 표현된다.

$$25x_{11}+30x_{12}+35x_{13}+\ldots..+25x_{41}+30x_{42}+40x_{43}$$

   - 창고_고객 배송비용은 (배송단가*배송량변수)의 합이므로 다음과 같이 표현된다.

$$\begin{aligned}&40w_{11}+15w_{12}+25w_{13}+30w_{14}+20w_{15}+\ldots..\\&\quad+20w_{31}+40w_{32}+45w_{33}+25w_{34}+30w_{35}\end{aligned}$$

   - 공장가동여부에 따른 공장가동비용은 다음과 같다.

$$2000y_1+2200y_2+2400y_3+2600y_4$$

   - 창고운영여부에 따른 창고운영비용은 다음과 같다.

$$2000z_1+1000z_2+1500z_3$$

3. **제약조건**
   - 공장가동여부 연결 제약식

공장 i의 생산량은 생산용량 u_i를 초과할 수 없으며 공장이 가동되는 조건에서만 생산, 수송이 가능하다.

$$x_{i1}+x_{i2}+x_{i3} \leqq u_i y_i,\ \ i=1,2,3,4$$

여기서, u_i는 공장 i의 생산용량으로서, $(u_1,u_2,u_3,u_4)=(300,300,350,250)$이다.

- 창고입고량=창고출고량

  각 공장으로부터 창고 j로 입고되는 양은 모두 고객에게로 출고된다.

$$x_{1j}+x_{2j}+x_{3j}+x_{4j}=w_{j1}+w_{j2}+w_{j3}+w_{j4}+w_{j5},\ \ j=1,2,3$$

- 창고운영여부 연결 제약식

  각 창고에서 고객에게로 출고되려면 먼저 그 창고가 운영되어야 한다.

$$w_{j1}+w_{j2}+w_{j3}+w_{j4}+w_{j5} \leqq c_j\, z_{j,}\ j=1,2,3$$

여기서, c_j는 창고 j가 취급할 수 있는 창고 처리용량을 의미하며 문제에는 주어지지 않았으나 현실적으로 총 수요량인 850으로 대체해서 사용할 수 있다. 즉, $c_j=850,\ j=1,2,3.$

- 고객수요량 충족

$$w_{1k}+w_{2k}+w_{3k} \geqq d_k,\ \ k=1,2,3,4,5$$

여기서, d_k는 고객 k의 수요량으로서 $(d_1,...,d_5)=(200,150,100,150,250)$이다.

- 공장가동변수 및 창고운영변수는 2진수이다.

$$y_i=0 \text{ or } 1,\ \ i=1,2,3,4$$

$$z_j=0 \text{ or } 1,\ \ j=1,2,3$$

4. 수리모형

$$\begin{aligned}\text{minimize}\quad & 25x_{11}+30x_{12}+35x_{13}+.....+25x_{41}+30x_{42}+40x_{43}\\ & +40w_{11}+15w_{12}+25w_{13}+30w_{14}+20w_{15}+.....+20w_{31}\\ & +40w_{32}+45w_{33}+25w_{34}+30w_{35}\\ & +2000y_1+2200y_2+2400y_3+2600y_4\\ & +2000z_1+1000z_2+1500z_3\end{aligned}$$

$$\text{subject to}\quad x_{i1}+x_{i2}+x_{i3} \leqq u_i\, y_i,\;\; i=1,2,3,4$$

$$x_{1j}+x_{2j}+x_{3j}+x_{4j} = w_{j1}+w_{j2}+w_{j3}+w_{j4}+w_{j5},\;\; j=1,2,3$$

$$w_{j1}+w_{j2}+w_{j3}+w_{j4}+w_{j5} \leqq c_j\, z_{j,}\; j=1,2,3$$

$$w_{1k}+w_{2k}+w_{3k} \geqq d_k,\;\; k=1,2,3,4,5$$

$$y_i = 0 \text{ or } 1,\;\; i=1,2,3,4$$

$$z_j = 0 \text{ or } 1,\;\; j=1,2,3.$$

스프레드시트 모형

1. **입력자료** B7:D10(생산수송단가), E7:E10(생산용량), F7:F10(공장가동고정비), B14:F16(배송단가), G14:G16(창고운영고정비), B17:F17(고객수요량)

   그림 6.14과 같이 정리한다.

2. **변수셀** B29:D32(수송량변수), B39:F41(배송량변수), H29:H32(공장가동변수), J39:J41(창고운영변수)

   공장_창고의 수송량은 셀영역 B29:D32에, 창고_고객의 배송량은 셀영역 B39:F41로 설정한다. 공장가동여부를 나타내는 0-1값은 셀영역 H29:H32에, 창고운영여부를 나타내는 0-1값은 셀영역 J39:J41에 설정한다.

3. **목표셀** C21(총비용)의 최소화

```
C21 =C22+C23+C24+C25
```

   여기서 C22(수송비용), C23(배송비용), C24(공장가동비용), C25(창고운영비용)은 아래와 같다.

```
C22 =SUMPRODUCT(생산수송단가, 수송량변수)
C23 =SUMPRODUCT(배송단가, 배송량변수)
C24 =SUMPRODUCT(공장가동고정비, 공장가동변수)
C25 =SUMPRODUCT(창고운영고정비,창 고운영변수)
```

4. **제한조건**

   - **공장가동여부 연결 제약식** E29:E32<=G29:G32(공장수송량<=공장생산용량)

```
E29 =SUM(B29:D29), E30:E32에 복사
G29 =E7*H29, G30:G32에 복사
```

   - **창고운영여부 연결 제약식** G39:G41<=I39:I41(창고출고량<=창고용량)

```
G39 =SUM(B39:F39), G40:G41에 복사
I39 =$G$44*J39,  I40:I41에 복사한다. 여기서, G44(총수요량)은 아래와 같다.
G44 =SUM(B44:F44)
```

- **창고입고량=창고출고량** B33:D33=B35:D35(창고입고량=창고출고량)

```
B33 =SUM(B29:B32), C33:D33에 복사
B35:D35 =TRANSPOSE(G39:G41)
```

B35:D35의 수식은 먼저 셀영역 G39:G41을 선택하고 위의 TRANSPOSE함수를 입력한 후 Control+Shift와 동시에 Enter키를 누른다.

- **고객수요량 충족** B42:F42>=B44:F44(고객배송량>=고객수요량)

```
B42 =SUM(B39:B41), C42:F42에 복사
B44 =B17, C44:F44에 복사
```

- **공장가동변수=2진수, 창고운영변수=2진수**

	A	B	C	D	E	F	G	H	I	J
1	청정식품의 공장/창고 입지선정모형									
2										
3	입력자료	(단위: 만원, 톤)							이름	=시트명!셀영역
4									고객배송량	=최적해!$B$42:$F$42
5			생산수송단가		생산	공장가동			고객수요량	=최적해!$B$17:$F$17
6		창고 1	창고 2	창고 3	용량	고정비			공장가동고정비	=최적해!$F$7:$F$10
7	공장 1	25	30	35	300	2,000			공장가동변수	=최적해!$H$29:$H$32
8	공장 2	35	30	25	300	2,200			공장생산용량	=최적해!$G$29:$G$32
9	공장 3	35	25	35	350	2,400			공장수송량	=최적해!$E$29:$E$32
10	공장 4	25	30	40	250	2,600			배송단가	=최적해!$B$14:$F$16
11									배송량변수	=최적해!$B$39:$F$41
12				배송단가			창고운영		생산수송단가	=최적해!$B$7:$D$10
13		고객 1	고객 2	고객 3	고객 4	고객 5	고정비		생산용량	=최적해!$E$7:$E$10
14	창고 1	40	15	25	30	20	2000		수송량변수	=최적해!$B$29:$D$32
15	창고 2	35	20	30	40	25	1000		창고용량	=최적해!$I$39:$I$41
16	창고 3	20	40	45	25	30	1500		창고운영고정비	=최적해!$G$14:$G$16
17	고객수요량	200	150	100	150	250			창고운영변수	=최적해!$J$39:$J$41
18									창고입고량	=최적해!$B$33:$D$33
19	모형								창고출고량	=최적해!$G$39:$G$41
20			최소화						총비용	=최적해!$C$21
21	총비용		49300						총수요량	=최적해!$G$44
22	수송비용		21250							
23	배송비용		17750							
24	공장가동비용		6800							
25	창고운영비용		3500							
26							공장생산용량			
27			수송량변수		공장		(=생산용량*공징	공장가동		
28		창고 1	창고 2	창고 3	수송량		가동변수)	변수(=2진수)		
29	공장 1	300	0	0	300	<=	300	1		
30	공장 2	0	0	300	300	<=	300	1		
31	공장 3	0	0	0	0	<=	0	0		
32	공장 4	250	0	0	250	<=	250	1		
33	창고입고량	550	0	300						
34		=	=	=						
35	창고출고량	550	0	300						
36									창고용량	
37				배송량변수			창고		(=총수요량*	창고운영
38		고객 1	고객 2	고객 3	고객 4	고객 5	출고량		창고운영변수)	변수(=2진수)
39	창고 1	0	150	100	50	250	550	<=	850	1
40	창고 2	0	0	0	0	0	0	<=	0	0
41	창고 3	200	0	0	100	0	300	<=	850	1
42	고객 배송량	200	150	100	150	250				
43		>=	>=	>=	>=	>=	총수요량			
44	고객수요량	200	150	100	150	250	850			

그림 6.14 청정식품의 공장/창고 입지선정모형(최적해)

해찾기 실행

1. **목표설정, 대상, 변수셀, 제한조건, 해법선택**을 다음 그림 6.15와 같이 입력한다.

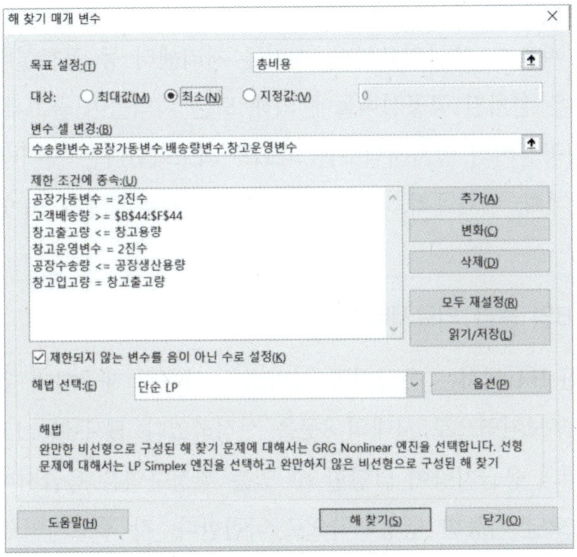

그림 6.15 해찾기 매개변수 설정

2. **옵션 및 실행**
   음수아닌 것으로 가정에 체크한 후 실행하여 최적해를 구한다. 최적해는 그림 6.14의 해이다.

체크포인트

1. 엑셀함수 TRANSPOSE는 행을 열로 또는 열을 행으로 바꾼다. 함수를 입력하면 셀영역 B35:D35에는 {=TRANSPOSE(G39:G41)}로 나타난다.
2. 창고운영여부의 연결 제약식 G39:G41<=I39:I41에서 창고처리량의 상한값으로는 어느 값이 사용되었으며 타당성이 있는가?
   → 창고출고량의 상한값으로 $G$44(총수요량)를 사용했으며 각 창고가 처리할 수 있는 최대용량으로 간주할 수 있다.
3. 청정식품의 공장/창고 입지선정모형에서 최적해는 공장 1, 2, 4를 가동시키고, 창고 1, 3을 운영하는 것이다. 이때 총비용은 4억9300만원으로 최적 수송계획은 그림 6.14의 변수셀 값(B29:D32, B39:F41)과 같다.

6.7 공공설비 입지선정모형

소방서, 파출소, 응급의료설비, 폐기물 처리센터 등 공공설비의 입지를 선정하는 중요한 기준은 설치된 공공설비들에 의해 모든 지역들이 골고루 혜택을 받아야 한다는 것이며, 공공설비의 설치지역수를 되도록 최소화한다는 것이다. 이러한 모형은 항공승무원 일정계획, 배차계획, 자본 투자 등에도 자주 활용되고 있다.

예제 6.6 **신도시 B의 응급 의료서비스**

신도시인 B시에서는 응급의료 서비스를 신속히 제공하기 위해서 응급차량을 상주 대기시킬 후보지역으로 시내의 8곳을 선정하였다. B시에는 13개의 행정구역이 있다. 각 후보지역의 응급차량이 담당할 수 있는 행정구역은 응급서비스의 신속성을 위해 10분 이내에 도달 가능한 행정구역으로 국한한다. 각 후보지역으로부터 10분 이내에 도달 가능한 행정구역은 다음의 표 6.8와 같다. 시에서는 13개 행정구역의 모든 시민들이 응급 의료서비스를 받도록 응급차량을 골고루 설치시키되, 예산의 제약으로 설치지역수가 최소가 되길 원하고 있다.

표 6.8 10분내에 도달가능 행정구역

후보지역	도달가능 행정구역
1	1, 2, 3, 9
2	2, 3, 7, 8
3	4, 5, 6, 13
4	1, 2, 5, 6, 12
5	7, 8, 10, 11
6	6, 7, 9, 11, 13
7	3, 5, 9, 10
8	4, 6, 9, 12

모형화 가이드

1. 응급차량을 어느 후보지역에 설치할 것인가?
   8곳의 후보지역마다 응급차량의 설치여부를 0-1변수로 표현한다.
2. 표 6.8의 자료는 후보지역으로부터 10분 이내에 도달 가능한 행정구역들을 보여주고 있다. 스프레드시트에는 도달가능성을 어떻게 수치화해서 사용하겠는가?
   먼저 행정구역들을 행으로 후보지역들을 열로 하는 13×8 입지행렬을 정의하고 행렬요소값으로는 다음과 같이 0 또는 1의 값을 설정한다. 즉, 각 행의 행정구역에

10분 내로 도달가능한 후보지역의 행렬요소값은 1을, 그렇지 않은 후보지역의 행렬요소값은 0의 값을 부여한다. 이렇게 작성된 행렬은 아래 그림 6.16의 입지행렬과 같이 0-1행렬이 된다.

	후보지역							
	1	2	3	4	5	6	7	8
행정구역1	1	0	0	1	0	0	0	0
행정구역2	1	1	0	1	0	0	0	0
행정구역3	1	1	0	0	0	0	1	0
행정구역4	0	0	1	0	0	0	0	1
행정구역5	0	0	1	1	0	0	1	0
행정구역6	0	0	1	1	0	1	0	1
행정구역7	0	1	0	0	1	1	0	0
행정구역8	0	1	0	0	1	0	0	0
행정구역9	1	0	0	0	0	1	1	1
행정구역10	0	0	0	0	1	0	1	0
행정구역11	0	0	0	0	1	1	0	0
행정구역12	0	0	0	1	0	0	0	1
행정구역13	0	0	1	0	0	1	0	0

그림 6.16 입지행렬

3. 각 행정구역은 적어도 하나 이상의 응급차량 설치지역에 의해 서비스를 받아야 한다.
4. 한 행정구역이 혜택을 받는 응급차량 설치지역의 총 개수는 어떤 수식으로 표현되는가? 아래 수리모형화의 제약조건을 참조한다.
5. 응급차량이 설치될 후보지역의 수를 최소화한다.

수리 모형화

1. **의사결정변수**

   각 후보지역 j에 응급차량의 설치여부를 표현하는 0-1 입지선정변수 x_j를 정의한다. 즉, 후보지역 j에 응급차량을 상주 대기시키면 $x_j \equiv 1$로, 아니면 $x_j \equiv 0$으로 정의한다.

2. **목적함수**

   총설치지역의 수를 최소화하는 것이며 $x_1 + x_2 + ... + x_8$으로 표현된다.

3. **제약조건**

   각 행정구역마다 적어도 하나의 설치지역으로부터 응급서비스의 혜택을 받아야 한다. 예를 들면 행정구역 1에 10분 이내로 응급서비스를 제공할 수 있는 후보지역은 1, 4이므로 행정구역 1의 담당지역수는 $x_1 + x_4$이다. 따라서 행정구역 1에 응급서비스를 제공하기 위해서는 담당지역수(= $x_1 + x_4$)가 1(= 설치지역수)보다 커야한다.

4. **수리모형**

$$
\begin{aligned}
\text{minimize} \quad & x_1 + x_2 + ... + x_8 \\
\text{subject to} \quad & x_1 + x_4 \geq 1 \quad (\text{행정구역 } 1) \\
& x_1 + x_2 + x_4 \geq 1 \quad (\text{행정구역 } 2)
\end{aligned}
$$

$$x_1 + x_2 + x_7 \geq 1 \quad (\text{행정구역 } 3)$$

$$\cdots \; \cdots \quad \cdots \; \cdots \quad \cdots$$

$$x_3 + x_6 \geq 1 \quad (\text{행정구역 } 13)$$

$$x_j = 0 \text{ or } 1, \; j = 1, \cdots, 8$$

스프레드시트 모형화 1. **입력자료** B14:I26(입지행렬), L14:L26(설치지역수)

그림 6.17와 같이 입지행렬, 설치지역수를 정리한다. 설치지역수에는 모두 1의 값을 넣는다. 이것은 각 행정구역이 적어도 하나 이상의 설치지역에 의해 담당되어야 함을 의미한다.

2. **변수셀** B9:I9(입지선정변수)

각 후보지역에 응급 의료설비의 설치여부를 나타내는 0-1변수를 셀 B7:I7에 설정한다.

3. **목표셀** J9(총설치지역수)

응급차량이 설치된 지역의 수를 셀 J7에 설정하고 다음의 수식을 사용하여 계산한다.

```
J9 =SUM(입지선정변수)
```

4. **제한조건**

- 행정구역별 혜택 J14:J26>=1 (담당지역수>=설치지역수)

```
J14 =SUMPRODUCT(B12:I12, 입지선정변수), J15:J26에 복사
```

- 입지선정변수=2진수

	A	B	C	D	E	F	G	H	I	J	K	L
1	신도시 B의 응급의료서비스											
2										이름	=시트명!셀영역	
3										담당지역수	=최적해!$J$12:$J$24	
4										설치지역수	=최적해!$L$12:$L$24	
5										입지선정변수	=최적해!$B$7:$I$7	
6										총설치지역수	=최적해!$J$7	
7					후보지역							
8		1	2	3	4	5	6	7	8	최소화		
9	입지선정변수	1	0	1	0	1	0	0	1	4	총설치지역수	
10	(=2진수)											
11												
12	설치제약				후보지역							
13		1	2	3	4	5	6	7	8	담당지역수		설치지역수
14	행정구역1	1	0	0	1	0	0	0	0	1	>=	1
15	행정구역2	1	1	0	1	0	0	0	0	1	>=	1
16	행정구역3	1	1	0	0	0	0	1	0	1	>=	1
17	행정구역4	0	0	1	0	0	0	0	1	2	>=	1
18	행정구역5	0	0	1	1	0	0	1	0	1	>=	1
19	행정구역6	0	0	1	1	0	1	0	1	2	>=	1
20	행정구역7	0	1	0	0	1	1	0	0	1	>=	1
21	행정구역8	0	1	0	0	1	0	0	0	1	>=	1
22	행정구역9	1	0	0	0	0	1	1	1	2	>=	1
23	행정구역10	0	0	0	0	1	0	1	0	1	>=	1
24	행정구역11	0	0	0	0	1	1	0	0	1	>=	1
25	행정구역12	0	0	0	1	0	0	0	1	1	>=	1
26	행정구역13	0	0	1	0	0	1	0	0	1	>=	1

그림 6.17 신도시 B의 응급의료서비스(최적해)

해찾기 실행

1. **목표설정, 대상, 변수셀, 제한조건, 해법선택**을 다음 그림 6.15와 같이 입력한다.
2. **옵션 및 최적화**

   해찾기 매개변수 상자에서 실행단추를 눌러 최적해를 찾는다. 최적해는 그림 6.17의 해이다.

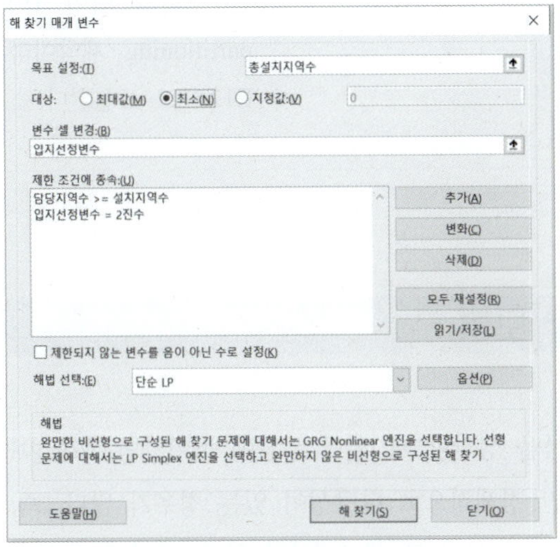

그림 6.18 해찾기 매개변수 설정

체크포인트

1. **복수 최적해**

   공공설비 입지선정모형에는 보통 여러 개의 최적해가 발생한다. 이것은 모형의 목적함수가 단지 설치지역의 수를 최소화하는 것이기 때문이다.

   그림 6.17의 최적해에서 보는 바와 같이 후보지역 1, 3, 5, 8에 설치할 때 모든 행정구역을 담당할 수 있으며 이때 설비가 설치된 지역수는 4이다. 그러나 후보지역 1, 3, 4, 5에 설치할 때도 모든 행정구역을 담당할 수 있으며 설치된 지역수는 마찬가지로 4이다.
2. 공공설비 입지선정모형에서 최적의 설치지역수가 현실적으로는 너무 큰 값일 수 있다. 이러한 경우에는 단지 설치지역수를 최소화하려는 목표와는 다른 새로운 목표를 정의할 필요가 있다.

모형화 토의

1. **Set covering 모형**

   신도시의 입지선정모형에서 제한조건은 담당지역수>=설치지역수, 입지선정변수=2진수이었다. 구체적으로 행정구역 1에 대한 제한조건을 셀수식으로 표현하면 다음과 같다.

   B12+E12 >= 1,

   B12, E12 = 0 or 1.

위의 식과 같이 모든 변수셀(또는 의사결정변수)의 계수가 1이고 변수셀들의 합이 1이상이어야 하는 제한조건을 set covering 제약이라 부른다. 예제 6.6과 같이 모든 제한조건들이 set covering 제약식으로 표현되는 모형을 set covering 모형이라고도 부른다.

2. **Set packing 모형, Set partitioning 모형**
   변수셀들의 합이 1이하이어야 하는 제한조건은 set packing 제약이라 부른다. 예를 들면 B12+E12 <=1의 형태로 표현된다.
   변수셀들의 합이 1이어야 하는 제한조건은 set partitioning 제약이라 부른다. 예를 들면 B12+E12=1로 표현된다.

6.8 최소 주문량/생산량 모형

기업에서 제품을 생산할 때, 일단 생산에 들어가면 생산설비의 특성상 특정 개수 이상을 생산해야만 경제적으로 타당성이 있는 경우가 많다. 즉, 생산을 전혀 하지 않든가 또는 최소생산량 이상으로 생산해야만 한다. 생산에 필요한 부품을 주문할 때 부품 공급업체는 최소 주문량 이상을 요구하기도 한다. 특정 투자계획에 참여하려면 최소 1억원 이상의 투자가 필수적일 수 있다. 이러한 제약 특성이 있는 문제들은 고정비용이 있는 경우와 마찬가지로 0-1변수를 도입함으로써 쉽게 모형화된다.

예제 6.7 **미래전자의 생산계획**

미래전자는 세 공장에서 콘덴서(condenser)를 생산하고 있다. 콘덴서의 수요량은 월 13,000개이다. 각 공장마다 콘덴서를 생산할 때에는 고정비가 발생되며 생산특성상 적어도 3,000개 이상을 생산해야 경제적 타당성이 있다. 각 공장의 생산비, 고정비, 최소생산량, 생산용량은 다음의 표 6.9와 같다. 미래전자는 최소비용으로 고객의 수요를 충족시키는 공장별 생산량을 구하고자 한다.

표 6.9 미래전자의 생산관련자료

	생산비(천원/개)	고정비(천원)	최소생산량(개)	생산용량(개)
공장 1	24	96,000	3,000	8,000
공장 2	30	48,000	3,000	7,000
공장 3	36	36,000	3,000	6,000

모형화 가이드

1. 고정비용이 발생하는 문제이므로 생산량과 연계하여 공장의 가동여부를 표현하는 0-1변수를 정의한다. 즉, 생산량=0이면 공장가동변수≡0이고 생산량이 (최소생산량 ≤ 생산량 ≤ 생산용량)을 만족시키면 공장가동변수≡1로 정의한다.
2. 공장가동변수를 생산량과 연결시키는 연결 제약식은 무엇인가? 아래의 식을 보자.

$$\text{최소생산량*공장가동변수} \le \text{생산량} \le \text{생산용량*공장가동변수} \tag{6.9.1}$$

   즉, 연결 제약식 (6.9.1)에서 생산량이 0이면 공장가동변수는 0이 되어야 한다. 생산이 최소생산량 이상인 단위로 이루어지면 식 (6.9.1)에 의해 공장가동변수는 1이 되어야 한다.
3. 공장가동변수가 1이면 고정비용이 발생하고, 0이면 발생하지 않는다.
4. 생산비용과 고정비용의 합인 총비용을 최소화한다.
5. 총생산량은 수요량인 13,000개 이상이어야 한다.

수리 모형화

1. **의사결정변수**
   - 공장 1, 2, 3에서의 생산량변수를 x_1, x_2, x_3라 한다.
   - 각 공장의 가동여부를 나타내는 0-1 공장가동변수를 y_1, y_2, y_3라 한다.
2. **목적함수** 비용의 최소화이며 비용은 생산비+고정비이다.
   - 생산비는 $24x_1 + 30x_2 + 36x_3$이다.
   - 고정비는 $96000y_1 + 48000y_2 + 36000y_3$이다.
3. **제약조건**
   - 수요량이상으로 생산한다. $x_1 + x_2 + x_3 \ge 13000$
   - 고정비용 연결식 (6.9.1)은 다음과 같이 표현된다.
     $3000y_1 \le x_1 \le 8000y_1$, $3000y_2 \le x_2 \le 7000y_2$, $3000y_3 \le x_3 \le 6000y_3$
   - 생산량은 비음이며 공장가동변수는 0-1이다.
4. **수리모형**

$$\begin{aligned}
\text{minimize} \quad & 24x_1 + 30x_2 + 36x_3 + 96000y_1 + 48000y_2 + 36000y_3 \\
\text{subject to} \quad & x_1 + x_2 + x_3 \ge 13{,}000 \\
& 3000y_1 \le x_1 \le 8000y_1 \\
& 3000y_2 \le x_2 \le 7000y_2 \\
& 3000y_3 \le x_3 \le 6000y_3 \\
& x_1,\ x_2,\ x_3 \ge 0
\end{aligned}$$

$$y_1, \ y_2, \ y_3 = 0 \text{ or } 1$$

스프레드시트 모형화

1. **입력자료** B5:D5(생산비), B6:D6(고정비), B7:D7(최소생산량), B8:D8(생산용량)

   그림 6.19과 같이 B5:D8에 자료를 정리한다.

2. **변수셀** B20:D20(생산량변수), B16:D16(공장가동변수)

   생산량변수는 셀영역 B20:D20에, 공장가동변수는 B16:D16에 넣는다.

3. **목표셀** B11(총비용)의 최소화

```
B11 =B12+B13
```

   여기서, B12(생산비용), B13(고정비용)은 아래와 같다.

```
B12 =SUMPRODUCT(생산비, 생산량변수)
B13 =SUMPRODUCT(고정비, 공장가동변수)
```

4. **제한조건**

   - 수요량 E20>=G20(총생산량>=수요량)

     각 공장에서 생산하는 컨덴서의 총합은 수요량보다 커야 한다.

```
E20 =SUM(생산량변수)
```

   - 연결제약식

     B18:D18<=B20:D20<=B22:D22(공장별최소생산량<=생산량변수<=공장별생산용량)

     여기서, B18(공장별최소생산량), B22(공장별생산용량)는 아래와 같다.

```
B18 =B7*B16,  C18:D18에 복사
B22 =B8*B16,  C22:D22에 복사
```

   - B16:D16(공장가동변수)=2진수

	A	B	C	D	E	F	G
1	미래전자의 생산계획						
2							
3	입력자료				이름	=시트명!셀영역	
4		공장 1	공장 2	공장 3	고정비	=최적해!$B$6:$D$6	
5	생산비(천원/개)	24	30	36	공장가동변수	=최적해!$B$16:$D$16	
6	고정비(천원)	96,000	48,000	36,000	공장별생산용량	=최적해!$B$22:$D$22	
7	최소생산량	3,000	3,000	3,000	공장별최소생산량	=최적해!$B$18:$D$18	
8	생산용량(개)	8,000	7,000	6,000	생산량변수	=최적해!$B$20:$D$20	
9					생산비	=최적해!$B$5:$D$5	
10	모형	최소화			생산용량	=최적해!$B$8:$D$8	
11	총비용	486,000			수요량	=최적해!$G$20	
12	생산비용	342,000			총비용	=최적해!$B$11	
13	고정비용	144,000			총생산량	=최적해!$E$20	
14					최소생산량	=최적해!$B$7:$D$7	
15		공장 1	공장 2	공장 3			
16	공장가동변수	1	1	0			
17	(=2진수)						
18	공장별최소생산량	3000	3000	0			
19		<=	<=	<=	총생산량		수요량
20	생산량변수	8,000	5,000	0	13,000	>=	13,000
21		<=	<=	<=			
22	공장별생산용량	8000	7000	0			

그림 6.19 미래전자의 생산계획(최적해)

해찾기 실행

1. **목표설정, 대상, 변수셀, 제한조건, 해법선택**을 다음 그림 6.20과 같이 입력한다.
2. **옵션 및 최적화**

   생산량 변수는 실수이므로 '비음아닌 수로 설정'에도 체크하고 실행한다. 최적해는 앞의 그림 6.19와 같다.

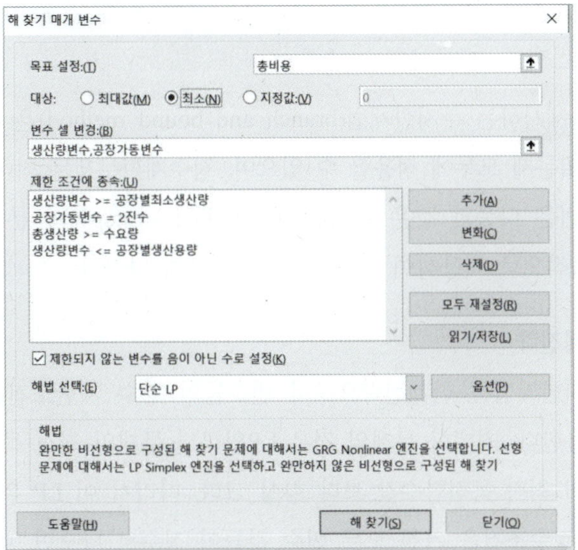

그림 6.20 해찾기 매개변수 설정

모형화 토의

1. **가부제약(either-or constraint)**

   가부제약은 두 제약식들 중에서 어느 한 제약이 성립해야 하는 제약이다. 본 절에서 다룬 최소 주문량/생산량 모형도(either) 생산을 안 하거나 또는(or) 생산을 하면 최소생산량 이상의 로트를 생산해야 하므로 가부제약에 해당된다.

2. **n-중-k 제약**

   n-중-k 제약은 n개의 제약조건 중에서 임의의 k개 제약조건이 성립해야 하는 것을 말한다. 예를 들면, n개의 제약식 $f_1(x_1,...,x_m) \le 0,...,\ f_n(x_1,...,x_m) \le 0$들 중에서 임의의 k개 제약식 만이 성립되어야 하는 조건을 어떻게 모형화할 수 있는가?

   → 각 제약식에 대응하는 n개의 0-1변수 $y_{1,...,}y_n$을 도입하고, 각 제약식의 좌변 $f_j(x_1,...,x_m)$이 취할 수 있는 상한값을 M_j라 하자. 그러면 다음과 같이 모형화된다.

$$f_1(x_1,...,x_m) \leqq M_1 y_1$$
$$...$$
$$f_n(x_1,...,x_m) \leqq M_n y_n$$
$$y_1 + ... + y_n = n-k$$

   여기서 y_j들의 합이 $n-k$가 되어야 하는 것은 k개의 y_j가 0의 값을 갖을 때 y_j에 대응하는 제약식이 $f_j(x_1,...,x_m) \leqq 0$이 되고 따라서 제약식이 성립하기 때문이다. 여기서, $y_j = 1$이면 $f_j(x_1,...,x_m) \leqq M_j$이므로 이 제약식은 모든 x_i에 대해 성립한다. 따라서 제약의 의미가 없어진다.

6.9 분지한계법

여기서 제시하는 분지한계법(branch and bound method)은 순수 정수계획문제나 혼합 정수계획문제 모두에 적용할 수 있으며, 정수계획문제는 최대화 문제라고 가정한다. 분지한계법은 다음과 같은 **한계전략**(bounding strategy)과 **분지전략**(branching strategy)을 반복적으로 적용하여 정수 최적해를 구해 나간다.

1. **한계전략**

   분지한계법은 한계전략으로서 변수들의 정수 제한조건만 삭제된 LP 완화문제를 적용한다. 최대화 문제의 경우 LP완화된 문제의 최적 목적함수값은 원 정수계획문제의 최적 목적함수값 보다 항상 크다. 따라서 이 LP 완화된 문제의 LP 최적해에서 정수조건을 가진 모든 변수 값들이 정수로 나오면, 이 해가 그대로 정수계획문제의 최적해가 된다. 그러나 정수조건을 가진 변수들이 정수가 아닌 소수 값을 가지게 되면 다음의 분지전략 단계로 넘어간다.

2. **분지전략**

정수조건을 가진 변수들의 일부가 정수가 아닌 소수 값을 가지면(예를 들면 예제 6.1에서 LP 완화문제의 최적해는 $x_1 = 2.90$, $x_2 = 1.72$ 이다), 분지전략으로서 이들 중 어느 하나의 변수를 분지변수(예로 x_1)로 선택한다. 선택된 이 분지변수를 사용하여 두 제약식, 즉 변수하한 제약식과 변수상한 제약식을 만든다. 즉, 변수하한 제약식의 우변은 현 LP 최적해의 소수 값을 무조건 올림한 정수이며(예로 $x_1 \geq 3$), 변수상한 제약식의 우변은 소수 값을 무조건 내림한 정수이다 (예로 $x_1 \leq 2$). 다음으로 이 두 제약식을 현 정수계획문제의 제한조건에 각각 추가하여 두 개의 새로운 정수계획 부문제를 만든다. 즉, 한 부문제는 현 정수계획문제의 제한조건에 변수하한제약을 추가한 문제이며, 다른 부문제는 현 정수계획문제의 제한조건에 변수상한제약을 추가한 문제이다.

분지한계법은 정수 최적해가 구해지거나 최적해 없음(비가해)이 판명될 때까지 이상의 한계전략과 분지전략을 발생하는 모든 부문제에 반복하여 적용한다. 먼저 분지한계법의 기반이 되는 다음의 두 가지 기본적인 사항을 이해하자.

(1) 분지과정에서 발생한 한 LP 완화문제의 최적해가 정수해이면, 이 정수해는 또한 원 정수계획문제의 한 가능해가 되므로, 이 정수해의 목적함수값(목표셀)은 구하려는 최적 목적함수값에 대한 하한값을 형성한다.
(2) 한 부분제에 새로운 제약식을 부가하여 만들어지는 새 하위 부문제의 목적함수값은 상위 부문제의 목적함수값보다 항상 작거나 같게 된다. 따라서 한 부문제에서 정수해가 아닌 LP 최적해가 구해졌을 때 이 목적함수값은, 이후로 변수 상하한 제약식이 부가되어 만들어지는 모든 새 하위 부문제의 목적함수값에 대한 상한값을 형성한다. 이상을 다음의 기호로 표현하자.

L = 원 정수계획문제의 최적 목적함수값에 대한 가장 좋은(즉, 가장 큰) 하한값. 이 값은 한 정수 가능해의 목적함수값에 해당된다.
Z = 현 부문제에 대한 LP 완화문제의 최적 목적함수값. 이 값은 현 부문제에 제약식을 부가하여 만들어지는 모든 하위 부문제에 대한 상한값을 형성한다.

분지한계법을 처음 시작할 때는 $L = -\infty$ 로 설정하고, Z는 첫 LP 완화된 문제의 목적함수값으로 설정한다.

분지한계법을 적용하는 중에 어느 한 부문제가 정수 최적해를 갖는다면, 더 이상 좋은 해가 나올 수 없으므로 이 부문제를 절단하고 더 이상 분지를 고려하지 않는다.

이 경우 이 정수 최적해의 목적함수값 Z를 현 하한값 L과 비교한다. $Z > L$이면 $L \leftarrow Z$으로 값을 재설정하여 하한값 L을 더 큰 값 Z로 향상시킨 후, 현재까지 남아 있는 다른 모든 부문제를 검색하여 새 L보다 작은 목적함수값 Z를 갖는 모든 부문제를 절단한다. 이것은 이들 부문제에서는 새 L보다 더 큰 목적함수값을 갖는 정수 가능해가 나올 수 없기 때문이다.

한 부문제가 정수 최적해를 갖지 않고 목적함수값 Z가 현재까지 찾아진 가장 좋은 하한값 L과 비교하여 $Z \le L$이면 (또는 이 부문제가 비가해이면), 이 부문제를 절단하고 더 이상 고려하지 않는다. 이것은 이 부문제에 제약식을 추가하여 만들어지는 새 부문제의 목적함수값은 더욱 작아지게 마련이므로, L보다 더 좋은(큰) 목적함수값을 기대할 수 없기 때문이다.

한 부문제가 정수 최적해를 갖지 않고 목적함수값 Z가 L보다 크다면, 이 부문제에는 하한 제약식과 상한 제약식을 각각 부가하여 두 부문제를 만든다. 분지한계법은 모든 부문제가 절단될 때 까지 위의 과정을 반복한다. 최종적으로 원 정수계획문제의 최적해는 현재까지 구해진 L값이 된다. 이상의 과정을 해법으로 정형화하면 다음과 같다.

분지한계법 : 순수 및 혼합정수계획

1. 주어진 정수계획문제의 LP 완화문제를 푼다. 이 문제의 최적해가 정수해이면 이 해가 구하려는 정수 최적해이다. 아니면 이 정수계획문제를 검토할 첫 부문제 0으로 설정하고, LP완화문제의 목적함수 값을 Z로, $L = -\infty$로 설정한다.
2. 검토할 여러 부문제중에서 가장 큰 목적함수값 Z를 가진 부문제를 선택한다. 소수값을 갖는 첫 번째 정수제약 변수를 분지변수로 선택하고, 이 변수의 하한제약을 추가한 새 부문제를 만든다. 만일 하한제약이 추가된 부문제가 이미 검토되었으면, 이 변수의 상한제약을 추가하여 새 부문제를 만든다.
3. 만들어진 새 부문제의 LP 최적해와 목적함수값 Z를 구한다.
   (1) 부문제가 비가해이면, 이 부문제를 절단한다.
   (2) $Z \le L$이면, 이 부문제를 절단한다.
   (3) $Z > L$이고, LP 최적해가 정수해이면, $L \leftarrow Z$으로 L값을 재설정한 후, 이 부문제를 절단한다. 아울러 현재까지 남아있는 다른 모든 부문제들의 목적함수값 Z를 L과 비교하여 $Z < L$인 모든 부문제들을 절단한다. (즉, 목적함수 Z값이 새로 설정된 L보다 작은 모든 부문제들을 절단한다.)
   (4) $Z > L$이고, LP 최적해가 정수해가 아니면, 이 부문제는 앞으로 검토해야 할 부문제로 설정한다.
4. 검토할 부문제가 남아 있으면 단계 2로 가서 과정을 반복한다. 더 이상 검토할 부

문제가 없으면 현재의 L값이 원 정수계획문제의 최적 목적함수값이며 해당하는 해가 정수 최적해이다.

예제 6.8 **분지한계법 적용**

6.2절에서 모형화한 이콤전자의 승합차 구입모형에 분지한계법을 적용하여 정수 최적해를 구한다. 이 문제의 정수계획모형은 다음 (P)와 같다.

$$
\begin{aligned}
\text{(P) maximize} \quad & 9x_1 + 11x_2 \\
\text{subject to} \quad & 2100x_1 + 2270x_2 \leqq 10000, \\
& 100x_1 + 180x_2 \leqq 600, \\
& x_1 \geqq 1, \\
& x_1,\ x_2 \geqq 0, \text{ integer}
\end{aligned}
$$

〈반복1〉

1. 위 정수계획문제의 LP 최적해는 다음 그림과 같이 $x_1 = 2.90$, $x_2 = 1.72$, $Z = 45.05$이다. 이 해는 정수해가 아니므로 이 정수계획문제를 첫 부문제 0으로 설정하고 $L = -\infty$로 한다.

부문제 0
문제 (P)
x_1=2.90, x_2=1.72, Z=45.05 L=−∞

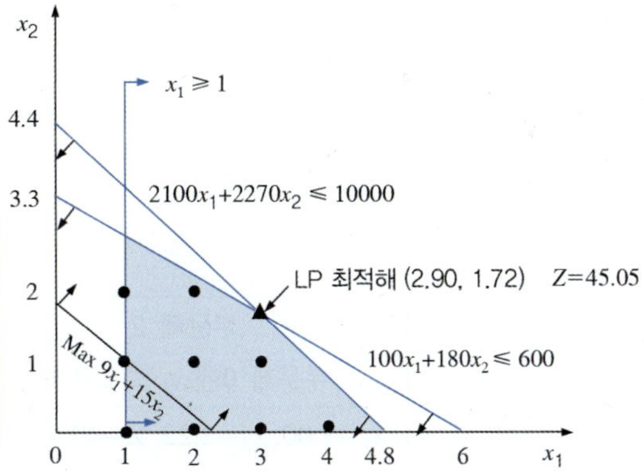

그림 6.21 부문제 0

2. 분지변수로서 소수값을 갖는 첫 변수인 x_1을 선택하고 변수의 하한제약 $x_1 \geq 3$을 추가하여 새로운 부문제 1을 만든다.

3. 이 부문제의 LP 최적해는 $x_1 = 3.00$, $x_2 = 1.63$, $Z = 44.93$이다.

(4) $Z > L$이고 정수해가 아니므로, 이 부문제 1을 검토할 부문제로 설정한다.

4. 검토할 부문제가 남아 있으므로 단계 2로 간다.

부문제 1

부문제 0에 $x_1 \geq 3$ 추가

$x_1=3.00, x_2=1.63, Z=44.93$

$L=-\infty$

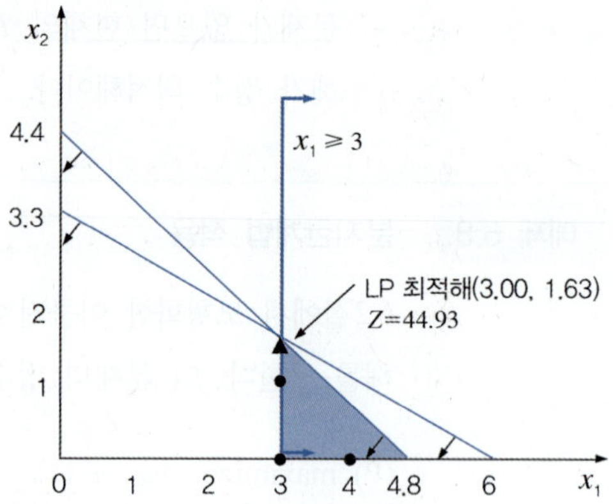

그림 6.22 부문제 1

〈반복2〉

2. 부문제 0의 목적함수값이 부문제 1보다 크므로 부문제 0을 선택하고, 상한제약 $x_1 \leq 2$이 추가된 부문제 2를 만든다. (이미 하한제약이 추가된 부문제 1은 반복1에서 평가 하였다.)
3. LP 최적해는 $x_1 = 2.00$, $x_2 = 2.22$, $Z = 42.44$이다. (4) $Z > L$이고 정수해가 아니므로, 이 부문제 2를 검토할 부문제로 설정한다.
4. 검토할 부문제가 남아 있으므로 단계 2로 간다.

부문제 2

부문제 0에 $x_1 \leq 2$ 추가

$x_1=2.00, x_2=2.22, Z=42.44$

$L=-\infty$

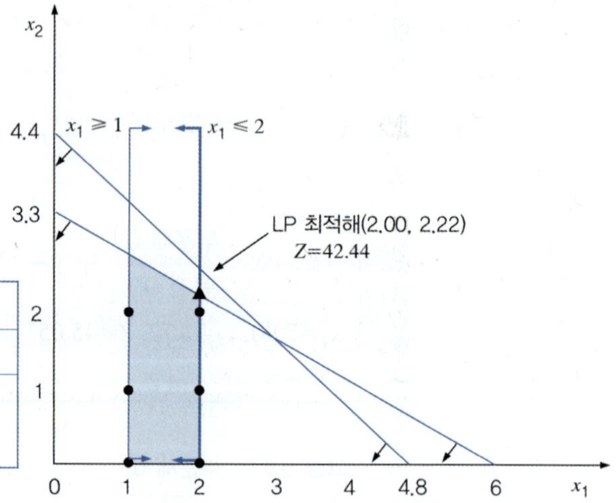

그림 6.23 부문제 2

〈반복3〉

2. 부문제 1의 목적함수값이 부문제 2보다 크므로 부문제 1을 선택한다. 소수값을 갖는 첫 변수인 x_2를 분지변수로 선택하고, 이 변수의 하한제약인 $x_2 \geq 2$을 추가한 새 부문제 3를 만든다.

3. (1) 이 부문제는 비가해이므로 절단한다.

4. 검토할 부문제가 남아 있으므로 단계 2로 간다.

부문제 3
부문제 1에 $x_2 \geq 2$ 추가
비가해, 절단

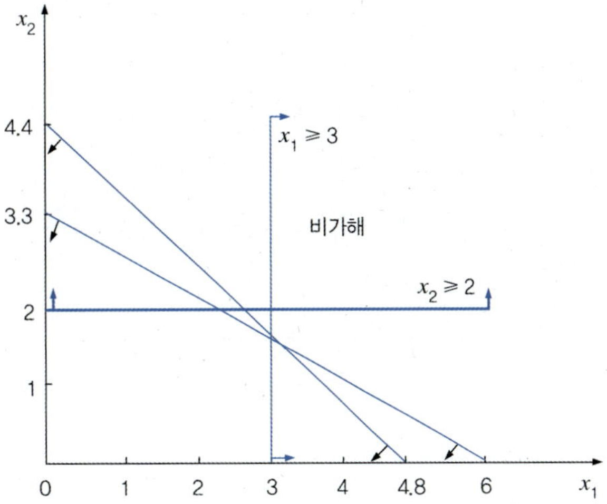

그림 6.24 분문제 3

〈반복4〉

2. 부문제 1의 목적함수값이 부문제 2보다 크므로 부문제 1을 선택한다. 변수 x_2의 상한제약인 $x_2 \leq 1$을 추가한 새 부문제 4를 만든다. (이미 하한제약이 추가된 부문제 3은 반복 3에서 평가 하였다.)

3. LP 최적해는 $x_1 = 3.68,\ x_2 = 1.00,\ Z = 44.13$이다. (4) $Z > L$이고 정수해가 아니므로, 이 부문제 4를 검토할 부문제로 설정한다.

4. 검토할 부문제가 남아 있으므로 단계 2로 간다.

부문제 4
부문제 1에 $x_2 \leq 1$ 추가
x_1=3.68, x_2=1.00, Z=44.13 $L = -\infty$

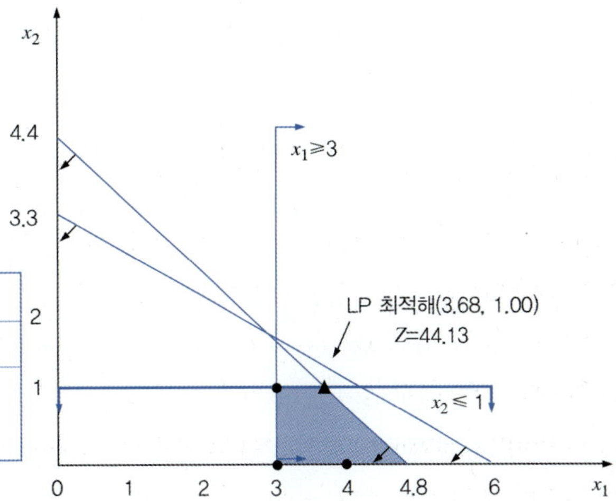

그림 6.25 부문제 4

〈반복5〉

2. 부문제 4의 목적함수값이 부문제 2보다 크므로 부문제 4를 선택한다. 소수값을 갖는 첫 변수인 x_1을 분지변수로 선택하고 하한제약인 $x_1 \geq 4$를 추가한 새 부문제 5를 만든다.
3. LP 최적해는 $x_1 = 4.00$, $x_2 = 0.70$, $Z = 43.75$이다. (4) $Z > L$이고 정수해가 아니므로, 이 부문제 5를 검토할 부문제로 설정한다.
4. 검토할 부문제가 남아 있으므로 단계 2로 간다.

부문제 5
부문제 4에 $x_1 \geq 4$ 추가
$x_1=4.00$, $x_2=0.70$, $Z=43.75$ $L=-\infty$

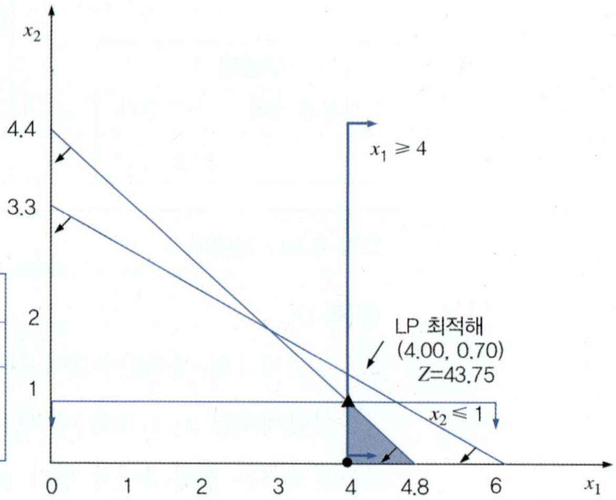

그림 6.26 부문제 5

〈반복6〉

2. 부문제 4의 목적함수값이 부문제 2 및 5보다 크므로 부문제 4를 선택한다. 소수값을 갖는 변수인 x_1의 하한제약은 이미 부문제 5에서 평가되었으므로 상한제약인 $x_1 \leq 3$를 추가한 새 부문제 6을 만든다.
3. LP 최적해는 $x_1 = 3.00$, $x_2 = 1.00$, $Z = 38.00$ 이다. (4) $Z > L$이고 LP 최적해가 정수해이므로, $L = 38.00$으로 재설정하고 부문제 6을 절단한다. 다른 모든 부문제들의 목적함수값은 L보다 크므로 절단할 부문제는 없다.
4. 검토할 부문제가 남아 있으므로 단계 2로 간다.

부문제 6
부문제 4에 $x_1 \leq 3$ 추가
$x_1=3.00, x_2=1.00, Z=38.00$ $L \leftarrow Z=38.00$, 절단

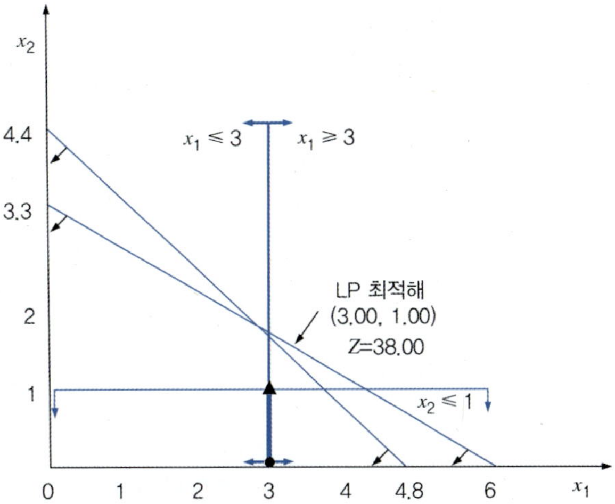

그림 6.27 부문제 6

〈반복7〉

2. 부문제 5의 목적함수값이 부문제 2보다 더 크므로 부문제 5를 선택한다. 변수 x_2를 분지변수로 선택하고 하한제약인 $x_2 \geq 1$을 추가한 새 부문제 7을 만든다.
3. (1) 이 부문제의 가능해는 존재하지 않는다. 비가해이므로 이 부문제 7을 절단한다.
4. 검토할 부문제가 남아 있으므로 단계 2로 간다.

부문제 7
부문제 5에 $x_2 \geq 1$ 추가
비가해, 절단

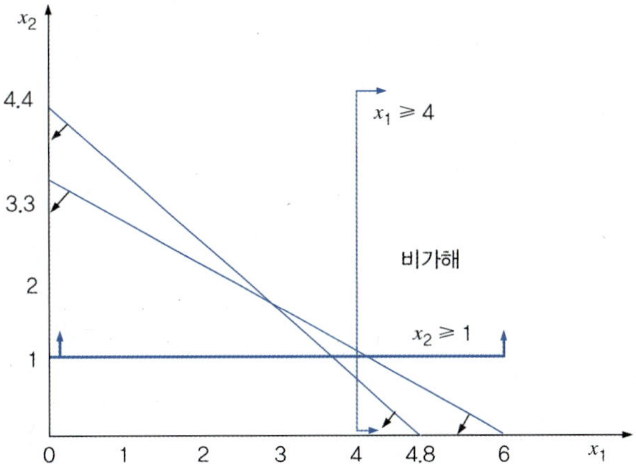

그림 6.28 부문제 7

〈반복8〉

2. 부문제 5의 목적함수값이 부문제 2보다 크므로 부문제 5를 선택한다. 변수 x_2를 분지변수로 선택하고 상한제약인 $x_2 \leq 0$를 추가한 새 부문제 8을 만든다. (하한제약이 추가된 문제는 이미 부문제 7에서 평가되었다.)

3. LP 최적해는 $x_1 = 4.76$, $x_2 = 0.00$, $Z = 42.86$이다. (3) 정수해가 아니고 $Z > L$이므로, 이 부문제 8을 검토할 부문제로 설정한다.
4. 검토할 부문제가 남아 있으므로 단계 2로 간다.

부문제 8
부문제 5에 $x_2 \leq 0$ 추가
x_1=4.76, x_2=0.00, Z=42.86 L=38.00

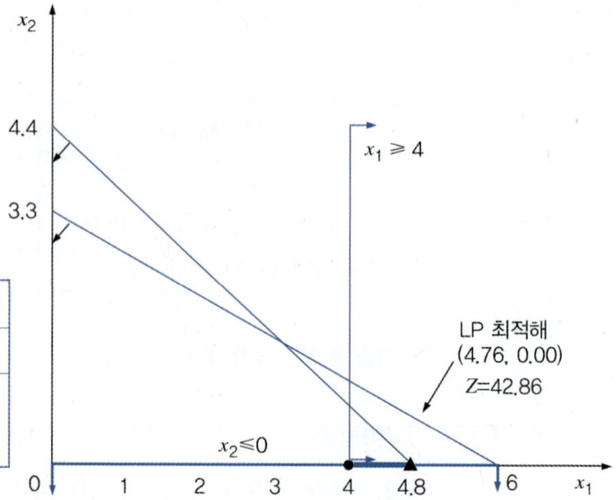

그림 6.29 부문제 8

〈반복9〉

2. 남아 있는 모든 부문제들 중에서 부문제 8의 목적함수값이 부문제 2보다 크므로 부문제 8을 선택한다. 변수 x_1을 분지변수로 선택하고 하한제약인 $x_1 \geq 5$를 추가한 새 부문제 9를 만든다.
3. (1) 이 문제는 비가해이므로 절단한다.
4. 검토할 부문제가 남아 있으므로 단계 2로 간다.

부문제 9
부문제 8에 $x_1 \geq 5$ 추가
비가해, 절단

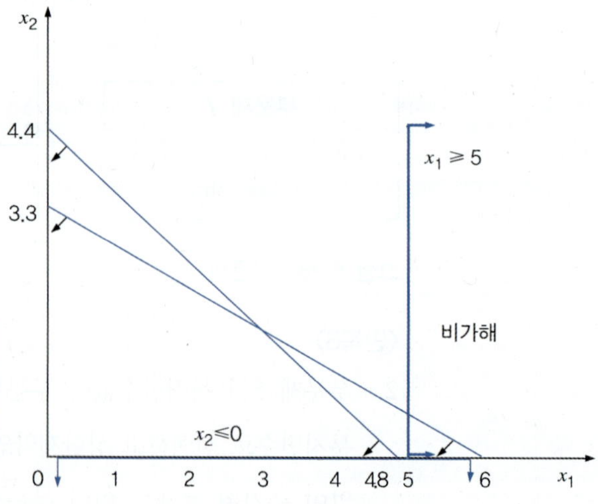

그림 6.30 부문제 9

〈반복10〉

2. 부문제 8의 목적함수값이 부문제 2보다 크므로 부문제 8을 선택한다. 변수 x_1을 분지변수로 선택하고 상한제약인 $x_1 \leq 4$를 추가한 새 부문제 10을 만든다. (하한제약은 추가된 경우는 이미 부문제 9에서 평가되었다.)
3. LP 최적해는 $x_1 = 4.00$, $x_2 = 0.00$, $Z = 36.00$이다. (2) $Z < L$이므로 부문제 10을 절단한다. ($L = 38$이고 부문제 6에서 발생했음.)
4. 검토할 부문제가 남아 있으므로 단계 2로 간다.

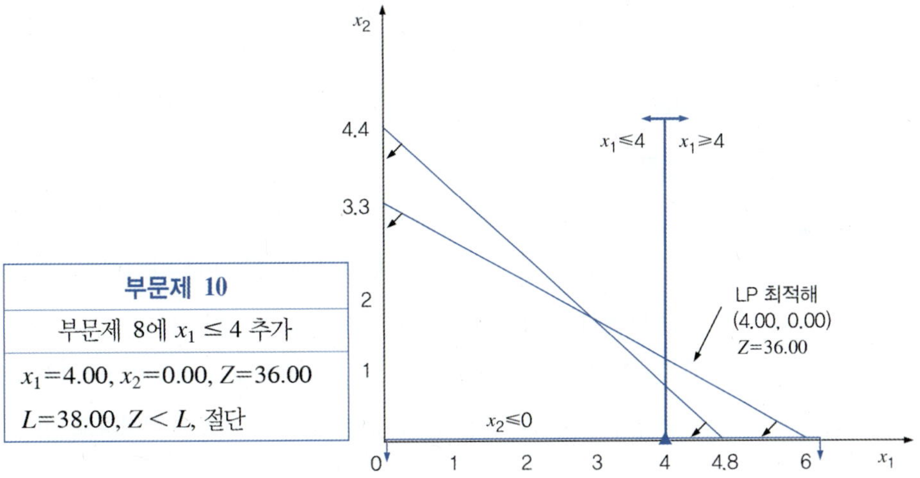

그림 6.31 부문제 10

〈반복11〉

2. 남아 있는 유일한 부문제는 부문제 2이다. 변수 x_2를 분지변수로 선택하고 하한제약인 $x_2 \geq 3$를 추가한 새 부문제 11을 만든다.
3. (1) 이 부문제는 비가해이므로 절단한다.
4. 검토할 부문제가 남아 있으므로 단계 2로 간다.

부문제 11
부문제 2에 $x_2 \geq 3$ 추가
비가해, 절단

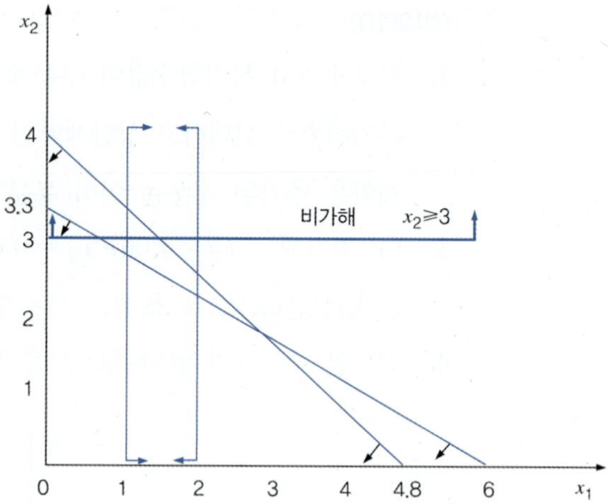

그림 6.32 부문제 11

〈반복12〉

2. 남아 있는 유일한 부문제는 부문제 2이다. 변수 x_2를 분지변수로 선택하고 상한제약인 $x_2 \leq 2$를 추가한 새 부문제 12를 만든다. (하한제약이 추가된 문제는 부문제 11에서 평가하였다.)

3. LP 최적해는 $x_1 = 2.00$, $x_2 = 2.00$, $Z = 40.00$이다. (3) $Z > L$이고 LP 최적해가 정수해이므로, 새로운 L값은 $L = 40$으로 재설정하고 이 부문제 12를 절단한다.

부문제 12
부문제 2에 $x_2 \leq 2$ 추가
x_1=2.00, x_2=2.00, Z=40.00
$L \leftarrow Z$, 최적해

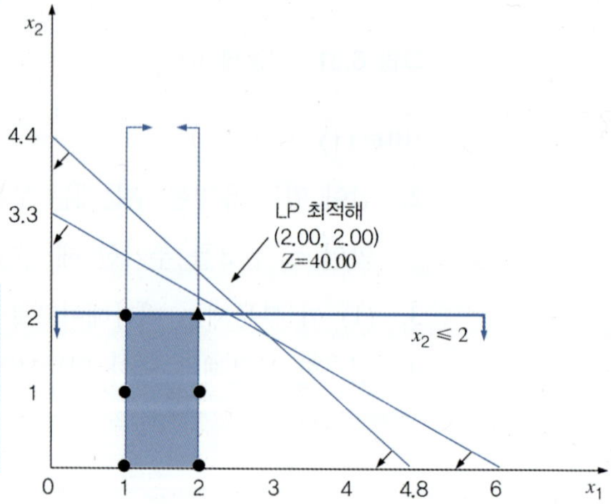

그림 6.33 부문제 12

4. 검토할 부문제가 더 이상 없으므로 현재까지의 $L = 40$이 최적의 목적함수값이며 정수 최적해는 부문제 12의 정수해인 $x_1 = 2.00$, $x_2 = 2.00$이다.

분지한계법의 적용과정에서 발생하는 부문제들과 추가되는 상한, 하한 제약식들을 트리 형태로 작성하면 다음의 그림과 같다.

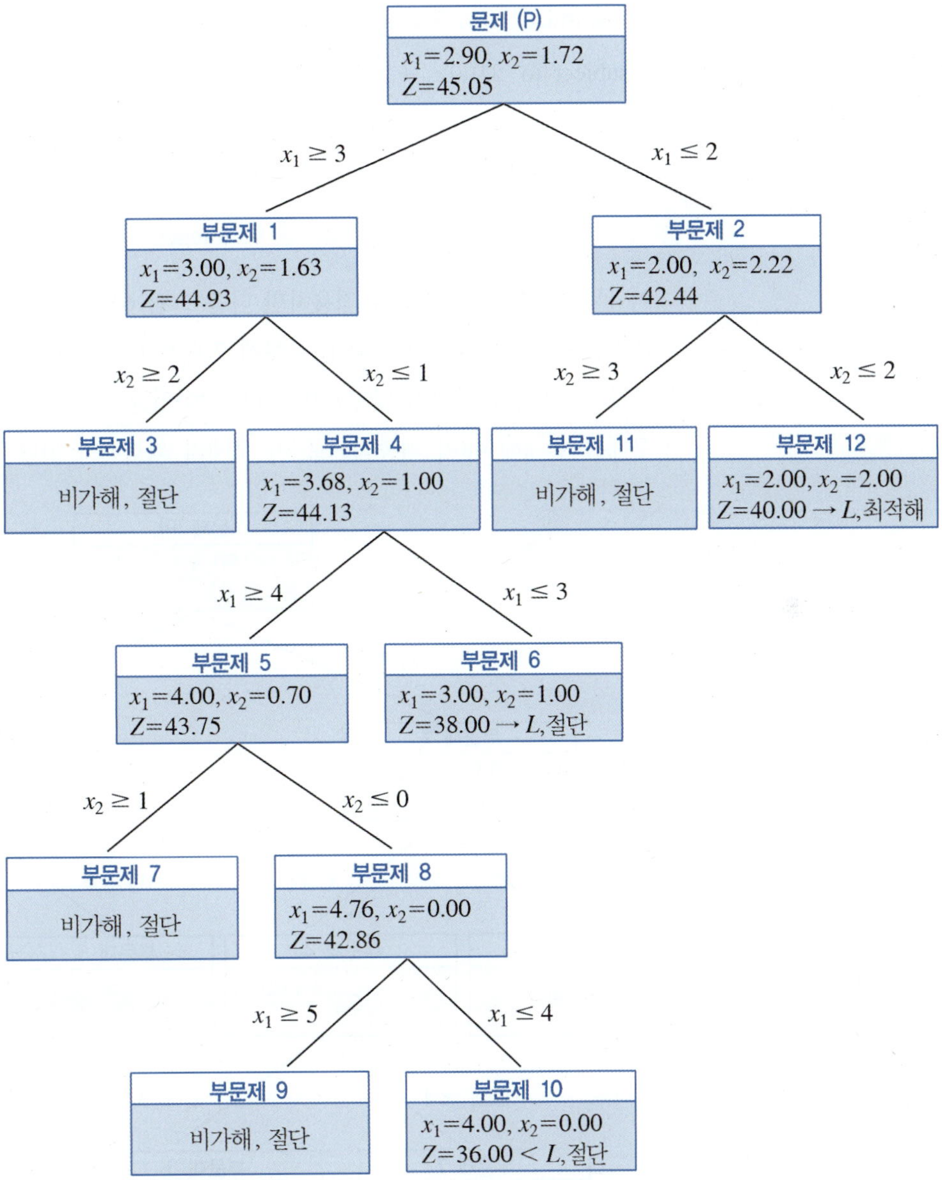

그림 6.34 분지한계법 과정도

체크포인트

1. 위 예제 6.8에서는 그래프해법으로 각 부문제의 최적해를 구하여 도시하였으나, 일반적으로 엑셀을 적용하는 것이 바람직하다.
2. 예제에서 정수최적해는 마지막 단계인 부문제 12에서 구해졌다. 분지한계해법의 효율성은 정수가능해가 일찍 구해지고 이 현재해를 이용하여 많은 부문제를 풀지 않고 미리 절단하여 단계를 줄이는 데 있다. 다음의 문제를 고려해보자.

$$\begin{aligned} \text{maximize} \quad & 9x_1 + 15x_2 \\ \text{subject to} \quad & 2100x_1 + 2270x_2 \leqq 10000, \\ & 100x_1 + 180x_2 \leqq 600, \\ & x_1 \geqq 1, \\ & x_1,\ x_2 \geqq 0,\ \text{integer} \end{aligned}$$

이 문제에 분지한계해법을 적용하면 다음 그림 6.37과 같이 부문제 6에서 처음 정수가능해가 구해지고($L = 48$), 부문제 7과 8의 목적함수값이 현재해 L보다 작으므로 더 이상 분지하지 않고 절단한다. 남아있는 부문제가 없으므로 부문제 6에서 구해진 현재해 48이 최종적으로 이 문제의 최적해가 된다.

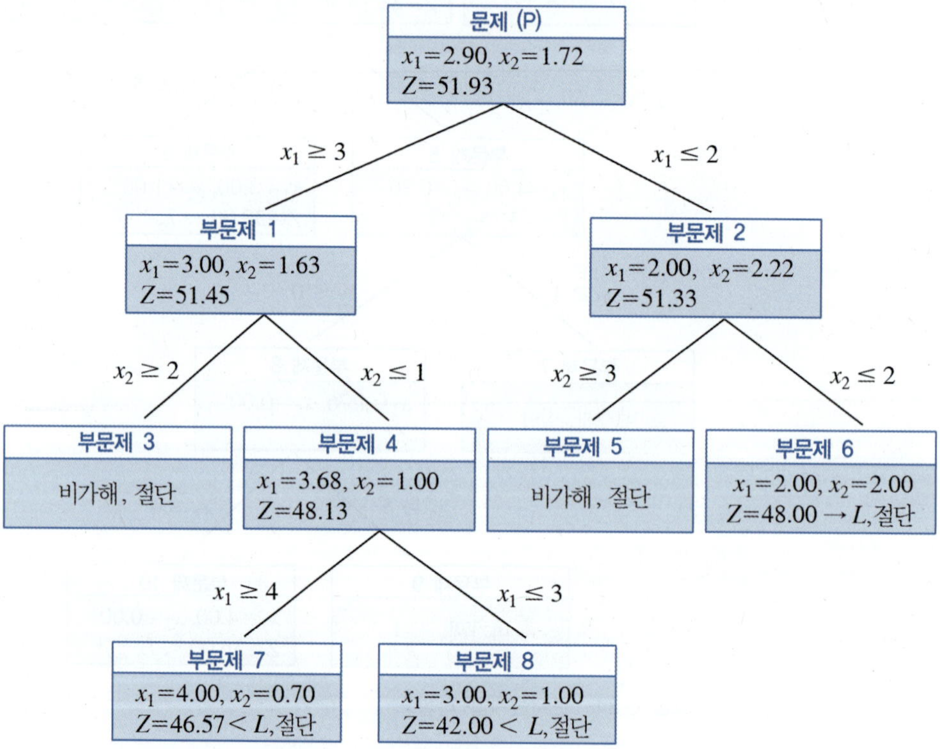

그림 6.35 분지한계법 과정도(체크포인트)

체크포인트

0-1 정수계획을 위한 분지한계법

앞에서 제시한 순수정수계획 및 혼합정수계획 문제를 풀기 위한 분지한계법을 다음과 같이 간단히 수정하면 0-1 정수계획 문제에도 적용할 수 있다.

1. 변수에 대한 이진 정수제약 $x_j = 0\ or\ 1$을 달리 표현하면 다음의 제약과 같다.

$0 \le x_j \le 1\ ;\ x_j\ integer$

그러므로 이진제약을 위 일반 정수제약으로 대체하여 LP완화문제의 최적해를 구한다.

2. 다음으로 새 부문제를 생성할 때 분수값을 가진 변수에 대한 하한 및 상한조건으로서 $x_j = 1$과 $x_j = 0$을 사용한다. 다음은 0-1 정수계획 문제를 위한 분지한계법이다.

분지한계법 : 0-1 정수계획

1. 주어진 0-1 정수계획문제에서 이진 정수제약을 일반 정수제약으로 대체한 정수계획 문제의 LP 완화문제를 푼다. 이 문제의 최적해가 0-1 정수해이면 이 해가 구하려는 정수 최적해이다. 아니면 이 정수계획문제를 검토할 첫 부문제 0으로 설정하고, LP완화문제의 목적함수 값을 Z로, $L = -\infty$로 설정한다.
2. 검토할 부문제중에서 가장 큰 목적함수값 Z를 가진 부문제를 선택한다. 소수값을 갖는 첫 번째 0-1 제약 변수를 분지변수(x_j)로 선택하고, $x_j = 1$을 추가한 새 부문제를 만든다. 만일 이 제약이 추가된 부문제가 이미 검토되었으면, $x_j = 0$의 제약을 추가하여 새 부문제를 만든다.
3. 만들어진 새 부문제의 LP 최적해와 목적함수값 Z를 구한다.
   (1) 부문제가 비가해이면, 이 부문제를 절단한다.
   (2) $Z \le L$이면, 이 부문제를 절단한다.
   (3) $Z > L$이고, LP 최적해가 0-1 정수해이면, $L \leftarrow Z$으로 L값을 재설정한 후, 이 부문제를 절단한다. 아울러 현재까지 남아있는 다른 모든 부문제들의 목적함수값 Z를 L과 비교하여 $Z < L$인 모든 부문제들을 절단한다. (즉, 목적함수 Z값이 새로 설정된 L보다 작은 모든 부문제들을 절단한다.)
   (4) $Z > L$이고, LP 최적해가 0-1 정수해가 아니면, 이 부문제는 앞으로 검토해야 할 부문제로 설정한다.
4. 검토할 부문제가 남아 있으면 단계 2로 가서 과정을 반복한다. 더 이상 검토할 부문제가 없으면 현재의 L값이 원 정수계획문제의 최적 목적함수값이며 해당하는 해가 정수 최적해이다.

연습문제

※ 문제 1~5는 6.2절 개수결정문제와 관련된 연습문제이다. 문제 6~8은 6.3절 0-1 배낭문제, 문제 9~11은 6.4절 자금운용모형, 문제 12~14는 6.5절 고정비용모형, 문제 18은 6.6절 공장/창고 입지선정모형, 문제 19~21은 6.7절 공공설비 입지선정모형, 22~24는 6.8절 최소 주문량/생산량 모형, 문제 25~29는 6.9절 분지한계법, 문제 15~17, 43은 고정비용 할당모형(4판 6.6절 참조)과 관련된 연습문제이며 이후의 문제 30~42는 종합문제이다.

1 그림 6.5에서 정수 가능해는 9개의 점으로 이루어져 있는 반면에 LP 가능해는 회색 영역에 속하는 무한한 개수만큼 존재한다. 그럼에도 LP최적해 찾기보다 정수계획문제의 최적해 찾기가 더 힘든 이유는 무엇인가?

2 Kim's 스포츠클럽은 최근 신도시에 개장한 헬스클럽에 TV를 설치할 계획을 세우고 있다. 헬스클럽은 80명이상의 고객이 시청할 수 있기를 원하고 있다. Kim's는 현재 두 가지 모델을 검토하고 있다. 48인치 LCD 모델은 400만원에 구입가능하며 15명의 고객이 시청할 수 있다. 32인치 모델은 100만원에 구입가능하며 4명의 고객이 시청할 수 있다. Kim's는 적어도 1대 이상의 48인치 모델과 최대로 15대의 32인치 모델을 원하고 있다. 각 TV의 구매비용을 최소화하는 구매대수를 결정하시오.

3 A 택배사는 전국에 익일 배송서비스를 제공한다. A택배는 일주일 내내 영업하며 배송해야 할 화물의 양이 요일별로 차이가 난다. 최근 자료를 사용하여 각 요일별 평균 소화물의 양을 산출한 결과, 각 요일별 근무할 직원의 수는 아래의 표와 같이 추정되었다.

요일	일	월	화	수	목	금	토
필요직원수	19	17	15	16	18	20	24

조합의 규정상 직원들은 일주일에 5일간 연속근무하고 이틀은 쉬도록 되어 있다. 직원들의 기본급은 주당 70만원이다. 그러나 대부분의 직원이 토요일이나 일요일에 비번이길 원하므로, 조합에서는 토, 일에 근무하는 경우 일당 2만5천원의 수당을 추가 지급하는 것으로 협의하였다. 가능한 주간 교대근무 및 주당 급료는 다음 표와 같다. A택배에서는 주당 총 급료를 최소화하면서 요일별로 충분한 직원을 확보하는 고용계획을 세우고자 한다.

교대	근무시작일	비번일	급료
1	일	금, 토	72.5
2	월	토, 일	70
3	화	일, 월	72.5
4	수	월, 화	75
5	목	화, 수	75
6	금	수, 목	75
7	토	목, 금	75

(1) j교대에 할당된 직원수를 의사결정변수 x_j라 할 때, A택배가 지급해야 할 급료를 의사결정변수로 표현하시오.

(2) 일요일에는 필요한 직원 수를 19명 이상 확보하여야 한다. 이 제약을 의사결정변수를 사용하여 표현하라.

(3) 최적고용계획을 위한 스프레드시트를 작성하고 해찾기를 적용하여 최적 정수해를 구하시오.

4 H전력은 수요가 점점 늘어남에 따라 발전용량을 증가시킬 계획을 갖고 있다. 현재 H전력은 750MW(Megawatts)의 발전용량을 갖고 있다. 그러나 다음 3개년의 수요를 예측한 결과 아래 표와 같이 1차 년도에는 780MW, 2차 년도에는 860MW, 3차 년도에는 950MW의 발전용량을 갖춰야 할 것으로 판단하고 있다. H전력은 발전용량을 증가시킬 방안으로 10MW, 25MW, 50MW, 100MW의 용량을 가진 여러 발전기들 중에서 구매할 것을 고려하고 있다. 3개년에 걸친 각 발전기의 구매 및 설치비용은 아래 표와 같다.(단위: 천만원)

발전기	1차년도	2차년도	3차년도
10MW	36	30	24
25MW	55	45	42
50MW	80	67	56
100MW	114	95	80
최소 발전용량	780MW	860MW	950MW

(1) 최소 발전용량을 만족시키기 위한 발전기 구매계획을 수리모형으로 작성하시오.

(2) 스프레드시트 모형을 작성하고 해찾기를 적용하시오.

(3) 바람직한 구매계획은 무엇인가?

5(절단문제) 이건창호는 알루미늄 창틀을 제작하는 회사이다. 회사는 길이가 150cm인 표준 알루미늄 막대를 생산하고, 고객들은 길이가 30, 40, 50, 75, 100cm 알루미늄 창틀 중에서 주문하게 된다. 따라서 회사는 표준 150cm의 알루미늄 막대를 사용하여 고객들의 주문량에 따라 절단하여 창틀을 생산하게 된다. 한 예로 40cm짜리 5개, 100cm짜리 2개의 주문이 있으면 표준 150cm짜리 3개를 사용하여 두 개는 100cm와 40cm로 절단하고 나머지 하나는 40cm짜리 3개로 절단하는 방법이다. 이때 남는 것은 10cm짜리 2개와 30cm짜리 1개가 남는다.(30cm짜리는 추후 주문에 사용할 수 있다.)

이번 주의 주문양은 30cm짜리 40개, 40cm짜리 30개, 50cm짜리 35개, 75cm짜리 20개, 100cm짜리 10개이다.

(1) 회사는 최소 몇 개의 표준 알루미늄을 사용하여 절단해야 하는가? 스프레드시트로 모형화하고 해찾기를 적용하시오.

(2) 최적 절단방법은 무엇인가?

(힌트: 1. 표준 알루미늄을 5종류의 길이로 절단할 수 있는 여러 조합의 형태들을 결정한다. 2. 의사결정변수는 각 절단형태를 사용하는 횟수이다. 3. 목적함수는 절단에 사용할 표준 알루미늄의 개수를 최소화하는 것이며 따라서 의사결정변수의 합을 최소화하는 것이 된다.)

6 NASA는 우주선에 실을 필수품과 그 개수를 결정하고자 한다. 우주선에 실을 수 있는 필수품들의 최대 허용무게는 13Kg이며 현재 세 종류의 필수품을 고려하고 있다. 각 필수품들의 무게 및 가치는 다음의 표와 같다. 선택할 품목과 그 개수를 결정하시오. (힌트. 정수배낭모형임.)

	물품 1	물품 2	물품 3
가치	5	7.5	8.5
무게	1.5	2	2.5

7 세계자동차 경주대회에 참가하기로 결정한 SS자동차 회사는 주력 모델인 R카의 최고속력을 높이

기 위하여 추가할 수 있는 여러 기능들을 검토하였다. 그 결과 다음 표와 같은 서로 다른 6가지 고급 기능 및 비용을 산출하였다.

	기능1	기능2	기능3	기능4	기능5	기능6
비용 (십만원)	10	6	23	11	10	31
속도증가 (Km/h)	8	3	15	7	10	12

(1) SS자동차회사는 35(십만원)을 넘지 않는 한도에서 R카의 속도증가를 원하고 있다. 어느 성능을 추가시키는 것이 바람직한가?

(2) SS자동차 회사는 지난 대회의 성적을 검토한 결과 이번 대회에 우승하기 위해서는 R카의 속도증가가 30Km/h이상 이루어져야 한다는 결론을 내렸다. 최소의 비용으로 우승하기 위해서 어떤 기능들을 추가해야 하는가?

8 K자동차는 SUV차량인 S카의 연비를 높이기 위하여 일체형 하체 프레임의 설계를 변경하려 한다. 설계엔지니어에 의뢰한 결과 다음의 9가지 설계 변경이 제안되었다. 다음 표와 같이 변경안들은 감소된 무게와 그 비용이 서로 다르다. K자동차는 최소의 비용으로 S카의 무게가 200kg이상이 줄어들길 원하고 있다.

변경안	1	2	3	4	5	6	7	8	9
감소무게(kg)	20	40	15	25	38	13	75	30	48
비용(백만원)	45	66	18	90	210	30	270	54	21

(1) 정수계획모형을 세우시오.

(2) 스프레드시트 모형을 작성하고 최적해를 찾으시오.

9 소프트맥스의 비디오 게임 개발팀은 새로운 게임 개발을 위한 6개 프로젝트를 회사에 제안하였다. 회사에서는 새 프로젝트에 투자할 자금으로 최대 12억원과 20명의 프로그래머를 지원할 수 있다. 각 프로젝트에 소요되는 자금과 인력, 추산된 개발 가치는 아래의 표와 같다.(단위: 천만원, 명) 프로젝트 2와 5를 개발하는 데는 특정 프로그래밍 기술이 필수이고 이를 갖춘 프로그래머는 단지 1명뿐이다. 이 프로그래머는 단지 한 프로젝트에만 할당될 수 있다.

	프로젝트 1	프로젝트 2	프로젝트 3	프로젝트 4	프로젝트 5	프로젝트 6
개발가치	104	88	72	60	84	120
소요자금	40	28	24	23	26	52
프로그래머수	7	6	5	6	4	8

(1) 개발가치가 최대가 되도록 프로젝트들을 선택하는 수리모형을 작성하라.

(2) 스프레드시트 모형을 작성하고 해찾기를 적용하시오.

(3) 최적 방안은 무엇인가?

10 LZ전자 LCD부문 K부사장은 차세대 LCD 기술개발을 위한 여러 R&D 프로젝트를 평가하고 있다. 최종적으로 회사의 개발 전략에 부합한 프로젝트로서 다음의 6개로 압축하였다. 그러나 회사에서는 첫해에 30억원, 다음 연도에 9억원, 3차, 4차, 5차 년도에 6억원의 예산을 지원할 수 있다. 각 프로젝트에 소요되는 비용 및 현재가치는 다음의 표와 같다.

한 해에 지원하고 남은 예산은 그해 다른 사업부문으로 넘겨진다고 할 때 프로젝트의 현재가치를 최대화하는 프로젝트 선택은 무엇인가?

프로젝트	자금소요액(천만원)					현재가치
	1차년	2차년	3차년	4차년	5차년	
1	90	30	24	18	12	170
2	108	42	0	0	36	225
3	72	18	18	18	18	145
4	36	24	12	6	6	100
5	120	30	24	24	24	320
6	60	24	12	36	48	530

(1) 수리모형으로 작성하시오.

(2) 위 수리모형을 스프레드시트 모형으로 작성하고 해찾기를 적용하시오.

(3) 최적 방안은 무엇인가?

11 다음과 같은 제약을 표현하는 제약식은 무엇인가?

(1) 프로젝트 1, 2, 3, 4 중에서 두개의 프로젝트만 선택되도록 한다.

(2) 프로젝트 1과 2가 모두 선택되면 프로젝트 3도 선택되어야 한다.

(3) 프로젝트 4와 5가 모두 선택되지 않을 경우, 프로젝트 6은 선택될 수 없다.

(4) 프로젝트 1이 선택되면 프로젝트 2나 3도 선택되어야 한다. 단, 한 개의 제약식으로 표현한다.

(5) 제품 1을 생산한다면 그 생산량은 제품 2의 생산량을 초과할 수 없다.

12 Kappa사는 플라스틱 서류함을 제작하는 회사이다. 새로 디자인한 서류함은 이미 소유하고 있는 4대의 기계를 사용해서 생산할 수 있으나 아래의 표와 같이 서로 다른 고정비용과 생산비용이 발생하고 기계별로 생산용량이 다르다. 새 서류함의 수요량은 2,000상자이다. 총비용을 줄이기 위한 생산계획은 무엇인가?

	생산비용 (원/상자)	고정비용 (원)	생산용량 (상자)
기계 1	16,000	800,000	1,200
기계 2	20,000	1,000,000	900
기계 3	24,000	920,000	1,000
기계 4	28,000	700,000	1,600

13 S기업은 수요증가에 따라 새 공장건설을 추진하고 있다. S기업의 주 고객은 A, B, C이며 물류비 절감의 한 방안으로 이들 고객 가까이에 공장을 세우는 것이 바람직 한 것으로 분석되었다. 고객과 공장간의 거리에 따라 수송비가 달라지며 공장 위치 및 생산용량에 따라 생산비에 차이가 있다. 수송 및 생산비용과 공장의 생산용량 및 건설비용은 다음의 표와 같다.

공장	생산수송단가(천원)			생산용량	건설비용(천만원)
	A	B	C		
공장 1	54	36	42	48,000	159
공장 2	60	48	54	36,000	132
공장 3	60	78	84	60,000	180
공장 4	30	54	24	24,000	144
공장 5	54	54	78	48,000	168
고객 수요량	42,000	30,000	48,000		

(1) 위 문제를 정수계획모형으로 모형화하시오.

(2) 스프레드시트 모형을 작성하고 해찾기를 적용하시오.

(3) 최적방안은 무엇인가?

14(비총괄적 할인모형) Kim's 피트니스클럽은 기존 헬스클럽의 면적을 대규모로 확장하고 250명 이상의 고객이 시청하도록 새로 LCD TV를 설치할 계획이다. 현재 48인치 모델과 32인치 모델을 고려하고 있으며, 가격은 400만원과 100만원이다. 그러

나 여러 대를 구입할 경우에는 가격 할인을 제안 받고 있다. 48인치 모델은 10대 이상 구입할 경우 10대 초과분에 대해 340만원에, 32인치 모델은 5대 이상 구입할 경우 5대 초과분에 대해 90만원에 구입가능하다. 반면 48인치 모델은 22명의 고객이 시청가능하고, 32인치 모델은 5명의 고객이 시청가능하다. 구매비용을 최소화하는 구매대수를 결정하시오.
(힌트: 의사결정변수 x_{11}, x_{12}를 각각 400만원 및 340만원에 구입할 수 있는 48인치 모델의 대수, x_{21}, x_{22}를 각각 100만원 및 90만원에 구입하는 32인치 모델의 대수라 하자. x_{11}이 10대 이상 되지 않으면 x_{12}는 양의 값이 될 수 없으므로 이를 연결하는 0-1 변수 y_1을 다음과 같이 정의한다. 즉, x_{12}가 양이면 y_1은 1, 아니면 0으로 정의한다. 그러면 연결 제약식은 $x_{11} \geq 10\,y_1$, $x_{12} \leq 1.4\,y_1$이다. 마찬가지로 $x_{21} \geq 5\,y_2$, $x_{22} \leq 45\,y_2$ 이다.)

15 LZ유통은 인근 4개 구역에 물품을 공급하기 위해 새로이 체인점을 개점하려고 한다. 개점할 후보 장소로 3곳을 선정하였으나 서로 다른 고정비용이 발생하고 있다. 1년간 각 후보 장소에서 인근 4개 구역에 물품을 공급하는 배송비는 한 차급 화물당 아래의 표와 같이 추정되었다. 각 4개 구역에서 요구하고 있는 수요량은 차급화물의 수로써 아래 표와 같다. 어느 후보 장소에 체인점을 개점할 것이며, 개점된 체인점은 어느 구역을 맡을 것인가?
(힌트: 12개의 변수 x_{ij} 및 3개의 0-1 변수 y_j를 도입한다. x_{ij}는 후보 장소 i에서 구역 j로의 일 년간 배송횟수를 의미한다.)

후보장소	배송비(백만원/1,000차급화물)				고정비용 (백만원)
	구역 1	구역 2	구역 3	구역 4	
1	10	6	12	18	200
2	6	12	8	10	400
3	16	8	10	4	250
수요량 (1,000차급화물수)	36	50	22	30	

16 K사는 세 종류의 제품을 전문적으로 생산하는 회사이다. 이들 제품은 특별가공이 필요하므로 기계 1과 기계 2만을 사용하여 생산이 가능하다. 각 기계를 사용하여 제품을 생산하는데 드는 변동비용에는 차이가 있으며, 제품에 따라 서로 다른 가동고정비용이 발생한다. 비용은 아래의 표와 같다. 가동이 끝나면 해당 제품을 몇 개라도 생산할 수 있다. 현재 K사는 제품 1을 3개, 제품2를 7개, 제품 3을 4개 주문받고 있다. 기계 1을 가동할 수 있는 여유시간은 8시간, 기계 2는 6시간이며 각 기계가 제품을 생산하는데 걸리는 시간은 아래 표와 같다.

	소요시간			변동비용			가동고정비용		
	제품 1	제품 2	제품 3	제품 1	제품 2	제품 3	제품 1	제품 2	제품 3
기계1	0.4	1.1	0.9	13	9	10	55	93	60
기계2	0.5	1.2	1.3	11	12	8	65	58	75

(1) 어느 기계를 사용하여 각 제품의 주문량을 생산할 것인지 결정하는 수리모형을 작성하라.
(2) 스프레드시트 모형을 작성하고 해찾기를 적용하라.
(3) 최적 방안은 무엇인가?

17 H자동차는 네 공장에서 세 모델 A카, B카, C카를 생산한다. 각 공장을 운영하는데 소요되는 연간 고정비와 변동비용은 아래 표와 같다. H자동차는 생산전략을 바꾸어 한 공장에서는 한 모델만을

전량 생산토록하고 각 모델마다 25만대 생산을 목표로 설정하고 있다.

공장	변동비용(십만원)			고정비용 (억)
	A카	B카	C카	
공장 1	108	192	144	35
공장 2	132	216	180	30
공장 3	144	228	204	20
공장 4	168	264	228	10

(1) 최소의 비용으로 세 모델의 생산목표를 달성하는 생산계획을 정수계획 모형으로 작성하시오.
(2) 스프레드시트 모형을 작성하고 해찾기를 적용하시오.
(3) 최적 방안은 무엇인가?

18 S기업은 5개 공장에서 냉장고를 생산하고 이를 3개 물류창고로 수송하여 4곳의 고객 수요지에 공급하고 있다. 회사는 현재의 물류공급체계가 효율적인지를 평가하려고 한다. 생산공장과 창고간에 단위당 생산 및 수송단가와 공장 운영에 따른 월간 고정비용 및 생산용량은 아래의 표와 같다.

생산 공장	생산수송단가(만원/단위)			생산 용량 (단위/월)	고정비 (만원/월)
	창고 1	창고 2	창고 3		
공장 1	80	100	120	300	2500
공장 2	70	50	70	200	4500
공장 3	80	60	50	300	4000
공장 4	50	60	70	200	4200
공장 5	70	60	50	400	4000

창고에서 고객으로의 단위당 배송단가 및 창고를 운영하는데 드는 월간 고정비용은 아래 표와 같다.

창고	배송단가(만원/단위)				고정비 (만원/월)
	고객 1	고객 2	고객 3	고객 4	
창고 1	4	8	9	5	4000
창고 2	7	4	6	8	2000
창고 3	8	3	5	6	6000
고객수요량	200	300	150	250	

(1) 총비용을 최소화하는 스프레드시트 모형을 작성하시오.
(2) 어느 공장과 창고를 운영하는 것이 바람직한가?
(3) 최적의 수송 및 배송 계획은 무엇인가?

19 예제 6.6에서 모든 시민에게 혜택을 주는 최소의 총설치지역수는 네 장소임을 알았으나 예산의 제약으로 인하여 응급차량이 배정될 설치지역수를 세 장소로 제한하기로 결정하였다. 따라서, 응급차량의 혜택을 받지 못하는 행정구역이 발생하게 되므로, 설치지역의 선정 기준으로서 혜택 받는 총 주민수의 최대화로 설정한다.

(1) 행정구역별 주민수가 아래 표와 같을 때 설치지역은 어느 후보지역이며 이때 혜택 받는 주민수는 얼마인가?

행정구역	1	2	3	4	5	6	7	8	9	10	11	12	13
주민수(만명)	5.4	4.2	7.1	6.2	8.3	4.7	6.6	8.7	7.6	5.1	10.0	6.9	9.5

(2) 설치지역수를 두 장소로 제한한다면 설치지역은 어느 후보지역이며, 이때 혜택받는 주민수는 얼마인가?

(힌트; 변경셀로서 설치지역뿐만 아니라 혜택 받는 행정구역을 나타내는 0-1변수를 추가로 도입한다. 다음 스프레드시트를 참조한다.)

	A	B	C	D	E	F	G	H	I	J	K	L	M
1	신도시 B의 응급의료서비스												
2													
3	혜택주민수	83.4	최대화										
4					후보지역					총설치		결정된	
5		1	2	3	4	5	6	7	8	지역수		설치지역수	
6	입지선정변수	1	0	1	0	1	0	0	0	3	=	3	
7	(=2진수)												
8													
9	입지행렬				후보지역					혜택		담당	행정구역
10		1	2	3	4	5	6	7	8	행정구역		지역수	주민수
11	행정구역1	1	0	0	1	0	0	0	0	1	<=	1	5.4
12	행정구역2	1	1	0	1	0	0	0	0	1	<=	1	4.2
13	행정구역3	1	1	0	0	0	0	1	0	1	<=	1	7.1
14	행정구역4	0	0	1	0	0	0	0	1	1	<=	1	6.2
15	행정구역5	0	0	1	1	0	0	1	0	1	<=	1	8.3
16	행정구역6	0	0	1	1	0	1	0	1	1	<=	1	4.7
17	행정구역7	0	1	0	0	1	1	0	0	1	<=	1	6.6
18	행정구역8	0	1	0	0	1	0	0	0	1	<=	1	8.7
19	행정구역9	1	0	0	0	0	1	1	1	1	<=	1	7.6
20	행정구역10	0	0	0	0	1	0	1	0	1	<=	1	5.1
21	행정구역11	0	0	0	0	1	1	0	0	1	<=	1	10.0
22	행정구역12	0	0	0	1	0	0	0	1	0	<=	0	6.9
23	행정구역13	0	0	1	0	0	1	0	0	1	<=	1	9.5

문제 19번 그림

20 미래대학에서는 경영과학 강의에 실습용으로 사용할 컴퓨터 소프트웨어를 구입하려고 한다. 강의 내용 중에서 선형계획, 정수계획, 비선형계획의 모형을 풀 수 있는 소프트웨어를 대상으로 조사한 결과 다음 표의 자료를 얻었다. 여기서 O는 해당 모형에 대한 프로그램이 제공됨을 의미한다.

모형	소프트웨어 1	소프트웨어 2	소프트웨어 3	소프트웨어 4
선형계획	O	O	O	O
정수계획	–	O	–	O
비선형계획	–	–	O	O
관련계수	3	6	4	14

(1) 표에서 관련계수가 소프트웨어의 구입비용을 나타낸다고 하자. 최소의 구입비용으로 모든 모형을 실습할 수 있는 소프트웨어의 구입방안은 무엇인가? (힌트. Set covering 모형임.)

(2) 관련계수는 소프트웨어의 구입비용을 나타낸다. 학생들의 실습편의를 위하여 각 모형별로 하나씩의 실습용 소프트웨어를 구입하여 운영하려고 한다. 구입방안은 무엇인가?

(3) 관련계수는 소프트웨어의 우수성을 나타낸다. 구입할 소프트웨어들의 우수성이 최대가 되도록 구입하려고 한다. 단, 모형별로 실습할 수 있는 소프트웨어들은 최대로 하나씩을 넘지 않아야 한다. 구입방안은 무엇인가? (힌트. Set packing 모형임.)

21 B도시의 소방서장은 도시 내의 여러 고층건물에서 최근에 빈번히 발생하는 화재를 염려하고, 이를 진압할 목적으로 새로이 고가 소방차 두 대를 두 파출구역에 설치하길 원하고 있다. 도시는 모두 네 파출구역으로 분할되어 있다. 화재 진압이 효과적으로 되기 위해서는 화재 발생구역에 3분 이하로 출동할 수 있어야 한다. 소방서장은 파출구역 1과 파출구역 2에 모두 설치되는 것은 피하려고 한다. 각 구역 내의 고층건물의 수와 파출구역 간에 고가 소방차가 출동하는 데 걸리는 시간(분)은 다음의 스프레드시트와 같다.

(1) 셀 B15, 셀 G15에 입력할 수식은 각각 무엇인가?

(2) 셀 G20에 입력할 수식은 무엇인가?

(3) 셀 B23, 셀B24에 입력할 수식은 각각 무엇인가?

	A	B	C	D	E	F	G	H	I
1	고가 소방차 입지선정 문제								
2									
3	**출동시간(분)**								
4			파출구역						
5	파출구역	1	2	3	4				
6	1	0	2	1	6				
7	2	2	0	4	5				
8	3	1	4	0	1				
9	4	6	5	1	0				
10	구역내 고층건물수	50	90	60	70				
11									
12	**입지행렬**(=1, 출동가능하면)								
13	(=0, 아니면)		파출구역						
14	파출구역	1	2	3	4		담당 고층건물수		
15	1								
16	2								
17	3								
18	4								
19									
20	**입지선정변수**							**총 담당 고층건물수**	
21									
22	**제약조건**	수식		가용값					
23	고가 소방차 대수		=	2					
24	구역1 및 구역2		<=	1					

문제 21번 그림

22 한국대학교의 중앙전산소에서는 정보화계획의 일환으로 학생들의 실습용 PC 220대를 구입하려고 한다. 원하는 성능의 PC를 납품할 수 있는 대리점은 세 곳이 있다. 대리점 1은 대당 100만원에 배송 및 설치비용으로 800만원을, 대리점 2는 대당 70만원에 배송 및 설치비용으로 1,000만원을, 대리점 3은 대당 50만원에 배송 및 설치비용으로 1,200만원을 요구한다. 각 대리점이 공급할 수 있는 PC대수는 대리점 1이 100대, 대리점 2가 180대, 대리점 3이 80대이다. 또한 각 대리점은 할인된 가격으로 공급하기 때문에 최소 40대 이상을 구매하도록 요구하고 있다. 구입비용을 최소화하는 방안은 무엇인가?

23 H건설은 최근 신행정도시 지역의 네 곳에 각각 대형 빌딩을 건축하는 계약을 체결하였다. 각 빌딩 건축에는 아래의 표와 같이 많은 양의 시멘트가 필요하므로 세 시멘트 회사의 입찰을 요청하였다. 다음의 표는 각 시멘트 회사가 제출한 시멘트 공급단가, 최대 공급량, 빌딩별 시멘트의 수요량이다. (단위: 천원/톤, 톤)

	시멘트 공급단가				최대 공급량
	빌딩 1	빌딩 2	빌딩 3	빌딩 4	
시멘트 회사 1	192	184	208	200	840
시멘트 회사 2	160	240	176	168	720
시멘트 회사 3	224	152	232	264	880
수요량	720	440	480	560	

각 회사는 입찰 조건으로 다음의 사항을 제시하였다.

(a) 회사 1은 주문량이 240톤 이상이 되는 빌딩에만 시멘트를 공급한다는 조건이다.

(b) 회사 2는 각 빌딩에 시멘트를 공급하되 320톤을 초과해서 공급할 수 있는 빌딩은 최대 한 곳으로 한다는 조건이다.

(c) 회사 3은 총 주문량이 320톤, 640톤, 880톤 중에서 어느 하나가 되어야만 공급할 수 있다는 조건이다.

H건설은 빌딩 신축을 위해서 여러 회사와 공급계약을 체결할 수 있다. H건설이 최소의 비용으로 빌딩

을 신축하기 위해서는 각 회사와 어떤 계약을 체결해야 하는가?

(1) 변수 x_{ij}를 시멘트 회사 i가 빌딩 j에 공급하는 시멘트의 양이라고 하자. 총비용의 목적함수와 공급에 관련된 제약식을 변수를 사용하여 표현하시오.

(2) 0-1 변수 y_{1j}를 시멘트 회사 1이 빌딩 j에 시멘트를 공급하느냐의 여부를 나타내는 변수라고 정의하자.($j=1,2,3,4$) 입찰조건 (a)를 표현하는 제약식을 쓰시오.

(3) 0-1 변수 y_{2j}는 시멘트 회사 2가 빌딩 j에 320톤을 초과해서 공급하면 1의 값을, 아니면 0의 값을 갖는 0-1 변수라고 정의하자.($j=1,2,3,4$) 입찰조건 (b)를 표현하는 제약식을 쓰시오.

(4) 0-1 변수 y_{31}, y_{32}, y_{33}를 0-1 변수로 정의한다. 입찰조건 (c)를 표현하는 제약식을 쓰시오.

(5) 스프레드시트 모형을 작성하고 해찾기를 적용하시오.

(6) 최적의 공급계약은 무엇인가?

24 삼성음향은 컴포넌트형 오디오를 위한 튜너, 테이프 덱, CD플레이어를 조립 제작하여 판매한다. 튜너 조립에는 평균 1시간, 테이프 덱 조립에는 2시간, CD플레이어를 조립하는 데는 3시간이 소요된다. 그러나 조립라인에서 이들 제품들은 180개를 한 로트단위로 제작하며 이외의 개수의 제작은 하지 않는다. 마케팅부는 수요예측을 한 결과 적어도 이들 수요가 60,000개 이상이 될 것으로 판단하고 이 개수만큼은 생산하길 원하고 있다. 단, 최대 수요량은 튜너의 경우 108,000대, 테이프 덱은 120,000대, CD플레이어는 180,000정도로 보고 있다.

오디오 컴포넌트	이익 (천원)	조립시간 (시간)	최소수요량 (대)	최대수요량 (대)
튜너	48	1	60,000	108,000
테이프 덱	54	2	60,000	120,000
CD 플레이어	90	3	60,000	180,000

삼성음향은 컴포넌트 조립에 480,000시간을 확보하고 있다.

(1) 최소 수요량 이상을 생산하면서 이익이 최대가 되도록 각 컴포넌트의 로트단위(150개) 생산량을 구하는 정수계획 모형을 세우시오.

(2) 스프레드시트 모형을 작성하고 해찾기를 적용하시오.

(3) 최적 방안은 무엇인가?

25 분지한계법을 적용하여 다음 정수계획문제의 최적해를 구하시오.

$$\begin{aligned} \text{maximize} \quad & x_1 + x_2 \\ \text{subject to} \quad & x_1 + 2x_2 \le 12 \\ & 3x_1 + 2x_2 \le 18 \\ & x_1,\ x_2 \ge 0;\ x_1,\ x_2\ integer \end{aligned}$$

26 분지한계법을 적용하여 다음 정수계획문제의 최적해를 구하시오.

$$\begin{aligned} \text{maximize} \quad & 5x_1 + 8x_2 \\ \text{subject to} \quad & x_1 + x_2 \le 7 \\ & 3x_1 + 5x_2 \le 30 \\ & x_1,\ x_2 \ge 0;\ x_1,\ x_2\ integer \end{aligned}$$

27 분지한계법을 적용하여 다음 정수계획문제의 최적해를 구하시오.

$$\begin{aligned} \text{maximize} \quad & 2x_1 + 2x_2 \\ \text{subject to} \quad & 2x_1 + x_2 \le 8 \\ & 2x_1 + 3x_2 \le 13 \\ & \quad x_1,\ x_2 \ge 0;\ x_1,\ x_2\ integer \end{aligned}$$

28 분지한계법을 적용하여 다음 혼합 정수계획문제의 최적해를 구하시오.

$$\begin{aligned} \text{maximize} \quad & 4x_1 + 5x_2 \\ \text{subject to} \quad & 8x_1 + 4x_2 \le 25 \\ & 8x_1 + 5x_2 \le 17 \\ & \quad x_1,\ x_2 \ge 0;\ x_1\ integer \end{aligned}$$

29 다음의 0-1 배낭문제의 최적해를 분지한계법으로 구하시오.

maximize

$70x_1 + 20x_2 + 39x_3 + 37x_4 + 11x_5 + 7x_6 + 5x_7$

subject to

$31x_1 + 10x_2 + 20x_3 + 19x_4 + 6x_5 + 4x_6 + 3x_7$

≤ 49

$$x_j = 0 \text{ or } 1,\ j = 1, \ldots, 7.$$

30 K자동차는 새로 개발한 엔진과 변속기 생산을 위해서 기존의 노후화된 공장 네 곳을 현대화시킬 계획에 있다. 각 공장의 현대화 계획에 소요되는 비용과 공장별 엔진 및 변속기 생산용량은 다음의 표와 같다. 새 엔진과 변속기의 수요량은 각각 45,000개로 예측되었다. K자동차는 어느 공장을 현대화해서 각 엔진 및 변속기를 얼마나 생산할 것인가?

	현대화 비용 (억원)	엔진 생산용량 (천개)	변속기 생산용량 (천개)
공장 1	12.5	25	15
공장 2	17.5	40	20
공장 3	17.5	20	40
공장 4	20.0	45	30
공장 5	10.0	10	15

31 SJ농구단은 7명의 주전선수를 확보하고 다음 시합에 출전할 선수 5명을 선발하고자 한다. 그 동안의 시합내용을 분석한 결과 드리볼, 슈팅, 리바운드, 수비의 네 측면에서 포지션별 각 선수들이 얻은 점수는 다음의 표와 같다. 점수가 클수록 성적이 좋은 것이다. 팀의 기본 구성조건은 다음과 같다. 1) 선수 1이나 선수 3은 반드시 출전시킨다. 2) 팀 구성은 4명이상이 가드를, 2명이상이 포드를, 1명이상이 센터의 포지션을 맡을 수 있어야 한다. 3) 드리볼, 슈팅, 리바운드의 측면에서 팀의 평균점수는 1.8 이상이어야 한다. 이번 팀의 구성 목표가 수비력의 최대화라면 어느 선수들을 선발하겠는가?

	포지션	드리볼	슈팅	리바운드	수비
선수 1	센터	2	1	3	2
선수 2	가드	3	3	1	3
선수 3	가드/포드	3	2	2	1
선수 4	포드/센터	3	1	2	3
선수 5	가드/포드	1	3	1	2
선수 6	포드/센터	1	3	3	3
선수 7	가드/포드	2	3	2	2

32 C제당에서는 영등포공장과 부산 1공장에서 밀가루를 생산하여, 용인과 장림(부산)의 광역 물류센터와 광주지역 물류센터에 공급하고 있다. 최근 상승하는 경기와 함께 증가하는 밀가루 수요 추세에

따라 새 공장을 신축하려고 계획 중에 있다. 신축 공장의 후보입지로는 현재 회사가 보유하고 있는 공장부지를 활용하기 위해 이천, 대소, 군산공장이 검토되고 있다. 기존 공장 및 후보공장 별 연간 생산용량 및 고정비용, 공장과 물류센터간의 수송비용은 다음의 표와 같다. 또한, 회사의 장기수요 예측팀은 물류센터의 연간 수요량을 다음 표와 같이 추정하였다.

생산공장	물류센터(천원/톤)			공장별 생산 용량 (톤)	연간 고정 비용 (천원)
	1. 용인	2. 장림	3. 광주		
1. 이천공장	10	80	80	40,000	400,000
2. 대소공장	30	70	70	30,000	350,000
3. 군산공장	50	60	30	20,000	250,000
4. 영등포공장	20	90	80	50,000	400,000
5. 부산공장	80	20	50	40,000	500,000
물류센터 수요량(톤)	60,000	40,000	30,000		

33 S시에서는 하천의 과도한 오염을 방지하기 위하여 오수처리 공장을 세우려고 한다. 공장 후보지로서 3곳이 거론되었으나 지역에 따라 건설비용에 차이가 나고 있다. S시는 특히 오염물질 1과 오염물질 2의 정화에 초점을 두고 있으며 환경기준법에 의하면 이 하천의 오염물질 1은 적어도 160,000톤 이상, 오염물질 2는 적어도 100,000톤 이상 제거되어야 한다. 각 공장이 오염물질 1과 2를 제거할 수 있는 양과 하천 1톤을 처리할 때 소요되는 비용은 아래의 표와 같다. 처리비용은 하천수 1톤을 처리할 때 드는 비용을 의미한다. 공장의 제거능력은 하천수 1톤을 처리할 때 제거할 수 있는 오염물질의 무게를 의미한다. 최소의 비용으로 환경법 기준에 부합하기 위한 대책을 세우시오.

	공장건립 비용	처리 비용	제거능력(톤)	
			오염물질 1	오염물질 2
공장부지 1	2억원	4만원	0.8	0.6
공장부지 2	1억2천만원	6만원	0.5	0.4
공장부지 3	8천만원	8만원	0.4	0.5

34 교재출판사는 대학용 교재로서 5권을 출판하려고 한다. 각 교재를 출간하는 비용에는 제작을 준비하는데 들어가는 고정비용과 권당 생산비용이 포함된다. 각 교재의 판매가와 최대 수요량은 아래의 표와 같다. 출판사에서는 최대 10,000권까지 제작할 수 있다고 한다. 최대수익을 올리기 위한 출판계획은 무엇인가?

	판매가 (원/권)	제작비 (원/권)	고정비 (만원)	최대 수요량
교재 1	25,000	12,500	4,000	2,500
교재 2	20,000	10,000	2,500	2,000
교재 3	19,000	7,500	3,000	1,500
교재 4	16,000	9,000	1,500	2,000
교재 5	20,000	11,000	2,000	1,500

35 H자동차는 내년도 시판할 신 모델로서 A-car, K-car P-car를 계획 중이다. 이들 모델들은 네 공장에서 생산가능하며, 각 공장의 고정비용과 모델별 생산비용은 다음 표와 같다. 한 공장에서는 한 모델만 생산가능하며 이 외의 다른 공장에서는 이 모델을 생산할 수 없다. 현재 H자동차는 각 모델들의 수

	생산비용(만원)			고정비용 (억원)
	A-car	K-car	P-car	
공장 1	1,600	1,200	900	52
공장 2	1,800	1,500	1,100	36
공장 3	2,000	1,700	1,200	24
공장 4	2,200	1,900	1,400	12

요를 30만대로 예측하고 있다. 연간 비용이 최소화되는 생산계획을 작성하라.

36 대한운송에서는 다섯 화물을 위탁받았다. 이들 화물들은 네 경로들을 통해서 목적지까지 운송할 수 있다. 경로 1은 화물 1과 2를 운송할 수 있으며 운행거리는 230Km이다. 경로 2는 화물 2, 3, 4를 운송할 수 있으며 운행거리는 150Km이다. 경로 3은 화물 2, 4, 5를 운송할 수 있으며 운행거리는 160Km이다. 경로 4는 화물 1, 4, 5를 운송할 수 있으며 운행거리는 270Km이다. 최소의 거리로 5개 화물들을 운송하기 위해서 어느 경로들을 선택해야 하는가?

37 SS자동차는 신 모델의 승용차 XD, XG, XK의 세 모델을 생산하기 위해 계획 중이다. 각 모델을 생산하는데 소요되는 강철자재, 작업시간과 판매이익은 아래 표와 같다. 회사에서 확보하고 있는 자재 및 작업시간은 강철 3,000톤과 작업시간 30,000시간이다. 각 모델별로 생산가동에 따른 경제적 이익이 있으려면 1,000대 이상을 생산해야 한다. 이익을 최대화하기 위한 생산계획은 무엇인가?

	XD	XG	XK
강철 소요량(톤)	1.2	2.0	1.0
작업시간(시간)	12	20	15
이익(만원)	300	500	200

38 다음의 각 문제에 대해 적절한 변수들을 정의하고 해당 제약식들을 표현하시오.

(1) K회사가 제품1을 생산한다면, K회사는 제품1을 적어도 150단위 이상 생산해야만 한다.

(2) K회사가 프로젝트1을 선택한다면, K회사는 프로젝트2나 프로젝트3을 반드시 선택(둘 다 선택 가능)해야만 한다. (단, 한 개의 제약식으로 표현한다.)

(3) 이벤트 담당자 K씨는 샴페인을 여러 업체로부터 공급받는다. 이번 주말에 K씨는 이벤트용으로 100병의 샴페인이 필요하다. 첫 업체로부터는 40병이나 90병만을 공급받을 수 있다고 한다. 첫 업체가 공급하는 샴페인 병수를 변수 X_1이라 하면, 이 제약을 표현하는 제약식들은 무엇인가? (필요시 새 변수를 도입할 수도 있다.)

39 K회사는 새 공장 하나를 신축할 도시로서 용인이나 창원을 선택하고 있다. 또한 물류창고 한 곳도 새로 건축할 것인지를 고려중이며, 건축한다면 공장이 들어서는 곳에 같이 건축하길 원하고 있다. 다음 표는 공장 및 물류창고의 신축에 따른 비용과 순이익을 보여 준다. 회사로서는 순이익을 최대화하고 싶으나, 투자할 수 있는 자금은 160억 원으로 한정되어 있다. 정수계획 수리모형을 세우기 위해 의사결정변수를 다음과 같이 정의하자.

의사 결정변수	의사결정 내용	비용 (억원)	순이익 (억원)
x_1	1=용인에 공장을 신축함, 0=아니면	100	30
x_2	1=창원에 공장을 신축함, 0=아니면	80	40
x_3	1=용인에 창고를 신축함, 0=아니면	60	20
x_4	1=창원에 창고를 신축함, 0=아니면	50	10

(1) 목적함수는 어떻게 표현되는가?

(2) 모든 제약식을 적으시오.

(3) 최적 투자안은 무엇인가?

40 국립병원은 수도권 지역에 의료전문보건소를 설립할 계획이다. 수도권을 크게 7개 지역으로 분할하고 각 지역이 적어도 한 병원을 편하게 이용할 수 있도록 5개 후보지점을 선정하였다. 아래 표는 5개 후보지점으로부터 병원을 편하게 이용할 수 있는 지역들을 O으로 표시한 것이다.

지역	후보지점				
	1	2	3	4	5
지역 1	O	O		O	O
지역 2		O		O	
지역 3			O		O
지역 4	O	O			
지역 5			O		O
지역 6				O	O
지역 7	O		O		
비용(천만원)	54	78	66	60	63

(1) 모든 지역이 적어도 한 곳에서 응급치료를 받도록 응급의료 전문보건소를 후보지점에서 운영하려고 한다. 운영비용이 최소가 되도록 하려면 어느 후보지점에 전문 보건소를 운영하여야 하겠는가? 수리 모형화하시오.

(2) 스프레드시트 모형을 작성하시오. 해찾기를 적용하시오.

(3) 최적 방안은 무엇인가?

41 다음 문제를 읽고 답하시오.

(1) 정수계획모형의 해찾기 옵션에서 허용한도를 5%로 설정했을 때 최적 목표셀 값과의 차이가 5%이내에 들어가는 근접 해를 보장할 수 있는 근거는 무엇인가?

(2) 엑셀 2010의 해찾기 매개변수 대화상자에서 변수에 부가할 수 있는 정수조건에는 무엇이 있는가? 모든 정수조건을 쓰시오.

(3) 정수계획문제 (P)를 LP완화시켜 얻은 문제의 최적해가 $x_1 = 4.90$, $x_2 = 1.72$ 이라 하자. 분지한계법을 적용하기 위한 분지전략에 대해 설명하시오.

(4) 위 문제 (2)에서 분지전략의 적용 결과로 만들어 지는 부문제의 LP완화문제에 대한 최적 목적함수값은 원 문제(P)의 LP완화문제에 대한 최적 목적함수값과 비교할 때 어떠한 관계가 있는가? 그 이유는 무엇인가?

42 다음 문제를 읽고 답하시오.

(1) 정수계획문제의 LP완화문제란 무엇인가? 설명하시오.

(2) 최대화 정수계획문제의 최적 목표셀 값과 LP완화한 문제의 최적 목표셀 값은 어떤 관계가 있는가?

(3) 다음과 같이 부문제 0에 분지한계법을 적용하여 분지한계 tree를 얻었다. ① 다음 단계에서 풀어야 할 부문제는 무엇인가? ② 그 이유는 무엇인가?

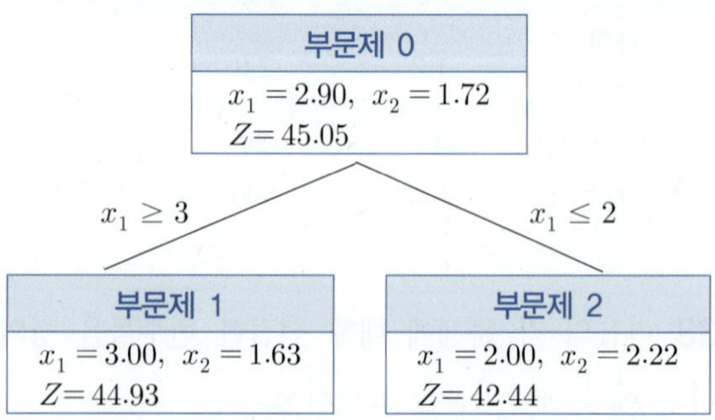

(4) 만약 부문제 1을 검토한다면, 새로운 부문제는 어떻게 만들어 지는가? 설명하시오.

43 삼도기계는 최근에 4개의 작업을 추가로 접수하였다. 이들 작업은 현재 보유하고 있는 5대의 특수기계들을 사용하여 수행할 수 있다. 특수기계들을 사용하여 작업하려면 가동준비비용이 소요된다. 각 기계들을 사용하여 작업들을 완료하는데 걸리는 작업비용과 기계 가동준비비용은 아래의 표와 같다. 모든 작업을 완료하는데 드는 총비용을 최소화하기 위해서는 어느 기계를 사용하여 각 작업을 수행해야 하는가? 표에서 x가 표시된 기계는 해당 작업을 수행하지 못한다. (단위; 천원)

	작업 1	작업 2	작업 3	작업 4	가동준비 비용
기계 1	36	60	36	44	15
기계 2	44	54	x	36	20
기계 3	56	56	40	52	25
기계 4	28	x	44	32	10
기계 5	56	50	x	42	30

7장

비선형계획

포르쉐의 「Carrer GT」 최신모델 (www.porsche.com)

포르쉐는 전형적인 기술중심 기업이었다. 현장의 작업자들도 3년 이상의 도제 수업으로 기술을 배운 숙련공이었고, 설계기술자는 최고 성능의 차를 설계하고 제조 엔지니어들은 그것을 자랑스럽게 제조해내었다. 그들은 조립라인에서 차를 완성한 후 최고의 기술 엔지니어들이 차를 시승해보고 다시 완전하게 만들어서 고객에게 인도하였다.

1930년 페르디난드 포르쉐(Ferdinand Porsche)라는 전통적인 오스트리아 태생 기술자가 자동차 설계전문회사로서 설립하였다. 포르쉐는 포크스바겐의 「비틀(Beetle)」을 설계하였고, 2차 대전 후부터 경주용 차량을 수공구로 제작하기 시작하였다. 1950년에는 최초의 포르쉐 모델인 「356」을 출시하고, 1964년에는 「911」모델, 1977년에는 「928」모델을 개발하여 1980년대 중반에는 연간 생산이 5만4천대에 매출이 $20억불에 달할 정도로 성장하였다. (포르쉐는 회사에서 수행한 기술설계 프로젝트 일련번호를 자동차 모델명으로 붙인다.)

그러나 1980년대 후반에 와서는 매출이 급격히 줄어들기 시작하였다. 1989년에는 마케팅 전문가 아르노 본(Arno Bohn)을 회장으로 임명하여 중간 가격대 차종 시장은 일본 메이커에게 맡기고 자신들은 최고 가격대 고급 시장을 공략하기로 하였다. 그러나 새로운 시장을 개척하기에는 제품개발에서 출시까지 너무 많은 시간을 요하였고, 1990년대 초반에는 생산이 연간 1만 4천대까지 후퇴하였다. 근본적인 문제는 기술중심의 제조방식에서의 높은 생산원가였다. 1990년대의 소비자들이 사기에는 포르쉐의 차가 너무 비쌌던 것이다. 포르쉐와 거의 유사한 차(실제 등급은 몇 단계 아래이지만)를 만드는 도요타는 시간, 노력, 공간, 재고 등에서 포르쉐 주펜하우젠 공장의 몇 분의 1에 불과하였다.

새로 회장으로 취임한 벤데린 비데킹(Wendelin Wiedeking)은 일본의 린 방식을 적용하여 1994년 처음으로 조립라인에서 완전무결한 포르쉐 「카레라(Carrera)」를 나오게 만들었다. 1990년대 중반에는 「박스터(Boxter)」와 신형 「911」을 출시하여 화려하게 재기하였다. 2002년에 와서는 연간 5만5천대를 생산 판매하여 이전의 시장 판매를 회복하였다.[1)]

7.1 비선형계획의 기본 예

지금까지 선형관계식으로 표현되는 모형들을 많이 다루어 왔다. 예를 들면, 한 개에 100원, 250원씩 하는 제품을 각각 x_1개, x_2개 판매하는 경우 총판매액 y는 $y=100x_1+250x_2$로 표현되는데, 이것은 x_1, x_2에 대해서 선형 관계식으로 표현된 것이다. 그러나 $y=100x_1+250x_2-0.1x_1x_2$으로 표현되면 x_1과 x_2의 곱의 항이 있으므

1) James P. Womack & Daniel T. Jones, *Lean Thinking*, Free Press, New York, 2003. 그러나 그 후, 포르쉐는 무리한 확장 실패로 2012년 포크스바겐에 합병 되었다.

로 이것은 비선형 관계식이 된다. 이러한 비선형 관계식이 의사결정문제의 목적함수나 제약 조건의 수식에 포함되어 있으면 우리는 그것을 비선형계획(nonlinear programming)문제라고 한다.

선형 관계식 예: $y = 100x_1 + 250x_2$

비선형 관계식 예: $y = 100x_1 + 250x_2 - 0.1x_1x_2$

스프레드시트 표현에서는 변경셀에 대해서 sum()함수를 적용하거나 입력자료와 변경셀에 대해서 sumproduct()함수를 적용한 것은 모두 선형 관계식이었다. 그러나 비선형 관계식은 좀 더 복잡하다. 예를 들면 $x^{1/2}, x^2, x^{0.5}y^{0.7}, \log x, \sin x$ 등을 Excel의 함수로 표현해야 하기 때문이다. 이들은 Excel에서 차례로 X^(1/2), X^2, (X^0.5)*(Y^0.7), log(X), sin(X)등으로 표현된다. 여기서 X는 x값이 있는 셀 주소라고 가정한다. 흔히 하는 실수 중 하나는 xy를 Excel에서 XY로 표현하는데, 이는 잘못된 것으로 X*Y로 표현해야 한다.

이제 간단한 비선형계획 문제의 예를 들어보자.

예제 7.1 **기본 예: 비선형 함수로 표현되는 면적**

아래 그림과 같이 한 쪽 면이 벽면인 곳에 철조망을 치려고 한다. 철조망의 길이는 총 10m이다. 철조망 안의 면적이 최대가 되도록 하려면 x_1, x_2의 길이를 얼마로 하면 좋은가?

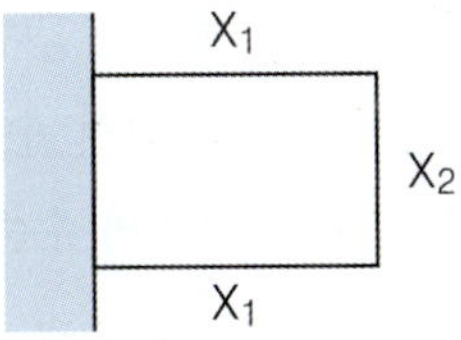

그림 7.1 비선형계획 기본 예(철조망 치기)

모형화 가이드

철조망의 가로 길이와 세로 길이를 x_1과 x_2로 표현하면 철조망의 전체 길이는 $2x_1 + x_2$ 이고, 면적을 S라고 하면 $S = x_1x_2$ 가 된다. 따라서 비선형계획 문제는 아래와 같이 된다.

$$\begin{aligned} \text{maximize} \quad & S = x_1x_2 \\ \text{subject to} \quad & 2x_1 + x_2 = 10, \\ & x_1 \geq 0, x_2 \geq 0 \end{aligned}$$

스프레드시트 모형화 **1. 입력자료** D6

철조망의 전체 길이는 10m이므로 셀 D9에 10을 입력한다.

2. 변수셀 B4:C4

x_1, x_2 값은 스프레드시트에서 변수셀로 설정된다.

3. 수식셀, 목표셀 B6, B8

```
B6 =2*B4+C4
B8 =B4*C4
```

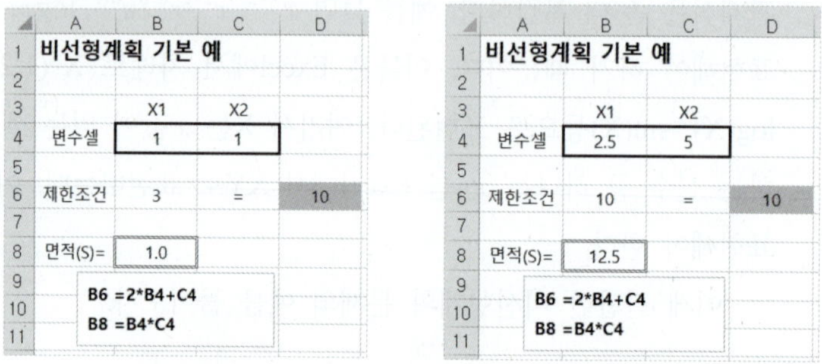

(a) 초기해 (b) 최적해

그림 7.2 비선형계획 기본예(스프레드시트모형, 초기해 및 최적해)

해찾기 모델설정은 그림 7.3과 같다. 주의할 점은 목표셀이 변수셀의 2차식으로 표현되므로 해법은 'GRG 비선형'을 선택한다. 대부분 옵션은 그대로(default)두면 된다. 그림 7.4는 옵션 중 'GRG 비선형' 옵션을 나타낸다. 여기서 수렴도와 multistart 사용을 설정할 수 있다. 그러나 비선형 옵션 설정은 우리 교재의 수준을 넘어서므로 우리는 옵션을 있는 그대로 둔다.

선택 해찾기가 제공한 최적해 $x_1 = 2.5, x_2 = 5$와 그때의 면적($S = 12.5$)이 모든 가능해 중에서 면적을 최대화하는 해임을 확인하고자 한다. 제한조건 $2x_1 + x_2 = 10$에서 $x_2 = 10 - 2x_1$라고 놓으면, 면적 $S = x_1 x_2$는 아래와 같이 표현된다.

$$S = x_1(10 - x_1) = -2x_1^2 + 10x_1 = -2\left(x_1 - \frac{5}{2}\right)^2 + \frac{25}{2}$$

따라서 $x_1 = 2.5$ 및 $x_2 = 5$일 때, 최대 면적 $S = 12.5$ 이므로, 해찾기가 제공한 최적해와 같다.

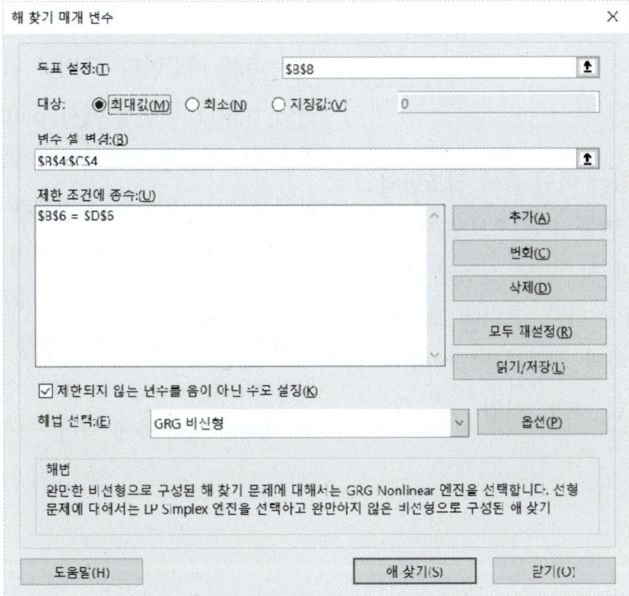

그림 7.3 비선형계획 기본예(해찾기 모델설정)

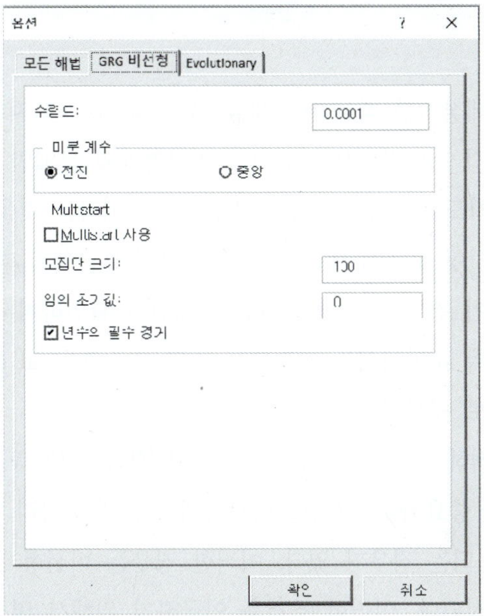

그림 7.4 비선형계획 기본예(해찾기모델설정,옵션)

모형화 토의

이 예제에서는 철조망의 전체 길이가 10m인 경우 면적을 최대화하는 문제이었다. 만약 철조망의 전체 길이를 10m 이하로 바꿀 때 문제는 어떻게 될 것인가?

수리모형에서는 제약식의 등식이 부등식으로 바뀐다. 아래는 철조망의 길이가 10m 이하로 바뀌었을 때의 수리모형을 나타낸다.

$$
\begin{aligned}
&\text{maximize} \quad x_1 x_2 \\
&\text{subject to} \quad 2x_1 + x_2 \le 10, \\
&\qquad\qquad x_1 \ge 0, x_2 \ge 0
\end{aligned}
$$

우리가 상식적으로 알 수 있는 바와 같이 철조망의 길이가 길수록 더 크게 면적을 만들 수 있으므로 이 문제에 대해서 해찾기를 적용하면 철조망의 길이가 10m인 경우와 같은 최적해가 나와야 한다. 그런데 초기해를 $x_1 = 0$, $x_2 = 0$으로 시작하면 최적해를 찾아주지 못한다. 그러나 초기해가 그림 7.2(a)처럼 $x_1 = 0$, $x_2 = 0$이 아닌 경우는 해찾기는 최적해 $x_1 = 2.5$ 및 $x_2 = 5$를 제공한다. 그러나 위 문제에 대해 해찾기 옵션의 'GRG 비선형'에서 multistart 사용을 체크하면 스프레드시트에서 초기해가 $x_1 = 0$, $x_2 = 0$일찌라도 앞에서 얻은 동일한 최적해를 얻을 수 있다. 이와 같은 결과는 비선형계획 문제의 특성에 기인한다. 최대화 문제에서 목적함수가 오목함수이면 이와 같은 일이 발생하지 않으나 그렇지 않을 경우는 해찾기의 결과가 최적해임을 보장할 수 없다. 이에 대해서는 다음 절에서 자세히 공부하게 된다.

7.2 전체 최적해와 볼록함수

비선형계획 문제를 해찾기를 적용하여 해를 구할 때 제6장까지 다루었던 경우에는 발생하지 않았던 한가지 커다란 곤란이 있다. 비선형계획 문제인 경우는 해찾기에 의해 해를 찾았다고 하더라도, 그 해가 가장 좋은 최선의 해라는 것을 보증할 수 없다는 점이다. 그 이유는, 비선형 문제에 대한 해법은 초기해 부근에서 최적조건을 만족하는 해를 찾아주는데 그것이 전체 범위에서 최선의 해인지 확인하기 어렵기 때문이다. 이러한 이유로 비선형계획 분야에서는 최적해를 지역 최적해(local optimum)와 전체 최적해(global optimum)로 구분하여 사용한다.

우리가 구한 최적해가 지역 최적해인지 전체 최적해인지를 확인하는 것은 비선형계획 문제를 다룰 때 중요하다. 그러나 비선형계획 문제에 따라 우리가 구한 지역 최적해가 전체 최적해가 되는 경우가 있다. 이러한 경우는 비선형계획 문제의 목적함수와 제한조건에 의해 결정된다. 이러한 조건을 언급하기 위해서 몇 가지 이론적인 내용을 고찰한다.

먼저 어떤 변수 x에 대해서 비선형으로 표현된 목적함수 y가 있다고 하자. 그것을 그래프로 그렸을 때, 그 모양이 그림 7.5와 같다고 하자. 이 그래프에 대한 최대화 문제와 최소화 문제에 대한 지역 최적해와 전체 최적해는 표 7.1과 같이 된다.

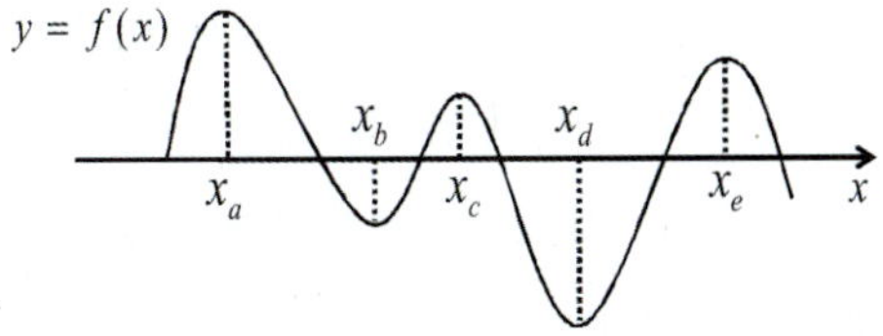

그림 7.5 비선형 그래프

표 7.1 지역 최적해와 전체 최적해

	최대화 문제	최소화 문제
지역 최적해	x_a, x_c, x_e	x_b, x_d
전체 최적해	x_a	x_d

비선형계획문제의 해를 구했을 때, 이 해가 x_b, x_c 및 x_e와 같은 지역 최적해일 수도 있고, x_a나 x_d와 같은 전체 최적해일 수도 있다. 따라서 그림 7.5와 같은 목적함수에서 최대화 또는 최소화 문제는 초기해에 따라 달라지며, 전체 최적해가 구해질지 지역 최적해가 구해질지 알 수 없다. 해찾기는 비선형계획 문제의 해를 찾을 때 보통 초기해 부근의 해를 찾아준다. 즉 해찾기(solver)가 x_c점 부근에서 시작하여 목적함수인 y를 최대화시키게 되면 지역 최적해인 x_c를 최적해로서 제공하게 된다. 그러나 운 좋게 x_a 근처에서 출발하여 해를 찾게 되면 전체 최적해 x_a를 최적해로 제공하게 된다. 우리는 지역 최적해, 전체 최적해를 모르기 때문에 해찾기를 이용해 비선형계획 문제를 푸는 데에는 운이 작용한다고 말할 수 있다.

그러나 최대화 문제의 경우에 봉우리가 하나만 있다면 지역 최적해는 전체 최적해가 된다. 최소화문제인 경우에도 골짜기가 하나만 있다면 어느 점에서 출발하든 전체 최적해를 찾을 수 있다.

이제 이러한 조건을 정하기 위해서 볼록함수와 오목함수를 소개한다. 그림(a)와 같이, 물을 담을 수 있는 함수 모양일 때 그것을 볼록함수(convex function)라고 한다. 반면에 그림(b)와 같이 볼록함수를 엎어 놓은 함수 모양일 때, 그것을 오목함수(concave

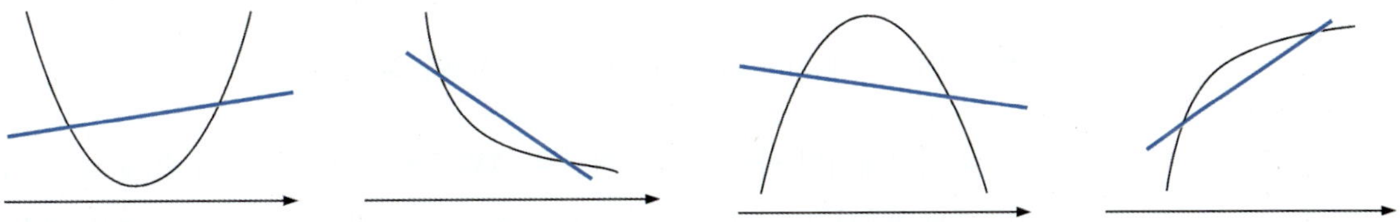

(a) 볼록함수

(b) 오목함수

그림 7.6 볼록함수와 오목함수

function)라 한다. 볼록과 오목이란 용어는 함수 밑에서 보았을 때를 기준으로 볼록한가, 오목한가이다. 그림에 있는 현은 목적함수에 해당 되는 함수 그래프에 임의의 2점을 직선으로 연결한 현을 그릴 때 그래프가 현의 위에 있는가, 현 아래에 있는가로 볼록성과 오목성을 판단하기 위함이다.

목적함수가 볼록함수인 경우에는 최소화 해를 찾으면 그것은 전체 최적해가 된다. 또 목적함수가 오목함수인 경우에는 최대화 해를 찾으면 그것은 전체 최적해가 된다. 이와 같은 결론은 제약식이 없는 경우의 비선형함수의 최대화, 최소화 문제에 해당된다. 그러나 제약식이 포함되면 목적함수 조건 외에 제약식에 의해 표현되는 가능영역에 대한 조건이 추가된다. 즉, 목적함수가 볼록함수라도 가능영역에 따라 지역 최적해가 전체 최적해가 될 수도 있고 그렇지 않을 수도 있다. 예를 들어 그림 7.7의 (a)와 (b)에서 목적함수는 $f(x)$로서 동일하나 가능영역이 서로 다른 두 경우의 최소화 문제를 나타내고 있다. 두 그림에서 수평축의 음영부분이 가능영역을 나타낸다.

비선형계획 문제에서 가능영역이 볼록집합(convex set)인가 아닌가는 매우 중요하다. 볼록집합이란 집합의 임의의 두 점을 연결하는 내분점들이 집합에 포함되는 집합으로 정의된다. 그림 7.7(a)에서는 가능영역 내의 두 점을 어떻게 선택하여 두 점을 연결하여도 모든 점이 가능영역에 포함된다. 따라서 7.7(a)의 가능영역은 볼록집합이다. 그러나 그림 7.7(b)에서 두 점을 $x = a$와 $x = b$로 잡으면 a와 b를 연결하는 선분의 내분점들은 가능영역에 포함되지 않는다. 따라서 그림 7.7(b)의 가능영역은 볼록집합이 아니다.

(a) 가능영역이 $\{x|a \le x \le b\}$인 경우: $x = x^*$는 지역 최적해이며 전체 최적해가 됨.

(b) 가능영역이 $\{x|x \le a\} \cup \{x|x \ge b\}$인 경우: $x = a$는 가능영역에서 지역 최적해이나 전체 최적해가 아니고, $x = b$는 가능영역에서 지역 최적해이며 전체 최적해가 됨.

그림 7.7 가능영역에 따른 지역 최적해의 전체 최적해 여부

2차원 평면에서의 볼록집합의 판단은 그림 7.8을 보면 비교적 쉽게 알 수 있다. 먼저 그림 7.8(a)에서 보듯이 볼록집합의 경우는 집합 내의 임의의 두 점을 연결하는 선분 AB, 선분 CD, 선분 EF 위의 모든 점이 각각 모두 해당 집합에 포함된다. 그러나

그림 7.8(b)와 같이 볼록집합이 아닌 경우는 집합 내의 임의의 두 점을 연결하는 선분 GH, 선분 JK, 선분 MN 위의 점 I, 점 L, 점 O가 각각 해당 집합에 포함되지 않는다.

표 7.2는 전체 최적해를 보장하는 경우의 비선형계획 문제의 조건을 정리하였다. 주의할 점은 표 7.2의 조건은 전체 최적해가 되기 위한 충분조건이다. 따라서 표의 조건을 만족하지 않으면서 전체 최적해가 될 수도 있다.

표 7.2 전체 최적해가 보장되는 비선형계획 문제

문제 구분	최소화 문제	최대화 문제
제약식이 없는 경우	1. 목적함수가 볼록함수일 것	1. 목적함수가 오목함수일 것
선형 제약식의 경우	1. 목적함수가 볼록함수일 것 2. 선형제약식 (등식, 부등식 모두 가능)	1. 목적함수가 오목함수일 것 2. 선형제약식 (등식, 부등식 모두 가능)
비선형 제약식의 경우	1. 목적함수가 볼록함수일 것 2. 제약식의 가능영역이 볼록집합	1. 목적함수가 오목함수일 것 2. 제약식의 가능영역이 볼록집합

단일변수인 경우의 볼록함수와 오목함수

목적함수가 볼록함수인가 오목함수인가는 비선형계획 문제에서 해찾기에 의해 주어진 해가 전체 최적해인지 판단하는 데 매우 중요하다. 단일변수 함수인 경우, 볼록함수에

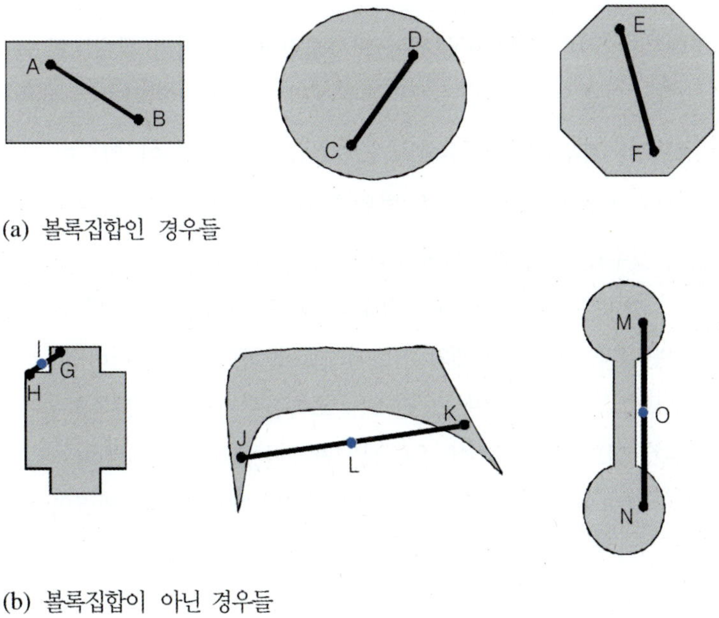

(a) 볼록집합인 경우들

(b) 볼록집합이 아닌 경우들

그림 7.8 볼록집합인 경우와 볼록집합이 아닌 경우

표 7.3 미분 가능한 단일변수 함수인 경우의 볼록함수와 오목함수

구분	단일변수 볼록함수	단일변수 오목함수
조건	$f''(x) \geq 0$	$f''(x) \leq 0$
성질	볼록함수에 볼록함수를 더하면 볼록함수가 된다. 볼록함수에 (−)를 곱하면 오목함수가 된다. 선형함수 $f(x) = ax + b$는 볼록함수이다.	오목함수에 오목함수를 더하면 오목함수가 된다. 오목함수에 (−)를 곱하면 볼록함수가 된다. 선형함수 $f(x) = ax + b$는 오목함수이다.
함수 예	x^2 $x^a(a \geq 1,\ x \geq 0)$ e^x	$\sqrt{x}\,(x \geq 0)$ $x^a(0 < a \leq 1,\ x \geq 0)$ $\ln x\ (x \geq 0)$

는 x^2, $x^a(a \geq 1,\ x \geq 0)$, e^x 등이 있으며, 오목함수에는 $\sqrt{x}\,(x \geq 0)$, x^a $(0 < a \leq 1,\ x \geq 0)$, $\ln x\ (x \geq 0)$등이 있다.

미분 가능한 단일변수 함수의 볼록성과 오목성은 2차 도함수로 판단되며, 2차 도함수가 비음(≥ 0)이면 볼록함수, 비양(≤ 0)이면 오목함수가 된다. 선형함수인 $ax + b$는 볼록함수이면서 동시에 오목함수가 된다. 볼록함수끼리 더하면 그 결과는 볼록함수가 되고, 오목함수끼리 더해도 그 결과는 오목함수가 된다. 볼록함수에 음(−)을 곱하면 오목함수가 되고, 오목함수에 음(−)을 곱하면 볼록함수가 된다. 목적함수를 $f(x)$라고 할 때 볼록함수 및 오목함수에 대한 조건 및 성질을 정리하면 표 7.3과 같다.

다변수인 경우의 볼록함수와 오목함수[2)]

대부분의 비선형계획 문제는 의사결정변수가 여러 개이므로 목적함수는 다변수 함수가 된다. 다변수 함수인 경우의 볼록성과 오목성을 판단하는 것은 좀 더 복잡하다. 다변수 함수인 경우, 볼록함수에는 $x_1^2 + x_2^2$, $e^{x_1 + x_2}$ 등이 있으며, 오목함수에는 $\sqrt{x_1 + x_2}$, $\ln(x_1 + x_2)(x_1 + x_2 \geq 0$ 범위에서) 등이 있다. 선형함수인 $c_1x_1 + c_2x_2$(여기서 c_1, c_2는 상수)는 볼록함수이면서 동시에 오목함수가 된다.

편미분 가능한 다변수 함수의 볼록성과 오목성은 헤시안-행렬(Hessian matrix)로서 판단된다. 단일함수 때와 마찬가지로 볼록함수끼리 더하면 그 결과는 볼록함수가 되고, 오목함수끼리 더하면 그 결과는 오목함수가 된다. 볼록함수에 음(−)을 곱하면 오목함수가 되고, 오목함수에 음(−)을 곱하면 볼록함수가 된다.

다변수 함수 $f(x_1, \cdots, x_n)$의 헤시안-행렬 H는 행렬의 요소가 2차 편도함수로 표

2) 이 부분은 미적분학 및 선형대수학 관련 내용이 포함되어 있음. 미적분학 및 선형대수학을 수강하지 않은 경우 생략 가능함.

표 7.4 2차 편미분 가능한 다변수 함수의 볼록함수와 오목함수

구분	다변수 볼록함수	다변수 오목함수
조건	헤시안-행렬 H : 양의 준정부호	헤시안-행렬 H : 음의 준정부호
성질	볼록함수에 볼록함수를 더하면 볼록함수가 된다. 볼록함수에 (−)를 곱하면 오목함수가 된다. 선형함수 $c_0+c_1x_1+\cdots+c_nx_n$는 볼록함수이다. ($c_0,c_1,\cdots,c_n$는 상수)	오목함수에 오목함수를 더하면 오목함수가 된다. 오목함수에 (−)를 곱하면 볼록함수가 된다. 선형함수 $c_0+c_1x_1+\cdots+c_nx_n$는 오목함수이다. ($c_0,c_1,\cdots,c_n$는 상수)
함수 예	$x_1^2+x_2^2$ $e^{x_1+x_2}$	$\sqrt{x_1+x_2}$ $(x_1+x_2 \geq 0)$ $\ln(x_1+x_2)$ $(x_1+x_2 \geq 0)$

현되며 아래와 같이 정의된다.

$$H=\begin{pmatrix} h_{11} \cdots h_{1n} \\ \vdots \;\cdots\; \vdots \\ h_{n1} \cdots h_{nn} \end{pmatrix} \quad (\text{여기서, } h_{ij}=\frac{\partial^2 f}{\partial x_i \partial x_j})$$

다변수 함수의 볼록성은 헤시안-행렬의 양의 준정부호(positive semidefinite)로, 오목성은 음의 준정부호(negative semidefinite)로 판정된다.

$n\times n$ 행렬의 양의 (준)정부호 및 음의 (준)정부호는 행렬의 **선행 주-소행렬식**이라 불리우는 특별한 부분행렬의 행렬식으로 판정할 수도 있다. 원래 양의 정부호, 음의 정부호란 행렬의 고유값[3]이 모두 양수(>0), 모두 음수(<0)라는 의미이고, 양의 준정부호, 음의 준정부호란 행렬의 고유값이 모두 비음(≥ 0), 모두 비양(≤ 0)이라는 뜻이다. 그러나 행렬의 고유값을 계산하는 것이 쉽지 않기 때문에 우리는 선행 주-소행렬식을 계산하여 행렬의 부호를 판정한다.

● 선행 주-소행렬식(leading principal minors)

$n\times n$ 행렬 A에 대해 왼쪽 윗부분부터 차례대로 소행렬식(minors)을 $\triangle_k$ $(k=1,2,\cdots,n)$로 표현할 때,

3) **고유값**: $n\times n$ 행렬 A가 주어질 때, 비영 벡터 $x\in R^n$와 스칼라 $\lambda\in R$에 대해 $Ax=\lambda x$ 이 성립될 때, λ를 행렬 A의 고유값(eigenvalue)이라 하고, x를 이에 대응되는 고유벡터(eigenvector)라 정의한다. 이러한 행렬 A의 고유값은 아래와 같은 λ의 n차 다항식 방정식의 근이다.

$$|A-\lambda I|=\begin{vmatrix} a_{11}-\lambda & a_{12} & \cdots & a_{1n} \\ a_{21} & a_{22}-\lambda & \cdots & a_{2n} \\ \vdots & \vdots & \ddots & \vdots \\ a_{n1} & a_{n2} & \cdots & a_{nn}-\lambda \end{vmatrix}=0$$

$$\Delta_1 = a_{11},\ \Delta_2 = \begin{vmatrix} a_{11} & a_{12} \\ a_{21} & a_{22} \end{vmatrix},\ \cdots,\ \Delta_k = \begin{vmatrix} a_{11} & a_{12} & \cdots & a_{1k} \\ a_{21} & a_{22} & \cdots & a_{2k} \\ \vdots & \vdots & \ddots & \vdots \\ a_{k1} & a_{k2} & \cdots & a_{kk} \end{vmatrix},\ \cdots,$$

$$\Delta_n = |A| = \begin{vmatrix} a_{11} & a_{12} & \cdots & a_{1n} \\ a_{21} & a_{22} & \cdots & a_{2n} \\ \vdots & \vdots & \ddots & \vdots \\ a_{n1} & a_{n2} & \cdots & a_{nn} \end{vmatrix}$$

을 행렬 A의 선행 주-소행렬식이라 정의한다.

그러면 다변수 함수의 볼록성과 오목성은 표 7.5와 같이 헤시안-행렬의 양의 준정부호 또는 음의 준정부호로 판정할 수 있다.

표 7.5 행렬의 부호(양의 준정부호, 음의 준정부호) 판정

구분	다변수 볼록함수	다변수 오목함수
조건	헤시안-행렬 H : 양의 준정부호	헤시안-행렬 H : 음의 준정부호
판정*	$\Delta_1 = h_{11} \geq 0$ $\Delta_2 = \begin{vmatrix} h_{11} & h_{12} \\ h_{21} & h_{22} \end{vmatrix} \geq 0$ $\vdots$ $\Delta_n = \begin{vmatrix} h_{11} & \cdots & h_{1n} \\ \vdots & \cdots & \vdots \\ h_{n1} & \cdots & h_{nn} \end{vmatrix} \geq 0$	$\Delta_1 = h_{11} \leq 0$ $\Delta_k = \begin{vmatrix} h_{11} & \cdots & h_{1k} \\ \vdots & \cdots & \vdots \\ h_{k1} & \cdots & h_{kk} \end{vmatrix} \geq 0$ (k : 짝수) $\Delta_k = \begin{vmatrix} h_{11} & \cdots & h_{1k} \\ \vdots & \cdots & \vdots \\ h_{k1} & \cdots & h_{kk} \end{vmatrix} \leq 0$ (k : 홀수)

(*) 판정에서 등식이 없는 부등호로 만족될 때, 양의 정부호(positive definite), 음의 정부호(negative definite)라 한다. 다변수 함수의 헤시안-행렬이 양의 정부호이면 엄격한 볼록(strictly convex), 음의 정부호이면 엄격한 오목(striclty concave)이라 한다. 단일변수 함수의 $f''(x) > 0$ 및 $f''(x) < 0$에 해당된다.

예제 7.2 **행렬의 부호 판정**

행렬 $H = \begin{bmatrix} 3 & 2 & 1 \\ 2 & 2 & 0 \\ 1 & 0 & 3 \end{bmatrix}$ 의 부호, 즉 양의 (준)정부호, 음의 (준)정부호, 부정부호를 선행 주-소행렬식을 계산하여 판정하라. 여기서 부정부호란 양의 (준)정부호도 아니고 음의 (준)정부호도 아닌 경우를 가르킨다.

풀이 (i) $\Delta_1 = h_{11} = 2 > 0$

(ii) $\Delta_2 = \begin{vmatrix} 2 & -3 \\ 3 & 3 \end{vmatrix} = 6 + 9 = 15 > 0$

(iii) $\Delta_3 = |H| = \begin{vmatrix} 2 & -3 & 1 \\ 3 & 3 & -2 \\ 1 & -2 & 1 \end{vmatrix}$

$$= 2\begin{vmatrix} 3 & -2 \\ -2 & 1 \end{vmatrix} + 3\begin{vmatrix} 3 & -2 \\ 1 & 1 \end{vmatrix} + 1\begin{vmatrix} 3 & 3 \\ 1 & -2 \end{vmatrix}$$

$$= 2(3-4) + 3(3+2) + 1(-6-3) = -2 + 15 - 9 = 4 > 0$$

$\Delta_1 > 0,\ \Delta_2 > 0,\ \Delta_3 > 0$ 이므로 행렬 H 는 양의 준정부호(정확히는 정부호)이다.

예제 7.2의 행렬 H 의 고유값을 구하면 $\lambda_1 = 0.29072464$, $\lambda_2 = 4.90321193$, $\lambda_3 = 2.80606343$이 된다. 모두 양수임을 확인할 수 있다. 이러한 고유값 계산은 수치해석적인 방법으로 구할 수 있으나 쉽지 않다.

● 가능영역이 볼록집합이 되는 경우

표 7.2에서 언급한 바와 같이 비선형계획 문제에서 지역 최적해가 전체 최적해가 되기 위해서는 제약식을 만족하는 가능영역이 볼록집합이 되어야 한다. 제약식의 가능영역의 볼록성을 판단하기 위해 $g(x) \le b$ 형태의 부등식을 고려한다. 즉 '**좌변함수 ≤ 우변상수**' 형태에서 좌변함수 $g(x)$ 가 볼록함수이면 제약식을 만족하는 x 의 영역은 볼록집합이 된다. 그림 7.9는 좌변이 단일변수 함수인 경우와 다변수 함수인 경우에 대해 각각 제약식을 만족하는 영역이 볼록집합이 됨을 보여주고 있다. 그림 7.9(a)는 제약식을 만족하는 음영의 영역이 x수평선에서 폐구간이 됨을 보여주며 이는 볼록집합이다. 그림 7.9(b)는 제약식을 만족하는 음영의 영역이 x_1x_2 평면상에서 타원 내부(경계포함) 부분이 됨을 보여주며 이는 볼록집합이다.

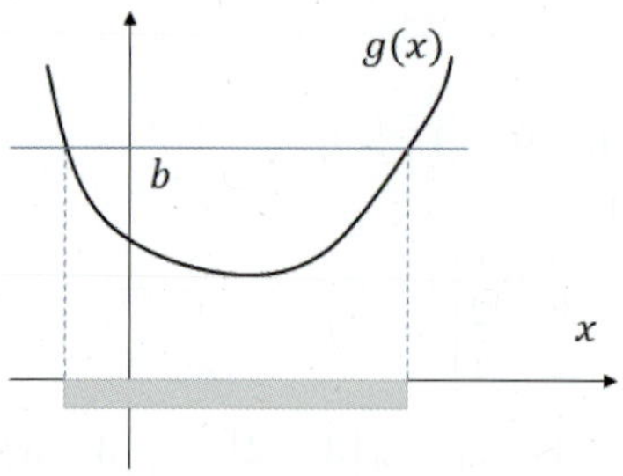

(a) 좌변이 단일변수의 볼록함수인 경우: 제약식 $g(x) \le b$을 만족하는 x수평선에서의 영역

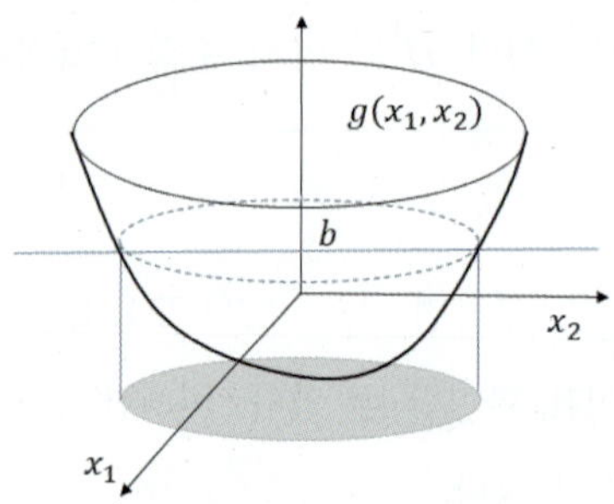

(b) 좌변이 다변수의 볼록함수인 경우: 제약식 $g(x_1, x_2) \le b$ 을 만족하는 x_1x_2 평면에서의 영역

그림 7.9 비선형 제약식을 만족하는 영역이 볼록집합인 경우

표 7.6은 비선형계획 문제의 가능영역이 볼록집합이 되는 경우를 나타내고 있다. 제약식이 없는 경우는 전체 영역이 가능영역이 되고 이는 볼록집합이다. 선형 제약식만을 갖는 문제도 항상 가능영역이 볼록집합이 된다. 비선형 제약식을 갖는 문제의 경우는 가능영역이 볼록집합이 되는 제약식의 형태가 3가지 있다. ① 좌변함수≤상수, ② 좌변함수≥상수, ③ 좌변함수=상수 이다. 첫 번째 형태 제약식에서 좌변함수는 볼록함수이어야 가능영역이 볼록집합이 되고, 두 번째 형태의 제약식에서 좌변함수는 오목함수이어야 가능영역이 볼록집합이 되고, 세 번째 형태의 제약식에서 좌변함수는 선형함수이어야만 가능영역이 볼록집합이 된다. 두 번째 형태, 즉 좌변함수가 오목함수이고 제약식이 '$g(x) \ge b$' 형태일 때, 양변에 음(−)를 곱하면 $-g(x) \le -b$이 된다. $h(x) = -g(x)$ 및 $c = -b$로 놓으면 '$h(x) \le c$' 형태가 되며, 오목함수에 음(−)을 곱했으므로 $h(x)$는 볼록함수가 된다. 이는 첫 번째 형태에 포함되므로 가능영역이 볼록집합이 된다. 즉 좌변함수가 오목함수이면 '오목함수≥상수' 인 형태의 제약식의 가능영역은 볼록집합이 된다.

표 7.6 제약식을 만족하는 가능영역이 볼록집합이 되는 경우

구분	제약식 표현	관련 성질
제약식 없음	제약식 없음	전체 영역이 가능영역, 볼록집합임
선형 제약식	선형식≤상수 선형식≥상수 선형식=상수	각 선형 제약식을 만족하는 영역은 볼록집합이 되며, 볼록집합들의 공통부분은 볼록집합임
비선형 제약식	볼록함수≤상수 (오목함수≥상수)	'오목함수≥상수' 양변에 음(−)을 곱하면 볼록함수≤상수 형태가 됨 볼록함수≤상수 형태의 제약식을 만족하는 영역은 볼록집합이 되며, 볼록집합들의 공통부분은 볼록집합임

예제 7.3 다변수함수의 볼록성 및 오목성 검사

아래 함수들은 볼록함수인가? 오목함수인가? 헤시안-행렬의 선행 주-소행렬식으로 판정하라.

(1) $f(x_1, x_2) = x_1^2 - x_1 x_2 + 2x_2^2$ (모든 x_1, x_2 범위)

(2) $f(x_1, x_2) = x_1^{0.5} x_2^{0.3}$ ($x_1 \geq 0, x_2 \geq 0$)

(3) $f(x_1, x_2) = x_1 x_2$ (모든 x_1, x_2 범위)

풀이 (1) $\dfrac{\partial f}{\partial x_1} = 2x_1 - x_2$ 이고, $\dfrac{\partial f}{\partial x_2} = -x_1 + 4x_2$ 이므로,

$$h_{11} = \frac{\partial^2 f}{\partial x_1^2} = 2, \quad h_{12} = \frac{\partial^2 f}{\partial x_1 \partial x_2} = -1,$$

$$h_{21} = \frac{\partial^2 f}{\partial x_2 \partial x_1} = -1, \quad h_{22} = \frac{\partial^2 f}{\partial x_2^2} = 4.$$

헤시안-행렬 $H = \begin{bmatrix} h_{11} & h_{12} \\ h_{21} & h_{22} \end{bmatrix} = \begin{bmatrix} 2 & -1 \\ -1 & 4 \end{bmatrix}$ 이다. 이제 H의 선행 주-소행렬식을 계산하면,

$$\triangle_1 = h_{11} = 2 > 0,$$

$$\triangle_2 = |H| = \begin{vmatrix} h_{11} & h_{12} \\ h_{21} & h_{22} \end{vmatrix} = \begin{vmatrix} 2 & -1 \\ -1 & 4 \end{vmatrix} = (2)(4) - (-1)(-1) = 7 > 0$$

H는 양의 정부호이고, 함수 f는 모든 x_1, x_2 범위에서 볼록함수이다.

(2) $\dfrac{\partial f}{\partial x_1} = 0.5x_1^{-0.5}x_2^{0.3}$ 이고, $\dfrac{\partial f}{\partial x_2} = 0.3x_1^{0.5}x_2^{-0.7}$ 이므로,

$$h_{11} = -0.25x_1^{-1.5}x_2^{0.3}, \quad h_{12} = 0.15x_1^{-0.5}x_2^{-0.7},$$
$$h_{21} = 0.15x_1^{-0.5}x_2^{-0.7}, \quad h_{22} = -0.21x_1^{0.5}x_2^{-1.7},$$

헤시안-행렬의 선행 주-소행렬식을 계산한다. $x_1 \geq 0, x_2 \geq 0$ 범위에서

$$\triangle_1 = h_{11} = -0.25x_1^{-1.5}x_2^{0.3} \leq 0,$$
$$\triangle_2 = \begin{vmatrix} h_{11} & h_{12} \\ h_{21} & h_{22} \end{vmatrix} = h_{11}h_{22} - h_{12}h_{21}$$
$$= 0.0525\,x_1^{-1}x_2^{-1.4} - 0.0225\,x_1^{-1}x_2^{-1.4} = 0.03\,x_1^{-1}x_2^{-1.4} \geq 0$$

H는 음의 준정부호이고, 함수 f는 $x_1 \geq 0, x_2 \geq 0$ 범위에서 오목함수가 된다.

(3) $\dfrac{\partial f}{\partial x_1} = x_2$ 이고, $\dfrac{\partial f}{\partial x_2} = x_1$ 이므로, $h_{11} = 0, h_{12} = 1, h_{21} = 1, h_{22} = 0$.

헤시안-행렬의 선행 주-소행렬식을 계산한다.

$$\triangle_1 = h_{11} = 0,$$
$$\triangle_2 = \begin{vmatrix} h_{11} & h_{12} \\ h_{21} & h_{22} \end{vmatrix} = h_{11}h_{22} - h_{12}h_{21} = (0)(0) - (1)(1) = -1 < 0$$

H는 양의 부정부호이고, 함수 f는 모든 x_1, x_2 범위에서 볼록함수도 오목함수도 아니다.

예제 7.3의 문제 (3)의 함수에 대해서는 관심을 갖고 검토할 필요가 있다. 사실 이 함수는 예제 7.1의 목적함수로서 해찾기 실행에서 해찾기에 의해 구한 최적해가 전체 최적해임을 확인한 바 있다. 전체 최적해임을 보증하기 위해 등식 제약식으로부터 x_2를 x_1의 식으로 표현하여 목적함수에 x_2를 대입하여 x_1에 대한 2차식으로 정리하였고, 이는 오목함수(포물선)가 되는 것을 보였다. 즉, 단일변수에 대한 전체 최적성을 확인하였다. 그러나 2개의 변수로 된 목적함수를 그대로 두고 오목성을 검사하면 위의 예제 7.3 문제 (3)에서 검토한 것처럼 오목함수가 아니다. 그렇다면 어디선가 모순되는 내용이 있는 것이 아닌가? 라고 의심할 수 있다. 그러나 이는 표 7.2의 조건은 지역 최적해가 전체 최적해가 되기 위한 필요충분조건이 아니고 충분조건이기 때문에 오는 결

과이다. 충분조건이기 때문에 표 7.2의 조건을 만족하지는 않지만 전체 최적해가 될 수 있다. 즉, 선형 제약식을 갖는 최대화 문제에서 목적함수가 오목함수가 아니지만 전체 최대화를 보장하는 최적해가 있을 수 있다는 것이다.

7.3 라그랑주 승수법 및 KKT 조건

비선형계획 문제의 해법은 주로 지역 최적해를 제공한다. 왜냐하면 지역 최적해는 최적조건을 만족하는 해를 구함으로 얻어지나, 전체 최적해는 그들 중 어느 하나가 되기 때문에 최적조건으로 결정되지 않는다. 문제가 최소화 문제이고 목적함수가 볼록함수이면 해법에 의해 제공되는 지역 최적해는 전체 최적해가 된다. 문제가 최대화 문제이고 목적함수가 오목함수인 경우도 지역 최적해는 전체 최적해가 된다.

그림 7.10은 충분조건, 지역 최적해 및 필요조건의 관계를 나타낸 그림이다. 충분조건이란 전체 최적해를 의미하고, 해집합은 지역 최적해를 의미하고, 필요조건이란 지역 최적해가 되기 위한 필요조건으로 소개될 KKT 조건을 의미한다. 7.2절에서 소개한 그림 7.5 함수의 최대화 문제를 전제로 할 때, 전체 최적해(충분조건 만족하는 해), 지역 최적해, 필요조건을 만족하는 해의 관계는 그림에서 오른편에 표시하였다. 지역 최적해가 되기 위한 필요조건을 통상 **최적조건**(optimal condition)이라 하며, 가장 유명한 비선형계획 문제의 최적조건은 KKT 조건이다.

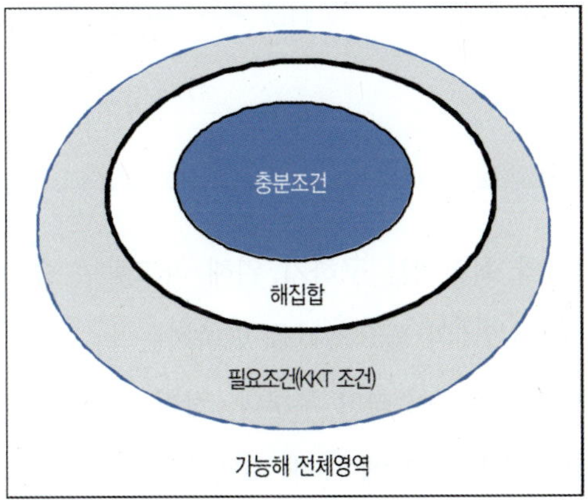

문제(예)	그림 7.5 함수의 최대화 문제 (제약식 없음)
전체 최적해 (충분조건)	x_a
지역 최적해	x_a, x_c, x_e
필요조건 만족하는 해	x_a, x_b, x_c, x_d, x_e
가능해 영역	x 축 전부

그림 7.10 전체 최적해(충분조건), 지역 최적해(해집합) 및 필요조건의 관계

지역 최적해 대신 필요조건을 만족하는 해를 구하는 해법 중 특별한 방법으로 등식 제약식 만을 갖는 최적화 문제에 대해서 **라그랑주 승수법**(Lagrangian multiplier method)

을 먼저 소개한다.

다음 두 최적화 문제는 모두 등식뿐인 제약식을 갖는 경우이다.

$$
\begin{array}{lll}
\text{(문제 1)} & \text{maximize} & f(x_1, x_2) \\
& \text{subject to} & h_1(x_1, x_2) = 0, \\
& & h_2(x_1, x_2) = 0 \\
\text{(문제 2)} & \text{minimize} & f(x_1, x_2) \\
& \text{subject to} & h_1(x_1, x_2) = 0, \\
& & h_2(x_1, x_2) = 0
\end{array}
$$

두 문제의 라그랑주 함수 $L(x_1, x_2, v_1, v_2)$는 모두 동일하게 아래와 같이 정의한다.

$$L(x_1, x_2, v_1, v_2) \equiv f(x_1, x_2) - v_1 h_1(x_1, x_2) - v_2 h_2(x_1, x_2)$$

그러면 다음의 정리 7.1이 성립된다.

| 정리 7.1 라그랑주 승수법

다변수함수 $f(x_1, x_2)$, $h_1(x_1, x_2)$, $h_2(x_1, x_2)$가 편미분가능하면, (x_1^*, x_2^*)가 (문제 1) 또는 (문제 2)의 최적해가 되기 위한 필요조건은 아래와 같다. 즉, 어떤 실수 v_1^*, v_2^*가 존재하여 (문제 1) 또는 (문제 2)의 최적해 (x_1^*, x_2^*)는 아래 등식을 만족한다.

(1a) $\dfrac{\partial L(x_1^*, x_2^*, v_1^*, v_2^*)}{\partial x_1} = 0$, (1b) $\dfrac{\partial L(x_1^*, x_2^*, v_1^*, v_2^*)}{\partial x_2} = 0$

(2a) $-\dfrac{\partial L}{\partial v_1} = h_1(x_1^*, x_2^*) = 0$, (2b) $-\dfrac{\partial L}{\partial v_2} = h_2(x_1^*, x_2^*) = 0$

(문제 1) 또는 (문제 2)의 최적해를 구하기 위해 라그랑주 승수법을 적용한다는 말은 문제로부터 얻어지는 정리 7.1의 필요조건을 만족하는 v_1^*, v_2^*과 x_1^*, x_2^*를 구하는 것이다. 여기서 v_1, v_2를 라그랑주 승수라고 부른다. 정리 7.1은 2개의 변수를 갖는 함수들과 2개의 등식 제약식을 갖는 경우에 대해 소개하였지만, 일반적인 다변수 함수와 일반적인 개수의 등식 제약식을 갖는 최적화 문제에 모두 적용된다.

예제 7.4 **라그랑주 승수법**

아래 문제의 최적해를 라그랑주 승수법을 적용하여 구하라.

$$\begin{aligned} &\text{maximize} \quad f(x_1,x_2) = -x_1^2 + 2x_1 - x_2^2 + 4x_2 + 6 \\ &\text{subject to} \quad g(x_1,x_2) = x_1 + x_2 - 1 = 0 \end{aligned}$$

풀이 $L(x_1,x_2,v) = -x_1^2 + 2x_1 - 2x_2^2 + 4x_2 + 6 - v(x_1+x_2-1)$로 놓는다. 그러면 정리 7.1에 의해, 최적해로서 아래 등식을 만족하는 라그랑주 승수 v와 x_1, x_2를 구하면 된다.

$$\frac{\partial L}{\partial x_1} = -2x_1 + 2 - v = 0,$$

$$\frac{\partial L}{\partial x_2} = -4x_2 + 4 - v = 0,$$

$$-\frac{\partial L}{\partial v} = x_1 + x_2 - 1 = 0$$

위의 선형방정식 시스템을 풀면, $x_1^* = \frac{1}{3}, x_2^* = \frac{2}{3}, v^* = \frac{4}{3}$이 된다.

이제 부등식도 포함된 일반적인 비선형계획 문제에 대한 최적 필요조건인 KKT (Karush-Kuhn-Tucker)조건을 소개한다. 우변에 상수가 있으면 좌변으로 이항하여 우변값은 0으로 만들어야 한다. 부등식의 방향도 필요하면 양변에 (−)를 곱해 "좌변 ≤ 0" 형태로 변환시켜야 한다.

[비선형계획 일반문제]

$$\begin{aligned} &\text{maximize} \quad f(x_1,x_2,\cdots,x_n) \\ &\text{subject to} \quad g_i(x_1,x_2,\cdots,x_n) \leq 0,\ (i=1,2,\cdots,m) \\ &\qquad\qquad\quad h_j(x_1,x_2,\cdots,x_n) = 0,\ (j=1,2,\cdots,l) \end{aligned}$$

이러한 비선형계획 일반문제의 라그랑주 함수 L을 아래와 같이 놓는다. 그러면 최적해가 되기 위한 필요조건은 정리 7.2와 같다. 증명은 생략한다.

$$L(x_1,\cdots,x_n;u_1,\cdots,u_m,v_1,\cdots,v_l)$$
$$= f(x_1,\cdots,x_n) - \sum_{i=1}^{m} u_i g_i(x_1,\cdots,x_n) - \sum_{j=1}^{l} v_j h_j(x_1,\cdots,x_n)$$

| 정리 7.2 KKT 조건

함수 f, $g_i(i=1,\cdots,m)$ 및 $h_j(j=1,\cdots,l)$가 모든 변수에 대해 편미분가능하다. $x=(x_1,x_2,\cdots,x_n)$가 비선형계획 일반문제의 지역 최적해가 되기 위한 필요조건은 아래와 같다. 즉, 부등식에 대응되는 승수 $u_1,u_2,\cdots,u_m$와 등식에 대응하는 승수 $v_1,v_2,\cdots,v_l$가 존재하여 다음 조건을 만족한다.

1. $\dfrac{\partial L}{\partial x_k} = \dfrac{\partial f}{\partial x_k} - u_i \sum_{i=1}^{m} \dfrac{\partial g_i}{\partial x_k} - v_j \sum_{j=1}^{l} \dfrac{\partial h_j}{\partial x_k} = 0 \quad (k=1,\cdots,n)$

2(a). $-\dfrac{\partial L}{\partial u_i} = g_i(x_1,\cdots,x_n) \le 0 \quad (i=1,\cdots,m)$

2(b). $-\dfrac{\partial L}{\partial v_j} = h_j(x_1,\cdots,x_n) = 0 \quad (j=1,\cdots,l)$

3. $u_i\, g_i(x_1,\cdots,x_n) = 0 \quad (i=1,\cdots,m)$

4. $u_i \ge 0 \ (i=1,\cdots,m)$

부등식의 승수 u_i는 선형계획문제의 잠재가격에 해당된다. 즉 최적해에서 i번째 제약식의 부등식이 여유있게(<0) 만족되면 $u_i=0$이 되고, 최적해의 승수 $u_i>0$이면, 최적해에서 i번째 부등식은 $=0$으로 만족한다. 많은 실제적인 문제에는 비음조건이 포함되는데, 비음조건이 포함된 비선형계획문제의 KKT 조건은 정리 7.3과 같다.

[비음조건을 포함한 비선형계획 일반문제]

maximize $f(x_1,x_2,\cdots,x_n)$

subject to $g_i(x_1,x_2,\cdots,x_n) \le 0,\ (i=1,2,\cdots,m)$

$h_j(x_1,x_2,\cdots,x_n) = 0,\ (j=1,2,\cdots,l)$

$x_1 \ge 0, x_2 \ge 0,\cdots, x_n \ge 0$

비음조건을 포함한 비선형계획 일반문제의 라그랑주 함수 L_+를 아래와 같이 놓는다.

$$L_+(x_1,\cdots,x_n;u_1,\cdots,u_m,v_1,\cdots,v_l) = f(x_1,\cdots,x_n) - \sum_{i=1}^{m} u_i g_i(x_1,\cdots,x_n) - \sum_{j=1}^{l} v_j h_j(x_1,\cdots,x_n)$$

| 정리 7.3 비음조건을 갖는 문제의 KKT 조건

함수 f, $g_i(i=1,\cdots,m)$ 및 $h_j(j=1,\cdots,l)$가 모든 변수에 대해 편미분가능하다. $x=(x_1,x_2,\cdots,x_n)$가 비선형계획 일반문제의 지역 최적해가 되기 위한 필요조건은 아래와 같다. 즉, 부등식에 대응되는 승수 $u_1,u_2,\cdots,u_m$와 등식에 대응하는 승수 $v_1,v_2,\cdots,v_l$가 존재하여 다음 조건을 만족한다.

1. $\dfrac{\partial L_+}{\partial x_k}=\dfrac{\partial f}{\partial x_k}-u_i\sum_{i=1}^{m}\dfrac{\partial g_i}{\partial x_k}-v_j\sum_{j=1}^{l}\dfrac{\partial h_j}{\partial x_k}\le 0 \quad (k=1,\cdots,n)$

2. $x_k\left(\dfrac{\partial L_+}{\partial x_k}\right)=0 \quad (k=1,\cdots,n)$

3(a). $-\dfrac{\partial L_+}{\partial u_i}=g_i(x_1,\cdots,x_n)\le 0 \quad (i=1,\cdots,m)$

3(b). $-\dfrac{\partial L_+}{\partial v_j}=h_j(x_1,\cdots,x_n)=0 \quad (j=1,\cdots,l)$

4. $u_i\, g_i(x_1,\cdots,x_n)=0 \quad (i=1,\cdots,m)$

5. $x_k\ge 0 \quad (k=1,\cdots,n)$

6. $u_i\ge 0 \ (i=1,\cdots,m)$

증명 증명 과정을 간단하게 보이기 위해 아래와 같이 변수 2개, 부등식 1개, 등식 1개와 비음조건이 있는 문제에 대해 정리 7.2 조건이 정리 7.3 조건과 같음을 보인다. 일반적인 문제에 대해서도 같은 과정을 적용하면 된다.

$$
\begin{aligned}
\textbf{(NLP)}\quad &\text{maximize} && f(x_1,x_2)\\
&\text{subject to} && g(x_1,x_2)\le 0,\\
&&& h(x_1,x_2)=0,\\
&&& x_1\ge 0,\, x_2\ge 0
\end{aligned}
$$

여기서 비음조건도 부등식으므로 위 문제를 다시 쓰면 아래와 같다.

$$
\begin{aligned}
\textbf{(NLP')}\quad &\text{maximize} && f(x_1,x_2)\\
&\text{subject to} && g(x_1,x_2)\le 0,\\
&&& -x_1\le 0,\\
&&& -x_2\le 0,\\
&&& h(x_1,x_2)=0,
\end{aligned}
$$

문제 **(NLP')**에 대한 라그랑지 함수 L를 아래와 같이 놓는다.

$$L(x_1,x_2;u_1,u_2,u_3,v) = f(x_1,x_2) - u_1 g(x_1,x_2) - u_2(-x_1) - u_3(-x_2) - vh(x_1,x_2)$$

그러면 정리 7.2에 의해 **(NLP')**의 KKT 조건은 다음과 같다.

(1a) $\dfrac{\partial L}{\partial x_1} = \dfrac{\partial f}{\partial x_1} - u_1 \dfrac{\partial g}{\partial x_1} + u_2 - v\dfrac{\partial h}{\partial x_1} = 0$

(1b) $\dfrac{\partial L}{\partial x_2} = \dfrac{\partial f}{\partial x_2} - u_1 \dfrac{\partial g}{\partial x_2} + u_3 - v\dfrac{\partial h}{\partial x_2} = 0$

(2a) $g(x_1,x_2) \le 0,\ -x_1 \le 0,\ -x_2 \le 0$

(2b) $h(x_1,x_2) = 0$

(3a) $u_1 g(x_1,x_2) = 0$,

(3b) $u_2(-x_1) = 0, u_3(-x_2) = 0$

(4) $u_1 \ge 0, u_2 \ge 0, u_3 \ge 0$.

이제 원 문제인 **(NLP)**의 라그랑지 함수 L_+를 아래와 같이 놓는다.

$$L_+(x_1,x_2;u_1,u_2,u_3,v) = f(x_1,x_2) - u_1 g(x_1,x_2) - vh(x_1,x_2)$$

그러면 (1a) 및 (1b)와 (4)로부터

new (1a) $\quad -u_2 = \dfrac{\partial f}{\partial x_1} - u_1\dfrac{\partial g}{\partial x_1} - v\dfrac{\partial h}{\partial x_1} = \dfrac{\partial L_+}{\partial x_1} \le 0$

new (1b) $\quad -u_3 = \dfrac{\partial f}{\partial x_2} - u_1\dfrac{\partial g}{\partial x_2} - v\dfrac{\partial h}{\partial x_2} = \dfrac{\partial L_+}{\partial x_2} \le 0$

이 된다. 또한 (3b)와 위의 new (1a) 및 new (1b)로부터 다음이 얻어진다.

new (2a) $\quad u_2(-x_1) = x_1(-u_2) = x_1\left(\dfrac{\partial L_+}{\partial x_1}\right) = 0$

new (2b) $\quad u_3(-x_2) = x_2(-u_3) = x_2\left(\dfrac{\partial L_+}{\partial x_2}\right) = 0$

(2a)와 (2b)로부터 다음이 얻어진다.

new (3a) $\quad g(x_1,x_2) \le 0$

new (3b) $h(x_1, x_2) = 0$

new (5) $x_1 \geq 0, x_2 \geq 0$

(3a)와 (4)로부터 다음이 얻어진다.

new (4) $u_1 g(x_1, x_2) = 0$

new (6) $u_1 \geq 0$

새로 얻어진 조건들(new)을 모으면 정리 7.3의 **(NLP)** KKT 조건이 얻어진다.

비선형계획 일반문제는 최대화 문제를 전제로 하여 KKT 조건을 소개하였지만, 최소화 문제의 경우는 목적함수에 '−'를 붙여 최대화 문제로 전환하여 KKT 조건을 적용할 수 있다. 또한 일반문제의 부등식 제약식은 '좌변함수≤ 0' 형태인데, 부등식의 방향이 반대 방향인 문제에 대해서는 양변에 음(−)을 곱해 '좌변함수≤ 0' 꼴로 바꾸어야 한다.

KKT 조건은 지역 최적해가 되기 위한 필요조건이지만 함수 f 및 $g_i(i=1, \cdots, m)g_i(i=1, \cdots, m)$가 볼록함수이고, $h_j(j=1, \cdots, l)$가 선형함수라면, KKT 조건은 지역 최적해가 되기 위한 충분조건이 되고 KKT 조건을 만족하는 해는 전체 최적해가 된다.

예제 7.5 KKT 조건

다음 문제에 대해 각각 KKT 조건을 쓰고, KKT 조건을 만족하는 해를 직접 구하라.

(1) maximize $-x_1^2 - x_2^2 + 8x_1 + 4x_2$

subject to $x_1 + x_2 = 2$

$x_1 \geq 0, x_2 \geq 0$

(2) maximize $\ln(x_1 + 1) + x_2$

subject to $2x_1 + x_2 \leq 3$

$x_1 \geq 0, x_2 \geq 0$

(3) maximize $x_1 x_2$

subject to $2x_1 + x_2 = 10$

$x_1 \geq 0, x_2 \geq 0$

(4) maximize x_1x_2

subject to $2x_1 + x_2 \le 10$

$x_1 \ge 0, x_2 \ge 0$

※ 문제 (3)과 문제 (4)는 동일한 문제이나 등식 제약식을 부등식 제약식으로 바뀌었다.

풀이

(1) KKT 조건은 아래와 같다. 여기서 $L_+ = -x_1^2 - x_2^2 + 8x_1 + 4x_2 - v(x_1 + x_2 - 2)$ 이다.

①-(1) $\frac{\partial L_+}{\partial x_1} = -2x_1 + 8 - v \le 0$

①-(2) $\frac{\partial L_+}{\partial x_2} = -2x_2 + 4 - v \le 0$

②-(1) $x_1(-2x_1 + 8 - v) = 0$

②-(2) $x_2(-2x_2 + 4 - v) = 0$

③ $x_1 + x_2 - 2 = 0$

④ 해당 없음

⑤ $x_1 \ge 0, x_2 \ge 0$

⑥ 해당 없음

(i) $x_1 = 0$ 이면, ③에서 $x_2 = 2$, ②-(2)에서 $v = 0$, $-2x_1 + 8 - v > 0$, ①-(1)과 모순됨.

(ii) $x_2 = 0$ 이면, ③에서 $x_1 = 2$, ②-(1)에서 $v = 4$가 됨. ①-(1) 및 ①-(2) 모두 만족됨. 즉 $v = 4$ 및 $x_1 = 2$, $x_2 = 0$은 KKT 조건의 모든 조건을 만족한다.

(2) KKT 조건은 아래와 같다. 여기서 $L_+ = \ln(x_1 + 1) + x_2 - u(2x_1 + x_2 - 3)$ 이다.

①-(1) $\frac{\partial L_+}{\partial x_1} = \frac{1}{x_1 + 1} - 2u \le 0$

①-(2) $\frac{\partial L_+}{\partial x_2} = 1 - u \le 0$

②-(1) $x_1(\frac{1}{x_1 + 1} - 2u) = 0$

②-(2) $x_2(1 - u) = 0$

③ $2x_1 + x_2 - 3 \le 0$

④ $u(2x_1+x_2-3)=0$

⑤ $x_1 \geq 0, x_2 \geq 0$

⑥ $u \geq 0$.

①-(2)로부터 $u \geq 1$. 따라서 이러한 u의 값과 ⑤로부터 $\frac{1}{x_1+1}-2u<0$ 이다. 따라서 ②-(1)로부터 $x_1=0$이다. ④로부터 $2x_1+x_2-3=0$이므로 $x_2=3$이 된다. 그러면 ②-(2)로부터 $u=1$이 된다. 즉 $x_1^*=0$, $x_2^*=3$ 및 $u^*=1$ 은 KKT 조건을 모두 만족한다.

(3) KKT 조건은 아래와 같다. 여기서 $L_+=x_1x_2-v(2x_1+x_2-10)$이다.

①-(1) $\frac{\partial L_+}{\partial x_1}=x_2-2v \leq 0$

①-(2) $\frac{\partial L_+}{\partial x_2}=x_1-v \leq 0$

②-(1) $x_1(x_2-2v)=0$

②-(2) $x_2(x_1-v)=0$

③ $2x_1+x_2-10=0$

④ 해당 없음

⑤ $x_1 \geq 0, x_2 \geq 0$

⑥ 해당 없음.

예제 7-1에서 보았듯이 문제 (3)의 최적해 $x_1^*=2.5$, $x_2^*=5$ 와 $v=2.5$ 는 위의 모든 조건을 만족한다. KKT 조건을 만족한다.

(4) 이 문제는 제약식이 등식에서 부등식으로 바뀐 경우이다. 다른 것은 모두 동일하다. 또한 이 문제는 예제 7-1의 모형화 토의에서 다룬 문제이기도 하다. KKT 조건은 아래와 같다. 여기서 $L_+=x_1x_2-u(2x_1+x_2-10)$ 이다.

①-(1) $\frac{\partial L_+}{\partial x_1}=x_2-2u \leq 0$

①-(2) $\frac{\partial L_+}{\partial x_2}=x_1-u \leq 0$

②-(1) $x_1(x_2-2u)=0$

②-(2) $x_2(x_1-u)=0$

③ $2x_1 + x_2 - 10 \le 0$

④ $u(2x_1 + x_2 - 10) = 0$

⑤ $x_1 \ge 0, x_2 \ge 0$

⑥ $u \ge 0$.

(3)의 최적해 $x_1^* = 2.5$, $x_2^* = 5$ 및 $u = 2.5$ 는 역시 이번 KKT 조건식도 모두 만족함을 확인할 수 있다. 그러나 $x_1^* = 0, x_2^* = 0$ 및 $u = 0$ 도 위의 모든 조건을 만족한다.

모형화 토의

예제 7.1에서 언급한 바와 같이 $x_1^* = 0$, $x_2^* = 0$은 지역 최적해가 아니다. 즉, KKT 조건은 필요조건이므로 지역 최적해는 조건식을 만족시키나, KKT 조건을 만족한다고 해서 모두 지역 최적해가 되지는 않는다. 엄밀하게 말해서 엑셀 해찾기의 해법 중 '비선형 GRG'는 KKT 조건을 만족하는 해를 찾아주는 비선형 해찾기이다. 따라서 초기해에 따라서 지역 최적해를 제공하거나 아니면 지역 최적해가 아닌 KKT 조건 만을 만족하는 해를 제공하기도 한다. 예제 7.1 모형화 토의에서 언급한 바와 같이 엑셀 해찾기는 위의 문제에 대해서 초기해가 $x_1 = 0, x_2 = 0$ 인 경우는 $x_1^* = 0, x_2^* = 0$을 제공하고, 그 외의 초기해인 경우는 $x_1^* = 2.5$, $x_2^* = 5$를 제공한다.

7.4 비선형계획문제 해법

비선형계획 문제는 반복 알고리즘에 의해 해를 구해 나간다. 제약식의 여부, 부등식 제약식의 여부, 선형제약식만 있는 경우 등 문제에 따라 다양한 알고리즘이 존재한다. 그러나 여기서는 해법의 개념을 설명하기 위한 목적으로 제약식이 없는 문제에 대해 가장 간단한 알고리즘을 소개한다.

비선형계획문제의 반복 알고리즘은 아래와 같은 구조를 갖는다:

0) 초기해 x^0을 선정한다. $k = 0$.

1) (반복 k) x^k 로부터 x^{k+1}을 구한다.

2) 종료조건을 만족하면 멈춘다. 그렇지 않으면 $k \leftarrow k+1$로 놓고 1)로 간다.

반복 알고리즘이 종료하여 얻어진 x^{k+1}를 x^*로 놓고 이를 최적해로 제공하게 된다.

그림 7.11은 이러한 반복 알고리즘이 해를 찾아가는 과정을 그림으로 나타낸 것이다. x^k는 일반적으로 다변수 벡터를 의미하고, 윗첨자는 반복수를 의미한다.

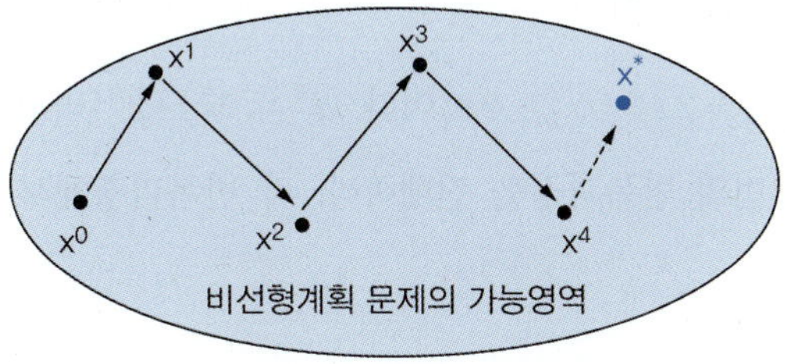

그림 7.11 비선형계획문제 해법으로의 반복 알고리즘

반복 알고리즘에는 반복과정에 따라 2 종류로 나누어 진다. 첫 번째 종류는 x^k에서 x^{k+1}을 구하는 반복과정이 먼저 x^k에서 움직일 방향(d^k)을 결정하는 과정과 d^k 방향을 따라 얼마나 진행할지 스텝크기(t_k)를 결정하는 2 과정으로 이루어진다. 그러면 다음 단계의 x^{k+1}는 다음과 같이 결정된다.

$$x^{k+1} = x^k + t_k d^k$$

대부분의 비선형계획 해법들이 여기에 속한다. 반복과정에서 d^k를 계산하는 과정을 방향결정 과정이라 하고, d^k 방향으로 진행할 크기 t_k를 결정하는 과정을 라인탐색(line search)이라 한다. 두 번째 종류는 x^k로부터 직접 x^{k+1}를 결정하는 방법이다. 그림 7.12는 방향결정과 라인탐색으로 이루어지는 반복 알고리즘이다. 두 번째 방법의 대표적인 예는 뉴튼의 해법(Newton's method)이 있다. 이 경우는 해를 구하기 위해 적용할 수 있는 문제의 조건이 까다롭다.

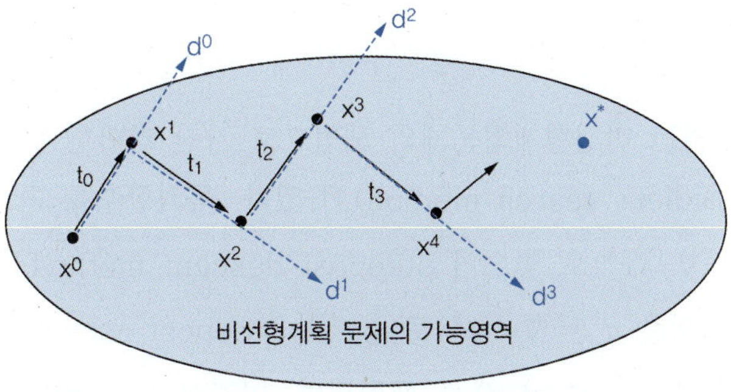

그림 7.12 방향설정과 라인탐색으로 이루어지는 반복 알고리즘

다변수의 목적함수가 $f(x)$일 때, 현재 x^k에서 방향 d^k이 결정되면 라인탐색을 위한

목적함수 $f(x^k + t\,d^k)$는 t에 대한 일변수 함수가 된다.

예제 7.6 **최대화 문제에서 라인탐색**

$f(x_1, x_2) = 2x_1x_2 + 2x_2 - x_1^2 - 2x_2^2$이다. $d^k = \nabla f(x^k)$라고 가정할 때, 초기해 $x^0 = (0,0)$으로부터 2번의 반복과정을 진행하라. 각 반복과정에서 라인탐색은 최적의 스텝크기로 결정한다.

풀이 $\nabla f = \left(\dfrac{\partial f}{\partial x_1}, \dfrac{\partial f}{\partial x_2}\right) = (2x_2 - 2x_1, 2x_1 + 2 - 4x_2)$이다.

〈반복 1〉

$x^0 = (0,0)$에서 방향은 $d^0 = \nabla f(0,0) = (0,2)$이고, $x^0 + t\,d^0 = (0,0) + t(0,2) = (0,2t)$이므로 $f(x^0 + t\,d^0) = f(0,2t) = 4t - 8t^2$이다. $g_1(t) \equiv f(x^0 + td^0) = 4t - 8t^2$이라고 놓고, $g_1(t)$를 최대화하는 t를 구한다. 즉 $g_1{}'(t) = 4 - 16t = 0$. 따라서 $t_0 = \dfrac{1}{4}$. 따라서 $x^1 = x^0 + t_0 d^0 = (0,0) + \dfrac{1}{4}(0,2) = \left(0, \dfrac{1}{2}\right)$.

〈반복 2〉

$x^1 = \left(0, \dfrac{1}{2}\right)$에서 방향은 $d^1 = \nabla f\left(0, \dfrac{1}{2}\right) = (1,0)$이고, $x^1 + t\,d^1 = \left(0, \dfrac{1}{2}\right) + t(1,0) = \left(t, \dfrac{1}{2}\right)$이므로 $f(x^1 + t\,d^1) = f\left(t, \dfrac{1}{2}\right) = t + 1 - t^2 - \dfrac{1}{2} = -t^2 + t + \dfrac{1}{2}$이다. $g_2(t) \equiv f(x^1 + td^1) = -t^2 + t + \dfrac{1}{2}$라고 놓고, $g_2(t)$를 최대화하는 t를 구한다. 즉 $g_2{}'(t) = -2t + 1 = 0$ 따라서 $t_1 = \dfrac{1}{2}$. 따라서 $x^2 = x^1 + t_1 d^1 = \left(0, \dfrac{1}{2}\right) + \dfrac{1}{2}(1,0) = \left(\dfrac{1}{2}, \dfrac{1}{2}\right)$.

제약식이 없는 비선형계획문제의 해법으로 가장 간단한 반복 알고리즘으로 경사탐색법(gradient search method)이 있다. 목적함수를 최소화하는 경우는 방향을 $d^k = -\nabla f(x^k)$로 놓으며 steepest descent method라 부르고, 최대화하는 경우는 방향을 $d^k = \nabla f(x^k)$로 놓으며 steepest ascent method라 부른다. 반복과정은 $x^{k+1} = x^k + t_k d^k$로 표현되며, 여기서 t_k는 라인탐색에 의한 스텝크기를 의미한다.

Steepest ascent(descent) method

단계 0 초기해 x^0 선택, 종료조건을 위해 ϵ_1, ϵ_2 선정한다.

단계 1 $\nabla f(x^k)$를 계산한다.

$\| \nabla f(x^k) \| < \epsilon_1$ 이면, 멈춘다. $x^* = x^k$

아니면, $d^k = \begin{cases} \nabla f(x^k) & \text{if max} \\ -\nabla f(x^k) & \text{if min} \end{cases}$

단계 2 라인탐색: x^k 에서 d^k 방향으로 t 의 일변수 함수 $f(x^k + t d^k)$을 갖고 스텝크기 t_k 를 결정한다. 그리고 $x^{k+1} = x^k + t_k d^k$ 로 놓는다.

단계 3 $|f(x^{k+1}) - f(x^k)| < \epsilon_2$ 이면 멈춘다. $x^* = x^{k+1}$

아니면, $k \leftarrow k+1$ 놓고, 단계 1로 간다.

그림 7.13은 steepest ascent method의 반복과정을 그림으로 표현한 것이다. 현재 x^k 에서 $\nabla f(x^k) = d^k$ 는 등고선의 법선 방향이 되고, 이 방향으로 목적함수를 최대화하도록 스텝크기를 결정하여 t_k 를 결정하게 된다.

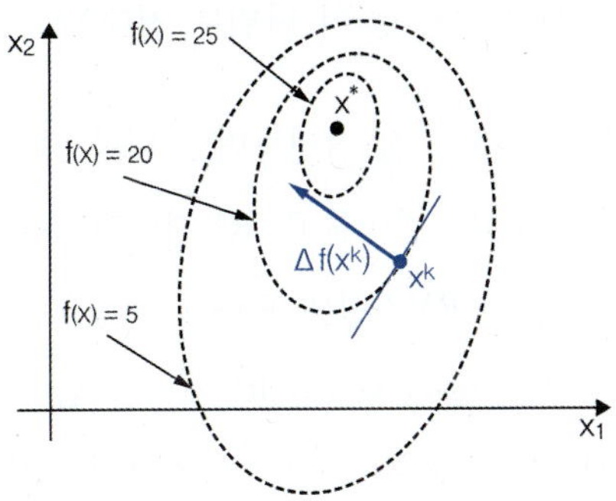

그림 7.13 Steepest ascent method의 반복과정

위에서 소개한 steepest ascent(descent) method은 제약식이 없는 최대화(최소화) 비선형계획 문제의 해법으로서 가장 간단한 경우이며 단지 비선형계획 해법의 개념을 소개하기 설명하였다. 제약식을 포함한 비선형계획(NLP) 문제 solver로 엑셀에서 제공하는 해법은 GRG2(Generalized reduced gradient method, 2nd version)이다. GRG2 해법에 대한 간단한 소개는 7장 부록을 참고할 수 있다.

7.5 가격결정 모형

관리경제학에 의하면 판매이익은 가격의 비선형함수로 표현된다. 가격결정 모형(pricing model)이란 판매이익을 최대화하는 가격결정 문제이다.

예제 7.7 **자동차 가격결정**

한 자동차 회사는 중대형 승용차와 RV차량을 생산하여 판매하고 있는데, 중대형 승용차와 RV차량의 시장은 서로 중복되어 있다. 중대형 승용차를 원하는 사람이 RV차량을 원하기도 하고, 중대형 승용차를 원하는 사람 중 일부가 RV차량으로 선호도를 바꾸기도 한다. 중대형 승용차와 RV차량의 가격을 각각 P_1과 P_2, 판매대수를 각각 Q_1과 Q_2라고 하면 다음의 관계식이 성립한다.

$$Q_1 = 360 - 120P_1 + 30P_2$$

$$Q_2 = 400 + 40P_1 - 100P_2$$

(P_1, P_2의 단위는 천만원이고, Q_1, Q_2의 단위는 천대임)

위 식에서 가격에 대한 계수의 부호를 잘 살펴보면 중대형 승용차의 가격(P_1)이 오르면 중대형 승용차의 판매대수(Q_1)는 줄어들고, RV차량의 판매대수(Q_2)는 늘어난다. 반대로 RV차량 가격(P_2)이 오르면 RV차량의 판매대수(Q_2)는 줄어들고, 중대형 승용차 판매대수(Q_1)는 늘어난다. 중대형 승용차와 RV차량을 합하여 이 회사의 생산능력은 연간 600(천대)이다. 중대형 승용차는 대당 1.0(천만원), RV차량은 1.2(천만원)의 생산원가가 소요된다. 이 회사의 총 판매이익이 최대화되도록 두 종류의 차량가격을 결정하라.

모형화 가이드

1. **판매가격 결정** 중대형 승용차의 가격과 RV차량 가격이 정해지면 각각 자동차의 판매대수가 정해지므로 중대형 승용차의 가격과 RV차량 가격은 의사결정변수가 된다.
2. **판매대수 계산** 각 자동차의 판매대수는 문제에서 주어진 것처럼 두 자동차 판매가격의 함수로 표현된다.
3. **판매수입 합계** 판매수입은 중대형 승용차 및 RV차량의 각각의 **판매대수*가격** 의 합으로 계산한다.

4. **생산원가 합계** 생산원가 총액은 중대형 승용차 및 RV차량의 각각의 **판매대수*생산원가**의 합으로 계산한다.
5. **총 판매이익** 총 판매이익은 **판매수입 합계 – 생산원가 합계** 로 계산된다.

수리 모형화

1. **의사결정변수** 승용차의 가격(P_1) 및 RV차량 가격(P_2)이 의사결정변수가 된다.
2. **목적함수** 총 판매이익이 목적함수가 되며 이는 판매수입 합계에서 생산원가 합계를 뺀 값이다.

$$
\begin{aligned}
&Q_1P_1 + Q_2P_2 - Q_1(1.0) - Q_2(1.2) \\
&\quad = Q_1(P_1 - 1) + Q_2(P_2 - 1.2) \\
&\quad = (360 - 120P_1 + 30P_2)(P_1 - 1) + (400 + 40P_1 - 100P_2)(P_2 - 1.2) \\
&\quad = -120P_1^2 + 70P_1P_2 - 100P_2^2 + 432P_1 + 490P_2 - 840
\end{aligned}
$$

3. **제약식** 회사의 연간 생산능력이 600(천대)이므로 $Q_1 + Q_2 \le 600$ 이 되어야 하며 이를 의사결정변수 P_1, P_2 로 표현하면 다음과 같다.

$$(360 - 120P_1 + 30P_2) + (400 + 40P_1 - 100P_2) \le 600$$

이를 다시 정리하면 아래와 같다.

$$8P_1 + 7P_2 \ge 16$$

4. **수리모형**

$$
\begin{aligned}
\text{maximize} \quad & -120P_1^2 + 70P_1P_2 - 100P_2^2 + 432P_1 + 490P_2 - 840 \\
\text{subject to} \quad & 8P_1 + 7P_2 \ge 16, \\
& P_1 \ge 0, P_2 \ge 0
\end{aligned}
$$

스프레드시트 모형화

1. **입력자료** C5:E6, C9:D9, D16
   차량 판매대수를 나타내는 함수의 상수와 계수를 C5:E6에 입력한다. 생산원가는 C9:D9에 입력한다. 생산능력은 D16에 입력한다.
2. **변수셀** D11:E11
   승용차 가격과 RV차의 가격을 변경셀로 D11:E11에 설정한다.
3. **수식셀** C13:D13, B16

C13 = C5+SUMPRODUCT(D5:E5,$C$11:$D$11) **D13 자동복사, 판매대수를 계산함**

B16 = SUM(C13:D13), **실제 생산대수를 계산함**

4. 목표셀 C20

총 판매이익을 C20에 계산하여 목표셀로 한다.

C18 = SUMPRODUCT(C11:D11,C13:D13) **판매수입 합계를 계산함**
C19 = SUMPRODUCT(C9:D9,C13:D13) **생산원가 합계를 계산함**
C20 = C18−C19

	A	B	C	D	E	F	G	H
1	**예제 7-7 자동차 가격결정**							
2								
3	**입력자료: 판매대수 함수의 계수**							
4			상수항	승용차 가격계수	RV차 가격계수			
5		승용차(천대)	360	-120	30			
6		RV차(천대)	400	40	-100			
7								
8			승용차	RV차				
9		생산원가(천만원)	1	1.2				
10								
11	**변수셀**	가격(천만원)	2.8005	3.4302				
12								
13		판매대수(천대)	126.849	169.002				
14								
15	**제한조건**	실제 생산대수		생산능력				
16		295.852	<=	600				
17								
18	**목표셀**	판매수입 합계	934.942	**C13 =C5+SUMPRODUCT(D5:E5,$C$11:$D$11) D13 자동복사**				
19		생산원가 합계	329.652	**B17 =SUM(C13:D13)**				
20		총 판매이익	605.290	**C18 =SUMPRODUCT(C11:D11,C13:D13)**				
21				**C19 =SUMPRODUCT(C9:D9,C13:D13)**				
22				**C20 =C18-C19**				

그림 7.14 자동차 가격결정 (스프레드시트 모형)

해찾기 실행

1. 목표셀, 변경셀, 제한조건을 그림 7.14와 같이 입력하고, 제한되지 않는 변수를 음이 아닌 수로 설정을 체크하고, 해법으로는 GRG 비선형을 선택한다.

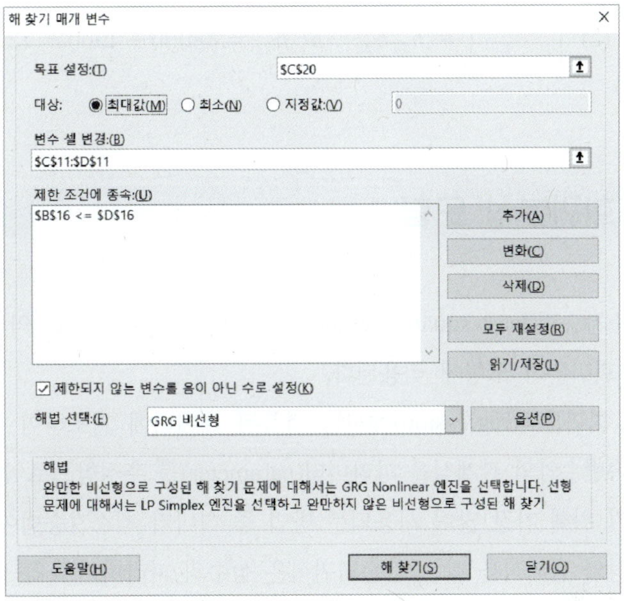

그림 7.15 자동차 가격결정 (해찾기 모델설정)

2. 최적해

승용차 판매가격은 2.8005(천만원)이고 RV차 판매가격은 3.4302(천만원)일 때, 승용차는 126.849(천대), RV차량은 169.002(천대)를 생산하여 판매하게 된다. 그러면 그때 총 판매이익은 605.290(백억원)이 된다.

3. 전체 최적성 검사[4)]

제약식은 선형이므로 목적함수가 오목함수이면 해찾기에 의해 계산된 최적해는 전체 최적해가 된다(표 7.2 참고). 목적함수는 수리모형화에서 계산된 것처럼 가격 P_1, P_2에 대해 2차식이다.

$$f = -120P_1^2 + 70P_1P_2 - 100P_2^2 + 432P_1 + 490P_2 - 840$$

이에 대해 헤시안-행렬을 계산하면 아래와 같으며, 행렬식 조건에 의해 오목함수임을 확인할 수 있다.

$$H = \begin{pmatrix} -240 & 70 \\ 70 & -200 \end{pmatrix} \text{이므로}$$

(1) $h_{11} = -240 \le 0$

4) 미적분학 및 선형대수학을 수강하지 않은 경우 생략 가능함

(2) $\begin{vmatrix} h_{11} & h_{12} \\ h_{21} & h_{22} \end{vmatrix} = h_{11}h_{22} - h_{12}h_{21} = 48000 - 4900 = 43100 \geq 0$

7.6 최소자승법: 회귀분석 모형

최소자승법(least square method)은 의사결정시 오차 제곱의 합을 최소화시키는 방법으로 회귀분석 모형에 적용된다.

회귀분석(regression)에서는 관측된 데이터에 기초하여 독립변수와 이에 상응하는 종속변수와의 관계식을 파라미터(parameter)를 추정함으로 얻게 된다. 파라미터를 추정하기 위해 가장 많이 사용되는 방법 중 하나가 최소자승법이다. 독립변수가 한 개이고 선형의 관계식을 갖는 단순회귀식은 상수의 파라미터 α와 1차식의 회귀계수 β의 2개의 파라미터를 갖기 때문에 다음과 같은 1차식으로 표현된다.

$$y = \alpha + \beta x$$

이제 n 개의 관측값을 $(x_i, y_i), i = 1, \cdots, n$ 라고 하면, 단순회귀 모형은 파라미터 α, β를 포함한 다음의 식으로 표현된다.

$$y_i = \alpha + \beta x_i + \epsilon_i,\ \ i = 1, \cdots, n$$

여기서 $\alpha + \beta x_i$는 추정한 값이 되고, y_i는 실제 관측값이다. $\epsilon_i = y_i - (\alpha + \beta x_i)$는 i 번째 관측오차로서 관측값−추정값이다. 최소자승법은 위의 단순회귀 모형에서 α, β를 오차(ϵ_i)제곱의 합이 최소가 되도록 결정한다. 이를 수식으로 표현하면 아래와 같은 제약식이 없는 최적화 문제가 된다.

$$\text{minimize} \ \sum_{i=1}^{n} \epsilon_i^2 = \sum_{i=1}^{n} (y_i - \alpha - \beta x_i)^2$$

예제 7.8 **주식의 beta 추정**

P전자 주식에 대한 월별 투자수익률과 우리나라 주식시장의 월별 평균수익률이 아래 표 7.7과 같이 주어져 있다. P전자 주식에 투자수익률을 시장수익률의 선형회귀식으로 다음과 같이 표현할 때 이에 대한 α와 β를 최소자승법으로 추정하고자 한다.

$$r_p = \alpha + \beta r_s + \epsilon$$

여기서 r_p는 P전자 주식의 투자수익률이고, r_s는 주식시장의 평균 수익률이다. ϵ는 변동을 나타내는 오차 항이다. 위의 선형 회귀식에서 시장수익률이 1%증가하면 특정주식 P의 수익률은 β% 증가함을 뜻한다. 이것을 P전자 주식의 베타(β)라고 부른다. β가 양(+)의 값을 가지면, 주식시장의 평균수익률이 커지면 특정 P전자 주식도 수익률이 커진다는 것을 의미한다. 시장 평균수익률이 줄어들면 주식 P의 수익률도 줄어든다. β가 음(−)의 값을 가지면 시장의 평균수익률과 특정 주식 P의 수익률은 반대로 움직인다. 베타는 이론적인 것으로서 그 참값은 알 수 없다. 다만 과거 자료로서 추정할 뿐이다. β값이 크면 음수이든, 양수이든 주식시장의 수익률 변동에 민감하게 반응하고 경기변동에 민감함을 뜻한다. 반면 β값이 작으면 안정적이고 변동이 적음을 뜻한다.

표 7.7 24개월간 P전자 수익률과 시장수익률

년	월	P전자 수익률(%)	시장수익률(%)
2020	1	−19.19	−15.44
2020	2	−10.95	−7.99
2020	3	−21.60	−18.51
2020	4	−24.72	−16.20
2020	5	−7.60	−23.97
2020	6	0.63	−1.60
2020	7	−18.12	−10.65
2020	8	−6.27	−22.28
2020	9	0.19	−1.94
2020	10	4.82	0.76
2020	11	5.39	5.48
2020	12	0.23	−2.37
2021	1	5.88	0.11
2021	2	18.85	15.43
2021	3	−6.44	−3.19
2021	4	−20.94	−5.00
2021	5	11.51	11.07
2021	6	−1.57	−0.80
2021	7	11.36	8.11
2021	8	−9.07	−4.86
2021	9	14.65	13.99
2021	10	−7.68	−1.01
2021	11	19.54	10.25
2021	12	14.86	7.64

모형화 가이드 P전자 주식의 수익률에 대한 선형회귀식 $r_p = \alpha + \beta r_s$ 을 추정하는 것은 α, β의 값을 정하는 것이 된다. 따라서 α, β의 값을 최소자승법에 의해 결정하기 위해서 다음 값들을 표현한다.

- t번째 월에 대한 P전자의 수익률 예측값 $(\alpha + \beta r_{st})$
- t번째 월에 대한 P전자의 실제 수익률(r_{pt})과 예측값과의 차이인 오차($\epsilon_t = r_{pt} - (\alpha + \beta r_{st})$).
- 오차의 제곱과 오차제곱의 합.

수리 모형화

1. **의사결정변수** 선형회귀 계수 α, β
2. **목적함수** P전자의 실제 수익률과 예측값의 차이인 오차 제곱의 합으로 아래와 같다.

$$\sum_{t=1}^{24} \epsilon_t^2 = \sum_{t=1}^{24} (r_{pt} - (\alpha + \beta r_{st}))^2$$

3. **제약식** 제약식은 없다.
4. **수리모형**

$$\text{minimize} \quad \sum_{t=1}^{24} (r_{pt} - (\alpha + \beta r_{st}))^2$$

스프레드시트 모형화

1. **입력자료** B7:B30(P전자 수익률), C7:C30(시장 수익률)
   24개월 수익률 데이터인 P전자 수익률을 B7:B30에 입력하고, 시장 평균수익률을 C7:C30에 입력한다. 참고로 그림 7.16에는 행13~행22가 감추어져 있다.
2. **변경셀** C3:D3
   선형회귀 계수 α, β 값은 스프레드시트에서 변경셀로 설정된다. 셀영역 C3:D3를 변경셀로 설정한다.
3. **목표셀** F31

```
D7 = $C$3+$D$3*C7      D8:D30 자동복사, 예측수익률 계산
E7 = B7−D7             E8:E30 자동복사,  오차 계산
F7 = E7*E7             F8:F30 자동복사,  오차 제곱 계산
F31 = SUM(F7:F30)
```

4. **제한조건** 해당 없음

	A	B	C	D	E	F	G	H
1	예제 7-8 주식의 Beta 추정							
2			alpha	beta				
3	예측모형 상수		0.69853	1.00077				
4								
5	과거 24개월 수익율 자료							
6	월	P전자 수익율(%)	시장 수익율(%)	예측 수익율	예측 오차	오차 제곱		
7	1	-19.19	-15.44	-14.75	-4.44	19.7394		
8	2	-10.95	-7.99	-7.29	-3.65	13.3445		
9	3	-21.60	-18.51	-17.82	-3.77	14.2432		
10	4	-24.72	-16.20	-15.51	-9.20	84.6905		
11	5	-7.60	-23.97	-23.29	15.69	246.1764		
12	6	0.63	-1.60	-0.90	1.53	2.3417		
23	17	11.51	11.07	11.78	-0.27	0.0715		
24	18	-1.57	-0.80	-0.10	-1.47	2.1569		
25	19	11.36	8.11	8.81	2.54	6.4694		
26	20	-9.07	-4.86	-4.16	-4.91	24.1371		
27	21	14.65	13.99	14.70	-0.05	0.0027		
28	22	-7.68	-1.01	-0.31	-7.37	54.3335		
29	23	19.54	10.25	10.95	8.59	73.7356		
30	24	14.86	7.64	8.34	6.51	42.4302		
31						1228.012		
32						제곱합		

D7 =$C$3+$D$3*C7 D8:D30 자동복사
E7 =B7-D7 E8:E30 자동복사
F7 =E7*E7 F8:F30 자동복사
F31 =SUM(F7:F30)

그림 7.16 주식의 베타 추정 (스프레드시트 모형)

해찾기 실행

1. 목표셀, 변경셀, 제한조건을 그림 7.17과 같이 입력하고, 해법은 GRG 비선형을 선택한다.

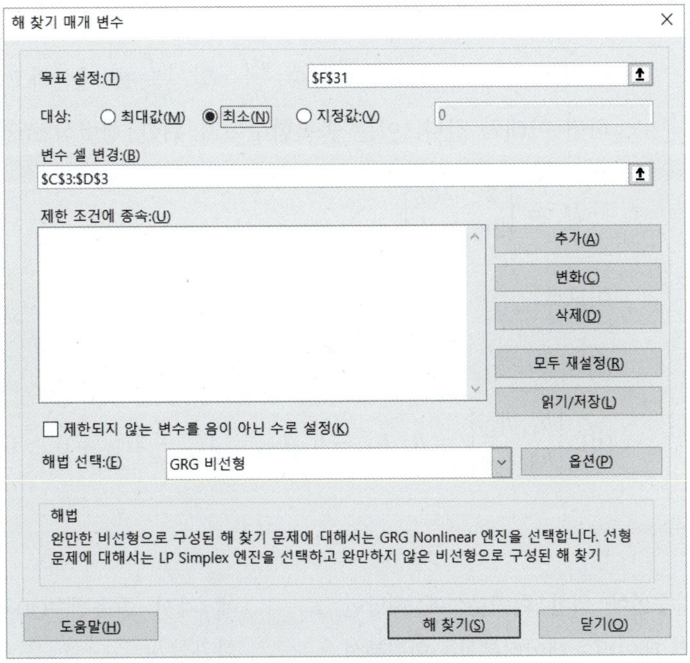

그림 7.17 주식의 베타 추정 (해찾기 모델 설정)

2. 옵션

목표셀은 제곱식으로 표현된 비선형계획 모형이고, 변경셀 값은 음수값을 가질 수 있기 때문에 어떤 것도 체크하지 않고 그대로 둔다.

3. 최적해

해찾기 결과의 α, β는 각각 0.69853 및 1.00077으로 예측 모형식은 다음과 같다.

$$r_p = 0.69853 + 1.00077\, r_s$$

따라서 시장수익률이 1% 변동하면 P전자 주식의 수익률도 약 1% 변동될 것으로 예측된다. 베타의 값이 양의 값이므로 시장수익률이 오르면 P전자 수익률도 오른다. 반대로 시장수익률이 내리면 P전자 주식의 수익률도 내린다.

4. 전체 최적성 검사[5)]

제약식은 없기 때문에 목적함수가 볼록함수이면 해찾기에 의해 계산된 최적해는 전체 최적해가 된다. 목적함수는 제곱식 24개의 합으로 구성되어 있기 때문에 각 제곱식이 볼록함수이면 합으로 표현된 전체 목적함수도 볼록함수가 된다.(7.2절 참조) 이제 하나의 제곱식에 대해서 볼록함수임을 보이려 한다. 대표하여 하나의 제곱식을 f라고 할 때,

$$f = (r_{pt} - \alpha - \beta r_{st})^2 = \alpha^2 + \beta^2 r_{st}^2 + 2\alpha\beta r_{st} - 2\alpha r_{pt} - 2\beta r_{pt} r_{st} + r_{pt}^2$$

이 된다. 이로부터 1차 도함수 $\frac{\partial f}{\partial \alpha}$ 및 $\frac{\partial f}{\partial \beta}$를 계산하고, 다시 헤시안-행렬을 계산하면 아래와 같다. 이는 볼록함수이기 위한 행렬식 조건을 만족한다.

$$H = \begin{pmatrix} 2 & 2r_{st} \\ 2r_{st} & 2r_{st}^2 \end{pmatrix}$$

이므로

(i) $h_{11} = 2 \geq 0,$

(ii) $\begin{vmatrix} h_{11} & h_{12} \\ h_{21} & h_{22} \end{vmatrix} = h_{11}h_{22} - h_{12}h_{21} = 4r_{st}^2 - 4r_{st}^2 = 0 \geq 0.$

모형화 토의

1. 본 예제는 최소자승법에 의한 회귀분석에 해당한다. 따라서 엑셀의 데이터 > 데이터분석 > 회귀분석에 가서 종속변수(y)와 독립변수(x)를 입력하여 회귀식 $y = \alpha + \beta x$을 구할 수 있다. (데이터에 해

5) 미적분학 및 선형대수학을 수강하지 않은 경우 생략 가능함

찾기 밑에 데이터분석이 없으면 파일 > Excel 옵션을 선택한다. 우측 '추가기능'에서 '분석도구'를 선택하고 하단의 '이동'을 클릭한다. 그러면 새로 뜬 추가기능 창에서 '분석도구'를 선택 확인하여 기능을 추가한다.) 이 문제를 위해서는 종속변수 y축 입력범위를 **\$B\$7:\$B\$30**로 입력하고, 독립변수 x축 입력 범위를 **\$C\$7:\$C\$30**로 입력한 후 확인을 클릭하여 분석을 실행하면 위와 동일한 모형의 계수값 α, β(Y절편 계수, X1 계수)를 얻을 수 있다. 참고로 여기서는 통계적 분석을 더해 주는데, 결정계수(coefficient of determination) 0.6965임을 알 수 있다. 이는 P 전자 주식의 수익률의 변동의 69.65%를 전체 시장 수익률의 변동으로 설명(예측)할 수 있다는 뜻이다.

2. 앞에서 설명하였듯이, 최소자승법은 현 시점을 기준으로 최근 예측오차와 과거의 예측오차를 동등한 비중으로 평가하고 있다. 최신의 자료에 더 비중을 두고자 하면 적절한 가중치를 예측오차의 제곱에 곱하면 된다. 한 가지 방법은 현시점을 기준으로 바로 직전의 오차에는 (1.0)을 곱하고, 두 달 전에는 (0.95), 그 전에는 $(0.95)^2$, $(0.95)^3$, …, $(0.95)^{23}$을 각각 곱하는 방법이다. 여기서 0.95는 물론 가중치 요소로서 임의로 정할 수 있다. $(0.95)^0 = 1.0$이므로 최신의 오차의 제곱은 100% 반영하고, $(0.95)^{23} = 0.3073$이므로 24개월 전의 오차제곱은 30.7%만 반영하게 된다. 이와 같이 가중치를 적용하기 위해서는 G7:G30에 아래의 엑셀 식을 입력한다.

> **G7 = \$F\$3^(24−A7) G8:G30 자동복사, 가중된 오차제곱 계산**

이렇게 가중치를 0.95로 하여 가중된 최소자승법을 적용하여 P전자의 수익률 예측모형을 도출해 보면 $r_p = 0.79427 + 1.07517 r_s$이 된다.

	A	B	C	D	E	F	G	H
1	예제 7-8 주식의 Beta 추정							
2			alpha	beta		가중치		
3	예측모형 상수		0.79427	1.07517		0.95		
4								
5	과거 24개월 수익율 자료							
6	월	P전자 수익율(%)	시장 수익율(%)	예측 수익율	예측 오차	오차 제곱	가중치	가중된 오차제곱
7	1	-19.19	-15.44	-15.80	-3.39	11.4931	0.3074	3.5325
8	2	-10.95	-7.99	-7.79	-3.15	9.9511	0.3235	3.2195
9	3	-21.60	-18.51	-19.10	-2.49	6.2144	0.3406	2.1164
10	4	-24.72	-16.20	-16.62	-8.09	65.5017	0.3585	23.4814
11	5	-7.60	-23.97	-24.97	17.38	301.9737	0.3774	113.9509
12	6	0.63	-1.60	-0.92	1.55	2.4133	0.3972	0.9586
23	17	11.51	11.07	12.70	-1.19	1.4086	0.6983	0.9837
24	18	-1.57	-0.80	-0.07	-1.50	2.2646	0.7351	1.6647
25	19	11.36	8.11	9.51	1.84	3.4023	0.7738	2.6327
26	20	-9.07	-4.86	-4.43	-4.65	21.5984	0.8145	17.5920
27	21	14.65	13.99	15.84	-1.19	1.4126	0.8574	1.2112
28	22	-7.68	-1.01	-0.29	-7.39	54.6403	0.9025	49.3128
29	23	19.54	10.25	11.81	7.73	59.7374	0.9500	56.7505
30	24	14.86	7.64	9.01	5.85	34.2206	1.0000	34.2206
31								671.253
32								합

D7 =\$C\$3+\$D\$3*C7 D8:D30 자동복사
E7 =B7-D7 E8:E30 자동복사
F7 =E7*E7 F8:F30 자동복사
G7 =\$F\$3^(24-A7) G8:G30 자동복사
H7 =F7*G7 H8:H30 자동복사
H31 =SUM(H7:H30)

그림 7.18 주식의 베타 추정 (가중치 고려)

7.7 포트폴리오 최적화

여러 종류의 투자대상이 있을 때, 원하는 수준의 기대수익(expected return)은 보장하면서 위험부담(risk)을 최소화하는 분산투자 방법은 무엇인가? 이와 같은 질문은 주식 투자 등의 자산관리 분야에서 흔히 하게 되는 질문이다. 이에 대한 대답은 포트폴리오 최적화(portfolio optimization) 분야의 대상이 되며 본 절의 주제이다. 역사적으로는 이와 관련 연구 업적으로 H. Markowitz는 1991년 노벨 경제학상을 받은 바 있다.

투자대상이 n개 있다고 가정한다. 각 투자대상i의 수익률(변수)을 R_i라고 하자. R_i는 정확히 예측할 수 없는 확률변수이다. 만일 R_i의 기댓값, 즉 평균값을 m_i라고 할 때, $m_i = 0.14$ 라고 하면 년초에 1만원을 투자하였을 때 년말에 1.14만원 수입이 기대된다는 뜻이다.

전체 투자액을 각 투자대상에 얼마나 투자할 것인가를 결정하기 위해 의사결정변수 x_i를 다음과 같이 정의한다.

x_i = 전체금액 중 투자대상 i에 투자하는 비율

그러면

$$x_1 + x_2 + \cdots + x_n = 1$$

이 성립된다. 따라서 투자액 전체에 대한 투자수익율 F는 아래 식으로 표현되며, R_i들이 각각 정확히 예측할 수 없는 확률변수이므로 투자수익율도 확률변수이다.

$$F = x_1 R_1 + \cdots + x_n R_n$$

이제 확률변수 F에 대한 기댓값(평균)과 분산을 구하면 다음과 같이 표현된다.

$$F\text{의 기댓값} = m_1 x_1 + m_2 x_2 + \cdots + m_2 x_n \tag{7.1}$$

$$\begin{aligned} F\text{의 분산} &= \sum_{i=1}^{n} \sum_{j=1}^{n} x_i x_j Cov(R_i, R_j) \\ &= \sum_{i=1}^{n} x_i^2 V(R_i) + \sum_{i \neq j} x_i x_j Cov(R_i, R_j) \end{aligned} \tag{7.2}$$

여기서 m_i, $V(R_i)$, $Cov(R_i, R_j)$는 다음과 같이 정의된다.

$m_i = E(R_i)$ = 수익률 R_i의 기댓값(평균)

$V(R_i) = E(R_i - m_i)^2$= 수익률 R_i의 분산(variance)

$Cov(R_i, R_j) = E(R_i - m_i)(R_j - m_j)$ = 수익률 R_i와 수익률 R_j의 공분산(covariance)

포트폴리오 최적화 문제는 F의 기댓값을 어느 수익률(r) 수준 이상이 되게 하면서 위험(F의 분산)을 최소화하고자 하는 투자방법 $x_i (i = 1, \cdots, n)$을 결정하는 것이다. 이를 수학적 모형으로 표현하면 다음과 같다.

$$\begin{aligned} \text{minimize} \quad & \sum_{i=1}^{n}\sum_{j=1}^{n} x_i x_j Cov(R_i, R_j) \\ \text{subject to} \quad & m_1 x_1 + m_2 x_2 + \cdots + m_2 x_n \geq r, \\ & x_1 + x_2 + \cdots + x_n = 1, \\ & x_i \geq 0, i = 1, \cdots, n \end{aligned}$$

R_i와 R_j의 공분산으로 만들어지는 행렬을 공분산 행렬(covariance matrix)이라 하며, 이를 C라고 놓으면, 즉 $C_{ij} = Cov(R_i, R_j)$라 할 때, 목적함수는 공분산 행렬에 의한 2차형식(quadratic form)인 $x^t Cx$로서 표현된다.

$$x^t Cx = (x_1, \cdots, x_n) \begin{pmatrix} C_{11} \cdots C_{1n} \\ \vdots \quad \cdots \quad \vdots \\ C_{n1} \cdots C_{nn} \end{pmatrix} \begin{pmatrix} x_1 \\ \vdots \\ x_n \end{pmatrix}$$

여기서 x^t는 열벡터 $x = \begin{pmatrix} x_1 \\ \vdots \\ x_n \end{pmatrix}$의 전치(transpose)로서 $x^t = (x_1, \cdots, x_n)$이다. 그러면 목적함수는 아래와 같은 2차형식으로 표현된다.

minimize $x^t Cx$

예제 7.9 **포트폴리오 최적화 문제**

3종류의 주식과 채권에 대한 1981-2000 기간 동안의 연간 수익률이 아래 표와 같다. 예를 들어, 1981년초 주식2에 1(백만원) 투자하면 1981년말 1.04(백만원) 수입이 있게 된다. 이제 1,000(백만원)을 4종류의 투자대상에 분산 투자하려 한다. 1년 동안의 기대 수익률이 적어도 0.1 이상 되면서 위험부담(분산)은 최소화되게 투자하려 한다. 각 투자대상에 얼마씩 투자하여야 하는가?

표 7.8 년도별 수익률

년도	년도별 수익률			
	주식1	주식2	주식3	채권
2001	−0.07	0.04	−0.05	0.04
2002	0.00	−0.13	−0.47	0.11
2003	0.16	0.10	0.40	0.02
2004	0.16	0.47	0.00	0.06
2005	−0.17	0.62	−0.22	0.02
2006	−0.25	0.65	−0.24	0.05
2007	0.34	−0.04	0.48	0.03
2008	0.28	−0.20	0.16	0.03
2009	−0.05	0.17	0.21	0.06
2010	0.11	0.26	0.16	0.09
2011	0.14	0.55	−0.03	0.10
2012	0.30	0.99	1.11	0.06
2013	-0.08	−0.22	−0.34	0.14
2014	0.17	0.07	0.21	0.15
2015	0.23	−0.06	−0.02	0.12
2016	0.10	−0.17	−0.07	0.12
2017	0.34	−0.07	0.32	0.04
2018	0.18	0.19	0.65	0.07
2019	0.00	0.19	0.31	0.05
2020	0.17	−0.06	−0.25	0.10

모형화 가이드

1. 각 투자대상에 대한 투자금액을 의사결정변수로 정한다.
2. 투자대상별 수익률 평균과, 투자대상간 공분산을 계산한다.
3. 전체 투자 수익금에 대한 기댓값과 분산을 계산한다.

수리 모형화

1. **의사결정변수** 주식1, 주식2, 주식3 및 채권의 투자금액을 각각 x_1, x_2, x_3, x_4로 나타낸다.
2. **목적함수** 전체 투자수익금의 분산이 목적함수 값이 되어야 하므로, 이를 의사결정변수로 표현하면 $\sum_{i=1}^{4}\sum_{j=1}^{4} Cov(R_i, R_j)x_i x_j$ 이 된다. $C_{ij} = Cov(R_i, R_j)$라고 할 때, 목적함수는 공분산행렬에 의해 아래와 같이 표현된다.

$$x^t Cx = (x_1, \cdots, x_4)\begin{pmatrix} C_{11} \cdots C_{14} \\ \vdots \cdots \vdots \\ C_{41} \cdots C_{44} \end{pmatrix}\begin{pmatrix} x_1 \\ \vdots \\ x_4 \end{pmatrix}$$

3. **제약식** 전체 수익금의 수익률의 기댓값이 0.1 이상 되어야 하고, 투자비율의 합은 1이어야 한다.
4. **수리모형**

$$\begin{aligned} \text{minimize} \quad & x^t Cx \\ \text{subject to} \quad & m_1 x_1 + m_2 x_2 + m_3 x_3 + m_4 x_4 \geq 0.1 \\ & x_1 + x_2 + \cdots + x_n = 1 \\ & x_i \geq 0, i = 1, \cdots, 4 \end{aligned}$$

스프레드시트 모형화

1. **입력자료** C5:F24, F37, I34

   B5:B24는 년도를 입력하고, 20년간 주식1, 주식2, 주식3 및 채권 수익률은 C5:F24에 입력한다. 목표 기대수익률을 F37에 입력하고, I34는 투자비율 합계로 1.0을 입력한다.
2. **변경셀** C34:F34

   투자금을 스프레드시트 상에서 변경셀로 C34:F34에 설정한다.
3. **수식셀** C25:F25, C28:F31

   수익률 평균을 C25:F25에 계산한다.

   ```
   C25 = AVERAGE(C5:C24), D25:F25 자동복사
   ```

   공분산 행렬을 C28:F31에 계산한다.

   ```
   C28 = COVAR($C$5:$C$24,C5:C24),  D28:F28 자동복사
   C29 = COVAR($D$5:$D$24,C5:C24),  D29:F29 자동복사
   C30 = COVAR($E$5:$E$24,C5:C24),  D30:F30 자동복사
   C31 = COVAR($F$5:$F$24,C5:C24),  D31:F31 자동복사
   ```
4. **목표셀** D39의 최소화

   ```
   D39 = MMULT(MMULT(C34:F34,C28:F31),TRANSPOSE(C34:F34))
                                              (Ctrl+Shift+Enter)
   ```

또는

```
D39 = SUMPRODUCT(MMULT(C34:F34,C28:F31),C34:F34)
                                        (Ctrl+Shift+Enter)
```

5. 제한조건

1.
```
G34 = I34
G34 = SUM(C34:F34)
```

2.
```
D37 >= F37
D37 = SUMPRODUCT(C25:F25,C34:F34)
```

	A	B	C	D	E	F	G	H	I
1	예제 7-9 포트폴리오 최적화								
2									
3	입력자료			년도별 수익율					
4		년도	주식1	주식2	주식3	채권			
5		2001	-0.07	0.04	-0.05	0.04			
6		2002	0.00	-0.13	-0.47	0.11			
7		2003	0.16	0.10	0.40	0.02			
8		2004	0.16	0.47	0.00	0.06			
9		2005	-0.17	0.62	-0.22	0.02			
10		2006	-0.25	0.65	-0.24	0.05			
11		2007	0.34	-0.04	0.48	0.03			
12		2008	0.28	-0.20	0.16	0.03			
13		2009	-0.05	0.17	0.21	0.06			
14		2010	0.11	0.26	0.16	0.09			
15		2011	0.14	0.55	-0.03	0.10			
16		2012	0.30	0.99	1.11	0.06			
17		2013	-0.08	-0.22	-0.34	0.14			
18		2014	0.17	0.07	0.21	0.15			
19		2015	0.23	-0.06	-0.02	0.12			
20		2016	0.10	-0.17	-0.07	0.12			
21		2017	0.34	-0.07	0.32	0.04			
22		2018	0.18	0.19	0.65	0.07			
23		2019	0.00	0.19	0.31	0.05			
24		2020	0.17	-0.06	-0.25	0.10			
25		수익률평균	0.10	0.17	0.116	0.073			
26									
27	공분산 행렬		주식1	주식2	주식3	채권			
28		주식1	0.0264	-0.0101	0.0352	-0.0001			
29		주식2	-0.0101	0.1041	0.0402	-0.0038			
30		주식3	0.0352	0.0402	0.1314	-0.0050			
31		채권	-0.0001	-0.0038	-0.0050	0.0016			
32									
33			주식1	주식2	주식3	채권	합		
34		투자비율	0.2716	0.1995	0.0000	0.5289	1.0000	=	1
35									
36	기대수익률 제한조건			실제		목표			
37			투자수익률	0.1000	>=	0.1			
38									
39	목표셀(최소화)		분산	0.00462					

그림 7.19 포트폴리오 최적화 (스프레드시트 모형)

해찾기 실행

1. 목표셀, 변경셀, 제한조건을 그림 7.20과 같이 입력하고, 제한되지 않는 변수를 음

이 아닌 수로 설정을 체크하고, 해법으로는 GRG 비선형을 선택한다.

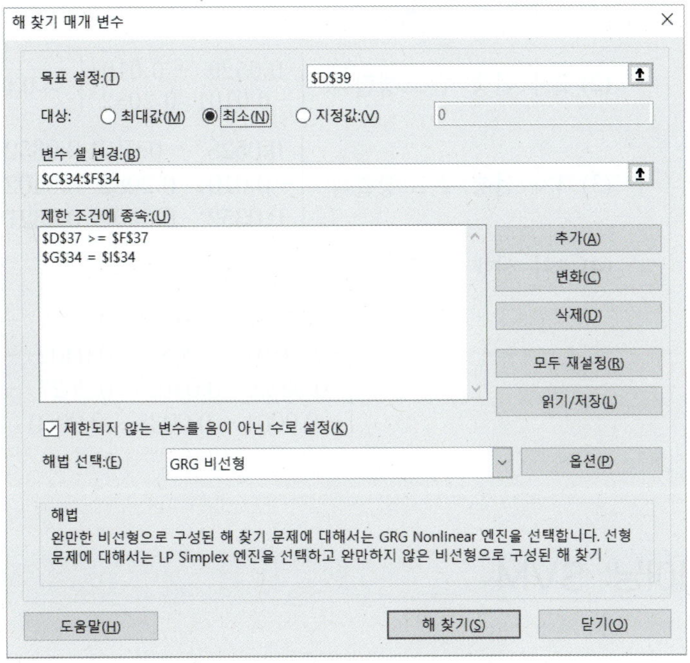

그림 7.20 포트폴리오 최적화 (해찾기 모델설정)

2. 최적해

최적해에서의 주식1, 주식2, 주식3 및 채권 투자비율이 각각 0.2716, 0.1995, 0.0 및 0.5289 이므로, 주식1, 주식2, 주식3 및 채권에의 투자금액은 271.61(백만원), 199.5(백만원), 0(백만원), 528.9(백만원)이 된다. 그때의 기대 수익률은 0.1이고 위험(분산)은 0.00462이다.

3. 전체 최적해 검사[6)]

제약식은 모두 선형식이다. 목적함수는 공분산행렬의 2차형식으로 표현되며, 목적함수의 헤시안-행렬을 계산하면 대각요소를 제외하고는 공분산행렬과 같다. 대각요소는 공분산행렬 대각요소의 2배가 된다. 이제 헤시안-행렬에 행렬식 조건을 검사하면 아래에서 보는 바와 같이 조건을 만족하므로 목적함수는 볼록함수이며, 해찾기가 구한 최적해는 전체 최적해가 된다.

$$H = \begin{pmatrix} 0.0529 & -0.0101 & 0.0352 & -0.0001 \\ -0.0101 & 0.2082 & 0.0402 & -0.0038 \\ 0.0352 & 0.0402 & 0.2627 & -0.0050 \\ -0.0001 & -0.0038 & -0.0050 & 0.0031 \end{pmatrix}$$ 이므로 각 차수별 선행 주-소행

6) 미적분학 및 선형대수학을 수강하지 않은 경우 생략 가능함

렬식을 구한다.

(1) 1차 선행 주-소행렬식: $h_{11} = 0.0529 \geq 0$,

(2) 2차 선행 주-소행렬식: $\begin{vmatrix} 0.0529 & -0.0101 \\ -0.0101 & 0.2082 \end{vmatrix} = 0.01091 \geq 0$,

(3) 3차 선행 주-소행렬식: $\begin{vmatrix} 0.0528 & -0.0101 & 0.0352 \\ -0.0101 & 0.2082 & 0.0402 \\ 0.0352 & 0.0402 & 0.2627 \end{vmatrix} = 0.00249 \geq 0$,

(4) 4차 선행 주-소행렬식:

$$\begin{vmatrix} 0.0528 & -0.0101 & 0.0352 & -0.0001 \\ -0.0101 & 0.2082 & 0.0402 & -0.0038 \\ 0.0352 & 0.0402 & 0.2627 & -0.0050 \\ -0.0001 & -0.0038 & -0.0050 & 0.0031 \end{vmatrix} = 0.00001 \geq 0$$

7.8 데이터마이닝: SVM

데이터마이닝(data mining) 분야에서 최근 주목을 받고 있는 SVM(support vector machine)은 1998년 Vapnik에 의해 개발된 기계학습기법으로 문서분류, 영상인식, 문자인식, 시계열 예측, 의료진단, 부도기업 예측 등에 적용되어 좋은 성능을 인정받고 있다. 기계학습기법이란 주어진 기존의 데이터 집합으로 학습하여 결과를 생성하는 매커니즘(기계)을 수립한 후 추가되는 데이터에 대해 인식·예측·진단을 행하는 것을 뜻한다. 대표적인 기계학습기법에는 신경망(neural netwok)이 있다. SVM은 과대적합(over fitting) 문제에서 벗어날 수 있으며, 파라미터를 결정하는 학습 진행과정에서 전체 최적해를 구할 수 있다는 점에서 신경망보다 성능이 우수한 기계학습기법으로 주목받고 있다.

SVM은 학습 데이터들을 두 개의 클래스로 분류하고자 할 때 분류 기준이 되는 분리 초평면(separating hyperplane)을 2차계획법에 의해 구하게 된다. 그림 7.21은 두 종류의 데이터를 분류하는 여러 분리 초평면을 보여 주고 있다. 이중 가장 바람직한 분리 초평면은 굵은 실선의 분리 초평면이다. 왜냐하면 굵은 실선의 분리 초평면이 가장 가까운 흰색 데이터까지의 거리와 가장 가까운 검은색 데이터까지의 거리를 최대로 벌려 놓기 때문이다.

분류에 적용될 학습용 데이터 k개를 $x^i(i=1,\cdots,k)$라고 하고, 각 데이터의 분류값을 $y_i(i=1,\cdots,k)$라고 하자. 그러면 $y_i = -1$ 또는 $+1$이 되고, 여기서 -1은 흰색, $+1$은 검은색이라고 하자. 파라미터 (w,b)로 결정되는 분리 초평면은 아래의 식으로

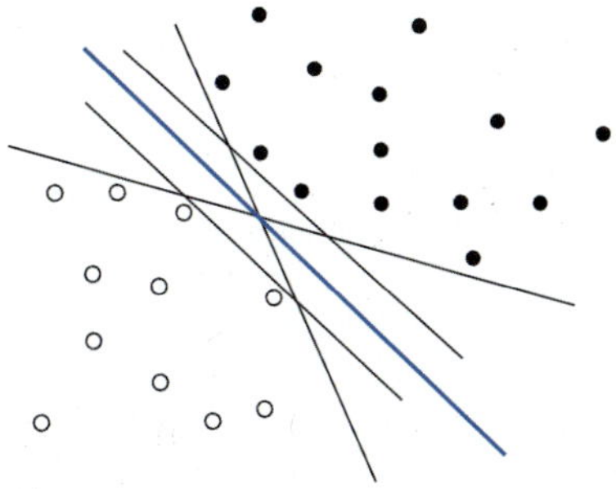

그림 7.21 학습 데이터를 두 클래스로 분류하는 분리 초평면들

표현된다.

$$w \cdot x + b = 0$$

데이터가 2개의 속성(attribute)을 갖는다고 하면 데이터가 평면 위의 점으로 표시될 것이다. 이와 같은 경우 w와 x는 2차원 벡터이고 b는 상수가 된다. 위의 식에서 '$\cdot$'는 두 벡터의 내적을 의미한다. 즉, $w \cdot x = (w_1, w_2) \cdot (x_1, x_2) = w_1 x_1 + w_2 x_2$ 가 되어 분리 초평면 식을 벡터 성분을 써서 표현하면 다음과 같다.

$$w_1 x_1 + w_2 x_2 + b = 0$$

직선의 기울기는 $w = (w_1, w_2)$에 의해 결정하고 b는 직선의 절편을 결정하는데 영향을 준다.

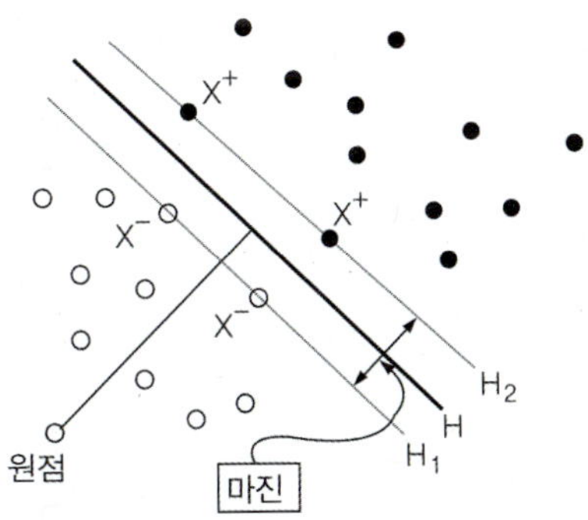

그림 7.22 마진을 최대로 하는 최적의 분리 초평면

그림 7.22에서 흰색 데이터들은 분리 초평면($H : w \cdot x + b = 0$) 한쪽에 위치하기 때문에 $w \cdot x + b < 0$라고 하면, 검은색 데이터들은 반대쪽에 위치하기 때문에 $w \cdot x + b > 0$이 된다. 최적 분리 초평면이란 초평면에서 가장 가까운 흰색 데이터가 있는 경계면까지의 거리와 검은색 데이터가 있는 경계면까지의 거리가 같게 되는 정

가운데 위치하는 초평면이다. 이를 일반화의 손실 없이(적절한 w와 b의 선택으로) 아래 식으로 표현할 수 있다.

$$w \cdot x + b \le -1 \quad (y_i = -1 \text{ 인 데이터에 대해서})$$
$$w \cdot x + b \ge +1 \quad (y_i = +1 \text{ 인 데이터에 대해서})$$

위의 두 부등식을 결합하여 하나의 부등식으로 표현하면 아래와 같다.

$$y_i(w \cdot x^i + b) - 1 \ge 0 \ (\text{모든 데이터 } i = 1, \cdots, k \text{ 에 대해서})$$

그림 7.22에서 분리 초평면을 사이에 둔 흰색 데이터가 있는 경계면(초평면 H_1)에서 검은색 데이터가 있는 경계면(초평면 H_2)까지의 거리를 마진(margin)이라 하는데, 최적 분리 초평면(H)이란 이 마진이 최대가 되게 하는 것이다. 최대 마진은 $\frac{2}{\| w \|}$로 계산[7]되기 때문에 최대 마진을 주는 분리 초평면은 마진의 분모를 최소화하는 최적화 문제로부터 구할 수 있다.

$$\begin{aligned} &\text{minimize} && \|w\|^2 \ (= w_1^2 + w_2^2 \ , \quad w\text{가 2차원 벡터인 경우}) \\ &\text{subject to} && y_i(w \cdot x^i + b) - 1 \ge 0, \ i = 1, \cdots, k \end{aligned}$$

여기서 $\| \cdot \|$는 벡터의 크기를 의미하며, 목적함수가 $\|w\|$인 경우와 $\|w\|^2$인 경우는 동일한 최적해를 제공하기 때문에 다루기 쉬운 제곱식을 선택하였다. 따라서 이 문제는 2차계획 문제가 된다. 이 2차계획 문제의 목적함수는 볼록함수가 되므로 해찾기가 찾아주는 해는 전체 최적해가 된다.

위의 2차계획문제의 최적해를 w^*, b^*라고 하면 최적 분리 초평면은 $w^* \cdot x + b^* = 0$이 되며, 새로운 데이터 $\hat{x}$에 대한 분류값 $\hat{y}$은 아래와 같이 판정한다.

$$\hat{y} = \begin{cases} -1, & w^* \cdot \hat{x} + b^* < 0 \\ +1, & w^* \cdot \hat{x} + b^* > 0 \end{cases}$$

그림 7.22에서 x^- 벡터는 $w^* \cdot x + b^* = -1$ 되는 H_1 초평면 위에 있는 데이터 벡터

---

7) 원점에서 $w \cdot x + b = 1$(초평면 H_2)까지의 거리는 $\frac{|b-1|}{\|w\|}$이고, 원점에서 $w \cdot x + b = -1$(초평면 H_1)까지의 거리는 $\frac{|b+1|}{\|w\|}$이므로 최대마진은 $\left| \frac{|b-1|}{\|w\|} - \frac{|b+1|}{\|w\|} \right| = \frac{2}{\|w\|}$가 된다.

(x^i)이고, x^+벡터는 $w^* \cdot x + b^* = +1$ 되는 H_2 초평면 위에 있는 데이터 벡터(x^i)로서, 분리 초평면 H를 마주 보는 두 경계면에 있는 데이터 벡터들이다. 이들을 지지벡터(support vectors)라고 부르며 SVM(support vector machine)의 이름은 여기에 기원한다.

예제 7.10 **SVM을 이용한 부도기업 예측**

SVM을 이용하여 부도기업을 예측하는 모형을 구축하고 이를 바탕으로 부도 기업을 예측하고자 한다. 이를 위해 30개 기업의 재무데이터를 수집하였다. 모형에 사용될 재무관련 비율로는 다음과 같이 3개 변수를 선정하였다.

- **금융비용 대 부채비율** : 당기 이자비용과 사채이자의 합이 당기 부채총계와 전기 부채총계의 합에서 차지하는 비율
- **매출원가 비율**: 당기 매출원가와 당기 매출액의 비율
- **자기자본 비율**: 당기 자본총계와 당기 자산총계의 백분율

표 7.9의 처음 20개 기업의 재무데이터를 이용하여 SVM의 최적의 분리 초평면을 계산하라. 이를 바탕으로 21번째 기업부터 30번째 기업까지의 10개 기업을 예측하라. 즉, 건전한 기업인가? 아니면 부도기업인가? 분류하라.

표 7.9 SVM을 이용한 부도기업 예측 모형을 위한 재무데이터

기업	금융비용 대 부채비율	매출원가 비율	자기자본 비율	분류(부도/건전)
1	0.684	0.619	0.558	건전
2	0.326	0.533	0.166	부도
3	0.434	0.331	0.052	부도
4	0.358	0.776	0.191	부도
5	0.714	0.872	0.355	부도
6	0.385	0.049	0.4	건전
7	0.226	0.277	0.256	부도
8	0.453	0.8	0.173	부도
9	0.866	0.511	0.351	건전
10	0.459	0.666	0.825	건전
11	0.915	0.718	0.888	건전
12	0.574	0.431	0.699	건전
13	0.129	0.492	0.06	부도
14	0.706	0.962	0.44	부도

표 7.9 (계속)

기업	금융비용 대 부채비율	매출원가 비율	자기자본 비율	분류(부도/건전)
15	0.906	0.737	0.181	부도
16	0.522	0.497	0.591	건전
17	0.625	0.969	0.377	부도
18	0.692	0.863	0.795	건전
19	0.435	0.708	0.848	건전
20	0.676	0.245	0.234	건전
21	0.82	0.703	0.3945	예측대상
22	0.449	0.54	0.4035	예측대상
23	0.402	0.212	0.196	예측대상
24	0.246	0.322	0.407	예측대상
25	0.552	0.184	0.473	예측대상
26	0.402	0.69	0.583	예측대상
27	0.507	0.319	0.641	예측대상
28	0.31	0.434	0.562	예측대상
29	0.739	0.767	0.802	예측대상
30	0.69	0.294	0.826	예측대상

(주) 본 데이터는 실제 상황과 다르며 가상적 데이터임

모형화 가이드

1. **학습용 재무데이터** 20개 기업의 재무데이터는 3가지 재무 관련 비율과 부도기업 또는 건전기업에 대한 분류값으로 구성된다. 예를 들어 i번째 기업의 재무데이터를 $(x_1^i, x_2^i, x_3^i, y_i)$라고 표현할 때, 부도기업이면 $y_i = -1$, 건전기업이면 $y_i = +1$로 놓는다.
2. **최적화 모형 적용** 분리 초평면을 결정하는 벡터 w와 상수 b를 결정해야 한다. 데이터가 3차원 벡터에 해당되므로 $w = (w_1, w_2, w_3)$와 b의 4개의 의사결정변수가 있다. 기업별로 하나의 부등식이 성립되어야 하므로 20개의 제약식이 있다.

수리 모형화

1. **의사결정변수** 분리 초평면 벡터성분 w_1, w_2, w_3와 상수계수 b
2. **목적함수** 최대 마진을 보장하기 위해 마진의 분모를 최대화한다. 즉, $\|w\|^2$을 최대화한다.

$$\|w\|^2 = w_1^2 + w_2^2 + w_3^2$$

3. **제약식** 각 기업에 대해 분리 초평면 한 쪽에 놓여야 하므로 다음의 부등식이 성립되어야 한다. 여기서 i는 기업번호를 의미하고, x_1^i, x_2^i, x_3^i는 i번째 기업의 재무관련 비율을 의미한다.

$$y_i(w_1 x_1^i + w_2 x_2^i + w_3 x_3^i + b) - 1 \geq 0, \ i = 1, \cdots, 20$$

4. **수리모형**

$$\text{maximize} \quad \| w \|^2 = w_1^2 + w_2^2 + w_3^2$$

$$\text{subject to} \quad y_i(w_1 x_1^i + w_2 x_2^i + w_3 x_3^i + b) - 1 \geq 0, \ i = 1, \cdots, 20$$

스프레드시트 모형화

1. **입력자료** C4:F23

20개 기업에 대해서 금융비용 대 부채비율, 매출원가 비율, 자기자본 비율을 각각 C4:C23, D4:D23, E4:E23에 각각 입력한다. 또한 기업의 부도 및 건전 여부를 F4:F23에 입력한다.

2. **변수셀** C26:F26

분리 초평면을 결정하는 벡터 성분과 상수계수를 변수셀로 C26:F26에 설정한다.

3. **목표셀** C28의 최소화

$w_1^2 + w_2^2 + w_3^2$를 sumproduct()로 계산하여 C28에 입력한다.

```
C28 = SUMPRODUCT(C26:E26,C26:E26)
```

4. **제한조건 H4:H23 >= J4:J23**

```
G4 = IF(F4="건전“,+1,−1), G5:G23 자동복사
H4 = G4*(SUMPRODUCT(C4:E4,$C$26:$E$26)+$F$26)−1   H5:H23 자동복사
```

5. **지지벡터 판단** K4:K23

K4의 값이 +1이거나 −1이면 지지벡터가 된다. +1이면 건전기업 지지벡터이고, −1이면 부실기업 지지벡터이다.

```
K4 = SUMPRODUCT(C4:E4,$C$26:$E$26)+$F$26   K5:K23 자동복사
```

예제 7-10 SVM을 이용한 부도기업 예측

입력자료

기업	금융비용대 부채비율(x1)	매출원가 비율(x2)	자기자본 비율(x3)	분류	yi	yi(w*x+b)-1			w*x+b	
1	0.684	0.619	0.558	건전	1	0.0000	>=	0	1.0000	지지벡터
2	0.326	0.533	0.166	부도	-1	1.5116	>=	0	-2.5116	
3	0.434	0.331	0.052	부도	-1	0.6456	>=	0	-1.6456	
4	0.358	0.776	0.191	부도	-1	2.5393	>=	0	-3.5393	
5	0.714	0.872	0.355	부도	-1	0.4976	>=	0	-1.4976	
6	0.385	0.049	0.4	건전	1	0.8215	>=	0	1.8215	
7	0.226	0.277	0.256	부도	-1	0.0000	>=	0	-1.0000	지지벡터
8	0.453	0.8	0.173	부도	-1	2.3668	>=	0	-3.3668	
9	0.866	0.511	0.351	건전	1	0.1036	>=	0	1.1036	
10	0.459	0.666	0.825	건전	1	0.4109	>=	0	1.4109	
11	0.915	0.718	0.888	건전	1	2.5047	>=	0	3.5047	
12	0.574	0.431	0.699	건전	1	1.4128	>=	0	2.4128	
13	0.129	0.492	0.06	부도	-1	2.8014	>=	0	-3.8014	
14	0.706	0.962	0.44	부도	-1	0.4975	>=	0	-1.4975	
15	0.906	0.737	0.181	부도	-1	0.0000	>=	0	-1.0000	지지벡터
16	0.522	0.497	0.591	건전	1	0.1609	>=	0	1.1609	
17	0.625	0.969	0.377	부도	-1	1.2774	>=	0	-2.2774	
18	0.692	0.863	0.795	건전	1	0.1702	>=	0	1.1702	
19	0.435	0.708	0.848	건전	1	0.2198	>=	0	1.2198	
20	0.676	0.245	0.234	건전	1	0.0000	>=	0	1.0000	지지벡터

	w1	w2	w3	b
분리초평면 계수	4.3594	-5.4383	6.1699	-2.0583

$||w||^2$ 최소화 **86.6471**

H4 =G4*(SUMPRODUCT(C4:E4,$C$26:$E$26)+$F$26)-1 H5:H23 자동복사
K4 =SUMPRODUCT(C4:E4,$C$26:$E$26)+$F$26 K5:K23 자동복사
C28 =SUMPRODUCT(C26:E26,C26:E26)

그림 7.23 SVM을 이용한 부도기업 예측(스프레드시트 모형)

해찾기 실행

1. 목표셀, 변경셀, 제한조건을 그림 7.24와 같이 입력하고, 해법으로는 GRG 비선형을 선택한다.

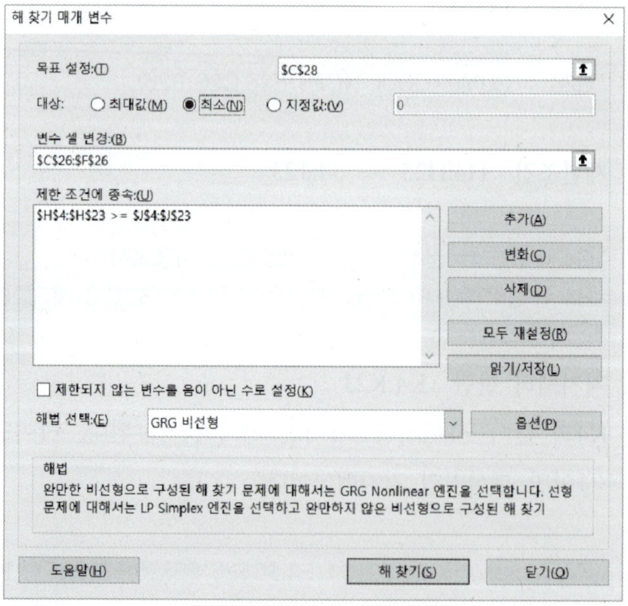

그림 7.24 SVM을 이용한 부도기업 예측(해찾기 모델설정)

2. 최적해

최적해는 $w_1 = 4.3594, w_2 =- 5.4383, w_3 = 6.1699$ 및 $b =- 2.0583$이다.

3. 전체 최적해 검사[8)]

제약식은 모두 선형 부등식이고, 목적함수는 $w_1^2 + w_2^2 + w_3^2$ 이므로 헤시안-행렬은 아래와 같으며, 이는 볼록함수이기 위한 행렬식 조건을 만족한다. 따라서 해찾기가 구한 최적해는 전체 최적해가 된다.

$$H = \begin{pmatrix} 2 & 0 & 0 \\ 0 & 2 & 0 \\ 0 & 0 & 2 \end{pmatrix} \text{ 이므로 (1) } h_{11} = 2 \geq 0, \text{ (2) } \begin{vmatrix} 2 & 0 \\ 0 & 2 \end{vmatrix} = 4 \geq 0, \text{ (3) } \begin{vmatrix} 2 & 0 & 0 \\ 0 & 2 & 0 \\ 0 & 0 & 2 \end{vmatrix} = 8 \geq 0.$$

4. 부도기업 예측

이제 앞에서 구한 분리 초평면를 갖고 기업 번호 21~30에 해당되는 기업의 재무데이터에 의해 부도기업 또는 건전기업으로 분류 예측하고자 한다. 분류 예측 결과는 그림 7.25와 같다. 이를 위해 H32:H41, G32:G41 및 F32:F41을 계산한다.

H32 = SUMPRODUCT($C$26:$E$26,C32:E32)+$F$26　H33:H41 **자동복사**
G32 = IF(H32>0,1,−1)　G33:G41 **자동복사**
F32 = IF(G32=1,"건전","부도")　H33:H41 **자동복사**

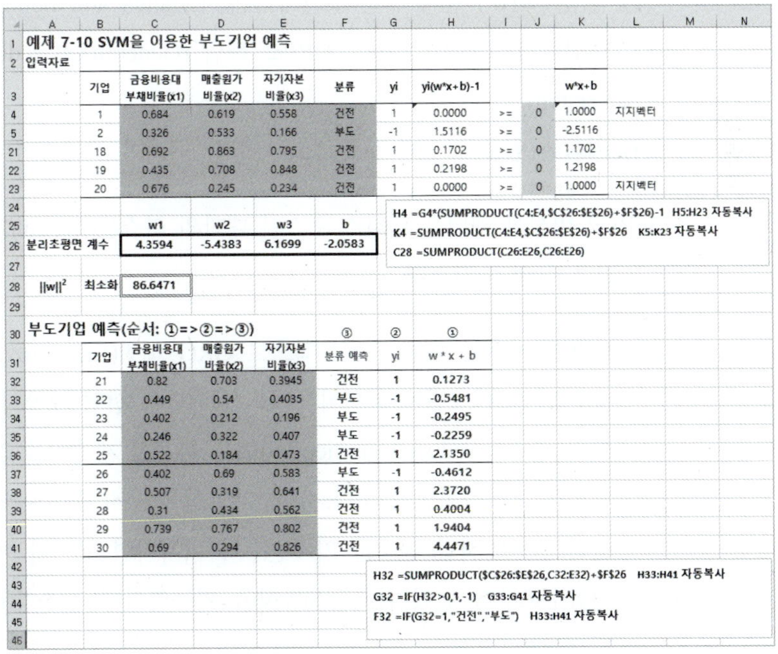

예제 7-10 SVM을 이용한 부도기업 예측

입력자료

기업	금융비용대 부채비율(x1)	매출원가 비율(x2)	자기자본 비율(x3)	분류	yi	yi(w*x+b)-1			w*x+b	
1	0.684	0.619	0.558	건전	1	0.0000	>=	0	1.0000	지지벡터
2	0.326	0.533	0.166	부도	-1	1.5116	>=	0	-2.5116	
18	0.692	0.863	0.795	건전	1	0.1702	>=	0	1.1702	
19	0.435	0.708	0.848	건전	1	0.2198	>=	0	1.2198	
20	0.676	0.245	0.234	건전	1	0.0000	>=	0	1.0000	지지벡터

	w1	w2	w3	b
분리초평면 계수	4.3594	-5.4383	6.1699	-2.0583

||w||² 최소화 86.6471

H4 =G4*(SUMPRODUCT(C4:E4,$C$26:$E$26)+$F$26)-1　H5:H23 자동복사
K4 =SUMPRODUCT(C4:E4,$C$26:$E$26)+$F$26　K5:K23 자동복사
C28 =SUMPRODUCT(C26:E26,C26:E26)

부도기업 예측(순서: ①=>②=>③)

기업	금융비용대 부채비율(x1)	매출원가 비율(x2)	자기자본 비율(x3)	③ 분류 예측	② yi	① w * x + b
21	0.82	0.703	0.3945	건전	1	0.1273
22	0.449	0.54	0.4035	부도	-1	-0.5481
23	0.402	0.212	0.196	부도	-1	-0.2495
24	0.246	0.322	0.407	부도	-1	-0.2259
25	0.522	0.184	0.473	건전	1	2.1350
26	0.402	0.69	0.583	부도	-1	-0.4612
27	0.507	0.319	0.641	건전	1	2.3720
28	0.31	0.434	0.562	건전	1	0.4004
29	0.739	0.767	0.802	건전	1	1.9404
30	0.69	0.294	0.826	건전	1	4.4471

H32 =SUMPRODUCT($C$26:$E$26,C32:E32)+$F$26　H33:H41 자동복사
G32 =IF(H32>0,1,-1)　G33:G41 자동복사
F32 =IF(G32=1,"건전","부도")　H33:H41 자동복사

그림 7.25 SVM을 이용한 부도기업 예측 (예측 적용)

8) 미적분학 및 선형대수학을 수강하지 않은 경우 생략 가능함

모형화 토의

1. **지지벡터** 그림 7.23에서 K4:K23의 값이 1이거나 −1인 기업의 데이터 벡터는 지지벡터임을 나타낸다.
건전기업 지지벡터: 기업1 벡터=(0.684,0.619,0.558), 기업20 벡터 = (0.676,0.245,0.234)
부도기업 지지벡터: 기업7 벡터 = (0.226,0.277, 0.256), 기업15 벡터 = (0.906,0.737,0.181)

7장 부록 GRG 비선형 엔진

엑셀 해찾기에 탑재된 최적화 엔진은 이미 선형계획 2장 및 정수계획 6장에서 설명한 바와 같이 아래의 해법을 구현한 엔진들로 구성되어 있다. 진화 해찾기의 유전해법은 8장에서 설명하게 될 것이다.

(1) 선형계획(LP) 문제 및 2차계획(QP) 문제 : 심플렉스 해법(Simplex method), 구체적으로는 상한기법(upper-bound technique)을 갖는 심플렉스 해법
(2) 정수계획(IP) 문제 : 분지-한계 해법 (Branch and bound method)
(3) 비선형계획(NLP) 문제 : GRG2 해법 (Generalized reduced gradient method, 2nd version)
(4) 최적해 임을 보장받지 못해도 무방한 최적화 문제 : 유전해법 (Genetic method)

GRG2 비선형 해법은 텍사스-오스틴 대학의 라스돈(Lasdon)교수가 개발하였으며 다음과 같은 특성을 갖는다.

(1) GRG2 비선형 해법은 기본적으로 GRG 해법(generalized reduced gradient method)에 기초한 2번째 버전이다. GRG 해법은 **선형 제약식을 갖는 비선형 최적화** 문제의 해법인 reduced gradient 해법을 **비선형 제약식을 갖는 비선형 최적화** 문제의 해법으로 일반화한 것이다. 선형 제약식에서 작동하는 reduced gradient 해법은 심플렉스 해법처럼 변수를 기저변수와 비기저변수로 나누어 적용하는 해법으로, 목적함수로부터 얻어지는 탐색방향을 가능영역에 정사영(projection)한 것처럼 작동되는 해법이다.
(2) GRG2 해법의 탐색방향은 제약식이 없는 비선형 최적화 문제의 가장 좋은 해법으로 알려진 BFGS(Broyden-Fletcher-Goldfarb-Shanno) quasi-Newton 알고리즘에

의해 결정되며 이를 강건(robust)하게 구현하였다. 경우에 따라서는 conjugate gradient 해법에 의해 결정되기도 한다.

(3) 엑셀 해찾기에 탑재되어 있는 비선형 GRG2 엔진은 목적함수의 Jacobian 행렬을 저장하고, 이를 dense 행렬로서 취급한다. 대규모 문제에 대해서는 별도의 Large-scale GRG2 해법이 있으며 이 경우는 Jacobian 행렬을 sparse 행렬로 다루나 이는 엑셀 해찾기에 탑재되어 있지는 않다.

비선형제약식의 비선형 최적화 문제의 GRG 해법에 대해서는 아래 문헌을 참고할 수 있다.

[1] Lasdon, L.S., Fox, R.L., Ratner, M.W., *Nonlinear optimization using the generalized reduced gradient method.* RAIRO vol.3, Novembre 1974, pp. 73-104.

[2] Luenberger, D.G., *Linear and nonlinear programming.* 2nd edition, 1989, Addison-Wesley, pp. 345-356.

연습문제

(7.1절) 1번
(7.2절) 2번 ~ 10번
(7.3~7.4절) 11번, 12번
(7.5절) 13번 ~ 15번
(7.6절) 16번, 17번
(7.7절) 18번, 19번
(7.8절) 20번

1 헤론의 공식에 의하면, 세 변의 길이가 a, b, c인 삼각형의 면적은 $\sqrt{s(s-a)(s-b)(s-c)}$ 이다. 여기서 $s=a+b+c$ 이다. 60m의 철조망으로 삼각형 모양의 밭을 만들려고 한다. 밭의 면적을 최대로 하기 위해서는 삼각형의 세 변의 길이를 각각 얼마로 해야 하겠는가?

2 다음 행렬의 부호를 선행 주-소행렬식으로 판정하라. 즉 행렬은 양의 (준)정부호인가? 음의 (준)정부호인가? 아니면 부정부호인가?

(1) $A=\begin{bmatrix} 3 & -2 & 1 \\ -2 & 4 & 4 \\ 1 & 4 & 5 \end{bmatrix}$

(2) $B=\begin{bmatrix} -1 & -2 & 1 \\ -2 & -7 & 4 \\ 1 & 4 & -5 \end{bmatrix}$

3 함수 $f(x_1, x_2, x_3) = 3x_1^2 + 4x_2^2 + 5x_3^2 - 4x_1x_2 + 2x_2x_3 + 8x_1x_3$ 는 볼록함수인가? 오목함수인가? 아니면 볼록함수도 아니고 오목함수도 아닌 함수인가? 헤시안-행렬을 이용하여 판정하라.

4 다음 함수가 볼록함수임을 행렬식 조건에 의해 보여라.

(1) $x_1^2 + x_2^2$

(2) $e^{x_1+x_2}$

5 다음 함수가 오목함수임을 행렬식 조건에 의해 보여라.

(1) $\sqrt{x_1+x_2}$ $(x_1+x_2 \geq 0)$

(2) $\ln(x_1+x_2)$ $(x_1+x_2 \geq 0)$

6 다음 집합은 볼록집합인가 아닌가?

(1) $\{(x_1, x_2) \mid x_1^2 + x_2^2 \leq 4\}$

(2) $\{(x_1, x_2) \mid x_1^2 + x_2^2 \geq 4\}$

7 $f(P_1, P_2) = -120P_1^2 + 70P_1P_2 - 100P_2^2 + 432P_1 + 490P_2 - 840$가 P_1, P_2에 대해 오목함수임을 행렬식 조건에 의해 보여라.

8

(1) 함수 $f(x_1, x_2) = f(ax_1 + bx_2 + c)$일 때, f의 헤시안 행렬을 구하라. (a, b, c는 상수)

(2) (1)의 결과를 이용하여 함수 $f(x)$가 모든 x에 대해 볼록함수이면, $f(ax_1 + bx_2 + c)$도 볼록함수가 됨을 보여라.

(3) (1)의 결과를 이용하여 함수 $f(x)$가 모든 x에 대해 오목함수이면, $f(ax_1 + bx_2 + c)$도 오목함수가 됨을 보여라.

9 $f=\sum_{i=1}^{24}(y_i-\alpha-\beta x_i)^2$ 가 α, β에 대해 볼록 함수임을 보여라.

10 문제 8의 결과를 이용하여 다음 문제의 지역 최적해는 전체 최적해가 됨을 보여라.

$$\begin{aligned}\text{maximize} \quad & \ln(1+x_1+x_2) \\ \text{subject to} \quad & x_1+2x_2 \le 5, \\ & x_1^2+2x_2^2 \le 8, \\ & \sqrt{2x_1+x_2} \ge 2, \\ & x_1 \ge 0, x_2 \ge 0.\end{aligned}$$

11 다음 문제를 라그랑주 승수법을 이용하여 지역 최적해를 구하라.

(1) $$\begin{aligned}\text{maximize} \quad & (x-1)^2+(y-2)^2+(z-3)^2 \\ \text{subject to} \quad & x^2+y^2+z^2-1=0\end{aligned}$$

(2) $$\begin{aligned}\text{minimize} \quad & x_1^2+x_2^2+x_3^2 \\ \text{subject to} \quad & x_1^2+\frac{x_2^2}{4}+\frac{x_3^2}{9}=1\end{aligned}$$

12 다음 문제의 KKT 조건을 쓰고, 이를 이용하여 지역 최적해를 구하라.

(1) $$\begin{aligned}\text{maximize} \quad & -x_1^2-x_2^2+8x_1+4x_2 \\ \text{subject to} \quad & x_1+x_2 \le 2, \\ & x_1 \ge 0, x_2 \ge 0\end{aligned}$$

(2) $$\begin{aligned}\text{maximize} \quad & x_1+3\ln x_2 \\ \text{subject to} \quad & 4x_1+x_2=6, \\ & x_1 \ge 0, x_2 \ge 0\end{aligned}$$

(3) $$\begin{aligned}\text{maximize} \quad & 20x_1+10x_2 \\ \text{subject to} \quad & x_1^2+x_2^2 \le 1, \\ & x_1+2x_2 \le 2, \\ & x_1 \ge 0, x_2 \ge 0\end{aligned}$$

13 제주도 K호텔은 성수기와 비성수기로 구분하여 객실료를 각각 P_H, P_L로 책정하고 있고, 1년 중 성수기와 비성수기의 객실 수요량(D_H, D_L)은 다음과 같은 식으로 추정되고 있다. 성수기와 비성수기의 객실료 가격을 각각 얼마로 책정하면 1년간 객실료 전체 수입을 최대로 할 수 있겠는가? 객실료 수입은 객실수요량 * 객실가격의 합계로 계산된다.

$$\begin{aligned}D_H &= 600-10P_H+4P_L \\ D_L &= 400+2P_H-20P_L\end{aligned}$$

14 자본이 K 단위 투입되고 노동이 L 시간 투입되면 $L^{3/4}K^{1/4}$ 톤(t)만큼의 쌀을 생산할 수 있다. 자본은 단위당 2만원, 노동 시간당 1만원의 비용이 든다.

(1) 노동시간과 자본을 구입할 수 있는 예산이 2,000만원이라면 쌀을 최대로 얼마나 생산할 수 있는가?

(2) 쌀을 200톤 생산하려면 예산이 최소 얼마나 필요한가?

15 K 단위의 자본과 L 시간의 노동을 투입하면 $L^{1/2}K^{1/2}$ 개의 컴퓨터 메인보드를 조립할 수 있는 회사가 있다. 시간당 15(천원)으로 일주일에 160시간 노동시간을 투입할 수 있고, 시간외 수당은 시간당 25(천원)을 주고서 투입할 수 있다. 자본은 단위당 45(천원)으로 얼마든지 구입해서 투입할 수 있다. 메인보드 한 개당 30만원에 팔 수 있다고 할 때, 이익을 최대로 하려면 K와 L을 몇 단위씩 구입하여 투입하면 되는가?

16 다음의 H자동차 주식의 년간 수익률을 최근 10년 동안 조사한 것이다. 최소자승법을 이용한 회귀분석에 의해 H자동차 주식의 β값을 추정하라. 과거 데이터의 비중을 낮추기 위해 가중치를 0.95 로 하여, 가중치를 이용한 최소자승법을 적용하여 H자동차 주식의 β값을 다시 추정하고 비교하라.

년도	H자동차 수익률	시장수익률
2011	12%	8%
2012	−2%	4%
2013	2%	2%
2014	30%	18%
2015	25%	15%
2016	−10%	9%
2017	10%	4%
2018	0%	−7%
2019	5%	10%
2020	6%	20%

17 다음은 SG화학 주식의 년간 수익률을 25년 동안 조사한 것이다. 최소자승법을 이용한 회귀분석에 의해 SG화학 주식의 β값을 추정하라. 과거 데이터의 비중을 낮추기 위해 가중치를 0.95 로 하여, 가중치를 이용한 최소자승법을 적용하여 SG화학 주식의 β값을 다시 추정하고 비교하라.

년도	SG화학 수익률	시장 수익률	년도	SG화학 수익률	시장 수익률
1996	15.03%	6.92%	2011	64.94%	19.47%
1997	−17.95%	−14.31%	2012	31.19%	8.45%
1998	47.50%	59.68%	2013	15.32%	−29.31%
1999	33.52%	15.41%	2014	−2.32%	−26.53%
2000	−21.84%	−1.56%	2015	69.55%	61.90%
2001	0.28%	29.45%	2016	−3.39%	45.49%
2002	−21.84%	−12.75%	2017	−36.06%	9.50%
2003	29.83%	18.69%	2018	−2.14%	14.02%
2004	13.62%	18.13%	2019	35.82%	35.31%
2005	5.31%	28.61%	2020	5.13%	30.99%
2006	−17.52%	−7.06%			
2007	45.26%	50.38%			
2008	−7.78%	30.55%			
2009	−8.75%	−20.30%			
2010	11.42%	−2.90%			

18 3종류의 자산(주식, 금, 채권)에 대한 2001~2020 기간 동안의 연간 수익률이 아래 표와 같다. 예를 들어, 2001년 초 채권에 1(백만원) 투자하면 2001년 말 1.07(백만원) 수입이 있게 된다. 이제 1000(백만원)을 3종류의 자산에 분산 투자하려 한다. 1년 동안의 기대 수익률이 적어도 0.1 이상 되면서 위험부담(분산)은 최소화되게 투자하려 한다. 각 자산에 얼마씩 투자하여야 하여야 하는가?

년도	년 자산 수익률		
	주식	금	채권
2001	−0.09	0.08	0.07
2002	0.04	−0.14	0.07
2003	0.14	0.14	0.04
2004	0.19	0.44	0.04
2005	−0.15	0.66	0.07
2006	−0.27	0.64	0.08
2007	0.37	0.00	0.06
2008	0.24	−0.22	0.05
2009	−0.07	0.18	0.05
2010	0.07	0.31	0.07
2011	0.19	0.59	0.10
2012	0.33	0.99	0.11
2013	−0.05	−0.25	0.15
2014	0.22	0.04	0.11
2015	0.23	−0.11	0.09
2016	0.06	−0.15	0.10
2017	0.32	−0.12	0.08
2018	0.19	0.16	0.06
2019	0.05	0.22	0.05
2020	0.17	−0.02	0.06

19 3종류의 주식의 평균 수익률과 표준편차는 아래 표와 같다. 또한 주식1과 주식2의 상관계수는 0.6, 주식1과 주식3의 상관계수는 0.4, 주식2와 주식3의 상관계수는 0.7이다. 기대 수익률이 적어도 0.12 이상 되면서 위험부담(분산)은 최소화되게 분산 투자하려 한다. 각 주식에 어떻게 투자하여야 하는지 투자비율을 결정하라. 참고로 주식1과 주식2의 수익률을 각각 R_1, R_2라고 하면, 상관계수는 $\frac{Cov(R_1, R_2)}{\rho_1 \rho_2}$로 정의된다. 여기서 ρ_1, ρ_2는 각각 R_1, R_2의 표준편차이다.

	주식1	주식2	주식3
평균 수익률	0.14	0.11	0.1
수익률 표준편차	0.2	0.15	0.08

20 SVM을 이용하여 혈액 검사를 통해 암을 진단하고자 한다. 모형에 3가지 혈액지수가 사용되었다. 처음 20개 사례 데이터를 이용하여 SVM의 최적의 분리 초평면을 계산하고 이를 바탕으로 21번째 사례부터 30번째 사례까지의 10명의 환자에 대해 진단하라. 즉, 건강한 사람인가? 암 환자인가? 분류하라.

사례	혈액지수1	혈액지수2	혈액지수3	분류
1	1.82	7.44	7.75	암
2	0.84	7.46	2.3	암
3	2.39	2.51	0.72	건강
4	2.95	2.35	2.65	건강
5	1.05	8.12	4.93	암
6	1.47	3.71	5.55	건강
7	0.64	2.01	3.55	건강
8	1.65	4.95	2.4	암
9	1.43	2.61	4.87	건강
10	1.19	2.71	11.45	건강
11	3.26	7.81	12.33	건강
12	2.07	3.81	9.7	건강
13	0.67	10.95	0.83	암
14	1.2	8.24	6.11	암
15	2.17	4.63	2.51	암
16	1.44	7.68	8.2	암
17	1.16	5.87	5.23	암
18	3.2	5.82	11.03	건강
19	1.11	9.35	11.77	암
20	2.15	7.56	3.25	암
21	2.4	10.45	5.24	진단요망
22	0.73	3.01	5.36	진단요망
23	1.49	8.47	2.6	진단요망
24	1.23	7.42	5.4	진단요망
25	2.56	3.39	6.28	진단요망
26	2.89	7.23	7.74	진단요망
27	4.15	6.77	8.51	진단요망
28	1.61	7.95	7.46	진단요망
29	3.5	11.82	10.65	진단요망
30	1.31	5.29	10.97	진단요망

8장

진화 해찾기

지금까지 여러 최적화 문제들을 해결하기 위해 기본적으로 사용해 왔던 해법들은 선형계획의 심플렉스법(simplex method), 비선형계획의 GRG법(generalized reduced gradient method), 정수계획의 분지한계법(branch and bound method)이었다. 그러나 이러한 해법들을 적용하기 힘든 여러 최적화 문제들도 발생한다.

Microsoft사와 함께 엑셀 해찾기를 개발했던 Frontline Systems사는 표준 엑셀의 세 해법으로는 해결할 수 없었던 여러 최적화 문제를 풀기 위해 진화해법(Evolutionary solver)을 개발하고, 진화해법이 포함된 'Premium' 해찾기를 그동안 독립적으로 판매하여 왔다. 사실상 최적화 분야의 최근 연구 및 발전은 특히 진화해법의 영역을 중심으로 이루어져 왔다. 이에 따라 Microsoft사도 2010년부터 엑셀 해찾기에 '진화해법'을 기본적으로 탑재하였다. 따라서 별도로 "Premium" 해찾기를 구매하지 않고도 엑셀 2010 해찾기를 사용하면, 기존의 세 해법에 추가하여 진화해법을 이용할 수 있게 되었다.

본 장에서는 여러 최적화 문제들을 다양한 엑셀 함수들을 활용하여 비교적 쉽게 모델링하고, 기존 해법으로는 풀기 어려운 이들 모형에 좋은 해를 제공해 주는 진화해법의 적용을 보이고자 한다. 진화해법은 기본적으로 유전알고리즘(genetic algorithm)에 기초한 해법이다. 따라서 본 장에서는 먼저 유전알고리즘의 기본개념을 소개한 후 진화해법의 적용 예들을 보여주고자 한다.

8.1 유전알고리즘의 기본 개념

유전알고리즘(genetic algorithm)은 생물의 진화과정을 모방한 해법으로, 복잡하고 다루기 어려운 형태의 최적화문제나 의사결정문제를 푸는데 적합한 기법으로 알려져 있다. 선형, 비선형, 정수계획 해법은 초기해로부터 꾸준히 해를 개선하여 최적해를 구하여 종료하는 방식이나, 유전알고리즘은 하나의 해 대신 해 모집단(solution population)을 이용한다. 즉 초기 해집단으로부터 종료조건을 만족할 때까지 계속 해집단을 진화시켜 나가며, 마지막까지 생존한 해집단에서 가장 좋은 해를 최선의 해로 제공하는 방식이다.

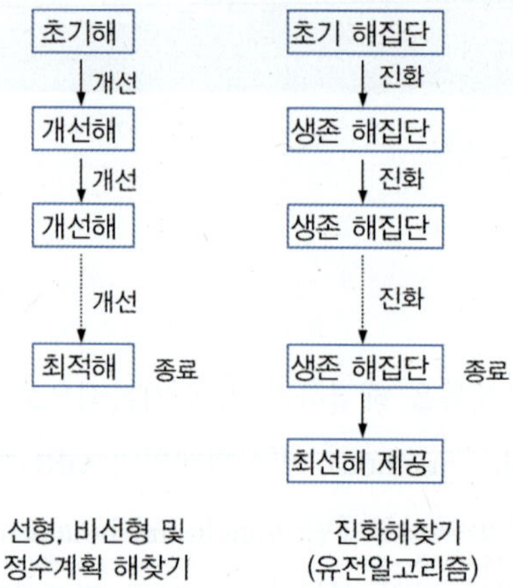

그림 8.1 해찾기의 최적화해법과 진화해법 비교

기존의 최적화 해법과 달리 해집단을 진화시켜 나가는 유전알고리즘의 구조는 아래와 같다.

```
초기화:
    1) 초기 해집단 생성
    2) 초기 해집단 각 개체에 대해 적응도 평가
           (초기 해집단을 부모세대 후보로 간주)
Do Until (종료조건 만족)
    1) 부모세대 선택 (선택 안 된 개체는 도태)
    2) 자녀세대 생성 (유전자 교차 및 돌연변이 적용)
    3) 자녀세대 각 개체에 대해 적응도 평가
        (자녀세대를 다음 부모세대 후보로 간주)
  Loop
```

그림 8.2 유전알고리즘 구조

예를 통해 유전 알고리즘의 구조를 설명하고자 한다.

예제 8.1 **유전 알고리즘**

6장 정수계획의 예제 6.2(배낭문제)의 수리모형을 다시 쓰면 아래와 같다. 여기서 $x_j\,(j=1,\cdots,7)$는 해당 보물의 선택여부를 나타내는 이진수이다. 이 예제에 유전 알고리즘을 적용해 본다.

$$\begin{aligned}\text{maximize}\quad & 70x_1+20x_2+39x_3+37x_4+11x_5+7x_6+5x_7\\ \text{subject to}\quad & 31x_1+10x_2+20x_3+19x_4+6x_5+4x_6+3x_7\le 49\\ & x_j=0 \text{ or } 1,\ j=1,\ 2,\ \cdots,\ 7\end{aligned}$$

개체 표현: 유전알고리즘은 하나의 해(solution)를 개체로서 인식하여 이진수 스트링으로 표현한다. 즉, 위의 배낭문제에 대한 임의의 해는 7개의 2진수로 표현할 수 있다. 예를 들어, 보물 1,2,3 만을 선택하는 해 (1,1,1,0,0,0,0)은 하나의 개체로서 (1110000)과 같이 표현된다.

초기 해집단 생성: 해집단 크기를 먼저 정하고, 초기 해집단을 무작위로 생성한다. 예를 들어 [0,1] 일양분포 난수를 생성하여 0.5 이하이면 0, 0.5을 초과하면 1로 간주하고, 이러한 난수를 7개 생성하면 하나의 개체를 생성할 수 있다.[1)] 이를 해집단 크기만큼 반복하면 초기 해집단이 생성된다.

개체에 대한 적응도 평가: 개체의 생존선택과 도태를 결정하기 위한 **적응도(fitness)**는 목적함수의 값으로 평가할 수 있다. 위의 배낭문제에서 가능해가 아닌 개체의 적응도는 0으로 놓을 수 있다.

(예) 개체 (1110000)의 적응도 $f(1110000)=0$ (가능해가 아니므로)

개체 (1000001)의 적응도 $f(1000001)=70+0+0+0+0+0+5=75$

부모세대 선택: 부모세대 선택을 위해 해집단에 포함된 각 개체의 선택확률을 먼저 계산한다. 각 개체의 선택 확률은 적응도 평가 점수에 의해 결정된다. 즉 해집단에 포함된 모든 개체의 점수 합에 대한 개별 개체의 점수 비율로서 선택 확률을 정한다.

1) 일양분포(uniform distribution)와 난수 발생에 대해서는 13장 시뮬레이션 참조

$$(\text{예})\ \text{개체 (1000001)의 선택확률} = \frac{f(1000001)}{\sum_{j \in \text{해집단}} f(\text{개체}j)}$$

[0,1] 구간을 각 개체의 선택확률로 분할하여 각각의 개체를 대응시킨다. 그러면 하나의 [0,1] 일양분포 난수를 생성하면 그것에 대응하는 부모세대의 개체를 선택하게 한다. 이제 자녀세대 개체 수만큼 [0,1] 난수를 생성하고 난수에 대응되는 부모세대 개체를 선택한다. 이러한 선택 과정을 통해 어느 개체는 반복 선택되고, 어느 개체는 선택되지 않아 도태하게 된다. 결국 선택 및 도태 여부는 적응도 점수에 의해 확률적으로 결정되는 셈이다.

교차(crossover) 및 돌연변이(mutation): 부모세대 개체의 교차(교배)를 통해 자녀세대를 생성할 수 있다. 그림 8.3은 교차점이 한 개인 일점교차의 예와 돌연변이의 예를 보여준다. 교차점(교차의 경계)은 이진수 스트링의 4번째 비트와 5번째 비트 사이가 된다. 두 자녀들은 두 부모의 유전자를 서로 교차하여 물려받음으로 생성된다. 또한 돌연변이는 사전에 정해진 돌연변이율(돌연변이 확률)에 의해 각 개체의 각 비트에 적용된다. 그림 8.3에서는 5번째 비트에 돌연변이가 발생한 경우를 보여주고 있다. 보통 돌연변이는 해집단의 구성을 다양하게 만들어 유전알고리즘이 지역 최적해를 벗어나 전체 최적해를 탐색하게 하는데 좋은 영향을 준다.

일점교차	돌연변이
부모개체(1) **0100** 110 부모개체(2) 1000 **001** 자녀개체(1) **0100 001** 자녀개체(2) 1000 110	돌연변이 전 0100**0**01 돌연변이 후 0100**1**01

그림 8.3 일점교차와 돌연변이

종료조건: 유전알고리즘의 종료조건으로는 여러 조건을 사용할 수 있다. 예를 들어, 최대허용 CPU 시간, 일정 세대수, 새로 생성된 개체 수, 해를 개선시키지 못하고 반복되는 세대수, 현재까지의 최선의 해와 동일한 값을 주었던 개체 수 등이 될 수 있다. 유전알고리즘은 종료조건이 만족될 때까지 최선의 해를 간직하고 있다가 종료되면 그 해를 제공한다. 따라서 유전알고리즘이 제공한 최선의 해가 진짜 최적해인지 아닌지는 알 수 없으며, 최적해와 어느 정도 근접한지도 알 수 없다. 이점이 유전알고리즘의 단점으로 지적되고 있다.

8.2 조합최적화 모형

조합최적화(combinatorial optimization) 모형은 변경셀들이 가질 수 있는 여러 값들을 조합하거나 순서대로 나열해서 얻을 수 있는 실행가능한 모든 해들을 찾아내고, 이들 중에서 목표셀 값이 가장 좋은 해를 찾아내는 모형이다. 6장에 제시했던 여러 정수계획모형들도 조합최적화 모형에 속한다. 6장에서는 필요시 0-1변수를 적절히 응용해서 제한조건과 목표셀의 수식들을 선형의 식으로 모형화하였다. 선형의 정수계획모형이 될 때 해찾기의 해법 선택으로 심플렉스 LP를 선택하면 프로그램이 분지한계법을 적용하여 정수 최적해를 찾는 것이 가능해 진다. (분지한계법에 대해서는 6.9절에 자세히 설명하였다.)

그러나 몇몇 조합최적화 문제들은 선형으로 모형화하기가 쉽지 않으며, 선형모형으로 표현한다 하여도 변수의 수가 많으면 최적해를 구하는데 수일 이상의 많은 시간이 소요되기도 한다. 이러한 까다로운 문제들에 대해 엑셀에서 제공하는 여러 유용한 함수들, 즉 IF, SUMIF, COUNTIF, INDEX, MAX, MIN, ABS 등을 사용하여 조합최적화 모형으로 쉽게 모형화한 후, 엑셀 2010에서 제공하는 진화해법을 적용하면 상대적으로 적은 시간 내에 최적해에 가까운 좋은 가능해나 최적해를 얻을 수 있다.

다음에 제시하는 예제 8.2에서는 0-1 변수를 도입하는 대신에 간단히 엑셀의 SUMIF() 함수를 활용하여 조합최적화 모형으로 모형화한 후 엑셀 2010의 진화 해법을 적용하여 좋은 가능해를 찾는다.

예제 8.2 **유조차의 석유제품 적재모형**

SS-Oil은 유조차를 사용하여 고객에게 석유제품을 운송한다. 유조차의 유조탱크는 내부에 5개의 소형 탱크로 나누어져 있고 각 소형탱크에는 최대로 2500리터, 2000리터, 1500리터, 1800리터, 2300리터까지 적재할 수 있다. 현재 주문받은 제품은 디젤유 2700리터, 보통 휘발유 3500리터, 고급 휘발유 4200리터이다. 운송할 제품들은 서로 섞여서는 안 되므로 한 소형탱크에는 한 제품만을 적재할 수 있다. 고객의 주문량을 전량 운송할 수 없는 경우에는 공급부족량이 최소가 되도록 운송하길 원한다. SS-Oil은 각 제품을 어떻게 적재하여 운송해야 하는가?

표 8.1 소형 탱크의 적재용량(단위: 리터)

소형탱크	1	2	3	4	5
적재용량	2500	2000	1500	1800	2300

표 8.2 제품별 수요량(단위: 리터)

제품	수요량
디젤유	2700
보통 휘발유	3500
고급 휘발유	4200

모형화 가이드

1. 문제에서 의사결정을 내릴 내용은 간단히 각 소형탱크에 어느 제품들을 얼마씩 적재할 것인가를 결정하는 것이다.
2. 우선 적재할 제품들은 디젤유, 보통 휘발유, 고급 휘발유이므로 모형화를 쉽게 하기 위해 적재할 각 제품을 숫자로 표기하자. 디젤유는 1로, 보통 휘발유는 2로, 고급 휘발유는 3으로 설정하면, 정수 1, 2, 3은 개수의 의미가 아니라 각 제품을 표기하는 번호라 할 수 있다.
3. 따라서 의사결정변수로는 각 5개의 소형탱크별로 적재할 제품을 표현하는 제품변수 5개와 적재량을 나타내는 적재량변수 5개로 설정한다.
4. 의사결정의 목표는 각 소형탱크에 적재할 여러 제품들의 조합에 대해 총 공급부족량이 최소가 되도록 의사결정 변수의 값을 결정하는 것이다.
5. 제한조건은 각 소형탱크별 적재량이 소형탱크의 용량을 초과할 수 없다는 것이다. 다른 제한조건으로는 각 소형탱크에 걸쳐 적재할 제품별 적재량이 제품별 수요량을 초과할 필요가 없다는 것이다.
6. 각 소형탱크에 적재된 제품별 적재량을 계산하기 위해서 엑셀함수 SUMIF를 활용한다.

스프레드시트 모형화

1. **입력자료** B9:F9(탱크적재용량), B16:D16(수요량)
   그림 8.4의 회색부분과 같이 표의 자료를 입력한다.
2. **변수셀** B5:F5(제품변수), B7:F7(적재량변수)
   각 탱크에 적재할 제품을 제품변수라 하고 셀범위 B5:F5에 설정한다. 또한 각 탱크에 적재할 적재량을 적재량변수라 하고 B7:F7로 설정한다. 초기해로는 다음과 같이 설정하였다.

	A	B	C	D	E	F	G
1	석유적재모형 : 진화해찾기 적용						
2							
3	제품할당			소형탱크			
4		1	2	3	4	5	
5	제품변수(=정수)	1	1	1	1	1	
6							
7	적재량변수	0	0	0	0	0	
8		<=	<=	<=	<=	<=	
9	탱크적재용량	2500	2000	1500	1800	2300	
10							
11	제품별 공급부족량						
12			제품				
13		1	2	3			
14	제품별 적재량	0	0	0			
15		<=	<=	<=			
16	수요량	2700	3500	4200			
17							
18	공급부족량	2700	3500	4200	10400	총공급부족량	

그림 8.4 석유적재모형_초기해

3. 목표셀 E18(총공급부족량)의 최소화

```
E18 =SUM(B18:D18)
```

여기서, B18:D18은 각 제품별 공급부족량이다.

```
B18 =B16-B14,  C18:D18에 복사
B14 =SUMIF($B$5:$F$5, B13, $B$7:$F$7), C14:D14에 복사
```

4. 제한조건

1. 적재용량 B7:F7<=B9:F9 (적재량변수<=탱크적재용량)
2. 제품별 적재량 B14:D14<=B16:D16 (제품별 적재량<=수요량)

진화해법 실행

1. 목표셀, 최소화, 변수셀, 제한조건을 아래 그림 8.5의 해찾기 매개변수와 같이 입력한다.

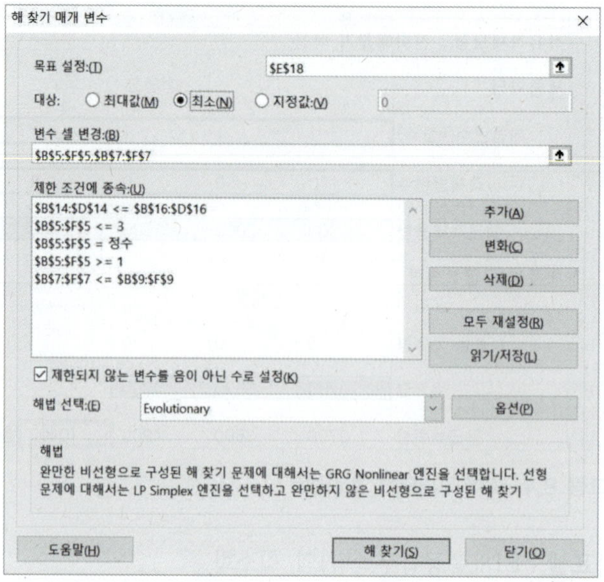

그림 8.5 해찾기 매개변수

2. 옵션 선택

그림 8.5의 해찾기 상자에서 '옵션'을 선택한 후 옵션상자에서 '모든해법' 탭을 클릭하면 그림 8.6과 같다. 여기서 최대부분문제와 최대최적해는 각각 유전자 해법이 검색하는 **부문제(subproblems)의 최대개수와 가능해의 최대개수**를 의미하며, 이 값을 크게 설정하면 실행 중간에 종료여부를 묻는 대화상자 없이 실행시킬 수 있다. 옵션상자에서 'Evolutionary' 탭을 클릭해서 얻는 그림 8.7에서 '개선을 포함하지 않는 최대시간'은 마지막 300초 동안에 목표셀 값이 향상되지 않으면 실행을 종료시키라는 의미이다.

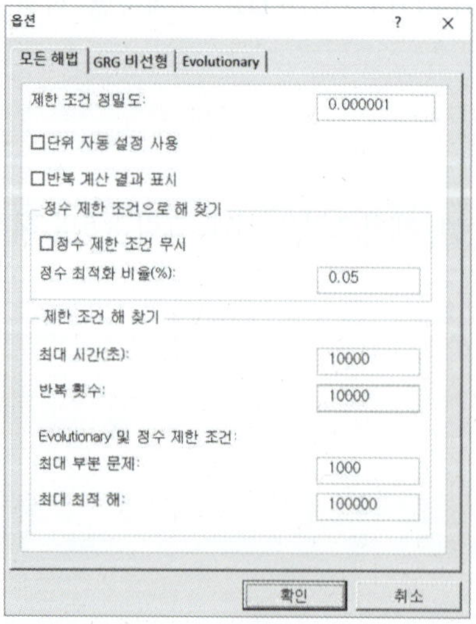

그림 8.6 모든해법 옵션

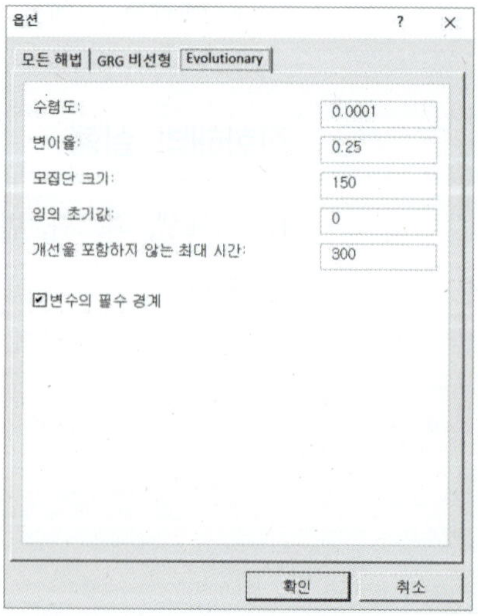

그림 8.7 Evolutionary 옵션

3. 실행 및 해찾기

그림 8.5의 '해찾기 매개변수' 대화상자로 돌아가 하단에 있는 '해찾기' 버튼을 클릭하면 해를 찾으면서 화면 하단의 작업줄에는 현재까지의 최선해(incumbent, '현재수식'이라고 표기됨)와 검색한 부분문제의 수를 보여준다. 그림 8.6의 '모든해법' 옵션에서 설정한 부분문제의 최대 개수나 최적해의 최대 개수에 도달하면 다음 그림들과 같이 일시 정지하여 계속여부를 묻는다.

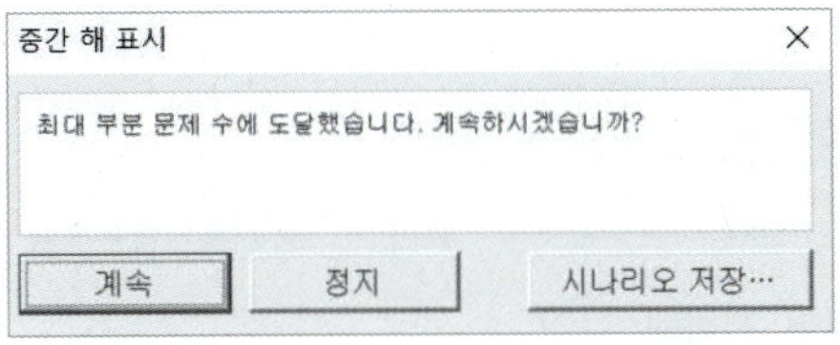

그림 8.8 중간해 표시_부분문제의 수

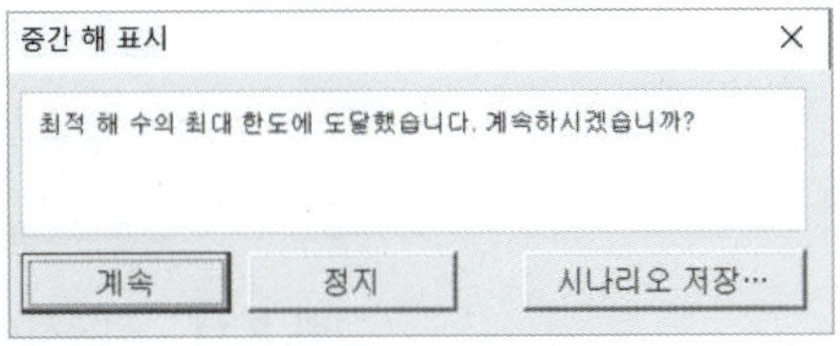

그림 8.9 중간해 표시_최적해의 수

여기서 정지 버튼을 누르면 해찾기가 일시 정지되었다는 중간해 표시가 뜨고 이어서 확인 버튼을 클릭하면 해찾기 중단 결과를 보여준다.

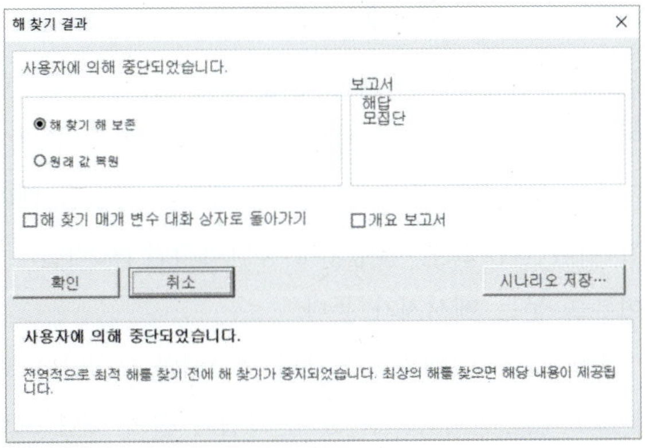

그림 8.10 해찾기 결과

여기서 확인을 클릭하면 해찾기를 중지하고 지금까지 구한 가장 좋은 해를 시트에 보여준다. 다음과 같이 결과적으로 최적해가 발생하였다. 해찾기에 주어진 옵션과 해찾기가 탐색한 부분문제의 수, 걸린 시간 등에 대해서는 그림 8.12_1의 해답보고서를 참조한다. 그러나 진화해법은 매번 서로 다른 난수를 발생하여 해를 탐색하기 때문에 실행 때마다 해의 값이나 부분문제의 수, 걸린 시간 등은 다르게 나올 수 있음에 유의한다.

	A	B	C	D	E	F	G
1	석유적재모형 : 진화해찾기 적용						
2							
3	제품할당			소형탱크			
4		1	2	3	4	5	
5	제품변수(=정수)	1	2	2	3	3	
6							
7	적재량변수	2500	2000	1500	1800	2300	
8		<=	<=	<=	<=	<=	
9	탱크적재용량	2500	2000	1500	1800	2300	
10							
11	제품별 공급부족량						
12			제품				
13		1	2	3			
14	제품별 적재량	2500	3500	4100			
15		<=	<=	<=			
16	수요량	2700	3500	4200			
17							
18	공급부족량	200	0	100	300	총공급부족량	

그림 8.11 석유적재모형_진화해

체크포인트

1. 진화해법 적용을 위해 모형화한 그림 8.4의 석유적재모형에서 제품변수가 취하는 정수값은 개수의 의미가 아니라, 각 소형탱크에 적재할 세 제품을 나타낸다. 따라서 분지한계법 등의 최적해법을 적용해서 해를 구하는 것은 의미가 없게 된다. 진화해법을 적용하면 각 소형탱크에 적재할 여러 제품들의 조합을 구성하여, 이에 따른 공급 부족량을 최소화하는 방향으로 적재량을 결정하게 된다.
2. 실행이 멈추는 조건은 옵션에서 지정한 최적해 수의 최대한도, 부분문제의 최대 개수, 그리고 시간제한 등이다. 이러한 제한에 도달할 때마다 계속여부를 묻는 대화상자가 나타난다. 또한 실행중에 중단하려면 esc키를 누르면 되며, 이때도 실행의 계속여부를 묻는 메시지가 뜬다.
3. 그림 8.10의 해찾기 결과에서 해답 보고서와 모집단 보고서를 선택한 후 확인을 하면 각 보고서를 받아 볼 수 있다. 그림과 같이 해답 보고서와 모집단 보고서의 두 보고서는 입력한 제한조건을 서로 다르게 취급함을 알 수 있다. 해답 보고서에서는 변수셀에 대한 상하한 제약식을 모두 포함해서 제한조건으로 보여주고 있으나, 모집단 보고서에서는 변수에 대한 제약조건은 제한조건으로 보지 않는다.
4. 모집단 보고서는 진화 해찾기가 탐색한 모든 후보해들의 모집단에 대한 정보를 제공한다. 그림에서 최상위 값이란 구해진 가장 좋은 해를 의미한다. 따라서 여러 번 진화 해찾기를 수행했을 때 최상위 값의 변화가 적고 표준편차도 작다면, 최상위 값은 최적해에 근접해 있다고 판단할 수 있다. 반면에 매 수행시 표준편차가 작은데도 최상위 값의 변화가 크다면 모집단의 다양성이 작다는 것을 의미한다. 이 경우에는 Evolutionary 옵션(그림 8.7)에서 변이율을 크게 재설정한 후 진화 해찾기를 수행한다.

Microsoft Excel 16.0 해답 보고서
워크시트 이름: [예제8.2 석유적재모형_진화해.xlsx]석유적재모형_진화해 (2)
보고서 작성일: 2021-11-29 오전 11:46:07
결과: 모든 제한 조건을 만족시키는 해에 수렴했습니다.
해 찾기 엔진
엔진: Evolutionary
해 찾는 시간: 173.047 초.
반복 횟수: 0 부분 문제: 51931
해 찾기 옵션
최대 시간 100000 초, 반복 횟수 100000, Precision 0.000001
수렴도 0.00001, 모집단 크기 150, 임의 초기값 0, 변이율 0.25, 개선을 포함하지 않는 시간 3000 초, 필수 경계
최대 부분 문제 100000, 최대 정수 해 100000, 정수 허용 한도 0%, 음수 아닌 것으로 가정

목표 셀 (최소)

셀	이름	계산 전의 값	계산 값
$E$18	공급부족량 <=	10400	300

변수 셀

셀	이름	계산 전의 값	계산 값	정수
$B$5	제품변수(=정수) 소형탱크	1	1	정수
$C$5	제품변수(=정수)	1	2	정수
$D$5	제품변수(=정수)	1	2	정수
$E$5	제품변수(=정수)	1	3	정수
$F$5	제품변수(=정수)	1	3	정수
$B$7	적재량변수 소형탱크	0	2500	Contin
$C$7	적재량변수	0	2000	Contin
$D$7	적재량변수	0	1500	Contin
$E$7	적재량변수	0	1800	Contin
$F$7	적재량변수	0	2300	Contin

제한 조건

셀	이름	셀의 값	수식	상태	조건과의 차
$B$14	제품별 적재량 제품	2500	$B$14<=$B$16	부분적 만족	200.0001526
$C$14	제품별 적재량 <=	3500	$C$14<=$C$16	부분적 만족	0.000148575
$D$14	제품별 적재량 <=	4100	$D$14<=$D$16	부분적 만족	100.0243557
$B$5	제품변수(=정수) 소형탱크	1	$B$5<=3	부분적 만족	2
$C$5	제품변수(=정수)	2	$C$5<=3	부분적 만족	1
$D$5	제품변수(=정수)	2	$D$5<=3	부분적 만족	1
$E$5	제품변수(=정수)	3	$E$5<=3	만족	0
$F$5	제품변수(=정수)	3	$F$5<=3	만족	0
$B$5	제품변수(=정수) 소형탱크	1	$B$5>=1	만족	0
$C$5	제품변수(=정수)	2	$C$5>=1	부분적 만족	1
$D$5	제품변수(=정수)	2	$D$5>=1	부분적 만족	1
$E$5	제품변수(=정수)	3	$E$5>=1	부분적 만족	2
$F$5	제품변수(=정수)	3	$F$5>=1	부분적 만족	2
$B$7	적재량변수 소형탱크	2500	$B$7<=$B$9	부분적 만족	0.000152625
$C$7	적재량변수	2000	$C$7<=$C$9	부분적 만족	0.000148575
$D$7	적재량변수	1500	$D$7<=$D$9	만족	0
$E$7	적재량변수	1800	$E$7<=$E$9	부분적 만족	9.95084E-05
$F$7	적재량변수	2300	$F$7<=$F$9	부분적 만족	0.024256223
$B$5:$F$5=정수					

그림 8.12_1 해답 보고서

Microsoft Excel 16.0 모집단 보고서
워크시트 이름: [예제8.2 석유적재모형_진화해.xlsx]석유적재모형_진화해 (2)
보고서 작성일: 2021-11-29 오전 11:46:08

변수 셀

셀	이름	최상위 값	평균 값	표준 편차	최대 값	최소 값
$B$5	제품변수(=정수) 소형탱크	1	1	0	1	1
$C$5	제품변수(=정수)	2	2	0.08304548	2	1
$D$5	제품변수(=정수)	2	2	0.08304548	2	1
$E$5	제품변수(=정수)	3	3	0.16609096	3	1
$F$5	제품변수(=정수)	3	3	0.16609096	3	1
$B$7	적재량변수 소형탱크	2500	2483	207.6136887	2500	0
$C$7	적재량변수	2000	1986	166.0909457	2000	0
$D$7	적재량변수	1500	1479	175.5532959	1500	0
$E$7	적재량변수	1800	1788	149.4818411	1800	0
$F$7	적재량변수	2300	2284	191.0025781	2299.975744	0

제한 조건

셀	이름	최상위 값	평균 값	표준 편차	최대 값	최소 값
$B$14	제품별 적재량 제품	2500	2483	207.6136887	2500	0
$C$14	제품별 적재량 <=	3500	3466	315.4316242	3499.999919	0
$D$14	제품별 적재량 <=	4100	4072	340.4844192	4099.975644	0

그림 8.12_2 모집단 보고서

모형화 토의

1. 진화해법도 다른 해법과 마찬가지로 제약식이 많아질수록 좋은 해를 찾는 속도는 상당히 느려지게 된다. 그러므로 모형화 과정에서 되도록 제약식의 개수가 적어지도록 모형화하는 노력이 필요하다.
2. 그림 8.4에 보인 모형에서는 제품별 적재량이 수요량을 초과할 수 없도록 제한조건을 넣었다. 제약식을 줄이기 위해 이 제한조건을 삭제한다면, 제품별 적재량은 수요량보다 클 수도 있고, 미달될 수도 있다. 미달될 때만 부족량이 발생하게 되므로, 셀 B18에서 공급 초과량을 0으로 하기 위해 IF 함수의 사용이 불가피하다. 즉 셀 B18에는 =IF(B14<=B16, B16-B14, 0)의 수식을 입력한다.
3. 엑셀의 진화해찾기를 적용하려면 모형에 정의된 모든 변수들에 대한 상하한 조건이 설정되어야만 해를 찾는다. 이 조건이 누락되었을 경우에는 그림 8.13과 같은 해찾기 결과를 보여준다. 진화해찾기가 처리할 수 있는 제한조건의 개수는 최대 100개이다.

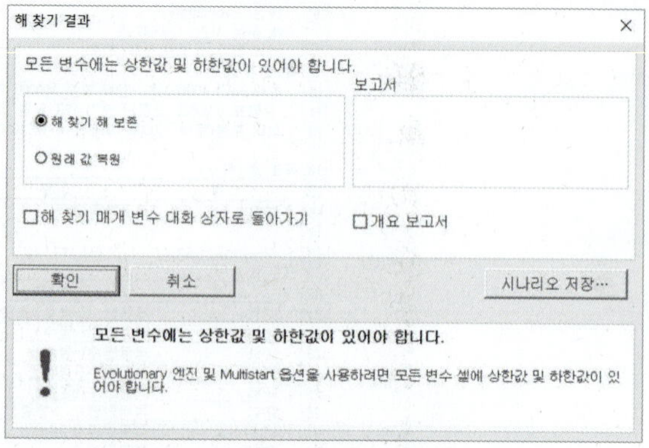

그림 8.13 해찾기결과_상하한조건 알림

4. **<최적해 모형>** 석유적재모형의 최적해를 구하는 스프레드시트 모형을 다음 모형화 토의에 제시하였다. 최적화 모형에는 조합최적화 모형보다 변수나 제약식의 개수가 상당히 증가한다. 제시된 최적화 모형에서는 적재량 변수 15개와 관련된 0-1 변수 15개가 필요하다. 제약식의 개수도 연결 제약식 15개와 탱크에의 할당을 의미하는 5개의 제약식이 더 설정되어야 한다.

체크포인트

1. 그림 8.4의 스프레드시트 모형에서
   ① 해를 구하기 위해 분지한계법 대신 진화해찾기를 적용하는 이유는 무엇인가?
   ② 제약식의 개수를 줄이기 위해 (제품별 적재량<=수요량)의 제약식을 삭제한다면, 셀 B18에 입력할 수식은 무엇인가?

모형화 토의

유조차의 석유제품 적재모형: 최적화 모형

석유제품 적재모형의 최적해를 구하는 수리계획 모형과 스프레드시트 모형을 작성해 보자.

수리모형화

1. 의사결정변수

- 적재량 변수

  각 소형탱크 j $(j=1,2,3,4,5)$에 적재할 제품 i $(i=1,2,3)$의 양을 x_{ij}라 정의한다. 단, $i=1$은 디젤유, $i=2$는 보통 휘발유, $i=3$은 고급 휘발유를 의미한다.

- 제품할당 변수

  어느 제품을 어느 탱크에 할당할 것인가를 표현하는 0-1변수 y_{ij}를 정의한다. 즉, 제품 i를 탱크 j에 적재하면 y_{ij}=1, 아니면 y_{ij}=0이라 정의한다. $i=1,2,3$, $j=1,2,3,4,5$.

2. 목적함수

총 공급부족량을 최소화한다. 예로 제품 1의 공급부족량은 아래와 같다.

$2700-x_{11}-x_{12}-x_{13}-x_{14}-x_{15}$

3. 제약조건

- 적재량≤수요량

  $x_{11}+x_{12}+x_{13}+x_{14}+x_{15} \le 2700$

  $x_{21}+x_{22}+x_{23}+x_{24}+x_{25} \le 3500$

  $x_{31}+x_{32}+x_{33}+x_{34}+x_{35} \le 4200$

- 적재용량

  제품 i가 탱크 j에 적재되면 적재용량 u_j를 초과할 수 없다.

  $x_{ij} \le u_j y_{ij},\ i=1,2,3,\ j=1,2,3,4,5,$

  여기서, 적재용량 $(u_1, u_2, u_3, u_4, u_5)$ =(2500,2000,1500,1800,2300)이고, 0-1변수 y_{ij}는 제품 i가 탱크 j에 적재되면 1의 값을 갖고, 아니면 0의 값을 갖는다.

- 제품할당

  제품 i가 탱크 j에 적재되면 다른 제품은 탱크 j에 적재될 수 없다. 이를 표현하는 제약은 아래와 같다.

  $y_{1j}+y_{2j}+y_{3j} \le 1,\ j=1,2,3,4,5$

  $y_{ij}=0$ or $1,\ i=1,2,3,\ j=1,2,3,4,5$

4. 수리모형

$$\begin{aligned}\text{minimize}\ & 2700-x_{11}-x_{12}-x_{13}-x_{14}-x_{15}\ +\ 3500-x_{21}-x_{22}-x_{23}-x_{24} \\ & -x_{25}+4200-x_{31}-x_{32}-x_{33}-x_{34}-x_{35}\end{aligned}$$

$$\text{subject to}\ \ x_{11}+x_{12}+x_{13}+x_{14}+x_{15} \le 2700$$

$$x_{21}+x_{22}+x_{23}+x_{24}+x_{25} \le 3500$$

$$x_{31}+x_{32}+x_{33}+x_{34}+x_{35} \le 4200$$

$$x_{ij} \le u_j\, y_{ij},\ \ i=1,2,3,\ \ j=1,2,3,4,5$$

$$y_{1j}+y_{2j}+y_{3j} \le 1,\ \ j=1,2,3,4,5$$

$$y_{ij}=0 \text{ or } 1,\ \ i=1,2,3,\ \ j=1,2,3,4,5$$

스프레드시트 모형화 1. **입력자료** B17:F17(탱크용량), I14:I16(수요량)

그림의 회색부분과 같이 석유적모형의 자료를 입력한다.

2. **변수셀** B5:F7, B14:F16

각 소형탱크에의 제품할당여부를 표현하는 제품할당변수는 B5:F7에 나타내고 적재량은 셀영역 B14:F16으로 설정한다.

	A	B	C	D	E	F	G	H	I	J	K	L
1	석유적재모형 : 최적화 모형											
2												
3	제품할당변수			소형탱크								
4	(=2진수)	1	2	3	4	5						
5	디젤유	1.0	0.0	0.0	0.0	0.0						
6	보통 휘발유	0.0	1.0	1.0	0.0	0.0						
7	무연 휘발유	0.0	0.0	0.0	1.0	1.0						
8	제품할당	1	1	1	1	1						
9		<=	<=	<=	<=	<=						
10	제품혼합금지	1	1	1	1	1						
11												
12	적재량변수			소형탱크								
13		1	2	3	4	5	적재량		수요량	공급부족량		
14	디젤유	2500	0	0	0	0	2500	<=	2700	200		
15	보통 휘발유	0	2000	1500	0	0	3500	<=	3500	0		
16	무연 휘발유	0	0	0	1800	2300	4100	<=	4200	100		
17	탱크용량	2500	2000	1500	1800	2300				300	총공급부족량	
18												
19	적재가능여부											
20					[제품적재량]		<=	[탱크용량*제품할당]				
21				소형탱크						소형탱크		
22		1	2	3	4	5		1	2	3	4	5
23	디젤유	2500	0	0	0	0		2500	0	0	0	0
24	보통 휘발유	0	2000	1500	0	0	<=	0	2000	1500	0	0
25	무연 휘발유	0	0	0	1800	2300		0	0	0	1800	2300

그림 8.14 석유적재모형_최적해

3. **목표셀** J17(총공급부족량)

```
J17 =SUM(J14:J16)
```

여기서, J14는 공급부족량이다.

```
J14 =I14-G14, J15:J16에 복사
```

4. 제한조건

1. 수요량 G14<=I14 (적재량<=수요량)
2. 적재용량 B23:F25<=H23:L25 (제품적재량<=탱크용량*제품할당)

```
B23 =B14, B22:F24에 복사
H23 =B$17*B5,  H23:L25에 복사
```

3. 제품할당 B8:F8<=B10:F10 (제품할당<=제품혼합금지)

```
B8 =SUM(B5:B7),  C8:F8에 복사
B10 =1,  C10:F10에 복사
```

4. 제품할당변수=2진수 B5:F7=2진수

해찾기 실행

1. 목표셀, 변수셀, 제한조건을 그림과 같이 입력한다.

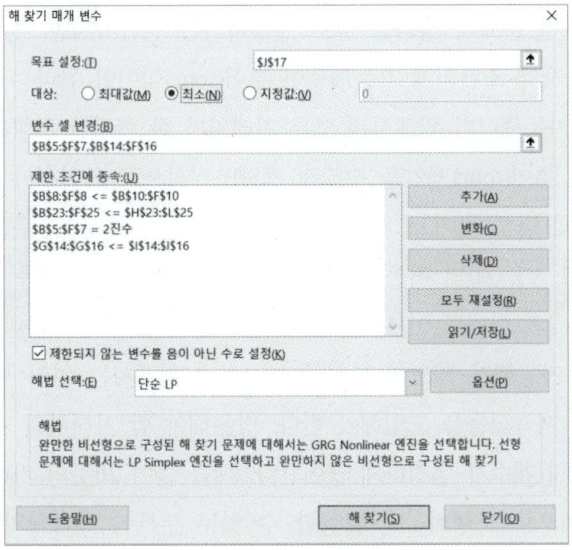

그림 8.15 해찾기 매개변수_석유적재모형

2. 해찾기 실행

위 그림에서 해찾기를 실행하면 그림 8.14와 같이 최적해를 얻는다.

체크포인트

1. 진화해법 적용을 위한 조합최적화 모형에서 변수셀로는 각 탱크별로 적재할 제품을 표현하는 제품변수 5개와 그 제품의 적재량을 나타내는 적재량변수 5개를 설정

하였다. 반면에 최적화 모형에서는 적재량 변수 15개와 관련된 0-1 변수 15개가 필요하다. 제약식의 개수도 연결 제약식 15개와 탱크에의 할당을 의미하는 5개의 제약식으로 더 증가하였다.

8.3 외판원 모형

외판원 문제(Traveling salesperson problem)는 50여년 넘게 많은 학자들이 관심을 갖고 연구해 온 문제이다. 이 문제는 명칭에서 알 수 있듯이 판매원이 사무실에서 출발하여 각 거래처를 한번 씩만 방문하여 판촉활동을 한 후 다시 사무실로 돌아오는 경로를 선택하는 문제이다. 비용은 거래처 간의 이동에 따라 서로 다르게 발생하므로 외판원은 최소 비용의 경로(tour)를 찾고자 한다. 이 문제는 단순하게 보이지만 최적해를 찾기 위해 검색해야 할 가능해의 수가 거래처의 수 n이 증가함에 따라 $n!$ (팩토리알)에 비례하여 빠르게 증가하는 문제이다.

외판원 문제의 정의를 말로 설명하기는 간단하지만, 정수계획 모형으로 작성하려면, 할당제약 조건외에 가능해들이 투어(tour)이어야 한다는 투어제약의 처리가 난제이다. 즉, 가능해이기 위해서는 모든 거래처가 한 번씩만 포함되어 모든 거래처가 이어져야 하는 투어(tour)제약을 수리적 제약조건식으로 표현해야 한다. 예로 거래처가 1, 2, 3, 4, 5의 다섯 곳이고, 사무실을 0으로 표현할 경우, 사무실에서 출발하여 0→5→4→3→2→1→0의 이동 경로는 하나의 투어가 된다. 이동 경로가 0→5→4→3→0, 2→1→2의 형태로 이루어지면 이 경로는 투어가 되지 못하며 이를 부투어(subtour)라 부른다. 가능해가 되도록 투어를 보장하기 위해서는 여러 부투어의 발생을 막는 부투어 제거 제약식들을 도입해야 한다. 방문해야 할 거래처의 개수가 증가하면 이들 부투어 제약의 개수가 엄청나게 늘어난다. 예를 들어 20곳의 거래처가 있는 외판원 문제를 정수계획으로 모형화하면 발생할 수 있는 부투어 제약식의 개수는 50만개를 넘으며, 50곳의 거래처가 있다면 500조개 이상의 부투어가 생길 수 있다.

예제 8.3 **외판원 모형**

정밀의료장비를 생산, 판매하는 M사에서 마케팅을 담당하고 있는 박과장은 판매 및 고객관리를 위해 매달 정기적으로 지방출장을 다닌다. 박과장은 서울의 사무실에서 출발하여 전국적으로 산재해 있는 5개 도시의 주 고객 종합병원을 한번 씩 방문하고 서울로 돌아온다. 각 도시간 방문에 따른 경비는 아래의 표와 같다.(단위: 천원) 박과장은 모든 도시들을 한번 씩 방문하고 출발지인 서울로 돌아오는 최소경비의 경로를 찾고자 한다.

표 8.3 도시간 비용표

출발 \ 도착	S	L	D	K	T	W
S	x	200	260	75	125	130
L	200	x	330	145	180	100
D	260	330	x	100	300	275
K	75	145	100	x	110	165
T	125	180	300	110	x	180
W	130	100	275	165	180	x

박과장이 직면한 외판원 문제는 대칭적(symmetric) 외판원 문제라 한다. 위 비용표에서 보듯이 각 도시 i에서 j로 이동할 때의 비용은 도시 j에서 i로 이동할 때의 비용과 같으므로 비용표는 대칭적이다. 즉, 하나의 투어인 S-L-D-K-T-W-S의 순서로 출장을 갈 때의 비용은 역순서인 S-W-T-K-D-L-S의 비용 1050과 같다.

모형화 가이드

1. n개의 거래처를 가진 외판원이 선택할 수 있는 모든 경로의 수는 단순 순열로 n개 거래처를 순서대로 나열하면 얻어진다. 이 모든 경로들을 나열하고 각각 비용을 계산하여 최소의 비용이 나오는 경로를 최종 선택하면, 이 문제를 해결할 수는 있다. 그러나 모든 경로의 수인 순열 $n!$은 n이 증가함에 따라 엄청나게 커지는 수이다.
2. 박과장이 서울에서 출발, 5개 도시를 1회씩 방문하고 돌아오는 서로 다른 경로의 수는 5!=120가지이다. 120개 경로 각각에 소요되는 비용들을 구하고, 이 중에서 최소의 비용이 발생하는 경로를 선택하면 최적의 경로(tour)가 구해진다. 그러나, 박과장이 방문해야 하는 도시의 수가 3곳 정도 더 늘어난다면 박과장의 방문 경로는 8개 도시의 순열값인 8!=40,320가지나 된다. 만일 두배가 되어 서로 다른 위치에 있는 16곳을 한번 씩 방문하여 돌아온다면 방문 가능한 경로의 수는 약 16!=20,922,789,888,000, 즉 21조 가까이 된다.
3. 현대의 가장 빠른 슈퍼 컴퓨터를 사용하더라도 최적해를 구하기까지 수 시간 내지 수 일이 걸릴 수 있다. 그러므로 외판원 문제의 크기가 커지면 이러한 완전열거법에 의해 최적해를 구하는 것은 현실적으로 무리가 있다. 외판원 문제의 최적해를

신속히 구하기 위해 그동안 많은 연구가 수행되었다. 이 교재에서는 부투어 제약을 제거하는 기본적인 모형을 제시하고, 아울러 모형화 토의에서 더 효율적인 방법도 제시한다.

4. 엑셀 2010에서는 이러한 순열 상황을 다룰 수 있도록 제약식 조건으로서 기존의 <=, =, >=, int, bin에 이어 새로 dif를 추가하였다. 즉, 변수들이 dif 조건을 갖도록 선택하면 제한조건 상자에는 **변수=AllDifferent**로 표현되며, 진화해법은 이 제한조건에 의해 모든(All) 변수들이 서로 다른(Different) 정수값을 가지는 순열의 해들을 발생시켜 이들 중 가장 좋은 해를 탐색해 간다. 본 예제와 같이 크기가 작은 외판원 문제의 경우에는 최적해에 근사한 좋은 투어해를 찾기 위해 간단히 적용할 수 있다.

5. AllDifferent 제한조건은 숫자를 인식하므로, 각 문자로 표현된 도시는 숫자로 표기한다. 앞의 예제에서 0은 출발 도시 S, 1은 도시 L, 2는 도시 D, 3은 도시 K, 4는 도시 T, 5는 도시 W를 의미하는 것으로 설정하자. AllDifferent 제약은 변수셀 영역에 1부터 n(=변수셀의 수)까지의 여러 순열값을 시도하여 목표셀 값이 가장 좋은 해를 찾는다.

스프레드시트 모형화

1. **입력자료** C5:H10(비용표)

   각 도시간의 비용표를 그림 8.16과 같이 C5:H10에 입력한다.

2. **변수셀** C13:C17

   변수셀은 셀범위 C13:C17에 설정한다. 처음 출발지로는 셀 B13에 S도시인 0으로 설정하고, 최종 도착지로는 셀 C18에 처음 출발지였던 S도시인 0을 입력한다. 셀

	A	B	C	D	E	F	G	H
1	외판원 모형 : 진화해찾기 활용							
2								
3	입력자료							
4		출발 / 도착	S(0)	L(1)	D(2)	K(3)	T(4)	W(5)
5		S(0)	0	200	260	75	125	130
6		L(1)	200	0	330	145	180	100
7		D(2)	260	330	0	100	300	275
8		K(3)	75	145	100	0	110	165
9		T(4)	125	180	300	110	0	180
10		W(5)	130	100	275	165	180	0
11	모형							
12		출발	도착	비용				
13		0	1	200				
14		1	2	330				
15		2	3	100				
16		3	4	110				
17		4	5	180				
18		5	0	130				
19			총비용	1050	최소화			

그림 8.16 외판원 모형(초기해)

B13의 도시에서 출발하여 그 다음 도착지점은 변수셀 C13이 된다. 다음 출발지인 셀 B14에는 이전 도착지인 C13을 입력한다. 그러면 셀 B14의 도시에서 출발하여 그 다음 도착지는 변수셀 C14가 된다. 이런 형태로 출발과 도착이 이루어지면 변수셀의 값들은 0에서 출발하여 0으로 도착하는 하나의 투어를 형성하게 된다.

```
B13 =0
B14 =C13,  B15:B18에 복사,
C18 =0
```

3. **목표셀** D19(총비용)의 최소화

```
D19 =SUM(D13:D18),
```

여기서 각 출발지와 도착지간의 비용은 비용표인 C5:H10에서 엑셀함수 INDEX를 적용하여 아래의 식으로 찾는다.

```
D13 =INDEX($C$5:$H$10, B13+1, C13+1),  D14:D18에 복사
```

진화해법 실행

1. **해찾기 매개변수 대화상자**

   해찾기를 클릭해서 아래의 그림 8.17과 같이 목표설정, 대상, 변수셀을 입력한다.

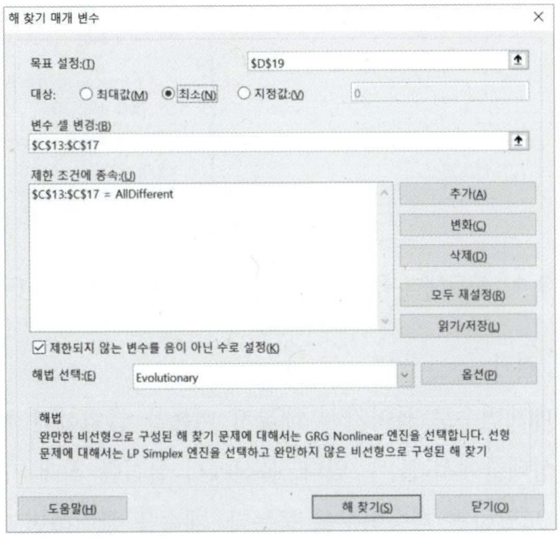

그림 8.17 외판원문제의 해찾기

2. **제한조건**

그림 8.17의 추가 버튼을 클릭하여 그림 8.18과 같이 셀 참조에 변경셀인 C13:C17을 입력하고, 중앙에 있는 dif를 선택하면 우측의 제한조건에는 AllDifferent가 들어간다.

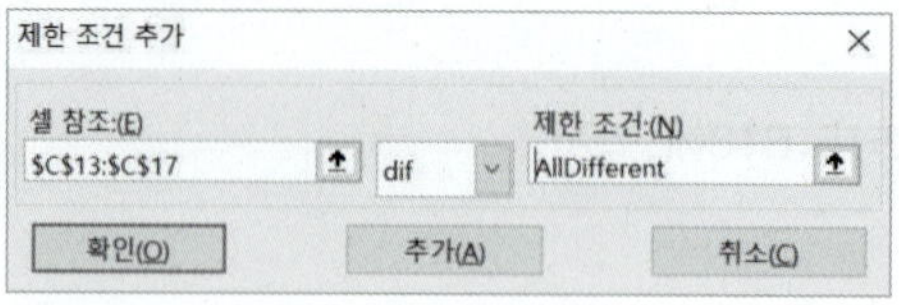

그림 8.18 제한조건 dif 추가

3. **해찾기 옵션**

그림 8.17에서 '옵션'을 선택하면 다음 그림 8.18과 같은 옵션 대화상자가 열린다. 여기서 각각 '모든해법' 탭 및 'Evolutionary' 탭을 클릭하면 아래 그림과 같은 대화상자가 나타난다. 여기서 최대부분문제와 최대최적해의 개수는 그림과 같이 설정하였다.

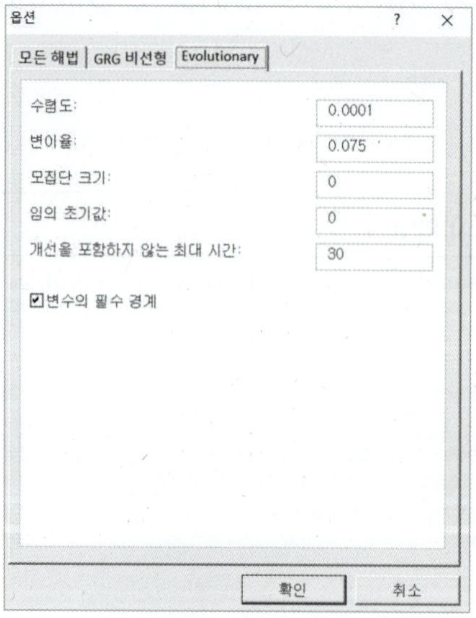

그림 8.19_1 모든해법 옵션

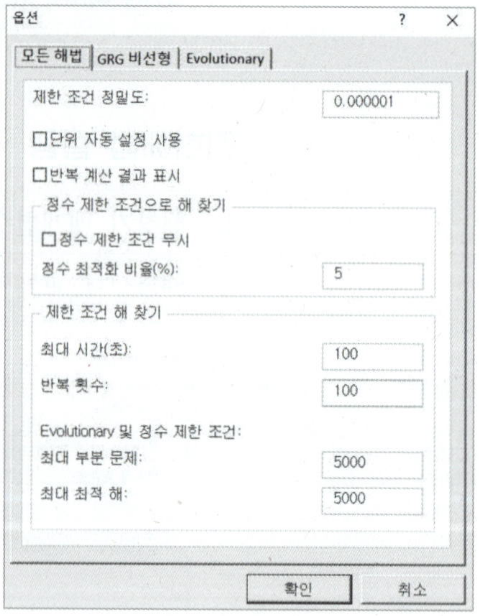

그림 8.19_2 Evolutionary 옵션

4. **실행 및 결과**

해찾기 매개변수로 돌아가서 해찾기 버튼을 클릭하면 해가 구해지는 과정을 화면 하단의 상태줄에서 볼 수 있다. 옵션에서 설정한 최대 가능해의 수나 최대부분문제의 수에 도달하면 계속여부를 묻는다. 계속을 클릭하면 아래의 해찾기 결과를 보여준다.

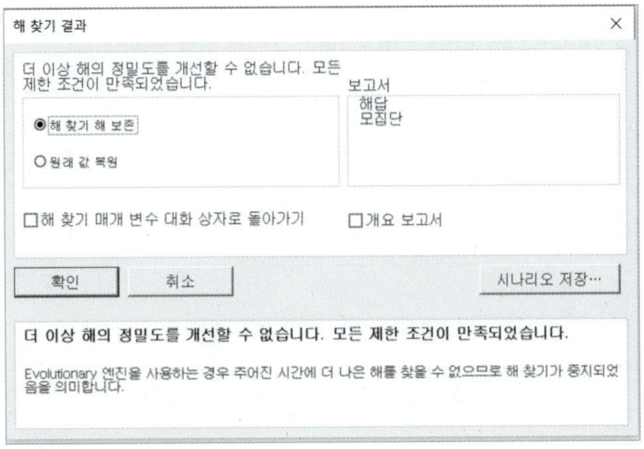

그림 8.20 해찾기 결과

보고서를 선택하면 해답 보고서나 모집단 보고서를 얻을 수 있다. QR코드를 스캔하여 예제파일을 참조한다. 확인을 클릭하면 다음의 진화해를 얻는다.

	A	B	C	D	E	F	G	H
1	외판원 모형 : 진화해찾기 활용							
2								
3	입력자료							
4		출발 / 도착	S(0)	L(1)	D(2)	K(3)	T(4)	W(5)
5		S(0)	0	200	260	75	125	130
6		L(1)	200	0	330	145	180	100
7		D(2)	260	330	0	100	300	275
8		K(3)	75	145	100	0	110	165
9		T(4)	125	180	300	110	0	180
10		W(5)	130	100	275	165	180	0
11	모형							
12		출발	도착	비용				
13		0	3	75				
14		3	2	100				
15		2	5	275				
16		5	1	100				
17		1	4	180				
18		4	0	125				
19			총비용	855	최소화			

그림 8.21 외판원문제의 진화해

체크포인트

1. 외판원문제를 수리모형으로 표현했을 때 해찾기를 어렵게 만드는 제약식은 다음의 수리모형화에서 보듯이 방문할 도시의 경로가 투어(tour)가 되어야 한다는 것이다. 진화해법 적용을 위한 스프레드시트 모형에서는 도착지를 그 다음의 출발지로 설정함으로써 (예: B14=C13) 이러한 투어제약을 쉽게 해결하고 있다.
2. 외판원 문제의 변수셀에 AllDifferent 제약을 적용하면 해법선택으로는 반드시 Evolutionary를 적용하여야 실행된다.
3. 그림 8.18의 해찾기 결과에서 해답보고서를 선택하면 다음을 보여준다.

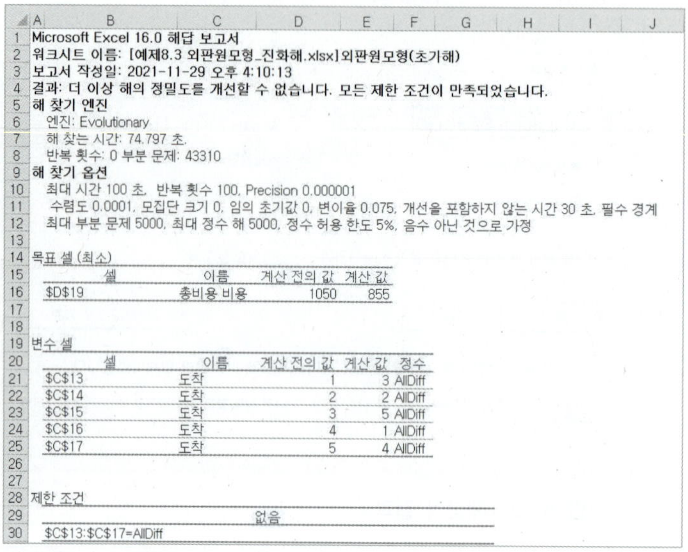

Microsoft Excel 16.0 해답 보고서
워크시트 이름: [예제8.3 외판원모형_진화해.xlsx]외판원모형(초기해)
보고서 작성일: 2021-11-29 오후 4:10:13
결과: 더 이상 해의 정밀도를 개선할 수 없습니다. 모든 제한 조건이 만족되었습니다.
해 찾기 엔진
엔진: Evolutionary
해 찾는 시간: 74.797 초.
반복 횟수: 0 부분 문제: 43310
해 찾기 옵션
최대 시간 100 초, 반복 횟수 100, Precision 0.000001
수렴도 0.0001, 모집단 크기 0, 임의 초기값 0, 변이율 0.075, 개선을 포함하지 않는 시간 30 초, 필수 경계
최대 부분 문제 5000, 최대 정수 해 5000, 정수 허용 한도 5%, 음수 아닌 것으로 가정

목표 셀 (최소)

셀	이름	계산 전의 값	계산 값
$D$19	총비용 비용	1050	855

변수 셀

셀	이름	계산 전의 값	계산 값	정수
$C$13	도착	1	3	AllDiff
$C$14	도착	2	2	AllDiff
$C$15	도착	3	5	AllDiff
$C$16	도착	4	1	AllDiff
$C$17	도착	5	4	AllDiff

제한 조건

없음

$C$13:$C$17=AllDiff

그림 8.22 해답보고서

모형화 토의 **외판원모형: 최적화 모형**

석유제품 적재모형의 최적해를 구할 수 있도록 정수계획으로 수리모형을 작성하고 이를 스프레드시트 모형으로 작성해 보자.

수리모형화

1. 의사결정변수

외판원 문제는 박과장이 서울에서 출발하여 각 도시를 한번 씩만 방문하고 다시 서울로 돌아오는 최소 경비의 투어(tour)를 구하는 문제이다. 설정할 의사결정변수 x_{ij}는 도시 i에서 도시 j로의 이동이 투어에 있으면 1, 아니면 0으로 정의한다. 즉, $x_{ij} = 0$ or 1이다.

2. 목적함수

투어에 발생하는 총비용을 최소화한다. 비용표에서 도시 i에서 도시 j로의 이동 비용을 c_{ij}라 하자. 외판원 문제의 목적함수는 다음과 같이 총비용의 최소화이다.

$$\text{minimize} \quad c_{00}x_{00} + c_{01}x_{01} + \ldots.. + c_{05}x_{05} + c_{10}x_{10} + c_{11}x_{11} + \ldots.. + c_{55}x_{55}$$

3. 제약조건

- 할당제약

(1) 한 도시 i에서는 다른 하나만의 도시로 이동해야 하므로, 도시 i로부터 다른 모든 도시로의 이동을 나타내는 변수의 합은 1이 되어야 한다.

$$x_{i0}+x_{i1}+\ldots+x_{i5}=1,\ \ i=0,\ldots 5$$

(2) 한 도시 j 에로의 이동은 직전의 어느 한 도시로부터 이루어지므로, 도시 j로의 이동을 나타내는 변수의 합은 1이 되어야 한다.

$$x_{0j}+x_{1j}+\ldots+x_{5j}=1,\ \ j=0,\ldots 5$$

- 투어제약

할당제약을 만족한다 하더라도 구해진 경로는 부투어(subtour)일 수 있으므로, 모든 부투어의 발생을 없애는 제한조건이 필요하다. 박과장의 문제는 6개 도시를 순방하여야 하므로 발생가능한 부투어로는 한 개의 도시로 이루어진 부투어 6개, 두 도시로 이루어진 부투어 15개, 세 도시로 이루어진 부투어 40개 $(={}_6C_3\cdot 2!)$, 네 도시로 이루어진 부투어 90개, 다섯 도시로 이루어진 부투어 144개가 있다. 이 들의 발생을 막는 제한조건은 구체적으로 다음과 같다.

(1) 1도시 부투어 제약

$$x_{00}\le 0,\ x_{11}\le 0,\ \ldots,\ x_{55}\le 0$$

(2) 2도시 부투어 제약

$$x_{01}+x_{10}\le 1,\ x_{02}+x_{20}\le 1,\ x_{03}+x_{30}\le 1,\ x_{04}+x_{40}\le 1$$
$$x_{05}+x_{50}\le 1,\ x_{12}+x_{21}\le 1,\ x_{13}+x_{31}\le 1,\ x_{14}+x_{41}\le 1$$
$$x_{15}+x_{51}\le 1,\ x_{23}+x_{32}\le 1,\ x_{24}+x_{42}\le 1,\ x_{25}+x_{52}\le 1$$
$$x_{34}+x_{43}\le 1,\ x_{35}+x_{53}\le 1,\ x_{45}+x_{54}\le 1$$

(3) 3도시 부투어 제약

$$x_{01}+x_{12}+x_{20}\le 2,\ x_{02}+x_{21}+x_{12}\le 2,\ x_{01}+x_{13}+x_{31}\le 2$$
$$x_{10}+x_{03}+x_{31}\le 2,\ x_{01}+x_{14}+x_{40}\le 2,\ x_{10}+x_{04}+x_{41}\le 2$$

.....

$$x_{34}+x_{45}+x_{53}\le 2,\ x_{43}+x_{35}+x_{54}\le 2$$

(4) 4도시 부투어 제약

$$x_{01}+x_{12}+x_{23}+x_{30}\le 3,\ x_{01}+x_{13}+x_{32}+x_{20}\le 3$$
$$x_{02}+x_{21}+x_{13}+x_{30}\le 3,\ x_{02}+x_{23}+x_{31}+x_{10}\le 3$$
$$x_{03}+x_{31}+x_{12}+x_{20}\le 3,\ x_{03}+x_{32}+x_{21}+x_{10}\le 3$$

......

$$x_{25}+x_{53}+x_{34}+x_{42} \le 3,\ x_{25}+x_{54}+x_{43}+x_{32} \le 3$$

(5) 5도시 부투어 제약

$$x_{02}+x_{23}+x_{34}+x_{45}+x_{50} \le 4,\ x_{02}+x_{23}+x_{35}+x_{54}+x_{40} \le 4$$

$$x_{02}+x_{24}+x_{43}+x_{35}+x_{50} \le 4,\ x_{02}+x_{24}+x_{45}+x_{53}+x_{30} \le 4$$

$$x_{02}+x_{25}+x_{53}+x_{34}+x_{40} \le 4,\ x_{02}+x_{25}+x_{54}+x_{43}+x_{30} \le 4$$

......

$$x_{05}+x_{54}+x_{42}+x_{23}+x_{30} \le 4,\ x_{05}+x_{54}+x_{43}+x_{32}+x_{20} \le 4$$

4. 수리모형

$$\begin{aligned}
\text{minimize} \quad & c_{00}x_{00}+c_{01}x_{01}+\ldots\ldots+c_{05}x_{05}+c_{10}x_{10}+\ldots\ldots+c_{55}x_{55} \\
\text{subject to} \quad & x_{i0}+x_{i1}+\ldots+x_{i5}=1,\ i=0,\ \ldots,\ 5 \\
& x_{0j}+x_{1j}+\ldots+x_{5j}=1,\ j=0,\ \ldots,\ 5 \\
& x_{ij}=0 \text{ or } 1,\ i=0,\ \ldots,\ 5,\ j=0,\ldots,\ 5 \\
& x=(x_{ij}) \text{ is a tour assignment}
\end{aligned}$$

위 수리모형에서 마지막 제약조건인 투어조건(tour assignment)을 선형 제약식으로 표현하면 이미 제시한 제약조건 (1)~(5)의 모든 부투어 제약조건식들이 된다. 이러한 부투어 제약조건들은 특히 비용표가 대칭적일 때 중복적이지만, 도시의 개수가 증가함에 따라 그 개수는 상당히 빨리 증가한다.

모형화 토의

1. 외판원 문제에서 발생하는 투어구조의 특징을 활용하면 위에 제시한 부투어 제약조건 대신 더 적은 수의 제약조건으로 최적 투어(최적해)를 얻을 수 있다. 다음에 새로이 제시한 외판원 모형에서 제약식 (4)는 투어제약을 나타내는 제한조건이다. 여기서 N은 모든 도시의 개수로서 예제 8.3의 경우에는 6($=N$)이다. 제약식 (4)에서 $i,\ j$는 1부터 시작함에 유의한다.

minimize

$$c_{00}x_{00}+c_{01}x_{01}+\ldots\ldots+c_{05}x_{05}+c_{10}x_{10}+\ldots\ldots+c_{55}x_{55} \quad (1)$$

$$\begin{aligned}
\text{subject to} \quad & x_{i0}+x_{i1}+\ldots+x_{i5}=1,\ i=0,\ldots,5 && (2) \\
& x_{0j}+x_{1j}+\ldots+x_{5j}=1,\ j=0,\ldots,5 && (3) \\
& u_i-u_j+Nx_{ij} \le N-1,\ i \ne j, \\
& i=1,\ldots,5,\ j=1,\ldots,5 && (4) \\
& x_{ij}=0 \text{ or } 1,\ i=0,\ldots,5,\ j=0,\ldots,5 && (5) \\
& u_j \ge 0,\ j=0,\ldots,5 && (6)
\end{aligned}$$

제약식 (4)가 투어제약이 됨을 확인해 보자. 제약식 (4)가 투어제약이려면 다음 2가지 사항을 만족해야 한다. 1) 부투어가 포함된 모든 해는 제약식

(4)에 의해 제거되어야 한다. 2) 도시 0에서 출발하여 투어를 이루는 모든 해는 제약식 (4)를 만족시킨다.

예를 들어보자. 1) 부투어가 포함된 해로서 $x_{12}=x_{21}=1$, $x_{05}=x_{54}=x_{43}=x_{30}=1$ (즉, 1-2-1, 0-5-4-3-0)을 고려해 보자. 먼저 0이 포함되지 않은 부투어 1-2-1 ($x_{12}=x_{21}=1$)에 해당하는 제약식 (4)는 다음과 같다.

$$u_1-u_2+6x_{12}\le 5,\quad u_2-u_1+6x_{21}\le 5$$

위 두 제약식을 합하면 $6(x_{12}+x_{21})\le 10$이 된다. 이 제약식으로부터 x_{12}와 x_{21}은 동시에 1의 값을 가질 수 없다. 따라서 제약식 (4)는 부투어 1-2-1의 발생을 막는다. 부투어 1-2-1이 발생하지 않으므로 0을 포함하는 다른 부투어들도 발생하지 않는다.

2) 다음으로 부투어를 포함하지 않는 투어해에 대해서는 제약식 (4)가 만족되는 u_j들이 항상 존재함을 보이자. 한 투어해 $x_{05}=x_{54}=x_{43}=x_{32}=x_{21}=x_{10}=1$을 고려해 보자. 변수 u_j의 값들을 투어해에서의 도시 순방 순서에 따라 $u_0=1$, $u_5=2$, $u_4=3$, $u_3=4$, $u_2=5$, $u_1=6$으로 설정해 보자. 그러면 이 투어해에서 모든 변수(1의 값을 갖든, 0의 값을 갖든지 간에)에 대해 제약식 (4)가 항상 성립함을 보자. 먼저 변수 x_{54}에 해당하는 제약식 (4)는 다음과 같이 표현된다.

$$u_5-u_4+6x_{54}\le 5 \tag{7}$$

여기서 $u_5=2$, $u_4=3$이므로 위 (7) 식은 $6x_{54}\le 6$이 된다. 따라서 x_{54}는 0이나 1이 될 수 있다. 즉 설정된 u_j값에 의해 도시 5에서는 도시 4, 3, 2, 1로 갈 수 있다. 이는 투어해에서 1의 값을 갖는 모든 변수들에 대해 성립한다. 그러나 도시 4에서는 도시 5로 갈 수 없다. 변수 x_{45}에 대한 제약식을 통해 확인해 보자. 해당하는 제약식 (4)는 다음과 같이 표현된다.

$$u_4-u_5+6x_{45}\le 5 \tag{8}$$

정리하면 $6x_{45}\le 4$이 되므로 x_{45}는 0이 될 수밖에 없다. 즉 변수 u_j의 값에 의해 도시 5에서 4로 갈 수는 있으나 도시 4에서 5로 갈 수는 없다. 여러 발생 가능한 다양한 u_j의 의해 제약식 (4)는 모든 투어해를 허용한다.

이상의 1), 2)로부터 제약식 (4)는 다양한 u_j의 값에 따라 도시 0으로부터 출발하는 모든 투어해를 제거시키지 않으며, 부투어를 포함하는 모든 해는 제거시키게 된다. 따라서 외판원 문제에 가능해가 존재한다면 제약식 (4)는 최적해(최적투어)를 보장해 준다. 제약식 (4)의 총 개수는 20개로, 부투어 제약을 모두 고려할 경우보다는 상당히 작은 수이다. 그러나 이러한 제약식도 규모가 큰 외판원 문제에서는 여전히 다루기 힘들며 비효율적이 된다.

2. 외판원문제에서 도시의 개수가 상대적으로 적을 때는 앞의 외판원문제에서 제시한 진화해법의 AllDifferent 제약을 적용하여 최적의 투어나 가능한 투어 해를 찾을 수 있다. 그러나, 일반적으로는 6장에서 제시한 바 있는 분지한계법을 적용하여 최적의 투어를 찾는다. 외판원 문제를 위한 분지한계법에서는 한계전략으로서 LP완화 대신에 tour 제약을 완화시킨다. 즉, tour제약을 완화시키면, 외판원문제는 할당문제가 되므로 쉽게 구해지는 최적해를 분지한계법의 (하한)한계값으로 사용한다. (외판원 문제는 최소화 문제이다.) 분지전략으로는 분지변수 x_{st}에 대해 두개의 상, 하한 제약식인 $x_{st}=1$, $x_{st}=0$을 추가하여 두 부문제를 만들어 적용한다.

스프레드시트 모형화 아래의 모형에는 행 숨기기(32행~50행)를 사용하여 전체화면의 길이를 작게 만들었다.

1. **입력자료** C5:H10 (비용표)

   그림의 회색부분과 같이 외판원 모형의 거리간 비용표를 작성한다.

2. **변수셀** C14:H19, C24:H24

   투어에 있으면 1, 아니면 0을 갖는 이진수 변수를 C14:H19에 정의한다. 또한 음이 아닌 실수 변수들을 C24:H24에 정의한다.

	A	B	C	D	E	F	G	H	I	J	K
1	외판원 모형 : 최적해										
2											
3	입력자료										
4		출발 / 도착	S(0)	L(1)	D(2)	K(3)	T(4)	W(5)			
5		S(0)	100000	200	260	75	125	130			
6		L(1)	200	100000	330	145	180	100			
7		D(2)	260	330	100000	100	300	275			
8		K(3)	75	145	100	100000	110	165			
9		T(4)	125	180	300	110	100000	180			
10		W(5)	130	100	275	165	180	100000			
11	모형										
12	변수셀										
13	(투어에 있으면 =1,	출발 / 도착	S(0)	L(1)	D(2)	K(3)	T(4)	W(5)	합		할당제약
14	아니면 =0)	S(0)	0	0	0	0	1	0	1	=	1
15		L(1)	0	0	0	0	0	1	1	=	1
16		D(2)	0	0	0	1	0	0	1	=	1
17		K(3)	1	0	0	0	0	0	1	=	1
18		T(4)	0	1	0	0	0	0	1	=	1
19		W(5)	0	0	1	0	0	0	1	=	1
20		합	1	1	1	1	1	1			
21			=	=	=	=	=	=			
22		할당제약	1	1	1	1	1	1			
23											
24		Uj	0	1	3	5	0	2			
25											
26											
27	목표셀		최소화								
28		총비용	855								
29											
30	제한조건										
31		1과2	-2	<=	5						
51											

그림 8.23 외판원모형_최적해

3. **목표셀** C28(총비용)

```
C28 =SUMPRODUCT(C5:H10,C14:H19)
```

4. **할당제약**

   - 한 출발지에서 여러 도시들 중 어느 하나로 도착한다.

```
I14:I19=K14:K19,
I14 =SUM(C14:H14), I15:I19에 복사
K14 =1, K15:K19에 복사
```

• 한 도착지로의 이동은 여러 도시들 중에서 어느 한 도시로부터 출발한다.

```
C20:H20 =C22:H22,
C20 =SUM(C14:C19), D20:H20에 복사
C22 =1, D22:H22에 복사
```

5. 투어제약 C31:C50<=E31:E50

```
C31 =D24-E24+6*E15
E31 =5
```

31행의 셀 C31에는 D24-E24+6*E15를 셀 E31에는 5를 입력한다. 이것은 u_1과 u_2에 관련된 제약식 $u_1 - u_2 + 6x_{12} \le 5$를 의미한다. 나머지 50행까지 같은 방식으로 입력한다.

해찾기 실행

1. **목표셀, 변수셀, 제한조건**을 그림과 같이 입력한다.

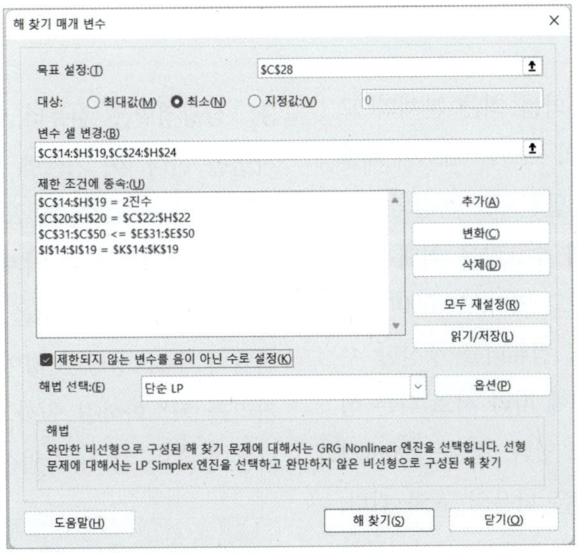

그림 8.24 해찾기 매개변수

2. **해찾기 실행**
위 그림에서 해찾기를 실행하면 그림 8.23과 같은 최적해를 얻는다.

연습문제

※ 문제 1, 2는 8.2절 조합최적화 모형에 관련된 문제이며, 문제 3, 4는 8.3절 외판원모형과 관련된 문제이다.

1 예제 8.2에서 고객이 요구하는 수요량보다 적게 공급을 하는 경우는 다음 표와 같은 공급부족비용이 발생한다고 한다. 최대허용 부족량 내에서 총 공급부족비가 최소가 되도록 고객의 수요량에 맞춰 각 제품을 공급하려면 각 제품의 적재방법은 무엇인가?

제품	최대허용 부족량(리터)	공급부족 비용(천원)
1	500	20
2	500	16
3	500	18

2 (예제 6.4 참조) 삼부컴퓨터는 최근 본체와 모니터가 하나로 통합된 고성능의 모델을 새로이 개발하였다. 이 모델의 가격은 175만원으로 책정되었고, 이 가격에 수요예측을 한 결과 수요량은 최대 연간 1만대가 판매될 것으로 예상하고 있다. 10,000대 이하의 생산도 허용된다고 한다. 컴퓨터를 생산할 수 있는 공장은 4곳이며 입지여건에 따라 서로 다른 생산단가와 고정비용이 발생하고 있다. 각 공장에서의 생산단가, 고정비용, 생산용량은 다음의 표와 같다. 이 회사는 연간 이익이 최대가 되도록 생산가동할 공장과 공장별 생산대수를 결정하고자 한다.

(1) 이 문제의 고정비용을 처리하기 위해 0-1 변수의 도입없이 IF 함수를 사용하여 스프레드시트 모형을 작성하시오. 단, 생산량 변수에 대한 하한제약은 0으로, 상한제약은 생산용량으로 설

공장명	생산단가 (만원/대)	고정비용 (억원)	생산용량 (대)
제 1 공장	50	45	5,000
제 2 공장	85	25	4,000
제 3 공장	115	15	4,500
제 4 공장	145	5	3,000

정한다.

(2) 위 모형에 진화해법을 적용하여 가능해를 찾으시오.

(3) 진화해법으로 구한 해와 6장에서 구한 최적해와 비교하시오. 필요하면 해찾기 매개변수의 옵션에서 최대 최적해의 수와 최대 부분문제의 수를 더 증가시켜 해를 구하시오. 최적해가 구해지는가?

3 삼광정밀은 컴퓨터 제어기계를 사용하여 드릴작업을 한다. 이 기계에 컴퓨터 프로그램을 입력하여 기계의 드릴교환 및 드릴위치를 정확히 지정하고 있다. 삼광정밀은 이 기계를 사용하여 특정 회로 판넬의 6개 위치에 구멍을 뚫고 있으나 제작할 회로 판넬의 수가 상당한 양이므로 기계 팔의 움직이는 거리를 최소화하길 원하고 있다. 각 구멍의 위치는 다음의 표와 같다. 작업순서는 무엇인가?

출발 \ 도착	0	1	2	3	4	5
0	0	27	43	16	30	26
1	7	0	16	1	30	25
2	20	13	0	35	5	0
3	21	16	25	0	18	18
4	12	46	27	48	0	5
5	23	5	5	9	5	0

4 K인쇄소는 10개 인쇄작업을 계획하고 있다. 각 작업을 수행하는데 걸리는 기간과 납기일은 아래의 표와 같다.

작업번호	1	2	3	4	5	6	7	8	9	10
작업기간 (일)	8	9	5	4	2	7	3	5	10	11
납기일	10	32	18	25	22	34	38	40	53	45

(1) 작업기간이 증가하는 순으로 각 작업의 순서를 계획할 경우 몇 개의 작업이 납기일을 어기게 되는가? 납기일에 늦어지는 총 일수는 몇 일인가? 납기일을 어기는 작업들 중에서 최대로 늦어지는 작업의 납기지체 일수는 몇일인가?

(2) 납기일이 증가하는 순서로 각 작업의 순서를 계획할 경우 몇 개의 작업이 납기일을 어기는가? 납기일에 늦어지는 총 일수는 몇 일인가? 납기일을 어기는 작업들 중에서 최대로 늦어지는 작업의 납기지체 일수는 몇일인가?

(3) 납기일을 어기는 작업수가 최소가 되도록 인쇄계획을 세우시오. (진화 해찾기를 적용한다.)

(4) 납기일에 늦어지는 작업들의 총 작업일수가 최소가 되도록 인쇄계획을 세우시오. (진화 해찾기를 적용한다.)

(5) 납기일을 어기는 작업들 중에서 최대로 늦어지는 작업의 납기지체일수를 최소화하는 인쇄계획은 무엇인가? (진화 해찾기를 적용한다.)

9장 다목적 의사결정

물류설비 재배치를 위한 계층분석과정 모형의 활용[1]

경영현실에서는 하나의 의사결정 목적보다는 여러 목적들에 의해 의사결정을 내리는 경우가 많다. 이러한 다목적 의사결정(multi-objective decision making)문제를 해결하는 분석모형들 중에서 계층분석과정(analytic hierarchy process) 모형은 의사결정의 주관적 요소와 객관적 요소를 모두 고려할 수 있고 계산과정이 단순하므로 다양한 분야에서 많이 활용되고 있는 모형이다.

Min과 Melachrinoudis는 LA에 본사가 있는 Alpha기업(기업의 요청에 따라 가명을 사용함)의 물류설비 재배치 문제에 계층분석과정 모형을 적용하였다. 이 기업은 주로 철조망을 생산, 판매하는 회사이다. 이 기업은 현재 미국 내 49곳의 순수 물류설비와 5곳의 생산/물류설비들을 운영하고 있으나 내외적 경영환경이 상당히 변화했으므로 이들 설비들을 재배치해야 하는 문제에 직면하였다.

Alpha기업은 이미 중서부, 남부, 서부에서 판매와 생산 설비들을 이미 가동하고 있

1) H. Min and E. Melachrinoudis, "The relocation of a hybrid manufacturing/distribution facility from supply chain perspectives: a case study," Omega, Int. J. Mgmt. Sci. 27 (1999), pp. 75-85.

다. 설비의 중복투자를 피하기 위하여 재배치 가능한 지역으로서 메릴랜드주의 3개 도시지역, 펜실베이니어주의 6개 도시지역, 웨스트 버지니아주의 1개 도시지역을 고려하였다. 새로이 재배치 지역을 선정하는데 고려한 제약들은 다음과 같다. 우선, 미국 중서부 지역의 주요 고객들에게 최고수준의 서비스(즉, 주문 다음날 배송받는 익일 운송서비스)를 제공해야 하고, 펜실베이니어의 3개 지역에 있는 화물분류 터미널에 쉽게 접근할 수 있어야 한다. 다음으로, 새로이 재배치할 지역은 생산제품, 수입자재, 부품들의 재분배 지점으로의 역할을 맡아야 하므로 선박(해운), 바지선(수로), 트럭, 철도 등으로 구성되는 운송기반시설에 근접해 있어야 한다. 단, 제품들은 부피가 크므로 항공운송은 고려하고 있지 않다. 마지막으로, 새 재배치 지역에는 2,200~3,300평의 면적을 갖는 빌딩건축물을 세울 수 있어야 하고, 14,000~18,000평의 대지를 갖추고 있어야 한다.

Min과 Melachrinoudis는 45개의 서로 상충하는 의사결정 기준들을 6개의 주요 의사결정 기준들로 정리하고 계층분석과정 모형을 적용함으로써 회사에 가장 적합한 입지지역을 제안하였다. 회사가 고려하는 의사결정 기준들에는 설비입지에 영향을 미치는 45개의 기준이 있었으나 평가를 위해서 덜 중요한 12개 기준을 제외한 33개 기준들로 분류하고, 이것을 다음의 6개 주요 의사결정 기준으로 재정리하였다. (1) 원하는 규모의 빌딩을 세울 수 있는가 또는 빌딩확장이 가능한가 등의 입지특성, (2) 대지획득, 빌딩신축 등의 비용, (3) 취급하는 제품들이 무겁고 크므로 기존 운송기반시설을 쉽게 이용할 수 있는가의 교통 편의성, (4) 수익성을 위한 설비입지의 시장 구매력, (5) 수백명의 종업원들이 거주하는 재배치 지역의 생활수준, (6) 재배치 지역의 노동력 수준, 면세혜택, 융자혜택을 포함한 지역특혜 등의 6개 기준이다.

계층분석과정 이외의 다른 다목적 의사결정모형도 사용할 수 있었으나, 모형화 기술에 한계가 있었던 Alpha기업의 물류관리자들은 계층분석과정 모형에 더 큰 매력을 가지고 개발하였다. 더불어, 회사의 경영철학이나 경쟁적 위치에서 변화가 발생될 때, 개발된 계층분석과정 모형은 전략적인 재배치 의사결정 및 what-if 시나리오를 평가하는 데에도 상당한 도움을 준 것으로 보고되었다. 참고로 Alpha기업의 계층분석도는 9.5절의 모형화 토의에 도시하였다.

9.1 서론

앞에서 소개한 경영과학 모형들의 목적함수는 대개 비용의 최소화나 이익의 최대화 중 어느 하나를 사용하였다. 일반적으로 현실에서 부딪치는 여러 의사결정문제들은 하나 이상의 의사결정 목적으로 평가될 수 있으나 지금까지는 단 하나의 목적으로도 만족스럽게 모형할 수 있었다. 그리고 제외된 의사결정 기준들은 제한식으로 표현되어 의사결정에 포함되었다.

그러나, 공공부문과 기업에서 발생하는 특정 문제들은 서로 상충하는 여러 의사결정목적들을 동시에 고려해야만 한다. 이러한 상황에서는 다목적 의사결정모형을 활용함으로써 여러 의사결정 목적들을 함께 고려한 적합한 의사결정을 내릴 수 있다. 예를 들어 대학졸업시 여러 기업으로부터 취업제안을 받은 경우 어느 기업을 선택할 것인가? 판단을 하기 위해서 본인이 가지고 있는 여러 의사결정 목적들, 즉, 전공에의 적합성, 월급수준, 기업체의 규모, 근무예정지 등으로 각 기업을 평가할 것이다. 이러한 경우에 단 하나의 목적으로 만족할 만한 의사결정을 내리기는 힘들다.

이 장에서는 여러 의사결정 목적들을 동시에 고려해야 하는 다목적 의사결정(multi-objective decision making)문제를 분석하기 위해서 목표계획(goal programming)모형, 다목적 선형계획(multi-objective LP)모형, 다기준 점수 모형(multi-criteria scoring model), 그리고 계층분석과정(analytic hierarchy process)모형을 제시한다.

9.2 목표계획 모형

기업체는 여러 의사결정 목표들을 동시에 만족시키는 최적의 의사결정 대안을 찾고자 한다. 그러나 현실적으로 자원의 제한성 때문에 서로 상충되는 목표 모두를 만족시키는 대안은 없기 마련이며 있다 하더라도 찾기가 매우 어렵다. 그래서 목표계획(Goal programming)은 먼저 여러 목표들에 **우선순위**를 부여한다. 즉, 기업체에서 여러 목표들을 고려하고는 있으나, 모든 목표들이 동등하게 중요한 것은 아니다. 따라서, 목표들의 중요도에 따라 우선순위를 부여하고 순위가 높은 목표들을 우선적으로 최적화한다.

다음으로 목표계획모형은 여러 목표들이 성취해야 하는 **목표량**을 설정한다. 즉, 목표계획모형은 목표들을 무한정 최대화나 최소화시키는 대신, 성취해야 할 목표량을 설정하고 이들로 표현되는 목표 제약식을 설정한다. 현실적으로 일단 설정한 목표량이 달성되면 해당 목표의 중요성은 감소하기 마련이다. 따라서 목표계획모형은 여러 목표들을 우선순위가 있는 하나의 목적함수로 변환하고 우선순위에 따라 순차적으로 해를 구한다. 선형계획이나 정수계획에도 목적함수가 있지만 도달하고자 하는 특정 목표량이 설정되어 있는 것은 아니다.

목표계획모형은 다목적 의사결정 문제를 해결하는데 자주 사용되고 있는 모형이다.

이것은 다목적 함수들 즉, 여러 목표들 간의 복잡한 이해상충 관계를 단지 하나의 목적함수만을 갖는 모형(선형, 정수, 비선형)으로 변환시켜 해결함으로써 의사결정자들에게 문제를 포괄적으로 볼 수 있는 통찰력을 주기 때문이다.

예제 9.1 애경화학의 목표계획모형

주방용품을 생산하는 애경화학(주)은 최근 신제품 주방클린을 개발하고 병당 3만원의 가격으로 적극적인 판매에 나서고 있다. 회사는 판매전략으로서 통신판매와 방문판매를 계획하고 있으며 다음과 같은 목표들을 설정하였다.

우선순위 1

- 목표 1 : 판매원의 월급여는 총 6천만원을 초과하지 않게 한다.
- 목표 2 : 월 판매액 1억2천만원을 달성한다.

우선순위 2

- 목표 3 : 판매원이 접촉하는 고객의 수를 24,000명 이상으로 한다.

우선순위 3

- 목표 4 : 통신판매를 하는 판매원의 수는 10명 이상으로 한다.
- 목표 5 : 방문판매를 하는 판매원의 수는 10명 이상으로 한다.

회사는 위 5개의 목표들을 우선순위의 순서대로 달성하기 위해서 고용해야 할 통신판매원 및 방문판매원의 수를 결정하고자 한다. 관련 자료는 표 9.1과 같다. 우선순위 1에는 목표 1과 목표 2가 있고 회사는 목표 1 및 2를 똑같이 중요하게 생각한다. 마찬가지로 우선순위 3에는 목표 4와 5가 있으며 회사는 목표 4 및 5를 똑같이 중요하게 생각한다.

표 9.1 애경화학의 판매원 관련자료

판매유형	월급여(만원)	접촉가능 고객수(명)	판매에 성공할 확률(%)
통신판매	144	1600	6
방문판매	180	600	20

모형화 가이드: 가능해 탐색

목표계획모형의 의사결정 과정은 다단계로 이루어 진다.

1. 먼저 첫 단계로서 각 목표들을 목표 제약식으로 표현한 후 이들을 포함하여 모든 제한조건을 만족시키는 가능해를 탐색한다. 가능해가 존재하면 이 가능해는 곧 회

사의 목표량과 제한조건들을 모두 만족시키는 해이므로 최적해가 된다. 즉, 본 예제에서 애경화학의 5개 목표 제약식을 만족시키는 판매원들의 수(정수)를 찾으면 바로 최적해가 된다. 그러므로, 목표계획모형의 최적해를 찾는 첫 단계로서 이러한 가능해가 존재하는 지를 먼저 탐색한다.

목표제약식의 예로 회사에서 설정한 우선순위 1의 목표에는 목표 1과 목표 2가 있으며 각각 아래의 목표 제약식 (9.2.1)과 (9.2.2)로 표현된다.

144*(통신판매원수) + 180*(방문판매원수) <= 6,000 (9.2.1)

288*(통신판매원수) + 360*(방문판매원수) >= 12,000 (9.2.2)

목표 제약식 (9.2.1)은 모든 판매원들에게 지급되는 월급여가 목표량 6천만원을 초과하지 않아야 함을 의미한다. 식 (9.2.2)에서 288만원(=3*1600*0.06)은 통신판매원 한 명당 평균 판매액이고, 360만원(=3*600*0.2)은 방문판매원 한 명당 평균 판매액이다. 12,000(만원)은 목표 2의 목표량으로서 월 판매액이 1억2천만원 이상이 되어야 함을 의미한다.

2. 모든 제한조건을 만족시키는 가능해가 존재하지 않으면 다음 단계로는 우선순위의 순서대로 우선순위 1의 목표만을 가장 잘 만족시키는 해를 찾는다.

모형화 가이드: 우선순위 1 (목표1 및 2)

1. 본 단계부터 목표계획모형은 목표량과 달성량 사이에 얼마나 편차가 생기는 지를 분석하면서 해를 찾는다. 달성량은 목표량을 기준으로 초과 달성되거나 미달될 수 있으므로, 한 목표에 대해서 초과편차 또는 미달편차를 나타내는 두 편차변수를 새로이 정의한다. 목표계획모형의 목적함수에는 선형계획모형과는 달리 편차변수만이 존재하고 의사결정변수는 포함되지 않는다. 목적함수에는 목표 달성에 바람직하지 않은 편차변수만을 포함시키고 이들의 합을 최소화시킨다.
2. 애경화학의 우선순위 1에는 두 목표가 있으며 해당되는 목표 제약식에 각각 미달편차변수와 초과편차변수를 도입하면 다음과 같이 표현된다.

144*(통신판매원수) + 180*(방문판매원수) + 미달편차변수1 − 초과편차변수1 = 6,000

288*(통신판매원수) + 360*(방문판매원수) + 미달편차변수2 − 초과편차변수2 = 12,000

위 식에서 좌변을 조정달성량이라 하자. 그러면 조정달성량은 목표량과 같아야 함을 의미한다.

3. 급료목표 6천만원에서 초과편차변수 1은 목표달성에 바람직하지 못한 액수를 나타내므로 최소화되어야 하며, 또한 판매액 목표 1억2천만원에서 미달편차변수 2는

목표달성에 바람직하지 못한 액수를 나타내므로 최소화되어야 한다. 하나의 목표에 대한 초과편차변수와 미달편차변수는 동시에 양의 값을 가질 수 없고, 어느 하나가 양의 값을 가지면 다른 하나는 항상 0이 성립한다.

4. 다음으로 우선순위가 2인 하위 단계를 최적화한다. 하위 단계에서는 상위 단계들에서 달성되었던 최적상태의 수준이 악화되지 않도록 제약조건을 설정하고 이 제약하에서 현 하위 단계의 목표를 최적화한다.

수리 모형화

1. 의사결정변수

- 통신판매원의 수를 x_1, 방문판매원의 수를 x_2라 한다.
- 다섯 개 목표제약식에 대한 미달편차변수 y_j^-와 초과편차변수 y_j^+를 도입한다. $j=1,2,3,4,5$.

2. 목적함수

- 목표 1에서는 월급여액 6,000만원을 초과하면 안되므로 초과편차변수 y_1^+를 최소화한다.
- 목표 2에서는 월판매액 12,000만원을 미달하면 안되므로 미달편차변수 y_2^-를 최소화한다.
- 목표 3에서는 접촉고객의 수가 24,000명에 미달하면 안되므로 미달편차변수 y_3^-를 최소화한다.
- 목표 4에서는 통신판매원의 수가 10명 미만이면 안되므로 미달편차변수 y_4^-를 최소화한다.
- 목표 5에서는 방문판매원의 수가 10명 미만이면 안되므로 미달편차변수 y_5^-를 최소화한다.

목표 1 및 2는 우선순위 1이므로 이를 P_1이라 표현하고 마찬가지로 우선순위 2, 우선순위 3을 각각 P_2, P_3이라 하면 목표계획모형의 목적함수는 아래와 같이 표현된다.

$$\text{minimize}\quad \{P_1(y_1^+ + y_2^-) + P_2(y_3^-) + P_3(y_4^- + y_5^-)\}$$

3. 제약조건

목표 제약식 1 : $144x_1 + 180x_2 + y_1^- - y_1^+ = 6{,}000$

목표 제약식 2 : $288x_1 + 360x_2 + y_2^- - y_2^+ = 12{,}000$

목표 제약식 3 : $1600x_1 + 600x_2 + y_3^- - y_3^+ = 24{,}000$

목표 제약식 4 : $x_1 + y_4^- - y_4^+ = 10$

목표 제약식 5 : $x_2 + y_5^- - y_5^+ = 10$

$$x_1 \geq 0,\ x_2 \geq 0,\ y_j^- \geq 0,\ y_j^+ \geq 0,\ j = 1,\ldots,5$$

4. 수리모형

$$\text{minimize} \quad P_1(y_1^+ + y_2^-) + P_2(y_3^-) + P_3(y_4^- + y_5^-)$$

$$\begin{aligned} \text{subject to} \quad & 144x_1 + 180x_2 + y_1^- - y_1^+ = 6{,}000 \\ & 288x_1 + 360x_2 + y_2^- - y_2^+ = 12{,}000 \\ & 1600x_1 + 600x_2 + y_3^- - y_3^+ = 24{,}000 \\ & x_1 + y_4^- - y_4^+ = 10 \\ & x_2 + y_5^- - y_5^+ = 10 \\ & x_1 \geq 0,\ x_2 \geq 0,\ y_j^- \geq 0,\ y_j^+ \geq 0,\ j = 1,\ldots,5 \end{aligned}$$

스프레드시트 모형화 가능해 탐색

1. 입력자료 B5:C5(급료), B6:C6(접촉가능고객수), B7:C7(판매성공률), B9(판매가), D16:D20(목표량)

그림 9.1에서 보는 바와 같이 판매원들의 급료, 접촉가능 고객수, 판매성공율, 판매가, 목표량에 관한 자료를 입력한다.

2. 변경셀 B13:C13(판매원변수)

통신판매원 및 방문판매원의 수를 나타내는 셀은 B13:C13으로 설정한다.

3. 목표셀

현 스프레드시트 모형에서는 가능해를 찾는 것이므로 목표셀을 설정하지 않는다.

4. 제한조건

- 급료 B16<=D16(급료달성량<=급료목표량)

```
B16 =SUMPRODUCT(급료,판매원변수)
```

- 판매액 B17>=D17(판매액달성량>=판매액목표량)

```
B17 =판매가*SUMPRODUCT(접촉가능고객수,판매성공률,판매원변수)
```

- 접촉고객수 B18>=D18(접촉고객수달성량>=접촉고객수목표량)

```
B18 =SUMPRODUCT(접촉가능고객수,판매원변수)
```

- 판매원수　B19>=D19(통신판매원수달성량>=통신판매원수목표량)

  B20>=D20(방문판매원수달성량>=방문판매원수목표량)

```
B19 =B13
B20 =C13
```

	A	B	C	D	E	F	G
1	애경화학의 판매원수 결정모형_가능해 탐색				이름	=시트명!셀범위	
2					급료	=가능해!$B$5:$C$5	
3	입력자료				급료달성량	=가능해!$B$16	
4		통신판매원	방문판매원		급료목표량	=가능해!$D$16	
5	급료(만원/월)	144	180		방문판매원수달성량	=가능해!$B$20	
6	접촉가능 고객수(명)	1,600	600		방문판매원수목표량	=가능해!$D$20	
7	판매성공율(%)	6%	20%		접촉가능고객수	=가능해!$B$6:$C$6	
8					접촉고객수달성량	=가능해!$B$18	
9	판매가(만원/개)	3			접촉고객수목표량	=가능해!$D$18	
10					통신판매원수달성량	=가능해!$B$19	
11	모형				통신판매원수목표량	=가능해!$D$19	
12		통신판매원	방문판매원		판매가	=가능해!$B$9	
13	판매원변수(=정수)	0.0	0.0		판매성공률	=가능해!$B$7:$C$7	
14					판매액달성량	=가능해!$B$17	
15	목표(우선순위)	달성량		목표량	판매액목표량	=가능해!$D$17	
16	1. 급료(1)	0.0	<=	6,000	판매원변수	=가능해!$B$13:$C$13	
17	2. 판매액(1)	0.0	>=	12,000			
18	3. 접촉고객수(2)	0.0	>=	24,000			
19	4. 통신판매원수(3)	0.0	>=	10			
20	5. 방문판매원수(3)	0.0	>=	10			

그림 9.1 판매원수 결정모형_가능해 탐색

해찾기 실행

가능해 탐색

1. **목표설정, 변수셀, 제한조건**을 다음 그림 9.2와 같이 입력한다.

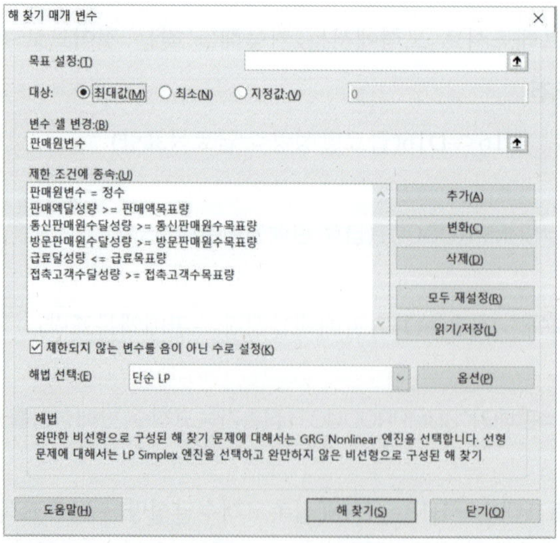

그림 9.2 해찾기 매개변수 설정_가능해 탐색

2. 옵션

앞의 그림 9.2에서 옵션을 클릭하여 다음의 그림을 얻는다. 값을 구하려는 판매원 변수는 정수의 제약을 가지므로, 다음 그림 9.3에서 '정수제한조건무시'가 체크되지 않도록 유의한다.

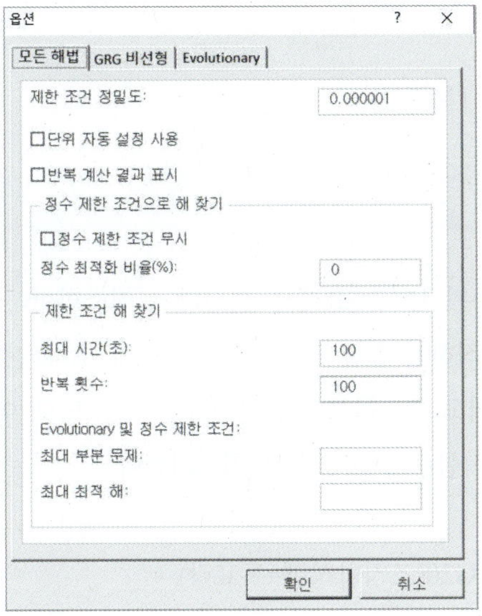

그림 9.3 옵션 대화상자

3. 실행

해찾기를 실행시키면 아래 그림 9.4와 같이 '최적해를 찾지 못했습니다' 라는 메시지를 보여준다.

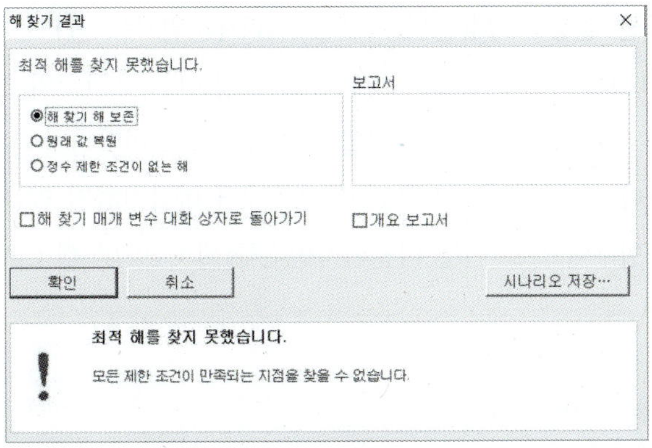

그림 9.4 해찾기 결과_가능해 탐색

모든 목표제약식을 만족시키는 해가 없으므로 다음 단계로는 우선순위를 고려하여 먼저 우선순위 1의 목표를 목표셀로 설정하여 최적화한다.

스프레드시트 모형화: 우선순위 1 (목표1 및 2)

그림 9.5와 같이 새로 추가된 내용을 정리한다.

1. **변경셀** C16:C20(미달편차변수), D16:D20(초과편차변수)

   목표량에 대한 미달편차량은 셀 C16:C20에, 초과편차량은 셀 D16:D20에 임의로 넣어 본다.

2. **목표셀** B23(순위1목표값)

   ```
   B23 =D16+C17
   ```

   셀 B23을 우선순위 1의 목표셀로 설정하고 최소화한다. 우선순위 1의 목표 1 및 목표 2에서 바람직하지 않은 것은 각각 급료의 초과 편차량(D16) 및 판매액의 미달 편차량(C17)이고, 두 목표간에 중요도는 같으므로 이들 편차변수들(셀D16, 셀 C17)의 합을 목적함수로 설정하고 최소화한다.

3. **제한조건**

   - E16:E20=G16:G20(조정달성량=목표량)

   ```
   E16 =B16+C16−D16,  E17:E20에 복사
   ```

   여기서, B16 **=SUMPRODUCT(급료,판매원변수)**

   C16은 급료의 미달 편차량, D16은 급료의 초과 편차량이다.

   - B13:C13=정수(판매원변수=정수)

4. **목표셀 설정** B24(순위2목표값), B25(순위3목표값)

   셀 B24를 우선순위 2의 목표셀로 설정한다. 우선순위 2의 목표 3에서 바람직하지 않은 것은 접촉고객수의 미달 편차량이므로 미달편차변수(셀C18)를 목적함수로 설정한다. 우선순위 3의 목표 4 및 5에서 바람직하지 않은 것은 각 판매원수의 미달 편차변수이므로, 이들 미달편차변수들(셀 C19 및 셀 C20)의 합을 목적함수로 설정한다.

   ```
   B24 =C18
   B25 =C19+C20
   ```

	A	B	C	D	E	F	G
1	애경화학의 판매원수 결정모형_우선순위 1				이름	=시트명!셀범위	
2					급료	=우선순위1!$B$5:$C$5	
3	입력자료				목표량	=우선순위1!$G$16:$G$20	
4		통신판매원	방문판매원		미달편차변수	=우선순위1!$C$16:$C$20	
5	급료(만원/월)	144	180		순위1목표값	=우선순위1!$B$23	
6	접촉가능 고객수(명)	1,600	600		접촉가능고객수	=우선순위1!$B$6:$C$6	
7	판매성공율(%)	6%	20%		조정달성량	=우선순위1!$E$16:$E$20	
8					초과편차변수	=우선순위1!$D$16:$D$20	
9	판매가(만원/개)	3			판매가	=우선순위1!$B$9	
10					판매성공율	=우선순위1!$B$7:$C$7	
11	모형				판매원변수	=우선순위1!$B$13:$C$13	
12		통신판매원	방문판매원				
13	판매원변수(=정수)	38.0	3.0				
14							
15	목표(우선순위)	달성량	미달편차변수	초과편차변수	조정달성량		목표량
16	1. 급료(1)	6,012.0	0.0	12.0	6,000.0	=	6,000
17	2. 판매액(1)	12,024.0	0.0	24.0	12,000.0	=	12,000
18	3. 접촉고객수(2)	62,600.0	0.0	38600.0	24,000.0	=	24,000
19	4. 통신판매원수(3)	38.0	0.0	28.0	10.0	=	10
20	5. 방문판매원수(3)	3.0	7.0	0.0	10.0	=	10
21							
22							
23	우선순위 1의 목표값	12.0	최소화				
24	우선순위 2의 목표값	0.0					
25	우선순위 3의 목표값	7.0					

그림 9.5 애경화학의 목표계획모형_우선순위 1

해찾기 실행

우선순위 1 (목표1 및 2)

1. **목표설정, 대상, 변경셀, 제한조건**을 그림 9.6과 같이 입력한다.
2. **옵션 및 실행**

   비음수 난에 체크하고 해찾기를 실행시킨다.

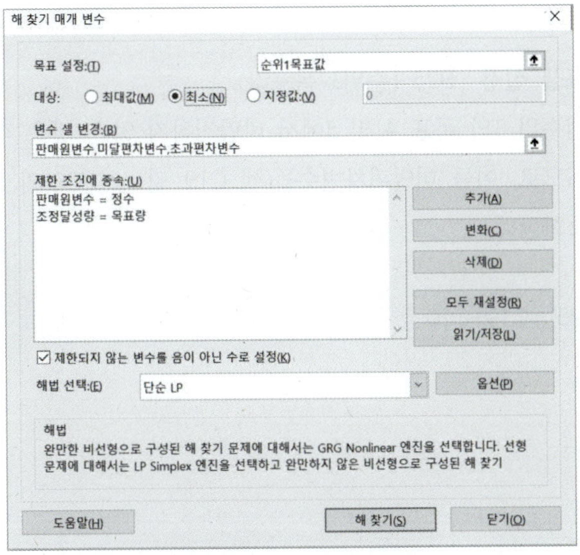

그림 9.6 해찾기 매개변수 설정_우선순위 1

해찾기를 실행시킨 결과는 그림 9.5와 같다. 우선순위 1의 목표값을 최소화하는 통신판매원 및 방문판매원의 수는 38명, 3명이다. 이때 달성된 급료는 6012만원으로서 목표 1의 목표량에서 12만원 초과편차가 있으며, 달성된 판매액은 1억2천만원으로서 목표 2의 목표량을 만족시키고 있다. 따라서 성취된 우선순위 1의 목표값은 12이다. 목표값은 0일 때 제일 바람직하나 판매원 변수에 정수조건이 있기 때문에 초과편차가 발생하였다.

다음 단계에서는 **이미 달성한 우선순위 1의 목표값이 12보다 더 악화되지 않도록 제약식으로 변경한 후 우선순위 2의 목표값이 향상되도록 모형화하고 최적해**를 구한다. (그러나 본 문제의 경우 우선순위 2의 목표량 값이 이미 0으로 최적화되어 있으므로 우선순위 2 대신 우선순위 3을 직접 최적화할 수도 있다. 모형화 토의 참조)

스프레드시트 모형화: 우선순위 2(목표3) 그림 9.7과 같이 새로 추가된 내용을 정리한다.

1. **목표셀** B24 (순위2 목표값)

   셀 B24를 우선순위 2의 목표셀로 설정하고 최소화한다.

2. **제한조건** **B23<=D23(순위1목표값 현수준<=순위1목표값 달성수준)**

   우선순위 1의 목표값을 현 최적 달성수준인 12이하로 유지하기 위해서 그림 9.5와 같이 행 23의 셀 D23에 12를 입력한다.

```
D23 =12
```

3. **목표셀 설정** B25 (순위3 목표값)

   우선순위 3의 목표 4 및 5에서 바람직하지 않은 것은 각 판매원수의 미달 편차변수이므로, 이들 미달편차변수들(셀 C19 및 셀 C20)의 합을 목적함수로 설정하고 최소화한다.

```
B25 =C19+C20
```

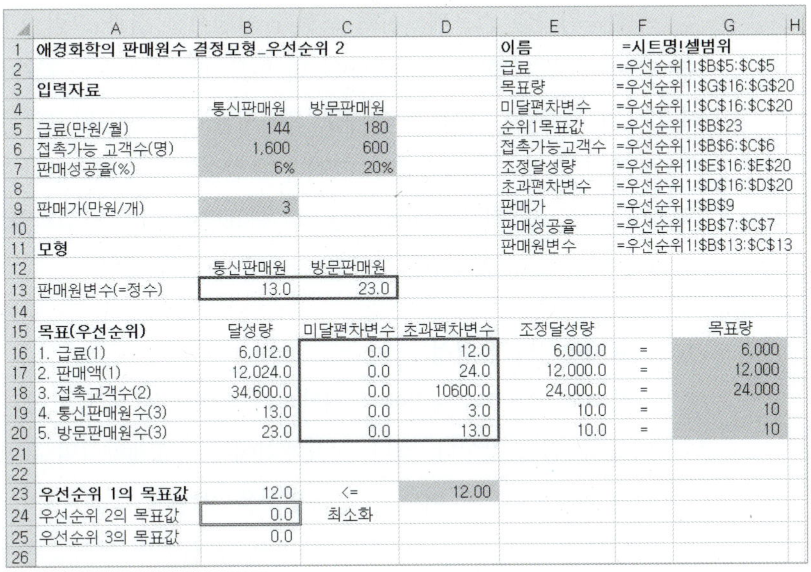

	A	B	C	D	E	F	G	H
1	애경화학의 판매원수 결정모형_우선순위 2				이름	=시트명!셀범위		
2					급료	=우선순위1!$B$5:$C$5		
3	입력자료				목표량	=우선순위1!$G$16:$G$20		
4		통신판매원	방문판매원		미달편차변수	=우선순위1!$C$16:$C$20		
5	급료(만원/월)	144	180		순위1목표값	=우선순위1!$B$23		
6	접촉가능 고객수(명)	1,600	600		접촉가능고객수	=우선순위1!$B$6:$C$6		
7	판매성공율(%)	6%	20%		조정달성량	=우선순위1!$E$16:$E$20		
8					초과편차변수	=우선순위1!$D$16:$D$20		
9	판매가(만원/개)	3			판매가	=우선순위1!$B$9		
10					판매성공율	=우선순위1!$B$7:$C$7		
11	모형				판매원변수	=우선순위1!$B$13:$C$13		
12		통신판매원	방문판매원					
13	판매원변수(=정수)	13.0	23.0					
14								
15	목표(우선순위)	달성량	미달편차변수	초과편차변수	조정달성량		목표량	
16	1. 급료(1)	6,012.0	0.0	12.0	6,000.0	=	6,000	
17	2. 판매액(1)	12,024.0	0.0	24.0	12,000.0	=	12,000	
18	3. 접촉고객수(2)	34,600.0	0.0	10600.0	24,000.0	=	24,000	
19	4. 통신판매원수(3)	13.0	0.0	3.0	10.0	=	10	
20	5. 방문판매원수(3)	23.0	0.0	13.0	10.0	=	10	
21								
22								
23	우선순위 1의 목표값	12.0	<=	12.00				
24	우선순위 2의 목표값	0.0	최소화					
25	우선순위 3의 목표값	0.0						
26								

그림 9.7 애경화학의 목표계획모형_우선순위 2

해찾기 실행

우선순위 2 (목표 3)

1. **목표설정, 대상, 변수셀, 제한조건**을 다음 그림 9.8과 같이 입력한다.
2. **옵션 및 최적화**

   비음수 난에 체크하고 해찾기를 실행시킨다.

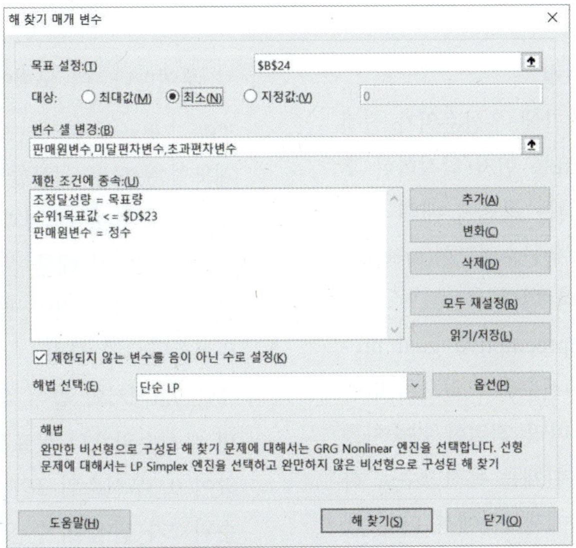

그림 9.8 해찾기 매개변수_우선순위 2

우선순위 2의 스프레드시트 모형을 실행시킨 결과 그림 9.7과 같은 2단계 최적해를 얻는다. 애경화학의 통신판매원 및 방문판매원의 수가 각각 13명, 23명일 때 우선순위 1의 목표값은 12로서 그대로 유지되었고, 우선순위 2의 목표값은 전 단계(그림 9.5)의 0이 그대로 유지되었다. 그러나 우선순위 3의 목표값이 7에서 0으로 동시에 최적화 되었다. 즉, 최하위의 우선순위의 목표량이 이미 달성되었으므로 더 이상 우선순위 3에 대한 스프레드시트 모형을 작성할 필요가 없다.

체크포인트

1. **목표제약식의 유연성**

   선형계획이나 정수계획에서 제약식의 우변상수 값은 고정된 값으로 이 값은 전혀 어길 수 없는 값이다. 허나, 목표계획에서 목표제약식의 우변상수는 성취하기를 원하는 목표량이므로 어느 정도 유연성을 갖는다. 그림 9.3의 스프레드시트에서 우선순위 1의 두 목표를 최적화하는 과정 중 급료의 달성양은 목표량 6,000만원을 넘은 6,012만원으로 제시되었다. 회사로서는 월급여가 6,000만원을 초과하지 않기를 바라지만 정수의 값을 갖는 판매원의 수를 결정하는데 있어서 12만원 정도는 유연성을 갖고 용납할 것이다.
2. 우선순위 2에 해당하는 그림 9.7에서 우선순위 3의 목표값이 0이 아닌 양의 값을 가지게 되면 최하위의 우선순위이더라도 추가로 최적화할 필요가 있다.
3. 목적함수(objective function)와 목표(goal)의 차이점은 무엇인가?

모형화 토의

1. **우선순위모형 및 가중합계모형**

   예제 9.1과 같이 각 목표들 간에 우선순위가 설정되어서 우선순위가 높은 목표를 먼저 최적화한 후 그 다음 낮은 우선순위를 갖는 목표에 대해 최적화해가는 목표계획모형을 우선순위모형(preemptive goal programming)이라 한다.

   반면에 가중합계모형(nonpreemptive goal programming)은 목표들간에 우선순위가 없으며 다만 목표들의 상대적 중요성에 따라 적절한 가중치를 부여하고, 이를 사용한 가중합계를 목적함수로 하여 최소화한다. 예를 들면, 예제 9.1에서 다섯 개 목표들의 우선순위를 동일하게 본다면, 주관적 판단에 의해 목표들의 가중치를 w_1, w_2, w_3, w_4, w_5로 부여한다. 이 모형에서 목적함수는 가중합계인 $w_1y_1^+ + w_2y_2^- + w_3y_3^- + w_4y_4^- + w_5y_5^-$가 된다. 가중합계모형은 모든 목표들이 하나의 목적함수에 포함되므로 선형계획모형과 동일하게 된다. 단, 의사결정자는 얻어진 해를 분석한 후 반복적으로 가중치를 재조정하는 것이 필수적이라 하겠다.
2. **우선순위 3의 모형**

   그림 9.5에서와 같이 우선순위 1 모형을 최적화하면 우선순위 1의 목표값이 12, 우선순위 2의 목표값이 0, 우선순위 3의 목표값이 7로 나왔다. 우선순위 2가 달성할 수 있는 최소값은 0이므로 판매원의 수 (38, 3)이라는 해는 이미 우선순위 2의 목표를 달성한 해가 된다. 따라서 다음 단계로는 우

선순위 2의 최소화 대신에 직접 우선순위 3을 최소화해도 최종적으로는 같은 결과가 나온다. 다만 전 단계에서 달성한 우선순위 1 및 2의 목표량을 유지하도록 제약식을 추가한다.

9.3 다목적 선형계획모형

앞 장에서 다루었던 선형계획, 정수계획, 비선형계획 등의 문제에는 목적함수가 비용의 최소화나 이익의 최대화와 같이 오로지 하나만이 있었다. 그러나 다목적 선형계획모형에서는 추가로 여러 목적함수들이 설정될 수 있다. 즉, 생산과정에서 공해물질이 발생된다면 회사로서는 발생될 공해물질의 양을 최소화하려고 노력할 것이다. 이러한 목적은 회사의 또 다른 목적함수인 이익의 최대화와는 서로 상충된다. 따라서 여러 개의 목적함수를 다루는 다목적 선형계획(MOLP : multi-objective linear programming)모형에서는 이들 목적함수간의 상충을 분석함으로써 의사결정을 내리는데 큰 도움을 받을 수 있다.

그동안 익숙하게 사용하던 최적해의 개념은 여러 목적함수를 동시에 고려해야 하는 다목적 의사결정 상황에서는 모호해 진다. 이것은 어느 한 목적함수를 기준으로 다른 해들보다 더 좋은 값을 가진 어떤 해가 이외의 다른 목적함수 기준에서는 다른 해들보다 열등한 목적함수 값을 가질 수 있기 때문이다.

다목적 선형계획모형에서 한 가능해 A가 모든 목적함수들을 기준으로 다른 가능해 B만큼 좋으면서, 적어도 어느 하나의 목적함수에 대해서는 B보다 더 좋은 목적함수값을 가질 경우 가능해 A는 가능해 B보다 우월하다고 한다. 우월당하지 않는 가능해들의 집합을 **파레토 최적해**(Pareto optimal solution) 또는 **유효해**(efficient solution)라 부른다. 그리고 유효해들이 갖는 목적함수 값들의 영역을 **유효외곽선**(efficient frontiers) 또는 **절충곡선**(trade-off curve)이라 부른다.

예제 9.2　다목적 선형계획의 유효해 및 유효외곽선

다음의 다목적 선형계획문제는 두개의 동등한 목적함수를 가진다. 이 문제의 가능해 영역과 유효해 및 유효외곽선을 도시하라.

maximize　$z_1 = 2x_1 + x_2$

maximize　$z_2 = x_1 + 2x_2$

subject to $x_1 + x_2 \le 5$

$$1 \le x_1 \le 3$$

$$1 \le x_2 \le 3$$

위 다목적 선형계획문제의 가능해 영역을 도시하면 아래 그림 9.9의 오각형 및 그 내부와 같다. 두 목적함수 $z_1 = 2x_1 + x_2$, $z_2 = x_1 + 2x_2$는 그림에서 두 반직선으로 표현되고, 각각을 최대화한다.

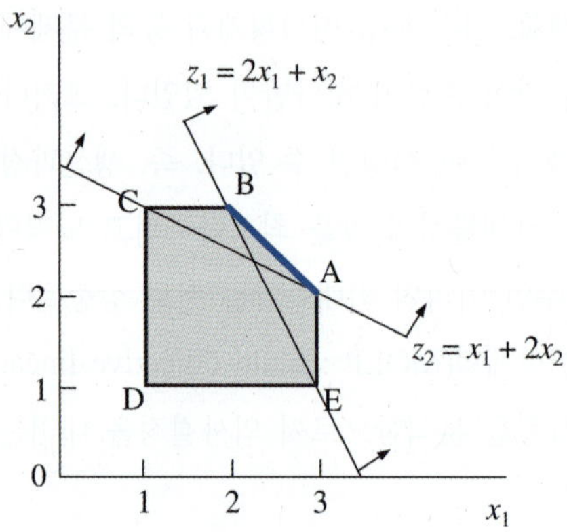

그림 9.9 가능해 및 유효해

그림 9.9에서 가능해 A는 목적함수 z_1를 기준으로 가능해 영역의 다른 가능해보다 더 큰 값을 갖는다. 가능해 A와 가능해 C를 비교해 보자. A는 목적함수 z_2를 기준으로 C와 같은 값(z_1=7)을 가지나, z_1을 기준으로 C(z_1=5)보다 더 큰 값(z_1=8)을 가지므로 C는 A에 의해 우월당한다. B와 C의 중간점을 M(1.5, 3)이라 하자. 가능해 M과 A사이에는 우월관계가 성립하지 않는다. z_1 기준으로는 A가 더 좋으나, z_2 기준으로는 M이 더 좋기 때문이다. 그러나, M은 B점에 의해 우월당한다. z_1, z_2 기준 모두 B가 크기 때문이다.

가능해 B는 목적함수 z_2를 기준으로 가능해 영역의 다른 모든 가능해들 보다 더 나은 값을 갖는 해이다. 그러나, 가능해 A는 목적함수 z_1을 기준으로 해 B보다 더 좋으며, 반면에 해 B는 목적함수 z_2를 기준으로 A보다 더 좋다. 따라서, A 및 B는 우열을 가릴 수 없다. 결국 우월당하지 않는 해들의 집합은 A와 B를 잇는 파란색 선분상의 모든 점들로 구성된다. 따라서 선분 AB상의 모든 점이 **파레트 최적해** 또는 **유효해**가 된다. 이와 같은 단순한 문제의 경우에도 유효해의 수는 상당히 많다.

다음으로 **유효외곽선**은 유효해들이 갖는 목적함수 값들을 2차원 평면에 도시한 것이다. 즉, 목적함수 z_1의 값을 수평축에, 목적함수 z_2의 값을 수직축으로 한 평면위에서, 그림 9.9의 유효해들이 갖는 목적함수 값들을 그래프로 그리면 아래 그림 9.10의 파란색 선분 A'B'에 해당한다. 즉, 유효외곽선은 선분 A'B'이다. 그림 9.10에서 오각형의 내부는 그림 9.9의 가능해에 해당하는 목적함수 영역이다.

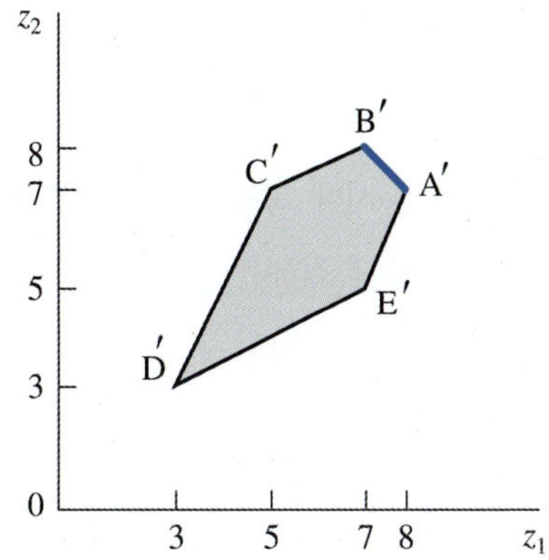

그림 9.10 유효외곽선

체크포인트

1. 예제 9.2의 다목적 선형계획문제에서 가능해 영역은 동일하고 다만 목적함수 z_1은 최대화하고, 목적함수 z_2는 최소화한다고 하자. 이 문제의 유효외곽선은 무엇인가?

   → 가능해 영역은 동일하므로 그림 9.10에서 유효외곽선은 점 A'E'D'를 잇는 선분이 된다.

2. 다른 예로서 목적함수 z_1은 최소화하고 목적함수 z_2는 최대화할 경우의 유효외곽선은 그림 9.10에서 점 B'C'D'를 잇는 선분이 된다.

예제 9.3 원목가구회사의 생산량 결정

원목가구회사는 세 형태의 장식장을 생산하고 있다. 각 장식장 제작에 필요한 원목과 작업시간은 아래 표 9.2와 같으며 현재 회사에서는 원목 4000단위과 작업시간 2600시간을 확보하고 있다. 화공약품을 사용하여 장식장을 제작하는 과정에서 공해물질이 아래의 표와 같이 발생하고 있다. 최근 정부의 환경규제 정책에 대응하기 위하여 회사에서는 이익의 최대화뿐만 아니라 공해물질의 발생이 최소화되도록 각 장식장의 생산량을 결정하고자 한다. 회사의 목적이 두 가지이므로 회사에서는 최적 의사결정을 위해 먼저 유효외곽선을 파악하고자 한다.

표 9.2 원목가구회사의 자료

항목	장식장 1	장식장 2	장식장 3	확보량
원목(단위/개)	8	8	12	4,000
작업시간(시간/개)	4	6	8	2,600
이익(만원/개)	40	45	50	–
공해물질(기본단위/개)	6	12	20	–

모형화 가이드: 1단계 모형

1. 회사의 목적은 이익을 최대화함과 동시에 공해물질을 최소화하는 것이다. 1단계로서 먼저 이익의 최대화만을 목적으로 최적해를 찾는다. 최대이익과 함께 구해진 공해물질의 양은 유효외곽선 (공해물질, 이익)상의 한 점을 이룬다.

수리 모형화

다목적 선형계획모형

1. **의사결정변수**

   장식장 1, 2, 3의 생산개수를 생산량변수 x_1, x_2, x_3라 한다.

2. **목적함수**

   두 가지의 의사결정 기준이 있다. 하나는 이익을 최대화하는 것이고, 다른 하나는 공해물질의 발생을 최소화하는 것이다.

   - 이익은 $40x_1 + 45x_2 + 50x_3$이고 최대화한다.
   - 공해물질의 발생량은 $6x_1 + 12x_2 + 20x_3$이고 최소화한다.

3. **제약조건**

   - 원목사용량 $8x_1 + 8x_2 + 12x_3 \le 4,000$

     장식장들을 x_1, x_2, x_3만큼 생산하는데 소요되는 원목의 양은 $8x_1 + 8x_2 + 12x_3$이고 확보된 양인 4,000단위를 넘을 수 없다.

   - 작업시간 $4x_1 + 6x_2 + 8x_3 \le 2,600$

     장식장들을 x_1, x_2, x_3만큼 생산하는데 소요되는 원목의 양은 $4x_1 + 6x_2 + 8x_3$이고 확보된 양인 2,600시간을 넘을 수 없다.

4. **수리모형**

   maximize $40x_1 + 45x_2 + 50x_3$

   minimize $6x_1 + 12x_2 + 20x_3$

   subject to $8x_1 + 8x_2 + 12x_3 \le 4,000$

   $4x_1 + 6x_2 + 8x_3 \le 2,600$

$$x_1,\ x_2,\ x_3 \geq 0$$

스프레드시트 모형화: 1단계 모형

1. **입력자료** B5:D5(원목), B6:D6(작업시간), B7:D7(이익), B8:D8(공해물질), D18:D19(자원확보량)

   그림 9.11과 같이 원목, 작업시간, 이익, 공해물질, 자원확보량을 정리한다.

2. **변경셀** B15:D15(생산량변수)

   각 장식장의 생산 개수를 B15:D15에 임의로 넣어본다.

3. **목표셀** B12(총이익), B13(총공해물질)

```
B12 =SUMPRODUCT(이익,생산량변수)
B13 =SUMPRODUCT(공해물질,생산량변수)
```

4. **제한조건**

- B18<=D18(원목사용량<=원목확보량)

```
B18 =SUMPRODUCT(원목,생산량변수)
```

- B19<=D19(작업시간사용량<=작업시간확보량)

```
B19 =SUMPRODUCT(작업시간,생산량변수)
```

	A	B	C	D	E	F	G	H
1	원목가구회사의 다목적 선형계획모형							
2								
3	입력자료					이름	=시트명!셀범위	
4		장식장1	장식장2	장식장3		공해물질	='1단계모형'!$B$8:$D$8	
5	원목(단위)	8	8	12		생산량변수	='1단계모형'!$B$15:$D$15	
6	작업시간(시간)	4	6	8		원목	='1단계모형'!$B$5:$D$5	
7	이익(만원)	40	45	50		원목사용량	='1단계모형'!$B$18	
8	공해물질(단위)	6	12	20		원목확보량	='1단계모형'!$D$18	
9						이익	='1단계모형'!$B$7:$D$7	
10	모형					작업시간	='1단계모형'!$B$6:$D$6	
11						작업시간사용링	='1단계모형'!$B$19	
12	총이익(만원)	21,500	최대화			작업시간확보링	='1단계모형'!$D$19	
13	총공해물질(단위)	4,800	최소화			총공해물질	='1단계모형'!$B$13	
14						총이익	='1단계모형'!$B$12	
15	생산량변수	200	300	0				
16								
17		사용량		확보량				
18	원목	4,000	<=	4,000				
19	작업시간	2,600	<=	2,600				

그림 9.11 다목적 선형계획모형_1단계 모형

해찾기 실행

1단계 모형

1. **목표설정, 대상, 변수셀, 제한조건**을 그림 9.12와 같이 입력한다.
2. **옵션 및 최적화**

   비음수 난에 체크하고 해찾기를 실행한다. 최적해는 앞의 그림 9.11의 해이다.

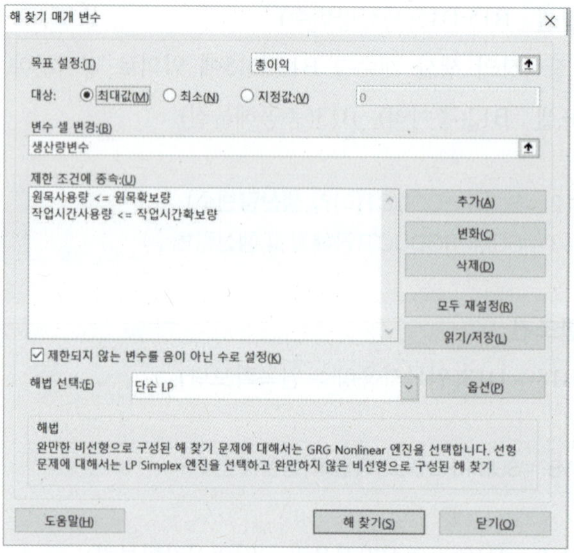

그림 9.12 해찾기 매개변수 설정_1단계

체크포인트

1. 그림 9.11에서 총이익이 최대가 되도록 장식장의 생산량을 결정했을 때 두 번째 목적함수인 총공해물질의 발생량은 4,800단위이다. 회사에서 처리할 수 있는 공해물질의 처리용량이 4,800보다 작다면 이익이 감소하더라도 생산계획을 변경하여 공해물질의 발생양을 줄여야 할 것이다.

모형화 가이드: 2단계 모형

1. 2단계로는 두 번째 목적함수인 공해물질의 발생을 1단계 최대발생량인 4,800미만의 어느 상한치로 제한하는 조건을 1단계의 모형에 추가하고, 이익의 최대화를 목적으로 다시 최적해를 찾는다. 얻어지는 최대 이익과 공해물질은 유효외곽선의 한 점을 형성한다.
2. 다음 단계마다 공해물질의 발생양을 적절히 제한하는 조건식을 추가하고 이익을 최대화함으로써 유효외곽선의 여러 점을 찾는다. 그림 9.13 및 9.14를 참고한다.

스프레드시트 모형화: 2단계 모형

1. **제한조건 B13<=D13(총공해물질<=상한값)**

   허용되는 총공해물질의 상한값을 셀 D13에 입력한다. 그림 9.13에서는 상한값을

4,200으로 입력하였다.

2. **유효외곽선상의 여러 점** B22:J23

   셀 D13에 입력할 여러 공해물질의 상한값을 B22:J22에 정리하고 각 값에 대해서 해찾기 실행을 하여 구해진 최대 총이익들을 B23:J23에 정리한다. 이들 점은 유효외곽선의 여러 점들을 형성한다.

	A	B	C	D	E	F	G	H	I	J
1	원목가구회사의 다목적 선형계획모형									
2										
3	입력자료					이름		=시트명!셀영역		
4		장식장1	장식장2	장식장3		공해물질		='2단계모형'!$B$8:$D$8		
5	원목(단위)	8	8	12		상한값		='2단계모형'!$D$13		
6	작업시간(시간)	4	6	8		생산량변수		='2단계모형'!$B$15:$D$15		
7	이익(만원)	40	45	50		원목		='2단계모형'!$B$5:$D$5		
8	공해물질(단위)	6	12	20		원목사용량		='2단계모형'!$B$18		
9						원목확보량		='2단계모형'!$D$18		
10	모형					이익		='2단계모형'!$B$7:$D$7		
11						작업시간		='2단계모형'!$B$6:$D$6		
12	총이익(만원)	21,000	최대화			작업시간사용량		='2단계모형'!$B$19		
13	총공해물질(단위)	4,200	<=	4,200	상한값	작업시간확보량		='2단계모형'!$D$19		
14						총공해물질		='2단계모형'!$B$13		
15	생산량변수	300	200	0		총이익		='2단계모형'!$B$12		
16										
17		사용량		확보량						
18	원목	4,000	<=	4,000						
19	작업시간	2,400	<=	2,600						
20										
21	유효외곽선상의 여러 점									
22	총공해물질	0	600	1,200	1,800	2,400	3,000	3,600	4,200	4,800
23	총이익	0	4,000	8,000	12,000	16,000	20,000	20,500	21,000	21,500

그림 9.13 다목적 선형계획모형_2단계 모형

해찾기 실행

2단계 모형

1. **목표설정, 대상, 변수셀, 제한조건**을 그림 9.14와 같이 입력한다.
2. **옵션 및 최적화**

   비음수 난에 체크하고 해찾기를 실행한다.
3. 해찾기를 22행에 있는 총공해물질의 여러 상한값에 대해 각각 실행하여 최대 총이익을 찾는다.

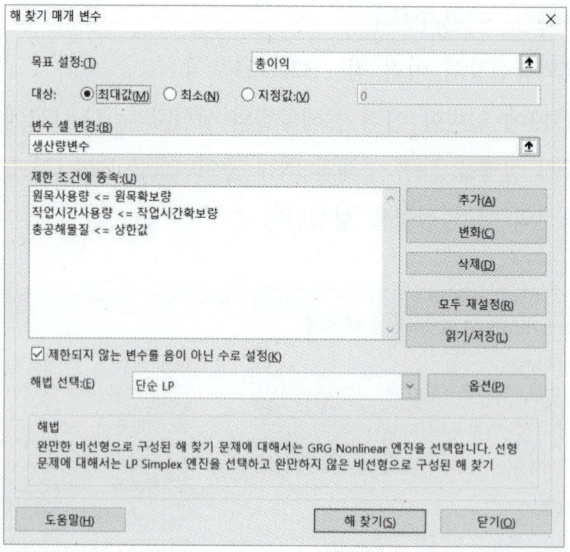

그림 9.14 해찾기 매개변수 설정_2단계

체크포인트

1. 그림 9.13에서 구한 유효외곽선의 여러 점 B22:J23을 엑셀의 차트마법사를 사용하여 도시하면 그림 9.15와 같다. 그림 9.15의 유효외곽선을 보면 공해물질이 3,000단위 이상이 되면 이익의 증가율이 급격히 감소함을 알 수 있다.

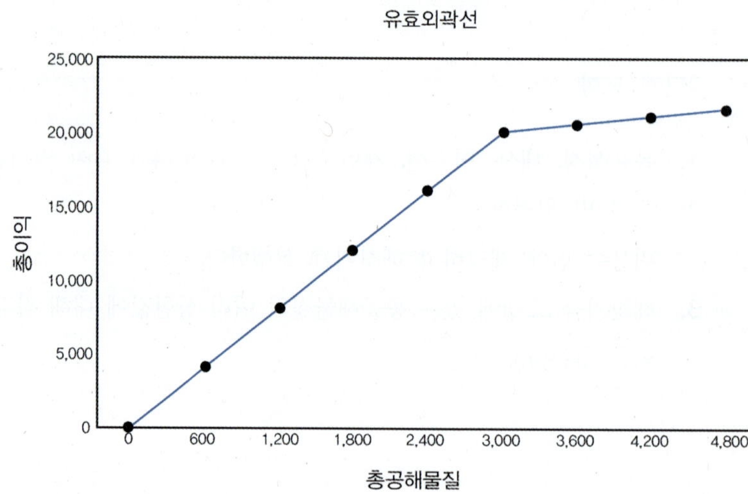

그림 9.15 원목가구회사의 유효외곽선

모형화 토의: 목표계획법과 유효해

1. 다목적 선형계획문제를 목표계획문제로 모형화해서 최적해를 구했을 때 이 목표계획 모형의 최적해가 항상 다목적 선형계획문제의 유효해가 되는 것은 아니다. 이것은 목표계획모형이 목표값을 얼

마로 설정하느냐에 따라서 유효해에 이르기 전에 먼저 목표가 달성되면 더 이상 해가 향상되지 않기 때문이다. 또는, 목표계획문제에 복수최적해가 존재할 경우, 이들 중에서 일부 해는 유효해가 아닐 수도 있다.

9.4 다기준 점수모형

의사결정자는 문제 해결을 위해 마련된 여러 대안들을 평가할 때 종종 하나 이상의 의사결정 기준을 적용한다. 이러한 다기준 의사결정(multi-criteria decision making)에는 서로 상충되는 의사결정 기준들이 함께 고려되곤 한다.

예를 들면 박군이 컴퓨터 작업을 위한 LCD모니터를 구매할 때 모니터 선택 기준으로는 모니터 가격, 화면 반응속도, 화면조절 편의성, 회사 브랜드명 등을 고려하게 된다. 새로 개발할 신차에 탑재 가능한 엔진을 설계할 때 책임자는 연비를 극대화시키는 동시에 엔진의 마력도 동급최강으로 하면서 개발비용을 최소화하려고 노력할 것이다.

본 절에서는 다기준 의사결정에 자주 사용되는 다기준 점수모형(multi-criteria scoring model)을 제시한다.

예제 9.3 **승용차 구입 결정**

대학원을 졸업하면서 모 기업에 취직한 김씨는 승용차 구입을 고려하고 있다. 1500~1600cc정도의 중형차를 조사한 결과 기업1의 H-car, 기업2의 S-car로 압축되었다. 김씨는 승용차 선택을 위한 기준으로 다음의 네 기준을 선정하고 이들에 가장 잘 부합되는 제품을 선택하려 한다.

기준 1 : 제품가격,
기준 2 : 자동차의 맵시를 나타내는 스타일,
기준 3 : 연료의 효율성을 표현하는 연비,
기준 4 : 안락한 승차감.

모형화 가이드

의사결정자인 김씨는 각 기준들의 상대적 중요도가 동등한 것으로 판단되면 아래 1단계의 점수모형으로 점수를 산출한다. 각 기준들의 상대적 중요도가 다르다고 판단되면 이를 가중치로 표현하여 다음 2단계 가중치 점수모형으로 최종 점수를 산출한다.

1. **점수모형**

   의사결정자는 각 기준들이 동일하게 중요한 것으로 여긴다. 각 기준별로 두 대안(승용차)의 상대적 가치를 반영하는 점수를 0과 1사이의 값으로 평가한다. 이 점수는 의사결정자가 각 기준별로 대안들을 평가하는 주관적 효용과 같다.(효용이론에 대해서는 9.5절을 참조한다.)

2. **가중치 점수모형**

   우선 의사결정자가 각 기준들 간의 상대적인 중요도를 가중치로 표현한다. 모든 가중치의 합은 1이다. 다음으로 위 1항에서 평가한 승용차의 점수에 기준별 가중치를 적용하여 조정된 점수로 최종 점수를 산출하여 평가한다.

스프레드시트 모형화

1. **입력자료** B6:E7(점수), B14:E14(가중치)

   의사결정자가 각 기준별로 평가한 승용차의 점수와 기준별 가중치를 각 해당 셀영역에 입력한다.

2. **점수모형**

   각 승용차가 기준별로 얻은 점수들을 평균하여 그 승용차의 최종점수(F6:F7)로 산출한다.

   F6 =AVERAGE(B6:E6), F7에 복사

3. **가중치 점수모형**

   - 가중된 점수(B12:E13)

     기준별로 평가한 승용차 점수(B6:E7)들을 가중치(B14:E14)와 곱하여 가중된 승용차 점수(B12:E13)들을 산출한다.

     B12 =B6*B$14, B12:E13에 복사

   - 가중 최종점수(F12:F13)

     F12 =SUM(B12:E12), F13에 복사

	A	B	C	D	E	F
1	승용차 선택을 위한 다기준 점수모형					
2						
3	1. 점수모형					
4				기준		
5	점수	가격	스타일	연비	승차감	최종점수
6	H-car	0.90	0.60	0.90	0.85	0.813
7	S-car	0.65	0.95	0.70	0.90	0.800
8						
9	2. 가중치 점수모형					
10				기준		
11	가중점수	가격	스타일	연비	승차감	가중최종점수
12	H-car	0.270	0.240	0.180	0.085	0.775
13	S-car	0.195	0.380	0.140	0.090	0.805
14	가중치	0.30	0.40	0.20	0.10	1.00

그림 9.16 승용차 선택을 위한 다기준 점수모형

체크포인트

1. 가중치 점수모형에서 각 기준별 가중치가 모두 0.25이면 점수모형과 같게 된다.
   위 점수모형에 의하면 최종점수는 H-car가 0.813으로 S-car의 0.800보다 더 높으므로 H-car를 선택하게 된다. 그러나 가중치 점수모형에서는 H-car가 0.775, S-car가 0.805로 오히려 S-car의 가중최종점수가 더 높게 나오므로 S-car를 선택하게 된다.
2. **방사형 차트**
   각 기업별로 구해진 최종점수를 한 눈에 알아보기 위해서 방사형 차트를 작성할 수 있다. 다음 그림 9.17과 같이 방사형 차트는 각 기준별로 축을 설정해서 각 대안간의 차이를 극명히 보여주므로 대안간의 우열을 쉽게 알아볼 수 있는 장점이 있다.

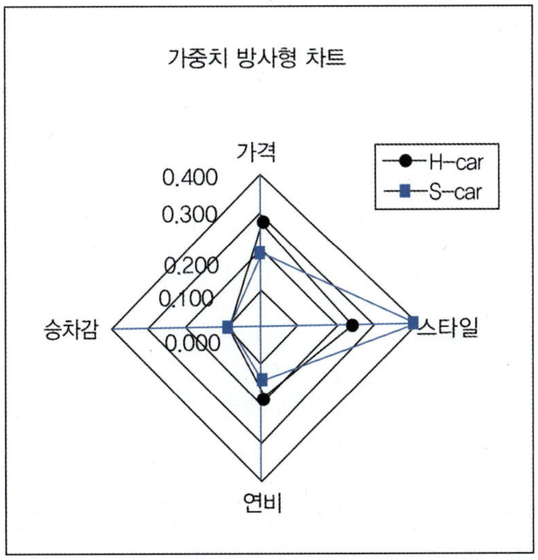

그림 9.17 가중치 방사형 차트(가중치 점수모형)

9.5 계층분석과정

Thomas Saaty에 의해 개발된 계층분석과정(The analytic hierarchy process: AHP) 모형은 의사결정의 여러 주관적 요소와 객관적 요소를 모두 고려할 수 있고 계산과정이 단순하므로 다기준 의사결정 분야에서 많이 활용되고 있는 모형이다.

9.4절에서 제시된 다기준 점수모형을 적용할 때의 난점은 의사결정자가 주관적으로 평가해야 하는 대안별 점수나 의사결정 기준들 간의 가중치를 결정하기 어렵다는 것이다. 반면에 계층분석과정 모형은 대안별 점수나 가중치를 주관적으로 쉽게 결정할 수 있는 쌍비교 방법을 제공하고 이 과정에서 일관성이 있는 지를 판별하는 검사방법도 제공한다. 아울러 모든 의사결정 기준들을 계층적으로 분류하여 분석함으로써 가중치 계산을 체계적으로 실행한다.

예제 9.4 **기업선택**

한국대학교를 우수한 성적으로 졸업하는 박군은 최근 여러 기업으로부터 취직요청을 받았으나 최종적으로 세 기업을 고려하고 있다. 박군은 기업 선택을 위한 기준으로서 다음의 네 가지를 설정하고 이들에 가장 잘 부합되는 기업을 선택하려 한다.

기준 1: 전공에의 적합성
기준 2: 월급여
기준 3: 기업체의 규모
기준 4: 근무예정지

모형화 가이드 계층분석과정 모형은 다음 단계를 거쳐 의사결정을 한다.

1. 쌍비교 행렬 작성

쌍비교 행렬을 작성하여 동일한 계층 안에 있는 기준들 간의 가중치를 계산한다. 의사결정자는 먼저 기준들을 두 개씩 쌍비교를 한다. 즉, 기준 i가 기준 j보다 얼마나 더 중요한가를 결정해서 쌍비교 행렬의 i행, j행에 수치로 표시한다. 이 수치는 표 9.4에서 보듯이 1에서 9까지의 숫자로 표현한다.

표 9.3 쌍비교 행렬의 수치가 갖는 의미

중요도 수치	의미
1	기준 i와 j가 똑같이 중요함
2	(중요도 1과 3의 사이)
3	기준 i가 j보다 약간 더 중요함
4	(중요도 3과 5의 사이)
5	기준 i가 j보다 상당히 더 중요함
6	(중요도 5과 7의 사이)
7	기준 i가 j보다 매우 더 중요함
8	(중요도 7과 9의 사이)
9	기준 i가 j보다 절대적으로 더 중요함

예를 들어 기준 2가 기준 3보다 약간 더 중요하다면 쌍비교 행렬의 두 번째 행(기준 2), 세 번째 열(기준3)의 값은 3(약간 더 중요)이 된다. 세 번째 행(기준3), 네 번째 열(기준4)의 값이 5라면 기준 3은 기준 4보다 상당히 더 중요함(5)으로 평가한 것이다. 만일 기준 i가 기준 j보다 덜 중요하다면 위 표에 있는 수치의 역수를 사용한다. 즉, 기준 2가 기준 4보다 매우 덜 중요하다면 해당되는 행렬 요소의 값은 1/7이 된다. 그리고 같은 기준을 서로 비교했을 때는 똑같이 중요하므로 행렬 요소의 값은 1이 된다. 박군이 고려하고 있는 기준은 4가지이므로 두 개씩 쌍으로 비교될 수 있는 모든 경우는 6가지이다. 박군이 비교 평가한 결과는 다음의 표 9.4와 같다.

표 9.4 박군의 쌍비교 평가표

쌍비교	더 중요한 기준	중요도 수치
전공 - 월급여	전공	5
전공 - 규모	전공	2
전공 - 근무지	전공	3
월급여 - 규모	규모	4
월급여 - 근무지	근무지	2
규모 - 근무지	규모	2

위의 쌍비교 평가표 9.4를 근거로 다음과 같은 기준간 쌍비교 행렬을 작성한다.

	전공	월급여	규모	근무지
전공	1	5	2	3
월급여	1/5	1	1/4	1/2
규모	1/2	4	1	2
근무지	1/3	2	1/2	1

2. 표준행렬 및 가중치 계산

쌍비교 행렬로부터 표준행렬을 도출하고 가중치를 계산한다.

- 쌍비교 행렬의 열별 합

  쌍비교 행렬에서 각 열에 있는 모든 요소들의 합을 구한다.

	전공	월급여	규모	근무지
전공	1	5	2	3
월급여	1/5	1	1/4	1/2
규모	1/2	4	1	2
근무지	1/3	2	1/2	1
합	2.033	12	3.75	6.5

- 표준행렬 작성

  각 열에 속해 있는 값들을 각 열별 합으로 나눈다. 이렇게 얻어진 행렬을 표준행렬이라 부른다. 즉, 표준행렬에서는 각 열에 있는 모든 요소들의 합이 항상 1이다.

	전공	월급여	규모	근무지
전공	0.492	0.417	0.533	0.461
월급여	0.098	0.083	0.067	0.077
규모	0.246	0.333	0.267	0.308
근무지	0.164	0.167	0.133	0.154

- 기준별 가중치 계산

  표준행렬에서 각 행별로 평균값을 구한다. 이 평균값이 기준들의 중요도를 나타내는 가중치가 된다. 표준행렬 및 가중치는 다음과 같다.

	전공	월급여	규모	근무지	가중치
전공	0.492	0.417	0.533	0.462	0.476
월급여	0.098	0.083	0.067	0.077	0.081
규모	0.246	0.333	0.267	0.308	0.288
근무지	0.164	0.167	0.133	0.154	0.154

이상의 과정을 표로 정리하면 다음과 같다.

표 9.5 의사결정 기준들의 가중치 계산

기준	쌍비교 행렬				표준행렬				가중치
	전공	월급여	규모	근무지	전공	월급여	규모	근무지	
전공	1	5	2	3	0.492	0.417	0.533	0.462	0.476
월급여	1/5	1	1/4	1/2	0.098	0.083	0.067	0.077	0.081
규모	1/2	4	1	2	0.246	0.333	0.267	0.308	0.288
근무지	1/3	2	1/2	1	0.164	0.167	0.133	0.154	0.154

3. 일관성 검사

기준들이나 기업들을 쌍비교할 때 쌍으로 비교할 개수가 많아지면 의사결정자가 상대적 중요도 평가에 일관성이 결여될 수도 있다. 일관성이 없으면 계층분석과정 모형의 분석결과는 의미가 없게 된다. 따라서 작성된 쌍비교 행렬에 대해 일관성 검사를 할 필요성이 있다.

쌍비교 행렬에 대한 일관성 검사는 다음과 같은 단계를 거쳐 판단한다.

- 일관성 측도 및 평균치 λ

  각 기준들의 쌍비교 행렬과 가중치를 곱한다.

$$\begin{bmatrix} 1 & 5 & 2 & 3 \\ 1/5 & 1 & 1/4 & 1/2 \\ 1/2 & 4 & 1 & 2 \\ 1/3 & 2 & 1/2 & 1 \end{bmatrix} \begin{bmatrix} 0.476 \\ 0.081 \\ 0.288 \\ 0.154 \end{bmatrix} = \begin{bmatrix} 1.923 \\ 0.326 \\ 1.160 \\ 0.620 \end{bmatrix}$$

  기준별 일관성 측도는 위 식에서 구한 값을 가중치로 각각 나누어 구한다. 즉,

  전공 일관성 측도 = 1.923/0.476 = 4.040
  월급여 일관성 측도 = 0.326/0.081 = 4.006
  규모 일관성 측도 = 1.160/0.288 = 4.024
  근무지 일관성 측도 = 0.620/0.154 = 4.014

  일관성 측도들의 평균값을 구한다.

  평균값 $\lambda = (4.040 + 4.006 + 4.024 + 4.014)/4 = 4.021$

- 일관성 지수 CI (consistency index) 계산

  $CI = (\lambda - n) / (n-1) = (4.021-4)/3 = 0.007$

  여기서, n은 기준의 개수 4를 의미한다. 쌍비교 행렬에 완전한 일관성이 있다면 $\lambda = n$이 성립하며 따라서 항상 CI=0이 성립된다.

- 일관성 비율 CR(consistency ratio) 계산

  CR = CI/RI = 0.007/0.9 = 0.008

  여기서, 확률지수 RI(random index)는 아래에 제시된 표 9.6으로부터 n에 해당하는 값을 찾는다. n은 4이므로 RI=0.9이다.

표 9.6 확률지수표

n	3	4	5	6	7	8	9	10
RI	0.58	0.9	1.12	1.24	1.32	1.41	1.45	1.51

- 일관성 판단

  Saaty는 일관성 비율값이 CI/RI < 0.1일 경우 의사결정자의 일관성 정도는 만족할 만한 수준인 것으로 제안하고, CI/RI > 0.1일 경우 일관성이 결여된 것으로 보았다.

  박군의 기준간 쌍비교 행렬의 일관성 측도는 CI/RI=0.008 < 0.1이므로 일관성이 있는 것으로 판단한다.

  위 표에 있는 확률지수 RI의 값은 쌍비교 행렬의 값들이 무작위로 선정되고 $a_{ij} = 1/a_{ji}$ 와 $a_{ii} = 1$을 만족시킬 때 평균적인 일관성 지수 CI의 값을 나타낸다. 따라서 일관성 비율 CR = CI/RI의 값이 충분히 작은 값일수록 의사결정자의 중요도 판단에는 일관성이 있다.

4. 각 기준에 의한 기업의 점수평가

- 전공의 적합성을 기준으로 해서 각 기업의 중요도 점수를 평가한다.

  먼저 세 기업 간의 쌍비교를 통해서 상대적 중요도를 기업간 쌍비교 행렬로 작성한다. 중요도 수치는 앞에서 기준들의 가중치를 구할 때 사용했던 표 9.3을 활용한다.

	기업 1	기업 2	기업 3
기업 1	1	1/3	1/6
기업 2	3	1	1/3
기업 3	6	3	1

  각 기업별 중요도의 점수는 앞의 1절에서와 마찬가지로 각 열별로 합을 구하고 이 합으로 해당하는 열에 속한 값들을 나누어 표준행렬을 먼저 구한다. 다음으로 표준행렬의 행별로 평균값을 구함으로써 기업의 점수를 얻는다.

	기업 1	기업 2	기업 3	점수
기업 1	0.1	0.077	0.111	0.096
기업 2	0.3	0.231	0.222	0.251
기업 3	0.6	0.692	0.667	0.653

이상의 과정을 표로 정리하면 다음과 같다.

표 9.7 전공의 적합성을 기준으로 평가한 기업별 점수

기업	쌍비교행렬			표준행렬			점수
	기업 1	기업 2	기업 3	기업 1	기업 2	기업 3	
기업 1	1	1/3	1/6	0.1	0.077	0.111	0.096
기업 2	3	1	1/3	0.3	0.231	0.222	0.251
기업 3	6	3	1	0.6	0.692	0.667	0.653

- 박군의 월급여 기준으로 각 기업의 점수를 평가하면 다음 표 9.8과 같다.

표 9.8 월 급여 기준으로 평가한 기업별 점수

기업	쌍비교행렬			표준행렬			점수
	기업 1	기업 2	기업 3	기업 1	기업 2	기업 3	
기업 1	1	2	4	0.571	0.571	0.571	0.571
기업 2	1/2	1	2	0.286	0.286	0.286	0.286
기업 3	1/4	1/2	1	0.143	0.143	0.143	0.143

- 기업체 규모 기준으로 각 기업의 점수를 평가하면 다음의 표 9.9와 같다.

표 9.9 기업의 규모 기준으로 평가한 기업별 점수

기업	쌍비교행렬			표준행렬			점수
	기업 1	기업 2	기업 3	기업 1	기업 2	기업 3	
기업 1	1	2	5	0.588	0.571	0.625	0.595
기업 2	1/2	1	2	0.294	0.286	0.250	0.277
기업 3	1/5	1/2	1	0.118	0.143	0.125	0.129

- 근무예정지 기준으로 각 기업의 점수를 평가하면 다음의 표 9.10과 같다.

표 9.10 근무예정지 기준으로 평가한 기업별 점수

기업	쌍비교행렬			표준행렬			점수
	기업 1	기업 2	기업 3	기업 1	기업 2	기업 3	
기업 1	1	1/2	1/5	0.125	0.111	0.130	0.122
기업 2	2	1	1/3	0.250	0.222	0.217	0.230
기업 3	5	3	1	0.625	0.667	0.652	0.648

5. 가중치 점수모형의 적용

앞에서 기준들의 상대적 가중치와 각 기준별 기업의 점수를 계산하였다. 즉, 기업 1은 전공 기준에서 0.096의 점수를 얻었고 월급여, 규모, 근무지 기준에서 각각 0.571, 0.595, 0.122의 점수를 얻었다. 박군이 판단하는 기준들의 상대적 중요도는 표 9.5와 같이 전공이 0.476, 월급여, 규모, 근무지가 각각 0.081, 0.288, 0.154이므로 기업 1의 최종점수는 다음과 같이 계산된다.

기업 1의 최종점수; 0.096(0.476)+0.571(0.081)+0.595(0.288)+0.122(0.154)=0.283

같은 방법으로 기업 2 및 3의 최종점수를 계산하면 다음과 같다.

기업 2의 최종점수; 0.251(0.476)+0.286(0.081)+0.277(0.288)+0.230(0.154)=0.258

기업 3의 최종점수; 0.653(0.476)+0.143(0.081)+0.129(0.288)+0.648(0.154)=0.459

기업들의 최종점수를 정리하면 아래의 표 9.11과 같다.

표 9.11 기업들의 최종 점수표

기 업	의사결정 기준				최종점수
	전공	월급여	규모	근무지	
기업 1	0.096	0.571	0.595	0.122	0.283
기업 2	0.251	0.286	0.277	0.230	0.258
기업 3	0.653	0.143	0.129	0.648	0.459
기준별 가중치	0.476	0.081	0.288	0.154	

스프레드시트 모형화 다음의 그림 9.18은 모형화 가이드에서 설명한 계층분석과정을 스프레드시트에 정리한 것이다.

1. 쌍비교 행렬 입력자료 B7:E10, B14:D16, B20:D22, B26:D28, B32:D34

그림 9.18의 회색 셀영역과 같이 쌍비교 행렬들을 입력한다. 쌍비교 행렬에 있는 분수 값은 셀서식의 표시형식에서 분수를 선택한 후 숫자를 입력한다.

2. 표준행렬 G7:J10, G14:I16, G20:I22, G26:I28, G32:I34

의사결정기준의 표준행렬 작성은 셀 G7:J10에 입력한다. 우선 셀 G7에 아래의 수식을 입력하고 셀 J10까지 자동채우기로 복사한다. 여기서, 절대참조를 뜻하는 $의 표시에 유의한다.

```
G7 =B7/SUM(B$7:B$10), G7:J10까지 복사
```

각 기준별 기업 점수의 표준행렬 작성은 아래와 같다.

G14 =B14/SUM(B$14:B$16), G14:I16, G20:I22, G26:I28, G32:I34에 복사

	A	B	C	D	E	G	H	I	J	L	N	O
1	**기업선택을 위한 계층분석과정 모형**											
2												
3			**쌍비교행열**				**표준행열**			**가중치**	**일관성 검사**	
4										**및 점수**		
5	**의사결정기준**		의사결정기준								**가중치**	**일관성**
6		전공	월급여	규모	근무지	전공	월급여	규모	근무지	**가중치**	**곱**	**측도**
7	전공	1	5	2	3	0.492	0.417	0.533	0.462	0.476	1.923	4.040
8	월급여	1/5	1	1/4	1/2	0.098	0.083	0.067	0.077	0.081	0.326	4.006
9	규모	1/2	4	1	2	0.246	0.333	0.267	0.308	0.288	1.160	4.024
10	근무지	1/3	2	1/2	1	0.164	0.167	0.133	0.154	0.154	0.620	4.014
11											일관성지수	0.007
12	**전공**										일관성비율	0.008
13		기업 1	기업 2	기업 3		기업 1	기업 2	기업 3		**점수**		
14	기업 1	1	1/3	1/6		0.100	0.077	0.111		0.096	0.289	3.005
15	기업 2	3	1	1/3		0.300	0.231	0.222		0.251	0.757	3.015
16	기업 3	6	3	1		0.600	0.692	0.667		0.653	1.982	3.035
17											일관성지수	0.009
18	**월급여**										일관성비율	0.016
19		기업 1	기업 2	기업 3		기업 1	기업 2	기업 3		**점수**		
20	기업 1	1	2	4		0.571	0.571	0.571		0.571	1.714	3.000
21	기업 2	1/2	1	2		0.286	0.286	0.286		0.286	0.857	3.000
22	기업 3	1/4	1/2	1		0.143	0.143	0.143		0.143	0.429	3.000
23											일관성지수	0.000
24	**기업체 규모**										일관성비율	0
25		기업 1	기업 2	기업 3		기업 1	기업 2	기업 3		**점수**		
26	기업 1	1	2	5		0.588	0.571	0.625		0.595	1.791	3.010
27	기업 2	1/2	1	2		0.294	0.286	0.250		0.277	0.831	3.004
28	기업 3	1/5	1/2	1		0.118	0.143	0.125		0.129	0.386	3.002
29											일관성지수	0.003
30	**근무예정지**										일관성비율	0.005
31		기업 1	기업 2	기업 3		기업 1	기업 2	기업 3		**점수**		
32	기업 1	1	1/2	1/5		0.125	0.111	0.130		0.122	0.367	3.001
33	기업 2	2	1	1/3		0.250	0.222	0.217		0.230	0.690	3.003
34	기업 3	5	3	1		0.625	0.667	0.652		0.648	1.948	3.007
35											일관성지수	0.002
36	**가중치 점수화 모형**										일관성비율	0.003
37						**가중**						
38	기업별 점수	전공	월급여	규모	근무지	**최종점수**						
39	기업 1	0.096	0.571	0.595	0.122	0.283						
40	기업 2	0.251	0.286	0.277	0.230	0.258						
41	기업 3	0.653	0.143	0.129	0.648	0.459						
42												
43	가중치	0.476	0.081	0.288	0.154	1.000						

기업 3의 점수가 가장 높다.

그림 9.18 기업선택을 위한 계층분석과정 모형

3. 가중치 및 점수 L7:L10, L14:L16, L20:L22, L26:L28, L32:L34

셀 L7에 아래의 수식을 입력하고 셀 L10까지 복사하여 가중치를 구한다.

L7 =AVERAGE(G7:J7), L8:L10에 복사
L14 =AVERAGE(G14:I14), L15:L16, L20:L22, L26:L28, L32:L34에 복사

4. 일관성 검사

- 가중치 곱 N7:N10, N14:N16, N20:N22, N26:N28, N32:N34

작성한 쌍비교 행렬에 일관성이 있는 지를 검사하기 위해 먼저 셀 N7:N10에 엑셀함수 MMULT를 사용하여 가중치 곱을 계산한다. 이를 위하여 먼저 N7:N10의 영역을 블록으로 선택한 후 N7에 아래의 수식을 입력하고 Control + Shift + Enter를 동시에 누른다. 함수 MMULT는 행렬의 곱에 사용되며 위 식에서는 쌍비교 행렬과 가중치 열의 곱에 사용되었다.

```
N7:N10 ={=MMULT(B7:E10,L7:L10)}
N14:N16 ={=MMULT(B14:D16,L14:L16)}, N20:N22, N26:N28, N32:N34에 복사
```

- 일관성측도 O7:O10

일관성 비율은 셀 O7에 아래의 수식을 입력하고 O10까지 복사하여 계산한다.

```
O7 =N7/L7, O8:O10, O14:O16, O20:O22, O26:O28, O32:O34에 복사
```

- 일관성지수 O11, O17

일관성 지수 CI는 셀 O11에 아래의 수식을 입력하여 계산한다.

```
O11 =(AVERAGE(O7:O10)-4)/3
O17 =(AVERAGE(O14:O16)-3)/2, O23, O29, O35에 복사
```

- 일관성비율 O12, O18

마지막으로 일관성 비율 CI/RI는 셀 O12에 아래의 수식을 입력하여 계산한다. 여기서, n=4이므로, RI=0.9이다. 나머지 기업간 쌍비교 행렬에 대한 일관성 비율 O18, O24, O30, O36도 같은 방법으로 계산한다. 단, n=3이므로 0.9대신 0.58로 계산한다.

```
O12 =O11/0.9
O18 =O17/0.58, O24, O30, O36에 복사
```

5. 가중치 점수모형 B39:E41(기업별 점수), G39:G41(가중최종점수)

각 기준에 따라 계산한 기업의 점수들을 셀 B39:E41에 정리하고 의사결정 기준의 가중치를 B43:E43에 입력한다. 각 기업의 최종점수는 셀 G39:G41에 계산한다.

즉, 셀 G39에 아래의 수식을 입력하고 G41까지 복사하여 최종점수를 계산한다.

```
G39 =SUMPRODUCT(B39:E39,$B$43:$E$43),   G40:G41에 복사
```

체크포인트

1. 각 기업별 점수는 기업 3이 가장 높으므로 계층분석과정은 박군에게 기업 3을 선택하도록 제안하고 있다.
2. 그림 9.18에서 보는 바와 같이 모든 일관성 비율 값이 0.1보다 작으므로 박군이 작성한 모든 쌍비교 행렬에는 일관성이 있다.
3. 쌍비교 행렬에서 완전한 일관성이 존재하면 항상 일관성 지수 CI는 0이 되는가?
의사결정자가 n개의 의사결정기준을 고려하고 쌍비교를 통해 계산한 결과 기준별 가중치가 $w_1,...,w_n$으로 계산되었다고 하자. 의사결정기준의 쌍비교 행렬은 차원이 $n \times n$이므로 요소들을 (a_{ij}), $i=1,...,n$, $n=1,...,n$이라 하자.
의사결정자가 완전히 일관성이 있게 가중치를 계산하였다면 $a_{ij}=w_i/w_j$, $a_{ii}=1$이 성립한다. 따라서, 의사결정자가 작성한 쌍비교 행렬 A는 다음과 같을 것이다.

$$A=\begin{bmatrix} a_{11}\ a_{12}\cdots a_{1n} \\ a_{21}\ a_{22}\cdots a_{2n} \\ \cdots \quad \cdots \\ a_{n1}\ a_{n2}\cdots a_{nn} \end{bmatrix}=\begin{bmatrix} w_1/w_1\ w_1/w_2\cdots w_1/w_n \\ w_2/w_1\ w_2/w_2\cdots w_2/w_n \\ \cdots \quad \cdots \\ w_n/w_1\ w_n/w_2\cdots w_n/w_n \end{bmatrix}$$

쌍비교 행렬 A와 가중치 w의 곱인 Aw를 계산하면

$$Aw=\begin{bmatrix} w_1/w_1\ w_1/w_2\cdots w_1/w_n \\ w_2/w_1\ w_2/w_2\cdots w_2/w_n \\ \cdots \quad \cdots \\ w_n/w_1\ w_n/w_2\cdots w_n/w_n \end{bmatrix}\begin{bmatrix} w_1 \\ w_2 \\ \cdots \\ w_n \end{bmatrix}=n\begin{bmatrix} w_1 \\ w_2 \\ \cdots \\ w_n \end{bmatrix}$$

즉, $Aw=nw$가 성립한다.
따라서, 기준1의 일관성 측도=$nw_1/w_1=n$
기준2의 일관성 측도= $nw_2/w_2=n$
...
기준n의 일관성 측도=$nw_n/w_n=n$
그러므로 평균값 $\lambda=(n+...+n)/n=n$이며, CI=$(\lambda-n)/(n-1)=0$이다.
의사결정자가 작성한 쌍비교 행렬에 완전한 일관성이 존재하면 항상 CI=0이 성립한다.

모형화 토의: 계층분석과정의 계층도(Alpha 기업)

본 장의 서두에 소개한 성공사례에서 Alpha기업은 계층분석과정을 적용함으로써 물류 재배치 의사결정을 성공적으로 수행하였다. 이 기업은 물류설비를 재배치할 입지지역(대안)으로서 펜실바니아주 Harrisburg, 메릴랜드주 Williamsport, 웨스트버지니아주 Wheeling의 세 곳으로 압축하였다. 대안을 결정하기 위한 의사결정 기준으로서 덜 중요한 12개 기준을 제외한 33개 기준으로 정리하고, 6개 주요기준으로 분류한 후 기준들의 가중치를 계산하였다. 이들의 계층도는 아래와 같다. 최종가중점수를 계산한 결과 Harrisburg는 0.374, Williamsport는 0.346, Wheeling은 0.281을 얻었다. 계층분석과정은 물류설비를 재배치할 가장 적절한 후보지로서 Harrisburg를 제안한다.

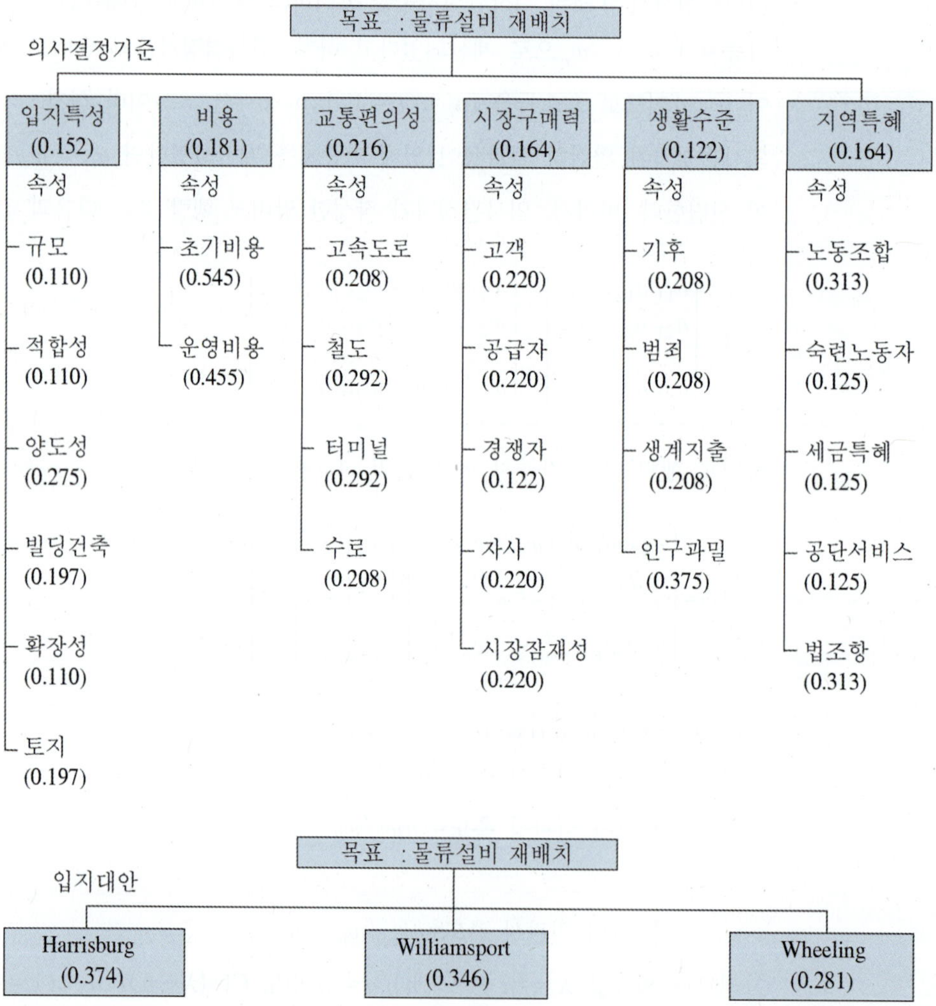

그림 9.19 Alpha기업의 계층도

부록 AHP를 활용한 구매량 결정 (AHP와 LP의 결합 예)

한국기업 구매부서에서는 완성품의 주요 부품에 대한 구매량을 네 공급자로부터 구매하려 한다. 공급자에 대한 평가기준은 아래와 같이 3가지로 평가하고 있으며, 이에 대한 쌍비교 행렬이 표 A.1로 주어졌다.

기준 1: 구매가격

기준 2: 품질 (결함여부, 공정능력)

기준 3: 서비스 (적시 공급, 소통의 용이성, 변화에 대한 반응, 공정 융통성)

표 A.1 기준간 쌍비교

기준비교	구매가격	품질	서비스
구매가격	1	4	3
품질	1/4	1	2
서비스	1/3	1/2	1

또한 각 기준별 공급자를 비교한 쌍비교 행렬은 표 A.2에서 표 A.4와 같다.

표 A.2 구매가격 기준에 의한 공급자별 쌍비교

구매가격 기준	공급자1	공급자2	공급자3	공급자4
공급자1	1	1/6	1/2	3
공급자2	6	1	4	8
공급자3	2	1/4	1	5
공급자4	1/3	1/8	1/5	1

표 A.3 품질 기준에 의한 공급자별 쌍비교

품질기준	공급자1	공급자2	공급자3	공급자4
공급자1	1	5	3	1/2
공급자2	1/5	1	2	1/7
공급자3	1/3	1/2	1	1/5
공급자4	2	7	5	1

표 A.4 서비스 기준에 의한 공급자별 쌍비교

서비스 기준	공급자1	공급자2	공급자3	공급자4
공급자1	1	3	2	4
공급자2	1/3	1	1/2	2
공급자3	1/2	2	1	3
공급자4	1/4	1/2	1/3	1

구매부서에서 각 공급자의 공급능력 및 불량률 관련 정보는 표 A.5와 같다.

표 A.5 공급자별 최대 공급능력 및 불량률, 총구매량, 전체 허용 불량률

공급자	최대 공급능력	불량률	구매부서 총 구매량	전체구매량의 허용 불량률
공급자1	400	0.03	1,000	0.02
공급자2	700	0.05		
공급자3	600	0.01		
공급자4	500	0.06		

전체 구매량에 대한 허용 불량률을 만족하게 하면서 AHP에 의해 결정되는 가중치를 반영하여 총구매가치를 최대화하도록 공급자별로 공급량을 결정하라.[2)]

모형화 가이드 이제 계층분석과정으로부터 얻게 되는 각 공급자의 점수(rating)를 R_1, R_2, R_3, R_4 라고 하자. 즉 $R_1 + R_2 + R_3 + R_4 = 1.0$ 이 되는 점수이다. 또한 각 공급자에 대해 배정한 구매량을 x_1, x_2, x_3, x_4 라고 할 때 구매량의 총 구매가치를 $\sum_{i=1}^{4} R_i x_i$ 로 정의한다. 그러면 공급자별 구매량을 결정하는 문제는 총구매가치를 최대화하는 아래의 선형계획문제로 모형화된다.

$$
\begin{aligned}
\text{maximize} \quad & R_1x_1 + R_2x_2 + R_3x_3 + R_4x_4 \\
\text{subject to} \quad & 0.03\,x_1 + 0.05\,x_2 + 0.01\,x_3 + 0.06\,x_4 \le 20 \\
& x_1 + x_2 + x_3 + x_4 = 1000 \\
& 0 \le x_1 \le 400,\, 0 \le x_2 \le 700,\, 0 \le x_3 \le 600,\, 0 \le x_4 \le 500
\end{aligned}
$$

스프레드시트 모형화 그림 A.1과 같이 공급자별 점수를 구한 뒤, 이 점수에 기초하여 총 구매점수를 최대화하도록 선형계획 모형을 만든다.

1. **공급자별 가중치(점수):** E27:E30

   계층분석과정으로부터 각 공급자별 점수 R_1, R_2, R_3, R_4 에서 구한다.
2. **변수셀(공급자별 구매량):** C33:C36
3. **공급능력 제한:**

2) S.H. Ghodsypour and C. O'Brien, "A decision support system for supplier selection using an integrated analytic hierarchy process and linear programming", International Journal of Production Economics 56-57 (1998), 199-212.

```
C33:C36 ≤ E33:36 (공급자별 공급능력)
C38 = E38 (총구매량 조건)
```

4. 허용 불량조건:

```
H38 ≤ J38 (전체 불량률 조건)
H38 =SUMPRODUCT(C33:C36,H33:H36)
```

5. 총구매가치(목표셀): C40

```
C40 =SUMPRODUCT(E27:E30,C33:C36)
```

그림 A.2와 같이 해찾기 모델설정하고 최적해를 구하면 그림 A.1와 같이 공급자별 최적 구매량은 300개(공급자1), 100개(공급자2), 600개(공급자3), 0개(공급자4)가 된다.

	A	B	C	D	E	F	G	H	I	J	K	L	M
1	부록: AHP를 활용한 구매량 결정 (AHP와 LP 결합)												
2													
3	기준비교	구매가격	품질	서비스								가중치	
4	구매가격	1	4	3			0.6316	0.7273	0.5000			**0.6196**	
5	품질	1/4	1	2			0.1579	0.1818	0.3333			**0.2243**	
6	서비스	1/3	1/2	1			0.2105	0.0909	0.1667			**0.1560**	
7													
8	구매가격 기준	공급자1	공급자2	공급자3	공급자4							점수	
9	공급자1	1	1/6	1/2	3		0.1071	0.1081	0.0877	0.1765		0.1199	
10	공급자2	6	1	4	8		0.6429	0.6486	0.7018	0.4706		0.6160	
11	공급자3	2	1/4	1	5		0.2143	0.1622	0.1754	0.2941		0.2115	
12	공급자4	1/3	1/8	1/5	1		0.0357	0.0811	0.0351	0.0588		0.0527	
13													
14	품질기준	공급자1	공급자2	공급자3	공급자4							점수	
15	공급자1	1	5	3	1/2		0.2830	0.3704	0.2727	0.2713		0.2994	
16	공급자2	1/5	1	2	1/7		0.0566	0.0741	0.1818	0.0775		0.0975	
17	공급자3	1/3	1/2	1	1/5		0.0943	0.0370	0.0909	0.1085		0.0827	
18	공급자4	2	7	5	1		0.5660	0.5185	0.4545	0.5426		0.5204	
19													
20	서비스기준	공급자1	공급자2	공급자3	공급자4							점수	
21	공급자1	1	3	2	4		0.4800	0.4615	0.5217	0.4000		0.4658	
22	공급자2	1/3	1	1/2	2		0.1600	0.1538	0.1304	0.2000		0.1611	
23	공급자3	1/2	2	1	3		0.2400	0.3077	0.2609	0.3000		0.2771	
24	공급자4	1/4	1/2	1/3	1		0.1200	0.0769	0.0870	0.1000		0.0960	
25													
26	**기준 가중치**	**0.6196**	**0.2243**	**0.1560**	**점수**								
27	공급자1	0.1199	0.2994	0.4658	**0.2141**	R1							
28	공급자2	0.6160	0.0975	0.1611	**0.4287**	R2							
29	공급자3	0.2115	0.0827	0.2771	**0.1928**	R3							
30	공급자4	0.0527	0.5204	0.0960	**0.1644**	R4							
31													
32	**선형계획모형**		배정량		공급능력			불량률					
33		공급자1	**300**	<=	400			0.03					
34		공급자2	**100**	<=	700			0.05					
35		공급자3	**600**	<=	600			0.01					
36		공급자4	**0**	<=	500			0.06					
37													
38		합계	**1000**	=	1000		불량합계	**20**	<=	20			
39													
40		총구매가치	**222.81**	(최대화)									

B26:D26 =TRANSPOSE(L4:L6) Ctr+Sht+Ent
C38 =SUM(C33:C36)
H38 =SUMPRODUCT(C33:C36,H33:H36)
C40 =SUMPRODUCT(E27:E30,C33:C36)

그림 A.1 AHP를 활용한 구매량 결정(AHP와 LP의 결합): 스프레드시트 모형

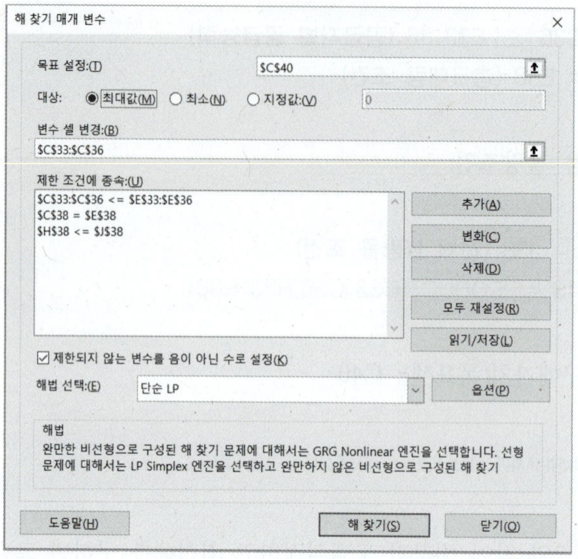

그림 A.2 AHP를 활용한 구매량 결정(AHP와 LP의 결합): 해찾기 모델설정

연습문제

※ 연습문제 1~10은 9.2절 목표계획과 관련된 문제이며, 11~15는 9.3절 다목적 선형계획, 16~17은 9.4절 다기준 점수모형, 18~20은 계층분석과정과 관련한 연습문제이다.

1 예제 9.1에서 애경화학은 우선순위 변동에 따른 판매원수의 변화를 파악하고자 한다. 현재 우선순위 1에는 두 목표가 서로 상충되어 있으므로 재분석한 결과 다음과 같이 우선순위를 재조정하였다.

우선순위 1

목표1 : 월 판매액 1억2천만원을 달성한다.

우선순위 2

목표2 : 판매원의 월급여는 총 6천만원을 초과하지 않게 한다.

우선순위 3

목표3 : 판매원이 접촉하는 고객의 수를 24,000명 이상으로 한다

회사에서 고용할 통신판매원의 수와 방문판매원의 수는 몇 명이 적절한가?

2 목표계획모형을 작성하면서 첫 목표가 $2x_1 + x_2$이고 목표량을 10으로 설정하였다고 한다.

(1) 목표량에 대한 미달편차변수를 y^-, 초과편차변수를 y^+라 할 때 목표제약식은 어떻게 표현되는가?

(2) 한 해가 $x_1 = 3,\ x_2 = 2$ 이라면 $y^-,\ y^+$값은 얼마인가?

(3) 한 해가 $x_1 = 3,\ x_2 = 2,\ y^- = 3,\ y^+ = 1$이라면, 이 해는 최적해가 될 수 있는가?

3 세신컴퓨터는 겨울방학 시즌에 대비해서 신제품 세신 1호와 세신 2호 컴퓨터를 판매할 계획이다. 각 제품별 이익과 생산요건은 아래의 표와 같다.

	이익 (만원/대)	조립시간 (시간)	검사포장 시간 (시간)	드라이브		
				하드	USB	CD
세신 1호	60	1	0.5	1	2	1
세신 2호	20	0.8	0.2	1	1	1

이번 생산기간 동안 신제품 사양에 맞게 확보된 하드 드라이브는 2,000개, USB 드라이브는 2,500개, CD 드라이브는 500개이다. 세신컴퓨터가 판매계획에 의해 설정한 목표는 다음과 같다.

우선순위 1

목표1 : 400대의 세신 1호 제품을 생산한다.

목표2 : 800대의 세신 2호 제품을 생산한다.

우선순위 2

목표3 : 이익은 적어도 4억 8천만원은 되어야 한다.

우선순위 3

목표4 : 조립시간은 1,200시간을 초과할 수 없다.

목표5 : 검사 및 포장시간은 500시간을 초과할 수 없다.

세신컴퓨터는 목표 1과 2, 그리고 목표 4와 5를 똑같이 중요하게 생각한다. 세신컴퓨터의 목표를 가장 잘 만족시키는 생산계획은 무엇인가?

4 현대가구는 두 종류의 고급사무용 책상을 생산하고 있다. 책상 1을 생산하는 데는 2시간, 책상 2는 1시간이 소요된다. 회사에서 확보한 총 작업시간은 800시간이다. 책상 1을 판매하면 2만원의 이익을, 책상 2는 3만원의 이익을 얻는다. 목표로 하는 총이익은 1500만원이다. 제품의 수요를 조사한 결과 책상 1은 280개 이상, 책상 2는 400개 이상 생산해야 한다.

(1) 현대가구는 다음과 같이 우선순위를 갖는 목표들을 설정하였다. 우선순위가 만족되는 생산계획은 무엇인가?

우선순위 1

- 목표1: 초과 작업시간이 발생하는 것을 피한다.

우선순위 2

- 목표2: 제품 1의 수요량을 만족시킨다.
- 목표3: 제품 2의 수요량을 만족시킨다.

우선순위 3

- 목표4: 목표로 하는 이익 1500만원을 달성한다.

(2) 목표 1인 총 작업시간 800시간을 초과해서 작업할 경우 시간당 1만원의 벌금비용이, 미달되게 작업을 할 경우 시간당 2만원의 벌금비용이 발생한다고 본다. 목표 2 및 목표 3의 예측수요량에 1개씩 미달될 때마다 1만원의 벌금비용이 발생하는 것으로 본다. 목표 4보다 미달될 경우 1만원 미달마다 3만원의 벌금비용이 발생하는 것으로 여긴다. 현대가구는 발생 가능한 벌금비용이 최소가 되길 원할 때 생산계획을 어떻게 세우겠는가?

(이 모형은 가중합계모형이므로 우선순위가 없다. 대신 벌금비용을 가중치로 사용해서 여러 목표들을 하나로 결합하면 정수계획 또는 선형계획모형이 된다.)

5 K자동차는 신차 출시에 맞춰 광고전략을 수립하려고 한다. 자동차 잡지에 광고할 경우 매번 240만원의 비용이 들고 그 효과는 약 25만명의 독자가 보게 된다. TV에 광고할 경우 매회 1천4백만원의 비용이 들고 그 효과는 약 120만명의 시청자가 보게 된다. 회사로서는 적어도 10회의 잡지광고와 5회의 TV광고는 필요하다고 생각하며 되도록 많은 수의 독자나 시청자에게 광고되길 원한다. 광고예산으로는 1억8천만원을 확보하였으나 잡지 및 TV광고로 1억4천만원 이상 지출하기를 원하지 않는다. 그러나 광고효과가 두드러지게 좋다면 1억4천만원을 초과하여도 허용할 방침이다. 회사는 다음의 두 목표를 설정하였다.

- 목표1: 광고효과를 최대화한다.
- 목표2: 광고자금으로 1억4천만원이 초과되지 않도록 한다.

(1) 위 문제를 목표계획모형으로 모형화하시오. (단, 목표 1을 적용하기 위해서는 먼저 만족할 만한 목표량을 설정해야 한다.)

(2) 스프레드시트 모형을 작성하시오.

(3) 최적방안은 무엇인가?

6 현대에드는 H자동차회사의 1분용 광고를 방영할 매체를 선정하고자 한다. 광고매체로서는 TV, 라디오, 신문의 세 매체를 고려중이다. TV에 광고를 내는데는 6,000만원이 들고 시청하게 되는 새 고객의 수는 1,000명으로 추산하고 있다. 라디오 광고는 1,600만원이 들고 청취하게 되는 새 고객의 수는 500명이다. 신문광고는 500만원이 들고 구독하는 새 고객의 수는 200명으로 추산된다. H자동차 회사는 우선순위의 순으로 다음 세 목표를 제시하였다.

- 목표1: 총 광고비용으로 최대 1억원 이하를 지출한다.
- 목표2: 적어도 새 고객 3,000명 이상과 접촉한다.
- 목표3: 10회 이상의 광고를 해야 한다.

H자동차회사의 목표를 달성시키는 광고계획은 무엇인가?

7 플라스틱 서류함을 취급하는 Kappa사는 두 종류의 제품을 조립생산하고 있다. 제품 1을 조립하는 데는 2시간, 제품 2에는 1시간이 소요된다. 회사에서 두 제품의 생산을 위해 확보한 작업시간은 총 640시간이다. 제품 1을 판매했을 때 얻는 이익은 20,000원, 제품 2는 10,000원이다. 회사에서는 적어도 960만원 이상의 이익을 원하고 있다. 시장조사결과 제품 1의 수요는 280개 이상이고, 제품 2의 수요는 400개 이상으로 추산되었다. 회사에서는 제품생산의 목표를 우선순위대로 다음과 같이 설정하였다.

- 목표1: 확보한 작업시간의 미사용을 피한다.
- 목표2: 제품 1의 추산된 수요량 이상을 생산한다.
- 목표3: 제품 2의 수요량 이상을 생산한다.

위의 목표들을 우선순위대로 달성시키는 생산계획을 세우시오.

8 삼정전자는 세계적으로 수요가 급증하리라 예측되는 TFT-LCD 모니터의 첨단기술을 개발하기 위해 6개의 프로젝트들을 계획하고 있다. 각 프로젝트 수행에 소요되는 투자비용, 개발에 성공할 확률, 성공적으로 수행되었을 때의 수익가치(현재가)들은 아래의 표와 같다. 삼정전자는 다음의 목표들을 우선순위대로 설정하였다.

	프로젝트 1	프로젝트 2	프로젝트 3	프로젝트 4	프로젝트 5	프로젝트 6
수익가치(억)	3	4	4.5	5.5	6	7
성공확률(%)	0.7	0.6	0.75	0.7	0.65	0.75
투자비용(억)	1.5	2	2.5	3	3.2	3.5

- 목표1: 선택된 프로젝트들로부터 얻는 수익가치는 12억 이상이어야 한다.
- 목표2: 선택된 프로젝트들의 평균 성공확률은 0.7이상이어야 한다.
- 목표3: 선택된 프로젝트들에 소요되는 총비용은 9억원 이하이어야 한다.

9 태일산업에서는 기술자들이 하루 10시간씩, 일주일에 4일 근무해야 한다. 생산 공정의 특수성으로 인하여 태일산업에서는 월요일부터 금요일까지는 적어도 7명, 토요일과 일요일에는 적어도 3명이상이 근무해야만 한다. 태일산업은 다음과 같이 우선순위대로 목표를 설정하였다.

- 목표1: 요일별 근무 기술자의 수를 총 11명으로 만족시킨다.
- 목표2: 한 기술자당 주말에 쉬는 평균일수는 적어도 1.5일 이상이어야 한다.
- 목표3: 한 주동안에 한 기술자당 연속해서 쉬게 되는 일수는 2.8일을 넘지 않아야 한다.

목표계획모형을 활용하여 기술자들의 근무스케쥴을 세우시오.

10 한국 스낵점에서는 특별메뉴로서 소시지 판매를 고려하고 있다. 소시지는 소머리고기, 돼지고기, 양고기의 배합구성에 따라 여러 제품들로 분류된다. 이들 원료의 Kg당 단백질, 지방, 구매비용은 아래

표와 같다. 한국 스낵점에서는 아래와 같이 우선순위에 따라 목표들을 설정하고 시범적으로 50Kg의 소시지를 생산하고자 한다.

	소머리고기	돼지고기	양고기
단백질(Kg당)	0.1	0.48	0.22
지방(Kg당)	0.4	0.52	0.16
비용(원)	240	180	160

- 목표1: 소시지에는 적어도 15%이상의 단백질이 포함되도록 한다.
- 목표2: 소시지에는 8%이하의 지방이 포함되도록 한다.
- 목표3: 소시지 1Kg당 생산비용은 160원을 넘지 않도록 한다.

한국 스낵점에서 판매할 소시지의 원료 구성성분을 구하시오.

11 하이파가구는 철재와 목재를 조립해서 책상과 식탁을 제작한다. 각 책상 및 식탁을 제작하는데 필요한 원자재의 양, 작업시간, 이익은 아래의 표와 같다. 현재 원자재 양은 철재 150단위, 목재 100단위, 작업시간은 150시간이다. 150시간 이상의 작업시간이 필요한 경우는 1시간 초과당 5,000원의 비용이 든다. 하이파가구는 이익의 최대화와 함께 초과 작업시간의 최소화를 원하고 있다. 유효외곽선(절충곡선)을 구하라.

	책상	식탁	확보량
철재(단위)	4	10	150
목재(단위)	3	6	100
작업시간(시간)	5	12	150
이익(만원)	25	55	

12 다음의 의사결정 문제를 고려한다.

$$\begin{aligned} \text{maximize} \quad & z_1 = 3x_1 + x_2 \\ \text{maximize} \quad & z_2 = -x_1 + 2x_2 \\ \text{s.t.} \quad & x_1 + x_2 \leqq 4 \\ & 0 \leq x_1 \leq 3 \\ & 0 \leq x_2 \leq 3 \end{aligned}$$

(1) 유효해를 구하시오.

(2) 유효외곽선을 구하시오.

13 H자동차 회사는 최근 개발한 신모델 승용차의 1분용 TV광고를 계획중이다. 광고를 삽입할 TV프로그램으로는 남성층을 고려한 스포츠 뉴스와 여성층을 고려한 일일 드라마로 결정하였다. 1분용 자동차 광고를 스포츠 뉴스에 S번, 일일 드라마에 D번 방영했을 때 시청하는 남성 및 여성의 수, 1회 방영당 광고비용은 아래의 표와 같다. H자동차 회사는 TV광고 예산으로 총 20억원을 편성하였다. 회사는 이 예산안에서 시청가능한 남성의 수와 여성의 수 모두를 최대화하고자 한다. 최적 방영횟수를 결정하기 위한 이해절충곡선은 무엇인가?

광고프로그램	남성 시청자수	여성 시청자수	비용(억원)
스포츠 뉴스	$10^* \sqrt{S}$	$2^* \sqrt{S}$	2
일일 드라마	$2^* \sqrt{D}$	$8^* \sqrt{D}$	1.3

14 다음과 같은 다목적 의사결정 문제를 고려하자.

$$\begin{aligned} \text{maximize} \quad & z_1 = x_1 + 5x_2 \\ \text{maximize} \quad & z_2 = x_1 \\ \text{s.t.} \quad & x_1 - 2x_2 \leqq 2 \\ & x_1 + 2x_2 \leqq 12 \end{aligned}$$

$$2x_1 + x_2 \leqq 9$$

$$x_1 \geqq 0,\ x_2 \geqq 0$$

(1) 가능해 영역을 도시하라.

(2) 다음의 해들이 유효해에 해당하는 지를 체크하라.
(2,0), (3,3), (2,2), (0,6)

(3) 절충곡선을 구하시오.

15 KT 사옥 내에 있는 L버거점은 햄버거에 사용되는 고기로 다음 표에 있는 세 종류의 육류를 사용한다. 최근 KT로부터 100g당 600원의 가격으로 총 50kg의 고기를 사용한 햄버거의 단체주문을 받았다. KT의 영양사는 햄버거에 사용할 고기로는 적어도 75%이상의 단백질과 10%이하의 수분, 10%이하의 첨가물을 사용하도록 요구하고 있다. 또한 사원들의 건강을 고려하여 지방분의 함량이 최소화되도록 햄버거의 육류를 배합해 주길 요구하고 있다. L버거점 사장은 비용이 최소가 되면서 위의 요구사항을 만족시키는 육류의 배합을 원한다.

	육류 1	육류 2	육류 3
단백질(%)	70	75	80
수분(%)	12	10	8
첨가물(%)	3	5	7
지방(%)	15	10	5
비용(원/100g)	400	470	520

(1) 다목적 선형계획문제로 모형화하시오.

(2) 스프레드시트로 모형화하고 두 목적함수 각각에 대해 해찾기를 적용하시오.

(3) 지방의 함량을 최소화하면 이익은 얼마나 감소하는가?

(4) 유효외곽선을 구하시오.

16 박사장은 식음료 사업을 하기 위해 우선 레스토랑의 입지를 찾고 있다. 신도시 지역을 탐사한 결과 세 곳의 입지를 찾았다. 다음의 표는 박사장의 의사결정 기준으로 평가한 세 입지의 점수이다. 또한 박사장은 네가지 입지평가 기준의 상대적 중요도로서 표의 하단과 같이 추정하였다.

의사결정 기준	임대료	주차공간	소비자 통행패턴	인근 경쟁점포
입지 1	0.4	0.8	0.7	0.8
입지 2	0.7	0.7	0.8	0.5
입지 3	0.9	0.6	0.9	0.4
중요도	0.2	0.3	0.2	0.3

(1) 위 문제 해결을 위한 다기준 점수모형을 작성하시오.

(2) 세입지의 가중 최종점수를 보여주는 방사형 차트를 작성하시오.

(3) 최종적으로 선정되는 입지는 어느 곳인가?

17 영화감상을 위해 DVD플레이어를 구입한다고 가정한다.

(1) 먼저 구입하길 원하는 세 회사의 제품을 선정하고, 이들 제품들이 차별되는 구입기준을 세가지로 파악하시오.

(2) 각 구입기준별로 세 제품의 점수를 추정한다.

(3) 각 구입기준간의 중요도를 산정하시오.

(4) 다기준 점수모형을 적용하고 가중치 방사형 차트를 작성하시오.

18 박사장은 은행에 예금해 둔 여유자금을 가지고 두 투자대안 중에서 어느 하나에 투자하려고 한다. 투자결정 기준으로는 기대수익률과 위험률의 두가지를 고려하고 있다. 박사장은 이 두 의사결정기준

중에서 3:2의 비중으로 기대수익률이 위험률보다 더 중요하다고 판단하고 있다. 이 두 기준에서 평가한 투자대안의 점수는 아래 표와 같다. 어느 투자 대안을 선택하겠는가?

기대수익률	투자 1	투자 2
투자 1	1	1/3
투자 2	3	1

위험률	투자 1	투자 2
투자 1	1	2
투자 2	1/2	1

19 K그룹의 L회장은 계열사의 마케팅담당 부사장을 새로 선발하길 원하고 있다. 부사장의 후보로는 A, B, C 세 명으로 압축되었고, 선발기준이 되는 능력으로 리더십, 대외교섭, 사무 처리를 고려하고 있다. 후보선발 모형으로서 AHP를 적용하기로 하고 선발기준의 중요도와 각 후보별 쌍비교 행렬을 작성한 결과 다음의 표와 같이 나타났다.

	선발기준		
	리더십	대외교섭	사무처리
리더십	1	1/3	1/4
대외교섭	3	1	1/2
사무처리	4	2	1

	리더십			대외교섭			사무처리		
	A	B	C	A	B	C	A	B	C
A	1	1/4	3	1	1/3	1/6	1	1/2	3
B	4	1	7	3	1	1/3	2	1	8
C	1/3	1/7	1	6	3	1	1/3	1/8	1

(1) L회장의 선발기준별 쌍비교에는 일관성이 있는가?

(2) 각 기준별로 후보 A, B, C의 점수를 산정하시오.

(3) 각 후보의 최종점수를 계산한 결과 어느 후보를 선택하겠는가?

20 결혼 적령기를 넘긴 김박사는 최근 결혼중개소의 소개로 만난 3명의 여성들 중에서 배우자를 선택하려 한다. 김박사는 만족스런 배우자의 선택기준으로 외모, 학력, 성격을 고려하고 있다. 김박사는 이들 기준들의 중요도 평가와 각 기준에서 판단한 세 여성의 점수평가를 위하여 아래의 쌍비교 행렬을 작성하였다.

(1) 계층분석과정에 의해 분석을 한 결과 김박사는 어느 여성을 배우자로 선택하겠는가?

(2) 김박사가 작성한 각 쌍비교 행렬에는 일관성이 있는가?

	외모	학력	성격
외모	1	3	5
학력	1/3	1	3
성격	1/5	1/3	1

외모	여성 1	여성 2	여성 3
여성 1	1	1/5	1/9
여성 2	5	1	1/5
여성 3	9	5	1

학력	여성 1	여성 2	여성 3
여성 1	1	1/4	2
여성 2	4	1	6
여성 3	1/2	1/6	1

성격	여성 1	여성 2	여성 3
여성 1	1	5	3
여성 2	1/5	1	1/2
여성 3	1/3	2	1

10장

의사결정분석

Du Pont은 1960년대 후반부터 의사결정분석 기법(DA: Decision analysis)을 활용해 오고 있었다. 예를 들면, 신제품을 개발할 때에는 그것의 시장 규모와 시장 점유율을 예측하고 그것을 곱하여 판매수익을 예측한 후, 원가모형을 통하여 예측된 원가를 거기서 빼서 순이익을 산출하였다. 그러나 이러한 분석 도구의 활용은 여전히 제한적이고 부분적인 분석에 그쳤다.

1980년대 중반에 와서 Du Pont은 의료, 농화학제품, 자동차 관련 소모 화학제품에 진출하면서, 그리고 더욱 불확실하고 급변하는 환경에 적응하기 위해서 보다 신속하고 사용하기 편한 의사결정분석 도구가 필요하게 되었다. 이 무렵 Du Pont은 의사결정 및 위험분석기법(D&RA: decision and risk analysis)을 접하게 되어 이를 도입하여 사용하게 되었다. PC의 활용이 보편화되고, 또, 훈련 프로그램을 통해서 연구, 마케팅, 제조, 재무 분야에 D&RA팀을 만들어서 활용하게 되었다. 특히 재무 분야에서는 DRC그룹(decision and risk consultants)을 만들어서 Du Pont 그룹전체의 D&RA 활용을 위한 훈련실시, 뉴스레터 발행, 토론회 개최 등을 통하여 D&RA 사용을 지원하고, 내부적으로는 컨설팅을 전담하였다. 그 결과 1500명의 인원이 D&RA 훈련을 받았고, 10여 개의 사업부에서 비즈니스 전략을 개발, 선택, 실행하는 데 D&RA 과정을 적용하였다.

그 중의 한 예는 미국에 본부를 두고서 전 세계에 사업을 전개하는 사업부 Z(익명의 사업부임)였다. Z의 재무구조는 비교적 건실한 편이었으나 시장점유율이 떨어지고 제품 가격도 하락하여 경영이 어려워지기 시작하였다. 생산설비는 고객의 요구에 맞는 제품을 만드는 데 부적합하였고, 신제품 개발도 다른 경쟁기업에 뒤지고 있었다. 유럽과 일본에서의 경쟁기업은 자국내의 시장을 점유해나가고 점차 세계시장으로 진출을 확대해 나가고 있었다. 이에 Z는 1990년대 중반에 Du Pont의 DRC의 도움을 요청하였다.

Z는 D&RA 프로젝트 팀을 10명으로 구성하였다. 거기에는 DRC의 컨설턴트와 Z 사업부의 연구개발자, 생산, 마케팅, 재무담당자를 포함하였다. D&RA는 전략수립(framing), 평가 및 분석(assesment and analysis), 전략선택(decision), 실행(connection) 등 4단계로 진행되었다.

전략수립단계에서, 이들은 현행을 유지하는 것과, 제품 차별화 전략, 원가 절감 전략 등 세가지 전략을 수립하였다. 이들 전략을 전략 테이블(strtategy table: 선택 가능한 전략을 수립하고 그것을 생산 마케팅 기술개발 등의 기능영역과 관련하여 전략변수와 대안을 분석하는 것)로 나타내고, 각 전략에 대해서 의사결정기준(여기서는 순현재가(NPV))에 미치는 불확실성 요소를 인플루언스 다이어그램으로 나타내었다.

두 번째 단계에서는, 시장 규모, 시장 점유, 가격, 경쟁기업의 전략 등을 Z의 사업지역별로 불확실성을 평가하였다. Z의 지역별 조직과 기능별 조직이 프로젝트팀과 같이 만나서 그 불확실성 평가를 리뷰하였다. 이 과정을 통해서 전세계에 흩어져 있는 Z 사업부의 의사소통을 높였고 D&RA 과정에 대한 이해와 지원을 높였다. 자료를 수집하고 스프레드시트 모형을 개발하여 각각의 전략에 대해서 NPV를 계산하고 스프레드에 마크로 프로그램으로 민감도분석을 병행하여 재무적인 분석을 알기 쉽게 표현하였다.

최종적으로 전략 선택은 신품개발에 의한 제품 차별화 전략을 선택하였다. 이 전략이 시장점유와 제품 가격에 미치는 영향을 분석하였다. 이와 함께 혼합전략으로 원가절감을 위해서 각 공장에 몇몇 설비를 폐쇄할 것을 결론지었다. 그리고 전체적으로 1억7500만 불의 이익증대를 예측하였다. 실제로 M. T. Sharples 재무담당 부사장은 2억 불이상의 효과가 있었다고 평가하였다.[1)]

1) Krumm, F. V., C. F. Rolle, "Management and Application of Decision and Risk Analysis in Du Pont," *Interfaces* 22: 6, 1992(pp. 84-93)

10.1 의사결정분석 소개

의사결정분석 또는 의사결정이론은 불확실한 상황에서의 미래의 일들을 다룬다. 의사결정분석은 불확실한 상황에서 여러 가지 행동 대안들을 비교하여 최선의 대안을 선택하는 것을 분석한다. 예를 들어서 여름철 제품인 선탠 크림을 생산하는 업체를 생각해 보자. 이 업체의 경영자는 다가올 여름철 날씨가 얼마나 더울지, 햇볕이 얼마나 강렬할지 모른다. 햇볕이 강렬한 날씨가 오래 지속되면 선탠 크림이 많이 팔릴 것이고, 흐리고 햇볕이 심하지 않는 날이 지속되면 판매는 현저히 줄어들 것이다. 다가올 여름철 날씨가 어떠할 것인지는 매우 불확실하다. 만일 적게 생산하여 두었다가 판매에 모자라면 판매부족으로 인한 손실이 생길 것이고, 많이 생산해 두었다가 판매가 적으면 과중한 재고와 재고 비용을 부담해야 할 것이다. 의사결정이론은 이러한 상황에서 얼마나 생산해야 할 것인지를 결정할 수 있도록 분석을 지원해 준다.

미래의 불확실성을 다루는 의사결정이론은 다양한 분야에 응용된다. 예를 들면 다음과 같다.

- **연구개발 분야**

  어떤 유형의 친환경 자동차를 개발해야 할 것인가?

  엄청난 비용의 실험을 해야 할 것인가?

  기대되는 수익은 어느 정도인가?

- **마케팅 분야**

  신제품을 언제 출시해야 할 것인가?

  신제품의 광고를 어느 정도 해야 할 것인가?

- **재무 및 투자분야**

  투자 포트폴리오를 어떻게 구성해야 하는가?

  신규벤처에 투자할 것인가?

  기대되는 손익은 어느 정도인가?

- **개인적인 의사결정**

  직장을 가질 것인가? 대학원에 진학할 것인가?

  어떤 전공분야를 선택할 것인가?

의사결정 문제에서는 선택대안(행동대안: alternatives)의 손실과 이득을 미래의 사건전개 상황 또는 미래의 상태(states)에 따라 분석한다. 따라서 어떤 주어진 문제를 의사결정 분석방법으로 접근하려면 문제를 아래의 네 개의 구조로 파악해야 한다.

- **추구하는 목표설정(objectives, goal)**

  의사결정자가 추구하는 것으로서의 미래의 바람직한 결과를 목표로 설정한다.
- **의사결정 대안제시(decision alternatives)**

  의사결정자가 선택할 수 있는 대안 또는 전략을 나열한다.
- **미래의 상황구분(state of the future)**

  미래에 전개될 것으로 예상되는 상태를 사건의 전개로 구분하여 나열한다.
- **의사결정 이득표(payoff table) 작성**

  특정한 의사결정 대안을 선택했을 때 미래의 상황에 따라 얻어지는 결과를 이익, 손실, 수익, 원가, 효용(utility)으로 표현하여 테이블 형태로 적는다.(이득이 음수이면 손실을 나타내는 것으로 사용한다.)

이러한 구조를 가진 의사결정문제는 미래의 상황전개에 대한 정보의 유무에 따라서 다음 4가지로 유형을 나눌 수 있다. 넓은 의미에서 보면 이것은 의사결정문제를 둘러싼 환경에 따른 분류라고 할 수 있다.

- **확실성하의 의사결정(decision making under certainty : DMUC)**

  미래의 상황전개를 확정적으로 알고 있다고 가정하는 경우이다. 이 때에는 각각의 대안에 의한 성과(payoff)가 확정적으로 정해져 있다고 가정한다. 앞에서 공부한 선형계획 모형을 비롯한 대부분의 의사결정은 확실성하의 의사결정에 속한다.
- **불확실성하의 의사결정(decision making under uncertainty : DMUU)**

  의사결정자가 미래의 상황발생에 대해서 전혀 정보가 없거나 확률을 추정할 수 없는 경우이다. 처음 당면하는 문제이거나 1회적인 의사결정 문제는 대부분 여기에 속한다.
- **위험하의 의사결정(decision making under risk : DMUR)**

  의사결정자가 완전한 정보는 아니지만 당면하게 될 각 상황의 발생가능 확률을 추정할 수 있다고 가정하는 경우이다. 예를 들면 신제품을 출시하여 처음 6개월 동안 판매량을 정확히 알 수는 없지만 판매량의 몇몇 수준별로 발생확률을 추정하는 경우이다.
- **게임이론: 상충하의 의사결정(decision making under conflict)**

  두 사람 또는 그 이상의 의사결정자가 목표 또는 목적을 경쟁하는 경우이다. 이때 의사결정자는 자신의 의사결정 뿐만 아니라 상대방의 의사결정을 함께 고려하여야 한다. 이러한 상황에서의 의사결정은 게임이론(game theory)으로서 연구되어 있다.

10장에서는 이러한 의사결정 분석의 문제를 소개한다. 우선 불확실한 상황에서의 정책

(방침)에 의한 의사결정 방법을 소개하고, 미래의 불확실한 상황의 전개를 의사결정수(decision tree)로 분석하고, 추가적인 정보를 활용하는 정보의 가치를 평가해본다. 먼저 불확실성하의 의사결정문제를 간단한 예를 통해 알아본다.

10.2 불확실성하의 의사결정

앞에서 설명한대로 의사결정문제는 추구하는 **목표**, **선택의 대안**(alternatives), 미래에 전개되는 **상황**(states), 그리고 대안과 상황에 따라서 주어지는 **성과**(payoffs) 등 4가지 요소로 이루어져 있다. 이러한 4가지 요소를 파악했다면 이제는 어느 대안(전략)을 선택하느냐 하는 단계에 접어든다.

의사결정문제에서 대안을 선택하여 결정하는 데는 무엇보다도 큰 영향을 미치는 것은 미래의 상황전개에 대한 정보이다. 정보가 충분하다면 객관적인 분석이 가능하고 결정을 내릴 수 있다. 그러나 정보가 충분하지 않거나 정보가 전혀 없는 불확실한 상황이라면 의사결정자의 주관적 태도가 중요하게 된다. 의사결정자의 태도는 의사결정자의 현재 자산상태(asset position)나 처한 상황에 따라서 달라진다. 만일 자산상태가 충분하다면 아주 과감하게 결정할 것이다. 그러나 회사 전체의 형편이 어려우면 아주 보수적인 결정을 하게 될 것이다. 이제 예를 들어서 보자!

예제 10.1 **불확실성하의 의사결정**

S자동차는 최근 프랑스 R사와 합병을 하자, 기존 모델에 대한 수요가 증가하기 시작하였다. 이에 경영진은 증가하는 수요에 대응하여 생산능력을 더 늘리는 것을 고려하였다. 마케팅 담당자와 회계부서, 생산관리 담당자가 모여서 의사결정의 전략적 대안과 미래상황 예측, 그리고 예상되는 이득성과를 분석하였다.

마케팅 담당자는 현재의 추세대로 하면 판매는 20% 증가할 것이라는 예측과 판매가 5%정도 줄어들 수 있는 가능성도 동시에 고려해야 한다고 지적했다. 다른 가능성은 고려대상에서 제외한다면 상황전개는 두 개의 상태로 구분할 수 있었다.

한편 생산담당자는 세 가지 대안을 제시했다. 하나는 프랑스 R사의 유휴설비를 이전하여 값싸게 라인을 증설하는 방법, 임시 근로자를 고용하는 방법, 세 번째는 잔업으로 대처하는 방법이었다. 이에 회계담당자는 라인증설 투자비용, 원자재 비용, 임시근로자 및 잔업근무시의 인건비를 고려하여 표 10.1의 성과이득표를 제시하였다. 성과

표 10.1 수요에 따른 성과 이득표 (단위: 억원)

선택 대안		수요 예측	
		S_1 수요증가	S_2 수요감소
A_1	라인증설	440	260
A_2	임시근로자 고용	420	280
A_3	잔업활용	340	300

이득표를 고려하여 최선의 선택을 하고자 한다.

만일 미래의 수요가 증가하는 S_1을 미리 안다면 A_1을 선택할 것이다. S_1인지 S_2인지 모른다면, 즉, 미래 상황에 대한 확률적 정보도 없다면 의사결정기준을 먼저 정하고 의사결정을 하게 된다. 의사결정기준은 의사결정자의 주관적 태도에 따라 선택이 달라지는데, 이를 의사결정의 주관적 기준으로 요약할 수 있다.

- **Laplace 기준**: 미래의 상황전개에 대해 편견이 없는 기준으로 미래 상황의 발생 가능성이 모두 동일하다고 보는 견해이다. 따라서 각 대안별로 상황별 예상 이득의 평균값을 비교해서 대안을 선택한다. 이러한 기준에 의하면 A_1 및 A_2의 평균값이 350으로 동일하여 두 대안 중 하나를 선택할 수 있다.

표 10.2 Laplace 기준 적용

		수요 예측		평균	Laplace 기준
		S_1 수요증가	S_2 수요감소		
A_1	라인증설	440	260	350	선택
A_2	임시근로자 고용	420	280	350	선택
A_3	잔업활용	340	300	320	

- **Maximin 기준**: 미래 상황이 불리하게 전개될 경우를 염두에 두는 비관적 방법으로 각 대안에 대하여 가장 불리한 상황에서 얻어지는 최소 이득(minimum)을 정한 다음, 그 중에서 최대값(maximum)을 선택하는 기준이다. 즉 A_1는 선택하는 경우 상황이 비관적으로 전개된다면 이득은 260억 원이다. A_2의 경우는 280억 원이고, A_3의 경우는 300억 원이 될 수 있다. 이중 가장 큰 이득을 주는 A_3를 선택한다.

표 10.3 Maximin 기준 적용

		수요 예측		min	maximin 기준
		S_1 수요증가	S_2 수요감소		
A_1	라인증설	440	260	260	
A_2	임시근로자 고용	420	280	280	
A_3	잔업활용	340	300	300	선택

- **Maximax 기준**: 미래 상황이 유리하게 될 것이라고 보는 낙관적인 방법으로 이 기준은 회사가 매우 안정되어 있고 의사결정 후 불리한 상황이 전개되더라도 크게 영향을 받지 않을 것이라는 판단에 따른 태도이다. 각 대안별로 가장 유리한 상황에서 얻어지는 최대 이득(maximum)을 정한 다음, 그 중에서 최대값(maximum)을 주는 대안을 선택하는 기준이다. 즉 A_1을 선택한 후 상황이 낙관적으로 전개된다면 이득은 440억 원이다. A_2의 경우는 420억 원이고, A_3의 경우는 340억 원이다. 이중 가장 큰 이득을 주는 A_1을 선택한다.

표 10.4 Maximax 기준 적용

		수요 예측		max	maximax 기준
		S_1 수요증가	S_2 수요감소		
A_1	라인증설	440	260	440	선택
A_2	임시근로자 고용	420	280	420	
A_3	잔업활용	340	300	340	

- **후르위쯔(Hurwicz) 기준**: 앞의 두 가지 기준을 결합한 것으로 이는 낙관적인 의사결정에서 얻어지는 결과를 α만큼 반영하고, 비관적인 의사결정의 결과를 $(1-\alpha)$만큼 반영하여 얻어지는 결과를 비교하여 선택하는 기준이다. 즉 Maximax 기준을 $\alpha(0 \leq \alpha \leq 1)$만큼 반영하고 Maximin 기준을 $(1-\alpha)$만큼 반영하는 기준이다.

표 10.5 Hurwicz 기준($\alpha = 0.6$) 적용

		수요 예측		max (A)	min (B)	$A(\alpha) + B(1-\alpha)$	Hurwicz 기준
		S_1 수요증가	S_2 수요감소				
A_1	라인증설	440	260	440	260	368	선택
A_2	임시근로자 고용	420	280	420	280	364	
A_3	잔업활용	340	300	340	300	324	

- **Minimax 후회 기준**: 직접 얻어지는 이득이나 수익보다는 기회 자체를 중시하는 기준으로서, 선택기회를 사용하고 난 다음의 후회를 최소로 하려는 기준이다. 각

상황별로 최선의 선택을 가정하고 그 최선의 선택과의 차이를 기회상실 비용으로 적는다. 그런 다음 각 대안의 기회상실 비용 가운데 제일 큰 값을 그 대안의 최대 기회상실 비용으로 평가한다. 의사결정은 최대 기회상실 비용을 최소화하는 대안을 선택하는 기준이다. 미래의 수요가 증가할 것(S_1)을 안다면 당연히 라인증설(A_1)을 선택할 것이다. 만일 A_2나 A_3를 선택하였다면 20, 100만큼 후회가 생길 것이다. 수요가 감소한다면(S_2) 잔업활용 대안(A_3)을 선택할 것이고 A_1나A_2의 대안을 선택하였다면 40, 20만큼의 후회가 생길 것이다. 예를 들면 라인증설(A_1)을 선택한 후, 실제 수요가 감소(S_2)하는 것으로 상황이 전개되면 차라리 잔업활용 대안(A_3)을 선택하였더라면 하고 후회하게 된다. 그 후회 정도를 수치로 적는다면 $300 - 260 = 40$이 된다. 이러한 후회는 선택기회를 상실함에 따른 비용으로 평가한 것으로 **기회비용(opportunity cost)**이라고 한다. 기회비용 중 제일 큰 값을 최소화한다는 뜻으로 Minimax는 'Minimum of the maximum opportunity cost'의 뜻이다.

표 10.6 Minimax 후회 기준 적용

	수요 예측		기회비용		max 후회	minimax 후회기준
	S_1 수요증가	S_2 수요감소	S_1	S_2		
A_1 라인증설	440	260	0	40	40	
A_2 임시근로자 고용	420	280	20	20	20	선택
A_3 잔업활용	340	300	100	0	100	
최선대안 선택시	440	300				

그림 10.1은 이들 기준에 따른 의사결정을 스프레드시트에서 계산한 것이다.

	A	B	C	D	E	F	G	H	
1	불확실성하의 의사결정								
2									
3	성과이득표								
4	대안	수용증가 (S1)	수요감소 (S2)						
5	라인증설(A1)	440	260						
6	임시고용(A2)	420	280						
7	잔업활용(A3)	340	300						
8	최선의 선택시	440	300						
9									
10	대안	Laplace 기준	Maximin 기준	Maximax 기준	후르위쯔	Minimax기준			
11					기준	기회비용표		max후회	
12					0.6	S1	S2		
13	라인증설(A1)	350	260	440	368	0	40	40	
14	임시고용(A2)	350	280	420	364	20	20	20	min
15	잔업활용(A3)	320	300	340	324	100	0	100	
16		A1, A2 선택	A3 선택	A1 선택	A1 선택			A2 선택	

그림 10.1 불확실성하의 의사결정 스프레드시트 모형

```
B13 =AVERAGE(B5:C5)                 B14:B15에 복사
C13 =MIN(B5:C5)                     C14:C15에 복사
D13 =MAX(B5:C5)                     D14:D15에 복사
E13 =$E$12*D13+(1-$E$12)*C13        E14:E15에 복사
F13 =$B$8-B5                        F14:F15에 복사
G13 =$C$8-C5                        G14:G15에 복사
H13 =MAX(F13:G13)                   G14:G15에 복사
```

이와 같이 의사결정 기준에 따른 선택이 달라진다. 표 10.7은 이를 정리하였다.

표 10.7 의사결정 기준에 따른 선택

기준	의사결정
Laplace 기준	A_1 라인증설, A_2 임시고용
Maxmin 기준	A_3 잔업활동
Maxmax 기준	A_1 라인증설
후르위쯔($\alpha = 0.6$) 기준	A_1 라인증설
Minmax 후회 기준	A_2 임시고용

모형화 토의

1. 후르위쯔 기준에서 낙관계수 α값을 변동시키면서 대안선택이 어떻게 달라지는지 관찰해보면 선택에 도움이 된다. 예제에서는 α값이 범위가 $0.5 \le \alpha \le 1$이면 A_1을 선택하고, $0.2 \le \alpha \le 0.5$이면 A_2를 선택하고, $0 \le \alpha \le 0.2$이면 A_3를 선택하게 된다. 이 예제에서 Maxmin기준으로 A_3를 선택하였다면 낙관적인 기대를 20%이하로 하고 있음을 뜻한다. $\alpha = 0$이면 후르위쯔 기준은 비관적 기준인 Maximin 기준과 일치하고, $\alpha = 1$이면 후르위쯔 기준은 낙관적 기준인 Maximax 기준과 일치한다.
2. 우리는 의외로 결정(선택)의 어려움을 겪는다. 선택대안을 정하고, 미래 상황을 구분한 다음, 또, 결정기준 중에 하나를 선택하여 의사결정을 내리는 훈련을 생활 속에서 반복하면 극복할 수 있다.

   상황의 발생을 확률적으로 구분하기도 어렵다. 그러나 다음 절의 Decision Tree와 정보이론과 효용이론은 도움이 된다. 의사결정의 성공과 실패를 많이 경험하면 인생에서의 중대한 결정도 자신있게 할 수 있게 된다.

10.3 위험하의 의사결정

화폐적 기대가치(EMV)와 의사결정분석

지금까지는 미래에 대한 정보가 없는 불확실한 상황에서의 의사결정 분석이었다. 그러나 여러 가지 방법으로 미래에 대한 사건 발생의 확률을 평가하든지 추정할 수 있다. 미래상황에 대한 발생확률을 추정한 경우에는 객관적인 분석으로서 전략대안을 선택할 수 있다.

한 가지 분석방법은 **화폐적 기대가치**(EMV: Expected monetary value)를 대안별로 구해서 비교해 보는 것이다. 대안 A_k의 화폐적 기대가치 EMV_k는 다음 식으로 정의된다. 이 식은 엑셀 스프레드시트의 SUMPRODUCT( ) 함수로 쉽게 계산할 수 있다.

$$EMV_k = \sum_i \Pr(S_i) R_{ki} \tag{10.1}$$

여기서, $\Pr(S_i)$: 상황 S_i의 발생확률

R_{ki} : 상황 S_i에서 대안 A_k의 이득

예제 10.2 위험하의 의사결정

예제 10.1에 계속되는 예로서 마케팅 담당자는 미래의 상황에 대해서 수요가 증가할 확률을 0.6, 수요가 감소할 확률을 0.4로 추정하였다. 이러한 확률추정을 이용하여 화폐적 기대가치(EMV)로서 대안을 선택하라.

표 10.8 성과 이득표 및 추정 확률(단위: 억원)

대안		수요 예측(추정확률)	
		S_1 수요증가(0.6)	S_2 수요감소(0.4)
A_1	라인증설	440	260
A_2	임시근로자 고용	420	280
A_3	잔업	340	300

모형화 가이드

앞의 식 10.1대로 대안 A_k의 화폐적 기대가치는

$$EMV_k = (\text{시장수요가 } S_1\text{일 확률}) \times (S_1\text{일 때의 대안 } A_k\text{의 예상이득}) + (\text{시장수요가 } S_2\text{일 확률}) \times (S_2\text{일 때의 대안 } A_k\text{의 예상이득})$$

이다. 각 대안의 화폐적 기대가치는

$$EMV_1 = (0.6)(440) + (0.4)(260) = 368$$
$$EMV_2 = (0.6)(420) + (0.4)(280) = 364$$
$$EMV_3 = (0.6)(340) + (0.4)(300) = 324$$

이다. 여기서 EMV 값을 제일 크게 해주는 대안은 A_1이다. 따라서 라인을 증설하는 대안 A_1을 선택하게 된다.

의사결정수 표현

한편 지금까지의 의사결정 문제는 의사결정수(decidion tree)로 나타낼 수 있다. 의사결정수는 마디와 가지로 연결된 나무구조의 그래프이다. 편의상 의사결정이 이루어지는 마디는 사각형(ㅁ)으로 나타내고, 상황이 가지로 전개되는 마디는 동그라미(ㅇ)로 구분한다. 그림 10.2는 이것을 나타낸 것이다.

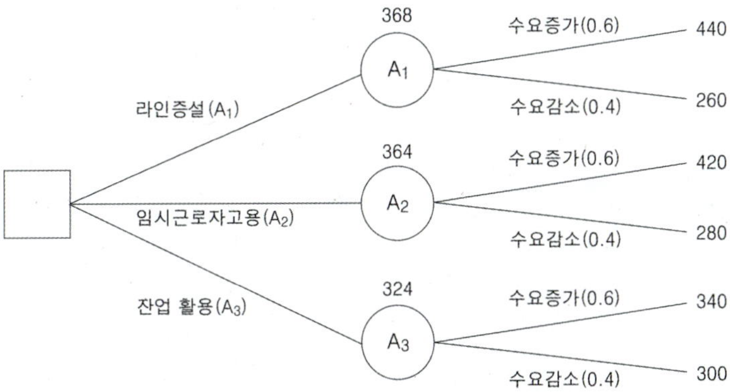

그림 10.2 의사결정수에 의한 의사결정 전개의 표현

선택을 결정하는 마디(ㅁ)를 **결정마디**(decision node), 상황이 전개되는 마디(ㅇ)를 **사건마디**(chance node, 기회마디라고도 함)라고 한다. 사건마디에서는 가지에서 얻어지는 이득(payoff)과 각 가지로 전개되는 확률을 곱하여 사건마디에서의 기대치를 계산한다. 예를 들면, A_1에 이어지는 사건마디에서 기대치를 계산하면 다음과 같다.

$$EMV_{A1} = 0.6(440) + 0.4(260) = 368$$

의사결정마디에서는 **선택가지**에서 얻어지는 기대치를 비교하여 기대치가 제일 큰 가지로 의사결정을 하게 된다. 의사결정수로 전개하여 표현할 때 나무구조의 맨 끝인 **잎**

마디(leaf node)에서 거꾸로 올라가면서 기대치를 계산하고 기대치가 최대인 가지를 선택하여 맨 처음 출발지 마디에서의 의사결정을 하게 된다. 이러한 과정을 접어올리기(folding back)라고 한다. 위의 의사결정수 분석에서 보면 사건마디에서 기대치가 차례로 368, 364, 324가 되어서 맨 처음의 가지를 선택(대안A_1)하는 의사결정을 하게 된다.

각 대안의 기회손실의 기대치(EOL: expected opportunity loss)를 평가하여 대안을 선택할 수도 있다. 기회손실의 기대치는 이득표 대신에 기회손실표를 이용하여 기대치를 계산한다. 기회손실의 기대치(EOL)를 가장 적게하는 대안을 선택하면 EMV에 의한 대안 선택과 항상 일치한다. 아래 그림 10.3은 기회비용표(표 10.6)를 가지고 의사결정수를 그린 것이다. 기회손실의 기대치(EOL)가 가장 적은 대안 A_1을 선택한다.

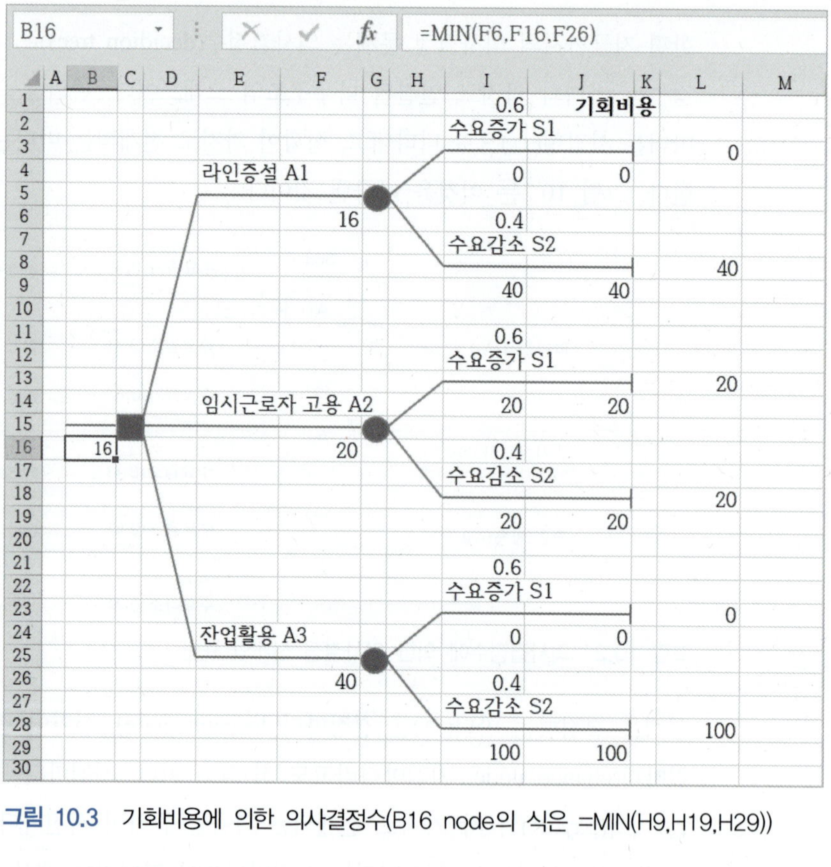

그림 10.3 기회비용에 의한 의사결정수(B16 node의 식은 =MIN(H9,H19,H29))

정보가치

미래의 상황전개 정보에 대해서 평가를 하여 보자. 만일의 미래의 수요변동을 정확히 알 수 있다고 하고, 그것이 수요의 증가라면(S_1) 당연히 수익이 높은 A_1(라인증설)을 선택하여 이득이 440이 될 것이다. 만일 수요가 감소하는 경우라면(S_2) 대안 A_3(잔업활용)을 선택하여 이득이 300이 될 것이다. 이처럼 미래 상황을 100% 예측할 수 있지만, S_1이 발생할 확률은 60%이고, S_2가 발생할 확률은 40%라면 기대이득은 얼마인가? 이때의 기대이득을 우리는 **완전정보하**(perfect information)에서의 기대이익이라고 하고 EMV(완전정보)의 뜻으로 EMV_{PI}로 표시한다.

$$EMV_{PI} = (0.6)(440) + (0.4)(300) = 384 \tag{10.2}$$

표 10.9 완전정보하의 선택과 EMV_{PI}

	수요 변동 상황		기대가치
	S_1 : 수요증가(0.6)	S_2 : 수요감소(0.4)	
A_1 : 라인증설	440	260	–
A_2 : 임시근로자고용	420	280	–
A_3 : 잔업활용	340	300	–
완전정보하의 선택	A_1	A_3	
기대성과	440(0.6)	300(0.4)	384

완전정보하에서는 기대이익이 $EMV_{PI} = 384$이다. 그런데, 정보가 없을 때의 기대 이익을 EMV_{NI}라고 하면 $EMV_{NI} = 368$이었다. 그 차이를 우리는 **완전정보의 가치**(expected value of perfect information : EVPI)라고 부른다.

$$EVPI = EMV_{PI} - EMV_{NI} = 384 - 368 = 16 \tag{10.3}$$

이다. 이 완전정보가치는 정보를 얻기 위한 투자비용의 상한선이 된다. 보통은 100% 정확한 정보가 아니라 부정확한 정보를 얻게 된다. 부정확한 정보에 의해 의사결정을 개선하는 것을 베이즈 정리를 응용하여 알아보고 그때의 정보가치를 평가하여 보자.

10.4 베이즈 정리에 의한 사후확률 구하기

예제 10.2에 대해 아래와 같은 추가 정보가 있을 때의 의사결정문제를 생각하여 보자.

예제 10.3 사후확률에 의한 위험하의 의사결정(계속)

예제 10.2에서 마케팅 책임자는 전문적인 시장조사 기관 K에게 미래의 수요변동에 대한 조사를 의뢰할 것을 제안하였다. 용역의뢰 비용은 2억원이다. 그러면 경영진은 새로운 의사결정에 당면한다. 즉 시장조사를 의뢰할 것인가 하지 않을 것인가를 결정해야 한다. 만일 시장 조사기관이 100% 완전정보를 준다면, 그리고 그 용역비용이 완전정보 가치(16억원)보다 적다면 당연히 의뢰를 할 것이다. 그러나 시장 조사기관의 연구조사도 100% 정확하지 않다. 평소 시장조사기관의 조사의 신뢰도가 아래 표와 같이 나타난다고 하자.

표 10.10 시장조사기관 K의 신뢰도 표 (조사결과 및 예상 확률)

시장조사기관의 조사결과	실제 시장수요 변동	
	S_1: 수요증가(0.6)	S_2: 수요감소(0.4)
H: 수요증가 예측	0.90	0.20
D: 수요감소 예측	0.10	0.80
합계	1.0	1.0

이 표가 의미하는 바는 실제 수요가 증가되는 상황이 전개될 경우, 시장 조사기관은 90%의 확률로 수요가 증가될 것으로 예측하고(올바른 예측), 10%는 수요가 감소할 것으로 예측(틀린 예측)하는 것을 뜻한다. 실제 수요가 감소하는 상황에서 80%는 수요가 감소할 것으로 예측하고(올바른 예측), 20%는 수요가 증가할 것으로 예측(틀린 예측)하는 것을 뜻한다. 이 조사기관은 수요가 증가하는 상황에서는 90% 올바른 예측을 하지만 감소하는 상황에서는 올바른 예측을 할 확률이 80%이다. 이와 같은 사전정보는 조사기관 K의 과거 조사연구 실적에서 얻어야 한다.

그렇다면, 조사를 의뢰한 후 조사결과가 수요증가를 예측하였다면 실제로 수요증가가 나타날 확률은 얼마일까? 조사를 의뢰하기 전에 추정되었던 60%일까? 60%보다는 크게 나타날 것으로 예상된다. 이와 같이 어떤 정보가 주어진 후, 즉 시장조사기관의 조사결과 정보가 주어진 후에 상황발생의 확률을 새로이 평가하여 얻은 확률을 **사후확률**(posterior probability)이라고 한다. 조사연구 이전에 알고 있던 상황발생 확률을 **사전확률**(a priori probability)이라고 하여 구분한다. 표 10.10에서 $\Pr(S_1|H)$의 표현은 시장조사기관의 조사결과가 H(수요증가 예측)일 때 실제 수요증가(S_1)할 확률을 의미한다.

표 10.11 사전확률과 사후 확률

	시장수요 변동확률		비고
	S_1: 수요증가	S_2: 수요감소	
시장조사 없음	$\Pr(S_1) = 0.6$	$\Pr(S_2) = 0.4$	사전확률분포
시장조사 결과: H	$\Pr(S_1|H) = ?$	$\Pr(S_2|H) = ?$	사후확률분포
시장조사 결과: D	$\Pr(S_1|D) = ?$	$\Pr(S_2|D) = ?$	

이는 트리 형태로 나타내면 더욱 이해가 쉽다.

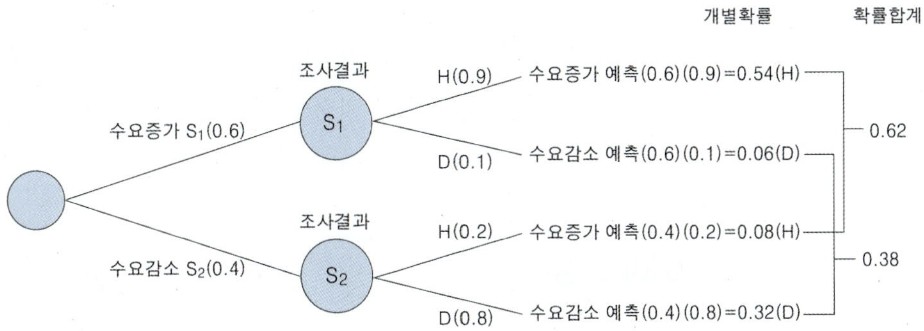

(a) 시장조사 전 확률분포 트리

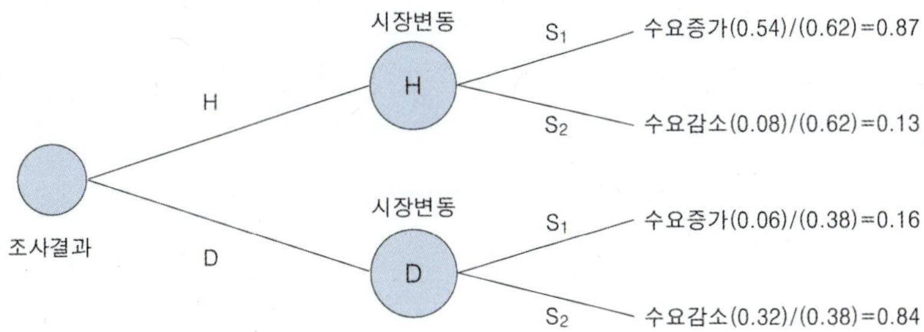

(b) 시장조사 후 확률분포 트리

그림 10.4 사전 및 사후의 확률전개 트리

위의 트리에서, 사전 확률분포를 보면 수요증가를 예측하게 되는 것은 두 가지 경우로서 총 확률합계가 $0.54 + 0.08 = 0.62$이다. 확률 0.62 중에는 올바른 예측(수요가 증가(S_1)할 때 수요증가(H)를 예측한 경우)이 0.54이고 틀린 예측(수요가 감소(S_2)할 때 수요증가(H)를 예측한 경우)이 0.08이다. 따라서 조사결과가 수요증가(H)일 때 실제로 수요가 증가하는 상황의 발생확률은 0.87이다.

$$\Pr(S_1|H) = \frac{0.54}{0.62} = 0.87$$

같은 방법으로 계산하면 다음과 같다.

$$\Pr(S_2|H) = \frac{0.08}{0.62} = 0.13,$$

$$\Pr(S_1|D) = \frac{0.06}{0.38} = 0.16$$

$$\Pr(S_2|D) = \frac{0.32}{0.38} = 0.84$$

이렇게 얻어진 확률 $\Pr(S_1|H), \Pr(S_2|H), \Pr(S_1|D), \Pr(S_2|D)$를 **사후확률**이라고 하고, 이러한 사후확률을 얻는 과정을 베이지안 분석(Bayesian Analysis) 이라고 한다.

베이즈 정리

앞에서 사후확률 $\Pr(S_1|H)$을 구하는 과정은 아래 그림으로 쉽게 이해할 수 있다.

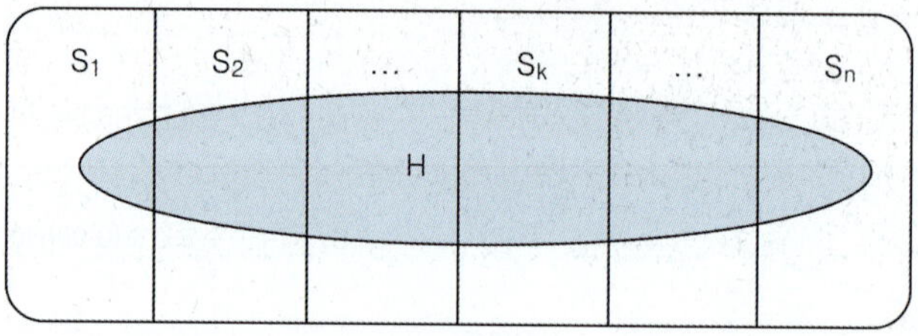

그림 10.5 확률의 분포 그림

우리는 사전 확률인 $\Pr(S_1), \Pr(S_2), \cdots, \Pr(S_n)$을 알고 있다고 가정한다. 위 그림에서 전체 면적에 해당되는 전체 확률의 합은 1.0이므로, $\Pr(S_1)$은 가로로 잘려진 한 사각형 조각의 면적에 해당한다. 또한, 조사기관의 신뢰도에 해당되는 $\Pr(H|S_1), \cdots, \Pr(H|S_n)$을 알고 있다고 가정하였다. 여기서 $\Pr(H|S_k)$는 S_k일 때 H가 발생할 **조건부 확률**이다. 이 조건부 확률은 위 그림에서 S_k사각형 면적에 대한 그 사각형 속에 포함된 H 면적의 비가 된다. 즉

$$\Pr(H|S_k) = \frac{S_k \cap H \text{ 면적}}{S_k \text{사각형 면적}} \text{이 된다.} \tag{10.4}$$

그러면 조사기관이 H(수요증가)를 예측할 확률 $\Pr(H)$는

$$\Pr(H) = \Pr(H|S_1)\Pr(S_1) + \Pr(H|S_2)\Pr(S_2) + \cdots + \Pr(H|S_n)\Pr(S_n) \tag{10.5}$$

이다. 이것은 그림에서 음영으로 표시된 H의 면적을 구한 것이다. 이렇게 H의 확률을 구하는 식을 **총확률법칙**(total probability law)이라고 한다.

이제 사후 확률 $\Pr(S_k|H)$를 구해보자. 이것은 위 그림에서 H의 면적에 대한 $H \cap S_k$ 공통부분의 면적이다. 이것을 수식으로 나타내면 아래와 같다. 첫 번째 등식은

조건부 확률을 표현한 것이고, 분모의 $\Pr(H)$ 값을 총확률법칙으로 다시 표현한 것이 두 번째 등식의 우변이다.

$$\Pr(S_k|H) = \frac{\Pr(S_k \cap H)}{\Pr(H)} = \frac{\Pr(H|S_k)P(S_k)}{\sum_{i=1}^{n}\Pr(H|S_i)P(S_i)} \qquad (10.6)$$

이것을 우리는 **베이즈 정리**라고 부른다. 앞에서 구한 사후 확률은 이러한 베이즈 정리를 이용한 것이다.

사후확률에 의한 의사결정

이제 마케팅 담당자의 의견을 수용하여 시장조사기관에 조사를 의뢰할 것인지 아니면 의뢰하지 않을 것인지를 포함하여 시장조사기관의 시장조사 결과를 보고 어떤 의사결정을 하여야 하는지 시간 흐름에 따른 2단계 의사결정 과정을 의사결정수로 분석해보자.

- **1단계 의사결정**

  대안1) 2억원을 지불하고 시장조사기관에 조사 의뢰

  대안2) 시장조사기관에 조사 의뢰하지 않음

- **2단계 의사결정**

  1) 시장조사를 의뢰하여 조사기관이 H(수요증가)를 예측한 경우

     대안1) 라인증설(A_1)

     대안2) 임시근로자 고용(A_2)

     대안3) 잔업활용 (A_3)

  2) 시장조사를 의뢰하여 조사기관이 D(수요감소)를 예측한 경우

     대안1) 라인증설(A_1)

     대안2) 임시근로자 고용(A_2)

     대안3) 잔업활용 (A_3)

  3) 시장조사를 의뢰하지 않은 경우

     대안1) 라인증설(A_1)

     대안2) 임시근로자 고용(A_2)

     대안3) 잔업활용 (A_3)

그림 10.6은 이와 같은 2단계 의사결정문제를 TreePlan으로 분석한 결과이다. 이에 따르면 2억원을 들여서 시장조사를 의뢰하는 것이 낫다. 따라서 1단계 의사결정에서는 시장조사를 의뢰한다. 그리고 시장조사결과가 수요증가를 예측(H)하면 2단계 의사결정에서는 라인증설(A_1)을 선택하고, 만일 시장조사결과가 수요감소를 예측(D)하면 2단계 의사결정에서는 잔업활동(A_3)을 선택한다. 그러면 기대수익 374.7억원 중 2억원을 제한 372.7억원이 예상되고, 이것은 시장조사를 하지 않을 때 기대수익 368억원보다 크다.

표 10.12는 시장조사에 의한 정보가 있을 때, 완전한 정보를 가정할 때, 그리고 정보가 하나도 없을 때의 기대수익을 비교하여 정리한 것이다.

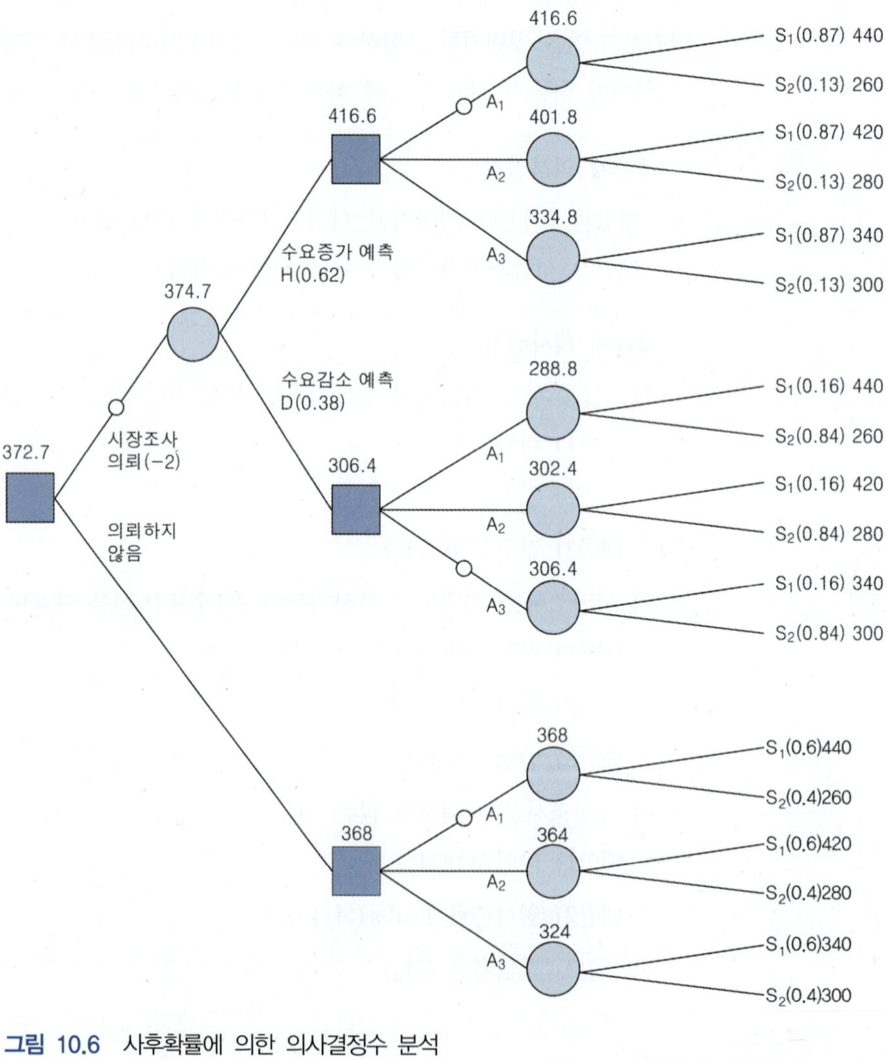

그림 10.6 사후확률에 의한 의사결정수 분석

표 10.12 정보가치의 비교

정보 여부	기대수익	정보가 없을 때와 비교
시장조사 후	374.7	+6.7
완전정보하	384	+16
정보가 없을 때	368	0

앞에서 설명한대로 완전정보가 주어지면 정보가 없을 때에 비하여 수익이 16억 원 더 증가하고, 이 금액을 완전정보가치라고 하였다. 여기서 살펴본 바로는 시장조사를 거치면 수익은 6.7억 원이 더 증가한다. 이 금액을 **표본 정보가치**(expected value of sample information, EVSI)라고 한다. 완전한 정보가 아닌, 불완전한 정보란 뜻으로 표본정보란 말을 쓴다. 불완전한 정보이지만 6.7억원까지는 지급할 용의가 있다. 정보가 정확해지면 정보가치는 더 증가하게 된다.

모형화 토의: TreePlan의 의사결정수 분석

그림 10.6의 의사결정수에서 출발노드(root node)에서 시작하여 의사결정노드와 사건노드의 경로(path)를 따라서 발생하는 성과이득과 비용발생을 모두 합하여 맨 마지막의 잎노드(terminal node, leaf)에 적은 후에, 잎노드에서 부터 접어올리기 방법으로 기대치를 계산하고 가지선택을 하는 방식으로 표현하기도 한다. 그러면 그림 10.6의 트리에서 마지막 잎 노드의 성과이득은 438, 258, 418, 278, ... 등으로 계산한다. 부록의 TreePlan은 이 방법을 따르고 있다. (BYTreePlan.xlsm 프로그램은 github.com/ybian/treeplan에서 다운 받을 수 있고, www.treeplan.com에서 TreePlan.xlsm도 다운 받을 수 있다. QR코드를 스캔하여 온라인 부록의 자료를 참조하기 바란다.)

10.5 효용 함수

화폐적 금액과 효용가치

지금까지는 화폐적 금액(monetary value)을 평가기준으로 삼았다. 그러나 화폐에 불확실성이 내포되면 사람마다 그에 대한 평가가 달라진다. 예를 들면, 다음과 같은 두 개의 복권 L1, L2를 보자. L1은 확정적 100만 원의 성과이득을 주고, L2는 당첨확률이 0.5이고 당첨되면 300만 원을 받는 복권이다. EMV로 평가하면, E(L1)=(1.0)100=100만 원, E(L2) = (0.5)300 + (0.5)0 = 150만 원으로서 L2를 선택한다. 그러나 실제 사람들은

L1을 선호한다. 그러므로 화폐적 기대가치로는 이러한 선호를 설명하지 못한다.

L1 —(1.0)— 100만원　　　L2 —(0.5)— 300만원 / —(0.5)— 0원　　　(10.7)

이처럼 불확실성이 연관된 의사결정에는 von Neumann-Morgenstern의 **효용함수**(utility function)를 응용하여 해결할 수 있다. 화폐적 금액 X의 효용가치를 $U(X)$라는 값으로 대응시키는 함수를 말한다. $U(X)$는 화폐금액 X에 대해 증가함수이다. 즉 $X_1 > X_2$이면 $U(X_1) \geq U(X_2)$이다. 또, $U(X)$가 효용함수이면, $aU(X)+b$도 효용함수가 된다(단, $a > 0$).

여기서는 편의상 [0, 1] 구간안의 값을 효용값으로 주는 효용함수를 만들어보자. 효용함수는 복권과 같이 확률적 선택에 의한 성과이득의 기대가치(EMV)와 확정적인 성과이득에 대한 비교선호를 반복해서 질문하여 만들 수 있다.[2] 여기서 효용함수는 의사결정 상황에 처한 특정 개인(또는 기업)의 효용함수를 말한다.

(1) 희망하는 최선의 성과이득과 피하고 싶은 최악의 성과이득을 주는 기준복권(L0)을 가정한다. 그것을 각각 A원, B원이라면, $U(A)=1$, $U(B)=0$으로 효용의 상한값과 하한값을 설정한다. 이 두 값은 일종의 표지값이 된다.
(2) $[A, B]$원 사이의 어떤 확정적 화폐금액 r_i을 기준복권(L0)을 비교하여 동등하게 느끼는 당첨확률을 답하게 한다. 그 확률을 q_i 라고 답한다면, $U(r_i)=q_i$이다.

Li —(1.0)— r_i원　　　동등함 ≑　　　L0 —(q_i)— A원 / —($1-q_i$)— B원　　　(10.8)

(3) 새로운 화폐금액 r_i에 대하여 (2)의 질문을 반복하면 그 사람의 효용함수 $U(X)$를 정할 수 있다.

예를 들어서 어떤 사람의 화폐적 금액에 대한 효용함수 $U(x)$가 아래 그래프로 나타났다고 하자.

2) a = 100, b = 0이면 효용함수 $0 \leq U(x) \leq 1$를 효용함수 $0 \leq V(x) \leq 100$으로 변환시켜준다. U(x)와 V(x)에 의한 선호도를 가지고 선택하는 의사결정은 서로 같다.

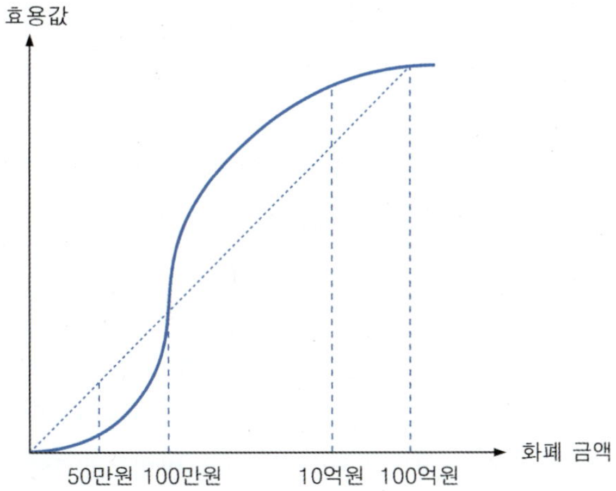

그림 10.7 화폐금액과 효용값

점선은 화폐금액과 효용가치를 정비례하여서 느끼는 것을 나타낸다. 실선으로 된 효용곡선을 보면 100만 원까지는 효용가치를 화폐금액에 비해 상대적으로 낮게 평가하고, 100만 원을 넘어서면 100억 원까지 상대적으로 더 높게 평가한다. 100만 원이하의 적은 금액의 돈은 잃을 위험을 각오하고 더 큰 금액을 위해서 투자할 생각이 있는 것이다. 이러한 태도를 **위험선호 태도**(risk taking)라고 한다. 반면에 100만원이 넘어가면 그 효용가치를 상대적으로 높게 평가하고 있다. 이러한 태도를 우리는 **위험회피 태도**(risk averting)라고 부른다. 위의 효용 곡선은 위험선호 태도와 위험회피 태도가 섞여 있다. 이제 예제를 통하여 효용함수 만들기와 효용의 기대값(EVU:expected value of Utility)으로 의사결정을 하는 과정을 살펴보자.

예제 10.4 주식 투자자의 효용함수 만들기와 의사결정

김씨는 부모로부터 80억 원의 재산을 물려받았다. 주식투자를 통하여 100억 원으로 불리기로 목표를 정하였다. 그러나 최근에 주식투자에서 10억 원의 손해를 보고 재산이 70억 원으로 줄어 들었다. 다시 한번 주식 투자에 큰 금액을 투자하기로 마음먹고, 한 종목을 분석한 결과, 지금 10억 원을 투자하면, 1주일 후에 크게 올라 40억 원이 될 수도 있고, 15억 원이 될 수도 있으며, 10억 원을 모두 손실을 볼 수도 있다고 분석하였다. 각각의 확률은 0.05, 0.60, 0.35로 추정하였다. 김씨는 먼저 자신의 효용함수를 만들어서 결정하기로하고 전문가 함씨의 도움을 받기로 하였다.

풀이 이 주식투자의 의사결정에 관련하여 김씨의 자산상태(asset position)는 4가지로 나눌 수 있다. 목표로 하는 100억 원과, 현재의 자산상태인 70억 원, 그리고 주식투자

결과에 따른 자산상태는 100억 원, 75억 원, 60억 원이다.[3]

먼저 EMV의 입장에서 의사결정을 한다면 투자를 하는 대안 A_1을 선택할 것이다.

A_0: 투자를 하지 않는 대안의 EMV(do nothing) = (1.0)70 = 70억 원

A_1: 투자를 하는 경우 EMV(투자) =(0.05)100 + (0.60)75 + (0.35)60 = 71억 원

이제, 효용함수를 정하여 보자. 목표로 하는 100억 원의 효용을 1.0, 최악의 경우 10억 원을 잃게 되는 경우의 자산상태 60억 원의 효용을 0으로 설정한다. 이것을 기준복권으로 삼는다. (10.9)와 같이 기준복권(L0)의 당첨 확률이 0.80일 때, 70억 원과 동등하게 느낀다면, 70억 원의 효용은 0.80이다. 같은 방법으로 75억 원과 동등하게 느끼는 기준복권의 당첨확률이 0.90이라고 응답한다면 75억원의 효용은 0.90이다.

L1 —1.0— 70억 원 동등함 ≑ L0 —.80— 100억 원, —.20— 60억 원 (10.9)

이렇게 정한 효용함수를 표로 나타내면 다음 표와 같다.

표 10.13 김씨의 효용함수

금액 X	60억원	70억원	75억원	100억원
효용 (U(x))	0	0.80	0.90	1.0

이 효용함수를 가지고 각 대안의 효용 기대치를 구하면

A_0: 투자를 하지 않는 대안의 효용 기대값: $\mathrm{E}(U(70)) = 0.80$

A_1: 투자를 하는 대안의 $\mathrm{E}(U(\text{투자후 자산})) = (0.05)\,U(100) + (0.60)\,U(75) + (0.35)\,U(60) = (0.05)1.0 + (0.60)0.90 + (0.35)0 = 0.59$

투자하지 않는 것(A_0)의 기대효용은 0.80인데 비하여 투자하는 대안의 기대효용은 0.59이다. 따라서 투자하지 않는 대안(A_0)을 선택한다. 이는 화폐적 기대가치(EMV) 기준으로 A_1을 선택하는 것과 상반되는 결과이다.

또한, 표 10.13은 김씨의 자산이 60억원 이하가 되는 것을 불허하는 방침을 말하는데, 만일 50억 원까지 감소하는 것을 허용하겠다는 의지를 가진다면 $U(50) = 0$으로

3) 자산상태에 대한 효용함수를 활용하는 대신에, 자산의 증감액(이득과 손해)에 대한 효용함수를 설정하여 의사결정을 할 수 도 있다. 이 경우는 +30억 원의 효용을 1.0, −10억 원의 효용을 0으로 하여 다른 금액의 효용을 정한다.

시작하고 효용함수가 달라질 수 있기 때문에 의사결정이 달라질 수 있다. 사람의 효용함수에 따라서는 서로 상반된 결과가 나올 수도 있다.

식(10.7)의 복권 비교에서, U(300만원)=1.0, U(0원)=0이라면, 대부분 사람은 100만원의 효용을 U(100만원) > 0.5으로 느끼고 선택함을 알 수 있다.

지수 효용함수

효용함수는 각 개인에 따라 다르고 또 만들기가 쉽지는 않다. 경우에 따라서는 일관성이 없는 대답을 하기도 하기 때문이다. 기업의 의사결정을 위한 효용함수 추정은 더욱 어렵다. 그래서 이미 만들어진 공통적인 효용함수 형태를 이용하기도 한다. 대표적인 것이 지수 효용함수이다. 지수 효용함수는 아래의 형태를 띈다.

$$U(X) = 1 - e^{-\frac{X}{R}}$$

지수 효용함수는 $(-\infty, 1)$의 값을 가지며, 그림 10.7의 위험회피 구간의 모양과 같이 오목함수이다. 여기서 X는 화폐적 금액(이득은 양의 값, 손실(부채)은 음의값)인데, 아주 큰 금액에서 효용은 1.0이 된다. $R(R>0)$은 상수로서 위험완충금액(risk tolerance, 위험감수 금액)을 나타낸다. R은 개인(기업)에 따라 다르지만, 부유할수록 R은 커지고, R이 클수록 효용함수는 완만한 증가를 하는 모양이다. R은 다음과 같이 정한다.

R의 결정: 당첨 확률은 0.5, 당첨되면 R원을 받고 떨어지면 R/2원을 지불하는 복권을 이득도 손해도 없는 것으로 받아들이면, R을 지수효용함수의 위험완충금액으로 정한다.

예를 들어서 1000만 원의 이득과 500만 원의 손해가 반반의 확률일 때, 이것을 이득도 손해도 없는 것으로 평가한다면, R은 1000만원으로 추정한다. Ronald Howard의 연구에서 조사한 바에 의하면[4], 기업에서 순매출(net sales) 금액에 대해서는 6.4%, 순이익(net incomes)에 대해서는 124%, 자기자본(equity)에 대해서는 15.7%로 추정하여 R 값을 사용하고 있었다. 순매출이 100억 원인 기업의 위험완충금액(R)은 100(6.4%)= 6.4억 원이다. R이 클수록 그 효용을 낮게 평가하므로 위험회피를 덜하고 더 감수하는 태도를 가진다.

---

4) Howard, R. "Heathens, Heretics, and Cults: The Religious Spectrum of Decision Aiding," *Interfaces* 22(no. 6), 1992, pp. 15-27; W. L. Winston, *Operations Research, 4th ed.* 참조.

체크포인트

김씨의 주식투자를 기업의 자산관리와 같이 본다면 위험 완충금액 R은 15.7%로 볼 수 있다. 현재의 자산을 100억 원으로 잡으면, R = 100*0.157 = 15.7이다. 이 값으로 지수 효용함수를 만들어서 현재 고려하고 있는 주식 투자를 분석하라.

모형화 토의

1. 확정금액 r_i 마다 식(10.8)의 복권을 비교하여 확률 q_i를 정하는 것은 쉽지 않다. 사람은 확률을 정확히 인식하는 데는 한계를 가지고 있기 때문이다. 다른 방법은 다음과 같이 효용이 알려진 A원과 B원이 당첨될 확률이 반반인 경우 그것과 동등하게 느끼는 화폐금액 R원을 대답하게 하여 효용함수를 정하는 것이다. 예를 들면 당첨확률이 0.5이고 당첨되면 10만 원(효용=1.0)을 꽝이면 0원(효용=0)을 받는 복권을 현금 3만 원에 사겠다고 한다면 3만원의 효용을 $U(3만원) = 0.5$으로 평가한다. 이제 당첨확률이 반반이고 당첨되면 10만 원, 꽝이면 3만 원으로 된 복권을 가지고 얼마에 사겠는지 질문하는 과정을 반복한다.

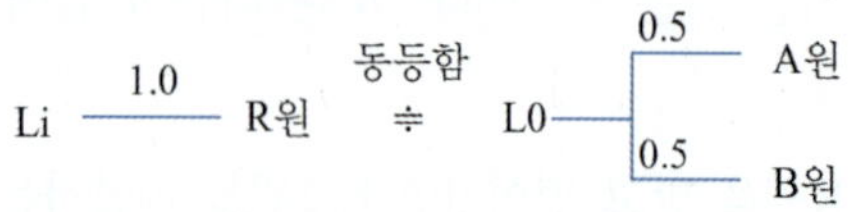

2. 여전히 확률에 대한 인식은 어렵고 일관성 없는 판단을 하기도 한다. Tversky와 Kahnemann(1981)의 연구는, 의사결정자가 사건발생 확률 p를 왜곡된 확률 $\Pi(p)$로 인식함으로써 여러가지 모순된 의사결정을 내린다고 설명한다. W. L. Winston은 $\Pi(p)$를 $\Pi(p) = 1.89799p - 3.55995p^2 + 2.662549p^3$으로 근사식으로 만들었는데 확률인식 오차= $\Pi(p) - p$를 그래프로 그려보면 아래와 같다. 실제 사건발생 확률 0.1을 0.157로 과대 평가하고, 0.33~0.34의 확률에서 실제확률과 인식된 확률이 같고, 그것을 넘어서면 확률을 낮게 평가하는 경향이 있는데, 0.70~0.80의 높은 확률을 0.5~0.6으로 0.2만큼이나 낮게 인식하고 있다.

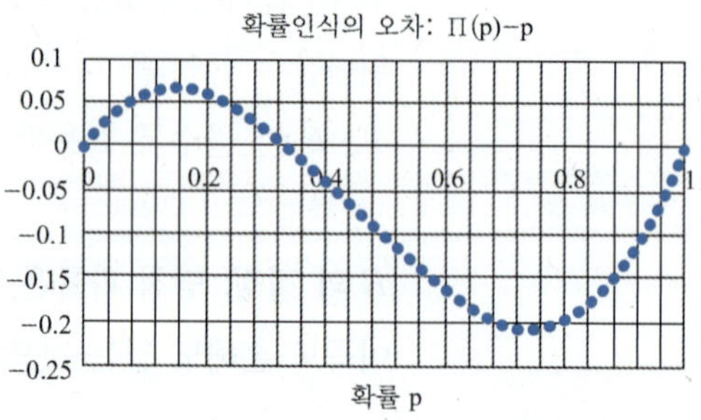

10.6 게임에서의 의사결정

지금까지의 의사결정은 미래에 전개되는 사건발생에 따른 성과이득을 고려하였다. 그러나 게임의 상황에서 의사결정이 이루어지는 경우도 많다. 예를 들면 고스톱, 포커 같은 돈내기 게임이나 바둑과 같은 승부게임, 또는 시장점유를 놓고 경쟁기업과 벌이는 비즈니스 게임상황 등이다. 게임상황은 아래와 같이 가정한다.

- 두 사람 또는 여러 사람이 성과(이득)를 다툰다.
- 나의 전략과 상대방의 전략에 따라서 성과(이득)가 결정된다.
- 상대방이 선택할 수 있는 전략에 어떤 것들이 있는지 서로 완전히 안다.

간단한 예로 두 사람의 게임자(player)간의 게임을 생각해보자.

2인영합 게임 - 순수전략

두 사람이 게임을 벌이는데, 한 사람의 이득이 다른 사람의 손해가 되는 게임을 2인영합게임(二人零合게임, two person zero-sum game)이라고 한다.(和는 合을 뜻하는 일본 한자어의 표현으로 2人零和게임이라고도 한다.) 예를 들어서 H자동차와 S자동차간에 중형 자동차 시장을 놓고 새로운 신차 개발로서 경쟁을 벌이는 게임을 생각해 보자. 평소 기업의 이미지를 보면, H자동차는 승차감과 실용성 면에서 소비자에게 강한 선호도를 가지고 있고, S자동차는 안전성과 내구성 품질 면에서 소비자의 선호도를 얻고 있다고 해보자. 이때 두 자동차회사가 신차 개발 프로젝트에서 소비자의 선호도를 선택 전략으로 삼을 경우 아래 성과이득표의 수익(S자동차 기준)이 예상된다고 해보자. S자동차와 H자동차는 신차개발에서 각각 어떤 선호도를 전략으로 삼는 것이 좋은가?

표 10.14 전략선택에 따른 게임 성과 이득표

S자동차 기준 성과이득		H자동차		
		안전성	실용성	승차감
S자동차	안전성	5	4	6
	내구성	6	0	−2
	승차감	−3	−2	−3

이것은 게임의 상황이다. S자동차가 어떤 전략을 택하면 상대방 H자동차는 S자동차의 이득이 최소가 되도록 전략을 택하게 된다. 예를 들면 S자동차가 안정성을 전략으로 택하면 H는 실용성으로 맞선다.[5] 그러면 S자동차는 4만큼의 이득, H는 −4만큼의 손실이 생기게 된다. 따라서 S의 입장에서는 각 행(전략)에 대해서 최소이득을 정하고 그 중에서 최대값을 주는 전략을 택하게 된다.(이것은 Maximin 기준을 적용하는 것이 된다.) 이 예에서는 안전성 전략을 택한다.

5) 나의 전략선택을 상대방이 알고, 나도 상대방의 선택을 안다고 가정한다.

표 10.15 두 자동차 회사의 전략선택

S자동차기준 성과이득		H자동차				
		안전성	실용성	승차감	행의 최소값	
S자동차	안전성	5	4	6	4	Maximin
	내구성	6	0	−2	−2	
	승차감	−3	−2	−3	−3	
열의 최대값		6	4 Minimax	6		

한편, H자동차가 어느 전략을 택하면 상대방 S자동차는 자신의 이득이 최대가 되도록 전략을 선택할 것이다. 만일 H가 안전성을 선택하면 S자동차는 내구성을 선택해서 이익을 최대화할 것이다. 따라서 H자동차는 각 열에서 최대값을 정한 다음 그 중에서 제일 적은 값의 전략을 택한다. 이 예에서는 실용성을 택하게 된다.

이 예에서 S자동차가 안전성을 택하고 H자동차는 실용성을 전략으로 택하게 되면, S자동차의 성과(이득)는 4이고 H자동차의 손실은 −4이다. S자동차나 H자동차는 현재의 전략 말고는 다른 전략을 택할 수 없게 된다. 만일 다른 전략으로 옮기게 되면 상대방이 다른 전략을 택하게 되어 지금보다 불리한 결과를 초래하게 된다.

이처럼 게임에서 서로간의 전략이 균형을 취하는 것을 **균형점**(equilibrium point) 또는 **안장점**(saddle point)이라고 하고 그때의 성과(이득)를 게임값(game value)이라고 한다. 여기서는 (안전성, 실용성)이 균형점이 되고 게임값은 4가 된다. 이렇게 하나의 전략을 선택하는 것을 **순수전략**(pure strategy)이라고 한다. 그러나 많은 게임에서는 이러한 균형점이 정해지지 않고, 순수전략도 정해지지 않는다.

2인영합 게임 - 혼합전략

게임의 균형점이 정해지지 않는 경우에는, 어느 한 전략을 순수전략으로 택하지 않고, 각 전략을 채택하는 확률을 배분하는 **혼합전략**(mixed strategy)을 취한다. 각 전략의 채택확률 비중은 선형계획법으로 정할 수 있다. 다음의 예를 보자.

예제 10.5 **선형계획을 이용한 혼합전략**

S자동차는 승용차의 안전성, 내구성 품질, 및 안락한 승차감을 주요 기술 개발전략으로 선정하였다. 이에 대응해서 H자동차도 신차개발에 착수하였으며, 안전성, 실용성, 승차감을 주요 기술 개발전략으로 맞서고 있다. 표 10.16은 각각의 전략이 서로 경쟁할 경

우 예상되는 S자동차의 시장점유율(%)이다. S자동차는 이 점유율을 최대화하려고 한다. 반면 H자동차는 S자동차의 점유율만큼 잃게 되므로 이 점유율을 최소화하려고 한다. S자동차의 혼합전략을 구하라.

표 10.16 성과 이득표(S자동차의 시장점유율 %)

S자동차 기준 시장점유율(%)		H자동차		
		안전성	실용성	승차감
S자동차	안전성	35	30	25
	내구성	40	25	30
	승차감	10	35	40

이 게임에서는 균형점이 정해지지 않는다. S자동차가 안전성을 선택하면 H자동차는 승차감을 택하고, 다시 S자동차는 승차감을 택하고 H자동차는 안전성을 택하는 방식으로 전략이 계속 바뀐다. 표 10.17에서 보듯이 S자동차의 maximin 기준에 의해 결정되는 순수전략의 이득(25)과 H자동차의 minimax 기준에 의한 순수전략의 이득(35)이 서로 같지 않다. 즉 게임값이 존재하지 않는다. 이와 같은 경우 순순전략에 의해서는 균형점이 존재하지 않는다.

표 10.17 두 자동차 회사의 전략 선택

S자동차 기준 시장점유율(%)		H자동차				
		안전성	실용성	승차감	행의 최소값	
S자동차	안전성	35	30	25	25	Maximin
	내구성	40	25	30	25	Maximin
	승차감	10	35	40	10	
열의 최대값		40	35 Minimax	40		

이와 같이 순수전략에 의해 균형점이 존재하지 않는 경우는 **혼합전략**(mixed strategy)을 고려한다. 혼합전략이란 한 전략을 선택하는 대신에 각 전략에 비중(확률)을 배분하는 전략을 말한다. 예를 들면 S자동차가 안전성, 내구성, 승차감에 각각 40%, 40%, 20%의 비중을 두는 혼합전략을 택하고, H자동차가 안전성을 택한다면 S자동차에 기대되는 이득은 $(0.4)35 + (0.4)40 + (0.2)10 = 30$(점유율%)이 된다.

모형화 가이드

S자동차의 혼합전략: Maximin 기준

S자동차의 혼합전략을 (x_1, x_2, x_3)라고 표현하자. 여기서 x_1, x_2, x_3는 각각 안정성, 내구성, 승차감의 전략 비중을 의미한다. 물론 $x_1 + x_2 + x_3 = 1$이 된다. 이제 S자동차의 최적의 혼합전략을 정하기 위해 maximin 기준을 적용하면 아래의 최대화 문제가 된다.

$$\begin{aligned} &\text{maximize} \quad \min\{35x_1 + 40x_2 + 10x_3, 30x_1 + 25x_2 + 35x_3, 25x_1 + 30x_2 + 40x_3\} \\ &\text{subject to} \quad x_1 + x_2 + x_3 = 1, \ x_1, x_2, x_3 \geq 0 \end{aligned}$$

목적함수에서 $35x_1 + 40x_2 + 10x_3, 30x_1 + 25x_2 + 35x_3, 25x_1 + 30x_2 + 40x_3$는 각각 H자동차가 안정성, 실용성, 승차감을 선택하였을 때의 S자동차의 이득(여기서는 시장점유율)이다. 최소이득(v)을

$$v = \min\{35x_1 + 40x_2 + 10x_3, 30x_1 + 25x_2 + 35x_3, 25x_1 + 30x_2 + 40x_3\}$$

라고 놓고, H자동차가 어떤 전략을 택하든 상관없이 S자동차의 최소이득(v)을 최대화하는 혼합전략을 결정하는 선형계획문제는 아래와 같다.

$$\begin{aligned} &\text{maximize} \quad v \\ &\text{subject to} \quad x_1 + x_2 + x_3 = 1 \\ &\qquad 35x_1 + 40x_2 + 10x_3 \geq v \\ &\qquad 30x_1 + 25x_2 + 35x_3 \geq v \\ &\qquad 25x_1 + 30x_2 + 40x_3 \geq v \\ &\qquad v: \text{부호제한없음}, \ x_1, x_2, x_3 \geq 0 \end{aligned}$$

H자동차의 혼합전략: Minimax 기준

H자동차는 S자동차의 이득(시장점유율) 만큼을 잃게 되기 때문에 H자동차의 혼합전략을 (y_1, y_2, y_3)라고 할 때 H자동차의 최적 혼합전략은 minimax 기준을 적용한다. 즉 S자동차가 어떤 전략을 선택하든 상관없이 S자동차의 최대이득(w)을 최소화하고자 하는 것이다. 즉 H자동차의 최적 혼합전략은 아래의 최소화 문제가 된다.

$$\begin{aligned} &\text{minimize} \quad \max\{35y_1 + 30y_2 + 25y_3, 40y_1 + 25y_2 + 30y_3, 10y_1 + 35y_2 + 40y_3\} \\ &\text{subject to} \quad y_1 + y_2 + y_3 = 1, \ y_1, y_2, y_3 \geq 0 \end{aligned}$$

이제 $w = \max\{35y_1 + 30y_2 + 25y_3, 40y_1 + 25y_2 + 30y_3, 10y_1 + 35y_2 + 40y_3\}$로 놓고, 앞에서 S자동차일 때와 유사하게 논리를 전개하면 H자동차의 혼합전략 문제는 다

음의 선형계획문제로 모형화된다.

$$\begin{aligned} \text{minimize} \quad & w \\ \text{subject to} \quad & y_1 + y_2 + y_3 = 1 \\ & 35y_1 + 30y_2 + 25y_3 \le w \\ & 40y_1 + 25y_2 + 30y_3 \le w \\ & 10y_1 + 35y_2 + 40y_3 \le w \\ & w\text{: 부호제한없음, } y_1, y_2, y_3 \ge 0 \end{aligned}$$

H자동차의 maximin에 의한 최대이득(v)과 S자동차의 minimax에 의한 최소이득(w)이 같을 때 두 혼합전략을 게임의 균형점이 존재한다고 하고 이를 **게임값**이라고 한다. 그러나 모형화 이슈에서 보는 바와 같이 S자동차의 선형계획문제 및 H자동차의 선형계획문제는 서로 쌍대문제가 되므로 혼합전략을 허용하는 2인영합 문제에서는 항상 $v = w$가 성립함을 알 수 있다.

스프레드시트 모형 개발

S자동차의 혼합전략에 대한 스프레드시트 모형은 그림 10.8과 같다.

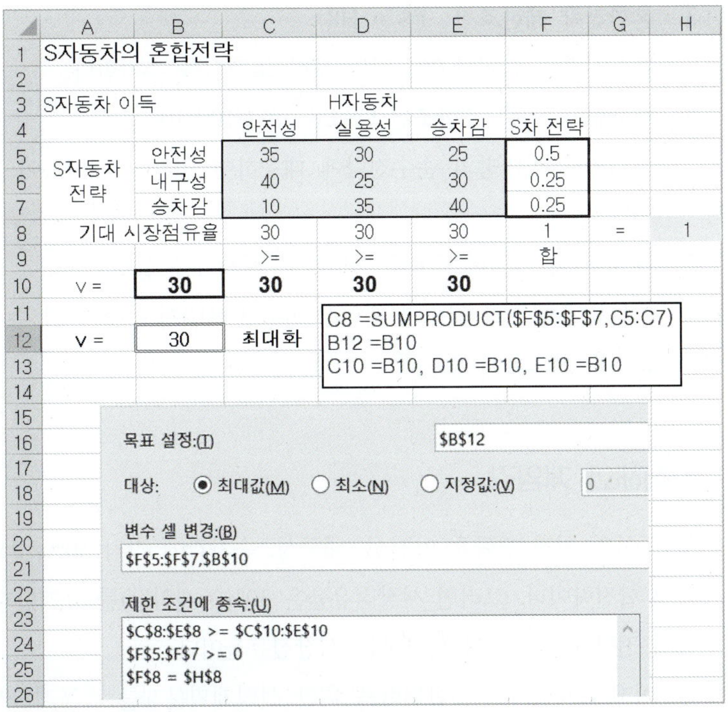

그림 10.8 S 자동차 혼합전략 모형 (최적해)

1. **성과(이득)표 입력** C5:E7

   C5:E7 영역에 S자동차와 H자동차 전략 결합에 대해서 시장점유율을 입력한다.

2. **변경셀(전략 비중)** F5:F7

   3개 전략에 대한 전략 비중을 변경셀로 하여 F5:F7에 설정한다.

3. **변경셀(게임값)** B10

   게임값을 변경셀 B10에 설정한다. C10 =$B$10, 이를 D10:E10에 자동 복사한다.

4. **혼합전략 합계 계산** F8, F8 =SUM(F5:F7)

5. **기대이득 계산** C8:E8

   첫째 칼럼의 기대이득 C8 =SUMPRODUCT($F$5:$F$7,C5:C7)을 계산하고, D8:E8에 자동 복사한다.

6. **목표셀(게임값)** B12

   B12 =B10, 게임값을 목표셀로 설정하여 최대화한다.

해찾기 실행

1. **목표 셀** B12를 목표 셀로 지정하고 해의 조건에서 최대값을 선택한다.

2. **변경할 셀** F5:F7, B10

   F5:F7에는 비음제약을 추가한다. B10은 게임값으로 음수가 될 수 있다.

3. **혼합전략 제한조건** F8 = H8

   혼합전략의 합이 1.0이 되는 제한 조건식을 추가한다.

4. **maximin 기준 제한조건** C8:E8 >= C10:E10

   칼럼별로 상대방의 순수전략에 대응하여 얻은 기대이득이 게임값 보다는 크도록 한다.

5. **해법 선택** 심플렉스LP를 선택하고 해찾기를 실행

   이득표에 음수가 있으면 게임값 변수셀 B10이 음수가 될 수 있으므로 변수의 비음 조건을 체크하지 않는다.

최적해와 게임값

S자동차의 최적 전략은 안전성, 내구성, 승차감에 각각 50%, 25%, 25%씩 비중을 두는 혼합전략이다. 그러면 시장점유율은 30%(=게임값)를 유지한다. 이는 상대방 H자동차의 전략에 관계없이 확보하는 시장점유율이다.

이제 H자동차의 혼합전략을 위한 선형계획문제를 스프레드시트로 모형화한다. 이득표에 음수가 있으면 게임값이 음수가 될 수 있으므로 변수의 비음 조건을 체크하지

않는다.

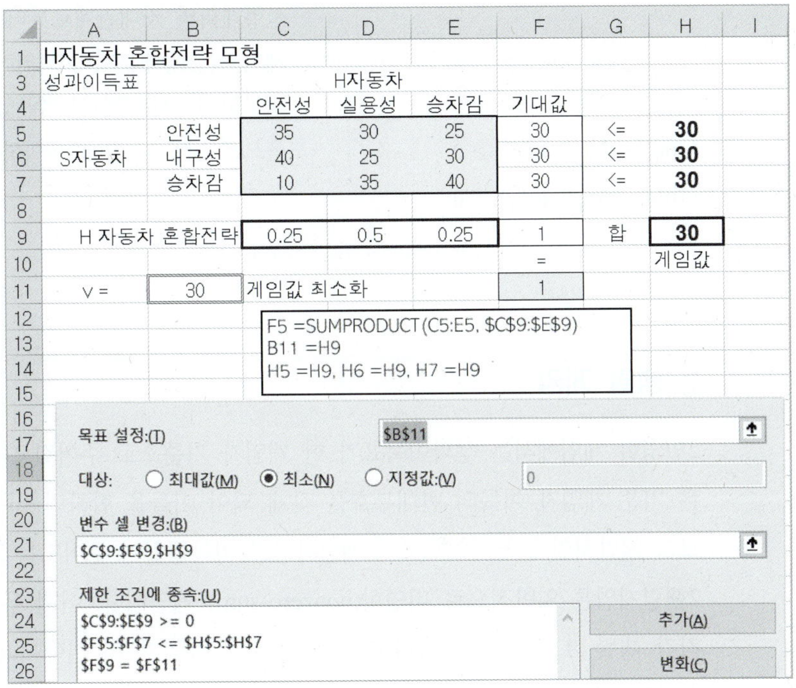

그림 10.9 H자동차 혼합전략 모형 (최적해)

모형화 토의

1. 앞의 예제 10.5에서 100%에서 S자동차의 시장점유율을 뺀 나머지를 H자동차의 시장점유율로 생각하면, S의 이득과 H의 이득을 합하면 항상 100%가 된다. 이러한 게임을 2人 상수합(two person constant sum game)게임이라고 한다.
2. 앞의 신차 개발 수익표에서 S자동차의 승차감 전략에 의한 이득(−3, −2, −3)은 그 위의 내구성 전략에 의한 이득(6, 0, −2)보다, 상대방의 전략에 관계없이, 항상 못하다. 이러한 전략을 지배당하는 **열등전략**(dominated strategy)이라고 한다. 지배당하는 전략은 처음부터 고려대상에서 제외해야 한다.
4. S자동차와 H자동차의 두 혼합전략 모형의 쌍대관계 확인할 수 있다. S자동차와 H자동차의 시장점유율 게임에 대한 혼합전략 모형은 앞에서 본 바와 같이 각각 최대화 및 최소화의 선형계획문제로 표현되었다. 이를 문제의 쌍대 관계를 확인하게 위해 S자동차의 선형계획 문제를 다음과 같이 정규 최대화문제와 유사하게 다시 쓴다.

maximize v

subject to $x_1+x_2+x_3=1$ ----쌍대변수 w

$v-(35x_1+40x_2+10x_3)\le 0$----쌍대변수 y_1

$v-(30x_1+25x_2+35x_3)\le 0$----쌍대변수 y_2

$v-(25x_1+30x_2+40x_3)\le 0$----쌍대변수 y_3

v: 부호제한 없음, $x_1,x_2,x_3\ge 0$

각 제약식에 대응되는 쌍대변수를 각각 w, y_1, y_2, y_3라고 하면 4장에서 살펴본 바와 같이 쌍대문제는

아래와 같이 얻어진다.[6)]

$$
\begin{aligned}
\text{minimize} \quad & w \\
\text{subject to} \quad & y_1 + y_2 + y_3 = 1 \\
& w - (35y_1 + 30y_2 + 25y_3) \ge 0 \\
& w - (40y_1 + 25y_2 + 30y_3) \ge 0 \\
& w - (10y_1 + 35y_2 + 40y_3) \ge 0 \\
& w\text{: 부호제한없음, } y_1, y_2, y_3 \ge 0
\end{aligned}
$$

선형계획의 쌍대관계로부터 각 제약식에 대한 잠재가격은 쌍대문제의 최적해가 됨을 각각의 민감도보고서로서 확인할 수 있다. 다만 잠재가격이 음으로 나오는 점에 유의하라.

2 행렬 게임

2인영합 게임에서는 성과이득표가 한 게임자 기준으로 주어졌으며 다른 게임자의 이득은 기준 게임자 이득의 반대부호를 갖게 되어 이들을 합하면 이득이 0이 되었다. 이제 보다 일반적인 2인 게임으로서 게임자별로 이득행렬이 주어지는 2행렬게임을 고려한다. 2행렬게임은 일반적으로 비영합(nonzero-sum) 게임이다. 이제 두 게임자의 성과이득이 각각 행렬 A, B로 주어졌다고 가정한다. 즉 게임자1의 전략이 $i(i=1,\cdots,m)$이고 게임자2의 전략이 $j(j=1,\cdots,n)$일 때, 게임자1의 이득은 A_{ij}, 게임자2의 이득은 B_{ij}라고 가정한다. 2인영합 게임은 $A_{ij}+B_{ij}=0$인 경우로서 2행렬게임의 특별한 경우이다.

이러한 2행렬게임과 관련된 몇 가지 전략과 균형에 대해 소개하고자 한다.

| 정의 10.1 내쉬균형, 우월전략균형, 파레토최적

1) 내쉬전략과 내쉬균형(Nash Equilibrium) : 내쉬전략이란 상대방의 전략이 정해져 있을 때 자신의 이득을 극대화하는 전략을 말하며, 이렇게 정한 전략이 참가자에게 서로 알려졌을 때 어느 누구도 이 전략을 변경할 유인이 없는 상태를 내쉬균형이라고 한다.
2) 우월전략과 우월전략균형(Dominant Strategy Equilibrium) : 상대방이 어떠한 전략을 선택하든 관계없이 다른 전략에 비해 우월한 전략을 우월전략이라고 하며, 두 게임 참가자의 우월전략 쌍이 존재할 때 이 우월전략 쌍을 우월전략균형이라고 말한다.
3) 파레토 최적(Pareto Optimality) : 두 게임 참가자가 선택한 전략 쌍에 대해 상대 게임 참가자의 손실 없이는 한 게임 참가자의 이득을 증가시킬 수 없는 상태를 파레토 최적 또는 파레토 효율적(Pareto efficient)이라고 한다.

---

6) 등식에 대응되는 쌍대변수에는 부호에 제한이 없다. 또, 부호제한이 없는 변수에 대응하는 쌍대제약식은 등호이다.

우월전략균형이 존재하는 경우, 두 게임 참가자의 전략이 서로 알려져도 각기 전략을 변경할 유인이 없으므로 **우월전략균형은 언제나 내쉬균형**이 된다. 그러나 역으로 내쉬균형이 우월전략균형이 된다고 말할 수는 없다. 왜냐하면 우월전략균형은 존재하지 않으나 내쉬균형은 존재할 수도 있기 때문이다. 아래 예는 내쉬균형은 존재하나 우월전략균형은 존재하지 않는 경우이다.

예제 10.6 **내쉬균형**

게임 참가자 A와 게임 참가자 B의 이득이 아래 표와 같다고 할 때, 내쉬균형이 존재하는가? 존재하면 모두 구하라. 우월전략균형은 존재하는가?

표 10.18 2행렬 게임의 이득표 예

(A 이득, B 이득)		B의 전략	
		b1	b2
A의 전략	a1	(9, 8)	(4, 2)
	a2	(3, 3)	(7, 6)

풀이 내쉬전략 및 내쉬균형을 구하고, 우월전략균형의 존재 여부를 조사한다.

(1) A 입장의 내쉬전략 : B가 b1을 선택한다면 A는 전략 a1을 선택하고, B가 전략 b2를 선택한다면 A는 전략 a2를 선택하는 전략이 A의 내쉬전략이다.

	B의 전략선택에 대한	
	b1	b2
A의 이득선택	max{9, 3} = 9	max{4, 7} = 7
A의 내쉬전략	a1	a2

(2) B 입장의 내쉬전략 : A가 전략 a1을 선택한다면 B는 전략 b1을 선택하고, A가 전략 a2를 선택한다면 B는 전략 b2를 선택하는 전략이 B의 내쉬전략이다.

		B의 이득 선택	B의 내쉬전략
A의 선택에 대한	a1	max{8, 2} = 8	b1
	a2	max{3, 6} = 6	b2

(3) 따라서 (a1, b1) 및 (a2, b2)는 모두 내쉬균형이 된다. 왜냐하면 이러한 전략에서 어느 누구도 이 전략을 변경할 유인이 없기 때문이다.

내쉬전략 및 내쉬균형

	b1	b2
a1	**(9, 8)**	(4, 2)
a2	(3, 3)	**(7, 6)**

(4) 앞의 (1) 및 (2)로부터 A 입장 및 B 입장 모두에게 상대방에 어떤 전략을 선택하여도 유지할 우월전략이 존재하지 않는다. 따라서 우월전략균형이 존재하지 않는다.

아래 예제 10.7은 우월전략균형이 존재하며 이것이 파레토 최적이 되는 경우이다.

예제 10.7 **큰 돼지의 딜레마**

아래 그림 10.10와 같이 돼지우리에 큰 돼지와 작은 돼지 2마리가 있다. 돼지들이 먹이를 먹고 싶으면 먹이통 반대편에 있는 줄을 당겨야 한다. 먹이통 줄을 당기면 10만큼의 먹이가 내려온다. 그런데 돼지우리가 비교적 커서 줄을 당기고 오는 동안 다른 돼지는 먹이통 옆에서 기다리다가 상당한 양의 먹이를 먹을 수 있다. 만일 큰 돼지가 줄을 당기면 큰 돼지는 3, 작은 돼지는 7의 양을 먹게 되고, 만일 작은 돼지가 줄을 당기면 작은 돼지가 오기 전에 큰 돼지가 먹이를 모두 먹어 치운다. 두 돼지가 같이 줄을 당기면 큰 돼지가 더 빨라 먹이통으로 와서 작은 돼지가 오기 전에 먹이를 모두 먹어 버린다. 이제 큰 돼지 및 작은 돼지의 우월전략균형이 존재하는가? 존재한다면 이는 파레토 최적인가?

표 10.19 두 돼지의 이득표

먹는 양 (큰돼지, 작은돼지)		작은 돼지	
		줄 당김	기다림
큰 돼지	줄 당김	(10, 0)	(3, 7)
	기다림	(10, 0)	(0, 0)

그림 10.10 큰 돼지의 딜레마

풀이

다음 단계로 우월전략 및 우월전략균형을 구하고, 파레토 최적인지 조사한다.

(1) 큰 돼지 입장의 전략선택 : 작은 돼지가 줄을 당기면 큰 돼지는 같이 줄을 당기든 기다리던 어느 전략을 선택해도 이득이 같다. 한편, 작은 돼지가 기다리면 줄을 당

겨서 3만큼 먹는 것이 최선이다.

	작은 돼지의 선택에 대한	
	줄당김	기다림
큰 돼지의 이득선택	max{10, 10}=10	max{3, 0}=3
큰 돼지의 내쉬전략	**줄당김**, 기다림	**줄당김**

따라서 큰 돼지에게 줄을 당기는 것은 우월전략이 된다.

(2) 작은 돼지 입장의 전략선택 : 큰 돼지가 줄을 당기면 작은 돼지는 기다리고, 큰 돼지가 기다리면 작은 돼지는 어느 전략을 선택해도 이득은 0으로 동일하다.

		작은 돼지의 이득선택	작은 돼지의 내쉬전략
큰 돼지의 경우	줄당김	max{0, 7} = 7	**기다림**
	기다림	max{0, 0} = 0	줄당김, **기다림**

따라서 작은 돼지에게 기다리는 것은 우월전략이 된다.

(3) 따라서 큰 돼지 및 작은 돼지의 선택전략 쌍인 (줄당김, 기다림)은 우월전략균형이 된다.

(4) 우월전략균형인 큰 돼지 및 작은 돼지의 (줄당김, 기다림)에서 어느 전략 쌍으로 옮겨도 큰 돼지 또는 작은 돼지의 이득의 손실이 있을 수밖에 없기때문에 이는 파레토최적이다.

파레토최적 우월전략균형

작은 돼지		줄 당김	기다림
큰 돼지	줄 당김	(10, 0)	(3, 7)
	기다림	(10, 0)	(0, 0)

결과에 대한 토의

이 게임의 최적 전략은 큰 돼지가 줄을 당겨 3의 양을 먹고, 작은 돼지는 기다리다 큰 돼지가 줄을 당기면 먼저 먹이를 먹기 시작하여 7의 양을 먹는다. 상식적으로 큰 돼지가 힘도 세고 먹이도 더 빨리 먹을 수 있어 더 유리한 조건을 갖추고 있음에도 불구하고 게임의 결과는 작은 돼지보다 불리함을 알 수 있다. 이러한 이유로 인해 본 게임을 큰 돼지의 딜레마 게임이라 일컫는다.

현실에서 이와 같은 현상은 국제 정치에서 빈번히 일어난다. 예를 들어 산유국 기구인 OPEC에서 사우디아라비아는 큰 돼지 격이다. 작은 돼지에 해당되는 일부 산유국에서 생산량을 증가시킬 때 사우디아라비아에서는 국제 유가를 유지하기 위해 손해를 무릅 쓰고 생산량을 감소시킬 수밖에 없다.

다음 예는 우월전략균형이 존재하나 그것이 파레토 최적이 아닌 경우이다. 그래서 우리는 아래와 같은 상황을 **죄수의 딜레마**라고 부른다.

예제 10.8 **죄수의 딜레마 게임**

공범인 두 죄수가 잡혔는데 두 죄수에게는 죄를 자백하든지 부인하든지 2가지 전략만이 존재한다. 만약 두 죄수가 모두 범죄를 자백하면 둘 다 5년 형을 살게 되고, 모두 부인하면 둘 다 1년형을 살게 되고, 한 사람은 자백하나 다른 사람이 부인하면 자백한 사람은 석방되고 다른 사람은 10년형을 살게 된다. 이제 각 죄수의 우월전략균형이 존재하는가? 존재한다면 이는 파레토 최적인가?

표 10.20 죄수의 딜레마 게임의 payoff(형량)

형량 (죄수1, 죄수2)		죄수2	
		자백	부인
죄수1	자백	(5, 5)	(0, 10)
	부인	(10, 0)	(1, 1)

풀이

다음 단계로 우월전략 및 우월전략균형을 구하고, 파레토 최적인지 조사한다.

(1) 죄수1 입장의 전략선택 : 죄수2가 자백하면 죄수1은 자백을 하고, 죄수2가 부인해도 죄수1은 자백한다. 따라서 죄수1에게 우월전략은 자백이다.

	죄수2의 경우	
	자백	부인
이때 죄수1의 형량선택	min{5, 10} = 5	min{0, 1} = 0
내쉬전략	자백	자백

(2) 죄수2 입장의 전략선택 : 죄수1이 자백하면 죄수2는 자백을 하고, 죄수1이 부인해도 죄수2는 자백한다. 따라서 죄수2에게 우월전략은 자백이다.

		이때 죄수2의 형량선택	죄수2의 내쉬전략
죄수1의 경우	자백	min{5, 10} = 5	자백
	부인	min{0, 2} = 0	자백

(3) 따라서 죄수1 및 죄수2의 선택전략 쌍인 (자백, 자백)은 우월전략균형이 된다.

(4) 죄수1 및 죄수2의 (자백, 자백)은 **우월전략균형**인데 두 죄수는 각각 형량 5년씩을 받게 된다. 그러나 만약 두 죄수가 모두 부인을 하면 즉, (부인, 부인) 전략 쌍을 선택하면 각각 형량 1년씩만을 받게 되어 모두에게 이득이 됨을 알 수 있다. 따라서 우월전략균형인 죄수1 및 죄수2의 (자백, 자백)은 파레토 최적이 아니다. 한편, (부인, 부인)전략쌍에서 1년 형을 0으로 더 줄이려고 하면 상대방의 형량이 10년으로 늘어난다. 따라서 (부인, 부인) 전략 쌍은 게임에서 **파레토 최적**이다.

죄수2		자백	부인
죄수1	자백	**(5, 5)**	(0, 10)
	부인	(10, 0)	**(1, 1)**

결과에 대한 토의

두 죄수의 이득행렬에서 알 수 있듯이 두 죄수가 서로 신뢰하고 모두 부인하는 '협조'를 하면 둘 다 1년 형을 살게 되므로 둘 다 부인하는 것이 최적 전략임을 알 수 있다. 그러나 이 게임의 우월전략균형은 두 죄수 모두 자백하여 각각 5년 형을 사는 것이다. 이러한 이유 때문에 본 게임을 **죄수의 딜레마 게임**이라고 일컫는다. 두 죄수는 서로를 믿지 못하기 때문에 모두 '배신'하고 자백하게 된다고 한다.

현실 사회에서도 죄수의 딜레마 게임으로 설명할 수 있는 상황들이 있다. 적대관계에 있는 두 국가 간에 군축협상은 죄수의 딜레마 게임과 유사하다. 서로가 군사력 규모를 축소하는 (축소, 축소)의 협조전략은 모두에게 득이 될 것을 잘 알고 있으나, 나는 군사력을 축소하더라도 상대방은 오히려 군사력을 확대한다면 더 큰 피해를 당할 우려가 있기 때문에 군축협상이 쉽지 않다.

모형화 토의

1. 1950년에 RAND 연구소의 Flood와 Dresher 두 연구자는 내쉬균형이 최선의 해가 아닌 게임구조를 발견하고 그것을 가지고 실험을 직접 해보았다. 표 10.20의 구조와 같은 (배신, 협조)의 전략배열에서 성과이득은 (0, 0.5), (1, −1) ; (−1, 2), (0.5, 1)으로 참가자 1이 약간 불리한 구조였다(센트 단위).

표 10.21 Flood와 Dresher 게임의 이득

이득(¢단위) (참가자1, 참가자2)		참가자2	
		배신	협조
참가자1	배신	**(0, 0.5)**	(1, −1)
	협조	(−1, 2)	(0.5, 1)

실험에 참가한 두 사람에게 게임을 100회 반복하게 하였는데 결과를 보면, 참가자 1은 68번 협조를 하고, 참가자 2는 78번 협조를 하였다. 60번은 (협조, 협조), 14번은 (배신, 배신), 26번은 협조와 배신이 교차하였다. 내쉬의 지도교수이었던 A. Turcker는 이러한 게임구조를 예제 10.8과 같은 형태로 만들고 '죄수의 딜레마'라고 이름을 붙인 것이 그 기원이다.(W. Poundstone, *Prisoner's Dilemma*, 1992).

2. John F. Nash는 경제학에서 말하는 '보이지 않는 손'이 '죄수의 딜레마 게임' 상황에서는 작동하지 않음을 발견하였다. 그는 게임이론에 관한 연구의 공로로 1994년 노벨 경제학상을 공동 수상하였다. 그렇지만 그의 삶은 정신착란의 고통 속에 있었는데, 이는 2001년 "A Beautiful Mind"라는 영화로 제작되기도 하였다. 내쉬 이후에도 많은 학자들이 연구하였고, 1995, 1996, 2000, 2003, 2007, 20013, 2020년 노벨 경제학상을 게임이론 분야에서 수상하였다.

3 Flood와 Dresher의 게임의 실험 결과를 보면 참가자 1이 $40, 참가자 2가 $65를 벌었다. 만일 두 사람이 전부 협조를 하였다면 각각 $50, $100을 벌었을 것이다.

이처럼, '협조'를 하면 서로 이익이지만 더 큰 이익을 누리기 위해서 '배반'을 한다. 상대방을 협조하게 유인한다면 더 큰 이익을 누릴 수 있기 때문이다. 사회와 경제 현상에서 그리고 개인의 삶에서 갈등과 고민의 근원은 모두 '죄수의 딜레마'에 있다고 하여도 과언은 아닐 것이다. 어쩌면 '배반'에 의한 이득을 추구하는 동기와 욕구는 진화의 근원이 되는 필요악인지도 모른다.

게임 참가자를 서로 '협조'하게 만드는 메카니즘이 있다면 그것은 결국 성과이득표를 바꾸는 방법일 것이다. 예를 들면 도덕이나 교육을 통한 협조 메카니즘은 게임 참가자가 성과이득에 대해 느끼는 효용(utility)을 바꾸는 것으로서 결국 이득표를 바꾸는 방법이다. 죄수의 딜레마 예에서 '자백'을 하면 10년 형 이상에 해당하는 강력한 벌금이나 형벌이 별도로 부과된다면 배반하지 않을 것이다. 그러나 이것은 일종의 강요이다. '협조'하게 하는 어떤 방법(메카니즘)이 있다고 하더라도 그것은 강요나 강제성을 띄어서는 안되고 개인의 자유의지 선택은 보장되어야 한다.

'배반'에 의한 이득이 거대규모이면 그 욕구는 매우 클 것이고 그 피해는 더욱 심각할 것이다. 따라서 '거대규모의 죄수의 딜레마 게임'에서 협조의 메카니즘 고안이 필요하다. '협조'는 상호신뢰에서 나올 수 있다. 만일, 참가자들이 시간의 흐름을 통하여 어떤 **공동의 자산**을 축적하여 공동의 신뢰를 쌓을 수 있다면, 그리고 죄수의 딜레마 게임이 반복된다면, '배반'에 의한 이득보다 더 큰 성취와 만족을 공동의 자산에서 얻을 수 있게 하는 방법이 없을까? 이것이 가능하다면 '협조'의 메카니즘은 그 공동의 자산을 구체화하고 그것을 운용하는 메카니즘이 될 것이다..

(10.1~10.4 연습문제)

1 K씨는 어느 벤처기업으로부터 투자제안을 받았다. 10억 원을 투자하여 벤처가 성공하면 투자금액을 50억 원으로 회수할 수 있다. 그러나 실패로 끝나면 투자금은 모두 날리게 된다. K씨가 만일 EMV 기준을 따른다면, 이 벤처기업은 성공할 확률이 얼마 이상이면 투자를 하게 되는가?

2 S씨는 다음 주에 결혼 10주년을 맞아 부인과 함께 여행을 계획하고 있다. 여행에서 즐거움의 만족도는 날씨에 달려있는데, 날씨가 나쁜 경우는 기차여행이 그래도 괜찮은 편이다. 그래서 송씨는 비행기, 기차, 자동차 별로 여행의 즐거움 만족도를 수치로 표시하였다.

(1) Laplace, Maximin, Maximax, Hurwicz ($\alpha = 0.6$) 기준, Minimax 후회 기준으로 각각 여행방법을 정하라.

(2) 쾌청, 흐림, 비의 확률이 각각 60%, 30%, 10%으로 예측된다. 기대만족도를 최대로 하는 선택대안을 정하라.

날씨	여행방법		
	비행기	기차	자동차
쾌청	100	40	70
흐림	0	30	20
비	0	30	10

3 주식투자를 하고 있는 김씨는 다음 4개 유망종목을 선정하여 향후 주식시장이 오를 경우, 현상유지, 내릴 경우 세 가지로 나누어서 다음과 같이 이득표를 만들었다.(단위:만원) 아래 각각의 의사결정기준을 적용하여 하나의 주식종목을 선정하라.

(1) Lapace 기준

(2) Maximin 기준

(3) Maximax 기준

(4) Minimax 후회 기준

(5) 낙관계수를 0.3으로 한 후르위쯔 기준

(6) 주식시장의 향후 전개가 40%, 30%, 30%의 확률로 발생한다고 하자. EMV 입장에서 선택대안을 정하라.

주식	향후 주식시장		
	오름추세	현상유지	하락추세
A	250	60	−160
B	120	100	60
C	1500	0	−800
D	170	50	−200

4 주사위 두 개를 던져서 나오는 눈의 합을 가지고 돈내기를 하는 게임을 생각하자. 눈의 합이 12가 되면 10,000원을 잃는다. 눈의 합이 3~6이면 이기고 S원을 받는다. 눈의 합이 2이거나 7~11이면 1000원을 잃는다. S가 얼마 이상이면 이 돈내기 게임에 참여하겠는가?

눈의 합	2	3	4	5	6	7	8	9	10	11	12
확률	1/36	2/36	3/36	4/36	5/36	6/36	5/36	4/36	3/36	2/36	1/36

5 HD자동차는 여름철 휴가기간에 승용차 판매를 촉진하고자 광고를 강화하기로 하고 각각 10억원, 15억원, 20억원의 광고비를 투입하여 보통 수준, 강한 수준, 초강력 수준 세 가지 수준으로 광고를 계획하고

있다. 한편 라이벌 회사에서도 역시 광고를 계획하고 있다. 상대방 회사의 광고수준과 HD사의 광고 수준에 따라서 아래 표와 같이 판매 수익의 증감이 예상된다.

(1) 광고비용을 고려하여 HD사의 이득표(payoff)를 만들어라.

(2) 상대방 회사의 광고 수준이 각각 0.5, 0.3, 0.2의 확률로 이루어질 것으로 예상한다. 이때 HD사의 EMV를 구하라.

(3) (2)의 경우, HD사에 대한 완전정보가치를 구하라.

판매수익변화 (억원)		라이벌사의 광고 수준		
		보통 수준	강한 수준	초강력 수준
HD사의 광고 수준	보통 수준	12	8	−3
	강한 수준	17	14	−5
	초강력 수준	28	20	15

6 다음은 어느 지하철 잡지 판매코너에서 오랫동안 잡지를 팔아온 경험으로 알고 있는 것으로 일주일간 팔리는 주간 스토리 잡지의 판매 부수와 그 확률이다. 잡지는 한 부당 1000원에 사와서 1500원에 팔고 있으며, 시간이 지나면 모두 폐기해야 한다. 아래 문제를 스프레드시트로 풀어라.

(1) 이 문제의 선택대안(Ak)과 미래상황(Si)을 나열하고 각각의 경우 성과이득을 구하여 표로 나타내어라.

(2) 확률에 대한 정보를 무시하고 Laplace 기준, Maximin 기준, Maximax 기준, Minimax 후회 기준을 적용하여 비치할 잡지부수를 정하라.

(3) 확률을 이용하여 EMV 기준으로 잡지부수를 정하라.

일주일간 판매부수	100	120	140	160	180	200	220
확률	0.06	0.1	0.15	0.30	0.25	0.1	0.04

7 2002년 월드컵 결승전에서 한국팀과 일본팀이 격돌하게 되었다. 역대전적은 4 : 3으로 한국이 앞서고 있다. 축구 전문 해설가들의 예측이 지금까지 몇 번 있었지만 정확하게 맞지는 않았다. 다음과 같은 기호를 가지고 생각해보자.

I_K : 한국팀이 이길 것으로 예측함.

I_S : 일본팀이 이길 것으로 예측함.

S_K : 한국팀이 이김.

S_S : 일본팀이 이김.

예를 들면 위 표에서 $P(I_S|S_K)=0.3$은 한국팀이 이긴 것을 일본팀이 이길 것으로 예측할 확률이 0.3이란 뜻이다. $P(S_K|I_K)$을 구하라.

	사전확률분포 $P(I_i\|S_i)$	
	S_K	S_J
I_K	0.7	0.4
I_J	0.3	0.6

8 한국석유는 말레이시아 연안해에 석유 시추권을 경쟁 입찰하려고 한다. 석유를 시추할 경우 세가지 경우가 생기고 그때의 확률과 이득은 아래표와 같다.

시추비용과 석유생산 비용(전체 매장량을 모두 생산할 때까지 비용)은 $120백만불이다. 현재 석유가격은 배럴당 $32.00이다. 생산되는 석유 1배럴당 얼마씩 가격을 매겨서 말레이시아 정부에 줄 것인가를 정해서 입찰한다. 현재 고려하는 입찰가격은 배럴당 $20, $22, $24 세 가지이다. 세 가지 입찰가격에 대해서 경쟁자를 이길 수 있는 확률은 위와 같이 추정하였다.

단, 위의 경우1에서는 시추비용과 생산비용 및 판매수익을 모두 합하여 $30백만불 손해이다.

(1) 의사결정수를 그려라.

(2) EMV의 입장에서 의사결정을 내려라.

경우	확률	총 매장량
1	0.3	매장량이 충분하지 않음
2	0.5	500백만 배럴 매장
3	0.2	1000백만 배럴 매장

입찰가격	이길확률
$20	0.10
$22	0.30
$24	0.60

(10.5 연습문제)

9 효용함수가 $U(x) = x^{1/2}$인 사람이 있다. (단위: 천만원)

(1) 이 사람은 위험 회피자인가?

(2) 현재 1000만원을 가지고 있는데 두 가지 방법으로 돈을 쓸려고 한다. 선택1은 500만원을 확실하게 잃게 된다. 선택2는 20%의 확률로 500만원을 손해를 본다. 나머지 80%는 손실이 없다. 이 효용함수를 적용할 경우, 어느 것이 유리한가?

10 어떤 의사결정자의 효용함수는 $U(x) = (x + 1000)^{0.5}$이다. x는 만원 단위이다.

(1) 1/3확률로 8000만원을 벌 수 있는 기회와 함께 2/3의 확률로 잃을 수 있는 최대 금액은 얼마인가?

(2) 1000만원짜리 골동품이 있는데 이것을 도둑맞을 확률이 1%라면 보험금을 얼마까지 지불할 수 있는가?

11 1000만원을 국채와 벤처기업에 투자하려는 투자자가 있다. 그의 효용함수는 $U(x) = \ln(x)$(단위: 천만원) 이다. 국채에 투자할 경우는 1년 후에 5.8%의 수익을 얻을 수 있다. 벤처기업 투자하면 75%는 투자금액의 80%를 잃고, 25%는 10배의 이익을 준다.

(1) 위의 효용함수를 적용할 경우, 어디에 투자하는 것이 유리한가?

(2) 지수효용함수를 사용할 경우는 어디에 투자하는 것이 유리한가?(위험완충금 R은 투자금 총액 1000만원의 10%로 한다.)

12 St. Petersburg Paradox 게임: 동전을 던져서 n번째에 처음으로 앞이 나오면, 2^n 만 원을 받을 수 있는 게임이 있다고 하자. 만일 처음 4번은 뒷면이 계속해서 나오다가 5번째에 앞이 처음으로 나오면 $2^5 = 32$만원을 받게 된다. 여러분은 게임에 참가비로 최대 얼마까지 지불할 수 있겠는가? 이 게임의 화폐적 기대가치는 아래 식으로 계산되는 것처럼 무한대(∞)이다.

$$EMV = \left(\frac{1}{2}\right)2^1 + \left(\frac{1}{2}\right)^2 2^2 + \cdots + \left(\frac{1}{2}\right)^n 2^n + \cdots$$
$$= 1 + 1 + \cdots + 1 + \cdots = \infty$$

효용함수를 $U(x) = \log_2(x)$로 하여 St. Petersburg Paradox 게임의 참가비를 계산하라. (단위: 만원)

13 현재 1000만원을 가지고 있는 김씨는 각각 1/2 확률로 100만원을 따든지, 20만원을 잃게 되는 게임을 하려고 한다. 그의 효용함수는 $U(x) = x^{1/2}$이다.

(단위: 천만원)

(1) 1000만원의 효용을 구하라.

(2) 이 게임을 한 번 한 후의 남은 돈의 효용을 구하라.

(3) 이 게임에 참가비는 얼마까지 지불할 수 있는가?

(4) 이 게임에 참가할 수 있는 티켓을 가지고 있다고 하자. 다른 사람에게 양도하려고 한다면 얼마를 받고 하는 것이 좋은가?

(5) 1000만원을 가지고 있으며, 효용함수를 $U(x) = 1 - e^{-x}$일 때, 게임 티켓의 구입가격과 판매가격을 각각 구하라.

(10.6 연습문제)

14 다음 2人 영합게임의 순수전략과 게임값을 정하라.

(a)

		player 2	
		1	2
player 1	1	3	3
	2	1	4

(b)

		player 2			
		1	2	3	4
player 1	1	5	6	5	7
	2	3	4	4	6
	3	4	6	4	3
	4	5	5	4	4

15 다음 게임의 혼합전략과 게임값을 정하라.

(a) 홀짝 맞추기 게임

		player 2	
		홀수	짝수
player 1	홀수	−1000	1000
	짝수	1000	−1000

(b) 가위바위보 게임

		player 2		
		가위	바위	보
player 1	가위	0	−1000	1000
	바위	+1000	0	−1000
	보	−1000	1000	0

16 삼국지에서 보면, 기산에 진을 치고 있는 제갈공명은 장안을 공격하고자 한다. 중간에 있는 경유지를 선택해서 가는데, 사마중달은 열류성에서 나가는 두 길 중 하나를 지키고, 사곡에서 나가는 두 길 중 한 곳을 지킨다. 단, 열류성과 사곡에 도착한 후에야 어느 길을 지키는지 안다. 아래 표는 거리이다. 공명은 어느 곳을 선택하여 장안으로 가는 가장 빠른 길을 택하는가? 전략의 요충지는 어느 곳인가? (이 전투에서 공명은 눈물을 머금고 부하장군 마속을 벤다.)

경로	거리
기 산 - 열류성	100km
기 산 - 사 곡	200km
열류성 - 가 정	50km
열류성 - 미 성	150km
사 곡 - 미 성	60km
사 곡 - 가 정	130km
가 정 - 장 안	80km
미 성 - 장 안	70km

17 할인전문점 K마트와 D마트는 A, B, C 세 곳의 후보지에서 한 곳을 선택하여 새로운 판매할인점을 세우려고 한다. A, B, C 세 곳에 각각 소비자 수는 32만, 30만, 16만 명으로 추산된다. 소비자는 자신의 위치에서 가까운 할인점으로 쇼핑을 간다. 삼각형을 이루고 있는 A, B, C 세 곳은 A-B는 14km, A-C는 12km, B-C는 10km 거리로 떨어져 있다. 같은 거리에 있으면 소비자들은 반반씩 분산되어 간

다. 각각 어느 곳에 세우는 것이 좋은가?

18 다음 2人 영합게임을 생각하자.(행쪽의 게임자를 게이머 I, 열쪽을 게이머 II라고 하자.)

(1) 게이머 I 의 전략을 LP모형으로 표현하여 찾아라.

(2) 만일 게이머 II가 혼합전략(½, 0, ½)을 택하면, 게이머 I 은 어떤 혼합전략을 취하는가? 그때의 게임값은?

	게이머 II		
게이머 I	5	−10	−12
	−10	5	−10
	−12	−10	5

19 같은 종류의 신제품인 워킹슈즈에 대해 경쟁하는 회사 A와 회사 B는 신제품 가격을 어떻게 정하는가에 따라 이득이 아래와 같은 2행렬 게임으로 주어진다고 할 때, 아래 물음에 대해 답하라.

(A의 이득, B의 이득)		회사 B		
		비싼 가격	보통 가격	싼 가격
회사 A	비싼 가격	(24, 18)	(26, 18)	(16, 20)
	보통 가격	(19, 23)	(25, 25)	(18, 21)
	싼 가격	(20, 12)	(22, 16)	(12, 18)

(1) 내쉬 균형이 존재하는가? 내쉬 균형이 존재한다면 내쉬 균형은 우월전략균형인가?

(2) 만약 회사 A 및 회사 B가 보통가격 전략을 취할 수 없다고 할 때, 즉 비싼 가격 전략 및 싼 가격 전략의 둘 중 하나만을 취할 수밖에 없다고 할 때, 우월전략균형이 존재하는가? 우월전략균형이 존재한다면 우월전략균형은 파레토 최적인가? 이때의 (A의 이득, B의 이득)은 원래 표의 값과 동일하다.

체크포인트(10.5절) 풀이

지수효용함수는 투자의 이득과 손실에 대한 효용을 계산해준다. 반반의 확률로 이득이 15.7억 원이고 손실이 7.85억 원인 투자안(복권)을 효용 0으로 보는 사람의 지수효용함수는

$U(x) = 1 - e^{-x/15.7}$이다. 이것을 김씨의 주식 투자 이득과 손실에 적용하여 효용을 구하면 표와 같다. 투자안의 효용기대치 −0.1043이 음수이므로 투자하지 않는다.

이득/손실	−10	5	30	투자안의 효용기대치
확률	0.35	0.6	0.05	
효용	−0.8907	0.2747	0.852	−0.10433
효용*	−0.2365	0.1007	0.4711	0.0012

효용*의 경우는 R=47.1억 원으로 한 경우인데, 투자의 효용기대치가 0.0012으로서 거의 0이므로 이득도 손실도 없는 것으로 느끼고, 위험회피 태도가 약해진다.

11장 마코프 체인

11.1 확률과정과 마코프 체인

시간이 경과함에 따라 상태가 확률적으로 변화하는 모형을 확률과정이라고 한다. 이러한 확률과정의 예로는 시장점유율(%)의 변화, 특정 주식의 가격변화, 재산상태의 변화, 날씨 변화 등이 있다. 본 절에서는 먼저 일반적인 확률과정을 간략히 소개하고, 다음으로 가장 널리 적용되고 있는 마코프 체인에 대해 소개한다.

확률과정

확률과정(stochastic process)은 확률변수의 집합 $\{X_t, t \geq 0\}$으로 정의된다. 여기서 X_0는 현재 상태를 의미하고, X_t은 현재로부터 t시점 후의 상태를 의미하며, 모든 t ($t \geq 0$)에 대해 X_t는 확률변수이다. 확률과정은 시간이 이산적이냐 연속적이냐, 각 시점에서의 확률변수 X_t의 상태가 이산적이냐 연속적이냐에 따라 4가지 경우가 있을 수 있다.

- 이산적 시간, 이산적 상태공간
- 이산적 시간, 연속적 상태공간
- 연속적 시간, 이산적 상태공간
- 연속적 시간, 연속적 상태공간

이번 절에서 공부하는 마코프 체인은 4가지 경우 중 첫 번째에 해당되는 이산적 시간, 이산적 상태공간의 확률과정에 해당된다. 마코프 체인의 연속시간 버전의 확률과정을 마코프 과정(Markov process)이라 한다. 마코프 과정은 대학원의 확률과정 과목에서 다루게 된다.

날씨 변화 (이산적 시간, 이산적 상태): 제주도의 날씨를 확률과정으로 표현할 수 있다. 오늘 비가 왔으면 다음날 비가 올 확률은 비가 오지 않은 날의 다음날 비가 올 확률보다 크다. 날씨의 상태를 비가 오지 않음과 비가 옴으로 나눈다면, 오늘의 날씨를 X_0 라고 하고, 오늘부터 n 일째 날씨 상태를 X_n 이라 하면, 이는 다음과 같은 값을 갖는다.

$$X_n = \begin{cases} 0, & n\text{일 비가 오지 않음} \\ 1, & n\text{일 비옴} \end{cases}$$

그러면 $\{X_n, n = 0,1,2, \cdots\}$는 확률과정이 되고, 상태공간은 {비가 오지 않음, 비옴} 이고 시간공간은 $\{0,1,2, \cdots\}$이다.

주가지수 변화 1 (이산적 시간, 연속적 상태) : 코스피 주가지수 변화를 확률과정으로 표현할 수 있다. 종가기준으로 주가지수를 표현한다고 가정하여, 오늘의 주가지수를 X_0 라고 하고, 오늘부터 주식시장이 열리는 날만을 계산하여 n 일째 주가지수를 X_n 이라 하면, $\{X_n, n = 0,1,2, \cdots\}$는 확률과정이 되고, 상태공간은 양의 실수공간이 된다.

주가지수 변화 2 (이산적 시간, 이산적 상태) 주가지수 변화를 전일 종가에 비해 상승, 보합, 하락의 3가지로 나누어 상태공간을 {상승, 보합, 하락}으로 잡을 수 있다. 그렇다면, 오늘의 상태 X_0 는 전일종가에 비해 상승, 보합 또는 하락 중 하나의 값을 갖게 되고, 오늘부터 n 일째 주가지수 상태 X_n 도 다음과 같은 값을 갖는다.

$$X_n = \begin{cases} +1, & n\text{번째 날, 전일 종가 대비 상승} \\ \ \ 0\ , & n\text{번째 날, 전일 종가 대비 보합} \\ -1, & n\text{번째 날, 전일 종가 대비 하락} \end{cases}$$

그러면 $\{X_n,\ n=0,1,2,\ \cdots\}$은 이산적 시간의 이산적인 상태공간을 갖는 확률과정이 된다.

마코프 체인

마코프 체인은 미래 상태들이 어떻게 될 것인지의 확률분포가 과거 상태에는 영향을 받지 않고, 현재 상태에만 의존하는 확률과정이다. 즉, 시간이 이산적으로 한 단계씩 변화할 때, 미래 상태가 오직 현재 상태에서 한 단계씩 전이를 거쳐 정해지는 것을 마코프 체인이라고 한다. 즉, 확률과정 $\{X_n,\ n=0,1,2,\ \cdots\}$이 임의의 시간 n에서 상태 $i_0, i_1,\ \cdots, i_{n-1}, i, j$에 관계없이 식 (11.1)이 성립될 때 확률과정 X_n은 **마코비안 성질**(Markovian property)을 갖는다고 한다. 여기서 $\{X_n = i\}$는 현재(n) 상태가 i임을 의미하고, $\{X_0 = i_0, X_1 = i_1,\ \cdots,\ X_{n-1} = i_{n-1}\}$는 과거의 일련의 상태를 의미하고, $\{X_{n+1} = j\}$는 미래 상태를 의미한다.

$$\Pr(X_{n+1} = j \mid X_0 = i_0,\ \cdots,\ X_{n-1} = i_{n-1},\ X_n = i) = \Pr(X_{n+1} = j \mid X_n = i) \tag{11.1}$$

따라서 마코비안 성질을 미래 상태가 과거 상태에 관계없이 오직 현재 상태에만 영향을 받는 성질이라고 할 수 있다. 일반적으로 마코비안 성질을 갖는 이산적 시간, 이산적 상태공간의 확률과정을 **마코프 체인**(Markov chain)이라고 한다. 마코프 체인에서는 모든 시점 n에 대해 상태 i에서 상태 j로의 전이확률 $\Pr(X_{n+1} = j \mid X_n = i)$이 동일하다고 가정한다. 따라서 상태 i에서 상태 j로의 전이확률을 시간 n에 독립적으로 p_{ij}로 표현한다.

$$p_{ij} = \Pr(X_{n+1} = j \mid X_n = i), \quad \text{모든 } n \text{ 에 대해} \tag{11.2}$$

마코프 체인에서 상태 i에서 상태 j로의 전이확률 p_{ij}를 행렬로 표현할 때 이를 **상태전이행렬**(state transition probability matrix)이라 하며 P로 표현한다. 만일 마코프 체인의 상태공간이 $\{1,2,\cdots,m\}$이라 한다면 상태전이행렬은 아래와 같다.

$$P = \begin{pmatrix} p_{11} & p_{12} & \cdots & p_{1m} \\ p_{21} & p_{22} & \cdots & p_{2m} \\ \vdots & \vdots & \ddots & \vdots \\ p_{m1} & p_{m2} & \cdots & p_{mm} \end{pmatrix}$$

여기서 전이행렬 P 의 각 행의 합은 1이 된다. 왜냐하면 전이 이전 단계에서 상태 i 에 있다 다음 단계 때 상태 j 로 될 상태 전이확률이 p_{ij} 이고, $\sum_{j=1}^{m} p_{ij} = 1$이 되기 때문이다. 상태전이행렬을 표로 나타내면 표 11.1과 같다. 표 안에 있는 $m \times m$ 행렬이 상태 전이행렬을 나타낸다.

표 11.1 상태전이행렬 표

		다음 상태			
		1	2	⋯	m
	1	p_{11}	p_{12}	⋯	p_{1m}
현재 상태	2	p_{21}	p_{22}	⋯	p_{2m}
	⋮	⋮	⋮	⋯	⋮
	m	p_{m1}	p_{m2}	⋯	p_{mm}

상태전이행렬은 아래와 같이 **상태전이도**(state transition rate diagram)라 불리는 그래프로 표현할 수 있다.

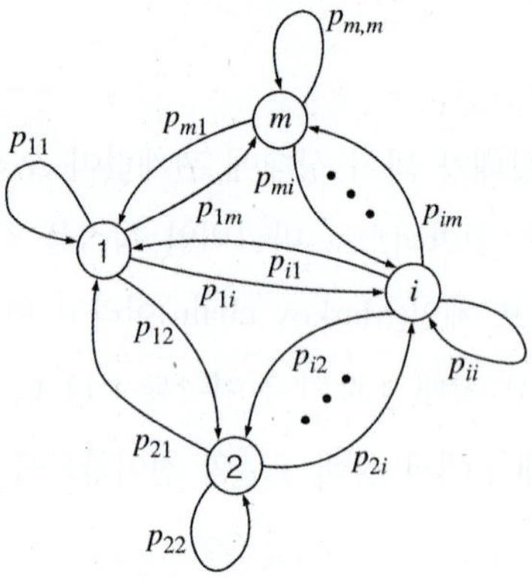

그림 11.1 일반적인 마코프 체인의 상태전이도

앞에서 소개한 날씨 변화 확률과정과 주가지수 변화 확률과정이 마코프 체인이 되는 경우를 보고, 이때의 상태전이행렬과 상태전이도를 구해본다.

마코프 체인으로 표현된 날씨 변화: 내일의 날씨가 과거 날씨 기록에는 전혀 영향이 없고, 오직 오늘 날씨에만 영향을 받는다고 가정하자. 그러면 날씨 변화 확률과정 $\{X_n, n=0,1,2, \cdots\}$은 마코프 체인이 된다. 전날 비가 왔는데 다음날 비가 오지 않을 확률은 0.7, 전날 비가 오지 않았을 때 다음날도 비가 오지 않을 확률은 0.9라 하자. 그리고 비옴 상태를 1, 비가 오지 않음 상태를 2이라고 놓는다면 상태공간은 $\{1, 2\}$가

된다. 그러면 상태전이행렬과 상태전이도는 각각 아래와 같이 된다.

$$P = \begin{pmatrix} p_{11} \, p_{12} \\ p_{21} \, p_{22} \end{pmatrix} = \begin{pmatrix} 0.3 \ 0.7 \\ 0.1 \ 0.9 \end{pmatrix}$$

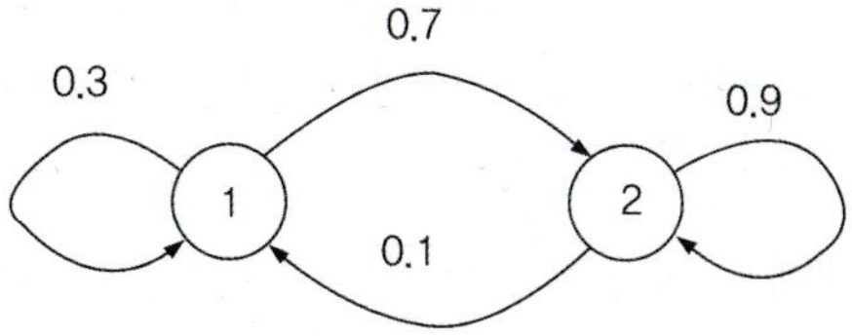

그림 11.2 날씨 변화 마코프 체인의 상태전이도

마코프 체인으로 표현된 주가지수 변화: 주가지수 변화를 전일 종가에 비해 상승, 보합, 하락의 3가지로 나누어 상태공간을 {상승, 보합, 하락}으로 하는 경우를 고려한다. 내일 주가지수의 변화가 주가지수의 과거 기록에는 전혀 영향이 없고 오늘 변화에만 영향을 받는다고 가정하자. 그러면 주가지수 변화 확률과정 $\{X_n, n=0,1,2, \cdots\}$은 마코프 체인이 된다. 이제 오늘 주가지수가 상승할 때, 내일 상승할 확률은 0.5, 보합일 확률은 0.3, 오늘 주가지수가 보합일 때, 내일 상승할 확률은 0.3, 하락일 확률도 0.3이고, 오늘 주가지수가 하락할 때, 내일 상승할 확률은 0.4, 보합일 확률은 0.3이라 한다. 그리고 상승 상태를 1, 보합 상태를 2, 하락 상태를 3으로 놓는다면 상태공간은 $\{1,2,3\}$이 된다. 그러면 상태전이행렬과 상태전이도는 각각 아래와 같이 된다.

$$P = \begin{pmatrix} p_{11} \, p_{12} \, p_{13} \\ p_{21} \, p_{22} \, p_{23} \\ p_{31} \, p_{32} \, p_{33} \end{pmatrix} = \begin{pmatrix} 0.5 \ 0.3 \ 0.2 \\ 0.3 \ 0.4 \ 0.3 \\ 0.4 \ 0.3 \ 0.3 \end{pmatrix}$$

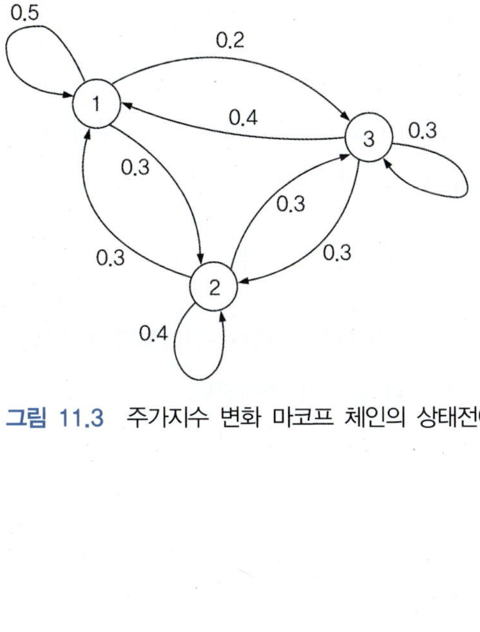

그림 11.3 주가지수 변화 마코프 체인의 상태전이도

11.2 채프만-콜모고로프 방정식

주어진 현재 상태에서 마코프 체인이 1단계, 또는 2단계, 또는 3단계 후, 어떤 상태에 있게 될지 상태 확률분포에 대해 채프만-콜모고로프 방정식이 대답해 줄 수 있다. 채프만-콜모고로프 방정식은 직관적으로 쉽게 이해되지만 마코프 체인에서 많이 이용되는 중요한 방정식이다.

상태 i에서 다음 단계에 상태 j로의 1단계-전이확률을 p_{ij}라고 표현할 때, 상태 i에서 n단계 후 상태 j로의 n단계-전이확률은 $p_{ij}^{(n)}$로 표현할 때, n단계-전이확률, 즉 현재 상태 i에서 n단계 후 상태 j로 전이될 확률은 식(11.3)과 같은 **채프만-콜모고로프 방정식**(Chapman-Kolmogorov equations)에 의해 계산된다. 여기서 S는 상태공간으로 모든 상태를 포함한 집합이고, m은 n보다 작은 자연수이다.

$$p_{ij}^{(n)} = \sum_{k \in S} p_{ik}^{(m)} p_{kj}^{(n-m)}, \ m = 1, 2, \cdots, n-1, \ i, j \in S \tag{11.3}$$

식(11.3)의 우변은 상태 i에서 m단계 후 상태 k에 이르는 확률에 상태 k에서 $(n-m)$단계 후 상태 j로 가는 확률을 곱한 값들의 합(k의 모든 경우 고려)으로 표현되었다. 이는 직관적으로 쉽게 이해된다. 따라서 2단계-전이확률은 아래와 같다.

$$p_{ij}^{(2)} = \sum_{k \in S} p_{ik} p_{kj} \ , \ i, j \in S \tag{11.4}$$

이제 상태전이행렬 P를 1단계-전이행렬이라고 하고, $P^{(2)}$를 2단계-전이행렬이라고 하면, 식(11.4)의 우변은 행렬 곱셈식과 같으므로,

$$P^{(2)} = P \cdot P = P^2 \tag{11.5}$$

가 된다. 따라서 3단계 전이행렬 $P^{(3)}$도 식(11.3)으로부터 $m=1$ 또는 $m=2$을 대입하면 앞의 식(11.5)로부터 다음과 같이 된다.

$$P^{(3)} = P \cdot P^{(2)} = P \cdot P^2 = P^3 \quad \text{또는} \quad P^{(3)} = P^{(2)} \cdot P = P^2 \cdot P = P^3$$

이와 같이 식(11.5)를 반복 적용하여 n단계-전이행렬 $P^{(n)}$은 1단계-전이행렬을 n번 곱한 P^n이 된다. 즉, 아래의 등식이 얻어진다.

$$P^{(n)} = P^n \tag{11.6}$$

채프만-콜모고로프 방정식을 성분으로 표현한 식은 (11.3)이고, 행렬로서 표현한 식은 (11.6)이다. 이제 채프만-콜모고로프 방정식을 적용한 예를 보자.

예제 11.1 자동차 구입 확률 분포

자동차 시장을 S, H, F 세 개의 자동차 회사가 모두 점유하고 있다. 시장조사 기관의 조사에 의하면 사람들이 자동차를 살 때 고려하는 것은 현재 사용하는 자동차에 의해서만 영향을 받는다. 이전 어떤 자동차를 구입했었는지는 영향이 없다고 가정한다. 조사 결과 H 자동차를 산 사람이 다음에도 H 자동차를 다시 살 확률이 0.6, S 자동차로 옮겨갈 확률이 0.2, F 자동차로 옮겨갈 확률이 0.2라고 한다. 아래 그림 11.4는 이러한 전이확률을 그래프로 나타낸 상태전이도이다. 현재 S, H, 또는 F 자동차 중 하나를 사용하는 사람이 3단계 후에 각각 S, H, F 각 자동차를 구입할 확률을 채프만-콜모고로프 방정식을 이용하여 구하려 한다.

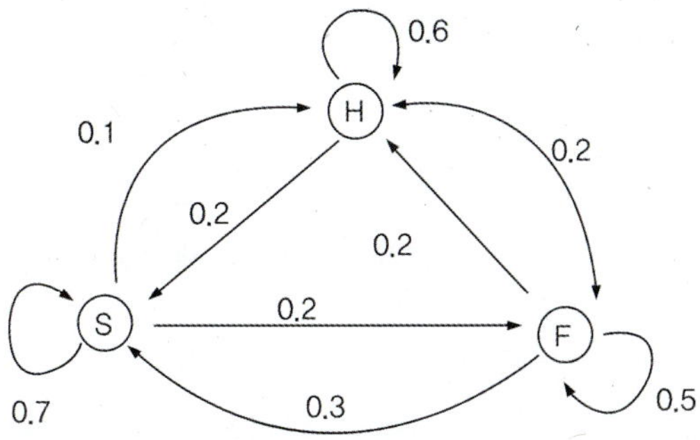

그림 11.4 자동차 구입(S, H, F) 상태전이도

풀이

먼저 어느 자동차를 사용하느냐를 상태로 정의하면, 상태공간은 {S, H, F}이 된다. 또한 다음 상태, 즉 다음에 구입할 자동차의 선택은 현재 사용하는 자동차에 의해서만 영향을 받는다고 하였기 때문에 상태변화는 마코프 체인이 된다. 이제 그림 11.4로부터 상태전이행렬 즉 1단계-전이행렬 P는 다음과 같다.

$$P = \begin{pmatrix} p_{SS} & p_{SH} & p_{SF} \\ p_{HS} & p_{HH} & p_{HF} \\ p_{FS} & p_{FH} & p_{FF} \end{pmatrix} = \begin{pmatrix} 0.7 & 0.1 & 0.2 \\ 0.2 & 0.6 & 0.2 \\ 0.3 & 0.2 & 0.5 \end{pmatrix}$$

2단계, 3단계 전이행렬 $P^{(2)}, P^{(3)}$는 행렬로 표현된 채프만-콜모고로프 방정식(11.6)에 의해 각각 아래와 같이 계산된다.

$$P^{(2)} = P \cdot P = \begin{pmatrix} 0.7 & 0.1 & 0.2 \\ 0.2 & 0.6 & 0.2 \\ 0.3 & 0.2 & 0.5 \end{pmatrix} \begin{pmatrix} 0.7 & 0.1 & 0.2 \\ 0.2 & 0.6 & 0.2 \\ 0.3 & 0.2 & 0.5 \end{pmatrix} = \begin{pmatrix} 0.57 & 0.17 & 0.26 \\ 0.32 & 0.42 & 0.26 \\ 0.4 & 0.25 & 0.35 \end{pmatrix}$$

$$P^{(3)} = P \cdot P^{(2)} = P \cdot P^2 = \begin{pmatrix} 0.7 & 0.1 & 0.2 \\ 0.2 & 0.6 & 0.2 \\ 0.3 & 0.2 & 0.5 \end{pmatrix} \begin{pmatrix} 0.57 & 0.17 & 0.26 \\ 0.32 & 0.42 & 0.26 \\ 0.4 & 0.25 & 0.35 \end{pmatrix} = \begin{pmatrix} 0.511 & 0.211 & 0.278 \\ 0.386 & 0.336 & 0.278 \\ 0.435 & 0.26 & 0.305 \end{pmatrix}$$

따라서 본 예의 문제에서 S차를 타던 사람이 3단계 시간이 경과한 후, S차, H차 및 F차를 타게 될 확률은 위에서 구한 $P^{(3)}$ 행렬의 첫 번째 행으로부터 각각 0.511, 0.211, 0.278이고, H차를 타던 사람이 3단계 시간이 경과한 후, S차, H차 및 F차를 타게 될 확률은 0.386, 0.336, 0.278이고, F차를 타던 사람이 3단계 시간이 경과한 후, S차, H차 및 F차를 타게 될 확률은 0.435, 0.26, 0.305이다.

11.3 마코프 체인의 상태 분류

마코프 체인의 상태는 재귀상태와 일시상태로 분류될 수 있다. 어느 상태에서 다시 자신의 상태로 되돌아올 가능성과 관련하여 상태를 재귀상태와 일시상태로 구분한다.

재귀상태(recurrent state): 상태 i에서 떠나서 다시 상태 i로 되돌아올 확률이 1.0인 상태 i를 재귀상태라 한다. 같은 상태로 다시 돌아올 때까지의 시간을 재귀시간(recurrence time)이라고 한다.
일시상태(transient state): 상태 i에서 떠나 다시 상태 i로 돌아오지 못할 확률이 조금이라도 존재하는 경우이다. 영원히 다시 못 돌아올 가능성이 존재한다. 이러한 상태 i를 일시상태라 한다.

특별한 재귀상태로서 흡수상태가 있다.

흡수상태(absorbing state): 상태 i에 일단 들어가면 다시는 빠져나올 수 없는 경우, 이러한 상태를 흡수상태라 한다. 즉, 재귀시간이 언제나 1인 재귀상태이다.

그림 11.5(a)의 마코프 체인에서 모든 상태 {1, 2, 3, 4}는 재귀상태이다. 상태전이도에서 아크에 표시되는 전이 확률값은 생략하였다. 그림 11.5(b)의 마코프 체인에서는 상태 {1, 2, 3}은 언젠가는 상태 4로 빠지면 다시는 돌아오지 못하게 되므로 일시상태이고, 상태 4는 한번 들어가면 계속 그 상태를 반복하며 머무르게 되므로 흡수상태이다.

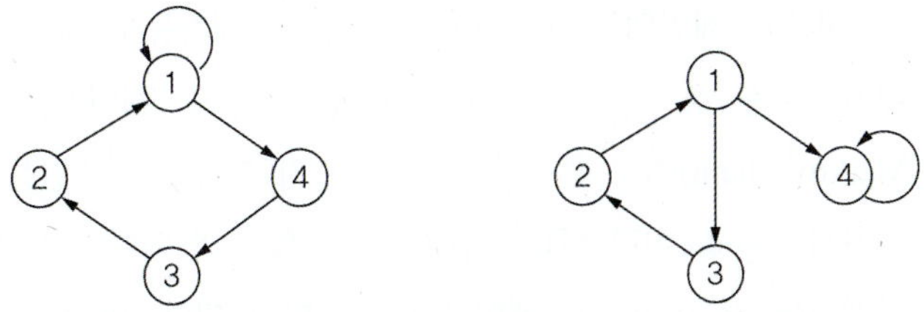

(a) {1, 2, 3, 4}가 재귀상태　　(b) {1, 2, 3}은 일시상태, {4}는 흡수상태

그림 11.5　마코르 체인의 상태 구분(재귀상태, 일시상태, 흡수상태)

상태를 분류하는 또 하나의 차원은 주기적이냐 비주기적이냐에 따른 것이다. 어떤 상태로 돌아오는 데, $t, 2t, 3t, \cdots$ 단계만 가능하다면 주기가 $t\,(t \neq 1)$이며, 그 상태를 **주기적**(periodic)이라 하고, 주기적이 아니면 **비주기적**(aperiodic)이라 한다.

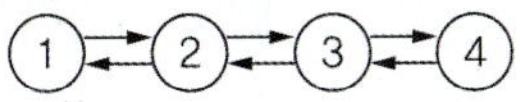

(a) 모든 상태: 주기적, 주기=2

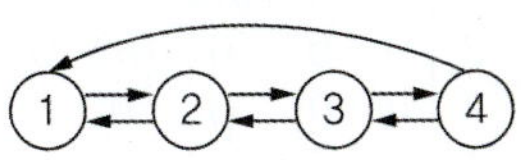

(b) 모든 상태: 주기적, 주기=2

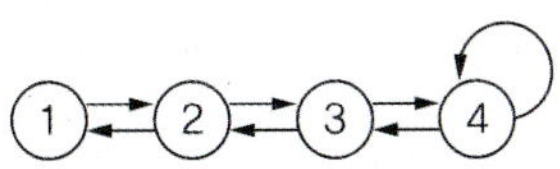

(c) 모든 상태: 비주기적

그림 11.6　마코르 체인의 상태 구분 (주기적, 비주기적)

마코프 체인의 상태전이도에서 상태 i에서 상태 j로 **도달가능**(accessible)하고, 상태 j에서 상태 i로 도달가능할 때, 서로 **왕래가능**(communicate)하다 하며 $i \leftrightarrow j$로 표시한다. 만약 $i \leftrightarrow k$이고 동시에 $k \leftrightarrow j$이면, $i \leftrightarrow j$가 된다. 상태전이도에서 상태 i에서 한번, 또는 여러번의 화살표로 상태 j로 연결이 가능하면 상태 i에서 상태 j로 도달가능이다. 반대 방향으로 상태 j에서 상태 i로도 도달가능하면 서로 왕래가능 $i \leftrightarrow j$ 서로 왕래가능한 상태들은 같은 성격을 갖게 되며 같은 클래스(class)라고 한다. 그림 11.5(a)의 모든 상태 {1, 2, 3, 4}들은 서로 왕래가능하므로 같은 클래스이다. 같은 클래스에 있는 이들은 모두 재귀상태이고, 비주기적임을 확인할 수 있다. 그림 11.5(b)는 2개의 클래스가 있다. 서로 왕래가능한 {1, 2, 3}이 하나의 클래스로서 모두 일시상태이고, 모두 주기적(주기 3)이다. 상태 {4}도 또 하나의 클래스이다. 주의할 점은 재귀상태와 일시상태가 같은 클래스에 존재할 수 없다는 점이다.

마코프 체인의 모든 상태들이 서로 왕래가능할 때, 즉 하나의 클래스로서 모든 상태가 같은 성격을 가질 때, 이러한 마코프 체인을 **기약 마코프 체인**(irreducible Markov chain)이라 한다. 비주기적인 기약 마코프 체인을 **에르고딕**(ergodic)이라 한다. 여기서 ergodic이란 '최초 상태로 돌아오는'의 의미이다. 상태 수가 유한개이며 하나의 클래스를 갖는 마코프 체인은 에르고딕이 된다. 마코프 체인이 2개 이상의 클래스로 구성될 때, 즉 모든 상태들이 서로 왕래-가능하지 못할 때, 이러한 마코프 체인을 **가약 마코프 체인**(reducible Markov chain)이라 한다.

예제 11.2 상태 구분하기

마코프 체인의 상태전이행렬이 아래와 같을 때, 이로부터 상태전이도를 그리고 상태를 구분하라. 마코프 체인은 기약 마코프 체인인가? 에르고딕인가?

$$\text{(a)}\ P_1 = \begin{matrix} 1 \\ 2 \\ 3 \end{matrix}\begin{pmatrix} 0.7 & 0.1 & 0.2 \\ 0.2 & 0.6 & 0.2 \\ 0.3 & 0.2 & 0.5 \end{pmatrix} \qquad \text{(b)}\ P_2 = \begin{matrix} 0 \\ 1 \\ 2 \\ 3 \\ P \\ B \end{matrix}\begin{pmatrix} 0 & 0.6 & 0 & 0 & 0.4 & 0 \\ 0 & 0 & 0.5 & 0 & 0.5 & 0 \\ 0 & 0 & 0 & 0.4 & 0.6 & 0 \\ 0 & 0 & 0 & 0 & 0.7 & 0.3 \\ 0 & 0 & 0 & 0 & 1.0 & 0 \\ 0 & 0 & 0 & 0 & 0 & 1.0 \end{pmatrix}$$

풀이

상태전이행렬로부터 상태전이도를 각각 그리면 그림 11.7과 같이 된다.

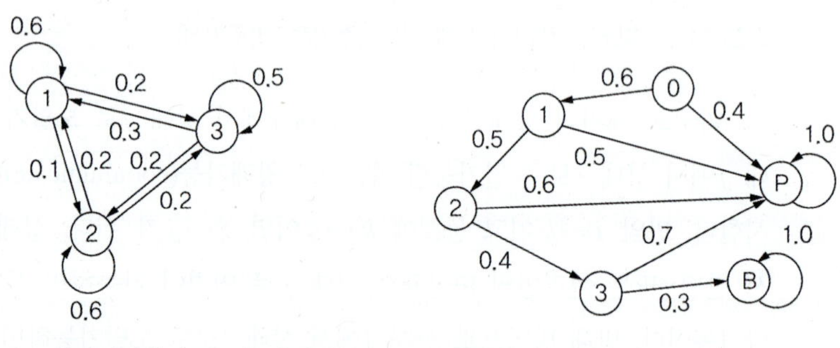

(a) 상태전이행렬 P_1의 상태전이도 (b) 상태전이행렬 P_2의 상태전이도

그림 11.7 상태전이행렬 P_1, P_2의 상태전이도

그림 11.7(a)의 상태전이도로부터 상태 {1, 2, 3}은 모두 왕래가능하므로 하나의 클래스가 되고, 모든 상태가 재귀상태이다. 따라서 (a)의 마코프 체인은 기약 마코프 체인이며, 상태가 모두 비주기적이고 상태의 수가 3개(유한)이므로 에르고딕이다. (b)의 마코프 체인은 모든 상태가 서로 왕래가능하지 않기 때문에 각 상태가 하나하나 클래스

가 되어 6개의 클래스로 구성되며, 상태 {0, 1, 2, 3}은 일시상태이고, 상태 {P, B}는 흡수상태이다. 따라서 (b)의 마코프 체인은 기약 마코프 체인이 아니다. 가약 마코프 체인이다.

기약 마코프 체인에서 중요하게 관심을 갖는 문제에는 안정상태 확률을 구하는 문제와 최초경과시간의 기댓값을 구하는 문제가 있고, 가약 마코프 체인 중 특별히 흡수체인의 경우에는 궁극적으로 특별한 흡수상태에 빠질 확률을 계산하는 문제가 중요하다. 따라서 앞으로 이들에 대해 차례대로 살펴본다.

11.4 안정상태 확률(Steady-state probability)

에르고딕 마코프 체인을 가정한다. 그러면 시간이 많이 경과하면 마코프 체인이 초기 상태의 영향을 벗어나 확률적으로 안정화된다. 이와 같이 안정상태에 도달하였을 때의 상태 확률분포에 대해 알아보려 한다. 이는 마코프 체인과 관련된 확률분석 및 의사결정 문제에서 중요하게 고려되는 문제이다. 이를 위해 먼저 현재 상태가 주어질 때, 또는 현재 상태 확률분포가 주어질 때 다음 단계 상태 확률분포를 구하는 계산부터 시작한다.

다음 단계 상태 확률분포 계산

시점 n 에서 상태 확률분포는 보통 행벡터 $\pi^{(n)}$ 으로 나타낸다. 즉, $\pi^{(n)}$ 의 i 번째 요소 $\pi_i^{(n)}$ 은 시점 n 에서 상태가 i 일 확률을 의미하며 $\pi_i^{(n)} = \Pr(X_n = i)$ 이다. 이제 상태 공간이 $\{1, 2, \cdots, m\}$이라 할 때, 현재 상태 확률분포가 $\pi^{(0)} = \left(\pi_1^{(0)}, \pi_2^{(0)}, \cdots, \pi_m^{(0)}\right)$ 라고 가정하자. 그러면 다음 단계에서 상태 확률분포는 아래와 같이 계산된다.

1) 다음 단계에서 상태가 1이 될 확률 계산:

$$
\begin{aligned}
\Pr(X_1 = 1) = & \Pr(X_0 = 1)\Pr(X_1 = 1 \mid X_0 = 1) && \text{현재상태 1이고, 다음 단계 상태1로 전이} \\
& + \Pr(X_0 = 2)\Pr(X_1 = 1 \mid X_0 = 2) && \text{현재상태 2이고, 다음 단계 상태1로 전이} \\
& \cdots && \cdots \\
& + \Pr(X_0 = m)\Pr(X_1 = 1 \mid X_0 = m) && \text{현재상태 } m\text{이고, 다음 단계 상태1로 전이}
\end{aligned}
$$

$$= \sum_{k=1}^{m} \Pr(X_0 = k)\Pr(X_1 = 1 \mid X_0 = k)$$

$$= \sum_{k=1}^{m} \pi_k^{(0)} p_{k1} = \left(\pi_1^{(0)}, \pi_2^{(0)}, \cdots, \pi_m^{(0)}\right)\begin{pmatrix} p_{11} \\ p_{21} \\ \vdots \\ p_{m1} \end{pmatrix} = \pi^{(0)} P_{.1}$$

여기서 $\pi^{(0)}$ 는 시점 0에서의 상태 확률분포를 나타내는 행벡터이고, $P_{.1}$ 는 상태전이행렬 P의 첫 번째 열벡터를 의미한다.

2) 다음 단계에서 상태가 i 일 확률 계산:

$$\Pr(X_1 = i) = \sum_{k=1}^{m} \Pr(X_0 = k)\Pr(X_1 = i \mid X_0 = k)$$

$$= \sum_{k=1}^{m} \pi_k^{(0)} p_{ki} = \left(\pi_1^{(0)}, \pi_2^{(0)}, \cdots, \pi_m^{(0)}\right)\begin{pmatrix} p_{1i} \\ p_{2i} \\ \vdots \\ p_{mi} \end{pmatrix} = \pi^{(0)} P_{.i}$$

여기서 $P_{.i}$ 는 상태전이행렬 P의 i 번째 열벡터를 의미한다.

따라서 다음 단계인 시점 1에서 상태 확률분포 $\pi^{(1)}$ 은 $\pi^{(1)} = \pi^{(0)} P$가 된다. 일반적으로 시점 n 에서 상태 확률분포가 행벡터 $\pi^{(n)} = \left(\pi_1^{(n)}, \pi_2^{(n)}, \cdots, \pi_m^{(n)}\right)$ 으로 표현된다면 다음 단계 상태 시점 $n+1$ 에서 확률분포는 식(11.7)로 계산된다.

$$\pi^{(n+1)} = \pi^{(n)} P \tag{11.7}$$

여기서 P 는 상태전이행렬이고, 우변은 행렬곱으로 표현된 식이다.

안정상태에서 확률분포 계산

이제 초기 상태 확률분포에서 시간이 많이 지나 시점 n 에서 상태 확률분포 $\pi^{(n)}$ 이 다음 단계의 상태 확률분포 $\pi^{(n+1)}$ 과 같게 될 때, 다음 단계에서 상태 확률분포가 동일하게 될 때, 우리는 **안정상태**(steady state)에 도달하였다고 한다. 왜냐하면 이후 모든 단계에서 상태 확률분포가 동일하게 반복되기 때문이다. 즉 $\pi^{(n+1)} = \pi^{(n)}$ 이 되면, $\pi^{(n)} = \pi^{(n+1)} = \pi^{(n+2)} = \cdots$ 되므로 마코프 체인은 안정상태에 도달했다고 말한다. 그리고 이때의 상태 확률분포를 $\pi^* = (\pi_1^*, \pi_2^*, \cdots, \pi_n^*)$로 표현하고, **안정상태 확률분포**(steady state probability distribution)라 한다. 안정상태 확률분포 π^* 를 구하는 등식

시스템은 다음과 같다.

안정상태 확률분포 π^*를 구하는 식

(i) $\pi^* P = \pi^*$ (11.8a)

(ii) $\sum_{i=1}^{m} \pi_i^{(*)} = 1$ (11.8b)

안정상태 확률분포를 구하는 식(11.8)을 말로 표현하면 다음과 같다.

(i) $[\text{안정상태 확률분포 행벡터}]\begin{bmatrix} \text{상 태} \\ \text{전 이} \\ \text{행 렬} \end{bmatrix} = [\text{안정상태 확률분포 행벡터}]$

(ii) 안정상태 확률분포의 합 = 1

이제 자동차 시장점유율 변화에 대한 마코프 체인의 예를 본다.

예제 11.3 자동차 시장의 점유율 변화 (예제 11.1 계속)

예제 11.1이 계속된다. 자동차 구입 상태 변화를 나타내는 마코프 체인의 상태전이도는 그림 11.4와 같고, 상태전이행렬 P는 아래와 같음을 확인할 수 있다.

$$P = \begin{matrix} S \\ H \\ F \end{matrix} \begin{pmatrix} 0.7 & 0.1 & 0.2 \\ 0.2 & 0.6 & 0.2 \\ 0.3 & 0.2 & 0.5 \end{pmatrix}$$

이제 S, H, F 세 자동차 회사의 현재 시장점유율이 10%, 50%, 40% 라고 한다. 모든 사람의 자동차 사용년수는 동일하다고 가정하고, 세 자동차 회사의 시장점유율의 변화를 마코프 체인을 적용하여 분석하라. 즉 1단계 또는 2단계 후의 시장 점유율과 안정상태에서의 시장 점유율을 각각 계산하라.

풀이

현재상태의 시장 점유율 분포는 $\pi^{(0)} = (0.1, 0.5, 0.4)$ 이므로, 1단계 후의 세 회사의 시장 점유율 $\pi^{(1)}$과 2단계 후의 세 회사의 시장 점유율 $\pi^{(2)}$은 식(11.7)에 의해 각각 다음과 같이 계산된다.

$$\pi^{(1)} = \pi^{(0)} P = (0.1,\ 0.5,\ 0.1) \begin{pmatrix} 0.7 & 0.1 & 0.2 \\ 0.2 & 0.6 & 0.2 \\ 0.3 & 0.2 & 0.5 \end{pmatrix} = (0.29, 0.39, 0.32)$$

$$\pi^{(2)} = \pi^{(1)} P = (0.29,\ 0.39,\ 0.32)\begin{pmatrix} 0.7 & 0.1 & 0.2 \\ 0.2 & 0.6 & 0.2 \\ 0.3 & 0.2 & 0.5 \end{pmatrix} = (0.377, 0.327, 0.296)$$

즉, 현재 시장 점유율이 10%인 S 자동차의 다음 단계에서의 시장점유율은 29%를 점유하게 되고, 2단계 지나면 37.7%를 점유하게 된다.

한참 시간이 지난 후에 안정상태가 되었다고 하고, S, H, F 세 자동차 시장점유율을 각각 π_1, π_2, π_3 라고 하자. 그러면 식(11.6)에 의해 다음 안정상태 조건식이 성립한다.

$$\text{(i)}\ (\pi_1, \pi_2, \pi_3)\begin{pmatrix} 0.7 & 0.1 & 0.2 \\ 0.2 & 0.6 & 0.2 \\ 0.3 & 0.2 & 0.5 \end{pmatrix} = (\pi_1, \pi_2, \pi_3) \tag{11.9a}$$

$$\text{(ii)}\quad \pi_1 + \pi_2 + \pi_3 = 1 \tag{11.9b}$$

이를 다시 쓰면 아래의 선형방정식 시스템이 된다.

$$\begin{aligned} 0.7\pi_1 + 0.2\pi_2 + 0.3\pi_3 &= \pi_1 \\ 0.1\pi_1 + 0.6\pi_2 + 0.2\pi_3 &= \pi_2 \\ 0.2\pi_1 + 0.2\pi_2 + 0.5\pi_3 &= \pi_3 \\ \pi_1 \quad + \pi_2 \quad + \pi_3 &= 1 \end{aligned} \tag{11.10}$$

선형방정식 시스템 (11.10)의 해를 스프레드시트 모형을 이용해서 구할 수 있다.

스프레드시트 모형화 스프레드시트 모형화에 의해 안정상태 확률을 2 가지 방법에 의해 구할 수 있다. 첫 번째 방법으로 단계별 상태 분포를 수렴할 때까지 계산하여 구할 수 있다. 그림 11.8은 이를 보여주고 있다.

1. **입력자료** C5:E7
   상태 전이확률을 C5:E7 영역에 입력한다.
2. **현재 상태 점유율** C9:E9
3. **다음 단계 점유율 계산** C10:E10
   C10:E10에 다음 행렬 곱셈식을 입력한다.

```
C10:E10 = MMULT(C9:E9,C5:E7)   Ctrl+Shift+Enter
```

4. 이후 단계 계산

C10:E10을 C11:E11부터 수렴할 때까지 자동복사한다.

그림 11.8에서 보는 바와 같이 21단계에 이르러 수렴값에 도달하여 이전 단계 시장점유율과 다음 단계 시장점유율이 같은 시장점유율 (0.4571, 0.2571, 0.2857)이 구해진다. 그림에서는 행19에서 행28까지 10개 행을 숨겼다.

	A	B	C	D	E	F	G
1	마아코프 체인을 따르는 시장점유율 변화(1)						
2							
3	상태 전이행렬			다음상태			
4			S	H	F		
5		S	0.7	0.1	0.2		
6	현상태	H	0.2	0.6	0.2		
7		F	0.3	0.2	0.5		
8							
9	현재상태		0.1	0.5	0.4		
10	1단계후		0.29	0.39	0.32		
11	2단계후		0.377	0.327	0.296		
12	3단계후		0.4181	0.2931	0.2888		
13	4단계후		0.43793	0.27543	0.28664		
14	5단계후		0.447629	0.266379	0.285992		
15	6단계후		0.452414	0.261789	0.285798		
16	7단계후		0.454787	0.259474	0.285739		
17	8단계후		0.455967	0.258311	0.285722		
18	9단계후		0.456556	0.257728	0.285717		
29	20단계후		0.457143	0.257143	0.285714		
30	21단계후		0.457143	0.257143	0.285714		
31	C10:E10 =MMULT(C9:E9,$C$5:$E$7) Ctrl + Sht + Enter						
32	C11:E11 에서 C30:E30 까지 : C10:E10 자동복사						
33							

그림 11.8 시장점유율 변화 스프레드시트 모형화(1)

두 번째 방법으로 해찾기를 이용하여 안정상태 확률을 구할 수 있다. 추천하는 방법은 이 방법이다. 그림 11.9는 이를 보여주고 있다.

1. 변수셀 C11:E11

현재 단계를 변수셀로 놓는다.

2. 다음 단계 분포 C13:E13

행렬곱셈에 의해 표현된다.

```
C13:E13 = MMULT(C11:E11,C5:E7)  Ctrl+Shift+Enter
```

3. 제한조건

식(11.9a) : C11:E11 = C13:E13
식(11.9b) : F11 = H11

4. 해찾기 모델 설정

그림 11.10과 같이 해찾기 모델을 설정한다. 여기서 주의할 점은 목표셀이 없다는 점이며, LP심플렉스 해법에 의해 2 종류의 등식 제한조건을 만족하는 안정상태 확률이 구해진다. 안정상태에서의 시장점유율 (0.4571, 0.2571, 0.2857)이 구해진다.

	A	B	C	D	E	F	G	H
1	마아코프 체인을 따르는 시장점유율 변화(2)							
2								
3	상태 전이행렬			다음상태				
4			S	H	F			
5		S	0.7	0.1	0.2			
6	현상태	H	0.2	0.6	0.2			
7		F	0.3	0.2	0.5			
8								
9	현재상태		0.1	0.5	0.4			
10								
11	안정상태		0.457143	0.257143	0.285714	1	=	1
12			=	=	=			
13	다음 단계		0.457143	0.257143	0.285714			
14								
15	F11 =SUM(C11:E11)							
16	C21:E21 =MMULT(C11:E11,$C$5:$E$7) Ctrl + Sht + Enter							

그림 11.9 시장점유율 변화 스프레드시트 모형화(2)

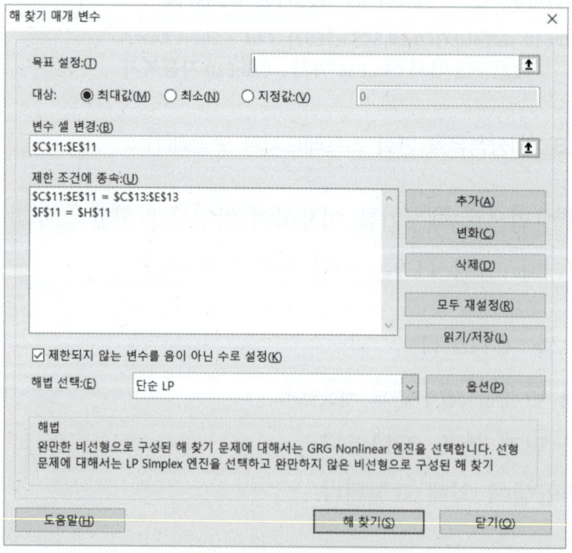

그림 11.10 해찾기를 적용하여 안정상태 확률 구하기 (해찾기 모델 설정)

11.5 최초경과시간

에르고딕 마코프 체인을 가정한다. 상태 i에서 출발하여 최초로 상태 j로 갈 때까지의 시간(단계 수)을 **최초경과시간**(first passage time)라 한다. 최초경과시간은 T_{ij}로 표현하며, 이는 확률변수이다. 우리는 확률분포 T_{ij}의 기댓값에 관심을 갖는다. 상태전이도가 그림 11.7(a)인 기약 마코프 체인인 경우를 예로 들어본다. 마코프 체인이 처음에 $X_0 = 1$에서 시작하여 다음과 같이 진행하였다고 가정하자. 이를 하나의 샘플경로(sample path)라 한다.

$$X_0 = 1,\ X_1 = 3,\ X_2 = 2,\ X_3 = 2,\ X_4 = 3, X_5 = 1,\ \cdots$$

그러면 처음 상태 1에서 상태 2로 가는 최초경과시간 $T_{12} = 2$이고, 상태 1에서 상태 3으로 가는 최초경과시간 $T_{13} = 1$이 된다. 상태 1에서 상태 1로 되돌아오는 최초경과시간(정확히는 재귀시간) $T_{11} = 5$가 된다.

이제 m_{ij}를 상태 i에서 상태 j로의 평균최초경과시간, 즉 최초경과시간 T_{ij}의 기댓값이라고 할 때 조건주기(by conditioning)에 의해 m_{ij}를 계산할 수 있다. 조건주기에 의한 m_{ij} 계산식을 제시하기 위한 전에 생쥐가 동굴을 탈출하기까지의 평균시간을 계산하는 두개의 예제를 살펴본다. 이들 예제를 이해하면 m_{ij} 계산식도 쉽게 이해하게 된다. 만약 식(11.14)이 쉽게 이해되면 이 예제들은 생략해도 된다.

예제 11.4 **생쥐의 동굴 탈출 시간(1)**

생쥐가 그림 11.11과 같이 동굴 안에 있다. 동굴에는 3개의 출입구가 있으며 생쥐는 같은 확률(각 1/3)로 무작위하게 출입구를 선택한다. 생쥐가 동굴 밖으로 나가지 못하고 헤매다 다시 그 동굴로 돌아올 때, 생쥐는 지난번 선택했던 출입구를 기억하지 못하

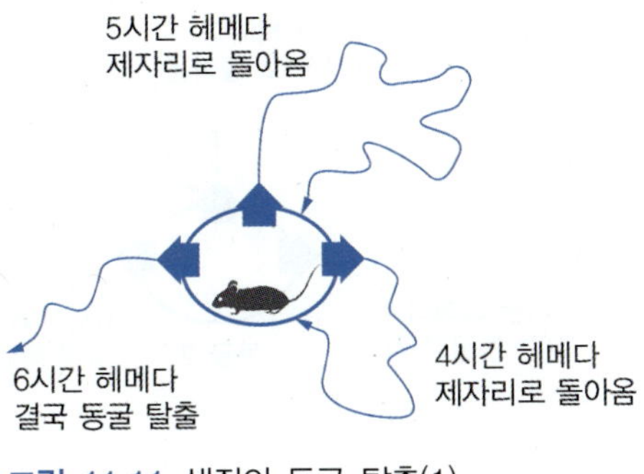

그림 11.11 생쥐의 동굴 탈출(1)

기 때문에 다시 무작위하게 3개의 출입구 중 하나를 선택한다. 이제 생쥐가 동굴을 벗어나기까지 걸리는 평균시간을 계산하라.

풀이

생쥐가 동굴 밖까지 나갈 때까지 걸리는 평균시간을 m이라 놓자. 그러면 생쥐가 각 출입구를 선택할 확률이 동일하게 $\frac{1}{3}$이고, 서쪽 출입구를 선택할 경우는 6시간 헤매다 동굴 밖으로 나가고, 북쪽 출입구를 선택할 경우는 5시간 헤매다 동굴로 다시 돌아오고, 동쪽 출입구를 선택할 경우는 4시간 헤매다 동굴로 다시 돌아오게 되므로, 북쪽 출입구를 선택하는 경우 생쥐가 동굴 밖으로 나갈 때까지의 평균시간은 $5+m$이 되고, 동쪽 출입구를 선택하는 경우 생쥐가 동굴 밖으로 나갈 때까지의 평균시간은 $4+m$이 된다. 따라서 생쥐가 동굴 밖으로 나갈 때까지의 평균시간 m에 대해 다음의 식이 성립되어야 한다.

$$m = \frac{1}{3}(6) + \frac{1}{3}(5+m) + \frac{1}{3}(4+m) \tag{11.11}$$

방정식을 풀면 $m = 15$가 된다.

이제 조금 복잡한 동굴이 2개인 예를 본다.

예제 11.5 **생쥐의 동굴 탈출 시간(2)**

그림 11.12에서 생쥐가 현재 동굴 1에 있다. 그림에서 동굴 1과 동굴 2에는 각각 3개의 출입구가 있으며 생쥐는 어느 동굴이든지 같은 확률로 무작위하게 출입구를 선택한다. 생쥐가 동굴 밖으로 나가지 못하고 헤매다 어느 동굴로 돌아오든 생쥐는 지난번 선택했던 출입구를 기억하지 못한다. 이제 생쥐가 동굴 1에 있을 때, 동굴을 벗어나기까지 걸리는 평균시간을 계산하라.

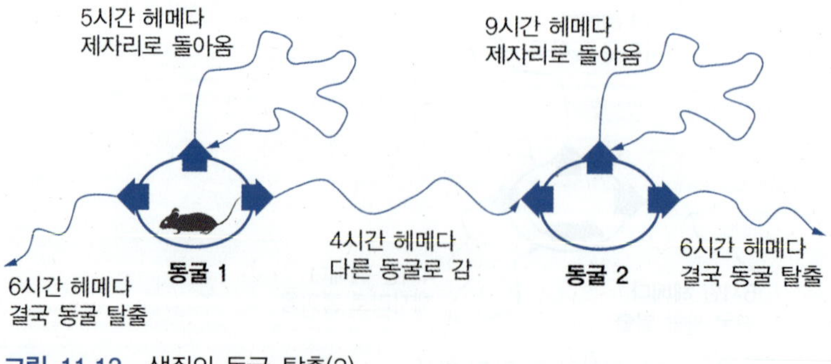

그림 11.12 생쥐의 동굴 탈출(2)

풀이

생쥐가 동굴 1에서 동굴 밖으로 나갈 때까지 평균시간을 m_1, 동굴 2에서 동굴 밖으로 나갈 때까지 평균시간을 m_2 라 놓자. 그러면 앞의 예제와 같은 방식으로 계산하면 다음의 등식 시스템(11.12)이 성립되어야 한다.

$$m_1 = \frac{1}{3}(6) + \frac{1}{3}(5 + m_1) + \frac{1}{3}(4 + m_2)$$

$$m_2 = \frac{1}{3}(6) + \frac{1}{3}(9 + m_2) + \frac{1}{3}(4 + m_1) \tag{11.12}$$

이제 m_1, m_2에 대해 등식을 풀면 각각 $m_1 = \frac{49}{3}, m_2 = \frac{53}{3}$이 얻어지며 현재 동굴 1에 있으므로 동굴 밖으로 나갈 때까지의 평균시간은 $\frac{49}{3}$시간이 걸린다.

이제 상태 i에서 상태 j로의 평균최초경과시간 m_{ij}를 계산하기 위해 상태들을 다음과 같이 간주한다.

상태 i: 동굴 i(현재 생쥐가 여기에 있음)
상태 k: 동굴 k (단 $k \neq j$)
상태 j: 동굴 밖

예를 들어, 상태공간이 $\{1, 2, 3\}$이고, $i = 1, j = 3$이라고 할 때, m_{13}을 계산하는 등식들을 고려하자. 그러면 아래 2가지 조건에 대해 각각 경과시간과 확률을 곱해 기댓값을 구하는 등식을 얻을 수 있다.

(i) 현재 상태 1($i = 1$)에서 다음 단계 상태 3($j = 3$)이 되는 경우, 경과시간 = 1.
(ii) 현재 상태 1($i = 1$)에서 다음 단계 상태 k인 경우(k는 1 또는 2, $k \neq j$), 경과시간은 $(1 + m_{kj})$이 된다.

그러면 다음의 등식 시스템(11.13)이 얻어지며 이로부터 m_{13}, m_{23}을 계산할 수 있다.

$$m_{13} = (1)p_{13} + (1 + m_{13})p_{13} + (1 + m_{23})p_{23}$$

$$m_{23} = (1)p_{23} + (1 + m_{13})p_{21} + (1 + m_{23})p_{22} \tag{11.13}$$

일반적으로는 식(11.14)로 표현된다. 즉 생쥐가 현재 상태 i에 있고, 상태 j를 동굴 밖으로 간주한다. 상태공간 전체의 상태수를 $|S|$라 하면 $|S| - 1$개의 등식을 갖는 시

스템이 얻어진다. 그리고 이를 풀면 $m_{ij}, m_{kj}\,(k \neq j)$가 얻어진다.

$$m_{ij} = (1)p_{ij} + \sum_{k \neq j}(1+m_{kj})p_{ik} \qquad (i \neq j) \tag{11.14}$$

식(11.14) 우변에서 $p_{ij} + \sum_{k \neq j} p_{ik} = 1$ 를 이용하면 식(11.15)가 얻어진다.

$$m_{ij} = 1 + \sum_{k \neq j} p_{ik} m_{kj} \qquad (i \neq j) \tag{11.15}$$

그러나 식(11.15)로부터 $i=j$인 경우 즉 m_{ii}를 계산할 때 동굴 예제를 이용하여 식을 얻을 수 없다. 상태 i가 동굴이면서 동굴 밖이라고 간주할 수는 없기 때문이다. 그러나 m_{ii} 계산은 안정상태 확률을 이용하여 계산할 수 있다.

예를 들어 에르고딕인 어느 마코프 체인의 상태 수가 10개라 하고, 안정상태 확률을 $\pi_i^*\,(i=1,\cdots,10)$라 하자. 만약 어떤 상태 i의 안정상태 확률이 $\pi_i^* = \frac{1}{5}$ 이라고 한다면, 상태 i에 있을 확률이 $\frac{1}{5}$ 이므로 평균적으로 5 단계마다 한번씩 상태 i가 된다는 의미이다. 이는 마코프 체인이 상태 i에서 다시 상태 i로 돌아오게 되는 경과시간이 평균 5가 된다는 의미이다. 즉 안정상태 확률 π_i^*는 시간평균확률의 의미를 가지며 상태 i에서 다시 상태 i로의 평균최초경과시간은 평균재귀시간이 되며 이는 안정상태 확률의 역수가 된다. 즉 $m_{ii} = \frac{1}{\pi_i^*}$ 이 된다.

따라서 평균최초경과시간을 구하는 등식 시스템은 (11.16)으로 정리된다.

(i) $m_{ii} = \dfrac{1}{\pi_i^*} \quad (\forall\, i)$ (11.16a)

(ii) $m_{ij} = 1 + \sum_{k \neq j} p_{ik} m_{kj} \quad (i \neq j)$ (11.16b)

예제 11.6 **평균최초경과시간 계산**

예제 11.3의 마코프 체인의 상태전이행렬 $P = \begin{matrix} 1 \\ 2 \\ 3 \end{matrix}\begin{pmatrix} 0.7 & 0.1 & 0.2 \\ 0.2 & 0.6 & 0.2 \\ 0.3 & 0.2 & 0.5 \end{pmatrix}$ 이었다. 각 상태간 평균최초경과시간을 구하라.

풀이

예제 11.3에서 마코프 체인의 안정상태 확률은 아래와 같이 계산되었다.

$$\pi^* = (\pi_1^*, \pi_2^*, \pi_3^*) = (0.457, 0.257, 0.286)$$

따라서 식(11.16a)로부터 평균재귀시간은 아래와 같다.

$$(m_{11}, m_{22}, m_{33}) = \left(\frac{1}{\pi_1^*}, \frac{1}{\pi_2^*}, \frac{1}{\pi_3^*}\right) = (2.188, 3.889, 3.5)$$

식(11.16b)로부터 각 j에 대한 평균최초경과시간 선형방정식 시스템을 얻으면 다음과 같다.

$j=1$ 인 경우: $m_{21} = 1 + p_{22}m_{21} + p_{23}m_{31} = 1 + 0.6\,m_{21} + 0.2\,m_{31}$

$m_{31} = 1 + p_{32}m_{21} + p_{33}m_{31} = 1 + 0.2\,m_{21} + 0.5\,m_{31}$

방정식을 풀면 $m_{21} = \dfrac{35}{8}, m_{31} = \dfrac{30}{8}$

$j=2$ 인 경우: $m_{12} = 1 + p_{11}m_{12} + p_{13}m_{32} = 1 + 0.7\,m_{12} + 0.2\,m_{32}$

$m_{32} = 1 + p_{31}m_{12} + p_{33}m_{32} = 1 + 0.3\,m_{12} + 0.5\,m_{32}$

방정식을 풀면 $m_{12} = 10, m_{32} = 10$

$j=3$ 인 경우: $m_{13} = 1 + p_{11}m_{13} + p_{12}m_{23} = 1 + 0.7\,m_{13} + 0.1\,m_{23}$

$m_{23} = 1 + p_{21}m_{13} + p_{22}m_{23} = 1 + 0.2\,m_{13} + 0.6\,m_{23}$

방정식을 풀면 $m_{13} = 5, m_{23} = 5$

평균최초경과시간 등식 시스템의 행렬 표현

식(11.16b)는 앞의 예제 11.6에서 보듯이 도착 상태 j에 따라 선형방정식 시스템이 얻어지며 이를 풀어야 평균최초경과시간이 계산된다. 상태의 수가 늘어나면 이를 푸는 것이 번거롭게 된다. 그러나 선형방정식 시스템을 행렬로 표현하면 스프레드시트 모형화에 의해 해를 비교적 쉽게 구할 수 있다. 이를 위해 선형방정식 시스템 (11.16b)로부터 다시 시작한다.

$$m_{ij} = 1 + \sum_{k \neq j} p_{ik} m_{kj} \quad (i \neq j,\ \text{도착상태 } j \text{는 동굴밖으로 간주})$$

시스템 (11.16b)을 다시 풀어 아래와 같이 쓴다.

$$
\begin{aligned}
m_{1j} &= 1 + \sum_{k \neq j} p_{1k} m_{kj} \\
m_{2j} &= 1 + \sum_{k \neq j} p_{2k} m_{kj} \\
&\vdots \qquad\quad \vdots \\
m_{nj} &= 1 + \sum_{k \neq j} p_{nk} m_{kj}
\end{aligned}
$$

이제 이를 행렬로 표현하면 아래와 같이 된다.

$$
\begin{bmatrix} m_{1j} \\ \vdots \\ m_{j-1,j} \\ m_{j+1,j} \\ \vdots \\ m_{nj} \end{bmatrix} = \begin{bmatrix} 1 \\ \vdots \\ 1 \\ 1 \\ \vdots \\ 1 \end{bmatrix} + \begin{bmatrix} p_{1,1} & \cdots & p_{1,j-1} & p_{1,j+1} & \cdots & p_{1,n} \\ \vdots & & \vdots & \vdots & & \vdots \\ p_{j-1,1} & \cdots & p_{j-1,j-1} & p_{j-1,j+1} & \cdots & p_{j-1,n} \\ p_{j+1,1} & \cdots & p_{j+1,j-1} & p_{j+1,j+1} & \cdots & p_{j+1,n} \\ \vdots & & \vdots & \vdots & & \vdots \\ p_{n,1} & \cdots & p_{n,j-1} & p_{n,j+1} & \cdots & p_{n,n} \end{bmatrix} \begin{bmatrix} m_{1j} \\ \vdots \\ m_{j-1,j} \\ m_{j+1,j} \\ \vdots \\ m_{nj} \end{bmatrix} \tag{11.17}
$$

여기서 사이즈 $(n-1)\times 1$의 두 열벡터 M_j 및 e를 각각 $M_j \equiv \begin{bmatrix} m_{1j} \\ \vdots \\ m_{j-1,j} \\ m_{j+1,j} \\ \vdots \\ m_{nj} \end{bmatrix}$, $e = \begin{bmatrix} 1 \\ 1 \\ \vdots \\ \vdots \\ 1 \end{bmatrix}$

라 놓는다. 그리고 $(n-1)\times(n-1)$ 행렬 S_j를 상태전이행렬 P에서 행 j와 열 j를 제외한 부분 행렬이라고 놓는다. 행렬 S_j는 식(11.17)의 우변의 행렬곱셈에서 앞에 있는 행렬이다. 그러면 식(11.17)은 다음의 식(11.18)로 표현된다.

$$
M_j = e + S_j M_j \quad \text{또는} \quad (I - S_j)M_j = e \tag{11.18}
$$

마코프 체인이 에르고딕이면 행렬 $I - S_j$는 역행렬이 존재하여 식(11.18)은 다음의 식(11.19)가 된다.

$$
M_j = (I - S_j)^{-1} e \tag{11.19}
$$

예제 11.7 평균최초경과시간: 행렬을 이용하여 계산

예제 11.3의 마코프 체인의 상태전이행렬 $P = \begin{matrix} 1 \\ 2 \\ 3 \end{matrix}\begin{pmatrix} 0.7 & 0.1 & 0.2 \\ 0.2 & 0.6 & 0.2 \\ 0.3 & 0.2 & 0.5 \end{pmatrix}$이었다. 각 상태간 평균최초경과시간을 식(11.19)의 행렬식을 이용하여 구하라.

스프레드시트 모형화 그림 11.13은 상태전이행렬 $P = \begin{matrix} 1 \\ 2 \\ 3 \end{matrix}\begin{pmatrix} 0.7 & 0.1 & 0.2 \\ 0.2 & 0.6 & 0.2 \\ 0.3 & 0.2 & 0.5 \end{pmatrix}$인 마코프 체인의 평균최초경과시간을 스프레드시트에서 계산한 것을 보여준다. 이는 크게 두 부분으로 구성된다. 시트의 윗 부분은 식(11.19)에 의해 $i \neq j$ 일 때의 m_{ij}가 계산되고, 아랫 부분은 안정상태 확률로부터 m_{ii}가 계산된다.

시트의 윗부분을 먼저 본다.

1. **입력자료** B3:D5, F3:G4, I3:I4,
   상태 전이확률 P를 B3:D5 영역에, 단위행렬 I를 F3:G4 영역에, 열벡터 e를 I3:I4 영역에 입력한다. $j = 1,2,3$ 일 때의 각각의 S는 행렬 P에서 j행과 j열을 제외한 부분행렬이다.
2. **행렬 $I - S$ 계산 및 $(I - S)^{-1}$ 계산:** F7:G8, I7:J8
   $j = 1$일 때, $I - S$를 계산하고 역행렬을 구한다.

   F7 = F3−C7   G7 자동복사, F8:G8 자동복사
   I7:J8 = MINVERSE(F7:G8)   Ctrl+Shift+Enter

3. **평균최초경과시간 M_j 계산:** L7:L8
   행렬 곱셈 $(I - S_j)^{-1}e$에 의해 M_j를 계산한다.

   L7:L8 = MMULT(I7:J8,I3:I4)   Ctrl+Shift+Enter

4. **이후 반복 계산**
   $j = 2$ 및 $j = 3$일 때에 대해서도 같은 방법으로 평균최초경과시간을 계산한다.

시트의 아랫 부분에 대해서는 먼저 안정상태 확률을 F17:H17 영역에 해찾기를 이용하여 구하고, 각 안정상태 확률 π_i의 역수$(1/\pi_i)$를 계산하여 이로부터 평균최초경과시간 m_{ii}를 F21:H21 영역에 계산한다. 안정상태 확률을 계산하는 상세 모형화 과정은 앞에서 이미 소개하였으므로 생략한다.

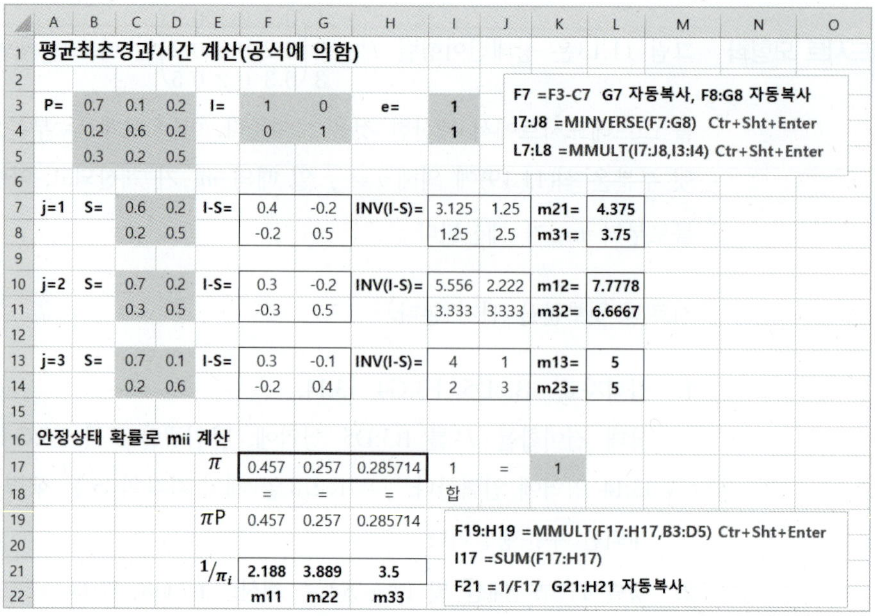

	A	B	C	D	E	F	G	H	I	J	K	L
1	평균최초경과시간 계산(공식에 의함)											
2												
3	P=	0.7	0.1	0.2	I=	1	0	e=	1			
4		0.2	0.6	0.2		0	1		1			
5		0.3	0.2	0.5								
6												
7	j=1	S=	0.6	0.2	I-S=	0.4	-0.2	INV(I-S)=	3.125	1.25	m21=	4.375
8			0.2	0.5		-0.2	0.5		1.25	2.5	m31=	3.75
9												
10	j=2	S=	0.7	0.2	I-S=	0.3	-0.2	INV(I-S)=	5.556	2.222	m12=	7.7778
11			0.3	0.5		-0.3	0.5		3.333	3.333	m32=	6.6667
12												
13	j=3	S=	0.7	0.1	I-S=	0.3	-0.1	INV(I-S)=	4	1	m13=	5
14			0.2	0.6		-0.2	0.4		2	3	m23=	5
15												
16	안정상태 확률로 mii 계산											
17					π	0.457	0.257	0.285714	1	=	1	
18						=	=	=	합			
19					πP	0.457	0.257	0.285714				
20												
21					$1/\pi_i$	2.188	3.889	3.5				
22						m11	m22	m33				

F7 =F3-C7 G7 자동복사, F8:G8 자동복사
I7:J8 =MINVERSE(F7:G8) Ctr+Sht+Enter
L7:L8 =MMULT(I7:J8,I3:I4) Ctr+Sht+Enter

F19:H19 =MMULT(F17:H17,B3:D5) Ctr+Sht+Enter
I17 =SUM(F17:H17)
F21 =1/F17 G21:H21 자동복사

그림 11.13 행렬공식에 의한 평균최초경과시간 계산

11.6 흡수체인

가약-마코프체인의 일종으로 상태공간이 흡수상태와 일시상태로만 구성된 경우를 흡수체인이라고 한다. 예제 11.2(b)의 P_2 전이행렬을 갖는 경우가 흡수체인(absorbing chain)에 해당된다. 그림 11.7에서 P_2의 상태 전이도를 보면 알 수 있듯이 일시상태 0, 1, 2, 3 중 어느 상태에서 시작하더라도 결국은 흡수상태인 P나 B로 가게 되어있다. 흡수체인이 적용되는 예를 본다.

예제 11.8 **매출채권 회수확률 분석**

어느 기업에서 매출채권 회수관리를 위해 그동안 있었던 매출채권의 회수 여부에 대한 분석을 실시하였다. 매출채권이란 외상으로 매출하여 아직 대금을 받지 못한 권리를 의미한다. 매출채권 회수분석을 위해 매출채권을 6종류로 분류하였다.

상태 0 : 새로 외상으로 매출하여 발생한 1개월 미만의 매출채권

상태 1 : 1개월 이상 회수하지 못하고, 2개월이 미만인 매출채권

상태 2 : 2개월 이상 회수하지 못하고, 3개월이 미만인 매출채권

상태 3 : 3개월 이상 회수하지 못했지만 대손처리하지 않은 매출채권

상태 P : 회수된 매출채권

상태 B : 회수 불가능하다고 판단하여 대손처리한 매출채권

각 매출채권의 상태변화는 마코프 체인을 따른다고 가정하여 상태 전이확률을 조사하여 다음과 전이행렬을 얻었다.

$$
P = \begin{array}{c} \\ 0 \\ 1 \\ 2 \\ 3 \\ P \\ B \end{array}
\begin{array}{c}
\begin{array}{cccccc} 0 & 1 & 2 & 3 & P & B \end{array} \\
\begin{pmatrix}
0 & 0.6 & 0 & 0 & 0.4 & 0 \\
0 & 0 & 0.5 & 0 & 0.5 & 0 \\
0 & 0 & 0 & 0.4 & 0.6 & 0 \\
0 & 0 & 0 & 0 & 0.7 & 0.3 \\
0 & 0 & 0 & 0 & 1.0 & 0 \\
0 & 0 & 0 & 0 & 0 & 1.0
\end{pmatrix}
\end{array}
$$

임의의 매출채권이 궁극적으로 회수될 확률과 회수 불가능하게 될 확률을 구하라.

모형화 가이드

구하고자 하는 것은 각 일시상태(0, 1, 2, 3)에서 궁극적으로 흡수상태 P 또는 흡수상태 B로 가게 될 확률이다. 이를 다음과 같은 절차에 의해 구한다.

1. 전이행렬 P 를 $\begin{bmatrix} Q & R \\ O & I \end{bmatrix}$ 로 분할한다.

여기서 Q는 일시상태에서 일시상태로의 전이되는 부분행렬이고, R은 일시상태에서 흡수상태로의 전이되는 부분행렬이며, O는 모든 요소가 0인 영(zero)행렬이고, I는 대각선요소가 1이고 나머지 요소는 모두 0인 단위행렬이다. 즉 P 의 부분행렬 Q, R, O, I는 아래와 같다.

$$
Q = \begin{array}{c} 0 \\ 1 \\ 2 \\ 3 \end{array}
\begin{pmatrix}
0 & 0.6 & 0 & 0 \\
0 & 0 & 0.5 & 0 \\
0 & 0 & 0 & 0.4 \\
0 & 0 & 0 & 0
\end{pmatrix}, \quad
R = \begin{array}{c} 0 \\ 1 \\ 2 \\ 3 \end{array}
\begin{pmatrix}
0.4 & 0 \\
0.5 & 0 \\
0.6 & 0 \\
0.7 & 0.3
\end{pmatrix}, \quad
P = \begin{array}{c} P \\ B \end{array}
\begin{pmatrix}
0 & 0 & 0 & 0 \\
0 & 0 & 0 & 0
\end{pmatrix},
$$

$$
I = \begin{array}{c} P \\ B \end{array}
\begin{bmatrix}
1 & 0 \\
0 & 1
\end{bmatrix}
$$

2. $\lim_{n \to \infty} P^n$ 를 계산한다.

$P = \begin{bmatrix} Q & R \\ O & I \end{bmatrix}$ 로부터

$$P^2 = \begin{bmatrix} Q & R \\ O & I \end{bmatrix}\begin{bmatrix} Q & R \\ O & I \end{bmatrix} = \begin{bmatrix} Q^2 & (I+Q)R \\ O & I \end{bmatrix}$$

$$P^3 = \begin{bmatrix} Q^2 & (I+Q)R \\ O & I \end{bmatrix}\begin{bmatrix} Q & R \\ O & I \end{bmatrix} = \begin{bmatrix} Q^3 & (I+Q+Q^2)R \\ O & I \end{bmatrix}$$

$$\vdots \qquad \vdots$$

$$P^n = \begin{bmatrix} Q^n & (I+Q+Q^2+\cdots+Q^{n-1})R \\ O & I \end{bmatrix}$$

$\lim_{n\to\infty} Q^n = O$ 및 $\lim_{n\to\infty}(I+Q+Q^2+\cdots+Q^{n-1}) = (I-Q)^{-1}$이므로 다음의 결과가 얻어진다.

$$\lim_{n\to\infty} P^n = \begin{bmatrix} O & (I-Q)^{-1}R \\ O & I \end{bmatrix} \tag{11.20}$$

3. $(I-Q)^{-1}R$ 로부터 일시상태에서 궁극적으로 흡수상태로 갈 안정상태 확률을 구한다.

$$(I-Q)^{-1}R$$

$$= \begin{bmatrix} 1 & -0.6 & 0 & 0 \\ 0 & 1 & -0.5 & 0 \\ 0 & 0 & 1 & -0.4 \\ 0 & 0 & 0 & 1 \end{bmatrix}^{-1}\begin{bmatrix} 0.4 & 0 \\ 0.5 & 0 \\ 0.6 & 0 \\ 0.7 & 0.3 \end{bmatrix} = \begin{bmatrix} 1 & 0.6 & 0.3 & 0.12 \\ 0 & 1 & 0.5 & 0.20 \\ 0 & 0 & 1 & 0.40 \\ 0 & 0 & 0 & 1 \end{bmatrix}\begin{bmatrix} 0.4 & 0 \\ 0.5 & 0 \\ 0.6 & 0 \\ 0.7 & 0.3 \end{bmatrix}$$

$$= \begin{matrix} 0 \\ 1 \\ 2 \\ 3 \end{matrix}\overset{\begin{matrix} P & \quad B \end{matrix}}{\begin{bmatrix} 0.964 & 0.036 \\ 0.940 & 0.060 \\ 0.880 & 0.120 \\ 0.700 & 0.300 \end{bmatrix}}$$

예를 들어 상태 0(새로 매출채권이 된 상태)에서 궁극적으로 대손처리되는 상태 B가 될 확률 0.036이 된다. $(I-Q)^{-1}$는 엑셀함수 minverse(.)를 이용하여 계산할 수 있다.

참고로 $(I-Q)^{-1}$는 가우스-조르단 소거법을 적용하여 구할 수도 있다. 즉 첫번째 시스템의 좌변에 $I-Q$를 놓고 우변에 단위행렬 I를 놓을 때, 가우스-조르단 소거 후 마지막 시스템의 우변이 $(I-Q)^{-1}$이 된다.

$$\left[\begin{array}{cccc|cccc} 1 & -0.6 & 0 & 0 & 1 & 0 & 0 & 0 \\ 0 & 1 & -0.5 & 0 & 0 & 1 & 0 & 0 \\ 0 & 0 & 1 & -0.4 & 0 & 0 & 1 & 0 \\ 0 & 0 & 0 & 1 & 0 & 0 & 0 & 1 \end{array}\right] \approx \cdots \approx \left[\begin{array}{cccc|cccc} 1 & 0 & 0 & 0 & 1 & 0.6 & 0.3 & 0.12 \\ 0 & 1 & 0 & 0 & 0 & 1 & 0.5 & 0.20 \\ 0 & 0 & 1 & 0 & 0 & 0 & 1 & 0.40 \\ 0 & 0 & 0 & 1 & 0 & 0 & 0 & 1 \end{array}\right]$$

스프레드시트 모형화 아래와 같이 2가지 방법으로 스프레드시트 모형을 통해 일시상태(0, 1, 2, 3)에서 궁극적으로 흡수상태(P, B)로 가게 될 확률을 구한다.

(1) 실제 행렬곱셈을 통해 $\lim_{n \to \infty} P^n$ 를 계산한다. 이에 대한 스프레드시트 모형화는 그림 11.14와 같다. 스프레드시트에서 C19:H24의 행렬과 C26:H31의 행렬이 같으므로 더이상 행렬곱을 계산할 필요가 없다. 즉 $P^4 = P^8$ 이므로 $P^4 = P^8 = P^\infty$ 이다. 전이행렬 P 에 따라 수렴하기까지 많은 행렬 곱셈이 요구될 수 있으므로 이를 권고하지 않는다.

	A	B	C	D	E	F	G	H	I	J	K	L
1	**예제 11.8 매출채권 회수확률 분석 (첫번째 모형화)**											
2												
3	전이행렬 P				to							
4			1달 미만	2달 미만	3달 미만	3달 이상	회수	대손처리	합			
5		1달 미만	0	0.6	0	0	0.4	0	1			
6		2달 미만	0	0	0.5	0	0.5	0	1			
7	from	3달 미만	0	0	0	0.4	0.6	0	1			
8		3달 이상	0	0	0	0	0.7	0.3	1			
9		회수	0	0	0	0	1	0	1			
10		대손처리	0	0	0	0	0	1	1			
11												
12			0	0	0.3	0	0.7	0				
13			0	0	0	0.2	0.8	0				
14		P2 =	0	0	0	0	0.88	0.12				
15			0	0	0	0	0.7	0.3				
16			0	0	0	0	1	0				
17			0	0	0	0	0	1				
18												
19			0	0	0	0	0.964	0.036				
20			0	0	0	0	0.94	0.06				
21		P4 =	0	0	0	0	0.88	0.12	C12:H17 =MMULT(C5:H10,C5:H10)			
22			0	0	0	0	0.7	0.3	C19:H24 =MMULT(C12:H17,C12:H17)			
23			0	0	0	0	1	0	C26:H31 =MMULT(C19:H24,C19:H24)			
24			0	0	0	0	0	1				
25												
26			0	0	0	0	0.964	0.036				
27			0	0	0	0	0.94	0.06				
28		P8 =	0	0	0	0	0.88	0.12	$= P^\infty$			
29			0	0	0	0	0.7	0.3				
30			0	0	0	0	1	0				
31			0	0	0	0	0	1				

그림 11.14 매출채권 회수확률 분석 (첫 번째 모형화)

(2) 다음으로 $(I-Q)^{-1}R$ 를 계산하여 얻는다. 이에 대한 스프레드시트 모형화는 그림 11.15과 같다. 이 방법을 권고한다.

예제 11.8 매출채권 회수확률 분석 (두번째 모형화)

전이행렬 P

		to					
		1달 미만	2달 미만	3달 미만	3달 이상	회수	대손처리
from	1달 미만	0	0.6	0	0	0.4	0
	2달 미만	0	0	0.5	0	0.5	0
	3달 미만	0	0	0	0.4	0.6	0
	3달 이상	0	0	0	0	0.7	0.3
	회수	0	0	0	0	1	0
	대손처리	0	0	0	0	0	1

I =	1			
		1		
			1	
				1

I-Q =	1	-0.6	0	0
	0	1	-0.5	0
	0	0	1	-0.4
	0	0	0	1

(I-Q)^-1 =	1	0.6	0.3	0.12
	0	1	0.5	0.2
	0	0	1	0.4
	0	0	0	1

(I-Q)^-1 R 계산

	회수	대손처리
1달 미만	0.964	0.036
2달 미만	0.94	0.06
3달 미만	0.88	0.12
3달 이상	0.7	0.3

C22:F25 =MINVERSE(C17:F20)
D28:E31 =MMULT(C22:F25,G5:H8)

그림 11.15 매출채권 회수확률 분석 (두 번째 모형화)

연습문제

(11.1절) 1번, 2번

(11.1~11.4절) 3번~6번

(11.5절) 7번

(11.6절) 8번

1 여름철 제주도 날씨는 맑은 날 다음날이 맑을 확률이 90%, 흐리거나 비온 날 다음 날도 계속 흐리거나 비올 확률은 70%이다.

① 제주도 여름철 날씨를 마코프 체인의 상태 전이도로 나타내라.

② 안정상태에서 여름철 제주도 날씨가 맑을 확률과 비올 확률을 계산하라.

2 마코프 체인의 상태전이행렬이 아래와 같을 때, 이로부터 상태전이도를 그리고 상태를 구분하라. 마코프 체인은 기약 마코프 체인인가? 에르고딕인가?

① $P = \begin{matrix} 1 \\ 2 \\ 3 \\ 4 \end{matrix}\begin{bmatrix} 1 & 0 & 0 & 0 \\ 0 & 1/3 & 2/3 & 0 \\ 0 & 1/2 & 1/2 & 0 \\ 2/3 & 0 & 0 & 1/3 \end{bmatrix}$

② $P = \begin{matrix} 1 \\ 2 \\ 3 \\ 4 \end{matrix}\begin{bmatrix} 0 & 1/3 & 1/3 & 1/3 \\ 1/4 & 0 & 1/2 & 1/4 \\ 1/2 & 1/4 & 0 & 1/4 \\ 1/3 & 1/3 & 1/3 & 0 \end{bmatrix}$

3 다음 마코프 체인이 에르고딕임을 확인하고, 안정상태 확률을 계산하라.

① $P = \begin{matrix} 1 \\ 2 \end{matrix}\begin{bmatrix} 0.9 & 0.1 \\ 0.2 & 0.8 \end{bmatrix}$ ② $P = \begin{bmatrix} 0 & 0.8 & 0.2 \\ 0.2 & 0.8 & 0 \\ 0.4 & 0.4 & 0.2 \end{bmatrix}$

4 특수한 용도의 고가 엔진을 수입해서 파는 회사가 있다. 이들은 3대를 재고로 유지하고 있으면서, 월말 재고가 1대 이하(≤ 1)이면 주문 후 재고가 3대가 되도록 주문한다. 월말 재고가 2대 이상(≥ 2)이면 주문하지 않는다. 월말에 주문한 엔진은 다음 달 초에 도착하며, 한 달간 수요가 0대, 1대, 2대일 확률은 각각 ¼, ½, ¼이다.

① 매 월말 재고 수준은 마코프 체인이 된다. 이제 월말 재고 수준을 상태로 정의하면, 상태공간은 {0, 1, 2, 3}이 된다. 각 상태에서 다음단계의 상태로 옮겨가는 상태 전이도를 그리고 상태 전이행렬 표를 만들어라.

② 월말 재고 상태에 대한 안정상태 확률을 계산하라.

③ 이 회사는 엔진 한 대당 5,000만원을 주고 수입하고 있으며, 5000만원에 대해서 연 20% 이자율을 재고비용으로 계산한다. 평균재고비용은 얼마인가? (힌트) 평균재고에 재고비용을 곱하면 된다.

5 2대의 서버를 운영하면서 인터넷 웹사이트로 비즈니스를 하고 있는 기업이 있다. 하루 동안 1대가 다운될 확률은 10%이다. 한번 다운되면 하루 동안 수리하여 그 다음날 정상 가동이 가능하다.

① A를 정상가동 서버대수, B를 수리중인 서버대수, C를 고장난 서버대수라고 할 때, 순서쌍 (A, B, C)를 시스템의 상태라 할 때 모든 시스템의 상태를 나열하여라.

② (2, 0, 0)에서 (1, 0, 1)로 옮겨갈 확률을 구하라.

③ 이 회사에서 정상 가동되는 서버가 한 대도 없으면 이 회사의 웹사이트가 다운된 것으로 한

다. 안정상태에서 이 회사의 웹사이트가 다운되어 있을 확률을 구하라.

6 S 라면과 H 라면 두 개가 라면시장을 100% 점유하고 있다. 우리나라 인구 중 1주일에 1개씩 라면을 사먹는 인구가 100만 명이라고 가정한다. (1년 52주). 현재는 S라면을 사던 사람 중 10%가 다음 주에 살 때에는 H라면으로 옮겨가고, H라면을 사던 사람은 20%가 S라면으로 옮겨간다고 조사되었다.

① S라면과 H라면의 안정상태에서의 시장점유율을 구하라.

② S라면은 제조원가가 200원인데 400원에 판매한다. S라면의 1년간 총이익을 계산하라.

③ 어떤 광고회사가 자신들에게 1억원을 주면, S라면에서 H라면으로 옮겨가는 비율을 10%에서 5%로 줄일 수 있다고 한다. 이러한 제안을 수용할 것인가?

7 마코프 체인의 상태공간은 $\{1,2,3\}$이고, 상태 전이확률은 $P = \begin{matrix} 1 \\ 2 \\ 3 \end{matrix}\begin{pmatrix} 0.3 & 0.2 & 0.5 \\ 0.1 & 0.8 & 0.1 \\ 0.4 & 0.4 & 0.2 \end{pmatrix}$ 이다.

① 상태 1, 2, 3에 대한 안정상태 확률을 구하라.

② 각 상태간 평균최초경과시간을 구하라.

8 AB 신용카드사는 고객의 신용평가를 위해 고객의 신용거래에 따라 4 상태로 구분하였다. 상태 0은 신용거래 잔고가 남지 않은 완전납부의 경우이고, 상태 1은 신용거래 금액의 체납이 1개월 이내인 경우이고, 상태 2는 체납일이 1개월 이상 2개월 이내인 경우이고, 상태 3은 대손 처리된 경우이다. 상태 1 이나 상태 2의 경우에서 일부 고객은 체납된 신용거래 금액의 일부만을 지불하는 경우가 있는데 이와 같이 일부 지불한 고객은 상태 1의 경우로 분류한다. 신용카드를 사용하는 전 고객에 대해 과거 수년간 조사한 결과 아래와 같은 월별 상태 전이확률 표를 얻었다.

전이확률		다음 단계			
		상태 0	상태 1	상태 2	상태 3
이전 단계	상태 0	1	0	0	0
	상태 1	0.6	0.25	0.15	0
	상태 2	0.4	0.2	0.3	0.1
	상태 3	0	0	0	1

① 체납일이 1개월 미만인 상태에서 궁극적으로 대손 처리될 확률을 구하라.

② 체납일이 1개월 이상에서 2개월 미만인 상태에서 궁극적으로 대손 처리될 확률을 구하라.

12장 대기행렬 모형

Bean사의 전화주문 처리 직원수 결정

L.L. Bean사는 전화 상담 직원의 수를 최적으로 결정하는 데 대기행렬 연구를 적용하여 년간 20만불 이상의 이익을 올렸다. Bean사는 뉴욕에 소재하며, 주문을 받아 상품을 우편으로 보내는 우편-주문(mail-order) 회사이다. 그런데 상당한 정도의 전화 폭주를 경험하고 있었다. 따라서 상품을 주문하려고 전화를 거는 많은 고객들은 통화중 신호를 듣던지 교환원으로부터 기다리라는 응답 후 많은 시간을 기다리곤 하였다. 회사에서는 이와 같은 상황을 무시할 수 없어서 교환원이 받기 전까지 20초 이상을 기다리는 고객이 전체의 15% 이하가 되게 하는 것을 목표로 삼아왔다. 그리고 이와 같은 목표를 달성하기 위한 실천사항으로서 소위 "원칙-14"를 세워, 1시간에 14회의 전화를 처리할 수 있도록 직원을 충분히 고용하여, 20초 이상을 기다리는 고객이 전체의 15% 이하가 되게 하겠다는 것이었다.

그러나 "원칙-14"에는 어떤 과학적 근거가 있었던 것이 아니라 단지 직관적인 가이드라인이었다. 경제적인 관점에서 20초 이상 기다리는 고객이 전체의 15% 이하가 되게 하는 것이 정말 좋은 것인지 보장할 수 있는 것이 아니었다. Bean사는 그 동안

한 번도 전화 주문을 시도하다가 짜증이 나서 주문하기를 포기한 고객으로 인한 손실 비용을 분석해 본 적이 없었다. 전화를 걸어 통화중 신호를 듣거나 기다리라고 하여 몇 분을 기다려도 응답이 없어 전화를 끊은 고객을 추적하는 것은 매우 어려운 일이었기 때문이었다. 그들 고객 중에 얼마나 다시 전화를 할 것인지, 그 중 얼마나 포기하고 말 것인지 알 수가 없었다.

그들은 참지 못하고 전화를 끊는 고객에 대한 자료를 모았으며, 이 자료로부터 통계적 분석을 행하였고, 이를 이용하여 대기행렬 모형을 수립하여 기대 이익을 최대로 하는 직원 수를 결정하였다. 이렇게 하여 결정된 새로운 체제하에서 1988년 20만불 이상의 이익이 증가되었다. Andrews와 Parsons은 Bean사의 적용 결과를 1993년 Interfaces에 보고하였다.[1)]

12.1 대기행렬 시스템 구성요소

우리는 일상생활을 통해 대기행렬에서 상당시간을 소비한다. 대형 슈퍼마켓이나 할인점의 계산대에서 기다리고, 은행에 가서는 대기번호를 받아 자기 차례를 기다린다. 또한 114 전화번호 안내나 통신 회사에 전화를 할 때도 다른 손님과 통화하고 있으니 잠시만 기다려달라고 해서 몇 분씩 기다리기도 한다. 심지어는 예약을 하고 병원에 가도 진료를 받기 위해 기다리곤 한다.

대기행렬 모형(queueing model)이란 대기행렬(waiting line, queue)에서의 기다림을 분석하기 위한 모형이다. 대기행렬 분석의 목적은 시스템을 최적으로 운영하기 위해 어떻게 시스템을 설계할 것인가를 결정하기 위함이다. 물론 이와 같은 최적결정은 결정기준을 어떻게 정하느냐에 따라 달라질 수 있다.

결정기준의 하나로서 이익 최대화를 선택할 수 있다. 이익 최대화를 결정기준으로 선택할 때 조심해야 할 것은 관련되는 요소를 빠짐없이 모두 포함시켜야 한다는 것이다. 예를 들어, 슈퍼마켓에서 관리비를 줄이기 위해 직원 수를 줄였다고 가정하자. 그러면 비용감소로 일단 이익의 증가를 생각할 수 있다. 그러나, 직원 감소로 고객이 계산대에서의 기다리는 시간이 증가될 것이다. 고객의 계산대에서의 대기시간(waiting time)이 어느 한계를 넘어서면 고객들은 다른 슈퍼마켓으로 옮겨가기 시작하며, 점차적

---

1) B. Andrews and H. Parsons, "Establishing Telephone-Agent Staffing Levels through Economic Optimization", *Interfaces* 23, No.2 (1993), pp. 14-20.

으로 수입이 줄어 절감된 관리비 이상으로 이익이 감소될 수 있다. 따라서 직원 수를 결정할 때는, 계산대에서 대기시간이 길어지면 슈퍼마켓에 대한 고객의 호의를 잃게 될 수 있음을 고려해야 한다.

경우에 따라서는 최소의 비용으로 일정수준 이상의 서비스 수준을 제공하는 것이 조직의 목표가 될 수 있다. 예를 들어, 어느 시립 또는 도립병원에서 긴급환자의 요청에 확률 95% 이상으로 즉시 앰블런스를 보낼 수 있는 체계를 갖추려 한다고 하자. 그러기 위해서 앰블런스가 최소 몇 대가 있어야 하는가를 결정해야 한다.

대기행렬 시스템을 잘못 설계하면 (은행에서의 창구수가 부족하여) 기다리는 시간이 길어 아주 불편할 수도 있고, 경우에 따라서는 (시립병원에서 앰블런스가 부족하여) 사람을 죽게 할 수도 있다. 따라서 대기행렬 시스템을 잘 설계하려면 그 시스템에서 요구하는 시스템 특성을 잘 이해해야 한다. 자주 이용되는 대기행렬 시스템의 특성으로 시스템의 성능을 나타내는 것으로는 (1) 대기행렬에서의 고객이 기다리는 평균 대기시간, (2) 서비스를 받기 위해 기다리는 평균 고객 수, (3) 서비스를 받기 위해 도착한 고객이 즉시 서비스를 받지 못하고 기다려야 할 확률 등이 있다.

최초의 대기행렬 시스템에 대한 적용은 전화 시스템에 대한 것이었으나 이후 통신 분야가 대기행렬 시스템의 중요한 응용 분야가 되었다. 이후 광범위한 분야에서 대기행렬 시스템이 응용되고 있다. 일상생활에서 항상 부딪칠 수 있는 대기행렬 시스템의 예를 표 12.1에 정리하였다. 표에서 보는 것처럼 대기행렬 시스템은 '고객'과 '창구'로 구성된다. 고객이 서비스를 받기 위해서는 물리적인 대기열(queue, waiting line)을 거

표 12.1 대기행렬 시스템 예

시스템 종류	고객	창구(서버)
이발소	사람	이발사
은행	사람	은행원
편의점 계산대	사람	계산원
난방관 수리	터진 난방관	수리공
주유소	자동차	주유기
물품주문 전화센터	사람	전화상담원
자동차 정비센터	차주인	정비사
치과	사람	치과의사
검사 업무	생산품목	검사원
고속도로 톨게이트	자동차	통행료 수납원
항만 하역장	선박	하역 인부
이/착륙대기 항공기	항공기	활주로
앰블런스 서비스	사람	앰블런스

쳐서 고정된 위치의 서비스 창구(server)로 들어간다. 그러나 난방관 수리처럼 창구에 해당되는 수리공이 고객에게 이동하고 대기열의 고객은 지리적으로 분산되어 있는 경우도 있다. 서비스가 전화로 이루어지면, 대기중인 고객은 전화를 끊지 않고 기다리게 되므로 대기열이 전화상에 존재한다. 화물출하나 검사와 같이 업무 시스템으로의 대기행렬 시스템의 예도 있다. 이 경우는 수행할 일, 운반되어질 짐, 점검할 품목 등이 고객이 된다. 수송 서비스 시스템도 대기행렬 시스템에서 다루어지는 중요한 분야중 하나이다. 운송수단이 어떤 경우에는 고객이 되고, 또 다른 경우에는 서비스 창구(서버)가 되기도 한다. 특별한 대기행렬 시스템의 예로 법원 서비스도 있다. 이 경우 법정은 서비스 시설이고, 판사(또는 서양의 배심원들)는 창구(서버)가 되며, 판결을 기다리고 있는 사건은 고객이 된다. 또한 응급실과 같은 다양한 건강관리 서비스도 대기행렬 시스템이다. 여기서는 엑스레이나 병실의 침상은 대기행렬 시스템에서의 창구(서버)로 볼 수 있다.

대기행렬 시스템을 이루는 구성요소는 그림 12.1에서 보는 바와 같이 도착과정, 대기행렬 및 서비스 과정의 3가지 요소로 구성된다. 고객들이 고객집단에서 서비스를 받기 위해 대기행렬 시스템에 도착한다. 이를 도착과정이라 한다. 도착한 고객들은 하나 또는 여러 개의 대기행렬에서 규칙에 따라 서비스를 받기 위해 대기한다. 차례가 되면 고객은 서비스 과정을 통해 서비스를 받고 시스템을 떠난다.

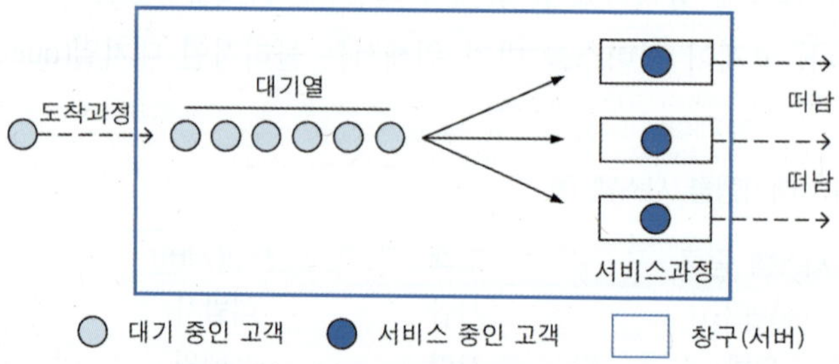

그림 12.1 창구가 3개인 대기행렬 시스템

| 요점 12.1 대기행렬 시스템의 기본적 구성요소

1. 도착과정(Arrival Process): 고객들이 고객집단에서 서비스를 받기 위해 대기행렬 시스템에 도착한다.
2. 대기(Waiting in a Queue): 도착한 고객들은 하나 또는 그 이상의 대기행렬에서 규칙에 따라 서비스를 받기 위해 기다린다.
3. 서비스 과정(Service Process): 고객은 서비스를 받고 시스템을 떠난다.

도착과정(Arrival Precess)

치과병원에서처럼 예약을 해 놓고 그 스케쥴에 따라 고객이 도착하는 경우가 있을 수 있다. 이와 같은 유형의 도착과정을 **확정적 도착과정**이라고 한다. 그러나 슈퍼마켓, 은행, 우체국, 공항에서처럼 대부분 대기행렬 시스템의 관리자들은 다음 고객이 언제 도착할지 알 수 없다. 이와 같은 유형의 도착과정을 **확률적 도착과정**이라고 한다. 확률적 도착과정을 분석하기 위해서는 확률분포에 대한 기본적인 이해가 필요하다. 도착 분포를 추정하는 한 가지 방법은 연속된 두 도착 간의 도착 간격시간(interarrival time)을 기록하거나 일정시간 동안에 도착한 고객 수를 기록하여 수집한 후, 그 데이터에 가장 적합한 확률분포를 찾는 방법이다.

그러나 이와 같은 수고스러움 없이도 고객의 도착과정이 순서성, 안정성, 독립성 조건을 만족하면 **포아송 분포**(Poisson distribution)라는 이론적인 모형으로 표현할 수 있다.

순서성 조건(Orderliness condition)이란 어느 시간 구간에서든지 한 번에 한 명의 고객이 도착한다는 조건이다. 즉, 고객이 동시에 도착하지 않고 순서대로 도착한다는 조건이다. 백화점 세일 시작할 때 선착순 100명에게 사은품을 증정하다고 하여 백화점 문을 열자마자 많은 고객이 한꺼번에 몰려들면 순서성 조건이 성립되지 않는다. 그러나 많은 상점에서는 도착시간 간격은 일정치 않지만 고객이 순서대로 도착하는 것이 일반적이다. 한번에 집단적으로 고객이 도착하는 경우는 특별한 경우로 이 책에서는 다루지 않지만 별도의 분석이 가능하다.

안정성 조건(Stationarity condition)이란 시간이 경과하여도 고객이 도착하는 확률이 변하지 않는다는 조건이다. 어느 은행에 월요일 오후 2:15분에서 2:16분 사이의 고객이 도착할 확률이나 2:16분에서 2:17분 사이에 도착할 확률이 같다면 안정성 조건은 2:15분에서 2:17분 사이에는 성립되는 것이다. 물론 많은 응용에서 계절별, 요일별 및 시간대별로 고객이 도착할 확률이 변하기 때문에 안정성 조건이 성립되지 않는다. 그러나 비교적 짧은 시간간격에서는 안정성 조건이 성립되는 경우가 많다.

독립성 조건(Independence condition)이란 어떤 고객의 도착이 다른 고객의 도착에 영향을 주지 않는다는 것을 의미한다. 예를 들면, 박O영이라는 사람이 어느 은행에 화요일 오후 3:30분에 갔다고 해서, 이O호라는 사람이 같은 은행에 가든지 말든지 전혀 영향을 주지 않는다면 독립성 조건이 성립하는 것이다. 독립성 조건이 성립되면 고객들이 오후 3:30분에서 3:40분 사이에 평균보다 많이 도착했다고 해서, 오후 3:40분에서 3:50분 사이에는 고객이 평균보다 적게 도착할 것이라든지 또는 마찬가지로 평균보다 많이 도착할 것이라는 판단을 해서는 안된다. 3:30~3:40분 사이의 고객들과 3:40~3:50

분 사이의 고객들은 서로 독립적으로 행동하기 때문이다.

| 요점 12.2 포아송 분포가 되기 위한 3가지 조건

1. 순서성(Orderliness): 고객이 한 때에 한 명씩 순서대로 도착한다.
2. 안정성(Stationarity): 시간 길이가 같다면 어느 시간 간격에서든지 고객이 도착할 확률은 같다.
3. 독립성(Independence): 한 고객의 도착이 다른 고객의 도착에 영향을 주지 않는다.

위의 3가지 조건을 만족하는 경우, 시간간격 t 동안 도착하는 고객 수를 확률변수 X라고 하면, 도착 고객 수 X가 k명이 될 확률은 아래와 같은 포아송 분포를 따른다.

$$\Pr(X=k) = \frac{e^{-\lambda t}(\lambda t)^k}{k!} \tag{12.1}$$

λ = 단위 시간당 평균 도착률

t = 시간간격 길이

e = 자연로그의 밑수로 2.7182818...

$k!$ = $k(k-1)(k-2)\cdots(3)(2)1$

단위 시간당 평균 도착율이 λ이기 때문에 t 동안의 시간간격에 평균 도착 수는 λt가 된다. 그림 12.2는 길이가 t인 시간간격 동안의 고객 도착 수의 분포 형태를 나타낸다. (a)는 $\lambda t = 0.5$인 경우로 분포가 비대칭 형태이다. 그러나 평균 λt가 증가함에 따라 분포가 점점 대칭 형태로 바뀐다.

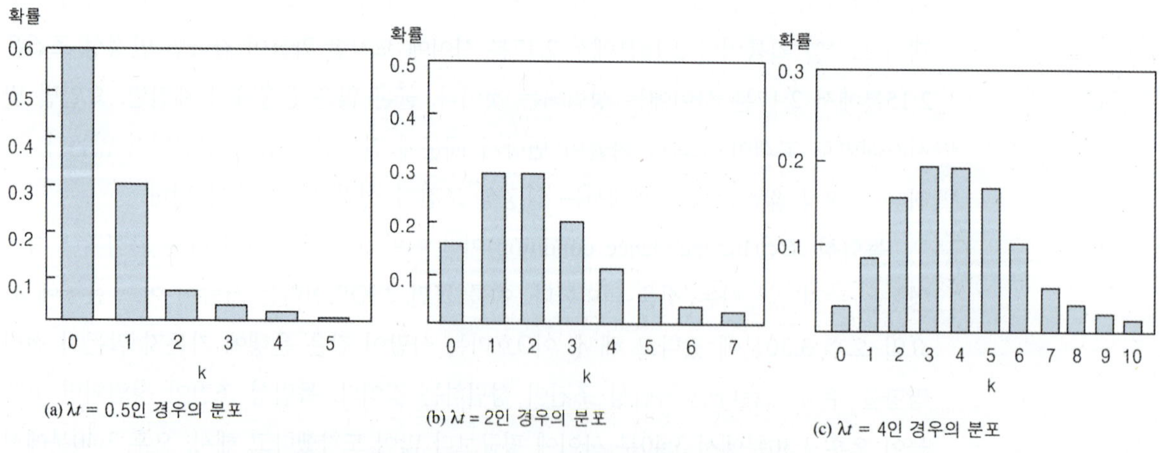

그림 12.2 시간간격 동안의 평균 도착수가 0.5, 2 및 4인 경우의 포아송 분포

예제 12.1 **버거피아의 고객 도착과정**

햄버거 체인점 버거피아는 5분당 평균 2명의 고객이 포아송 분포를 따라 도착한다고 한다. 아래의 각 경우의 확률을 계산하라.

(a) 12:00분에서 12:05분 사이에 고객이 한 명도 도착하지 않을 확률은 얼마인가?
(b) 12:00분에서 12:05분 사이에 고객이 2명 이상 도착할 확률은 얼마인가?
(c) 12:00분에서 12:10분 사이에 고객이 2명 이상 도착할 확률은 얼마인가?
(d) 12:00분에서 12:05분 사이에 고객이 한 명도 도착하지 않았다. 그 이후 12:05분에서 12:10분 사이에도 고객이 한 명도 도착하지 않을 확률은 얼마인가?

풀이

(a) 5분당 평균 2명이 도착하므로 도착률은 $\lambda = \dfrac{2}{5}$ 이고, $t = 5$ 이므로 버거피아에 도착하는 고객은 5분 동안에 평균 $\lambda t = 2$ 인 포아송 분포를 따른다. 따라서 한 명도 도착하지 않을 확률은

$$\Pr(X=0) = \frac{2^0 e^{-2}}{0!} = e^{-2} \approx 0.1353 \quad (0! = 1 \text{ 이므로})$$

(b)
$$\begin{aligned}\Pr(X \geq 2) &= 1 - \Pr(X=0) - \Pr(X=1) \\ &= 1 - \frac{2^0 e^{-2}}{0!} - \frac{2^1 e^{-2}}{1!} \\ &= 1 - e^{-2} - 2e^{-2} = 1 - 3e^{-2} \approx 0.5940\end{aligned}$$

(c) $\lambda = \dfrac{2}{5}$ 이고, $t = 10$ 이므로 버거피아에 도착하는 고객은 10분 동안에 평균 $\lambda t = 4$ 인 포아송 분포를 따르므로

$$\begin{aligned}\Pr(X \geq 2) &= 1 - \Pr(X=0) - \Pr(X=1) \\ &= 1 - \frac{4^0 e^{-4}}{0!} - \frac{4^1 e^{-4}}{1!} \\ &= 1 - e^{-4} - 4e^{-4} = 1 - 5e^{-4}\ (\approx 0.9084)\end{aligned}$$

(d) 포아송 분포의 독립성 조건으로부터 12:00에서 12:05 사이에 고객이 한 명도 도착하지 않았다는 것이 12:05에서 12:10 동안에 고객 도착에 영향을 주지 않으므로

(a)의 결과로부터 12:05에서 12:10 동안에 고객이 한 명도 도착하지 않을 확률도 e^{-2} ($\approx$ 0.1353)이 된다.

대기 규칙

대기행렬 모형의 2번째 요소로서, 대기는 도착한 고객들이 하나 또는 그 이상의 대기행렬에서 대기규칙에 따라 서비스를 받기 위해 기다리는 것을 말한다. 대기규칙이란 서버가 고객에 대한 서비스를 마친 후 다음 대기하고 있는 고객들 중에서 다음 고객을 선택하는 일련의 방법 또는 로직이다. 가장 간단한 방법의 예로 선입선출(FIFO: first-in first-out) 규칙을 들 수 있다. 경우에 따라서 특정 고객에 대한 우선순위를 적용할 수도 있으며 랜덤하게 다음 고객을 선택할 수도 있다. 복수 창구의 경우 단일의 공통 대기행렬이 있거나 또는 각 창구마다 별도의 대기행렬을 가질 수도 있다. 창구가 하나일지라도 복수개의 대기행렬이 있을 수 있으며, 각 대기행렬에서 한 고객씩 돌아가며 선택하는 경우도 있다. 이와 같은 의미에서 대기규칙을 서비스 원칙(service discipline)이라고 하기도 한다. 대기규칙에는 다양한 방법이 가능하다. 따라서 이를 변경해 보면 제한된 서비스 능력 범위 내에서 최고의 효율을 주는 대기규칙을 얻을 수 있다. 실제 대기행렬 모형에 영향을 주는 대기규칙에 관해서는 대기행렬 구성방식, 떠남, 줄바꿈, 우선순위 등이 있다.

대기행렬 구성방식(Line configuration): 단일 창구에 단일 대기행렬, 복수 창구에 단일 대기행렬, 복수 창구에 창구별 대기행렬, 연속단계 대기행렬(tandem queue) 등이 있다. 연속단계 대기행렬이란 복수 창구 대기행렬 시스템의 하나로서, 어느 고객이나 일단 첫 번째 창구의 대기행렬에 참여하여 서비스를 받는다. 그리고는 2번째 창구의 대기행렬에 참여하여 2번째 서비스를 받는 식의 단계별 서비스를 수행하는 시스템이다. 예를 들어, 공항에서 좌석배정(ticketting)을 먼저받고 짐을 부치는 것(baggage check-in)은 연속단계 대기행렬이다. 어느 고객도 좌석을 정하지 않고 짐을 부칠 수는 없다.

떠남(Balking): 대기행렬에 도착한 고객이 기다리는 줄이 너무 길어 대기행렬에 참여하지 않고 떠나는 현상을 뜻한다. 여기서 떠남(balking)이란 기다릴 수는 있으나 줄이 길어 기다리기가 싫어 고객의 자유의지로 떠나는 경우를 뜻한다. 이는 기다릴 수 있는 장소가 한정되어(finite queue length) 어쩔 수 없이 고객이 대기행렬에 참여하지 못하고 떠나는 경우와는 구별된다.

포기(Reneging): 대기행렬에 참여한 고객이 서비스를 기다리다가 자신의 서비스를 받기 전에 서비스를 포기하고 대기행렬을 떠나는 것을 말한다.

줄바꿈(Jockeying): 복수 창구에 창구별 대기행렬에서 고객이 어떤 줄에서 기다리다 다른 줄이 빨리 진행되는 것을 보고 줄을 바꾸는 것을 일컫는다. 많은 대기행렬 모형에서 줄바꿈이 없다고 가정하여 분석한다.

우선순위(Priority): 대기행렬에서 우선순위를 고려하여 서비스를 받게하는 시스템이 많이 있다. 컴퓨터 시스템에서는 작업(job)의 중요도에 따라 우선순위가 할당된다. 실시간 서비스가 요구되는 경우는 높은 우선순위를 갖는다. 통신망 링크에서는 대개 짧은 메시지가 긴 메시지보다 높은 우선순위를 가지며, 제어정보를 갖는 메시지가 일반 사용자 메시지보다 높은 우선순위를 갖는다. 항공회사는 예약 순서에 따라 고객의 우선순위를 부여한다. 높은 우선순위를 가진 고객이 새로이 도착하면, 우선순위가 낮은 고객들보다는 앞으로 가되 동일한 우선순위를 갖는 고객들에 대해서는 FCFS(first-come first-served) 원칙을 따르게 된다.

비선취형(non-preemptive) 우선순위는 일단 한 고객에 대한 서비스가 시작되면, 높은 우선순위를 가진 고객이 새로 도착하더라도 현재 고객에 대한 서비스가 완료될 때까지는 기다려야 하는 형태이다. 두 번째 형태 **선취형**(preemptive) 우선순위는 우선순위가 낮은 고객의 서비스가 끝나기 전에(pre) 서비스를 멈추게 하고(empty) 높은 우선순위 고객에 대한 서비스를 시작하게 한다.

서비스 과정

서비스 과정은 대기행렬 시스템의 서비스 시간을 말한다. 대기행렬 분석에서 서비스 시간은 지수분포(exponential distribution)를 가정하는 경우가 많다. 이는 지수분포가 다른 확률분포에는 없는 특별한 성질을 갖고 있기 때문이다. 지수분포의 확률밀도함수(probability density function)는 다음과 같다.

$$f(x) = \mu e^{-\mu x}, \quad x \geqq 0 \tag{12.2}$$

여기서 μ는 단위시간 동안에 서비스를 끝낸 고객 수를 나타내는 파라미터로 평균 서비스율이라고 한다. 따라서 평균 서비스 시간은 $1/\mu$가 되고, 분산은 $1/\mu^2$ 이 된다. 이러한 지수분포의 모양을 살펴보면 그림 12.3과 같다. 변수 값의 초기부분에 많은 확률이 분포하며 변수 값이 증가함에 따라 확률의 분포는 점점 작아진다. 그러나 x가 아무

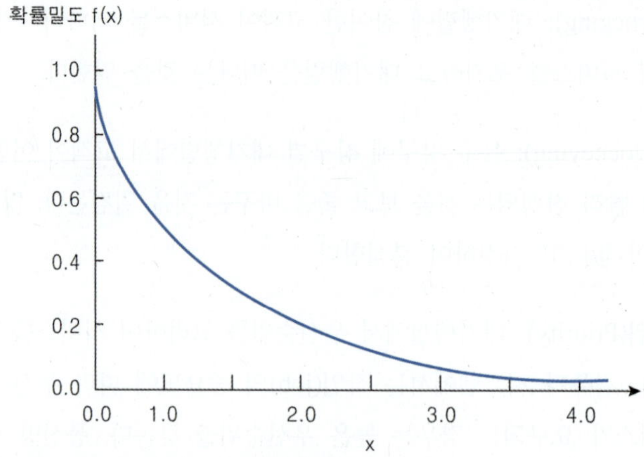

그림 12.3 지수분포의 확률밀도함수(평균이 1인 경우)

리 증가하여도 곡선은 영(0)이 되지는 않는다. 즉, 극단적으로 큰 x가 발생될 수 있으나 그 발생 확률은 매우 작은 값을 갖게 된다.

서비스 시간이 t 시간 이상 소요될 확률은 $e^{-\mu t}$가 된다. 아래 식 (12.3)에서 X는 서비스 시간을 나타내는 확률변수이다.

$$\Pr(X \geq t) = \int_t^{\infty} \mu e^{-\mu x} dx = [-e^{-ux}]_t^{\infty} = e^{-\mu t} \tag{12.3}$$

많은 경우의 대기행렬 시스템에서 서비스 시간은 지수분포를 따르는 것으로 가정하는 데 이는 지수분포에 **기억상실 성질**이라는 특성이 있기 때문이다.

지수분포의 기억상실 성질(Memoryless Property)

어느 고객이 서비스센터에 도착했을 때 다른 한 명의 고객이 서비스를 받는 중이라면, 새로 도착한 이 고객은 자신의 서비스를 받기 시작할 때까지 얼마나 기다려야 하는가? 서비스 시간이 지수분포를 따른다고 가정하면 문제는 간단하게 해결된다. 그 동안 진행된 서비스 시간을 무시하고 마치 서비스를 처음 시작하는 고객처럼 간주하여, 그 고객의 남은 서비스 시간을 계산하면 된다. 이는 지수분포가 갖는 독특한 성질 때문이다. 이를 다음 휴대폰 통화시간의 예로 설명한다.

휴대폰 통화시간(holding time)이 평균 3분인 지수분포를 따른다고 가정해 보자. 만일 통화가 1분이 진행된 상황이라면 앞으로 통화가 얼마나 지속되겠는가? 쉽게 생각하면 평균 3분이기 때문에 통화는 2분 정도 더 지속할 것으로 예상된다. 그렇지만 올바른 대답은 여전히 3분이다. 즉, 통화가 진행된 시간에 관계없이 앞으로 통화가 지속

될 시간은 평균적으로 3분이다. 이 대답은 다소 이상하게 생각될 것이다. 직관적으로 이를 받아들이기는 쉽게 않지만, 수학적으로 이를 계산하는 것은 그리 어렵지 않다.

예를 들어서, 통화시간이 평균 3분인 지수분포를 따른다고 가정해 보자. 어떤 통화는 1분보다 짧을 것이고 어떤 통화는 1분보다 길 것이다. 통화시간이 1분보다 짧은 경우와 1분보다 긴 경우로 구분하여 지수분포에서 평균소요시간을 계산하면 표 12.2와 같다.

표 12.2 통화에 따른 평균 통화시간

통화 구분	비율(%)	평균 통화시간(분)
1분 이하 통화	28.3%	0.472
1분 이상 통화	71.7%	4.000
모든 통화	100%	3.000

통화시간이 평균 3분인 지수분포는 식(12.2)에서 $\mu = 1/3$ 인 X의 확률밀도함수는 다음과 같다.

$$f(x) = \frac{1}{3} e^{-x/3}, \quad x \geq 0$$

통화시간이 1분 이하일 확률은 식(12.3)을 활용하여[2)]

$$\Pr(X \leq 1) = 1 - \Pr(X \geq 1) = 1 - e^{-1/3} \approx 0.283$$

이고, 1분 이상 걸릴 확률은 1 − 0.283 = 0.717이다. 표 12.2의 계산을 보면 어떤 통화에 대해서 1분 통화 후 남아 있는 통화시간의 평균은 여전히 3분(4 − 1 = 3)이 된다.

일반적으로 s분을 기준으로 통화시간이 s분을 넘을 경우에 전체통화시간이 $t+s$분을 초과($\geq$)할 조건부 확률은 식(12.3)을 이용하여 아래와 같다.

$$\begin{aligned}\Pr(X \geq t+s \mid X \geq s) &= \frac{\Pr(X \geq t+s \text{ and } X \geq s)}{\Pr(X \geq s)} \\ &= \frac{\Pr(X \geq t+s)}{\Pr(X \geq s)} = \frac{e^{-\mu(t+s)}}{e^{-\mu(s)}} = e^{-\mu t} \qquad (12.4)\end{aligned}$$

식(12.4)는 $e^{-\mu t} = \Pr(X \geq t)$을 말하므로

$$\Pr(X \geq t+s \mid X \geq s) = \Pr(X \geq t) \qquad (12.5)$$

---

2) 연속적인 확률변수 x에게는 $\Pr(x \geq t) = \Pr(x > t)$ 이다.

이다. 이처럼 지수분포를 따르는 통화소요시간은 식(12.5)를 만족하는데, 이를 바로 **기억상실**을 의미한다. 예를 들면 이미 1분을 통화하고 있는데, 앞으로 3분 이상 더 걸릴 확률은 처음 통화를 시작하여 통화시간이 3분 이상 걸릴 확률과 같다. 이를 다시 설명하면, 통화시간이 s분을 넘을 경우의 조건부 확률분포의 확률밀도함수도 식(12.2)가 된다.[3)]

그림 12.4에서 보는 바와 같이 남아있는 통화시간은 원래의 통화시간과 동일한 형태의 지수분포로 남아 있게 된다. 이를 지수분포의 기억상실 성질이라고 한다. 이러한 기억상실 성질은 연속형 확률분포에서는 오직 지수분포인 경우에만 존재하는 성질이다.

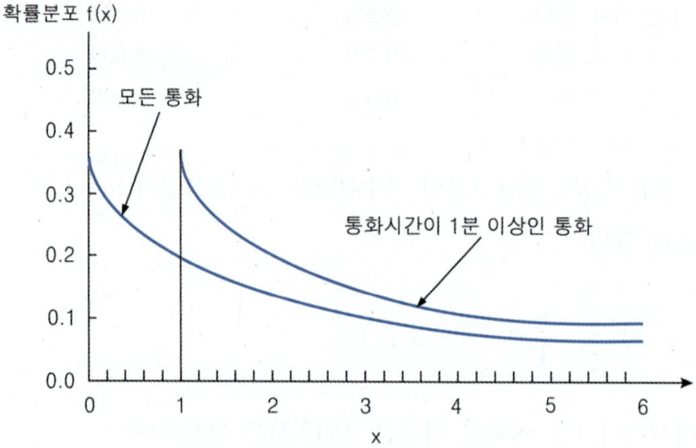

그림 12.4 모든 통화의 지수분포와 통화시간이 1분 이상인 통화의 지수분포

복수창구 시스템의 기억상실성질

지수분포를 따르는 창구가 여러(s)개 있는 대기행렬 시스템에서도 분석하는 관찰시점부터 가장 먼저 서비스가 종료되는 창구의 종료시점까지의 소요시간도 기억상실 성질을 가지고 있을까? 각 창구의 서비스 시간분포가 지수분포를 따르고 서로 독립적이며, 평균 서비스시간이 각각 $1/\mu_1, 1/\mu_2, \ldots.\ 1/\mu_s$이라고 하자. 그리고 현재 부터 각 창구의 서비스 종료시점까지의 시간을 각각 $X_1, X_2, \ldots., X_s$라고 하면 이들 각 창구는 기억상실 성질에 따라서 평균 소요시간이 $1/\mu_1, 1/\mu_2, \ldots.\ 1/\mu_s$인 지수분포가 된다. 현재부터 가장 먼저 서비스가 종료하기 까지의 시간을 X라고 하면 $X = \min(X_1, X_2, \ldots., X_s)$이다. 따라서 가장 먼저 종료하는 창구의 서비스종료 시간이 t이상 걸릴 확률 $\Pr(X \geq t)$는 다음과 같다.

3) 이것은 e 지수함수의 특수성 즉, $e^{-\mu(t+s)} = e^{-\mu t}e^{-\mu s}$ 때문에 가능하다.

$$\begin{aligned}\Pr(X \geq t) &= \Pr(\min(X_1, X, \cdots, X_s) \geq t) \\ &= \Pr(X_1 \geq t, X_2 \geq t, \cdots, X_s \geq t) \\ &= \Pr(X_1 \geq t)\Pr(X_2 \geq t), \cdots \Pr(X_s \geq t) \\ &= e^{-u_1 t} e^{-u_2 t} \cdots e^{-u_s t} = e^{-(\mu_1 + \mu_2 + \cdots \mu_s)t}\end{aligned}$$

식(12.3)에서 보는 바와 같이 서비스 종료시간이 t 이상 걸릴 확률이 $e^{-\mu t}$ 꼴이므로 관찰시점부터 가장먼저 서비스가 종료하기까지의 시간은 평균이 $1/(\mu_1 + \mu_2 + \cdots + \mu_s)$인 지수분포를 따르게 되며, 이 시간도 역시 기억상실 성질을 갖게 된다. 위 식에서 세번째 등식은 $X_1, X_2, ..., X_s$가 서로 독립이기 때문이다.

예제 12.2 **버거피아에서의 평균 대기시간**

(a) 오전 중에는 버거피아 계산대에는 한 명의 직원만 근무한다. 고객 한 사람에 대한 서비스 시간은 평균 2분으로 지수분포를 따른다고 한다. 어느 고객이 오전 중에 버거피아에 도착하였을 때 한 명의 고객이 서비스를 받고 있고, 4명의 고객이 기다리고 있다. 새로 도착한 고객이 서비스를 받기 전까지 평균 대기시간을 계산하라.

(b) 점심 시간대에는 3명의 직원이 근무한다. 직원의 서비스 속도는 동일하다고 가정하며, 고객 한 사람에 대한 서비스 시간은 평균 2분으로 지수분포를 따른다. 버거피아에 도착한 고객은 한 줄로 대기하다가 도착한 순서대로 서비스가 끝난 직원에게 가서 서비스를 받는다. 어느 고객이 점심시간대에 도착하니 3명의 직원이 모두 서비스를 하고 있으며 줄에서 기다리는 고객이 5명이 있다. 새로 도착한 이 고객이 서비스를 받기 전까지 평균대기시간을 계산하라.

풀이

(a) 서비스 시간이 지수분포라고 가정하면 기억상실 성질에 의해, 새로이 도착한 고객이 서비스를 받기 전에 기다려야 하는 시간은 서비스를 받고 있는 고객과 5명의 고객을 합하여 모두 6명의 고객이 서비스가 끝나야 하므로 평균 대기시간은 6*(2분)=12분이다.

(b) 복수창구의 기억상실 성질에 의하여 3명의 직원이 동시에 서비스를 하고 있으므로 단위 시간당 서비스율은 3배가 되므로 평균 서비스시간은 (2/3)분이다. 따라서 현재 서비스를 받고 있는 고객 3명 중 한 명과 대기중인 5명을 합하여 모두 6명의 서비스가 끝나면 새로 도착한 고객이 서비스를 받게 되므로 평균 대기 시간은 6*(2/3분)=4분이다.

지수분포와 포아송분포의 관계

고객의 도착과정이 포아송분포를 따르면 도착간격 시간(연속된 두 고객의 도착 간격시간)은 지수분포가 된다. 즉 도착율이 λ인 포아송분포의 도착간격은 평균이 $1/\lambda$인 지수분포가 된다. 역으로 도착간격이 평균 $1/\lambda$인, 다른 말로 도착율 λ인 지수분포는 주어진 시간 t동안에 도착하는 고객의 수는 평균이 λt인 포아송분포가 된다.

예를 들어 3분당 평균 6명(도착율=2명/분)이 도착하는 포아송분포를 따라서 고객이 도착하는 도착과정이 있다고 하자. 3분 동안 도착수가 k번이 될 확률은 $\Pr(X=k) = \frac{e^{-6}6^k}{k!}$인 포아송분포가 된다. 이같은 도착과정에 대해 도착간격을 관찰하면 평균은 0.5분이 되며, 도착간격은 지수분포를 따르게 된다. 도착률은 $\lambda = 2$이므로 도착간격은 지수분포 $f(t) = 2e^{-2t}$ 를 따르게 된다.

그림 12.5는 포아송분포와 지수분포의 두 관점을 보여준다. 일정시간 동안 도착수에 대해 관찰하면 포아송분포가 되고, 도착간격을 관찰하면 지수분포가 된다. 따라서 두 분포는 같은 상황에 대한 다른 표현이라고 말할 수 있다.

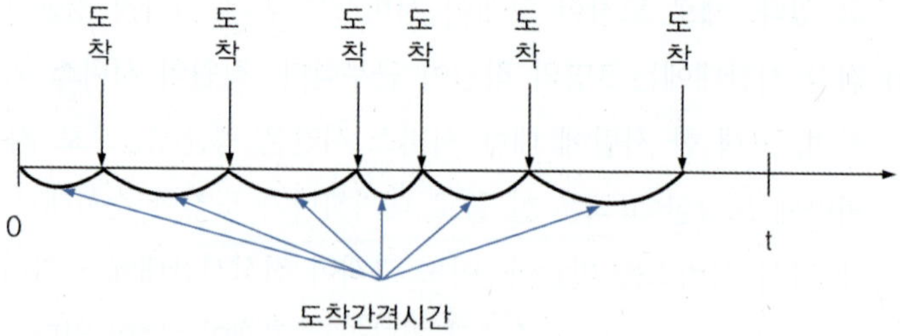

그림 12.5 포아송분포와 지수분포의 두 관점

이와 같은 지수분포와 포아송분포의 관계는 서비스 과정에 대해서도 성립한다. 즉 서비스 시간의 평균 $1/\mu$이면, 서비스율은 μ이고 서비스 시간은 $f(t) = \mu e^{-\mu t}$ 지수분포를 따른다. 서비스 종료 후 다음 서비스가 휴지기간(idle time) 없이 연속적으로 계속되면, 일정기간 t동안 종료된 서비스의 횟수는 평균 μt인 포아송분포가 된다.

모형화 토의

표12.2는 조건부 기대값(평균)의 계산에 의한 것인데, 통화시간이 1분 이상 길어질 경우 그 평균 소요시간 $E(X \mid X \geq 1)$은 조건부 확률밀도 함수 $f_{x \geq 1}(x)$에 의한 X의 기대값이다. 다행히 $f_{x \geq 1}(x)$은 밀도함수 $f(x)$를 $[1, \infty]$구간에서 표준화시킨(normalize) 것이 된다. 그러면,

$$E(X \mid X \geq 1)$$
$$= \int_1^\infty x f_{x \geq 1}(x)dx = \int_1^\infty x \frac{f(x)}{\int_1^\infty f(x)dx} dx$$
$$= \frac{\int_1^\infty x \frac{1}{3} e^{-x/3} dx}{\int_1^\infty \frac{1}{3} e^{-x/3} dx} = \frac{[-xe^{-x/3} - 3e^{-x/3}]_1^\infty}{[-e^{-x/3}]_1^\infty}$$
$$= \frac{4e^{-1/3}}{e^{-1/3}} = 4$$

이다.

이것을 활용하면, 지수분포의 기억상실 성질을 직접 계산할 수 있다. 즉, 통화시간이 s분 이상 길어진 상황에서 앞으로 기대되는 총 통화시간 $E(X \mid X \geq s)$은

$$E(X \mid X \geq s)$$
$$= \int_s^\infty x f_{x \geq s}(x)dx = \int_s^\infty x \frac{f(x)}{\int_s^\infty f(x)dx} dx$$
$$= \frac{\int_s^\infty x \frac{1}{3} e^{-x/3} dx}{\int_s^\infty \frac{1}{3} e^{-x/3} dx} = \frac{[-xe^{-x/3} - 3e^{-x/3}]_s^\infty}{[-e^{-x/3}]_s^\infty}$$
$$= \frac{(s+3)e^{-s/3}}{e^{-s/3}} = s+3$$

으로서 $s+3$분이다.

12.2 대기행렬 시스템 성능 측정

대기행렬 시스템의 성능(능률, 효율)을 나타내는 주요한 성능지표는 대기행렬에서의 고객이 기다리는 평균 대기시간, 서비스를 받기 위해 기다리는 평균 고객 수, 서비스를 받기 위해 도착한 고객이 즉시 서비스를 받지 못하고 대기할 확률 등이 있다. 본 절에서는 이외에도 몇 가지 대기행렬 시스템의 성능 특성치를 정의하고, 이들 상호간의 관계식을 소개한다.

대기행렬 시스템의 성능은 흔히 대기행렬 시스템의 시간에 따른 행적, 즉 표본경로(sample path)에 의해 측정된다. 예를 들어, 어느 대기행렬 시스템의 시스템 내의 고객수가 시간이 경과함에 따라 그림 12.7의 (a), (b) 두 가지 경우로 나타났다고 가정한다. 표본경로 1에서는 창구의 서버가 9시 30분부터 10시까지 처음 1-2분을 제외하고는 쉬지 않고 바쁘게(busy) 지냈지만, 시스템내의 고객수는 9시 40분 이후 3-4분 정도만을 제외하고는 2명 이하이다. 그러나 표본경로 2에서는 창구의 서버가 사용(작업) 중인 기간은 표본경로 1보다 짧으나, 그 동안의 시스템내의 고객수는 더 많음을 알 수 있다. 동전 던지기의 실험 결과에는 앞면과 뒷면의 두 가지 표본(sample) 밖에 없지만, 대기행렬 시스템을 관찰하면 그림 12.6과 같은 표본경로가 무한히 많이 생길 수 있다.

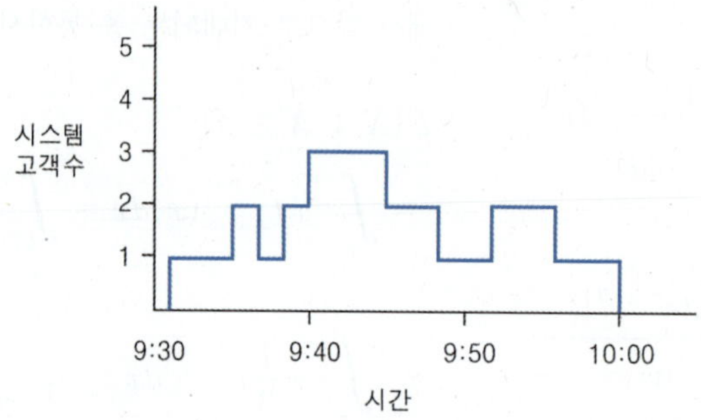

(a) 표본경로 1

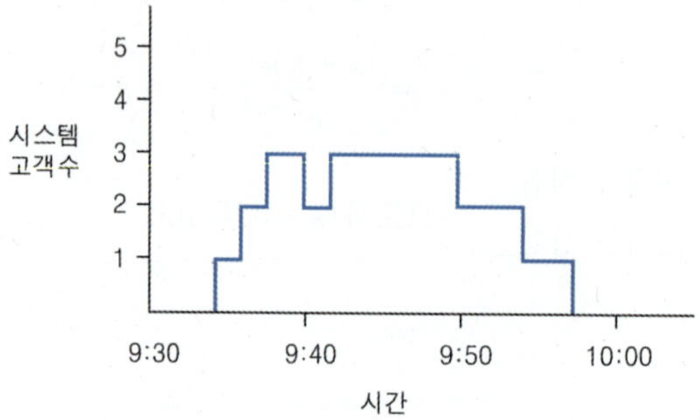

(b) 표본경로 2

그림 12.6 대기행렬 시스템의 두 가지 표본경로

안정상태와 초기상태

우리는 안정상태(steady state)에서의 시스템의 행동을 다루게 된다. 시스템의 성능은 시스템의 작동이 시작되어 상당히 긴 시간이 경과한 후에 측정한다. 여기서 긴 시간이란 시스템을 통해 충분히 많은 고객이 서비스를 받은 시간을 말한다. 즉, 초기에 고객이 없는 상태에서 시작되거나, 창구 서비스 준비가 미처 되기 전에 도착한 고객이 있다든지 하여 상이한 시작 조건의 영향이 무시될 수 있을 정도의 긴 시간을 의미한다. 안정상태가 아닌 초기상태(transient state)에 대한 시스템의 분석은 특별한 방법이 요구된다.

대기행렬 시스템의 성능 특성치들

대기행렬 시스템을 분석할 때, 성능은 세 가지 관점에서 고려될 수 있다. 첫 번째는 서비스를 받기 원하는 고객들의 관점으로, 대기시간 및 서비스 시간이 짧으면 시스템의 성능은 우수하다고 판단할 것이다. 두 번째, 창구 관점에서 분석할 수 있다. 창구는 가능하면 사용중(busy) 시간을 줄이는 대기행렬 시스템을 원할 것이다. 마지막으로, 시스템 감독자 관점이 있다. 감독자 입장에서 보면 가능하면 공정하고 적절한 수준으로 창구가 이용되며 과도하게 고객들이 대기하지 않기를 바랄 것이다. 이와 같은 각 관점을 고려하여 대기행렬 시스템을 평가할 수 있는 성능 특성치에는 다음과 같은 것들이 있다.

대기시간과 대기열크기: 평균 대기시간과 대기시간 분포는 성능 분석 시 요구되는 가장 중요한 특성치이며, 대기하고 있는 고객의 수를 나타내는 평균 대기열크기와 대기열크기의 분포도 중요한 특성치이다.

시스템시간 및 시스템크기: 시스템시간이란 고객이 시스템 내에서 소요하는 시간으로 대기시간과 서비스 시간의 합이다. 시스템크기는 시스템 내의 고객의 수를 의미하며 시스템크기는 대기열크기에 서비스를 받고 있는 고객 수의 합이다.

대기행렬 공식에 자주 사용되는 특성치의 표현은 다음과 같다.

λ = 도착율, 단위 시간당 평균 도착 고객수

μ = 서비스율, 창구에서 단위 시간당 서비스를 종료할 수 있는 평균 고객수

s = 창구의 수

ρ $(=\dfrac{\lambda}{s\mu})$ = 창구 이용율(server utilization),

P_n = Pr(시스템 내에 정확히 n명의 고객이 존재)

L_Q $(=\sum_{n=0}^{\infty} nP_n)$ = 시스템 내의 평균 고객수, 평균 시스템 크기, 아래첨자 Q는 queueing system을 의미

L_W $(=\sum_{n=s}^{\infty} (n-s)P_n)$ = 평균 대기열크기, 즉 서비스 중인 고객을 제외한 평균 고객수, 아래첨자 W는 waiting line을 의미

L_S $(=\sum_{n=1}^{s-1} nP_n + s\sum_{n=s}^{\infty} P_n)$ = 서비스 받고 있는 평균 고객 수, 아래첨자 S는 service를 의미

T_Q = 평균 시스템시간, 개별 고객이 시스템에서 머무는 평균 시간(서비스 시간 포함)

T_W = 평균 대기시간, 각 개별고객이 대기행렬에서 머무는 평균 시간

T_S $(=1/\mu)$ = 평균 서비스시간

특성치들간의 관계

시스템 성능을 나타내는 특성치들간의 관계는 하나의 특성치로부터 다른 특성치를 계

산할 수 있게 한다. 그림 12.7은 기본적인 시스템 특성치들의 관계를 그림으로 나타낸 것이다.

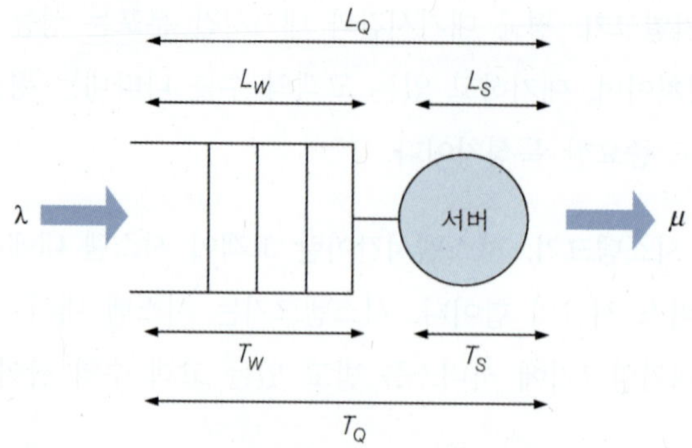

그림 12.7 대기행렬 시스템 특성치들의 관계

고객이 서비스를 받기 전에 기다리는 평균 대기시간은 T_W 이고, 서비스를 받는데 요구되는 평균서비스 시간은 T_S 이다. 따라서 시스템 전체에서 고객이 소요하는 평균 시스템시간은 평균 대기시간과 평균 서비스 시간을 합하여 T_Q 가 된다. 따라서

$$T_Q = T_W + T_S \quad \text{(시간 특성치간 관계식)}$$

동일한 방법으로 평균 대기열의 크기 L_W 에 서비스를 받고 있는 평균 고객수 L_S 를 합하면 평균 시스템 크기인 L_Q 가 얻어진다.

$$L_Q = L_W + L_S \quad \text{(크기 특성치간 관계식)}$$

Little의 법칙

Little의 법칙은 시간 특성치와 크기 특성치간의 관계를 나타내는 것으로 이를 적용하면 하나의 특성치로부터 많은 다른 특성치를 구할 수 있다. Little의 법칙은 도착유형, 대기규칙, 서비스규칙과 서비스시간 분포에 관계없이 대기시스템이 안정상태(steady state)에 이르면 일반적으로 성립하는 매우 유용한 법칙이다.

그림 12.8은 그림 12.6의 표본경로 2에 대해 도착한 고객 순으로 대기시간을 표시한 그림이다. 그림에서 볼 수 있듯이, 9시 30분부터 10시까지의 30분 동안, 모든 고객이 대기행렬에서 대기한 전체 대기시간의 합을 계산하는 방법에는 2가지가 있을 수 있다. 첫째는, 고객별로 대기시간을 합계하여 계산하는 것이고, 둘째는 시간대 별로 고객수를 합계하여 계산할 수도 있다. 즉, 시간간격 $[t_1, t_2]$ 동안에 N 명의 고객이 도착하였

을 때, 대기규칙에 관계없이 모든 고객이 대기행렬에서 대기하는 총시간은 계산 방법에 따라 다음과 같은 관계식이 성립한다.

$$\sum_{n=1}^{N} T_W(n) = \int_{t_1}^{t_2} L_W(t)dt \tag{12.6}$$

좌변에서 $T_W(n)$ 은 n 번째 고객이 대기행렬에서 대기한 시간이며, $L_W(t)$ 는 t 시점에 대기행렬에 대기하는 고객의 수를 의미한다. 이제 고객이 하나도 없는 상태에서 시작하여 다시 고객이 없게될 때까지의 시간간격 $[t_1, t_2]$를 가정한다. 그러면 좌변으로의 총 대기시간은 $N \cdot T_W$ 가 된다. 여기서 T_W 는 평균 대기시간이다. 마찬가지로 우변에서 총 대기시간은 $(t_2 - t_1) \cdot L_W$가 된다. 여기서 L_W 는 평균 대기열크기이다. 그러면 식(12.6)은 다음과 같은 등식으로 표현된다.

$$N \cdot T_W = (t_2 - t_1) \cdot L_W \tag{12.7}$$

평균 도착율을 λ 로 표현하면 $\lambda = N/(t_2 - t_1)$가 된다. 이를 식(12.7)에 대입하면 다음의 Little의 공식 I 이 성립한다. 이와 같은 관계는 시스템 전체를 통해서 L_Q 와 T_Q 에도 동일한 관계가 성립되고, 창구에서의 L_S 와 T_S 에도 동일한 관계가 성립된다. 즉, Little의 공식은 아래와 같다.

$L_W = \lambda \cdot T_W$ (Little의 공식 I)

$L_Q = \lambda \cdot T_Q$ (Little의 공식 II)

$L_S = \lambda \cdot T_S$ (Little의 공식 III)

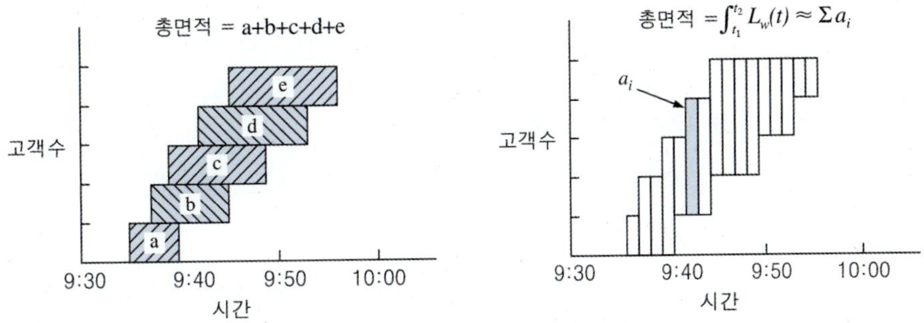

(a) 고객별로 대기시간을 합계함　　(b) 시간대별로 고객수를 합계함

그림 12.8 대기행렬에서의 총 대기시간 계산

대기행렬 시스템의 Kendal 표현법

대기행렬 시스템을 표현하기 위해 Kendal이 사용한 간단한 방법을 소개한다. Kendal의 대기행렬은 다음과 같은 형태로 표현된다.

$$A/B/s/K/P/Z$$

여기서, A = 도착과정, B = 서비스시간 분포, s = 창구수,
K = 대기행렬 시스템의 최대 수용 고객수, P = 고객집단의 크기,
Z = 대기규칙이다.

만일, 대기행렬 시스템의 최대 수용 고객수(K)와 고객집단의 크기(P)가 무한히 크다고 가정하고, 서비스 원칙(대기규칙, Z)가 선입선출(FIFO)을 따른다면 Kendal의 대기행렬 표현은 간단히

$$A/B/s$$

로 표현된다. 도착과정 A는 연속적인 두 고객의 도착간격시간 분포를 의미하는 것으로, 이에 해당하는 일반적인 경우들은 표 12.3과 같다. 또한 서비스시간 분포 B의 일반적인 경우들은 표 12.4와 같다.

표 12.3 도착 간격시간 분포

기호	도착간격시간 분포(A)
M	지수분포
D	상수(deterministic)
GI	일반분포, 각 도착간격시간들은 독립적임
G	일반분포, 연속적인 도착간격시간들은 독립적이지 않음

표 12.4 서비스시간 분포

기호	서비스 시간 분포(B)
M	지수분포
D	상수(deterministic)
G	일반분포, 대부분 독립적이므로 G와 GI를 구분하지 않음
E_k	Erlang-k 분포

지수분포인 경우 M으로 표현하는 것은 확률분야의 업적을 남긴 러시아 수학자 Markov를 기념하기 위함이다. 얼랑분포(E_k)는 대기행렬 시스템에서 자주 적용되는 분포로 동일한 지수분포를 k번 반복했을 때 걸리는 시간에 해당되는 서비스시간 분포를

의미한다.

앞서 언급한 바와 같이 $A/B/s/K/P/Z$ 형태의 Kendal 표현에서 K는 대기행렬 시스템의 최대 수용 고객수로서 대기하거나 서비스 받을 수 있는 최대 고객의 수를 의미한다. 시스템의 최대 수용 고객수가 무한하다고 가정하는 경우 이 값을 생략한다. P는 고객집단의 크기를 나타낸다. 역시 생략되면 무한한 것으로 간주된다. 고객집단의 크기가 유한하면 현재 대기행렬 시스템에 도착한 고객수가 많을수록 고객집단에 남아 있는 고객의 수가 줄어들어 도착율은 작아진다. Z는 대기규칙을 나타낸다. 대기규칙이 생략되면 FIFO를 가정한 것이다. 많이 이용되는 대기규칙에는 다음의 것들이 있다.

FIFO: 선입선출(first in first out), FCFS라고도 한다.

LIFO: 후입선출(last in first out), LCFS라고도 한다.

SIRO: 랜덤순서에 의한 서비스(service in random order)를 뜻하며 SRO로도 표현한다.

12.3 안정상태 확률 계산

포아송 도착과정과 지수분포의 서비스 시간을 갖는 대기행렬 시스템의 안정상태 확률은 **상태전이도**(state transition rate diagram)와 **균형방정식**(balance equation)에 의해 계산될 수 있다. 대기행렬 시스템의 안정상태 확률은 시스템이 그 상태에 머무른 시간 비율을 의미한다. 상태전이도는 상태와 상태를 화살표로 나타내며, 화살표 위에 표시된 값은 단위시간 동안 시스템의 평균 전이율(transition rate)을 의미한다. 안정상태를 가정하면 상태전이도로부터 **입력율=출력율**(rate in = rate out) 원칙을 적용하여 균형방정식을 얻을 수 있고, 균형방정식과 확률분포의 합은 1이 된다는 사실로부터 안정상태 확률을 계산할 수 있다.

예제 12.3 **M/M/1/3 시스템의 안정상태 확률 계산**

고객의 도착율이 2(명/시간)인 포아송 과정을 따르고, 서비스 시간은 평균 1/3(시간)으로 지수분포를 따른다. 창구는 1개이고, 서비스 중인 고객을 포함하여 시스템 내에 있을 고객의 수는 3명으로 제한된다. 즉, 시스템 내에 고객이 3명 있을 때, 새로 도착하는 고객은 시스템에 참여하지 못하고 떠날 수밖에 없다. 이 대기행렬 시스템의 안정상태 확률을 계산하라.

모형화 가이드

1. 시스템내의 고객수를 시스템 상태로 정의한다. 그러면 시스템의 상태는 0, 1, 2, 3 뿐이다.
2. 상태전이도를 그린다. 고객의 도착율 λ와 창구의 서비스율 μ는 시스템 상태에 관계없이 각각 $\lambda = 2$ (명/시간)이고 $\mu = 3$ (명/시간)이다. 그러면 각 시스템 상태간 평균 전이율은 그림 12.9와 같다. 시스템의 상태가 0에서 1, 1에서 2, 2에서 3으로 전이되려면 고객이 도착해야 되므로 전이율은 고객도착율 λ가 된다. 마찬가지로 시스템 상태가 1에서 0, 2에서 1로, 3에서 2로의 전이율은 고객이 서비스를 받고 떠남으로 이루어지므로 서비스율인 μ가 된다.

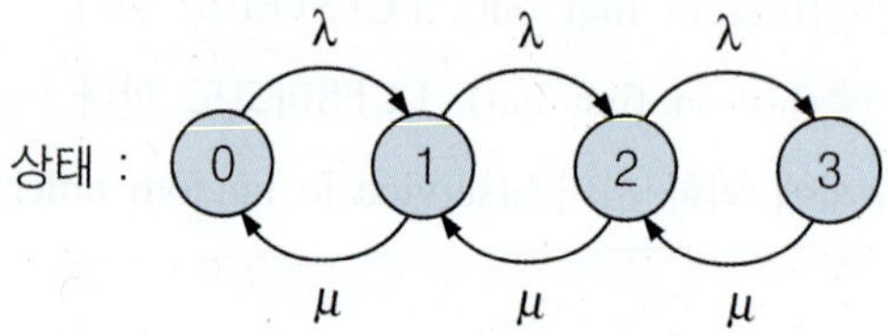

그림 12.9 M/M/1/3의 상태전이도

3. 입력율=출력율 원칙에 의해 균형방정식을 얻는다. 대기행렬 시스템이 한 상태를 떠나면 언제가 반드시 다시 돌아온다는 안정상태를 가정하면, 일정기간 동안의 하나의 표본 경로에서 임의의 상태로 입력되는 횟수와 출력되는 횟수는 같거나 1회 차이날 수 있다. 그러나 긴 기간을 가정하면 입력율=출력율이 성립된다. 이를 입력율=출력율 원칙이라고 한다. 이제 안정상태에서의 확률을 각각 P_0, P_1, P_2, P_3라고 하면 입력율=출력율 원칙으로부터 시스템 상태별로 다음의 4개의 균형방정식을 얻는다.

상태 0: $\mu P_1 = \lambda P_0$ (12.8)

상태 1: $\lambda P_0 + \mu P_2 = (\lambda + \mu) P_1$ (12.9)

상태 2: $\lambda P_1 + \mu P_3 = (\lambda + \mu) P_2$ (12.10)

상태 3: $\lambda P_2 = \mu P_3$ (12.11)

4. 균형방정식을 푼다. 식(12.8)-(12.11)로부터 P_1, P_2, P_3는 다음과 같이 표현된다.

$$P_1 = \frac{\lambda}{\mu} P_0$$

$$P_2 = \frac{\lambda}{\mu} P_1 = \frac{\lambda^2}{\mu^2} P_0$$

$$P_3 = \frac{\lambda}{\mu} P_2 = \frac{\lambda^3}{\mu^3} P_0$$

또한 $P_0 + P_1 + P_2 + P_3 = 1$이므로 $\rho = \lambda / \mu$라고 놓으면 $P_0(1 + \rho + \rho^2 + \rho^3) = 1$이 된다. 따라서

$$P_0 = \frac{1}{1+\rho+\rho^2+\rho^3},\ P_1 = \frac{\rho}{1+\rho+\rho^2+\rho^3},\ P_2 = \frac{\rho^2}{1+\rho+\rho^2+\rho^3},$$

$$P_3 = \frac{\rho^3}{1+\rho+\rho^2+\rho^3}$$

이 된다.

스프레드시트 모형 개발

1. **입력자료** B4:B6

   도착율과 서비스율을 각각 B4, B5에 입력한다.

2. **안정상태 확률 계산** B9:B13

   먼저 B9에 $\rho = \frac{\lambda}{\mu}$의 값을 =B5/B6로 계산한다. 그러면 P_0, P_1, P_2, P_3의 확률은

   B10 =1/(1+B9+B9^2+B9^3)
   B11 =B9*B10
   B12 =B9*B11
   B13 =B9*B12

   식으로 계산된다. 또한 B14에 =SUM(B10:B13) 식을 입력하면 확률 합은 1.0이 된다.

	A	B	C	D	E
1	**M/M/1/3 안정상태 확률**				
2					
3	**입력자료**				
4	시간단위	1	시간		
5	도착율	2	명/시간		
6	서비스율	3	명/시간		
7					
8	**안정상태 확률**				
9	**Rho**	0.6667			
10	**P0**	0.4154			
11	**P1**	0.2769			
12	**P2**	0.1846			
13	**P3**	0.1231			
14	**확률합**	1.0000			

A9 =B5/B6
A10 =1/(1+B9+B9^2+B9^3)
A11 =B9*B10
A12 =B9*B11
A13 =B9*B12

그림 12.10 M/M/1/3 안정상태 확률 계산 스프레드시트 모형

12.4 단일창구 대기행렬 시스템 (M/M/1)

고객의 도착 과정이 포아송 분포를 따르고, 서비스 시간이 지수분포를 따르는 경우의 단일창구 대기행렬 시스템인 M/M/1 모형의 안정상태 확률분포와 이로부터 시스템의 성능 특성치를 계산한다. 이를 위해 시스템의 상태를 시스템내의 고객수로 정의하면 그림 12.11과 같은 상태전이도를 그릴 수 있다. 그림에서 보듯이 M/M/1 모형은 무한 크기의 대기행렬이 가능하므로 시스템의 상태는 무한히 많다. 도착율과 서비스율은 시스템의 상태에 관계없이 일정하게 λ 및 μ이다. M/M/1 대기행렬 시스템이 안정상태에 도달하기 위해서는 $\lambda < \mu$, 즉 $\rho = \dfrac{\lambda}{\mu} < 1$이어야 한다.

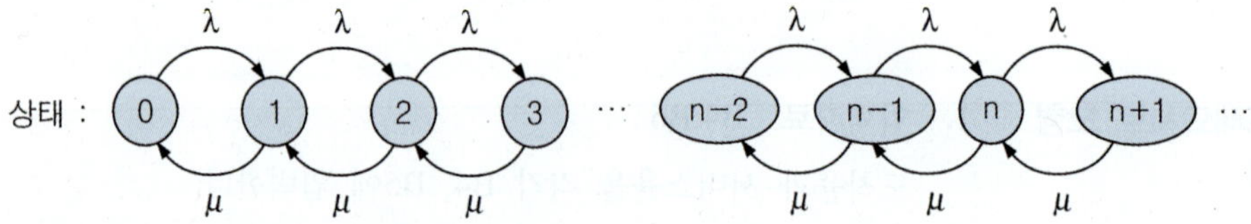

그림 12.11 M/M/1 대기행렬 모형의 상태전이도

그림 12.11의 상태전이도로부터 각 상태에서의 입력율=출력율 원칙을 적용하여 균형방정식을 세우면 표 12.5와 같다.

표 12.5 M/M/1 대기행렬 시스템의 균형 방정식

상태	입력율 = 출력율
0	$\mu P_1 = \lambda P_o$
1	$\lambda P_0 + \mu P_2 = (\lambda + \mu) P_1$
2	$\lambda P_1 + \mu P_3 = (\lambda + \mu) P_2$
⋮	⋮
$n-1$	$\lambda P_{n-2} + \mu P_n = (\lambda + \mu) P_{n-1}$
n	$\lambda P_{n-1} + \mu P_{n+1} = (\lambda + \mu) P_n$
⋮	⋮

표 12.5의 균형방정식으로부터 시스템의 상태에 대한 확률에 대한 관계식

$$P_n = \frac{\lambda}{\mu} P_{n-1} = \rho P_{n-1} \tag{12.12}$$

을 얻을 수 있으며, 이는 다시 다음과 같이 표현된다.

$$P_n = \rho^n P_0 \tag{12.13}$$

이제 $\sum_{n=0}^{\infty} P_n = 1$에 식(12.13)을 대입하면 $\sum_{n=0}^{\infty} \rho^n P_0 = 1$을 얻으며, 좌변은 등비급수의 합이므로 $\rho < 1$ 범위에서 $P_0/(1-\rho)$가 된다. 따라서

$$P_0 = 1 - \rho \tag{12.14}$$

이 되며, 이는 1에서 시스템 이용도 ρ를 뺀 값이 된다. 이를 식(12.13)에 대입하면 모든 안정상태 확률 $P_n = (1-\rho)\rho^n$을 얻게 된다.

안정상태 확률과 Little의 공식 등의 특성치간 관계식을 이용하면 평균 시스템 크기, 평균 대기열 크기, 평균 시스템 시간 및 평균 대기시간을 계산할 수 있다.

| 요점 12.3 단일창구 대기행렬 시스템 (M/M/1)의 성능 특성치 계산 공식

1. 창구 이용도: $\rho = \frac{\lambda}{\mu}$
2. 시스템 내에 고객이 없을 확률: $P_0 = 1 - \frac{\lambda}{\mu} = 1 - \rho$
3. 시스템 내에 고객이 n명 있을 확률: $P_n = (1-\rho)\rho^n$
4. 시스템에 있는 평균 고객수(시스템크기): $L_Q = \frac{\rho}{1-\rho}$
5. 대기행렬에 있는 평균 고객수(대기열크기): $L_W = L_Q - \frac{\lambda}{\mu} = \frac{\lambda^2}{\mu(\mu-\lambda)} = \frac{\rho^2}{1-\rho}$
6. 고객이 시스템에서 소비한 평균 시간(시스템시간): $T_Q = \frac{L_Q}{\lambda} = \frac{1}{\mu - \lambda}$
7. 고객이 대기행렬에서 대기한 평균 시간 (대기시간): $T_W = \frac{L_W}{\lambda} = \frac{\lambda}{\mu(\mu-\lambda)}$

M/M/1 대기행렬에서 시스템시간은 평균이 $T_Q = \frac{1}{\mu - \lambda}$인 지수분포가 된다[4].

4) 시스템에 방금 도착한 고객이 시스템에 n명의 고객이 있는 것을 보았다면 본인의 서비스 시간을 포함하여 서비스를 받고 시스템을 떠날 때까지 총 머무르는 시간은 $(n+1)$개의 지수분포 시간이다. 즉 $X_1, X_2, \cdots, X_{n+1}$을 서비스율 μ인 각 고객의 서비스시간을 나타내는 확률변수라고 할 때, 시스템에 n명의 고객이 있는 것을 본 막 도착한 고객의 시스템시간은 $S_{n+1} = X_1 + X_2 + \cdots + X_{n+1}$이 된다. S_{n+1}은 동일한 지수분포의 합으로 표현된 시간이므로 얼랑분포가 된다. 이제 임의의 시점에 도착한 고객이 시스템에서 머무를 시간을 확률변수 $\mathfrak{T}_Q$로 표현한다면, 임의의 도착시점에 시스템에 n명의 고객이 있을 확률은 P_n이므로 총확률법칙에 의해 $\Pr(\mathfrak{T}_Q > t) = \sum_{n=0}^{\infty} P_n \Pr(S_{n+1} > t)$이 되고 이를 정리하면 $\Pr(\mathfrak{T}_Q > t) = e^{-(\mu-\lambda)t}$이 된다. 따라서 식(12.3)에 의해 $\mathfrak{T}_Q$는 지수분포를 따르고 $E(\mathfrak{T}_Q) = T_Q = \frac{1}{\mu - \lambda}$이 된다. 이러한 설명은 개략적인 설명이고 구체적인 유도과정은 다음 문헌을 참고할 수 있다.(F.S. Hillier and G.J. Lieberman, Introduction to Operations Research, 7/e, McGraw-Hill, 2001, p 855.)

따라서 지수 확률분포 함수로부터 고객이 t 보다 오래 머무를 확률은 다음과 같이 계산된다.[5)]

$$\Pr(t\text{ 시간 이상 시스템에서 머무름}) = e^{-(\mu-\lambda)t} \tag{12.15}$$

대기행렬에서 대기하는 시간은 지수분포를 따르지는 않지만 고객이 t 시간 보다 오래 대기행렬에서 대기할 확률은 다음과 같다.

$$\begin{aligned}\Pr(t\text{ 시간 이상 대기행렬에서 대기}) &= \Pr(\text{도착한 고객이 대기})e^{-(\mu-\lambda)t} \\ &= \rho\, e^{-(\mu-\lambda)t}\end{aligned} \tag{12.16}$$

예제 12.4 **신선식품(M/M/1)**

신선 식품점은 한 개의 계산대가 있으며 계산대에는 한 명의 직원이 계산을 하고 있다. 계산대에 도착하는 고객의 도착율은 30(명/시간)이며 포아송 분포를 따르며, 서비스 시간은 평균 1.5분의 지수분포를 따른다. 그런데 계산을 위해 기다리는 시간으로 인해 고객의 불만이 많은 상황이다. 식품점에 또 다른 계산대를 설치할 공간이 없기 때문에 식품점 주인은 계산대 직원을 돕는 보조 직원을 추가 고용할 것을 고려하고 있다. 만일 보조 직원이 있으면 계산대의 서비스 시간이 평균 1분으로 감소될 것으로 예상하고 있으며 여전히 지수분포를 따른다. 식품점 주인은 계산대에 있는 고객의 수가 2명 이상인 경우가 전체의 25%이하가 되기를 원한다. 또한 고객이 차례를 기다리기 위해 5분 이상을 기다리는 고객이 전체 고객의 5% 이내이거나, 기다리는 시간을 포함해서 계산을 끝마치는 데까지 7분 이상을 소요하는 고객이 전체 고객의 5% 이내이기를 원한다. 현재 상태로 식품점 주인이 원하는 요구사항 중 만족되지 않는 것은 무엇인가? 또한 보조 직원을 고용하면 식품점 주인이 원하는 모든 요구사항들이 만족되는가?

모형화 가이드

1. 보조 직원이 없는 경우와 있는 경우로 나누어 아래 사항을 두 번 반복 적용함
2. 식품점의 현재의 상황에 대한 $L_Q, T_Q, L_W, T_W, P_0, P_1$ 계산
3. 계산대에 2명 이상의 고객이 있을 확률, $1-P_0-P_1$ 계산

5) 각주 4)에서와 같은 표현을 사용하면 시스템에 n 명의 고객이 있는 것을 본 방금 도착한 고객의 기다리는 시간은 $S_n = X_1 + X_2 + \cdots + X_n$ 이 된다. 이제 임의의 시점에 도착한 고객이 시스템에서 머무를 시간을 확률변수 $\mathfrak{T}_W$ 로 표현한다면, 역시 총확률법칙에 의해 다음이 성립한다.

$$\begin{aligned}\Pr(\mathfrak{T}_W > t) = \sum_{n=1}^{\infty} P_n \Pr(S_n > t) = \sum_{n=1}^{\infty}(1-\rho)\rho^n \Pr(S_n > t) = \rho\sum_{n=0}^{\infty} P_n \Pr(S_{n+1} > t) \\ = \rho \Pr(\mathfrak{T}_Q > t) = \rho e^{-(\mu-\lambda)t}\end{aligned}$$

4. 고객이 서비스를 받기 위해 기다리는 시간이 5분 이상일 확률 계산
5. 전체 시스템 시간이 7분 이하일 확률 계산

수리 모형화

단위시간을 1분으로 할 때, 보조직원이 없는 경우는 $\lambda = 1/2$, $\mu = 1/1.5$이고, 보조직원이 있을 때는 $\lambda = 1/2$, $\mu = 1$이 된다. 각 물음에 대한 확률 계산식은 아래와 같다.

① 계산대에 2명 이상의 고객이 있을 확률은 $P_n = (1-\rho)\rho^n$을 이용하면 아래와 같다.

$$1 - P_0 - P_1 = 1 - (1-\rho) - (1-\rho)\rho$$

② 고객의 대기시간이 5분 이상을 확률은 식(12.16)를 적용하면 아래와 같다.

$$\text{Pr(대기시간이 5분 이상)} = \rho e^{-5(\mu-\lambda)}$$

③ 전체 시스템 시간이 7분 이하일 확률은 식(12.15)을 적용하면 아래와 같다.

$$\text{Pr(시스템시간이 7분 이하)} = 1 - e^{-7(\mu-\lambda)}$$

스프레드시트 모형 개발 (보조직원이 없는 경우)

신선식품에 대한 스프레드시트 모형은 그림 12.12와 같다.

	A	B	C
1	**신선식품(M/M/1)-보조직원 없이**		
2			
3	**입력**		
4	시간단위	1	분
5	도착율	0.5	명/분
6	서비스율	0.66667	명/분
7			
8	**출력**		
9	입력으로부터의 직접적인 결과		
10	평균 도착간격시간	2	분
11	평균 서비스시간	1.5	분
12	창구이용도	0.75	
13			
14	**기본적인 성능 특성치**		
15	시스템내의 평균 고객 수(L_Q)	3	명
16	평균 대기 고객 수(L_W)	2.25	명
17	평균 시스템 시간(T_Q)	6	분
18	평균 서비스 시간(T_W)	4.5	분
19	계산대가 유휴 상태일 확률(P0)	0.25	
20	계산대에 고객이 2명 이상일 확률	**0.5625**	**a)**
21			
22	**특성치 관련 상세 정보**		
23	시스템내 고객수 분포	n(명)	Pr(n명)
24		1	0.1875
25			
26	대기시간 분포	t(분)	Pr(대기시간>t분)
27		5	**0.3259** **b)**
28			
29	시스템내 시간 분포	t(분)	Pr(머무는 시간<t분)
30		7	**0.6886** **c)**

```
B15 =B12/(1-B12)
B16 =B12^2/(1-B12)
B17 =B15/B5
B18 =B16/B5
B19 =1-B12
B20 =1-B19-C24
C24 =(1-$B$12)*$B$12^B24
C27 =$B$12*EXP(-$B$6*(1-$B$12)*B27)
C30 =1-EXP(-($B$6-$B$5)*B30)
```

그림 12.12 보조직원이 없는 경우의 신선식품 스프레드시트 모형

1. **입력요소** B4:B6 단위시간, 고객의 평균 도착율(0.5), 평균 서비스율(=1/1.5)을 입력한다.
2. **출력** B10:B12 입력으로부터 직접적으로 얻을 수 있는 고객의 평균 도착 간격시간(B10), 평균 서비스 시간(B11), 창구이용도(B12)는 각각 다음과 같이 계산된다.

```
B10 =1/B5
B11 =1/B6
B12 =B5/B6
```

3. **기본적인 성능 특성치** B15:B19
성능 특성치 계산공식을 이용하여 L_Q, L_W, T_Q, T_W, P_0을 다음과 같이 입력한다.

```
B15 =B12/(1−B12)
B16 =B12^2/(1−B12)
B17 =B15/B5
B18 =B16/B5
B19 =1−B12
```

4. **계산대에 2명 이상의 고객이 있을 확률** B20
계산대에 2명 이상의 고객이 있을 확률을 계산하려면 특성치 관련 상세 정보에서부터 시스템에 1명 있을 확률 P_1을 이용해야 한다. 즉, 계산대에 2명 이상의 고객이 있을 확률은 $1 - P_0 - P_1$이므로 B20 =1−B19−C24을 입력한다.
5. **시스템내 고객수 분포** B24:C24
시스템내의 고객 수를 B24에 입력하고, 확률 C24에는

```
C24 =(1−$B$12)*$B$12^B24
```

식을 입력한다. 이것은 시스템내 고객 수를 n이라 할 때 P_n을 구하는 식이다.
6. **대기시간 분포** B27:C27
대기시간을 B27에 입력하고, C27에 C27 =$B$12*EXP(−$B$6*(1−$B$12)*B27) 식을 입력한다. 즉, 고객이 서비스를 받기 위해 대기하는 시간이 t 이상일 확률 Pr(대기시간 $> t$)을 계산한다.
7. **시스템시간 분포** B30:C30
시스템에 머무는 시간 t를 B30에 입력하고, C30에

```
C30 =1-EXP(-($B$6-$B$5)*B30)
```

식을 입력한다. 즉, 고객이 시스템에서 소비하는 전체 시간이 t 이하일 확률 Pr(시스템시간 < t)을 계산한다.

예제 12.4 **신선식품(M/M/1) 계속**

신선식품에서 보조 직원을 고용했을 경우 원하는 요구사항이 만족되는지 분석한다.

스프레드시트 모형 개발 (보조 직원 고용시)

1. **입력요소 변경** B6 B6=1/1로 변경한다.
2. **출력** B10:B12 B11=1, B12=1/2로 변경된다.
3. **기본적인 성능 특성치** B15:B19

   변경된 서비스율로부터 다음과 같은 결과를 얻을 수 있다. $L_Q = 1.0$, $L_W = 0.5$, $T_Q = 2$, $T_W = 1.0$ 이며 $P_0 = 0.5$이다. 또한 시스템 내에 고객이 2명 이상일 확률은 $1 - P_0 - P_1$로서 0.25이다. 변경한 후의 결과는 그림 12.13과 같다.
4. **계산대에 2명 이상의 고객이 있을 확률** B20

   변경된 서비스율로부터 값이 변한다.
5. **시스템내 고객수 분포** B24:C24 변경된 서비스율로부터 값이 변한다.
6. **대기시간 분포** B27:C27

   변경된 서비스율로부터 고객이 서비스를 받기 위해 기다리는 시간이 5분 이상일 확률은 0.041이다.
7. **시스템 시간 분포** B30:C30

   변경된 서비스율로부터 고객이 기다리는 시간을 포함해서 서비스를 끝마칠 때까지의 시간이 7분 이하일 확률은 0.9698이다.

따라서 보조직원을 고용함으로써 식품점 주인의 요구사항들이 만족된다.

	A	B	C	
1	**신선식품(M/M/1)-보조직원 고용시**			
2				
3	**입력**			
4	시간단위	1	분	
5	도착율	0.5	명/분	
6	서비스율	1	명/분	
7				
8	**출력**			
9	입력으로부터의 직접적인 결과			
10	평균 도착간격시간	2	분	
11	평균 서비스시간	1	분	
12	창구이용도	0.5		
13				
14	**기본적인 성능 특성치**			
15	시스템내의 평균 고객 수(L_Q)	1	명	
16	평균 대기 고객 수(L_W)	0.5	명	
17	평균 시스템 시간(T_Q)	2	분	
18	평균 서비스 시간(T_W)	1	분	
19	계산대가 유휴 상태일 확률(P0)	0.5		
20	계산대에 고객이 2명 이상일 확률	**0.25**	**a)**	
21				
22	**특성치 관련 상세 정보**			
23	시스템내 고객수 분포	n(명)	Pr(n명)	
24		1	0.25	
25				
26	대기시간 분포	t(분)	Pr(대기시간>t분)	
27		5	**0.0410**	**b)**
28				
29	시스템내 시간 분포	t(분)	Pr(머무는 시간<t분)	
30		7	**0.9698**	**c)**

그림 12.13 보조 직원을 고용하는 경우의 스프레드시트 모형

12.5 복수창구 대기행렬 시스템 (M/M/s)

복수창구 대기행렬 시스템이란 서비스가 이루어지는 곳에 동일한 성능의 서비스 장치(서버)가 복수 개 있으며, 도착한 고객은 한 줄로 기다리다가 서버가 먼저 비는 곳으로 가서 서비스를 받게 되는 시스템이다. 대기표를 받고 기다리는 은행을 연상하면 된다. 복수창구 대기행렬 시스템의 안정상태에서 성능 특성치를 계산하는 공식을 위해 다음의 사항들을 가정하고 있다.

1. 고객의 도착은 도착율 λ의 포아송 분포를 따른다.
2. 각 창구에서의 서비스 시간은 지수 분포를 따른다.
3. 각 창구의 평균 서비스 시간은 $1/\mu$로 동일하다.
4. 대기행렬은 하나이며 FIFO의 서비스 원칙을 따른다.

이와 같은 복수창구 대기행렬 시스템 M/M/s의 상태전이도는 그림 12.14와 같다. 여기서 s는 창구 수(서버 수)이다. 시스템 상태가 증가하는 비율은 상태에 관계없이

일정하며, 상태 감소율은 시스템내의 고객수가 증가함에 따라 비례해서 증가함을 알 수 있다. 그러나 시스템내의 고객이 s를 넘어서면 창구 수의 제한으로 상태 감소율은 $s\mu$로 일정해진다.

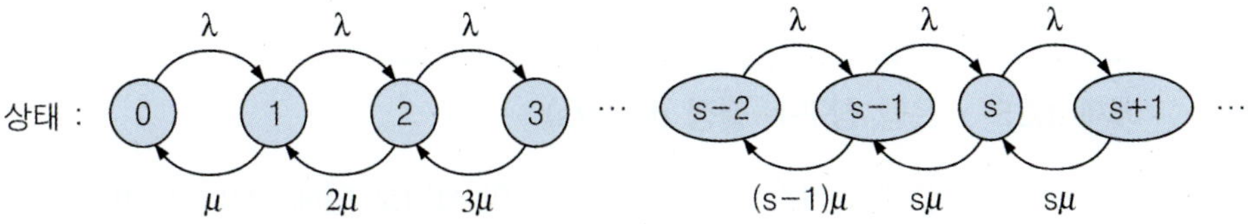

그림 12.14 M/M/s 대기행렬 모형의 상태전이도

상태전이도로부터 입력율=출력율 원칙을 적용하여 균형방정식을 얻고, 다시 이를 풀어 안정상태 확률을 계산한다. M/M/s 복수창구 대기행렬 시스템에서 안정상태에 도달하기 위한 조건은 $\lambda < s\mu$, 즉 $\rho = \dfrac{\lambda}{s\mu} < 1$이다. 안정상태 확률과 Little의 공식을 이용하여 다음의 성능 특성치 공식을 얻을 수 있다.

| 요점 12.4 복수창구 대기행렬 시스템 (M/M/s)의 성능 특성치 계산 공식

1. 창구 이용도: $\rho = \dfrac{\lambda}{s\mu}$

2. 시스템 내에 고객이 없을 확률: $P_0 = \dfrac{1}{\displaystyle\sum_{n=0}^{s-1} \frac{s^n}{n!}\rho^n + \frac{s^{s-1}\rho^s}{(s-1)!}\left(\frac{1}{1-\rho}\right)}$

3. 시스템 내에 고객이 n명 있을 확률: $P_n = \dfrac{(\lambda/\mu)^n}{n!}P_0$ ($n \leqq s$ 인 경우)

   $P_n = \dfrac{(\lambda/\mu)^n}{s!s^{n-s}}P_0$ ($n > s$ 인 경우)

4. 대기행렬에 있는 평균 고객수(대기열 크기): $L_W = \dfrac{(\lambda/\mu)^s \lambda\mu}{(s-1)!(s\mu-\lambda)^2}P_0$

5. 시스템에 있는 평균 고객수(시스템 크기): $L_Q = L_W + \dfrac{\lambda}{\mu}$

6. 고객이 시스템에서 소비한 평균 시간(시스템 시간): $T_Q = \dfrac{L_Q}{\lambda}$

7. 고객이 대기행렬에서 대기한 평균 시간 (대기시간): $T_W = \dfrac{L_W}{\lambda}$

8. 도착한 고객이 대기하게 될 확률: $\displaystyle\sum_{n=s}^{\infty} P_n = \frac{s^s\rho^s}{s!(1-\rho)}P_0$

M/M/s 대기행렬에서 도착한 고객이 t 이상 대기할 확률은 고객의 대기할 확률을 이용하여 아래와 같이 계산할 수 있다.

$$\Pr(t\text{이상 대기행렬에서 대기}) = \Pr(\text{고객이 대기 경험}) \cdot e^{-(s\mu-\lambda)t} \quad (12.17)$$

예제 12.5 **은행 창구수 결정 (M/M/s)**

은행 관리자는 추가적인 창구의 설치로 인해 발생하는 비용과 대기시간의 감소로 인한 고객들의 평판을 평가하기 위해 M/M/s 대기행렬 시스템을 적용하려고 한다. 고객의 평균 도착율은 60(명/시간)이고 평균 서비스 시간은 4분이라고 한다. 또한 창구를 한 개 설치하여 유지하는 데 발생하는 비용은 시간당 0.95만원이다. 고객의 대기로 인한 손실비용을 추정하는 것은 어려운 일이다. 따라서 은행 관리자는 대기를 경험하는 고객의 비율이 전체 고객의 1/3 이내가 되도록 창구 수를 설치하고자 한다. (a) 관리자의 요구를 만족시키기 위한 최소의 창구 수는 몇 개인가? (b) 고객 1명의 대기시간으로 인한 비용을 1.2 만원/시간이라고 할 때, 창구에서의 설치비용과 고객의 대기시간으로 인한 비용의 합을 최소로 하는 최적 창구 수를 계산하여라.

모형화 가이드

- M/M/s 시스템의 안정상태 확률 P_0을 계산하는 매크로 설정
- M/M/s 시스템의 성능 특성치 L_Q, L_W, T_Q, T_W를 계산
- 특성치 관련 상세 정보로서 안정상태 확률 P_n 및 대기시간 분포 계산
- 대기를 경험할 고객 비율이 1/3 이하가 되는 최소 창구수 s 찾기
- 창구 수별 전체 비용식 도출
- 최소 창구수에서 전체 비용이 최소가 되도록 시간당 고객 비용의 하한값 및 상한값 결정

스프레드시트 모형 개발

은행의 창구 수 결정을 위한 스프레드시트 모형은 그림 12.15와 같다.

1. **입력요소** B4:B7

   먼저 시간 단위를 1시간으로 결정한다. B5:B7 셀에 각각 도착율, 서비스율 및 창구 수를 입력한다.

2. **입력으로부터의 직접적인 출력 결과** B11:B13

   고객의 평균 도착 간격시간은 B11 =1/B5, 평균 서비스 시간은 B12 =1/B6, 창구 이용도는 B13 =B5/(B7*B6)로 계산된다.

Lq | fx =(B5/B6)^B7*B5*B6*B16/(FACT(B7-1)*(B7*B6-B5)^2)

	A	B	C	D	E	F	G	H
1	은행 창구수 결정(M/M/s)			M/M/s template 적용방법				
2				1. 셀 B4부터 셀 B7에 입력				
3	입력			2. 계산을 위한 "P0 계산" 버튼을 누르면 P0 및 나머지 출력 결과 계산됨				
4	시간단위	시간						
5	도착율	60	명/시간	문제 (a)				
6	창구당 서비스율	15	명/시간	1. 창구 수에 따른 대기 경험 고객 비율 변화				
7	창구수	5		창구수	대기 고객 비율			
8				5	55.4%			
9	출력			6	28.5%			
10	입력으로부터의 직접적인 결과			7	13.5%			
11	평균 도착간격시간	0.0167	시간					
12	서비스당 평균 소요시간	0.0667	시간	문제 (b)				
13	창구 이용도	0.8000						
14				시간당 창구의 발생비용		0.95	만원	
15	성능 특성치		P0 계산	시간당 고객대기비용		1.20	만원	
16	P0	0.0130						
17	대기하는 고객의 비율	0.5541		창구수별 비용계산 (창구 발생비용 + 고객 대기비용)				
18	시스템내의 평균 고객수(L_Q)	6.2165	명	창구수	창구 발생비용	L_W (대기고객수)	시간당 전체비용	
19	대기하는 평균 고객수(L_W)	2.2165	명	5	4.75	2.216	7.410	
20	시스템내에 머무는 평균 시간(T_Q)	0.1036	시간	6	5.7	0.570	6.383	최소
21	대기하는 평균시간(T_W)	0.0369	시간	7	6.65	0.180	6.866	
22	대기하지 않는 고객의 비율	0.4459		8	7.6	0.059	7.671	
23								
24	특성치 관련 상세정보							
25	1. 시스템내 고객수의 분포	n (고객수)	P(n)					
26		5	0.1108					
27								
28	2. 대기시간 분포	t (시간)	P(대기시간 > t)					
29		0.0100	0.4769					
30								

그림 12.15 은행 창구 수 결정을 위한 스프레드시트 모형

3. P0 계산 버튼(매크로 설정)

B16의 위치에 P_0값이 계산되도록 한다. P_0의 계산은 매크로로 계산되며 아래에서 설명하는 '버튼에 의한 매크로 설정' 부분을 참고하도록 한다. 즉, B5:B7의 값이 변경될 때마다 버튼을 클릭함으로서 P_0의 값을 새로 계산한다. 또한 매크로 함수를 이용하기 위해 셀명을 이용한다. 사용되는 셀명으로 B7는 "s", B13는 "Rho", B16는 "P0"의 이름을 붙인다(p.123 셀 명 붙이기 참조).

4. 성능 특성치 계산 B17:B22

대기하는 고객의 비율, 즉 도착한 고객이 대기해야 할 확률로서 B17에는

B17 =(B7*B13)^B7*B16/(FACT(B7)*(1−B13)) 식을 입력한다.

L_Q, L_W, T_Q, T_W 및 대기를 경험하지 않는 고객의 비율을 각각 B18:B22에 다음을 입력한다.

```
B18 =B19+B5/B6
B19 =(B5/B6)^B7*B5*B6*B16/(FACT(B7−1)*(B7*B6−B5)^2)
B20 =B18/B5
B21 =B19/B5
B22 =1−B17
```

5. 특성치 관련 상세 정보 B26:C26, B29:C29

시스템내 고객 수를 B26에 입력하면 확률은 B26에 입력된 값이 창구 수 B7과 비

교하여

```
B26 =IF(B26<=$B$7,($B$7*$B$13)^B26*$B$16/FACT(B26),
    ($B$7*$B$13)^B26*$B$16/(FACT($B$7)*$B$7^(B26-B25)))
```

식으로 계산된다. 또한 B29에 대기시간을 입력하면, 대기시간이 B29보다 클 확률이 C29에

```
C29 =$B$17*EXP(-$B$7*$B$6*(1-$B$13)*B29)
```

식으로 계산된다.

6. **창구 수에 따른 대기 경험 고객의 비율** D8:E10

   B7의 창구 수를 5, 6, 7 등으로 변화시켜 보면서 B17의 대기하는 고객 비율의 값을 E8:E10에 선택하여 붙여넣기(값)로 복사한다. 주의할 점은 B7의 값이 바뀔 때마다 'P0 계산' 버튼을 눌러야 한다. 이로부터 대기 경험 고객의 비율이 1/3 이내가 되는 최소 창구 수는 6개임을 알 수 있다.

7. **입력요소 추가** F14:F15

   입력요소로서 시간당 창구 발생 비용을 F14에 0.95만원, 고객 1시간 대기비용을 F15에 1.2만원 입력한다.

8. **창구 수별 비용계산** D19:G22

   창구 수가 5, 6, 7 및 8개일 때의 창구에서의 발생 비용을 E19:E22에 입력한다. E19에

```
E19 =D19*$F$14
```

식을 입력하고, 이를 E20:E22까지 끌기로 자동 채운다. 또한 창구수별 대기고객수(L_W)를 각각 F19:F22에 선택하여 붙여넣기(값)로 입력한다. 그리고 전체비용을 G19:G22에 입력한다. G19에

```
G19 =E19+F19*$F$15
```

식을 입력하고, 이를 G20:G22까지 끌기로 자동채운다.

P_0 계산 매크로 작성

매크로 실행을 위한 절차는 은행 창구 수 결정에 대한 예제(M/M/s 모형)를 중심으로 설명한다.

1. 매크로 함수 작성

메뉴의 '개발도구'에서 'Visual Basic'으로 가서 모듈 창이 오른쪽에 없으면 Visual Basic의 메뉴 '삽입'에서 '모듈'을 클릭하면 그림 12.16과 같이 모듈창이 생성된다.

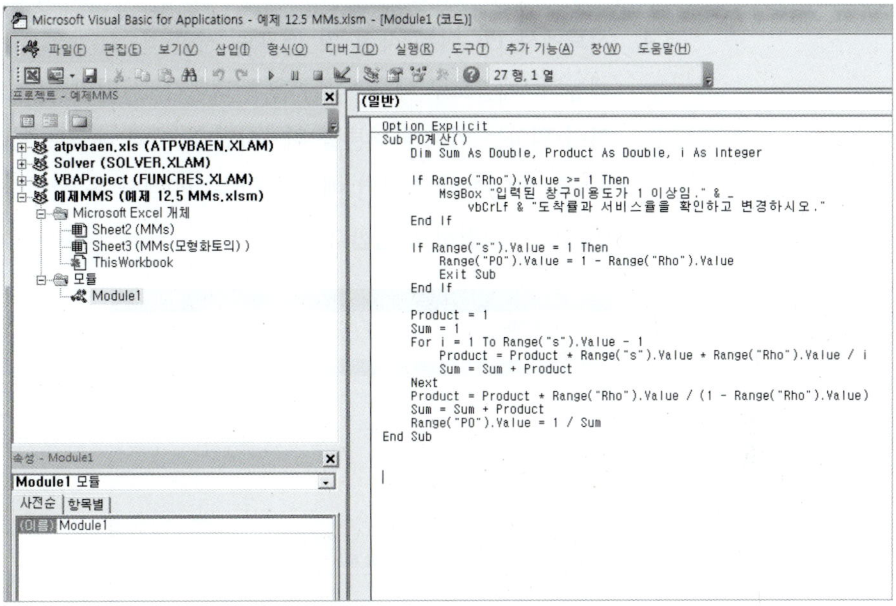

그림 12.16 매크로 함수 작성을 위한 Visual Basic의 모듈창

2. 함수작성

요점 12.4의 P_0 계산식을 그림 12.17와 같이 모듈창에 작성한다.

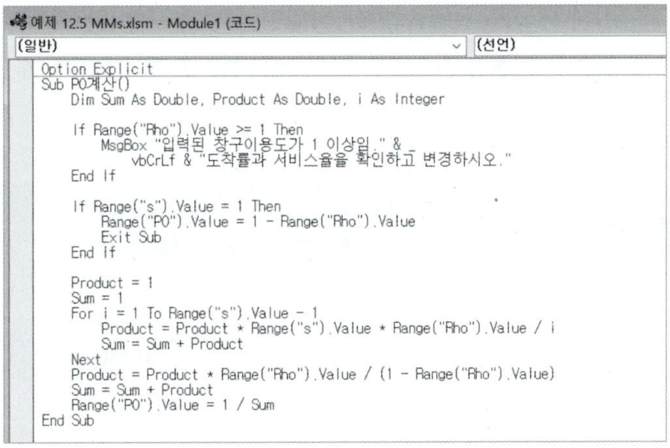

그림 12.17 모듈창에 작성한 P0계산 매크로 함수

3. 시트에서 셀명 붙이기

코드에서 보면 Range("s").Value, Range("Rho").Value 및 Range("P0").Value가 사용되고 있다. 따라서 시트에서 s, Rho 및 P0의 셀명이 있어야 한다. B7의 이름을 "s", B13의 이름을 "Rho", B16의 이름을 "P0"로 붙인다.

4. 시트에서 P0 버튼 작성 및 매크로 지정

메뉴의 '개발도구'에서 '삽입'을 선택한다. 삽입의 '양식컨트롤'에서 '단추'를 선택하여 원하는 위치에 버튼을 위치시킨다. 이때 매크로 지정 상자가 그림 12.18과 같이 생긴다. 이미 작성된 매크로 함수 'P0계산'을 선택한 후 버튼의 이름을 원하는 이름으로 적절히 편집한다.

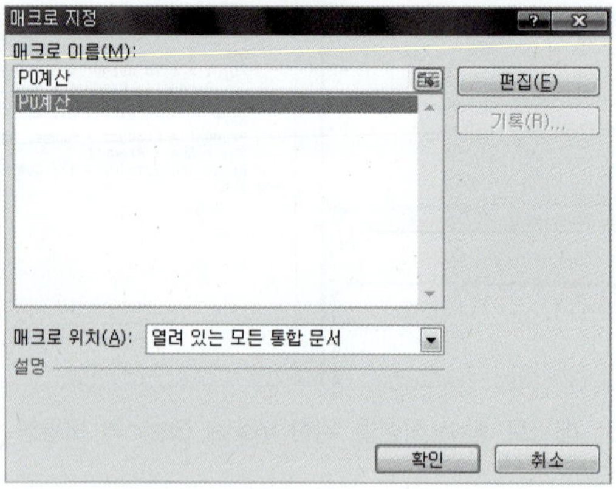

그림 12.18 매크로 지정

5. 매크로 실행

이제 매크로 실행을 위한 작업이 끝났다. 서버의 수에 해당하는 창구의 수를 변경하면서 버튼을 누르면 매크로에 의한 P_0를 새롭게 계산할 수 있다.

표 12.6 창구수별 발생비용 및 고객 대기비용 계산표

창구수	창구 발생비용(만원)	L_W 평균 대기고객수(명)	시간당 대기비용(만원)	시간당 비용합계(만원)
5	4.75	2.216	$2.216c_w$	$4.75 + 2.216c_w$
6	5.70	0.570	$0.570c_w$	$5.70 + 0.570c_w$
7	6.65	0.180	$0.180c_w$	$6.65 + 0.180c_w$

	A	B	C	D	E	F	G
1	은행 창구수 결정(M/M/s)			M/M/s template 적용방법			
2				1. 셀 B4부터 셀 B7에 입력			
3	입력			2. 계산을 위한 "P0 계산" 버튼을 누르면 P0 및 나머지 출력 결과 계산됨			
4	시간단위	시간					
5	도착율	60	명/시간	모형화 토의			
6	창구당 서비스율	15	명/시간				
7	창구수	6		1. 시간당 창구의 발생비용		0.95만원	
8							
9	출력			2. 창구수별 비용계산 (창구 발생비용 + 고객 대기비용)			
10	입력으로부터의 직접적인 결과			창구수	창구 발생비용	L_W	시간당 전체비용식
11	평균 도착간격시간	0.0167	시간	5	4.75만원	2.216	4.75+2.216*cw
12	서비스당 평균 소요시간	0.0667	시간	6	5.70만원	0.570	5.70+0.570*cw
13	창구 이용도	0.6667		7	6.65만원	0.180	6.65+0.180*cw
14			P0 계산	* cw(cost of waiting)은 고객 1명의 1시간 대기비용을 의미함			
15	성능 특성치						
16	P0	0.0167		3. 창구수가 6개인 경우의 cw에 대한 Breakpoint			
17	대기하는 고객의 비율	0.2848		cw 하한값	0.58만원		
18	시스템내의 평균 고객수(L_Q)	4.5695	명	cw 상한값	2.44만원		
19	대기하는 평균 고객수(L_W)	0.5695	명				
20	시스템내에 머무는 평균 시간(T_	0.0762	시간				
21	대기하는 평균시간(T_W)	0.0095	시간				
22	대기하지 않는 고객의 비율	0.7152					
23							
24	특성치 관련 상세정보						
25	1. 시스템내 고객수의 분포	n (고객수)	P(n)				
26		5	0.1424				
27							
28	2. 대기시간 분포	t (시간)	P(대기시간 > t)				
29		0.0100	0.2110				

그림 12.19 예제 12.5 모형화토의 스프레드시트 모형

모형화 토의

1. 예제 12.5 (b)에서는 고객 1명의 대기시간으로 인한 비용을 1.2 만원이라고 할 때, 창구에서의 발생비용과 고객의 대기시간으로 인한 비용의 합을 최소로 하는 최적 창구 수를 구하였다. 그러나 일반적으로 고객의 대기시간으로 인한 비용을 추정하기가 어려운 것이 현실이다. 따라서 예제 12.5 (a)에서 얻어진 창구 수(6대)가 최적인 창구 수로 유지되기 위해서는 고객의 대기비용이 어느 범위에 있어야 하는지 계산해 보고자 한다.

   이를 위하여 고객 1명의 대기시간당 비용을 c_w 라고 놓는다. 그러면 창구수가 5, 6, 7일 때의 창구발생비용, 평균 대기고객수 및 고객의 대기비용은 표 12.6과 같이 계산된다.

   이제 예제 12.5 (a)에서 얻어진 창구 수(6대)가 최적인 창구 수로 유지되기 위해서는 다음의 두 부등식이 성립되어야 한다. 창구수가 6대일 때의 비용이 창구수가 5대일 때의 비용보다 적고, 창구수가 7대일 때의 비용보다도 적어야 한다.

$$5.70 + 0.570c_w \le 4.75 + 2.216c_w$$

$$5.70 + 0.570c_w \le 6.65 + 0.180c_w$$

   위의 두 식으로부터 $0.58 \le c_w \le 2.44$가 얻어진다. 즉, 고객 대기비용이 시간당 0.58만에서 2.44만원 사이이면 창구수 6대일 때가 창구발생비용과 고객 대기비용을 모두 고려할 때 최적인 창구수가 된다. 그림 12.19에서 cw의 하한값(E17) 및 상한값(E18)은 다음 식으로 계산된다.

```
E17 =(E12−E11)/(F11−F12)
E18 =(E13−E12)/(F12−F13)
```

12.6 손실 대기행렬 시스템

대부분의 대기행렬 시스템을 설계할 때는 실질적으로 크기의 제한을 주게 된다. 예를 들어 음식점에서 수용할 수 있는 좌석 수라든지, 전화 연결을 처리할 수 있는 교환기의 용량이 그것이다. 여기서는 일반적인 형태의 손실 대기행렬 시스템으로서 M/M/s/N 시스템에 대한 성능 특성치를 소개한다. M/M/s/N 시스템은 시스템이 수용할 수 있는 전체 고객이 N명인 복수창구 대기행렬 시스템으로서, 서비스를 받기 위해 대기할 수 있는 대기행렬의 길이는 N-s명으로 제한된다. 고객은 도착율 λ의 포아송분포를 따라 도착하며, 각 창구에서의 서비스시간은 평균 $1/\mu$인 지수 분포를 따르며, 시스템 내에 고객이 N명이 되면 더 이상의 고객은 시스템에 참여하지 못하고 거부(blocking)된다. 이와 같이 고객이 손실되기 때문에 M/M/s/N 시스템을 손실시스템이라고 한다.

이제 M/M/s/N 손실 대기행렬 시스템의 상태전이도를 그리기 위해 시스템내의 고객수를 시스템 상태로 정의한다. 그러면 그림 12.20와 같은 상태전이도를 얻을 수 있다. 시스템 상태가 증가하는 방향으로의 전이율은 상태에 관계없이 고객 도착율과 같으며, 시스템 상태가 감소하는 방향으로의 전이율은 시스템 상태 s까지는 상태가 바로 서비스 받고 있는 고객수가 되므로 서비스율의 배수로 증가하게 된다. 그러나 상태 s에서 N까지는 서비스 받고 있는 고객수가 창구 수 s로 제한되므로 전이율은 $s\mu$로 동일하다.

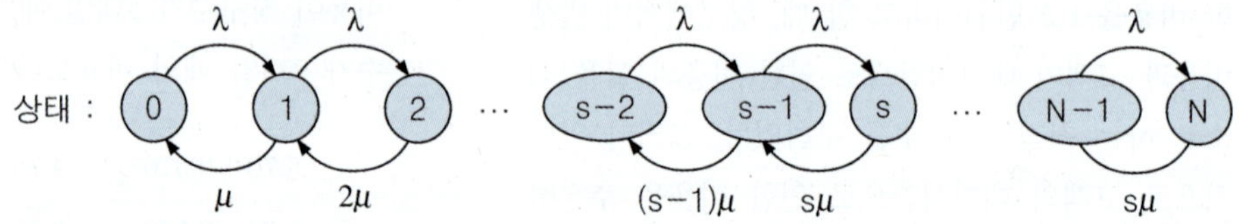

그림 12.20 M/M/s/N 상태전이도

$P_0, P_1, \cdots, P_N$을 상태전이도와 균형방정식으로부터 계산한 안정상태 확률이라고 가정한다. 그러면 손실되는 고객의 도착을 제외한 시스템에 도착하는 실질적인 도착율(effective arrival rate) λ_e는 다음과 같다.

$$\lambda_e = \lambda P_0 + \lambda P_1 + \cdots + \lambda P_{N-1} + 0 P_N = \lambda \sum_{i=0}^{N-1} P_i = \lambda(1 - P_N) \qquad (12.18)$$

참여 및 비참여를 고려하지 않고 고객의 도착과정이 포아송분포를 따르면, 손실 시스템에 참여하게 되는 고객의 도착과정도 여전히 포아송분포를 따르게 되며, 다만 도착율이 λ 에서 실질 도착율 λ_e 로 바뀐다. M/M/s/N 시스템의 또 하나의 특징은 대기행렬의 크기가 제한되어 있기 때문에 λ, μ 값에 관계없이 항상 안정상태에 도달하게 된다. 이제 특성치를 계산하는 공식들은 다음과 같다.

| 요점 12.5 손실 대기행렬 시스템 (M/M/s/N)의 성능 특성치 계산 공식

1. 창구 이용도: $\rho = \dfrac{\lambda_e}{s\mu}$ (여기서 $\lambda_e = \lambda(1 - P_N)$)
2. 시스템 내에 고객이 없을 확률:

$$P_0 = \frac{1}{\sum_{n=0}^{s} \frac{1}{n!}\left(\frac{\lambda}{\mu}\right)^n + \frac{1}{s!}\left(\frac{\lambda}{\mu}\right)^s \sum_{n=s+1}^{N}\left(\frac{\lambda}{s\mu}\right)^{n-s}}$$

3. 시스템 내에 고객이 n 명 있을 확률: $P_n = \dfrac{(\lambda/\mu)^n}{n!} P_0 \quad (n = 1, \ldots, s\ )$

$$P_n = \frac{(\lambda/\mu)^n}{s!s^{n-s}} P_0 \quad (n = s+1,\ \ldots, N\ )$$

4. 시스템에 있는 평균 고객 수(시스템 크기): $L_Q = \sum_{n=0}^{N} n P(n)$
5. 고객이 시스템에서 소비한 평균 시간(시스템 시간): $T_Q = \dfrac{L_Q}{\lambda_e}$
6. 고객이 대기행렬에서 대기한 평균 시간 (대기시간): $T_W = T_Q - \dfrac{1}{\mu}$
7. 대기행렬에 있는 평균 고객 수(대기열 크기): $L_W = \lambda_e T_W$

예제 12.6 M/M/s/N 시스템

어떤 서비스 시스템에 고객이 도착율 150(명/시간)인 포아송 분포를 따라 도착하며, 서비스 창구에서는 서비스율이 30(명/시간)이며 서비스 시간은 지수분포를 따른다고 한다. 창구 수가 5개일 때 대기를 경험하지 않는 고객의 비율을 40% 이하가 되도록 설계하려 한다. 시스템 내에 머물 수 있는 고객 수 N의 최소값을 결정하라.

모형화 가이드

- M/M/s/N 시스템의 안정상태 확률 P_0을 계산하는 매크로 함수가 포함된 MMsN.xlsm 파일을 이용한다고 가정한다. 여기에는 기본적인 특성치 L_Q, L_W, T_Q, T_W 와 실질도착율 λ_e, 대기를 경험하지 않는 고객 비율 및 시스템내 고객수

분포를 포함하고 있다.

- 대기를 경험하지 않는 고객 비율이 40% 이하가 되는 최소 허용 고객수 N을 선택한다.

스프레드시트 모형 개발

M/M/s/N 시스템에 대해서 성능 특성치를 계산하는 스프레드시트 모형은 그림 10.21과 같다.

1. **입력요소** B4:B8

   먼저 시간 단위를 시간으로 B4에 입력한다. B5:B7에 각각 도착율, 서비스율 및 창구 수를 입력한다. B8에는 시스템에 최대 가능한 고객 수 N을 입력한다. 본 예제의 문제상황은 B8의 값을 결정해야 할 값이지만 대기행렬 이론의 계산 공식을 적용하기 위해 이 값을 먼저 입력요소로 하고, 값을 변화시켜 가면서 원하는 성능이 나오게 하는 값을 선택하게 된다.

2. **매크로를 이용한 기본적인 성능 특성치 계산** B11:B16

   시트 오른쪽 상단에 위치한 매크로 "**계산수행**" 버튼을 누르면 기본적인 성능 특성치 값들이 계산된다. B5:B8의 값이 변경될 때마다 버튼을 다시 클릭하여야 출력값은 새로 계산된다. B11:B16에는

   ```
   B11 =SUMPRODUCT(NumSys,Probs)
   B12 =EnterRate*T_W
   B13 =L_Q/EnterRate
   B14 =T_Q-1/Mu
   B15 =Lam*(1-PFull)
   B16 =SUM(NoWaitStates)
   ```

   식으로 계산한다. 식 중의 변수는 셀명 또는 범위명으로 일부는 매크로 실행을 위한 모듈 프로그램에서 정의하고 있으며 일부는 스프레드시트 상에서 정의하였다. 이에 대한 정의는 시트의 텍스트박스에 표시되어 있다.

3. **매크로 실행에 의한 고객 수 결정**

   B8에 시스템의 허용 가능 최대 고객 수 N을 5, 6, 7, 8, 9로 변경시키면서 매크로 "**계산수행**" 버튼을 누른다. 이때 얻어지는 대기를 경험하지 않는 고객 비율 B16의 값을 E9:E13에 한번씩 복사(값으로 복사)한다. 이로부터 대기를 경험하지 않는 고객이 40% 이내가 되는 N은 8임을 알 수 있다.

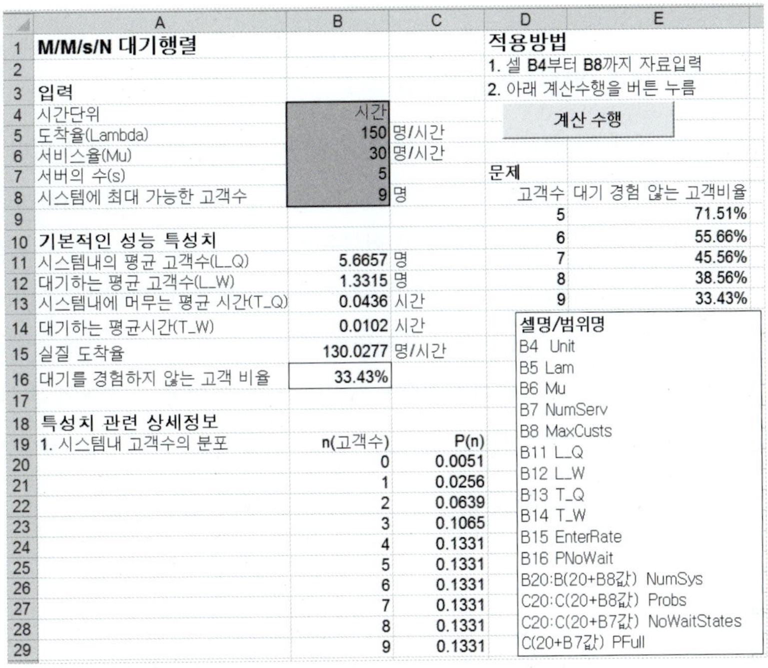

	A	B	C	D	E
1	**M/M/s/N 대기행렬**			**적용방법**	
2				1. 셀 B4부터 B8까지 자료입력	
3	**입력**			2. 아래 계산수행을 버튼 누름	
4	시간단위	시간		계산 수행	
5	도착율(Lambda)	150	명/시간		
6	서비스율(Mu)	30	명/시간		
7	서버의 수(s)	5		문제	
8	시스템에 최대 가능한 고객수	9	명	고객수	대기 경험 않는 고객비율
9				5	71.51%
10	**기본적인 성능 특성치**			6	55.66%
11	시스템내의 평균 고객수(L_Q)	5.6657	명	7	45.56%
12	대기하는 평균 고객수(L_W)	1.3315	명	8	38.56%
13	시스템내에 머무는 평균 시간(T_Q)	0.0436	시간	9	33.43%
14	대기하는 평균시간(T_W)	0.0102	시간	셀명/범위명	
15	실질 도착율	130.0277	명/시간	B4 Unit	
16	대기를 경험하지 않는 고객 비율	33.43%		B5 Lam	
17				B6 Mu	
18	**특성치 관련 상세정보**			B7 NumServ	
19	1. 시스템내 고객수의 분포	n(고객수)	P(n)	B8 MaxCusts	
20		0	0.0051	B11 L_Q	
21		1	0.0256	B12 L_W	
22		2	0.0639	B13 T_Q	
23		3	0.1065	B14 T_W	
24		4	0.1331	B15 EnterRate	
25		5	0.1331	B16 PNoWait	
26		6	0.1331	B20:B(20+B8값) NumSys	
27		7	0.1331	C20:C(20+B8값) Probs	
28		8	0.1331	C20:C(20+B7값) NoWaitStates	
29		9	0.1331	C(20+B7값) PFull	

그림 12.21 M/M/s/N 대기행렬 스프레드시트 모형

M/M/s/N 대기행렬 시스템 중에서 서비스 받는 고객 외에 대기할 수 있는 여유가 없는 경우의 M/M/s/s 대기행렬 시스템은 통신분야에서 오래 전부터 연구되어 왔다. 도착율 λ의 포아송 과정을 따라 고객이 도착하고 서비스 시간은 평균 $1/\mu$인 지수 분포를 따르는 경우의 M/M/s/s 시스템의 상태전이도는 그림 12.22와 같다.

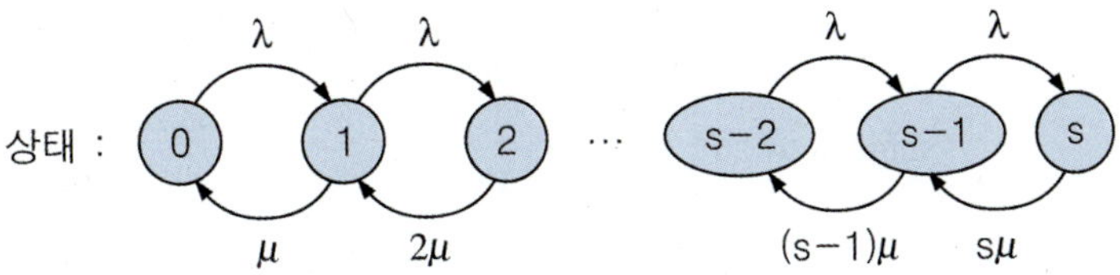

그림 12.22 M/M/s/s 대기행렬의 상태전이도

M/M/s/s 대기행렬에서 시스템 내에 고객이 s명이 되면 더 이상의 고객은 시스템에 참여하지 못하고 손실된다. 고객이 손실될 확률 P_s는 다음과 같다. 이를 Erlang의 손실공식(loss formula)라고 한다.

$$P_s = \frac{\dfrac{(\lambda/\mu)^s}{s!}}{\displaystyle\sum_{n=0}^{s} \frac{(\lambda/\mu)^n}{n!}} \tag{12.19}$$

예제 12.7 **세계 여행사 (M/M/s/s)**

세계 여행사는 한 시간에 평균 24통의 상담 전화를 받고 있다. 한 통의 상담 전화는 평균 20분 동안 상담이 진행되며 지수분포를 따른다고 한다. (a) 고객이 여행사로 전화를 했을 때 모든 라인이 통화중일 확률을 5%이하로 낮추기 위해서는 몇 대의 전화 라인을 가설해야 하는가? (b) 전화 라인 1개의 임대비용은 0.4만원/시간이며 모든 라인이 통화중이어서 발생하는 손실 비용은 0.45만원/명이라고 가정한다. 전체 발생비용을 최소화하는 전화 라인 수를 결정하여라. 또한 최적의 전화 라인에서 고객의 손실비율은 얼마인가?

수리 모형화

(a) 통화중인 확률을 5% 이내로 하는 최소 전화라인 수 s를 결정하는 문제이다.

$$\text{minimize} \quad s$$

$$\text{subject to} \quad P_s = \frac{\dfrac{(\lambda/\mu)^s}{s!}}{\displaystyle\sum_{n=0}^{s} \frac{(\lambda/\mu)^n}{n!}} \le 0.05$$

s : 비음의 정수

(b) 전화라인 임대비용($0.4s$)과 통화중이어서 발생하는 손실비용($0.45\lambda P_s$)의 합을 최소화하는 전화라인 수 s를 결정하는 문제이다.

$$\text{minimize} \quad 0.4s + 0.45\lambda P_s$$

$$\text{subject to} \quad P_s = \frac{\dfrac{(\lambda/\mu)^s}{s!}}{\displaystyle\sum_{n=0}^{s} \frac{(\lambda/\mu)^n}{n!}}$$

s : 비음의 정수

스프레드시트 모형 개발

- MMss.xlsm 파일을 이용한다고 가정한다. MMss.xlsm 파일은 M/M/s/s 시스템의 손실 확률 $P(s)$를 계산하는 매크로를 설정하여 놓았으며, 실질 도착율, 기본적인 특성치 L_Q, T_Q 및 대기를 경험하지 않는 고객 비율을 포함하고 있다.
- 전화라인 수를 변화시켜가면서 손실 통화비율 및 전체비용(전화라인 임대비용+고객 손실비용)을 계산한다.

MMss.xlsm를 이용하여 세계 여행사의 전화라인 수를 결정하는 스프레드시트 모형은 그림 12.23과 같다.

	A	B	C	D	E
1	세계여행사 (M/M/s/s)			적용방법	
2				1. 셀 B4부터 B7까지 자료입력	
3	입력			2. 계산수행 버튼을 누름	
4	시간단위	시간		계산수행	
5	도착율	24	통화요구수/시간		
6	서비스율	3	통화요구수/시간		
7	전화라인수(s)	14			
8					
9	기본적인 성능 특성치				
10	손실 통화 비율(P_s)	1.7%			
11	실질 도착율	23.587	통화요구수/시간		
12	평균 통화시간(T_Q)	0.333	시간		
13	평균 통화중 고객수(L_Q)	7.862	통화수		
14					
15	비용계산				
16	전화 라인당 비용	0.40	만원/시간		
17	고객 손실비용	0.45	만원/손실고객		
18					
19	문제 (a) & (b)				
20	전화 라인수	전화라인비용	손실 통화비율	고객손실비용	전체비용
21	9	3.6	17.3%	1.870	5.470
22	10	4	12.2%	1.314	5.314
23	**11**	4.4	8.1%	0.878	5.278
24	12	4.8	5.1%	0.555	5.355
25	**13**	5.2	3.1%	0.331	5.531
26	14	5.6	1.7%	0.186	5.786
27					
28		B21 =A21*$B$16		D21 =Lam*C21*$B$17	
29		C21 =B10 (값으로 복사)		E21 =B21+D21	
30					

셀명/범위명
B4 Unit
B5 Lam
B6 Mu
B7 NumServ
B10 PLost
B11 EnterRate
B12 T_Q

그림 12.23 세계여행사(M/M/s/s 대기행렬)의 스프레드시트 모형

1. **입력요소** B4:B7, B16:B17

   시간단위를 B4에 입력하고, 도착율, 서비스율 및 전화 라인의 수를 B5:B7 범위에 입력한다. B7의 전화라인은 예제에서 결정해야 할 것이지만 일단 임의 값을 입력한다. 전화라인당 임대비용 및 고객 손실비용을 B16:B17 범위에 각각 입력한다.

2. **계산수행 매크로 적용** B10

   셀 B10에 손실 통화 비율 $P(s)$를 새로 계산하기 위해 매크로 계산수행 버튼을 누른다.

3. **기본적인 성능 특성치** B11:B13

   실질 도착율, 평균 통화시간 및 평균 통화중 고객수를 계산하기 위해 B10:B13 범위에

```
B11 =Lam*(1−PLost)
B12 =1/Mu
B13 =EnterRate*T_Q
```

   식을 입력한다. 여기서 Lam, PLost, Mu. EnterRate 및 T_Q는 각각 B5, B10, B6,

B11 및 B12의 셀명이다.

4. **비용계산**

시간당 전화라인 임대비용(B16)과 고객 손실비용(B17)으로부터 전화라인 수에 따라 전체비용을 계산한다.

B21 =B21*$B$16 B22:B26까지 자동채우기 한다.

C21 =B10 (값으로 복사하기) C22:C26까지 전화라인 수(s)에 따라 한번씩 복사하여 채운다.

D21 =Lam*C21*$B$17 D22:D26까지 자동채우기 한다.

E21 =B21+D21 E22:E26까지 자동채우기 한다.

5. **전화라인 수 결정**

전화라인 수에 따른 비용계산으로부터 (a)고객이 전화할 때 통화중일 확률을 5% 이하로 하는 최소 전화라인 수는 13대이고, (b)전체비용을 최소로 하는 전화라인 수는 11대이며 이때의 손실 통화비율은 8.1%이다.

연습문제

(12.1 연습문제)

1 이발소가 대기행렬 시스템임을 대기행렬 구성 요소가 무엇인지 지적하면서 설명하라.

2 버거피아는 5분당 평균 2명의 고객이 포아송 분포를 따라 도착한다고 한다. 아래의 각 경우의 확률을 계산하라.

(1) 12:00에서 12:10 사이에 고객이 한 명도 도착하지 않을 확률은 얼마인가?

(2) 12:00에서 12:05 사이에 고객이 3명 이상 도착할 확률은 얼마인가?

(3) 5분당 평균 3명의 고객이 포아송 분포를 따라 도착한다면 12:00에서 12:05 사이에 고객이 2명 이상 도착할 확률은 얼마인가?

3 한밤중(밤 10시에서 새벽 6시까지)에 전화번호를 문의하는 전화는 포아송분포를 따르며 시간당 평균 10번 걸려온다고 한다. 다음 물음에 답하라.

(1) 밤 12시에서 새벽 1시까지 1시간 동안 문의전화가 8번 걸려올 확률은?

(2) 밤 11시에서 새벽 1시까지 2시간 동안 문의전화가 15번 걸려올 확률은?

(3) 밤 10시부터 새벽 2시까지 4시간 동안 걸려오는 전화의 평균과 표준편차를 구하라.

(4) 연속된 두 전화문의 간격이 1분에서 4분 사이가 될 확률을 구하라.

4 다음은 연속해서 도착하는 고객의 도착간격(분)이다. 도착간격이 지수분포를 따른다고 가정하고 아래 데이터로부터 평균 도착간격 시간을 계산하라. 시간당 도착율은 얼마인가?

2.4, 3.9, 4.4, 0.5, 1.2, 8.2, 3.1, 1.9, 4.3, 0.7, 0.4, 2.2

5 도착율이 $\lambda = 2/5$ (명/분)인 지수분포를 따르는 200개의 난수를 발생시켜 이에 대한 히스토그램을 작성하여 지수분포 모양을 갖는지 확인하라.

(12.2~12.3 연습문제)

6 창구가 한 개인 대기행렬 시스템에서 고객의 도착율이 30(명/시간)이다. 시스템이 안정상태에 도달한 후에 시스템내의 평균 고객 수와 평균 대기 고객수를 관찰한 결과 각각 2.5명 및 1.8명이다. 다음 물음에 답하라.

(1) 한 고객이 시스템에서 머무르는 평균 시간을 계산하라.

(2) 한 고객이 서비스 받기까지의 평균 대기시간을 얼마인가?

(3) 평균 서비스 시간을 계산하라.

(4) 창구 수가 1개라고 할 때 창구이용도를 구하여라.

(Hint) 창구 이용도는 $\rho = \dfrac{\lambda}{\mu} = \lambda T_S$ 가 된다.

7 한 은행 지점에 잠재적 고객이 시간당 평균 60명이 도착한다. 그러나 기다릴 수 있는 공간이 제한되어 있기 때문에 도착하는 고객의 4명중 1명 꼴로 기다릴 여지가 없어 은행으로 들어오지 않고 즉시

떠나간다고 한다. 은행 내에 있는 평균 고객수는 3.5명이다. 이제 한 고객이 은행에 도착한다면 서비스를 받기 전에 얼마나 기다려야 하는가?

8 이발사 면허증을 갖고 있는 김씨와 이씨 두 사람이 이발소를 동업하고 있다. 이발소에는 이발하는 의자가 2개 있고, 기다릴 수 의자가 2개뿐이다. 따라서 이발소내의 고객수는 0명에서 4명 사이이다. $P(n)$을 이발소에 고객이 n명 있을 확률이라고 할 때, $P_0 = 1/16, P_1 = 4/16, P_2 = 6/16, P_3 = 4/16, P_4 = 1/16$이라고 한다.

(1) 이발소내 평균 고객수 L_Q를 구하라.

(2) 이발소에서 기다리는 평균 고객수 L_W를 구하라.

(3) 이발소에서 이발하고 있는 평균 고객수 L_S를 구하라.

(4) 이발소에 고객이 1시간에 평균 4명이 들어온다고 한다. 고객 한사람이 이발소에서 머무르는 평균 시간 T_Q와 이발을 위해 대기하는 평균 시간 T_W를 계산하라.

(5) 김씨와 이씨의 이발 시간이 동일하다고 한다. 평균 이발 시간은 얼마나 되나?

9 M/M/1/2 대기행렬 시스템의 도착율이 λ이고, 서비스율이 μ라고 한다. 시스템내의 고객수를 시스템 상태라고 정의할 때 다음에 답하라.

(1) 시스템 상태를 전부 열거하라.

(2) 상태전이도를 그려라.

(3) 상태별로 입력율=출력율 원칙을 적용하여 균형 방정식을 구하라.

(4) 상태별 안정상태 확률을 구하라.

10 상태 전이 시간은 모두 지수분포를 따르고, 평균 전이율이 아래의 상태전이도와 같을 때, 균형방정식을 구하고, 안정상태 확률을 계산하라.

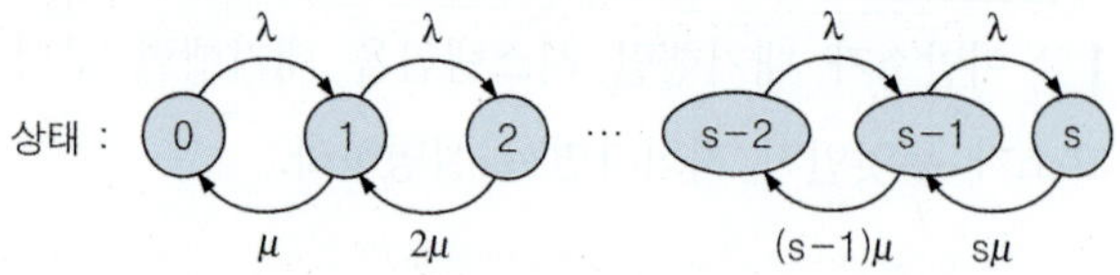

(12.4~12.5 연습문제)

11 활주로가 한 개인 P공항에서는 이륙 또는 착륙하려는 비행기가 1시간당 16대로 생기고, 관제탑에서는 1시간당 20대의 비행기를 이륙 또는 착륙시키고 있다. 이착륙을 위해 도착하는 비행기 간격시간 및 이착륙시간은 모두 지수분포라고 가정한다.

(1) 착륙하려고 도착한 비행기가 즉시 착륙할 수 있을 확률을 구하라.

(2) 이착륙을 기다리는 비행기는 평균 몇 대인가?

(3) 한 비행기가 이륙을 위해 기다리는 평균 대기 시간을 구하라.

(4) 3분 이상 대기하는 비행기는 전체의 몇 %인가? 평균 대기시간을 3분 이내로 하려면 관제탑에서는 1시간당 평균 몇 대를 이착륙시켜야 하는가?

12 M/M/1 대기행렬 시스템의 안정상태에서 시스템 내의 고객수가 0명~10명, 11명 이상인 경우의 확률 분포를 MM1.xlsx(QR코드 스캔하여 예제파일 참조)에 표와 히스토그램으로 표현하는 것을 추가하여라.

13 대학에 은행 출장소를 운영하고 있다. 2개의 창구를 개설하였는데, 시간 당 평균 40명씩 도착한다. 한 창구에서 한 명을 처리하는데 평균 2분이 걸린다. 고객의 도착은 포아송 분포를 서비스 시간은 지

수분포를 따른다고 한다.

(1) 출장소내에 있는 고객의 수의 평균값을 구하라.

(2) 한 명의 고객이 은행 출장소에서 걸리는 평균 시간을 계산하라.

(3) 창구 직원이 고객이 없어 쉬고 있을 확률을 구하라.

(4) 금요일은 고객이 부쩍 늘어 1분당 2명의 고객이 도착한다고 한다. 따라서 금요일은 임시창구를 더 개설하려고 한다. 고객이 1분 기다리는 것을 50원으로 평가하고, 임시 직원은 1시간당 6000원을 지급한다고 할 때, 최소비용을 보장하는 추가 개설 임시창구의 수를 구하라.

(5) (4)에서 계산한 임시 창구수가 최적이 되는 고객 1분간의 대기 비용의 하한값 및 상한값을 계산하라.

(12.6~12.7 연습문제)

14 어떤 서비스 시설에는 창구가 한 개 있다. 이 창구에서는 1시간에 평균 2명의 고객을 서비스하며 서비스 시간은 지수분포를 따른다고 한다. 서비스 시설에 도착하는 고객의 도착간격시간은 지수분포를 따르고, 1시간에 평균 3명이 도착한다고 한다. 그러나 시설의 한계로 최대 3명의 고객을 수용할 수 밖에 없다. 즉, 서비스 받고 있는 고객 1명에 대기중인 고객 2명이 가능하다.

(1) 서비스 시설에 도착하는 잠재적인 고객 중에서 실제로 시설로 들어오는 고객은 1시간에 평균 몇 명이나 되는가?

(2) 임의의 시간에 창구가 서비스하고 있을 확률은 얼마인가?

15 전산원 미니컴퓨터 Vax에 접속하려는 고객은 최빈시(peak time) 기준으로 평균 시간당 200명이다. 접속된 사람은 평균 20분 Vax에 연결되어있다. 전산원 관리자는 최빈시에 전체 이용자 중에 오직 1%만이 접속 시도 중에 "모든 포트 사용중"이라는 메시지를 받고 있다고 한다. 그렇다면 Vax의 포트 수는 몇 개이어야 하는가? 접속시도의 도착간격시간 및 접속시간 분포는 지수분포라고 가정한다.

(12장 전체 연습문제)

16 일광 세차장에는 5분만에 1대의 차량에 대한 세차가 가능한 1대의 자동 세차시설이 있으며 평균적으로 15분마다 1대의 차량이 세차를 하기 위해 주유소에 들른다.

(1) 위의 상황에서 세차 서비스를 받기 위해 기다리는 시간이 5분 이상일 확률은 얼마인가?

(2) 주말에는 평균 10분마다 1대의 차량이 세차 서비스를 받기 위해 도착한다고 한다. 도착한 고객이 세차를 마치고 떠날 때까지의 평균적으로 소요되는 시간은 얼마인가?

17 시골에 한 주유소가 있다. 주유기를 한 대 설치해 놓고 있는데, 평상시에는 시간당 8대가 들어와 기름을 넣고 돈을 지불하는데 4분이면 된다. 도착과 서비스시간이 포아송 분포와 지수분포를 따른다고 한다.

(1) 현재 시스템에서 평균 주유소 체류시간 T_Q 및 평균 주유소내의 자동차수 L_Q를 구하라.

(2) 기름값 인상이 예고되었다. 손님이 2배로 늘 것으로 예측되며, 주유량은 줄어 서비스시간은 평균 3분으로 예측된다. 이 때의 평균 주유소 체류시간 T_Q 및 평균 주유소내의 자동차수 L_Q를 구하라.

18 S자동차 수리정비 서비스 센터에서는 부품 창고에 각종 부품을 비치하고 필요한 부품을 수리공이 요청하면 찾아서 주고 있다. 현재 부품창고 담당자는 1명 있는데, 수리공이 어떤 부품을 요청하면 그것을 컴퓨터 시스템에 조회하고 찾아서 주는데 평균 5분 걸린다. 이러한 요청은 시간당 10건씩 발생한다. 부품창고 담당자는 시간당 6000원씩 임금을 계산한다. 부품 요청 간격시간과 서비스시간은 지수분포라고 가정한다.

(1) 현재의 시스템에서 시간당 발생하는 총비용을 구하라.

(2) 만일 창고 관리 보조직원을 추가로 고용하면 부품을 찾아주는데 평균 4분이면 된다. 보조직원의 시간당 임금은 4000원이다. 보조원을 채용하는 것이 유리한가?

19 통신 시스템의 교환기 성능은 1M bits/second이며 교환되어야 하는 트래픽은 평균 초당 150건의 메시지가 교환기에 입력된다고 한다. 각 메시지의 크기는 평균 4Kbits이다. 트래픽 입력 및 메시지 크기는 각각 포아송분포 및 지수분포를 따른다고 가정한다.

(1) 통신 시스템에 대해 L_Q, T_Q, T_W, L_W 를 구하여라.

(2) 교환기가 하루 24시간 동안 사용된다고 할 때 교환기의 유휴시간은 얼마나 되는가?

(3) 교환기내에 있는 메시지의 수가 5건 이상일 확률은 얼마인가?

(4) (3)에서의 확률이 절반이하가 되도록 하기 위해 요구되는 교환기의 성능은 최소 몇 Mbps이어야 하는가?

20 S전자 수리 서비스 센터는 M/M/s 모형을 이용하여 수리요원의 임금과 고객의 대기시간 비용을 서로 비교해 보고자 한다. 수리를 원하는 고객은 시간당 30명 도착하고 평균 수리 시간은 10분이 걸린다. 수리요원의 임금은 시간당 10,000원이다. 고객의 대기시간에 대한 비용을 직접 평가하는 대신에 고객이 10분 이상 대기할 확률을 0.05 이하로 하는 수리요원의 수를 정하려고 한다.

(1) 수리요원이 몇 명 있으면 되는가?

(2) 위의 방침을 고객의 대기시간에 대한 시간당 비용을 얼마로(범위) 평가하고 있는가?

21 한 인터넷 회사가 회사 홍보를 위해 한강 광장에 인터넷 폰이 가능한 컴퓨터 3대를 설치하였다. 평소 시간대에는 평균적으로 시간당 25명이 컴퓨터를 사용하기 위해 도착한다. 그리고 각 사용자의 평균 이용시간은 3분이라고 한다. 고객의 도착과 이용시간은 각각 포아송분포 및 지수분포를 따른다고 한다.

(1) 인터넷 폰을 사용하기 위해 도착한 고객은 평균적으로 얼마의 시간을 기다려야 하는가?

(2) 인터넷 폰을 사용하기 위해 도착한 고객이 대기하는 시간 없이 컴퓨터를 사용할 수 있는 확률은 얼마인가?

(3) 주말에는 한강 광장에 2배의 인파가 몰려 평균 50명의 고객이 도착한다고 할 때 대기하는 평균 시간은 얼마인가?

(4) (3)에서 얻은 대기시간을 (1)에서 대기시간 이하가 되도록 줄이기 위해 설치해야하는 최소의 컴퓨터는 몇 대인가?

22 유니크넷은 유료로 전문분야에 대한 정보제공 사이트를 갖고 있는 벤처기업이다. 이 회사는 정보

제공을 위해 5대의 서버를 운영하고 있는 데 각 서버는 정보제공을 위해 평균적으로 4분이 소요된다고 한다. 정보를 얻기 위해 유니크넷을 방문하는 고객은 평균 시간당 1320명이며 방문 고객은 자신이 요청한 정보에 대한 처리시간(서비스 시간 4분)을 제외한 대기시간이 5분 이상이면 다른 사이트로 옮겨간다고 한다. 정보 1건당 얻는 순 이익은 100원이고 한 대의 서버를 하루 운영하는 데는 10,000원의 비용이 발생한다고 한다.

(1) 현재의 서버 수를 유지하는 것이 이익을 최대화하는 대안인지 판단하여라. 만일 그렇지 않다면 몇 대의 서버를 운영하는 것이 최대의 이익을 보장하는가?

(2) 만일 고객이 서비스를 받기 위해 대기하는 시간이 4분 이상이면 다른 사이트로 옮겨가고 서버가 정보 제공을 위해 3분이 소요된다면 몇 대의 서버를 운영하는 것이 최대의 이익을 얻게되는가? 단 나머지 상황은 동일하다고 가정한다.

23 청정 주유소에는 7대의 주유기가 있으며 주유하는 데 소요되는 평균 시간은 5분이며 하루 16시간을 영업한다. 시간당 80대의 차량이 주유하기 위해 도착한다. 주유소에 가능한 최대의 차량은 현재 10대라고 한다. 주인이 파악한 결과에 따르면 차량 대기공간이 부족하여 돌아가는 차량이 있음을 알았다. 그래서 옆 건물의 빈 공간에 대한 임대를 고려하고 있다. 1대의 차량을 주유하는 데 1200원의 순이익을 얻는다. 그리고 16시간동안 1대의 차량이 대기할 수 있는 공간당 12,000원의 비용이 요구된다. 이 경우 공간을 임대하는 것은 바람직한 것인지 판단하여라. 만일 임대한다면 차량 몇 대가 대기할 수 있는 공간을 임대하는 것이 최적인가?

24 김군은 주말마다 호수공원에서 자건거를 대여해 주는 일을 하고 있다. 자전거를 타고자 하는 손님은 평균적으로 시간당 20명 있으며 이들은 평균 30분 동안 자전거를 탄다. 만일 손님이 도착했을 때 빈 자전거가 없으면 손님은 곧바로 롤러 스케이트를 타러 간다고 한다. 김군은 몇 대의 자전거를 준비해야 할 지를 판단하고자 한다.

(1) 먼저 손님이 자건거를 타러 왔을 때 빈 자전거가 없어 손님이 돌아갈 확률을 5%이하가 되도록 하는 방법을 고려했다. 이를 위해 몇 대의 자전거를 준비해야 하는가?

(2) 김군은 자전거를 임대하여 사용하고 있는데 자전거당 임대 비용은 0.3만원/시간이며 빈 자전거가 없어서 돌아가는 고객으로 인한 손실비용은 0.5만원이라고 한다. (1)의 방법이 최적의 방법인지 판단하여라. 그리고 전체 발생비용을 최소화하기 위해 김군은 몇 대의 자전거를 준비하는 것이 최적인가?

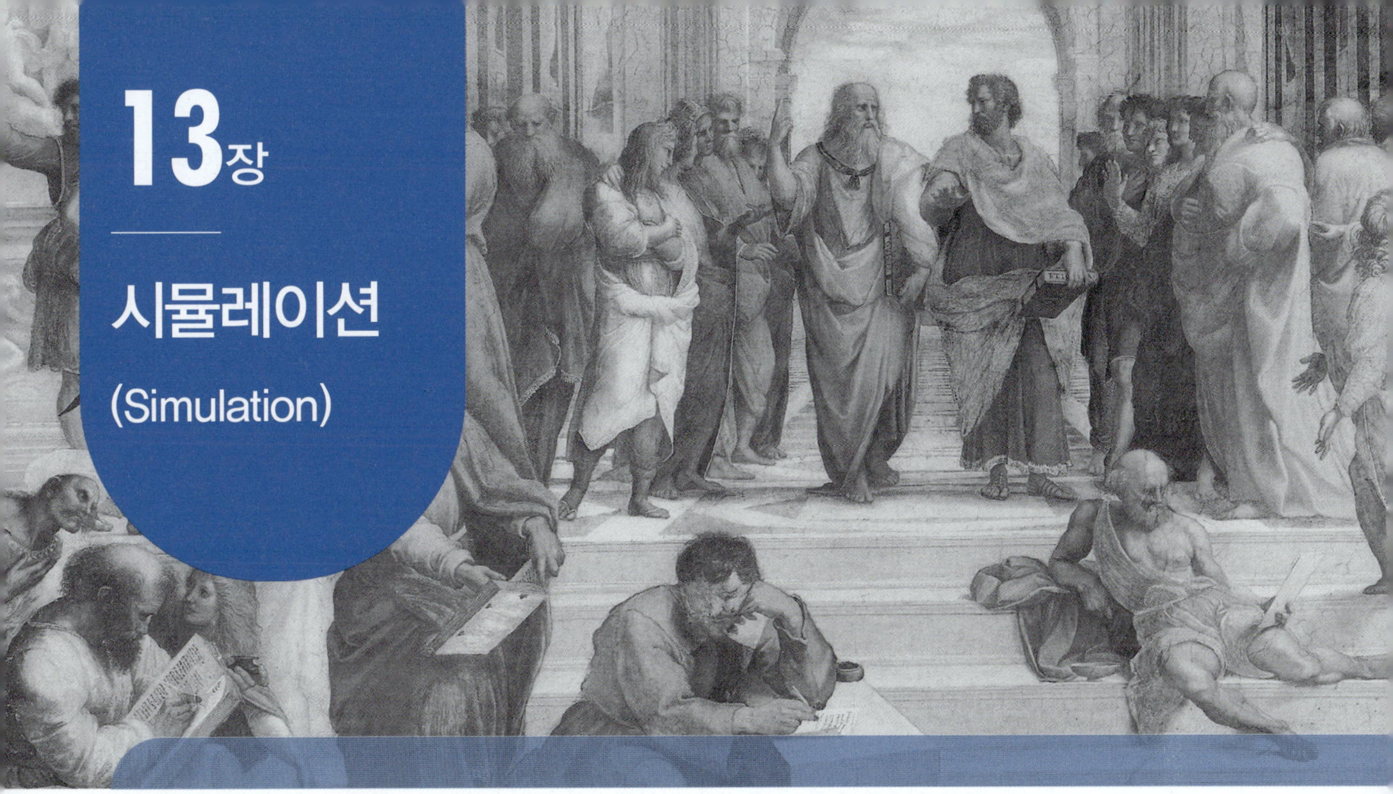

13장 시뮬레이션 (Simulation)

Taco Bell의 시뮬레이션 모형개발[1]

Taco Bell 기업은 1978년 PepsiCo가 인수한 이후로 80년대 중반부터 패스트푸드 시장에서 성공하여 안정적인 위치를 차지하고 있다. Taco Bell 기업은 미국 내에 총 6,490개 지점, 가맹점, 체인점을 소유하고 있으며, 세계적으로 그 시장을 넓혀가고 있다. Taco Bell 기업의 연판매실적은 약 46억 달러에 이른다.

1988년 Taco Bell은 59센트의 매우 저렴한 가격에 무료의 음료추가 서비스를 제공하는 6종류의 핵심메뉴를 개발하였다. 이후로 Taco Bell은 비용 대 효과의 효율성을 높이기 위하여 사업구조를 재조정하여 왔다. Taco Bell의 총비용 중에서 노무비는 총판매액의 30%를 차지하는 큰 비용이지만 통제가 가능한 비용이다. 그러나 동시에 노무비는 인력과 판매용량의 직접적인 연결 때문에 가장 관리하기 힘든 비용이기도 하다. 1988년에 Taco Bell은 모든 레스토랑들을 연결하는 컴퓨터 네트워크를 설치하고 FAST프로그램을 활용토록 하였다. FAST는 하향 지향적 통제시스템으로서 미리 설정

1) J. Huerter and W. Swart, "An integrated labor-management system for Taco Bell," *Interfaces* 28:1, 1998, pp. 75-91.

한 재무목표가 달성되도록 판매액의 일정비율을 노무비에 할당하는 시스템이다. FAST 시스템은 각 레스토랑이 달성해야 할 목표를 설정해 주지만 그 방법은 알려주지 못하였다. 레스토랑의 경영자는 다만 경험에 의존해서 운영할 수밖에 없었다.

1988년에 Taco Bell은 시장점유율, 판매액, 운영이익 면에서 선두의 위치를 차지하려는 목표를 세우고, 운영상의 의사결정 사항들이 노무비 및 서비스 속도에 미치는 영향을 파악하고자 하였다. 이러한 전략의 일환으로 1991년 Taco Bell은 Huerter & Swart와 함께 새로운 노무관리 시스템인 LMS(Labor Management System)개발에 착수하였다. LMS에는 시뮬레이션 모형, 예측모형, 정수계획 모형이 주요 모듈로 사용되었다. 즉, 예측모형을 사용해서 도착하는 고객의 수 및 업무처리의 수준을 예측한 후, 다음으로 시뮬레이션 모형을 사용해서 예측된 고객서비스를 제공할 적정 인력수준을 파악하며, 최종적으로 정수계획 모형을 사용해서 인력계획을 세워 총 노무비를 최소화하는 시스템이다.

패스트푸드 환경하에서 적정 소요인력 수준을 파악하는 문제는 매우 복잡한 양상을 띠고 있으므로 Taco Bell은 시뮬레이션을 사용해서 이 문제를 효과적으로 해결하였다. 경영자는 레스토랑 운영에서 발생하는 많은 의문에 대해 짧은 시간 내로 답을 요구하고 있다. Taco Bell은 이러한 요구에 부응하기 위해서 객체 지향적인 시뮬레이션 언어 MODSIM을 사용해서 회사에 적합한 신속한 시뮬레이션 모형을 개발하였다.

Taco Bell은 1991년부터 완전 개발까지의 약 6년간 총 287,500달러의 예산을 투자하였다. 이중에서 90,000달러는 시뮬레이션 모형을 개발하기 위해서, 80,000달러는 시뮬레이션의 자료수집 비용으로, 117,500달러는 예측 및 정수계획모형을 개발하는데 사용하였다. 1993년에서 1996년까지 LMS시스템을 사용하는 Taco Bell 레스토랑의 수는 약 1,300개에서 4,000개로 늘어났다. LMS를 사용함으로써 기존 FAST시스템에 비해 절감된 노무비는 93년도의 351만 달러에서 96년도에는 1,640만 달러에 달했다. 93-96년의 총 절약액은 4,034만 달러에 이른다. 97년 한 해 동안 Taco Bell은 이 시스템을 사용해서 노무비 5,300만 달러를 절약하였다.

현재 이 시스템은 Taco Bell의 모든 레스토랑에서 본부의 주컴퓨터에 연결되어 사용되고 있다. Taco Bell의 연구결과는 경영과학 분석기법을 적용한 효율적 의사결정 지원체계인 LMS가 패스트푸드 업계에서 성공한 것을 명확히 보여주고 있다.

13.1 서론

시뮬레이션(simulation)은 컴퓨터를 사용하여 현실 시스템을 있는 그대로 설정하고 시스템의 운영상황을 실험적으로 여러 번 실행함으로써, 적절한 운영정책을 수립할 수 있도록 지원해주는 경영과학 기법이다. 특히, 현실 상황이 너무 복잡하거나 불확실성을 포함하고 있어서 다른 경영과학 기법으로 최적해 도출이 어렵거나 불가능한 경우, 시뮬레이션을 적절히 사용함으로써 시스템 운영에 관한 중요한 정보를 얻을 수 있다. 시뮬레이션은 최적화 모형이라기보다는 시스템의 운영요소를 결정하기 위한 분석모형이다. 시뮬레이션은 신제품을 개발할 때의 위험분석, 대기시스템 분석, 재고정책 분석, 교통량 흐름 분석, 기타 시스템의 운영을 분석할 때에 자주 활용되고 있다.

시뮬레이션 적용은 두 단계를 거치게 된다. 우선 모형자체를 개발하는 것이다. 이것은 모든 논리를 활용해서 입력요소(예: 생산량)를 출력요소(예: 이익)로 변환시키는 작업이다. 이 과정에 대부분의 노력이 들며 상당히 연구를 해야 하는 부분이다. 다음으로는 개발한 모형을 반복시켜 결과를 얻는 작업이다. 이것은 매번 새로운 난수들을 발생시켜 시뮬레이션 모형을 반복 실행시키는 작업이다.

엑셀은 자체적으로 시뮬레이션을 실행시킬 수 있는 여러 유용한 함수들을 제공한다. 그러나 더욱 쉽게 시뮬레이션을 할 수 있도록 여러 회사에서 개발한 엑셀추가 프로그램들을 활용할 수도 있다. 대표적인 엑셀추가 시뮬레이션 프로그램으로는 Oracle 회사의 Crystal Ball과 Palisade 회사가 개발한 @Risk(at Risk라 읽는다.)가 있다. 크리스탈볼은 엑셀의 시뮬레이션 능력을 향상시키므로 모형개발을 좀 더 쉽고 신속하게 할 수 있다. 또한 반복실험을 간단하게 처리할 수 있으며 결과를 표, 그래프, 차트 형태로 작성해 주므로 결과 분석에 많은 도움을 받을 수 있다.

본장에서는 13.2, 13.3, 13.4절에서 먼저 엑셀 함수들을 활용하여 시뮬레이션 모형을 개발, 분석하는 방법을 설명하고, 다음으로 13.5, 13.6절에서는 크리스탈볼을 활용한 시뮬레이션 모형의 개발 및 분석 방법을 설명한다.

13.2 이산분포를 갖는 난수의 발생

스프레드시트 상의 시뮬레이션 모형화는 전에 논의했던 여러 모형들과 마찬가지로 스프레드시트에 수식과 논리를 설정하고 연결해서 입력 자료들을 의사결정에 유용한 출력정보로 변환한다. 여기서 임의로 발생하는 확률적 불확실성에 기인한 통제 불가능한 입력요인을 시뮬레이션에서는 난수(randum number)를 발생시켜서 처리하고 있다.

엑셀에서의 난수발생은 스프레드시트 상의 한 셀에 아래의 함수를 입력해서 쉽게 발생시킨다.

```
=RAND()
```

함수 RAND()는 0과 1사이의 값을 갖는 난수들을 균등하게 발생시킨다. 즉, 발생된 난수들은 구간 [0,1]에서 연속 일양분포(uniform distribution)를 따른다. 예를 들면, 하나의 난수를 발생했을 때 이 난수가 구간 0.2와 0.35사이의 값을 가질 확률은 구간 0.65와 0.80사이의 값을 가질 확률과 같으며 이 확률 값은 0.15이다.

여러 개의 난수가 필요한 경우는 입력한 RAND() 함수를 원하는 개수만큼의 셀영역에 끌어서 얻는다. 다음 그림 13.1은 셀 A4에 =RAND() 함수를 입력하고 160개의 난수를 얻기 위하여 셀영역 A4:H23에 자동 채우기로 끌기 한 것이다.

	A	B	C	D	E	F	G	H	I	J
1	Rand() 함수를 사용한 100개 난수발생									
2	(소수 3자리로 표현함)									
3										
4	0.887	0.501	0.037	0.486	0.579	0.375	0.463	0.057	0.652	0.108
5	0.300	0.518	0.887	0.828	0.835	0.095	0.310	0.676	0.608	0.811
6	0.534	0.742	0.860	0.249	0.582	0.740	0.728	0.125	0.614	0.404
7	0.833	0.817	0.008	0.471	0.608	0.063	0.499	0.873	0.724	0.592
8	0.383	0.501	0.466	0.861	0.159	0.186	0.418	0.304	0.227	0.145
9	0.793	0.299	0.382	0.429	0.339	0.739	0.859	0.092	0.829	0.896
10	0.231	0.273	0.223	0.226	0.375	0.255	0.853	0.578	0.341	0.711
11	0.228	0.814	0.608	0.365	0.249	0.722	0.624	0.313	0.520	0.939
12	0.746	0.606	0.323	0.389	0.727	0.526	0.177	0.106	0.682	0.131
13	0.542	0.810	0.218	0.168	0.947	0.492	0.311	0.546	0.177	0.683

그림 13.1 스프레드시트 난수발생

여러분이 위와 같은 방법으로 난수를 발생시켜도 그림과 똑같은 난수들은 나오지 않는다. RAND()함수는 새로 적용되거나 스프레드시트의 일부에 변화가 생기면 매번 새로운 난수를 발생하기 때문이다. 또한 새로운 난수들이 필요한 경우는 재계산에 해당하는 F9키를 누르면 새 난수들을 얻을 수 있다.

체크포인트

1. 함수 RAND()는 0과 1(실제로는 0.999...)사이의 연속 일양분포를 따른다. 필요한 난수가 0과 6.999...사이의 값이라면 어떤 함수를 사용할 것인가?
→ 적절한 수식은 =7*RAND()이다.

다음 예제 13.1은 연속 일양분포를 따르는 난수(=RAND()), 즉 [0,1]에 있는 값으로부터 이산분포를 따르는 난수(=학생수, 즉 80, 90, 100, 110, 120)로 변환하고 평균학생수를 시뮬레이션하여 매출액을 구하는 예이다.

예제 13.1 **대학커피숍의 매출액 산출**

하루 대학커피숍을 이용하는 학생의 수는 아래의 표 13.1에 제시된 이산분포를 따르는 것으로 추정되었다. 학생 1명당 커피비용으로 지불하는 금액은 평균 2천원이라 한다. 커피숍에서는 일일 평균 매출액을 산출하기 위하여 시뮬레이션을 3천 번 수행하고자 한다.

표 13.1 학생수의 확률분포표

학생수(명/일)	80	90	100	110	120
확률	0.15	0.25	0.3	0.2	0.1

모형화가이드

1. 누적확률구간

표 13.1의 확률분포표로부터 누적확률 구간을 작성하면 아래와 같다.

표 13.2 학생수의 누적확률 구간

누적확률 구간	0.00~0.15	0.15~0.4	0.4~0.7	0.7~0.9	0.9~1.0
학생수	80	90	100	110	120

엑셀 함수 RAND()에 의해 발생되는 난수들은 연속 일양분포를 따르고 0과 1사이의 값을 갖는다. 또한, 이산분포를 따르는 학생수의 총 누적확률 구간도 표 13.2에서 보듯이 0과 1사이의 값을 갖는다.

2. 이산분포를 따르는 난수(학생수) 발생

각 학생수가 발생할 확률들의 총 누적확률 구간은 0과 1사이의 값이므로 이것을 난수 발생구간 [0,1]과 대응시켜 학생들 수를 얻는다. 즉, 발생시킨 난수가 구간 0.15와 0.4사이의 값이면 표 13.2에서 누적확률 구간 0.15~0.4에 대응하는 난수(학생수) 90명이 발생한 것으로 대응시킨다.

3. 난수와 이산분포의 대응: HLOOKUP함수 활용

발생시킨 난수에 대응되는 이산분포의 학생 수는 엑셀함수 HLOOKUP을 사용하여 찾는다. 먼저 HLOOKUP함수를 활용하기 위하여 누적확률표를 아래와 같은 형태로 작성한다.

표 13.3 누적확률표

누적확률	0.0	0.15	0.4	0.7	0.9
학생수	80	90	100	110	120

HLOOKUP(난수,누적확률표,2)함수는 셀 이름으로 설정한 '누적확률표'의 첫 행에서 '난수' 값을 검색하여 해당 열을 찾은 후(예: 난수가 0.6이면 누적확률표의 첫 행에서 0.7보다 작으므로 0.4에 해당하는 3번째 열을 찾는다.), 지정한 두 번째 행('2')에 있는 여러 값들 중에서 앞에서 찾은 열에 해당하는 자료(예: 100)를 선택하여 제시해 준다. 난수로는 함수 =RAND()를 직접 입력하거나 셀 주소, 텍스트 값 등으로 줄 수 있다.

스프레드시트 모형화

1. **입력자료** B4:F5(확률분포표), B7(평균지불액)

   그림 13.2와 같이 확률분포표, 평균지불액을 셀영역 B4:F5, B7에 정리한다.

2. **누적확률표** B10:F11(누적확률표)

   셀 B10에 0을 입력하고 셀 C10에 아래의 수식에 의해 누적확률을 구한 다음 D10:F10에 복사한다.

```
B10  =0
C10  =SUM(B10,B5),  D10:F10에 복사
```

3. **시뮬레이션** A15(반복횟수), B15(난수), C15(학생수)

```
A15  =1
B15  =RAND()
C15  =HLOOKUP(B15,누적확률표,2)
```

   A15, B15, C15를 블록으로 설정한 후 3014행까지 3000행을 자동채우기로 복사한다.

4. **시뮬레이션 결과** C3015(평균학생수), C3016(매출액)

   3,000회 시뮬레이션을 수행한 후 얻은 학생 수의 평균값을 구한다.

```
C3015  =ROUND(AVERAGE(C15:C3014), 0)
C3016  =B7*C3015
```

위 식에서 셀 C3015는 정수이어야 하므로 엑셀 함수 ROUND를 사용하였다. ROUND는 첫째 인수인 AVERAGE(C15:C3014)의 값을 반올림하는 함수이며, 둘째 인수 0은 반올림한 값을 소수점 0의 자리로 표현하라는 의미이다.

	A	B	C	D	E	F	G
1	대학커피숍의 매출액 시뮬레이션						
2							
3	확률분포표						
4	학생수(명/일)	80	90	100	110	120	
5	확률	0.15	0.25	0.30	0.20	0.10	
6							
7	평균지불액	2,000		이름	=시트명!셀영역		
8				누적확률표	=대학커피숍!$B$10:$F$11		
9	누적확률표						
10	누적확률	0.00	0.15	0.40	0.70	0.90	
11	학생수	80	90	100	110	120	
12							
13	시뮬레이션						
14	반복회수	난수	학생수				
15	1	0.886	110				
16	2	0.934	120				
17	3	0.658	100				
18	4	0.069	80				
19	5	0.023	80				
3010	2996	0.878	110				
3011	2997	0.631	100				
3012	2998	0.528	100				
3013	2999	0.554	100				
3014	3000	0.555	100				
3015	시뮬레이션 결과	평균학생수	98				
3016		매출액	196000				

그림 13.2 대학커피숍의 매출액 시뮬레이션

체크포인트

1. **이론적 매출액 산정**

하루 커피숍에 방문하는 학생수의 이론적 기대값은 아래와 같이 계산된다.

$$80(0.15) + 90(0.25) + 100(0.3) + 110(0.2) + 120(0.1) = 98.5(\text{명})$$

따라서 일일 평균 매출액은 98.5(2,000) = 197,000원이다.

시뮬레이션에서 C3015에 =AVERAGE(C15:C3014)으로 평균학생수를 구하면 이론적인 값 98.5명에 밀접한 값이 산출된다. 그러나 그림 13.2의 스프레드시트에서는 학생수를 정수인 =ROUND(AVERAGE(C15:C3014),0)으로 반올림한 값을 사용하고 있으므로 차이가 발생하였다.

2. **난수고정 방법**

함수 RAND()는 적용할 때마다 새로운 난수가 발생되지만 경우에 따라서는 동일한 난수를 반복하여 적용할 때가 있다. 이러한 경우에는 RAND() 함수에 의해 발생된 난수들을 아래에 제시한 방법에 의해 수치 값으로 변환시켜 고정시킴으로써 동일한 난수값을 반복하여 적용할 수 있다.

- 고정시킬 난수들의 영역을 선택한다.
- 복사기능을 사용하여 복사한다.
- 제자리에 붙인다 : 편집메뉴의 '선택하여 붙여넣기'를 선택하고, 이어 나오는 대화상자 붙여넣기에서 '값'을 선택한 후 붙이기 한다.

위의 결과로 난수함수들은 수치로 대체되어 붙여진 것이다. 따라서 재계산(F9)하더라도 그 수치는 변하지 않는다.

13.3 여러 확률분포를 갖는 난수의 발생

시뮬레이션을 할 때 활용되는 확률분포는 평소 익숙해 있는 분포로부터 덜 알려진 분포에 이르기까지 매우 다양하게 있다. RAND()함수를 사용해서 발생시킨 난수들은 구간 [0, 1]사이의 연속 일양분포를 따른다. 그러나, 연속 일양분포외의 다른 확률분포를 따르는 난수값이 필요한 경우가 있다. 이러한 여러 확률분포를 따르는 난수들은 어떻게 발생시킬 것인가?

우선, 수집한 과거자료들의 분포 특성 및 형태를 파악한 후 그대로 사용하거나 적절한 이론적 확률분포를 추정하여 시뮬레이션에 사용하게 된다. 자료에 적합한 확률분포를 추정하는 작업은 크리스탈볼 메뉴중 적합 기능인 Batch Fit을 사용하면 더욱 쉽게 할 수 있다. 활용 가능한 과거자료가 없으면 여러 상황을 고려해서 적절한 확률분포를 가정하여 사용하게 된다.

다음으로 확률분포가 확정되면 이 확률분포를 따르는 난수들을 발생시킨다. 특정 확률분포를 따르는 난수들은 RAND() 함수로부터 발생된 연속 일양분포의 난수들을 수식적으로 변환해서 얻을 수 있다. 난수변환은 원하는 확률분포가 이산분포이든 또는 연속분포이든 간에 이들 확률분포의 누적확률 구간이 0과 1사이라는 것을 이용해서, 누적분포의 역함수를 통하여 원하는 확률분포를 따르는 난수값으로 변환한다. 다음은 여러 대표적인 분포들로부터 난수를 발생시키는 변환 수식을 정리한 것이다.

1. 이산분포를 갖는 난수발생

앞의 13.2절에서 예제로 설명한 바와 같이 누적확률표와 HLOOKUP함수를 사용해서 특정 이산분포를 따르는 난수들을 얻는다.

2. 구간 [*a*, *b*]에서의 연속 일양분포

각 난수들이 0과 1대신에 a와 b사이에 균등하게 발생하는 분포로서 RAND()의 난수로부터 다음의 수식 변환을 사용하여 얻는다.

=a+(b−a)*RAND()

3. 구간 [*a*, *b*]에서의 이산 일양분포

이산 일양분포로는 두 가지 수식을 사용할 수 있다. 먼저 엑셀함수 RANDBETWEEN을 사용하면 구간 [a, b]의 이산 일양분포를 간단히 발생시킬 수 있다.

= RANDBETWEEN(a,b)

또는 연속 일양분포의 값을 정수로 변환하는 엑셀 함수 INT를 사용하면 아래와 같다. INT는 항상 반 내림하므로 구간의 길이를 $(b-a+1)$로 조정해 준다.

=INT(a+(b−a+1)*RAND())

4. 정규분포(μ,σ)

평균 μ와 표준편차 σ의 정규분포를 따르는 난수는 정규누적분포함수의 역함수인 NORMINV를 사용하여 간단히 얻는다.

= NORMINV(RAND(), μ, σ)

5. 지수분포(μ)

평균이 $1/\mu$인 지수분포를 따르는 난수는 다음의 수식을 통하여 얻어진다.

=−(1/μ)*LN(1−RAND()) (또는 =−(1/μ)*LN(RAND()))

여기서, LN은 밑수 e인 자연대수를 의미하며 엑셀함수이다.

6. 삼각형 분포(a, b, c)

삼각형(triangular) 분포는 작업수행 시간의 분포를 표현하는데 유용하다. 삼각형 분포의 형태는 그림 13.3과 같다. 여기서, a는 걸리는 시간의 하한치, b는 가장 많이 발생하는 최빈치, c는 상한치를 나타낸다. 이 분포를 적용하기 위해서 먼저 b의 값을 다음 식으로 표준화한 표준최빈치 d를 구한다.

$d = (b-a)/(c-a)$

다음으로 삼각형 분포를 따르는 난수는 d를 사용한 다음의 수식을 적용하여 얻는다.

=a+(c−a)*IF(r≦d, $\sqrt{r*d}$, 1 − $\sqrt{(1-r)*(1-d)}$) (13.3.1)

여기서, r은 r=RAND()이다.

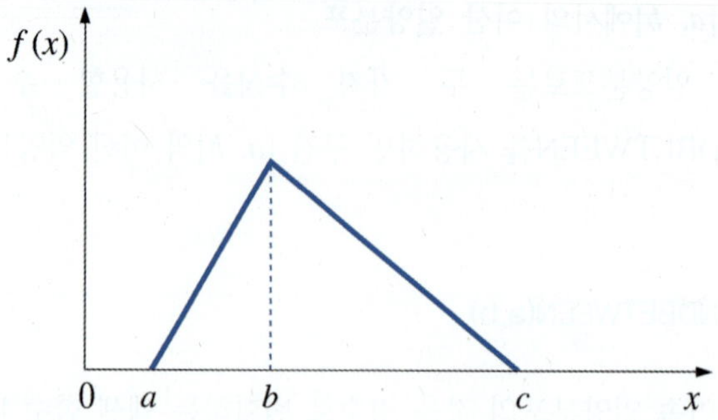

그림 13.3 삼각형 분포

체크포인트

1. **삼각형 분포의 IF함수**

   위 삼각형 분포의 난수발생을 위한 수식 (13.3.1)중에서 IF함수는 첫 번째 수식 $r \leq d$의 논리검사를 수행해서 그 값이 참이면 두 번째 수식 SQRT{$r*d$ }를 계산하고, 거짓이면 세 번째 수식 1−SQRT{(1−d)*(1−r)}을 계산해서 해당 값을 돌려준다.

2. **이항의 결과를 갖는 일반분포: IF함수 활용**

   결과가 두 가지 중의 어느 하나로 발생하는 경우에 이를 나타내는 난수는 IF함수를 사용하여 표현가능하다. 예를 들면 고객에 대한 제품공급의 품절율이 5%인 회사의 경우 품절여부에 대해 IF함수를 아래의 식과 같이 활용할 수 있다.

   ```
   =IF(RAND()<0.05,"품절","공급가능")
   ```

   또는 문자 대신 1(=품절), 2(=공급가능)의 숫자를 아래와 같이 활용할 수도 있다.

   ```
   =IF(RAND()<0.05, 1, 2)
   ```

   이항의 결과를 갖는 일반분포는 본문의 1에서 언급된 이산분포에서 결과가 두 가지로 한정되는 경우와 같다.

3. **지수분포를 따르는 난수도출**

   평균이 $1/\mu$인 지수분포의 확률밀도함수는 $f(x) = \mu e^{-\mu x}$, $x \geq 0$ 이다.

지수분포의 누적분포 함수를 $F(x)$라 하면 다음과 같이 구해진다.

$$F(x) = \int_0^x \mu e^{-\mu t} dt = 1 - e^{-\mu x}$$

구간 [0, 1]의 일양분포를 따르는 한 난수값을 RAND()라 하고 이 난수에 대응해서 지수분포를 따르는 난수를 r이라 하자. 그림 13.4를 참고한다. 그러면, $F(r)$는 구간 [0, 1]의 값이므로 RAND() $= F(r)$이라 두면 아래와 같은 식을 얻는다.

$$\mathrm{RAND}() = 1 - e^{-\mu r} \tag{13.3.2}$$

식 (13.3.2)으로부터 지수분포를 따르는 난수 r은 아래와 같이 계산된다.

$$r = -(1/\mu)*\mathrm{LN}(1 - \mathrm{RAND}())$$

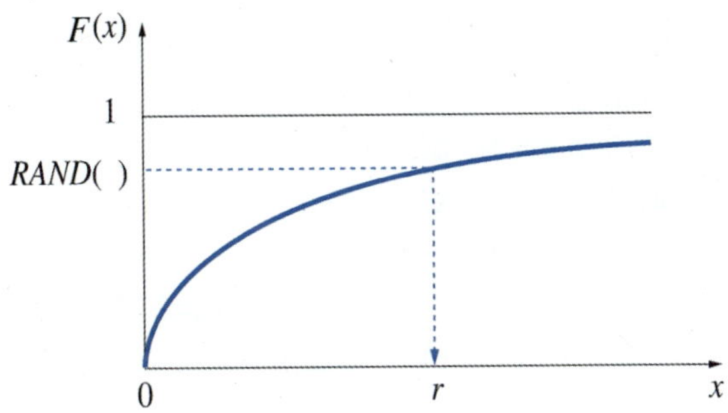

그림 13.4 지수분포를 따르는 난수도출

예제 13.2 **L백화점의 트리수요량**

L백화점은 크리스마스 시즌동안에 판매할 크리스마스 트리를 생산업체에 주문하려고 한다. 먼저, 과거의 판매실적자료를 분석한 결과 시즌동안 발생가능한 수요분포로서 다음의 네 가지를 추정하였다. 추정된 확률분포함수는 아래의 (1)-(4)와 같다. L백화점은 시즌동안의 평균수요량, 표준편차, 최대수요량, 최소수요량을 구하기 위하여 각각의 확률분포를 사용해서 1000회 시뮬레이션 하고자 한다.

(1) 구간[150, 250]의 연속 일양분포를 따른다.
(2) 평균 200개, 표준편차 30개인 정규분포를 따른다.
(3) 평균이 200개인 지수분포를 따른다.
(4) 삼각형 분포(a=150, b=200, c=250)를 따른다.

모형화 가이드 1. 앞의 본문에서 제시된 변환 수식 2, 4, 5, 6들을 활용한다.

스프레드시트 모형화 1. **입력자료** C5:C6(일양분포), C8:C9(정규분포), C11(지수분포), C13:C15(삼각형분포)

그림 13.5와 같이 각 분포함수의 파라미터들을 입력한다.

2. **삼각형 분포의 표준최빈치** C16

삼각분포의 최빈치를 다음 수식으로 사용하여 표준최빈치를 계산한다.

```
C16  =(C14-C13)/(C15-C13)
```

3. **시뮬레이션** B20(반복횟수), C20(난수), D20(일양분포), E20(정규분포), F20(지수분포), G20(삼각형분포)

```
B20  =1
C20  =RAND()
D20  =$C$5 + ($C$6-$C$5)*C20
E20  =NORMINV(C20, $C$8, $C$9)
F20  =-$C$11*LN(1-C20)
G20  =$C$13 + ($C$15-$C$13)*IF(C20<=$C$16, SQRT(C20*$C$16,
     1-SQRT((1-$C$16)*(1-C20)))
```

B20:G20을 블록으로 설정한 후 1019행까지 자동채우기로 복사한다.

4. **시뮬레이션 결과** D1020:G1020(평균수요량), D1021:G1021(표준편차), D1022:G1022(최대 수요량), D1023:G1023(최소수요량)

```
D1020  =AVERAGE(D20:D1019)
D1021  =STDEV(D20:D1019)
D1022  =MAX(D20:D1019)
D1023  =MIN(D20:D1019)
```

D1020:D1023을 블록으로 설정한 후 G열까지 자동채우기로 복사한다.

체크포인트

1. 그림 13.5의 시뮬레이션 결과는 매번 실행할 때마다 달라질 수 있다. 이것은 새로 실행될 때마다 새로운 난수가 발생되기 때문이다.

	A	B	C	D	E	F	G
1	L백화점의 트리수요량 시뮬레이션						
2							
3	확률분포함수						
4	1. 일양분포						
5		하한치(=a)	150				
6		상한치(=b)	250				
7	2. 정규분포						
8		평균	200				
9		표준편차	30				
10	3. 지수분포						
11		평균	200				
12	4. 삼각형분포						
13		하한치(=a)	150				
14		최빈치(=b)	200				
15		상한치(=c)	260				
16		표준최빈치(=d)	0.455				
17							
18	시뮬레이션						
19		반복회수	난수발생	1. 일양분포	2. 정규분포	3. 지수분포	4. 삼각형분포
20		1	0.900	240	238	460	234
21		2	0.677	218	214	226	214
22		3	0.026	153	142	5	162
23		4	0.297	180	184	71	190
24		5	0.485	199	199	133	202
1015		996	0.705	221	216	244	216
1016		997	0.267	177	181	62	188
1017		998	0.678	218	214	227	214
1018		999	0.848	235	231	377	228
1019		1000	0.813	231	227	336	225
1020	시뮬레이션 결과		평균수요량	200	200	194	203
1021			표준편차	28	29	182	22
1022			최대수요량	250	283	1,166	256
1023			최소수요량	150	96	0	151

그림 13.5 L백화점의 트리수요량 시뮬레이션

13.4 생산량결정 시뮬레이션

기업들은 일정 단일기간 동안 판매할 제품들을 구비하기 위하여 기간 초에 일괄적으로 생산(또는 주문)하는 경우가 있다. 생산량은 이 기간동안 발생하는 고객 수요량에 의해 결정된다. 그러나, 현실적으로 확실한 고객 수요량을 추정한다는 것은 어려우므로 대개 이 기간 동안 발생가능한 수요량의 확률분포를 추정하게 된다. 이 기간은 하루나 한 주, 한 달, 행사기간, 시즌 등이 될 수 있으며 이 기간 동안 판매하고 남은 제품은 그 가치가 떨어지므로 생산단가보다 저렴한 가격으로 판매할 수밖에 없다. 반면에 수요량이 구비한 제품보다 많은 경우에는 이익의 손실이 발생한다. 이러한 모형이 적용되는 제품들에는 스키, 에어콘, 신문, 신선도가 유지되어야 하는 제품, 크리스마스 트리, 계절별 의류, 수명주기가 짧은 제품 등이 해당된다.

예제 13.3 **대학제과의 생산량 결정**

한국대학교 구내에 있는 대학제과는 학생들에게 도넛을 판매하고 있다. 도넛 한 개를 만드는데 300원의 비용이 들고 학생들에게는 700원에 판매하고 있다. 대학제과는 도넛을 생산해서 당일 판매하고 있으며, 판매하고 남은 도넛은 인근지역 자선단체에 기증한다. 이 경우 개당 100원의 면세혜택을 받는다. 제과점은 도넛을 적게 생산해서 학생들에게 제공하지 못했을 경우에는 개당 250원 상당의 품절비용이 발생하는 것으로 추정하고 있다. 과거 자료를 분석한 결과 학생들의 하루 수요량은 아래의 표 13.4와 같이 추정되었다. 대학제과는 하루 생산해야 할 도넛의 적정 개수를 시뮬레이션 모형으로 결정하고자 한다.

표 13.4 수요량 확률분포표

수요량	50	60	70	80	90	100
확률	0.1	0.2	0.3	0.2	0.15	0.05

모형화 가이드

1. 수요량은 이산분포를 따르므로 먼저 누적확률표를 작성한다. 누적확률표에서 HLOOKUP을 사용하여 난수에 해당하는 수요량을 결정한다.
2. 의사결정변수는 생산량으로 이익이 최대가 되도록 결정한다.
3. 이익은 (수익 − 생산비용 + 면세액 − 품절비용)으로 표현된다.
   수익은 판매가*판매량이고 판매량은 생산량과 수요량 중에서 적은 값이다.
   생산비용은 생산단가에 생산량을 곱한 값이다.
   면세의 혜택은 수요량이 생산량보다 적은 경우 발생하며 기증한 개수는 음수가 될 수 없다.
   품절은 수요량이 생산량보다 많은 경우 발생한다.
4. 엑셀의 데이터>가상분석>데이터 표 기능을 활용해서 의사결정변수인 여러 생산량 값에 대한 기대이익의 계산을 쉽게 반복 실행한다.

스프레드시트 모형화

1. **입력자료** C4:C7, C10:H11
   그림 13.6과 같이 생산단가, 판매단가, 면세단가, 품절단가를 C4:C7에 정리한다. 도넛의 수요량 및 확률분포를 C10:H11에 정리한다.
2. **누적확률표** C14:H15(누적확률표)
   C14에 0을, D14에는 아래의 수식을 입력하여 누적확률을 계산하고 E14:H14에 자동채우기로 복사한다.

```
C14   =0
D14   =C14+C11,   E14:H14에 복사
```

3. 의사결정변수 C18(생산량)

의사결정변수인 생산량은 C18에 설정한다.

4. 시뮬레이션 B22(반복횟수), C22(난수), D22(수요량), E22(수익), F22(생산비용), G22(면세액), H22(품절비용), I22(이익)

```
B22   =1
C22   =RAND()
D22   =HLOOKUP(C22,누적확률표,2)
E22   =$C$5*MIN($C$18,D22)
F22   =$C$4*$C$18
G22   =$C$6*MAX($C$18-D22, 0)
H22   =$C$7*MAX(D22-$C$18, 0)
I22   =E22-F22+G22-H22
```

B22:I22를 블록으로 잡고 1021행까지 자동채우기로 복사한다.

5. 시뮬레이션 결과 C1024(기대이익), C1025(표준편차), C1026(최소이익), C1027(최대이익)

생산량이 70개 일 때 1,000회 시뮬레이션한 기대이익은 C1024에 다음의 수식으로 계산한다.

```
C1024   =AVERAGE(I22:I1021)
C1025   =STDEV(I22:I1021)
C1026   =MIN(I22:I1021)
C1027   =MAX(I22:I1021)
```

	A	B	C	D	E	F	G	H	I
1	대학제과의 생산량 시뮬레이션								
2									
3	입력자료(원/개)				이름	=시트명!셀영역			
4		생산단가	300		누적확률표	=대학제과!$C$14:$H$15			
5		판매단가	700						
6		면세단가	100						
7		품절단가	250						
8									
9	도넛의 수요분포								
10		수요량	50	60	70	80	90	100	
11		확률	0.10	0.20	0.30	0.20	0.15	0.05	
12									
13	도넛의 누적확률표								
14		누적확률	0.00	0.10	0.30	0.60	0.80	0.95	
15		수요량	50	60	70	80	90	100	
16									
17	의사결정변수								
18		생산량	70						
19									
20	시뮬레이션								
21		반복회수	난수	수요량	수익	생산비용	면세액	품절비용	이익
22		1	0.283	60	42,000	21,000	1,000	0	22,000
23		2	0.620	80	49,000	21,000	0	2,500	25,500
1020		999	0.490	70	49,000	21,000	0	0	28,000
1021		1000	0.795	80	49,000	21,000	0	2,500	25,500
1022									
1023	시뮬레이션 결과								
1024		기대이익	24,293						
1025		표준편차	3,417						
1026		최소이익	16,000						
1027		최대이익	28,000						
1028									
1029	시뮬레이션 표				의사결정변수(생산량)				
1030				50	60	70	80	90	100
1031		기대이익	24,293	14,433	20,048	24,042	25,381	24,760	23,530

그림 13.6 대학제과의 생산량 시뮬레이션

6. 시뮬레이션 표 작성 C1030:I1031

셀 C1024에서 구한 기대이익은 생산량이 70일 때의 1,000회 시뮬레이션 결과이다. 대학제과에서는 최대이익을 올리는 적정 생산량을 구하고자 하므로 각 가능한 생산량 모두에 대해서 1,000회의 시뮬레이션을 반복하여 기대이익들을 구해야 한다. 먼저 비교할 생산량들을 셀영역 D1030:I1030에 넣는다. 셀 C1031에 기대이익을 계산한 셀 C1024의 수식을 복사하여 입력한다.

```
C1031   =C1024
```

- 먼저, 셀영역 C1030:I1031을 블록으로 설정한 후,
- 엑셀 메뉴의 데이터>가상분석>데이터 표를 클릭하여 '데이터 테이블'상자를 부른다.
- 아래 그림 13.7과 같은 상자에서 행입력 셀에는 C18(생산량)을 입력한다. 테이블에서 열에 해당하는 입력요소는 없으므로 빈칸으로 놔두고 확인을 누른다.

그러면 표의 첫 행에 있는 여러 생산량 값(D1030:I1030)들이 셀 C18에 입력되어 시뮬레이션이 실행된다. 즉, 각 입력된 생산량을 사용하여 표에서 수식이 입력된 C1031의 기대이익을 계산하고, 이 값을 해당 입력값인 생산량 바로 아래의 셀(D1031:I1031)에 출력하게 된다.

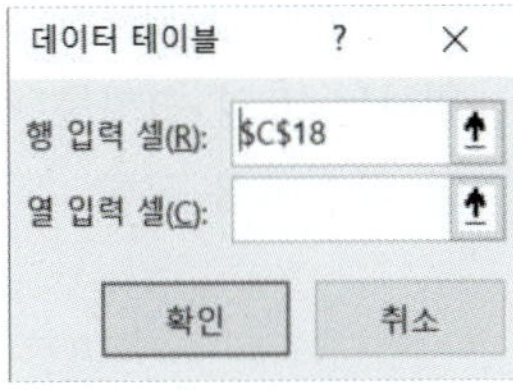

그림 13.7 데이터 테이블 상자

체크포인트

1. **1차원 데이터 테이블 작성**
   그림 13.6에 작성된 시뮬레이션 표(C1030:I1031)에서는 첫행 D1030:I1030만이 데이터 테이블의 행입력 셀(C18)에 입력되고 있으므로 1차원(one-way) 테이블이라 부른다. 열입력 셀은 빈칸이다.
2. 수요량 계산을 위해 사용된 HLOOKUP 함수에는 난수를 직접 입력할 수 있다. 이 경우는 C22:C1021에 난수를 발생시킬 필요가 없다. 즉, 셀 D22에는 HLOOKUP(RAND(),누적확률표,2)로 사용가능하다.
3. **숨기기 적용**
   그림 13.6에서 행 24:1019는 엑셀의 숨기기 명령을 사용하여 숨겨진 상태이다.
4. **이론적 최적 생산량 결정**
   누적확률표에서 수요량 변수를 D라 하고 최적 생산량을 Q^*라 하자. 그러면 최적의 Q^*에 대해서 한계이익 = 한계비용이 성립한다. 즉, 최적의 Q^*에 대하여

$$\text{손실}P(D \le Q^*) = \text{이익}P(D \ge Q^*)$$

이므로 $P(D \le Q^*)$=이익/(이익+손실)이 성립한다. 여기서, 손실 = 생산단가−면세단가, 이익 = 판매단가−생산단가 + 품절단가이므로,

$$\begin{aligned} P(D \le Q^*) &= (\text{판매단가}-\text{생산단가}+\text{품절단가})/(\text{판매단가}-\text{면세단가}+\text{품절단가}) \\ &= (700-300+250)/(700-100+250) \\ &= 0.765 \end{aligned}$$

따라서 누적확률이 0.765가 되는 수요량이 최적 생산량이다. 생산량이 70일 때 누

적확률이 0.6, 80일 때 0.8이므로 최적 생산량은 70이나 80이 됨을 알 수 있다. 그림 13.6의 결과에서는 기대이익이 가장 큰 생산량은 80일 때로 나타나고 있다.

모형화 토의

1. **시뮬레이션은 몇 회나 반복할 것인가?**

시뮬레이션의 반복횟수가 많을수록 기대이익에 대한 신뢰구간의 크기는 작아지므로 정확해 진다. 기대이익에 대한 신뢰구간의 정확도를 높이기 위해서 시뮬레이션을 몇 회나 반복해야 할 것인가? 기대이익을 $\overline{X}$, 표준편차를 s라 했을 때 95% 신뢰구간은 다음과 같이 표현된다. 여기서 n은 시뮬레이션의 반복횟수이다.

$$[\overline{X}-2s/\sqrt{n},\ \overline{X}+2s/\sqrt{n}]$$

더 정확한 신뢰구간은 $2s/\sqrt{n}$ 대신 $1.96s/\sqrt{n}$을 사용한 것이지만 편의상 위와 같은 표현을 사용한다. 따라서 신뢰구간의 크기는 $L=4s/\sqrt{n}$이므로, 원하는 L의 크기를 정하면 그에 따라 반복해야 할 횟수 n을 구할 수 있다. 즉, n은 아래와 같다.

$$n=16\,s^2/L^2$$

예를 들면, 예제 13.3에서 기대이익에 대한 신뢰구간의 크기를 L=450원으로 원한다면 반복해야 할 시뮬레이션 횟수는 $n=16(3417)^2/(450)^2=923$ 회이다.

2. **2차원 데이터 테이블을 사용한 시뮬레이션**

그림 13.6에서 보인 시뮬레이션 모형은 난수발생부터 이익계산까지를 한 행(예: C22:I22)에서 처

	A	B	C	D	E	F	G	H	I
1	대학제과의 생산량 시뮬레이션								
2									
3	입력자료(원/개)				이름	=시트명!셀영역			
4		생산단가	300		누적확률표	=대학제과_2차원표!$C$14:$H$15			
5		판매단가	700						
6		면세단가	100						
7		품절단가	250						
8									
9	도넛의 수요분포								
10		수요량	50	60	70	80	90	100	
11		확률	0.10	0.20	0.30	0.20	0.15	0.05	
12									
13	도넛의 누적확률표								
14		누적확률	0.00	0.10	0.30	0.60	0.80	0.95	
15		수요량	50	60	70	80	90	100	
16									
17	의사결정변수								
18		생산량	70						
19									
20	시뮬레이션								
21			난수	수요량	수익	생산비용	면세액	품절비용	이익
22			0.071	50	35,000	21,000	2,000	0	16,000
23	시뮬레이션 2차원표								
24						의사결정변수(생산량)			
25			16,000	50	60	70	80	90	100
26		반복회수	1	12500	21500	23000	26000	12000	22000
27			2	15000	14000	22000	26000	30000	34000
28			3	15000	16500	25500	20000	24000	10000
29			4	15000	18000	25500	26000	24000	16000
30			5	12500	24000	23000	32000	18000	10000
1021			996	15000	19000	16000	14000	30000	10000
1022			997	10000	21500	22000	26000	24000	16000
1023			998	15000	19000	16000	32000	30000	16000
1024			999	17500	19000	22000	32000	36000	22000
1025			1000	15000	21500	25500	26000	30000	28000
1026	시뮬레이션 결과								
1027			기대이익	14340.0	20142.5	24075.0	25089.0	24873.5	23422.0
1028			표준편차	3339.2	2695.0	3538.4	5516.9	7358.4	8091.4

그림 13.8 2차원 테이블을 활용한 시뮬레이션

리할 수 있었다. 시뮬레이션의 반복은 이 한 행을 선택해서 자동채우기로 원하는 횟수만큼 간단히 끌기를 하면 되었다.

그러나 상황이 복잡한 경우의 시뮬레이션은 이익을 계산하는데 두 행 이상에 걸쳐 계산해야 하는 경우가 많다. 더구나 구하려는 출력도 이익을 포함해서 여러 개가 되는 경우도 있다. 이러한 경우 시뮬레이션 반복을 위해 행과 열을 모두 입력 요소로 사용하면 편리하다. 다음의 그림 13.8을 참고하자.

셀 C25에 =I22를 입력한 후, 셀영역 C25:I1025를 표의 블록으로 설정하고 엑셀의 데이터 표 메뉴를 클릭하여 '테이블'상자를 부른다. 아래 그림 13.9와 같이 '테이블'상자에서 행 입력 셀에는 C18(생산량)을 입력하고, 열 입력 셀에는 비어있는 아무 셀(예, D18)이나 입력한다. 이것은 열(반복횟수)이 이 식을 계산하는 데에 아무런 영향을 주지 않기 때문이다.

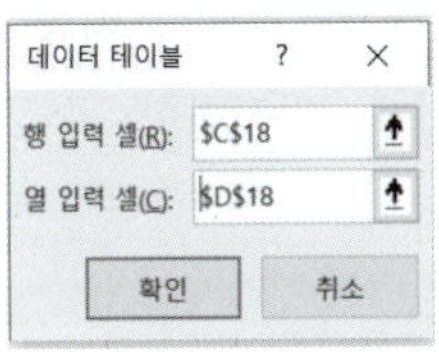

그림 13.9 데이터 테이블_2차원

그러면, 표의 첫 행에 있는 생산량(D25:I25)들은 셀 C18에 입력되고, 표의 첫 열에 있는 반복횟수(C26:C1025)들은 셀 D18에 입력되어, 표의 C25 셀에 수식으로 주어져 있는 이익(=I22)을 계산하고, 이 값을 표의 해당 셀(D26:I1025)들에 제시하라는 의미이다. 열 입력 셀인 반복횟수는 이익(C25)을 계산하는데 사용되지 않으므로 데이터 테이블의 열 입력 셀에는 빈칸 셀인 D18을 입력한다. 그림 13.8에 제시된 시뮬레이션 표는 행 입력 셀(생산량)과 열 입력 셀(반복횟수) 모두를 입력하고 있으므로 2차원(two way) 테이블이라 부른다.

그림 13.8에서 각 생산량에 대한 기대이익(D1027:I1027)은 서로 다른 난수들을 사용하여 구해진다. 이것은 난수를 고정시키지 않았기 때문이다. 그림 13.8의 시뮬레이션 결과에서도 생산량이 80일 때 기대이익이 최대인 것으로 계산되었다. 재계산에 해당하는 F9키를 여러 번 눌러 시뮬레이션을 새로이 실행함으로써 최대 기대이익이 변화하는 지를 확인해 볼 수 있다.

3. 이차원 데이터 테이블을 활용한 시뮬레이션은 최대로 두 개의 의사결정변수가 있을 때 이들 변수의 가능한 여러 조합에 대해 다중 시뮬레이션이 가능하다. 예를 들면, 품절단가를 200, 250, 300, 350으로 변화시키면서 생산량이 50, 60, 70, 80, 90, 100일 때의 기대이익을 시뮬레이션 할 수 있다. 그 중 기대이익이 가장 좋아지는 의사결정변수의 값을 결정할 수 있다.

13.5 생산량결정 시뮬레이션 : Crystal Ball 활용

대학이나 산업체에서 스프레드시트를 사용한 시뮬레이션이 최근 들어 더욱 인기를 얻어왔다. 그 이유들 중에 하나는 크리스탈볼(Crystal Ball)과 같이 엑셀에 추가해서(add-in) 사용할 수 있는 프로그램 덕분이다. 크리스탈볼은 모든 산업 및 응용 분야의

리스크 분석을 위한 시뮬레이션 소프트웨어로써, 확률분포를 이용하여 불확실한 값을 정의하고 몬테칼로 시뮬레이션을 수행하여 미래의 잠재된 리스크를 정량적으로 파악해 최적의 의사결정을 지원하는 도구이다. 크리스탈볼을 엑셀에 추가하여 시뮬레이션을 수행할 때 얻을 수 있는 이점은 다음과 같다.

1. 크리스탈볼은 많은 입력용 확률분포들을 제공한다. 즉, 13.3절에 제시한 변환 수식을 사용하지 않고도 크리스탈볼에서 제공하는 난수발생 함수들을 직접 사용함으로써 특정 확률분포를 따르는 난수들을 쉽게 발생시킬 수 있다. 단, 적어도 하나의 함수는 분포갤러리를 사용하여 정의해야만 가정셀이 정의되어 시뮬레이션을 수행할 수 있다. 난수발생 함수의 종류에 대해서는 아래에 제시한 체크포인트를 참고한다.
2. 예측셀에 대한 시뮬레이션 실행결과를 다양한 결과차트(예측, 트랜드, 오버레이)와 여러 통계값 보고서로 자동 출력하여 주므로 결과를 쉽게 분석할 수 있다.
3. 시스템 성과값인 기대이익이나 비용을 의사결정변수의 여러 값들에 대해 쉽게 최적화할 수 있는 도구를 제공한다. 우선 크리스탈볼에서 제공하는 Decision Table 도구를 사용함으로써 한 개나 두 개의 의사결정 변수들이 취하는 여러 값들의 조합에 대해 다중 시뮬레이션의 반복실행을 손쉽게 할 수 있다. 특히 다중 시뮬레이션을 수행할 때 동일한 난수를 적용하는 옵션을 제공하므로 정확한 비교가 가능하다.
4. 의사결정변수의 수가 3개 이상일 경우에는 크리스탈볼에서 제공하는 OptQuest를 활용함으로써 시뮬레이션 모형을 더욱 손쉽게 최적화할 수 있다. 13.6절에 OptQuest의 활용예제를 보였다.

크리스탈볼 시작하기

1. **크리스탈볼 설치**

   웹사이트 www.crystalball.co.kr에서 크리스탈볼을 다운받아 15일간 무료로 사용할 수 있다. 크리스탈볼 설치 가이드도 제공하므로 쉽게 설치할 수 있다.

   엑셀을 시작해서 크리스탈볼을 add-in 시킨다. 즉, 엑셀 리본 메뉴에서 파일>옵션>추가기능>com추가기능>이동해서 크리스탈볼옆 박스에 체크확인하면 엑셀리본에 crystaball이 삽입된다. 이후로는 엑셀을 가동시키고 크리스탈볼을 선택하여 사용한다.

2. **크리스탈볼 메뉴**

   크리스탈볼을 실행하면 엑셀에 Crystal Ball 리본이 추가된다. 크리스탈볼의 메뉴는 크게 정의, 실행, 분석, 도구의 네 그룹과 도움말로 구성된다. 각 그룹에는 크리스탈볼의 해당 메뉴와 도구들이 잘 정리되어 있어서 시뮬레이션을 좀 더 용이하게 정의하고, 실행하고, 분석할 수 있다. 아래의 그림 13.10을 참조한다.

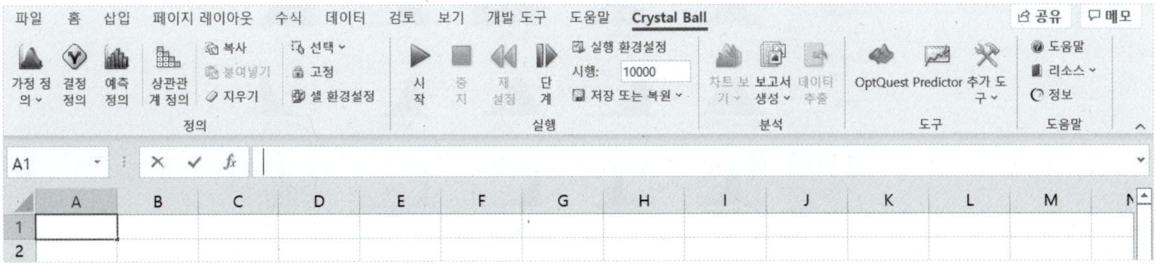

그림 13.10 크리스탈볼 메뉴

예제 13.4 **대학제과의 생산량 결정 (크리스탈볼의 활용)**

본 예제에서는 대학제과점의 생산량 결정문제(예제 13.3 참조)에서 생산량이 70일 때 크리스탈볼을 활용하여 도넛의 수요변화에 따른 이익의 발생확률을 분석한다. 크리스탈볼은 수요분포를 가정셀로, 이익을 예측셀로 각각 정의한다.

모형화 가이드

1. 가정셀 정의

가정셀이란 크리스탈볼의 난수발생 함수가 입력된 모든 셀을 의미한다. 13.3절에서도 언급한 바와 같이 스프레드시트 시뮬레이션에서는 불확실한 값을 갖는 도넛의 수요량을 얻기 위해 도넛의 수요분포 함수를 따르는 난수발생 함수를 입력하여 수요량 값을 생성시킨다. 도넛의 수요분포 함수는 그림 13.14의 셀영역 E4:F9와 같은 이산분포를 따른다. 아래의 절차를 따라 가정셀(수요량: 셀 D14)에 난수발생 함수에 대한 확률분포를 정의하면, 해당하는 셀은 초록색으로 바뀌어 구별된다. 이러한 가정셀에 대한 색, 코멘트, 평균값 보이기 등은 사용자의 기호에 따라 정의>셀 환경설정에서 변경가능하다.

- 셀 D14를 클릭한다.
- 엑셀 메뉴에서 정의>가정 정의의 그림을 클릭하면 아래의 그림 13.11과 같은 분포 갤러리를 얻는다. 그림의 좌측에 있는 '모두'를 클릭하고 오른쪽 스크롤바를 아래로 내리면 맨 하단에 사용자정의 분포가 나온다. 이 분포를 선택하고 OK를 클릭하면 그림 13.12를 얻는다. (크리스탈볼에서 임의의 이산확률분포는 사용자 정의 분포를 사용하여 정의한다.)

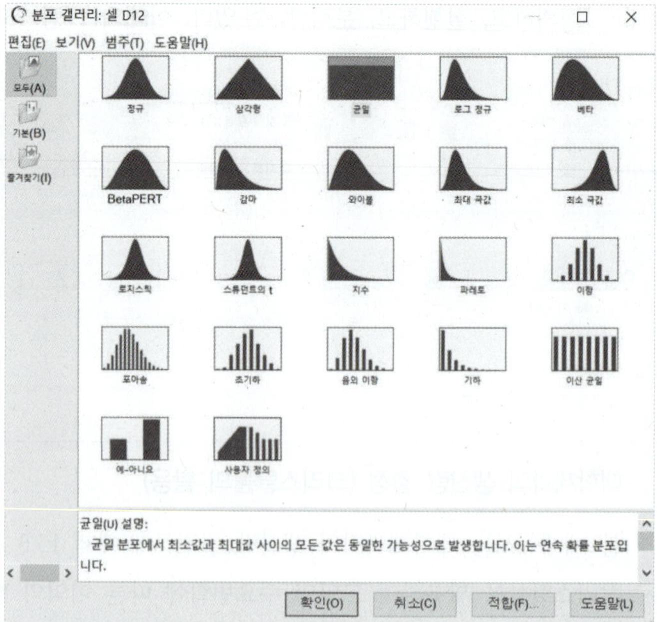

그림 13.11 분포 갤러리

- 그림 13.12에서 상단에 있는 '이름'에 '수요량'을 입력한다. 데이터 로드는 우측 하단 부근에 있는 '데이터 로드'를 클릭하면 우측의 그림과 같이 '데이터 로드' 대화상자가 나온다. 여기서 '데이터 위치'의 셀참조 버튼(화살표)을 클릭하고 스프레드시트(그림13.15)의 셀영역 E4:F9을 마우스로 입력하면 좌측 그림과 같이 이산확률분포의 막대그래프와 좌측 하단에 이산확률표가 생성된다.

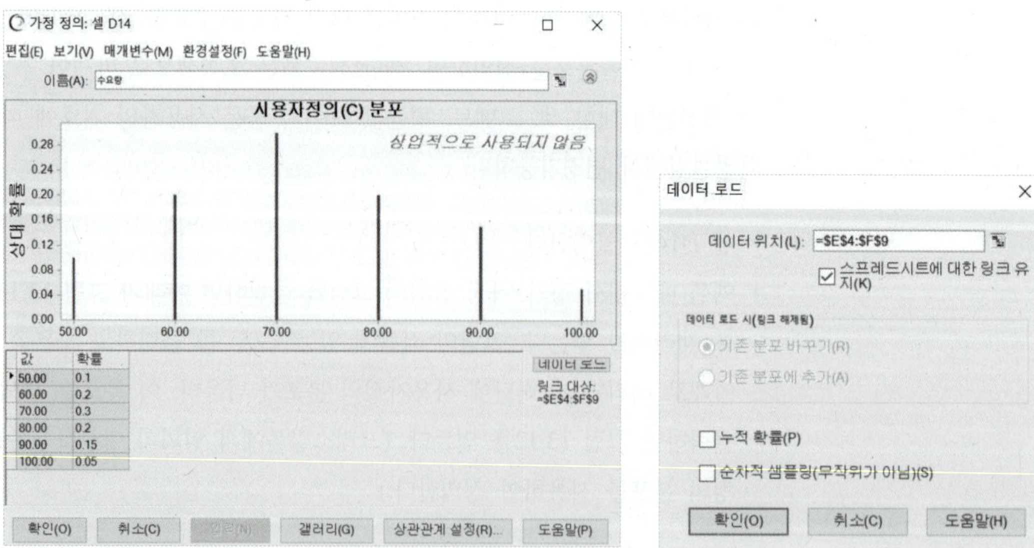

그림 13.12 가정셀 정의

2. 예측셀 정의

예측셀(Forecast cell, Target cell)이란 시뮬레이션하는 목표가 되는 셀로서 시뮬레이션을 실행하면 통계량 및 보고서 작성을 위해 값의 변화를 계속 추적하는 대상이 되는 셀이다. 본 예제에서는 이익인 셀 I14이다. 예측셀로 정의하기 위해서는 셀에 먼저 수식이나 수치가 입력되어 있어야 한다. (그림 13.14 스프레드시트 참조) 예측셀로 정의가 되면 다른 셀과 구별되는 파란색으로 바뀐다.

다음의 절차를 따른다.

- 셀 I14를 클릭한다.
- Crystal Ball>예측정의를 클릭하여 아래의 그림 13.13을 얻는다.
- 이름과 단위를 직접입력하거나 우측의 셀참조 버튼을 사용하여 입력하고 OK를 클릭한다. 예측창 탭을 선택하고 분할뷰를 체크하면 시뮬레이션 결과를 분석할 때 예측차트와 통계량표를 동시에 볼 수 있어서 편리하다.

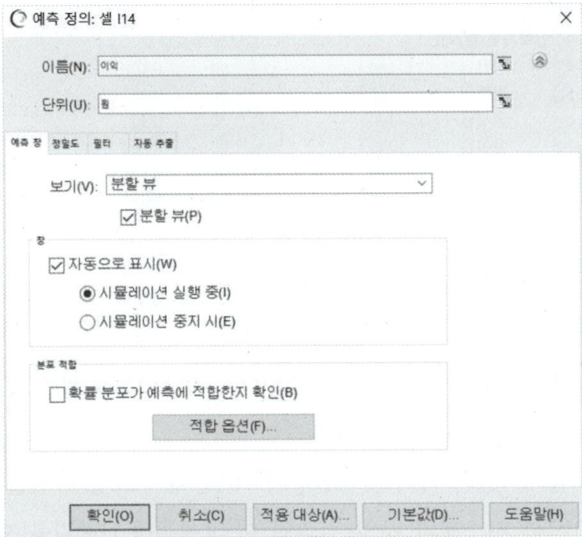

그림 13.13 예측셀 대화상자

스프레드시트 모형화

1. **입력자료** C4:C7(단가), E4:F9(수요분포)

   그림 13.14와 같이 생산단가, 판매단가, 면세단가, 품절단가를 셀영역 C4:C7에 입력한다. 도넛의 수요분포는 셀영역 E4:F9에 입력한다.

2. **가정셀** D14(수요량)

```
D14 =CB.Custom($E$4:$F$9)
```

3. **예측셀** I14(이익)

```
I14  =E14-F14+G14-H14
E14 =$C$5*MIN($C$10,D14)
F14 =$C$4*$C$10
G14 =$C$6*MAX($C$10-D14,0)
H14 =$C$7*MAX(D14-$C$10,0)
```

4. **의사결정변수** C10(생산량)

결정하려는 생산량이 의사결정변수이나 이 예제에서는 생산량 70을 입력한다.

	A	B	C	D	E	F	G	H	I
1	대학제과의 생산량 결정 시뮬레이션 : Crystal Ball 활용								
2									
3	입력자료(원/개)				도넛의 수요분포				
4		생산단가	300		50	0.10			
5		판매단가	700		60	0.20			
6		면세단가	100		70	0.30			
7		품절단가	250		80	0.20			
8					90	0.15			
9	의사결정변수				100	0.05			
10		생산량	70						
11									
12	시뮬레이션								
13				수요량	수익	생산비용	면세액	품절비용	이익
14				72.5	49000	21000	0	625	27375

그림 13.14 생산량 결정 시뮬레이션 : 크리스탈볼 활용

시뮬레이션 실행

본 시뮬레이션의 목적은 생산량이 70일 때 수요량(가정셀 D14)의 여러 가능한 값들에 대해 생산 시스템의 운영 결과인 이익(예측셀 I14)값을 예측하는 것이다.

1. **시뮬레이션의 시행수를 지정한다.**(실행>실행 환경설정)

실행>실행 환경설정을 클릭하여 아래 그림 13.15와 같은 대화상자를 부른다. 시행 탭을 선택한 후 실행할 시행수(N)에 10,000을 입력한다. 확인을 클릭한다.

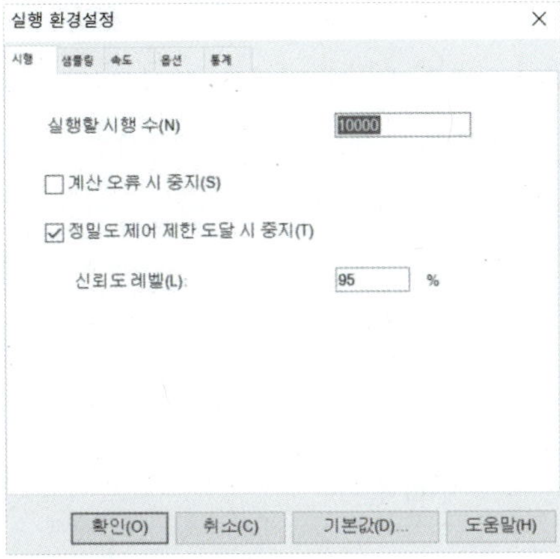

그림 13.15 실행환경 설정

2. **크리스탈볼 실행**(실행>시작)

크리스탈볼의 실행은 실행>시작을 클릭한다. 실행하면 아래의 그림 13.16과 같은 제어판이 열린다. 이 제어판은 시뮬레이션을 통제하고 결과를 분석하는데 유용하다. 제어판에서는 10,000회의 시뮬레이션이 완료되었음을 보여준다. 제어판에서 실행환경을 변경하려면 중앙의 좌측 첫 아이콘인 '실행환경 설정' 단추를 클릭한다. 새로 시뮬레이션을 실행하기 위해서는 먼저 실행했던 결과를 삭제하여야 한다. 네 번째의 역방향 이중삼각형인 '재설정' 버튼을 클릭하면 삭제된다. 하단부분에는 실행통계(총실행시간과 시행횟수, 생성된 난수)와 데이터 자료(가정셀, 의사결정변수셀, 예측셀)를 보여준다.

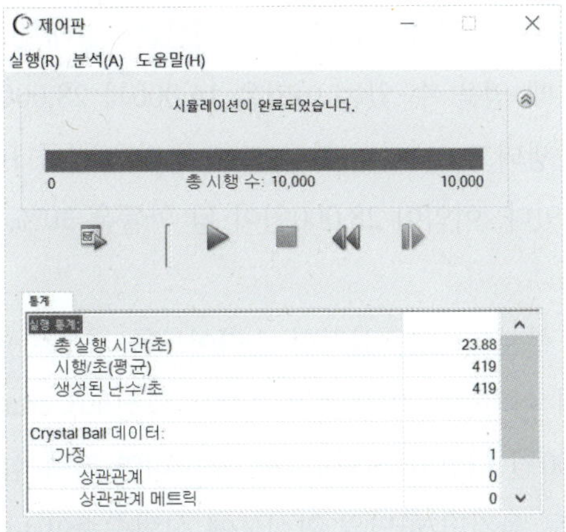

그림 13.16 실행제어판

시뮬레이션 결과분석

1. 예측차트

예측차트의 도수뷰는 예측결과의 범위를 분포로 보여준다. 도수뷰 차트에서 특정 이익값이 발생할 확률값도 구해볼 수 있다.(확신도, 차트참조)로 제공하여 준다. 예측값의 분포 형태를 차트로 보여주므로 변동성이나 리스크의 크기를 시각적으로 판단할 수 있다는 장점이 있다.

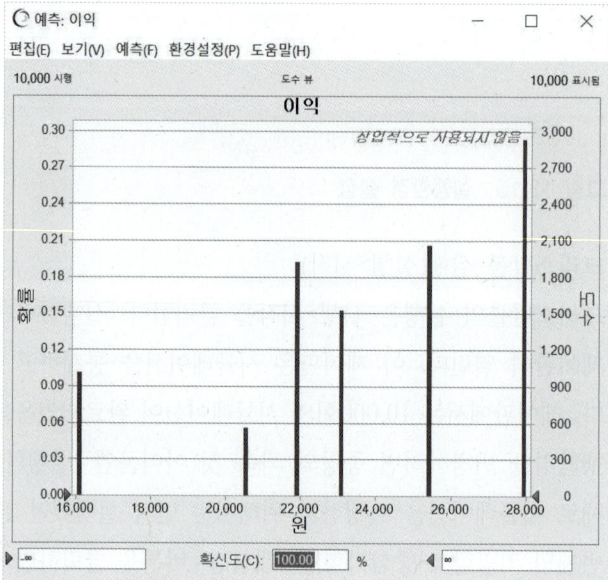

그림 13.17 예측차트_도수뷰

그림 13.17의 예측차트는 10,000번 실행시 얻어지는 여러 이익들의 발생 확률과 빈도도수를 보여주고 있다. 이익분포는 이산분포형태로 나타난다. 즉, 70개를 생산해서 판매했을 때 얻을 수 있는 이익은 16,000과 28,000사이에서 6가지 값들 중에 어느 하나로 발생되고 그 때의 확률(좌측 수직축)이나 10,000번 중의 도수(우측 수직축)를 알 수 있다. 이익이 28,000원이 될 확률은 30%, 도수는 3,000번 가까이 됨을 볼 수 있다.

차트의 하단 부분에 있는 삼각형 슬라이드를 좌우로 움직여 이익의 범위를 설정하면 범위 안의 이익들이 발생할 확률값을 확신도(Certainty)로 알 수 있다. 즉, 최소수익이 20,000원 이상일 신뢰수준을 구하려면 좌측 삼각형 슬라이드를 마우스로 잡고 20,000으로 옮기면 하단의 확신도에 신뢰수준이 나타난다. 또는 맨 하단 좌측에 있는 상자에 20,000을 직접 입력할 수도 있다. 그러면 슬라이드가 자동으로 20,000원으로 움직이고 확신도에는 신뢰수준이 새로 계산되어 나타난다. 이 값은 발생한 이익이 20,000이상일 확률값이 된다.

2. 통계량 분석

위 그림의 13.18의 메뉴바에서 보기>통계를 클릭하면 아래의 통계량 표를 얻는다.

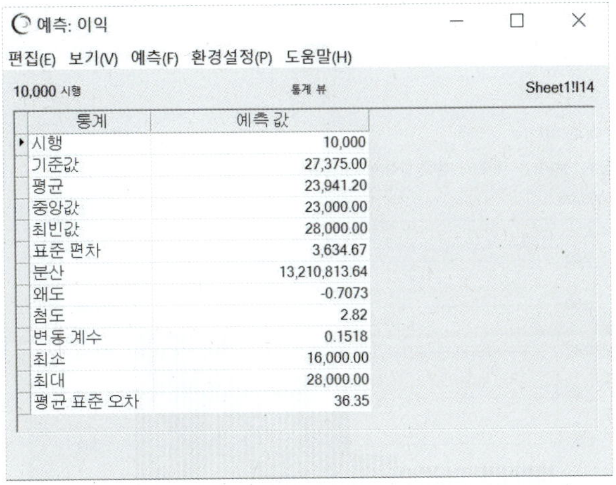

예측: 이익

편집(E) 보기(V) 예측(F) 환경설정(P) 도움말(H)

10,000 시행 통계 뷰 Sheet1!I14

통계	예측 값
시행	10,000
기준값	27,375.00
평균	23,941.20
중앙값	23,000.00
최빈값	28,000.00
표준 편차	3,634.67
분산	13,210,813.64
왜도	-0.7073
첨도	2.82
변동 계수	0.1518
최소	16,000.00
최대	28,000.00
평균 표준 오차	36.35

그림 13.18 예측차트_통계량 표

시뮬레이션을 10,000회 반복(Trials)했을 때 평균이익이 23,941원, 중앙값이 23,000원, 최빈값이 28,000원 정도임을 보여준다. 표준편차는 3,634원이며 이익이 최소가 되는 경우에는 16,000까지도 내려가고, 최대로 이익이 발생 할 때는 28,000 정도임을 보여주므로 하루 얻는 이익의 범위는 12,000원 정도임을 알 수 있다.

참고로 그림 13.17의 메뉴바에서 보기>분할뷰를 클릭하면 위의 두 그림 13.17과 13.18을 동시에 볼 수 있다.

3. 백분위 수

그림 13.17의 메뉴바에서 보기>백분위 수를 클릭하면 아래의 그림 13.19를 얻는다. 10,000번 반복시 각 백분위 수에 해당하는 이익이 어느 정도인가를 파악할 수 있다. 표로부터 이익이 16,000원 이상일 확률은 확실히 (백분율 0%) 보장됨을 알 수 있다.

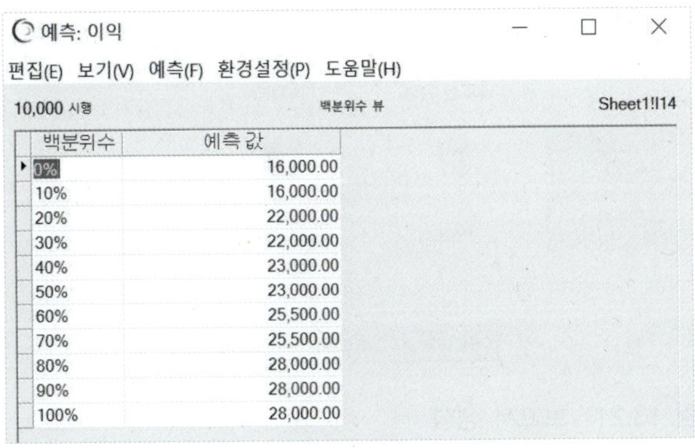

예측: 이익

편집(E) 보기(V) 예측(F) 환경설정(P) 도움말(H)

10,000 시행 백분위수 뷰 Sheet1!I14

백분위수	예측 값
0%	16,000.00
10%	16,000.00
20%	22,000.00
30%	22,000.00
40%	23,000.00
50%	23,000.00
60%	25,500.00
70%	25,500.00
80%	28,000.00
90%	28,000.00
100%	28,000.00

그림 13.19 예측차트_백분위 수

4. 누적도수

그림 13.17의 메뉴바에서 보기>누적도수를 클릭하면 아래의 그림을 얻는다. 그림의 하단에 있는 삼각형을 사용하여 누적확률에 해당하는 이익이 어느 정도인지도 알 수 있다.

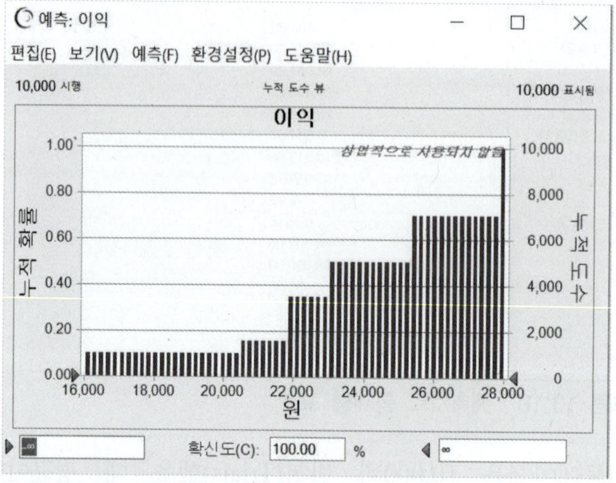

그림 13.20 예측차트_누적도수

시뮬레이션 보고서 크리스탈볼은 다양한 보고서 기능을 가지고 있으며, 크리스탈볼에 의해 생성된 여러 자료들을 엑셀의 새 워크북이나 워크시트로 저장할 수 있다.

1. 보고서

분석>보고서 생성>보고서 생성 환경설정을 클릭하면 아래의 그림을 얻는다.

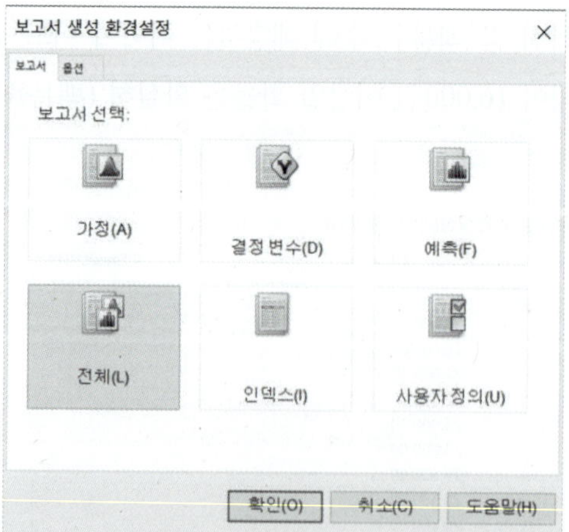

그림 13.21 보고서 생성

여기서 원하는 보고서를 선택하면 해당 상세보고서를 얻을 수 있다. 작성된 보고서는 엑셀 파일로 작성되며 다른 파일과 마찬가지로 저장할 수 있다. 다음 그림은 전체 보고서의 일부를 보여준다.

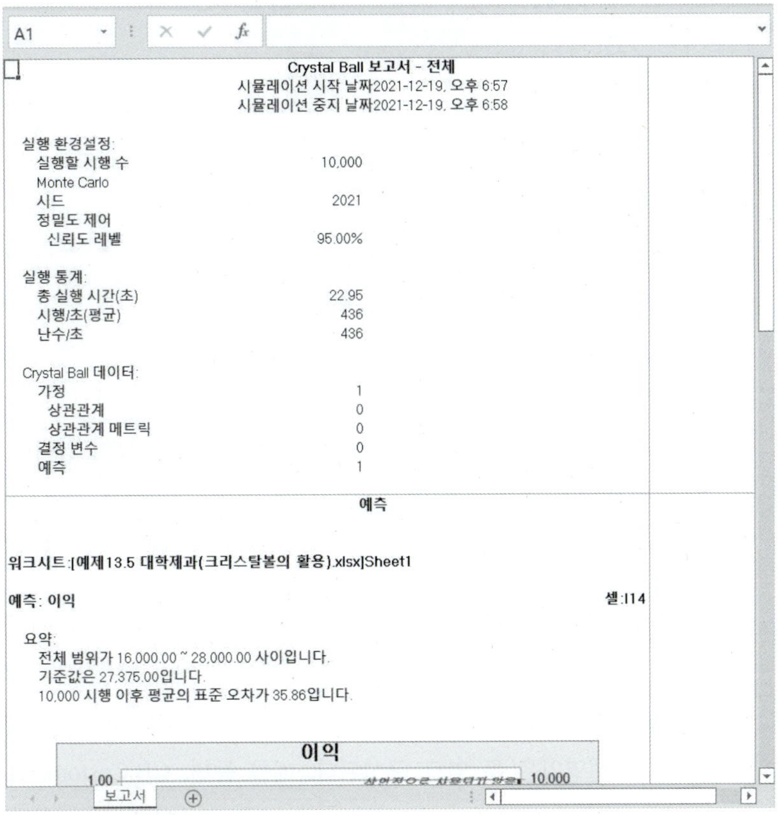

A1

Crystal Ball 보고서 - 전체
시뮬레이션 시작 날짜2021-12-19, 오후 6:57
시뮬레이션 중지 날짜2021-12-19, 오후 6:58

실행 환경설정:
실행할 시행 수 10,000
Monte Carlo
시드 2021
정밀도 제어
신뢰도 레벨 95.00%

실행 통계:
총 실행 시간(초) 22.95
시행/초(평균) 436
난수/초 436

Crystal Ball 데이터:
가정 1
상관관계 0
상관관계 메트릭 0
결정 변수 0
예측 1

예측

워크시트:[예제13.5 대학제과(크리스탈볼의 활용).xlsx]Sheet1

예측: 이익 셀:I14

요약:
전체 범위가 16,000.00 ~ 28,000.00 사이입니다.
기준값은 27,375.00입니다.
10,000 시행 이후 평균의 표준 오차가 35.86입니다.

이익

1.00 10,000

보고서

그림 13.22 전체 보고서

2. 시뮬레이션 결과자료 보관

시뮬레이션으로 생성된 데이터들을 추출하여 현 워크북에 붙이거나 새 워크북으로 작성할 수 있다. 분석>데이터 추출을 선택하면 아래의 대화상자를 얻는다. 통계량, 백분위수, 이익 범위별 빈도수, 민감도 자료, 발생된 난수(수요량)들 중에서 원하는 옵션을 체크함으로써 해당 자료를 엑셀에 보관한다.

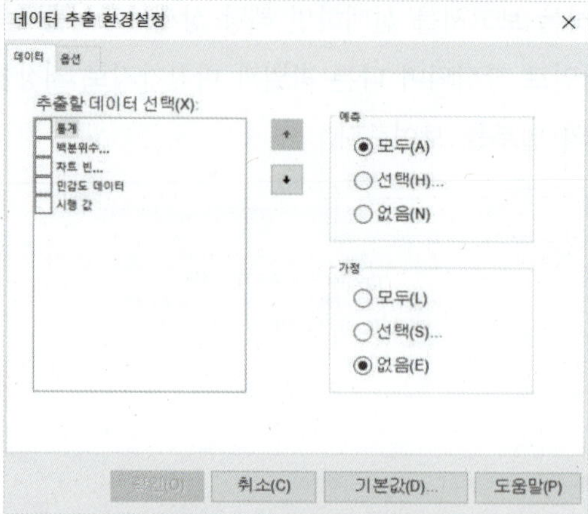

그림 13.23 데이터 추출 환경설정

체크포인트

난수발생함수

크리스탈볼에서 난수발생함수는 분포 갤러리를 통해 입력하거나 또는 함수들의 이름을 직접 입력하여 사용할 수 있다. 단, 분포 갤러리를 사용하여 입력한 셀만이 가정셀로 간주된다. 자주 사용되는 난수발생함수들을 예로 보이면 다음과 같다.

1. **CB.Custom(range)** : 임의의 이산분포를 갖는 난수발생

   2~3열로 이루어진 셀영역(range)에서 처음 두 열은 각각 발생시킬 난수들의 하한값과 상한값으로, 마지막 열은 확률로 구성된다. 하한값과 상한값이 같으면 전체 셀영역은 두 열로 구성된다. 예를 들면, CB.Custom(A1:B7), CB.Custom({10, 15, 20}, {0.2, 0.3, 0.5})등으로 사용할 수 있다.

2. **CB.Uniform(min, max)** : 연속 일양분포

   구간 [min, max]에서의 연속 일양분포에 해당하는 난수를 발생시킨다.

3. **INT(CB.Uniform(min, max))** : 이산 일양분포

   구간 [min, max−1]에서의 이산 일양분포에 해당하는 난수를 발생시킨다.

4. **CB.Normal(μ, σ, min, max)** : 정규분포

   평균 μ, 표준편차 σ인 정규분포를 따르는 난수를 발생시킨다. min과 max가 설정되면 이 값들에서 절단된 정규분포의 난수들을 발생시킨다.

5. **CB.Exponential(μ)** : 지수분포

   평균이 μ인 지수분포를 따르는 난수를 발생시킨다.

6. **CB.Triangular(min, most likely, max)** : 삼각형 분포

   하한값 min과 상한값 max사이에서 최빈값 most likely값을 갖는 삼각형 분포의 난

수를 발생시킨다.

7. **CB.Poisson(λ)** : 포아송 분포

   도착율이 λ인 포아송 분포를 따르는 난수를 발생시킨다.

8. **CB.Binomial(p, n)** : 이항분포

   n번의 반복시행에서 매 시행마다 성공확률 p를 갖는 이항분포의 난수를 발생시킨다. 여기서 p와 n의 순서에 유의한다.

예제 13.5 **대학제과의 생산량 결정 (Decision Table 활용)**

예제 13.4에서는 생산량이 70으로 고정되었을 때 발생 가능한 이익들의 분포에 대해 시뮬레이션하였다. 그러나 대학제과의 의사결정 목표는 생산 가능한 양 50, 60, 70, 80, 90, 100 중에서 이익이 최대가 되도록 생산량을 결정하는 것이다. 본 예제에서는 크리스탈볼이 제공하는 도구인 Decision Table을 적용하여, 의사결정변수인 생산량의 여러 값에 따라 발생하는 이익들의 예측차트와 통계량을 각각 구해본다. 이들을 분석함으로써 최적의 생산량 결정을 용이하게 내릴 수 있다.

모형화 가이드

13.4절에서는 엑셀 메뉴인 가상분석>데이터 표 기능을 활용하여 여러 생산량 중에서 기대이익이 최대가 되는 생산량을 구했다. 크리스탈볼에서는 이러한 분석을 위하여 도구>추가도구>Decision Table을 제공한다. 먼저 예제 13.4와 같이 수요량을 발생시키기 위하여 가정셀을 지정하고, 이익을 예측셀로 정의한다.

다음으로는 **의사결정변수 셀**을 아래와 같이 정의한다.

1. 생산량에 해당하는 셀 C10을 클릭한다.
2. 정의>결정정의를 클릭하여 다음의 그림 13.24를 얻는다.
3. 그림과 같이 생산량이 취할 수 있는 하한, 상한, 이산 형태 및 단계값을 입력한다.
4. 확인을 클릭한다.

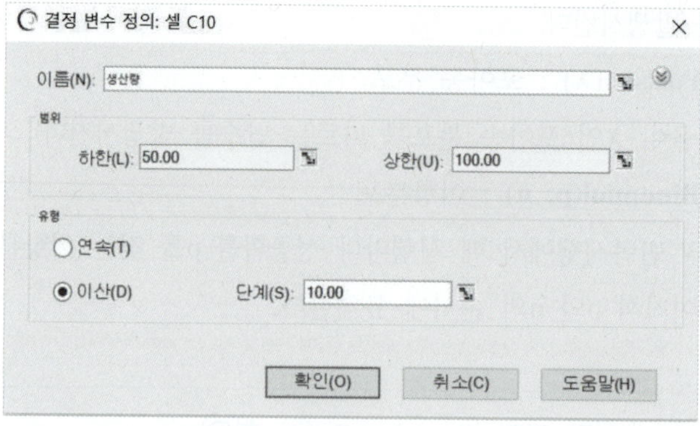

그림 13.24 결정변수 정의

위의 그림은 의사결정변수셀 C10에 '생산량'이라는 이름을 부여하고, 생산량 변수는 하한값으로 50, 상한값으로 100, 변수 유형은 이산형(Discrete)으로서 하한값으로부터 10씩 증가된 값들만을 취한다는 의미이다.

스프레드시트 모형화 아래의 스프레드시트와 같이 셀 C10을 의사결정변수로 정의함으로써 색상이 노란색으로 바뀌었다.

	A	B	C	D	E	F	G	H	I
1	대학제과의 생산량 시뮬레이션 : Crystal Ball활용								
2									
3	입력자료(원/개)				도넛의 수요분포				
4		생산단가	300		50	0.10			
5		판매단가	700		60	0.20			
6		면세단가	100		70	0.30			
7		품절단가	250		80	0.20			
8					90	0.15			
9	의사결정변수				100	0.05			
10		생산량	100						
11									
12	시뮬레이션								
13				수요량	수익	생산비용	면세액	품절비용	이익
14				70	49000	30000	3000	0	22000

그림 13.25 대학제과의 생산량 결정_Decision Table 활용

다중 시뮬레이션 실행 다중 시뮬레이션에서는 의사결정변수인 생산량이 50, 60, 70, 80, 90, 100을 취할 때마다 발생하는 이익의 크기를 비교한다. 이 때 중요한 점은 매 시뮬레이션마다 동일한 난수를 사용해야만 결과를 정확하게 비교할 수 있다는 점이다. 이를 위하여 다음과 같이 실행 환경설정에서 난수를 발생시키는 방법을 지정하고 시드값을 설정한다.

1. 실행>실행 환경설정>샘플링 탭을 클릭하여 아래의 그림을 부른다.
2. 상단의 난수발생 옵션에서 '동일한 난수 순서사용'에 체크하고 초기 시드값으로 임

의의 수인 2022를 입력한다.

3. 하단의 샘플링 메소드에서 Monte Carlo방법은 실행 속도가 빠른 반면 수요량 분포의 양 극단 값들이 연속적으로 선택될 수도 있다. 반면에 Latin Hypercube방법은 이를 방지하여 균등한 결과를 산출하지만 메모리를 많이 사용하며 실행 속도가 느리다는 측면이 있다.
4. 확인을 클릭한다.

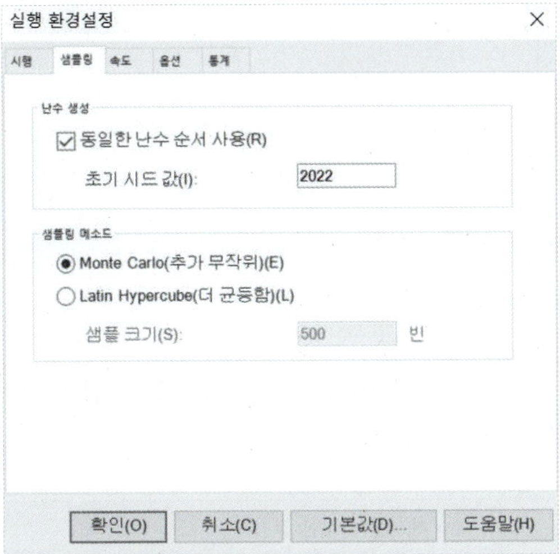

그림 13.26 실행환경설정

다음으로는 Decision Table 도구를 사용한다. Decision Table은 최대 두 개의 의사결정변수가 갖는 여러 조합에 의한 예측셀 값을 비교하기 위해 다중 시뮬레이션을 실행한다.

1. 도구>추가도구>Decision Table을 클릭한다. 아래 그림 13.27과 같이 Decision Table 도구 사용에 대한 안내가 나온다. 다음을 클릭한다.

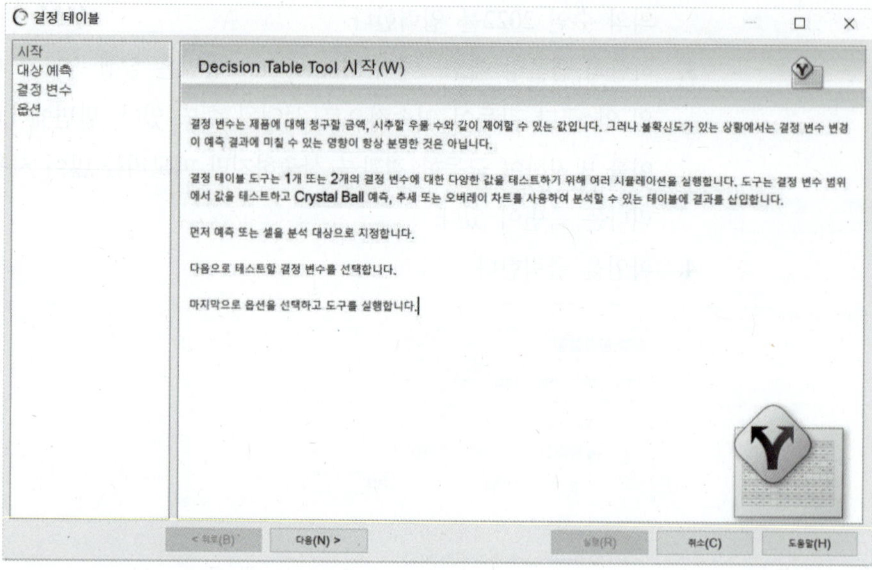

그림 13.27 Decision Table 안내

2. 아래 그림 13.28과 같이 이익을 대상예측으로 선택한다. 다음을 클릭한다.

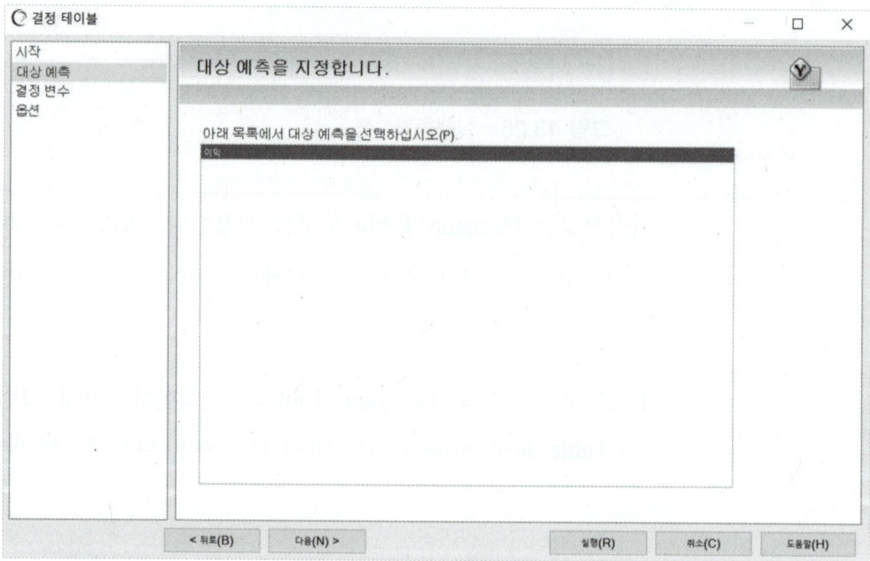

그림 13.28 결정테이블_대상예측

3. 다음의 단계로 선택할 결정변수로서 생산량을 선택하고 우측으로의 이동버튼인 이중화살표를 클릭하면 아래 그림 13.29와 같이 나타난다.

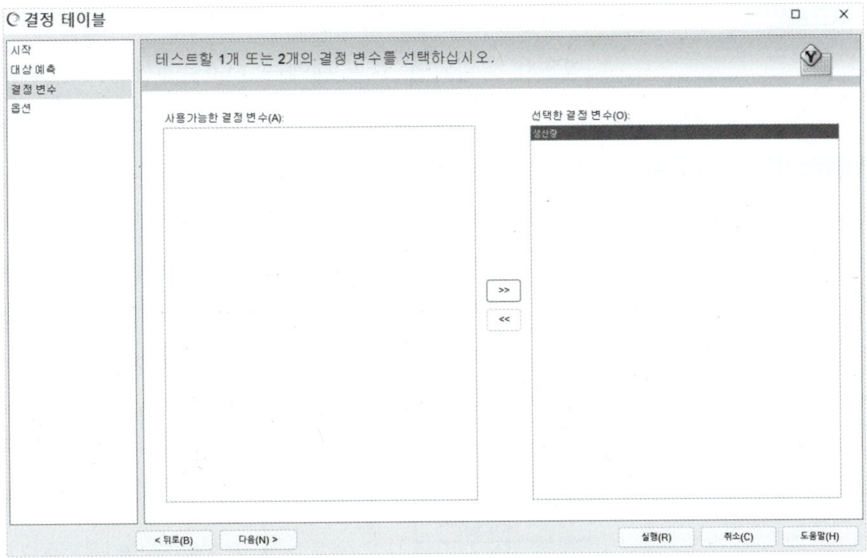

그림 13.29 결정테이블_결정변수

4. 다음을 클릭하면 그림 13.30이 생성된다. 여기서 6개의 생산량을 의미하는 6 테스트가 이미 입력되어 있고 추가로 시행횟수 10,000을 입력한다.

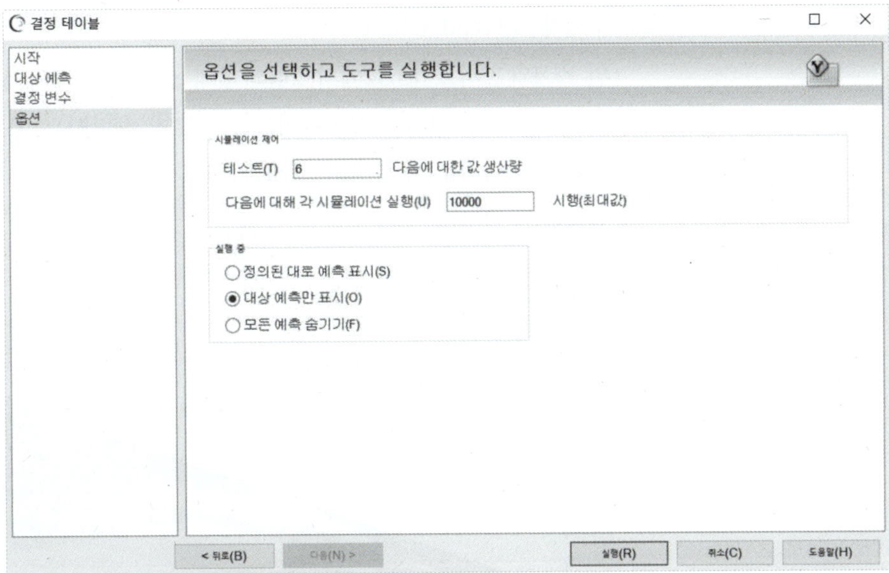

그림 13.30 옵션선택 및 도구실행

5. 위 그림 13.30에서 실행버튼을 클릭한다.

체크포인트

1. 의사결정표는 의사결정변수가 한 개나 두 개일 때만 적용할 수 있다. 세 개 이상의 변수가 정의되어 있을 때에는 13.6절에서 설명할 OptQuest를 사용한다.

시뮬레이션 결과분석

1. **실행 결과**

Decision Table은 각 6개의 생산량 값에 대해 각각 10,000회의 시뮬레이션을 실행시킨다. 실행이 완료되면 그림 13.31과 같은 실행 결과를 보여준다. 셀 B2:G2에 있는 값은 각 생산량에 따라 발생한 이익들의 기댓값을 보여주고 있다. 즉, 기대이익은 생산량이 80일 때 25,456(셀 E2)원으로 제일 높다는 것을 알 수 있다. 셀영역 B2:G2의 색은 예측셀과 같은 초록색이다.

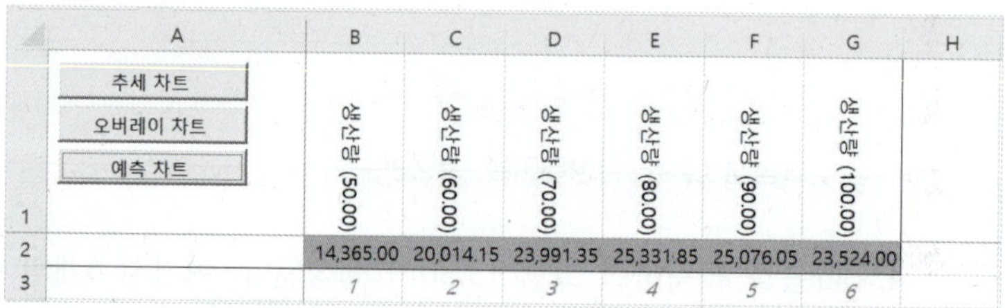

	A	B	C	D	E	F	G	H
1	추세 차트 오버레이 차트 예측 차트	생산량 (50.00)	생산량 (60.00)	생산량 (70.00)	생산량 (80.00)	생산량 (90.00)	생산량 (100.00)	
2		14,365.00	20,014.15	23,991.35	25,331.85	25,076.05	23,524.00	
3		1	2	3	4	5	6	

그림 13.31 분석결과

2. **추세차트(Trend Chart)**

위 스프레드시트 13.32에서 2행의 6개 셀인 B2:G2의 셀영역을 모두 블록으로 잡은 후 셀A1에 있는 각 차트 버튼을 누르면 해당하는 차트를 보여준다. 한 예로 추세차트를 클릭하면 아래의 그림과 같이 생산량 증가에 따른 이익 변화의 추세를 차트로 도시하여 준다.

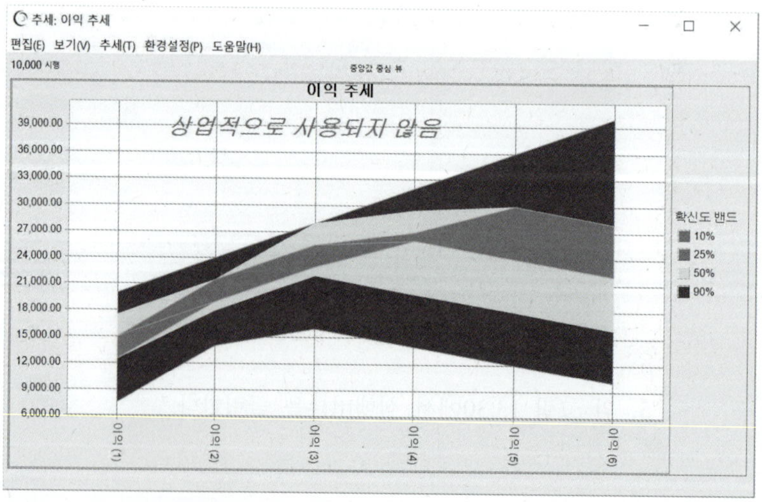

그림 13.32 추세차트

추세차트는 각 생산량 변화에 따라 발생하는 이익 예측값들의 변화를 하나의 차트로 보여준다. 이익 예측값들은 기댓값 대신에 발생 가능한 값들의 신뢰구간들로 표현되고 있다. 차트에서 파란색 90%띠는 각 이익이 발생 가능한 90%의 값들로 구성되어 있으므로 가장 넓은 띠를 형성한다. 위 그림에서 추세차트는 생산량이 증가함에 따라 이익이 증가하다가 일정한 값에서 이익이 감소하는 형태로 나타나고 있다.

3. **오버레이 차트(Overlay Chart)**

오버레이 차트에서는 6개의 예측차트를 하나의 레이아웃에서 보여 주므로 예측 변수들 간의 변동성 비교분석이 가능하고, 분명치 않았던 차이점이나 유사점을 알아낼 수 있다. 또한 오버레이 차트를 사용하여 예측값들에 대한 최적의 적합분포를 찾아내는 기능도 활용할 수 있다.

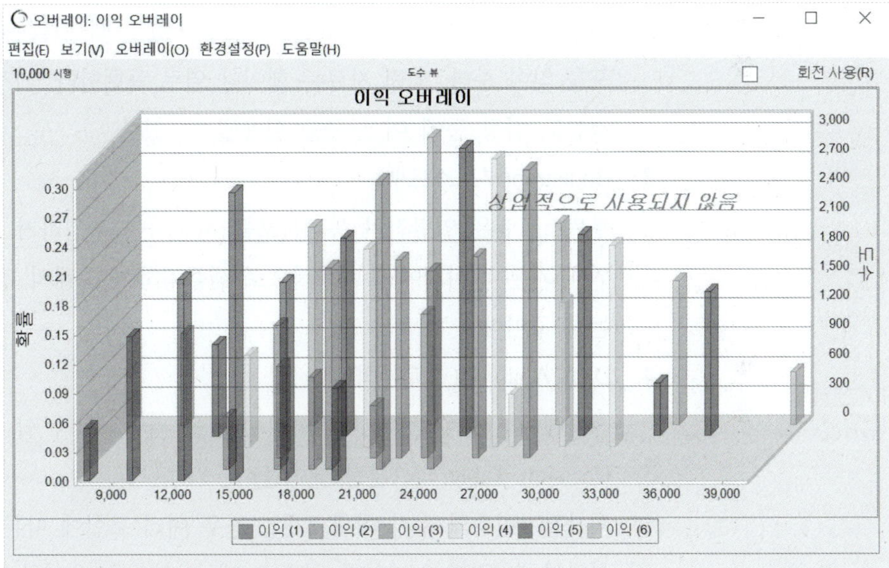

그림 13.33 오버레이 차트_도수뷰

4. **예측차트**

그림 13.31에서 예측차트를 클릭하면 6개 생산량에 따른 이익 예측차트 6개를 전부 보여준다. 생산량이 70일 때의 예측차트는 앞의 그림 13.17 예측차트_도수 뷰에서 보인 바와 같다.

체크포인트

크리스탈볼은 앞의 그림 13.10과 다음 그림 13.34에서 보는 바와 같이 도구에 OptQuest, Preditor, 추가도구를 제공하고 있다. OptQuest에 대해서는 다음 13.6절에서, Predictor에 대해서는 다음 14장에서 상세히 설명한다. 상관관계정의(그림13.11 참조) 및 추가도구에서 제공하는 여러 도구의 특성은 다음과 같다.

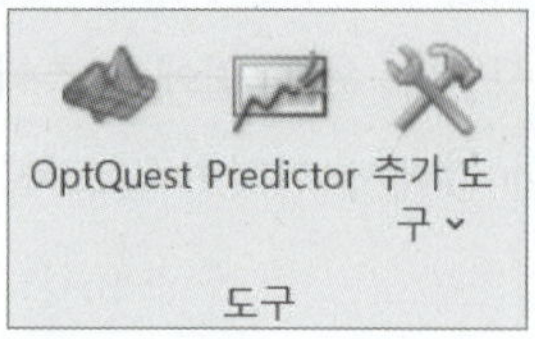

그림 13.34 크리스탈볼의 여러 도구

1. Correlation Matrix(상관관계정의)
   상관관계정의는 변수들 사이의 상호의존성을 고려하여 시뮬레이션을 더 정확하게 하기 위해, 가정 변수들 간의 상관관계를 행렬로 정의하고자 할 때 사용한다
2. Batch Fit(적합분포 찾기)
   적합분포 찾기는 여러 자료들을 가지고 있을 때 이들 자료에 가장 적합한 확률분포를 찾아 준다. 입력 자료는 행이나 열로 표현한다. 가정 셀에 사용될 확률분포나 적합도 검정 등에 이 도구를 활용될 수 있다.
3. Bootstrap(부트스트랩)
   부트스트랩은 일반적인 통계분포를 사용하여 추정하기 곤란한 경우, 통계 추정을 위해 기본 데이터에서 반복적으로 샘플링하여 통계의 정확도 및 신뢰도를 분석하는 도구이다.
4. Data Analysis(자료분석)
   시뮬레이션 실행 전에 데이터의 특징을 파악하고자 할 때 사용한다.
5. Decision Table(의사결정 테이블)
   의사결정변수의 수가 **최대 2개**일 경우 여러 조합에 따른 예측 값을 다중 시뮬레이션하여 그 결과를 다양한 차트로 제공, 분석을 용이하게 한다.
6. Scenario Analysis(시나리오 분석)
   시나리오 분석은 정의된 범위에서 가정셀 변수 변화에 따른 예측 값의 결과를 분석하여 워크시트에 보여준다. 이 결과를 사용해서 모형의 특정 결과를 유도하는 요소를 자세히 파악할 수 있다.
7. Tornado Chart(토네이도 차트)
   시뮬레이션 모델에서 각 가정 변수가 예측값에 미치는 영향을 독립적으로 알아보고자 할 때 사용한다. 즉 모델에 영향을 미칠 수 있는 중요한 변수로서 포함시켜야 할 변수를 선택하고자 할 때 유용하게 사용한다. 결과는 막대그래프를 이용하여 변수들의 민감도를 보여주는 토네이도 차트와 선 기울기를 이용하여 변수들의 민감도를 보여주는 방사형 차트로 나타난다.

8. 2D Simulation(2차원 시뮬레이션)
   2차원 시뮬레이션 기법으로 1차원에 불확실성, 2차원에 변동성을 동시에 고려하여 분석할 때 사용한다. 2D 시뮬레이션을 적용함으로써 모형에 포함된 변수들이 불확실성에 기인하는 변동이 어느 정도이고, 실제 변동성에 기인하는 변동이 어느 정도인지를 알 수 있다.

13.6 시뮬레이션 최적화 : OptQuest 활용

OptQuest는 시뮬레이션 모형의 최적화를 수행하는 프로그램이다. 즉, 주어진 제약 조건 또는 요구 조건하에서 예측값을 최대화 또는 최소화하는 의사결정변수의 최적 조합을 찾아 준다. 앞 절에서 활용한 Decision Table 도구와 마찬가지로, OptQuest는 정의된 의사결정변수의 여러 범위 내에서 조합 가능한 모든 조건을 수행하여 최단 시간 내에 최적의 해를 찾는다. OptQuest는 Decision Table과는 달리 세 개 이상의 의사결정변수가 정의되어 있는 시뮬레이션 모형에 대해서도 최적화가 가능하다는 장점이 있다.

OptQuest는 메타휴리스틱(Meta-Heuristic) 기법을 적용하여 매우 복잡한 모형도 빠르게 분석하므로 시간과 비용을 절감할 수 있다. OptQuest를 적용하기 위해서는 시뮬레이션 모형에 세 가지의 셀, 즉 가정셀, 의사결정변수셀, 예측셀이 정의되어 있어야 한다. OptQuest를 시작하려면 Crystal Ball의 메뉴에서 도구>OptQuest를 클릭한다.

예제 13.6 가격결정모형 : OptQuest 활용

S시 중심가에 있는 L호텔의 K사장은 최근 객실들을 리모델링하면서 객실 평형별로 새로운 객실가격을 결정하고자 한다. 현재 L호텔에는 총 450개의 객실이 있고 객실은 평형별로 표준형, 골드형, 플래티늄형의 세 형태로 구분되어 운영된다. 최근까지 적용했던 객실가격(C)과 이 가격에서의 하루 평균 객실수요량(H), 수요/가격 탄력성은 아래의 표 13.5와 같다. 표에서 탄력성이 −3인 의미는 표준형의 객실가격을 1%올릴 경우 객실수요량은 3% 떨어짐을 의미한다. (단위 : 천원/실, 실)

표 13.5 평형별 객실가격, 수요량, 탄력성

객실평형	객실가격(C)	객실수요량(H)	수요/가격 탄력성
표준형	85	250	−3
골드형	98	100	−1
플래티늄형	139	50	−2

K사장은 최근 리모델링한 효과로써 수요/가격 탄력성(E)에 변동이 생길 것으로 판단하고 아래의 표와 같은 일양분포를 적용하여 새로운 객실가격을 책정하길 원한다. 새 객실가격(N)을 책정할 경우 수요/가격 탄력성에 의해 새 객실수요량(D)에 변화가 발생하고 따라서 수입이 달라진다. 객실가격과 객실수요량의 관계는 다음과 같은 관계가 있는 것으로 추정되었다.

$$D = H\{1 + E(N - C)/C\} = H + \{EH(N - C)/C\}$$

K사장은 평형별 객실가격을 아래의 표 13.6에 주어진 가격 범위내에서 책정되길 원한다. 특히, 총객실 수요량의 80%가 현재 운영가능한 객실수 450개를 넘지 않는 한도내에서 수익이 최대가 되도록 새로운 객실가격을 책정하고자 한다. (단위 : 천원/실)

표 13.6 평형별 탄력성 및 객실가격 범위

객실평형	수요/가격 탄력성(E)	새 객실가격 범위
표준형	Uniform(−4.5, −1.5)	70~90
골드형	Uniform(−1.5, −0.5)	90~110
플래티늄형	Uniform(−3.0, −1.0)	120~149

모형화 가이드

1. **가정셀 정의**

   각 객실 평형별 탄력성을 일양분포로 가정한다.

2. **예측셀 정의**

   예측셀로는 총수익과 총 객실수요량을 계산한 셀로 정의한다.

3. **의사결정변수셀 정의**

   의사결정변수로는 새로이 책정하려는 객실가격으로 정의한다. 객실가격에 범위가 있으므로 의사결정변수에는 하한치와 상한치를 설정한다.

스프레드시트 모형화

1. **입력자료** B5:B7(구객실가격), C5:C7(객실수요량), D5:D7(탄력성하한), E5:E7(탄력성상한), G5:G7(객실가격하한), H5:H7(객실가격상한), J10(총객실수)

구객실가격, 객실수요량, 탄력성상하한, 객실가격상하한, 총객실수에 관한 자료를 그림13.35와 같이 입력한다.

	A	B	C	D	E	F	G	H	I	J	K	L
1	가격결정모형 : 시뮬레이션 최적화 OptQuest활용											
2												
3		구객실	객실	탄력성		가격/수요	객실가격범위		새객실	새객실		
4	객실평형	가격(C)	수요량(H)	하한	상한	탄력성 분포(E)	하한	상한	가격(N)	수요(D)	수익	
5	표준형	85	250	-4.5	-1.5	-4.5	70	90	81	302.9	24538.2	
6	골드형	98	100	-1.5	-0.5	-1.5	90	110	108	84.7	9146.9	
7	플래티늄형	139	50	-3.0	-1.0	-3.0	120	149	120	70.5	8460.4	
8									총객실수요	458.1	42145.6	총수익
9										<=		
10									총객실수	450		

그림 13.35 가격결정모형(초기해)

2. 탄력성분포 F5:F7

먼저 셀 F5를 클릭한 후 메뉴에서 가정정의를 선택하여 다음 그림 13.36과 같이 가정정의 상자가 나오면 일양(Uniform)분포를 선택한다. 우선 매개변수>셀참조표시를 클릭하여 하단의 최소, 최대에 셀주소 D5, E5를 각각 입력한다. 추후 복사를 고려하여 D5, E5를 상대참조로 입력한다. 입력과 확인을 클릭한다.

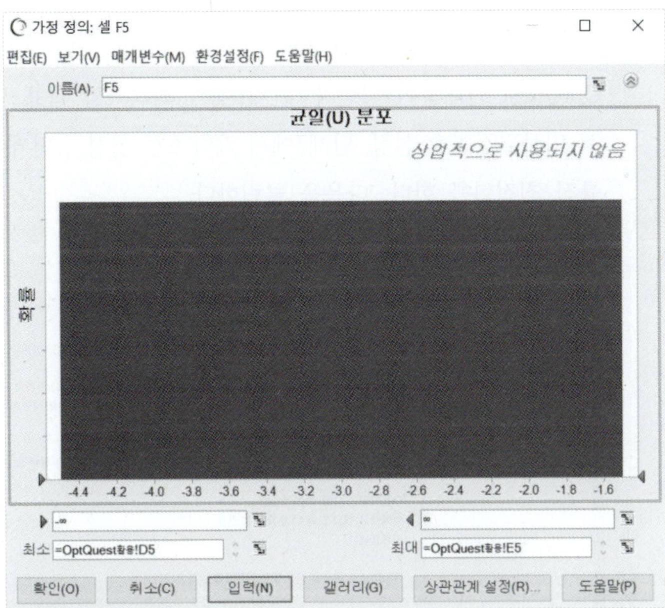

그림 13.36 가정정의

가정셀 F6:F7에는 아래와 같이 F5를 복사하여 붙인다.

- 먼저 셀 F5를 선택한 후 정의>복사를 클릭한다. 그러면 붙여넣기 단추가 활성화 된다.
- 셀영역 F6:F7을 블록으로 잡은 후 붙여넣기를 클릭하여 붙인다.

- 그러면 셀 F6, F7에는 각각 최소값 D6, D7, 최대값 E6, E7을 갖는 일양분포가 정의된다.

3. **예측셀 정의** J8(총객실수요), K8(총수익)

   셀 J8 및 K8을 예측셀로 정의한다.

   ```
   J8 =SUM(J5:J7)
   K8 =SUM(K5:K7)
   ```

   여기서, J5(새객실수요), K5(수익)은 아래의 수식과 같다.

   ```
   J5 =C5+(F5*C5*(I5-B5)/B5),   J6:J7에 복사
   K5 =I5*J5,                   K6:K7에 복사
   ```

4. **의사결정변수셀 정의** I5:I7(새 객실가격)

   의사결정변수셀로서 I5:I7을 정의한다. 객실가격에는 상하한 범위가 있으므로 의사결정변수셀을 정의할 때 하한치와 상한치, 이산형, 증가 크기를 함께 설정한다.

OptQuest 실행

1. Crystal Ball 메뉴에서 OptQuest를 클릭하여 구동시키면 다음 그림 13.37과 같은 OptQuest 안내문이 열린다. 단계1에서 최적화할 목표 및 요구사항 설정, 단계2에서 의사결정변수 설정, 단계3에서 제약조건 설정, , 단계4에서 옵션 설정을 거쳐 확률적 최적화를 한다. 다음을 클릭한다.

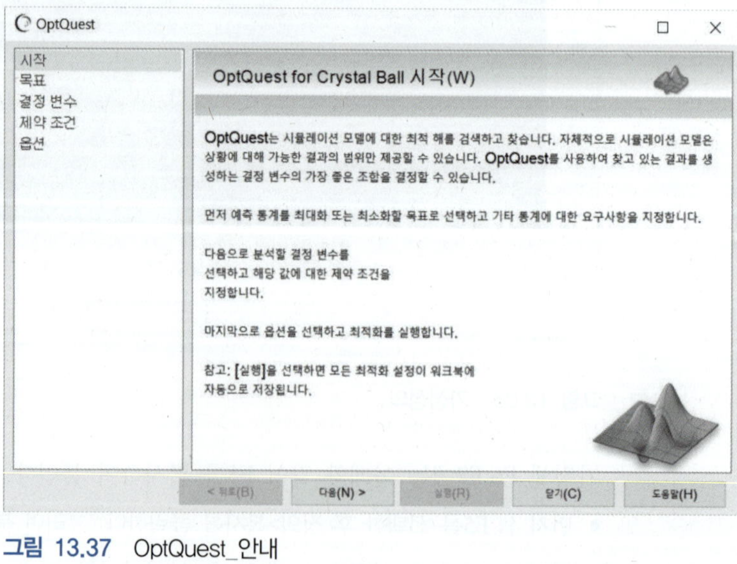

그림 13.37 OptQuest_안내

2. **목표 창**이 열리면 목표 및 요구 사항를 아래 그림과 같이 입력한다. 여기서 총수익이 목적함수이고 평균을 최대화한다. 총객실수요는 요구 사항으로서 예측통계량인 백분위수 80%값이 상한값인 450개보다 작거나 같게 설정한다. 이것은 발생하는 총수요의 80%가 객실수 450을 넘지 않게 함을 의미한다. 만일, 예측통계량으로 백분위수 대신에 평균을 사용한다면, 발생 가능한 총객실수요의 50%정도가 총객실수요인 450개를 넘지 않게 된다. 다음을 클릭한다.

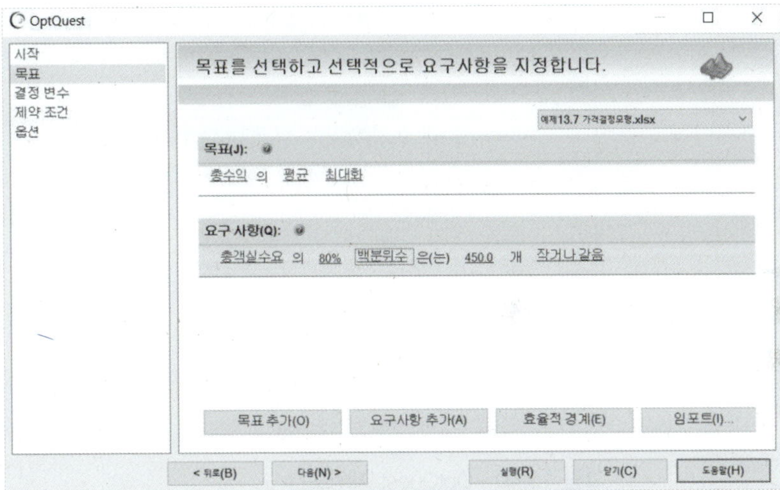

그림 13.38 OptQuest_목표 및 요구사항

3. **결정변수 창**이 열린다. 결정변수 셀인 I5:I7셀이 선택되었는지, 각 변수셀의 하한값, 상한값, 변수 유형이 입력한 내용과 일치하는지를 확인한 후 다음을 클릭한다.

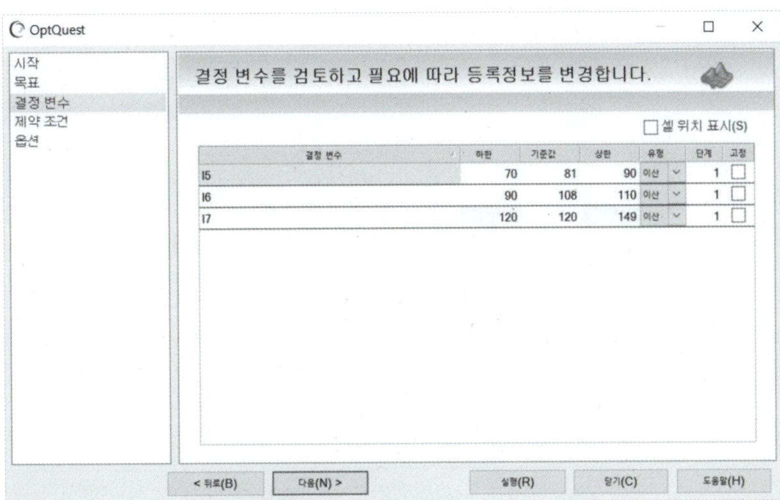

그림 13.39 OptQuest_결정변수

4. 제약조건 창이 나오면 다음을 클릭한다. 이유는 결정변수인 새 객실가격을 사용하여 표현되는 제약조건이 없기 때문이다. 제약조건이 있으면 맨 하단의 제약조건추가를 클릭하여 이어 나타나는 빈 칸에 제약조건을 입력하면 된다. 입력하는 방법은 변수명을 사용하거나 또는 셀 주소를 사용할 수 있다. 자세한 입력 방법에 대한 설명은 제약조건(S) 우측의 ?를 클릭하면 도움말을 볼 수 있다.

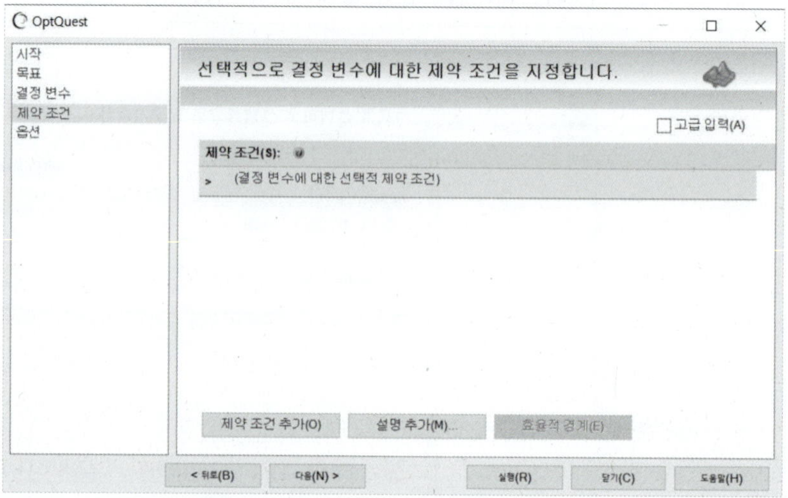

그림 13.40 OptQuest_제약조건

5. 옵션 창에서 OptQuest의 실행조건으로 시뮬레이션의 횟수나 실행기간(분단위)을 입력할 수 있다. 아래의 그림에서는 실행기간을 선택하고 5분이라는 시간제한을 주었다.

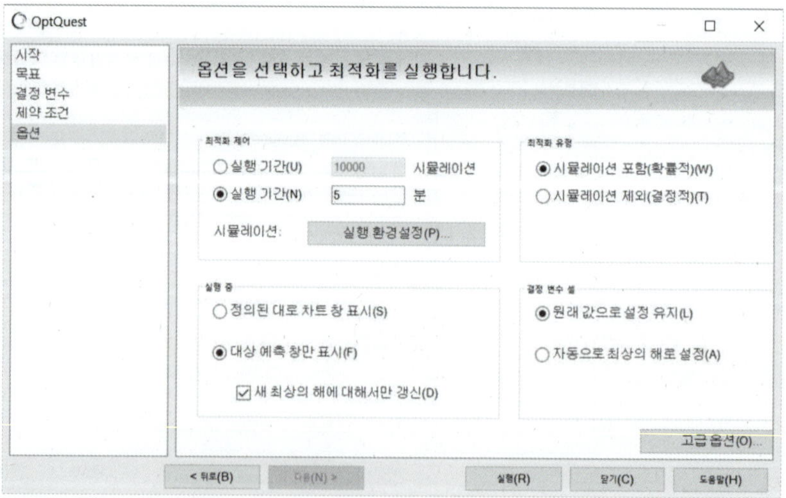

그림 13.41 OptQuest_옵션

6. 위 그림에서 OK를 클릭하면 OptQuest는 5분간 가능해를 탐색하면서 얻어진 해들 중 더 좋은 해가 얻어질 때마다 스프레드시트에 추가해 간다. 아래의 수행 그래프를 통해 해의 탐색과정과 이익 변화의 추이를 볼 수 있다. 가장 나은 해는 총수익이 40,446.4이고 이때의 각 평형별 객실가격은 81,000원, 108,000원, 120,000원이다. 이 가격을 사용할 때 객실수요의 80%는 총 객실 수인 450을 넘지 않는다.

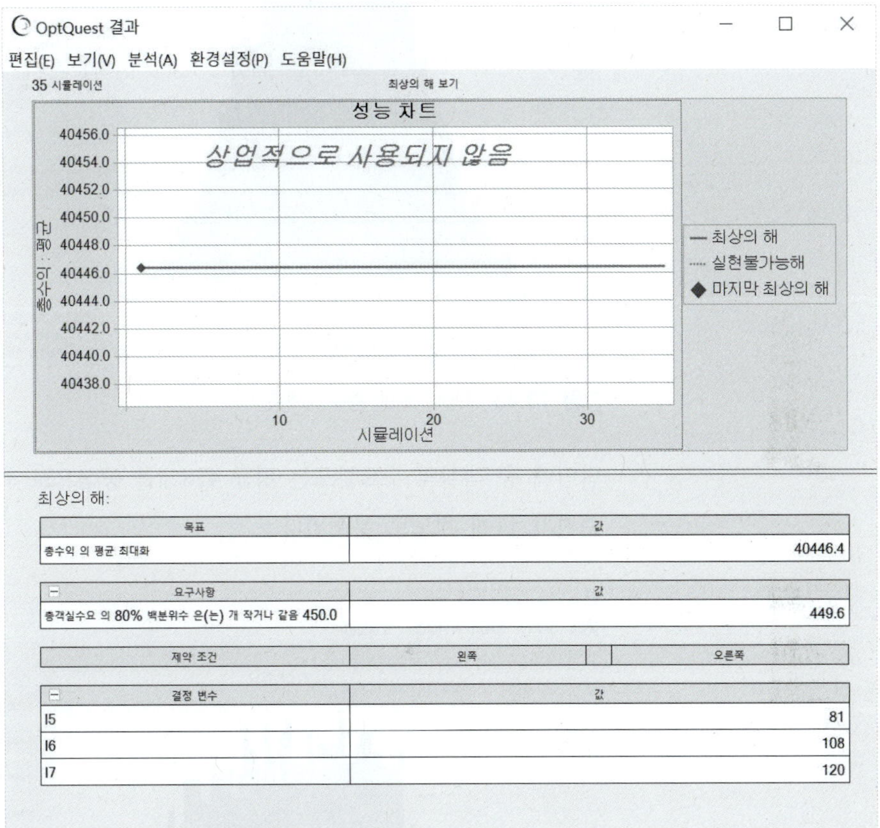

그림 13.42 OptQuest_실행결과

7. 아래의 두 그림은 총수익과 총객실수요의 빈도차트 및 통계량을 보여준다. 발생하는 총수익의 분포는 최소 37,831원이며 최대 43,146원이고 평균 총수익은 40,446원이다. 표준편차는 1,006원 정도이다.

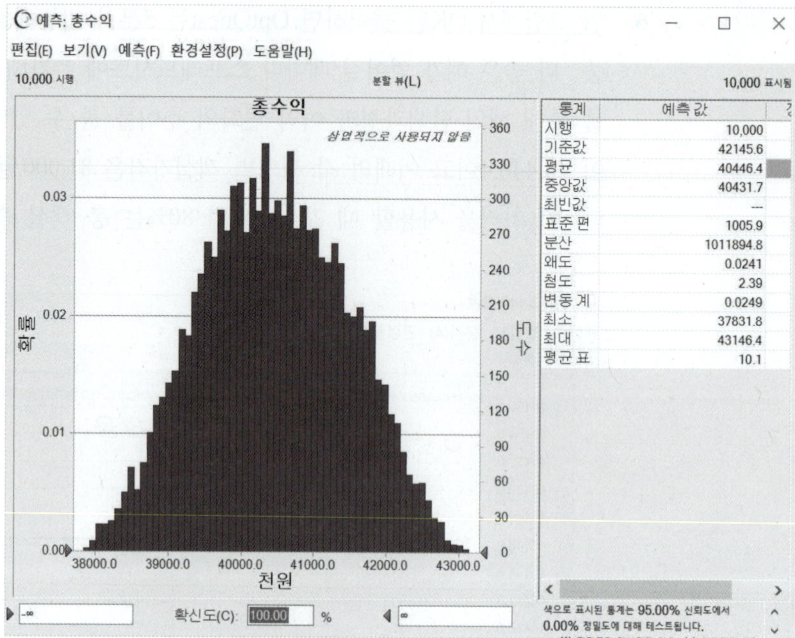

그림 13.43 OptQuest_총수익예측

반면에 총 객실의 수요분포는 평균 438개를 중심으로 최소 411개, 최대 467개, 표준편차 11개 정도로 분포된다.

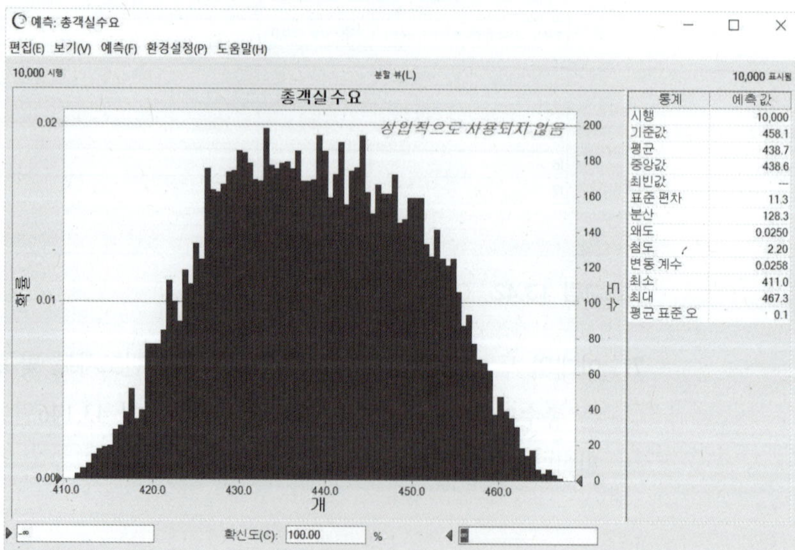

그림 13.44 OptQuest_총객실수요예측

연습문제

※ 연습문제 1~4와 16은 13.2절 이산분포를 갖는 난수의 발생과 관련된 문제이며, 문제 5~6은 13.3절 여러 확률분포를 갖는 난수의 발생 , 문제 7~10은 13.4절 생산량결정 시뮬레이션, 문제 11, 27은 대기행렬 시뮬레이션, 문제 12~13은 13.5절 생산량결정: Crystal Ball 활용, 문제 14~15, 17~26은 13.6절 OptQuest와 관련된 문제이다.

1 엑셀 스프레드시트의 A1셀에 함수 RAND()를 입력하고 자동채우기를 사용해서 셀영역 A1:E20까지 끌기하여 100개의 난수를 발생시키시오.

(1) 0.4보다 작은 난수들의 비율은 얼마인가?

(2) 셀영역 A1:E10의 난수들을 제자리에 수치로 고정시키시오.

(3) 셀영역 A11:E15의 난수들을 수치로 고정시키되 셀영역 A26:E30에 옮겨서 고정시키시오.

(4) 재계산에 해당하는 F9키를 누르면 어느 영역의 난수들이 변하는가?

2 한 난수가 0.4보다 클 때 그 다음 발생되는 난수도 0.4보다 클 확률은 얼마인가?

3 마니슈퍼는 삼파장 형광등의 일일 판매량을 조사한 결과 아래의 표와 같은 확률분포를 얻었다.

판매량	0	1	2	3	4	5
확률	0.07	0.13	0.24	0.26	0.2	0.1

마니슈퍼는 다음 일주일 동안 판매할 형광등을 일괄 구매하고자 한다.

(1) 난수를 7개 발생시켜 합계를 구하라.

(2) 위의 시뮬레이션을 1000회 반복하여 일주일 구매량의 평균값을 구하라.

4 대학커피숍을 이용한 학생들이 음료비용으로 지불하는 금액은 다음의 분포를 따른다.

음료비	1,000	1,500	2,000	2,500
확률	0.05	0.15	0.50	0.30

커피숍을 이용하는 학생 수의 분포는 예제 13.1의 표 13.1과 같다고 한다. 커피숍의 일일 평균판매액은 얼마인가? 3,000회의 시뮬레이션을 실행하시오.

5 엑셀의 스프레드시트에 아래의 함수를 입력해서 평균 75, 표준편차 10의 정규분포를 따르는 난수들을 100개 발생시켜라.

```
A1  =NORMINV(RAND(), 75, 10)
```

이 난수들의 평균(AVERAGE), 표준편차(STDEV)을 구하라.

6 문제 5에서 발생시킨 난수들을 히스토그램으로 그려라. 그래프의 모습은 정규분포와 비슷한가?

7 한국중공업은 저소음 모터를 제작하는 새 기계를 구상중이다. 이 프로젝트에 대한 연구개발비는 약 20억 원 정도이고 최소 15억 원에서 최대 30억 원까지 소요될 수도 있다. 이 기계가 시장에서 유통 판매될 수 있는 수명은 최단 3년에서 최장 5년까지로 추정된다. 이 기간 동안에 매년 130대 정도 판매

될 것으로 판단하지만 최저 50대, 최고 200까지도 판매 가능한 것으로 보인다. 이 기계는 1,200만원에 판매될 수 있다. 기계의 제작비용은 700만원 정도이나 최저 600만원, 최고 900만원까지도 발생될 수 있다. 회사의 자본비용은 15%이다.

(1) 불확실성을 일양분포로 대체하여 위 프로젝트를 수행했을 때 기대되는 순현재가를 구하는 스프레드시트 모형을 작성하시오.

(2) 시뮬레이션을 3,000회 반복했을 때 기대 순현재가는 얼마인가?

(3) 순현재가로 판단했을 때 위 프로젝트를 수행하여 손해 보지 않을 확률은 얼마인가? (힌트. 순현재가는 엑셀함수 =NPV(이자율, 셀영역)을 사용한다.)

8 K마트는 하반기에 판매할 냉장고 신제품을 일괄 주문하려고 한다. 현재 신제품의 주문단가는 80만원이다. 하반기의 가능한 수요량은 아래의 표와 같이 추정되었다. 하반기동안 신제품은 120만원에 판매된다. 하반기 중에 수요량이 주문량보다 작을 경우 남는 제품은 신제품으로의 가치가 떨어지므로 연말에 판매가의 90%인 세일가로 72만원을 받고 판매한다.

수요량	20	25	30	35	40
발생 확률	0.3	0.15	0.15	0.2	0.2

(1) 시뮬레이션으로 기대이익이 가장 큰 주문량을 결정하시오.

(2) 기대이익에 대한 95% 신뢰구간을 구하시오.

9(문제 8 연속) K마트가 구매전략을 수정해서 하반기 중에 수요량이 주문량보다 큰 경우가 발생하면 추가로 신제품을 주문하기로 하였다. 이때는 신제품 구매 주문단가가 대당 96만원한다. 기대이익이 가장 큰 주문량을 시뮬레이션으로 결정하시오.

10 스키골프 전문 의류점인 S&G 사장은 올 스키시즌을 대비하여 7월까지 스키재킷의 주문량을 결정해야 한다. 스키재킷의 주문원가는 66,000원이고 시즌 동안에는 170,000원에 판매된다. 팔리지 않는 재킷은 시즌 말에 54,000원을 받고 할인점에 판매 가능하다. 스키 시즌동안 스키재킷에 대한 수요는 평균 80개인 포아송 분포를 따른다고 한다.

(1) 기대이익을 최대화하는 스키재킷의 주문량은 몇 개인가? 단, 주문은 10개 단위로 이루어 진다.

(2) 문제 (1)에서의 주문량만큼 주문할 경우 이익이 8백만 원 이상이 될 확률은 얼마인가?

11 금요일 야간에는 S병원의 응급실에 1명의 의사가 응급치료를 담당하고 있다. 이 시간대에 응급환자는 시간당 평균 2명의 비율로 포아송 분포에 따라 병원 응급실을 찾는다. 의사가 응급환자를 치료하는데 걸리는 시간은 평균 20분인 지수분포를 따른다고 한다. 금요일 야간에 응급치료를 받기 위해 S병원 응급실에 도착한 환자가 치료받기 까지 기다려야 하는 평균대기시간은 얼마인가? 시뮬레이션을 사용하여 구하시오.

12 B시의 중심가에 있는 컨티넨탈 호텔은 100개의 객실을 갖고 있다. 각 객실요금은 1박당 90,000원이며, 호텔의 객실 운영비용은 1박당 18,000원이 든다. 예약한 고객이 숙박하지 않을 확률은 5%이다. 예약의 초과 접수로 인하여 예약 고객에게 객실을 제공하지 못할 경우 고객에게 위약금으로 120,000

원을 지불하여야 한다. 일일 이익을 최대화하려면 예약을 몇 실이나 받아야 하는가? 크리스탈볼을 사용하여 분석하시오.

13 예제 13.5에서 품절단가를 판매단가의 80%로 설정한다.(즉, C7=0.8*C5) 대학제과는 생산량뿐만 아니라 판매단가도 새로 결정하고자 한다. 판매단가는 700원과 1200원 사이에서 100원 단위로 변동시키고, 생산량은 50개와 100개 사이에서 10개 단위로 변동시키고자 한다. 이익을 최대화하는 최적 생산량과 판매단가는 무엇이 될 것인가?

14 AgrEvo사의 프로젝트 관리팀은 여러 R&D 프로젝트에 투자할 자원으로 자금 136억과 인력시간 112,000시간을 확보하였다. 과거의 유사한 의사결정 문제를 분석한 결과 그동안 애로부문으로 여겼던 많은 프로젝트들이 실제로는 과다하게 자원들을 사용해왔음을 파악하였다. 이에 프로젝트 관리팀은 새로 계획하는 프로젝트들에 소요되는 자금과 인력시간을 각각 하한치값, 최빈값, 상한값을 사용하는 삼각형 분포로 추정하여 수익성이 높은 프로젝트를 선택할 계획이다. 단, 자원 소요가 불확실하므로 최종적으로 소요되는 자금과 인력시간이 확보된 자원 양의 5%가 넘지 않도록 배분할 방침을 세웠다. 프로젝트들의 수익현재가 및 자원 소요량은 아래의 표와 같다. AgrEvo사가 수익현재가를 최대화하려면 어느 프로젝트들을 선택하겠는가?

15 전자마트에서 DVD플레이어의 월 수요는 평균 100대, 표준편차 20대인 정규분포 형태로 발생한다. 전자마트의 재고정책은 월말에 재고조사를 해서 재고가 30개 이하로 떨어지면 공급업체에 300개를 주문하는 것이다. 월말에 발주하면 월초에 바로 공급받는다. 월말에 발생하는 월 재고유지비용은 개당 4천원이다. 주문시 고정적으로 발생하는 발주비용은 3만원이고, 개당 40만원에 공급받고 75만원에 판매한다. 현재 초기 재고량은 120개이고 재고부족이 발생하면 그 수요는 경쟁업체에 잃는다.

(1) 분석기간을 2년으로 할 때 전자마트의 평균이익은 얼마인가? 10,000회의 반복을 통한 시뮬

문제 14번 표

프로젝트	자금(억)			인력시간(천시간)			수익현재가
	하한값	최빈값	상한값	하한값	최빈값	상한값	
1	22	56	88	16	35	64	88
2	16	34	51	5	8	26	51
3	20	48	75	19	34	48	75
4	7	8	13	5	8	11	11
5	7	7	16	3	6	9	8
6	22	42	80	14	28	32	64
7	18	26	54	13	16	19	48
8	30	48	90	19	38	64	86
9	8	16	37	10	10	32	34
10	45	90	156	30	51	80	140
자금 및 인력시간 확보량	136			112			

레이션을 하시오.

(2) 전자마트가 현 재고정책을 재검토할 때 바람직한 재주문점과 주문량은 얼마인가?

16 엑셀 스프레드시트를 활용하여 다음의 문제에 답하시오.

(1) RAND()함수를 사용하여 100개의 난수(소수 셋째자리로)를 발생시키시오.

(2) 빈도분포함수 FREQUENCY를 사용해서 위에서 발생된 난수들에 대해 계급의 넓이가 0.1인 빈도분포표를 작성하시오.

(3) 발생된 100개의 난수들 중에서 0.7보다 작은 난수들의 비율은 얼마인가?

17 K서적은 12월부터 판매할 내년도 달력을 주문하고자 한다. 달력은 판매할 전량을 일괄 주문할 예정이며 비용은 한 개당 3,500원이고 고객에게는 5,000원에 판매할 예정이다. 1월말까지 판매하고 남은 달력은 제작업체에 1,000원을 받고 반환할 수 있다. 판매기간동안의 달력 수요량은 아래의 표와 같은 분포를 따르는 것으로 추정하였다. K서적은 달력판매에서 얻는 기대수익을 최대화하기 위해 시뮬레이션을 적용하고자 한다. K서적이 12월 초까지 일괄 주문해야 할 달력의 개수는 얼마인가?

수요량	확률
10,000	0.15
10,500	0.30
12,000	0.30
12,500	0.20
13,000	0.15

18 K학회는 6월 COEX에서 개최되는 서울국제컨퍼런스 행사에 참석하는 외국인 학자들을 위해 2개월 전까지 호텔예약을 해야 한다. 2개월 전까지는 방 하나를 10만원에 예약할 수 있다. 그러나, 예약한 방의 수보다 더 많은 외국인 학자가 참여했을 경우는 방 하나에 16만원을 지불해야 한다. 이번 국제학회에 참가할 해외학자의 호텔 예약신청을 조사해본 결과 호텔이용자의 수는 평균 1,000명, 표준편차 100명의 정규분포를 따를 것으로 예상하고 있다.

(1) 기대비용을 줄이기 위해 예약해야 할 방의 수를 시뮬레이션을 사용하여 정하시오.

(2) 호텔을 이용하는 학자의 분포가 삼각형 분포 (700, 1,000, 1,200)이라 할 때 위 문제에 답하시오.

19 금강건설은 한국대학에서 계획중인 창업센터 빌딩을 신축하는데 아래의 표와 같은 활동들을 마쳐야 한다.

(1) 빌딩 신축공사를 12개월안에 끝낼 확률은 얼마인가?

(2) 빌딩 신축공사가 13개월 이상 걸릴 확률은 얼마인가?

활동	선행활동	평균공사기간	표준편차
A: 빌딩설계	–	3	0.5
B: 기초공사	A	1	0.2
C: 벽공사 및 지붕처리	B	2	0.7
D: 외장공사	B	2	0.4
E: 내부공사	C	3	0.6
F: 조경공사	D, E	1	0.2

20 세신모니터는 최근 인기가 높은 LZ회사의 17인치 완전평면 모니터를 판매한다. 이 모니터의 수요는 월 평균 200개, 표준편차 20개의 정규분포를 따르는 것으로 추정되고 있다. 세신모니터는 LZ회

사에 모니터를 주문할 때마다 12만원의 주문비용을 들여서 모니터 한 대당 35만원에 구입하고 있다. 모니터는 고객에게 56만원에 판매되고 있으며, 고객의 구매요청시 재고가 없을 경우, 고객은 다른 컴퓨터점에서 구입한다. 한달간 모니터를 재고로 유지하는데 2만원의 재고유지비용이 든다. 주문은 매달 말에 하고 다음 달 초에 배송받는다. 세신모니터는 현재 다음의 두가지 주문정책을 고려하고 있다.

① 정책 1: 월말 재고량이 100개 이하이면 300대를 주문한다.

② 정책 2: 월말 재고량이 25개 이하이면 450대를 주문한다.

세신모니터는 2년의 기간동안 발생하는 이익이 최대화되도록 재고정책을 결정하고자 한다. 1000회의 시뮬레이션을 통해서 재고정책을 선택하시오.

21 새로 신축한 KT 빌딩에는 10,000개의 백열등이 사용되고 있다. 각 백열등의 최대 수명은 5개월이다. 빌딩관리 전문회사는 백열등의 교체방법으로 일괄교체정책을 검토중이다. 일괄교체정책은 매 T 개월마다 모든 백열등을 일괄 교체하는 정책이다. T 개월 이전에 끊어지는 전구들은 그때마다 교체한다.(최적의 교체기간 T는 결정되어야 한다.) 일괄교체정책에 따라 교체할 경우 한 전구당 교체비용은 500원이 소요된다. 현재 적용중인 개별교체정책에 의해 전구를 교체할 경우에는 개당 2,000원의 비용이 들어간다. 일괄교체 정책이 경제적인지를 시뮬레이션을 사용하여 판단하시오.

22 삼정전자는 주펠냉장고를 60만원에 판매하며 보증기간은 1년이다. 즉, 고객이 냉장고를 구매한 후 1년안에 고장이 날 경우 삼정전자는 부품을 무상으로 교체해 주며 이 때 소요되는 회사의 비용은 평균 10만원이다. 그리고 이 시점부터 새로운 보증기간 1년이 적용된다. 구입한 후 일년이 지나서 고장이 나는 경우 고객들은 즉시 삼정전자의 새로운 냉장고를 구입한다고 가정하자. 냉장고가 고장이 나는 수명분포는 정규분포를 따르며 평균시간이 1.7년, 표준편차 0.3년인 것으로 추정되었다.

(1) 1년간 삼정전자가 고객으로부터 얻는 평균이익은 얼마인가?

(2) 최적의 보증기간을 어떻게 결정하겠는가?

23 비디오 테이프와 음악 CD를 대여해 주는 C큐브회사에서는 최근 영화로 높은 흥행을 올린 후 출시된 비디오를 몇 개나 구입할 것인지를 결정해야 한다. 비디오의 대여일수는 편의상 1박2일만을 고려하고 대여료는 1,000원이다. 비디오 구입비는 개당 15,000원이며 1년간 대여해 나가는 횟수는 정규분포를 따른다. 이 비디오의 경우 평균횟수는 2,000회, 표준편차는 200회로 예상하고 있다. 회사에서는 1년간 이 비디오를 대여해서 얻는 이익을 최대화하도록 비디오 구입개수를 결정하고자 한다. 시뮬레이션을 어떻게 적용하겠는가?

24 저녁시간에 24시편의점을 이용하는 고객들의 분포는 시간당 평균 40명인 포아송 분포를 따른다. 도착한 고객들은 계산대 앞에 비치되어 있는 주택복권을 구입할 수 있다. 복권의 구입확률은 다음의 확률분포와 같다. 저녁 6시에 편의점에는 30장의 복권이 비치되어 있다. 이들 복권이 전부 판매되는 시간은 언제인가? 시뮬레이션을 적용하시오.

구입매수	확률
0	0.5
1	0.25
2	0.15
3	0.03
4	0.02
5	0.05

25 금강건설은 한국대학교가 계획중인 창업센터 빌딩신축 공사에 입찰하도록 요청받았다. 입찰서는 경쟁 건설회사가 알지 못하도록 밀봉되어 입찰되어야 하며, 입찰금액 중에서 최저가격을 제시한 기업에 낙찰된다. 금강건설은 입찰서 준비에 5천만원의 제반 서류준비비용이 소요되며, 신축공사의 비용으로 9억5천만원을 산출하였다. 금강건설은 회사의 이익이 적어도 총비용의 10%는 되어야 하는 것으로 결정하고, 입찰에 응할 경우 11억원부터 13억원까지의 금액중에서 5천만원의 단위로 입찰금액을 제시하려고 한다. 과거 유사한 입찰경쟁을 분석한 결과 경쟁회사의 입찰금액 분포 및 그 확률은 아래의 표와 같이 추정되었다. 금강건설은 시뮬레이션을 통해서 기대이익을 최대화하는 입찰금액을 결정하고자 한다.

입찰금액	<=110	>110, <=115	>115, <=120	>120, <=125	>125, <=130	>130
확률	0.1	0.2	0.3	0.2	0.15	0.05

(힌트; 경쟁기업의 입찰확률은 연속적인 입찰금액의 범위에 대해 추정되었으므로 연속분포의 형태이다. 그러나 금강건설이 입찰하려는 금액의 분포는 이산적이므로 금강건설의 낙찰여부는 경쟁회사의 최저 입찰금액에 의해 달라진다. 따라서 경쟁회사의 최저 입찰금액의 누적확률표를 작성한다.)

26 한국대학교의 이공대학 교수들은 주차장 1, 2, 3을 사용할 수 있으며, 각 주차장에는 200대까지 주차시킬 수 있다. 250여명의 이공대학 교수들은 각 주차장에 할당되어 주차장을 사용한다. 화요일은 주차장 사용율이 최고인 요일로 제 1주차장의 주차스티커를 발급받은 인원의 평균 75%가 주차하고, 제 2주추장에는 주차 스티커를 발급받은 인원의 77%가 주차한다. 제 3주차장에는 79%가 주차한다.
화요일에 위와 같은 비율의 상태가 주어졌을 때 스티커를 지닌 교수 한 명이상이 주차하지 못할 확률은 얼마인가? (힌트: 이항분포를 활용한다.)

27 (4판 13.5절 참조) 김사장은 백화점의 식당가에 소형의 샌드위치 전문 스낵점을 개업하였다. 각종 샌드위치를 김사장 혼자서 직접 만들어 고객들을 서비스하는데 평균 1분정도 소요하고 있다. 고객들은 주로 오전 11시 30분부터 오후 1시 30분사이에 시간당 평균 30명의 비율로 스낵점을 이용하고 있다. 김 사장은 고객의 도착분포가 포아송 확률분포로, 자신의 서비스 시간은 지수분포를 따르는 것으로 간주하고 있다. 김 사장은 도착한 고객들이 서비스를 받기까지 기다려야 하는 평균 대기시간을 알고 싶다. 시뮬레이션 스프레드시트를 작성하여 구하고, 이론적인 평균 대기시간과 비교해 보시오.

14장 예측모형

La Quinta Motor Inns의 입지선정을 위한 스프레드시트 회귀분석 모형 개발[1)]

호텔업계의 회사들이 직면하는 가장 중요한 의사결정문제는 새 호텔의 입지를 선정하는 문제이다. 모든 호텔업 회사들은 경쟁 회사보다 먼저 정확하고 신속하게 이상적인 입지를 획득함으로써 경쟁력을 강화하고 있다. La Quinta Motor Inns사는 호텔체인 기업으로 출장 여행객들이 주요 고객이며 숙박료가 중간 정도이다. 이 회사는 경쟁업체가 시장을 확대함에 따라 현 시장점유율을 지키기 위해서 호텔 입지선정 문제의 연구를 Kimes & Fitzsimmon에게 의뢰하였다.

Kimes & Fitzsimmon은 3년의 사업주기 동안 회사가 소유했던 57개 호텔에 대한 자료를 수집하고 재분석한 결과, 고객들이 호텔을 선택하는 주요 요인은 여행목적에 적합한 입지조건이라는 것을 파악하였다. 이에 따라 고객이 호텔을 선택하는 요인들을

---

1) S.E. Kimes & J.A. Fitzsimmons, "Selecting Profitable Hotel Sites at La Quinta Motor Inns" , *Interfaces* 20:2 1990, pp. 12-20.

여러 설명변수로 설정한 후, 성공적인 입지를 예측하기 위한 회귀모형을 개발하였다.

성공적인 입지의 기준, 즉 이익성을 나타내는 목적변수(중회귀모형의 종속변수)로서 점유율, 총수입, 총수익 등을 고려하였으나 최종적으로 운영이익율을 선택하였다. 운영이익율은 '(이익+감가상각비+이자지불액)/총수입'으로 정의된다. 운영이익율은 호텔의 규모와 상관관계가 적으며 점유율보다 더 나은 측도로 평가되었다. 이익성에 영향을 미치는 설명변수(중회귀모형의 독립변수)로는 다섯 영역 즉, 경쟁적 요인(competitive), 수요창출 요인(demand generators), 지역적 요인(demographic), 시장성 요인(market awareness), 외형적 요인(physical)으로 나누어 파악하였다. 최종적으로 설명변수들간의 상관관계 및 다중공선성을 분석한 후 아래와 같은 회귀모형식을 개발하였다.

$$\text{운영이익율} = 39.05 - 5.41*\text{State} + 5.86*\text{Price} - 3.09*\text{Income}^{1/2} + 1.75*\text{College}$$

위 식에서 State는 호텔당 주(州)의 인구수, Price는 호텔 숙박료, Income은 가구당 평균수입, College는 6.4Km안의 대학생 수를 의미한다.

La Quinta Motor Inns의 경영층은 정확한 이익성을 예측하기 보다는 성공적인 입지가 될 수 있는 지의 여부를 판단하는데 모형을 활용하였다. 성공적인 입지는 운영이익율이 35%이상일 때로 정의되었다. 또한, 모형의 타당성을 입증하기 위하여 테스트한 결과 예측오차들은 기대한 범위 안에 있음을 확인하였다. La Quinta는 개발한 회귀모형을 스프레드시트 상에서 활용하였다. 각 입지에 관련된 설명변수들의 자료들을 LOOKUP표를 사용해서 표준화하고, 개발한 회귀식을 사용하여 이익성을 예측하였다. 예측모형은 입지선정 의사결정에 단지 "선정" 또는 "비선정"을 제안할 따름이다. 입지선정 의사결정자들을 위하여 추가로 개발한 가이드 스프레드시트는 초기 입지검색 작업에 도움을 주고 있다. La Quinta의 회장인 Sam Barshop은 앞으로 호텔업계에서 선두주자가 되기 위한 일환으로써 스프레드시트 예측모형을 계속 활용하고 수정해 나갈 것임을 확언하였다.

14.1 서론

예측이란 미래의 발생 가능한 상황을 예견하는 것이다. 예측은 거의 모든 기업에서 필수적인 업무에 속한다. 제조업체들은 제품을 생산하기 전에 필요한 인력이나 원자재를 미리 확보하기 위해 제품의 수요량부터 예측한다. 서비스업체들은 서비스 업무를 수행할 수 있는 적절한 요원들을 미리 확보하기 위해 먼저 고객들의 다양한 도착형태를 예측하게 된다. 기업의 투자분석가는 투자대안을 제시하기 위해서 먼저 시장의 경향을 예측해야 한다.

예측을 정확히 한다는 것은 재고비용이나 노무비를 줄일 수 있고 고객만족을 향상시킬 수 있음을 의미한다. 그러나 정확한 예측은 현 기간까지 관측된 과거 자료들의 움직임, 변화형태, 관계들을 정확히 파악해야 가능한 것이다. 시간상으로 반복되는 규칙적 반복 형태와 일시적으로 발생하는 확률적 무작위 변화 형태들을 분리시켜 파악하는 것은 결코 쉬운 일이 아니다. 또한, 정확한 예측이 어려운 점은 과거의 변화형태가 미래에도 계속 반복되리라는 보장이 없기 때문이다.

경쟁업체가 어느 날 갑자기 신제품을 출시할 수도 있으며, 저점이라 생각했던 종합주가지수가 다시 가파르게 떨어질 수도 있는 것이다. 석유산유국들이 언제 갑자기 원유가격을 인상할 지는 예측하기 힘든 것이다. 따라서 합리적인 가정을 하여 정교한 예측기법을 사용한다 하더라도 예측치는 항상 빗나가기 마련이다. 그럼에도 불구하고 미래의 불확실성을 어느 정도 없애기 위해서는 예측이 필요한 것이다.

예측방법에는 여러 가지가 있으며 전문가들은 각자 취향에 따라 예측모형을 선택하여 사용한다. 예측방법은 일반적으로 세 가지 형태로 분류한다. (1) 시계열 분석방법(time series method), (2) 인과형 예측방법(causal method), (3) 정성적 방법(qualitative method)이 있다. 정성적 방법은 비계량적이고 정확성에 한계가 있으므로 논의를 생략한다. 이외의 두 방법은 정량적 모형이다.

시계열 분석방법은 시계열 자료들의 변동형태를 분석해서 미래의 예측치를 찾는다. 시계열 자료란 일정한 시간간격(일, 주, 월, 분기, 년)마다 발생한 과거의 관측치를 시간순서대로 나열한 자료이다. 변동형태로는 증가나 감소의 추세성향과 계절적 변동을 탐색한다. 시계열 분석방법에는 이동평균법, 지수평활법, Holt의 지수평활법, Winters의 지수평활법 등이 있으며 14.3절부터 14.7절에 걸쳐 설명한다.

인과형 예측방법은 과거에 관측한 자료들을 기반으로 예측하고자 하는 시계열 목적변수의 값을 다른 시계열 설명변수들로 회귀 분석하여 예측하는 방법이다. 이러한 방법에는 단순회귀모형, 중회귀모형등이 있으며 각각 14.8절, 14.9절에 설명한다.

이외의 복잡하고 정교한 예측모형들을 동원할수록 과거의 변화형태를 더 잘 설명할 수도 있겠으나 오히려 정교함이 문제가 될 수도 있다. 이것은 정교한 모형이 실제적으로 확률적 무작위 변동까지 추적하기 때문이다. 반면에 단순한 모형은 변동의 가장 기본적인 형태만을 추적하기 때문에 오히려 유연성을 갖고 정확할 수도 있다.

14.10절에서는 엑셀에 추가하여 편리하게 예측할 수 있는 크리스탈볼의 Predictor를 소개한다. 크리스탈볼의 도구에 있는 Predictor는 적용 절차가 매우 간편하고 예측

하려는 시계열 자료에 가장 적합한 예측모형을 자동 선택하여 주므로 매우 손쉽게 예측치를 얻을 수 있다.

14.2 시계열 예측과정

시계열 예측의 목표는 예측 가능한 요인들을 파악해서 예측을 가능한 한 정확하게 하는 것이다. 이러한 예측과정은 다음의 세 단계를 거친다. 첫째로 시계열 자료들을 산점도로 그려보아 시계열 자료에 추세, 계절요인, 경기순환요인이 있는 지를 파악하고 나서, 적정한 예측모형을 선정한다. 둘째로 선정한 예측모형의 예측오차가 적어지도록 모형의 모수를 결정한다. 셋째로 관련된 시계열 자료들을 사용하여 예측치를 계산한다.

시계열을 분석할 때는 일정 기간 동안 발생한 시계열 자료들을 추세변동(trend variation), 계절변동(seasonal variation), 순환변동(cyclical variation), 우연변동(random variation) 등 네 가지의 변동요소로 분해하여 분석한다.

추세변동은 시계열 자료에 나타나는 장기적인 변동이다. 한 제품에 대한 고객들의 평균수요량은 일정하거나 또는 장기적으로 성장이나 후퇴의 경향을 보일 수 있다. 이러한 추세변동은 인구의 증가, 소비성향의 변화, 소득수준의 변화 등에 의해 발생된다. 추세변동은 선형 또는 2차함수, 지수함수 등의 비선형으로 모형화된다.

계절변동은 계절적 요인으로 인하여 예측치가 추세치와 달라지는 변동으로서 매년 일정한 형태로 변동의 모습이 나타난다. 이러한 계절변동은 기후, 휴가철, 명절 등에 따라 발생한다. 순환변동은 경기순환(business cycle)의 영향을 받아 생기는 변동으로서 경제적, 정치적, 사회적, 기술적인 요인 등에 의해 복합적으로 발생하므로 예측하기는 쉽지 않다.

우연변동은 앞에서 언급된 추세변동, 계절변동, 순환변동이외의 예측하기 힘든 변동들을 의미한다. 예를 들어 한 유명 제과점에서 판매되는 제과들의 판매량에 대해 추세나 계절적, 경기순환적 변동을 정확하게 예측했을 지라도 실제 판매실적과는 차이가 나게 마련이다. 이것은 그날 그날에 따라 즉흥적으로 사가는 소수 고객들의 판매량(우연변동)이 항상 발생하기 때문이다.

그러면, 예측을 할 때 이 네 가지의 변동요소들을 어떻게 결합할 것인가? 가법모형(additive model)에서는 한 시점에서의 시계열 자료 값 y가 네 가지 변동요소들의 합으로 발생한다고 본다.

$$y = T + S + C + R$$

여기서 T는 추세변동 효과, S는 계절변동 효과, C는 순환변동 효과, R은 우연변동의 영향을 뜻한다. 승법모형(multiplicative model)에서는 한 시점에서의 시계열 자료값 y는 네 가지 변동요소들이 다음과 같이 서로 곱해져서 발생하는 것으로 본다.

$$y = T * S * C * R$$

가법모형과 승법모형은 계절변동 및 순환변동이 추세에 어떻게 영향을 미치는 가에 따라 달리 적용된다. 즉, 시간이 진행됨에 따라 계절변동 및 순환변동의 절대적 크기가 일정할 경우에는 가법모형이 적절하며, 절대적 변동 크기가 점점 커질 경우에는 승법모형이 적절하다.

예측모형의 정확성을 판단하기 위해서 예측오차를 사용한다. 예측오차 e는 실제 관측치와 예측치와의 편차를 의미한다. 한 기간 선행예측의 경우를 고려하자. 예측오차 e_t는

$$e_t = y_t - f_t$$

로 표현된다. 여기서 f_t는 기간 $t-1$에서 기간 t에 대해 계산한 예측치이고 y_t는 기간 t에 가서 실제 발생한 관측치이다. 예를 들어 9월에서 10월 판매량을 예측한 결과 72가 계산되었고 실제 10월에 가서 판매량이 76이 발생하면 예측오차는 76 − 72 = 4가 된다. 예측치는 실제 관측치보다 4만큼 적은 오차가 발생하였다.

예측모형을 과거 관측한 자료들에 적용했을 때 잘 맞아 들어가면 이 모형을 사용하여 예측한 미래 예측치도 정확하리라 기대할 수 있다. 따라서 과거 여러 기간들에 대해 계산한 예측오차들을 통해서 예측모형의 정확도를 판단한다. 예측오차로는 평균절대오차(MAE : Mean Absolute Error), 평균제곱오차(MSE : Mean Square Error), 평균제곱오차의 제곱근(RMSE : Root Mean Square Error), 평균절대백분율오차(MAPE : Mean Absolute Percentage Error), 최대절대오차(LAE : Largest Absolute Error) 등이 있다. 이들 측정치 중에서 어느 한 측정치를 작게 하는 모형은 다른 측정치들도 함께 작게 하는 경향이 있으므로, 어느 한 측정치만을 기준으로 사용할 수 있다. 예측에 사용한 자료의 수를 N이라 하자. 각 오차를 계산하는 수식은 아래와 같다.

$$MAE = (\Sigma_{t=1}^{N} | e_t |)/N$$

$$MSE = (\Sigma_{t=1}^{N} | e_t^2 |)/N$$

$$RMSE = \sqrt{(\Sigma_{t=1}^{N} |e_t^2|)/N}$$

$$MAPE = 100\% \times (\Sigma_{t=1}^{N} |e_t / y_t|)/N$$

$$LAE = \max_t |e_t|$$

14.3 이동평균법

이동평균법(moving average method)은 단순하면서도 많이 사용되는 예측모형의 하나이다. 이동평균법은 시계열 자료에 존재하는 확률적 변동이 서로 상쇄되도록 일정기간의 자료를 평균하여 평균값을 구하고, 이 평균값을 바로 다음 기간의 예측치로 사용한다. 이동평균법을 사용하여 예측하기 위해서는 먼저 평균 산출에 적용될 기간의 수를 정해야 한다. 자료가 월별 자료이고 평균 산출에 6개월의 기간을 정하면, 다음 달의 예측치는 최근 6개월 자료들의 평균값으로 계산된다. 즉, 1월부터 6월까지 6개 관측치들의 평균값이 7월분 예측치가 되며, 2월부터 7월까지의 평균값이 8월분 예측치가 된다. 이러한 방법으로 예측치가 계산되므로 이동평균법이라 부른다.

이동평균법은 아래의 식 (14.3.1)에 의해 예측계산을 한다.

$$f_{t+1} = (y_t + y_{t-1} + \ldots + y_{t-k+1})/l \qquad (14.3.1)$$

단, 여기서 l**는 산출기간**이다.

평균 산출에 사용되는 기간의 수(즉, l)가 크면 많은 관측치가 예측에 사용되므로 자료들중 상대적으로 큰 관측치나 작은 관측치가 예측에 큰 영향을 미치지 않는다. 반면에 기간의 수가 3개월 정도로 작으면 상대적으로 큰 관측치나 작은 관측치의 영향력이 커지므로 예측결과들은 좀 더 날카로운 변화 형태를 보인다.

그러면 적절한 산출기간의 수는 얼마로 설정할 것인가? 한 방법은 여러 산출기간을 적용하여 예측치들을 구한 다음 해당하는 예측오차를 산출해서 최소의 예측오차 값을 갖는 산출기간을 선택하는 것이다.

예제 14.1 **삼성전자 주가의 예측**

다음은 2009년 8월부터 2011년 7월까지의 매월 초 삼성전자의 주가를 보여주는 자료이다. 이동평균법을 적용하여 2011년 8월부터 10월까지 최근 3개월의 예측치를 구하고자 한다. 산출기간을 3개월로 적용하여 예측치를 구하고, 이때의 평균절대오차(MAE), 평균제곱오차 제곱근(RMSE), 평균절대백분율오차(MAPE)를 산출하시오.

표 14.1 삼성전자 주가표 (단위: 천원)

년 월	주가	년 월	주가	년 월	주가
2009년 8월	715	2010년 4월	845	12월	820
9월	799	5월	829	2011년 1월	958
10월	792	6월	768	2월	983
11월	718	7월	766	3월	918
12월	737	8월	810	4월	940
2010년 1월	809	9월	752	5월	932
2월	777	10월	777	6월	911
3월	770	11월	747	7월	855

모형화 가이드

1. 이동평균법을 적용하여 예측할 경우 예측치들은 전적으로 산출기간에 따라 달리 구해진다. 먼저 표 14.1의 자료를 스프레드시트로 정리하고 분산형 차트로 도시해 보면 아래 그림 14.1과 같다.

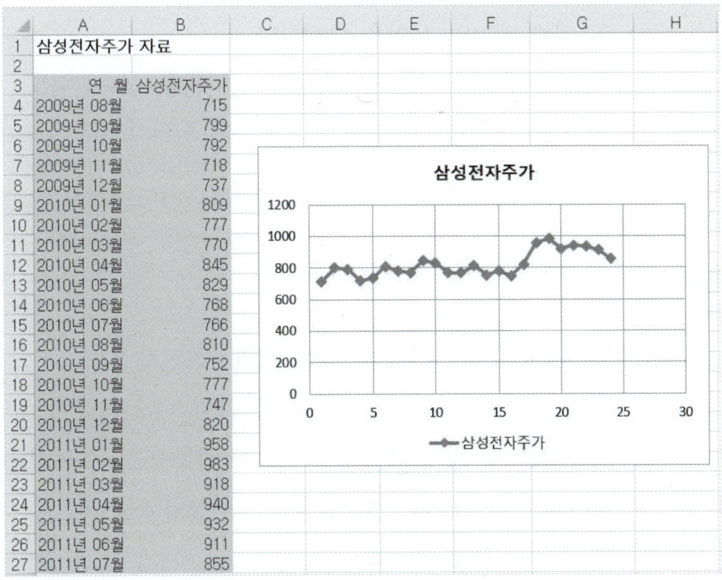

그림 14.1 삼성전자 주가의 24개월 자료 및 차트

2. 적정한 산출기간은 평균절대오차를 최소화시키는 기간으로 선택한다. 현 예제에서는 산출기간을 3으로 적용한다.

3. 표에 있는 처음 3개월의 자료를 사용하여 2011년 11, 12월, 2012년 1월에 대한 이동평균 f_4, f_5, f_6를 계산하면 다음과 같다.

$$f_4 = (715+799+792)/3 = 768.7$$

$$f_5 = (799+792+718)/3 = 769.7$$

$$f_6 = (792+718+737)/3 = 749.0$$

4. **평균절대오차(MAE)계산**

2009년 11월부터 2011년 1월까지의 이동평균예측은 $f_4 = 768.7$, $f_5 = 769.7$, $f_6 = 749.0$이다. 이들에 대한 MAE를 계산하면 다음과 같다. 먼저 예측오차를 구하면 $e_4 = y_4 - f_4 = 718 - 768.7 = -50.7$, $e_5 = 737 - 769.7 = -32.7$, $e_6 = 809 - 749.0 = 60$이다. 따라서 $\text{MAE} = (|e_4| + |e_5| + |e_6|)/3 = (50.7 + 32.7 + 60)/3 = 47.8$이다. 이것은 산출기간을 3개월로 잡은 이동평균법의 예측치가 평균적으로 관측치보다 47.8(천원)만큼 적음을 의미한다.

5. **분산형 차트**

참고로 그림 14.1에 있는 분산형 차트를 작성하는 과정은 아래와 같다.

1. 셀영역 A4:B27을 선택한다.
2. 엑셀 메뉴인 삽입을 클릭한다.
3. 분산형>직선 및 표식이 있는 분산형을 선택한다.
4. 기본 차트가 작성되면 차트도구에 있는 디자인, 레이아웃, 서식 등을 활용하여 모양을 원하는 대로 변경한다.

스프레드시트 모형화 아래의 그림 14.2를 참조한다.

1. **입력자료** A4:A27(연월), B4:B27(삼성전자주가)

표에 제시된 연월 및 주가자료를 그림 14.2와 같이 셀영역 A4:B27에 입력한다.

2. **이동평균 및 미래 예측치** C7:C27(이동평균), C28:C30(미래 예측치)

셀 C7에 아래의 수식을 입력하여 이동평균을 계산하고 셀 C27까지 복사한다.

```
C7  =AVERAGE(B4:B6),  C8:C27에 복사
```

셀영역 C28:C30에 각각 다음의 수식을 입력하여 예측치를 계산한다.

```
C28  =AVERAGE(B25,B26,B27)
C29  =AVERAGE(B26,B27,C28)
C30  =AVERAGE(B27,C28,C29)
```

3. **예측오차** D7:D27

주가 B7과 예측치 C7과의 오차를 D7에 계산한다. 셀 D7에 아래의 수식을 입력하고 D27까지 복사한다.

```
D7  =B7-C7,  D8:D27에 복사
```

4. **절대오차 및 평균절대오차(MAE)** E7:E27(절대오차), E28(MAE)

```
E7  =ABS(D7),  E8:E27에 복사
E28  =AVERAGE(E7:E27)
```

5. **제곱오차 및 평균제곱오차, 평균제곱오차 제곱근** F7:F27(제곱오차), F28(MSE), F29(RMSE)

```
F7  =D7*D7,  F8:F27에 복사
F28  =AVERAGE(F7:F27)
F29  =SQRT(F28)
```

6. **절대백분율오차 및 평균절대백분율오차(MAPE)** G7:G27(절대백분율오차), G28(MAPE)

```
G7  =E7/B7,  G8:G27에 복사
G28  =AVERAGE(G7:G27)
```

G7:G27의 수치를 %(백분율)로 표현하기 위해 셀서식의 표시형식에서 백분율을 선택한다.

모형화 과정에서 관측치는 B27까지 있으므로 이동평균 계산은 C7:C27까지 한다. 그러나 최근 3개월, 즉 2011년 8월, 9월, 10월에 대한 예측계산은 앞의 이동평균 계산식과 달라지므로 셀 C28:C30에는 위 스프레드시트 모형화에서 제시한 바와 같이 적절한 계산식을 입력한다. 예측치는 각각 899.3, 888.4, 880.9이다.

	A	B	C	D	E	F	G
1	삼성전자주가의 3개월 이동평균 예측(산출기간=3)						
2							
3	연 월	삼성전자주가	예측치	예측오차	절대오차	제곱오차	절대백분율오차
4	2009년 08월	715					
5	2009년 09월	799					
6	2009년 10월	792					
7	2009년 11월	718	768.7	-50.7	50.67	2,567.11	6.59%
8	2009년 12월	737	769.7	-32.7	32.67	1,067.11	4.24%
9	2010년 01월	809	749.0	60.0	60.00	3,600.00	8.01%
10	2010년 02월	777	754.7	22.3	22.33	498.78	2.96%
11	2010년 03월	770	774.3	-4.3	4.33	18.78	0.56%
12	2010년 04월	845	785.3	59.7	59.67	3,560.11	7.60%
13	2010년 05월	829	797.3	31.7	31.67	1,002.78	3.97%
14	2010년 06월	768	814.7	-46.7	46.67	2,177.78	5.73%
15	2010년 07월	766	814.0	-48.0	48.00	2,304.00	5.90%
16	2010년 08월	810	787.7	22.3	22.33	498.78	2.84%
17	2010년 09월	752	781.3	-29.3	29.33	860.44	3.75%
18	2010년 10월	777	776.0	1.0	1.00	1.00	0.13%
19	2010년 11월	747	779.7	-32.7	32.67	1,067.11	4.19%
20	2010년 12월	820	758.7	61.3	61.33	3,761.78	8.08%
21	2011년 01월	958	781.3	176.7	176.67	31,211.11	22.61%
22	2011년 02월	983	841.7	141.3	141.33	19,975.11	16.79%
23	2011년 03월	918	920.3	-2.3	2.33	5.44	0.25%
24	2011년 04월	940	953.0	-13.0	13.00	169.00	1.36%
25	2011년 05월	932	947.0	-15.0	15.00	225.00	1.58%
26	2011년 06월	911	930.0	-19.0	19.00	361.00	2.04%
27	2011년 07월	855	927.7	-72.7	72.67	5,280.44	7.83%
28	2011년 08 월		899.3	평균	44.89	3,819.7	5.57%
29	2011년 09 월		888.4	제곱근		61.8	
30	2011년 10 월		880.9		MAE	RMSE	MAPE

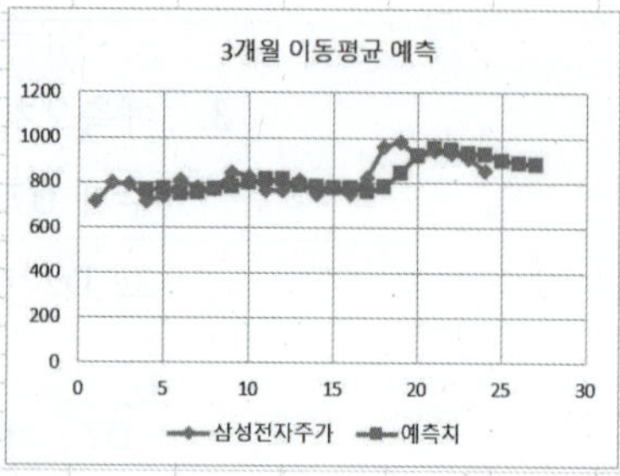

그림 14.2 삼성전자 주가의 3개월 이동평균 예측

체크포인트

가중이동평균 예측법

1. 가중이동평균법

이동평균 예측법의 단점으로 볼 수 있는 것은 이동평균을 계산하는데 과거의 자료 모두에 동등한 가중치를 준다는 것이다. 가중치를 달리 함으로써 좀 더 오차를 줄일 수 있다. 각 자료에 적합한 최적의 가중치는 해찾기를 적용함으로써 찾을 수 있다. 최소화할 목표셀로는 보통 계산의 편의상 평균제곱오차(MSE)나 제곱근평균제곱오차(RMSE)를 적용한다. 목적함수가 비선형이므로, 해법으로는 비선형 GRG를 선택한다.

다음 그림 14.3은 3개월 가중이동평균법으로 예측한 결과이다. 3개월 가중이동평균법으로 예측했을 때의 오차 RMSE는 51.98로 앞의 그림 14.2에서 얻어진 3개월 이동평균 예측오차 RMSE의 값 61.8보다 적음을 알 수 있다.

2. 평균제곱오차(MSE)의 간편 계산 : SUMXMY2()

MSE(평균제곱오차)만을 시계열 자료로부터 직접 계산할 경우에는 셀 E9의 식과 같이 간편하게 구한다.

E9 =SUMXMY2($B$7:$B$27,C7:C27)/COUNT(C7:C27), 평균제곱오차(MSE)
E10 =SQRT(E9), 평균제곱오차 제곱근(RMSE)
C7 =SUMPRODUCT($E$4:$E$6,B4:B6), C8에서 C28까지 복사,

C29 =E4*B26+E5*B27+E6*C28

C30 =E4*B27+E5*C28+E6*C29

	A	B	C	D	E
1	삼성전자주가의 3개월 가중이동평균 예측(해찾기 적용)				
2					
3	연 월	삼성전자주가	예측치		가중치
4	2009년 08월	715		w1	0.20
5	2009년 09월	799		w2	0.00
6	2009년 10월	792		w3	0.80
7	2009년 11월	718	776.42	합	1.00
8	2009년 12월	737	734.39		
9	2010년 01월	809	748.13	MSE	2701.91
10	2010년 02월	777	790.59	RMSE	51.98
11	2010년 03월	770	768.91		
12	2010년 04월	845	777.89		
13	2010년 05월	829	831.24		
14	2010년 06월	768	817.06		
15	2010년 07월	766	783.58		
16	2010년 08월	810	778.75		
17	2010년 09월	752	801.50		
18	2010년 10월	777	754.83		
19	2010년 11월	747	783.68		
20	2010년 12월	820	748.01		
21	2011년 01월	958	811.30		
22	2011년 02월	983	915.31		
23	2011년 03월	918	950.02		
24	2011년 04월	940	926.09		
25	2011년 05월	932	948.70		
26	2011년 06월	911	929.17		
27	2011년 07월	855	916.87		
28	2011년 08월		870.58		
29	2011년 09월		878.76		
30	2011년 10월		873.95		

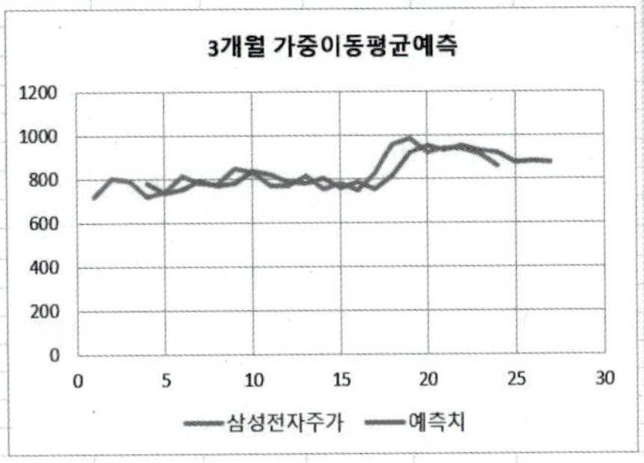

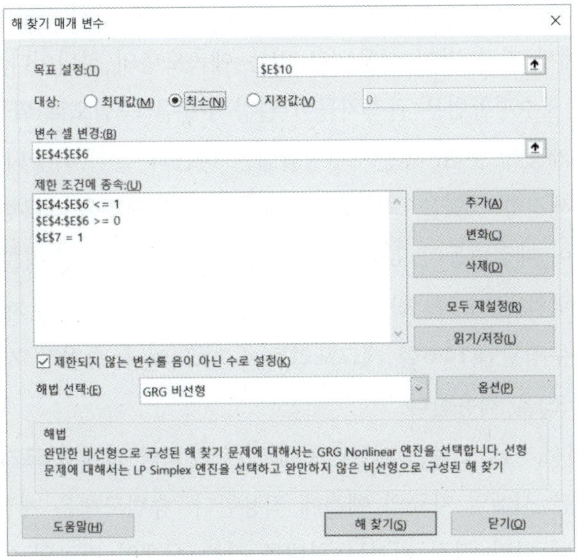

그림 14.3 가중이동평균예측 및 해찾기

14.4 단순지수평활법

이동평균법에서는 산출기간의 모든 자료들에 동일한 가중치를 적용해서 평균값을 산출하였다. 산출기간안의 자료들은 오래된 자료든 최근의 자료든 모두 동일한 비중을 갖는다. 그러나 최근의 자료는 과거의 자료에 비해서 더 정확한 정보를 가지므로 최근자료에 더 큰 가중치를 부여하는 것이 바람직할 수 있다. 가중이동평균법에서는 산출기간안의 자료들에 적절한 가중치를 부여하여 예측 계산을 개선하였으나, 산출기간에 포함 안 된 이전의 모든 자료들을 전적으로 고려하지 않았다.

단순지수평활법(simple exponential smoothing)은 산출기간에 관계없이 모든 자료들을 활용하여 예측을 하면서 최근 자료일수록 큰 가중치를 부여하고 과거로 멀어짐에 따라 지수적으로 작아지는 가중치를 부여함으로써 예측계산을 한다.(식 14.4.5 참조) 따라서 지수평활 예측치는 특히 최근의 변화에 민감하게 반응을 한다.

단순지수평활법은 모든 자료들을 예측에 반영하고 있으면서도 예측시 지수평활 상수를 활용해서 매우 간단하게 계산한다는 장점이 있다. 즉, 예측 계산시 필요한 자료는 (1) 현 관측치 y_t, (2) 바로 전 기간에서 현 관측치에 대해 예측한 예측치 L_{t-1}의 두 자료뿐이다. 따라서 지수평활법은 계산이 간단하고 기억해야 할 자료의 수가 적으므로 기업체에서 가장 많이 사용되고 있는 예측모형의 하나이다.

단순지수평활법은 관측치들이 일정 수준을 중심으로 확률적 변동을 할 때 좋은 예측치를 제공해 준다. 단순지수평활법은 다음과 같이 확장되어 적용된다. (1) 관측자료들에 추세경향이 있을 경우에는 Holt의 지수평활법을 적용한다.(14.5절 참조) (2) 추세와 더불어 계절변동이 있을 때는 Winters의 가법적 지수평활법(14.6절 참조)이나, 승법적 지수평활법(14.7절 참조)을 적용한다. (3) 추세가 없이 계절 변동만이 있을 때는 가법적 지수평활법(14.6절 체크포인트 4 참조)이나 승법적 지수평활법(14.7절 체크포인트 4 참조)을 적용한다.

여기서, 가법모형은 계절변동에 따른 자료의 절대적 크기가 시간의 흐름에 따라 변함이 적은 시계열 자료의 예측에 적용한다. 승법모형은 계절변동에 따른 크기가 시간의 흐름에 따라 점점 커지는 형태를 갖는 시계열 자료의 예측에 적용한다.

단순지수평활법은 아래의 두 식 (14.4.1) 및 (14.4.2)에 의해 예측계산을 한다.

$$L_t = \alpha y_t + (1-\alpha)L_{t-1} \tag{14.4.1}$$

$$f_{t+k} = L_t,\ k \geq 1 \tag{14.4.2}$$

단, $L_1 = \alpha y_1 + (1-\alpha)y_1 = y_1$이다.

여기서 가중치 α를 수준 평활상수라 부른다. (α는 $0 \le \alpha \le 1$이다.)

식 (14.4.1)에서 수준치 L_t는 기간 t에서의 관측치 y_t와 바로 전 기간의 수준치인 L_{t-1}에 가중치 α와 $1-\alpha$를 적용하여 가중평균을 계산한 값으로서, 기간 $t+1$에 대한 예측치를 의미한다. 식 (14.4.2)에서 미래 예측치 f_{t+k}는 기간 t를 기준으로 미래의 시점 k에 대해 예측한 값을 의미한다.($k \ge 1$)

예측할 때 발생한 예측오차 e_t는 다음 식과 같이 주어진다.

$$e_t = y_t - f_t \tag{14.4.3}$$

체크포인트

1. 위의 식 (14.4.3)으로부터 $e_t = y_t - f_t = y_t - L_{t-1}$이므로 $y_t = L_{t-1} + e_t$이다. 식 (14.4.1)에서 y_t 대신에 $L_{t-1} + e_t$를 대입하면 다음의 식이 구해진다.

$$L_t = L_{t-1} + \alpha e_t \tag{14.4.4}$$

   이 식으로부터 현 수준치 L_t는 바로 전 수준치 L_{t-1}에 예측오차 e_t의 α배 만큼을 조정한 값으로 구해짐을 알 수 있다.

2. 실제 관측치 y_t보다 예측치 f_t가 너무 높으면 예측오차 $e_t (= y_t - f_t)$는 음수가 될 것이며, 따라서 식 (14.4.4)로부터 다음 기간에 대한 수준치 L_t는 낮아질 것을 알 수 있다. 또는 예측치가 너무 낮으면 예측오차는 양수가 될 것이며 따라서 다음 기간의 수준치 L_t는 높아 질 것이다. 여기서 조정된 양 αe_t은 예측오차에 평활상수 α배 만큼을 곱한 값이다. 그러므로 α가 1에 가까운 큰 값이면 조정되는 값은 커진다. 따라서 시계열의 급격한 변화를 추적하려면 큰 값의 평활상수 값을 사용한다.

3. 식 (14.4.1)에서 t가 $t-1$이면 $L_{t-1} = \alpha y_{t-1} + (1-\alpha)L_{t-2}$가 성립한다. 따라서 식 (14.4.1)은 아래와 같이 변환된다.

$$\begin{aligned} L_t &= \alpha y_t + (1-\alpha)L_{t-1} \\ &= \alpha y_t + (1-\alpha)[\alpha y_{t-1} + (1-\alpha)L_{t-2}] \\ &= \alpha y_t + \alpha(1-\alpha)y_{t-1} + (1-\alpha)^2 L_{t-2} \end{aligned}$$

   또한 식 (14.4.1)에서 t가 $t-2$이면 $L_{t-2} = \alpha y_{t-2} + (1-\alpha)L_{t-3}$이므로 L_t는 아래와 같다.

$$L_t = \alpha y_t + \alpha(1-\alpha)y_{t-1} + \alpha(1-\alpha)^2 y_{t-2} + (1-\alpha)^3 L_{t-3}$$

이 과정을 반복하면 결국 L_t 는 다음과 같이 변환된다.

$$L_t = \alpha y_t + \alpha(1-\alpha)y_{t-1} + \alpha(1-\alpha)^2 y_{t-2} + \alpha(1-\alpha)^3 y_{t-3} + \ldots.. \quad (14.4.5)$$

위 식 (14.4.5)에서 합은 기간 $t=1$ 에 이르기까지 계산된다. 이 식으로부터 예측치 L_t는 과거 모든 시계열 자료들의 지수적 가중 평균치로 계산됨을 알 수 있다. 여기서 각 시계열 자료들의 가중치는 α, $\alpha(1-\alpha)$, $\alpha(1-\alpha)^2$...이다. 평활상수 α 값이 1에 가까운 큰 수일 경우, $1-\alpha$는 0에 가까운 수가 된다. 따라서, 가중치 $(1-\alpha)^t$은 과거로 갈수록 지수적으로 매우 작아지기 때문에 상대적으로 최근의 관측치들이 예측에 더 큰 영향을 미친다. 평활상수 α가 작은 값이면 예측치는 거의 이동평균값과 같은 결과를 보여준다.

4. 평활상수의 크기는 얼마로 할 것인가?

일반적으로 정해진 수치는 없으나 대개 0.1과 0.2사이의 값을 사용한다. 또는 여러 평활상수치를 적용해보고 해당하는 평균절대오차(MAE)를 구하여 MAE가 가장 작은 평활상수값을 사용할 수도 있다.

예제 14.2 **SK전자의 TV판매량 예측**

SK전자는 최근 2년간의 월별 TV판매량을 조사한 결과 다음의 표와 같은 자료를 얻었다. 월번호 25의 판매량을 예측하기 위하여 단순지수평활법을 사용하고자 한다. 먼저 평활상수의 값으로 α=0.1의 값을 적용하고 MAE, RMSE, MAPE를 구하라. $0.05 \le \alpha \le 0.3$에서 α값을 0.05씩 증가시켜 가면서 엑셀의 데이터>가상분석>데이터 표 기능을 활용하여 해당 MAE를 구하시오. 적정한 평활상수의 값은 무엇인가?

표 14.2 SK전자의 TV판매량

월번호	판매량	월번호	판매량	월번호	판매량	월번호	판매량
1	68	7	65	13	62	19	62
2	66	8	60	14	70	20	62
3	60	9	64	15	66	21	60
4	64	10	70	16	68	22	69
5	67	11	62	17	64	23	64
6	60	12	66	18	60	24	65

모형화 가이드

1. 처음의 6개월 자료를 사용하여 단순지수평활법의 적용 예를 보인다. 평활상수로는 $\alpha = 0.1$을 적용하고, 첫 수준 L_1 으로는 첫째달의 판매량 68을 사용한다. 결과는 아래의 표 14.3에서 보는 바와 같다.

$$f_2 = L_1 = y_1 = 68$$
$$L_2 = 0.1y_2 + 0.9L_1 = 0.1(66) + 0.9(68) = 67.8$$
$$e_2 = y_2 - f_2 = 66 - 68 = -2$$
$$f_3 = L_2 = 67.8$$
$$L_3 = 0.1y_3 + 0.9L_2 = 0.1(60) + 0.9(67.8) = 67.02$$
$$e_3 = y_3 - f_3 = 60 - 67.8 = -7.8$$

2월부터 6월까지의 예측치들에 대한 MAE는 다음과 같이 계산된다.

$$\text{MAE} = (|-2| + |-7.8| + |-3.02| + |0.28| + |-6.75|)/5 = 3.97$$

표 14.3 SK전자의 단순 지수평활모형 적용 예

월번호(t)	y_t	L_t	f_t	e_t
1	68	68	–	–
2	66	67.8	68	−2
3	60	67.02	67.8	−7.8
4	64	66.72	67.02	−3.02
5	67	66.75	66.72	0.28
6	60	66.07	66.75	−6.75

2. **적정 평활상수의 값**
   - 여러 평활상수의 값으로 MAE를 계산해서 가장 적은 MAE값을 갖는 평활상수의 값을 선택한다.
   - 엑셀의 해찾기를 적용하여 최적 평활상수의 값을 찾는다.(뒤에 제시된 체크포인트 참조.)

스프레드시트 모형화 다음 그림 14.4를 참조한다.

1. **자료입력 및 평활상수** A4:B27(월번호, 판매량), B31(평활상수)
   그림 14.4와 같이 월별 판매량 자료를 A4:B27에, 평활상수 0.1을 B31에 입력한다.
2. **수준치** C4:C27
   첫 달의 수준치는 그 달의 판매량이므로 셀 C4에는 B4의 값을 입력한다. 이외의

달의 수준치는 그 달의 판매량(B5)에 평활상수($B$31)를 곱한 값과 전 달의 수준치(C4)에 (1-$B$31)를 곱한 값과의 합으로 계산된다.

```
C4 =B4
C5 =$B$31*B5+(1−$B$31)*C4,  C6:C27에 복사
```

3. 예측치 D5:D28

예측치는 전달의 수준치이므로 셀 D5에 아래의 수식을 입력하고 D28까지 복사한다.

```
D5 =C4,             D6:D28에 복사
```

4. 예측오차 E5:E27(예측오차)

셀 E5에 아래의 수식을 입력하고 E27까지 복사한다.

```
E5 =B5−D5,          E6:E27에 복사
```

5. 절대오차 및 평균절대오차(MAE) F5:F27(절대오차), F28(MAE)

셀 F5에 아래의 수식을 입력하고 F27까지 복사한다. MAE는 절대오차 F5:F27의 평균이므로 아래의 수식으로 계산한다.

```
F5 =ABS(E5),        F6:F27에 복사
F28 =AVERAGE(F5:F27)
```

6. 제곱오차 및 평균제곱오차(MSE), 평균제곱오차 제곱근(RMSE) G5:G27(제곱오차), G28(MSE), G29(RMSE)

```
G5 =E5*E5,          G6:G27에 복사
G28 =AVERAGE(G5:G27)
G29 =SQRT(G28)
```

7. 절대백분율오차 및 평균절대백분율오차(MAPE) H5:H27(백분율오차), H28(MAPE)

```
H5 =F5/D5,          H6:H27에 복사
H28 =AVERAGE(H5:H27)
```

셀영역 H5:H28까지의 셀서식에서 표시형식의 백분율로 설정하여 %로 나타낸다.

8. **가상분석>데이터 표**

분석하려는 평활상수의 값을 0.05부터 0.3까지 0.05의 간격으로 C35:H35에 입력한다. 다음으로 B36에 MAE를 계산하는 셀 F28의 수식을 입력한다.

```
B36   =F28
```

먼저 B35:H36을 블록으로 지정한 후 엑셀 메뉴의 데이터>가상분석>데이터 표를 클릭한다. 표상자가 나오면 행입력 셀에는 B31을 입력하고 열입력 셀은 빈칸으로 한 후 확인을 누른다.

	A	B	C	D	E	F	G	H
1	SK전자의 단순지수평활 예측							
2								
3	월번호	판매량	수준치(Lt)	예측치	예측오차	절대오차	제곱오차	백분율오차
4	1	68	68.00					
5	2	66	67.80	68.00	-2.00	2.00	4.00	2.94%
6	3	60	67.02	67.80	-7.80	7.80	60.84	11.50%
7	4	64	66.72	67.02	-3.02	3.02	9.12	4.51%
8	5	67	66.75	66.72	0.28	0.28	0.08	0.42%
9	6	60	66.07	66.75	-6.75	6.75	45.51	10.11%
10	7	65	65.96	66.07	-1.07	1.07	1.15	1.62%
11	8	60	65.37	65.96	-5.96	5.96	35.57	9.04%
12	9	64	65.23	65.37	-1.37	1.37	1.87	2.09%
13	10	70	65.71	65.23	4.77	4.77	22.74	7.31%
14	11	62	65.34	65.71	-3.71	3.71	13.75	5.64%
15	12	66	65.40	65.34	0.66	0.66	0.44	1.01%
16	13	62	65.06	65.40	-3.40	3.40	11.58	5.20%
17	14	70	65.56	65.06	4.94	4.94	24.37	7.59%
18	15	66	65.60	65.56	0.44	0.44	0.20	0.68%
19	16	68	65.84	65.60	2.40	2.40	5.75	3.66%
20	17	64	65.66	65.84	-1.84	1.84	3.39	2.80%
21	18	60	65.09	65.66	-5.66	5.66	32.00	8.62%
22	19	62	64.78	65.09	-3.09	3.09	9.56	4.75%
23	20	62	64.50	64.78	-2.78	2.78	7.74	4.29%
24	21	60	64.05	64.50	-4.50	4.50	20.29	6.98%
25	22	69	64.55	64.05	4.95	4.95	24.47	7.72%
26	23	64	64.49	64.55	-0.55	0.55	0.30	0.85%
27	24	65	64.54	64.49	0.51	0.51	0.26	0.79%
28	25			64.54	평균	3.15	14.56	4.79%
29					제곱근		3.82	
30						MAE	RMSE	MAPE
31	평활상수	0.10						
32								
33	평활상수값의 변화에 따른 데이터/표 분석							
34								
35	평활상수		0.05	0.10	0.15	0.20	0.25	0.30
36	MAE	3.15	3.41	3.15	3.05	3.02	3.04	3.05

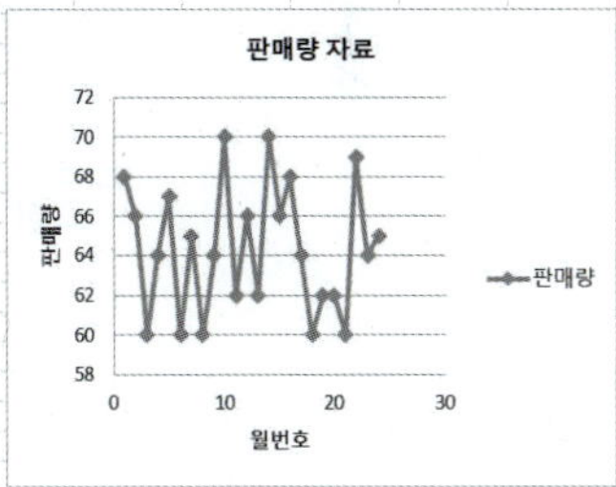

그림 14.4 SK전자의 단순지수평활 예측

체크포인트

최적평활상수

1. 월번호 25의 예측치는 64.54(셀 D28)이다.
2. 행 35, 36의 데이터 표 분석에서 평활상수가 0.20일 때 MAE값은 가장 작아진다.
3. 그림 14.4에서 계산된 예측치들의 평균백분율 오차는 4.79%내에 있다.(MAPE)
4. **최적평활상수** (스프레드시트 14.6 참조)

엑셀의 해찾기를 적용하여 최적 평활상수를 찾는다. 그림 14.5의 해찾기 모델 설정에서 목표셀로는 RMSE(셀G29)를 최소화하며, 변경셀로는 평활상수(셀 B31), 제한식으로는 평활상수<=1, 평활상수>=0을 설정한다. 단, 목적함수가 비선형이므로 옵션에서 선형가정에는 체크하지 않는다.

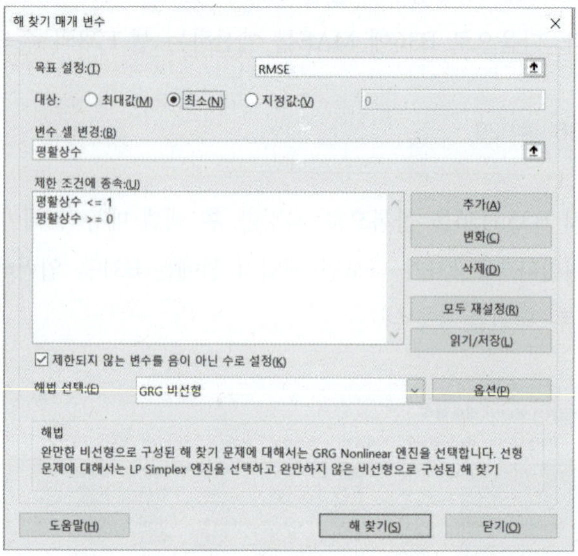

그림 14.5 SK전자의 최적평활상수 해찾기 매개변수

다음의 스프레드시트에서 보는 바와 같이 최적 평활상수값은 0.197이고 이 때의 월번호 25의 예측치는 64.26이다.

	A	B	C	D	E	F	G	H
1	SK전자의 단순지수평활 예측 : 해찾기활용 최적평활상수 적용							
2								
3	월	판매량	수준치(Lt)	예측치	예측오차	절대오차	제곱오차	백분율오차
4	1	68	68.00					
5	2	66	67.61	68.00	-2.00	2.00	4.00	2.94%
6	3	60	66.11	67.61	-7.61	7.61	57.86	11.25%
7	4	64	65.70	66.11	-2.11	2.11	4.46	3.19%
8	5	67	65.95	65.70	1.30	1.30	1.70	1.99%
9	6	60	64.78	65.95	-5.95	5.95	35.43	9.03%
10	7	65	64.82	64.78	0.22	0.22	0.05	0.34%
11	8	60	63.88	64.82	-4.82	4.82	23.28	7.44%
12	9	64	63.90	63.88	0.12	0.12	0.02	0.19%
13	10	70	65.10	63.90	6.10	6.10	37.21	9.55%
14	11	62	64.49	65.10	-3.10	3.10	9.61	4.76%
15	12	66	64.79	64.49	1.51	1.51	2.28	2.34%
16	13	62	64.24	64.79	-2.79	2.79	7.77	4.30%
17	14	70	65.37	64.24	5.76	5.76	33.19	8.97%
18	15	66	65.50	65.37	0.63	0.63	0.39	0.96%
19	16	68	65.99	65.50	2.50	2.50	6.27	3.82%
20	17	64	65.60	65.99	-1.99	1.99	3.95	3.01%
21	18	60	64.50	65.60	-5.60	5.60	31.33	8.53%
22	19	62	64.01	64.50	-2.50	2.50	6.23	3.87%
23	20	62	63.61	64.01	-2.01	2.01	4.02	3.13%
24	21	60	62.90	63.61	-3.61	3.61	13.04	5.68%
25	22	69	64.10	62.90	6.10	6.10	37.20	9.70%
26	23	64	64.08	64.10	-0.10	0.10	0.01	0.16%
27	24	65	64.26	64.08	0.92	0.92	0.85	1.43%
28	25			64.26	평균	3.02	13.92	4.63%
29					제곱근		3.73	
30	최적					MAE	RMSE	MAPE
31	평활상수	0.197					(최소화)	
32				이름	=시트명!셀영역			
33				평활상수	=최적평활상수!$B$31			
34				RMSE	=최적평활상수!$G$29			

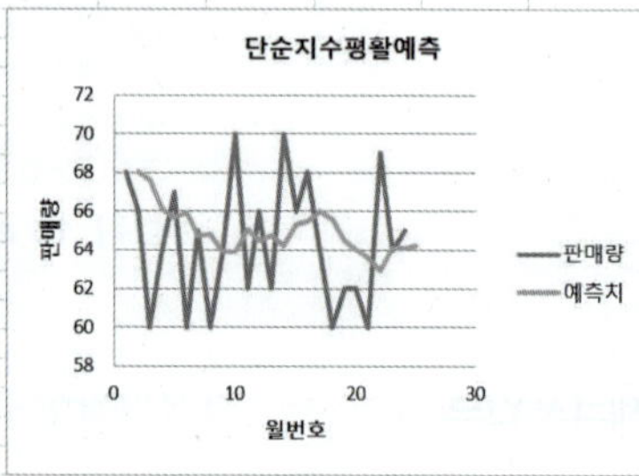

그림 14.6 SK전자의 단순지수평활 예측(최적평활상수 적용)

14.5 추세를 고려한 Holt의 지수평활법

단순지수평활 모형은 시계열 자료에 추세변화나 계절적 변동이 크지 않은 경우 적합하다. 그러나 시계열 자료에 계절적 변동은 없으면서 선형의 추세성향이 나타날 경우 Holt의 방법을 적용해서 단순지수평활 모형에 추세변동을 반영할 수 있다. 추세성향은 시계열 자료를 분산형 차트로 도시해 보면 파악할 수 있다.

추세변동을 고려한 Holt의 지수평활법 계산과정은 다음과 같다. 아래의 식 (14.5.1) 및 (14.5.2)를 사용하여 수준치 L_t와 추세치 T_t를 계산한 후, 식 (14.5.3)에 의해 미래의 예측치 f_{t+k}를 추정한다. 예를 들면, 현 기간이 t=10일 때 식 (14.5.1) 및 (14.5.2)에 의해 L_{10}=30, T_{10}=3이 구해지면 이후의 두 기간 t=11, t=12에 대한 예측치는 식 (14.5.3)에 의해 $f_{11}=30+3=33$, $f_{12}=30+2(3)=36$이다.

$$L_t = \alpha y_t + (1-\alpha)(L_{t-1} + T_{t-1}) \tag{14.5.1}$$

$$T_t = \beta(L_t - L_{t-1}) + (1-\beta) T_{t-1} \tag{14.5.2}$$

$$f_{t+k} = L_t + k T_t,\ k \geqq 1 \tag{14.5.3}$$

단, $L_1 = y_1,\ T_1 = (y_N - y_1)/N$이다. 위 식에서 α는 수준 평활상수, β는 추세 평활상수, N은 총 자료수이다. $(0 \leq \alpha \leq 1,\ 0 \leq \beta \leq 1)$

식 (14.5.1)에서 기간 t에 대한 수준 예측치 L_t는 y_t와 $(L_{t-1}+T_{t-1})$과의 가중평균(가중치는 수준평활상수 α)으로 구한다. 식 (14.5.2)에서 기간 t에 대한 추세 예측치 T_t는 $(L_t - L_{t-1})$과 T_{t-1}과의 가중평균(가중치는 추세 평활상수 β)으로 구한다. 마지막으로 식 (14.5.3)에서 미래의 기간 $t+k$ $(k \geqq 1)$에 대한 예측치 f_{t+k}는 현재까지 산출된 수준 예측치 L_t와 추세 변동분 kT_t를 합해서 예측치로 계산한다. 즉, $f_{t+1} = L_t + T_t$, $f_{t+2} = L_t + 2T_t, \ldots$ 로 예측한다.

예제 14.3 **SK전자의 DVD 판매량 예측**

SK전자에서는 최근에 VCR대신 판매량이 증가하고 있는 DVD의 미래 수요를 예측하기 위하여 최근 10개월의 판매 자료를 조사하여 아래의 표 14.4와 같이 정리하였다. SK전자에서는 DVD의 판매량에 증가 추세가 있는 것으로 판단하고 Holt의 방법을 적용하여 앞으로 2개월 간의 판매량을 예측하고자 한다.

표 14.4 SK전자의 DVD 판매량(단위: 천대)

월번호	DVD판매량	월번호	DVD판매량
1	24	6	36
2	27	7	37
3	31	8	42
4	32	9	46
5	34	10	49

모형화 가이드

1. Holt의 방법을 적용하기 위해서는 먼저 수준 평활상수 α와 추세 평활상수 β의 값을 선택해야 한다. 관측된 자료에 적정한 α와 β값을 찾기 위해서 엑셀의 데이터 표를 활용하여 두 평활상수 값들의 여러 조합에 대해 각 MAE를 구한 후, 그 중 가장 작은 MAE에 해당하는 평활상수 값으로 선택할 수 있다. 이 예에서는 먼저 $\alpha = 0.3$, $\beta = 0.1$을 적용한다. 또는 엑셀의 해찾기를 적용하여 최적의 수준 평활상수, 추세 평활상수 값을 구한다. 이때 목표셀로는 비교적 계산하기 쉬운 비선형 목적함수인 MSE나 MSE의 제곱근인 RMSE를 사용한다. (다음의 체크포인트 및 그림 14.9 참조)

스프레드시트 모형화 다음 그림 14.7을 참조한다.

1. **입력자료** A4:B13(월번호, 판매량)

   그림 14.7과 같이 셀영역 A4:B13에 월번호 및 판매량을 정리한다.

2. **수준치** C4:C13

```
C4 =B4
C5 =$B$17*B5+(1−$B$17)(C4+D4),  C6:C13에 복사
```

3. **추세치** D4:D13

```
D4 =(B13−B4)/10
D5 =$B$18*(C5−C4)+(1−$B$18)*D4,  D5:D13에 복사
```

4. **예측치** E5:E15

```
E5 =C4+D4,              E6:E14에 복사
E15 =C13+2*D13
```

5. **예측오차** F5:F13

```
F5 =B5−E5,              F6:F13에 복사
```

6. **절대오차 및 MAE** G5:G13(절대오차), G14(MAE)

```
G5 =ABS(F5),            G6:G13에 복사
G14 =AVERAGE(G5:G13)
```

7. **제곱오차 및 RMSE** H5:H13(제곱오차), H15(RMSE)

```
H5 =F5*F5,              H6:H13에 복사
H14 =AVERAGE(H5:H13)
H15 =SQRT(H14)
```

8. **절대백분율오차 및 MAPE** I5:I13(절대백분율오차), I14(MAPE)

```
I5 =G5/B5,              I6:I13에 복사
I14 =AVERAGE(I5,I13)
```

9. **가상분석>데이터 표** B22:J30

분석하려는 수준 및 추세 평활상수의 값을 각각 0.05부터 0.4까지 0.05의 간격으로 C22:J22 및 B23:B30에 입력한다. 다음으로 B22에 MAE를 계산하는 셀 G14의 수식을 입력한다.

```
B22  =G14
```

먼저 B22:J30을 블록으로 지정한 후 데이터 리본에서 가상분석>데이터 표를 클릭한다. 표상자가 나오면 열입력 셀에는 B17을 입력하고 행입력 셀은 B18을 입력한 후 확인을 누른다.

SK전자의 DVD 판매량 예측 : Holt의 지수평활모형

월번호	판매량	수준치(Lt)	추세치(Tt)	예측치	예측오차	절대오차	제곱오차	절대백분율오차
1	24	24.000	2.400					
2	27	26.580	2.418	26.400	0.600	0.600	0.360	2.222%
3	31	29.599	2.478	28.998	2.002	2.002	4.008	6.458%
4	32	32.054	2.476	32.077	−0.077	0.077	0.006	0.240%
5	34	34.371	2.460	34.529	−0.529	0.529	0.280	1.557%
6	36	36.581	2.435	36.830	−0.830	0.830	0.690	2.307%
7	37	38.411	2.374	39.016	−2.016	2.016	4.065	5.449%
8	42	41.150	2.411	40.786	1.214	1.214	1.474	2.891%
9	46	44.293	2.484	43.561	2.439	2.439	5.949	5.302%
10	48	47.144	2.521	46.777	1.223	1.223	1.496	2.548%
11				49.665	평균	1.215	2.036	3.219%
12				52.185	제곱근		1.427	
						MAE	RMSE	MAPE

평활상수	
수준(Alpha)	0.3
추세(Beta)	0.1

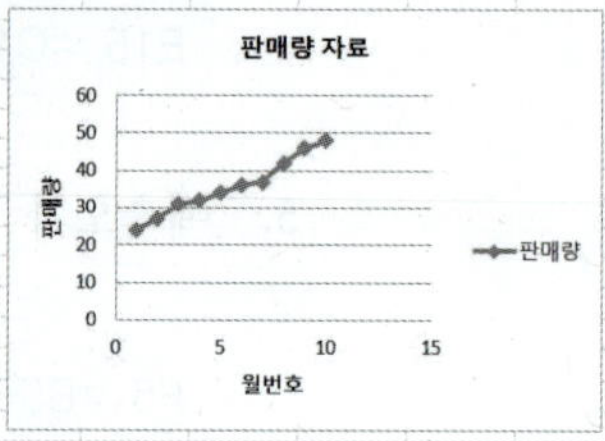

적정 평활상수 선정을 위한 데이터 표 분석

		추세평활상수(Beta)							
MAE	1.215	0.05	0.10	0.15	0.20	0.25	0.30	0.35	0.40
	0.05	1.243	1.233	1.223	1.213	1.204	1.195	1.187	1.179
	0.10	1.196	1.182	1.173	1.167	1.163	1.160	1.158	1.157
	0.15	1.187	1.181	1.178	1.176	1.177	1.179	1.183	1.189
수준평활상수	0.20	1.190	1.188	1.189	1.193	1.199	1.208	1.219	1.232
(Alpha)	0.25	1.192	1.195	1.200	1.213	1.233	1.256	1.280	1.306
	0.30	1.199	1.215	1.234	1.257	1.283	1.310	1.339	1.369
	0.35	1.221	1.241	1.265	1.292	1.320	1.351	1.382	1.413
	0.40	1.237	1.260	1.287	1.315	1.345	1.376	1.407	1.437

그림 14.7 SK전자의 DVD 판매량 예측

체크포인트

최적평활상수: 해찾기 적용

1. 위 그림 14.7에서 적정 평활상수 선정을 위한 데이터 표 분석에서 MAE를 기준으로 가장 작아지는 평활상수의 조합은 α(수준 평활상수)=0.1, β(추세 평활상수)=0.4일 때 MAE=1.157로 가장 작음을 알 수 있다. 단, $0 \le \alpha \le 0.4$, $0 \le \beta \le 0.4$이다.
2. 최적의 평활상수를 찾기 위해서 해찾기를 적용한다. 목표셀로는 RMSE인 셀 H15로 설정한다. 아래 그림 14.8과 같이 목표셀, 변경셀, 제한조건을 입력하고 옵션에는 비음의 조건을 선택한다.

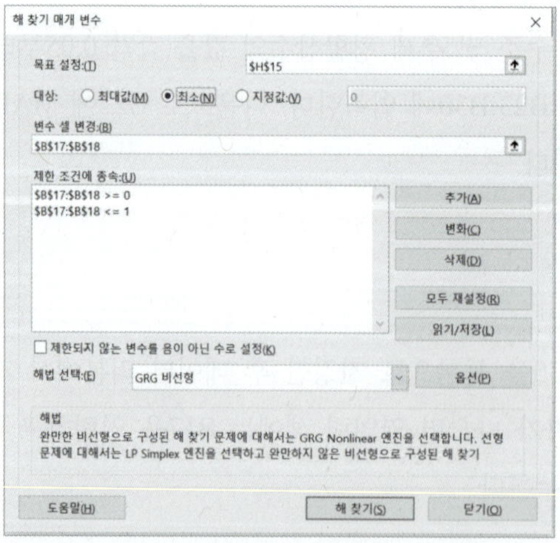

그림 14.8 해찾기 매개변수 설정_SK전자

3. 아래의 스프레드시트 그림 14.9와 같이 최적의 평활상수 값은 α=0.051, β=1.000이고 이 때의 최소 MAE는 1.129, RMSE는 1.367, MAPE는 3.035%이다. 반면에 위 그림 14.7에서 수준 평활상수 0.3, 추세평활상수 0.1을 사용한 예측은 MAE가 1.215, RMSE가 1.427이고 MAPE가 3.22%이다. 최적의 평활상수를 적용했을 때 MAPE도 상대적으로 작아짐을 알 수 있다.

	A	B	C	D	E	F	G	H	I
1	SK전자의 DVD 판매량 예측 : 최적평활상수 적용								
2									
3	월번호	판매량	수준치(Lt)	추세치(Tt)	예측치	예측오차	절대오차	제곱오차	절대백분율오차
4	1	24	24.000	2.400					
5	2	27	26.430	2.430	26.400	0.600	0.600	0.360	2.222%
6	3	31	28.969	2.539	28.861	2.139	2.139	4.576	6.901%
7	4	32	31.533	2.564	31.508	0.492	0.492	0.242	1.537%
8	5	34	34.092	2.559	34.097	−0.097	0.097	0.009	0.285%
9	6	36	36.618	2.526	36.651	−0.651	0.651	0.424	1.808%
10	7	37	39.035	2.417	39.144	−2.144	2.144	4.595	5.794%
11	8	42	41.480	2.445	41.452	0.548	0.548	0.300	1.304%
12	9	46	44.030	2.550	43.925	2.075	2.075	4.306	4.511%
13	10	48	46.652	2.622	46.580	1.420	1.420	2.015	2.958%
14	11				49.274	평균	1.129	1.870	3.035%
15	12				51.897	제곱근		1.367	
16	최적평활상수						MAE	RMSE	MAPE
17	수준(Alpha)	0.051						(최소화)	
18	추세(Beta)	1.000							
19									

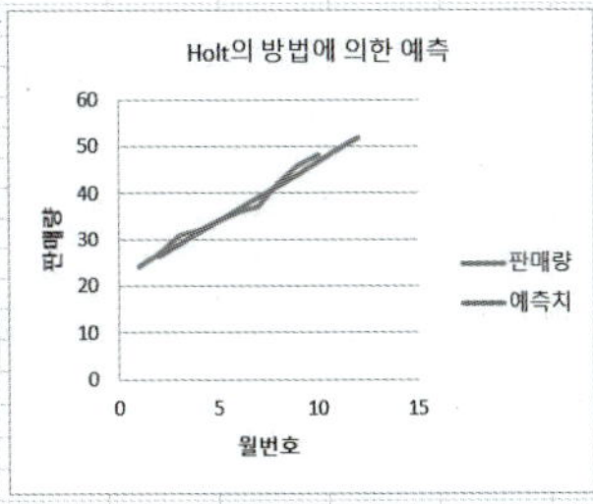

그림 14.9 SK전자의 DVD 판매량 예측(최적평활상수 적용)

체크포인트

이중이동평균법(double moving average)

다음 그림 14.10을 참조한다.

1. 추세변동을 고려한 예측모형으로서 Holt의 지수평활법외에 이중이동평균법이 있다. 이중이동평균법은 말 그대로 평균의 평균을 구해서 예측에 활용한다. 산출기간을 l이라 할 때 시간 t에서 최근 l기간 동안의 이동평균을 아래의 식과 같이 M_t라 하자.

$$M_t = (y_t + y_{t-1} + \dots + y_{t-l+1})/l$$

또한 마찬가지로 최근 l기간 동안의 평균의 평균을 D_t라 하자.

$$D_t = (M_t + M_{t-1} + \dots + M_{t-l+1})/l$$

추세변동을 고려한 이중이동평균법의 계산과정은 다음과 같다.

$$\begin{aligned} L_t &= 2M_t - D_t \qquad (14.5.5) \\ T_t &= 2(M_t - D_t)/(l-1) \\ f_{t+k} &= L_t + kT_t, \ k \geq 1 \end{aligned}$$

예제 14.3의 DVD 판매량 예측에 이중이동평균법을 적용한 스프레드시트는 다음과 같다.

SK전자의 DVD 판매량 예측 : 이중 이동평균법

월번호	판매량	이동평균 (Mt)	이중이동평균 (Dt)	수준치 (Lt)	추세치 (Tt)	예측치 (ft)
1	24					
2	27					
3	31					
4	32	27.3				
5	34	30.0				
6	36	32.3				
7	37	34.0	29.9	38.1	4.1	
8	42	35.7	32.1	39.2	3.6	42.2
9	46	38.3	34.0	42.7	4.3	42.8
10	48	41.7	36.0	47.3	5.7	47.0
11						53.0
12						58.7

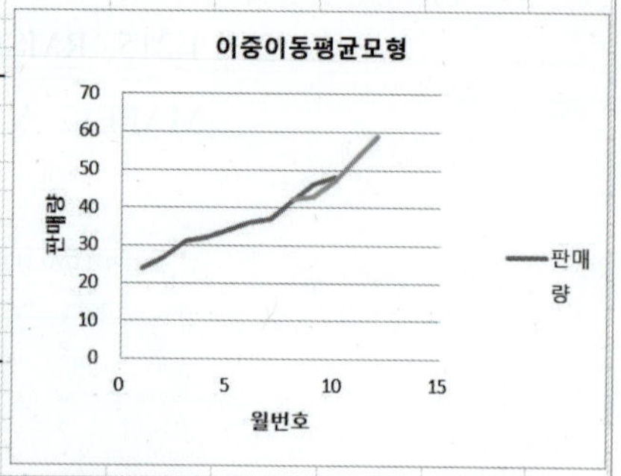

그림 14.10 SK전자의 DVD 판매량 예측: 이중이동평균모형

스프레드시트 모형화: 이중이동평균법 (스프레드시트 14.10 참조)

1. **입력자료** A5:B14(월번호, 판매량)

   그림 14.10과 같이 셀영역 A5:B14에 월번호 및 판매량을 정리한다.

2. **이동평균(M_t)** C8:C14

   C8 =AVERAGE(B5:B7), C9:C14에 복사

3. **이중이동평균(D_t)** D11:D14

   D11 =AVERAGE(D8:D10), D12:D14에 복사

4. **수준치(L_t)** E11:E14

   E11 =2*C11−D11, E6:E14에 복사

5. **추세치(T_t)** F6:F14

   F11 =2*(C11−D11)/2, F6:F13에 복사

6. **예측치** G12:G14

   G12 =E11+F11, G13:G14에 복사

7. 미래 예측치 G15:G16

```
G15 =E14+F14
G16 =E14+2*F14
```

14.6 계절성을 고려한 Winters의 가법모형

시계열 자료에 추세와 계절성이 있는 경우 Winters의 방법을 사용하여 추세와 계절변동을 고려한 예측을 할 수 있다. 다음의 예제 14.4에서 보듯이 SK전자의 에어컨 판매량에는 계절성이 있어 보인다. 이것은 시계열 자료를 분산형 차트로 도시해 보면 알 수 있다.(그림 14.11의 차트 참조) 계절적 변동은 성격상 가법적이거나 승법적의 두 형태로 발생한다. 본 절에서는 먼저 가법성 계절변동을 고려한 Winters의 방법을 소개한다.

Winters의 방법을 적용하려면 먼저 두 가지 수치를 파악해야 한다. 우선, 계절적 주기가 보이는 기간 수 c가 필요하다. 월별 자료인 경우는 c=12이고, 분기별 자료인 경우는 c=4이다. 다음으로는 계절지수 S_t를 추정한다. 계절지수는 계절적 요인에 의해서 시계열 자료값이 추세치($L_t + kT_t$)로부터 변동하는 정도를 나타낸다. 이 계절지수는 가법모형일 경우 추세치에 대한 차이로 표현하며, 각 계절마다 하나의 계절지수가 대응된다.

Winters의 가법모형은 다음의 수식으로 계산한다. 여기서 L_t와 T_t는 앞 절에서 설명한 Holt의 방법에서와 동일한 의미를 갖는다. 아래의 수식에서 γ는 계절 평활상수로서 0과 1사이의 값이다. ($0 \le \alpha \le 1,\ 0 \le \beta \le 1,\ 0 \le \gamma \le 1$)

$$L_t = \alpha(y_t - S_{t-c}) + (1-\alpha)(L_{t-1} + T_{t-1}) \tag{14.6.1}$$

$$T_t = \beta(L_t - L_{t-1}) + (1-\beta)T_{t-1} \tag{14.6.2}$$

$$S_t = \gamma(y_t - L_t) + (1-\gamma)S_{t-c} \tag{14.6.3}$$

$$f_{t+k} = L_t + kT_t + S_{t+k-c},\ k \geqq 1 \tag{14.6.4}$$

여기서 c개의 초기 계절지수(다음 예제 14.4에서 c는 12)로는

$$S_t = y_t - (\Sigma_{i=1}^{c} y_i / c),\ t = 1, \ldots, c \tag{14.6.5}$$

로 설정하여 사용한다. 즉, 초기 계절지수인 $S_t(t = 1, \ldots, c)$는 처음 c기간 동안의 평균

예측치 $\Sigma_{i=1}^{c} y_i/c$를 y_t에서 제한 값으로 설정한다. 또한 위 네 식을 사용하여 미래 예측치를 구하기 위해서 초기 수준치와 초기 추세치는 다음과 같이 설정한다.

$$L_c = y_c - s_c,\ \ T_c = 0 \tag{14.6.6}$$

수준치와 추세치의 초기치가 기간 c에서 설정된 이유는 다음과 같다. 식 (14.6.1)로부터 수준치를 계산할 때, 첫 번째 항으로부터 계산할 수 있는 첫 수준치는 L_{c+1}이다. 이는 초기 계절지수 $S_1, \ldots, S_c$의 값을 활용하기 때문이다. L_{c+1}을 계산하려면 두 번째 항에서 L_c와 T_c의 값을 입력해야 한다. 여기서 L_c의 값을 구하기 위해서는 다시 식 (14.6.1)을 사용해야 하지만 S_0의 값이 정의되지 않으므로 계산할 수 없다. 또한, T_c의 값은 식 (14.6.2)를 사용해야 하지만 L_c와 L_{c-1}의 값이 정의되지 않으므로 계산할 수 없다. 따라서 초기 수준치와 초기 추세치는 기간 c에서 설정되어야 하며, L_c와 T_c의 값은 (14.6.6)과 같은 값으로 설정한다. 그러면 예측치는 위 네 식을 사용하여 기간 $t = c+1$부터 계산된다.

식 (14.6.1)에서 $y_t - S_{t-c}$는 기간 t에 대한 가장 최근의 계절지수 S_{t-c}를 사용하여 관측치 y_t에 포함된 계절변동을 제거시킨 수치이다. $L_{t-1} + T_{t-1}$은 기간 t의 시계열 수준에 대한 추정치이다. 따라서 L_t는 이 두 수치를 수준 평활상수 α를 사용하여 가중 평균한 값으로 구한다. 식 (14.6.2)는 추세 T_t를 수정하는 식으로 Holt의 방법과 동일하다. 식 (14.6.3)에서 $y_t - L_t$는 기간 t에 대한 계절지수의 추정치를 나타낸다. 계절지수 S_{t-c}는 기간 t의 계절지수에 대한 가장 최근의 추정치이다. 기간 t에 대한 계절지수 S_t는 이 두 수치를 계절 평활상수 γ를 사용하여 가중 평균한 값으로 사용한다.

식 (14.6.4)에서 기간 $t+1$에 대한 미래 예측치($k=1$)는 수준 및 추세변동을 나타내는 $L_t + T_t$에 기간 $t+1$에 대한 최근의 계절지수 S_{t+1-c}를 합하여 추정한다. 예를 들면 2013년 2월의 미래 예측치는 2012년 2월로부터 얻어지는 계절지수를 합하여 계산한다.(c=12일 경우)

예제 14.4 **SK전자의 에어컨 판매량 예측**

SK전자는 표 14.5와 같이 2010, 2011, 2012년도 에어컨의 판매량을 조사한 결과 계절성이 보이는 것으로 판단하였다. SK전자는 2013년도의 1월부터 6월까지의 에어컨 수요량을 예측하기 위하여 Winters의 가법모형을 적용하고자 한다. 2010년, 2011년,

2012년까지의 에어컨 판매량은 아래의 표와 같다.

표 14.5 SK전자의 에어컨 판매량

판매량	1월	2월	3월	4월	5월	6월	7월	8월	9월	10월	11월	12월	합계
2010	25	27	30	33	40	50	62	52	44	38	35	30	466
2011	30	35	39	45	50	60	75	90	82	74	70	65	715
2012	55	60	65	73	80	93	110	130	120	110	100	90	1086

모형화 가이드

1. Winters의 가법모형을 적용하기 위해서는 먼저 수준 평활상수 α, 추세 평활상수 β, 계절 평활상수 γ의 값을 선택해야 한다. 엑셀의 해찾기를 적용하여 최적의 수준 평활상수, 추세 평활상수, 계절평활상수 값을 구한다. 목표셀로는 비교적 계산하기 쉬운 비선형 목적함수인 MSE나 RMSE를 사용한다. 다음의 해찾기 모델 설정에서는 목표셀로 RMSE를 사용한다.

스프레드시트 모형화 다음 그림 14.11을 참조한다.

1. **입력자료** D4:F39(연월, 월번호, 판매량)

   그림 14.11과 같이 셀영역 D4:F39에 연월, 월번호, 판매량을 정리한다.

2. **초기계절지수, 초기수준치, 초기추세치** I4:I15, G15, H15

```
I4 =F4−AVERAGE($F$4:$F$15),        I5:I15에 복사,
G15 =F15−I15
H15 =0
```

3. **수준치** G16:G39

```
G16 =$B$6*(F16−I4)+(1−$B$6)*(G15+H15),     G17:G39에 복사
```

4. **추세치** H16:H39

```
H16 =$B$7*(G16−G15)+(1−$B$7)*H15,          H17:H39에 복사
```

5. **계절지수** I16:I39

```
I16 =$B$8*(F16-G16)+(1-$B$8)*I4,   I7:I39에 복사
```

6. 예측치 J16:J39, J40:J45

```
J16 =G15+H15+I4,          J17:J39에 복사
J40 =$G$39+E4*$H$39+I28,          J41:J45에 복사
```

7. MSE B10(MSE)

```
B10 =SUMXMY2($F$16:$F$39,J16:J39)/COUNT(J16:J39),
```

8. RMSE B11(RMSE)

```
B11 =SQRT(B10)
```

	A	B	D	E	F	G	H	I	J
1	SK전자의 에어콘 판매량 예측: Winters의 가법모형								
2									
3			연월	월번호	판매량	수준치	추세치	계절지수	예측치
4			2010년01월	1	25.0	-	-	-13.833	
5	평활상수		2010년02월	2	27.0	-	-	-11.833	
6	수준(Alpha)	0.2	2010년03월	3	30.0	-	-	-8.833	
7	추세(Beta)	0.2	2010년04월	4	33.0	-	-	-5.833	
8	계절(Gamma	0.2	2010년05월	5	40.0	-	-	1.167	
9			2010년06월	6	50.0	-	-	11.167	
10	MSE	109.4	2010년07월	7	62.0	-	-	23.167	
11	RMSE	10.5	2010년08월	8	52.0	-	-	13.167	
12			2010년09월	9	44.0	-	-	5.167	
13			2010년10월	10	38.0	-	-	-0.833	
14			2010년11월	11	35.0	-	-	-3.833	
15			2010년12월	12	30.0	38.8	0.0	-8.833	
16			2011년01월	13	30.0	39.8	0.2	-13.033	25.0
17			2011년02월	14	35.0	41.4	0.5	-10.745	28.2
18			2011년03월	15	39.0	43.1	0.7	-7.878	33.0
19			2011년04월	16	45.0	45.2	1.0	-4.703	37.9
20			2011년05월	17	50.0	46.7	1.1	1.592	47.3
21			2011년06월	18	60.0	48.0	1.1	11.331	59.0
22			2011년07월	19	75.0	49.7	1.2	23.596	72.3
23			2011년08월	20	90.0	56.1	2.3	17.310	64.1
24			2011년09월	21	82.0	62.1	3.0	8.116	63.6
25			2011년10월	22	74.0	67.1	3.4	0.723	64.3
26			2011년11월	23	70.0	71.1	3.5	-3.294	66.6
27			2011년12월	24	65.0	74.5	3.5	-8.969	65.8
28			2012년01월	25	55.0	76.0	3.1	-14.632	65.0
29			2012년02월	26	60.0	77.5	2.8	-12.088	68.4
30			2012년03월	27	65.0	78.8	2.5	-9.055	72.4
31			2012년04월	28	73.0	80.5	2.3	-5.270	76.5
32			2012년05월	29	80.0	82.0	2.2	0.877	84.5
33			2012년06월	30	93.0	83.6	2.1	10.935	95.5
34			2012년07월	31	110.0	85.8	2.1	23.707	109.3
35			2012년08월	32	130.0	92.9	3.1	21.270	105.2
36			2012년09월	33	120.0	99.2	3.7	10.662	104.1
37			2012년10월	34	110.0	104.2	4.0	1.748	103.6
38			2012년11월	35	100.0	107.2	3.8	-4.067	104.8
39			2012년12월	36	90.0	108.5	3.3	-10.884	102.0
40			2013년 01월						97.2
41			2013년 02월						103.1
42			2013년 03월						109.4
43			2013년 04월						116.5
44			2013년 05월						125.9
45			2013년 06월						139.3

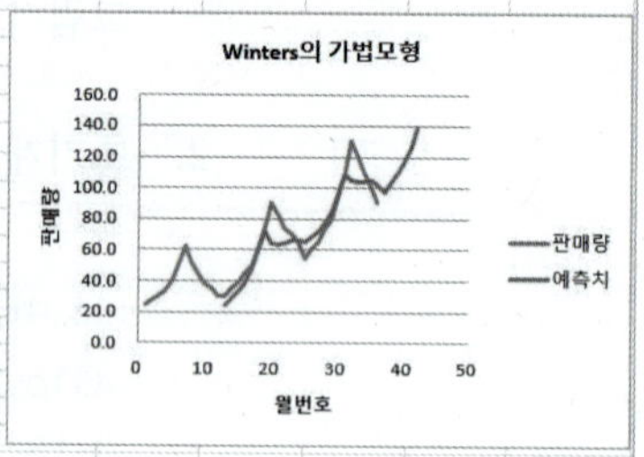

그림 14.11 Winters의 가법모형

체크포인트	최적평활상수: 해찾기 적용

1. 최적의 평활상수를 찾기 위해서 해찾기를 적용한다. 목표셀로는 RMSE인 셀 B11로 설정한다. 아래 그림 14.12와 같이 목표셀, 변경셀, 제한조건을 입력한다.

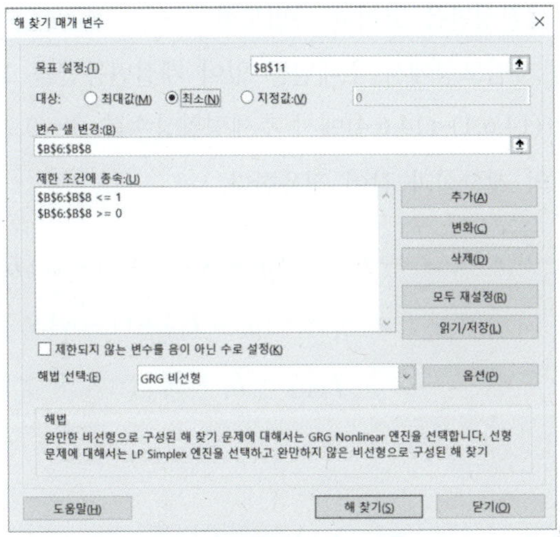

그림 14.12 해찾기 매개변수

2. 아래의 스프레드시트와 같이 최적의 평활상수 값은 α=0.689, β=0.055, γ=1.000이고 이 때의 최소 RMSE는 8.3이다.

SK전자의 에어콘 판매량 예측: Winters의 가법모형(최적평활상수 적용)

A	B	연월	월번호	판매량	수준치	추세치	계절지수	예측치
		2010년01월	1	25.0	-	-	-13.833	
최적평활상수		2010년02월	2	27.0	-	-	-11.833	
수준(Alpha)	0.689	2010년03월	3	30.0	-	-	-8.833	
추세(Beta)	0.055	2010년04월	4	33.0	-	-	-5.833	
계절(Gamma	1.000	2010년05월	5	40.0	-	-	1.167	
		2010년06월	6	50.0	-	-	11.167	
MSE	68.6	2010년07월	7	62.0	-	-	23.167	
RMSE	8.3	2010년08월	8	52.0	-	-	13.167	
		2010년09월	9	44.0	-	-	5.167	
		2010년10월	10	38.0	-	-	-0.833	
		2010년11월	11	35.0	-	-	-3.833	
		2010년12월	12	30.0	38.8	0.0	-8.833	
		2011년01월	13	30.0	42.3	0.2	-12.280	25.0
		2011년02월	14	35.0	45.5	0.4	-10.478	30.6
		2011년03월	15	39.0	47.2	0.4	-8.213	37.0
		2011년04월	16	45.0	49.8	0.6	-4.843	41.8
		2011년05월	17	50.0	49.3	0.5	0.680	51.6
		2011년06월	18	60.0	49.1	0.5	10.861	61.0
		2011년07월	19	75.0	51.1	0.5	23.861	72.8
		2011년08월	20	90.0	69.0	1.5	20.982	64.8
		2011년09월	21	82.0	74.9	1.7	7.127	75.7
		2011년10월	22	74.0	75.4	1.7	-1.388	75.8
		2011년11월	23	70.0	74.8	1.6	-4.838	73.2
		2011년12월	24	65.0	74.6	1.5	-9.629	67.6
		2012년01월	25	55.0	70.0	1.1	-15.016	63.8
		2012년02월	26	60.0	70.7	1.1	-10.682	60.7
		2012년03월	27	65.0	72.8	1.2	-7.767	63.6
		2012년04월	28	73.0	76.6	1.3	-3.623	69.1
		2012년05월	29	80.0	78.9	1.4	1.114	78.6
		2012년06월	30	93.0	81.5	1.4	11.451	91.1
		2012년07월	31	110.0	85.2	1.5	24.845	106.8
		2012년08월	32	130.0	102.1	2.4	27.916	107.7
		2012년09월	33	120.0	110.3	2.7	9.734	111.6
		2012년10월	34	110.0	111.9	2.7	-1.885	111.6
		2012년11월	35	100.0	107.9	2.3	-7.855	109.7
		2012년12월	36	90.0	102.9	1.9	-12.896	100.5
		2013년 01월	37					89.8
		2013년 02월	38					96.0
		2013년 03월	39					100.8
		2013년 04월	40					106.8
		2013년 05월	41					113.4
		2013년 06월	42					125.7

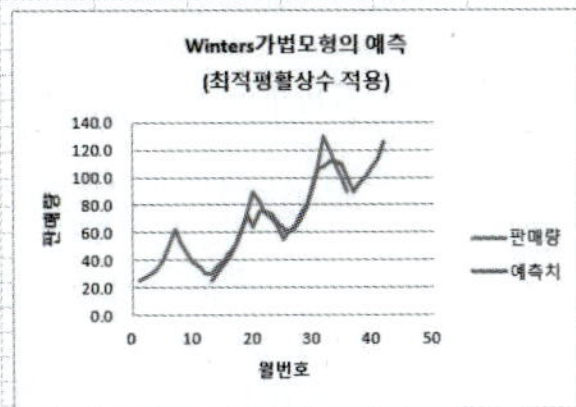

그림 14.13 Winters 가법모형의 예측(해찾기 적용)

3. Winters의 가법모형에서 계절변동이 없다면 Holt의 추세변동 모형과 일치하게 된다. 즉, Winters의 가법모형을 계산하는 식 (14.6.1)~(14.6.4)에서 계절평활상수 $\gamma=0$, 모든 $S_{t+k-c}=0$으로 설정하면 Holt의 모형을 계산하는 식 (14.5.1)~(14.5.3)과 같게 된다.

4. **추세없이 계절성만을 고려한 가법모형**

   Winters의 가법모형에서 추세변동 없이 계절변동만을 고려한다면, 가법모형을 계산하는 식 (14.6.1)~(14.6.4)에서 추세평활상수를 $\beta=0$으로, 모든 $T_t=0$으로 설정하여 아래의 계산식과 같이 적용한다.

$$L_t = \alpha(y_t - S_{t-c}) + (1-\alpha)L_{t-1}$$
$$S_t = \gamma(y_t - L_t) + (1-\gamma)S_{t-c}$$
$$f_{t+k} = L_t + S_{t+k-c},\ k \geq 1$$

14.7 계절성을 고려한 Winters의 승법모형

계절변동을 고려한 Winters의 승법모형에서는 계절지수가 추세치에 대한 퍼센트로 표현된다. 예를 들면, 6월에 해당하는 계절지수가 $S_6=2$ 이면 6월의 에어컨 판매량은 평균판매량과 비교해서 2배 정도 많은 경향이 있음을 의미한다. 또한, $S_{12}=0.5$ 이면 12월의 에어컨 판매량은 평균치의 50%정도임을 의미한다. 이러한 계절변동 크기가 시간에 따라 증가하는 계절성이 있는 자료들에 대해 예측을 할 때는, 먼저 계절변동을 없애기 위하여 그 달의 관측치를 계절지수로 나눈 계절조정 값을 사용하여 수준치를 계산한 후, 추후 다시 계절지수를 곱하여 미래 예측치로 추정한다.

Winters의 승법모형은 다음의 수식으로 계산한다. 여기서 L_t와 T_t는 앞 절에서 설명한 Holt의 방법에서와 동일한 의미를 갖는다. 아래의 수식에서 γ는 계절 평활상수로서 0과 1사이의 값이다. $(0 \leq \alpha \leq 1,\ 0 \leq \beta \leq 1,\ 0 \leq \gamma \leq 1)$

$$L_t = \alpha y_t / S_{t-c} + (1-\alpha)(L_{t-1} + T_{t-1}) \tag{14.7.1}$$
$$T_t = \beta(L_t - L_{t-1}) + (1-\beta)T_{t-1} \tag{14.7.2}$$
$$S_t = \gamma y_t / L_t + (1-\gamma)S_{t-c} \tag{14.7.3}$$
$$f_{t+k} = (L_t + kT_t)S_{t+k-c},\ k \geq 1 \tag{14.7.4}$$

여기서 c개의 초기 계절지수로는

$$S_t = y_t / (\Sigma_{i=1}^{c} y_i / c),\ t = 1, \ldots, c \tag{14.7.5}$$

로 설정하여 사용한다. 즉, 초기 계절지수인 $S_t(t=1,\ldots,c)$는 예측치 y_t를 처음 c기간 동안의 평균 예측치 $\Sigma_{i=1}^{c} y_i / c$로 나눈 값으로 설정한다. 또한 위 네 식을 사용하여 미래 예측치를 구하기 위해서 초기 수준치와 초기 추세치는 다음과 같이 설정한다.

$$L_c = y_c / s_c,\ T_c = 0 \tag{14.7.6}$$

수준치와 추세치의 초기치가 위와 같이 설정된 이유는 14.6절의 가법모형에서와 비슷하므로 생략한다.

식 (14.7.1)에서 y_t / S_{t-c}는 기간 t에 대한 가장 최근의 계절지수 S_{t-c}를 사용하여 관측치 y_t에 포함된 계절변동을 제거시킨 수치이다. $L_{t-1} + T_{t-1}$은 기간 t의 시계열 수준에 대한 추정치이다. 따라서 L_t는 이 두 수치를 수준 평활상수 α를 사용하여 가중 평균한 값으로 구한다. 식 (14.7.2)는 추세 T_t를 수정하는 식으로 Holt의 방법과 동일하다. 식 (14.7.3)에서 y_t / L_t는 기간 t에 대한 계절지수의 추정치를 나타낸다. 계절지수 S_{t-c}는 기간 t의 계절지수에 대한 가장 최근의 추정치이다. 기간 t에 대한 계절지수 S_t는 이 두 수치를 계절 평활상수 γ를 사용하여 가중 평균한 값으로 사용한다. 식 (14.7.4)에서 기간 $t+1$에 대한 미래 예측치는($k=1$) 수준 및 추세변동을 나타내는 $L_t + T_t$에 기간 $t+1$에 대한 최근의 계절지수 S_{t+1-c}를 곱하여 추정한다. 예를 들면 2013년 2월의 미래 예측치는 2012년 2월로부터 얻어지는 계절지수를 곱하여 계산한다.

예제 14.5 **SK전자의 에어컨 판매량 예측**

SK전자는 표 14.6과 같이 2010, 2011, 2012년도 에어컨의 판매량을 조사한 결과 계절성이 보이는 것으로 판단하였다. SK전자는 2013년도의 1월부터 6월까지의 에어컨 수요량을 예측하기 위하여 Winters의 방법을 적용하고자 한다. 2010년, 2011년, 2012년까지의 에어컨 판매량은 아래의 표와 같다.

표 14.6 SK전자의 에어컨 판매량

판매량	1월	2월	3월	4월	5월	6월	7월	8월	9월	10월	11월	12월	합계
2010	25	27	30	33	40	50	62	52	44	38	35	30	466
2011	30	35	39	45	50	60	75	90	82	74	70	65	715
2012	55	60	65	73	80	93	110	130	120	110	100	90	1086

모형화 가이드

1. Winters의 승법모형을 적용하기 위해서는 먼저 수준 평활상수 α, 추세 평활상수 β, 계절평활상수 γ의 값을 선택해야 한다. 엑셀의 해찾기를 적용하여 최적의 수준 평활상수, 추세 평활상수, 계절 평활상수 값을 구한다. 목표셀로는 비교적 계산하기 쉬운 비선형 목적함수인 MSE나 RMSE를 사용한다. 다음의 해찾기 모델 설정에서는 목표셀로 RMSE를 사용하였다.

스프레드시트 모형화 그림 14.14를 참조한다.

1. **입력자료** D4:F39(연월, 월번호, 판매량)

   그림 14.14와 같이 셀영역 D4:F39에 연월, 월번호, 판매량을 정리한다.

2. **초기계절지수, 초기수준치, 초기추세치** I4:I15, G15, H15

```
I4 =F4/AVERAGE($F$4:$F$15),          I5:I15에 복사,
G15 =F15/I15
H15 =0
```

3. **수준치** G16:G39

```
G16 =$B$6*(F16/I4)+(1−$B$6)*(G15+H15),   G17:G39에 복사
```

4. **추세치** H16:H39

```
H16 =$B$7*(G16−G15)+(1−$B$7)*H15,   H17:H39에 복사
```

5. **계절지수** I16:I39

```
I16 =$B$8*(F16/G16)+(1−$B$8)*I4,   I7:I39에 복사
```

6. 예측치 J16:J39, J40:J45

```
J16 =(G15+H15)*I4,                    J17:J39에 복사
J40 =($G$39+E4*$H$39)*I28,            J41:J45에 복사
```

7. MSE B10(MSE)

```
B10 =SUMXMY2($F$16:$F$39,J16:J39)/COUNT(J16:J39),
```

8. RMSE B11(RMSE)

```
B11 =SQRT(B10)
```

체크포인트

최적평활상수: 해찾기 적용

1. 최적의 평활상수를 찾기 위해서 해찾기를 적용한다. 목표셀로는 RMSE인 셀 B11로 설정한다. 아래 그림 14.15와 같이 목표셀, 변경셀, 제한조건을 입력한다.

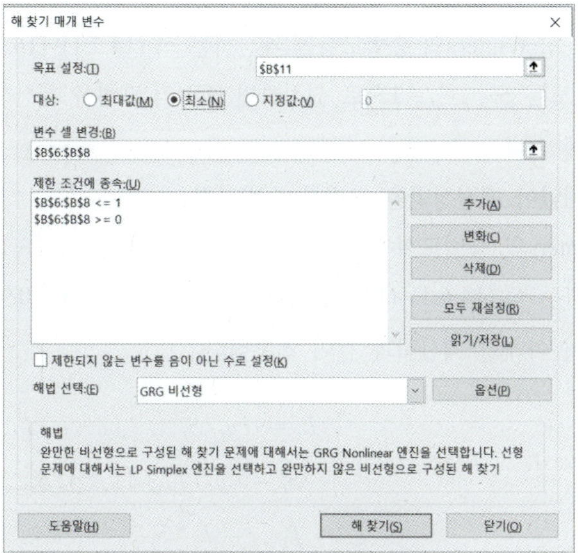

그림 14.15 해찾기 매개변수 설정_승법모형

2. 아래의 스프레드시트 그림 14.16과 같이 최적의 평활상수 값은 $\alpha = 0.385$, $\beta = 0.102$, $\gamma = 1.000$이고 이 때의 최소 RMSE는 9.7이다.

A	B	연월	월번호	판매량	수준치	추세치	계절지수	예측치
SK전자의 에어콘 판매량 예측 : Winters승법모형의 예측								
		연월	월번호	판매량	수준치	추세치	계절지수	예측치
		2010년01월	1	25,0	-	-	0,644	
최적평활상수		2010년02월	2	27,0	-	-	0,695	
수준(Alpha)	0,385	2010년03월	3	30,0	-	-	0,773	
추세(Beta)	0,102	2010년04월	4	33,0	-	-	0,850	
계절(Gamma	1,000	2010년05월	5	40,0	-	-	1,030	
		2010년06월	6	50,0	-	-	1,288	
MSE	94,8	2010년07월	7	62,0	-	-	1,597	
RMSE	9,7	2010년08월	8	52,0	-	-	1,339	
		2010년09월	9	44,0	-	-	1,133	
		2010년10월	10	38,0	-	-	0,979	
		2010년11월	11	35,0	-	-	0,901	
		2010년12월	12	30,0	38,8	0,0	0,773	
		2011년01월	13	30,0	41,8	0,3	0,717	25,0
		2011년02월	14	35,0	45,3	0,6	0,773	29,3
		2011년03월	15	39,0	47,7	0,8	0,818	35,5
		2011년04월	16	45,0	50,2	1,0	0,897	41,2
		2011년05월	17	50,0	50,2	0,9	0,997	52,7
		2011년06월	18	60,0	49,3	0,7	1,216	65,7
		2011년07월	19	75,0	48,9	0,6	1,535	79,9
		2011년08월	20	90,0	56,3	1,3	1,599	66,2
		2011년09월	21	82,0	63,3	1,9	1,296	65,2
		2011년10월	22	74,0	69,2	2,3	1,070	63,7
		2011년11월	23	70,0	73,8	2,5	0,948	64,4
		2011년12월	24	65,0	79,3	2,8	0,819	59,0
		2012년01월	25	55,0	80,0	2,6	0,687	58,9
		2012년02월	26	60,0	80,7	2,4	0,743	63,9
		2012년03월	27	65,0	81,7	2,3	0,796	68,0
		2012년04월	28	73,0	83,0	2,2	0,880	75,3
		2012년05월	29	80,0	83,3	2,0	0,961	84,9
		2012년06월	30	93,0	81,9	1,6	1,136	103,7
		2012년07월	31	110,0	78,9	1,2	1,393	128,2
		2012년08월	32	130,0	80,6	1,2	1,614	128,1
		2012년09월	33	120,0	85,9	1,6	1,397	106,0
		2012년10월	34	110,0	93,4	2,2	1,178	93,7
		2012년11월	35	100,0	99,4	2,6	1,006	90,7
		2012년12월	36	90,0	105,0	2,9	0,857	83,6
		2013년01월	37					74,2
		2013년02월	38					82,4
		2013년03월	39					90,5
		2013년04월	40					102,7
		2013년05월	41					114,9
		2013년06월	42					139,2

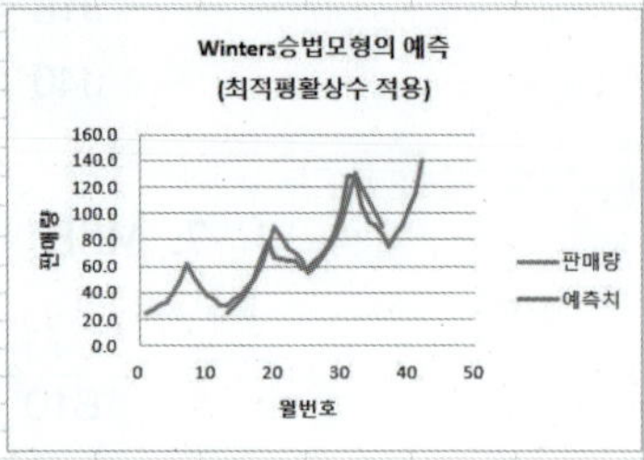

그림 14.16 Winters 승법모형의 예측(해찾기 적용)

3. Winters의 승법모형에서 계절변동이 없다면 Holt의 추세변동 모형과 일치하게 된다. 즉, Winters의 승법모형을 계산하는 식 (14.7.1)~(14.7.4)에서 계절평활상수 $\gamma = 0$, 모든 $S_{t+k-c} = 1$으로 설정하면 Holt의 모형을 계산하는 식 (14.5.1)~(14.5.3)과 같게 된다.

4. **추세없이 계절성만을 고려한 승법모형**

   Winters의 승법모형에서 추세변동 없이 계절변동만을 고려한다면, 승법모형을 계산하는 식 (14.6.1)~(14.6.4)에서 추세평활상수를 $\beta = 0$으로, 모든 $T_t = 0$으로 설정하여 아래의 계산식과 같이 적용한다.

$$L_t = \alpha\, y_t / S_{t-c} + (1-\alpha)\, L_{t-1}$$

$$S_t = \gamma y_t / L_t + (1-\gamma)\, S_{t-c}$$

$$f_{t+k} = L_t * S_{t+k-c}, \; k \geqq 1$$

14.8 단순선형회귀모형

한 제품의 판매량은 그 제품의 가격에 의해 영향을 받으므로, 판매량과 가격간의 관계를 정량적으로 파악하면 여러 가지 관리에 활용할 수 있을 것이다. 이때 가격을 설명변수(또는 독립변수), 판매량을 목적변수(또는 종속변수)라 부른다. 회귀분석은 설명변수와 목적변수 사이에 존재하는 함수관계를 찾아내기 위하여 회귀식을 설정하고, 측정한 자료들로부터 회귀식의 모수를 추정한 후, 설명변수의 특정값으로부터 목적변수의 값을 예측하는 방법이다.

단순선형회귀모형(simple linear regression)은 하나의 목적변수를 설명하기 위해 필요한 설명변수가 하나로 충분하고 이들 사이의 관계가 선형의 직선식으로 성립할 때 적용한다. 단순선형회귀모형은 간단히 단순회귀모형으로도 부른다.

예제 14.6 **고성시계의 단순회귀식 추정**

탁상시계를 생산하는 고성시계는 개당 생산단가를 측정하기 위해서 다음의 표 14.7과 같이 10주에 걸쳐서 생산한 시계개수와 그 때 발생한 생산비용 자료를 수집하였다. 고성시계는 생산량과 생산비용의 단순회귀식을 추정하고자 한다.

표 14.7 고성시계의 탁상시계 생산비용

주	생산량	생산비용(단위: 천원)
1	20	480
2	25	540
3	30	640
4	35	770
5	45	900
6	40	860
7	50	960
8	60	1190
9	55	1100
10	65	1250

모형화 가이드

1. t주에 생산한 시계개수를 설명변수 x_t, 그 때 발생한 생산비용을 목적변수 y_t라 하자. 두 변수사이의 선형관계는 다음의 식으로 모형화한다.

$$y_t = \beta_0 + \beta_1 x_t + \epsilon_t$$

여기서 ϵ_t 는 오차항으로서 시계를 x_t 개 만큼 생산했을 때 실제 발생한 생산비용은 정확하게 $\beta_0 + \beta_1 x_t$ 가 되는 것은 아님을 의미한다. 즉, $\epsilon_t > 0$ 이면 실제 생산비용은 $\beta_0 + \beta_1 x_t$ 보다 크고, $\epsilon_t < 0$ 이면 $\beta_0 + \beta_1 x_t$ 보다 작음을 의미한다. 다만, 평균적으로 ϵ_t 가 0이 되어서 t 주의 생산비용이 $\beta_0 + \beta_1 x_t$ 가 되리라고 기대할 수 있다.

β_0 와 β_1 의 참값은 알 수 없으므로 β_0, β_1 의 추정치를 b_0, b_1 이라 하자. 그러면 y_t의 예측값 $\hat{y_t}$ 는 다음과 같이 표현된다.

$$\hat{y_t} = b_0 + b_1 x_t$$

관측한 T 개의 자료 $(x_{t,}y_t)$, $t = 1, ..., T$ 를 활용하여, 예측치 $\hat{y_t}$의 값이 실제 관측치 y_t 에 매우 근사하도록 절편값 b_0 와 기울기 b_1 의 값을 산출한다. 여기서 b_0 와 b_1 의 값을 추정하는 한 방법으로는 추정시 발생하는 잔차(예측오차, residual) $e_t = y_t - \hat{y_t}$ 를 줄이기 위해 잔차제곱합이 최소가 되도록 b_0 와 b_1 을 결정하는 것이다. 즉, 다음과 같이 쓸 수 있다.

$$\text{minimize} \ \Sigma e_t^2 = \Sigma (y_t - \hat{y}_t)^2$$

위 잔차제곱합을 최소화하는 b_0, b_1 의 값을 최소제곱추정치(least squares estimates)라 부르고 다음 공식으로 구한다.

$$b_1 = \{ \Sigma (x_t - \overline{x}) (y_t - \overline{y}) \} / \Sigma (x_t - \overline{x})^2$$
$$b_0 = \overline{y} - b_1 \overline{x}$$

여기서 $\overline{x}$, $\overline{y}$ 는 각각 x_t 와 y_t들의 평균값을 의미한다. 다음의 직선식을 최소제곱회귀직선(Least squares regression line)이라 부른다.

$$\hat{y_t} = b_0 + b_1 x_t$$

2. 단순선형회귀식에 의해 계산되는 추정치 y_t는 엑셀 함수 TREND를 사용하여 간단히 구한다. 단, b_0, b_1 의 값은 엑셀 함수 INTERCEPT(절편)와 SLOPE(기울기)를 사용하여 각각 구할 수 있다. 이외에 단순회귀모형 분석에 필요한 결정계수, 상관계수, 표준오차는 각각 엑셀 함수 RSQ, CORREL, STEYX을 사용하여 구한다.

3. 목적변수와 설명변수간의 선형성 관계를 그림으로 파악하려면 엑셀 리본메뉴의 삽입>분산형 차트>표식만 있는 분산형을 적용하여 차트로 도시한다. 다음 그림 14.17을 참조한다.

	A	B
1	고성시계의 단순선형회귀모형	
2		
3	생산량	생산비용
4	20	480
5	25	540
6	30	640
7	35	770
8	45	900
9	40	860
10	50	960
11	60	1190
12	55	1100
13	65	1250

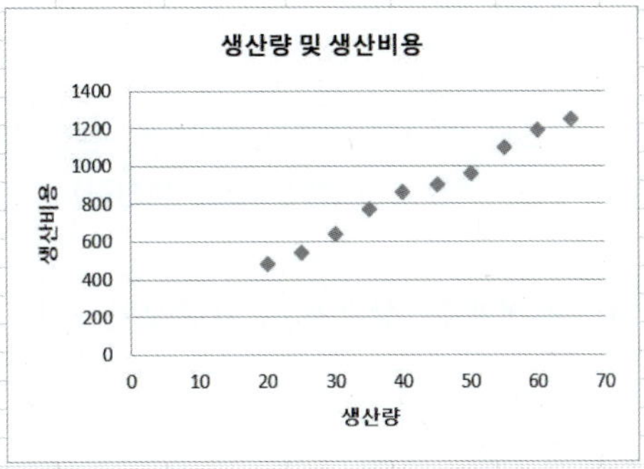

그림 14.17 고성시계_분산형 차트

4. 통계 데이터 분석을 원하면 엑셀 리본메뉴 데이터>데이터 분석>회귀분석을 사용하여 회귀 통계량, ANOVA 표, 회귀 절편 및 기울기, 잔차 보고서를 쉽게 얻을 수 있다.

스프레드시트 모형화 1. **입력자료** B4:B13, C4:C13

그림 14.18과 같이 생산량은 셀영역 A4:A13에, 생산비용은 B4:B13에 입력한다.

	A	B	C	D	E	F	G
1	고성시계의 단순선형회귀모형						
2							
3	생산량	생산비용	예측치			이름	=시트명!셀영역
4	20	480	476.5	절편	127.7	생산량	=고성시계_예측!$A$4:$A$13
5	25	540	563.8	기울기	17.44	생산비용	=고성시계_예측!$B$4:$B$13
6	30	640	651.0	결정계수	0.99		
7	35	770	738.2	상관계수	0.996		
8	45	900	912.6	표준오차	25.5		
9	40	860	825.4				
10	50	960	999.8				
11	60	1190	1174.2				
12	55	1100	1087.0				
13	65	1250	1261.5				

그림 14.18 고성시계_단순선형회귀모형

2. **추정치** C4:C13

셀 C4에 엑셀함수 TREND를 입력하고 셀 C13까지 복사한다.

```
C4  =TREND(생산비용, 생산량, A4),  C5:C13에 복사
```

3. 절편 및 기울기 E4, E5

단순회귀직선의 절편 b_0 및 기울기 b_1 의 값을 아래의 엑셀함수를 사용하여 E4 및 E5에 계산한다.

```
E4  =INTERCEPT(생산비용, 생산량)
E5  =SLOPE(생산비용, 생산량)
```

4. 결정계수, 상관계수, 표준오차 E6:E8

회귀분석에 필요한 결정계수, 상관계수, 표준오차는 아래의 엑셀함수를 사용하여 구한다.

```
E6  =RSQ(생산비용, 생산량)
E7  =CORREL(생산비용, 생산량)
E8  =STEXY(생산비용, 생산량)
```

5. 추세선 삽입

상관계수가 0.996으로서 선형의 관계가 보이므로 분산형 차트에 선형 추세선을 삽입해 본다. 먼저, 차트에 있는 임의의 자료 점 위에서 우측 클릭을 한다. 다음으로 추세선 추가를 선택하고 우측에 나오는 추세선 서식에서 선형, 수식을 차트에 표시, R-제곱값을 차트에 표시를 선택한다. 결과는 다음 그림과 같다.

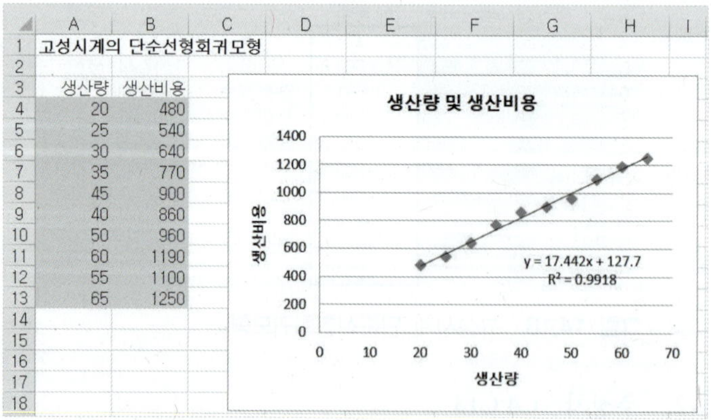

그림 14.19 고성시계_추세선

6. 통계 데이터 분석

통계 데이터 분석을 원하면 엑셀 리본메뉴에서 데이터>데이터 분석을 선택한다. 그러면 다음의 첫 그림 통계 데이터 분석 상자가 뜨고, 여기서 회귀분석을 선택하면 나오는 두 번째 그림에서 필요 항목을 입력한다.

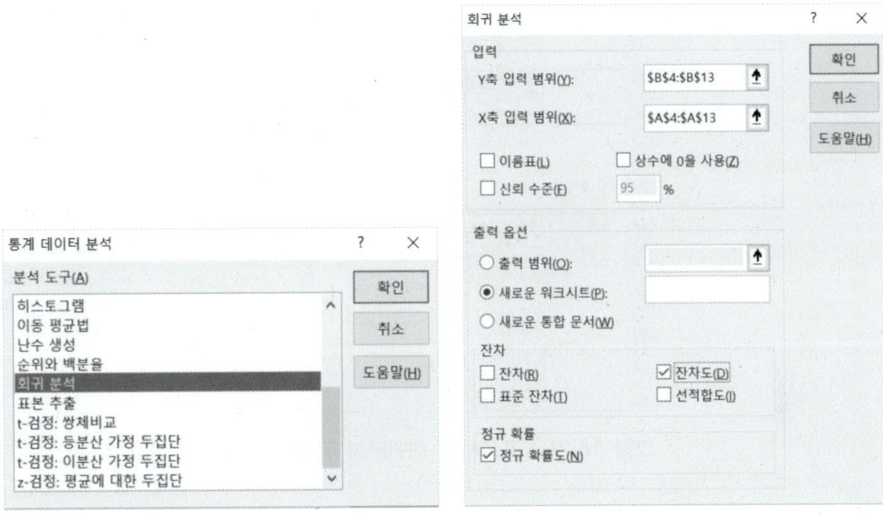

그림 14.20 고성시계_통계 데이터 분석

선택한 실행 결과는 다음의 그림 14.21과 같다. 세 번째 표에서 Y절편의 계수 127.697, X1의 계수 17.44242로부터 구하려는 선형회귀식은 $y = 127.7 + 17.44x_1$ 이다. 위 그림 회귀분석에서 잔차>잔차도를 선택한 결과 다음 그림 14.21에서 22행~34행의 잔차출력과 첫 차트인 X1 잔차도를 볼 수 있다. 차트는 x축에 설명변수를 y축에 잔차(즉, 예측오차)를 도시한다. 차트에서 잔차들은 −35와 35사이에 임의로 분포되어 있고 어떠한 규칙적 성향도 보이지 않고 있다. 따라서 목적변수는 구해진 선형회귀식의 설명변수에 의해 적절히 표현되는 것으로 볼 수 있다.

위 그림 회귀분석에서 정규확률도를 선택했으므로 22행~34행의 확률출력과 두 번째 차트인 정규확률도를 볼 수 있다. 정규확률도에서 표본 백분율이 증가함에 따라 생산비용이 일정한 비율로 거의 직선과 같이 증가하는 모양을 보이면 선형회귀식을 사용한 기본 가정 즉, 잔차가 정규분포를 따른다는 가정이 성립함을 의미한다. 따라서 선형회귀식이 적절함을 나타낸다.

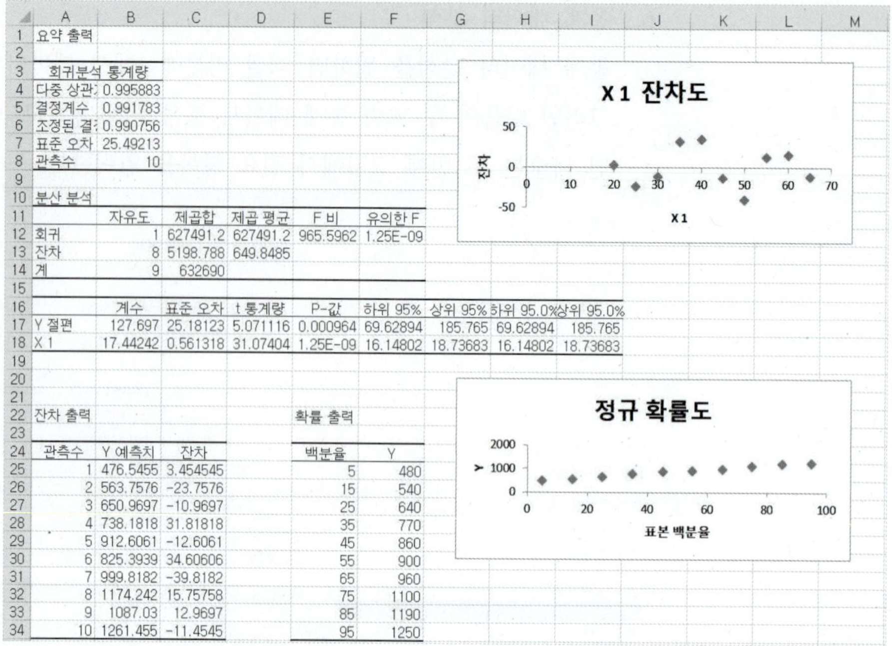

요약 출력

회귀분석 통계량	
다중 상관계	0.995883
결정계수	0.991783
조정된 결정	0.990756
표준 오차	25.49213
관측수	10

분산 분석

	자유도	제곱합	제곱 평균	F 비	유의한 F
회귀	1	627491.2	627491.2	965.5962	1.25E-09
잔차	8	5198.788	649.8485		
계	9	632690			

	계수	표준 오차	t 통계량	P-값	하위 95%	상위 95%	하위 95.0%	상위 95.0%
Y 절편	127.697	25.18123	5.071116	0.000964	69.62894	185.765	69.62894	185.765
X 1	17.44242	0.561318	31.07404	1.25E-09	16.14802	18.73683	16.14802	18.73683

잔차 출력

관측수	Y 예측치	잔차
1	476.5455	3.454545
2	563.7576	-23.7576
3	650.9697	-10.9697
4	738.1818	31.81818
5	912.6061	-12.6061
6	825.3939	34.60606
7	999.8182	-39.8182
8	1174.242	15.75758
9	1087.03	12.9697
10	1261.455	-11.4545

확률 출력

백분율	Y
5	480
15	540
25	640
35	770
45	860
55	900
65	960
75	1100
85	1190
95	1250

그림 14.21 고성시계_회귀분석 결과

체크포인트

1. 적합도 검사

추정한 회귀직선식이 관측 자료들에 얼마나 잘 맞아들어 가는가 하는 적합도 검사는 결정계수 R^2을 계산해서 판단한다. 그림 14.22에서 보는 바와 같이 총편차 $y_t - \overline{y}$를 분해하면 다음 식과 같이 두 편차의 합으로 표현된다.

$$y_t - \overline{y} = (y_t - \hat{y}_t) + (\hat{y}_t - \overline{y})$$

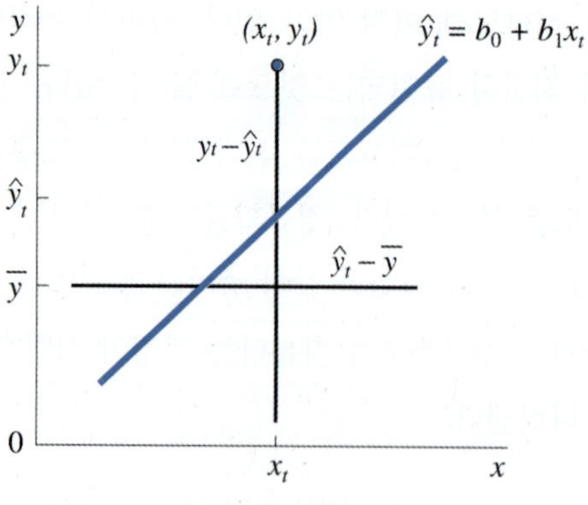

그림 14.22 총편차의 분해

총편차의 제곱합(Sum of Squres Total)을 $SST = \Sigma\,(y_t - \overline{y})^2$라 하면 이것은 평균

치 $\bar{y}$를 중심으로 각 관측치들 y_t와의 총편차를 제곱의 합으로 측정한다. 이러한 총변동 SST는 회귀직선식에 의해 설명되는 회귀제곱합(Sum of Squares Regression) $SSR = \Sigma(\hat{y_t} - \bar{y})^2$과 설명이 안되는 잔차제곱합(Sum of Suares Error) $SSE = \Sigma e_t^2 = \Sigma(y_t - \hat{y_t})^2$으로 나누어진다. 즉, 다음과 같이 쓸 수 있다.

$$SST = SSR + SSE$$

회귀직선식이 자료에 잘 맞는다는 것은 잔차제곱합 SSE가 작음을 의미하며 따라서 SSR이 커짐을 의미한다.

2. 결정계수(coefficient of determination) R^2

R^2은 아래의 식과 같이 정의되므로 그 의미는 총변동 중에서 회귀선에 의하여 설명되는 변동이 차지하는 비율이다. 따라서 R^2값이 클수록 회귀직선식은 유용함을 의미한다.

$$R^2 = SSR/SST = 1 - SSE/SST$$

모든 관측자료들이 회귀직선상에 있으면 SSE=0이므로 $R^2 = 1$이 된다. 반면에 설명변수와 목적변수사이에 회귀관계가 전혀 없으면 회귀직선의 기울기 b_1은 $b_1 = 0$이 되므로 $\hat{y_t} = \bar{y}$가 성립한다. 따라서 SSR=0이 되므로 $R^2 = 0$이 된다.

3. 엑셀함수 RSQ

함수 RSQ는 결정계수 R^2의 값을 계산한다. 고성시계의 결정계수 값은 99.17%(셀 B5)로서 생산한 시계개수가 생산비용 변동의 99.17%를 설명한다고 할 수 있다. 시계개수 이외의 요인들을 설명변수로 추가하여도 생산비용 변동의 0.083%만을 설명할 따름이므로 시계개수와 생산비용 사이에는 강한 선형관계가 성립함을 확인할 수 있다.

4. 엑셀함수 CORREL

시계개수(x)와 생산비용(y) 사이의 선형관계는 상관계수 r_{xy}에 의해 측정한다. 이 값은 엑셀함수 CORREL함수를 사용하여 구한다. 상관계수가 1에 가까운 값이면 x와 y사이에 강한 양의 선형관계가 있음을 나타내며, −1에 가까운 값이면 강한 음의 선형관계를 나타낸다. 0에 가까우면 선형관계가 약함을 의미한다.

고성시계의 경우 상관계수값은 99.58%(셀 B4)로서 생산개수와 생산비용에는 매우 큰 선형관계가 성립함을 알 수 있다. 회귀직선의 기울기 b_1이 양수이면

$r_{xy} = \sqrt{R^2}$ 이고, b_1 이 음수이면 $r_{xy} = -\sqrt{R^2}$ 이다. 단순회귀에서는 결정계수 R^2 이 상관계수 r_{xy} 의 제곱과 같음을 보일 수 있다.

5. 엑셀함수 STEXY

회귀직선식에 의한 예측치들이 얼마나 정확한지의 여부는 추정의 표준오차 S_e 에 의해 측정할 수 있다. T를 관측한 개수라 할 때 S_e는 아래의 식과 같다.

$$S_e = \sqrt{SSE/(T-2)} = \sqrt{\Sigma\,(y_t - \hat{y_t})^2/(T-2)}$$

S_e 값은 엑셀함수 STEXY를 사용하여 구한다. 고성시계의 경우 S_e=25.49(셀 B7)이다. 이것은 실제 발생하는 생산비용 y_t 값들의 68%는 회귀모형에 의해 예측된 생산비용 $\hat{y_t}$ 값을 중심으로 ±S_e(=25.49)범위 안에 있으며, 95%는 ±2S_e(=50.98) 범위 안에 존재한다. 실제 고성시계의 경우 70%가 ±S_e 범위 안에 있고, ±2S_e 의 범위 안에는 모든 자료가 들어 있다.

예측치 $\hat{y_t}$ 으로부터 $2S_e$ 범위 안에 들지 않는 관측치를 특이자료(outlier)라고 부른다. 특이자료는 면밀히 검토해서 자료들의 특성이 다르면 이들을 삭제한 후 회귀직선식을 재추정하는 것이 바람직하다.

14.9 중회귀모형

한 제품의 생산비용(목적변수)에 영향을 미치는 요인(설명변수)들은 일반적으로 여러 개인 경우가 많다. 버스운수회사가 버스 한 대당 지출하는 연간 유지비용을 설명하기 위해서 파악해야 하는 주요 요인으로는 버스운행거리와 버스연령을 들 수 있다. 즉, 설득력있는 설명변수들을 여러 개 선택해서 이들의 함수로서 목적변수의 변화특성을 잘 설명할 수 있는 경우에는 단순회귀모형보다 더 정확한 예측이 가능하다. 설명변수들과 목적변수 사이의 관계를 선형으로 가정할 수 있을 때 중선형회귀모형(multiple linear regression)을 적용할 수 있다. 중선형회귀모형은 간단히 중회귀모형이라 부르기도 한다.

목적변수 y를 예측하기 위하여 k개의 설명변수 x_i, $i=1,\ldots,k$ 들을 사용하고 T개의 관측치$(y_t, x_{1t}, \ldots, x_{kt})$, $t=1,\ldots,T$ 들을 조사했다고 하자. y_t 는 기간 t 에 목적변수가 취하는 값이고, x_{it} 는 기간 t 때의 i 번째 설명변수를 의미한다. 기간 t 때 목적변수와 설명변수들 사이에 성립하는 중회귀모형은 다음과 같다.

$$y_t = \beta_0 + \beta_1 x_{1t} + ... + \beta_k x_{kt} + \epsilon_t$$

단순회귀분석 모형과 마찬가지로 ϵ_t는 평균 0을 갖는 오차항이다. 위 식에서 계수 β_i는 i번째 설명변수 이외의 모든 변수들이 상수로 고정되었을 때, i번째 독립변수가 1만큼 증가할 경우에 y값의 변화량을 의미한다.

위 중회귀식에서 β_i값에 대한 추정치를 b_i라 하자. 그러면 y_t값에 대한 추정치 $\widehat{y_t}$는 아래의 식과 같이 표현할 수 있다.

$$\widehat{y_t} = b_0 + b_1 x_{1t} + ... + b_k x_{kt}$$

여기서 $b_0, b_1, ..., b_k$의 값을 추정하는 한 방법으로는 추정시 발생하는 오차 $e_t = y_t - \widehat{y_t}$를 줄이기 위해서 Σe_t^2이 최소가 되는 b_i의 값들을 결정하는 것이다. 즉, 다음의 식이 최소가 되도록 각 계수값을 구한다.

$$\text{minimize } \Sigma e_t^2 = \Sigma (y_t - \hat{y}_t)^2$$

이렇게 구한 식을 최소제곱 중회귀직선이라 부른다.

예제 14.7 **한국통운의 트럭 유지비용 예측**

한국통운은 트럭 한 대당 지출되는 연간 유지비용(y)을 예측하기 위하여 설명변수로서 연간 운행거리(x_1)와 트럭의 연령(x_2)을 선택하였다. 트럭의 유지비용이 운행거리 및 차연령과 선형관계가 성립하는 지를 파악하고 중회귀모형을 세우고자 한다. 한국통운은 아래의 표14.8과 같은 자료를 수집하였다. (단위; Km, 연, 만원)

표 14.8 한국통운의 트럭 유지비용 관련자료

운행거리(x_1)	트럭의 연령(x_2)	유지비용(y)
20,000	2	325
25,000	2	400
49,000	3	500
50,000	3	550
62,000	3	570
75,000	4	680
82,000	4	700
83,000	4	710
90,000	5	810
98,000	5	830

스프레드시트 모형화 **1. 입력자료** A3:C13

운행거리, 연령, 유지비용에 대한 자료를 그림 14.23의 A4:C13에 입력한다.

	A	B	C
1	한국통운의 중회귀모형		
2			
3	운행거리(Km)	연령(연)	유지비용(만원)
4	20000	2	325
5	25000	2	400
6	49000	3	500
7	50000	3	550
8	62000	3	570
9	75000	4	680
10	82000	4	700
11	83000	4	710
12	90000	5	810
13	98000	5	830

그림 14.23 한국통운 자료

2. 분산형 차트 및 추세선

목적변수와 각 설명변수 간의 선형성 관계를 파악하기 위해 분산형 차트를 작성한다. 엑셀 리본메뉴의 삽입>분산형 차트>표식만 있는 분산형을 선택한다. 다음 그림 14.24에서 목적변수와 각 설명변수 간에는 선형성이 보인다. 참고로 앞 절의 단순선형 회귀모형에서 설명한 바와 같이 차트에 추세선을 삽입하면서 단순선형회귀식과 결정계수값을 쉽게 구할 수 있다.

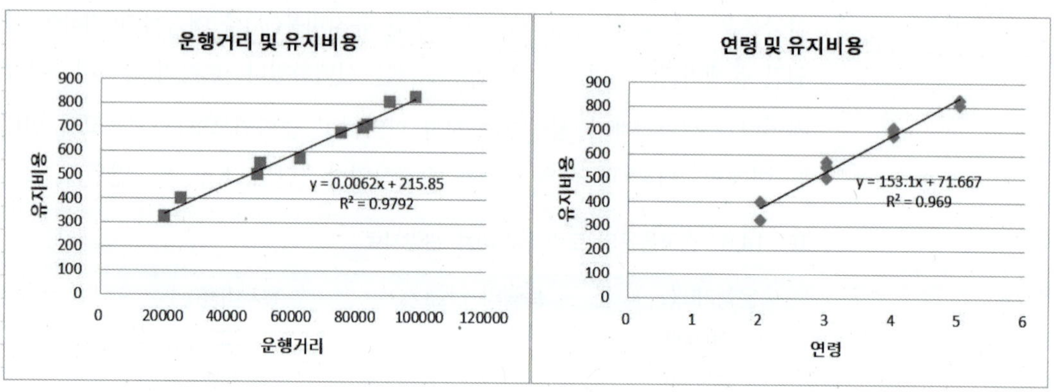

그림 14.24 대한 통운의 분산형 차트

3. 단순선형회귀분석

위 그림 14.24에서 목적변수인 유지비용은 설명변수 운행거리(X1)와의 결정계수 값이 0.979로서 설명변수 연령(X2)과의 결정계수 값 0.969보다 크다. 먼저 유지비용과 운행거리(X1)와의 단순선형회귀분석을 하여 조정된 결정계수 값을 구한다. 그 결과는 다음 그림 14.25의 셀 B6과 같이 조정된 결정계수 값은 0.9765이다.

	A	B	C	D	E	F	G	H	I
1	요약 출력								
2									
3	회귀분석 통계량								
4	다중 상관	0.989535							
5	결정계수	0.97918							
6	조정된 결	0.976577							
7	표준 오차	25.70898							
8	관측수	10							
9									
10	분산 분석								
11		자유도	제곱합	제곱 평균	F 비	유의한 F			
12	회귀	1	248674.9	248674.9	376.2376	5.18E-08			
13	잔차	8	5287.614	660.9518					
14	계	9	253962.5						
15									
16		계수	표준 오차	t 통계량	P-값	하위 95%	상위 95%	하위 95.0%	상위 95.0%
17	Y 절편	215.8471	21.76683	9.91633	9.04E-06	165.6527	266.0415	165.6527	266.0415
18	X 1	0.006177	0.000318	19.39684	5.18E-08	0.005443	0.006912	0.005443	0.006912
19									
20									
21									
22	잔차 출력								
23									
24	관측수	Y 예측치	잔차						
25	1	339.3969	-14.3969						
26	2	370.2844	29.71564						
27	3	518.5441	-18.5441						
28	4	524.7216	25.27837						
29	5	598.8515	-28.8515						
30	6	679.1589	0.841109						
31	7	722.4013	-22.4013						
32	8	728.5788	-18.5788						
33	9	771.8213	38.17875						
34	10	821.2412	8.758824						

그림 14.25 운행거리(X1)와 유지비용(Y)의 회귀분석

4. 중회귀분석

다음으로는 새로운 설명변수로서 연령(X2)을 추가하여 중회귀분석을 한다. 엑셀 리본메뉴에서 데이터>데이터 분석>회귀분석을 선택한다. 엑셀의 회귀분석 창에서 다음의 그림과 같이 입력한다. X축 입력범위에는 운행거리와 연령의 셀영역인 A4:B13를 입력함에 유의한다.

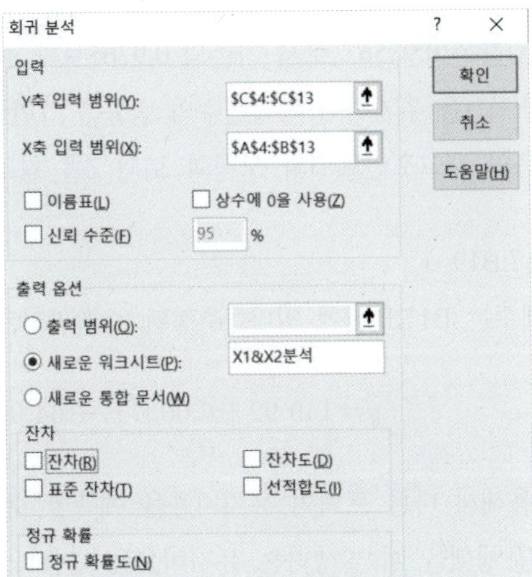

그림 14.26 중회귀분석_설정

5. 중회귀식

중회귀분석 결과는 다음의 그림과 같다.

	A	B	C	D	E	F	G	H	I
1	요약 출력								
2									
3	회귀분석 통계량								
4	다중 상관	0.994422							
5	결정계수	0.988874							
6	조정된 결	0.985696							
7	표준 오차	20.09086							
8	관측수	10							
9									
10	분산 분석								
11		자유도	제곱합	제곱 평균	F 비	유의한 F			
12	회귀	2	251137	125568.5	311.0884	1.45E-07			
13	잔차	7	2825.497	403.6425					
14	계	9	253962.5						
15									
16		계수	표준 오차	t 통계량	P-값	하위 95%	상위 95%	하위 95.0%	상위 95.0%
17	Y 절편	149.9154	31.65433	4.736015	0.002118	75.06479	224.766	75.06479	224.766
18	X 1	0.003679	0.001042	3.532336	0.009568	0.001216	0.006142	0.001216	0.006142
19	X 2	64.08863	25.94926	2.469767	0.042848	2.728368	125.4489	2.728368	125.4489
20									
21									
22									
23	잔차 출력								
24									
25	관측수	Y 예측치	잔차						
26	1	351.6808	-26.6808						
27	2	370.0778	29.92218						
28	3	522.4722	-22.4722						
29	4	526.1516	23.84837						
30	5	570.3045	-0.30452						
31	6	682.2254	-2.22544						
32	7	707.9813	-7.98129						
33	8	711.6607	-1.66069						
34	9	801.5052	8.494829						
35	10	830.9404	-0.94043						

그림 14.27 한국통운_중회귀분석 결과

위 그림에서 결정계수값은 0.9888, 조정된 결정계수 값은 0.9856이다. 기존의 설명변수인 운행거리(X1)에 새로운 설명변수 연령(X2)을 추가한 중회귀분석 결과, 조정된 결정계수 값은 0.9856으로서 기존의 0.9765보다 증가하였다. 이는 새로운 설명변수인 연령(X2)을 추가하여 목적변수의 변동을 그만큼 더 설명할 수 있는 것으로 본다. (다음의 체크포인트 3과 모형화 토의 2를 참조)

체크포인트

1. 중회귀식 B17:B19

중회귀식의 계수는 B17:B19에 있다. 추정된 중회귀식은 아래와 같다.

$$\hat{y} = 149.92 + 0.0037x_1 + 64.09x_2$$

위의 식을 사용해서 다른 트럭의 유지비용을 예측할 수 있다. 예로 2년된 트럭이 30,000Km를 운행했을 때 발생하는 유지비용은 다음과 같이 계산된다.

$$\hat{y} = 149.92 + 0.0037(30000) + 64.09(2) = 389.1$$

중회귀식으로부터 같은 연령(x_2)의 트럭을 한 해에 10,000Km를 더 운행하면 증가하는 연간유지비용은 약 37(만원)이며, 같은 거리를 운행할 경우 트럭의 연령이 한 해 많은 차는 연간유지비용이 64.09(만원)더 증가한다는 것을 알 수 있다.

2. 결정계수 R^2 B5

셀 B5의 R^2 값(=0.9888)은 단순회귀모형에서와 같이 목적변수인 y의 총 변동분($SST = SSR + SSE$, 셀 C12+C13)이 설명변수인 운행거리와 연령(SSR, 셀 C12)에 의해 측정될 수 있는 비율로 해석된다. 즉, $R^2 = SSR/SST$ (=C12/C14)로서 이 값이 1에 가까우므로 회귀식의 정확도가 높다고 볼 수 있다.

3. 조정된 결정계수(adjusted-R^2**)** R_a^2 B6

중회귀모형에서는 어떠한 설명변수라도 추가되면 결정계수(B5) R^2의 값은 항상 증가한다는 결점이 있다. 모형에서 목적변수와 상관이 없는 설명변수가 추가될 경우 이를 알려주는 지표가 바로 조정된 결정계수 R_a^2이며, 이러한 경우에는 그 값이 감소하게 된다. (다음에 나오는 모형화 토의 참조)

4. 추정의 표준오차($StErr$**)** B7

추정한 예측값 $\hat{y}$의 68%는 관측치 y들에 대해 ±20.09 (=$StErr$, 셀 B7의 값)의 범위안에 존재하고, 95%는 ±40.18 (=1.96$StErr$)의 범위 안에 존재한다.

5. 분산분석표

ANOVA(Analysis of variance)표는 모든 설명변수들이 전체적으로 취급되어 목적변수에 유의한 영향을 미치는지에 대해 검토한다. 여기서 판별에 직접적으로 기준이 되는 수치는 셀 F12의 유의한 F 값이다. 이 값이 충분히 작은 수치이면 (예로 0.05) 전체적으로 보아서 설명변수들이 목적변수를 설명하는데 도움이 되는 것으로 결론짓는다.

6. 분산분석

분산분석표에서 셀 B12의 회귀자유도는 설명변수의 수이므로 2, 셀 B13의 잔차자유도는 자료수 − 설명변수의 수 − 1이므로 7이다. 셀 C12의 제곱합 값은 SSR이며 셀 C13의 제곱합값은 SSE이다. 셀 D12의 제곱평균은 C12/B12이고 셀 D13의 제곱평균은 C13/B13다. 셀 E12(=311.08)의 F비 값은 D12/D13으로서 셀 F12의 유의한 F 값(=$F(B12, B13; \alpha)$=1.45E−07)보다 크므로 유의수준 α(=0.05)에서 귀무가설 H_0: $\beta_1 = \beta_2 = \ldots = \beta_n = 0$이 기각되며 따라서 추정된 회귀방정식이 유의하다.

7. **회귀계수에 대한 추론** C18:G19

각 회귀계수 β_i에 대해서 $\beta_i = 0$이라는 귀무가설 H_0를 검정한다. H_0가 참이라면 해당하는 설명변수는 목적변수에 영향을 미치지 않음을 의미한다.(단, 다른 설명변수는 회귀식에 포함되어 있을 때) 그러나 H_0가 기각되면 이 독립변수는 목적변수에 영향을 미치고 따라서 목적변수를 설명하는 식에 포함되어야만 한다. 이 가설을 검증하기 위해서 엑셀은 각 i에 대해 아래의 식과 같이 t통계량을 계산한다. 각 계수들에 대한 t값들은 해당 설명변수가 다른 설명변수들이 포함된 회귀식에서 목적변수에 유의한 영향을 미치는지 여부에 대해 사용된다.

$$t = b_i / StErr(b_i)$$

여기서 $StErr(b_i)$는 β_i를 추정하는데 존재하는 불확실성의 양을 측정한다. $StErr(b_i)$와 t값은 C18:D19에 주어져 있다. 각 t값에 대응되는 P-값이 0.05보다 적으면 H_0를 기각한다. 운행거리에 해당하는 P-값은 0.0095이고, 연령에 해당하는 P-값은 0.0428이므로, 운행거리 및 연령의 두 설명변수는 목적변수를 설명할 수 있는 것으로 판단할 수 있다.

모형화 토의

1. **결정계수 R^2의 증가**

중회귀모형에서 목적변수와 상관없는 변수가 설명변수로 도입되더라도 결정계수 R^2의 값은 전혀 감소하지 않으며 오히려 증가하는 경우가 많다. 그 이유는 다음과 같다. R^2은 $1-SSE/SST$이므로 변수를 새로 도입할 때 R^2이 감소할 수 있는 경우는 SSE가 증가하는 것이다.(SST는 변함이 없음.) 선형회귀모형은 계수값을 구할 때 최소자승법을 적용하여 SSE를 최소화하는 것이 목적이다. 그러나 새 변수를 도입하는 것이 SSE를 최소화하는 데 도움이 되지 않는다면, 새 변수의 계수값을 0으로 설정할 것이므로 SSE는 전혀 증가하지 않게 된다. 즉, R^2은 전혀 감소하지 않는다. 따라서, 설명변수의 추가에 따른 상관관계를 파악하려면 조정된 결정계수 R_a^2을 계산한다.

2. **조정된 결정계수 R_a^2**

R_a^2은 다음과 같이 정의된다.

$$R_a^2 = 1-(SSE/SST)(T-1)/(T-k-1)$$

여기서, T는 관측치의 개수, k는 설명변수의 개수이다. 설명변수가 추가되면 $(T-1)/(T-k-1)$의 값은 증가한다. 그러므로 설명변수의 개수(k)가 증가하는 만큼 SSE값이 충분히 감소하지 않는다면 R_a^2값은 감소하게 될 것이다. 즉, 목적변수와 상관이 없는 설명변수가 추가될 경우에는 R_a^2값은 감소하게 된다.

3 **다중공선성(multicollinearity)**

설명변수가 여러 개 있는 중회귀분석을 할 때 다중공선성 문제에 부딪힐 수 있다. 이것은 여러 설명변수들이 목적변수에 대해 서로 중복되게 정보를 제공할 수도 있다는 것을 의미한다. 이러한 경우에는 두 개 이상의 설명변수들이 서로 높게 상관된 것으로 나타난다. 이때는 다른 설명변수가 추가로 제공할 정보가 매우 적다고 할 수 있다.

다중공선성이 일으키는 문제는 각 설명변수가 목적변수에 미치는 영향을 분리하기가 어렵다는 것이다. 즉, 중회귀모형의 계수 추정에 불확실성을 증가시키는 경향이 있으므로 가능하면 다중공선성의 존재여부를 탐지하여 교정한다.

14.10 크리스탈볼 Predictor

앞 절에서 본 바와 같이 예측모형을 직접 스프레드시트에 작성하려면 상당한 노력을 기울여야 한다. 13장에서 설명했던 크리스탈볼에는 예측도구인 Predictor가 제공돼 있다. Crystal Ball>도구>Predictor를 클릭하면 아래의 그림 14.28과 같이 Predictor의 초기화면이 구동된다.

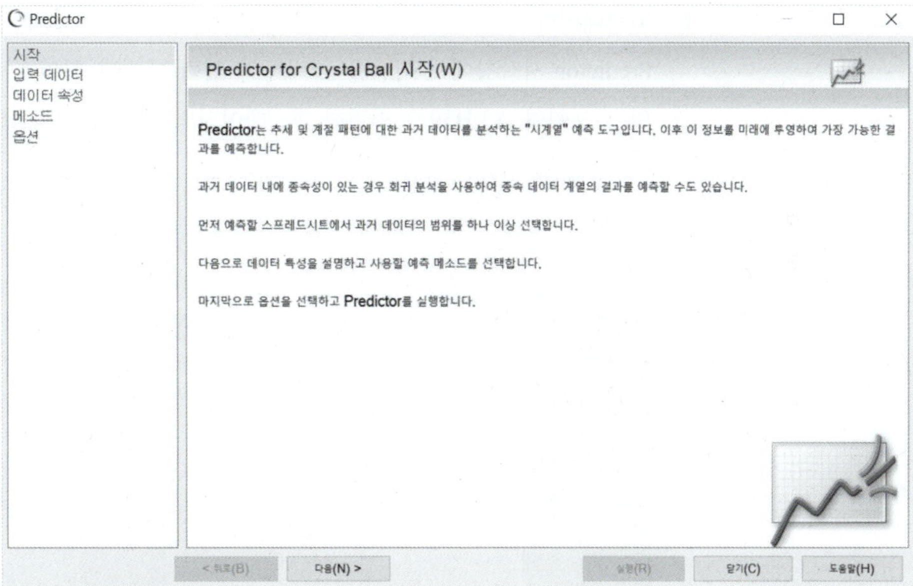

그림 14.28 예측도구 Predictor

14.7절 SK전자의 에어콘 판매량 자료를 통하여 Predictor의 적용 절차를 보인다.

예제 14.8 SK전자_Predictor 시계열 분석

SK전자는 2010, 2011, 2012년도 에어컨의 판매량을 조사한 결과 계절성이 보이는 것으로 판단하였다. 2010년, 2011년, 2012년까지의 에어컨 판매량은 아래의 표 14.9와 같다. SK전자는 2013년도의 1월부터 5월까지의 에어컨 수요량을 예측하기 위하여 크리스탈볼의 Predictor를 적용하고자 한다.

표 14.9 SK전자의 에어컨 판매량

판매량	1월	2월	3월	4월	5월	6월	7월	8월	9월	10월	11월	12월	합계
2010	25	27	30	33	40	50	62	52	44	38	35	30	466
2011	30	35	39	45	50	60	75	90	82	74	70	65	715
2012	55	60	65	73	80	93	110	130	120	110	100	90	1086

크리스탈볼의 Predictor적용

1. 입력데이터

Predictor 시작창에서 다음을 클릭하면 입력 데이터 창이 나타난다. 시계열 자료가 있는 셀영역 A3:B39를 입력한 후, 데이터의 방향과 머리글의 선택 내용을 확인한다. 다음을 클릭한다.

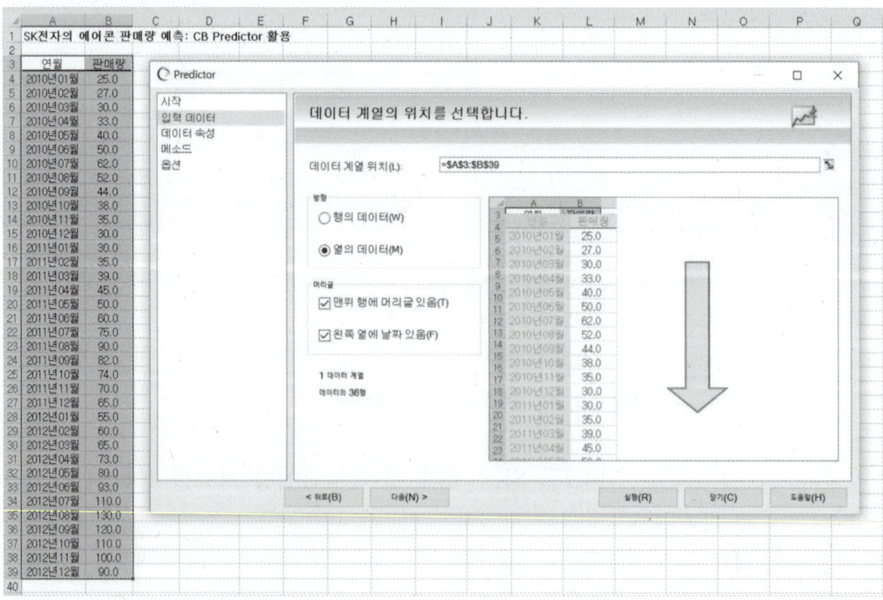

그림 14.29 입력 데이터 설정

2. 자료속성

자료 배열의 시간 단위는 월이므로 첫 선택상자의 데이터 유형을 클릭하여 월로 지정한다. 적용할 여러 예측모형은 우선 계절성 유무에 의해 크게 구분된다. Predictor는 이미 입력된 데이터에 주기가 13월인 계절요인이 포함되어 있음을 알려준다. 데이터의 계절성을 시각적으로 확인하려면 계절성보기(V)를 클릭한다.

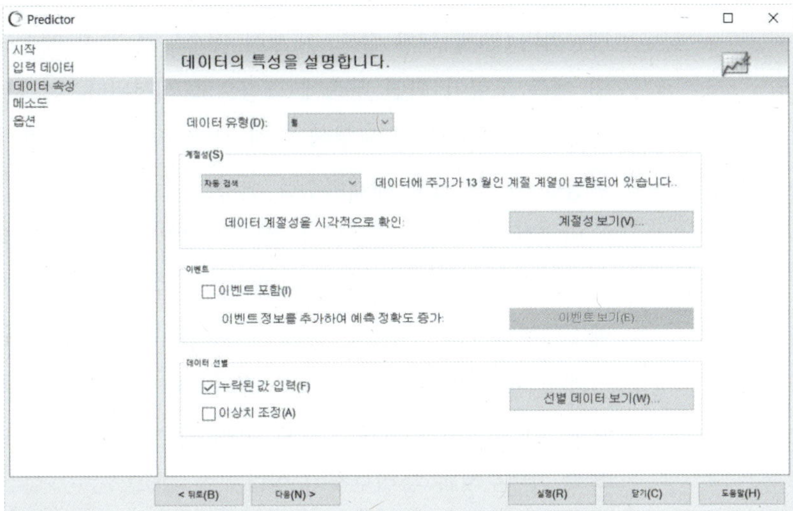

그림 14.30 데이터 속성

계절주기 그래프는 다음 그림 14.31과 같다. 계절주기의 그림과 함께 하단부분에는 계절주기가 13개월로 탐지됨을 알려준다. 우측에 있는 통계량에서는 시계열 자료의 개수 36, 최소치 25, 평균치 63, 최대치 130, 표준편차 28.5, 계절주기 13임을 알 수 있다. 하단의 확인을 클릭하면 데이터 속성의 화면으로 돌아간다.

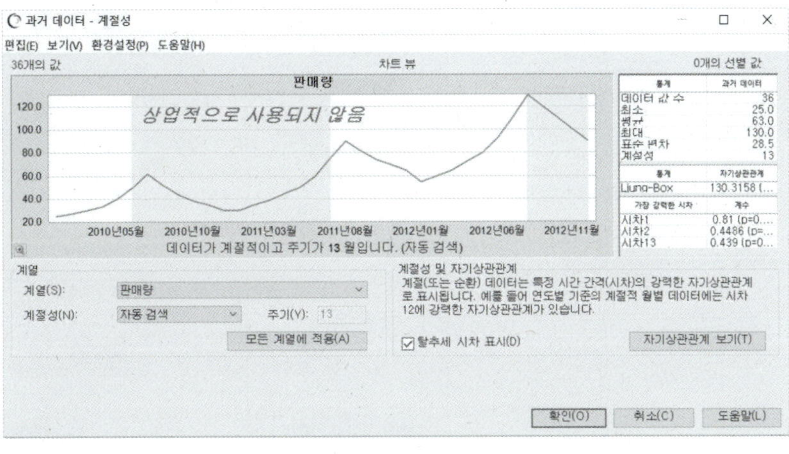

그림 14.31 계절성

3. 메소드

데이터 속성 화면에서 다음을 클릭하면 예측 메소드를 선택하는 그림 14.32가 나온다. 시계열 데이터를 분석하는 예측 메소드로는 크게 비계절 메소드, 계절 메소드, ARIMA(자동회귀 누적이동평균, Auto Regressive Integrated Moving Average) 메소드의 세 그룹으로 제공되며, 세 그룹을 중복적으로 선택하여 예측할 수 있다. 데이터내에 종속성이 있는 경우의 예측을 위해 다중 선형회귀 메소드도 제공한다.(예제 14.9 참조) 비계절 메소드와 계절 메소드를 선택하면 각각 구체적인 예측 모형이 화면 우측에 그림으로 제시된다. 여기서 적용하고자 하는 모형을 선택하면 된다. 특정 모형에 대해 상세히 알고자 하면, 메소드 아이콘을 클릭하여 설명을 볼 수 있고 매개변수를 변경할 수 있다.

비계절 메소드는 계절성이 없는 시계열 데이터에 적용하며 1) 추세를 고려하지 않는 메소드로서 단일이동평균과 단일지수평활 모형이 있고, 2) 추세를 고려하는 메소드로서 이중이동평균, 이중지수평활, 감소추세의 모형이 있다.

계절 메소드에는 1) 계절성을 고려하되 추세가 없는 계절 가법모형과 계절 승법모형, 2) 계절성과 함께 추세도 고려하는 홀트-윈터의 가법모형과 승법모형, 감쇠추세 가법모형과 승법모형이 있다.

가법 모형은 일정한 패턴의 진폭만 있는 경우에 적용하며, 승법 모형은 시간에 따라 증가하거나 감소하는 패턴의 진폭이 있는 경우에 적용한다. 감쇠추세 모형은 곡선이 시간이 지남에 따라 평평해질 때(즉, 감쇠됨) 적용한다.

비계절 메소드와 계절 메소드 전부를 체크하면 Preditor는 그 중 가장 잘 맞는

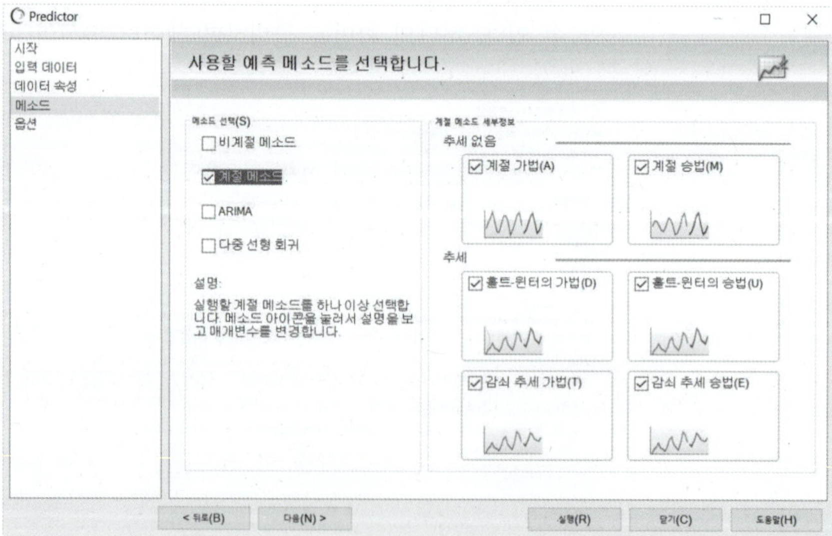

그림 14.32 예측 메소드

예측 모형을 제시하여 주고, 모형의 최적 모수값도 제공해 준다. 모든 모형을 선택하여 예측하더라도 한번에 수천개의 자료들을 예측하지 않는다면, 계산이 많이 느려지지는 않으므로 모두 시도하는 것이 좋다. ARIMA(자기회귀 누적 이동평균) 메소드는 1970년대 G. Box 및 G. Jenkins에 의해 개발된 정교한 메소드로서 단변량 시계열 예측 방법이다.

4. 옵션

다음의 옵션 창에서는 각 예측 메소드를 적용할 때의 옵션을 선택할 수 있다. 즉 오차측정항목으로서 RMSE, MAD, MAPE 방법을 사용하고 있다. 적용하려는 오차측정 항목을 선택한 후 실행(R)을 클릭하면 결과차트를 보여준다.

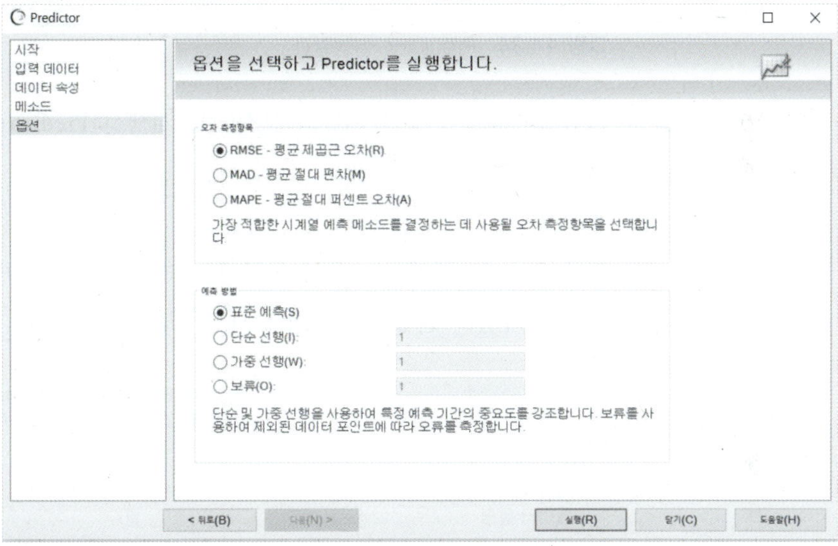

그림 14.33 옵션 선택

5. 실행결과

Predictor는 실행결과로서 과거 자료와 예측 자료의 적합 정도를 먼저 그래프로 보여주고, 예측할 기간에 대응하는 예측 판매량을 평균값과 예측간격으로 도시한 그래프도 이어서 보여준다. 그래프 하단의 메소드에는 가장 적합한 예측모형을 제시하는 데 예제 14.8의 데이터에 가장 적합한 모형으로서 감쇄추세 계절가법을 제안하고 있다. 그 다음 순위로는 홀트-윈터즈의 가법모형방법, 다음으로 계절가법을 제안하고 있다. 우측 창에는 여러 통계량과 더불어 사용된 모형의 모수값을 보여준다. 오차측정 항목으로 선택된 MSE의 값은 6.9이다. 예측에는 항상 불확실성이 동반되므로 예측간격은 우측 하단에서 신뢰수준을 선택함으로써 미래 예측치에 대한 상하한치를 얻을 수 있다.

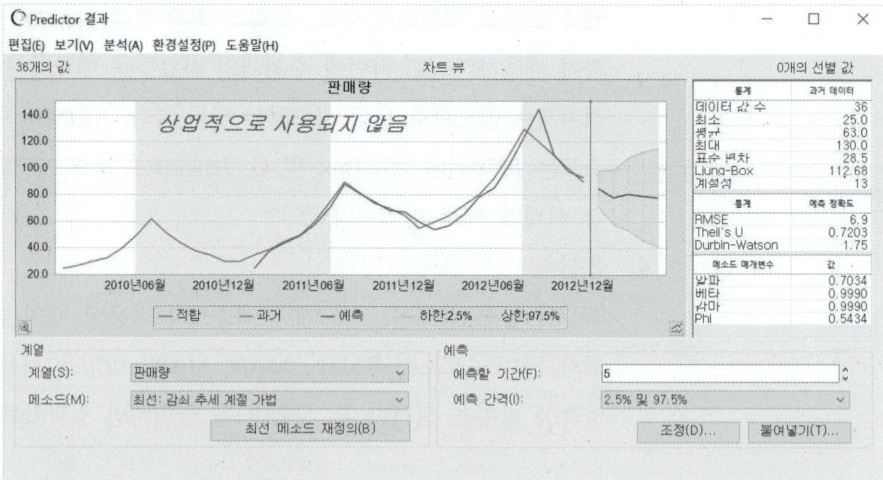

그림 14.34 Predictor 실행결과

그림 14.34에서 상단 메뉴의 분석>보고서생성>Predictor를 선택하면 보고서를 받아 볼 수 있다.

6. 보고서

다음 그림 14.35에서는 요약 보고서를 보여준다. 먼저 예측한 시계열 자료에 대한 데이터 속성과 실행 환경설정에 대해 보여주고 있다.

Crystal Ball 보고서 - Predictor
오후 12:21에서 2021-12-22 생성

요약:

데이터 속성:	
계열 수	1
데이터 유형	월
실행 환경설정:	
예측할 기간	5
누락된 값 입력	설정
이상치 조정	해제
사용된 메소드	계절 메소드
예측 방법	표준 예측
오차 측정항목	RMSE

그림 14.35 Predictor 요약 보고서

다음 보고서 14.36에서는 오차항목 RMSE를 기준으로 최소화하는 감쇠추세 계절 가법의 5달 예측결과를 보여주고 있다.

보고서 14.37에서 Predictor는 SK전자의 시계열 자료에 가장 적합한 최선의 세 모형을 제시하고 RMSE 값들과 추정한 모수 값을 보여준다.

Thiel's U 통계량은 각 예측 메소드가 일상적 예측 메소드(예를 들면, 바로 전 주기의 시계열 자료를 다음 주기의 예측치로 사용함)에 비해 얼마나 잘 예측하는

Predictor 계열

계열:판매량 **범위:$B$4:$B$39**

요약:

최선 메소드	감쇠 추세 계절 가법
오차 측정항목(RMSE)	6.9

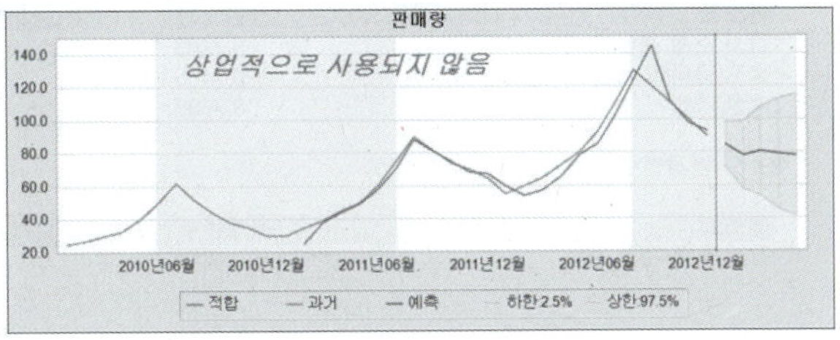

예측 결과:

날짜	하한:2.5%	예측	상한:97.5%
2010년01월	71.6	85.0	98.5
2010년02월	57.6	78.2	98.7
2010년03월	53.7	80.9	108.0
2010년04월	45.5	79.2	112.8
2010년05월	41.3	78.3	115.4

과거 데이터:

통계	과거 데이터
데이터 값	36
최소	25.0
평균	63.0
최대	130.0
표준 편차	28.5
Ljung-Box	130.32 (탈추세)
계절성	13 (자동 검색)
선별 값	0

그림 14.36 Predictor 예측결과 보고서

지를 보여준다. 한 예측 메소드의 Thiel's U 통계량 값이 1이하일수록 일상적 예측 메소드보다 더 나은 예측값을 얻을 수 있음을 의미한다. 1의 값을 가지면 일상예측보다 나을 바 없고, 1보다 크면 더 못하게 예측함을 의미한다.

Durbin-Watson(DW)통계량은 시계열 자료의 자동상관을 측정한다. 자동상관이 강하면 앞뒤의 시계열 자료들이 서로 상관되어 있으므로, 예측오차 간의 확률적 독립성이 적어진다. 이런 경우 예측모형에 심각한 오차가 발생할 수 있다. 자동상관을 측정하는 DW통계량 값은 0과 4사이의 값을 갖는다. 2근처의 값을 가지면 자료간에 심각한 자동상관은 없다. 1이하의 값을 가질수록 강한 양의 상관관계가 존재하며, 3이상의 값을 가질수록 강한 음의 상관관계가 존재한다.

예측 정확도:

메소드	순위	RMSE
감쇠 추세 계절 가법	**최선**	6.9
홀트-윈터의 가법	두 번째	7.1
계절 가법	세 번째	7.2

메소드	Theil's U	Durbin-Watson
감쇠 추세 계절 가법	0.7203	1.75
홀트-윈터의 가법	0.7455	1.60
계절 가법	0.7699	1.53

메소드 매개변수:

메소드	매개변수	값
감쇠 추세 계절 가법	알파	0.7034
	베타	0.9990
	감마	0.9990
	Phi	0.5434
홀트-윈터의 가법	알파	0.9990
	베타	0.0304
	감마	0.9990
계절 가법	알파	0.9990
	감마	0.9990

그림 14.37 Predictor 예측정확도 보고서

체크포인트

1. 예제 14.8에서 SK전자의 시계열 데이터에는 계절성이 존재하므로 계절 메소드의 모형들만을 적용하여 예측하였다. 만일 비계절 메소드의 모형도 추가하여 예측한다면 그 결과는 어떨까? 역시 최선의 예측모형으로 감쇠추세 계절가법을 비롯하여 홀트-윈터의 가법, 계절가법을 제시할 것이다.
2. ARIMA(Autoregressive Integrated Moving Average)메소드에는 비계절 모형인 ARIMA(p,d,q) 모형과 계절 모형인 SARIMA(p,d,q)(P,D,Q) 모형을 제공한다. ARIMA에서 AR은 자기회귀, MA는 이동평균, I는 누적을 의미하는 것으로 차분을 이용하는 시계열 모형이다. 매개변수 p는 AR이, q는 MA가 몇 번째 과거까지 바라보는 지를, d는 차분한 횟수를 의미한다. (P,D,Q)의 매개변수 그룹은 계절값을 나타낸다.
3. 예제 14.8의 시계열 데이터에 ARIMA 메소드를 비계절, 계절 메소드에 포함시켜 예측한다면 어떨까? Predictor는 최선의 모형으로 SARIMA(0,1,1)(1,0,0)를 제시하고 다음으로 감쇠추세 계절가법과 홀트-윈터의 모형을 차선으로 제시하고 있다.

14.9절에서 보였던 예제 14.7에서는 한국통운의 유지비용을 운행거리와 트럭연령의 두 설명변수를 사용하여 설명하는 중회귀직선식을 추정하였다. 여기서 사용했던 도구는 엑셀의 데이터>회귀분석이었다. 다음 예제 14.9에서는 예제 14.7의 데이터에 Predictor의 다중선형회귀 메소드를 간단히 적용하여 동일한 결과를 쉽게 얻을 수 있음을 보이고자 한다.

예제 14.9 한국통운_Predictor의 다중선형회귀 활용

한국통운은 트럭 한 대당 지출되는 연간 유지비용(y)을 예측하기 위하여 설명변수로서 연간 운행거리(x_1)와 트럭의 연령(x_2)을 선택하였다. 트럭의 유지비용을 변수 운행거리 및 트럭연령으로 설명하는 중회귀식을 구하고자 한다. 한국통운은 아래의 표14.10와 같은 자료를 수집하였다. (단위; Km, 연, 만원)

표 14.10 한국통운의 트럭 유지비용 관련자료

운행거리(x_1)	트럭의 연령(x_2)	유지비용(y)
20,000	2	325
25,000	2	400
49,000	3	500
50,000	3	550
62,000	3	570
75,000	4	680
82,000	4	700
83,000	4	710
90,000	5	810
98,000	5	830

1. 입력 데이터

Predictor창을 띄운 후 다음을 클릭하면 입력 데이터창이 나타난다. 시계열 자료가 있는 셀영역 A3:C13을 입력하고 그림과 같이 방향과 머리글을 선택한다. 다음을 클릭한다.

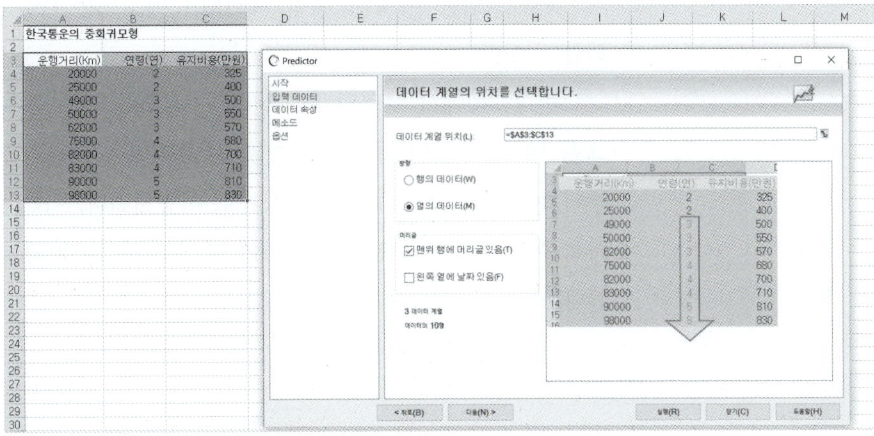

그림 14.38 Predictor 입력 데이터_한국통운

2. **데이터 속성**

데이터 속성의 화면에서 계절성, 이벤트, 데이터 선별 등은 설정된 그대로 두고 다음 단계로 진행한다.

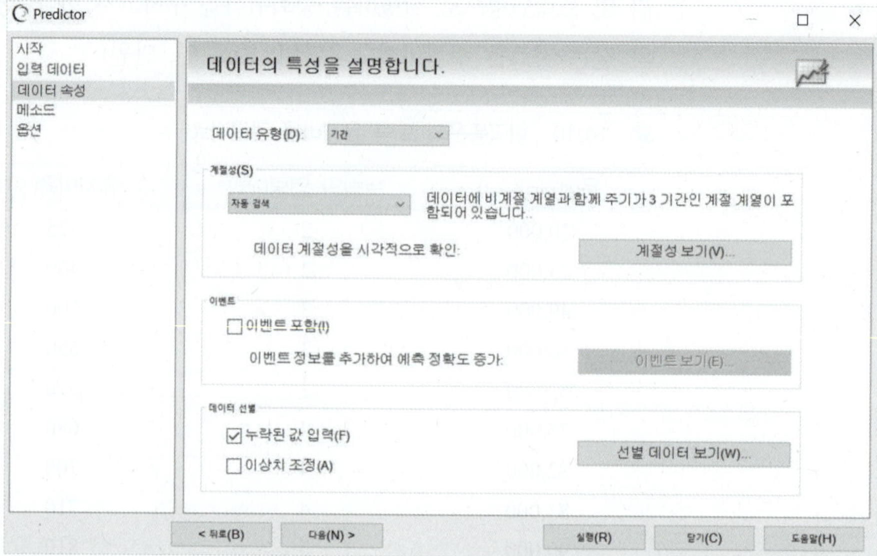

그림 14.39 Predictor 데이터 속성

3. **메소드**

예측 메소드를 지정하는 다음의 그림 14.40이 나온다. 예측방법으로는 다중선형회귀 메소드를 선택한다. Predictor는 예측방법으로 다중회선형귀 메소드만을 선택할 경우, 메시지를 띄어 적어도 다른 하나의 시계열 메소드를 같이 선택하도록 권장한다. 다음 그림은 비계절, 계절, ARIMA 메소드를 다중선형회귀 메소드와 함께 선택한 것이다.

그림 14.40에서 우측의 변수선택(V)를 클릭하면 변수 선택을 위한 화면이 다음 그림 14.41과 같이 뜬다. 종속변수는 유지비용(만원)이므로 좌측 독립변수 상자로부터 선택하여 우측 종속변수 상자로 이동시킨다. 이때 중앙에 있는 화살표를 사용하여 이동시킨다. 확인을 클릭하여 다시 그림 14.40의 메소드 선택 화면으로 돌아간다.

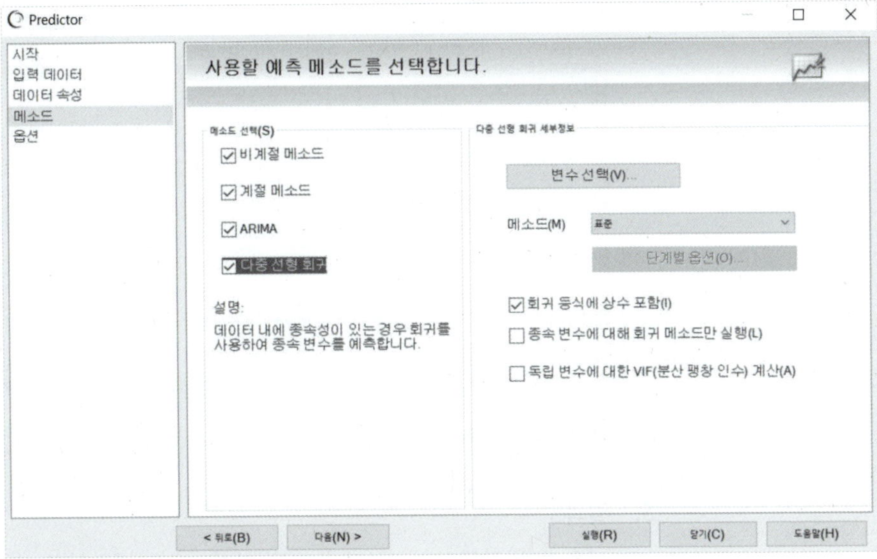

그림 14.40 Predictor 메소드 선택

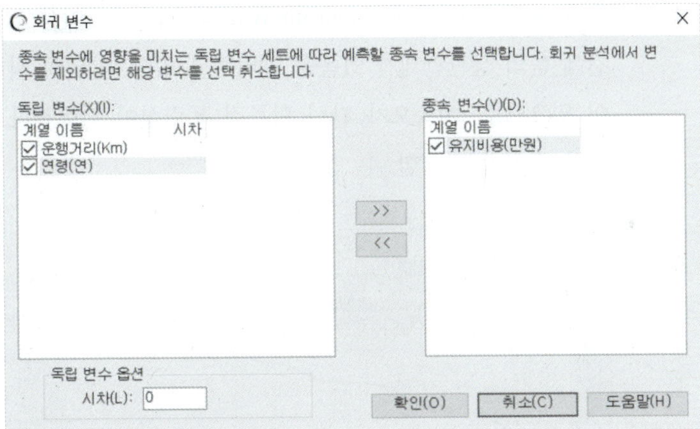

그림 14.41 Predictor 회귀변수 선택

4. 옵션

그림 14.40에서 다음을 클릭하면 옵션 창이 뜬다. 옵션 창에서는 오차측정 항목과 예측방법을 선택할 수 있다. 그림과 같이 RMS와 표준예측을 선택하고 실행을 클릭하면 결과 차트를 보여준다.

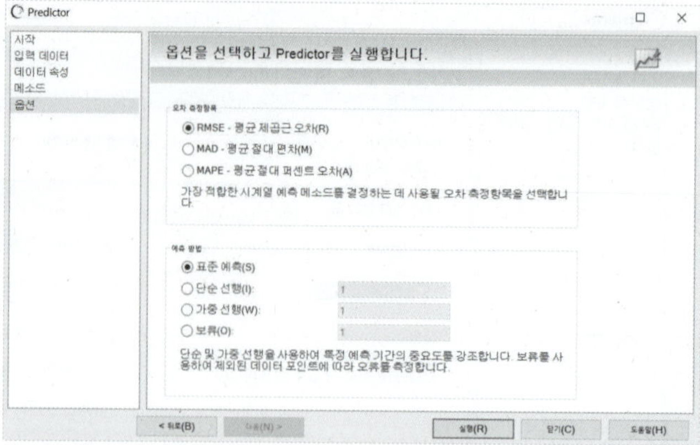

그림 14.42 Predictor 옵션

5. 결과

예측결과 창에서는 기존 자료와 함께 미래 예측치를 그래프로 도시하여 보여준다. 그래프의 하단에는 본 예제의 시계열 자료에 가장 적합한 예측모형으로서 표준회귀 모형을 제시하고 있다. 우측 창에는 여러 통계량과 더불어 사용된 모형의 모수값을 보여준다. 통계량 Durbin-Watson 지수가 3이상 임을 경고하고 있다. 즉 자료간에 음의 상관관계가 있음을 알려주고 있다. 앞뒤의 시계열 자료들이 서로 상관되어 있으므로, 예측오차 간의 확률적 독립성이 적어진다. 이런 경우 예측모형에 심각한 오차가 발생할 수 있다.

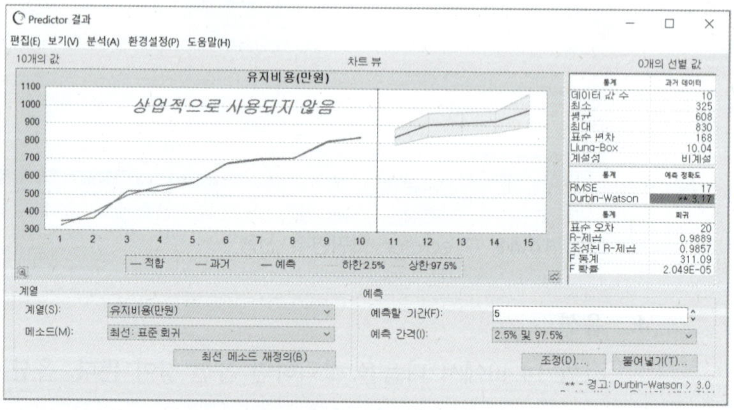

그림 14.43 Predictor 예측결과

예측에는 항상 불확실성이 동반되므로 우측 하단에서 신뢰수준을 선택, 정확도를 설정함으로써 미래 예측치에 대한 상하한치를 얻을 수 있다. 그림에서는 예측할 상하한 그래프의 신뢰구간으로 5%~95%를 선택하였다.

그림 14.43의 메뉴에서 분석>보고서 생성>Predictor>확인을 선택하면 회귀분석

보고서를 얻을 수 있다.

6. 보고서

보고서에서 시계열 분석에 대한 결과를 제외하고, 회귀분석에 대한 부분만을 제시하면 다음 그림 4.44와 같다. 조정된 결정계수는 0.9857로 계산되었다. 구하려는 중회귀식의 각 계수는 독립변수 운행거리(Km)의 계수는 0.0037, 독립변수 연령(연)의 계수는 64.09이며, 상수는 149.92이다. 이 수치는 앞의 14.9절에서 엑셀로 분석한 수치와 동일하다.

회귀 통계:

통계	회귀
표준 오차	20
R-제곱	0.9889
조정된 R-제곱	0.9857
F 통계	311.09
F 확률	2.049E-05
독립 변수:	
포함됨	2
제외됨	0

회귀 변수:

변수	계수	t 통계	t 확률
운행거리(Km)	0.0037	3.53	0.0096
연령(연)	64.09	2.47	0.0428
상수	149.92	4.74	0.0021

회귀에 대한 ANOVA:

소스	제곱 합	자유도	평균 제곱 합
회귀	251137	2	125569
오류	2825	7	404
합계	253963	9	

예측 정확도:

메소드	순위	RMSE
표준 회귀	**최선**	**17**
이중 이동 평균	두 번째	25
ARIMA(1,1,1)	세 번째	42

메소드	Theil's U	Durbin-Watson
표준 회귀		3.17 **
이중 이동 평균	0.3300	2.09
ARIMA(1,1,1)	0.5257	2.70

** - 경고: Durbin-Watson > 3.0

메소드 매개변수:

메소드	매개변수	값
표준 회귀	—	—
이중 이동 평균	순서	3
ARIMA(1,1,1)	—	—

그림 14.44 회귀분석 보고서

연습문제

※ 다음 연습문제 1은 14.3절 이동평균법과 관련된 문제이며, 문제 2~4, 13~15는 14.4절 단순지수평활법, 문제 5와 16은 14.5절 추세를 고려한 Holt의 지수평활법, 문제 6~8, 17, 18은 Winters의 모형, 문제 9~10은 14.8절 단순선형회귀모형, 문제 11은 14.9절 중회귀모형, 문제 12는 14.10절 크리스탈볼 Preditor와 관련된 문제이다.

1 다음의 표는 최근 6주간 KT의 주식가격 변화를 정리한 것이다.

(1) 3일 이동평균법을 사용하여 일련번호 30의 한국통신공사 주식가를 예측하시오. 평균절대오차(MAE)는 얼마인가?

(2) 5일 이동평균법을 사용하여 일련번호 30의 주식가를 예측하시오. 평균절대오차는 얼마인가?

(3) 위의 두 산출기간인 3일과 5일 중에서 어느 것이 더 적절한가?

일련번호	주식가	일련번호	주식가	일련번호	주식가
1	63,600	11	64,200	21	61,000
2	58,000	12	64,800	22	63,500
3	61,500	13	66,400	23	63,300
4	63,500	14	70,000	24	66,500
5	59,000	15	68,100	25	66,800
6	61,500	16	68,200	26	67,900
7	63,500	17	64,000	27	69,400
8	65,000	18	59,000	28	67,700
9	65,500	19	59,000	29	68,000
10	66,800	20	63,000	30	?

2 하이마트 일산점은 VCR판매량을 예측하려 한다. 판매량은 월단위로 집계하고 평활상수는 $\alpha =$ 0.2를 사용한다. 2월의 판매량이 집계된 후 3월 판매량에 대한 예측치는 100대로 계산되었다.

(1) 3월말에 조사한 결과 한 달 동안 판매량은 120이다. 4월 판매량에 대한 예측치는 얼마인가?

(2) 5월 판매량에 대한 예측치는 얼마인가?

3 24시 마트는 카세트 공 테이프의 월 판매량을 예측하고자 한다. 판매량에는 뚜렷한 추세경향이나 계절요인은 보이지 않는다. 따라서 단순지수평활모형을 사용하기로 하였다. 10월에 실시한 11월의 예측치는 400개였다. 11월의 판매량 실적은 500개, 12월 판매량 실적은 450개였다. 12월 말에 24시 마트는 내년도 1, 2, 3월에 판매 가능한 총 판매량을 예측하고자 한다. 평활상수 $\alpha = 0.5$를 사용해서 예측량의 합을 구하시오.

4 다음의 자료는 최근 20개월 동안 한 백화점의 전자코너에서 판매한 MP3플레이어의 판매량이다.

월번호	1	2	3	4	5	6	7	8	9	10	11	12	13	14	15	16	17	18	19	20
판매량	27	28	33	39	40	41	42	43	42	43	46	45	47	48	49	48	52	53	54	55

(1) 지수평활법을 사용할 때 RMSE를 최소화하는 평활상수 α의 값은 얼마인가? 해찾기를 적용하시오.

(2) 지수평활법에 의한 계산된 예측치들의 평균백분율오차(MAPE)는 얼마인가?

(3) 월번호 21과 22의 예측치는 얼마인가?

5 현대자동차 강남영업소는 주별 자동차 판매량을 예측하는데 Holt의 방법을 사용한다. 수준평활상

수는 $\alpha=0.2$, 추세평활상수는 $\beta=0.2$를 적용한다. 6월까지의 주당 판매수준은 50대이고, 추세치는 주당 5대이다. 7월 첫 주의 판매량은 45대였다.

(1) 7월 2주의 판매량 예측치는 얼마인가?

(2) 7월 3주의 판매량 예측치는 얼마인가?

6 다음은 한 대리점에서 판매한 모토사이클의 분기별 판매자료이다.

2006	1	2	3	4	2007	1	2	3	4	2008	1	2	3	4
	19	21	32	27		22	24	44	32		27	38	49	39

(1) Winters 가법방법을 적용하고, 최적의 α, β, γ를 구하시오.

(2) 원래의 자료와 예측치를 비교하는 비교차트를 도시하시오.

(3) 2009년도의 1, 2분기 예측치를 구하시오.

7 한빛은행은 Winter의 방법을 적용해서 요일별 고객수를 예측하려 한다. 평활상수는 수준이 $\alpha=0.1$, 추세가 $\beta=0.2$, 계절이 $\gamma=0.3$이다. 한빛은행은 주 5일 영업을 하고 있으며 요일별 계절지수는 월요일 0.9, 화요일 0.8, 수요일 0.95, 목요일 1.15, 금요일 1.2이다. 여기서, 월요일의 계절지수가 0.9라는 것은 월요일 고객의 수가 한 주 동안(5 영업일)의 평균고객수의 90%라는 것을 의미한다. 지난 주 금요일의 고객의 수는 30명이었다. 이번주 월요일 마감 시간에 집계한 고객의 수는 26명이라 한다.

(1) 화요일 고객의 수는 몇 명으로 예측되는가?

(2) 수요일 고객의 수는 몇 명으로 예측되는가?

8 다음은 한 대리점에서 판매한 모토사이클의 분기별 판매자료이다.

2020	1	2	3	4	2021	1	2	3	4	2022	1	2	3	4
	19	21	32	27		22	24	44	32		27	38	49	39

(1) Winters 승법방법을 적용하고, 최적의 α, β, γ를 구하시오.

(2) 원래의 자료와 예측치를 비교하는 비교차트를 도시하시오.

(3) 2023년도의 1, 2분기 예측치를 구하시오.

9. 다음은 한 중형승용차가 연도별로 가격이 얼마나 떨어지는 가를 보기 위해서 조사한 중고차가격의 자료이다. (단위: 백만원)

연도	1	2	3	4	5	6	7	8	9	10
가격	1,400	1,100	850	650	450	350	300	180	130	80

(1) 분산형 차트를 도시하고 회귀직선식을 구하라.

(2) 5년후 승용차가격의 95% 신뢰구간을 구하시오.

10 다음의 자료는 자동차 전문잡지인 C지에서 특정 수입차에 대해 차연령에 따른 평균 차량 유지비를 조사한 것이다.

연령	1	2	2	3	3	4	4	5	5	6	6	7	7
차량 유지비	20	65	75	91	104	97	106	103	119	140	160	190	200

(1) 분산형 차트를 도시하고 회귀직선식을 넣으시오.

(2) 차량유지비를 목적변수 y로, 차의 연령을 설명변수 x로 할 때 선형회귀선의 절편과 기울기를 구하시오.

11 우리 농산물을 취급하는 한살림은 최근 새로운 과수원 농가와 계약을 맺으면서 특정 과일의 수분과 당도에 따른 소비자의 선호도를 아래의 표와 같이

조사하였다. 수분의 함량을 x_1, 당도를 x_2, 소비자의 선호도를 y라 하자.

수분	당도	선호도
1.0	2.5	65
1.5	3.0	66
2.0	3.5	68
2.5	4.0	70
3.0	4.5	73
3.5	5.0	75
4.0	5.5	75
4.5	6.0	78
5.0	6.5	80
5.5	7.0	83
6.0	7.5	85
6.5	8.0	86

(1) 수분과 선호도의 산점도 그래프 및 추세선을 그리시오.

(2) 중회귀직선을 구하시오.

(3) 위 회귀식을 사용하여 수분 5.5, 당도 8.0일 때의 선호도는 얼마인가?

12 다음의 표는 어느 해의 5월 한 달 동안 KB금융의 주식가격을 정리한 것이다.

(1) Predictor를 사용하여 6월 1일의 미래 주식가격을 예측하시오.

(2) 관측치와 예측치를 비교하는 차트를 작성하시오.

13(단순지수평활모형) 사자주류회사는 프랑스산 백포도주의 판매량을 예측하는데 단순지수평활모형을 적용하고자 한다. 평활상수는 $\alpha = 0.2$를 적용한다. 9월의 판매량을 관측한 후, 10월의 예측치는 2,000상자였다.

(1) 10월초에 12월의 백포도주 수요량에 대해 예측하면 그 예측치는 얼마인가?

(2) 10월과 11월에 들어서서 실제 판매된 백포도주는 각각 2,500상자와 1,500상자였다. 11월의 판매량을 관측한 후, 예측할 경우 12월 예측치는 얼마인가?

(3) 10월과 11월 동안의 평균수요량은 (2,500 + 1,500)/2 = 2,000상자이다. 이것은 10월과 11월의 판매 실적을 관측하기 전에 미리 예측한 판매량과 같다. 그럼에도 10월과 11월의 판매량을 관측한 후 예측한 12월의 예측양은 9월말에 실시한 예측양보다도 적게 계산되었다. 그 이유는 무엇에 기인하는가?

14 드림랜드 대우대리점은 월별 VCR판매량을 단순지수평활모형으로 예측한다. 평활상수는 $\alpha = 0.2$를 사용한다. 8월 판매량을 집계한 후 9월 판매량을 예측한 결과 200대로 계산되었다.

(1) 9월 한 달 동안의 판매량을 집계한 결과 210대가 판매되었다. 10월 판매량에 대한 예측치는

문제 12번 표

월일	주식가	월일	주식가	월일	주식가	월일	주식가
5월 4일	45,700	5월 13일	44,650	5월 21일	46,800	5월 29일	40,000
6일	45,350	14일	42,500	22일	45,400	6월 1일	?
7일	46,300	15일	44,300	25일	45,000		
8일	45,500	18일	45,000	26일	43,100		
11일	45,950	19일	47,800	27일	42,850		
12일	43,800	20일	47,000	28일	41,600		

얼마이겠는가?

(2) 6월의 판매량은 19대로 기록되어 그대로 예측에 반영되었다. 그러나 실제 판매량은 190대였다고 한다. 이 사실을 파악한 후 10월 판매량의 예측치는 얼마로 수정되어야 하겠는가?

15 르노자동차 회사는 월 자동차 판매량을 예측하기 위해서 단순지수평활모형을 사용하려고 한다. 이것은 월 판매량 변화에 추세나 계절성이 보이지 않기 때문이다. 다만, 3월의 판매량은 최근 몇 년 동안 단순지수평활모형의 예측치보다 평균 150대 더 많이 발생해 왔다. 2012년 2월말의 수준치는 600대였다. 3월 판매량 실적을 조사한 결과 800대가 판매되었다. 단순 지수평활지수는 $\alpha=0.2$를 적용하고 있다.

(1) 2012년 3월말에 예측한 4월의 판매량 예측치는 얼마인가?

(2) 4월의 판매량에 대해서 95%신뢰할 수 있는 예측치의 범위를 구하시오. 단, 평균절대오차(MAE)는 40대로 계산되었다.

(힌트. 95%신뢰구간은 예측치 ± 2(StErr)이다. StErr = 1.25MAE이다.)

16 한국유통은 월별 DVD판매량을 예측하기 위해서 Holt의 방법을 적용한다. 수준평활상수 $\alpha=0.2$, 추세평활상수는 $\beta=0.4$를 사용한다. 3월에 예측한 수준치 및 추세치는 $L_1=200$, $T_1=10$이다. 4월의 판매량 실적을 집계한 결과 220대였다.

(1) 4월의 수준 예측치 및 추세 예측치는 얼마인가?

(2) 5월 판매량에 대한 예측치는 얼마인가?

(3) 5월 판매량에 대해 95%신뢰할 수 있는 예측치의 구간은 얼마인가? 예측절대오차(MAE)는 25대이다.

17 주류판매 체인은 참이슬의 분기별 판매량에 계절요인이 있음을 파악하고 Winter의 방법을 사용하여 예측하고자 한다. 예측을 위해 관련된 자료들을 분석한 결과 다음과 같다. 즉, 봄, 여름, 가을, 겨울의 계절지수는 각각 0.9, 0.8, 1.3, 1.4이다. 현 가을 분기에서 겨울 분기에 대해 예측한 수준치는 2,000상자, 추세치는 200상자이다. 평활상수는 수준이 $\alpha=0.2$, 추세가 $\beta=0.3$, 계절이 $\gamma=0.4$이다. 겨울 분기에 판매한 실적을 집계한 결과 3,000상자였다.

(1) 겨울철 판매량의 수준치와 추세치를 계산하고 계절지수를 구하시오.

(2) 다음해 봄 분기의 판매량을 예측하시오.

(3) 다음해 여름 분기의 판매량을 예측하시오.

18 신한은행은 월요일부터 토요일까지 영업을 한다. 신한은행은 요일별 고객의 수를 예측하기 위해서 Winter의 방법을 적용하려 한다. 사용하려는 평활상수값은 수준이 $\alpha=0.2$, 추세가 $\beta=0.2$, 계절이 $\gamma=0.5$이다. 11월 13일(월요일)에 대한 수준 예측치와 추세 예측치는 각각 $L_t=100$, $T_t=0$이였다. 요일별 계절지수는 화요일 0.8, 수요일 0.9, 목요일 1.2, 금요일 1.3, 월요일 0.7로 추정되었다. 11월 14일(화요일)에 92명의 고객이 은행을 방문하였다.

(1) 11월 15일(수요일)에는 몇 명의 고객이 방문하리라 예측하는가?

(2) 11월 16일(목요일)에는 몇 명의 고객이 방문하리라 예측하는가?

19 스티브 박은 삼부증권사의 재무분석가로서 현재 동성물산의 투자등급을 재평가하는 작업을 하고 있다. 재평가를 위하여 분석해야 할 중요한 요인은

자산의 변동추이이다. 다음 표는 동성물산의 최근 10년간에 걸친 자산가치의 변화를 정리한 것이다. (단위; 억원)

년도	2012	2013	2014	2015	2016	2017	2018	2019	2020	2021
자산	2500	2800	2840	3140	3760	3820	3770	4030	4340	4630

스트브 박은 자산추이에 일정한 증가추세가 있는 것으로 보고 Holt의 방법을 적용하려고 한다. 스티브 박은 수준 평활상수로서 α=0.1, 추세 평활상수로서 β=0.2를 사용하기로 하였다.

스티브 박은 2022년도와 2023년도 동성물산의 자산가치를 어떻게 예측하겠는가?

(1) 분산형 차트를 작성하고 선형의 추세성향이 있는지를 판단하라.

(2) 수준 평활상수와 추세 평활상수의 최적값은 무엇인가? 이때의 예측치는 얼마인가?

(3) Predictor에 있는 Holt의 방법을 적용하여 예측하시오.

(4) Predictor를 사용하여 가장 예측오차가 적은 예측모형은 무엇인가?

참고문헌

김세헌, 현대경영과학, 무역경영사, 2000.

박순달, 경영과학, 민영사, 1998, pp. 15-20.

Andrews, B., and H. Parsons, "Establishing Telephone-Agent Staffing Levels through Economic Optimization", *Interfaces 23,* No. 2, 1993, pp. 14-20.

Bell, et al., "Improving the distribution of industrial gases...," *Interfaces* 13, No. 6, 1983, pp. 6~23.

Bland, Robert G. "New finite pivoting rules for the simplex method". *Mathematics of Operations Research* 2, No. 2, 1977, pp. 103 -107.

Cooper, W. W., L. M. Seriford, and K. Tone, *Data Envelopment Analysis: A Comprehensive Text with Models, Applications, References and DEA-Solver Software*, Kluwer Academic Publisher, 2000.

Churchman, C. W., *The Systems Approach,* A Delta Book, 1968.

Churchman, C. W., R. Ackoff, E.L. Arnoff, *Introduction to Operations Research,* John Wiley & Sons, New York, 1957.

Cunningham, K., L. Schrage, "Optimization models with spreadsheets program," Graduate School of Business, University of Chicago, 1985.

Dantzig, G., *Linear Programming and Extensions,* Princeton University Press, 1963.

Drucker, Peter F. *Management: Tasks, Responsibilities, Practices,* Harper Business, 1993, pp. 58-61.

Fylstra, D., L. Lasdon, J. Watson, A. Karen, "Design and Use of the Microsoft Excel Solver," *Interfaces* 28, No. 5, 1998, pp. 29-55.

Gass, S. A., D. Hirshfield, E. A. Wasil, "Model World: The Spreadsheeting of OR/MS," *Interfaces* 30, No. 5, 2000, pp. 72-81.

Glover, et al., "The passenger-mix problem in the scheduled airlines," *Interfaces* 12, No. 3, 1982, pp. 73~80.

Hillier, F. S. and G. J. Lieberman, *Introduction to Operations Research,* seventh edition, McGraw-Hill, 2001.

Howard, R. "Heathens, Heretics, and Cults: The Religious Spectrum of Decision Aiding," *Interfaces* 22, No. 6, 1992, pp. 15-27.

Karmarkar, N., "A New polynomial Time Algoriths for Linear Programming," *Combinatorica* 4, No. 3, 1984, pp. 272-395. (Karmarkar's method for solving LPs.)

Krumm, F. V., C. F. Rolle, "Management and Application of Decision and Risk Analysis in Du Pont," *Interfaces* 22, No. 6, 1992, pp. 84-93.

Laval, C. et al., "Hewlett-Packard Combined OR and Expert Knowledge to Design Its Supply Chains," *Interfaces* 35, No. 3, 2005, pp. 238-247.

LeBlanc, L., et al., "Nu-kote's Spreadsheet Linear-Programming Models for Optimizing Transportation," *Interfaces* 34, No. 2, 2004, pp. 139-146.

Leon, L., Z. Przanski, K. C. Seal, "Spreadsheets and OR/MS Models: An End-User Perspective," *Interfaces* 26, No. 2, 1996, pp. 92-104.

Poundstone, W., *Prisoner's Dilemma,* Anchor Books, New York, 1992.

Robinson, S., et al, "Teaching OR/MS to MBA at Warwick Business School: A Turnaround Story," *Interfaces* 33, No. 2, 2003, pp. 67-76.

Tversky, A., and D. Kahnemann "The Framing of Decisions and the Psychology of Choice," *Science* 211, 1981, pp. 451-458.

Wayne L. Winston, *Operations Research: Applications and Algorithms,* Thomson, 2004, pp. 755-757.

Winston W. L., "The Teachers' Forum: Management Science with Spreadsheets for MBAs at Indiana University," *Interfaces* 26, No. 2, 1996, pp. 105-111.

Winston, W. L. and S. C. Albright, *Practical Management Science*, second edition, Duxbury, 2000.

1장

1.4 전체적 관점에서 종합적으로 문제에 접근하기 위하여, 문제의 목적, 문제에 관련된 요소, 제약조건, 문제에 관련된 환경과의 관계, 등을 명확히 규명하기 위해서, 시스템의 상태와 시스템의 특성치 등으로 시스템의 경영 과업을 분명히 이해하기 위하여.

1.6 수학적(계량적)모형을 활용하여 과학적 적용절차를 따른다는 점, 학제적이며 시스템적 접근을 하고 컴퓨터를 활용한다는 점을 들 수 있다.

1.10 자연과학은 자연현상을 일반적인 우주법칙으로 설명하려고 한다면 경영과학은 경영의 현실의 문제에 대하여 수학적 모형을 수립하고 그것을 검증하여 사용한다는 점, 자연과학은 과학의 가치를 추구하는 반면 경영과학은 경제적 가치를 추구한다는 점이 다름.

1.13 (1) 1,400 (개), 28,000 (천원) (2) 7,000 (천원) (3) 아래 그림 참고

	A	B	C	D	E	F	G
1	해답 1-13						
2							
3	상수	2000					
4	비례계수	-30					
5							
12	(3)	(단위: 천원, 개)					
13							
14		가격	수요량	판매액	개당 생산원가	총생산원가	판매이익
15		20	1,400	28,000	15	21,000	7,000
16		25	1,250	31,250	15	18,750	12,500
17		30	1,100	33,000	15	16,500	16,500
18		35	950	33,250	15	14,250	19,000
19		40	800	32,000	15	12,000	20,000
20							
21		C15 =$B$3+$B$4*B15 C16:C19 자동복사					
22		D15 =B15*C15 D16:D19 자동복사					
23		F15 =C15*E15 F16:F19 자동복사					
24		G15 =D15-F15 G16:G19 자동복사					
25							

1.14 아래 그림 참조

	A	B	C	D	E
1	해답 1-14				
2					
3	상수	10.25			
4	광고비 비례계수	0.70			
5	판매가격 비례계수	-3.0			
6					
7		(단위: 만원, 대)			
8		광고비	판매가격	판매수량	판매금액
9		400	3	281.25	843.75
10		500	3	351.25	1053.8
11		600	3	421.25	1263.8
12		700	3	491.25	1473.8
13		800	3	561.25	1683.8
14		900	3	631.25	1893.8
15		1000	3	701.25	2103.8
16					
17	D9 =$B$3+$B$4*B9+$B$5*C9 D10:D15 자동복사				
18	E9 =C9*D9 E10:E15 자동복사				

1.15 (1) 2,440 (천달러) (2) & (3) 아래 그림 참고

	A	B	C	D
1	해답 1-15			
2				
3		고정비	60	(천달러)
4		변동비(생산단가)	0.75	(천달러)
5		판매가격	1	(천달러)
6				
7	(단위: 천달러, 대)			
8	판매대수	판매금액	총비용	판매이익
9	10,000	10,000	7,560	2,440
10	15,000	15,000	11,310	3,690
11	20,000	20,000	15,060	4,940
12	25,000	25,000	18,810	6,190
13	30,000	30,000	22,560	7,440
14	35,000	35,000	26,310	8,690

Y = X - (60 + 0.75X) = 0.25X - 60 (천달러)

B9 =$C$5*A9
C9 =$C$3+$C$4*A9
D9 =B9-C9

1.16 아래 2개 그림 참조

	A	B	C	D	E	F	G	H	I	J
1	해답 1-16									
2					E6 =E$4*E5*(1-E5) E7:E30 자동복사					
3	시장점유율의 변화									
4	R(상수)	2.0		0.5	1.0	1.5	2.0	2.5	3.0	3.5
5	초기년도	0.7		0.7	0.7	0.7	0.7	0.7	0.7	0.7
6	1년	0.42		0.11	0.21	0.32	0.42	0.53	0.63	0.74
7	2년	0.49		0.05	0.17	0.32	0.49	0.62	0.70	0.68
8	3년	0.50		0.02	0.14	0.33	0.50	0.59	0.63	0.76
9	4년	0.50		0.01	0.12	0.33	0.50	0.61	0.70	0.64
10	5년	0.50		0.01	0.11	0.33	0.50	0.60	0.63	0.81
11	6년	0.50		0.00	0.09	0.33	0.50	0.60	0.70	0.55
12	7년	0.50		0.00	0.09	0.33	0.50	0.60	0.63	0.87
13	8년	0.50		0.00	0.08	0.33	0.50	0.60	0.70	0.40
14	9년	0.50		0.00	0.07	0.33	0.50	0.60	0.63	0.84
15	10년	0.50		0.00	0.07	0.33	0.50	0.60	0.70	0.47
16	11년	0.50		0.00	0.06	0.33	0.50	0.60	0.63	0.87
17	12년	0.50		0.00	0.06	0.33	0.50	0.60	0.70	0.39
18	13년	0.50		0.00	0.05	0.33	0.50	0.60	0.63	0.83
19	14년	0.50		0.00	0.05	0.33	0.50	0.60	0.70	0.48
20	15년	0.50		0.00	0.05	0.33	0.50	0.60	0.63	0.87
21	16년	0.50		0.00	0.05	0.33	0.50	0.60	0.70	0.39
22	17년	0.50		0.00	0.04	0.33	0.50	0.60	0.64	0.83
23	18년	0.50		0.00	0.04	0.33	0.50	0.60	0.69	0.50
24	19년	0.50		0.00	0.04	0.33	0.50	0.60	0.64	0.87
25	20년	0.50		0.00	0.04	0.33	0.50	0.60	0.69	0.38
26	21년	0.50		0.00	0.04	0.33	0.50	0.60	0.64	0.83
27	22년	0.50		0.00	0.04	0.33	0.50	0.60	0.69	0.50
28	23년	0.50		0.00	0.03	0.33	0.50	0.60	0.64	0.87
29	24년	0.50		0.00	0.03	0.33	0.50	0.60	0.69	0.38
30	25년	0.50		0.00	0.03	0.33	0.50	0.60	0.64	0.83

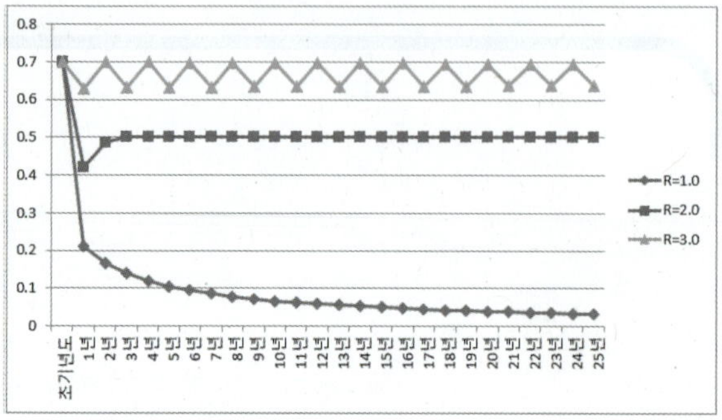

1.17 아래 그림 참조 (B40의 손익분기점의 정확한 계산값은 '목표값 찾기'에 의한 것임)

	A	B	C	D	E	F
1	해답 1-17					
2						
3	초기투자	10000	(만원)			
4						
5	필요한 자원(단위, 시간)					
6		나무	작업시간			
7	1주간 가용량	80	60			
8	책상 한개당 소요자원	5	4			
9	자원 단위당 원가(만원)	3	2			
10						
11	1주간 생산가능 대수	16	15	min	15	(대)
12						
13		판매가격	변동생산원가	개당 공헌이익		
14	책상 한대당 공헌이익	40	23	17	(만원)	
15						
16	연간 최대생산 대수	780	(대)	최대 순이익	3,260	(만원)
17		(52주 가정)				
18						
19	년간 판매 예측	판매금액	총생산비용	년간 순이익		
20	300	12,000	16,900	-4,900		
21	330	13,200	17,590	-4,390		
22	360	14,400	18,280	-3,880		
23	390	15,600	18,970	-3,370		
24	420	16,800	19,660	-2,860		
25	450	18,000	20,350	-2,350		
26	480	19,200	21,040	-1,840		
27	510	20,400	21,730	-1,330		
28	540	21,600	22,420	-820		
29	570	22,800	23,110	-310		
30	600	24,000	23,800	200		
31	630	25,200	24,490	710		
32	660	26,400	25,180	1,220		
33	690	27,600	25,870	1,730		
34	720	28,800	26,560	2,240		
35	750	30,000	27,250	2,750		
36	780	31,200	27,940	3,260		
37						
38						
39	BEP(손익분기점) 계산	판매대수	순이익			
40		588.2352941	0			

B11 =B7/B8
C11 =C7/C8
E11 =MIN(B11,C11)
C14 =SUMPRODUCT(B8:C8,B9:C9)
D14 =B14-C14
B16 =E11*52
E16 =B16*D14-B3
B20 =$B$14*A20
C20 =$B$3+$C$14*A20

C40 =B40*B14-(B40*C14+B3)

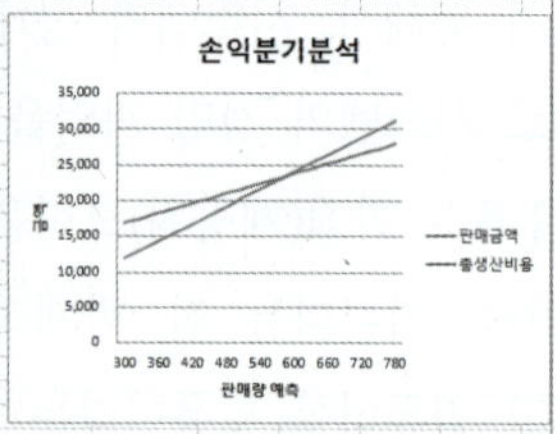

2장

2.1 3대, 4대, 180(천불)

2.2 각각 120대, 0대 생산할 때, 총판매이익(목표셀): 2400만원.

2.3 유모차: 5대, 보행기: 40대, 총 판매이익(목표셀): 950만원.

2.4 유모차: 12.5, 보행기-대: 20, 보행기-중: 15, 보행기-소: 5, 총 판매이익(목표셀): 1255만원.

2.5 아래 그림 참조

	A	B	C	D	E	F
1	해답 2-05 : ㈜소아의 제품배합문제-원가를 고려해야 하는 경우(최적해)					
2						
3	입력자료					
4		단위당 기계작업시간			기계가동 비용	
5		유모차	보행기		만원/시간	
6	기계1	8	3	기계1	6	
7	기계2	4	4	기계2	5.5	
8	기계3	4	0	기계3	5	
9						
10	판매금액	120	60			
11						
12	모형					
13	생산계획	유모차	보행기			
14	생산	18	32			
15			<=			
16	최대수요		40			
17		(시간)		이용가능시간		
18	기계1 이용시간	240	<=	240		
19	기계2 이용시간	200	<=	200		
20	기계3 이용시간	72	<=	100		
21						
22		(만원)				
23	주간 총판매이익	4080		B23 =SUMPRODUCT(B14:C14,B10:C10)		
24	기계가동비용	2900		B24 =SUMPRODUCT(E6:E8,B18:B20)		
25				B26 =B23-B24		
26	주간 이익	1180				
27						

2.6 (1) 3,572.22원(한 마리당) (2) 3,838.75원 (3) 1.045와 0.696 배합, 2,999.69원 (4) 572.5원

2.7 2000, 3500배럴 구입하고, 비용은 312,500(달러).

2.12 (3) 최적해 x_1=12/7(1.714), x_2=15/7(2.143), z=69/7(9.857)

2.13 (3) 최적해 x_1=6, x_2=4, z=52

2.18 (1) 0대, 30대, 50대 생산, 순이익 2200만원, (2) 목표셀 계수는 70, 20, 32 (만원) (3) 유모차의 가격은 47.3만원 이상 올려야 함.

2.19 (1) 33830천원, 0, 60, 40(100평), (2) 한계비용 2493천원/300개 = 8.31천원 더 커져야 한다. (3) 받아들인다. 100평당 잠재가격이 398천원이므로.

2.27 낮시간 전화설문 조사자: 560명, 밤시간 전화설문 조사자: 560명, 설문총비용: 4480 (천원)

2.28 제품1: 0, 제품2: 112.5, 제품3: 0, 총판매이익: 3375 (만원)

2.29 육류: 1.322회, 감자류: 2.712회, 섭취비용: 14.746(천원)

2.30 1kg당 합금비용(목표셀): 24.25 (만원)

3장

3.1 (1) 실수형으로 해찾기 적용하여도 정수형 최적해 나옴, TV: 3회, 라디오: 10회, 신문: 0회, 인터넷: 10회, 전체 광고회수: 23회 (2) 정수형인 경우, TV(낮): 1회, TV(밤): 3회, 라디오: 20회, 신문: 10회, 인터넷: 10회, 전체 시청자수: 1010 (만명)

3.2 유선TV: 15회, 라디오: 25회, 광고점수: 14000점

3.3 다음 그림 참조

	A	B	C	D	E	F	G	H	I	J
1	해답 3-03: 실수해 (정수해가 나옴)									
2										
3	정상근무 1일 임금	5.2	만원							
4	연장근무자 6일째 임금	5.9	만원							
5										
6	근무행렬	월	화	수	목	금	토	일	5일근무자	
7	(시작요일) 월	1	1	1	1	1	0	0	0.0	
8	화	0	1	1	1	1	1	0	1.0	
9	수	0	0	1	1	1	1	1	6.0	
10	목	1	0	0	1	1	1	1	3.0	
11	금	1	1	0	0	1	1	1	8.0	
12	토	1	1	1	0	0	1	1	2.0	
13	일	1	1	1	1	0	0	1	6.0	
14									26.00	합계
15										
16	근무행렬	월	화	수	목	금	토	일	6일근무자	
17	(시작요일) 월	1	1	1	1	1	1	0	0.0	
18	화	0	1	1	1	1	1	1	0.0	
19	수	1	0	1	1	1	1	1	0.0	
20	목	1	1	0	1	1	1	1	0.0	
21	금	1	1	1	0	1	1	1	0.0	
22	토	1	1	1	1	0	1	1	0.0	
23	일	1	1	1	1	1	0	1	0.0	
24									0.0	합계
25	요일별 근무자수 계산									
26	5일 직원수	19.0	17.0	15.0	16.0	18.0	20.0	25.0		
27	6일직원수	0.0	0.0	0.0	0.0	0.0	0.0	0.0		
28	합계	19.0	17.0	15.0	16.0	18.0	20.0	25.0		
29		>=	>=	>=	>=	>=	>=	>=		
30	최소 직원수	19	17	15	16	18	20	25		
31										
32	정규직원 1주 임금	676.00	만원	B26 =SUMPRODUCT($I$7:$I$13,B7:B13)						
33	연장근무 1주 임금	0.00	만원	B27 =SUMPRODUCT(B17:B23,$I$17:$I$23)						
34	임금합계	676.00	만원	B32 =I14*5*B3						
35				B33 =I24*(B3*5+B4)						

3.4 (1) 시간제 직원의 총임금: 480,000원, 시간제 직원수: 20명, 직원이 남게 되는 경우: 12시~1시에 1명, 1시~2시에 2명, 2시~3시에 9명, 4시~5시에 4명 (2) 시간제 직원의 총임금: 396,000원 ((1)과 비교하여 84,000원 절감 효과), 시간제 직원수: 4시간제 6명, 3시간제 14명 총 20명, 직원이 남게 되는 경우: 1시~2시에 2명만 남고, 다른 시간대는 모두 정확하게 필요 직원수와 일치됨

3.5 총임대료(목표셀): 710 (만원)

3.7 투자수익(목표셀): 0.8000 (억원)

3.8 (1) 위험률 점수평가치(목표셀): 189,615 (2) 기대이익 합계(목표셀): 1310만원

3.9 (1) 4년말 현금(목표셀): 1479만원 (2) 4년말 현금(목표셀): 1518만원

3.10 4월 1일 현금합계(목표셀): 92.07억원

3.11 총비용(목표셀): 92,181 만원

3.12 판매이익(목표셀): 64,795 (천원)

3.13 총비용(목표셀): 1535.56 (백만원)

3.14 (i) 고용/해고 작업자수가 실수형인 경우, 총비용(목표셀): 49,107 (만원)

(ii) 고용/해고 작업자수가 정수형인 경우, 총비용(목표셀): 49,216 (만원)

3.15 지점1, 지점3, 지점5, 지점6의 효율(목표셀): 1.0(효율적), 지점2의 효율(목표셀): 0.939511(비효율적), 지점4의 효율(목표셀): 0.919256(비효율적)

3.16 학교1, 학교2, 학교3의 효율(목표셀): 1.0(효율적), 학교4의 효율(목표셀): 0.949091(비효율적)

3.17 총지출액(목표셀): 429.6 (천원)

3.18 총투자이익(목표셀): 10.52 (억원)

3.19 농업이익(목표셀): 239,260.0 (달러)

3.20 (1) & (2) 수요 만족 못함, (3) 수요 만족함, 총 못쓰는 면적(목표셀): 200,000 cm^2

3.21 6년초 금액(목표셀): 152,880 (천원)

3.22 (1) 총판매수입(목표셀): 2700 (천원), (4) 받아들일 수 없다, (5) 570 (천원) 이상

3.24 총공헌이익(목표셀): 73,760 (천원)

4장

4.1 표준형은

$\max.\ z = 4x_1 + 3x_2$ (총 이익)

s.t $x_1 + x_2 + s_1 = 240$ (기계1 사용시간)

$2x_1 + 1x_2 + s_2 = 200$ (기계2 사용시간)

$x_1, x_2, s_1, s_2 \geq 0$ (비음 조건)

기저해: $s_1 = 240, s_2 = 200, x_1 = 0, x_2 = 0$

4.2 (1) 꼭짓점 4개, 모서리 4개

(2) $x_1 + x_2 + s_1 = 4$, $x_1 + s_2 = 2$,

$x_1,\ x_2, s_1, s_2 \geq 0$

기저해: $s_1 = 4, s_2 = 2, x_1 = 0, x_2 = 0$

4.4 (1) 정규형

$\max\ 70x_1 + 20x_2 + 39x_3 + 37x_4 + 11x_5 + 7x_6 + 5x_7$

$s.t\ \ 31x_1 + 10x_2 + 20x_3 + 19x_4 + 6x_5 + 4x_6$

$+ 3x_7 + s = 49$, 모든 변수$\geq\ 0$

(2) 기저가능해 8개(모두)와 목적함수값:

변수$(x_1, x_2, x_3, x_4, x_5, x_6, x_7, s)$의 값	목적함수 값
(0, 0, 0, 0, 0, 0, 0, 49)	0
(49/31, 0, 0, 0, 0, 0, 0, 0)	70(49/31) =110.6
(0, 49/10, 0, 0, 0, 0, 0, 0)	20(49/10) =98.0
(0, 0, 49/20, 0, 0, 0, 0, 0)	39(49/20) =95.6
(0, 0, 0, 49/19, 0, 0, 0, 0)	37(49/19) =95.4
(0, 0, 0, 0, 49/6, 0, 0, 0)	11(49/6) =89.8
(0, 0, 0, 0, 0, 49/4, 0, 0)	7(49/4) =85.8
(0, 0, 0, 0, 0, 0, 49/3, 0)	5(49/3) =81.7

(3) SimplexTable에 의한 최적해 (1.58065, 0, 0, 0, 0, 0, 0, 0), 목적값 110.645

4.6 (1) 반복1의 기저변수 x_4, x_5, x_1, x_7 비기저변수 x_2, x_3, x_6

(2) 반복1의 기저가능해 (25, 0, 0, 50, 100, 0, 30)

(3) 반복1의 진입변수 x_2, 탈락변수는 x_4

(4) 피봇원소는 C17 원소. 피봇행은 제1행(엑셀 17행)

(5) 반복2의 기저가능해 (25, 16.67, 0,0,33.33, 0, 13.33)

(6) 반복3에서 D32칸에 수식 = D32/$D$26, 이것을 B32에서 J32까지 복사.

(7) 기저가능해 D28칸에 수식 = D22+$D$22*D32, 이것을 B28에서 J28까지 복사

4.7 (1) 등식의 표준형, 변수는 모두 6개

(2) 정규형, 여유변수 s_1, s_2와 인위변수 r_1를 추가하여

$\max\ \ 4x_1 + 5x_2 + 2x_3 \qquad - Mr_1$

$\text{s.t.}\ \ 2x_1 + x_2' - x_2'' - 2x_3' + s_1 \quad = 40$

$x_1 - 2x_2' + 2x_2'' - x_3' \quad + s_2 \quad = 12$

$x_1 + 2x_2' - 2x_2'' - x_3' \qquad + r_1 = 16$

$x_1, x_2',\ x_2'',\ x_3', s_1, s_2, r_1 \geq 0$

4.12 (1) 무한가능영역, 목적값이 무한히 커질 수 있다.

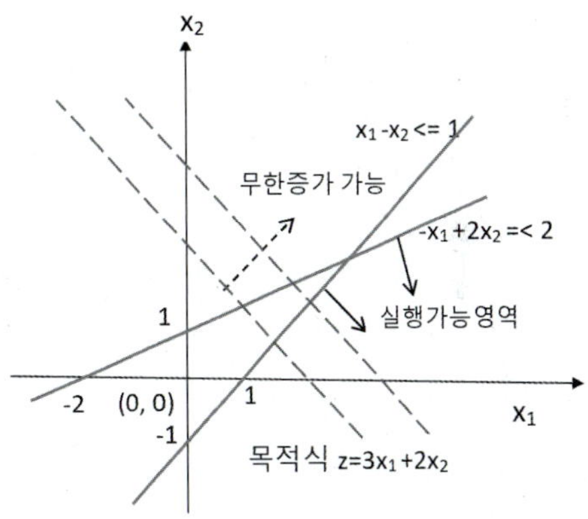

(3) 가능영역은 무한하지만 최적꼭지점이 (4,3)으로 정해지는 경우임

4.14 (1) 최적해 (13.33, 6.67, 60, 26.67, 53.33, 0 , ... 0), 인위변수는 모두 0임, 목적값은 496 (2) x23의 목적행 계수가 0이므로 x23를 새로운 기저변수로 진입시키면 (복수)대안최적해를 구할 수 있다. (3) 대안 최적해는 (0, 40, 40, 40, 20, 20), z = 496

4.18(1) −5, 0, 0; (2) 0, 1; (3) x_1의 계수가 1+Δ로 변하면, 최종 테이블에서 $5 - \Delta \geq 0$이므로 $-\infty \leq \Delta \leq 5$. x_2는 $-\infty \leq \Delta \leq 0$. x_3는 기저변수로서 목적함수의 계수가 $5 + \Delta$로 변하면 최종 테이블에 $-\Delta$. 이를 소거하면, 목적행 계수는 $5 + 1.2\Delta \geq 0$, $+0.6\Delta \geq 0$, $1 + 0.2\Delta \geq 0$이므로 $0 \leq \Delta \leq \infty$. (4) 우변상수 b_1이 12+Δ이면 Δ는 최적 테이블 s1열처럼 변함. $\overline{b_1} = 6 + \Delta \geq 0$이어

야 함. $-6 \le \Delta \le \infty$. 우변상수 b_2의 변화 Δ는 $-30 \le \Delta \le 30$.

4.22 (1) a = −1, b = 0, c = 2, d = 1

(2) 최적해가 아니다. (a의 값이 음수이므로)

(3) $x_1 = 1,\ x_2 = 2,\ z = 3$

(4) 1.5, 0.5

4.25 (1) 제약식 (2)에서 $y_2 \leqq 30$이다. 비타민 C의 가격이 단위당 30원 이하이면 식품2보다는 비타민 C 알약을 구매한다.

(2) 식품 3의 비타민 함량을 섭취하기 위해서 식품3을 구매하는 것보다 알약을 사는 것이 더 싸야 한다는 조건이다. 비타민 알약 최적해가 $y_1 = 15, y_2 = 4$이므로, 제약식 (3)은 20(15)+30(4) = 420 ≤ 500이다. 따라서 소비자들이 식품3보다는 비타민 알약을 사는 것이 80원 더 싸다.

(3) 제약식(1)~(6)의 부등호 양변에 승수 (0 0 0 1.8 1.4 0)를 차례로 곱하여 더하면 $64y_1 + 60y_2 \le 990$인데, 좌변은 목적함수 $w = 50y_1 + 60y_2$ 보다 크다. 즉, $50y_1 + 60y_2 \le 64y_1 + 60y_2 \le 990$ 이다. 따라서 판매가격은 990원을 넘을 수 없다.

(4) 정규 최대화문제에 대한 쌍대문제(식단문제)는 다음과 같다. 예제 2.2의 문제가 된다.

$$\begin{aligned} \min\ & z = 350x_1 + 300x_2 + 500x_3 + 340x_4 \\ & \quad + 270x_5 + 400x_6 \\ \text{s.t.}\ & 10x_1 + 20x_3 + 20x_4 + 10x_5 + 20x_6 \geqq 50 \quad (1) \\ & 10x_2 + 30x_3 + 10x_4 + 30x_5 + 20x_6 \geqq 60 \quad (2) \\ & x_1, x_2, x_3, x_4, x_5, x_6 \geqq 0 \end{aligned}$$

(5) (4)의 제약식 (1) (2)의 부등호 양변에 승수 (15, 4)를 각각 곱하여 더하면

$150x_1 + 40x_2 + 420x_3 + 340x_4 + 270x_5 + 380x_6 \ge 990$이다. 이 부등식의 좌변은 위의 목적함수 z보다 작으므로 $z \ge 990$이다. 따라서 식단문제의 최소비용 z는 990원보다 더 작을 수는 없다.

4.27 제약식에 대응되는 쌍대변수를 y_1, y_2로 하면 쌍대문제는 다음과 같다.

<쌍대문제>

$$\begin{aligned} \min\ & w = -2y_1 + y_2 \\ \text{s.t}\ & y_1 + y_2 \ge 1 \\ & -y_2 \ge 1 \\ & y_1 \ge 0,\ y_2 \ge 0 \end{aligned}$$

원본문제에서 $x_1 \le -2$ 이고 $x_1 \ge 0$이므로 비가해의 문제이다, 쌍대문제에서도 $-y_2 \ge 1$이고 $y_2 \ge 0$이므로 비가해이다. 그러므로 원본문제, 쌍대문제 모두 비가해의 문제이다.

4.28 d

4.29 $z = 1.4,\ y_1 = 0.2,\ y_2 = 1.2$

5장

5.1 (3)총 수송비용 = 860(천 원)

5.2 총비용 1,560천 원, 도시1에서 물부족이 20톤 생긴다.

5.3 총비용은 2,440,000이 된다.

5.4 207초

5.5 최대 선호도 합계 19점

5.6 180(백만원)

5.8 (1) 총수송비용은 11,000, (2) 총 수송비용은 10,790, 부산에서 광주로만 보내고, 광주에서는 서울로 전부 보낸다.

5.9 139,800원

5.10 최단거리 = 135

5.11 총비용 400만원

5.12 총 교체비용 3300만원

5.14 총비용은 235만원, 책장 10cm 300개, 25cm 250개 생산; 네트워크 흐름에서 아크 10 → 25의 비용 150은 20cm 20개, 25cm 100개의 생산비용.

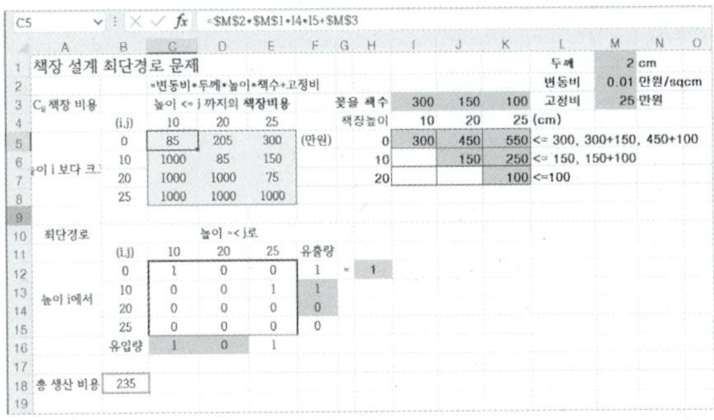

C5 =$M$2*$M$1*I4*I5+$M$3

책장 설계 최단경로 문제

두께	2	cm		
변동비	0.01	만원/sqcm		
고정비	25	만원		

C_{ij} 책장 비용 =변동비*두께*높이*책수+고정비 — 높이 <= j 까지의 책장비용

(i,j)	10	20	25	
0	85	205	300	(만원)
10	1000	85	150	
20	1000	1000	75	
25	1000	1000	1000	

꽂을 책수	300	150	100	
책장높이	10	20	25	(cm)
0	300	450	550	<= 300, 300+150, 450+100
10		150	250	<= 150, 150+100
20			100	<=100

최단경로 — 높이 i에서 높이 =< j로

(i,j)	10	20	25	유출량		
0	1	0	0	1	=	1
10	0	0	1	1		
20	0	0	0	0		
25	0	0	0	0		
유입량	1	0	1			

총 생산 비용 235

연습문제 5.14 책장설계 엑셀모형, 최적해

5.15 4,150만원; 노드를 0, 3, 5, 7, 12, 17, 20, 23으로, 아크 5 → 12의 흐름량 780만원은 7인치와 12인치 주문량의 합계 40개의 생산비용, 최적 최단경로: 0 → 5 → 12 → 20 → 23,

엑셀 네트워크 흐름모형은 생략

5.17 (1) 서울 뉴욕 최대흐름량=36톤 (2) 서울 뉴욕 30톤 흐름 최소비용 $60,509

5.18 최대 4편, M1-F4, M2-F5, M3-F2, M5-F1, M4와 F3는 없음.

5.19 최대 43명 승선, 정씨 가족만 한 명이 승선 못함.

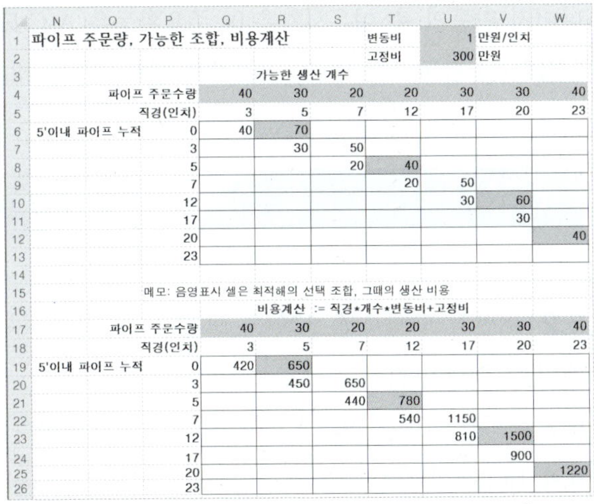

파이프 주문량, 가능한 조합, 비용계산 — 변동비 1 만원/인치, 고정비 300 만원

가능한 생산 개수

파이프 주문수량	40	30	20	20	30	30	40
직경(인치)	3	5	7	12	17	20	23
5'이내 파이프 누적 0	40	70					
3		30	50				
5			20	40			
7				20	50		
12					30	60	
17						30	
20							40
23							

메모: 음영표시 셀은 최적해의 선택 조합, 그때의 생산 비용

비용계산 := 직경*개수*변동비+고정비

파이프 주문수량	40	30	20	20	30	30	40
직경(인치)	3	5	7	12	17	20	23
5'이내 파이프 누적 0	420	650					
3		450	650				
5			440	780			
7				540	1150		
12					810	1500	
17						900	
20							1220
23							

연습문제 5.15 파이프 생산 비용계산, 최적해

5.21 7과목 다 수강할 수 있다. 다음은 엑셀모형의 변수셀 영역, 월~금에 수강하는 교과목별 시간배정을 볼 수 있다. 금요일은 2시간만 수강하는데, 복수(대안) 최적해가 많이 있다.

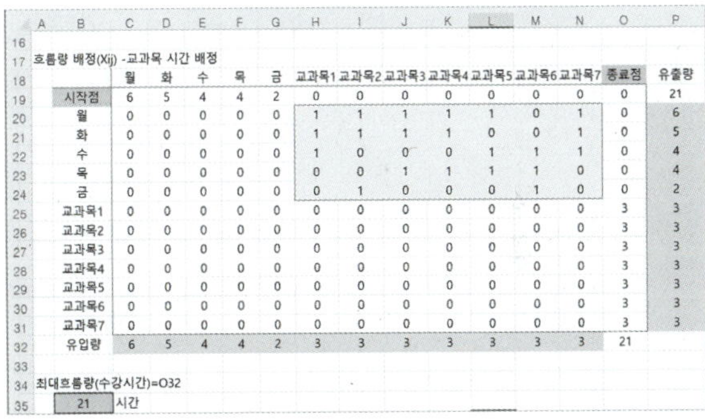

흐름량 배정(Xij) -교과목 시간 배정

	월	화	수	목	금	교과목1	교과목2	교과목3	교과목4	교과목5	교과목6	교과목7	종료점	유출량
시작점	6	5	4	4	2	0	0	0	0	0	0	0	0	21
월	0	0	0	0	0	1	1	1	1	1	0	1	0	6
화	0	0	0	0	0	1	1	1	1	0	0	1	0	5
수	0	0	0	0	0	1	0	0	0	1	1	1	0	4
목	0	0	0	0	0	0	0	1	1	1	1	0	0	4
금	0	0	0	0	0	0	1	0	0	0	1	0	0	2
교과목1	0	0	0	0	0	0	0	0	0	0	0	0	3	3
교과목2	0	0	0	0	0	0	0	0	0	0	0	0	3	3
교과목3	0	0	0	0	0	0	0	0	0	0	0	0	3	3
교과목4	0	0	0	0	0	0	0	0	0	0	0	0	3	3
교과목5	0	0	0	0	0	0	0	0	0	0	0	0	3	3
교과목6	0	0	0	0	0	0	0	0	0	0	0	0	3	3
교과목7	0	0	0	0	0	0	0	0	0	0	0	0	3	3
유입량	6	5	4	4	2	3	3	3	3	3	3	3	21	

최대흐름량(수강시간)=O32

21 시간

연습문제 5.21 엑셀모형 변수셀

5.22 최대흐름 = 21

5.25 총비용은 228.10($백만),

5.27 총 499만원

5.28 21,450만원

5.29 프로젝트 완료시간 36개월

5.30 총 30억원을 들여서 활동시간을 단축하면 30개월 안에 마칠 수 있다.

5.31 (2) 19, (4) B와 D의 총여유시간은 각각 5, 4;

나머지 활동의 총 여유시가은 0; 주요활동은 A-C-E

5.34 (1) 활동 A와 B (2) 프로젝트 완료시간은 38, 주요활동은 B-C-E-F

6장

6.2 48인치 모델 2대, 32인치 모델 13대, 최소 구매비용 2,100만원

6.3 (3) 총 급료는 1927.5, 대안 최적해가 존재한다.

6.4 대수결정모형임.

(3) 1차년도 100 MW 1대, 2차년도 100 MW 1대, 총비용 209(천만원)

6.5 (1) 총 사용개수 45개 (2) 절단방법은 아래의 변경셀 참조

	A	B	C	D	E	F	G	H
2								
3	표준길이	150						
4								
5	절단형태			제품길이			남는길이	절단형태
6		30	40	50	75	100		사용회수
7	1	5					0	3
8	2	3	1				20	0
9	3	3		1			10	0
10	4	2	2				10	0
11	5	2	1	1			0	1
12	6	2			1		15	0
13	7	1	3				0	3
14	8	1	1		1		5	20
15	9	1		2			20	0
16	10	1				1	20	0
17	11		2	1			20	0
18	12		1	2			10	0
19	13		1			1	10	0
20	14			3			0	8
21	15			1	1		25	0
22	16			1		1	0	10
23								
24	주문량	40	30	35	20	10		총사용개수
25		<=	<=	<=	<=	<=		45
26	제품개수	40	30	35	20	10		

6.7 (1) 기능 1, 4, 5를 선택할 때 최대 속도증가는 25(Km/h)

(2) 기능 1, 3, 5를 선택할 때 최소비용 43(십만원)

6.11 (1) $x_1 + x_2 + x_3 + x_4 = 2,\ \ x_j = 0$ or 1 $j = 1, 2, 3, 4,$

(2) $x_1 + x_2 - 1 \le x_3, \quad x_1, x_2, x_3 = 0$ or 1.

(3) $x_4 + x_5 \ge x_6, \quad x_4, x_5, x_6 = 0$ or 1.

(4) $x_1 \le x_2 + x_3, \quad x_1, x_2, x_3 = 0$ or 1.

(5) $x_1 \le x_2$

6.14 48인치 모델은 총 11대 구입(정상가격으로 10대, 할인가격으로 1대), 32인치 모델은 2대 구입한 총비용은 4540만원이다. 총 시청 가능한 수는 252명이다.

	A	B	C	D	E	F	G
1	비총괄적 할인모형						
2							
3	모델별 구입가격(만원) 및 시청자수(명)						
4							
5		정상가격	할인가격	시청자수			
6	48인치모델	400	340	22			
7	32인치모델	100	90	5			
8							
9	구매계획				정상가격	할인가격	할인구매
10		정상가격	할인가격	구입대수	최대구입대수	최대구입대수	여부(=2진수)
11	48인치모델(=정수)	10.0	1.0	11	10	1.4	1.0
12	32인치모델(=정수)	2.0	0.0	2	5	45.0	0.0
13							
14	총시청자수	252	>=	250	희망시청자수		
15							
16	할인보장						
17		정상가격		정상가격	할인가격		할인가격
18		구매대수		구매한도	구매대수		구매한도
19	48인치모델	10	>=	10	1	<=	1
20	32인치모델	2	>=	0	0	<=	0
21							
22	구매비용	4540	최소화				

6.15 후보장소 1과 3을 개점한다. 후보장소 1은 구역 1과 구역 2를, 후보장소 3은 구역 3과 구역 4를 담당한다. 총비용은 1,450, 개점비용 450, 배송비용 1,000이다.

6.18 (1) 총비용 70,050

6.20 (2)

	A	B	C	D	E	F	G	H	I
1	미래대학의 소프트웨어 구입								
2									
3			소프트웨어			포함된		포함할 모형	
4	모형	1	2	3	4	모형의 수		들의 최소수	
5	선형계획	1	1	1	1	3	>=	1	
6	정수계획	0	1	0	1	1	>=	1	
7	비선형계획	0	0	1	1	1	>=	1	
8	관련계수	3	6	4	14				
9						소프트웨어 수		구입할 소프트웨어 수	
10	구입방안	1	1	1	0	3	=	3	
11									
12	구입비용	13	최소화						

6.21 (1) B15 =IF(B6<=3, 1, 0)

G15 =SUMPRODUCT($B$10:$E$10, B15:E15)

(2) G20 =G15*B20+G16*C20+G17*D20+G18*E20

(3) B23 =SUM(B20:E20), B24 =B20+C20

6.23 (3) $x_{2j} \leq 320 + 400y_{2j}$,

$y_{1j} + y_{2j} + y_{3j} + y_{4j} \leq 1$

(4) $x_3 = 320y_{31} + 640y_{32} + 880y_{33}$,

$y_{31} + y_{32} + y_{33} \leq 1$

6.25 최적해 $(x_1, x_2) = (3, 4)$

6.26 최적해 $(x_1, x_2) = (0, 6)$

6.27 최적해 $(x_1, x_2) = (3, 2)$

6.28 최적해 $(x_1, x_2) = (0, 3.4)$

6.31

	A	B	C	D	E	F	G	H	I	J	K
1											
2		선수1	선수2	선수3	선수4	선수5	선수6	선수7			
3	포지션										
4	가드	0	1	1	0	1	0	1			
5	포드	0	0	1	1	1	1	1			
6	센터	1	0	0	1	0	1	0			
7	기술 점수										
8	드리블	2	3	3	3	1	1	2			
9	슈팅	1	3	2	1	3	3	3			
10	리바운드	3	1	2	2	1	3	2			
11											
12	수비 점수	2	3	1	3	2	3	2			
13											
14		선수1	선수2	선수3	선수4	선수5	선수6	선수7	선수합		선수의 수
15	선수선발	0	1	1	0	1	1	1	5	=	5
16											
17	제약조건										
18	1. 선수 1 이나 2 선발										
19		선수합		제약							
20		1	>=	1							
21	2. 포지션 구성										
22		포지션		제약							
23	가드	4	>=	4							
24	포드	4	>=	2							
25	센터	1	>=	1							
26											
27	3. 기술 점수										
28		평균		제약							
29	드리블	2	>=	1.8							
30	슈팅	2.8	>=	1.8							
31	리바운드	1.8	>=	1.8							
32											
33	수비력 합계	11									

7장

7.1 삼각형의 각 길이: 20 m 인 정삼각형, 면적(목표셀): 1959.59 (m^2)

7.2 (1) 부정부호 (2) 음의 정부호

7.3 볼록함수 (헤시안 행렬이 양의 정부호)

7.4 (1) 볼록함수 (2) 볼록함수 (증명하여야 함)

7.5 (1) 오목함수 (2) 오목함수 (증명하여야 함)

7.6 (1) 볼록집합 (2) 볼록집합 아님

7.13 객실료 전체수입(목표셀): 13,403.14

7.16 (1) LS: 베타: 0.812759, 목표셀: 0.09398 (2) WLS: 베타: 0.71323, 목표셀: 0.075674

7.17 (1) LS: 베타: 0.60990, 목표셀: 1.25039 (2) WLS: 베타: 0.55891, 목표셀: 0.81563

7.18 투자비율: 주식 = 0.2595, 금 = 0.16379, 채권 = 0.57699, 분산(목표셀): 0.0042

7.19 투자비율: 주식1 = 0.5, 주식2 = 0.0, 주식3 = 0.5, 분산 = 0.0148

7.20 목표셀(||w||^2): 2.569215

8장

8.4 (1) 스케줄링 기준: 작업기간이 짧은 작업 우선위 모형에 입력된 수식은 다음과 같다.

	A	B	C	D	E	F	G	H	I	J
1	연습문제 8.4									
2										
3	작업번호	작업기간	납기일		순서	작업번호	작업기간	납기일	작업완료일	지체일수
4	1	8	10		1	5	2	22	2	0
5	2	9	32		2	7	3	38	5	0
6	3	5	18		3	4	4	25	9	0
7	4	4	25		4	3	5	18	14	0
8	5	2	22		5	8	5	40	19	0
9	6	7	34		6	6	7	34	26	0
10	7	3	38		7	1	8	10	34	24
11	8	5	40		8	2	9	32	43	11
12	9	10	53		9	9	10	53	53	0
13	10	11	45		10	10	11	45	64	19
14									① 납기일 어기는 작업수	3
15									② 지체일수의 총 합	54
16									③ 최대 지체일수	24

I4 **=G4,**

I5 **=I4+G5**

J4 **=MAX(I4-H4, 0)**

J14 **=COUNTIF(J4:J13, "0")**

J15 **=SUM(J4:J13)**

J16 **=MAX(J4:J13)**

(3) 스케줄링 기준: 납기일을 어기는 작업수의 최소화

	A	B	C	D	E	F	G	H	I	J
1	연습문제 8.4									
2										
3	작업번호	작업기간	납기일		순서	작업번호	작업기간	납기일	작업완료일	지체일수
4	1	8	10		1	5	2	22	2	0
5	2	9	32		2	3	5	18	7	0
6	3	5	18		3	6	7	34	14	0
7	4	4	25		4	7	3	38	17	0
8	5	2	22		5	4	4	25	21	0
9	6	7	34		6	2	9	32	30	0
10	7	3	38		7	8	5	40	35	0
11	8	5	40		8	9	10	53	45	0
12	9	10	53		9	1	8	10	53	43
13	10	11	45		10	10	11	45	64	19
14									① 납기일 어기는 작업수	2
15									② 총 지체일수의 합	62
16									③ 최대 지체일수	43

위 모형에서 변수셀은 F4:F13, 목표셀은 14으로 설정하고, 해법으로는 진화 해찾기를 적용한다. 해찾기 매개변수에 입력할 사항은 다음 그림과 같다.

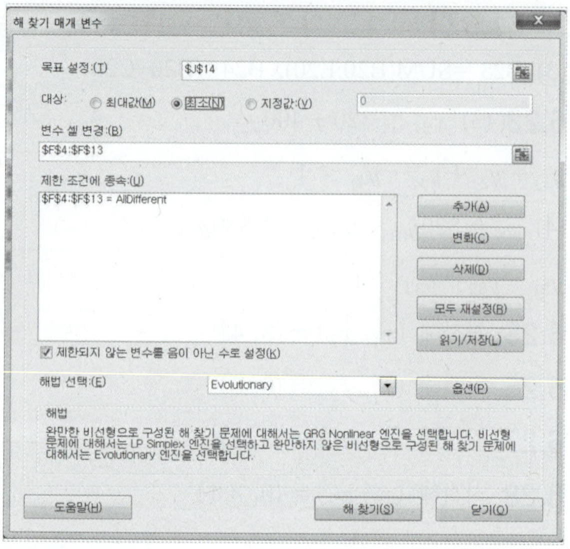

9장

9.2 (1) $2x_1 + x_2 + y^- - y^+ = 10$

(2) $y^- = 2, \quad y^+ = 0$

(3) 최적해일 수 없다. y^-나 y^+ 중에서 적어도 어느 하나는 0이어야 한다.

9.4 (1) 모든 목표 제약을 만족시키는 정수 가능해는 없다.

책상 1은 200개, 책상 2는 400개 생산한다.

우선순위 1의 목표값은 0, 우선순위 2의 목표값은 80, 우선순위 3의 목표값은 0으로 만족한다.

9.20 모든 쌍비교 행렬에는 일관성이 존재한다. 최종점수는 여성 1은 0.158, 여성 2는 0.332, 여성 3은 0.510이다.

10장

10.1 0.1667

10.2

문제	방법	선택
(a)	Laplace	비행기, 기차, 자동차
	Maximin	기차
	Maximax	비행기
	후르위쯔(0.5)	비행기
	Minimax후회	비행기, 자동차
(b)	DMUR	비행기

10.4 2215원 이상

10.5 (a)

판매이득(payoff) (억원)		라이벌사 광고 수준		
		보통 수준	강한 수준	초강력 수준
HD사 광고수준	보통 수준	2	−2	−13
	강한 수준	2	−1	−20
	초강력 수준	8	0	−5

(b) 초강력수준 선택, EMV = 3(억원)

(c) 완전정보하의 EMV = 3이므로 EVPI(완전정보의 가치) = 3 − 3 = 0

10.7 $P(S_K| I_K) = 0.6862$ 및 $P(S_J \mid I_J) = 0.6153$

10.8 의사결정: 24달러에 입찰함, 이때 기대수익은 2104.2(백만불)

10.11 (a) EMV로는 국채가 1.058, 벤처기업이 2.9로 벤처기업이 유리하나, 로그효용함수에 의한 기대효용으로는 국채가 0.0564이고, 벤처기업이 −0.6076이므로 국채를 선택함.

(b) 지수효용함수의 기대효용은 국채가 1.0, 벤처기업이 0.8985이므로 국채를 선택함.

10.12 2만원

10.13 (1) 1000만원 효용 = 1.0 (2) 게임후 1100만원과 980만원의 효용은 각각 1.05, 0.99 (3) 참가비는 0.3755만원, (4) 3,755원 (5) 1,902원 (메모: 이러한 효용함수를 가진 사람은 매우 위험회피적이고, 이런 게임을 2~4천 원 정도의 이득으로 평가하며, 이득도 손해도 없는 것처럼 느낀다.)

10.15 (a) 이득행렬이 대칭이므로 player1 및 player2 전략이 동일하다.

(홀수, 짝수) = (0.5, 0.5)이고, 게임값은 0이다.

(b) 이득행렬이 대칭이므로 player1 및 player2 전략이 동일하다.

(가위, 바위, 보) = (1/3, 1/3, 1/3)이고, 게임값은 0이다.

10.19 (a) A: 비싼가격 → B: 싼가격 → A: 보통가격 → B: 보통가격 → A: 보통가격. 따라서 (A: 보

(A의 이득, B의 이득)		회사 B			B의 내쉬전략
		비싼가격	보통가격	싼가격	
회사 A	비싼 가격	(24, 18)	(24, 18)	(16, 20)	max(18,18,20)=20, 싼가격
	보통 가격	(19, 23)	(25, 25)	(18, 21)	max(23,25,21)=25, 보통가격
	싼 가격	(20, 12)	(22, 16)	(12, 18)	max(12,16,18)=18, 싼 가격
A의 내쉬 전략		max(24,19,20)=24, 비싼 가격	max(24,25,22)=25, 보통 가격	max(16,18,12)=18, 보통 가격	

(A의 이득, B의 이득)		회사 B		B의 내쉬전략
		비싼 가격	싼 가격	
회사 A	비싼 가격	(24, 18)	(16, 20)	max(18,20)=20, 싼 가격
	싼 가격	(20, 12)	(12, 18)	max(12,18)=18, 싼 가격
A의 내쉬 전략		max(24,20)=24, 비싼 가격	max(16,12)=16, 비싼 가격	

통가격, B: 보통가격)이 내쉬균형이다. 그러나 회사 A 및 회사 B 모두 보통가격 전략은 우월전략이 아니므로 우월전략균형은 아니다.

(b) A는 B의 전략 선택과 무관하게 비싼 가격 전략을 취하므로 비싼 가격 전략은 A의 우월전략이다. B 또한 A의 전략 선택과 무관하게 싼가격 전략을 취하므로 싼가격 전략은 B의 우월전략이다. 따라서 (A: 비싼가격, B: 싼가격)은 우월전략균형이다. 또한 이 전략에서 누군가의 손실 없이 다른 전략균형이 존재하지 않으므로, (A: 비싼가격, B: 싼가격)의 우월전략균형은 파레토 최적이다.

11장

11.3 (1) 안정상태 확률 (상태1, 상태2) = (2/3, 1/3)

(2) 안정상태 확률 (상태1,상태2,상태3) = (0.17391, 0.78261, 0.0435)

11.4 안정상태확률: 0.1, 0.35, 0.4, 0.15, 평균재고비용: 1600 만원

11.5 서버가 다운될 확률: 0.02778

11.7 (1) 안정상태 확률 (상태1,상태2,상태3) = (0.2, 0.6, 0.2)

(2) 평균최초 경과시간:

$$\begin{pmatrix} m_{11}\, m_{12}\, m_{13} \\ m_{21}\, m_{22}\, m_{23} \\ m_{31}\, m_{32}\, m_{33} \end{pmatrix} = \begin{pmatrix} 5 & \frac{65}{18} & \frac{10}{3} \\ \frac{15}{2} & \frac{5}{3} & \frac{20}{3} \\ 5 & \frac{55}{18} & 5 \end{pmatrix}$$

11.8 (1) 0.0303 (2) 0.1515

12장

12.3 (a) 0.112599 (b) 0.051649 (c) 6.324555 (d) 0.333065

12.4 평균도착 간격시간 = 2.77분, 시간당 도착률= 21.69명/시간

12.9 (a) 상태 = {0, 1, 2}

(b) 상태전이도: 아래 그림

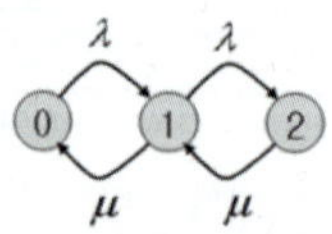

(c) 상태 0: $\mu P_1 = \lambda P_0$

상태 1: $\lambda P_0 + \mu P_2 = (\mu + \lambda)P_1$

상태 2: $\lambda P_1 = =P_2$

(d) 안정상태 확률은 $P_0 + P_1 + P_2 = 1$로부터

$P_0 = P_0 \dfrac{1}{1+\rho+\rho^2}$, $P_1 = \dfrac{\rho}{1+\rho+\rho^2}$,

$P_2 = \dfrac{\rho^2}{1+\rho+\rho^2}$가 됨. 여기서 $\rho = \dfrac{\lambda}{\mu}$임.

12.10 균형방정식이 아래와 같이 된다.

상태 0: $\mu P_1 = \lambda P_0$

상태 1: $\lambda P_0 + 2\mu P_2 = (\mu+\lambda)P_1$

상태 2: $\lambda P1 + 3\mu P_3 = (2\mu+\lambda)P_2$

상태 s−1: $\lambda P_{s-2} + s\mu P_s = ((s-1)\mu+\lambda)P_{s-1}$

상태 s: $\lambda P_{s-1} = s\mu P_s$

이들로부터 각 확률은 P_0로 표현하여 다음과 같이 된다.

$$P_1 = \frac{\lambda}{\mu}P_0,\ P_2 = \frac{\lambda}{2\mu}P_1 = \frac{\lambda^2}{2\mu^2}P_0,$$

$$P_3 = \frac{\lambda}{3!\mu^3}P_0,\ \cdots,\ P_s = \frac{\lambda}{s\mu}P_{s-1} = \frac{\lambda^2}{s!\mu^s}P_0$$

모든 안정상태 확률의 합은 $\sum_{n=0}^{s} P_n = 1$이므로, P_0를 구하면 $P_0 = \dfrac{1}{\sum_{n=0}^{s}\dfrac{\lambda^n}{n!\mu^2}}$이 됨.

따라서, $P_k = \dfrac{\dfrac{\lambda^k}{k!\mu^2}}{\sum_{n=0}^{2}\dfrac{\lambda^n}{n!\mu^n}}(k=1,\cdots,s)$가 됨.

12.11 (1) $P(0) = 0.2$ (2) 평균 대기(L_w) = 3.2대 (3) 평균대기시간(T_w) = 0.2시간 = 12분 (4) 3분이상 대기 비율(확률) = 65.5%, 시간당 평균 28대 이착륙하면 평균대기시간이 3분이내임

12.13 (1) 시스템내 고객수(L_q) = 2,4명 (2) 시스템내 시간(T_q) = 0.06시간 = 3.6분 (3) 쉬고있을 확률($P(0)$) = 0.2 (4) 창구 5개(임시창구 3개)일 때 시간당 2.465만원이 최소

13장

13.2 난수 x_1과 x_2는 서로 독립이므로, $\Pr(x_2 > 0.4 | x_1 > 0.4) = \Pr(x_2 > 0.4) = 0.6$이다.

13.8 주문량이 40개 일 때 기대이익은 약 1090만원으로 최대이다.

13.12 셀 B9에 이항분포 가정, $p = 1-$B8

B11 =B3*B7,

B12 =B4*MIN(B9, B7)

B13 =B5*MAX(B9−B7, 0)

B14 =B11−B12−B13

	A	B
1	컨티넨탈 호텔의 예약모형	
2		
3	객실수	100
4	객실료(원)	90,000
5	객실운영비(원)	18,000
6	위약금(원)	120,000
7		
8	예약 객실수	90
9	숙박하지 않을 확률	0.05
10	숙박할 객실수	0
11		
12	수익	8,100,000
13	운영비	0
14	위약금	0
15	이익	8,100,000

13.14 F15 =SUMPRODUCT(B5:B14, F5:F14)

J15 =SUMPRODUCT(B5:B14, J5:J14)

K15 =SUMPRODUCT(B5:B14, K5:K14)

	A	B	C	D	E	F	G	H	I	J	K
1	연습문제 13.13										
2											
3	프로젝트	프로젝트	자금(억원)			자금분포	인력시간(천시간)			인력시간분포	수익현재가
4		선택여부	하한값	최빈값	상한값		하한값	최빈값	상한값		
5	1	0	22	56	88	56	16	35	64	35	88
6	2	1	16	34	51	34	5	8	26	8	51
7	3	1	20	48	75	48	19	34	48	34	75
8	4	1	7	8	13	8	5	8	11	8	11
9	5	0	7	7	16	7	3	6	9	6	8
10	6	0	22	42	80	42	14	28	32	28	64
11	7	0	18	26	54	26	13	16	19	16	48
12	8	0	30	48	90	48	19	38	64	38	86
13	9	1	8	16	37	16	10	10	32	10	34
14	10	0	45	90	156	90	30	51	80	51	140
15	합계					106				60	171
16						<=				<=	
17	자금및인력시간 확보량					136				112	

13.20 정책 2가 유리함(초기재고 0으로 가정)

정책 1은 4,650만원 내외, 정책 2는 5,420만원 내외.

14장

14.2

	A	B	C	D	E	F
1	연습문제 14.2					
2						
3		판매량	수준치	예측치		평활상수
4	2월		100			0
5	3월	120	104	100		
6	4월			104	(1) 4월 판매량 예측치	
7	5월			104	(2) 5월 판매량 예측치	

14.3

	A	B	C	D	E	F
1	연습문제 14.3 - 평활상수 모형					
2						
3		판매량	수준치	예측치		평활상수
4	2000년 10월		400			0.5
5	2000년 11월	500	450	400		
6	2000년 12월	450	450	450		
7	2001년1월			450		
8	2001년2월			450		
9	2001년3월			450		
10			합계	1350		

14.5

	A	B	C	D	E
1	연습문제 14.5 자동차 판매량 예측-Holt의 지수평활법				
2					
3		판매량	수준치	추세치	예측치
4	6월		50	5	
5	7월 첫주	45	53	4.6	
6	7월 2주				57.6
7	7월 3주				62.2
8					
9	수준평활상수	추세평활상수			
10	0.2	0.2			

14.7

	A	B	C	D	E	F
1	연습문제 14.7 - Winter의 승법모형					
2						
3		수준평활상수	추세평활상수	계절평활상수		
4		0.1	0.2	0.3		
5						
6		판매량	수준치	추세치	계절지수	예측치
7	월요일				0.90	
8	화요일				0.80	
9	수요일				0.95	
10	목요일				1.15	
11	금요일	30.00	25.00	0.00	1.20	
12	월요일	26.00	25.39	0.08	0.94	
13	화요일					20.37
14	수요일					24.27

ㄴ

ㄷ

ㅅ

ㅇ

ㅈ

ㅋ

ㅌ

ㅍ

표지 설명 : 라파엘의 '아테네 학파'(바티칸 미술관 소장)

그리스의 옛 철학가와 현인들이 모여 있으며 조용히 묵상하거나 힘찬 토론을 벌이고 있다. 중앙에 길고 흰 수염의 플라톤은 그의 손에 TIMEO(플라톤이 쓴 책)를 들고 있으며 한 손가락으로 이상이 있는 하늘을 가리키고 있다. 그의 곁의 아리스토텔레스는 그의 손에 ETICA(그의 저서)를 들고 있으며 땅을 가리킨다. 아리스토텔레스의 수평의 손짓은 긍정적인 영혼의 표현이며 플라톤의 수직의 표현은 제일 중요한 것, 즉 이상에 대해 숙고한다.

표지에 나온 인물들은 다음과 같다.
(1) 플라톤 (2) 아리스토텔레스 (3) 소크라테스 (4) 세노폰테 (5) 에스키네 (6) 알치피아데 (7) 제노네 (8) 에피쿠로 (9) 페데리코 곤자가 (10) 아베로에 (11) 피타고라스 (12) 프란체스코 마리아 델라 로베레 (13) 에라크리토 (14) 디오게네스 (15) 에오크리테 (16) 조로아스트로 (17) 라파엘 자화상 (18) 소도마 자화상

레오나르도, 미켈란젤로와 함께 르네상스를 대표하는 3대 화가인 라파엘로 산티(Raphaello Santi: 1483~1520)는 피렌체를 중심으로 북 이탈리아에서 라파엘(Raphael)이라고 일컬어졌다.

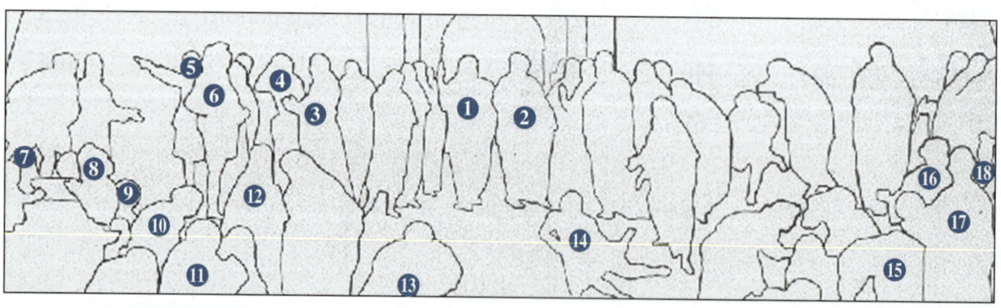